U0896222

沉寂的历史
会说话的笔
2012
中國水力
發電年鑒
ALMANAC OF CHINA'S
WATER POWER
第十七卷
中国电力出版社
2012
中国水力发电年鉴
第十七卷
中国电力
出版社

2012年6月20日下午，中共中央政治局常委、全国人大常委会委员长吴邦国视察金寨抽水蓄能电站项目

2012年5月21日，中共中央政治局常委、全国政协主席贾庆林视察阿海水电站（云南金沙江中游水电开发有限公司 供稿）

2012年9月17日，中共中央政治局委员、国务院副总理回良玉，在河南省省委书记卢展工、省长郭庚茂等的陪同下，到中国水利水电第六工程局有限公司南水北调淅川一标施工现场考察工作

2012年1月13日，中共中央政治局委员、中央书记处书记、中组部部长李源潮出席由中国水利水电建设股份有限公司捐建的中国南苏丹友谊学校供水系统及学习用具移交仪式

2012年7月17日，全国人大副委员长路甬祥（左二）到龙羊峡水电站视察（蔡新海 摄）

2012年10月12日，国家电监会主席吴新雄（中）到黄河上游水电开发有限责任公司格尔木200MW光伏并网电站调研（党红 摄）

光照水电站下游全景

光照水电站荣获国际RCC里程碑奖

光照水电站荣获国家优质工程金质奖

建设中的金沙江溪洛渡水电站（总装机容量1386万kW）

建设中的锦屏一级水电站（总装机容量360万kW）

2012年9月6日，糯扎渡水电站投产发电

2012年7月23日～8月31日，按照黄河防汛抗旱指挥部调令，龙羊峡等10余座水电站开闸泄水，其中龙羊峡水电站泄水21.87亿m^3（党红 摄）

2012年6月30日，瀑布沟水电站溢洪道开闸溢洪，溢洪流量达1050m³/s

金安桥水电站大坝泄水

2012年8月19日，拉西瓦水电站首次实现满负荷运行，5台机组发电出力350万kW，日发电量8061万kW·h（唐婧 摄）

2012年9月26日，新疆库玛拉克河小石峡水电站首台机组成功并网发电。该电站是新疆维吾尔自治区重点建设工程，首台机组单机容量2.75万kW，总装机容量为13.75万kW

2012年10月29日，丰满大坝全面治理（重建）工程开工建设，作为我国最早的大型水电站，已运转大半个世纪的丰满水电站将焕发新的青春

2012年3月29日，四川大渡河安谷水电站（总装机容量77.2万kW）开工建设

金沙江白鹤滩水电站左岸延吉沟边坡治理施工面貌

金沙江白鹤滩水电站右岸下红岩边坡治理施工面貌

2012年11月5日16时30分，世界最大单机容量国产化混流式水轮机组——向家坝水电站首台机组（单机容量80万kW）投产发电

2012年3月1日，金沙江溪洛渡水电站首台机组（单机容量77万kW）转子吊装成功

宝泉抽水蓄能电站上水库

思林水电站鱼类增殖站全景

全国2012年装机容量

万kW

项目 地域	总装机容量	水电	火电	核电	风电
中国大陆	114676	24947	81968	1257	6142
中国台湾	(4140)	(646)	(3043)	(514)	(52)
合计	118816	25411	85011	1771	6194

注：1.总装机容量数中还包括太阳能、潮汐、柴油等其他能源发电装机容量。

2.风电装机容量为并网的容量。

3.未含香港、澳门数据。

全国2012年装机容量结构图

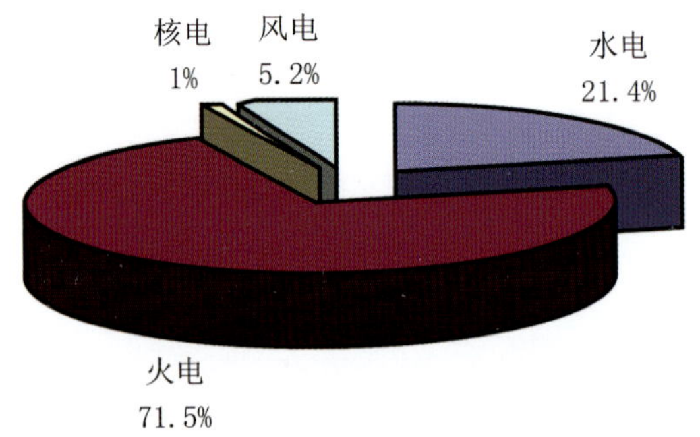

全国2012年年发电量

亿kW·h

项目 地域	总发电量	水电	火电	核电	风电
中国大陆	49865	8556	39255	983	1030
中国台湾	(2130)	(79)	(1334)	(400)	(9)
合计	51995	8635	40589	1383	1039

注：1.总发电量数据还包括其他能源发电量。

2.未含香港、澳门数据。

全国2012年年发电量结构图

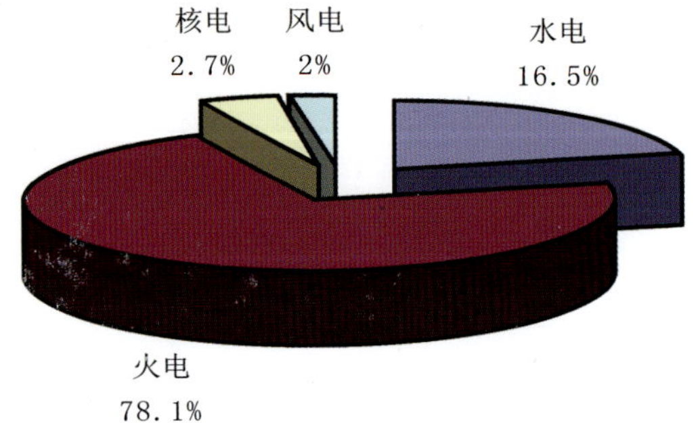

资料来源：中国大陆资料来源于中国电力企业联合会。中国台湾资料沿用上年数据。

全国历年水电装机容量增长情况表

万kW

年份	中国大陆	中国台湾	全国合计	新增装机容量	年份	中国大陆	中国台湾	全国合计	新增装机容量
1949	36.0	18.0	54		1981	2193.3	138.7	2332	161.6
1950	36.2	22.1	58	4.3	1982	2295.9	138.7	2435	102.6
1951	37.8	(24.0)	(62)	(3.5)	1983	2416.5	143.1	2560	125.0
1952	38.5	(27.0)	(66)	(3.7)	1984	2560.0	148.0	2708	148.4
1953	53.0	(30.0)	(83)	(17.5)	1985	2641.5	248.9	2890	182.4
1954	60.6	33.0	94	10.6	1986	2754.2	256.4	3011	120.2
1955	69.5	(34.0)	(104)	(9.9)	1987	3019.3	255.8	3275	264.5
1956	91.4	(36.0)	(127)	(23.9)	1988	3269.8	255.8	3526	250.5
1957	101.9	(38.0)	(140)	(12.5)	1989	3458.3	256.2	3715	188.9
1958	121.6	(40.0)	(162)	(21.7)	1990	3604.6	256.2	3861	146.3
1959	162.0	(42.0)	(204)	(42.4)	1991	3788.3	256.2	4045	183.7
1960	194.1	44.8	239	34.9	1992	4068.1	257.7	4326	281.3
1961	233.3	(47.0)	(280)	(41.4)	1993	4489.3	257.7	4747	421.2
1962	237.9	53.8	292	11.4	1994	4906.1	364.8	5271	523.9
1963	243.0	(56.0)	(299)	(7.3)	1995	5218.4	418.3	5637	365.8
1964	268.3	(59.0)	(327)	(28.3)	1996	5557.8	428.8	5987	349.9
1965	302.0	62.8	365	37.5	1997	5972.6	428.8	6401	414.8
1966	363.8	(65.0)	(429)	(64.0)	1998	6506.5	442.2	6949	547.3
1967	383.9	(67.0)	(451)	(22.1)	1999	7297.1	442.2	7739	790.6
1968	438.8	(70.0)	(509)	(57.9)	2000	7935.2	442.2	8377	638.1
1969	505.3	72.2	578	68.7	2001	8300.6	442.2	8743	365.4
1970	623.5	90.1	714	136.1	2002	8607.4	451.1	9059	315.7
1971	780.4	(96.0)	(876)	(162.8)	2003	9489.6	451.1	9941	882.2
1972	870.0	113.1	983	106.7	2004	10524.2	451.0	10975	1034.5
1973	1029.9	113.2	1143	159.9	2005	11738.8	451.0	12190	1214.6
1974	1181.7	136.5	1318	175.2	2006	13029.2	451.2	13480.4	1290.4
1975	1342.8	136.5	1479	161.1	2007	14823.2	452.0	15275.2	1794.6
1976	1465.5	136.5	1602	122.7	2008	17260.4	454.0	17714.4	2439.2
1977	1576.5	136.5	1713	111.0	2009	19629.0	(454.0)	20083.0	2368.6
1978	1727.7	139.2	1867	153.9	2010	21605.7	(454.0)	22059.7	1976.7
1979	1911.0	139.2	2050	183.3	2011	23298	464	23762	1702
1980	2031.8	138.6	2170	120.2	2012	24947	(464)	25411	1649

资料来源：2011年及以前的资料来源于《中国水力发电年鉴》第十六卷；2012年中国大陆资料来源于中国电力企业联合会；2012年中国台湾数据沿用上年数据。

注：( )内数据表示缺当年资料，用上、下数据插补得出或沿用上年数据。

全国历年水电年发电量增长情况表

亿kW·h

年份	中国大陆	中国台湾	全国合计	年增率(%)	年份	中国大陆	中国台湾	全国合计	年增率(%)
1949	12.0	6.0	18		1981	655.5	47.9	703	15.1
1950	13.2	9.7	23	27.2	1982	744.0	47.8	792	12.6
1951	14.9	(10.0)	(25)	(8.7)	1983	863.6	49.9	913	15.4
1952	18.3	(12.0)	(30)	(21.7)	1984	867.8	44.3	912	−0.2
1953	25.5	(14.0)	(40)	(30.4)	1985	923.7	69.3	993	8.9
1954	32.0	15.6	48	20.5	1986	944.8	74.2	1019	2.6
1955	34.0	(16.6)	(51)	(6.3)	1987	1002.3	71.2	1073	5.3
1956	47.1	(17.0)	(64)	(26.7)	1988	1091.8	61.5	1153	7.4
1957	48.2	(18.0)	(66)	(3.3)	1989	1184.5	66.8	1251	8.5
1958	41.1	(19.0)	(60)	(−9.2)	1990	1263.5	81.9	1345	7.5
1959	43.6	(20.0)	(64)	(5.8)	1991	1248.4	55.1	1303	−3.1
1960	74.1	20.6	95	48.9	1992	1314.7	83.5	1398	7.3
1961	74.1	(21.1)	(95)	(0.5)	1993	1516.0	67.2	1583	13.2
1962	90.4	21.6	112	17.6	1994	1667.9	88.9	1757	11.0
1963	86.9	(23.0)	(110)	(−1.9)	1995	1867.7	88.8	1956	11.4
1964	106.0	(24.0)	(130)	(18.3)	1996	1869.2	90.4	1960	0.2
1965	104.1	24.4	129	−1.2	1997	1945.6	95.7	2041	4.2
1966	126.2	(25.0)	(151)	(17.7)	1998	2043.0	106.1	2149	5.3
1967	131.4	(27.0)	(158)	(4.8)	1999	2129.3	89.4	2219	3.2
1968	115.0	(28.0)	(143)	(−9.7)	2000	2431.3	78.5	2510	13.0
1969	160.1	30.5	191	33.3	2001	2611.1	82.3	2693	7.3
1970	204.6	26.4	231	21.2	2002	2745.7	57.9	2804	4.1
1971	250.6	(30.0)	(281)	(21.5)	2003	2813.3	64.3	2878	2.6
1972	288.2	34.2	322	14.9	2004	3309.9	59.7	3370	17.1
1973	389.0	34.0	423	31.2	2005	3964.0	59.7	4024	19.4
1974	414.4	47.1	461	9.1	2006	4147.7	80.0	4227.7	5.1
1975	476.3	52.6	529	14.6	2007	4714.0	87.0	4801.0	13.6
1976	456.4	42.8	499	−5.6	2008	5655.5	77.4	5732.9	19.4
1977	476.5	40.2	517	3.5	2009	5716.8	(77.4)	5794.2	1.1
1978	446.3	49.7	496	−4.0	2010	6867.4	(77.4)	6944.8	19.9
1979	501.2	45.7	547	10.3	2011	6681	(79)	6760	−2.7
1980	582.1	29.3	611	11.8	2012	8556	(79)	8635	27.7

资料来源：2011年及以前的资料来源于《中国水力发电年鉴》第十六卷；2012年中国大陆资料来源于中国电力企业联合会；2012年中国台湾数据沿用上年数据。

注：( )内数据表示缺当年资料，用上、下数据插补得出或沿用上年数据。

2012

中国水力发电年鉴

李锐

第 十 七 卷

中国水力发电工程学会 主办
中国水力发电年鉴编辑部 编纂

中国电力出版社

二〇一三年·北京

图书在版编目（CIP）数据

中国水力发电年鉴．第17卷，2012/中国水力发电工程学会编．—北京：中国电力出版社，2014.1
ISBN 978-7-5123-5405-0

Ⅰ.①中… Ⅱ.①中… Ⅲ.①水利电力工业-中国-2012-年鉴 Ⅳ.①F426.61-54

中国版本图书馆CIP数据核字（2013）第306443号

中国电力出版社出版、发行
（北京市东城区北京站西街19号 100005 http://www.cepp.sgcc.com.cn）
北京盛通印刷股份有限公司印刷
各地新华书店经售
*
2014年1月第一版 2014年1月北京第一次印刷
787毫米×1092毫米 16开本 38.75印张 1259千字 8彩页
定价 **320.00** 元

敬 告 读 者
本书封底贴有防伪标签，刮开涂层可查询真伪
本书如有印装质量问题，我社发行部负责退换
版 权 专 有 翻 印 必 究

《中国水力发电年鉴》第十七卷

编纂委员会

名誉主任 汪恕诚 陆佑楣 何　璟 周大兵 贺　恭 李永安

主　　任 张基尧 曹广晶

常务副主任 李菊根 吴义航 郦凤山

副 主 任 吴贵辉 潘海斌 郑宝森 祁达才 孙玉才 那希志 王　琳 程念高 高　嵩 张晓鲁 陈　飞 施洪祥 范集湘 晏志勇 丁焰章 岳　曦 王光谦 周创兵 朱跃龙 匡尚富 张建云 邱希亮 贺建华 陈云华 王　斌 宗　健 刘广峰

常务委员（以姓氏笔画为序）

马海晨 马震岳 王　玉 王东棣 王永祥 王民浩 毛亚杰 文伯瑜 邓志华 石小强 石成梁 申茂夏 田中兴 付元初 冯树荣 冯峻林 毕亚雄 朱　军 朱军峰 朱素华 任景怀 刘伟平 刘国华 刘金焕 汤　旭 许唯临 杨　昆 杨伟国 杨宝银 杨清廷 李　正 李　新 李世东 李光华 肖世杰 张　剑 张为民 张和平 张泽星 张宗亮 张春生 张俊才 张博庭 陈东平 林　涛 林铭山 金正浩 周建平 周厚贵 周宪政 郑合顺 宗敦峰 郝荣国 钮新强 洪　坤 贾金生 高盈孟 郭际康 黄　峰 黄景湖

梅锦煜　常兆堂　章建跃　彭　程　谢小平
蔡明昌　裴哲义　熊　宇　潭少华　潘继录
戴　波

高级咨询（以姓氏笔画为序）

马洪琪　王　浩　王　超　王思敬　文伏波
朱伯芳　吴中如　张勇传　张超然　张楚汉
陈志恺　陈明致　陈厚群　陈祖煜　茆　智
林　皋　林秉南　罗绍基　郑守仁　赵国藩
钟登华　钱令希　曹楚生　梁应辰　梁维燕
葛修润　韩其为　谭靖夷

委　　员（以姓氏笔画为序，正副主任、常务委员为当然编委委员）

万　隆　王　琪　王仁坤　王松春　王维斌
王鹏禹　孔德安　田军仓　吕明治　朱党生
刘　超　刘德有　江小兵　阮本清　孙　阳
苏加林　苏振华　苏祥林　杜学泽　杜雷功
杨万涛　杨成文　杨启贵　李　力　李一平
李文学　李如芳　李虎章　李建林　吴关叶
吴远海　何占颂　何琴雯　沈紫坪　张利荣
张秀丽　陆忠民　陈双权　陈学云　范福平
林　鹏　林文进　林修建　周孝德　郑桂斌
赵　华　赵国防　胡　金　茹彩江　钟赵龙
洪荣坤　姚栓喜　贺鹏程　徐建新　陶　然
常满祥　景来红　游赞培　潘惠芬

特约组稿人（以姓氏笔画为序）

于　翔　马淑金　王　芳　王继琳　牛宏力
毛凤莲　孔德铭　田育功　冯有维　朱　辰
朱　锋　乔仁贵　乔建平　任仲熙　刘　淑

刘小飞　刘佩琳　刘盈斐　刘晓虹　刘菊红
江　晖　许为宁　许传桂　许松林　孙林智
杨　军　杨　薇　杨立峰　杨竞锐　李　军
李庆云　李冠成　李朝新　吴方明　吴登高
何道喜　何韵华　余小波　余圣刚　邹　君
闵四海　张　良　张　纲　张　建　张文俊
张海泉　张敏娟　陈广志　陈立秋　陈念水
陈剑锋　周维娟　庞远宇　郑丽英　郑桂斌
赵英林　荆新爱　钟　萍　钟共清　祝平华
袁　蕊　郭涌淋　唐　兰　唐成书　唐奇志
黄晓辉　蒋志清　韩　冰　程　平　程坤远
曾　浩　谢兴发　路　建　檀雅华

《中国水力发电年鉴》第十七卷
编辑出版工作人员

主　　编　郦凤山

副 主 编　黄景湖　李　新

技术编辑　王东棣　蔡明昌　常兆堂　任景怀
王　玉　胡丹蓉　雷定演　孙　卓
李　明　宁传新　殷利利

终　　审　杨元峰

复　　审　杨伟国

责任编辑　姜　萍　韩世韬　安小丹　孙建英

美术设计　杨晓东

版式设计　张　娟

责任校对　闫秀英

出版印刷　蔺义舟

编　辑　说　明

（一）《中国水力发电年鉴》属专业性行业年鉴，主要面向全国水电行业从事规划、勘测、设计、施工、科研、咨询、建设管理、设备制造、生产运行、院校教育的工程技术人员、师生和各级有关领导与专家。

（二）本卷年鉴的资料时段为2012年，按序排列为第十七卷。框架结构由篇目、栏目、条目三个层次组成，共编列18个篇目、50个栏目、460个条目。每个篇目均以隔页列出，栏目、条目名称分别用通栏、双栏并铺以不同的网底印出，以示醒目。

（三）本卷年鉴的编辑工作，以邓小平理论、“三个代表”重要思想和科学发展观为指导，按照国家“在保护生态的前提下积极发展水电”的方针，力求全面、真实地反映2012年度我国水电行业各方面所取得的成就和技术进步，做到“大事不漏、小事不上”，更好地服务于水电行业，助推中华民族伟大复兴的中国梦的早日实现。

（四）本年鉴实行文责自负，各条目的内容、数据、插图等均由撰稿人核对无误并由单位有关部门审定、核实。

（五）本卷年鉴编辑实行主编负责制。主编负责总体框架结构设计、征询意见、组稿与初审等工作；各篇目的编辑负责稿件的征集、修改、编排、整理。

“特载”篇目由郦凤山、蔡明昌编辑；“大中型水电工程”、“水工设计”、“机构与学术团体”、“统计资料”、“大事记”篇目由黄景湖编辑；“工程勘测”、“土建施工”、“水电建设管理”、“环境保护与水库移民”、“水电工程综合效益”篇目由王东棣编辑；“机电及金属结构”、“国际合作与技术交流”、“技术标准”、“水电站生产运行”篇目由常兆堂编辑；“水能及风能开发”、“科学研究与技术创新”、“农村水电及电气化”篇目由蔡明昌编辑。

（六）《中国水力发电年鉴》始终坚持政治的严肃性，资料的准确性，内容的全面性、科学性、实用性和连续性，对历史负责，对后人负责。编辑过程中力求资料翔实、语言规范、文字精练。但由于水平所限，不妥、疏漏甚至错误之处在所难免，敬请广大读者批评指正。

联系地址：北京市海淀区车公庄西路22号A座中国水力发电工程学会《中国水力发电年鉴》编辑部，邮编：100044。

《中国水力发电年鉴》主编

郦凤山

2013.11

篇　目

1. 特载
2. 水能及风能开发
3. 大中型水电工程
4. 工程勘测
5. 水工设计
6. 土建施工
7. 机电及金属结构
8. 科学研究与技术创新
9. 国际合作与技术交流
10. 技术标准
11. 水电建设管理
12. 水电站生产运行
13. 环境保护与水库移民
14. 水电工程综合效益
15. 农村水电及电气化
16. 机构与学术团体
17. 统计资料
18. 大事记

目　　录

3 大中型水电工程

4 工程勘测

5 水工设计

6 土建施工

7 机电及金属结构

8 科学研究与技术创新

9 国际合作与技术交流

10 技术标准

11 水电建设管理

12 水电站生产运行

13 环境保护与水库移民

14 水电工程综合效益

15 农村水电及电气化

16 机构与学术团体

17 统计资料

18 大事记

CONTENTS

Chapter 1 Specials

Chapter 2 Development of Hydropower and Wind Power

Chapter 3 Large and Medium-sized Hydropower Project

Chapter 4 Project Investigation

Chapter 5 Hydraulic Structure Design

Chapter 6 Civil Engineering Construction

Chapter 8 Scientific Research and Technological Innovation

Chapter 9 International Cooperation and Technology Exchange

Chapter 10 Technical Norms

Chapter 11 Management of Hydropower Construction

Chapter 12 Production and Operation of Hydropower Stations

Chapter 13 Environment Protection and Resettlement of Reservoir Area Residents

Chapter 14 Comprehensive Benefits of Hydropower Projects

Chapter 15 Rural Hydropower and Rural Electrification

Chapter 16 Agencies and academic groups

Chapter 17 Statistical Data

Chapter 18 Chronicle

彩色插页目录

1

特　　载

重 要 文 件

国家发展改革委、财政部印发《中国清洁发展机制基金有偿使用管理办法》

为规范中国清洁发展机制基金有偿使用活动，进一步发挥其支持国家应对气候变化工作，促进经济社会可持续发展的作用，国家发展改革委、财政部根据《中国清洁发展机制基金管理办法》，特制定《中国清洁发展机制基金有偿使用管理办法》。2012 年 10 月 30 日以发改气候〔2012〕3406 号文印发。全文如下：

中国清洁发展机制基金有偿使用管理办法

第一章 总 则

第一条 为规范中国清洁发展机制基金（以下简称“基金”）有偿使用活动，保证基金安全，实现基金保值增值，根据《中国清洁发展机制基金管理办法》，制定本办法。

第二条 基金有偿使用活动应当符合国家法律法规、产业政策和行业发展规划，有利于产生应对气候变化效益，并为国家应对气候变化工作提供可持续的资金支持。

第三条 中国清洁发展机制基金审核理事会（以下简称“基金审核理事会”）负责审核基金年度财务收支预算（以下简称“预算”）和重大有偿使用项目，监督、指导中国清洁发展机制基金管理中心（以下简称“基金管理中心”）开展基金有偿使用活动。

第四条 基金管理中心作为基金的日常管理机构，负责开展基金有偿使用活动，并通过国家发展改革委向基金审核理事会提交有关基金资金使用年度计划和基金有偿使用重大项目申请以及基金有偿使用情况报告。

第二章 方式和对象

第五条 基金有偿使用活动可采取股权投资、委托贷款和融资性担保等方式。

第六条 本办法所称股权投资，是指基金通过设立、增资扩股和受让股权等权益性投资形式，依法开展有利于产生应对气候变化效益活动的行为。

第七条 本办法所称委托贷款，是指基金委托我国境内的商业银行、具有贷款业务资质的非银行金融机构或财政系统，依法开展有利于产生应对气候变化效益的债权性投资的行为。

第八条 本办法所称融资性担保，是指基金以担保人身份依法为能够产生应对气候变化效益的融资活动提供本息担保的行为。

第九条 基金不得从事股票、股票类投资基金、房地产以及期货等金融衍生产品投资。

第十条 基金有偿使用支持的对象应当符合以下条件：

（一）我国境内的中资企业或中资控股企业。

（二）从事应对气候变化相关领域业务。

（三）组织结构完善，管理制度完备。

（四）经营状况良好，市场竞争力较强。

（五）所处行业成熟度较高或发展潜力较大。

（六）具备相关项目实施和管理经验。

（七）资信状况良好，无重大违法违规行为。

（八）能够为基金投入的资金提供必要的安全保障。

第十一条 为确保基金的安全性，基金有偿使用项目的期限一般不超过 3 年。以股权投资、融资性担保等方式所支持项目投资期限可适当延长。

第十二条 基金以股权投资方式支持项目的，不得对投资对象控股，基金所持股份一般不得超过企业总股本的 25%。如需增持并使所持股份超过 25%的，应当事先报请基金审核理事会审核。

投资所形成股权的退出，应按照《中国清洁发展机制基金管理办法》所规定的重大项目和非重大项目的审批权限和程序，分别由国家发展改革委、财政部或基金管理中心遵循公开、公平和市场化原则，确定退出方式及退出价格。

第十三条 对于能够产生重大应对气候变化效益的企业，基金可视地区和项目情况在预算所确定的委托贷款利率优惠幅度内，提供适当低于同期市场贷款利率水平的委托贷款。

第三章 组织和实施

第十四条 基金管理中心应当在预算所确定的各类有偿使用比例和担保限额内，开展有偿使用项目。

第十五条　预算由基金管理中心编制，经基金审核理事会审核后，报请财政部和国家发展改革委联合批准。

第十六条　基金有偿使用项目的组织与实施活动应涵盖项目筛选、立项、尽职调查、风险评估、投资评审、项目决策以及法律文件签署等事项。

第十七条　基金管理中心应当开辟多元化的项目源渠道，形成丰富的项目储备，根据预算和本办法第十条的规定，进行项目筛选和立项。

基金审核理事会成员单位可提供项目建议。

第十八条　基金管理中心应当在综合考虑有偿使用项目收益和风险的基础上，采用定性和定量相结合的方法，对项目的质量和政策合规性、项目企业的基本状况和经营能力、有偿资金的用途和安全性等方面开展尽职调查，为项目遴选及风险监控提供全面、真实、准确的信息。

第十九条　基金管理中心依照风险管理制度，从金融、财务、法律及行业等角度开展基金有偿使用项目的风险识别和评估工作，应当采用谨慎的风险评价标准评价项目风险，并将形成的风险评估报告提交基金管理中心风险管理委员会（以下简称“风险管理委员会”）审议。

风险管理委员会由外聘的金融、财务、法律及行业风险管理专家，与基金管理中心负责基金风险管理和有偿使用业务的人员共同组成。

风险管理委员会的审议结果应当作为基金有偿使用项目决策的重要依据。

第二十条　基金管理中心投资评审委员会（以下简称“投资评审委员会”）应当根据预算、项目可行性研究报告、项目实施方案和尽职调查报告，独立开展基金有偿使用项目的技术和经济评价工作。

投资评审委员会的审议结果应当作为基金有偿使用项目决策的重要依据。

第二十一条　对于申请基金资金在7000万元人民币以上（含7000万元）的项目，基金管理中心应当将项目建议书、可行性研究报告、尽职调查报告、项目实施方案、风险管理委员会的审议结果、投资评审委员会的审议结果等一并报送基金审核理事会审核。

基金审核理事会对报送文件存在疑义的，可聘请中介机构或专家就有关问题独立做出判断、调查和评价。聘请中介机构或专家的费用由有偿使用项目开发费列支。必要时，中介机构或专家可依据调查和评价结果独立撰写报告提交基金审核理事会，作为基金有偿使用项目决策的重要依据。

基金审核理事会审核通过的有偿使用项目应当报请国家发展改革委和财政部联合批准。

第二十二条　对于申请基金资金在7000万元人民币以下的项目，基金管理中心应当按照规定程序审批，并于批准后的15个工作日内，在签署合同前，将项目的建议书、可行性研究报告、尽职调查报告、项目实施方案、风险管理委员会的审议结果、投资评审委员会的审议结果和项目批准文件等一并报国家发展改革委、财政部备案。

第二十三条　基金管理中心应当严格依据项目批准文件与项目相关方签订合同，开展基金有偿使用项目。

第四章　管理和监控

第二十四条　基金管理中心应当按照国家政策、法律法规及相关规定，在基金审核理事会的指导和监督下，规范基金的有偿使用活动，加强项目管理和风险监控。

第二十五条　基金管理中心应当建立健全的项目监管体系，使有偿使用活动资金在可控的风险程度内高效运作，实现基金保值增值。

（一）制定完备的业务管理办法，根据各类有偿使用方式的特点，有针对性地设定业务流程和工作要求，并按照《中国清洁发展机制基金财务管理办法》规范有偿使用活动的会计核算和财务管理。

（二）设立专门的风险内控机构，独立行使风险识别、评估、监测和控制等职能，保证风险管理工作的客观性、有效性和权威性。

（三）健全合理的岗位责任制度，强化项目管理和风险控制理念，明晰部门分工和岗位职责。基金有偿使用活动采用双岗管理模式，由两名工作人员共同开展项目管理工作，并承担各自的岗位职责，以确保基金有偿使用活动有序进行。

（四）构建科学的风险评估模式，全面评估基金有偿使用项目的市场风险、信用风险、流动性风险、操作风险、道德风险和法律风险等，最大限度地保障基金有偿使用活动的安全。

（五）采用稳健的资金运作模式，按照资产与负债相匹配的管理要求，完善有偿使用资金配置计划，合理安排资金使用期限和投入进度，并对资金的运行状况进行全程监控。

（六）建立有效的项目监控系统，定期或不定期地对有偿使用项目的合规性、资金风险状况、项目相关方的管理能力及项目运行绩效等进行评价。必要时，基金管理中心可聘请中介机构或专家就项目的财务、法律事务、内部控制、技术、风险等内容开展独立评价。

（七）完善重大突发事件应急机制，应对重大突发性风险。

第二十六条 基金管理中心发现项目相关方违反合同或本办法规定的，应当书面责令项目相关方限期改正，并采取暂缓资金拨付等措施予以警告；情节严重的，应当终止项目并追回已投入款项。必要时，可启动法律程序维护基金合法权益。

第五章 报 告

第二十七条 基金管理中心应当将基金有偿使用活动中出现的重大问题和突发性事项，及时向基金审核理事会报告。

第二十八条 在每年4月底前，基金管理中心应当将上年度的基金有偿使用情况向基金审核理事会报告。

第二十九条 基金审核理事会可根据实际情况，要求基金管理中心报告有偿使用活动情况。

第六章 附 则

第三十条 本办法自发布之日起施行。

国家发展改革委、财政部印发《中国清洁发展机制基金赠款项目管理办法》

国家发展改革委、财政部于2012年10月30日以发改气候〔2012〕3407号文印发《中国清洁发展机制基金赠款项目管理办法》。全文如下：

中国清洁发展机制基金赠款项目管理办法

第一章 总 则

第一条 为规范中国清洁发展机制基金（以下简称“基金”）以赠款形式资助项目（以下简称“赠款项目”）的管理，提高基金赠款资金（以下简称“赠款”）使用效益，按照《中国清洁发展机制基金管理办法》，制定本办法。

第二条 赠款项目管理应遵循公平、公开、公正的原则。

第三条 国家发展改革委牵头负责赠款项目管理，具体工作由国家发展改革委应对气候变化司承担。赠款项目评审、验收及其他相关工作所需经费列入基金管理中心基础管理费年度预算安排。

第二章 申 请 和 审 核

第四条 赠款用于支持国家应对气候变化相关活动：

（一）与应对气候变化相关的政策研究和学术活动。

（二）与应对气候变化相关的国际合作活动，包括清洁发展机制项目评审。

（三）旨在加强应对气候变化能力建设的活动。

（四）旨在提高公众应对气候变化意识的宣传教育活动。

（五）服务于基金宗旨的其他事项。

赠款不支持营利性活动，不用于行政事业支出。

第五条 根据国家应对气候变化实际工作需要，基金管理中心商国家发展改革委和财政部提出基金赠款年度支出规模预算建议，报财政部、国家发展改革委，经审核理事会审核并取得一致意见后，由财政部、国家发展改革委联合批准。

第六条 国家发展改革委基于应对气候变化工作需要，提出基金赠款支持重点领域和方向。

第七条 赠款项目申请人应当是我国境内从事应对气候变化领域工作，具有一定研究或培训等项目执行能力的相关机构。申请人可以在基金年度赠款支持范围内申请基金赠款。

第八条 申请赠款应当提交项目申请书。赠款项目申请书主要包括以下内容：

（一）申请人基本情况。

（二）项目背景资料。

（三）项目目标。

（四）项目的主要内容与活动。

（五）项目的主要产出。

（六）项目的执行进度安排。

（七）申请资金额和预算安排。

（八）其他相关内容。

第九条 赠款项目申请书由国务院有关部门或省级发展改革部门（以下称“项目组织申报单位”）向国家发展改革委转报或报送。

第十条 国家发展改革委应对气候变化司组织相关领域专家5～7人组成的专家组对赠款项目进行评审。专家组对申请人的资质，项目申请书的完整性，拟申报项目的必要性、可行性，拟申报赠款金额的合理性等内容进行评审，形成评审意见，提交基金审核理事会。

第十一条 基金审核理事会在专家评审意见基础上，召开会议审核赠款项目，提出拟批准赠款项目清单及各项目赠款金额的审核意见，由国家发展改革委会同财政部批准。

第十二条 赠款项目实行合同管理。赠款项目合同由国家发展改革委、项目组织申报单位、基金管理中心、项目申请人共同签订。在合同中明确规定各方责任、权利、义务和违约处罚办法。

第三章　实施与监督管理

第十三条　赠款项目合同签署后，项目申请人成为实施机构，负责赠款项目实施。

第十四条　基金管理中心根据国家发展改革委应对气候变化司书面通知，向赠款项目实施机构拨付资金。

第十五条　国家发展改革委应对气候变化司会同项目组织申报单位负责对赠款项目的实施进行监督检查，基金管理中心予以配合。

第十六条　实施机构应严格按照赠款项目合同实施项目，并接受国家发展改革委、项目组织申报单位和基金管理中心的监督检查。

第十七条　赠款的支付、使用及管理须按照有关财务管理规定和赠款项目合同执行。

第十八条　实施机构应于每年 7 月 30 日前向国家发展改革委和项目组织申报单位报送截至当年 6 月 30 日的项目进展报告，并于次年 3 月 1 日前报送本年度进展报告（含财务报告）。国家发展改革委负责向基金审核理事会报告赠款项目实施情况。

第十九条　国家发展改革委、财政部对实施机构的违规行为，依照法律、法规、规章规定和赠款项目合同约定予以处理、处罚。实施机构在实施过程中违反项目合同，出现不按时完成所规定各项任务、不执行有关财务管理规定等重大问题的，国家发展改革委应对气候变化司应当要求实施机构进行限期整改。未按要求整改或整改后仍存在重大问题的，国家发展改革委应对气候变化司暂停资金支付或终止赠款项目执行。对于终止执行的赠款项目，实施机构应将已收到赠款的未使用部分及使用赠款所形成的资产退还基金，三年内不具有申请基金赠款的资格。

第二十条　赠款项目内容如需做出调整，实施机构需就调整事项和理由作出说明，报请国家发展改革委批准。国家发展改革委认为属于重大调整的，做出是否批准决定前还需提请基金审核理事会审核。

第二十一条　实施机构应在赠款项目合同规定的时间内完成赠款项目内容。如因特殊原因赠款项目不能在规定时间内执行完毕，实施机构应在赠款项目原执行期结束前三个月向国家发展改革委提出书面延期申请，由国家发展改革委批准。项目延期仅限一次，期限不超过一年，赠款额度不变。如延期后仍不能按时完成，应终止项目执行。

第四章　验收与成果管理

第二十二条　实施机构应在赠款项目合同期满前一个月内向国家发展改革委提出项目验收申请并向国家发展改革委、项目组织申报单位及基金管理中心提交完整项目成果和财务决算报告。

第二十三条　国家发展改革委会同项目组织申报单位组织项目验收，基金管理中心予以配合。

第二十四条　赠款项目经验收合格的，将予以结题。验收不合格的，实施机构需在限定期限内达到验收标准。在限期终了时仍未达到验收标准的，实施机构应将已收到赠款的未使用部分及使用赠款所形成的资产退还基金，且三年内不具有申请基金赠款的资格。

第二十五条　赠款项目结题后的赠款资金结余返还基金。

第二十六条　赠款项目取得的成果及产生的相关权益归国家所有，形成的知识产权按有关知识产权的法律、法规、规章和规范性文件执行。

第二十七条　赠款项目涉及国家保密、商业秘密事项的，应严格执行国家相关法律法规。

第五章　附　　则

第二十八条　本办法自发布之日起施行。

财政部、国家发展改革委、国家能源局印发《可再生能源电价附加补助资金管理暂行办法》

财政部、国家发展改革委、国家能源局于 2012 年 3 月 14 日以财建〔2012〕102 号文印发了《可再生能源电价附加补助资金管理暂行办法》。全文如下：

可再生能源电价附加补助资金管理暂行办法

第一章　总　　则

第一条　根据《中华人民共和国可再生能源法》和《财政部　国家发展改革委　国家能源局关于印发〈可再生能源发展基金征收使用管理暂行办法〉的通知》（财综〔2011〕115 号），制定本办法。

第二条　本办法所称可再生能源发电是指风力发电、生物质能发电（包括农林废弃物直接燃烧和气化发电、垃圾焚烧和垃圾填埋气发电、沼气发电）、太阳能发电、地热能发电和海洋能发电等。

第二章　补 助 项 目 确 认

第三条　申请补助的项目必须符合以下条件：

（一）属于《财政部　国家发展改革委　国家能源局关于印发〈可再生能源发展基金征收使用管理暂

行办法〉的通知》规定的补助范围。

（二）按照国家有关规定已完成审批、核准或备案，且已经过国家能源局审核确认。具体审核确认办法由国家能源局另行制定。

（三）符合国家可再生能源价格政策，上网电价已经价格主管部门审核批复。

第四条 符合本办法第三条规定的项目，可再生能源发电企业、可再生能源发电接网工程项目单位、公共可再生能源独立电力系统项目单位，按属地原则向所在地省级财政、价格、能源主管部门提出补助申请（格式见附件1)。省级财政、价格、能源主管部门初审后联合上报财政部、国家发展改革委、国家能源局。

第五条 财政部、国家发展改革委、国家能源局对地方上报材料进行审核，并将符合条件的项目列入可再生能源电价附加资金补助目录。

第三章 补 助 标 准

第六条 可再生能源发电项目上网电量的补助标准，根据可再生能源上网电价、脱硫燃煤机组标杆电价等因素确定。

第七条 专为可再生能源发电项目接入电网系统而发生的工程投资和运行维护费用，按上网电量给予适当补助，补助标准为：50km以内每千瓦时1分钱，50～100km每千瓦时2分钱，100km及以上每千瓦时3分钱。

第八条 国家投资或者补贴建设的公共可再生能源独立电力系统的销售电价，执行同一地区分类销售电价，其合理的运行和管理费用超出销售电价的部分，通过可再生能源电价附加给予适当补助，补助标准暂定为每千瓦每年0.4万元。

第九条 可再生能源发电项目、接网工程及公共可再生能源独立电力系统的价格政策，由国家发展改革委根据不同类型可再生能源发电的特点和不同地区的情况，按照有利于促进可再生能源开发利用和经济合理的原则确定，并根据可再生能源开发利用技术的发展适时调整。

根据《中华人民共和国可再生能源法》有关规定通过招标等竞争性方式确定的上网电价，按照中标确定的价格执行，但不得高于同类可再生能源发电项目的政府定价水平。

第四章 预算管理和资金拨付

第十条 按照中央政府性基金预算管理要求和程序，财政部会同国家发展改革委、国家能源局编制可再生能源电价附加补助资金年度收支预算。

第十一条 可再生能源电价附加补助资金原则上实行按季预拨、年终清算。省级电网企业、地方独立电网企业根据本级电网覆盖范围内的列入可再生能源电价附加资金补助目录的并网发电项目和接网工程有关情况，于每季度第三个月10日前提出下季度可再生能源电价附加补助资金申请表（格式见附件2)，经所在地省级财政、价格、能源主管部门审核后，报财政部、国家发展改革委、国家能源局。

公共可再生能源独立电力系统项目于年度终了后随清算报告一并提出资金申请。

第十二条 财政部根据可再生能源电价附加收入、省级电网企业和地方独立电网企业资金申请等情况，将可再生能源电价附加补助资金拨付到省级财政部门。省级财政部门按照国库管理制度有关规定及时拨付资金。

第十三条 省级电网企业、地方独立电网企业应根据可再生能源上网电价和实际收购的可再生能源发电上网电量，按月与可再生能源发电企业结算电费。

第十四条 年度终了后1个月内，省级电网企业、地方独立电网企业、公共可再生能源独立电力系统项目单位，应编制上年度可再生能源电价附加补助资金清算申请表（格式见附件3)，报省级财政、价格、能源主管部门，并提交全年电费结算单或电量结算单等相关证明材料。

第十五条 省级财政、价格、能源主管部门对企业上报材料进行初步审核，提出初审意见，上报财政部、国家发展改革委、国家能源局。

第十六条 财政部会同国家发展改革委、国家能源局组织审核地方上报材料，并对补助资金进行清算。

第五章 附 则

第十七条 本办法由财政部会同国家发展改革委、国家能源局负责解释。

第十八条 本办法自发布之日起施行。2012年可再生能源电价附加补助资金的申报、审核、拨付等按本办法执行。

附件：1. 可再生能源电价附加资金补助目录申报表（略）

2. 可再生能源电价附加补助资金季度申报表（略）

3. 可再生能源电价附加补助资金清算申报表（略）

科学技术部印发《风力发电科技发展“十二五”专项规划》

为进一步贯彻落实《国家中长期科学和技术发展

规划纲要（2006～2020年）》和《国家“十二五”科学和技术发展规划》，加快推动能源技术产业创新发展，中华人民共和国科学技术部组织编制了《风力发电科技发展“十二五”专项规划》。2012年3月27日，科学技术部以国科发计〔2012〕197号印发了该专项规划。摘要如下：

风力发电科技发展“十二五”专项规划（摘要）

一、现状

“十一五”期间，我国风电产业发展引人瞩目，已成为新能源的领跑者，并具有一定国际影响力。在国家的大力支持下，经过科研机构、风电企业等各方的共同努力，我国在风能资源评估、风电机组整机及零部件设计制造、检测认证、风电场开发及运营、风电场并网等方面都具备了一定的基础，初步形成了完整的风电产业链。在海上风电开发领域，初步解决了海上运输、安装和施工等关键技术，开始积累海上风电场运营经验。在人才培养上，初步形成了一定规模的风电专业人才队伍，风电学科建设也已经起步。

（一）风电设备产业化情况

在“十一五”科技计划的引领下，国内科研机构、企业通过消化吸收引进技术、委托设计、与国外联合设计和自主研发等方式，掌握了1.5～3.0MW风电机组的产业化技术。目前，国产1.5～2.0MW风电机组是国内市场的主流机型，并有少量出口；2.5MW和3.0MW风电机组已有小批量应用；3.6MW、5.0MW风电机组已有样机；6.0MW等更大容量的风电机组正在研制。国内叶片、齿轮箱、发电机等部件的制造能力已接近国际先进水平，满足主流机型的配套需求，并开始出口；轴承、变流器和控制系统的研发也取得重大进步，开始供应国内市场。

截至2010年底，我国具备兆瓦级风电机组批量生产能力的企业超过20家。2010年新增装机容量前五名的风电整机制造企业当年市场份额占全国的70%以上。我国有四家企业2010年新增装机容量进入全球前十名。

（二）风电场建设及资源开发情况

《中华人民共和国可再生能源法》及一系列配套政策的实施，促进了国内风电开发快速增长。2010年，我国风电新增装机容量1890万kW，居世界第一位。截至2010年底，我国具备大型风电场建设能力的开发商超过20家，共已建成风电场800多个，风电总装机容量（除台湾省未统计外）4470万kW，超过美国，居世界第一位。

“十一五”期间，我国已启动海上风电开发，首个海上项目上海东海大桥风电场安装34台国产3.0MW风电机组，并于2010年6月全部实现并网发电；2010年9月，国家能源局组织完成了首轮海上风电特许权项目招标，项目总容量100万kW，位于江苏近海和潮间带地区。

（三）风电科学技术及公共服务发展情况（略）

（四）风电人才队伍及学科建设情况（略）

二、形势与需求

（一）当前形势

通过国家多年的持续支持，我国在风电科技领域取得了长足进步，但与国际先进水平相比，还存在较大差距。基于我国风电产业现状及国内外趋势，我国在风电科技领域仍面临一系列挑战，主要表现在：

（1）先进风电装备自主设计和创新能力有待加强。（略）

（2）风资源等基础数据不完善，风电场设计、并网及运行等关键技术需要提升。（略）

（3）风电行业公共测试体系刚刚起步，风电标准、检测和认证体系有待进一步完善。（略）

（4）风电基础理论研究尚待深入，缺乏自主创新；风电学科建设、人才培养亟待加强。（略）

（5）中小型风电机组研发和风电非并网接入技术需要进一步提高。（略）

（6）风电直接工业应用技术研究需要扩展。（略）

（二）战略需求

在未来五年，我国风力发电科技要逐步实现从量到质的转变，完善和发展风力发电科技的实力，实现从风电大国向风电强国的转变。

根据我国发布的《国民经济和社会发展第十二个五年规划纲要》，在“十二五”期间，我国规划风电新增装机容量7000万kW以上。从我国能源规划、碳减排目标及产业发展需求来看，我国风力发电科技的战略需求主要体现在：

1. 特大型风电场建设的需要　特大型风电场建设是我国风电开发的需求重点，国外无法提供直接的经验。“十二五”期间，国家规划建设6个陆上和2个海上及沿海风电基地，迫切需要在特大型风电场风资源评估、风电场设计、并网消纳与智能化运营管理和大容量、高可靠性、高效率、低成本的风电机组等方面进行科技开发和创新，为我国特大型风电场建设提供技术保障。

2. 大规模海上风电开发的需要　我国海上风电已经起步，“十二五”期间潮间带和近海风电将进入快速发展、规模化开发阶段，因此，需要开展海上风电机组研制及产业化关键技术研究，加强工程施工与并网接入等海上（潮间带）风电场开发系列关键技术研究，为大规模海上风电开发提供技术支撑。

3. 风电自主创新体系、能力建设与人才培养的需要　“十二五”期间，结合国家能源产业和风电科技发展战略的总体部署，迫切需要建立公共研发测试服务体系，根据我国环境条件和地形条件等开发出具有自主知识产权的风电设计工具软件系统，在整机设计集成与关键部件制造领域实现技术突破，实现产、学、研、用相互结合共同发展，为我国风电装备性能优化及自主设计提供条件和支持，保障我国风电产业的持续、快速和稳定增长。

三、总体思路

（一）指导思想

以科学发展观为指导，贯彻落实《国家中长期科学和技术发展规划纲要（2006～2020年）》和《国民经济和社会发展第十二个五年规划纲要》，以“统筹规划、重点突破、交叉融合、自主创新”为原则，面向风力发电领域国家重大需求与国际科技前沿，发挥科技在风电产业发展过程中的支撑与引领作用，全面提升我国风电产业的核心竞争力，实现我国从风电大国向风电强国的跨越，推动我国风电产业健康可持续发展。

（二）发展原则

重点解决与自主创新能力相关的关键科技问题。立足现状，并面向我国风电发展的趋势，全面推动具有自主知识产权的风电关键技术研究，攻克一批陆上及海上风电机组设计制造和风电并网及非并网接入的关键技术。

加强基础性、共性技术研究。适当整合资源，实现成果共享，避免重复性建设、资源分散和浪费，同时，加强风电产业自主发展的基础研究和科研队伍建设，建立链条紧密、结构合理的科技研发和公共服务体系。

重视企业在技术创新领域的主体地位。以风电场规模化开发带动风电产业化发展，促进产、学、研科研链条的形成和健康发展，以科技推动产业进步。

（三）规划目标

在风电设备设计制造方面，掌握3～5MW直驱风电机组及部件设计与制造，产品性能与可靠性达到国际领先水平，并实现产业化；掌握7MW级风电机组及零部件设计、制造、安装和运营等成套产业化技术，产品性能和可靠性达到国际先进水平，推动我国大容量风电机组的产业化；突破10MW级海上风电机组整机和零部件设计关键技术，实现海上超大型风电机组的样机运行。

在风电场开发及运行方面，掌握大型风电场设计、建设、并网与运营关键技术，提高风电消纳能力，提高风电场的运营管理水平，支撑我国千万千瓦风电基地的建设。

在风电公共服务体系方面，突破从风资源特性到电网接入送出全过程的科学基础问题，推动行业整体进步；建设风电机组地面传动链测试、叶片测试和风电设计工具软件等一批公共系统，全面提升我国风电行业的整体水平；开发储备一批风电新技术，推动风电技术创新和应用；培育一批高水平的科技创新队伍，系统部署建设一批国家级重点实验室和工程技术研究中心，全面提升我国风电制造企业的国际竞争力。

通过“十二五”风电科技规划的实施，促进我国风电产业的健康、有序和可持续发展，使我国风电产业和风电科技整体上达到国际先进水平，为2020年我国二氧化碳排放强度降低40%～45%、非化石能源占一次能源消费比重15%能源战略目标的实现做出直接重要贡献。

四、重点方向

（一）基础研究类（略）

（二）研究开发类（略）

（三）集成示范类（略）

（四）成果转化类（略）

五、重点任务

（一）基础研究类

1. 风能资源基础理论研究　研究复杂地形下中尺度数值模式的高精度参数化；研究中尺度模式资料四维同化；研究海上风资源及台风的测量及评价；研究卫星对地观测数据用于海上风能资源分析的方法；研究风速在不同海岸线走向、岸边不同地形条件下，由远海－近海－滩涂－陆地的变化机理；研究海上和陆上风速垂直切变、湍流变化等风特性模型及参数确定；研究台风系统的模型和参数化；研究特大型风电场风资源特性等。

2. 风力发电系统基础理论研究　研究风力机空气动力设计理论，研究风力机空气动力与结构、机械与电气等之间的耦合机理；研究风电机组建模、验证与仿真理论和方法，研究建立风力发电系统整体动态数学模型的方法。

（二）研究开发类

1. 风电机组整机关键技术研究开发　研究10MW级风电机组总体设计技术，包括长寿命（超过20年）及高可靠性设计方案、简单轻量化的新型传动技术、抗灾害性大风的气动和结构设计技术、抗盐雾和防腐蚀材料工艺设计及机械制造工艺设计技术等。

3～5MW 永磁直驱风电机组产业化技术研究，包括总体设计、永磁电机的设计制造，机组设计优化、可靠性设计技术、系统控制技术以及装配工艺等。

7MW 级风电机组研制及产业化技术研究，包括总体设计技术、载荷确定技术、强度和刚度校核技术、整体动力稳定性计算技术、先进控制技术，机组设计优化技术、可靠性设计技术、整体装配工艺流程与阶段质量控制技术和分体组装技术等。

研究风电机组结构紧凑化、轻量化等新型传动形式设计技术；研究风电机组独立变桨、载荷实时测量分析、激光雷达测速仪辅助控制等先进控制技术；研究新型传动调速技术。

研究耐低温、防沙尘、抗灾害性大风、防盐雾及适合高原地区等各类适合我国环境特点的风电机组整体结构设计技术、安全与先进控制设计优化技术、高性能电气部件设计技术、新型材料工艺设计与应用技术、制造工艺设计技术等。

研究高性价比中小型风电机组设计、制造及并/离网运行控制技术，研究中小型风电机组检测认证技术，制定中小型风电机组相关标准，建立中小型风电机组检测认证体系。

2. 零部件关键技术研究开发　研究大容量风电机组齿轮箱载荷谱分析技术，研究复杂载荷下齿轮箱的结构完整性及优化设计技术，研究齿轮箱轮齿传动齿向修正和齿形修形设计技术，研究齿轮箱箱体设计及密封技术，研究齿轮箱齿轮材料低温处理技术，研究齿轮箱轻量化设计技术，研究大容量风电机组齿轮箱产业化技术等。

研究超长叶片气动外形、结构、材料与控制一体化的设计技术，研究叶片气动控制、柔性结构设计技术，研究叶片整体装配工艺流程和结构铺层优化设计技术，研究分段式叶片设计及制造技术，研究碳纤维等先进材料在叶片结构设计中的应用技术，研究风电机组叶片性能仿真分析技术，研究超长叶片产业化技术等。

研究大容量风力发电机先进、高效的冷却技术，研究发电机结构及工艺设计技术，研究发电机电磁方案选择优化技术，研究发电机防腐设计技术，研究大容量风力发电机轻量化设计技术等。

研究大容量风电机组变流器和变桨系统等的模块化设计技术，研究变流器全数字化矢量控制、电磁兼容和中高压变流等技术，研究变桨距与变速控制技术，研究电网失电及系统内外各种故障下安全顺桨技术等；研究轴承、偏航系统等其他零部件设计技术。

3. 公共试验测试系统及测试技术研究　研究风力发电公共试验测试系统设计建设关键技术，研制大型风电机组传动链地面测试系统、野外测试风电场，研制叶片、轴承等关键零部件的公共测试系统，研究风电机组在线监测与故障诊断技术，研制大型风电机组在线综合动态测试、分析诊断和优化系统，研制风电机组/风电场并网特性测试系统，研究风电机组整机、传动链、关键零部件、并网等方面的测试技术。

4. 先进风力机翼型族设计及应用技术　研究风力机叶片先进翼型设计技术，包括大厚度翼型设计技术、翼型直接优化设计技术、钝尾缘修型方法和钝尾缘翼型减阻技术。

研究高精度风力机翼型大攻角性能仿真技术，包括翼型大攻角流场和气动特性数值模拟技术、翼型动态失速模拟技术、翼型气动噪声数值模拟技术，研究翼型数值模拟方法的软件实现技术。

研究风力机翼型大攻角风洞实验技术，包括翼型大攻角风洞实验洞壁干扰修正技术、翼型大攻角气动特性测试技术、翼型动态失速风洞实验技术、翼型绕流风洞实验技术。

研究风力机翼型在大型风力机叶片上的应用技术，包括翼型气动性能预测技术、二维翼型气动数据三维效应修正技术、翼型在风力机叶片上的优化布置技术、风力机叶片设计工具软件系统开发技术。

5. 大型风电场设计、建设及运行关键研究开发　研究高性能测试设备设计开发技术；研究复杂地形下的风能资源分析技术；研究风电场宏观选址、微观选址技术；研究符合我国环境条件和风电场特点的风电场设计、优化系统软件开发技术；研究适合陆上风电场吊装及维护专用设备的设计开发技术。

研究风电场功率预测技术，研究风电场有功/无功控制调节等风电场优化控制策略技术；研究集成功率预测、有功/无功调节的风电场综合监控技术；研究风电场集中解决低电压穿越的关键技术；研究区域多风电场远程故障诊断系统开发技术；研究风电场维护策略及优化技术；研究连接监控系统和远程诊断的区域风电场资产信息化管理系统开发技术。

研究特大型风电场与电网相互作用；研究大型风电场对局部气候、生态环境等的影响。

研究近海风电运输安装、风电场电力传输、变电及送出技术，研究近海风电场工程建设施工作业方法和技术，研究近海风电场运营维护技术和方法，研究近海风电场防腐蚀、抗破坏性大风、绝缘等相关技术；研究多桩式、悬浮式等不同海上风电机组基础设计技术。

6. 风电并网关键技术研究开发　研究大型风电场出力及运行特性、电压分层分区控制策略和综合控制技术、风电场支持电网调频的有功控制技术、新能源发电与系统稳定控制技术、风电场并网系统备用容量优化配置和辅助决策技术。

研究风电分布式接入电网的控制技术。

7. 储能及风能直接应用关键技术研发　研究新型储能材料，研究大容量、高效率、高可靠性、规模化储能装置和储能装置系统集成技术；研究利用风能进行制氢、海水淡化及高耗能工业领域直接应用技术；研究风电、光伏发电、水电等多能互补发电系统关键技术。

（三）集成示范类

在开展风力发电关键技术研究开发的同时，积极推进集成示范工程建设，形成海上风电机组、特大型风电场、多能互补发电系统和分布式发电系统等标志性示范工程，以进行海上风电机组设计、海上风电机组基础设计及施工、海上风电机组运输及安装、大型风电场运营管理、大型可再生能源多能互补发电系统接入电网特性技术和分布式发电系统直接应用技术等验证工作。

集成示范技术的主要方向如下：

（1）百万千瓦以上区域性多风电场的监控与智能化管理。

（2）15 万 kW 海上及潮间带风电场，包含单机容量 7MW 级风电机组。

（3）风、光、水、储等多能互补发电系统。

（4）分布式发电直接应用系统。

（四）成果转化类

衔接“十一五”已有成果，结合“十二五”规划的实施，以整机制造作为重点，将具有创新性的技术成果转移到整个行业，改进风电产品生产制造工艺，提高风电产品性能和可靠性，降低风电开发成本。

成果转化技术的主要方向如下：

（1）7MW 级风电机组及关键零部件产业化基地。

（2）耐低温、防沙尘、抗灾害性大风、防盐雾及适合高原地区等符合我国环境条件风电机组的产业化基地。

（3）将新开发翼型族应用于 1.5MW 及以上风电机组叶片。

（4）将独立变桨技术在 3.0MW 及以上主流风电机组上进行规模化应用等。

（五）公共服务体系建设

建设国家级风力发电公共数据库及信息服务中心，建设国家级公共研发与试验测试中心，研究风力发电测试技术，建立和完善各类风电标准、检测与认证体系，建设风力发电国家重点实验室，国家工程技术研究中心、产业联盟及产业化基地，推动我国风电产业的自主创新能力建设，推动风电技术进步，提高风电机组效率、性能与可靠性，提升我国风电产业的国际竞争力。

1. 公共数据库及信息服务中心建设　研究建立我国不同环境、地形与电网条件下风电机组的运行状况、故障以及翼型、标准、专利等各个方面的公共数据库，为我国风电机组设计及优化提供基础数据依据；建立风电公共信息服务中心，收集、分析、发布权威信息，推动数据与信息等资源的共享。

2. 标准、检测与认证体系建设　建立、完善符合我国具体环境条件、地形条件与电网条件的风力发电标准体系，建立、完善大型及中小型风电产品检测与认证能力，加强检测认证机构能力建设，统一规范认证模式，建立完善的风电设备认证软件工具系统，有效推进并严格实施风电产品检测与认证工作。

3. 技术创新平台建设　建设风力发电国家重点实验室，国家工程技术研究中心、产业联盟以及产业化基地等技术创新平台，能够加快新技术和新设备从设计、开发、验证、成果转化和推广的进程，为风力发电技术进步提供强有力的支撑。

（六）人才培养

风力发电是一项综合性很强的高新技术，与众多学科有交叉，涵盖气象、材料、空气动力学、控制与自动化、电气、机械、电力电子、检测认证等多个专业领域。目前我国风电人才严重匮乏，尤其是风电机组研发专业人员、高级管理人才、制造专业人员、高级技工以及风电场运行和维护人员。因此，“十二五”期间必须重视和加强风电人才培养和人才队伍建设，培养从研发、设计、制造、试验到标准、检测认证、质量控制、管理、运行维护、售后服务等各个环节的人才，为我国风电产业的快速发展提供人才储备和支撑。

1. 加快培育建设一批高水平研究团队　依托风能领域重大科研项目、重点学科和科研基地以及国际学术交流与合作项目，加大风电学科或学术带头人的培养力度，积极推进创新团队建设，培育一批专业技术过硬、自主创新能力强、具有国际竞争力和影响力的高水平研究团队；进一步完善高级专家培养与选拔的制度体系，培养造就一批中青年高级专家，提高风电自主研发与创新能力。

2. 充分发挥学科建设在人才队伍培养中的作用　加强风电科技创新与人才培养的有机结合，鼓励科研院所与高等院校培养研究型人才；支持研究生参与科研项目，鼓励本科生投入科研工作；高等院校要及时合理地设置风能学科及相关专业，开展相关风能资源评估、空气动力学、机械制造、电力电子、电力并网等方面的理论和实验研究，将基础研究与人才培养相结合。加强职业教育、继续教育与培训，培养适应风电产业发展需求的各类实用技术专业人才。

3. 支持企业培养和吸引科技人才　鼓励风电企业聘用高层次科技人才，培养优秀科技人才，并给予政策支持；鼓励和引导科研院所和高等院校的科技人员进入市场创新创业；鼓励企业与高等院校和科研院所共同培养技术人才；鼓励企业多方式、多渠道培养不同层次研发与工程技术人才；支持企业吸引和招聘海外科学家和工程师。

4. 加大高层次人才引进力度　制定和实施吸引风能领域海外优秀人才回国工作和为国服务计划，重点吸引高层次人才和紧缺人才；加大对高层次留学人才回国的资助力度；加大高层次创新人才公开招聘力度；健全留学人才为国服务的政策措施；实施有吸引力的政策措施，吸引海外高层次优秀科技人才和团队来华工作。

（七）国际科技合作

“十二五”期间，将风能开发与利用国际合作的内容纳入国家科技计划予以安排，列入双边或多边政府间科技合作协议框架，鼓励发展与风能领域主要国家、国际组织、知名研究机构等的长期合作关系。

（1）基础科学领域合作。（略）

（2）适应我国环境特点与地形条件的技术开发领域合作。（略）

（3）产业公共服务体系与能力建设领域合作。（略）

（4）积极参与国际组织、国际研究计划及国际标准制定。（略）

六、保障措施

根据“基地＋人才＋项目”的总体建设模式，以企业为创新主体，以学和研为研发主力，采取产、学、研、用相结合的方式，完成科学突破、技术攻关和应用示范，确保“十二五”计划的顺利实施。

通过合理规划研发结构布局及资源配置，有效吸引、大胆使用和着力培养一批具有国际水平和合作精神的科研人才，提高科研项目管理水平，加强公共信息服务中心建设，保护知识产权，推进标准、检测、认证体系建设，最终形成可持续发展的风电产业科研体系。

结合风力发电多学科交叉的特点，打破传统学科和学历界限，广纳物理学、化学、材料学以及工程技术等多方面人才；将人才队伍建设与学科建设和创新体系建设紧密结合；注重队伍结构的合理性，在引进、培养技术/学术带头人的同时，相应地配置高水平的技术支撑人员和管理人员，大力推进团队建设，形成完善的人才培养体系和选拔机制。

充分发挥国家高新技术产业开发区、国家级高新技术产业化基地的作用，加快成果产业化，推动创新型产业集群建设工程，围绕本专项确定的主要目标，合理选择技术路径和产业路线，采取有效措施，促进产业集群的形成和创新发展。

国家能源局关于做好水电建设前期工作有关要求的通知

国家能源局于2012年3月15日以国能新能〔2012〕77号文下发了《国家能源局关于做好水电建设前期工作有关要求的通知》。全文如下：

水能资源是重要的可再生能源资源，做好水能资源规划和水电建设工作，对于增加能源供应、保障能源安全、减排温室气体、应对气候变化、保护流域生态环境具有重要意义。近年来，部分企业盲目抢占资源、擅自开展勘测设计等前期工作，扰乱了水电建设秩序，影响了水电健康发展。为加强水电行业管理，维护开发建设秩序，保障水电建设健康有序发展，现将做好水电建设前期工作的有关要求通知如下：

一、严格河流规划管理

河流水电规划是水电建设的基本依据，是保障水能资源科学合理开发的前提和开展水电项目勘测设计研究的基础。水电建设要坚持规划先行的原则，河流不论大小，要进行水电开发必须先编制河流水电开发规划。河流水电规划是政府行为，大中型河流和主要河流（河段）水电规划由国家组织开展，小型河流的水电规划由地方组织开展。未经政府主管部门同意，任何单位和个人不得擅自开展河流水电规划工作。

二、规范前期工作秩序

为保障流域合理有序开发，规范水电建设秩序，必须严格水电建设前期工作管理。未经主管部门许可，任何单位和个人不得擅自开展水电项目前期工作，包括项目勘测设计招标及项目预可行性、可行性研究工作。大中型项目的前期工作由国家能源主管部门管理，小型项目的前期工作由省级能源主管部门管理。对于同意开展前期工作的项目，项目法人应严格按照《招标投标法》的规定和《水电工程勘察设计管理办法》（国能新能〔2011〕361号）要求，通过招标等方式选择具有相应资质和业绩的勘测设计单位，承担前期工作任务，并切实保障水电项目前期工作质量。未经主管部门同意，项目法人不得擅自采取不招标的方式确定或调整勘测设计单位。

三、坚持流域统筹开发

为保障流域水电开发质量，发挥河流（河段）开发的总体效益，协调不同梯级开发补偿利益，大中型河流要坚持流域开发方针，尽可能采取“一流域（河流或河段）一公司”的开发模式，发挥大型国有企业技术、资金和管理优势，支持大型发电央企为主开发大江大河。坚持水电建设市场化和投资主体多元化，支持各类资本以各种形式依法依规参与水电开发，鼓励中小河流在符合开发规划的前提下实行多元化投资、多样化管理。

四、加强行业监督管理

各级投资、能源主管部门要加强水电建设前期工作的统筹协调和监督管理，认真做好河流规划和项目前期工作。各有关企业要加强法律意识和行业自律，严格遵守国家法律法规和相关规定，有序开展水电前期工作，严禁以各种方式无序抢占资源和相互抢夺资源。要建立健全管理制度，加强水电建设前期工作管理，水电水利规划设计总院等单位要严格设计审查管理，对于无开发规划、未经同意擅自开展前期工作以及其他不符合建设管理程序和要求的项目，不得进行技术咨询和设计审查。

请四川、云南、西藏、青海、甘肃五省（自治区）发展改革委、能源局（办）会同水电水利规划设计总院，对照本通知要求对本地区主要河流前期工作情况（包括水电规划进展、开发主体情况或意向、勘测设计状况等）进行全面清理，于4月中旬前将有关情况、存在问题及建议上报国家能源局。

请各有关单位按照上述要求，加强沟通，密切配合，认真做好各项工作，共同维护水电开发秩序和发展大局，保障水电有序开发、健康发展，为建设资源节约型和环境友好型社会，促进地区经济社会可持续发展做出积极贡献。

国家能源局印发《可再生能源发电工程质量监督体系方案》

为规范和加强可再生能源发电工程质量监督管理，促进可再生能源健康发展，国家能源局制定了《可再生能源发电工程质量监督体系方案》。2012年11月20日，国家能源局以国能新能〔2012〕371号文印发该方案。全文如下：

可再生能源发电工程质量监督体系方案

工程质量监督是我国工程建设质量管理的一项基本制度，也是政府部门实施行业管理的重要手段。为进一步规范水电工程质量监督管理，加强可再生能源发电工程质量监督管理，根据国务院《建设工程质量管理条例》有关规定，特制订本方案。

一、体系方案

组建国家可再生能源发电工程质量监督总站，同时保留按国能新能〔2011〕156号文设立的水电工程质量监督总站，负责我国水电、风电等可再生能源发电工程的质量监督工作。总站均设在水电水利规划设计总院。

二、工作范围

主要开展水电、风电、太阳能、生物质能等可再生能源发电项目具体工程的质量监督工作。

三、工作原则

可再生能源发电工程质量监督工作应坚持“独立、规范、公正、公开”的原则，健全规章制度，规范工作流程，完善检测手段，严格控制质量关口，认真开展监督检查等工作。

四、机构设置

国家可再生能源发电工程质量监督机构实行“总站—分站—项目站”三级管理体系。分站是总站派出机构，由总站统一规划，按省或区域合理设置。水电工程和其他可再生能源发电工程根据实际情况，可按项目、流域、大型基地设立项目站（流域站、基地站）。

五、工作职责

总站：负责全国可再生能源发电工程质量监督工作的归口管理，编制《可再生能源发电工程质量监督工作规定》和《可再生能源发电工程质量监督检查工作大纲》等规章制度，研究提出三级管理体系具体方案，考核下级机构的工作，认定工程质量检测机构，负责工程质量监督人员的培训、考核和资格管理，统计工程质量信息，参与解决重大工程质量纠纷、重大质量事故调查处理，以及工程竣工验收。完成国家能源局委托的其他任务。

分站：根据总站委托，负责大型可再生能源发电工程的质量监督，考核所辖范围内各项目站的工作，按规定向总站报送工程质量信息资料，完成总站交办的其他任务。

项目站（流域站、基地站）：承担具体工程项目的质量监督检查工作，协调解决一般性工程质量争端，参与质量事故的调查处理，完成总站和分站交办的其他工作。流域站负责流域内各水电工程的质量监督检查工作，基地站负责可再生能源基地内各发电工程的质量监督检查工作。

六、工作规则

（一）国家核准（审批）或列入核准计划管理的可再生能源发电工程项目，按照项目核准（审批）文件和工程建设管理规定，同步开展质量监督工作。各级工程质量监督机构、项目法人和有关责任单位要切实履行各自职责，确保可再生能源发电工程质量。

（二）未经核准（审批）的可再生能源发电工程项目，各级可再生能源发电工程质量监督机构不得受理其质量监督申请。工程各阶段验收和竣工验收前，均应通过可再生能源发电工程质量监督机构的监督检查，未通过可再生能源发电工程质量监督机构监督检查的项目，不得投入运行。

（三）严格可再生能源发电工程质量监督与企业内部质量管理和工程监理工作界限，依法界定相关责任和义务。

（四）可再生能源发电工程质量监督要充分发挥专家和第三方检测机构作用。不得将工程质量监督工作委托给建设、设计、施工、监理单位。

（五）各级工程质量监督机构开展可再生能源发电工程质量监督检查工作时，应接受工程项目所在省（自治区、直辖市）能源主管部门的监督和指导。

（六）质量监督总站要定期向国家能源局报送质量监督工作总结，提出存在问题和建议，重大质量问题要及时报告。

七、工作经费

可再生能源发电工程质量监督检测工作经费可由质量监督机构与项目业主签订技术服务合同，收取技术服务费。技术服务费在工程概算中列支。

八、其他

可再生能源发电工程质量监督总站组建后，原体系下监督机构已开展质量监督工作的可再生能源发电工程中，未完成蓄水验收的水电工程交由水电工程质量监督总站承担，已完成蓄水验收的水电工程可由原监督机构继续履行相关工作或双方协商确定；其他可再生能源发电项目可继续履行至工程项目竣工投产。

自本方案颁布实施之日起，所有新开工可再生能源发电工程项目均应按照新的工作体系和规则开展质量监督工作。

本方案由国家能源局负责解释。

环境保护部关于进一步加强水电建设环境保护工作的通知

环境保护部办公厅于 2012 年 1 月 6 日以环办〔2012〕4 号文，向各省、自治区、直辖市环境保护厅（局）、新疆生产建设兵团环境保护局、辽河保护区管理局下发了《关于进一步加强水电建设环境保护工作的通知》。全文如下：

《国民经济和社会发展第十二个五年规划纲要》提出，要“在做好生态保护和移民安置的前提下积极发展水电”，突出强调了做好生态保护工作对于水电可持续发展的极端重要性，是我国今后一段时期做好水电开发生态环境保护工作的重要指导性文件。为切实做好水电开发的生态环境保护工作，实现水电开发与生态环境保护全面、协调、可持续发展，就进一步加强水电建设环境保护工作通知如下：

一、全面落实水电开发的生态环境保护要求

积极发展水电要在“生态优先、统筹考虑、适度开发、确保底线”的原则指导下，全面落实水电开发的生态环境保护要求。

坚持生态优先，就是要在决策过程中牢固树立生态优化开发的理念，在制定开发规划时同步开展规划环境影响评价，在执行过程中切实落实生态保护措施。

坚持统筹考虑，就是要统筹考虑经济效益和生态效益、局部利益和整体利益、当前利益和长远利益，统筹考虑干支流、上下游的水电开发与生态保护问题，统筹考虑单个电站的环境影响和流域水电开发的累积影响。

坚持适度开发，就是要把握好流域水电开发的强度、尺度和速度，要为重要保护物种保留充足和必要的栖息环境。

坚持确保底线，就是要坚持法律政策的底线，禁止开发法律法规明确保护的区域；坚持公众环境权益的底线，确保公众的知情权、参与权、获益权；坚持流域生态系统健康的底线，维护河流生态系统功能的基本完整和稳定。

二、做好流域水电开发的规划环境影响评价工作

要结合全国主体功能区规划和生态功能区划，合理确定水电规划的梯级布局。对环境承载能力较强的地区，可进行重点开发；对条件复杂、环境敏感的河流或河段，要考虑现阶段减缓不利环境影响的技术和能力，慎重开发；对部分生态脆弱地区和重要生态功能区，要根据功能定位，实行限制开发；在自然保护区、风景名胜区及其他具有特殊保护价值的地区，原则上禁止开发水电资源。

流域水电开发规划必须依法开展规划的环境影响评价，并作为流域水电开发规划决策的依据；已经批准的水电开发规划在修订或开发规模、布局、方式、时序等方面进行重大调整的，应当重新进行环境影响评价。对已实施的有重大环境影响的水电规划，应组织开展环境影响跟踪评价；对水电开发历史较早，未开展水电开发规划环境影响评价的流域，应及时组织开展流域水电开发的环境影响回顾性评价研究。

要发挥规划环境影响评价对流域水电开发的指导作用，强化规划环境影响评价与项目环境影响评价的联动。受理、审批水电项目“三通一平”工程和水电建设项目环境影响评价文件必须有发展改革部门同意水电建设项目开展前期工作的意见、流域水电开发规划环境影响评价的审查意见或流域水电开发环境影响回顾性评价研究成果支持。

三、完善水电建设项目的环境影响评价管理

要规范水电项目“三通一平”工程环境影响评价工作。水电项目筹建及准备期相关工程应作为一个整体项目纳入“三通一平”工程开展环境影响评价。水生生态保护的相关措施应列为水电项目筹建及准备期工作内容；围堰工程（包括分期围堰）和河床内导流工程作为主体工程内容，不纳入“三通一平”工程范围。在水电建设项目环境影响评价中要有“三通一平”工程环境影响回顾性评价内容。

水电建设项目环境影响评价要重点论证和落实生态流量、水温恢复、鱼类保护、陆生珍稀动植物保护等措施，明确流域生态保护对策措施的设计、建设、运行以及生态调度工作要求。要重视并做好移民安置的环境保护措施，落实项目业主和地方政府的相关责任。要维护群众环境权益，完善信息公开和公众参与机制。要加强小水电资源开发环境影响评价工作，防止不合理开发活动造成生态破坏，切实保护和改善生态环境。

四、加强水电项目建设的全过程监管

要严格执行环境保护“三同时”制度，强化环境保护“三同时”的监督检查，督促水电建设项目在设计和施工过程中严格落实环境保护措施和投资。要监督项目业主同步开展环境保护总体设计、招标设计、技术施工设计并进行专项审查，加强对环境保护设计成果的管理；督促项目业主制订环境监理计划，开展“三通一平”工程和主体工程环境监理。要将环境监理报告作为批准试运行和环境保护验收的重要依据。

严把试运行和环境保护验收关。要开展“三通一平”工程环境保护验收，水库下闸蓄水前应完成蓄水阶段环境保护验收，工程竣工后必须按规定程序申请竣工环境保护验收。对主要环境保护措施未落实的水电项目，禁止投入试运行；在各项环境保护措施得到有效落实并通过验收后，项目方能正式投入运行。对环境影响较大的水电建设项目运行3～5年应组织开展环境影响后评价。

五、深入开展水电开发环境管理的制度建设和基础研究

要完善水电开发环境影响评价工作长效机制，加快制定水电开发环境管理的政策法规和技术标准体系，研究和建立“绿色水电”指标体系和认证制度。推进流域性的水电开发生态环境保护机构和环境管理制度建设，组织有关单位开展流域生态基础调查和长期跟踪监测，逐步构建流域生态监测体系和流域生态环境数据库。

要开展流域水电开发环境保护关键技术研究，积极开展“干流和支流开发与保护”生态补偿试点。进一步开展高寒地区生态影响和恢复措施、珍稀特有鱼类人工驯养繁殖、导鱼过鱼设施、河流与水库生境修复等研究。建立健全流域水电开发环境保护统筹机制，优化梯级电站生态调度。

各级环境保护部门要高度重视并切实解决制约水电健康发展的突出环境问题，加强水电开发的环境影响评价管理，强化水电项目建设的全过程监管，加大环境违法行为的查处力度，确保水电建设环境保护的各项要求落实到位，促进水电开发的健康可持续发展。

国务院南水北调工程建设委员会办公室关于进一步加强南水北调工程质量管理工作的通知

国务院南水北调工程建设委员会办公室（以下简称“国务院南水北调办”）于2012年1月18日以国调办监督〔2012〕13号文发出《关于进一步加强南

水北调工程质量管理工作的通知》。全文如下：

南水北调工程是缓解我国北方地区水资源短缺局面，优化配置水资源，保障经济社会可持续发展的重大战略性基础设施。自南水北调工程开工，特别是2010年工程建设进入高峰期和关键期以来，在党中央、国务院的高度重视和国务院南水北调工程建设委员会的正确领导下，在国务院有关部门和沿线省市的大力支持下，通过全体建设者的共同努力，南水北调工程建设总体进展顺利，工程质量总体满足设计要求，各方面都取得了显著成绩。

质量是南水北调工程的生命，绝不能有丝毫马虎。当前，南水北调工程已进入全面建设的新阶段，质量监管的任务艰巨，确保质量安全的责任重大。为进一步加强南水北调工程质量管理，确保南水北调工程质量经得起历史和人民的检验，现就有关事项通知如下：

（1）各部门、各单位要进一步提高对南水北调工程重大意义的认识，牢固树立“百年大计、质量第一”的思想。要充分认识做好南水北调工程质量工作的重要性、复杂性和艰巨性，进一步增强狠抓质量监管的紧迫感和责任感。要进一步健全质量监管长效机制，始终把搞好工程质量作为核心任务，层层落实质量责任，严格质量责任追究。要加强质量问题检查整改，及时消除质量安全隐患，始终保持质量监管的高压态势，为南水北调工程优质高效又好又快建设创造条件。

（2）南水北调工程项目法人以及其他各参建单位，必须严格遵守国家法律法规和有关制度规定，切实履行投标承诺和合同义务，认真执行有关标准、规范，自觉接受监管。要进一步完善和强化质量保证体系，健全和落实质量责任制。项目法人（建设管理单位）要切实发挥责任主体作用，对工程质量负总责。勘察设计单位要对勘察设计成果质量负责。监理单位要按照项目法人的委托，对工程质量、进度、投资负监督责任。施工单位对工程施工质量负直接责任。

（3）各有关省市南水北调办事机构和有关部门要进一步加大质量监督检查力度，充分发挥政府质量监管体系优势，改善质量监督条件。水利工程质量监督机构要切实履行政府质量监督职责，认真贯彻执行国家有关工程建设质量管理的方针政策和法律法规，加强对有关工程建设责任主体质量管理行为的监督检查，提高现场质量监督水平，做好质量信息报送工作。

（4）国务院南水北调办要继续深入开展工程质量专项稽察和飞检工作；建立以政府质量监督、稽察、飞检等信息为基础的质量管理信息库。南水北调工程质量管理信息库是全国建筑市场信用体系的重要组成部分，可作为有关单位或个人资质、资格升降的重要依据。

（5）依照国家有关的法律法规，根据南水北调工程建设发生的具体问题，依法需对企业资质和人员资格进行处理的，由国务院南水北调办提出建议，水利部门、住房和城乡建设部门按照有关规定依法进行处理；工商行政管理部门要加强对责任单位企业工商登记事项的监督管理；国务院国资委要加强对所出资建筑施工企业工程建设质量工作的指导与监管。

（6）为加强南水北调工程质量管理工作，经国务院领导同意，建立由国务院南水北调办、水利部、住房和城乡建设部、国家工商行政管理总局和国资委等部门参加的“南水北调工程建设联席会议”机制，联席会议主要研究南水北调工程建设质量管理的有关问题和事宜。联席会议由国务院南水北调办负责召集，每半年一次。

水利部印发《农村水电增效扩容改造项目验收指导意见》

水利部于2012年7月19日以水电〔2012〕329号文，印发了《农村水电增效扩容改造项目验收指导意见》。全文如下：

农村水电增效扩容改造项目验收指导意见

第一条 为指导各地做好农村水电增效扩容改造项目验收工作，根据《财政部、水利部关于印发〈农村水电增效扩容改造财政补助资金管理暂行办法〉的通知》（财建〔2011〕504号）、《水利部、财政部关于印发农村水电增效扩容改造项目建设管理指导意见的通知》（水电〔2011〕441号）、《小型水电站建设工程验收规程》（SL 168）及国家有关规定，制定本指导意见。

第二条 水利部会同财政部负责指导全国农村水电增效扩容改造项目验收的监督管理工作。县级及以上地方人民政府水行政主管部门会同同级财政部门按照规定权限负责本行政区域内农村水电增效扩容改造项目验收的监督管理工作。

第三条 农村水电增效扩容改造项目验收应以下列文件和资料为依据：

（一）财政部、水利部相关管理制度和批复的省级实施方案，国家有关规程、规范、技术标准。

（二）经批准的初步设计文件、审查意见、批复文件等。

（三）农村水电增效扩容改造项目申报表。

（四）资金筹措、预算下达、使用管理等有关资料和文件。

（五）项目设计、施工、监理、设备供货等单位出具的工作报告或技术文件，及其他建设过程中形成的有效文件等。

（六）其他相关资料。

第四条 农村水电增效扩容改造项目验收分为机组启动验收、项目完工验收和项目竣工验收三个阶段。

第五条 每台改造机组投入运行前，应进行机组启动验收，机组启动验收之前的各项验收按照《小型水电站建设工程验收规程》（SL 168）的有关要求进行。

第六条 机组启动验收由审查批复该项目初步设计的地方水行政主管部门会同同级财政部门或其委托的单位主持，质量和安全监督机构、所在地电网企业的代表、消防部门、运行管理单位的代表、主要设备生产（供应）商和参建单位的代表以及有关专家参加，成立机组启动验收委员会组织开展。

第七条 机组启动验收应具备以下条件：

（一）与机组启动运行有关的建筑物、金属结构及启闭设备改造完成，可满足机组启动运行要求。

（二）水库（渠首）水位超过最低发电水位，引水量可满足机组启动运行最低要求。

（三）水轮发电机组、附属设备以及油、气、水等辅助设备改造完成，经调试合格并经分部试运转，满足机组启动运行要求。

（四）有关的电气设备（或装置）改造完成，并按有关规程规定进行试验合格，可满足机组启动运行要求。

（五）输、变电设备和设施的改造、调试完毕，并通过相关部门的安全性评价或验收，送电准备工作已就绪，满足机组启动运行要求。

（六）机组启动运行的测量、监测、控制和保护等电气设备改造完成并调试合格。

（七）有关机组启动运行的安全、消防等防护措施已落实。

（八）现场安全工作规程、运行操作规程等规章制度已修订完善。

第八条 机组启动验收主要工作内容：

（一）听取有关建设、设计、监理、施工和运行管理单位的报告；审查提供的文件资料；检查机组、附属设备、电气设备和水工建筑物的工程形象和质量是否符合设计要求和合同文件规定的标准，是否满足机组启动要求。

（二）检查机组启动前的各项准备工作，确认机组启动验收条件以及验收委员会认为必须具备的其他条件是否具备，对尚未达到要求的项目和存在的问题提出处理意见。

（三）审查、批准机组启动试验程序、运行操作规程和试运行计划，决定机组第一次启动时间。

（四）提交启动验收鉴定书，对机组效率、功率等能效指标作出初步结论，确定进行交接的工程项目清单。

第九条 机组启动验收应按要求进行72h带额定负荷连续运行试验，并对机组是否达到设计能效等要求做出初步结论。

第十条 项目完工验收应在全部改造机组启动验收的基础上进行，可结合最后一台改造机组的启动验收同步开展。

第十一条 增效扩容改造项目完工验收由审查批复该项目初步设计的地方水行政主管部门会同同级财政部门主持，质量和安全监督机构、消防部门、其他有关部门、有关单位和专家参加，成立完工验收委员会组织开展。

第十二条 项目完工验收主要内容：

（一）检查机组启动验收之前的各项验收是否合格。

（二）复核全部改造机组启动验收鉴定书和能效初步结论，具备条件的应聘请具有水利工程质量检测机械电气类乙级及以上资质的检测单位对改造机组能效进行检测。

（三）根据经批准的初步设计文件，对项目是否达到增效扩容改造效果做出评价。

（四）检查项目是否按基本建设程序组织实施，是否按批准的设计内容和要求全部完成。

（五）检查历次验收遗留问题的处理情况，检查工程是否存在质量隐患和影响工程安全运行的问题。

（六）检查工程尾工安排情况。

（七）检查工程投资及资金筹措使用情况。

（八）检查项目单位是否留存电站改造前状况、改造重要环节和改造后情况的技术文件、影像资料等。

（九）对验收中发现的问题提出处理意见。

第十三条 项目完工验收委员会应提交完工验收鉴定书，并填写农村水电增效扩容改造项目完工验收表（见附件1），逐级汇审上报至省级水行政主管部门、财政部门。地方水行政主管部门应对项目完工验收数据进行分析整理，建立相应的数据库。

第十四条 项目完工验收合格投入试运行并经过一个洪水期和冰冻期后，应严格按照《小型水电站建设工程验收规程》（SL 168）的有关要求适时进行竣工验收。

第十五条 项目验收应按照《水利工程建设项目档案管理规定》及时做好档案归档工作。项目单位和审查批复该项目初步设计的地方水行政主管部门应同时对机组启动验收、项目完工验收、项目竣工验收等相关验收资料进行存档。

第十六条 农村水电增效扩容改造项目应规范设置"农村水电增效扩容改造"标识，"农村水电增效扩容改造"标识及设置要求详见附件2。

第十七条 本指导意见由水利部负责解释，自发布之日起施行。

附件：1. 农村水电增效扩容改造项目完工验收表（略）

2."农村水电增效扩容改造"标识及设置要求（略）

科学技术部印发《依托企业建设国家重点实验室管理暂行办法》

为贯彻落实《国家中长期科学和技术发展规划纲要（2006～2020年）》，加强依托企业建设国家重点实验室的管理，科学技术部于2012年6月5日以国科发基〔2012〕716号文印发《依托企业建设国家重点实验室管理暂行办法》。全文如下：

依托企业建设国家重点实验室管理暂行办法

第一章 总 则

第一条 为贯彻落实《国家中长期科学和技术发展规划纲要（2006～2020年）》，推进国家技术创新体系建设，加强依托企业建设国家重点实验室（以下简称"企业国家重点实验室"）的管理，制定本办法。

第二条 企业国家重点实验室是国家技术创新体系的重要组成部分，与依托高等院校和科研院所等建设的国家重点实验室互为补充，各有侧重。企业国家重点实验室的主要任务是，面向社会和行业未来发展的需求，开展应用基础研究和竞争前共性技术研究，研究制定国际标准、国家和行业标准，聚集和培养优秀人才，引领和带动行业技术进步。

第三条 企业国家重点实验室依托具有较强研究开发能力和技术辐射能力的企业建设，实行人财物相对独立的管理机制和"开放、流动、联合、竞争"的运行机制。

第四条 按照项目、基地、人才相结合的原则，国家相关科技计划、人才计划等，应优先委托有条件的企业国家重点实验室承担。

第五条 企业国家重点实验室从事的创新研发活动，享受国家有关优惠政策。

第二章 职 责

第六条 科学技术部（以下简称"科技部"）是企业国家重点实验室的宏观管理部门，主要职责是：

1. 制定企业国家重点实验室管理办法和规章制度。

2. 制定企业国家重点实验室发展方针和政策，宏观指导企业国家重点实验室的建设和运行。

3. 编制和组织实施企业国家重点实验室总体发展规划。

4. 批准企业国家重点实验室的立项、建设、调整、撤销等，组织企业国家重点实验室评估和检查。

5. 会同相关部门研究制定对企业国家重点实验室的支持政策与措施。

第七条 按照组织推荐与业务主管相一致的原则，地方科技管理部门或企业相关主管部门是企业国家重点实验室的主管部门，主要职责是：

1. 贯彻有关企业国家重点实验室建设与运行管理的方针和政策，支持企业国家重点实验室的建设和发展。

2. 指导企业国家重点实验室的运行和管理，组织与督促企业国家重点实验室建设。

3. 配套落实企业国家重点实验室建设与运行所需的经费、政策等相关条件。

4. 协调解决企业国家重点实验室建设与运行中存在的重大问题。

第八条 依托单位是企业国家重点实验室建设与运行管理的具体负责单位，主要职责是：

1. 制订企业国家重点实验室建设计划，并提供相应的人员、经费、设施、政策等保障，解决企业国家重点实验室建设与运行中的有关问题。

2. 组织招聘和聘任企业国家重点实验室主任，聘任企业国家重点实验室学术委员会主任和委员，并报主管部门和科技部备案。

3. 对企业国家重点实验室进行年度考核，配合科技部和主管部门做好评估和检查。

4. 根据学术委员会建议，提出企业国家重点实验室名称、研究方向、发展目标、组织结构等调整意见。

第三章 建 设

第九条 根据国家需求和企业国家重点实验室建设规划，科技部从部门和地方重点实验室中有计划、有重点地择优遴选建设企业国家重点实验室，并优先支持创新型企业和产业技术创新战略联盟建设企业国家重点实验室，保持适度建设规模，发挥其引领、示范和辐射带动作用。

第十条　申请新建企业国家重点实验室必须满足下列条件：

1. 符合国家产业发展政策和趋势，开展应用基础研究和竞争前共性技术研究。

2. 研究实力强，在本行业有代表性，具备承担国家重大科研任务的能力。

3. 具有结构合理的高水平科研队伍。

4. 具备良好的科研实验条件和集中的科研用房。

5. 依托单位须为在中国境内（不含港、澳、台地区）注册的具有法人资格的企业。

6. 作为部门或地方省部级重点实验室运行两年以上，具有规范有效的管理和运行制度。

7. 主管部门及依托单位能保证提供企业国家重点实验室建设经费和运行经费。

第十一条　新建企业国家重点实验室由依托单位提出申请，主管部门审核推荐，并报送《企业国家重点实验室建设申请报告》，科技部组织专家评审，择优批准建设。

第十二条　企业国家重点实验室获准立项后，依托单位面向国内外公开招聘企业国家重点实验室主任，制订企业国家重点实验室建设计划，经主管部门审核后报科技部。科技部组织建设计划可行性论证，通过后予以批准建设。

第十三条　企业国家重点实验室建设期限一般为2年。企业国家重点实验室建设计划完成后，应由依托单位在建设任务完成后1个月内提交验收申请，经主管部门审核后报科技部，科技部组织专家验收。

第十四条　企业国家重点实验室如有特殊情况不能按期完成建设任务，应在规定建设期限结束后3个月内提交延期申请；经主管部门审核、科技部批复后，可适当延长建设期，但最长不超过1年。建设期超过3年或未能通过验收的实验室将予以撤销。

第四章　运　　行

第十五条　企业国家重点实验室应当重视和加强运行管理，建立健全内部规章制度。

第十六条　企业国家重点实验室实行依托单位领导下的实验室主任负责制。

第十七条　企业国家重点实验室主任应是本领域高水平的学术带头人，具有较强的组织管理能力，年龄一般不超过60周岁。

第十八条　企业国家重点实验室主任每届任期5年，每年在岗工作时间不少于8个月，连任不超过2届，特殊情况需报主管部门批准。实验室主任如发生变更，仍需执行公开招聘及聘任程序。

第十九条　企业国家重点实验室设立学术委员会，作为企业国家重点实验室的学术指导组织，职责是审议企业国家重点实验室的目标、研究方向、重大学术活动、年度工作计划和总结等。学术委员会会议每年至少召开1次，每次实到人数不少于三分之二。

第二十条　学术委员会主任和委员由依托单位聘任，主任一般应由非依托单位人员担任。

第二十一条　学术委员会由高校、科研院所、行业协会和企业的国内外优秀专家组成，人数不超过15人，其中依托单位人员不超过三分之一。同一位专家不得同时担任3个以上国家重点实验室的学术委员会成员。

委员每届任期5年，每次换届比例在三分之一以上，2次不出席学术委员会会议的应予以更换。

第二十二条　企业国家重点实验室人员由固定人员和流动人员组成。固定人员为签有劳动合同的研究人员、技术人员和少量管理人员，固定人员数量应在50～150人之间；流动人员包括客座研究人员、访问学者、博士后研究人员、在读研究生、临时聘用人员等。

第二十三条　企业国家重点实验室要加强科研人才队伍建设，落实国家关于激励创新的人才措施，建立科学合理的用人和分配制度，加大国内外优秀科研人才的引进力度，注重中青年科研骨干和研究生的培养，构建创新能力强、结构合理的研究团队。

第二十四条　企业国家重点实验室应设立实验室专职管理岗位，协助实验室主任处理企业国家重点实验室日常运行管理等相关事宜。

第二十五条　企业国家重点实验室按研究方向和研究内容设置研究单元，保持结构和规模合理。

第二十六条　企业国家重点实验室应围绕主要任务和研究方向设立自主研究课题，组织团队开展持续深入的系统性研究。

第二十七条　企业国家重点实验室应制订科研仪器设备的发展和管理方案，有计划地实施科研仪器设备的更新改造、自主研制。实验室的仪器设备、实验材料不得用于生产经营活动。

第二十八条　企业国家重点实验室要建立开放机制，设置开放课题，为社会提供仪器设备共享服务，积极开展国内外合作与交流。

第二十九条　企业国家重点实验室应加强产学研合作，鼓励科研人员积极服务行业，推动先进和适用技术的转化，在行业技术进步中发挥骨干和引领作用。

第三十条　企业国家重点实验室应当重视科学普及，向社会公众特别是科研、教学单位开放。

第三十一条　企业国家重点实验室应当加强知识

产权的创造、保护与运用。实验室人员在企业国家重点实验室完成的专著、论文等研究成果均应标注企业国家重点实验室名称，软件、数据库、专利申请、技术成果转让、申报奖励等按国家有关规定办理。对其他单位或个人利用企业国家重点实验室平台取得的成果按国家有关规定及双方约定办理。

第三十二条 企业国家重点实验室应当重视科学道德和学风建设，加强实验记录、数据、资料、成果的科学性和真实性审核以及存档工作。

第三十三条 企业国家重点实验室应当营造宽松民主、潜心研究的科研环境，开展多种形式的学术交流活动。鼓励企业国家重点实验室与高校和科研院所的科研人员进行交流。

第三十四条 企业国家重点实验室在开展学术交流、项目合作、论文发表、成果宣传等工作中，应严格遵守国家有关保密的规定。

第五章 考核与评估

第三十五条 企业国家重点实验室实行年度报告制度，应在规定时间将当年工作计划和上一年度工作年报，经依托单位和主管部门审核后，报科技部。

第三十六条 依托单位应当对企业国家重点实验室进行年度考核，考核结果报主管部门和科技部备案。年度考核的主要目的是了解企业国家重点实验室发展状况、取得的成绩和存在的问题。

第三十七条 根据年度考核情况，科技部会同主管部门和依托单位定期对部分企业国家重点实验室进行现场检查，发现、研究和解决企业国家重点实验室存在的问题。

第三十八条 科技部组织对企业国家重点实验室进行定期评估。5年为1个评估周期，每年评估若干领域的企业国家重点实验室。

第三十九条 评估主要对企业国家重点实验室的自主创新能力和5年的整体运行状况进行综合评价，具体包括：研究水平、对行业的引领和带动作用、人才队伍建设、开放交流与运行管理等。评估规则另行制定。

第四十条 按照优胜劣汰的原则，科技部根据企业国家重点实验室定期评估成绩，结合年度考核情况，确定企业国家重点实验室评估结果；对评估成绩差、不符合要求的企业国家重点实验室，予以警告或不再列入企业国家重点实验室序列。

第六章 变更与调整

第四十一条 根据国民经济和社会发展、行业发展的需要以及企业国家重点实验室实际运行状况，科技部可调整企业国家重点实验室的布局及结构，对企业国家重点实验室进行重组、整合、撤销等。

第四十二条 企业国家重点实验室依托单位如出现股份制改革、企业兼并等法人主体或所有制结构等重大情况变更，需重新认定。

第四十三条 企业国家重点实验室确有需要更名、变更研究方向或进行调整、重组的，须经学术委员会讨论同意，由依托单位提出，经主管部门审核后报科技部审批。

第四十四条 企业国家重点实验室主任或学术委员会主任如不宜再担任相应职务的，应由依托单位按程序重新聘任，并报主管部门和科技部备案。

第四十五条 企业国家重点实验室应在建设计划中认定的场所建设与运行，如有变更，依托单位应经主管部门报科技部批准。

第七章 附 则

第四十六条 主管部门可依据本办法制定本部门或地方相应的重点实验室管理细则。

第四十七条 企业国家重点实验室统一命名为“××国家重点实验室”，英文名称为“State Key Laboratory of ××”。

第四十八条 严禁将“国家重点实验室”等字样用于广告、产品商标等商业化行为，或用于非企业国家重点实验室建设计划中认定的场所，违反者将予以警告，严重者取消国家重点实验室资格。

第四十九条 本办法由科技部负责解释。

第五十条 本办法自发布之日起试行。《关于依托转制院所和企业建设国家重点实验室的指导意见》（国科发基字〔2006〕559号）与本办法不一致的，以本办法为准。

国家发展改革委办公厅关于请组织申报2012年国家工程研究中心创新能力建设项目的通知

为深入贯彻落实科学发展观，加快推进经济发展方式转变和产业结构调整，按照“十二五”国家自主创新能力建设的总体工作部署，国家发展改革委拟组织实施2012年工程中心创新能力建设项目，进一步引导和支持国家工程研究中心（以下简称“工程中心”）的建设和发展。2012年3月27日，国家发展改革委办公厅以发改办高技〔2012〕720号文，对项目申报有关事项通知如下：

一、支持重点

以提高自主创新能力、转变经济发展方式为目标，针对工程中心自主创新能力的薄弱环节，强化工程化研究、验证设施的建设，进一步完善有利于技术创新、成果转化的产学研合作机制，有效搭建产业与科研之间的“桥梁”，加快产业关键共性技术的研究开发步伐，促进科研成果向现实生产力转化，加速产业技术进步和产业结构优化升级。

二、具体要求

（一）项目申报单位应具备的条件：2012 年评价得分 75 分及以上且前两次评价后国家没有安排创新能力建设项目的工程中心。

（二）请相关主管部门按照《国家工程研究中心管理办法》（国家发展改革委令 52 号）、《国家高技术产业发展项目管理暂行办法》（国家发展改革委令第 43 号）的要求，组织开展创新能力建设项目资金申请报告编制和申报工作（编制提纲见附件）。资金申请报告需由甲级资质的工程设计、咨询单位编写。

（三）主管部门应协调落实项目建设资金、环保、土地、规划等相关建设条件，对资金申请报告及相关附件（如银行贷款承诺、自有资金证明、生产许可文件等）进行认真核实，并负责对其真实性予以确认。

（四）请主管部门在 2012 年 6 月 30 日前，将审查合格的工程中心创新能力建设项目资金申请报告一式三份报送国家发展改革委（包括电子文本和有关附件等材料），并试行网上申报（网址：http：//ndrc.jhgl.org/gczxsb）。请通过注册获得网上申报用户名和密码，具体使用说明见管理系统的用户手册（技术支持联系方式：010－68785900、68785676，邮箱为 xmgl@mail.jhgl.org）。

（五）在主管部门审核申报的基础上，国家发展改革委将委托咨询机构进行评估，对符合条件的项目给予国家投资补助支持。

特此通知。

附件：工程中心创新能力建设项目资金申请报告编制提纲（略）

国家发展改革委、国家电监会关于可再生能源电价补贴和配额交易方案（2010 年 10 月～2011 年 4 月）的通知

国家发展改革委、国家电监会根据《可再生能源发电价格和费用分摊管理试行办法》（发改价格〔2006〕7 号）和《可再生能源电价附加收入调配暂行办法》（发改价格〔2007〕44 号），于 2012 年 11 月 26 日以发改价格〔2012〕3762 号，就 2010 年 10 月～2011 年 4 月可再生能源电价附加调配、补贴等有关事项通知如下：

一、电价附加补贴的项目和金额

可再生能源电价附加资金补贴范围为 2010 年 10 月～2011 年 4 月可再生能源发电项目上网电价高于当地脱硫燃煤机组标杆上网电价的部分、公共可再生能源独立电力系统运行维护费用、可再生能源发电项目接网费用。具体补贴项目和金额见附件 1～附件 3。

二、配额交易与电费结算

（一）继续通过配额交易方式实现可再生能源电价附加资金调配，不足部分通过 2011 年 5～12 月征收的附加资金中预支，具体配额交易方案见附件 4。配额卖方向买方出售配额证，配额买方应在收到配额证后 10 个工作日内，按额度将款项汇入卖方账户，完成交易。

（二）可再生能源发电项目上网电价在当地脱硫燃煤机组标杆上网电价以内的部分，由省级电网负担；高出部分，通过本次电价附加补贴解决。

（三）2010 年 10 月～2011 年 4 月电价附加有结余的省级电网企业，应在本通知下发之日起 10 个工作日内，对可再生能源发电项目结清 2010 年 10 月～2011 年 4 月电费（含接网费用补贴）。2010 年 10 月～2011 年 4 月电价附加存在资金缺口的内蒙古、黑龙江等电网企业，应在配额交易完成 10 个工作日内，对可再生能源发电项目结清 2010 年 10 月～2011 年 4 月电费（含接网费用补贴）。

（四）对 2010 年 10 月～2011 年 4 月公共可再生能源独立电力系统的电价附加补贴，按本通知附件 2 所列的项目和金额，由所在省（自治区）的价格主管部门会同省级电网企业负责组织实施。

三、有关要求

各省（自治区、直辖市）政府价格主管部门、电力监管机构和各区域电力监管机构要加强对可再生能源电价附加征收、配额交易、电费和补贴结算行为的监管，坚决纠正和查处违反本通知规定的电费结算行为，确保可再生能源电价附加补贴按时足额到位。

附件：1. 2010 年 10 月～2011 年 4 月可再生能源发电项目补贴表（略）

2. 2010 年 10 月～2011 年 4 月公共可再生能源独立电力系统补贴表（略）

3. 2010 年 10 月～2011 年 4 月可再生能源发电接网工程补贴表（略）

4. 2010 年 10 月～2011 年 4 月可再生能源电价附加配额交易方案（略）

科学技术部基础研究司关于进一步加强国家重点实验室公众开放活动的通知

科学技术部基础研究司于2012年4月24日以国科基函〔2012〕8号文，对各有关国家重点实验室、试点国家实验室发出进一步加强国家重点实验室公众开放活动的通知，内容如下：

国家重点实验室是我国开展基础研究和新技术研究的骨干基地，在探索科学前沿和解决国家重大需求问题方面做出了突出贡献，有力地支撑了国家创新体系建设，培养和凝聚了一批国内外优秀人才和创新团队，在深化科技体制改革方面发挥了引领示范作用，得到了各方面的高度重视和广泛欢迎。自2004年起科学技术部启动实施国家重点实验室公众开放活动，各实验室积极响应，并充分利用自身的科研、人才和资源优势，面向广大科技爱好者在开展科普教育、宣传科学思想等方面做了许多工作，取得了良好的社会影响。

对外开放是国家重点实验室一贯坚持的运行方针，为认真贯彻《全民科学素质行动计划纲要(2006～2010～2020年)》，充分宣传和展示国家重点实验室的成绩，要求各国家重点实验室继续加强公众开放活动。请各国家重点实验室按照《关于开展国家重点实验室公众开放活动的通知》（国科发基字〔2004〕277号）的有关要求，根据自身的特色，结合每年的科技活动周、寒暑假期或其他合适的时间认真组织开展公众开放活动。活动结束后，请将有关活动情况、取得的效果等及时总结，并通过国家重点实验室年度报告系统进行上报。

领 导 讲 话

新环境条件下对水电发展的再认识

国务院南水北调工程建设委员会办公室原主任、
全国政协人口资源环境委员会副主任、
中国水力发电工程学会理事长 张基尧

我国水能资源丰富，理论可开采量6.94亿kW，技术可开采量5.42亿kW，经济可开采量4.02亿kW。水能资源是重要的可再生能源，它的开发利用在经济社会的发展中起着重要的作用。

在积贫积弱的旧中国，洪涝灾害给中国人民带来了无穷的灾难，可贵的水能资源白白流失。新中国建立后，在党中央国务院的关怀下建立了水电建设管理总局，全面规划我国水能资源的开发和水电站的建设，中国水电才开始真正在中华大地开篇布局。20世纪50年代中、后期，新安江、三门峡等一批水电工程应运而生，继之龙羊峡、葛洲坝工程自主建设，一批批水电建设者怀着报效祖国的热忱和发展水电事业的梦想，走进深山峡谷，奉献青春年华。党的十一届三中全会以后，改革开放的春风吹遍祖国大地，鲁布革建设管理经验的探索、水电投资管理体制的改革，给前进中的中国水电建设指明了新的方向，增加了动力，被誉为五朵金花的广蓄、漫湾、盐滩、隔河沿、水口引领风骚，水电建设形成新的热潮。进入21世纪以后，西电东送的实施，西南、西北水电的建设，以及举世瞩目的长江三峡工程、黄河小浪底工程的建成投产，使我国水电不仅从水电建设规模和发电量走到了世界前列，对水电建设技术、发电设备研发以及超高电压输电、生产运行管理，也都占据世界水电科技及管理前沿，受到世界水电同行的广泛赞誉。到2011年底我国水电装机容量已达2.3亿kW，占全国电力装机总量的22%，自主生产的水电机组已实现单机容量80万kW，1000kV高压输电已成为现实。继长江三峡工程为代表的特大型水利枢纽之后，金沙江、澜沧江、雅砻江以及黄河上游一大批水电站正在建设，已建水电站在非常气候条件下，正在越来越大的发挥其防洪、灌溉、航运、发电等综合效益。我国水电建设硕果累累，成就斐然，充满着美好的前景和未来。

在看到我国水电取得巨大成绩的同时，应该清醒地看到，水电建设的经济环境、社会环境、工程环境、建设环境已经发生了很大的变化，水电建设者面临新环境下的巨大挑战。充分认清我们所面临的环境变化和历史使命，正确理清工作思路和方向，牢固树立绿色能源理念和服务社会意识，主动把握好工作目标、节奏、质量、效益的相互关系，才能促使水电事业健康有序高效发展。

一、水电建设经济环境发生变化，目标任务繁重，责任更加重大

国家主席胡锦涛在世界环保大会上代表我国向世界庄严承诺：到2020年，中国非石化能源占能源比重由2005年的7.5%增加15%，单位国内生产总值二氧化碳排放比2005年减少40%～45%。这既是我国科学发展、可持续发展需要，也是对世界的巨大贡献。但实现这一目标，任务十分艰巨，时间十分紧迫，困难也十分巨大。

水电是最洁净的绿色能源，对能源结构调整，减少二氧化碳排放具有重要作用。水电又是可再生能源，是大自然赋予人类的物质财富，是对越来越少的石化能源的重要补充，如不及时利用，随即就自然失去。根据“十二五”电力发展规划，2015年我国将实现常规水电装机容量2.6亿kW，发电量9100亿kW·h，替代原煤4.55亿t，减少二氧化碳排放9.1亿t；2020年将实现常规水电装机容量3.5亿kW，发电量14000亿kW·h，替代原煤7.0亿t，减少二氧化碳排放14亿t；2050年预计可开发5.1亿kW，相当于11.45亿t原煤。可是到2011年我国实现装机容量2.3亿kW，若要实现2020年目标，全国年装机容量需完成1200万～1300万kW，相当于“七五”计划水电装机容量五年的总和。其次，水电建设需要一定的建设周期，尽管当前水电技术快速发展，但建设一座百万级电站最快也要4～5年，甚至更长的时间。前期的规划、勘探、设计以及履行基本建设程序所需要的时间更加漫长，因此要完成水电年装机容量1200万～1300万kW，每年设计储备及项目批复将比建设规模更大。而当前，这正是制约水电加快建设的因素之一。第三，随着我国水电开发的深入，开发建设的重点已延伸到江河的上游，金沙江、澜沧江、怒江、雅砻江、大渡河等江河上游，山高谷深，交通不便，工作及生活条件极其艰苦，要进行水电项目的开发，就必须修路、架桥、通电、供水、移民搬迁，进行大量的工程建设前期准备。这种前期的准备工作除了需一到两年的直线工期以外，尚需要项目的立项和资金的支持。在项目立项前，资金筹措困难，准备工程进展缓慢，直接影响了后续工程的进展。纵观水电建设面临的任务十分繁重，当前开发建设的速度仍然不能满足“十二五”规划及2020年水电建设目标要求。要解决这个问题，我认为从工作层面要加强项目建设的规划、设计、论证，做深做细前期工作，避免规划缺漏、重复审查，尊重工程建设规律和基本建设程序，加强程序间的衔接，积极稳步推进。从决策层面要简化不必要的程序，协调相关部门对专项规划的审查，正确对待不同意见，加快成熟项目的审查，给水电工程建设营造良好的政策环境和建设环境，从实际意义上落实“十二五”规划及2020年水电建设目标。

二、水电建设社会环境发生变化，水电建设者要不折不扣贯彻落实科学发展观

进入21世纪以来，靠牺牲环境为代价赢得的经济发展，越来越受到社会的关注和人民群众的质疑。党中央审时度势，提出科学发展的治国理念，越来越被各级干部和人民群众所接受。在保护环境、稳定社会的前提下，积极发展水电成为“十二五”规划的重要内容，也是对水电建设者提出的新要求。当前在水电项目立项及建设中，必须面对环境及移民两大问题。

对水电破坏环境的说法，一度在社会上风起云涌。我曾在《中国能源报》上阐述过我的观点，在此不妨进一步阐述一下。其一，既要尊重自然规律，也要尊重社会发展规律。自然界的一切事物都是发展变化的，静止的不变的事物是没有的。人类要尊重并不断适应自然规律，在满足人类文化物质需求的同时，不给后代人类的发展构成危害。在可持续发展中维护原生态的观点，既是不现实的，也是不可取的，因为人类不可能也不应该回到原生态的时代，我们不可能在维护原生态的基础上满足人类不断增长的物质文化需求。其二，经济社会发展需要能源的支持，只有不断地发展能源，探索新能源，才能不断满足人民日益增长的物质文化需求。而在电力发展的现阶段，在人们可能采用的火电、水电、核电、风电、太阳能以及生物质能源等诸多能源转换形式中，风电、太阳能大规模发展，从技术到控制都还不够成熟，需要不断探索、实践和完善，当前在电力结构中仅占不到1%，短期内难以长足发展。在火电、水电及核电之中，两害相权取其轻，水电是能源消耗最小环境污染最少的绿色能源，世界各国都在着力发展。在北欧一些国家，水电甚至成为电力结构的主要组成部分。其三，对水电工程要具体情况逐一分析，不可以偏概全。平原、山区、水库大小、回水长短、支流多少、区域降雨量以及工程所处的地理位置、气候条件等，都是评价水电工程对环境影响的重要因素。有些同志并未到水电工程所在地实地考察，仅凭世间传言及个人情绪做出“水电比火电对环境污染更大”的结论是十分不负责任的。2012年5月，全国政协主席贾庆林深入云南金沙江阿海水电站进行考察时明确指出“水电建设并不是破坏青山绿水，相反是治理穷山恶水，有效改善移民的生产生活条件，起码在我们看到的金沙江中游是如此。”贾庆林主席的讲话实事求是地评价了

水电对生态环境的影响，是客观的、唯物的。都应该学习贾庆林主席这种唯物主义的态度。

水电对环境的影响比火电、核电要小得多，就是这较小的影响，我们也应该认真地对待。在水电站设计、建设、运行的全过程都要以对社会、历史负责的态度，坚守科学发展的理念，不给工程留下遗憾，不给后代埋下隐患。设计中，全面评价水库蓄水对河川径流的影响和由于流速减缓、尾水抬高形成的泥沙淤积与水质污染，保证下游河段必需的生态流量以及鱼类生存、河流生态及生物多样性，采取多种环境、工程及生物措施，把水电站对生态环境的影响减到最小。建设过程中，要千方百计减少开挖对生态的破坏和形成新边坡失稳，通过优化施工组织设计尽量减少占用山坡、耕地。工程完工后，全面进行生态修复和环境营造，利用水库形成的小气候和水位抬高的条件，最大限度绿化工程影响区域，真正实现水电建设与生态保护工作同设计、同建设、同发挥效益。黄河小浪底工程建成后不仅充分发挥防洪、防凌、供水、发电、调水调沙的各种效益，同时形成了几十平方公里的绿色园林，成为国家5A级旅游景区，它的生态效益充分受到社会各界的认可和肯定。

水电移民已成为社会普遍关注的问题，必须认真解决好。水电站必须有水库调剂上游来水，建设水库就必须涉及库区移民的搬迁。在人多地少的中国，随着经济社会的发展和人民生活水平的不断提高，库区人口、基础设施、工矿企业以及移民群众的私有财产不断增加，移民群众为改善生产生活条件的各种诉求不断提高，各级地方政府借助水电站建设之际改善基础设施条件，获得更多支持的愿望日益强烈。因此水电建设与移民的矛盾更显突出，处理不好还会激化成局部的社会问题（如四川瀑布沟移民聚集事件）。

移民是一种社会现象，并非水利水电建设所特有。自古以来，为追求更好的生活环境、躲避自然灾害，自发移民从来就没有停止过，以致移民国家、移民城市屡见不鲜。新中国成立以来，为支持国家基础设施建设，改善居住环境，修复自然生态，治理山川河流，移民的工作更是社会管理的重要方面。所不同的是，它是在国家组织下有序进行的，因此移民并非水电建设本身的问题。我们面临的是如何做好移民工作，为人民群众改善生产生活条件、为工程建设创造良好的环境。

水电建设给移民群众创造了改善生产生活条件的机遇。水电工程大多在深山峡谷，交通不便，工程所在地以及水库淹没区的群众多年来急切盼望改善艰苦的生产生活条件，但由于地方政府财力不足难以实现。借助水电站建设使用部分项目建设资金，实现山区群众改善生活条件的愿望是千载难逢的机会，受到绝大多数移民群众的欢迎，只是他们希望借机能得到更多的利益和实惠。

国家确定了开发性移民的政策。2004年国务院重新修订了《大中型水利水电工程建设征地补偿和移民安置条例》。该条例规定对大中型水利水电工程实行先期安置、后期扶持的开发性移民政策。政策对水利水电工程移民实施、责任、组织方式、补偿标准、生产安置和生产帮扶以及后期扶持都做出了明确的规定。2008年国务院常务会议又对后期扶持提高了标准，延长扶持年限。随着长江三峡、黄河小浪底以及南水北调等特大型水利工程的建设，各级地方政府在移民工作中结合本地区实际，认真贯彻国务院条例，把水库移民和社会主义新农村建设相结合，实现了移民群众搬得出、稳得住、能发展、可致富的目标，基本做到移民群众满意、建设单位满意、地方政府满意。

要实现移民群众搬得出、稳得住、能发展、可致富的目标，我认为：一是必须有一个符合时代要求和广大移民群众愿望的移民政策。政策必须体现以人为本的理念和与时俱进的精神，必须能结合社会发展实际，具有明显的针对性和可操作性。二是必须明确地方政府尤其是县级人民政府移民的主要责任。不管工程本身的性质是水电还是非水电，移民工作的本身是社会管理范畴，是十分明确的政府行为，地方政府应建立机构，明确职责，落实责任。三是必须有完善的移民规划。明确移民范围、移民数量、淹没面积、财产损失，落实安置方式、房屋及基础设施建设、淹没补偿、土地划拨，切实加强移民生产的安排和扶持，帮助移民不仅安居而且乐业。事实证明，一个完整的由移民参与并为移民所接受的规划是移民工作顺利进行的基础。四是必须有一支体察移民疾苦、甘为移民奉献的移民工作队伍。移民工作没有钱不行，全靠钱也不行。人不但需要物质生活，同时也需要精神生活。广大移民干部是政府和移民的桥梁，他们能进村入户，深入田间地头宣讲国家政策，听取移民疾苦，平复移民情绪，监督不公行为，弥补规划缺陷，解决规划执行中的问题。一家一户、一人一事的工作，往往移民干部以理服人、以情感人、以力助人的工作能得到移民的理解，取得金钱无法取代的作用。五是必须有移民参与的机制。移民搬迁是移民自己的事，是政府及任何人无法替代的。在移民的规划制定实施过程中，必须充分尊重移民的意见，在政府允许的前提下最大限度地满足移民的要求，发挥移民自身的监督作用，避免和杜绝政策执行中的偏差与不公。六是必须把移民新村建设与新农村建设相结合。把新农村建设的各方面资金集中使用，把移民新村建设成社会主义新农村的样板，既让移民群众得到实惠，先行享受社会主义新农村的成果，又能给移民驻地地方政府积累新农村建设的经验，提升广大农村社会主义新农村建设的信心。

水电建设移民难，不是工程本身的问题，而是移民思路和机制的问题，是地方政府是否作为，营造良好企业发展环境的问题。只要遵循国家的移民政策和批复的移民规划，企业认真履行自己的责任，兑现经济承诺和及时支付，地方政府切实做好移民工作，而不是背后支持移民，超越政策界限获得不应有的利益，水电站移民一定能做好，一定能开创一个新的移民得实惠、企业得开拓、地方得发展的互利多赢的局面。

三、水电建设工程环境发展变化，水电工程建设质量更要进一步地重视

随着经济社会发展和水电建设的深入，水电工程的工程环境和建设环境也发生了很大变化。这些变化对水电工程的质量和安全都构成较大的挑战，影响到工程的建设运行以及效益的发挥。

首先是工程环境的变化。一是随着水电工程建设的深入发展，大江大河中下游已没有可利用坝址，水电项目大多已移至澜沧江、金沙江、怒江、大渡河以及黄河的上游。这些地区人口稀少、交通不便、气候恶劣、地质条件复杂、水文资料缺乏，民族宗教占据重要位置，给水电项目的设计施工提出新的更高的要求。二是江河上游山高谷深，为开发水能资源往往需要修建高坝、大库和长深隧洞，对狭窄河谷的工程布置、复杂地质条件下的勘探技术，高坝大库水工建筑物的抗震设计、高速水流的抗冲耐磨、泄洪建筑物消能，以及深厚复杂地层的基础处理等，均面临诸多技术挑战，工程设计施工都面临诸多新问题。三是气候变化条件下，集中暴雨强度、大洪水灾害风险对水电工程形成新的考验；水库安全、边坡稳定、泥石流防范以及水下工程及水毁工程的修复的难度加大；分属不同管理主体的同一河流若干梯级电站联合调度及风险管理，也在考验管理者的协调能力和工程调度控制系统的应变能力。

其次是建设环境的变化。我国实行建设管理体制改革后，水电建设已形成多个行为主体，建设、设计、施工单位虽有共同的建设目标，但还有不同的自身利益。随着经济社会发展和水电建设的发展，不同行为主体的工作环境和管理方式也发生了很大变化。一是作为项目法人的业主，为了取得更大的经济效益，千方百计降低成本，加快进度，招标压价和合同变更不及时屡见不鲜。个别项目由于先期准备工作筹资困难，资金不到位的情况时有发生。为加快施工进度，违背工程建设规律的现象既加大了施工单位的压力，也加大了工程质量的风险。二是作为设计单位，设计规范的陈旧不能满足日益发展的水电工程设计的要求。前期投入不足和勘探队伍的老化作为工程基础的勘探工作点少、面窄、质量差，有的项目根本不能满足设计工作的需要。计算机设计极大地减轻了设计人员的劳动强度，提高了设计效率，但对于差异性极大的水电工程来说，由于设计人员对计算机软件过分依赖，往往弱化了个案性的工程分析和设计计算。由于队伍结构的变化，设计人员缺乏丰富的设计经验和对特殊问题的分析能力。这些不利因素都对生产高质量的设计产品和水电工程全生命周期的安全运行造成影响。第三，施工单位的经营方式发生变化，经营的行业和范围极大拓展，管理跨度增加，项目管理能力下降。工程分包及工序分包导致施工主体由企业职工向农民工转移，施工队伍总体技术能力下降。为追求经济效益，施工工艺陈旧，技术投入不足，农民工上岗培训不正规、不规范，设置流于形式。试想，我们沿用陈旧的生产方式，使用以农民工为主体的施工队伍，如何面对世界级水电工程的各种技术要求，如何保证新形势下的水电工程能够经受特殊水情条件和全生命周期的历史考验。

质量是工程的生命。水利水电工程涉及亿万人民群众的生命安全，质量责任重如泰山。面对复杂的地质条件、日益严酷的技术挑战和多变的外部环境，如何保证其工程建设质量，是水利水电建设者必须认真思考和勇敢面对的问题。我认为，首先全行业必须进一步加强对水利水电工程质量重要性的认识，建立终身质量责任制和多层次多方面的质量保证体系，把保证质量的责任落实到工程现场每个环节，用工程各阶段每个部位、环节的高质量保证工程建设的高质量。其次是落实科学发展的理念，遵循工程建设的规律，合理安排工期，打足工程概算，规范工程建设市场和招标投标行为，加强合同签订履行及变更的监管。在保证工程质量的前提下维护合同双方的合法权益，有效遏制强行压价、超常规赶工、随便变更合同的行为。三是及时修编设计规范、标准、定额，提前安排科研攻关项目，保证合理设计周期，充分利用社会资源提高设计队伍素质和科技攻关能力，加强设计审查和现场设计组织，维护设计文件的严肃性和权威性，把尊重科学、尊重人才落实到水电工程的建设之中。四是强化施工单位的建设责任，充分发挥工程监理的作用，加强工程建设全过程的监管。着力提高施工单位的素质和项目管理者的素质，从制度上完善农民工的培训和考核，强化工程建设重要环节和阶段的验收，用先进的技术和手段为工程项目的质量管理提供保证。五是建设水电工程建设各方目标一致、团结协作、利益共享的机制。水电工程建设各方共同努力的

创作成果相互依赖、荣辱与共，建设过程既环环相扣又相互参差，互为因果，项目法人应发挥组织和牵头的作用，立足工程质量大局，协调设计、监理、施工各方工作关系，从项目整体效益和长远利益出发正确、及时处理合同纠纷，及时决策技术、经济、工期、环境等条件引起的合同变更。

新环境下水电工程的质量面临诸多挑战，但是再复杂的工程也是人干出来的。只要遵循自然规律，完善管理体制、机制，以严肃认真的态度、负责求实的精神，发扬长江三峡建设的传统和经验，我们就能保证水电工程的质量，向人民和历史交一份合格答卷。

四、水电工程流域梯级开发调度运行条件发生变化，需要进一步探索新环境下的管理体制和调度运行机制

20世纪80年代，为加快电力工业发展，国务院实施了电力投资体制改革。改变由国家单方投资电力工业的做法，实施集资办电及还本付息电价，在水电领域实施流域、梯级、滚动开发。但那时的流域梯级开发依然是计划经济体制下的国家统一管理，发输配一体化。21世纪初国家电力体制改革，由国家电力公司分解为五大电力投资方及两大电网公司。五大电力公司为占据水电资源，纷纷划区开发，形成了一个流域若干梯级电站分属不同电力投资公司和由若干投资主体控股、参股的混乱局面（如金沙江下游由中国长江三峡集团公司投资开发；中游八级电站，有四级由中国华电集团公司投资，其他四级分别由中国华电集团公司、中国华能集团公司、中国大唐集团公司及民营的汉能控股集团有限公司控股开发）。这对于调动社会力量参与水电建设起到了重要作用，但同时给电站建成后的流域调度及水资源管理带来很大困难，对电站安全运行存在一定隐患。其次，电力体制改革使发输电分开。国家西电东输战略的实施，要求有的电站就近上网，有的电站用交直流远距离输出，电站所在省、受电地区以及电网的利益相互博弈，电量、电价争论不休，甚至有的水电站已经具备发电条件，但由于电网关系未能厘清而难以上网发电。新环境下的水电工程流域梯级开发调度运行条件发生了重大变化，极需要研究探索流域管理的新机制、新形式，以利于水电站的运行安全和综合效益的发挥。

按照本人十分愚钝的想法：一是进行新的资产重组，对五大电力公司投资流域电站的资产进行等价交换或相互收购，力争一个流域由一家最多两家投资公司作为水电站业主，负责运营管理并与电网公司或用电户建立长期稳定的供电关系。二是组建流域水电调度中心。由同一流域内的多家投资公司协商组建流域水电调度运行控制中心，控制中心接受电网指令，对流域内水电站安全高效运行负总责，建立与水利流域机构的密切联系。在“电调服从水调”的原则下，有效发挥梯级水库的调蓄作用和水力发电机组的工况，促使水电效率最大化。三是建立同一流域内各水电站之间完善的水情预报、信息系统和统一的风险管理模型，全面评价上游梯级蓄水、泄洪、发电、供水对下游梯级的影响，制定极端气候及降雨条件下，上游水库泄洪及水污染对下游水库造成影响的应急预案。

新环境对水利水电工程建设及运行提出了新要求，适应自然规律和社会发展规律，转变观念，创新工作方式和方法，切实保障工程安全，努力履行社会责任，提高水利水电工程的经济效益、社会效益和生态效益是当代水利水电建设者的历史担当和社会责任。

（摘自中国水力发电工程学会网）

以水权制度保证水资源可持续利用

全国人大财经委副主任委员、
原水利部部长 汪恕诚

2012年初，参照耕地资源红线管理制度，我国设定了三条水资源开发利用不可逾越的“红线”。这既是中国由传统水利向现代水利、可持续发展水利转变的关键性一步，也为中国水权制度付诸实践进行了基础性准备。

水权，是水资源开发、利用、保护和管理等相关权利的总称。根据2002年新《中华人民共和国水法》，中国水资源的所有权归国家，因此本文主要谈水的使用权。为使中国真正转变为节水型社会，实现水资源的可持续利用，要建立起以水权及其衍生出的水市场理论为基础的水资源管理制度。全面推进国家水权制度建设，形成不断提高水资源利用效率和效益的节水机制，是克服中国经济社会可持续发展一系列制约因素的必要保证。

（一）总量控制是关键

新中国成立60多年以来，在发展的不同阶段，遇到了不同的制约因素。新中国成立伊始，技术匮乏导致各行各业均处于百废待兴状态，20世纪70年代末80年代初，中国经济发展遇到的制约因素是资金不足，其后又遇到市场制约，我们努力加以破解，中国不断取得发展。

第四个制约因素，是在第三个制约因素还未完全解决的情况下出现的，即资源承载能力和环境承载能力。现在来看，这两个因素已成为当下需考虑的首要因素，它们已严重制约着中国经济的可持续发展。

所谓资源承载能力，是指某种资源能够承载何种程度的经济社会发展速度，承载多大的总量。对于当下的中国来说，最值得关注的三个方面：耕地、淡水和能源。

假如只是从理论的角度进行探讨，根据资源承载能力和环境承载能力，建设资源节约型、环境友好型社会，大家都会赞成，但问题是如何建设，一定要找到具体的执行抓手。

这个抓手，就是要对资源、环境的承载能力确定一个明确的总量。总量是一条红线，一个天花板。有一段时间我们治理流域水污染比较被动，因为虽然监测的大部分企业都实现达标排放，但整条河流的污染却越来越严重，这就是因为没有对河道纳污进行总量控制。

中国已经实施多年的18亿亩耕地红线制度，就是针对耕地资源进行的总量控制。水利部从2012年初开始实施的“最严格水资源管理制度”中，“三条红线”目标里有两条与总量控制有关，即用水总量和纳污总量，总量控制具有战略性、决定性意义。

（二）从工程水利到资源水利

1998年，长江流域出现特大洪涝灾害，引起举国关注。与之形成鲜明对比的是，黄河却出现了严重断流。

当时100多位院士联名给中央写了一封信，认为黄河断流是一种标志，说明中国生态已经出现了严重问题。当时我刚到水利部任部长，我也认为，黄河断流问题所反映的严重性要远远超过长江洪涝灾害。黄河断流，标志着中国水资源供需状况出现了实质性变化，水利工作也要进行根本性转变。

以往中国水利工作的基本方式是，地方发展需要多少水，水利部门赶紧修大坝建水库来满足需求，再不够就打井，华北地区一段时间内打了几百万口井。造成黄河断流、地下水水位下降，“有河皆干，有水皆污”。

中国水利工作的指导思想和理念应如何转轨？以黄河为例，其治理目标是“堤防不决口，河道不断流，污染不超标，河床不抬高”。首先要留足“生态水量”。黄河流域多年平均的年水量是580亿m^3，河道的生态年用水约需210亿m^3。

在预留出生态用水量之后，每年剩下约370亿m^3的黄河水量，为经济社会发展的水量。为了合理利用，沿黄各省（自治区）之间必须进行合理分水。早在1987年，黄河水利委员会就针对黄河水量进行过一次“87分水”，但真正执行此协议，是在1998年黄河断流之后。

以宁夏为例，其每年分得的黄河水量是40亿m^3。为了使之合理利用，宁夏最初将水资源指标具体分解到各个地级市，各地级市再分解至大的工矿企业、灌区、居民区。在总量指标之外，还确定了各行各业的用水定额。譬如，炼钢企业1t钢用水量，农业种1亩玉米的用水量等，这样，各行各业的用水量都有一个具体的可衡量的定额。

黄河流域等北方缺水地区有必要针对水资源实施总量控制和定额管理，对于每年径流量达到1万亿m^3的长江流域等南方富水地区来说，是否也需要采取这套措施？答案是肯定的。

原因有两个：一是供水，尤其是城市供水，实际上是在消耗能源。水从河道内经过自来水厂，到水泵房，到每家每户的管道，这些过程都在耗费能源。因此，节水本身就是节约能源。二是污染，使用1m^3水会产生0.8m^3的污水。用水量越大，需处理的污水就越多，成本就会高。当然，考虑到南北方水资源禀赋条件的差别，北方应以总量控制为主，而南方则应偏重定额管理。

（三）中国水权三要素

对用水总量有了具体限制，对用水效率以定额指标进行考核，再加以经济、法律、行政、工程科技等手段，各行各业、各家各户都在往节水方向走，形成一种有效的激励机制，才能真正构建起“节水型社会”。在这个过程中，有一个非常重要的概念，就是水权。

以黄河的“87分水”为例，通过政府主导、专家论证、民主协商这个过程分配的用水量，其实指的就是水权。水权指的是一种资产，既针对水资源的使用权，也包含对环境的排污权。

在中国的水权理论体系中，应包含三个基本要素：

首先，应重视初始水权的分配，尤其要注意在分水前预留河流的生态水量。河流自己不会说话，流域管理机构首先应该代表河流的生态利益，成为河流生态的代言人。

其次，要加强流域的综合管理。流域综合管理有三层含义：

(1) 功能因素，河道有防洪、供水、灌溉、航运、发电、旅游等各种功能，因为涉及多个主管部门，所以需要其共同参与流域的综合管理。

(2) 地域因素，要考虑上下游及左右岸的关系，流域涉及的地方政府也应共同参与流域的综合管理。

(3) 时间因素，注意近期和远期流域水资源可持续利用的关系。

这三个要素构成了流域的综合管理。为了达到最好的效果，应该充分利用民主协商的过程，让跟水利相关的政府部门、地方政府、企业、用水户、科技人员等各方共同参与，提高水权管理等各项决策的科学性。

最后，水权本身是可以转换的，可以建立水市场，进行有序的水权交易。

中国需要逐渐建立起国家层面的水权制度。目前正在针对全国25条跨省河流进行水量分配，这是建立国家水权制度的关键一步。这一步能够让每一条河流的水量都可以像黄河一样进行总量控制，每个地区、企业、灌区，乃至全社会都有具体的用水指标，这样会促进节水，寻找新的替代水源。比如，开发利用雨洪资源、再生水、海水淡化等水源，皆属于各地的二次指标，由其自主分配。

为了推行水权制度建设，水利部等多个部门已经在全国各地实施了不少试点。各地特点不一样，在具体水量指标分到各地之后，其针对水资源都能够有一个数量的概念，事情就好办多了。

在全国25条跨省河流进行分水的时候，有一点需要指出：假设有一条河流，多年来因为流域内的工农业发展，其生态用水已经被挤占了，此时不可能突然停止两岸的工农业用水来补充生态用水，其间需要一个慢慢扭转的过程。

从理论上来说，这里存在一个“负水权”的概念，为了解决目前的这种矛盾，有两种办法：其一，靠以后的节水投入来偿还生态用水；其二，新调水源，赋予河道额外的水资源。南水北调将丹江口水库的水资源调到黄河流域和海河流域，实际上就是增加了这些地方的水权。

值得注意的是，“三条红线”管理制度也好，总量控制和定额管理相结合制度也好，目的并不是为限制各地的发展，而是为了推进科学发展、可持续发展。

（四）给出路的政策才是好政策

一项政策如果只是硬逼而不给出路，肯定不可能取得好的实际效果。在水权理论付诸实践的时候，应该考虑如何给各地留有出路。这条出路，就是允许将水权进行合理转换。

中国正在搞西部大开发，西部能源开发潜力巨大。但开发能源需要水，黄河每年580亿m^3的水量早已分光，而没有水就无法立项，水利部也不可能新批取水许可证。

这个矛盾怎么解决？内蒙古和宁夏采取的措施是，将水权进行转换，或者说流转。

水权得以转换的前提是，各地仍有尚待开发的节水潜力。以宁夏为例，不少灌区内的水利设施十分简陋，浪费水资源的现象还非常突出。节水需要投资，而农业地区拿不出这笔钱来。通过计算得出的结果是：节水每投入2.7元，就可以节约出1m^3的水资源。最终按3元协议价格，建设两台发电机组，每台机组一年需要用水1200万m^3，折算成资金直接给农业灌区去进行节水改造，然后把节省下来的用水指标转给发电项目。

到目前为止，宁夏、内蒙古两省区将农业用水转变为工业用水的黄河水流转项目，已经发展到38个。采用这种办法，取得了生态、工业、农业“三赢”。

实际上，水资源使用权交易的形式也是多种多样，并不仅仅拘泥于农业用水和工业用水之间转换这一种形式。譬如，南水北调中线和东线的通水已经指日可待，黄河中下游的一些省份是否可以腾出一点水资源指标给上游省区用，实现水权的跨区域流转。当然，这份水权是属于南水北调水权的流转。

水资源的使用权可以进行交易，排污权是构成水权理论的另一个重要组成部分，也应该允许其进行交易。通过排污权的分配和交易，才能真正做到最严格的总量控制管理。

（财经网记者焦建采访整理）

抓机遇　谋发展　推动农村水电工作再上新台阶

——在全国农村水电工作会议上的讲话（摘要）

水利部副部长　胡四一

一、2011年农村水电工作成效显著，实现了“十二五”良好开局

2011年是我国水利发展史上具有里程碑意义的一年，中央出台一号文件，召开最高规格的水利工作会议，对水利改革发展做出全面部署，全社会掀起了治水兴水热潮。各级水利部门认真贯彻中央精神，按照水利部党组工作部署，落实2011年全国农村水电工作会议各项要求，农村水电工作取得显著成绩，中央投资持续增长，全年新增装机容量328万kW，总装机容量达到6212万kW，实现了“十二五”良好开局。

（一）打造民生水电，惠农工程建设取得突破

一是水电新农村电气化县建设全面实施。在全面完成“十一五”水电农村电气化建设任务的基础上，国家批复了《“十二五”全国水电新农村电气化规划》，启动了331个水电新农村电气化县建设。广东等省积极落实省级配套资金，湖南、吉林、四川等省积极完善电气化建设管理体制机制，各地结合实际分解落实规划任务，制定了“十二五”水电新农村电气

化县建设实施方案。281个、装机容量109万kW中央补助投资的水电新农村电气化项目开工建设，全年完成投资22亿元，投产项目85个，装机容量21万kW。

二是小水电代燃料建设规模持续扩大。2011年新开工小水电代燃料项目51个、装机容量16.7万kW，自2009年全面实施以来建设项目达到204个、装机容量51万kW，可解决45万户、170多万农民的生活燃料问题，保护森林面积630多万亩，建设范围扩大到全国22个省（自治区、直辖市）和新疆生产建设兵团的193个县（市、区）。云南、贵州、山西、内蒙古、青海等5省（自治区）全部落实了省级配套资金。河南出台了小水电代燃料电价政策，为项目实施创造了良好的政策环境。

三是农村水电增效扩容改造试点正式启动。在陈雷部长的高度重视和直接推动下，在财政部的大力支持下，农村水电增效扩容改造试点正式启动。水利部、财政部联合批复了浙江、湖北、湖南、广西、重庆、陕西等6省（自治区、直辖市）试点实施方案，下发了初步设计、机电设备选用和建设管理等配套文件，组织召开了试点启动视频会暨责任书签署仪式，明确了建设任务和责任，下达了中央补助资金6.7亿元。试点省份高度重视并积极推进，重庆在项目建设用地、并网调度和行政事业性收费等方面出台了扶持政策；重庆、浙江、广西、陕西全额落实了地方配套资金；浙江、湖北、重庆、陕西都上调了小水电上网电价，其中重庆每千瓦时上调3分。目前733个试点项目中已有722个完成机电设备招标，116个项目已改造完成并发挥效益，投产装机容量12.8万kW，节能减排、惠农保安等作用已初步显现。

（二）打造平安水电，安全监管得到加强

一是稳步推进农村水电安全监管全覆盖。各地高度重视、认真贯彻水利部《关于开展全国农村水电安全监管全覆盖大检查的通知》，落实安全生产监管主体和责任主体，努力做到安全监管“全覆盖、无死角、制度化”。辽宁、湖南、重庆等地加强与发改、安监、工商、电监等部门和机构协调明确监管责任，江西、重庆、陕西、甘肃等地通过报纸、网络对安全监管主体进行公示，广东将安全生产监管主体纳入小水电管理信息系统，江西在电站设立安全生产监管主体和责任主体公示牌。水利部派出检查组对8个重点省份进行督查，督促各地认真抓好落实。截至2011年底，已有4.1万多座农村水电站落实了安全监管主体，覆盖率超过90%。随着安全监管不断增强，安全事故明显下降，2011年事故数量和死亡人数均比上一年下降50%以上。

二是认真开展农村水电建设督查。按照国务院领导批示，水利部会同国家发展改革委、国土资源部、环保部、国家能源局、国家地震局等有关部门，先后对甘肃白龙江、疏勒河和湖北神农架林区等社会关注的小水电开发情况进行调查，向国务院报送了《水利部关于湖北省神农架林区小水电开发情况的报告》等，得到国务院领导同志的高度重视。湖北、甘肃两省水行政主管部门积极配合督查，认真核实情况，指导和督促地方调整发展思路，提出对策措施。

三是努力提高安全生产应急能力。在2011年初南方局部地区雨雪冰冻灾害中，水利部下发《关于应对雨雪冰冻灾害保障农村水电稳定运行的紧急通知》，要求加强领导，提高应急能力，保障农村水电稳定运行和正常供电。湖南、江西、广西、重庆、四川、贵州等6省（自治区、直辖市）水利部门积极应对，迅速行动，修复因灾受损的杆塔6048基，输电线路4454km，恢复供电人口541万人。

（三）打造绿色水电，水能资源管理持续推进

一是明确生态环境保护要求。水利部发布了《水能资源调查评价导则》、《小水电水能设计规程》等技术文件，明确规定农村水电开发建设应满足下游生态用水要求。各地强化生态环境保护意识，主动采取对策措施。河北省出台政府规章，明确了水能资源开发生态环境保护措施。福建明确要求对严重影响生态环境和水资源综合利用的已建电站逐步拆除。

二是积极推动水能资源规划。水利部组织开展了全国水能资源开发规划调查摸底工作，基本摸清了各地规划工作现状和5260条河流水能资源开发规划情况。发布了《中小河流水能开发规划编制规程》，为农村水能资源开发规划工作提供了技术保障。长江水利委员会、广西等开展了水能资源开发功能区划工作，明确了水能资源禁止开发区、规划保留区和开发利用区；云南编制了《大中型水电站水资源综合利用专项规划》，把大中型水电站纳入抗旱减灾、保障供水安全体系。

三是切实加强生态流量管理。浙江、广东、陕西、甘肃等省出台了生态流量管理意见，规定了小水电站最小下泄生态流量，并对下泄设施的设计、安置和监管做出了明确规定。福建在重点流域安装生态流量监控装置，并将此项工作纳入当地政府的绩效考核。

（四）打造和谐水电，农村水电发展环境不断改善

一是立法工作继续推进。根据国务院领导同志关于农村水电立法工作的重要批示，国务院法制办高度重视，主动了解情况，水利部积极配合，抓紧开展《农村水电条例》立法前期工作。地方立法继续取得进展，继湖北、贵州、湖南、吉林、广东、辽宁等6

省出台专门的水能资源管理地方性法规和规章后，河北以省政府令发布了《水能资源开发利用管理规定》。

二是舆论宣传逐步强化。新华社、中央电视台、《光明日报》、《经济日报》等中央媒体刊发关于农村水电新闻报道60多篇，网络转载量达550余条。新华社内参清样刊发3篇农村水电文章，中央电视台播出了2部农村水电专题片。《农村水电的待解之题》等多篇新闻稿件或电视片获水利好新闻奖。

三是协会学会作用彰显。广东省小水电协会积极配合水行政主管部门，反映情况，提出建议，2011年该省小水电上网电价每千瓦时上调3.28分。陕西省小水电协会积极反映小水电上网和结算等方面存在的问题，参与制定小水电《购售电合同》和《并网调度协议》示范文本，维护了农村水电企业权益。中国水利学会水力发电专委会、中国水力发电工程学会小水电专委会、国际小水电联合会以“小水电与改善民生”为主题，联合组织召开了“第二届中国小水电论坛”，社会反响良好。

四是国际合作持续加强。通过举办培训、研讨，扩大了中国小水电的国际影响。国际小水电中心和亚太小水电培训中心举办了五期援外小水电培训（研讨）班，来自50多个国家共118位学员参加了培训（研讨）。特别是“发展中国家水资源及小水电部级研讨班”，吸引了亚非12个国家25名高级官员参加。通过技术标准的国际化、“点亮非洲”项目的实施和扩大技术、设备等出口，加快了中国小水电“走出去”步伐。

二、分析农村水电形势，增强做好工作的责任感和紧迫感

当前和今后一个时期，是全面建设小康社会、加快转变经济发展方式的关键时期，是推动水利跨越发展、促进传统水利向现代水利加快转变的重要时期。农村水电是水利事业的重要组成部分，是民生水利的重要内容。准确把握农村水电工作面临的形势，对于推动农村水电事业又好又快发展具有十分重要的意义。

一是中央对农村水电工作提出了新要求。2011年中央一号文件和中央水利工作会议明确提出，要在保护生态和农民利益前提下，加快水能资源开发利用，规范开发许可，强化安全监管，大力发展农村水电。温家宝总理，李克强、回良玉副总理，马凯国务委员等国务院领导多次对农村水电工作做出重要批示，强调农村水电建设综合效益显著，要继续加大支持力度，完善工作机制和扶持政策；要坚持科学规划、有序开发和健康发展，兼顾好生态保护、防洪安全和农民利益；要强化监管、落实责任，尽快完善相关法律，把农村水电开发、建设、管理纳入法制轨道。中央一号文件和中央水利工作会议，以及国务院领导同志重要批示，充分肯定了近年来农村水电工作，也为今后农村水电改革发展指明了方向。

二是扶贫攻坚明确了农村水电新任务。中央扶贫开发工作会议要求，今后一个时期要把连片特困地区作为扶贫攻坚的主战场，到2015年，全面解决贫困地区无电行政村用电问题，大幅度减少西部偏远地区和民族地区无电人口数量；到2020年，全面解决无电人口用电问题；因地制宜发展小水电，加大农村水电建设支持力度，继续推进水电新农村电气化、小水电代燃料工程建设和农村电网改造升级，实现城乡用电同网同价。连片特困地区680个县，其中603个县拥有农村水能资源，技术可开发量6681万kW，目前开发了2374万kW，开发率仅35.5%，具有很大的开发潜力。发展农村水电不仅可解决连片特困地区的无电缺电问题，还可改善灌溉和供水条件，带动通水、通路、改厨、改厕，促进生态环境保护、农民增收和地方经济发展。

三是节能减排为农村水电发展提供了新机遇。根据国家“十二五”规划纲要提出的目标任务，到2015年我国非化石能源占一次能源消费比重要提高到11.4%，单位国内生产总值二氧化碳排放要在2010年的基础上降低17%，并作为“十二五”经济社会发展的重要约束性指标。国务院《“十二五”节能减排综合性工作方案》按行政区域将节能减排指标进行了分解落实，明确地方各级人民政府对本行政区域节能减排负总责、政府主要领导是第一责任人；并把在做好生态保护和移民安置的基础上发展水电，开展农村水电增效扩容改造，优先调度水电等非化石能源发电上网等措施正式纳入国家节能减排工作的具体行动。

四是社会公众对河流生态提出了新期盼。农村水电过去在解决农村无电缺电问题、促进地方经济发展上发挥了重要作用，得到了广大农民的衷心拥护和热烈欢迎。但受当时开发理念和条件的限制，早期建设的部分电站存在河段减水脱流，影响河流生态和下游生产生活用水等问题。随着经济社会发展，科学发展理念深入人心，人民群众环保意识不断增强，对河流生态要求越来越高，期盼农村水电在提供清洁可再生电力的同时，不要破坏生态环境，保护好青山绿水。

农村水电发展潜力大，前景广阔，但也还存在着一些困难和问题。农村水电法规体系尚未建立，电价政策还未有效落实，安全监管体制还需完善，农民受益机制还需不断创新，我们要清醒认识农村水电工作的艰巨性和复杂性，抢抓机遇，攻坚克难，推动农村水电工作再上新台阶。

三、明确目标任务，扎实做好2012年农村水电重点工作

2012年农村水电工作总的要求是：继续贯彻2011年中央一号文件和中央水利工作会议精神，按照2012年全国水利厅局长会议要求和“十二五”农村水电工作总体部署，保持中央投资稳步增长，新增农村水电装机容量300万kW，确保完成农村水电增效扩容改造试点任务，继续推进水电新农村电气化和小水电代燃料建设，全面开展中小河流水能资源规划，进一步落实农村水电安全监管全覆盖。

（一）以惠农工程建设为龙头，民生水电要取得新进展

一要确保完成农村水电增效扩容改造试点任务。增效扩容改造是农村水电转变发展方式的重要举措，在促进节能减排，消除安全隐患，改善生态环境，巩固和扩大农村水电发展成果等方面都具有十分重要的意义。试点能否如期完成，不仅直接关系到增效扩容改造能否取得预期效果，还关系到今后能否继续实施并扩大规模，关系到行业的整体发展。6个试点省份要积极创新模式，严格执行有关标准，切实落实配套资金，加强督导检查，认真做好验收和总结，为全国农村水电增效扩容改造提供经验和示范。其他有改造潜力省份要按照高起点规划、高标准实施的原则，尽快完成项目前期和省级实施方案编制工作，为全面启动做好准备。

二要全力推进水电新农村电气化县建设。水电农村电气化是农村水电的一面旗帜，根据新时期农村经济社会发展的需要，“十二五”水电新农村电气化赋予了新的内涵。2012年是电气化建设十分重要的一年，要求深入研究，不断探索，创新发展模式。各地要积极贯彻落实《水电新农村电气化建设项目管理办法》，加大配套资金落实力度，加强在建项目指导，特别要加强对2012年安排中央补助投资的365个、150万kW建设项目的指导，严格项目管理，确保工程质量、进度和安全。总结和培育电气化县建设在促进农民增收、改善农村生产生活条件、促进地方经济发展等方面的经验和典型。

三要加快实施小水电代燃料工程。经过这些年的努力，小水电代燃料工程从试点、扩大试点到全面实施，得到了社会的广泛认可，成为农村水能资源开发利用的典范。要乘势而上，按照集中连片整村、整乡推进的思路，持续扩大建设规模和实施范围。各地要认真贯彻落实《小水电代燃料项目管理办法》，加强项目前期工作，规范项目实施方案的编制和审批，明确代燃料供电范围、供电方式和电价。要明确国有资产出资人代表，加强国有投资收益监管。要统筹电站和项目区建设，争取做到电站发电和代燃料供电同步。2012年要新开工38个、11万kW小水电代燃料项目，继续抓好152个、40万kW的续建项目建设，力争投产50个、15万kW的小水电代燃料项目。

四要积极推动农村水电直供电片区电网改造。农村水电直供电片区历史上对于解决当地无电缺电问题发挥了重要作用，但由于各种原因，供电网络一直未纳入国家农网改造范围，设备设施老化、供电损耗大、安全隐患多、电价管理混乱，严重影响供电质量和社会稳定。据初步调查，未改造的农村水电直供电片区共有520个，分布在全国18个省（自治区、直辖市）和新疆生产建设兵团，涉及184个县、904个乡镇的182万户、682万人。要在深入调查的基础上，积极推进前期工作，编制全国农村水电直供电片区电网改造规划。加强与国家有关部门的沟通协调，提出政策建议，推动农村水电直供电片区电网改造工作。

（二）以保障安全为目标，平安水电要迈上新台阶

一要基本实现安全监管全覆盖。2011年全国农村水电工作会议上，陈雷部长提出要巩固和扩大违规水电站清查整改工作成果，落实农村水电安全监管主体和安全生产责任主体，实现农村水电安全监管全覆盖。经过一年的努力，覆盖率已达到90%。各地要加大工作力度，尚未落实监管责任、存在监管盲区或死角的地区，要重点抓落实和整改，逐站落实监管责任，消除监管盲区，2012年全国安全监管覆盖率要达到95%。已经落实监管责任的地区，要切实履行监管职责，积极探索对民营电站的监管方式；规范停运、报废电站的审批程序，落实安全监管措施；加强对乡镇监管电站的指导，确保有人管、能管好。2012年下半年，水利部将会同有关部门，对这项工作落实情况开展联合督查。

二要积极开展安全大检查。要切实贯彻落实《国务院办公厅关于集中开展安全生产领域“打非治违”专项行动的通知》精神，按照水利部《关于开展全国农村水电安全大检查的通知》要求，加强领导，认真组织，进一步细化方案，明确检查内容和标准，做到横向到边、纵向到底。通过安全大检查，查清安全隐患，认真登记造册，限期整改销号。要加强汛期值守，按照度汛方案或防汛预案要求，进一步明确责任，落实好各项防范措施，确保公共安全和生产安全。

三要努力推进安全生产标准化建设。这几年，在农村水电安全生产标准制定上做了很多工作，出台了《农村水电技术管理规程》等一系列技术标准，使农村水电安全生产有章可循。各地要加强宣贯和培训，

真正把标准贯彻到实际工作中去。2012年，水利部将按照国家安全生产监督管理总局《企业安全生产标准化建设基本规范》的要求，在农村水电站安全管理分类及年检办法的基础上，制定出台农村水电安全生产标准化等级评审管理办法，进一步推进农村水电站安全生产标准化建设。

（三）以农村水能资源规划为先导，绿色水电要开拓新领域

一要全面开展中小河流水能资源开发规划。在总结各地规划经验和做法基础上，经过深入研究论证和广泛征求意见，水利部已经形成了《关于开展中小河流水能资源开发规划工作的意见》，近期将正式下发。各地要结合本地实际，按照水利部的统一部署，成立相应机构，落实工作经费，尽早组织开展区域内中小河流水能资源开发规划的编制和修订工作。

二要积极推动绿色水电评价。借鉴国际水电协会水电可持续性评估、瑞士绿色水电认证、美国低影响水电认证等经验，结合国内环境影响评价等实践，部水电局正在组织有关单位，研究建立绿色小水电评价指标、标准和方法。在此基础上，拟选择若干具有区域和流域特点的小水电站开展试点，进一步完善评价指标体系，探索建立激励机制，推动绿色水电评价工作，引导建立环境友好、社会共享、经济合理和安全高效的绿色小水电。

三要不断完善农村水电环境保护技术标准。目前农村水电技术标准体系中有关生态环境保护的内容相对分散和欠缺，要结合农村水电技术标准体系修订，补充农村水电环境保护技术标准序列，制定绿色小水电评价、最小生态流量、景观整合等技术标准，完善现有标准体系表中农村水电规划、设计、施工和运行等方面的生态环境保护要求，构建系统的农村水电技术标准体系。

（四）以农村水电立法为重点，和谐水电要开创新局面

一要加快推进立法。农村水电立法是依法行政的根本保障，是农村水电健康稳定发展的重要基础。各地要认真借鉴有关省份立法经验，不等不靠，结合实际，积极推动立法工作。水利部将根据国务院领导关于农村水电立法的重要批示精神，扎实做好《农村水电条例》立法的基础工作，争取尽早列入国务院立法计划。根据农村水电面临的新形势新要求，进一步完善条文，适时出台《农村水能资源管理办法》。

二要强化政策研究。要广泛开展调研，深入研究农村水电在生态、环保、惠农和信贷支持等方面的政策，特别是要加强上网和电价政策研究，提出政策建议，逐步解决农村水电上网难、电价低的问题。要在财政部、水利部贯彻落实2011年中央一号文件已有工作基础上，加大工作力度，进一步落实农村水电增值税政策。

三要发挥协会作用。各地要加强对小水电协会的指导，充分发挥小水电协会的桥梁纽带作用，加强行业服务和自律。国际小水电联合会要充分发挥国际国内两个影响力，积极引进国外先进的开发理念和管理经验，推动我国小水电技术和设备出口。开好国际小水电组织协调委员会会议，办好第6届“今日水电论坛”。

四要加强统计和信息化。统计是重要的政府职能，是行业管理的重要手段，是领导决策的重要依据。各地要高度重视农村水电统计工作，稳定统计队伍，确保统计数据的及时、准确和完整。要加大农村水电信息化建设，不断提高信息化水平。

四、加强组织协调，进一步落实保障措施

2012年农村水电发展目标任务已经明确，关键是要加强领导，强化措施，狠抓落实。

一要加强组织领导。农村水电工作政策性强，社会敏感度高，工作难度大，涉及群众切身利益。各级水利部门要按照陈雷部长的要求，把农村水电工作作为水利工作的一项大事要事来抓，层层分解目标任务，逐级落实工作责任。重大问题一把手要亲自过问、亲自协调，分管领导要负起责任，形成一级抓一级，层层抓落实的工作格局。

二要加强沟通协调。农村水电工作涉及多个部门，协调工作至关重要。要积极争取各级党委和政府的关心和重视，加强与发展改革、财政、法制、环保、税务、物价、安监、电监等部门及有关金融机构的沟通协调，取得他们的理解和支持，为农村水电创造良好的发展环境。

三要加强宣传引导。要善于发挥新闻媒体的作用，着力宣传农村水电的战略地位和重要作用，着力宣传农村水电改善民生、保护环境的实践与成效，着力宣传农村水电法制建设的进展和经验，着力宣传增效扩容改造试点、水电新农村电气化和小水电代燃料建设的进展情况和经验做法。同时要接受舆论监督，积极回应新闻媒体和社会公众的关切，为农村水电发展营造良好的舆论氛围。

四要加强队伍建设。完成繁重的农村水电改革发展任务，关键要建设一支政治强、业务精、作风硬、能吃苦的农村水电队伍。要加强机构和职能建设，加大人才培养和培训力度，为农村水电发展提供组织和人才保障。

专　家　论　坛

水库水坝工程　人类永恒需要

中国工程院院士　陆佑楣

〔编者按：本文是中国能源报访中国工程院院士陆佑楣的谈话摘要〕

中国能源报：为什么第一对策是加快开发水能?

陆佑楣：从资源角度看，水能是可再生资源，出力有限但能量无限。

中国有比较丰富的水能资源，理论上有6亿多千瓦，从技术上而言可开发的有5亿多千瓦，再加上经济性这个条件，中国可以获得的水电资源大概不到5亿kW。目前中国已经开发了2亿kW，还有3亿kW，水能资源利用率目前只有30%多，还是很低的。发达国家的利用率最高到了90%多。

在此我想强调一点，因为水电资源是有限的，不可能代替所有的能源，所以人类未来的能源还要依靠核电。

中国能源报：那您觉得公众对水电工程的认可度怎么样?

陆佑楣：不高。原因有很多，主要是库区居民没有得到足够多的利益分配，所以对我们的工作不够认可。另外，社会上的舆论也有很多误导。

比如水质的污染。其实污染不是水电站排放的，是陆地排往长江的。长江自古以来就是一个排污通道，现在沿江这么多工业化城市和密集的人口，全把垃圾往长江里倒能行吗?水质的污染不能归罪于水库，污染源在陆地上，必须处理好污水排放和垃圾处理。

中国能源报：有关水电对生态环境的影响，现在吵得很厉害。

陆佑楣：修建水库以后，改变了生态、恶化了环境，这个说法有点夸大。事实上是改善了生态环境。

中国能源报：洄游的鱼类会受到影响。

陆佑楣：如果说有一点不利影响，就是江里的鱼可能因为修建水库改变了原来的生活习性。有一部分不适应的鱼类要消亡，有一部分可能还要得到更好的发展。比如现在北京尝到的千岛湖的鱼头，就来自环境优美的新安江水库。

在没有三峡工程之前，长江的鱼类已经越来越少，这是因为捕捞过量，并不是因为有了水库。但是仍要想尽一切办法来减少水库对鱼类的影响。美国在这方面修建了鱼梯，让鱼借此通过水库，可上可下。但中国水库、水坝修建得较高，尤其在深山峡谷里要修建鱼梯非常困难，这个还要继续研究。

中国能源报：还有人把重庆气候变化跟三峡联系在一起。

陆佑楣：有了水库以后，重庆发生旱灾、洪涝都怪在三峡身上。说三峡改变了气候，三峡没那么大本领。三峡水库长度600多公里，宽度就是长江的宽度。加大一倍也不是一个大型的湖泊，只是个峡谷型的水库，不可能改变气候。

大坝只有一百多米高，怎么能影响到大气的环流呢?

中国能源报：修建水库也会淹没大片土地。

陆佑楣：修建水库要淹没一些陆地面积，这是肯定的。但在深山峡谷里，土地是非常贫瘠的，没有茂密的森林和肥沃的耕地。如果说要淹没很大的一片平原，这个电站肯定也建不成。三峡工程也就不会被通过。

中国能源报：对于现在争议比较激烈的西南水电开发，比如怒江，多年以来你都十分笃定。

陆佑楣：现在已经在建电站的河流这么多，金沙江只有一条，怒江还没建，怒江是很好的一条河流，建一连串梯级电站就是一连串明珠，对生态环境只会有利，不会不利，也不会改变三江并流，又可以得到1000亿kW·h电，是清洁可再生的电能，比三峡的电还多一点。

中国能源报：三峡大坝有安全问题吗?

陆佑楣：建水电站，首先大坝要绝对安全，否则次生灾害非常严重，大坝是不能垮的。我干过这么多的大坝，最睡得着觉的就是这个坝，没问题。

中国能源报：黄河三门峡水库是一个失败的大坝。

陆佑楣：长江泥沙含量连黄河的5%都不到。三峡大坝有足够多的排沙孔、泄洪深孔、冲沙闸等设施。蓄水以来，由于上游水库拦沙、水土保持、植被保护等因素，来沙量逐年递减，比原来已经减少一半。我们当时预期是每年5亿t，现在大概只有2亿多吨。

通过大量实验，三峡的泥沙淤积70～80年后就可以达到冲淤平衡，后面来的泥沙都能同水一起排泄出去。淤积的部分占到库容的20%，总库容393亿m^3，乘以20%是78.6亿m^3，不影响防洪库容。

三峡自2003年开始蓄水，离2013年也不远了，并没有出现黄万里老先生说的那样，重庆港朝天门码头堵塞的情况。

中国能源报：三峡水库汛期放水汛末蓄水，是为了防止泥沙淤积?

陆佑楣：对，大量水可以夹带走大量泥沙。汛期的时候上游水量很大，不需要蓄水，这个时候让它敞泄带走泥沙。到了枯水期，水比较清，泥沙量减少，也正需要蓄水。对于发电来说可以均衡发电，对水资源来说也加大了下游水资源量。

没有三峡水库时，长江下游最枯时段的水流量只有3000m^3/s多点，现在最低下泄不得低于5000m^3/s，如果再发生干旱，再多放一些也可以，2011年初就是如此。

中国能源报：蓄清排浑意味着主汛期不蓄水，这个跟防洪之间怎么协调。

陆佑楣：如果突然来一场大洪水，那不蓄也得蓄的，必须拦洪。2010年7月最大洪峰峰值达到7万m^3/s时，三峡就挡了一下。对于三峡来说，流量超过5.67万m^3/s时，哪怕会把大量泥沙拦在水库里，也要蓄水防洪。但正常运行时蓄清排浑，汛期不能蓄水。

中国能源报：近年国内有一些反坝的舆论，国外反坝也很厉害。

陆佑楣：舆论反对水电站并不是反对发电，主要是反对修建大坝和水库，但人类是离不开大坝和水库的。水资源的时空分布很不均匀，只有通过工程措施才能使它适应人类的生存发展需要。调节水资源的分布不均，水库是一定要有的，修水电站也需要水库，从本质上是改善了人类对水资源的利用，如调蓄不稳定的水资源、防洪减灾、发展通航航运等。

美国几十年前修建大坝也有人反对，任何一个重大工程都有些人会反对，这个不足为奇。

中国能源报：美国进入拆坝时代了吗?

陆佑楣：有很多NGO组织说美国进入了拆坝时期，我们为什么还要建坝?实际上是谬论。美国的大坝都已经建得差不多了，没地方可建了就拆掉一部分以前建的小坝，中国还差得远呢。美国有7万多座坝，中国有8万多座坝。但中国的河流多，地势起伏高差大，水资源分布得更不合理，人口又众多，为了充分利用水资源，还不单单是水能资源，就要建很多坝。2011年中央1号文件不就要求大力发展水利工程?

中国能源报：水资源时空分布不均，人均水资源不够，所以必须修建水坝水库。

陆佑楣：修水坝对人类的可持续发展是没问题的。有人曾经问我，一百年后可能有很多新的能源，那么你这个三峡电站有没有必要呢?假如说三峡电量不需要了，可以不发电，但三峡水库还是要的。三峡工程的第一目标是为了防洪，荆江河段大片洪水泛滥，有了三峡工程就可以解决这个矛盾。

因为水资源在时空分布上不均匀，所以水库水坝工程是人类永恒的需要。为了得到安全可靠的水资源，需要很多工程，比如南水北调工程，这种跨流域的工程都应该搞。

我认为2011年国务院的4万亿元的水利投资早就应该投入了，水利工程是一个常态问题。

水电与可持续发展

中国长江三峡集团公司总经理 陈 飞

〔编者按：本文是中国长江三峡集团公司总经理陈飞，为纪念《李鹏论三峡工程》出版一周年发表的文章，选登如下〕

水是生命之源、生产之要、生态之基。2011年中央1号文件强调，要切实增强水利支撑保障能力，实现水资源可持续利用。科学开发和合理利用水资源，大力发展水电，化水患为水利，变水能为电能，有利于解决好制约经济社会发展的水资源、能源、粮食、环境等重大问题，实现可持续发展。

一、水电开发是优化水资源配置的主要途径

水既是基础性的自然资源，又是重要的战略资源，水资源永续利用支撑着经济社会发展。我国水资源总量2.8万亿m^3，居世界第6位，人均占有量2100m^3，仅为世界人均的1/4，在世界银行连续统计的153个国家中居第88位。我国水资源时空分布不均，供需矛盾突出，旱涝灾害频发。水利水电工程建设，通过筑坝建库，将河流由不可控变为可控，对水资源的时空分布进行优化和调整，实现合理配置，提高水资源综合利用水平。在汛期拦洪错峰，减轻下游防洪压力，保护人民生命财产安全；在枯水季为下游补水，改善供水和通航条件，满足生活、生产、生态用水需要。

二、水电开发是促进能源可持续发展的基石

能源是经济和社会发展的物质基础。我国已成为

世界第二大经济体，2011年超过美国成为世界上最大的能源消费国。我国能源消费以煤炭为主，煤炭在一次能源消费中的比例高达70%。同时，我国煤炭、石油、天然气等化石能源的人均占有量不到世界平均水平的一半。随着经济持续稳定增长和居民生活水平不断提高，能源需求也不断增大，能源的安全、结构和环境问题日益突出，未来可持续发展面临严峻挑战。我国水能资源蕴藏量和可开发量均居世界首位，其中技术可开发装机容量5.42亿kW，年发电量2.47万亿kW·h。截至2011年底，我国水能资源开发率仅为29%，远低于欧美等发达国家的开发水平。水电是清洁可再生能源，开发利用好丰富的水能资源，是增加能源供应、保障能源安全、优化能源结构，构建可靠、经济、清洁现代能源体系的必然选择。

风电、太阳能等新能源发展前景广阔，目前仍处在商业化发展初期，短期内尚不能成为能源供应的主体，加快水电开发可为风电、太阳能等新能源的技术进步、降低成本、大规模发展争取时间。依据国家能源发展规划，水电是2030年前可再生能源发展的一个重点，是我国应对气候变化、实现节能减排目标的重要保障。要在保护生态和做好移民工作的前提下积极发展水电，重点推进西南地区大型水电站建设，因地制宜开发中小河流水能资源，科学规划建设抽水蓄能电站。要实现2020年非化石能源消费比重15%的目标，一半以上（8.1%）需要水电来完成，水电装机容量将达到3.3亿kW；到2030年，水电装机容量达到4亿kW左右，接近发达国家开发水平；到2050年，水电装机容量达到4.5亿～5亿kW左右，水电开发基本完成。

水电作为电力系统的重要组成部分，还有两个十分独特的性能。一是调峰作用。调峰是电力系统稳定、节能、健康发展的有效途径。与燃煤机组、燃气轮机等常见调峰手段相比，水电机组开停机简便、快速，安全可靠，对电网负荷变化响应迅速，在调峰、调频、调相、事故备用方面有着无法比拟的优势。二是储能作用。风电、太阳能、海洋能等新能源具有不连续、不稳定的自然特性，未来大规模开发，除与分布式电源、智能电网的发展进行结合外，还需要通过配套储能装置，把随机的、不连续、不稳定的电能转换成稳定的高质量的电能，而抽水蓄能电站是迄今为止最成熟的规模大、成本低、效率高的储能技术。充分发挥水电储能作用，可为风电、太阳能等新能源发展提供保障。

三、水电开发是保障粮食安全的重要基础

粮食安全始终是关系国民经济发展、社会和谐稳定的全局性重大战略问题。中国耕地的保有量为18亿亩，用占世界9%的耕地成功解决了占世界19%人口的吃饭问题。随着城镇化、工业化的发展及人口增长，粮食需求呈刚性增长，未来粮食安全问题不容乐观。灌溉农业是我国粮食安全的基础，在占全国耕地面积45%左右的灌溉面积上，生产了占全国总产量75%的粮食、80%以上的经济作物和90%以上的蔬菜。大力发展水电，充分发挥水库防洪、排涝、抗旱、灌溉功能，有助于粮食稳产高产。

四、水电开发是改善生态环境的有效手段

长江、黄河是孕育中华民族灿烂文明的母亲河，但下游河段在历史上时常决口泛滥，给两岸百姓带来深重的灾难。在大江大河上修建的水利水电工程，本质上也是有利于改善环境的生态工程。建设水电工程治理河流，积极主动地进行生态修复和移民搬迁，可以大大减少或基本杜绝洪涝、干旱造成的生态灾难和人民生命财产损失，这是最大的生态效益。没有有计划的移民，就有无计划的灾民。没有有计划的生态修复，就会有洪水过后满目疮痍、干旱发生时赤地千里的生态破坏。

水电是清洁可再生能源，通过开发西部丰富的水能资源，实施西电东送，可缓解中东部经济发达地区的环保压力，减少温室气体排放和酸雨污染。2011年，我国水电发电量6626亿kW·h，相当于节约标准煤2.19亿t，减少排放二氧化碳4.98亿t、二氧化硫597万t、氮氧化物291万t，环保效益巨大。若我国技术可开发水电资源基本完成开发，每年可持续节约标准煤8.27亿t。在水电工程建设与运行过程中，通过采取有效措施，可以充分发挥工程对环境的有利影响，最大限度地减小不利影响。长江三峡工程、黄河小浪底工程、珠江流域红水河上的龙滩工程、形成浙江千岛湖的新安江水电站等，都对流域生态环境起到了巨大改善作用。

五、三峡工程促进长江流域经济社会可持续发展

三峡工程是中华民族伟大复兴的标志性工程。长江流域自然资源丰富，人口稠密，经济发达，一直是中国经济的中心地带。然而，长江尤其是中下游地区频繁发生严重洪水灾害。自汉初公元前185年至清末的2000多年间，长江发生了214次洪灾，平均10年一次。1919年，中国民主革命先行者孙中山先生在《建国方略》中最早提出了兴建三峡工程的设想。新中国成立后，鉴于长江防洪的严峻形势和经济发展的迫切需求，迅速着手开展长江流域规划和综合治理，

三峡工程被提上议事日程。1956 年，毛泽东在《水调歌头·游泳》中描绘了“更立西江石壁，截断巫山云雨，高峡出平湖”的壮丽宏图。邓小平就三峡工程上马指出：“看准了就下决心，不要动摇。”1994 年 12 月 14 日，三峡工程正式开工。在以江泽民同志为核心的党的第三代领导集体和以胡锦涛同志为总书记的中央领导集体的正确领导下，在全国人民的大力支持下，历经 17 年建设，到 2009 年底，除国家批准缓建的垂直升船机和新增的右岸地下电站项目以外，三峡工程初步设计建设任务全部完成。2010 年 10 月，三峡工程成功实现 175m 试验性蓄水目标，全面转入正常运行阶段。三峡工程的成功建设，凝聚了中华民族的智慧和力量，展现了科学民主、团结协作、精益求精、自强不息的民族精神。

三峡工程是世界上承担综合功能最多、工程规模最大、装机容量最大的水电项目。要充分发挥防洪、抗旱、供水这三项不可替代的功能，履行好中央企业政治责任。三峡工程建成后，长江中下游 80 万 km^2 面积得到了有效保护，特别是江汉平原最薄弱的荆江河段防洪标准从十年一遇提高到百年一遇，并且大大提高了分蓄洪区血吸虫病防治水平。三峡枢纽运行 9 年来，多次进行防洪调度，成功发挥拦洪错峰作用。2010 年汛期，三峡枢纽累计拦蓄洪水 266 亿 m^3，最大入库洪峰流量 70 000m^3/s，经水库削峰后仅以 40 000m^3/s下泄。2012 年 7 月 24 日，三峡经受了建库以来最大洪水的考验，入库洪峰流量达到 71 200m^3/s，削峰后以 43 000m^3/s 下泄，确保了长江中下游防洪安全。灌溉面积和可用水量显著增加。2011 年，北半球多个国家和地区发生罕见旱情，中国长江中下游部分地区遭遇了百年一遇的大面积干旱，三峡水库累计向下游供水 220 亿 m^3，有效改善了中下游生活、工农业生产、生态用水和通航条件，为缓解特大旱情发挥了重要作用。

充分发挥航运、渔业、旅游这三项重要功能，履行好中央企业社会责任。三峡工程蓄水后，改善了川江河道通航条件，万吨级船队可从上海直达重庆，船舶运输成本降低三分之一以上，能耗降低近三分之二，长江成为名副其实的黄金水道，通过三峡枢纽的货运量保持年均 13%高速增长，2011 年货运量突破 1 亿 t，是蓄水前平均年货运量的 10 倍，促进了东西部经济协调发展。借鉴世界内河航运发展经验，今后要推广三峡船型、加快过闸船型标准化，建立货运信息平台、减少空载，进一步提高三峡船闸通过能力。三峡水库运行后，通过实施生态调度，明显促进了鱼类繁殖，有利于水体生态改善、渔业发展、增加就业和提高民众生活质量。长江三峡原有自然景观更加美丽，同时又增添了高峡平湖等人文景观。三峡坝区成为中外游客重要的旅游目的地，游客数量连年攀升，2011 年超过 175 万人次。随着交通网络的迅速发展，三峡工程正在发挥其爱国主义教育基地、水电培训科普基地、生态环保示范基地、旅游休闲度假基地的良好效应，从而带动长江三峡旅游发展，促进长江黄金旅游带形成，在优化产业结构、推进服务业发展、增加老百姓就业等方面发挥越来越重要的作用。

充分发挥三峡工程巨大的发电效益，履行好中央企业经济责任。三峡电站总装机容量达 2250 万 kW，年发电量近 1000 亿 kW·h。截至目前，三峡电站累计发电量近 6000 亿 kW·h，分送华东、华中及南方电网，为国民经济发展注入了强大动力，为节能减排做出了重大贡献，取得显著的调峰节能、储能节能效益。

三峡工程建设后，库区产业结构不断优化，基础设施明显改善，社会事业持续发展。三峡库区湖北境内的夷陵、秭归、兴山、巴东 4 个县（区）成为省内经济社会发展最好最快的地区。1992 至 2011 年间，重庆在库区的 15 个区县固定资产投资增长 74 倍，工业实现利税总额增加 73 倍，GDP 增长 28.5 倍。城乡人均收入大幅增加，生活水平明显提高，库区生态环境明显改善，教育、卫生、文化事业有了长足进步。

三峡工程初期运行实践充分证明，三峡工程是我国具有战略意义的水资源综合利用工程、能源和交通工程、生态保护工程，是惠及千秋、国运所系的民生工程。

我国水电开发进入了新的时期，同时也面临生态环境、移民搬迁等许多问题。国家经济困难时期水库移民的补偿标准相对较低，产生了一些遗留问题，部分水电项目对生态修复和环境保护也不到位，在经济困难、技术落后、管理缺失阶段留下的一些病坝、险库需要除险加固处理。展望未来，我们将进一步解放思想，开拓创新，坚持以人为本，把促进可持续发展作为水电开发的根本任务，让人民更加幸福，让生态环境更加优美，让水资源得以永续利用，实现江河不老！

央 企 工 作

中国电力建设集团有限公司2012年改革发展和重点工作进展情况

一年来，中国电力建设集团有限公司（以下简称“中国电建集团”）及各成员企业认真贯彻落实党中央、国务院和国务院国资委各项决策部署，坚持稳中求进，大力开拓市场，狠抓管理提升，加快转型升级和结构调整，中国电建集团上下在磨合、融合中统一思想、凝聚合力，在调整、整合中开拓进取，促进发展，多数成员企业实现又好又快发展，部分困难企业止亏减亏，中国电建集团成功跨入世界500强企业行列，开局之年总体保持了平稳较快发展的良好态势。

2012年，中国电建集团全面完成国务院国资委下达的各项经营指标，实现营业收入跨上“两千亿元”台阶，同比增长10.3%；新签合同同比增长47.0%。至2012年底，中国电建集团资产总额达到2937.35亿元，同比增长21.11%。

（一）市场营销成效显著，市场地位进一步巩固

一是加快建立集团化模式下的市场战略统筹营销体系，将外部市场机制和内部统筹协调相结合，建立市场统筹协调机制，推进纵向一体化协同，提高市场竞争力。二是创新商业模式，由传统低端的施工承包商向总承包商转型。积极推进老挝南欧江流域梯级水电站一期项目、泰国防洪综合治理一揽子项目等一体化实施。积极开拓水电、火电、新能源和基础设施建设总承包市场，在建的国内外EPC总承包项目173项。三是加大高端营销力度，先后与7家省级政府、5家市级政府签订战略合作协议，与5家中央企业、6家银行建立战略联盟。四是大力开拓非传统业务市场，集团全年新签非传统业务合同占新签合同总量约三分之一。

成员企业把开拓市场作为生命工程来抓，巩固深挖传统市场，千方百计拓展新业务。中国电建集团承担了国内65%以上大型水电站的建设任务和80%左右大型水电站的规划设计任务，承建了南水北调工程、向家坝水电站、科卡科多—辛克雷水电站、沙特拉比格火电站等一大批世界瞩目的大型工程项目，市场影响力进一步提升。中国水利水电建设股份有限公司（以下简称“水电股份公司”）、中国水电工程顾问集团公司（以下简称“水电顾问集团”）继续保持国内传统业务领先的市场份额，通过EPC项目首次将中国风电技术、标准和装备带向国际。水电水利规划设计总院受托负责管理国家可再生能源发电工程的质量监督，对全国水电、风电项目社会稳定风险评估进行专业技术审查和核准。多数企业主要领导亲力亲为带领企业营销系统跑市场、访客户、寻商机、拿订单，市场开拓成效显著。

在保市场、保订单的同时，成员企业强化管理、降本增效，价值创造能力得到提升，多数企业营业收入、实现利润保持协调持续增长，一些企业实现扭亏为盈或减亏目标。

（二）国际业务发展良好，国际竞争力进一步增强

一是发挥战略引领作用，积极推进“中国电建”主品牌下的多子品牌经营模式。从战略规划、人才选用、管控模式、组织架构、领导力量、经营机制、业绩考核、激励政策上充分体现国际业务优先发展战略原则，国际业务对集团发展的贡献愈加显现，营业收入、新签合同、利润占比分别为30.1%、40.2%、57.3%。

二是高端切入，推动国际业务转型升级。国际经营领域从传统的施工承包拓展至矿产资源、煤电一体化及新能源开发，一体化全产业链优势开始显现，重点推动了泰国防洪抗旱、哥伦比亚马格达莱纳河流域综合开发、尼日利亚电力合作等一揽子项目，推进海外业务的转型升级。

三是完善国际经营体系，创新海外业务发展模式成效显著。水电股份公司推动国际业务由“统一品牌、集中营销”向“主品牌集中营销与子品牌自主营销”转变，鼓励国际业务发展较好的子公司在集团战略统筹下自主经营，同时以资源项目为重点，实施融投资加EPC模式整合集团设计施工资源努力提高一体化效能。水电顾问集团确立”高端切入、规划先行、技术领先、融资推动“的国际化发展思路，技术和资本双轮驱动，在国际风电投资领域的核心竞争力快速提升。山东电力建设第三工程公司大力推进承包业务向国际高端业务拓展，立足高端EPC大型项目，发扬不断改革创新、勇于开拓进取的精神，着力提高国际经营管理能力，在统筹配置国际资源、标准化规范化程序化管理大型EPC项目、实现项目良好履约

和经营目标等方面业绩突出。

四是拓展业务领域，市场营销成效明显。水电股份公司新签国际业务合同同比增长 8.7%；实现国际经营收入同比增长 24.8%，新开拓了蒙古、波黑等 7 个国别市场，实现欧盟高端市场零的突破。水电顾问集团国际 EPC 和机电成套项目快速增长，厄瓜多尔德尔西水电项目首开 EPC 总承包先河，年内新签国际项目合同同比增长 215.4%。中国电建集团电力工程事业部管理企业共签订海外合同同比增长达到 317.5%。山东电力建设第三工程公司、山东电力基本建设总公司、山东电力建设第二工程公司、山东电力建设第一工程公司均独立或联合签订超大额或大额订单。

五是在建项目履约良好，风险总体可控。在建项目 728 个，分布在 81 个国家和地区。成员企业加强项目精细化管理，质量、安全、工期、国别公共关系处理总体受控，提升了“中国电建”品牌的国际影响力。四川电力设计咨询有限责任公司承包的国内电力勘测设计企业最大海外总包项目——印度 WPCL 总承包项目获得最终移交证书，盈利水平较高，有望获得行业首枚海外总承包金钥匙奖。

（三）着力推进结构调整，发展方式进一步转变

一是在巩固传统主业市场主导地位的同时，加大开拓非传统业务市场，大力调整优化结构，相关业务多元化发展态势基本确立。水电股份公司在地铁、市政交通等基础设施领域取得重大进展，中标深圳市轨道交通 7 号线 BT 项目，总金额 168 亿元。水电顾问集团开展前期工作的水务项目规模超过 200 万 t/d。中国水电顾问集团中南勘测设计研究院目前拥有 6 个水务公司，规模居湖南本土企业之首。中国水电顾问集团华东、贵阳勘测设计研究院大力调整业务结构，非传统业务新签合同额占比分别达 70%、45%。中国水电顾问集团成都、昆明勘测设计研究院加大商业模式创新力度，成都院新签总承包业务合同额占比超过 50%，昆明院总承包业务收入同比实现倍增。努力实施装备制造业务产品结构优化升级，一些新产品、专用设备开发生产进入实质运作阶段。进一步加大自有土地房地产业务开发和政府保障型住房建设参与力度。

二是水电、风电等优质资源开发稳步推进，已投产控股项目 51 个，在建项目 18 个，已投产控股电力项目装机容量 639 万 kW，在建项目装机容量 259 万 kW，开展前期工作项目装机容量 846 万 kW。

三是创新商业模式，推动结构调整。中国电建集团积极探索建立一体化项目管理协调机制，培养成员企业一体化总承包能力。水电股份公司和水电顾问集团积极就老挝南欧江流域梯级水电站一期项目建立一体化利益共享、风险共担的合作机制，为推行一体化积累经验。上海电力设计院有限公司和中国水电建设集团新能源开发有限责任公司合作推进敦煌光伏总承包项目，实施设计、投资和建设、运营一体化。宁夏回族自治区电力设计院在总承包的香山等 330kV 输变电工程中携手宁夏电力建设工程公司实施设计、施工一体化。宁夏电力建设工程公司和甘肃能源公司进行专业对接，实施火电投资运营、检修保障业务一体化。

四是通过深度战略合作，形成新的经济增长空间和能力。中国电建集团加大力度推动和地方政府、重要客户等战略合作联盟方基于项目的深度合作，积极为地方政府提供电力、水利水务、基础设施等领域的规划咨询服务，与重要客户战略合作完善产业链和价值链，形成集团业务领域的新扩展和市场规模的新增长。

（四）管理提升初见成效，发展基础进一步夯实

中国电建集团被国务院国资委授予“2012 年度中央企业管理提升活动优秀组织单位”称号，取得了阶段性成果。一是着力推进，试点先行，获取经验，全面推广。电力工程事业部在试点中强化市场营销，推进三项制度改革，创新业绩考核机制；投资管理部在试点中突出管理制度、业务流程梳理，使制度健全完善，流程更加清晰。二是坚持“进度服从质量”原则，增加“回头看”环节，对自我诊断阶段查找出的管理短板和瓶颈问题再回顾、再确认、再深化。三是增强针对性，丰富管理提升内容，在国务院国资委确定的专项任务基础上增加资金管理、项目管理，资金链安全得到有效改善。

坚持安全发展理念，安全管理体系、管控机制和制度体系进一步健全。隐患排查治理、打非治违和地质灾害防治管理工作扎实开展，年内没有发生重大安全事故，安全生产保持稳定态势。

质量管理的责任体系、制度体系、管控体系进一步健全，“质量月”、“QC 小组”等活动踊跃开展，精品意识持续增强，创优工作取得新成绩，获得 15 项国家级优质工程奖、8 项全国工程建设项目优秀设计奖。

强化全面风险管理体系和内控机制建设，风险管控工作进一步加强。审计工作突出抓好经济责任审计、财务收支审计、海外项目审计，较好地发挥了监督和经济评价作用。法律基础管理体系不断完善，重大专项事务和遗留法律纠纷稳妥处置，法律风险防范和处置能力进一步提升。

贯彻落实创新驱动战略，提高自主创新能力和转化应用能力。中国电建集团获批成为第五批科技创新型试点企业。水电股份公司 33 项科技成果被鉴定为

国际领先或先进水平，获得中国电力科学技术奖5项。依托水电顾问集团成立的国家水能风能研究中心、国家能源水电工程技术研发中心有效运营，水电顾问集团在国家最有影响力的三大科技计划中取得全方位突破，在研科技项目138项，覆盖水电工程全专业和风电工程主要技术领域。水电水利规划设计总院研发具有自主知识产权的光伏电站智能化信息管理系统，满足了政府部门决策管理和企业投资开发的需要。河南省电力勘测设计院在南方电网公司首届金点设计大赛中荣获500kV方案设计金点奖。河南电力器材公司完成了±800kV哈郑线、1000kV皖沪线等国家重点特高压工程急需产品的技术研发。

中国电建集团积极履行央企社会责任，开局之年即发布首份社会责任报告。加大捐赠、援建和环境友好型企业建设力度，加速本地化经营进程，树立了良好的企业形象。

（五）内部改革改制深入推进，企业活力进一步增强

稳健实施各项改革措施。一是启动了集团整体改制工作，目前水电顾问集团及所属企业已完成尽职调查，事业部管理企业公司制改建工作正在分步推进。二是整体划转移交协议基本落实，实现了平稳接收、管理对接。三是清产核资取得阶段性成果，摸清了家底，夯实了资产。四是积极推进各类历史遗留问题的解决，加大力度逐步改善和提升事业部管理企业的经营条件和能力，对少数亏损严重、发展能力严重不足的企业实行了分类帮扶和专项督导整治。五是水电顾问集团和水电水利规划设计总院基于战略职能定位的分设工作按期完。六是厂办大集体改革、清理规范关联企业和自然人持股工作正式启动。

积极推进内部三项制度改革，努力构建业绩及能力导向的客观公正的干部选拔任用体系、战略导向结构优化的劳动用工机制和绩效优先科学有效的薪酬激励机制。中国电建集团制定了三项制度改革指导意见，事业部管理企业逐步构建市场化、规范化的劳动用工体系和“业绩升薪酬升、业绩降薪酬降”的收入分配机制。中国电建集团对93家成员企业、单位领导班子进行了调整，11家成员企业的总会计师采取公开竞聘方式产生。中国电建集团的劳动用工总量得到控制，年底总人数为19.9万人，实现负增长。中国水利水电第七工程局有限公司在白鹤滩、深圳地铁项目部严格按照项目施工组织设计和用工规划配置劳动力资源，企业员工总数首次出现下降。山东电力核电建设集团公司面向集团内部公开招聘技术和管理人员，促进了人力资源的合理流动。

内部资源整合取得新进展。中国电建集团发布推进内部资源重组整合指导意见，中国水利水电第七工程局有限公司完成重组夹江水工厂，福建电力承包公司和福建电建一公司合并重组顺利推进。中国水利水电第九、第十二工程局有限公司优化内部组织架构，整合二级单位，降低管理成本。中国水电顾问集团昆明勘测设计研究院对二级经营单位进行业务整合，营业收入实现翻番。

（六）党建工作不断加强，和谐发展能力进一步提升

认真学习贯彻党的十八大精神，将十八大精神转化为指导、推动集团科学发展的强大动力。中国电建集团党委组织基层党委书记培训研讨班，全面宣贯十八大报告精神，围绕强化集团战略引领、结构调整、转型升级、创新驱动、深化改革、国际业务优先发展、文化融合等主题展开深入探讨，深化学习成果，取得实效。

中国电建集团党委认真落实“参与决策、带头执行、保障监督”要求，促进决策的民主化、科学化、制度化。结合集团处于协同过渡期的实际，着力做好党组织参与决策的顶层设计，中国电建集团党政共同制定了《所属子企业议事规则》，全面落实“三重一大”决策制度。各级党员领导干部带头坚决执行决策，各级党组织充分发挥保障和监督作用，保证了决策的有效执行。

党的建设取得新成果。部分成员企业党组织换届选举工作顺利完成，事业部管理企业党组织关系接转工作全部完成，所有在海外的机构都建立了党组织。深入开展“创先争优”和“基层组织建设年”活动，切实加强学习型党组织建设，进一步建立健全长效机制，2038个分类定级评为好的基层党组织得到巩固和加强，1552个分类定级评为较好和一般的基层党组织全部实现晋位升级，涌现出一批先进基层党组织、优秀共产党员和优秀党务工作者，形成了“组织创先进、党员争优秀、发展上水平、员工提素质”的良好局面。青海玉树灾后重建项目参建单位党组织积极开展创先争优活动，广大党员克服高原地区自然环境恶劣等重重困难，圆满完成了2012年灾后重建任务，党组织的战斗堡垒作用、党员干部的中坚表率作用得到充分体现，形成和弘扬了中国电建人“忠诚报国、大公无私、精诚团结、百折不挠”的玉树重建精神。中国电建集团以人为本，妥善处置苏丹人质事件，最大限度避免人员伤亡和财产损失，得到了国务院国资委、外交部和商务部等相关部委一致认可，并作为中央企业处置海外非传统安全典型案例推广。中国电建集团捐赠的西藏昌都2.5万kW燃油发电项目又好又快建成投产，解决10万同胞的缺电困难，深受西藏政府和民众的好评。

反腐倡廉建设深入推进。一是紧紧抓住宣传教育

这一关键环节，组织开展“强化廉洁从业意识、保持党的纯洁性”主题教育活动，落实依法合规经营集中教育整治工作。二是加强制度建设制定了廉洁从业若干规定实施细则、职工违纪违规处罚暂行规定，建立领导人员问责、述廉议廉、廉洁谈话、报告个人有关事项等制度，反腐倡廉制度体系基本建成。三是完善惩防体系建设，以廉洁风险排查、效能监察为切入点，通过开展领导人员持股投资和兼职专项清理、领导人员报告个人有关事项、治理工程建设领域突出问题等工作，认真核查信访件反映问题，查办违法违纪案件，推动各项廉政措施的落地。

维稳信访工作得到加强。中国电建集团党委研究制定了加强维稳工作指导意见，完善维稳信访工作的责任、预警、处置机制。各级组织开展矛盾纠纷全面排查，健全职工诉求表达机制，着力督促解决影响企业和社会和谐稳定的突出问题，推进历史遗留问题的逐步解决，促进集团的总体稳定。

企业文化和新闻宣传持续加强。编制了中国电建集团企业文化建设三年发展规划，在集团范围内开展了企业文化征集活动，促进了集团文化的整合和融合。新闻宣传工作突出党的十八大、中国电建集团成立一周年及进入世界500强企业行列等重点热点，加大宣传力度，对外广泛推介，树立良好形象。

群团工作取得成效。中国电建集团工会加强企务公开和企业民主管理，启动“服务职工在基层”活动，积极引导开展群众性经济技术创新、劳动技能竞赛和文体活动，推进设立集团特困职工帮扶救助基金、海外救助专项基金。中国电建集团团委组织“郭明义爱心团队”，积极开展各种形式的志愿活动。

我们在看到成绩的同时，还要清醒地看到企业存在的一些亟待解决的问题：一是部分企业领导人员观念转变不够，市场竞争意识不强，路径依赖明显。二是部分企业领导人员创新图变意识不强，应对挑战的精神不足，结构调整的差距较大。三是部分企业领导人员改革的紧迫感、使命感、责任感不强，体制机制改革滞后于发展需要。四是领导班子和管理团队面对复杂多变的外部环境和集团多业务板块、多类型企业管理特性、相关多元文化共存的管控对象，其管理素质和能力亟待提升。五是作风建设亟待加强。六是海外项目质量管理重视不够，措施不力，管理薄弱，存在潜在的风险。

我们一定要清醒认识、理性看待、深入分析上述主要问题，认真贯彻十八大精神和国务院国资委要求，切实落实集团发展战略，坚决破除阻碍改革发展的思想意识障碍和利益固化的“藩篱”，针对性地科学谋划制定切实解决存在问题的实施方案、专项措施、路线图和时间表，尽快扎实予以推进、改进和解决。

（摘自范集湘在中国电力建设集团有限公司2013年工作会议上的报告）

国家电网公司十年工作回顾

2012年12月是国家电网公司成立十周年。回顾过去的十年，国家电网公司走过了一段极不平凡发展历程。

一是着力转变电网发展方式，国家电网实现跨越发展。从能源电力可持续发展出发，创新提出并大力实施“一特四大”战略。打造坚强智能电网，着力推动能源和电力发展方式转变。十年公司累计投资超过2万亿元，电网规模翻了一番多，实现除台湾以外全国联网，各级电网全面升级，成为世界最大的交直流混合电网，国家电力市场交易电量增长14倍；特高压实现从无到有的历史性突破，“一交两直”三项特高压工程投入运行，开创了世界电网发展新纪元；公司智能电网理论研究、试验体系、工程应用达到世界领先水平，引领了世界智能电网发展方向；装备水平、供电能力、抵御风险能力全面提高，城市、农村客户年均停电时间分别减少7h、38h，线损率降低0.24个百分点，在国外大面积停电事故频发的情况下，国家电网始终保持安全稳定运行，一般电网和设备事故（可比口径）分别降低97.1%、95.5%。国家电网逐步实现从薄弱到坚强、从传统到智能的转变，成为集电能传输、市场交易和资源优化配置功能于一体的现代综合服务平台，大范围优化配置能源资源的格局初步形成，为保障国家能源安全发挥了不可替代的作用。

二是着力转变公司发展方式，经营管理实现战略转型。我们大力实施管理创新，着力克服“自转”，确立了以集团化运作为核心的“四化”方针，建设“三集五大”体系。打造坚强集团总部，不断增强集团管控能力，推进组织架构扁平化、关键资源集约化、核心业务专业化，初步建立了集中、统一、精益、高效的现代企业管理体系，基本实现了从分散到集约、从传统到现代的战略转型。清理整合金融股权，优化金融业务布局，建成以资本为纽带、业务功能齐全的金融控股集团；加强产业单位资产和业务重组整合，推动资源向优势产业和重点领域集聚，具有国际竞争力的战略性产业集群正在形成。积极实施“走出去”战略，从菲律宾到巴西，从葡萄牙到澳大利亚，从俄罗斯到委内瑞拉，一步一个脚印，干一个成一个，国际业务由点到面不断突破。建成世界规模最大的企业级信息系统，核心资源和主要经营活动实现在线管控，以信息化支撑电网智能化、提升管理现代化，信息化水平进入国内领先、国际先进行列。

三是服务创新型国家建设，自主创新能力大幅提升。坚持科技强企，提出并实施“一流四大”科技发展战略，着力解决科研资源分散、试验研究能力不强、创新能力不足等问题，以创新驱动公司和电网发展。建立了定位科学、分工明确、产研协同、运转高效的科技创新体系，科技资源配置效率和整体创新实力大幅提升。建成了以“四基地两中心”为核心、世界最先进的特高压试验研究体系和风电、太阳能两个研发（实验）中心，国家级实验室达到11个，全面攻克并掌握了特高压、智能电网、大电网安全、新能源接入等核心技术，提升了关键设备制造能力，打破了国外技术垄断，带动了民族装备制造业升级，电网技术实现了从引进到输出、从追赶到引领的重大转变。2003年以来，累计获得国家科学技术进步奖39项（特等奖1项、一等奖4项）、行业奖455项，专利拥有量达到16399项，增长了44倍；形成841项国家、行业标准，建立了系统完整的特高压和智能电网标准体系，特高压交流1000kV电压成为国际标准电压。公司成为全国首批“创新型企业”。成功举办2006年、2009年特高压国际会议和2011年智能电网国际论坛。我国成为国际电工委员会（IEC）常任理事国，国际电工委员会2个秘书处设在国家电网公司。公司国际影响力和话语权明显增强。

四是依法从严治企，保障了公司安全健康发展。公司成立以来一直受到历史遗留问题的困扰和羁绊。这些问题数量多、情况复杂，而且积弊久、矛盾深，解决的难度很大。我们在改革发展任务十分繁重的情况下，始终坚持依法治企、强化管理，以高度负责的态度，锲而不舍地解决这些问题。完成主辅分离改革，完成主多分开工作。加强电费回收，清理陈欠电费，应收电费余额实现结零。全面开展“三清理一规范”等专项治理，建立公开透明的集中招标平台，反腐倡廉建设全面加强。县供电企业管理进一步加强。正是由于我们及时主动地解决这些问题，有效防范和化解了风险，维护了国家利益、公司利益和广大员工长远利益，为今后轻装上阵、持续健康发展打下了坚实基础。

五是认真履行“四个服务”宗旨，公司综合价值全面彰显。供电量年均增长12.5%，总体满足了经济社会快速发展的需要。发挥集团优势，保障了重大活动电力供应，创造了北京奥运会、上海世博会保电“零事故”纪录。全力抗击南方低温雨雪冰冻、汶川和玉树地震、舟曲泥石流等历史罕见的自然灾害，彰显了中央企业的“脊梁”作用。落实国家能源战略和节能减排部署，服务清洁能源发展。国家电网风电并网容量达到5636万kW，跃居世界第一，用5年时间走过了美国、欧洲15年的风电发展历程。光伏并网容量达到334万kW。落实西部大开发战略，西北750kV骨干网架基本形成，结束了新疆“孤网”运行历史；建成“电力天路”——青藏联网工程，创造了高寒高海拔电力工程建设新纪录。坚持“你用电·我用心”，主动发布“三个十条”，打造95598供电服务统一热线和互动网站，服务承诺兑现率超过99.9%。公司各单位在地方行风评议中名列前茅。积极服务“三农”，累计为149万户、572万无电人口解决了通电问题。公司供电区域基本实现城乡用电同网同价，每年减少农村居民生活用电支出440多亿元。率先发布企业社会责任报告、绿色发展白皮书、公司价值白皮书，发挥了示范引领作用。先后5次获得我国公益最高奖项“中华慈善奖”。“国家电网”跻身世界百强品牌。

六是全心全意依靠职工办企业，打造了优秀的干部员工队伍。始终坚持以人为本，树立和弘扬以诚信、责任、创新、奉献为核心的企业价值体系，以共同愿景统一行动，以优秀企业文化凝聚力量，在攻坚克难、干事创业中磨砺意志、锻炼队伍，广大干部员工的精神面貌焕然一新，队伍的凝聚力、向心力、执行力和战斗力全面提升。坚持正确的选人用人导向，创建“四好”领导班子，一大批作风好、能力强、业绩突出、群众公认的优秀干部脱颖而出。大力实施“人才强企”战略，加强各领域人才的引进培养和培训，全员培训率从69%提高到93.5%，员工队伍整体素质显著提升。在中央企业率先建立职工代表大会制度，广大员工的知情权、参与权、监督权得到保障，主人翁地位充分体现。涌现出四川电力共产党员服务队和吕清森、江小金、解黎明、韩克勤、左光满、夏晓宾等一批彰显时代精神的先进集体和个人。“努力超越、追求卓越”企业精神被评为“新中国60年最具影响力十大企业精神”。

经过十年的改革、创新和发展，国家电网事业日新月异，不断跨越。公司连续8年被国务院国资委评为业绩考核A级企业，世界500强企业排名从第46位上升至第7位，创造了巨大的经济价值和社会价值，在国内能源电力行业和中央企业中的带动力、在世界公用事业中的影响力与日俱增，在保障能源安全、增强国有经济活力、服务和保障民生中的作用充分显现，有力促进了经济社会发展和全面小康社会建设。

回顾十年历程，最大的收获就是走出了一条科学发展道路。回顾十年历程，最大的创新实践就是发展特高压。回顾十年历程，最显著的变化就是企业管理全面提升。回顾十年历程，最值得自豪的就是我们国家电网人。

十年来，我们创造了巨大的物质财富，凝聚了强大的精神力量，也积累了弥足珍贵的基本经验：第一，使命和责任高于一切。第二，科学战略决定发展前途。第三，改革创新是唯一出路。第四，发展必须坚持以人为本。

（摘自刘振亚在国家电网公司二届三次职代会暨2013年工作会议上的工作报告）

中国长江三峡集团公司2012年工作情况

2012年是中国长江三峡集团公司（以下简称“中国三峡集团”）“大考”的开考之年。广大干部职工以科学发展观为统领，弘扬三峡文化，改进工作作风，提升管理水平，稳步推进“十二五”规划实施，三峡地下电站全面投产，向家坝水电站按期蓄水发电，溪洛渡水电站顺利实现导流方式转换，全面超额完成国务院国资委年度经营业绩考核指标，发电量、营业收入、利润、经济增加值均创历史新高。

2012年，中国三峡集团各项工作取得新进展。三峡工程综合功能持续充分发挥，金沙江水电开发取得重大突破，新能源业务稳步发展，“走出去”迈出新步伐，内部管理取得新成效，党建工作开创新局面。

（一）主要经济指标

2012年，中国三峡集团发电量1199亿kW·h，同比增长23.2%。营业收入368亿元，同比增长17.6%。利润总额192.8亿元，同比增长22%，超过国务院国资委考核目标值42.8%。经济增加值(EVA) 76亿元，同比增长47%，超过国务院国资委考核目标值87.7%。成本费用占主营业务收入比重67%，低于国务院国资委考核目标值11%。新增投产装机容量417万kW。其中，三峡地下电站140万kW、向家坝水电站240万kW。截至2012年底，中国三峡集团可控装机容量2934万kW。

（二）党建工作

2012年，中国三峡集团全面学习贯彻党的十八大精神，深入开展创先争优活动，党建工作呈现“组织创先进、党员争优秀、企业上水平、职工提素质”的良好局面。扎实开展基层组织建设年活动，基层党组织的活力和战斗力进一步增强。适应三总部管理体系需要，按照属地化管理原则，成立北京直属党委、湖北地区党委和四川地区党委，构建了集团党建新格局。

（三）队伍建设

2012年，中国三峡集团加强干部和人才队伍建设，坚持民主公开、竞争择优原则，在资产财务部和向家坝工程建设部干部调整试点基础上，全面推进总部机关和建设管理单位处级干部调整工作。加强青年人才培养，通过海外轮岗和项目锻炼培养优秀青年干部。成立中国三峡集团青年联合会，为青年成长成才搭建平台。

（四）企业文化建设

2012年，中国三峡集团坚持用文化引领企业发展，形成具有三峡特色的企业文化体系。召开班组文化建设交流会，提出建设学习型、创新型、本质安全型、高效执行型、团队和谐型班组文化，推动文化落地。结合向家坝蓄水发电等重点工作，加强新闻宣传报道，不断提高舆论引导、舆情监测与危机应对能力。贯彻落实中央深化文化体制改革精神，成立三峡传媒公司，顺利完成报刊转企改制工作。

（五）履行社会责任

2012年，中国三峡集团在防洪抗旱、环境保护、节能减排、服务和改善民生等方面发挥央企表率作用。继续做好定点扶贫、对口支援、企地共建、企企共建工作，全年累计完成各类捐赠7798万元，荣获“中国妇女慈善奖”典范奖。加强民主管理，推行企务公开，29件职工提案全部办结。加强宜昌、北京、成都基地建设，关心员工生活，帮助协调解决户口迁移、子女入学等问题。坚持以医疗保险社会统筹为基础，不断完善补充医疗保险和大病医疗救助制度，建立健全多层次医疗保障体系。

（中国长江三峡集团公司 乔仁贵）

中国水利水电建设股份有限公司2012年工作概况

2012年是中国水利水电建设股份有限公司（以下简称“股份公司”）进入资本市场的第一年，也是股份公司立足新起点、谋求新发展、实现新突破、创造新业绩的一年。一年来，公司股价整体走势强于大盘表现，成为上证180指数、上证50指数、沪深300指数、中证100指数样本股公司。公司总营业收入位列ENR（Engineering News-Record，即《工程新闻记录》）最大225家全球承包商第14位，较2011年度排名前进1位，在全部上榜39家中国企业中排名第6位；以海外营业收入位列ENR美国最大225家国际承包商第23位，提高1位，在全部上榜52家中国企业中排名第3位。

（一）全面完成或超额完成考核指标，生产经营平稳增长

营业收入1270.37亿元，较2011年增长11.96%，

其中主营业务收入1254.04亿元，同比增长12.07%。主营业务收入中，建筑工程承包业务1131.71亿元，同比增长11.63%，占主营收入的90.25%；电力投资与运营业务44.10亿元，同比增长9.02%，占主营收入的3.52%；房地产业务28.80亿元，同比减少4.28%，占主营收入的2.30%；设备制造与租赁业务10.81亿元，同比减少11.89%，占主营收入的0.86%；其他业务38.62亿元，同比增长72.40%，占主营收入的3.07%。建筑工程承包业务中，国内水利水电业务487.38亿元，同比增长0.03%；国内基础设施业务280.03亿元，同比增长16.46%。按地区划分，国内业务收入901.98亿元，同比增长8.61%，占主营收入的71.93%；国外业务收入352.06亿元，同比增长22.03%，占主营收入的28.07%。

经营利润：实现利润55.16亿元，较2011年增长10.61%。营业收入利润率4.34%。归属母公司净利润40.99亿元，完成年度预算的105.65%，比2011年增长11.22%。

在岗员工平均工资为6.67万元/（人·年），实现了平稳增长。

新签合同：新签合同1718.6亿元，较2011年增长34.4%。其中，国内水电业务占比23.2%，同比下降3.3%；国际建筑业务占比37.8%，同比增长8.7%；国内非水电业务占比39%，同比增长149.5%。

（二）大力推进结构调整，推动企业转型升级

股份公司大力实施国际业务优先发展战略，大力拓展非水电建筑业务，积极稳健投资开发有持续盈利能力的相关经营性产业，推进战略转型升级，公司的市场结构、业务结构和产业结构进一步优化。

市场区域结构调整优化。各子企业凭借多年积累的品牌影响力和社会美誉度，深耕所在区域的建筑市场，在战略合作协议的范围内进行项目对接，并实现项目群开发。

在海外业务市场，股份公司进一步发挥国际优先战略引领作用，进一步调整优化国际市场结构，健全管理制度体系和支持保障体系，建立和完善了投议标项目评审制度、项目前期策划制度和重点关注项目巡查制度，公司国际业务的开发、经营能力继续提升。一年来，成功开辟了蒙古国、波黑、白俄罗斯、波兰、塞内加尔、利比里亚、几内亚七国市场，实现了欧盟高端市场零的突破。苏丹罗赛雷斯大坝项目、委内瑞拉新卡夫雷拉电厂等项目的顺利完成，受到所在国的广泛赞誉；此外，在科威特和阿尔及利亚等国积极开展“二次营销”，并取得较好成绩。

几家发电企业充分发挥已有项目的“撬动”功能和“辐射”效应，积极获取电力资源，将风电资源开发重点转向送出条件好的南方地区，同时积极开发甘肃的光伏发电资源。

主营业务结构调整优化。工程承包主业持续增长，各大业务板块占比趋于合理均衡。国内水电业务方面，溪洛渡、向家坝、南水北调等一系列大型国内水利水电项目的施工履约有序受控。同时，股份公司加强对骨干水利枢纽和重点水源工程市场开发力度，中标实施白鹤滩、乌东德、黄登、辽西北供水工程、青弋江分洪道工程等一批大型水利水电项目。国内非水电业务方面，持续推动国内非水电业务转型升级，以公路市场为主导，向市政和城市轨道交通建设领域延伸，一举中标了深圳地铁7号线BT项目，合同金额达168亿元，这是迄今股份公司国内非水电业务获得的最大合同，也标志着开始全面进入城市轨道交通领域。

产业结构调整优化。一年来，股份公司进一步优化了工程建设、投资业务、电力开发、房地产项目等产业的发展格局。在老挝首次获得流域开发项目，签署了南乌江流域梯级水电站项目（一期）特许经营协议和购电协议；金沙江上游旭龙电站、通天河水电开发等项目有序推进并取得有效进展。在继续推进四川安谷、甘肃瓜洲、湖南株洲龙亭龙凤等水电、风电清洁能源投资建设以外，股份公司还进入光伏发电领域，投资开发甘肃敦煌光伏电站。“中国水电地产”品牌进一步彰显，唐山·首郡、北京·云立方等项目实现逆市热销。

（三）不断深化企业改革，引领公司科学发展

健全公司治理制度体系并规范运作，公司治理水平不断提高。按照《公司法》、《证券法》等法律法规，股份公司陆续制定和修订了有关公司治理、监督、管理等方面的各项管理制度，明确了决策、执行、监督等方面的议事规则和职责权限，形成了有效的治理、运作、监督、管理机制。公司股东会、董事会、监事会、经理层职责明确、权限清晰，始终按照公司章程及相关议事规则，规范有效运作。严格按照监管机构和上交所的规定，真实、准确、完整、及时对外披露信息，较好地维护了公司、股东以及中小投资者的合法权益。

优化组织结构、深化企业改革、大力推动公司内部的业务整合。股份公司内部重组持续推进，继中国水利水电第六工程局有限公司（中国水利水电第×工程局有限公司以下简称“水电×局有限公司”）和中国水电建设集团辽宁工程局有限公司重组后，海西区域发展总部和路桥福建分公司、水电七局有限公司和中国水电建设集团夹江水工机械有限公司实现了重组整合，华源咨询公司行政关系顺利划归中国水电建设

集团路桥工程有限（以下简称“路桥公司”）公司；水电五局有限公司、水电十局有限公司、水电十四局有限公司等子公司也积极以业务流程为中心，按照优化资源配置的需求，对下属机构进行了优化整合。为深入贯彻落实国务院国资委加强海外资产监管的总体要求，股份公司设立中水电海外投资公司，实现了国际投资业务与国际承包业务的分立，进一步推进了对海外投资业务和工程承包业务的分类专业管理，进一步适应了国际业务新的发展形势与市场需求。国际工程业务方面，股份公司对现有组织结构和海外市场区域划分进行了调整优化，进一步落实了“海外业务管理前移、重心下移”的整体战略部署。

深化经营机制改革、创新商业模式、实现业务流程再造。针对各大业务发展环境和发展阶段的变化，对总部职能部门进行了业务流程的再梳理；出台了自主营销竞赛奖励办法，并在充分考虑各业务板块竞争激烈程度和利润贡献程度的基础上，对子公司营销业绩进行差异化考核与奖励，从而引领子公司提高自主营销积极性，进一步提升了市场营销水平。通过进一步梳理调整投资管理制度，实现了国内国际投资业务的一体化和投资项目的全链条管理。国际优先发展战略进一步深化优化，着力调整现行业务经营管理、市场营销模式，鼓励部分国际业务发展较好、能力较强的子公司开展国际业务自主营销，进一步发挥公司和子公司两级总部的系统管控、服务职能，推动公司国际业务从“统一品牌、集中营销”向“集中营销和有条件的自主营销有机结合”的营销模式转变。为进一步提升房地产业务利润贡献率，制订了《大力支持房地产公司跨越式发展的指导意见》，从决策程序、资金支持、管控模式、绩效考核等各方面给予房地产业务更大的支持，赋予房地产公司更大的自主经营权。促进房地产业务获取土地资源由原先的单一市场“招拍挂”向“招拍挂＋一二级开发联动＋股权并购与合作＋板块联动＋集团系统内土地整合与利用”五种途径并举转变。水电九局有限公司着眼于工业配套服务环节，成功打造“环保砂石”品牌，实现了产业链纵向延伸。中国水电建设集团租赁控股有限公司充分利用市场产业分工体系整合各类资源，稳步扩大融资租赁业务规模，探索推动新型贸易营销，培育了新的利润增长点。

妥善解决历史遗留问题。企业移交社会办职能取得新突破，水电一局有限公司积极与地方政府沟通协调，数百名“五七”家属工实现参保；水电九局有限公司启动中心医院改制程序，即将展开移交工作；水电六局有限公司整合辽宁工程局后，已基本解决有关历史遗留问题，顺利实现对辽宁工程局资产、业务、人员的深度整合。

（四）着力开展管理提升活动，进一步筑牢发展基础

按照国务院国资委和中国电力建设集团有限公司（以下简称“中国电建集团”）的安排部署，对管理提升活动进行周密安排、全面部署，将“管理提升活动”的重点任务分解落实到总部各管理部门、各子公司，管理提升活动在公司范围内深入、扎实、有效地开展。针对快速增长的国际业务、国内非水电业务、投资业务、房地产业务，进一步健全管理体系，落实管理措施和办法，进一步改进了各项管理工作。管理提升活动开展以来，在完成“动员启动、学习提高”、“自我诊断、查找问题”、“制订方案、细化措施”等环节的同时，诊断出影响公司发展的4大瓶颈和5个管理短板，并制定了专项提升的具体措施，管理提升活动取得初步成效。

股份公司战略规划体系进一步完善，编制完成了《2012～2014年发展规划》，制定了《国内水利水电工程承包发展规划》等三个专项规划。内控管理进一步规范，对公司内部控制情况进行了全面、客观的自我评价，编制了《2012年度全面风险管理报告》。人才队伍建设进一步推进，人才开发和培训工作得到进一步加强。2012年，严格按制度要求开展领导班子换届和领导人员选任工作，共换届考核子企业领导班子19个，涉及180人，并完成了海外投资公司、甘肃能源公司、南方投资公司领导班子组建，使中层领导干部整体更趋年轻化、专业化，更富国际经验。财务资金管理进一步强化，完成了募集资金分配，统一了公司内部利润分配政策。推动建立国际、国内一体化的资金管理体系。积极稳妥调整公司负债结构，节约财务费用。认真参与设立中国电建集团财务公司，筹建工作有序开展。安全生产工作进一步加强，以深入扎实开展“安全生产年”活动为载体，以安全责任制为抓手，以安全生产风险管理体系建设、安全生产标准化建设为重点，继续强化安全生产基础管理。通过春季安全大检查、汛期安全生产督查、海外项目安全督查、打非治违和预防施工机械脚手架等专项行动，集中整治、重点改进企业安全生产的突出问题。2012年没有发生较大及以上安全生产责任事故，安全生产形势总体稳定。2012年度主业为建筑施工的单位安全生产考核前五名为：水电八局有限公司、水电五局有限公司、水电一局有限公司、水电二局有限公司、水电七局有限公司。市场统筹工作进一步系统精细，加强了市场开发统筹和经营运作管控。项目管控进一步落实，继续加强和完善质量体系建设，围绕重大工程实施，加大两级总部质量检查和督查工作力度。全年绝大多数工程项目履约进度有序受控，未发生重大质量事故，质量稳定在较高水平，单元工程优

良品率93.8%，并获国家优质工程金奖1项，银奖3项。投资管理工作进一步健全细化，对企业投资准入、投资能力、投资规模、项目造价、项目工期进行了有效控制，完善了投资管理制度，调整了国内外投资业务统一管理机制。设备物资管理进一步优化，推动公司采购中心和子公司总部两级集中采购平台有机结合，规范有序地开展了集中采购招标工作，进一步完善了大型专用设备资源调剂与租赁经营双平台运行机制。法律审计监察工作进一步加强。围绕中央企业法制工作新三年目标，进一步加强了法律事务制度建设和法制人才队伍建设；惩防体系建设各项任务得到落实，围绕投资业务扎实有效开展效能监察工作，海外项目纪检监察工作机构设置、人员配备、工作流程等进一步强化和规范；内部控制审计和经济责任审计进一步加强，通过内部控制审计，对投资项目立项、决策、建设、运营进行全过程审查，客观分析投资项目管理状况和运行效果，提高了审计成果综合应用水平。

工程科技工作持续推进，节能减排工作进一步加强。大力实施建设国际行业科技领先型企业战略，加强技术创新体系建设，科技创新投入逐年增加，自主创新能力不断增强。2012年，取得专利163项，其中发明专利26项；获得了一批省部级奖励，首次获得国家财政部科技奖励一等奖1项，首次获得大禹水利科学技术特等奖1项，首次获得水力发电科学技术特等奖2项，获得中国电力科技奖一等奖。积极推广节能技术的研究和应用，不断加强节能减排工作，水电三局有限公司、水电七局有限公司有关节能技术研究与应用成果被国务院国资委编入全国节能技术推广目录。股份公司特级资质就位工作取得重要成效，公司及所属子公司共8家单位“水利水电工程施工总承包特级、水利行业设计甲级资质”全部通过住房与城乡建设部审查核准，同时，子公司新获得市政工程、房建工程等非水电行业一级资质7项。

股份公司管理标准化和信息化建设有序推进。启动了管理标准化建设工作，建立企业标准化管理组织体系，制定标准化建设工作规划，推动打造结构合理、层次分明、重点突出、科学适用、国际接轨的企业标准体系。企业信息化建设水平不断提高，发挥了信息化对企业生产经营管理决策的支撑作用，提升了公司管控能力和信息资源的共享利用水平。水电二局有限公司、水电三局有限公司、水电八局有限公司在信息化建设过程中将标准化与信息化相结合，成效显著。

（五）识大体、顾大局，积极履行中央企业社会责任

2012年是青海玉树灾后重建攻坚之年，股份公司承建的6所学校、玉树州疾控中心等项目均按期完成竣工移交或通过竣工初验，成为参与重建四家央企的排头兵，展现了中国水电人的可贵精神和良好形象。玉树灾后重建近三年来，股份公司参建单位先后有9个集体、16名个人荣获“全国五一劳动奖状”、“全国五一劳动奖章”等荣誉；《工人日报》等多家媒体对股份公司开展的玉树援建工作开展了广泛宣传，股份公司的援建工作深受社会和当地民众的认可和赞扬。

甘肃能源公司精心组织并高质量完成十八大期间的保发电任务，被国家电监会评为“十八大保电先进单位”。

在苏丹人质事件、尼泊尔上塔山火和莱索托当地劳务暴力袭击等突发事件中，股份公司迅速反应，及时启动风险防控预案，并采取有效措施，较好地完成了撤离、营救等工作。股份公司在南苏丹开展援助民生打井工程，在马来西亚、尼日尔、缅甸等国进行公益事项和人道主义捐款，受到了当地社会和民众的广泛赞誉。

（六）切实发挥党组织的政治核心作用和保证监督作用，促进了企业平稳、和谐、持续发展

股份公司党委深入开展了创先争优、基层组织建设年和保持党的纯洁性教育活动，全面加强党的思想建设、组织建设、作风建设、反腐倡廉建设和制度建设。以党建责任制为抓手，进一步健全党建工作制度体系。加强各级领导班子建设和基层组织建设，在企业改革、创新、发展过程中，有效发挥了党组织的保障监督作用。各级党委认真贯彻落实中国电建集团和股份公司党委的工作部署，围绕生产经营中心，开展了“党员先锋工程”、“党员先锋岗”等活动，使项目党建工作得到加强，海外党建工作实现创新，党组织在生产经营中的战斗堡垒作用和党员的先锋模范作用进一步显现。反腐倡廉建设进一步巩固和提高，党风廉政建设责任制得到全面加强，惩治和预防腐败体系2008～2012年工作任务全面落实，领导人员作风建设和廉洁自律工作进一步加强。2012年党风廉政建设责任制考核排名前5位的子公司分别是：水电七局有限公司、水电八局有限公司、水电四局有限公司、水电十一局有限公司和路桥公司。支持工会共青团组织开展了各具特色的主题实践活动。努力推动企业文化建设，加强信访维稳工作，积极维护企业和谐稳定的大局，为迎接党的十八大胜利召开营造了良好氛围。

股份公司认真贯彻落实国务院国资委和中国电建集团关于企业负责人职务消费管理工作的有关要求，制定印发了公司《出资企业负责人职务消费管理暂行规定》、《企业负责人及总部职务消费管理暂行规定》

等系列制度并全面落实，企业负责人职务消费做到了规范管理，全年股份公司企业负责人职务消费实际发生261.93万元，比2011年减少116.85万元，降低了30.84%；比2012年预算减少147.29万元，降低了35.99%。

（中国水利水电建设股份有限公司）

中国华电集团公司2012年水电与新能源产业发展情况

（一）概况

2012年中国华电集团公司（以下简称“集团公司”）总部机构改革后，按照产业管控模式，水电与新能源产业部研究制定了涵盖前期、基建、安全生产等产业管理全过程的办法制度，初步形成了专业化和规范化的管控体系。在发展过程中认真贯彻执行集团公司新修订的投资管理办法、项目评价办法和相关程序，对上报的发起项目全面认真开展技术经济研究，按照创造可持续价值的标准严格把关，产业发展取得了较好成绩。

截至2012年12月31日，水电与新能源板块装机容量达到2132.67万kW，占集团公司总装机容量的比重为20.88%，比年初提高了0.5个百分点。其中，水电、风电和太阳能等装机容量分别达到1673.39万kW、421.91万kW和16.44万kW。水电风电发电量同比大幅增加，利润总额达到38亿元，集团公司可持续发展潜力进一步增强：水电方面：怒江、金沙江上游（川藏段）的开发权基本确保，可控水电资源总量同行领先（已投、在建、前期和资源合计近6000万kW）；新能源方面：列入国家级基地的三个大型风电项目（内蒙古巴音、甘肃麻黄滩、新疆苦水）获得核准，提高了集团公司在这些基地的开发份额，区域布局更加优化；太阳能、燃气分布式项目资源争取工作也取得积极进展。更为可贵的是，集团公司系统在发展工作中贯彻投资管理新办法、新程序、新要求，项目甄选更加科学、更加理性，全面贯彻实现可持续创造价值理念。这种观念的转变，为集团公司实现可持续发展奠定了重要基础。

（二）水电与新能源发展思路

以科学发展观为统领，牢固树立价值思维理念，认真贯彻集团公司2012年工作会议的总体要求，紧紧围绕集团公司建设世界一流能源集团的战略目标，按照集团公司总部机构改革后的管理模式，建立科学高效的水电与新能源产业管控体系，加快水电与新能源产业发展，巩固并力争扩大集团公司水电与新能源产业相对优势，在做好生态环境保护和移民安置的前提下积极发展水电，大力发展风电、太阳能、燃气分布式等清洁能源，稳步有序推进核电发展，努力实现2015年清洁能源装机比重超过30%，为集团公司可持续创造价值和永续发展奠定坚实基础。

（三）水电项目开发

集团公司四大千万级水电基地——乌江、金沙江中游、金沙江上游、怒江中下游，全部列入国家《水电发展“十二五”规划》；国家能源局印发“国能新能〔2012〕257号文”，进一步明确了集团公司在怒江中下游水电开发中的主体地位；国家发展改革委以“发改办能源〔2012〕2008号文”批复了金沙江上游水电规划报告，这是国家近十年来批复的首个大型流域水电规划。继2011年苏洼龙等3个梯级482万kW水电项目取得“路条”后，2012年岗托、昌波等4个梯级386万kW水电项目取得“路条”，为集团公司实现可持续发展进一步奠定了基础；金沙江鲁地拉、水洛河固滴、北盘江马马崖一级等286万kW水电项目通过核准，梨园进入核准批复程序项目，具备上报委、办、会条件；金沙江上游苏洼龙、拉哇、叶巴滩三个项目预可研通过审查，开展可研工作，其余梯级基本完成预可研；继续开展怒江中下游规划相关工作，开展马吉、泸水等梯级可研工作，开展六丙公路设计和列入滇藏新通道规划相关工作；配合开展金沙江中游龙头水库比选和滇中引水前期工作；雅鲁藏布江大古取得国家“路条”，为通过该项目的开发建设、争取雅江下游水电资源开发权创造了条件；通过开展相关工作，进一步确保了新疆和田河、叶尔羌河约400万kW水电资源开发权；同时，在确保效益前提下，通过收购电网多经水电资产、争取境外水电资源等多种手段，进一步增加了集团公司水电总量。另外，在发展过程中全面贯彻可持续创造价值理念，对符合集团公司发展战略、效益指标满足要求的项目予以积极支持，对不满足要求的项目退回继续进行研究论证，没有效益的项目坚决不上，果断停止建设效益不达标的湖北观音坪水电项目，并指导湖北公司组织开展停建后的清理工作；根据决策评估结论及时开展新疆沙尔布拉克水电项目设计优化工作，以提高项目收益水平；否决了金沙江中游收购香格里拉尼汝河的发起；否决了甘肃洮河的立项申请。及时掌握2012年水电新能源项目投资计划的执行情况，根据建设进度、项目决策、市场消纳、送出工程、征地移民等情况，研究提出投资计划优化调整建议，报战略部批准后组织实施。

（四）征地移民管理

移民工作相对滞后依然是影响水电开发的重大问题。2012年度集团公司有征地移民任务的水电项目共有47个，全年搬迁安置移民9163人，拨付移民资金 30.5513 亿元。

（1）建立了协调沟通机制，组织召开公司系统征地移民工作座谈会。通过调查研究，编制印发了移民工程统规代建指导意见（试行），组织学习宣贯，并在泸定、鲁地拉等水电站加以应用，组织开展了怒江流域移民安置规划研究、金沙江上游川藏段移民安置方式研究，水电水利规划设计总院正式明确了金沙江上游开展移民工作的指导性意见。

（2）建立征地移民工作督导机制，成立鲁地拉、泸定、沙沱等重点项目征地移民工作督导组，及时研究协调解决移民工作中的重大问题，督办鲁地拉水电站征地移民工作，促成云南省政府召开现场工作会，显著加快移民安置工作进度，协调解决构皮滩、思林水电站水库概算调整相关事宜，研究处理乌江干流水电站移民遗留问题，全面清理集团公司系统已投产项目征地移民遗留问题，初步提出了处理措施和工作计划。

（3）加强移民机构队伍建设，组织召开集团公司水电项目征地移民工作培训班，全年没有发生影响集团公司形象和社会稳定的移民群体性事件。

（五）新能源与核电项目开发

（1）风电方面。一是按照效益原则抓好风电发展的区域布局工作；二是加快推进列入国家级风电建设基地的大型风电项目，内蒙古巴音（20 万 kW）、甘肃麻黄滩（40 万 kW）、新疆苦水（20 万 kW）获得核准，提高了集团公司在这些基地的开发份额。

（2）太阳能发电方面。在中西部积极抢占太阳能资源较好的地区资源，重点推进新疆石城子、甘肃嘉峪关等光伏项目，通过开发甘肃金塔太阳能热发电项目，为太阳能热发电进行技术储备。

（3）燃气分布式项目方面。加大在长三角、珠三角经济发达区域及部分中部省会城市项目开发力度，江苏泰州医药城楼宇型分布式能源站、湖北武汉创意天地分布式能源站等两个国家首批分布式能源站示范项目已开工建设。

（中国华电集团公司　李朝新　聂勇勇）

2

水能及风能开发

水 能 开 发

十大河流（河段）水电开发规划

我国水力资源丰富，技术可开发装机容量 5.42 亿 kW，年发电量 2.47 万亿 kW·h，主要集中在长江、金沙江、雅砻江、大渡河、乌江、澜沧江、黄河、怒江、红水河和雅鲁藏布江等十大河流（河段），总装机规模约 3.7 亿 kW，占全国水力资源技术可开发量的 2/3 左右。

（一）开发现状及开发潜力

十大河流（河段）水电开发现状及开发潜力见表 1。

表 1 十大河流（河段）水电开发现状及开发潜力

序号	河流名称	装机容量（万 kW）	已建（万 kW）	在建（万 kW）	待建（万 kW）	已在建比例（%）
1	金沙江	8154.5	560	2716	4878.5	40.17
2	雅砻江	2916	570	900	1446	50.41
3	大渡河	2513	776	959	778	69.04
4	乌江	1163	1026	84	53	95.44
5	红水河	1568	1208	60	300	80.87
6	怒江	3670	0	0	3670	0
7	雅鲁藏布江	7272	0	51	7221	0.57
8	澜沧江	3152.5	1115	455	1582.5	49.8
9	黄河中上游	3128.5	1632	59	1496.5	54.1
10	长江上游	3125	2522	0	603	80.7
合计		36 662.5	9409	5284	22 028	40.1

十大河流（河段）已建水电站装机规模 9409 万 kW，已建规模占十大河流（河段）规划总规模的 26%，占全国已建规模的 41%。从已建电站分布情况来看，红水河、乌江、长江上游、黄河上游、澜沧江等河流（河段）已建规模均超过了 1000 万 kW，总规模达到 7503 万 kW，占十大河流（河段）已建规模的 80%，占全国已建规模的 32.9%。

十大河流（河段）在建规模 5284 万 kW，占全国在建水电总规模的 88%。从在建电站分布情况来看，金沙江、雅砻江、大渡河和澜沧江的在建规模很大，总量达到 5030 万 kW，占十大河流（河段）在建规模的 95%，占全国在建水电总规模的 84%，详见表 2。

表 2 十大河流（河段）主要在建大中型水电站

序号	流域	主要项目名称
1	金沙江	阿海（200 万 kW），龙开口（180 万 kW），鲁地拉（216 万 kW），观音岩（300 万 kW），向家坝（640 万 kW），溪洛渡（1260 万 kW）
2	雅砻江	锦屏一级（360 万 kW），锦屏二级（480 万 kW），官地（240 万 kW），桐子林（60 万 kW）
3	大渡河	猴子岩（170 万 kW），长河坝（260 万 kW），黄金坪（85 万 kW），大岗山（260 万 kW），枕头坝一级（72 万 kW），沙坪二级（34.8 万 kW），安谷（77.2 万 kW）
4	乌江	沙沱（112 万 kW）
5	红水河	岩滩扩机（60 万 kW）
6	怒江	无
7	雅鲁藏布江	藏木（51 万 kW）
8	澜沧江	糯扎渡（585 万 kW）
9	黄河	班多（36 万 kW），黄丰（22.5 万 kW）
10	长江上游	无

十大河流（河段）待建规模为 22 028 万 kW，占全国水力资源技术可开发量的 36.8%。从待建规模的分布来看，雅鲁藏布江、金沙江、怒江等 3 条河流是我国水电开发的重点河流，其待建规模超过 1.5 亿 kW，占十大河流（河段）待建总规模的 70%以上，开发潜力巨大。雅砻江、大渡河、澜沧江、黄河中上游等 4 条河流（河段）已在建规模在 50%～70%之间，也有较大的开发潜力。长江上游、乌江、红水河等 3 条河流（河段）开发程度较高，未来的开发潜力

不大。

（二）开发目标和开发布局

1. 开发目标　今后我国水电开发的重点主要集中在十大河流（河段）上。“十三五”期间十大河流（河段）新增水电投产规模4500万kW，占全国新增总规模的72%，2020年总装机容量达到14 100万kW。2021～2030年十大河流（河段）新增投产规模9600万kW，占全国新增总规模的84%，2030年总装机容量达到28 200万kW。2031～2050年十大河流（河段）新增投产规模8100万kW，占全国新增总规模的92%，2050年总装机容量达到36 400万kW。详见表3。

表3　十大河流（河段）水电发展的目标　万kW

项目	2012年	2015年	2020年	2030年	2050年
发展目标	9409	14 100	18 600	28 200	36 400
新增规模		4700	4500	9600	8100

注　表中数据进行适当取整。

2. 开发布局　我国十大河流（河段）新增投产规模布局见表4。

表4　我国十大河流（河段）新增投产规模布局

序号	河流	2016～2020年		2021～2030年		2031～2050年	
		新增投产规模（万kW）	所占比例（%）	新增投产规模（万kW）	所占比例（%）	新增投产规模（万kW）	所占比例（%）
1	金沙江	625.5	13.9	3893	40.4	540	6.6
2	雅砻江	406.5	9.0	1039	10.8	0	0.0
3	大渡河	1114.8	24.7	43	0.4	0	0.0
4	乌江	52.5	1.2	0	0.0	0	0.0
5	红水河	300	6.7	0	0.0	0	0.0
6	怒江	338	7.5	2954	30.7	378	4.7
7	雅鲁藏布江	119.5	2.7	278.5	2.9	6962	85.7
8	澜沧江	762.5	16.9	760	7.9	60	0.7
9	黄河	587	13.0	662	6.9	188.3	2.3
10	长江上游	200	4.4	0	0.0	0	0.0
合计		4506.3	100.0	9629.5	100.0	8128.3	100.0

从十大河流（河段）发展情况来看，在2016～2020年，十大流域都有水电投产，其中金沙江、大渡河、澜沧江和黄河上游新增投产规模较大，占到新增投产规模的65%以上，乌江、红水河、大渡河、长江上游等梯级开发任务基本完成。参见图1。

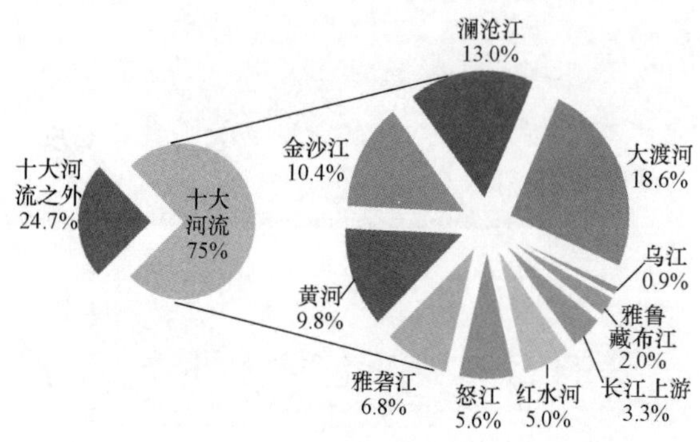

图1　2016～2020年我国新增水电分布图

2021～2030年，新增投产规模主要布局在金沙江、雅砻江和怒江，占到新增投产规模的80%以上，其中雅砻江、澜沧江等梯级开发任务基本完成。参见图2。

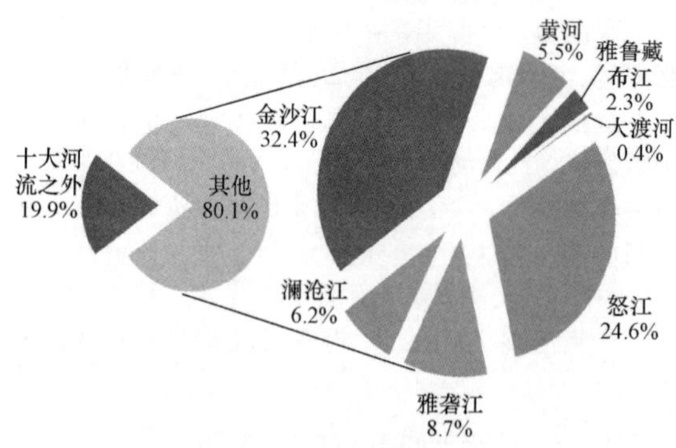

图2　2021～2030年我国新增水电分布图

2031～2050年，新增投产规模主要布局在雅鲁藏布江，占到新增投产规模的85%以上。金沙江、怒江、黄河上游以及澜沧江还有个别梯级投产。参见图3。

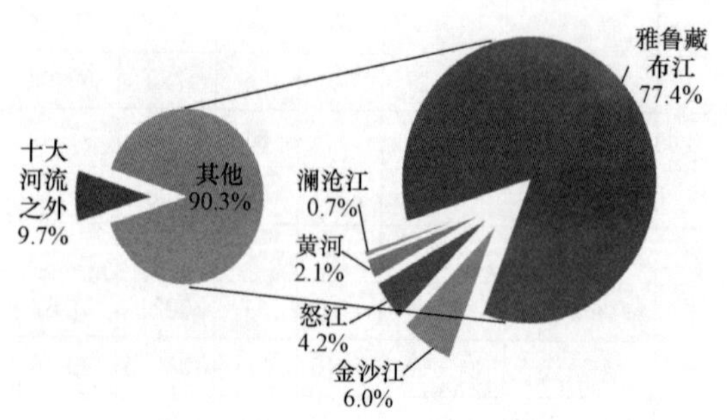

图3　2031～2050年十大流域新增规模分布图

（三）十大河流（河段）开发需关注的重点问题

（1）加强水电工程技术研究工作。十大河流（河段）所在地区山高谷深，地形地质条件复杂，今后要规划建设一批200m级、300m级的超高坝和特高坝，需要建设大型和超大型地下引水发电系统。面对未来复杂的开发条件，仍有许多高难度的技术问题必须攻克，包括高水头窄河谷泄洪消能问题、复杂地质条件下大型地下洞室群的围岩稳定问题、高陡工程边坡稳定性及综合治理问题、高参数大容量水轮发电机组制造安装问题、远距离大容量超高压特高压电力输送问题等。

(2) 加强少数民族地区移民政策研究工作。十大河流（河段）所在地区少数民族人口分布众多，生产力水平不高，经济发展相对落后，当地群众对自然资源的依赖性很强。受宗教信仰等影响，各少数民族有不同的生产和生活方式，部分少数民族信仰神山、圣水。如何处理好水电开发与移民安置的问题是水电开发面临的重大课题。为此，需要创新移民安置方式和利益分享机制，制定符合少数民族地区特点的移民政策，妥善安置移民。

(3) 重视生态环境保护工作。十大河流（河段）中大部分位于我国西南地区，生态环境较为脆弱，且有部分河流属于国际河流，开发建设较为敏感，应重视生态环境保护工作。加强环境友好型水电技术研发工作，如分层取水、过鱼设施、驯养繁殖等技术研究，健全水电建设环境保护技术标准体系。开展生态补偿、干支流开发统筹、河流生态系统健康评估体系等方面的研究工作，建立健全河流水电环境影响评价标准体系。

（中国水电工程顾问集团公司　严秉忠）

云南省水电经济开发量重新统计情况

以2001年12月31日为截止日期的全国水力资源复查，云南省在理论蕴藏量10MW及以上河流上，共有单站容量0.5MW及以上的经济可开发水电站758座，装机容量97 765.1MW，年发电量4670.81亿kW·h。

"十五"、"十一五"期间，云南省各种规模水电站快速开发，2010年全省水电站装机容量达24 350MW，比2000年的装机容量4950MW翻两番还多。

水电经济开发量是随着不同时期的社会经济条件变化而变化的。为在新形势下了解和掌握全省水电经济开发量及其分布、可持续开发情况，编制好电力发展规划及制定相应政策，在"十二五"之初，根据2011年各州（市）小水电资料、规划设计和已建成的大中型水电站资料，重新统计了云南全省水电经济开发量。

（一）重新统计主要成果

重新统计以2011年底为统计截止时间，统计规模含理论蕴藏量10MW以下河流、单站容量0.1MW及以上的水电站；对具有全梯级联合运行指标的水电站，装机容量和年发电量按全梯级联合运行时的指标计列；电站坝址位于省界河河段时，装机容量和年发电量按一半计入云南省。本统计按建设和规划设计情况分为已建、正建、拟建和规划四类：已建、正建水电站是指2011年底已发电和正在建设的水电站；拟建水电站是指已进行一定前期工作或准备开工的水电站；规划水电站是指水电规划已通过审查或最近已进行水电规划提出推荐开发方案的水电站。

本次统计主要成果：截至2011年底，云南全省水电经济可开发装机容量为116 896MW、年发电量5348亿kW·h，其中已建水电站装机容量29 351MW，约占25%；分规模分流域及建设情况汇总见表1。

本次统计的全省水电经济可开发装机容量、年发电量，分别比全国水力资源复查成果的装机容量97 950MW、年发电量4675亿kW·h（含水利部对农村水电资源补充调查成果，即比规定统计规模多含理论蕴藏量10MW以下河流和单站容量0.1MW及以上又不足0.5MW的水电站）多18 946MW和673亿kW·h。其中：①已建水电站装机容量增加18 182MW；②金沙江、澜沧江、红河流域水电站的装机容量增加较多，均超过4000MW；③小型水电站（<50MW）装机容量增加较多，达12 800MW，约占总增加值的68%；中型水电站（<300MW≥50MW）装机容量增加5352MW，约占总增加值的28%；大型水电站（≥300MW）变化较小。

表1　云南省水电经济开发量分规模分流域及建设情况汇总表

流域	电站座数（座）	装机容量（MW）	年发电量（亿kW·h）	其中：已建电站			正建电站			拟建电站			规划电站		
				电站座数（座）	装机容量（MW）	年发电量（亿kW·h）	电站座数（座）	装机容量（MW）	年发电量（亿kW·h）	电站座数（座）	装机容量（MW）	年发电量（亿kW·h）	电站座数（座）	装机容量（MW）	年发电量（亿kW·h）
金沙江		50 560	2322.9		7246	322.2		12 844	630		20 238	892.4		10 232	478.3
澜沧江		29 809	1340.6		10 837	501.4		7232	301.7		10 214	466.6		1526	70.9
怒江		19 551	921.3		1863	82.4		785	32.9		621	29.4		16 282	776.5
红河		8618	380.7		4435	199.4		803	33.7		1951	85.0		1429	62.7

续表

流域	电站座数（座）	装机容量（MW）	年发电量（亿kW·h）	其中：已建电站			正建电站			拟建电站			规划电站		
				电站座数（座）	装机容量（MW）	年发电量（亿kW·h）	电站座数（座）	装机容量（MW）	年发电量（亿kW·h）	电站座数（座）	装机容量（MW）	年发电量（亿kW·h）	电站座数（座）	装机容量（MW）	年发电量（亿kW·h）
珠江		3207	138.4		2083	91		387	16		432	18.4		305	13.1
伊洛瓦底江		5151	243.6		2887	140.1		1486	68.5		630	28.3		148	6.6
全省合计		116 896	5347.5		29 351	1336.5		23 537	1082.8		34 086	1520.1		29 922	1408.1
其中：															
大型	44	86 230	3979.2	9	13 465	615.5	7	19 425	902	13	28 030	1252.1	15	25 310	1209.6
中型	138	13 259	596.6	71	6846	311.2	13	1649	74.2	30	2772	124.4	24	1993	86.8
小（一）型	653	12 837	577.6	324	6533	304.5	100	1917	82.1	141	2649	116	88	1738	75
小（二）型		4570	194.1		2507	105.7		546	24.1		635	27.6		881	36.7

（二）统计成果简要分析

1. 各流域及干支流分析

（1）金沙江、澜沧江、怒江、红河、珠江和伊洛瓦底江六大流域水电站的装机容量分别占全省的43.3%、25.5%、16.7%、7.4%、2.7%、4.4%；年发电量分别占全省的43.4%、25.1%、17.2%、7.1%、2.6%、4.6%。金沙江、澜沧江、怒江三大流域水电站的装机容量和年发电量分别占全省的85.5%和85.7%。

（2）六大流域干流水电站装机容量86 309MW，约占全省总量的74%。其中金沙江42 560MW、澜沧江25 695MW、怒江15 640MW，三江干流水电站装机容量83 895MW，约占全省干流水电站装机容量的97.5%。

（3）支流水电站装机容量30 587MW，约占全省总量的26%。其中金沙江、红河流域较多达8000MW和7272MW，分别占全省支流的26.2%和23.8%；伊洛瓦底江流域5151MW，占全省支流的16.8%；澜沧江和怒江流域相近分别为4114MW和3911MW，分别占全省支流的13.4%和12.8%；珠江流域最少为2139MW，占全省支流的7%。

2. 不同规模水电站分析

（1）全省大型水电站有44座，装机容量和年发电量约占全省的74%；中型水电站有138座，装机容量和年发电量约占全省的11%；小（一）型水电站（<50MW、≥10MW）有653座，装机容量和年发电量约占全省的11%；小（二）型（<10MW）水电站装机容量和年发电量仅占全省的4%。

（2）在大型水电站中，金沙江干流14座，装机容量42 560MW，年发电量1962.5亿kW·h；澜沧江干流14座，装机容量25 540MW，年发电量1155.9亿kW·h；怒江干流10座，装机容量15 460MW，年发电量742.2亿kW·h；三江干流合计38座，装机容量83 560MW，年发电量3860.6亿kW·h，装机容量约占全省大型水电站装机容量的97%。其余6座大型水电站分布在红河、李仙江、文山盘龙江、黄泥河、槟榔江和龙江上。

（3）在中型水电站中，金沙江、红河流域装机容量较多达3895MW和3578MW，分别占全省中型水电站装机容量的29.4%和27.0%；伊洛瓦底江流域装机容量2099MW，占全省中型水电站装机容量的15.8%；澜沧江和珠江流域装机容量相近分别为1512MW和1314MW，分别占全省中型水电站装机容量的11.4%和9.9%；怒江流域装机容量最少为861MW，占全省中型水电站装机容量的6.5%。

（4）在小（一）型水电站中，金沙江流域装机容量较多达3146MW，红河流域装机容量2682MW，怒江流域装机容量为2555MW，澜沧江装机容量为1882MW，伊洛瓦底江流域装机容量为1426MW，珠江流域装机容量最少为1146MW。在小（二）型水电站中，红河流域装机容量较多达1178MW，金沙江流域装机容量959MW，澜沧江装机容量为875MW，怒江流域装机容量为675MW，珠江流域装机容量为447MW，伊洛瓦底江流域装机容量最少为436MW。

3. 水电站建设情况分析

（1）已建水电站装机容量、年发电量约占全省的25.1%和25%；正建水电站约占全省的20.1%和20.3%；拟建水电站约占全省的29.2%和28.4%；规划水电站约占全省的25.6%和26.3%。

（2）已建水电站中，澜沧江流域约占全省已建水电站装机容量、年发电量的 36.9%和 37.5%；金沙江流域约占全省的 24.7%和 24.1%；红河流域约占全省的 15.1%和 14.9%；伊洛瓦底江约占全省的 9.8%和 10.5%；珠江流域约占全省的 7.1%和 6.8%；怒江流域约占全省的 6.4%和 6.2%。

(3) 正建水电站中，金沙江流域约占全省在建水电站装机容量、年发电量的 54.6%和 58.2%；澜沧江流域约占全省的 30.7%和 27.9%；伊洛瓦底江约占全省的 6.3%和 6.3%；红河流域约占全省的 3.4%和 3.1%；怒江流域约占全省的 3.3%和 3.0%；珠江流域约占全省的 1.7%和 1.5%。

(4) 大型水电站，已建、正建水电站装机容量约占全省大型水电站装机容量的 38.1%。中型水电站，已建、正建水电站装机容量约占全省中型水电站装机容量的 64%。小型水电站，已建、正建水电站装机容量约占全省小型水电站装机容量的 66.1%。

（中国水电顾问集团昆明勘测设计研究院　杨杰锋）

西藏帕隆藏布、易贡藏布和尼洋河流域水电规划情况

2012 年，中国国电集团公司注资加快推进西藏帕隆藏布、易贡藏布和尼洋河流域水电规划工作，西藏自治区发展改革委于 2012 年 1 月下发《关于同意开展西藏帕隆藏布流域水电规划前期工作的通知》(藏发改能源〔2012〕1128 号)。2012 年 7 月，国家能源局下发《水电发展“十二五”规划》(国能新能〔2012〕200 号)，要求在“十二五”期间加快帕隆藏布规划工作。2012 年 7 月，西藏自治区政府办公厅下发《尼洋河综合治理与保护规划事宜的通知》(藏政办函〔2012〕57 号)，批复同意《尼洋河综合治理与保护规划》。

帕隆藏布位于西藏自治区东南部，是雅鲁藏布江左岸一级支流，发源于阿扎贡拉冰川，于林芝县觉东附近注入雅鲁藏布江（大拐弯处）。帕隆藏布河流海拔在 1540～4900m 之间，天然落差 3360m，流域面积 28 642km^2，干流全长 266km，河口多年平均流量 973m^3/s，多年平均年径流量 307 亿 m^3。根据初步规划，帕隆藏布干流装机容量 1025 万 kW，规划 10 个梯级。

易贡藏布发源于西藏自治区那曲地区嘉黎县西北念青唐古拉山脉南麓，是帕隆藏布右岸一级支流，于通麦汇入帕隆藏布。易贡藏布干流全长 286km，流域面积 13 559km^2，河口多年平均流量 461m^3/s，多年平均年径流量 145.1 亿 m^3，天然落差 3070m。根据规划报告初步成果，易贡藏布推荐 1 库 13 级开发方案，总装机容量 618 万 kW，年发电量 248 亿 kW·h。

尼洋河发源于西藏自治区米拉山东侧，属雅鲁藏布江一级支流，干流全长 307.5km，流域面积 17 732km^2，多年平均流量 538m^3/s，天然落差 2080m。尼洋河流域干流规划 6 个梯级电站，总装机容量 75.5 万 kW。

（国电西藏分公司　黄　鑫）

风　能　开　发

山东省海上风电规划

山东省位于我国东部偏北，黄河下游，是我国能源消费大省，也是煤炭消耗最多的省份之一。随着经济社会的稳步快速发展，山东省能源资源瓶颈制约越显突出，环境制约日益加剧，优化能源结构、保障能源供给、保护生态环境已成为事关全局的重大战略性任务。山东省近海风能资源丰富，开发利用海上风能资源，加快风电等新能源产业发展，不但可以从根本上优化能源结构、减少煤炭消耗、促进节能减排、保护生态环境，而且能有效地保障和促进山东省能源和经济社会的可持续发展。

（一）资源特点

山东省近海风能资源规划范围的外界线为山东领海外界线与海水深度不超过 50m 的等深线内，规划范围面积为 62 972km^2。山东省气候中心利用 MM5 中尺度气象模式和 calmt 微尺度模式，模拟山东省近海海域 70m 高度上年平均风速和风功率密度分布，水平分辨率达到 1km，山东省近海 70m 高度风能资源理论储量为 244 343MW。

山东省近海属我国海上风能资源较好的海域之一。海上风能资源分布基本以威海的成山头为界，北部海域风能资源条件明显优于南部海域，且以东营北部海域、烟台的长岛海域以及威海的成山头附近海域风能资源相对最好。潮间带风电场风功率密度等级均在 2 级以上，90m 高度年平均风速 6.55～6.95m/s，

年平均风功率密度 315.8～405.4W/m²；近海风电场风功率密度等级均在 3 级以上，90m 高度年平均风速 6.58～7.25m/s，年平均风功率密度 288.1～452.7W/m²，风速频率分布较好，年有效风速小时数高；且山东省近海受台风影响少，规划海域 90m 高度 50 年一遇最大风速均在 42.5m/s 以下，风电场风电机组可选择发电效率相对较高，安全等级在 IE-CII 以下的机组，可充分地利用海上风能资源，有效地提高项目发电效益。

（二）场址及规模

山东省经济比较发达，沿海地区分布有滨州港、东营港、潍坊港、莱州港和栾家口港、烟台港、威海港、胶州湾港、石臼港（日照）、海阳港等众多港口，航线、航道密集，并有较多的军事敏感区域和一些重要的农业、渔业、旅游或生态保护海域。山东省海上风电规划综合考虑海洋功能区划、航道通航、生态环境保护、军事，以及港口、码头和旅游开发建设等要求，规划可作为风力发电开发利用的海域面积 3511km²。结合规划场址形状、风况条件以及我国海上风电机组发展现状及趋势，规划山东省海上风电总装机容量 12 750MW，其中潮间带风电场装机容量 920MW，近海风电场装机容量 11 830MW。风电场场址共分 6 个海上百万千瓦基地，主要分布于山东北部近海海域，其中渤海湾内分布有 3 个百万千瓦基地（鲁北基地、渤中基地和莱州湾基地），黄海北部海域分布有 2 个百万千瓦基地（长岛基地、半岛北基地），黄海南部海域分布有 1 个百万千瓦基地（半岛南基地）。山东省海上规划风电情况见表 1。

表 1　山东省海上规划风电情况一览表

基地名称	有效利用面积（km²）	规划容量（MW）	场址水深（m）	离岸距离（km）
鲁北基地	367	1350	2～19	3～28
莱州湾基地	722	2800	0～14	0～28
渤中基地	564	2000	17～22	29～60
长岛基地	342	1250	12～25	3～24
半岛北基地	467	1750	10～40	2～56
半岛南基地	1049	3600	7～32	10～58
合计	3511	12 750	0～40	0～60

（三）开发规划

山东省海上风电建设条件总体较好，其中风能资源以长岛、渤中海上风电基地相对最好，鲁北、莱州湾以及半岛北次之，半岛南基地相对较差；海洋水文及工程地质条件以鲁北、莱州湾及渤中基地较好，半岛北和半岛南基地次之，长岛基地相对较为复杂；接入系统条件以鲁北、莱州湾及渤中基地较好，半岛北及半岛南离岸相对较近的风电场较好，离岸相对较远的风电场和长岛基地接入电网的条件相对困难。海上施工及安装条件除潮间带风电场需根据场址潮差的变化来进行特殊的潮间带施工方案外，近海风电场场址海域水深均满足大型施工船只的吃水深度要求，施工条件较好。

根据国家新能源中长期发展规划要求，结合山东省风电开发建设条件和电网发展水平，山东省近海风电规划的总体发展目标：2015 年底全省海上风电规划装机容量达到 1000MW；2020 年底海上风电装机容量达到 6000MW；2030 年底山东省海上风电总装机容量将达到 12 750MW。

2011～2015 年，规划新增装机容量为 1000MW，主要开发建设鲁北和莱州湾基地的风电场项目。2016～2020 年，规划新增装机容量为 5000MW，该期间将基本完成鲁北、莱州湾海上风电基地开发，启动渤中和长岛海上风电基地的开发建设，并试探性开发建设半岛北和半岛南海上风电基地的部分近海风电场。2021～2030 年，规划新增风电装机容量为 6750MW，届时山东省海上千万千瓦级风电基地将建设完成，全省海上风电总装机容量将达到 12 750MW。

山东省海上风能资源丰富，开发建设条件优良，是我国沿海地区最具开发利用价值的千万千瓦级海上风电基地之一。建成后每年可为山东省提供清洁可再生的绿色电能约 300 亿 kW·h，可为打造山东半岛蓝色经济区提供有力支撑，经济和社会效益显著。

（中国水电顾问集团中南勘测设计研究院　吴金华）

风力发电特性研究

2011 年 1 月，受华中电网有限公司电力科学院委托，中国水电顾问集团中南勘测设计研究院（以下简称“中南院”）在以往研究成果的基础上，开展了风力发电特性研究；2012 年 3 月，完成了《风力发电特性研究》报告。

（一）研究的主要内容

（1）分析研究风电场年内、月、日内 24h 发电出力特性。

（2）分析研究风电场瞬时发电出力特性。统计代表性风电场瞬时发电出力上升、下降的变率，分析风电场瞬时发电出力的特点。

（3）分析研究风电场发电持续性和间歇性特性。统计代表性风电场发电出力大于某容量的连续发电小时和发电出力小于某容量的连续发电小时等指标，分析风电场发电持续性和间歇性特点。

（4）分析研究出力频率特性及发电量频率分布特性。分析不同出力段相应电量及占设计年发电量比例，为合理确定上网容量提供依据。

（5）分析研究风电场经济上网容量与并网弃风率，合理确定风电场上网容量。

（6）分析研究风电场反调峰率。

（7）分析研究风电场各月典型日 24h 发电出力过程。

（二）研究成果的创新点

1. 出力频率特性及发电量频率分布特性分析　根据风电场设计历时出力过程，绘制出力—保证率—电量累积曲线，分析不同出力对应的保证率及发电量；分析不同出力段相应电量及占设计年发电量比例，该分析成果可为合理确定风电场上网容量提供依据。根据我国 8 大风电基地出力—保证率—电量累积曲线分析，各风电基地上网容量为装机容量的60%～70%时，其电量占设计年发电量的比例已达 92%～97%。

2. 风电场瞬时出力特性分析　风电场的瞬时出力变率的大小与风电场覆盖区域范围、风电场规模、气象条件等有关。仅分析代表性风电场瞬时出力特性表明，当风电场规模较小且地理范围分布较集中时，风电场机组之间同步性较好，互补性较差，瞬时发电出力变率较大；随着风电场规模增加，风电场覆盖区域范围扩大，风电场机组之间互补性增强，风电场整体瞬时发电出力变率减小。说明大型风电场的动态平衡问题基本不制约风电上网。鉴于此，应尽可能采取将不同区域范围的风电纳入同一输电平台接入电网，采取该方式有利于减轻风电瞬时出力变率较大对电力系统频率稳定、无功电压稳定等方面的不利影响，保障电力系统安全稳定运行，即基本解决动态平衡问题，仅需考虑调峰容量平衡问题。

3. 风电场上网容量与并网弃风率分析　风电上网容量率是指风电接入电力系统容量占风电装机容量的比例。风电场上网容量是指风电场接入电力系统的容量，其小于或等于风电场装机容量。风电并网弃风率是指风电可发电量中受上网容量限制未能利用部分电量的比例。风电场的经济上网容量应根据不同上网容量时并网弃风情况及相应输电规模和输电投资进行分析比较后确定。经对我国 8 大风电基地 2020 年水平的历时出力过程进行分析，并绘制风电出力保证率曲线及电量累积曲线表明：

（1）风电场电量集中在较小出力区段，当风电上网容量为其装机容量的 60%～70%时，并网弃风率约 9.2%～2.3%，此特性有利于合理弃风，减少电网配套投资。

（2）各小风电场之间具有一定的互补性，集中打捆并网可减少相同上网容量时的弃风率。

4. 风电场反调峰率与调峰弃风率　为研究风电在电力系统低谷时期经济合理的风电利用率，需研究风电在相应时期的上网容量与调峰弃风率的关系。反调峰率是指风电场在电力系统低谷时期的上网容量减去保证出力后与其装机容量的比值。调峰弃风率是指在电力系统负荷低谷时期风电场在并网弃风的基础上，因电网调峰要求未能利用部分电量占设计年发电量的比例。根据我国 8 大风电基地 2020 年水平的历时出力过程，分析风电在电力系统负荷低谷时段的可能弃风情况，分析表明：在风电上网容量率为60%～70%的基础上，电力系统负荷低谷时段上网容量再减少 10%～30%，即反调峰率约为 40%～60%，增加弃风率约为 0.2%～6.8%。

（中国水电顾问集团中南勘测设计研究院　张丹庆）

玫瑰营风电场建设情况

玫瑰营风电场位于内蒙古自治区乌兰察布市察右前旗玫瑰营镇境内，距集宁区 35km，由中国华电集团公司的控股公司投资，分两期建设。一期规划容量 4.93 万 kW，安装 58 台歌美飒 G52-850 型风力发电机组，已于 2010 年底全部投运。

玫瑰营风电场二期扩建 20 万 kW，与一期工程共用升压站，概算投资 17.26 亿元；设计安装歌美飒 G90（2000kW）风电机组 100 台，轮毂高度 78m；场内配套建设 35kV 集电线路 12 回，架空为主，共计 135km。升压站扩建 220kV 主变压器间隔 2 个，安装 2 台 100MVA 主变压器。工程新建一回 220kV 送出线路，接入蒙西电网平地泉 220kV 变电站，线路长度约 40km，对端站配套建设一个 220kV 间隔和一个公用间隔及附属工程，接入系统投资约 3336 万元。

玫瑰营风电场二期工程在初步设计阶段进行了塔架和集电线路设计优化，每台风电机组塔架节约钢材近 50t，单台节约造价约 60 万元。玫瑰营风电场的地形全部为山区，集电线路采用了架空与电缆直埋相结合的方式。该方式成本较低、施工难度小、运行可靠和维护方便。

截至 2012 年底，玫瑰营风电场二期已并网运行 56 台，运行容量 11.2 万 kW。

（中国华电集团公司　李朝新　聂勇勇）

陕西草山梁风电场工程简介

陕西草山梁风电场工程位于陕西省靖边县与定边县交界处的草山梁区域。场区地形开阔，局部分布有宽缓冲沟，为典型的黄土高原与荒漠草原过渡地带，地表植被主要为防护林和耕地。工程安装33台单机容量1500kW的风力发电机组，总装机容量为49.5MW，年均发电量9872万kW·h。风机轮毂高度80m，叶片直径82m，全部采用P&H无张力后张拉混凝土灌注桩基础。这种风机基础为国内首例使用。

该风电场工程业主为国电陕西风力发电公司，由中国水电工程顾问集团西北勘测设计研究院进行工程总承包（EPC），合同总金额3.6亿元。

该项目于2011年3月1日正式开工，7月完成升压站土建施工，随后升压站电气安装主体完成；9月13日，33台风机全部吊装完成，并完成35kV输出线路主体架设；9月25日风场道路铺筑完成。2012年7月25日，项目首台风电机组一次并网发电成功；7月31日全部机组并网发电，进入商业试运行阶段。

（中国水电顾问集团西北勘测设计研究院
杨新光　侯纪坤　高　宁）

3

大中型水电工程

常规水电工程

向家坝水电站2012年建设情况

（一）概况

2012年是向家坝水电站蓄水发电的关键一年。通过全体建设者的共同努力，向家坝工程顺利实现了下闸蓄水和首批机组发电目标。各节点目标完成情况为：9月28日，枢纽工程蓄水验收正式获得批准；10月10日9时，顺利实现下闸蓄水；10月16日17时，成功蓄水至354m；7、8、6号机组分别于11月5日、11月19日、12月21日完成72h试运行。全年二期厂坝工程、右岸地下电站等重点项目共评定单元工程3972个，一次合格单元3972个，一次合格率100%；优良单元3676个，优良率92.55%，工程质量总体优良。

（二）固定资产投资与工程量完成情况

2012年，向家坝水电站计划投资148.74亿元，实际完成投资162.72亿元，占全年计划投资109.4%。其中：建筑安装工程完成投资21.45亿元，比计划投资20.03亿元增加1.42亿元；设备费完成投资14.93亿元，比计划投资22.76亿元减少7.83亿元；建设征地及移民安置费完成投资104.58亿元，比计划投资81.45亿元增加23.13亿元。

截至2012年底，向家坝水电站工程自开工累计完成投资517.08亿元，其中：建筑安装工程完成投资134.27亿元，永久设备完成投资38.97亿元，建设征地及移民安置费完成投资266.7亿元，基本预备费1.83亿元，其他费用完成投资75.31亿元。

2012年，向家坝水电站工程完成的主要工程量情况见表1。

表1　2012年主要工程量完成情况统计表

项目	单位	年度计划	年度完成	完成率
混凝土	万 m^3	240.51	264.10	109.8%
帷幕灌浆	万 m	7.93	15.58	196.4%
接缝灌浆	万 m^2	10.44	11.00	105.3%
排水孔	万 m	8.55	8.28	96.9%
金结埋件	万 t	1.76	1.86	105.7%

（三）主要工程形象进度

截至2012年12月底，大坝平均浇筑至高程380.5m，坝后厂房1、2、3号机转入机组本体安装阶段，右岸地下电站3台机组投产发电，主要工程形象进度如下：

1. 左岸主体及导流工程　左岸大坝已浇筑至坝顶，渗控工程剩左非9～12坝段上游主排水孔800m。

2. 二期厂坝工程

（1）土石方工程：完成下游横向土石围堰、消力池备料区、护坦及下游河床防护区开挖。2012年6月22日，下游基坑进水。

（2）基础处理及渗控工程：防渗墙缺陷处理高喷灌浆和补强灌浆全部完成。各部位固结灌浆基本完成，右非1～5坝段剩余坝后0.2万m固结灌浆留待扩机工程中完成。原设计帷幕灌浆基本完成，剩余右非坝段约0.16万m；新增补强、加深和分隔帷幕全部完成。排水孔基本完成。二期大坝基础接触段化学灌浆完成0.21万m，剩余泄8～13坝段挠曲核部破碎带复合灌浆，待进一步试验后确定施工方案。

（3）混凝土浇筑：右非1～8坝段平均浇筑至高程381.8m，其中右非3和右非6～8坝段浇筑至坝顶高程384m；右非坝段拦污栅墩平均浇筑至高程370.8m；坝后交通桥一线浇筑至坝顶高程384m。泄洪坝段甲乙块浇筑至高程370～384m，丙块浇筑至高程293～322m。消力池，2012年5月底完成全部混凝土施工，6月22日下游基坑进水。左厂1～8坝段、升船机坝段甲块浇筑至高程366～384m，升船机坝段乙、丙块浇筑至高程357m，左厂1～8、升船机坝段拦污栅墩浇筑至高程369.2～378.1m。1～4号机钢管槽混凝土，浇筑至高程325.5～334.5m。冲沙孔坝段，浇筑至顶高程384m。左岸导流缺口坝段，左非1～2坝段浇筑至高程382m，左非3～6坝段浇筑至坝顶高程384m，下游防洪墙5月底全线浇筑至顶高程297～300m。坝后厂房，1～4号机组段上游墙浇筑至高程305.8～306.95m，Ⅱ区浇筑至高程266.19～277.74m，其中1、2、3号机组段分别于2012年5月底、9月初、12月底完成向机电安装第二次交面；下游墙浇筑至顶高程306.95m，尾水平台4月均浇筑至顶高程297m。GIS室和中控室分别于2012年10月中旬和11月中旬浇筑至顶高程312.4m，并分别于11月25日和12月底完成向装修标交面。

(4) 金属结构：中孔弧形工作门、启闭机安装及联合调试于2012年6月完成，具备过流条件；中孔事故门和检修门门槽轨道安装至高程358m以上。表孔事故检修门槽安装至高程360m，完成一节临时门下门；表孔工作门槽底槛、支铰埋件、油缸托架、油缸支铰安装完成。右非扩机进水口拦污栅槽安装至高程376m；检修门门槽安装至高程358m，完成3孔临时检修门下门。右非6坝段生活取水口，完成钢衬管及机电埋件安装。左厂坝段拦污栅槽埋件，安装至高程375.2～384m。坝后厂房进水口，完成4扇检修门下闸；检修门门槽安装至高程373～383.8m，事故门门槽安装至高程370.5m。1～5号导流底孔，2012年10月11日完成闸门下闸，随后完成液压提升装置及钢塔架拆除；6号导流底孔，完成进口事故门及出口工作门下闸，完成进口事故门及出口工作门固定式卷扬机的拆除。机组埋件安装，完成3、4号机蜗壳安装，分别于2012年3月底、6月初向土建反交面。尾水闸门及尾水门机安装，于2012年4月底完成。1～4号机组段桥机轨道和GIS室桥机轨道安装完成。1～2号机组段屋顶网架及屋面防水工程施工完成。

3. 升船机工程　筒体结构浇筑至高程338m以上（设计高程393m）。平衡重导轨安装至高程303m（设计高程388m），齿条二期埋件安装至高程287.8m（设计高程385m），螺母柱二期埋件安装至高程266.75～275.75m，船厢纵向导轨安装至高程276m（设计高程381.5m），对接锁定导轨安装至高程265.8m（设计高程383m）。下闸首浇筑至设计高程296m。辅助闸室右边墙1～6号段浇筑至设计高程286.4m。辅助闸首浇筑至高程286.4m（设计高程296m）。主导航墙1～5号段浇筑至设计高程286.4m。上游浮式导航堤系船墩浇筑至设计高程385m，并完成导承槽二期混凝土施工。趸船锚墩全部浇筑完成，并完成锚链安装及临时固定。

4. 右岸地下电站　土建施工已基本完成。7、8、6号机组分别于2012年11月5日、11月19日、12月21日完成72h试运行，正式转入商业运行；5号机组完成定子下线和转子组装的95%。

5. 三期围堰　临时围堰填筑至顶高程272m，开始高喷帷幕施工。二期混凝土纵向围堰下游段高程272m以上的爆破拆除已完成。

6. 灌溉取水洞

(1) 北总干渠取水隧洞：完成N1号施工支洞上游的开挖和临时支护；主洞开挖施工单位已于2012年10月初进场，年底完成准备工作。左岸灌溉取水口，检修门门槽安装至高程365.9m，检修门安装到位；拦污栅槽埋件安装至高程383.8m。

(2) 南总干渠取水隧洞：连接洞完成剩余衬砌混凝土浇筑和灌浆。灌溉塔完成剩余塔体混凝土浇筑和检修闸门门槽、检修门及拦污栅埋件安装。隧洞开挖，完成S1号洞口场平施工，具备进洞开挖条件；马延坡沟拱涵混凝土浇筑80m。

（四）翻坝转运

2012年，翻坝转运系统安全运行240d，累计转运总量105.93万t，日均转运量4413.9t，均为下行货物。其中磷矿86.44万t，占转运总量的82%，煤19.49万t，占转运总量的18%。截至2012年12月31日，翻坝转运系统已累计安全运行1159d，累计转运总量429.15万t。其中磷矿329.83万t，占转运总量的77%，煤99.32万t，占转运总量的23%。

初期蓄水（水位354m）码头，蓄水前施工完成并通过验收，2012年11月1日正式投入使用。升船机完建期（水位370～380m）码头基本完成，剩余尾工2013年汛前完成。

（五）环境保护、水土保持

完成蓄水前阶段环境保护、水土保持验收。进行了2次放流工作，放流珍稀特有鱼苗17.8万尾。污水处理厂在线监测设备安装完成，投入工作。开展蓄水初期金沙江干流水质加密监测工作。继续进行施工区金沙江干流枯水期水环境监测和施工区生产废水、生活污水、环境空气、声环境、疾病控制等监测工作，监测结果均在可控范围内。

（中国长江三峡集团公司　乔仁贵
中国水电顾问集团中南勘测设计研究院　潘江洋）

三峡工程2012年建设情况

（一）概况

2012年，中国长江三峡集团公司紧紧围绕建设好、管理好、运行好三峡工程这一中心工作，构建了新形势下三峡枢纽安全、高效运行综合管理机制，顺利实现质量、安全“双零”管理目标及年度生产经营目标。各节点目标完成情况为：地下电站最后两台机组29、27号机组分别于2月17日、5月23日完成72h试运行。地下电站主厂房装修于11月完成。升船机筒体及剪力墙混凝土浇筑于7月达到设计高程196m。三峡地下电站、升船机土建与金属结构安装工程质量评定完成709个单元，合格率100%，优良率99.3%。

（二）固定资产投资完成情况

2012年，三峡工程投资计划16.06亿元，实际完成投资5.15亿元，占年度计划的32%。其中：建筑安装工程完成投资 1.68 亿元，比计划投资 6.99 亿元减少 5.31 亿元；设备费完成投资 0.32 亿元，比计划投资 1.17 亿元减少 0.85 亿元。

2012 年，三峡地下电站投资计划 6.05 亿元，实际完成投资 5.76 亿元，占年度计划的 95.08%。

截至 2012 年底，三峡工程累计完成 1688.16 亿元。其中：枢纽工程静态投资完成 488.53 亿元，占枢纽工程概算 500.9 亿元的 97.53%；库区移民完成静态投资 530 亿元，占库区移民静态投资 530 亿元的 100%；价差 516.79 亿元；贷款利息 152.81 亿元。静态、动态投资均控制在国家批准的概算及预测的投资范围内。

（三）试验性蓄水

2012 年，实验性蓄水从 9 月 10 日开始，10 月 30 日连续第 3 年成功蓄水至高程 175m。

（四）梯级电站运行管理

2012 年，三峡水库累计来水 4480.78 亿 m^3，较 2011 年 3395.42 亿 m^3 偏丰 31.97%，较多年平均值 4510 亿 m^3 偏枯 6.48%。最大流量为 71 200m^3/s，出现在 7 月 24 日 20 时，最大削峰 28 200m^3/s。枯水季节累计为长江中下游补水 215 亿 m^3。截至 2012 年 12 月 31 日，三峡电站累计发电量达到 6291.4 亿 kW·h，相当于减排二氧化碳 4.96 亿 t，减排二氧化硫 595 万 t。随着三峡地下电站的建成投产，三峡电站成为世界上装机容量最大的水电站和中国重要的清洁能源基地。

（五）通航运行管理

2012 年，三峡船闸共运行 9713 闸次，同比下降 6.5%；通过船舶 4.4 万艘次，同比下降 3.9%，通过旅客 24.4 万人次，同比下降 40%；通过三峡区段货物 10 027 万 t。截至 2012 年底，通过三峡枢纽区段的货运总量 6.53 亿 t，是三峡工程蓄水前葛洲坝船闸投运后 22 年（1981 年 6 月～2003 年 6 月）过闸货运量 2.1 亿 t 的 3.1 倍。

（六）主要工程形象进度

（1）升船机续建：2012 年 8 月，顶部梁和左、右侧纵导向轨道混凝土浇筑至高程 196m 和 175m。上闸首排架柱 1～5 号浇筑至设计高程 215.948m。顶部机房混凝土浇筑至高程 207.4～211.6m。齿条组件最高完成第 9 层安装（高程 96.3m），螺母柱安装完成第 6 层（高程 89.375～89.6m）。船厢室结构完成部分分段安装施工。

（2）地下电站：2012 年 3 月，完成尾水高程 97～150m 边坡喷混凝土施工，完成尾水高程 82～97m 以上边坡新增部位混凝土浇筑。500kV 升压站 3 月完成地坪混凝土浇筑，5 月完成场坪排水沟混凝土浇筑及场坪回填施工；10 月，完成 500kV 升压站及高程 120m 空调机房装修；11 月完成地下电站主厂房装修，工程基本完工。

（中国长江三峡集团公司　乔仁贵）

溪洛渡水电站工程 2012 年建设情况

（一）概况

2012 年是溪洛渡水电站混凝土及钢筋、金属结构和机组安装、灌浆施工高峰年。大坝混凝土最高浇筑至高程 605m（计划 602m），接缝灌浆至高程 539.00m（计划至高程 530.00m）；11 月，2～5 号导流洞下闸，5 台机组总装完成（计划为 4 台），6 台机组主变压器及封闭母线安装完成（计划为 4 台），整个工程建设任务全部和超年计划完成。工程质量持续改进，安全工作管控有效。2012 年溪洛渡水电站共评定单元工程 6567 个，合格 6567 个，优良 6378 个、优良率 97.12%。

（二）固定资产投资完成情况

2012 年，溪洛渡水电站工程计划投资 155.63 亿元，实际完成投资 152.1 亿元，占计划的 97.73%。其中：建筑安装工程完成投资 24.22 亿元，比计划投资 28.65 亿元减少 4.43 亿元；设备费完成投资 22.23 亿元，比计划投资 28.19 亿元减少 5.97 亿元；建设征地和移民安置完成投资 80.63 亿元，比计划投资 70 亿元增加 10.63 亿元。

截至 2012 年底，溪洛渡水电站工程自开工累计完成投资 524.48 亿元，其中：建筑安装工程完成投资 202.6 亿元，永久设备完成投资 61 亿元，建设征地及移民安置费完成投资 154.6 亿元，其他费用完成投资 106.2 亿元。

（三）主要工程形象进度

（1）大坝工程：大坝工程自开工累计混凝土浇筑完成 566 万 m^3。最高浇筑至高程 605m，最低浇筑至高程 572m。

（2）地下厂房引水发电工程：1～18 号机组拦污栅混凝土均已浇筑至设计高程 610m，进水塔混凝土浇筑全部达到设计高程 610m。主厂房 1～18 号机组混凝土均浇筑至设计高程 376.50m。主变压器室混凝土浇筑已完成。

（3）泄水洞工程：左、右岸泄洪洞进水塔混凝土浇筑至设计高程 634.2m。有压段、无压段、中闸室混凝土浇筑完成，进水塔、中闸室已向金属结构交面。

（4）机组安装：10 号机组无水调试完成，6、8、11、12 号机组总装完成，6、8 号及 10～13 号主变压器安装完成。5、9、14 号机组转子吊装完成，1、3、

4号机组出线竖井管道安装完成。

（中国长江三峡集团公司　乔仁贵）

糯扎渡水电站2012年建设情况

（一）概况

糯扎渡水电站是澜沧江中下游河段梯级规划“两库八级”的第五级电站，位于普洱市思茅区与澜沧县交界处，是国家“西电东送”、“云电外送”的重要骨干项目。电站安装9台65万kW的发电机组，总装机容量585万kW，水库库容237亿m^3，是云南省境内和澜沧江流域在建、筹建规模最大的水电站。

2012年是糯扎渡水电站建设历程中最为重要的一年：首批机组（前三台机组）提前投产发电，大坝提前填筑到顶，溢洪道具备过流条件。

2012年，糯扎渡水电工程完成土石方填筑415.52万m^3，混凝土浇筑43.7万m^3，钢筋制作安装1.07万t，超额完成年度计划。

整体来说，2012年，糯扎渡水电工程安全生产形势总体平稳，质量持续提高，关键线路进度超前，达标创优工作稳步推进，环保水保成效突出，合同管理规范有序，治安维稳进一步加强，基建创一流工作取得初步成效，年度各项工作任务全面完成。

（二）主要工程形象进度

（1）大坝、围堰土建及金属结构安装工程：2012年12月18日，大坝填筑至821.5m高程，比年度计划提前13d完成。

（2）溢洪道、电站进水口土建及金属结构安装工程：2012年5月31日溢洪道具备过流条件；2012年3月底电站进水口土建及金属结构安装工程全部完成。

（3）引水发电系统土建及金属结构安装工程：2012年5月23日1号尾水出口检修闸门具备挡水条件。

（4）机电设备安装工程：提前完成电站“一年三投”发电目标，其中9、8、7号机组分别于2012年8月23日、9月28日、12月3日提前投入商业运行。6号机组转子吊装、上机架组装与吊装完成，主变压器与封闭母线按计划推进；5号机组定子线棒嵌装完成，转子支架组焊与加工完成，导水机构预装完成50%；4号机组定子定位筋调整、座环加工完成；3号机组定子机座组装、座环加工完成；2号机组座环加工完成50%。5台水轮机转轮现场制造完成，具备出场条件。

（华能澜沧江水电有限公司糯扎渡水电工程建设管理局）

锦屏水电工程2012年进展情况

2012年，锦屏一级成功实现了导流洞下闸蓄水；锦屏二级1号机组于12月30日正式投产发电，2号机组于12月31日完成72h试运行；同时，锦屏水电工程安全、质量、环保水保、投资控制等目标全部实现。

（一）完成的主要工程量

2012年，锦屏水电工程共完成土石方开挖887.6万m^3，混凝土浇筑347.5万m^3，固结灌浆148.5万m，喷混凝土约13.3万m^3。

（二）主要工程形象面貌

截至2012年12月底，主要工程形象面貌如下：

1. 锦屏一级水电站

（1）大坝工程：最高坝段浇筑至1841m高程，最低坝段浇筑至1814m高程，垫座混凝土A块浇筑至1863.5m高程，B块浇筑至1869.5m高程；水垫塘、二道坝于2012年11月18日正式验收，11月28日完成充水。

（2）引水发电系统及泄洪洞工程：厂房机组混凝土浇筑至发电机层，厂房吊顶施工完成，主变压器室全部完工。进水塔塔体混凝土浇筑全部完成，2、3、5、6号拦污栅混凝土浇筑全部完成，金属结构安装完成约50%。引水洞、尾水连接管除施工支洞封堵外全部完成，调压室混凝土施工除受金属结构影响部位外已完成。泄洪洞工程有压段底板混凝土浇筑完成。汛前完成道班沟上游河道一期清渣。

（3）左岸基础处理工程：1730m高程以下回填灌浆、接缝灌浆及排水孔施工全部完成；1829m高程以下除受导流洞堵头施工影响的帷幕灌浆外，帷幕、固结灌浆（含补强），包括含化学灌浆全部完成。平洞1730m高程以下混凝土全部完成；1785m高程混凝土回填完成设计工程量的65%，1829m高程混凝土回填完成设计工程量的95%。

（4）泄洪雾化区边坡及下游河道防护工程：A标段左右岸河道防护全部完成，左岸地下排水洞排水孔完成工程总量的80%；左右岸抢险项目除部分石渣未清理完成，其他全部完成；左右岸高位危岩体处理，除1号危岩体外，其他全部完成；左右岸雾化边坡防护，除右岸新增锚索（还有17束）未完成外，其他全部完成。B标段左岸河道固结灌浆、右岸河道防护工程、右岸雾化边坡A区防护工程、左岸河道防护工程贴坡混凝土浇筑全部完工。

（5）机电设备安装工程：受“8·30”地质灾害的影响，6号机组和5号机组需要拆除检查。6号机组发电机转子于12月25日重新吊入机坑，5号机组发电机转子于12月26日吊出机坑。4号机组于12月15日完成定子磁化试验；3号机组定子机坑组装平台搭设完毕，定子基准定位筋调整完毕；2号机组于12月14日座环加工完毕；1号机组于4月28日完成蜗壳水压试验并向土建移交蜗壳保压浇混凝土工作面。

2. 锦屏二级水电站

(1) 闸坝工程：主体项目全部完成。

(2) 引水隧洞工程：1号引水隧洞，主要施工任务已完成，于10月7日正式充水，按期实现发电目标。2号引水隧洞，底拱混凝土浇筑年累计8252m，开工累计14 566m；边顶拱混凝土浇筑年累计7789m，开工累计12 547m；固结灌浆年累计完成242 089m，开工累计257 719m；堵水灌浆年累计完成75 147.1m，开工累计850 555m；回填灌浆年累计完成88 764.3m^2，开工累计119 919.2m^2。3号引水隧洞，底拱混凝土浇筑年累计8484m，开工累计13 987m；边顶拱混凝土浇筑年累计4644m，开工累计8437m；固结灌浆年累计完成31 510m，开工累计85 751m；堵水灌浆年累计41 120m，开工累计63 728m；回填灌浆年累计完成27 746m^2，开工累计54 997m^2。4号引水隧洞，底拱混凝土浇筑年累计5067.2m，开工累计8330.7m；边顶拱混凝土浇筑年累计2044.2m，开工累计6870.2m；固结灌浆年累计完成16 523m，开工累计34 905m；堵水灌浆年累计完成4796m，开工累计20 581.5m；回填灌浆年累计完成9437m^2，开工累计32 727.8m^2。

(3) 厂区枢纽工程：完成1～8号机组混凝土浇筑；完成4、5号机组1334.25m高程以上砖砌体施工；完成厂房6号机组排架柱的混凝土浇筑和砖砌体施工；进行主厂房上、下游侧岩锚梁以上4～6号机组段初装修，完成所有机组段防水棚施工；完成厂房排水系统疏通；完成进厂交通洞、主变压器进风洞排水沟盖板的施工。完成进厂交通洞口卫星通信系统设备房施工。

(4) 进水口工程：工程主体项目全部完成。

(5) 西木公路复建工程：7月底主体工程完工，9月14～15日顺利通过交工验收。

(6) 机电设备安装工程：1号机组于12月27日顺利完成72h试运行；2号机组于12月31日顺利完成72h试运行；3号机组于12月31日具备转子吊装条件；4号机组转子叠片完成30%；5号机组座环机加工完成50%，定子定位筋调整完成；6、7、8号机组随土建进度进行埋件施工，已浇筑至发电机层。

(三) 其他工作完成情况

1. 安全管理 坚持“安全第一，预防为主，综合治理”的方针，健全安全生产管理体系和隐患排查治理体系，开展防洪度汛、地质灾害、库岸稳定、现场安全、节日安全等专项检查，组织编制防洪度汛、充水试验、下闸蓄水、地质灾害、森林防火等应急预案并开展演练，2012年全年没有发生责任性人员伤亡安全事故。

2. 质量管理 2012年完成单元评定13 281个，其中土建工程共评定12 620个单元，优良单元11 467个，单元工程优良率90.9%；金属结构工程共评定440个单元，优良单元438个，单元工程优良率99.5%；机电安装工程共评定221个单元，合格单元221个，优良单元211个，单元工程优良率95.5%。全年无质量事故发生，工程质量总体受控。

3. 环保水保管理 顺利通过由国家环保部组织的锦屏水电工程下闸蓄水前阶段环境保护验收，保证了锦屏水电工程如期下闸；在“8·30地质灾害”后，全力恢复环保水保设施，做好灾后清淤、河道清理的管理，做好已建环保水保设施的运行维护；外部环境监测数据达标率达到90%。

雅砻江锦屏·官地水电站鱼类增殖放流站，2012年7月31日成功放流鱼苗15万尾。11月8日又成功放流鱼苗20万尾；截至2012年12月31日，累计成功放流鱼苗45万尾。

(雅砻江流域水电开发有限公司 邓 庆)

官地水电站2012年建设情况

2012年，官地水电站大坝及引水发电系统土建工程施工全部完成，1、2、3号机组投产发电，具体部位施工进度如下：

1. 大坝工程 2012年1月底，左、右岸导流洞封堵混凝土浇筑完成，大坝表孔金属结构安装完成；6月底，左、右岸低线护岸施工完成，完成混凝土浇筑2.5万m^3。

2. 引水发电系统工程 2012年1月，引水发电系统压力管道回填灌浆、固结灌浆完成；2月尾水岩坎拆除完成。2012年7月15日，4号机组混凝土浇筑至发电机层，顺利向机电标交面；9月主厂房屋架施工完成；12月引水发电系统施工全部完成。

3. 机电设备安装

(1) 主机：1号机组于2012年3月30日22时30分投入商业运行，同时移交电厂。2号机组于2012年5月31日01时12分投入商业运行，同时移交电厂。3号机组于2012年11月19日10时完成72h试运行，11月23日移交电厂。截至2012年12月31日，4号机组转轮吊入机坑，定子下线完成，导水机构安装完成，下机架及推力轴承安装完成，转子磁极挂装完成80%。

(2) 一次设备：2012年2月完成2号主变压器高压试验，8月完成3号主变压器高压试验。2、3号离相封闭母线分别于2012年5月、9月完成安装及高压试验。500kV GIS设备，2012年3月高压试验全部完成。500kV电缆，2012年2月完成高压试验。10kV及400V盘柜完成带电调试。

(3) 二次设备：1、2、3号机组段的厂房和开关站厂用电控制、保护，厂房公用设备控制、保护，机组控制、保护，主变压器和高压电缆控制、保护，500kV GIS控制、保护系统均已完成并投入运行。

(4) 通信系统：公用通信系统已随1号机组投入使用，2012年底3号机组段通信系统安装调试完成。厂房到营地的通信光纤备用通道已建成。

(5) 通风空调系统：1、2、3号机组运行区域和设备部位的通风空调系统安装、调试完成，已投入运行。

(6) 消防系统：1、2、3号机组段的消防水系统、防火排烟系统、消防监控系统已安装、调试完成，经消防部门检查验收合格。设备运行和生产区域的消防器材、沙箱、消防铲和防毒面具等按设计要求配置，消防通道和安全疏散通道以及交通指示完成安装。

(7) 工业电视：公用部分及1、2、3号机组段已安装完毕。

(8) 永久机电、金属结构设备到货管理：2012年机电设备到货总量7593.85t，其中发电机4817.97t、水轮机934.12t、金属结构988t、电气设备837.76t、辅机16t。

（雅砻江流域水电开发有限公司　汪卫兵）

桐子林水电站2012年工程进展情况

2012年，桐子林水电站主体工程全面施工，工程安全度汛，厂房首仓混凝土顺利开始浇筑，安全、质量、进度、环保水保管理和投资控制情况良好，工程建设进展顺利。

(一) 完成的主要工程量

2012年主体工程完成：混凝土浇筑15.6万m^3，钢筋制作安装7120t，土石方开挖152.8万m^3，帷幕灌浆14 665.8m，固结灌浆12 672m。

(二) 主要工程形象进度

(1) 2012年5月30日，完成二期围堰施工，满足安全度汛条件。

(2) 2012年8月25日，二期基坑建基面通过专家验收，8月26日电站厂房首仓混凝土顺利开浇，主体工程建设由土石方开挖向混凝土浇筑成功转序。

(3) 2012年11月中旬，完成厂房坝段底板混凝土浇筑。

(4) 2012年底，厂房坝段完成大面958.7m高程以下混凝土及相应坝段固结灌浆施工，泄洪闸坝段完成969.0m高程以下混凝土浇筑及相应坝段固结灌浆施工。

(三) 工程投资完成情况

桐子林水电站2012年完成固定资产投资89 642万元，开工至2012年12月底，累计完成投资254 083万元。

(四) 其他工作完成情况

安全管理：2012年全年无安全生产事故发生，工程建设项目安全度汛。2012年，桐子林建设管理局职业健康安全管理体系顺利通过了最终认证注册及授牌，并荣获雅砻江流域水电开发有限公司2012年度"安康杯"竞赛活动优胜单位和"四川省安全文化建设示范企业"称号。

质量管理：单元工程合格率100%，单元验收评定优良率93.8%；无质量事故发生。2012年，桐子林建设管理局荣获雅砻江流域水电开发有限公司"质量管理先进集体"称号。

环保水保：各项措施落实到位，枢纽区环境优美，环保水保效果良好。2012年，金龙沟人工骨料生产系统及混凝土拌和系统生产废水经处理后回收利用，实现废水"零"排放。

（雅砻江流域水电开发有限公司　刘　军）

阿海水电站开发建设进展情况

阿海水电站为金沙江中游河段"一库八级"规划的第四个梯级，坝址位于云南省丽江地区玉龙县（右岸）与宁蒗县（左岸）交界处，以发电为主，兼顾防洪、旅游、航运，由云南金沙江中游水电开发有限公司全资开发建设。

该电站坝址处控制流域面积23.5万km^2，多年平均流量1590m^3/s，年径流量511亿m^3。工程枢纽布置格局方案为碾压混凝土重力坝、左岸溢流坝段、左岸泄洪冲沙底孔、右岸冲沙底孔、坝后式厂房。水库正常蓄水位1504m，死水位1492m，总库容为8.85亿m^3，调节库容2.38亿m^3，具有日调节能力。电站总装机容量为2000MW（5×400MW），单独运行时保证出力323MW，多年平均年发电量79.07亿kW·h；与上游虎跳峡龙头水库联合运行时保证出力

914MW，多年平均年发电量 89.92 亿 kW·h，年利用小时 4496h。

阿海水电站水库地处高山峡谷区，无重要的相对集中的经济对象；淹没耕地 8424.04 亩（其中水田 3447.91 亩），淹没林地 4367.35 亩；库区迁移安置人口 2538 人，水库淹没损失较小。

工程施工总工期为 82 个月，其中准备期 24 个月，主体工程施工期 42 个月，第一台机组发电工期为 66 个月。

该项目于 2006 年 7 月开始筹建及准备工作，2007 年 4 月导流洞开工，2008 年 11 月导流洞具备分流条件。2011 年 12 月，电站初期蓄水通过验收，导流洞下闸蓄水。2012 年 6 月蓄水至设计死水位，完成初期蓄水；7 月二次蓄水通过验收，9 月大坝混凝土全线浇筑至设计高程，10 月水库蓄水至正常蓄水位。机组于 2010 年 4 月开始安装，2012 年 7 月，1 号机组空载试验完成，具备发电条件。送出工程过渡方案于 2012 年 9 月获得国家核准，12 月全线贯通，完成竣工验收，电站随即启动首台机组并网试验。2012 年 12 月 21 日首台机组通过 72h 试运行，正式并网发电。2、3 号机组计划于 2013 年汛前投产发电，项目计划于 2014 年全部建成。

云南金沙江中游水电开发有限公司在阿海水电站建设过程中高度重视移民、环保水保工作，始终坚持“造福地方百姓，在保护中开发，在开发中保护”的开发宗旨。2008 年 7 月移民安置报告取得地方政府审核同意，2009 年 3 月项目环保方案获得批复，12 月水保方案通过审查。为配合电站初期及二阶段蓄水，移民安置、库底清理工作分别于 2011 年 11 月、2012 年 9 月获得政府主管部门的验收意见。云南金沙江中游水电开发有限公司成立国内第一个由企业负责的流域环保监测管理中心，负责电站环保水保方案的落实，统筹电站建设与上下游梯级及整合流域之间的环境保护、生态调度等问题。电站主体工程环保水保相关验收工作同步推进。

在项目建设管理工程中，云南金沙江中游水电开发有限公司在“保证安全、保证质量、保证进度、保证环保、保证造价”的总体管理目标下，从实际出发，积极探索和实践工程建设管理新思路、新举措，从体制、管理、技术、观念等方面大胆创新，在工程建设管理中取得了显著成效。体制上，阿海水电站建设管理从工作关系调整、责任落实到位、工作职能转变三条主线探索；管理上，管理制度“精细严”，简化管理流程，奖罚分明助推管理创新，层次分明的管理秩序有效保证管理创新出成效；技术上，阿海水电站充分运用国内外新技术、新材料、新工艺、新知识，创造了多项建设记录；观念上，公司对环保管理理念、移民安置方式等多方面进行探索和实践，各项工作取得了显著成效。

作为云南金沙江中游水电开发有限公司全资开发的第一个投产发电项目，阿海水电站凭借“两个世界第一、六个全国第一”，创造了金沙江开发的历史记录：拥有世界第一高筒阀，高度达到 2638.5mm；成为世界上第一个采用自关闭式电气筒阀控制系统的水电站；国内同规模同类型电站碾压混凝土取芯长度第一，取芯长度 19.28m；单月混凝土浇筑强度第一，达 27.9 万 m^3；第一个实施移民“长效补偿”机制的大型电站，率先运用推广“16118 移民长效补偿安置方式”；第一个在电站下闸蓄水前完成水库淹没区移民搬迁工作的电站；第一个邀请民间环保组织参与环境影响报告书技术评估会的大型电站。

2012 年 5 月 21 日，中共中央政治局常委、全国政协主席贾庆林到阿海水电站调研，对电站建设工作给予充分肯定。

云南金沙江中游水电开发有限公司是经国家发展改革委批复同意组建的大型流域水电开发公司，全面负责金沙江中游梯级电站开发建设的协调和管理工作，由中国华电集团公司、中国华能集团公司、中国大唐集团公司、汉能控股集团有限公司和云南省投资控股集团有限公司按照 33%、23%、23%、11%、10%的股比组建，2005 年 12 月 16 日在昆明正式挂牌成立。根据原国家发展计划委员会审查并批准实施的《金沙江中游河段水电规划报告》“一库八级”的梯级开发方案，按照“统一规划、统一调度、统一运行”的要求，公司全资建设龙盘、两家人、梨园和阿海水电站，参股建设金安桥（汉能控股集团有限公司控股）、龙开口（中国华能集团公司控股）、鲁地拉（中国华电集团公司控股）和观音岩水电站（中国大唐集团公司控股）；全面负责金沙江中游梯级电站开发建设的协调和管理工作，充分发挥各梯级电站的发电、防洪、供水等综合利用效益。

（云南金沙江中游水电开发有限公司　陈广志）

鲁地拉水电站建设情况

鲁地拉水电站位于云南省丽江市永胜县与大理白族自治州宾川县交界处的金沙江干流上，为金沙江中游水电规划八个梯级电站中的第七级；坝址控制流域面积 24.73 万 km^2，多年平均流量 1780m^3/s，多年平均径流量 558 亿 m^3；总装机容量 216 万 kW，保证出力 94.65 万 kW，多年平均年发电量 99.57 亿 kW·h，年利用小时数 4610h。枢纽由碾压混凝土重力坝、坝身泄洪建筑物、地下厂房组成。大坝坝顶高程 1228.00m，最大坝高 140m，坝顶长 622m（含进水口坝段）。泄洪建筑物集中布置在主河床，由 5 孔 15m×19m 的表孔和 2 孔 6m×9m 的底孔组成。引水发电系统布置在右岸地下，厂内安装 6 台单机容量 36 万 kW 的水轮发电机组。

2012 年 2 月 10 日工程项目通过国家发展改革委核准，总投资 2 169 502.62 万元。中国华电集团公司批准执行概算总投资 2 085 880.28 万元（2008 年第 4 季度价格水平），计划于 2013 年 4 月底前下闸蓄水，2013 年 6 月底前首台机组投产发电。

该工程于 2007 年 2 月开始筹建期项目施工，2009 年 1 月实现工程截流。截至 2012 年 12 月底，主要工程项目形象面貌如下：

1. 大坝工程　大坝固结灌浆、帷幕灌浆基本完成；左岸挡水坝段浇筑至 1227m 高程；预留度汛缺口坝段浇筑至 1154m 高程；右岸挡水坝段、进水口坝段已浇筑至坝顶设计高程 1228m；溢流坝段浇筑至 1202.5m 高程，表孔闸墩混凝土浇筑至 1208.5m 高程。

2. 机组进水口及引水隧道工程　进水口坝段混凝土已全线浇筑至坝顶设计高程 1228m，坝后回填混凝土及石渣完成，坝顶门机、拦污栅槽及快速闸门槽安装完成；引水隧洞上平段、斜井、下弯段混凝土全部浇筑完成，正在进行堵头混凝土和灌浆施工；斜井裂缝处理和引水洞防渗涂层施工已启动。

3. 地下厂房系统工程　主厂房 1～3 号机组混凝土浇筑至发电机层；4 号机组水轮机层混凝土浇筑完成，5、6 号机组正在进行蜗壳混凝土浇筑及备仓；地下副厂房、主变压器室、母线洞、GIS 开关站和中控楼混凝土浇筑完成；尾水出口混凝土全部浇筑完成。

4. 金属结构与机电安装　1 号机组水轮发电机组安装完成，具备盘车条件；2 号机组定子吊装完成，定子线棒安装过半；3～6 号机组蜗壳均已安装完成；进水口坝顶双向门机、1～6 号引水隧洞压力钢管、1～3 号尾水出口闸门、大坝生态放水孔以及开关站 GIS 室桥机等均已安装完成。

（中国华电集团公司　李朝新　聂勇勇）

龙开口水电站工程 2012 年进展情况

龙开口水电站位于云南省大理州鹤庆县中江镇境内，是金沙江中游河段规划“一库八级”开发方案的第六个梯级电站，上接金安桥水电站，下邻鲁地拉水电站，装机规模 1800MW，年发电量 74 亿 kW·h，工程总投资 174 亿元。枢纽工程主要由挡水建筑物、泄洪冲沙建筑物、坝后式引水发电厂房及左、右岸灌溉取水口等建筑物组成。拦河大坝为碾压混凝土重力坝，坝顶高程 1303.00m，最大坝高 116.00m，坝顶长度 768.00m。泄洪建筑物由 5 个溢流表孔和 4 个泄洪中孔组成，冲沙底孔位于厂房右侧。大坝从左至右共分 30 个坝段，1～8 号坝段为左岸挡水坝段，9～13 号坝段为左右泄洪中孔坝段和溢流表孔坝段，14～19号坝段为引水进水口坝段和冲沙底孔坝段，20～30号坝段为右岸挡水坝段。坝后式厂房布置在右岸台地上，包括主厂房、副厂房、安装场、升压开关站等，共布置 5 台机组，单机容量为 360MW。水库正常蓄水位 1298m，死水位 1290m，水库正常蓄水位库容 5.07 亿 m^3，调节库容 1.13 亿 m^3。电站以发电为主，兼顾灌溉和供水，水库灌溉农田面积为 10.834 万亩。

龙开口水电站鱼类增殖站用地面积共16 221m^2（24.33 亩），主要建筑物包括综合楼、蓄水池、配电发电机房。

项目由中国华能集团公司、金沙江中游水电开发有限公司和云南省开发投资有限公司按 95∶3∶2 的比例出资建设。设计总工期为 5 年 6 个月，发电工期为 4 年 3 个月。

2007 年 9 月，龙开口水电站筹建期工程动工；2008 年 5 月，大坝土建及金属结构安装工程开工；2009 年 1 月，主河床截流，工程进入二期导流；2009 年 6 月，主体工程暂停施工；2010 年 8 月，主体工程恢复施工；2011 年 2 月，华能龙开口水电厂筹备处成立。

2012 年是龙开口水电工程建设快速推进的一年。华能龙开口水电有限公司龙开口水电工程建设管理局（以下简称“龙开口建管局”）全面贯彻落实科学发展观，以创先争优、基建“创一流”及管理提升活动为契机，有序开展各项工作，解决了深槽处理、移民搬迁、设备质量、交叉施工等一系列难题，顺利实现安全度汛、下闸蓄水、首台机组具备投产发电条件三大年度目标。

2012 年 9 月，龙开口大坝全线浇筑到顶；在顺利通过了下闸蓄水安全鉴定、环保验收、移民验收、下闸蓄水验收后，11 月 25 日顺利下闸蓄水；12 月，首台机组具备投产发电条件，较可行性研究工期提前了 28 个月，在国内同类型规模电站中处于领先地位。

2012 年，龙开口建管局认真开展质量考核评比和创优工作，共评审样板工程 10 个，实物工程质量明显提升，大坝渗水少、外观整洁，机电安装优质、管线布置美观；加强文明施工管理，荣获省级“文明单位”。

下闸蓄水前，鹤庆县、古城区移民全部搬迁至永久住房，永胜县线下移民全部进入永久居住地建房，实现了下闸蓄水前100%移民搬迁完成，70%入住永久住房，30%开始建房的“移民先行”局面。

龙开口建管局积极开展QC小组活动，获省行业QC小组活动成果二等奖2个，获全国行业管理创新成果二等奖1个。

（华能龙开口水电有限公司龙开口水电工程建设管理局）

功果桥水电站机组全部投产发电

2012年6月21日，功果桥水电站第4台机组（1号机组），圆满完成72h满负荷试运行，正式投入商业运营。至此，该电站机组全部投产发电。

功果桥水电站地处云南省大理州云龙县功果桥镇旧州功果村，是澜沧江中下游河段梯级开发最上游的一级电站，下游为小湾电站，上游为苗尾水电站；装机容量为90万kW（4×22.5万kW），设计年均发发电量为40.41亿kW·h。工程总投资89亿元。

该电站采用过水围堰方式进行施工。2007年10月23日，导流洞工程开工；经过13个月的紧张施工，导流洞具备过流条件。2008年12月4日，成功实现大江截流目标；2009年5月22日，大坝首仓混凝土开始浇筑。2009年12月26日，4号机组首节肘管吊装成功，进入了机电安装阶段；经过8个月的苦干，2010年9月27日，4号机组混凝土浇筑封顶。

2011年10月31日，功果桥水电站首台机组（4号机组）圆满完成72h满负荷试运行，11月9日华能澜沧江水电有限公司在现场举行了发电庆典，机组正式投入商业运营。2011年12月26日，第2台机组（3号机组）圆满完成72h满负荷试运行，正式进入商业运营。2012年5月23日、6月21日，第3台机组（2号机组）、第4台机组（1号机组）分别圆满完成72h满负荷试运行，正式投入商业运营。功果桥水电站成为云南省“十二五”期间投产的首座大型水电站。

电站建设方面，共完成明挖326万m^3，洞挖153万m^3，创造了16个月百米高坝浇筑到顶、45天完成3套表孔弧门安装的好成绩。

功果桥水电站是国家实施西部大开发战略和“西电东送”的骨干电源工程，是云南大理州云龙县实施“工业强县”战略，培育水电支柱产业，加快资源优势转变为经济优势，实现工业经济跨越发展和各族人民脱贫致富的一项发展战略工程。2009年9月，华能澜沧江水电有限公司苗尾·功果桥水电工程建设管理局（以下简称“苗尾·功果桥建管局”）成立，是华能澜沧江水电有限公司在流域中首次试行“一局两站”管理模式的单位。苗尾·功果桥建管局在负责管理功果桥水电站建设工程的同时，还将负责管理随后筹建、装机容量为140万kW的苗尾水电站建设及沿江120多公里的公路建设工程。

在电站建设过程中，苗尾·功果桥建管局领导班子，重视加强管理创新和科技创新，通过在实践中不断探索、总结，先后有“创建‘五心’、‘八字’水电工程管理模式”、“‘一局（厂）两站’管理模式的探索与实践”、“‘六位一体’水电工程管理理念的探索与运用”等管理创新成果，在全国电力行业中获得管理创新成果奖（三等奖1项、二等奖2项）。一流的管理，创造了一流的成果。电站自开工以来，工程质量、安全、环保、投资、社会稳定总体受控，在创建绿色电站、景观电站、和谐电站工作中，取得了显著成果。2010年，苗尾·功果桥建管局荣获云南省“五一劳动奖状”等光荣称号；2012年间，苗尾·功果桥建管局又荣获中国华能集团公司“先进企业”、“基本建设投产功臣单位”等光荣称号，并被云南省表彰为“省级文明单位”。

（华能澜沧江水电有限公司苗尾·功果桥水电工程建设管理局　王立常）

长河坝水电站工程 2012年建设情况

长河坝水电站位于四川省甘孜藏族自治州康定县境内，是大渡河干流水电规划“3库22级”的第10级电站，总装机容量装2600MW，2010年获国家发展改革委核准。

2012年完成投资20.96亿元，累计完成投资约77.67亿元。截至2012年底，工程建设形象面貌如下：

1. 大坝工程

（1）基坑开挖：基坑开挖总量约310m^3，基本开挖完成。

（2）坝体填筑：心墙下游堆石区于2012年5月28日开始填筑，年底填筑至高程1510m，累计填筑完成212.5万m^3；下游压重体填筑至高程1498m，累计填筑完成9.1万m^3；心墙上游堆石区于2012年10月28日开始填筑，年底填筑至高程1484m，累计填筑完成26.8万m^3。

（3）防渗墙：2012年5月28日全部完成，其中主防渗墙5714m^2，副防渗墙6250m^2。

（4）左右岸盖板混凝土浇筑：左岸盖板混凝土共81块，浇筑完成9块；右岸盖板混凝土共85块，浇筑完成10块。

（5）基础固结灌浆：共30 778.1m，完成5812m。

2. 左右岸高边坡开挖支护

（1）进水口：正面边坡全断面下挖至1630m高程，下游侧边坡开挖至1650m高程。

（2）开关站：全部开挖至设计高程1685m。

（3）左坝肩：边坡全部开挖完成。1697m高程灌浆平洞全长453.09m，开挖完成50m；1640m高程灌浆平洞全长506.9m，开挖全部完成；1580m高程灌浆平洞全长559.66m，开挖完成321m；1520m高程灌浆平洞全长601.66m，开挖完成284m；1460m高程灌浆平洞全长636.8m，开挖完成400m。

（4）右坝肩：边坡开挖支护全部完成。1697m高程灌浆平洞全长166.7m，开挖完成165m；1640m高程灌浆平洞全长160m，开挖完成40m；1580m高程灌浆平洞全长175.86m，开挖全部完成；1520m高程灌浆平洞全长219m，开挖完成36m；1460m高程灌浆平洞全长102.1m，开挖全部完成。

3. 引水发电系统

（1）地下厂房长228.8m，共分10层开挖，Ⅵ层开挖支护于2012年11月20日完成，已开挖至Ⅶ层。地下厂房岩壁梁混凝土浇筑从2012年2月29日开始浇筑第一仓，4月12日完成最后一仓浇筑，历时44d。

（2）主变压器室长150m，基本开挖完成。

（3）尾调室长161.1m，共分10层开挖，1、2号调压井开挖至第Ⅳ层。

（4）1号尾水洞长1360m，Ⅰ、Ⅱ层开挖完成，Ⅲ层开挖完成785m；2号尾水隧洞长1145m，Ⅰ、Ⅱ层开挖完成，Ⅲ层开挖完成665m。

（5）1号压力管道总长约为640m，下平洞开挖支护全部完成，上平段刚开始施工；2号压力管道总长约为603m，下平洞开挖支护全部完成；3号压力管道总长约为566m，下平洞开挖支护全部完成；4号压力管道总长约为529m，下平洞上层开挖全部完成。

4. 泄放系统工程

（1）中期导流洞第一层开挖全部完成，第二层开挖完成1070m，剩余352m。

（2）放空洞第一层（上半洞）1711m于2012年10月22日开挖完成，第二层开挖完成120m。

（3）1号泄洪洞（总长1362m）第一层中导洞开挖累计完成333m，剩余1029m。

（4）2号泄洪洞（总长1508m）第一层中导洞开挖累计完成723m，剩余785m。

（5）3号泄洪洞（总长1540m）第一层中导洞开挖累计开挖完成621m，剩余919m。

（6）泄洪洞进、出口开始进行边坡锚索施工，放空洞边坡完成第二级马道的开挖。

（大唐国际发电股份有限公司　余圣刚）

黄金坪水电站工程 2012年建设情况

黄金坪水电站位于四川省甘孜藏族自治州康定县境内，是大渡河干流水电规划“3库22级”的第11级电站，总装机容量850MW。工程于2011年2月获国家发展改革委核准，当年12月6日实现截流。

2012年完成投资9.93亿元，累计完成投资约29.63亿元。截至2012年底，工程建设形象面貌如下：

1. 导流兼泄洪洞工程　进水塔混凝土浇筑到设计高程1481.5m，回填混凝土施工完成。闸室混凝土浇筑至高程1474m（设计高程1478.85m），回填灌浆累计完成8200m^2，固结灌浆累计完成11 000m。

2. 大坝及溢洪道工程

（1）基坑开挖累计完成163万m^3，下游大面开挖至高程1399m，完成总量的80%。

（2）溢洪道覆盖层开挖累计完成32万m^3，大面开挖至高程1403m；大坝防渗墙造孔施工累计完成6200m^2，完成约28.5%（设计量21 743m^2）。

3. 右岸引水发电系统工程　右岸环保电站进水口边坡开挖至设计高程1456m，主厂房第Ⅱ层开挖完成，岩壁梁开挖完成61m（共7层），主变压器室第Ⅱ－1层开挖完成（共2层），尾水调压室第Ⅴ、Ⅶ层开挖支护完成（共8层）。

4. 左岸引水发电系统工程

（1）两条引水隧洞总长5314.25m，已完成上半洞开挖4106m。

（2）左岸调压室已开挖至第Ⅲ层（共14层），其中上游侧已开挖173m，下游侧已开挖173m。

（3）左岸主厂房岩锚梁混凝土浇筑完成，第Ⅴ层开挖完成（共9层），第Ⅵ、Ⅶ预裂完成70%；主变压器室开挖完成（共4层）；尾水闸室1、2、3号闸门井Ⅶ－1层开挖完成，4号闸门井Ⅵ－1层开挖完成，1号闸门井Ⅶ－2层开挖完成。

（4）左岸主厂房1号尾水隧洞总长453m，Ⅰ层开挖已完成（共4层），Ⅱ、Ⅲ层已开始开挖；2号尾水隧洞总长544m，Ⅰ层开挖已完成（共4层），Ⅱ、Ⅲ层已开始开挖。

（大唐国际发电股份有限公司　余圣刚）

潘口水电站工程2012年建设情况

2012年，潘口水电站工程实现年初制定的“一年两投”目标。截至2012年底，大坝、溢洪道、引水隧洞、厂房、开关站和下游左岸防护等土建工程按计划完成交面，主体工程全部完工。

（一）主体工程量及投资完成情况

2012年，主体工程完成工程量：混凝土浇筑4.13万m^3，土石方开挖2.5万m^3，回填灌浆3500m^2，固结灌浆8000延米。

截至2012年底，潘口水电站工程累计完成土石方开挖423万m^3，土石方填筑337万m^3，混凝土浇筑45.6万m^3，帷幕灌浆2.67万延米，金属结构制造安装4792t。

2012年，完成投资47 440.49万元，其中建筑工程7049.45万元，机电设备及安装工程15 020.84万元，金属结构设备及安装工程1042.66万元，环境保护工程完成投资228.96万元，建设征地和移民安置完成投资2779.42万元。截至2012年底，潘口水电站累计完成投资45.35亿元。

（二）主要项目工程形象进度

1. 大坝工程　大坝工程主要集中在防浪墙的施工。防浪墙于2012年9月1日开始施工，12月31日全部完成，累计完成混凝土浇筑4200m^3。完成坝顶“U”形槽的回填。

2. 溢洪道工程　溢洪道进水渠左右导墙浇筑到设计高程362.00m，完成闸室二期混凝土浇筑，完成预应力闸墩主次锚索的张拉，完成闸室交通桥的预制、安装、桥面二期混凝土浇筑等。2012年溢洪道完成混凝土浇筑9000m^3，累计完成混凝土浇筑12.6万m^3。

3. 引水隧洞工程　引水隧洞工程于2012年4月15日前混凝土浇筑全部完成，全年完成引水隧洞洞身混凝土衬砌4100m^3，完成施工支洞的封堵，累计完成混凝土浇筑2.2万m^3。完成回填灌浆3500m^2，固结灌浆8000延米，洞身缺陷处理全部完成。

4. 发电厂房工程　厂房混凝土于2012年2月28日前全部浇筑完成，并将工作面移交机电安装；完成尾水渠剩余底板的浇筑，发电厂房进行了装修。2012年完成混凝土浇筑5400m^3，累计完成12.26万m^3。

5. 下游左、右岸防护工程　下游左岸防护已于2012年12月31日前全部完成，完成挡墙基础开挖1.5万m^3，混凝土浇筑1.8万m^3。

下游右岸防护于2012年11月开始施工，截至12月31日，防护围堰填筑全部完成，土石方开挖完成1万m^3左右，正在进行混凝土浇筑及边坡支护。

6. 开关站工程　完成了开关站场平、设备基础的浇筑，开关站边坡混凝土挡墙及进场路边坡支护于2012年6月开始施工，12月31日全部完成，累计完成混凝土浇筑2700m^3，混凝土喷护520m^2，锚杆支护340根。

7. 机电安装工程

（1）1号机组于2012年4月15日结束了无水调试，4月30日进行了首次启动，5月31日成功并网发电，6月8日结束72h试运行。8月30日通过并网安全性评价，9月12日机组出力达252MW，首次满负荷运行。经华中电监局批复同意机组从6月8日进入商业运营。

（2）2号机组于2012年10月12日结束无水调试，10月20日进行了首次启动，10月28成功并网发电，12月17日结束72h试运行。

（3）主变压器高压侧至开关站500kV架空短线路于2012年2月9日开始塔基施工，4月初完成立塔，5月8日全线贯通。

（4）开关站电气设备于2012年1月开始安装，5月31日冲击受电后投入运行。

（5）1号主变压器于2012年2月18日开始安装，5月25日投入运行。2号主变压器于7月6日开始安装，10月27日投入运行。开关站联络变压器于2月25日开始安装，10月27日投入运行。

（6）金属结构：溢洪道弧门于2012年4月8日开始拼装，7月7日通过初步验收，7月11日开始挡水。

（三）工程质量情况

2012年，潘口水电站继续强化质量检验与评定，及时组织单元、分部工程验收，对重要单元工程进行联合验收。截至2012年底，潘口水电站主体工程共完成54个分部工程验收，合格率100%。单元工程质量评定7223个，其中土建6914个，合格6914个，优良6194个，合格率100%，优良率89.6%；机电309个，合格309个，优良304个，合格率100%，优良率98%。

（中国水电顾问集团中南勘测设计研究院　胡　伟）

托口水电站工程建设进展情况

托口水电站坝址位于湖南省洪江市境内沅水干流上，水库正常蓄水位250.00m，相应库容12.49亿m^3，电站装机总容量830MW，属一等大（1）型工程。枢纽建筑物由东游祠主坝、王麻溪副坝、白土冲副坝和河湾地块防渗工程等组成。东游祠主坝建筑物由右岸黏土心墙堆石坝、河床混凝土溢流坝、左岸混凝土重力坝组成；王麻溪副坝由右岸重力坝、河床进水口坝段、升船机坝段、左岸重力坝段以及发电厂房组成。白土冲副坝位于东游祠主坝和王麻溪副坝之间；东游祠主坝和王麻溪副坝之间的山体布置有河湾地块防渗帷幕。工程于2009年9月1日全面开工建设，2010年10月29日成功实现左岸二期截流，2011年10月30日完成三期截流。

（一）2011年工程进展情况

截至2011年12月31日，土石方明挖724.8万m^3，洞挖5.1万m^3，堆石坝填筑12.4万m^3，混凝土浇筑112.8万m^3，洞室混凝土衬砌1.4万m^3，固结灌浆3.3万m，帷幕灌浆1.64万m。主要工程形象如下：

1. 东游祠主坝工程

（1）堆石坝上、下游侧坝壳料填筑至高程216.00m、黏土心墙高程216.00m以下填筑完成。

（2）1～20号坝段混凝土浇筑，最高到218.00m高程，最低达189.00m高程。

（3）堆石坝缓坡段和1～5号、7～8号、10～18号坝段固结灌浆已完成。堆石坝段斜坡段和1～5号坝段帷幕灌浆已完成。

2. 王麻溪副坝工程

（1）坝体混凝土浇筑，最高坝段达251.60m高程，最低坝段到238.50m高程。

（2）1、2号机组主机段浇筑至高程183.34m，3、4号机组主机段肘管二期混凝土分别浇筑至高程183.34、181.54m。

（3）左岸253.00m高程以上坡面、上游引航道210.50m高程以上开挖坡面、下游引航道186.00m高程以上开挖坡面、安装间202.75m高程以上坡面、尾水渠左侧186.00m高程以下坡面支护完成。

（4）1～16号坝段、1～4号机水道段、厂房肘管段及尾水段等部位固结灌浆施工完成；2～10号坝段帷幕灌浆完成。

3. 河湾地块灌浆洞工程　主坝区累计完成洞室开挖及临时支护1302.61m；副坝区累计完成洞室开挖及临时支护2629.5m。

（二）2012年工程进展情况

1. 王麻溪副坝工程

（1）土石方开挖：当年完成约39.40万m^3，开工累计完成约63.35万m^3。

（2）混凝土浇筑：当年完成约14.99万m^3、开工累计完成约69.77万m^3。截至2012年底，1～16号坝段全部浇筑至坝顶设计高程253.00m，6～9号坝段事故门槽、检修门槽、拦污栅槽二期浇筑完成；1～4号机水道、上游副厂房及开关站、下游副厂房、出线平台、尾水段浇筑至设计高程；1号机组主机段浇筑至设计高程203.20m，2～4号机组主机段浇筑至高程183.34m；主厂房排架柱和中控楼浇筑至设计高程；引水明渠前端底板及护底浇筑完成；上航道1～3号靠船墩浇筑到设计高程251.50m，下航道右侧导航墙浇筑最高至设计高程194.00m、最低浇筑至高程185m；升船机上下游排架柱全部浇筑到设计高程。

（3）边坡支护：喷混凝土完成约2977.79m^3、开工累计完成约6128.03m^3；护坡浆砌石完成约6037.99m^3、开工累计完成约35 214.99m^3。截至2012年底，左岸高程253.00m以上坡面、上游引航道高程210.50m和下游引航道高程186.00m以上开挖坡面、安装间高程202.75m以上坡面、尾水渠左侧高程186.00m以下坡面、进厂公路路基以上坡面支护完成，进厂公路外侧坡面贴坡混凝土浇筑完成，引水渠左右边坡浆砌石支护完成。

（4）灌浆：厂房副坝区地基固结灌浆已全部施工完成，累计完成钻孔约34 687.80m（其中混凝土15 237.80m）、基岩灌浆19 450.00m；帷幕灌浆全部完成，完成帷幕灌浆约21 038.10m，累计完成约30 465.90m。

（5）坝基排水孔：副坝坝基排水孔施工全部完成，累计完成钻孔约2507.13m。

2. 东游祠主坝工程

（1）土石方开挖：当年完成约35.80万m^3，累计完成约166.50万m^3。

（2）堆石坝填筑：上、下游侧坝壳料填筑至高程243.00m、黏土心墙高程243.00m以下填筑完成。

（3）混凝土浇筑：当年完成约33.06万m^3、开工累计完成约91.10万m^3。截至2012年底，1～4号坝段浇筑至高程248.00m，5号坝段浇筑至高程247.69m，6～9号坝段上游块浇筑至高程253.00m，6～8号坝段下游块浇筑至高程246.00m，9号坝段下游块浇筑至高程250.50m，10～22号坝段浇筑至设计高程253.00m，23～24号坝段浇筑至高程252.85m；堆石坝混凝土面板1～27号块高程218.00m以下浇筑完成，导流底孔进水口段、左岸下游护坦及左侧挡墙浇筑已完成，导流明渠右侧挡墙及护脚齿槽混凝土浇筑已完成，右岸明渠上游段第1～23块、下游段第5～33块护坡面板混凝土已浇筑完成。

（4）基础固结灌浆：当年完成约17 656.00m，累计完成约32 137.80m；堆石坝段缓坡段、1～20号坝段已完成。

（5）基础帷幕灌浆：当年完成约24 735.20m，

开工累计完成约 31 749.60m；堆石坝段缓坡段、1～18 号坝段已完成。

3. 河湾地块防渗灌浆工程

（1）王麻溪副坝侧灌浆洞开挖及混凝土衬砌已全部完成，完成常规工艺灌浆 76 781.83m，完成新工艺灌浆 32 531.74m；完成溶洞回填 15 360.16m^3。截至 2012 年底，引水坝区防渗帷幕灌浆高程 202m 灌浆洞全部完成。

（2）东游祠主坝侧下层灌浆洞洞室混凝土衬砌已全部完成，完成常规工艺灌浆 39 479.26m；完成新工艺灌浆 11 528.62m；完成溶洞回填 6508.69m^3。截至 2012 年底，主坝区防渗帷幕灌浆全部完成。

4. 机电及金属结构设备安装工程

截至 2012 年底，各部位形象进度面貌如下：

（1）水轮发电机组安装：1、2 号机伸缩节及蜗壳安装完成；1 号机组转子组装完成并具备吊装条件；上机架和下机架组装完成并具备吊装条件。

（2）机组辅助设备安装：厂房 1 号技术供水安装完成，渗漏检修系统安装完成。

（3）电气设备安装：1 号机组主变压器就位，GIS 本体就位，1～4 号机组 400V 动力柜及干式变压器安装完成。

（4）主坝区金属结构安装：6～15 号坝段弧门支铰埋件一期安装完成；1～4 号导流底孔门槽埋件安装及闸门（共 4 扇）拼装完成，溢洪道检修门槽和弧形门槽 8、9 号孔埋件安装完成，生态小机组引水压力钢管安装完成 85 节。

（5）副坝区金属结构安装：1～4 号机组尾水闸门埋件全部安装完成，2、5～7 号尾水闸门拼装完成，尾水门机安装完成；1～4 号机组进水口拦污栅槽、检修事故闸门埋件安装完成，2～4 号孔事故门拼装已完成，进水口坝顶门机安装完成；1～4 号机组压力钢管全部完成；升船机上游导槽安装完成；厂房桥机安装完成并投入使用。

（中国水电顾问集团中南勘测设计研究院　詹前波）

亭子口水利枢纽建设情况

亭子口水利枢纽位于四川省广元市苍溪县境内，坝址距下游苍溪县城约 15km，是嘉陵江干流开发中唯一的控制性工程，以防洪、灌溉及城乡供水、发电为主，兼顾航运，并具有拦沙减淤作用。

水库正常蓄水位 458m，死水位 438m，设计洪水位 461.3m，校核洪水位 463.07m，总库容 40.67 亿 m^3。水库预留防洪库容 10.6 亿 m^3（非常运用时为 14.4 亿 m^3），可灌溉农田 292.14 万亩（其中右岸 8.65 万亩）。电站装机容量 1100MW，通航建筑物为 2×500t 级。该工程的工程等别为一等，工程规模为大（1）型。

大坝坝型为混凝土重力坝，坝轴线总长 995.4m，坝顶高程 465m，最大坝高 116m。枢纽总体布置为：河床中间布置 8 个表孔、5 个底孔及消能建筑物，底孔（兼作排砂孔）布置在表孔左侧，河床左侧布置坝后式电站厂房，河床右侧布置垂直升船机，两岸布置非溢流坝段。在坝前 300m 左右岸各布置一个灌溉取水建筑物。

工程采用三期导流方式，计划工期 81 个月。一期导流围右岸，施工右岸导流明渠、混凝土纵向围堰、升船机上闸首高程 370m 以下、右岸非溢流坝段等工程，左侧河床过流；二期导流围左岸，施工大坝底孔坝段、表孔坝段、厂房坝段、左岸非溢流坝段和坝后式电站等，导流明渠过流；三期导流即截断导流明渠，施工 38 号坝段、升船机上闸首、船厢室及其上下导航建筑物，大坝底孔泄流，汛期时与表孔联合泄流。

嘉陵江亭子口水利枢纽工程于 2009 年 11 月 25 日正式开工，2009 年 10 月导流明渠过流，2010 年 1 月 23 日大江截流，开始二期工程建设，2012 年 2 月 15 日实施底孔过流，2012 年 12 月实施明渠三期截流，预计 2013 年 6 月进行下闸蓄水。

（长江勘测规划设计研究院）

黄河上游水电开发有限责任公司水电建设项目 2012 年进展情况

（一）羊曲水电站

羊曲水电站位于青海省海南州兴海县与贵南县交界处，是黄河干流龙羊峡水电站上游“茨哈、班多和羊曲”三个规划梯级电站的最下一级，总装机容量 1200MW，多年平均发电量 47.12 亿 kW·h。

2012 年是羊曲水电站工程复工后全面建设的一年。全年完成总投资 55 499.46 万元，其中建贷利息 4514.58 万元，征地移民 10 034.64 万元，机电设备 3800.91 万元，独立费用 5512.22 万元，施工辅助 8318.99 万元，建筑工程 23 315.13 万元。

1. 主要工程形象

（1）左岸上坝公路及进厂公路工程，路基及护面墙施工完成，已具备通车条件。

（2）左岸供水系统土建项目已完工。

（3）对外交通专用公路工程，第Ⅰ、Ⅱ、Ⅲ标段路基已全部形成；1、2 号桥护栏及桥面铺装层均已浇筑完成，已具备通车条件；3、4 号桥湿接缝及横隔板已浇筑完成；5号桥横隔板浇筑完成；6号桥桥面调平层浇筑完成。

(4) 左岸明挖：土石方开挖全部完成，导流洞出口边坡、泄洪洞进、出口边坡支护全部施工完成。

(5) 导流洞工程：导流洞中上段完成上层开挖及支护185m，出口完成上层开挖及支护170m；泄洪洞进口完成上层开挖及支护230m，出口完成上层开挖及支护69m，完成下层开挖及支护51m；1号支洞上叉洞已完成施工，下叉洞完成开挖及支护73m；2号施工支洞上叉洞完成开挖及支护98m；导流洞闸门井完成开挖8m；泄洪洞进口至导流洞进口道路已基本开挖至设计高程。

2. 质量与安全管理

(1) 严格审查并落实开挖及支护各项工艺技术措施，坚持“开挖就是雕刻，浇筑就是雕塑”的工艺要求，认真进行质量评审，强化“质量零容忍”制度，实现了质量事故“零”目标，确保工程优良。

(2) 2012年，工程开始进行洞室与边坡开挖，安全生产进入高风险阶段；黄河上游来水偏丰，降雨较同期大幅增加，河道防汛与防局地暴雨、泥石流形势严峻。项目部强化安全责任制，严格审查并落实安全措施。建立健全防汛组织机构和应急管理体系，针对重要部位和项目进行了应急演练。一系列有效措施，实现了安全事故“零”目标，完成了黄河上游水电开发有限责任公司下达的“七不发生”安全生产指标。

3. 科技工作　“大型混凝土悬挑梁板施工工艺研究”、“超大型弧门安装施工工艺研究”、“面板堆石坝施工期浸水沉降工艺研究”、“高寒地区高强钢压力钢管冬季焊接工艺研究”等项目按计划完成。

4. 征地移民　羊曲水电站工程贵南县征地移民实物指标数据已确认，生产生活区征地工作已完成，库区兴海县4个村的征地补偿工作已完成；同德隆丫滩移民安置点场平工程举行了开工仪式。环境保护、水土保持工作严格执行了环境保护和水土保持措施“三同时”制度。

5. 问题和不足　一是征地移民工作进展缓慢，严重影响工程进展，右岸项目无法开工，左岸施工项目村民阻工时有发生。二是项目的专项验收、竣工结算工作普遍滞后，导致各项目迟迟无法竣工。三是管理人员严重不足，管理难度大，必须采用现代信息技术和新的管理手段认真加以解决。

(二) 茨哈峡水电站

茨哈峡水电站位于青海省海南州兴海县与同德县交界的茨哈峡峡谷内，为黄河干流龙羊峡以上、海拔3000m以下河段水电（调整）规划的第1个梯级电站，以发电为主，装机总容量原规划为200万kW（待调整），水库上游与尔多水电站尾水衔接，下游为班多水电站库尾。电站距西宁330km。

2012年1月6日，青海省发展改革委以青发改能源〔2012〕13号文下发《转发国家发展改革委办公厅关于同意青海黄河茨哈峡水电站开展前期工作的通知》，该水电站取得国家级“路条”。

2012年7月29～31日，水电水利规划设计总院会同青海省发展改革委在西宁主持召开了《黄河茨哈峡水电站预可行性研究报告》审查会议，该报告审查通过。

2012年底，对外交通工程第Ⅰ标段进口段各工作面均超额完成年计划。

启动电站先期用地工作，基本完成了年初计划的目标，左岸施工区、进场交通洞等征地工作有突破性进展。完成6096亩草地的现场调查和确权工作。

由于征地移民的复杂性、艰巨性和反复性，导致工作进展缓慢，对外交通洞Ⅱ标至今无法开工建设。

（黄河上游水电开发有限责任公司　许为宁　张文俊）

国电大渡河流域水电开发有限公司2012年水电工程建设情况

2012年，国电大渡河流域水电开发有限公司水电工程建设保持良好态势，瀑布沟、深溪沟按期高标准通过达标投产验收，大岗山水电工程数字化建设、猴子岩水电工程绿色电站建设深入推进，枕头坝一级、沙坪二级水电站获得国家核准并正式开工建设。

(一) 瀑布沟水电站

瀑布沟水电站是大渡河干流22级梯级规划中的第17个梯级电站，是我国“十五”规划和西部大开发的重点工程，也是大渡河流域最大的水电项目。截至2012年12月31日，瀑布沟水电工程完成了所有主体工程合同的完工验收，高标准实现了达标投产竣工考核，枢纽工程竣工结算已审核完成并提交审计，完成了枢纽工程竣工安全鉴定和质量监督检查，具备枢纽工程竣工验收条件，12月17日完成了枢纽专项验收专家组现场活动。

(二) 深溪沟水电站

深溪沟水电站是大渡河干流规划的第18级电站，位于四川省雅安市汉源县和凉山州甘洛县境内，是瀑布沟水库的反调节电站。截至2012年12月31日，深溪沟水电工程在机组全投1年内，高标准实现了达标投产竣工考核，并顺利通过了枢纽工程竣工安全鉴定。除移民专项验收外，所有项目均已具备验收条件。

（三）大岗山水电站

大岗山水电站位于四川省雅安市石棉县境内，为大渡河干流规划的第14级电站，总装机容量260万kW。2012年，大岗山水电站工程全年共完成投资29.1亿元，开工至今累计完成总投资97.0亿元。全年工程质量控制良好，未出现重大或一般质量事故，土建单元工程合格率达100%、优良率达93.6%，安装单元工程优良率100%。全年未发生任何安全责任事故，工程建设连续安全生产2679d。

截至2012年12月31日，大岗山水电站大坝混凝土最低坝块浇筑至990m高程，年内完成混凝土浇筑约102万 m^3；主厂房4号机组具备蜗壳混凝土浇筑条件，其他3台机组陆续实现了土建向机电安装转序。库区复建工程稳步推进。完成了《建设征地移民安置总体规划调整报告》、《建设征地移民安置规划规划调整报告》及专题报告的编制，并获得批复。

（四）猴子岩水电站

猴子岩水电站位于四川省甘孜州康定县境内，部分库区在丹巴县和小金县，是大渡河干流梯级开发的第9级电站，为一等大（1）型工程。2012年，猴子岩水电站工程全年共完成投资16.95亿元，开工至今累计完成总投资47.00亿元。全年实现安全“零事故”，未发生重大及一般质量事故；共完成土建单元工程质量评定2367个，优良单元2195个，合格率100%，优良率92.7%。

截至2012年12月31日，猴子岩水电站汛前完成了上下游围堰及防渗墙施工。大坝基坑最低开挖至1670m高程，年内累计完成土石方开挖约280万 m^3，地下厂房岩锚梁混凝土浇筑顺利完成。库区复建工程稳步推进。

（五）枕头坝一级水电站

枕头坝水电站是大渡河干流水电梯级调整规划的第19个梯级电站，采用两级堤坝式开发。枕头坝一级水电站位于四川省乐山市金口河区核桃坪河段，其上一级为深溪沟水电站，下一级为枕头坝二级水电站。枕头坝一级水电站，最大坝高86.50m，坝顶总长336.4m，正常蓄水位624m，总库容0.469亿 m^3；总装机容量72万kW，多年平均发电量为32.90亿kW·h。该电站开发任务为发电，兼顾下游用水，为二等大（2）型工程，总投资85.74亿元；2012年3月1日获得国家发展改革委核准，5月8日举行开工典礼，计划2014年机组投产发电，2015年完工。

2012年，枕头坝一级水电站工程全年共完成投资11.4亿元，累计完成总投资27.0亿元。全年未发生安全生产责任事故，未发生重大及一般质量事故；共评定单元工程585个，合格率100%，优良率95.2%。

2012年5月，枕头坝一级水电站开始基坑开挖，8月10日进行首仓混凝土浇筑；10月1日、11月30日、12月15日、12月27日土建分别移交4、1、3、2号机肘管安装工作面。机电及金属结构安装工程于2012年10月1日开始，12月22日4号机肘管安装完成。1号堆积体治理及过坝公路工程全面完工。库区S306线淹没复建公路全长约15.7km，分Ⅰ、Ⅱ两个标段施工；到2012年12月，Ⅰ标路基土石方开挖完成21.46万 m^3，占合同总量47.20万 m^3 的45.5%。

（六）沙坪二级水电站

沙坪水电站位于四川省乐山市金口河区和峨边彝族自治县境内的大渡河下游河段，上接枕头坝水电站，下邻龚嘴水电站，电站为二级开发模式，总装机容量为62.8万kW。沙坪二级水电站坝址位于峨边县城上游7km的大渡河和官料河交汇处，大坝左岸属金口河区，右岸属峨边彝族自治县；枢纽采用右岸主河床布置泄洪建筑物、左岸布置河床式发电厂房的布置形式；坝顶高程557m，最大坝高63m，坝顶长319.4m，正常蓄水位554m；总装机容量34.8万kW，共布置6台单机容量为5.8万kW的灯泡贯流式机组，为二等大（2）型工程。

沙坪二级水电站项目于2012年3月1日通过国家发展改革委核准。2012年，沙坪二级水电站完成投资4.5亿元，累计完成投资10.5亿元。全年未发生安全事故，累计安全生产306d。基建单元工程合格率100%，优良率93.1%。截至2012年12月31日，导流明渠土石方开挖全部完成，衬砌混凝土浇筑完成约4万 m^3；S306改线公路隧洞开挖完成1259m，累计完成总量的64%。

（国电大渡河流域水电开发有限公司　吴双江）

中国水利水电建设集团公司投资的4个水电站工程2012年建设情况

（一）安谷水电站

安谷水电站位于四川省乐山市境内，是大渡河下游最后一个梯级，为发电、防洪、航运、灌溉、供水等综合利用的大（2）型水电工程。安谷水电站为混合式开发，枢纽布置从左至右为左岸副坝、左岸非溢流坝、13孔泄洪冲砂闸、河床式电站、船闸、右岸接头坝。电站正常蓄水位为398m，总库容6330万 m^3；安装4台19万kW和1台1.2万kW轴流转桨式水轮发电机，总装机容量 77.2 万 kW，多年平均发电量 31.44 亿 kW·h；总投资 96.99 亿元。

该项目于 2012 年 2 月 24 日获得国家发展改革委核准，3 月主体工程建设全面启动。

2012 年，完成投资 16.59 亿元，累计完成投资 29.55 亿元。工程安全度汛。右岸太平副坝标，排涝洞开挖 4 月 17 日全线贯通，洞衬混凝土于 12 月 19 日提前完成。厂坝枢纽标，泄洪冲砂闸部位 4 月开始混凝土施工，厂房机组段于 8 月 11 日首仓混凝土浇筑，提前工期 81d。其他各项里程碑进度目标和重要单位工程进度目标也按计划全部完成。

作为全国首个执行“先移民，后建设”的大型水电建设项目，2012 年，在计划时间内完成征地 8700 亩，房屋拆迁 9.7 万 m^2，移民搬迁 1700 余人，满足了后续工程建设的需要。环保水保设计、监理、监测单位已进场，环保总体设计方案、生态建设规划已通过咨询审查，地下水影响专题报告已编制完成；砂石系统废水处理、渣场防护等环保水保措施已同步实施，基本满足国家环保要求。

（二）春堂坝水电站

春堂坝水电站为沃日河梯级开发中的第四级，采用引水式开发；拦河坝采用混凝土闸坝形式，最大坝高 21.5m，引水隧洞长 13.059km；装机 3 台，单机容量 1.8 万 kW，总装机容量 5.4 万 kW。电站静态投资 70 045.11 万元，动态投资 78 094.29 万元，动态单位千瓦投资为 1.45 万元。

春堂坝水电站于 2010 年 12 月 30 日取得项目核准，主体工程于 2012 年 7 月 26 日签订施工合同。1～7 号支洞于 2012 年 9 月 1 日相继破土，闸首工程于 11 月破土，取水口、厂房、蝶阀室交通洞、调压井因征地问题受阻未动工。截至 2012 年 12 月 31 日，首部枢纽完成泄洪冲砂闸海漫砂卵石基础开挖 12 643m^3、抛填大卵石 2400m^3；完成支洞开挖支护 110m。2012 年完成投资 3818 万元，累计完成投资 8714 万元。

（三）杨家湾水电站

杨家湾水电站为小金川支流抚边河水电梯级规划中第四级电站，水库正常蓄水位 2574m，具有日调节性能；电站装机 2 台，总装机容量 6 万 kW，设计年发电量 25 983 万 kW·h。工程总投资（动态）8.4 亿元。

杨家湾水电站于 2011 年 12 月 15 日取得项目核准。前期场内交通工程于 2011 年 6 月 20 日正式开工，提前两个月完成右岸公路施工。2012 年，完成部分右岸桥台混凝土浇筑和上调压井公路 K0＋145.00～K1＋560.00m 段的道路开挖及回填，完成 1 号公路隧洞洞脸锁口及洞挖支护施工 20m，完成厂区永久大桥右岸上桥公路内挡墙混凝土浇筑及左岸桥台基础开挖施工。2012 年完成投资 3159 万元，累计完成投资 3732 万元。

（四）塔日勒噶水电站

塔日勒噶水电站位于新疆柯尔克孜自治州乌恰县吾合沙鲁乡的克孜勒苏河中游河段上，是克孜河规划“2 库 6 级”开发方案中的第 2 个梯级，为引水式开发；坝址距吾合沙鲁乡约 5km，距乌恰县约 63km，距乌鲁木齐约 1588km。电站装机容量为 4×1.25 万 kW，多年平均发电量为 1.6 亿 kW·h。工程施工总工期约 36 个月。2012 年 5 月 7 日开工，10 月 4 日导流洞提前贯通；截至 12 月底，引水系统已经完成主洞开挖 870m（占总长的 76.3%），进度受控良好。2012 年完成投资 8165 万元，累计完成投资 10 607 万元。

（中国水电建设集团四川电力公司　刘元秀）

国电新疆开都河流域水电开发有限公司2012 年水电建设进展情况

国电新疆开都河流域水电开发有限公司根据《关于新疆开都河中游河段水电规划报告及审查意见的批复》（新政函〔1995〕118 号），于 2006 年委托水利部新疆水利水电勘测设计研究院对开都河中游河段水电规划进行开发建设方案优化。2012 年 4 月完成《新疆开都河中游河段水电规划（修编）报告》，2012 年 12 月取得新疆维吾尔自治区发展改革委《关于新疆开都河中游河段水电规划修编报告的批复》（新发改能源〔2012〕3313 号），2012 年 9 月取得新疆维吾尔自治区环保厅《关于新疆开都河中游河段水电规划（修编）环境影响报告书的审查意见》（新环自函〔2012〕929 号）。

正在建设的柳树沟水电站是新疆开都河中游新规划中的第 5 个电站，装机容量 180MW（2×90MW），设计年发电量为 6.9 亿 kW·h，工程规模为三等中型。2012 年 5 月 30 日，按期完成大坝填筑，6 月 30 日主厂房安装间段封顶，10 月 14 日完成大坝混凝土面板浇筑，12 月 25 日工程下闸蓄水。计划 2013 年 4 月底首台机组发电，2013 年 7 月第 2 台机组发电。

2012 年，工程建设全年无安全责任重大事故，无安全责任保卫事故案件的发生。

（国电新疆开都河流域水电开发有限公司）

国电阿克苏河流域水电开发有限公司2012年水电工程建设情况

（一）前期项目进展情况

1. 大石峡水电站　大石峡水电站工程位于新疆维吾尔自治区阿克苏市温宿县境内的阿克苏河一级支流——库玛拉克河中下游温宿县与乌什县交界处（左岸为温宿县，右岸是乌什县），为库玛拉克河水电规划报告中的龙头水库工程。电站预可行性研究阶段设计装机容量为600MW，年发电量约20亿kW·h，拦河坝最大坝高约250m。坝址区位于峡谷出口至上游约3.8km河段上，上游距国境线35km（吉尔吉斯斯坦共和国），下游距规划的小石峡坝址约14.7km，距阿克苏市约100km。

2012年3月，国家发展改革委以《国家发展和改革委办公厅关于同意新疆库玛拉克河大石峡水电站开展前期工作的复函》（发改办能源〔2012〕672号）同意大石峡水电站项目开展前期工作。

2012年完成了《大石峡水电站正常蓄水位选择专题报告》的编制审查，完成了《大石峡水电站装机比选报告专题》、《大石峡移民安置规划大纲（中间成果）》和《大石峡水电站坝型比选专题报告》、《奥库—大石峡综合利用专题报告》的编制和咨询，其他各个专题也已完成初稿的编制。

2. 铁米尔苏河梯级水电站　铁米尔苏河位于新疆维吾尔族自治区温宿县境内，为库玛拉克河左岸一支流，发源于天山南麓，河段全长约60km。据《阿克苏铁米尔苏河水电规划报告》，铁米尔苏河水电梯级自上而下共布置了3个梯级，均采用右岸引水洞式开发，总装机容量312MW，总发电量8.501亿kW·h。

2012年5月15～18日，按照国家相关规定，由新疆维吾尔自治区发展和改革委员会委托中国国际工程咨询公司对《阿克苏铁米尔苏河水电规划报告》再次进行了审查。2012年11月，新疆维吾尔自治区发展改革委以新发改能源〔2012〕2804号文，正式批复《阿克苏铁米尔苏河水电规划报告》。

为加快项目核准进程，国电阿克苏河流域水电开发有限公司于2012年2月委托设计研究院同步开展铁米尔苏河一级、二级、三级水电站环保、移民等核准支撑专题的编制工作。截至2012年底，国电阿克苏河流域水电开发有限公司完成了铁米尔苏河一级、二级、三级水电站的移民、环保、水资源、用地等全部核准支撑专题的审批工作，并将铁米尔苏河一级、二级、三级水电站核准申请报告上报新疆维吾尔自治区发展改革委。

（二）在建工程进展情况

1. 小石峡水电站　小石峡水电站位于温宿县与乌什县交界处，总装机容量137.5MW（5×27.5MW），年均发电量4.24/4.71亿kW·h（单独/联合运行）。2012年5月14日，小石峡水电站通过蓄水安全鉴定；6月29日，通过下闸蓄水验收；7月10日，成功下闸并开始蓄水；8月18日，1号机组充水调试；9月27日，1、2号机组成功并网。截至2012年12月31日，主体工程完工，全部机组并网发电。总计完成土石方开挖282.46万m^3、土石方填筑288.09万m^3、混凝土浇筑23.92万m^3。

2. 台兰河一级、二级水电站　2012年9月30日，引水渠首拦河闸开始下闸蓄水；10月4日，引水渠、前池、泄水槽、退水渠等水工建筑物进行通水试验；11月20日，台兰河一级水电站首台机组成功并网发电。截至2012年12月31日，主体工程完工，全部机组并网发电。总计完成土石方开挖270.77万m^3、土石方填筑163.22万m^3、混凝土浇筑19.84万m^3。

（三）工程建设管理情况

2012年是国电阿克苏河流域水电开发有限公司实现三个电站共13台机组投产发电的关键一年。该公司组织编发《国电阿克苏河流域水电开发有限公司基建工程精细化管理实施方案》，深入协调、精心组织、细化管理三个水电站的机电安装工作，实现了13台机组投产的年度目标。工程安全、质量、投资、进度等均可控在控。截至2012年12月31日，未发生人身重伤和较大及以上事故，基建项目实现全年安全施工。

（国电阿克苏河流域水电开发有限公司　彭荣兴）

国电四川阿水电力开发有限公司2012年水电开发项目进展情况

国电四川阿水电力开发有限公司现阶段主要负责阿坝州境内部分水电资源的开发和经营管理，计划用8～10年时间完成上寨、绰斯甲、观音桥和卜寺沟水电站的开发建设，形成总装机容量约130万kW，年发电量约58亿kW·h的水电生产能力。2012年，各水电项目进展情况如下：

1. 绰斯甲水电站

（1）2012年2月14日，绰斯甲水电站正式取得四川省人民政府《关于绰斯甲水电站建设征地移民安置规划大纲的批复》。

(2) 2012年3月16日,《绰斯甲水电站影响水域水生生态调查与评价专题报告》通过审查。

(3) 2012年5月9～10日,水电水利规划设计总院会同四川省扶贫和移民工作局审查通过了《绰斯甲水电站建设征地移民安置规划报告》。

(4) 2012年7月12～13日,经中国地震局震害防御司同意,水电水利规划设计总院审议通过了《绰斯甲水电站防震抗震研究设计专题报告》。

(5) 2012年12月27日,获得国家发展改革委关于同意开展前期工作的批复(发改办能源〔2012〕3673号文)。

2. 观音桥水电站

(1) 2012年9月4日,观音桥水电站取得四川省人民政府《关于观音桥水电站建设征地范围内禁止新增建设项目和迁入人口的通知》(川府函〔2012〕198号)。

(2) 取得《正常蓄水位专题报告》、《施工总布置专题报告》、《水资源论证报告》等7项要件的批复。

3. 上寨水电站

2012年12月27日,获得国家发展改革委关于同意开展前期工作的批复(发改办能源〔2012〕3673号文)。

4. 卜寺沟水电站

2012年12月27日,获得国家发展改革委关于同意开展前期工作的批复(发改办能源〔2012〕3673号文)。

(国电四川阿水电力开发有限公司　刘丽莎)

国电四川民和水电投资有限公司2012年工程建设情况

国电四川民和水电投资有限公司(以下简称"民和公司")负责东义河流域水电开发。东义河流域规划建设14个梯级电站(含干流6级、支流龙达河2级和6个支沟电站),初拟总装机容量为51.94万kW。其中,分布在四川凉山州木里县境内电站3个,规划装机容量21.9万kW;分布在甘孜州稻城县境内电站11个,规划装机容量30.04万kW。

(一) 项目前期工作

2012年,流域小水牙电站核准要件均已齐备,核准报告已报送甘孜州发展改革委待批;色苦水电站已完成环评及移民安置报告的编制工作;东义、尼隆、俄桠、浪都等电站正开展预可行性研究工作;色苦等六个电站取得了省电力公司下发的并网及接入系统方案的批复。积极推进项目CDM开发,往子沟、夹依龙巴沟两水电站CDM项目在联合国成功注册,益地电站CDM项目通过了国家发展改革委审核,并提交DOE总部内审。

(二) 工程建设情况与管理

1. 辅助工程建设　东义河沿河路道路新建工程于2012年5月中旬基本完成全线路基开挖,稳步推进色苦电站场内施工道路建设施工,色苦—卡瓦110kV永临结合线路工程施工,并进行往子沟—色苦、夹依龙巴沟—色苦的35kV送出工程及色苦施工变电站施工。进行沿河路整治工程二标段及龙达河道路未完工程项目施工,并开始进行亚三路改线还建道路工程施工。东义河水情测报系统2012年完成部分水位站、雨量站和水文站的装设工作。

2. 主体工程建设　截至2012年12月底,全长3505m的往子沟水电站引水隧洞实现全线贯通,为往子沟水电站顺利投产创造了条件;益地水电站完成了5号支洞洞挖、进厂道路河道疏浚、龙达河沿河公路边坡治理工作;完成了肯着滑坡管棚工程土建施工及其他防洪度汛项目,为益地水电站开工准备打下了基础。全面加强和规范工程质量控制,加强施工过程监管、旁站及质量抽检,工程优良率大幅提高。

3. 工程安全

截至2012年12月31日,实现连续安全生产1175d,再创安全生产新纪录。

(国电四川民和水电投资有限公司　肖　艳)

国电四川色曲电力开发有限公司前期项目筹建情况

国电四川色曲电力开发有限公司于2011年6月22日在四川省甘孜州色达县注册成立,主要负责甘孜州色曲河干流水电梯级开发和色达县洛若乡光伏太阳能电站建设。

色曲河干流水电梯级开发拟采用"一库四级"方案,总装机容量20.4万kW。2012年项目筹建进展情况如下:

(1) 色曲河流域规划环境评价报告于2012年1月通过审查,4月27日获得批复;流域电力送出规划于2012年2月获得批复。2012年5月14日,四川省发展改革委下发流域规划报告批复,完成色曲河流域规划阶段收口工作。

(2) 歌乐沱水电站,装机容量5万kW,2012年5月获得地震安全性评价报告批复,6月8日获得四川省发展改革委关于同意开展前期工作的批复,9月27日获得预可行性研究报告批复,12月10日获得正常蓄水位和施工总布置专题报告告批复，12 月完成电站实物指标调查和工作方案甘孜州移民局的审查。

(3) 甲学水电站，装机容量 6.4 万 kW，2012 年 7 月 26 日获得四川省发展改革委关于同意开展前期工作的批复，9 月 3 日召开预可行性研究报告审查，已完成预可行性研究报告修编。

(4) 霍西水电站，装机容量 6.2 万 kW，2012 年 7 月 26 日获得四川省发展改革委关于同意开展前期工作的批复。

(5) 杨各水电站，装机容量 2.8 万 kW，2012 年 6 月 8 日获得四川省发展改革委关于同意开展前期工作的批复。

(国电四川色曲电力开发有限公司　王良羽)

国电恩施水电开发有限公司 2012 年水电项目开发情况

国电恩施水电开发有限公司（以下简称“恩施水电公司”），是中国国电集团公司的全资子公司。截至 2012 年 12 月底，恩施水电公司权益总装机容量 68.9 万 kW，在运容量 52.84 万 kW。

野三河水电站装机容量 2×2.5 万 kW，年设计发电量 1.65 亿 kW·h，项目总投资 59 878.43 万元，2006 年 12 月 31 日经湖北省发展改革委核准，2007 年 3 月正式开工建设。由于项目所处恩施州地质环境十分复杂，导致出现大坝右岸岩溶绕坝渗漏和压力引水隧洞试水反复击穿等问题。通过对压力引水隧洞衬砌段、喷护段和调压室全面检测，共发现缺陷隐患 200 余处。恩施水电公司克服困难，运用新材料、新工艺，完成工程消缺 240 余项，2012 年 10 月成功投产发电。

峡口塘项目位于湖北省利川市文斗乡，为乌江右岸的一级支流郁江上游干流湖北省境内三级水电梯级开发的第二级（第一级龙桥水电站和第三级长顺水电站均已建成投运）。该工程由混凝土双曲拱坝、右岸发电引水系统、岸边式地面厂房及开关站等建筑物组成，属三等中型工程。坝址位于郁江下游长顺电站库尾、峡谷出口上游约 350m 处，控制流域面积 4282km²。电站大坝最大坝高 69.50m；水库总库容 6206 万 m³，调节库容 2478 万 m³，具有旬调节能力；总装机容量 5 万 kW，多年平均发电量 1.68 亿 kW·h。工程总投资 54 835.05 万元。该工程于 2012 年 2 月 16 日举行了工程奠基仪式，2012 年 7 月 5 日获得湖北省发展改革委核准。

(国电恩施水电开发有限公司　杜晓芹)

国电竹溪水电开发有限公司水电工程建设情况

国电竹溪水电开发有限公司（以下简称“竹溪公司”）下辖红岩二级水电站、大峡水电站和白沙河水电站（在建），代管国电湖北水电开发有限公司鄂坪水电厂。竹溪公司所属电站位于湖北竹溪县境内泉河、汇湾河流域。泉河，流域面积 894.60km²，河长 82.2km，多年平均入库流量为 11.2m³/s，干流分五级开发，设计总装机容量 11.2 万 kW，其中有竹溪公司的红岩二级水电站、大峡水电站和白沙河水电站。汇湾河，流程 128km，流域面积 446km²，高差 363.9m，年流量 2.14 亿 m³，鄂坪水电厂位于汇湾河中游。

竹溪公司总装机容量为 20.2 万 kW，已投运容量 15.2 万 kW，在建容量 5 万 kW。其中：红岩二级水电站于 2006 年 8 月竣工投产，装机容量为 1.8 万 kW（2×0.9 万 kW），年利用小时为 3045h，设计发电量 5481 万 kW·h；大峡水电站于 2007 年 12 月竣工投产，装机容量为 2 万 kW（2×1 万 kW），年利用小时为 2660h，设计发电量 5320 万 kW·h；鄂坪水电厂于 2006 年 4 月第 1 台机组投产发电，同年 7 月第 2 台机组投产发电，2009 年 8 月 6 日中国国电集团公司成功竞购鄂坪水电厂主体资产，同年 11 月 18 日鄂坪续建工程开工建设，2011 年 5 月 30 日新扩建的 3 号正式投产发电，电厂总装机容量为 11.4 万 kW（3×3.8 万 kW），多年平均设计发电量由 2.4 亿 kW·h提高至 2.73 亿 kW·h。

白沙河水电站是泉河流域梯级水电开发的第五级电站，控制流域面积 812.6km²；枢纽工程主要由大坝、溢洪道、发电引水隧洞、厂房等组成，水库总库容 2.48 亿 m³，设计装机容量 4.5 万 kW，扩容后为 5 万 kW（2×2.5 万 kW），年利用小时为 2810h，设计发电量 1.26 亿 kW·h。

白沙河水电站工程概算总投资 5.107 4 亿元。2010 年 2 月 25 日正式动工，同年 6 月 29 日导流洞全线贯通，11 月 18 日，白沙河水电站工程成功截流。2012 年 3 月 8 日，引水发电隧洞全线贯通；5 月 27 日，大坝面板全线浇筑到顶；11 月 22 日顺利通过下闸蓄水阶段验收，11 月 28 日成功下闸。截至 2012 年底，大坝工程、溢洪道工程、厂房及引水系统工程已基本完工；机电设备安装方面，1 号机组全部安装完成，2 号机转子磁极挂装完成，油、水、气三大系统和电气部分安装完成；工程安全、进度、质量可控在控。两台机组计划 2013 年 7 月正式投入商业运行。

(国电竹溪水电开发有限公司　谢国新)

国电陕西水电开发有限公司工程建设情况

国电陕西水电开发有限公司成立于2009年1月，现有项目已跨陕、甘两省；投入生产项目有陕西城固湑水河梯级电站（5.2万kW）、甘肃白水江柳园水电站（2.8万kW）、甘肃白龙江代古寺水电站（8.7万kW），在建项目主要有陕西丹江梯级电站（6.4万kW）、甘肃白龙江凉风壳水电站（5.25万kW）；同步推进着陕南、甘南地区的水电、风电等清洁能源的开发工作。

甘肃代古寺水电站，2012年6月15日引水枢纽全部完成，实现河床全断面过流与度汛；6月25日，发电引水隧洞1号支洞检修闸门顺利实现封堵，标志着电站发电引水隧洞遗留质量问题已全面处理完毕；8月31日，1号机组顺利通过72h试运行；9月7日，2、3号机组先后通过72h试运行，3台机组相继通过72h试运，并如期投入商业运行。

凉风壳水电站，2012年4月18日引水隧洞贯通，6月29日枢纽主体工程完工通水验收；年底，引水隧洞衬砌累计完成3474m，3号机组转子吊装完成。

2012年，公司未发生设备、人身伤亡等各类不安全事故，保持了生产运营和基建安全稳定的良好局面。

（国电陕西水电开发有限公司　张林生）

国电福建电力有限公司水电项目进展情况

（一）龟湖水电站

龟湖水电站项目位于交溪支流柘泰溪上，坝址以上集水面积794km²，水库正常蓄水位285.0m，电站装机容量2×40MW，工程建成后年发电量为18 080万kW·h，预计项目总投资7.82亿元。该项目由国电福建电力有限公司公司开展前期工作。

2012年11月，项目完成了工程正常蓄水位和施工总布置两个专题，并获得浙闽两省联合批复。12月21日，工程建设征地实物指标调查工作大纲通过浙闽两省移民及其他部门的审查，项目前期工作取得阶段性成果。已完成接入系统设计报告、文物调查报告及压覆矿等专题报告，正开展安全预评价、环境评价等专题及可行性研究报告编制工作。

（二）上白石水利枢纽

上白石水利枢纽位于赛江（交溪）流域东溪干流下游河段，水资源开发涉及闽浙两省。坝址地处福安市上白石镇上游约7km，控制流域面积1533km²，防洪库容为0.785亿m³，可将福安城区防洪级别由20年一遇提高到50年一遇。水库正常蓄水位拟订为180.5m，调节库容1.652亿m³，具有不完全年调节能力。电站装机容量2×82.5MW，设计多年平均发电量3.668 9亿kW·h。项目可为宁德市环三都澳区域工业发展和城市建设提供用水保障，是福建省为数不多的具有防洪、发电、供水、灌溉等综合效益的大型水利枢纽工程，预计项目总投资25.5亿元。该项目前由国电福建电力有限开展前期工作。

项目建议书于2012年4月编制完成，并于6月向江河水利水电咨询中心进行了咨询，现正根据咨询意见对项目建议书进行修编。

（国电福建电力有限公司　张新发）

雅砻江中上游水电开发2012年进展情况

雅砻江中游河段上起甘孜州新龙县和平乡，下至凉山州木里县卡拉乡，流经四川省甘孜州的新龙、道孚、雅江、理塘、康定、九龙和凉山州的木里县共7个县，长385km，天然落差980m，河道平均比降0.255%。

2012年8月，国家能源局以“国能新能〔2012〕257号”文件明确由雅砻江流域水电开发有限公司统一负责雅砻江干流水能资源的开发。

2012年度雅砻江中上游各项目工作进展情况如下：

（一）雅砻江中游水电站

根据已审定的雅砻江中游河段开发方案以及2012年勘测设计成果，中游河段规划两河口（300万kW）、牙根一级（21.4万kW）、牙根二级（99万kW）、楞古（257.5万kW）、孟底沟（220万kW）、杨房沟（150万kW）和卡拉（98万kW）等7级开发。其中两河口梯级为雅砻江干流中下游河段“龙头”水库，具有多年调节能力。

1. 两河口水电站　该电站坝址位于四川省甘孜州雅江县境内。电站的开发任务为发电，结合汛期蓄水兼有减轻长江中下游防洪负担的作用。水库正常蓄水位2865m，水库总库容108亿m³，具有多年调节性能。电站装机容量3000MW，多年平均年发电量约114亿kW·h，项目总投资约663亿元。枢纽工程主要由砾石土心墙堆石坝、泄水及地下引水发电系统等建筑物组成，砾石土心墙堆石坝最大坝高295m，是世界最高的土石坝之一。2012年，两河口水电站移民安置规划大纲和移民安置规划报告通过审查，可行性研究报告完成预审。截至2012年底，两河口水电站累计完成投资约69.36亿元。

2. 牙根一级水电站 为两河口水电站的下游衔接梯级，位于四川省甘孜州雅江县境内。电站正常蓄水位2602m，相应库容为3190万m^3，装机容量214MW，与两河口水电站联合运行时多年平均年发电量9.7亿kW·h。枢纽建筑物由混凝土闸坝和河床式厂房组成，闸坝最大坝高59m。电站静态总投资约33亿元。牙根一级水电站于2010年启动预可行性研究工作，2012年完成预可行性研究，并完成可行性研究阶段正常蓄水位选择和装机容量选择专题报告。

3. 牙根二级水电站 为雅砻江中游第三个梯级电站，位于四川省甘孜州雅江县境内。电站正常蓄水位2560m，相应库容2.54亿m^3，装机容量990MW，与两河口水电站联合运行时多年平均年发电量45.09亿kW·h，静态总投资约为146亿元。枢纽建筑物由碾压混凝土重力坝、坝身泄洪消能建筑物、左岸引水发电系统等组成。碾压混凝土重力坝最大坝高153m。2012年深化可行性研究阶段枢纽技术论证，开展"封库令"申报工作；对外交通专用公路完成初步设计。

4. 楞古水电站 该电站是雅砻江中游第四个梯级电站，位于四川省甘孜州康定县、雅江县交界处。电站初拟正常蓄水位2475m，相应库容1.71亿m^3，初选电站装机容量2575MW，与两河口水电站联合运行时多年平均年发电量117.40亿kW·h，总投资为435亿元。楞古水电站采用混合式开发，工程枢纽由拦河大坝、长引水系统、地下厂房系统等建筑物组成。2012年预可行性研究报告通过审查，可行性研究设计启动；对外交通规划报告通过审查。

5. 孟底沟水电站 该电站是雅砻江中游第五个梯级电站，位于四川省甘孜州九龙县与凉山州木里县交界处。电站正常蓄水位2254m，相应库容8.53亿m^3，初选装机容量2200MW，与两河口水电站联合运行时多年平均年发电量97.97亿kW·h，项目总投资约306亿元。孟底沟水电站采用坝式开发方式，工程枢纽由挡水建筑物、泄水建筑物、引水发电系统组成；拦河大坝为混凝土双曲拱坝，最大坝高206m。2012年预可行性研究报告和可行性研究阶段正常蓄水位选择专题报告通过审查；对外交通专用公路工程可行性研究报告和初步设计通过审查。

6. 杨房沟水电站 该电站是雅砻江中游第六个梯级电站，位于四川省凉山州木里县境内。电站正常蓄水位2094m，水库总库容5.13亿m^3，调节库容0.54亿m^3，装机容量为1500MW，与两河口水电站联合运行时多年平均年发电量68.56亿kW·h，项目总投资约182亿元。枢纽由双曲拱坝、坝身泄洪消能建筑物、左岸引水发电系统等建筑物组成。混凝土双曲拱坝最大坝高155m。2012年完成了移民安置规划大纲和移民安置规划报告审查，可行性研究报告通过审查；场内公路、供电工程全面开工建设。

7. 卡拉水电站 该电站是雅砻江中游的最末一级水电站，位于四川省凉山州木里县境内。电站正常蓄水位1987m，总库容2.49亿m^3，调节库容0.37亿m^3，装机容量980MW，与两河口水电站联合运行时多年平均发电量45.35亿kW·h，项目总投资约132亿元。枢纽由碾压混凝土重力坝、坝身泄洪消能建筑物、右岸引水发电系统等建筑物组成。碾压混凝土重力坝最大坝高126m。2012年获省政府下达"封库令"，完成移民安置实物指标调查。

卡拉、杨房沟水电站交通专用公路建设进展顺利，预计2013年6月具备通车条件。

（二）雅砻江上游水电站

2012年，雅砻江上游水电规划和环评规划基本完成，甲西、共科预可行性研究报告基本完成，甲西、共科、新龙、乐安、仁达等5个梯级启动筹建工程，上游输电规划启动。

（雅砻江流域水电开发有限公司 姚 雷）

白鹤滩水电站工程筹建工作进展情况

白鹤滩水电站位于金沙江下游，电站装机容量16 000MW，多年平均发电量640.95亿kW·h，保证出力5500MW；水库总库容206.27亿m^3，调节库容可达104.36亿m^3，防洪库容75.00亿m^3。

在获得国家发展改革委《关于同意金沙江乌东德和白鹤滩水电站开展前期工作的复函》（发改办能源〔2010〕2621号）后，白鹤滩水电站"三通一平"施工准备及相关项目于2011年先后开工。

2012年是白鹤滩水电站工程进入施工准备期的第二年，主要施工任务是在解决施工区红线范围内移民搬迁的基础上，开展左岸延吉沟边坡治理工程和右岸下红岩边坡治理工程。场内外开工项目还包括对外交通（葫白公路）、场内交通、渣场防护及沟水（泥石流）处理、施工供电及供水、砂石加工及混凝土生产系统、施工营地等。施工区范围顺河向（南北）长约10km，横河向（东西）宽约6km；开挖区范围从最高1200m高程，到最低570m高程，多工作面立体交叉作业，具有"点多、面广、高差大、涉水项目多”等特点。

截至2012年底，场内筹建及施工准备工作取得了较大进展。场内交通干线道路基本形成，左右岸4座临时交通桥、六城坝临时营地、白鹤滩村临时营地、上村梁子警卫消防营地已投入使用，新建村临时砂石加工与混凝土生产系统已投入使用。

（中国水电顾问集团华东勘测设计研究院　周垂一）

国电大渡河流域水电开发有限公司前期项目筹建情况

2012年，国电大渡河公司流域水电前期项目筹建有序推进，取得了枕头坝一级、沙坪二级水电站核准等重要进展。

（一）双江口水电站

双江口水电站是大渡河干流“3库22级”的第5级电站，位于四川省阿坝藏族羌族自治州马尔康县、金川县交界处，是大渡河干流上游的控制性水库工程；大坝为土质心墙堆石坝，最大坝高314m；设计装机容量200万kW。2012年，双江口水电站可行性研究工作全面完成；电站环境影响报告书公众第三次参与调查补充资料工作完成，并上报环境保护部评估中心。

（二）金川水电站

金川水电站是大渡河干流水电梯级调整规划22级方案的第6级梯级电站，设计装机容量86万kW，主要由混凝土面板堆石坝、左岸引水发电系统及右岸泄洪建筑物组成。2012年，金川水电站可行性研究工作进入收口阶段。《金川水电站移民安置规划报告》于2012年1月18日取得四川省省扶贫和移民工作局批复；“先移民，后建设”实施方案于2012年8月6日取得省扶贫和移民工作局批复；环境影响公众参与调查工作于2012年11月7日顺利完成。金川水电站节能评估报告于2012年12月12日通过中国国际工程咨询公司组织的审查。

（三）安宁水电站

安宁水电站位于四川省阿坝州金川县境内，设计装机容量38万kW，枢纽建筑物由最大坝高66m的沥青混凝土心墙堆石坝、左岸开敞式溢洪道、左岸泄洪放空洞、右岸引水发电系统等组成。2012年，安宁水电站可行性研究工作有序推进，2月23日，工程安全预评价报告通过水电水利规划设计总院组织的审查；4月5日，可行性研究阶段实物指标调查细则及工作方案通过四川省扶贫和移民工作局组织的审查；5月12日，电站防震抗震研究设计专题报告通过审查；6月28日，电站可行性研究报告（枢纽部分）通过中国水利水电建设工程咨询公司组织的咨询；7月16日，水资源论证报告书通过四川省水利厅组织的初审。

（四）巴底水电站

巴底水电站位于四川省阿坝州金川县、甘孜州丹巴县境内，设计装机容量72万kW，枢纽建筑物由最大坝高97m的沥青混凝土心墙堆石坝、左岸开敞式溢洪道、左岸泄洪放空洞、右岸地下厂房和引水系统等组成。2012年，巴底水电站可行性研究工作有序推进，2月23日，工程安全预评价报告通过水电水利规划设计总院组织的审查；4月5日，可行性研究阶段实物指标调查细则及工作方案通过四川省扶贫和移民工作局组织的审查；5月10日，电站防震抗震研究设计专题报告通过审查；7月1日，电站可行性研究报告（枢纽部分）通过中国水利水电建设工程咨询公司组织的咨询；7月16日，水资源论证报告书通过四川省水利厅组织的初审。

（五）丹巴水电站

丹巴水电站位于甘孜州丹巴县境内，设计装机容量119.66万kW，枢纽建筑物主要由最大坝高42m的混凝土闸坝、泄水建筑物、输水建筑物、发电厂房等组成。2012年，丹巴水电站可行性研究工作稳步推进，2月15日电站正常蓄水位选择和施工总布置规划专题报告通过水电水利规划设计总院组织的审查；7月20日，可行性研究报告阶段建设征地实物指标调查细则及工作方案通过四川省扶贫和移民工作局组织的审查。

（六）枕头坝二级水电站

枕头坝二级水电站位于乐山市金口河区境内，初拟装机容量24.6万kW。2012年，枕头坝二级预可行性研究工作基本完成，4月27日，预可行性研究报告通过中国水利水电建设工程咨询公司组织的咨询。咨询认为，报告基本满足预可行性研究阶段工作内容和深度的要求，主要结论基本合理，建议参考咨询意见进一步完善预可行性研究报告。

（七）沙坪一级水电站

沙坪一级水电站位于乐山市金口河区境内，初拟装机容量24.6万kW。2012年，沙坪一级预可行性研究工作基本完成。2012年2月17日，沙坪一级水电站降低尾水位专题研究通过中国水利水电建设工程咨询公司组织的咨询；4月25日，沙坪一级水电站预可行性研究报告通过中国水利水电建设工程咨询公司组织的咨询。

（八）老鹰岩水电站

老鹰岩水电站规划装机容量64万kW，位于大渡河中游雅安市境内。2012年已将老鹰岩梯级开发方案报国家发展改革委审批。

（国电大渡河流域水电开发有限公司　吴双江）

四川华电木里河水电开发有限公司2012年水电工程建设情况

四川华电木里河水电开发有限公司（以下简称“木里河公司”）负责凉山州境内木里河流域上通坝、卡基娃、俄公堡和立洲水电站开发的资金筹措、建设管理、生产运营和贷款偿还等工作。2012年，计划投资15亿元，实际完成17.43亿元。截至2012年12月31日，累计完成工程投资65.79亿元。

（一）工程建设

截至2012年底，工程形象面貌如下：

1. 立洲水电站　大坝混凝土浇筑至2008.1m高程，DR2危岩体开挖完成；引水隧洞混凝土衬砌完成2928m；调压井边坡开挖支护完成，压力管道开挖支护完成；厂房边坡开挖支护完成，1、2号机组混凝土浇筑至1866.35m高程。

2. 俄公堡水电站　首部枢纽主体结构施工基本完成；引水隧洞全线贯通，混凝土衬砌11 757.25m，剩余3109.82m；压力钢管安装完成；完成1、2号机组盘车，完成3号机组转子吊装。

3. 卡基娃水电站　大坝坝体大面填筑至2765m高程，累计完成填筑266万m^3，剩余约324万m^3；消力池完成开挖14万m^3，剩余15万m^3；引水隧洞混凝土衬砌1121.8m，剩余5243m；厂房2575.0m高程以上边坡开挖支护完成。

4. 上通坝水电站　实现二期截流，首部枢纽累计完成混凝土施工4.32万m^3；引水支洞累计开挖支护3280m，剩余17m；主洞累计开挖支护5390.1m，剩余16 329.9m。

（二）安全生产

2012年，木里河公司安全质量双达标，实现“安全生产人身死亡事故为零、重大机械设备事故为零、火灾事故为零、特大交通事故为零”的管理目标，被中国华电集团公司授予“2012年度安全生产先进单位”荣誉称号。

（三）招标及合同管理

2012年共完成招标项目37个，合同金额30 613万元，与概算48 317万元相比，节约资金17 524万元，招标节约率为36.4%。严控新增设计变更和施工变更，规范变更处理流程，全年处理各类变更266份。

（四）财务管理

为了降低筹资费用，在保证资金安全的情况下，木里河公司统一筹划，将一些暂时未使用的资金分别采取通知存款、定期存款等多种方式管理，努力降低筹资费用。同时，木里河公司同各银行积极协商，采取签署补充协议的方式降低存量高成本贷款的利息，争取到银行存量贷款继续执行国家基准利率下浮10%的最高优惠，折算为全年预计节约财务费用2055万元，在保证工程建设资金需要的前提下尽量降低融资成本。

（四川华电木里河水电开发有限公司）

四川华电金川水电开发有限公司2012年水电项目进展情况

四川华电金川水电开发有限公司（以下简称“金川公司”）承担阿坝州绰斯甲河蒲西水电站和俄日河流域四个梯级水电站等电源项目的开发工作，其中绰斯甲河蒲西水电站规划装机容量12万kW，俄日河流域梯级水电站规划装机容量27.75万kW。2012年，重点项目前期工作超进度完成年度目标任务，部分工作目标受外部条件制约，未能全面完成。全年完成投资2903.09万元，其中蒲西水电站697.68万元，俄日河流域梯级水电站2205.41万元。项目进展情况如下：

（一）俄日河流域梯级水电站

（1）2012年8月，先后取得四川省发展改革委对红卫桥、俄日两水电站预可行性研究报告批复，提前4个月完成年度目标，为可行性研究阶段各项工作开展奠定了坚实基础。七家寨水电站预可行性研究报告正在编制当中。

（2）俄日和红卫桥水电站可行性研究阶段各专题报告有序推进。2012年5月，取得工程地质监测环境批复、地震安全性评价报告批复，取得阿坝州电力公司并入四川电网运行的批复；7月，取得金川县人民政府《关于进一步明确俄日水电站、红卫桥水电站工程开发任务及供电任务及供电范围的复函》；9月，取得正常蓄水位和施工总布置专题批复；10月取得项目环评执行标准批复；11月取得地质灾害危险性评估、压覆矿专题批复；12月取得俄日、红卫桥水电站的征地移民实物指标调查实施细则和方案批复。

（3）加强沟通协调，设计方案不断优化。金川公司高度重视各项目及专题设计方案的优化工作，不断加强与各设计单位的沟通联系，力求使投资规模得到有效控制。

（4）做好施工准备工作。为保证项目核准后主体工程顺利施工，金川公司积极开展施工准备工作。317国道库区复建工程初步设计已通过审查待批复，业主营地设计已基本完成，对外交通设计、施工供电设计等招标文件已编制完成，待中国华电集团公司（以下简称“集团公司”）项目投资决策审查通过后即可全面启动征地和建设工作。

（二）绰斯甲河蒲西水电站

受绰斯甲河“川陕哲罗鲑”环保瓶颈影响，蒲西水电站项目核准时机存在很大不确定性，但金川公司一直努力推动破除瓶颈，同时为项目核准后开工建设积极准备。

（1）可行性研究阶段工作基本完成。蒲西水电站可行性研究方面取得了库区复建公路工程可行性研究报告、水资源论证报告等专题报告的批复文件。征地移民安置规划大纲也已通过审查，于2012年11月取得了省政府批文，移民安置规划报告正在编制之中。

（2）继续做好移民征地和施工辅助工作，为核准后项目开工建设创造条件。加快库区复建路设计工作，取得《关于印发阿坝州壤塘县蒲西水电站“先移民，后建设”库区公路复建工程可行性研究工程技术方案评估意见的函》，复建路初设报告已取得四川省交通厅行政许可批文；业主营地施工图纸已通过审查，待集团公司项目投资决策审查通过后启动建设工作；取得阿坝州电力公司并入四川电网运行的批复。

（四川华电金川水电开发有限公司）

沙溪航电工程发电

沙溪航电枢纽是嘉陵江深化航电工程13级（苍溪至合川段）的第2级，上游接苍溪梯级，下游与金银台梯级衔接，坝（闸）址距阆中市5km。

沙溪航电枢纽工程由右岸接头坝、厂房、冲沙闸、水力控制翻板坝、船闸、左岸接头坝等建筑物组成，坝顶全长830m。

沙溪航电工程船闸为Ⅳ级船闸，2×500t位，单向通过能力319万t；电站装机容量87MW（3台单机容量29MW），平均年发电量3.9亿kW·h。

该工程于2007年8月正式开工。开工后对尾水常规泄洪闸（溢流坝）进行了设计优化，将原泄洪建筑物改为水力液压双控翻板坝，闸门共47扇，全长437m。水力双控翻板坝闸门在大江大河首次应用，为沙溪航电工程节省工程投资8700万元。

沙溪航电工程2010年土建工程基本完成，累计完成土石方213万m^3，混凝土63万m^3。2011年底，沙溪航电工程机电安装等工程基本全面完成，2012年1月17日沙溪航电工程1号机组并网发电；2012年2月7日47扇水力双控翻板坝闸全部下闸蓄水，2月9日2号机组并网发电；2月底3台机组全部并网发电，至此沙溪航电工程全部基本竣工。

（中国水电顾问集团成都勘测设计研究院　刘吉祥）

果多水电站工程建设情况

（一）工程概况

果多水电站位于西藏自治区昌都县境内，为扎曲河水电规划“两库五级”中第二个梯级；坝址距昌都县公路里程59km（前55km为317国道），距玉龙铜矿直线距离约75km；控制流域面积33 470km^2，多年平均流量303m^3/s，多年平均径流量95.7亿m^3。该电站以发电为主，水库正常蓄水位为3418m，相应库容7959万m^3，调节库容1746万m^3，具有周调节性能；装机容量160MW（4×40MW），保证出力33.54MW，年发电量8.319亿kW·h。

该工程等别为三等，规模为中型；概算投资（静态）约33.2亿元，总投资（静态）约38.3亿元；总工期56个月，计划于2015年12月底首台机组投产发电，2016年6月工程完工。

果多水电站项目于2012年底核准，业主为华能果多水电有限公司，设计单位为中国水电顾问集团贵阳勘测设计研究院，导流洞标、大坝开挖支护及结构标施工单位为中国水利水电第七工程局有限公司，砂石及混凝土系统标施工单位为中国葛洲坝集团公司。

（二）枢纽布置情况

工程枢纽由碾压混凝土重力坝、坝身泄洪冲沙系统、左岸坝后地面厂房组成。

挡水建筑物为碾压混凝土重力坝，河床坝基高程3328.00m，坝顶高程为3421.00m，坝顶宽8.00m，最大底宽75.00m，最大坝高93.00m，坝顶全长235.50m。

泄水建筑物由3个溢流表孔、1个泄洪冲沙孔及下游消能防冲建筑物等组成。溢流表孔主要作用为泄洪，冲沙孔主要作用为冲沙兼泄洪。冲沙孔位于泄洪表孔与引水坝段之间。3个坝身溢流表孔布置在河床中部偏右岸，每孔净宽9m，溢流前沿总宽41.00m，堰顶高程3402.00m，设9m×16.85m（宽×高）的弧形工作闸门各一扇，共用9m×16.9m（宽×高）的平板检修闸门一扇。溢流表孔最大下泄流量3909m^3/s，最大单宽流量145.20$m^3/(s·m)$。

泄洪冲沙孔最大下泄流量594m^3/s，布置在溢流表孔左侧，进口底板高程3372.00m；孔身由进口段、洞身段、压坡段组成；进口设置4.50m×5.50m（宽×高）的平板事故闸门，出口设置一扇4.50m×5.00m（宽×高）的弧形工作闸门。工作闸门后将孔延伸至消力池外，将水舌直接送入下游河道，末端采用舌型鼻坎体型。

引水系统布置于河床左岸引水坝段，采用一机一管的供水方式，由坝式进水口和坝后背管两部分组成。进水口底板高程为3398.00m。压力钢管为坝后背管，四条压力钢管平行布置，中心间距15.8m，钢管内径4.80m。

厂房为坝后式地面厂房。厂区枢纽主要由主机间、左端安装间、上游副厂房、上游主变压器室及GIS开关站、下游尾水平台、尾水渠及进厂交通等建筑物组成。

（三）工程建设情况

2012年12月，导流洞完工并通过验收，年底顺利实现大江截流。

左岸绕坝公路除桩号K4+960～K5+120m、K1+050～K1+220m路基未成形外，其余路段均完成了路基开挖。进场公路路面混凝土于2012年10月中旬全部完成。下游临时索道桥于2012年7月底建成通车。场内右岸公路1、2、3号路、料场路及炸药库路路基全部形成，路面基本完成，具备通车条件。左岸1、2号路路基全部形成，具备通车条件。

业主营地两栋宿舍楼、食堂、办公楼以及三大中心土建完成，装修基本完成，2012年12月中旬开始入住。

施工供电系统于2012年10月下旬开始向工区供电。

砂石系统完成场平工作、受料坑廊道开挖及混凝土浇筑、半成品料场廊道开挖及主筛分楼基础开挖换填。拌和系统120拌和站初步具备投产条件。

大坝右岸坝肩开挖至3451m高程，左岸坝肩开挖至3421m高程。

（中国水电顾问集团贵阳勘测设计研究院　陈　敬）

石门水电站建设情况

（一）概况

石门水电站是呼图壁河中游河段规划的第三个梯级，位于新疆维吾尔自治区呼图壁县南侧，距呼图壁县县城公路里程78km，距昌吉市公路里程116km，距乌鲁木齐市公路里程154km。呼图壁河发源于天山北坡的喀拉乌成山及天格尔山，呈南北带状分布，流域地处欧亚大陆腹地，准噶尔盆地南缘。南北长258km，东西宽40km，全流域面积为10 255km^2。石门水电站坝址以上控制流域面积1881km^2，坝址多年平均流量14.40m^3/s，相应多年平均径流量4.54亿m^3。

工程的开发任务是“灌溉、防洪、发电”，为三等中型工程；水库正常蓄水位1240m，死水位1185m，总库容7975万m^3，调节库容7016万m^3，具有年调节能力；电站装机容量95MW，保证出力4.4/15.5（单独运行/联合运行）MW，多年平均年发电量2.09/2.30（单独运行/联合运行）亿kW·h。

水电站枢纽由沥青混凝土心墙砂砾石堆石坝、右岸泄洪冲沙（兼导流）洞、右岸溢洪洞、左岸引水系统和地面厂房组成。沥青混凝土心墙砂砾石堆石坝最大坝高106m。工程按100年一遇（$P=1\%$）洪水设计，设计洪水位1240.00m，下泄流量705m^3/s；按2000年一遇（$P=0.05\%$）洪水校核，校核洪水位1240.86m，下泄流量1370m^3/s。

工程概算总投资128 165.51万元，工程总工期41个月；2008年开始施工准备和筹集，同期开展了泄洪建筑物进口开挖，2011年4月22日实现大江截流。计划于2013年10月首台机组投产发电。

（二）勘测设计过程

石门水库于1958年已开始建设；1976年由原昌吉州水利电力局设计，在峡谷处修建36m高的拱坝；由于资金短缺和地质工作深度等原因，工程于1980年底停工缓建。

1981～1984年，新疆水利水电设计院地勘队对坝区进行初步设计阶段工程地质勘察，编制了《呼图壁河石门水库初步设计阶段工程地质报告》（未经审查）。

1997～1999年1月，由昌吉州水利水电勘察设计院重新进行呼图壁河流域规划，对区域、水库及坝址地质条件进行必要的复核，《呼图壁河流域规划报告》通过审查，同意石门水库工程为流域开发治理的第一期工程。

1999年8月，新疆昌吉州呼图壁河流域管理处委托贵阳勘测设计研究院（以下简称“贵阳院”）进行“呼图壁河石门水库工程恢复建设初步设计（代可研）”工作。2000年4月初，贵阳院完成了《新疆昌吉州呼图壁河石门水库工程项目建议书》；5月，水利部水利水电规划设计总院在昌吉州召开了该项目建议书审查会议；6月，项目建议书经补充修改，通过了审查。枢纽由混凝土拱坝、泄洪中孔、冲沙灌溉底孔及右岸引水系统、地下厂房（装机容量3×12MW）组成。

2000年8月，贵阳院完成《新疆昌吉州呼图壁河石门水库工程可行性研究报告（咨询稿）》。2001年3月，考虑到该工程电站发电完成受制于灌溉供水，保证出力低，经济指标差，募集资金困难，为有利于项目的审批，根据业主及有关专家的建议，工程布置取消电站，重新编制项目建议书，报水利水电规划设计总院审查。2001年7月28日，水利水电规划设计总院在北京召开了该项目建议书的复审会议；经补充完善，8月9日水利水电规划设计总院以“水总设〔2001〕43 号”文做出了审查意见，并上报水利部。

2005 年，昌吉州方汇水电建筑勘察设计有限公司和呼图壁河流域管理处结合地区经济、电力的发展，重新对呼图壁河石门水库以上的河段开发进行了规划，提出了《呼图壁河流中游河段水电规划报告》。2006 年 4 月新疆水利厅对该报告进行了审查。

受中国大唐集团公司甘肃分公司（业主）委托，贵阳院根据《呼图壁河流中游河段水电规划报告》，于 2006 年 11 月开展石门水电站的可行性阶段的勘察设计工作，2007 年 8 月底完成《呼图壁河石门水电站可行性研究报告》（中间成果）。2007 年 8 月 15 日应业主要求进行降低石门水电站正常蓄水位的研究，9 月 20 日完成《呼图壁石门水电站正常蓄水水位研究报告》。2007 年 11 月下旬业主要求仍按《呼图壁河流中游河段水电规划报告》石门水电站工程规模即正常蓄水位 1240m 方案进行石门水电站的可行性研究设计。

2008 年 4 月 8 日由新疆水利水电规划设计管理局组织有关专家对《呼图壁河石门水电站可行性研究报告》进行了初步审查，审查基本同意该报告。

贵阳院根据电站建设目标要求，2008 年组建了呼图壁河石门水电站设代处进驻工地，并开始泄洪建筑物招标设计。截至 2012 年 5 月，主要建筑物的结构设计基本完成。

（中国水电顾问集团贵阳勘测设计研究院　张合作）

象鼻岭水电站工程建设情况

（一）工程概况

象鼻岭水电站位于贵州省威宁县与云南省会泽县交界处的金沙江右岸一级支流牛栏江上，距威宁县城约 163km，距云南省昭通市约 41km；工程以发电为主，坝址多年平均流量 128m³/s。水库正常蓄水位为 1405m，相应库容 2.484 亿 m³，死水位 1370m，死库容 0.799 亿 m³，调节库容 1.685 亿 m³，属不完全年调节水库。电站装机 2 台，总装机容量为 240MW，保证出力为 47.42MW，多年平均发电量为 9.30 亿 kW·h，年利用小时为 3875h。

该电站为二等大（2）型工程；枢纽建筑物由碾压混凝土拱坝、右岸引水系统和地下厂房等组成。拱坝最大坝高 135.50m，坝顶长 449.87m，坝顶宽 8.00m，拱冠梁坝底厚 35m，厚高比 0.258。泄水建筑物由 3 溢流表孔和 2 中孔组成，表孔孔口尺寸 12m×8m（宽×高），中孔孔口尺寸 4m×6m（宽×高）。引水发电系统由进水口、引水隧洞、压力钢管、地下厂房和尾水隧洞等组成。进水口为岸塔式进水口，底板高程为 1356.00m。引水系统采用两洞两机的供水方式，引水隧洞内径 6.8m，压力钢管直径 5.5m。地下厂房位于右岸坝后山体内，安装 2 台单机容量为 120MW 的混流式水轮发电机组，机组间距为 22.00m，主厂房尺寸为 83.5m×20m×54.4m（长×宽×高）。

（二）工程进展情况

（1）右坝肩 213 国道改线先期进行，解决了工程施工的干扰问题和确保了外部交通顺畅通行。

（2）全面开展田坝渣场沟水处理工作，目前初步具备了堆渣条件。

（3）场内公路全面施工，认真做好弃渣有序堆存和环境保护工作。

（4）导流洞及跨河桥工程正式开工。

（5）大坝工程正式开工，开展坝肩开挖及支护、变形体治理等工作。

（6）引水发电厂房工程正式开工，开展施工交通道路、交通洞等开挖支护工作。

（7）工程建设区建设征地移民安置全面完成。

（8）环境保护和水土保持的“三同时”工作有序开展。

（中国水电顾问集团贵阳勘测设计研究院　崔　进）

红岭水利枢纽 2012 年建设情况

红岭水利枢纽位于海南省琼中县境内万泉河北源大边河中游，控制流域面积 745km²，以灌溉、供水为主，兼顾防洪和发电等综合利用；大坝坝顶总长 528m，共分 17 个坝段；水库正常蓄水位 168m，总库容 6.62 亿 m³，兴利库容 4.68 亿 m³，为多年调节水库。项目由国电万泉河红岭水利枢纽有限公司建设。

工程原设计装机规模为 42.6MW，其中，坝后水电站总装机容量 30MW，渠首水电站总装机容量 12.6MW（2×6.3MW）。2012 年 8 月 17 日，水利部水利水电规划设计总院下发《关于印发海南省万泉河红岭水利枢纽工程坝后电站扩大装机容量设计变更报告审查意见的函》（水总设〔2012〕913 号），同意红岭项目坝后水电站 2 台大机组单机容量由初设时的 13.4MW 增加到 23.3MW。坝后水电站装机规模增至 49.8MW（2×23.3MW＋0.32MW），渠首水电站装机容量不变，工程装机规模达 62.4MW。

2012 年，红岭工程混凝土浇筑 53.72 万 m³，完成年度计划的 103%。工程累计完成投资 158 069 万元，其中，工程资金累计完成59 590万元，完成投资计划的52.3%；移民资金累计拨付92 692万元，完成移民总投资的71%。主副坝施工、坝后电站施工、工程截流三大节点工期全部提前完成，2012年6月1日，导流底孔闸门（重108t）安装到位，具备挡水条件，并通过了设计与监理单位验收；6月29日，1～3号机组尾水闸门顺利完成了安装，工程成功防洪度汛。

在河床坝段施工中，针对碾压混凝土施工特点，以及红岭雨水多的气候特点，主动收集分析坝址地区气象、水文资料，土料场的料源和各项土料指标，在不改变坝型条件下，开展碾压混凝土配合比和碾压工艺实验，科学采用“斜层浇筑法”和“小心墙”分区碾压土坝方案，加强施工工序关键节点控制，缩短工期，降低工程费用。

（国电万泉河红岭水利枢纽有限公司）

羊曲水电站工程简介

羊曲水电站位于青海省海南州兴海县与贵南县交界处，是黄河干流龙羊峡水电站上游“茨哈、班多和羊曲”三个规划梯级电站的最下一级，距上游班多水电站河道距离约75km，距下游龙羊峡水电站河道距离约100km。电站建成后，可向西北电网提供大量电力电量，发电效益显著。

坝址以上控制流域面积12.3万km^2，多年平均流量$625m^3/s$，多年平均径流量197.1亿m^3。水库正常蓄水位2715m，死水位2710m，正常蓄水位时水库库容14.724亿m^3，为周调节水库。电站安装3台单机容量为400MW的水轮发电机组，额定水头112m，多年平均年发电量47.1亿kW·h。

库区无低于正常蓄水位的邻谷、支流等，周边地形封闭条件良好，库盆为相对隔水的砂岩、板岩、千枚岩等组成，透水性弱，无地下渗漏通道，不存在永久性渗漏问题。坝址区河谷两岸在2670～2700m高程发育基座阶地，在阶面高程以下，河谷呈对称“V”字形，岸坡较陡，平均坡度53°～58°，左岸局部近直立，两岸基岩裸露。阶面高程以上，河谷较开阔，左岸平均坡度约10°，右岸平均坡度约26°。坝址区主要岩性以砂质板岩为主，局部夹有中厚层砂岩，岩体较完整，透水性较弱。岩层呈单斜构造，走向与河流近直交，倾向下游偏右岸。断裂构造以层间断层、层间挤压带为主。坝基缓倾角及顺河向结构面不发育，未发现不利于坝基稳定的不良结构面。河床覆盖层厚度为10.8～11.6m，为含漂（块）石砂卵砾石层。近坝库区左岸存在Ⅰ号滑坡及Ⅰ号变形体，滑坡及变形体的稳定及处理是主要工程地质问题。场址50年超越概率10%的地震基岩水平峰值加速度为0.12g，对应的地震基本烈度为Ⅶ度。100年超越概率2%的地震基岩水平峰值加速度为0.303g。

羊曲水电站属于一等大（1）型工程，枢纽建筑物由混凝土面板堆石坝、右岸引水发电系统、左岸溢洪道和泄洪洞等组成。挡水建筑物为混凝土面板堆石坝，坝顶长度354.67m，最大坝高150m。筑坝材料主要为灰岩爆破料，部分采用建筑物砂岩夹板岩开挖料。坝体分区从上游至下游依次为垫层区（2A）、过渡区（3A）、主堆石区（3B）及下游堆石区（3C）。泄水建筑物布置在左岸，由3孔开敞式岸边溢洪道和1条泄洪洞组成。溢洪道孔口尺寸为15.0m×17.5m（宽×高），采用挑流消能方式；泄洪洞孔口尺寸7.5m×6.0m（宽×高）。引水发电建筑物布置在右岸，3条引水隧洞洞身段长度为549.23～650.57m，衬砌内径10m，不设调压井。厂房位于大坝下游右岸坡脚，为岸边式地面厂房，尺寸为147m×30.9m×83.7m（长×宽×高）。开关站布置在厂区右岸草原上。施工导流采用围堰一次拦断河床，全年围堰挡水，隧洞导流的方式。导流标准10年一遇，相应的流量$3470m^3/s$。导流洞布置在左岸，隧洞全长1196.89m。

该工程由中国水电顾问集团西北勘测设计研究院设计。

（中国水电顾问集团西北勘测设计研究院）

老虎嘴水电站简介

老虎嘴水电站工程位于西藏自治区东南部的林芝地区工布江达县巴河干流上，是巴河巴松湖以下河段梯级开发规划的第7个梯级，距拉萨市约343km。工程主要任务是发电。

该电站装机容量102MW，年利用小时数4858h，保证出力23.19MW，多年平均发电量49 550万kW·h，为藏中电网的骨干电源。水库总库容为9590万m^3，调节库容710万m^3，为日调节水库。

该电站枢纽布置见图1，主要建筑物由泄洪洞，混凝土重力坝，坝后厂房，溢洪道和左岸防渗墙组成。枢纽区只在坝址部位发育有基岩，坝址上下游均为砂砾石基础。坝基右岸及坝基部分为二叠系上统的变质石英砂岩夹砂质板岩，左岸发育有一基岩孤岛，其岩性也为变质石英砂岩夹砂质板岩；左岸孤山头为第四系冰水积的含漂石砂卵砾石层夹含粉土的中细砂层。地质条件复杂，基础处理量大，防渗墙混凝土浇筑量达2.2万m^3，施工难度较大。

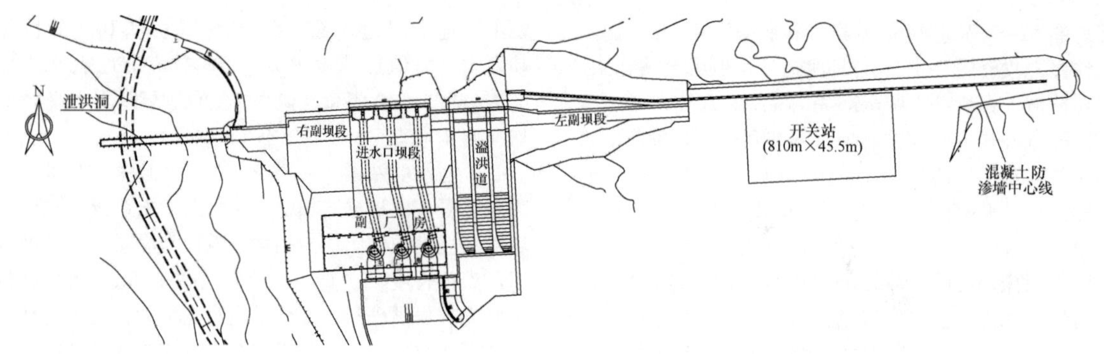

图1 老虎嘴水电站枢纽布置图

枢纽挡水建筑物为整体混凝土重力坝，分为岩基和软基两部分，岩基上的混凝土重力坝最大坝高79m，软基上的混凝土重力坝最大坝高35m。基础防渗岩基部分采用帷幕灌浆，左岸覆盖层采用300m长、80m深的混凝土防渗墙防渗。泄水建筑物包括溢洪道和泄洪洞两部分，溢洪道布置在左岸基岩孤岛顶部；泄洪洞布置在右岸山体中，均采用挑流消能。发电厂房布置在主河床，最大高度44m，安装3台单机容量为34MW的混流式水轮发电机组，以220kV及110kV输电线路向藏中电网供电。

老虎嘴水电站工程土石方开挖143.15万m^3，混凝土总量44.75万m^3。

电站配置一套计算机监控系统，对水库、电网及厂内机电设备的运行进行全面监控和自动控制。

该工程由中国水电顾问集团西北勘测设计研究院设计，由中国水利水电建设工程咨询中南公司监理，由中国安能建设总公司和中国基础局·中国水电十局联营体施工。

工程于2007年5月1日开工，2011年5月20日首台机组发电，2011年11月工程完工。实际工程动态投资132 354万元，单位千瓦投资为12 976元/kW，单位千瓦·时投资2.67元/(kW·h)。

老虎嘴水电站的建设，极大缓解了藏中电网严重缺电的局面，为西藏自治区社会经济的发展做出了巨大的贡献。

（中国水电顾问集团西北勘测设计研究院）

神树蓄能电站首部枢纽工程情况简介

（一）概况

神树蓄能（原杂木寺二级）电站实际为一引水式水电站，是杂木河干流毛藏寺—渠首河段的第一个梯级。坝址位于甘肃省天祝县毛藏乡小毛藏沟汇口的峡口下游约380m处，距渠首约33km。厂房位于杂木寺水电站水库末端的左岸岸边，距武威市约51km。坝址以上控制流域面积608km^2，多年平均流量6.43m^3/s。电站总装机容量52MW，为三等中型工程。

该电站主要由首部枢纽、引水发电系统及发电厂区三部分建筑物组成。挡水大坝为混凝土面板堆石坝，坝顶高程为2664.8m，最大坝高为88.8m，坝顶宽度8.0m，坝顶长217.39m。

首部枢纽工程的建设单位为甘肃电投大容电力有限责任公司，施工单位为中国水利水电第三工程局有限公司，监理单位为湖南水利水电工程监理承包总公司。首部枢纽工程情况如下：

1. 大坝　大坝为混凝土面板堆石坝，防浪墙顶高程为2666.0m。上游坝坡1∶1.45，在高程2664.8m接“L”形重力式防浪墙。上游河床段趾板采用混凝土高趾墙结构形式，为重力式，最大高度为11.5m，在其底部进行帷幕灌浆，同左右岸趾板防渗帷幕连接，形成封闭的垂直防渗体系。下游坝坡在高程2625.00m处设置宽2.5m的马道，马道以上坝坡为1∶1.45，马道以下坝坡为1∶1.40。在坝后坡设置“之”字形上坝道路，路宽5.0m。后坝坡“之”字路以上采用浆砌块石护坡，其余采用混凝土格栅网格浆砌石护坡。从2660.0m高程开始每上升0.4m，在坝体的整个填筑面铺设一层加筋土工格栅。坝体上游侧设水平宽度为3.0m的垫层料（2A）和水平宽度为3.0m过渡料（3A）。其后为主堆石区（3B）和次堆石区（3D）。坝前混凝土面板采用C30混凝土（F），面板底部最大厚度为55cm，顶部最大厚度为30cm；在面板上游侧2617.0m高程以下设置上游铺盖。坝体底部最大宽度为243.26.m。

2. 溢洪道　溢洪道布置在左岸，为开敞式，由引渠段、闸室段、泄槽段和出口消能工组成，布置一孔一槽，一级陡坡，出口为挑流消能。引渠段长61.5m；闸室长20.0m，采用WES实用堰，堰顶高程 2659.5m，闸孔尺寸（宽度×高度）10m×8.1m，最大闸高 15.0m，最大泄量 442.0m^3/s。闸室后接 11m 长的平坡调整段，宽度由 10.0m 渐变为 8.0m，底板高程 2655.5m；泄槽坡度为 $i=48.2\%$的陡坡，宽度为 8.0m，斜长 127.84m；挑流鼻坎长 15m，挑坎高程为 2601.3m。

3. 泄洪隧洞 泄洪排沙洞布置在左坝肩，进口高程为 2614.50m，自进口事故检修门闸室至出口挑流消能段总长 342.5m，为有压隧洞。进口检修闸室闸孔口尺寸为 3.7m×3.7m（宽×高），检修闸室后采用直径 3.7m 的圆洞布置，出口段设置有压弧门，闸室水平长 15m、宽 6m、高 12m，底板高程 2600.00m。布置一道潜孔式弧形钢闸门，孔口尺寸为 3.0m×3.0m（宽×高），最大泄量 210m^3/s。出口采用 22°挑角挑流，挑流反弧段直径为 25m，挑坎高程为 2602.00m，将水流挑入下游河床。

4. 导流洞 导流洞布置在右岸，由进口闸室段、洞身段及出口挑流段三部分组成，总长 750.87m，其中进口闸室段长 6.0m，渐变段长 6.99m，洞身段 737.88m，出口挑流段长 27.21m。导流洞为城门洞型断面，断面尺寸 5.2m×6m（宽×高），进口底板高程 2611.5m，出口底板高程 2603.0m，洞身段设两个平面转弯段。

（二）节点工期

开工日期：2012 年 11 月 1 日；截流日期：2013 年 5 月 25 日；大坝填筑完成日期：2014 年 1 月 31 日；面板混凝土浇筑完成日期：2014 年 9 月 30 日；工程完工日期：2014 年 10 月 30 日。

（三）工程进展情况

右岸导流洞工程于 2012 年 11 月 25 日正式开工，计划于 2013 年 5 月 25 日完工，5 月 31 日具备导流条件。左、右岸坝肩施工正在进行，预计于 2013 年 7 月 29 日完成开挖。上游围堰施工已全面展开，预计 2013 年 5 月 31 日具备截流条件。砂石骨料系统施工完成，已正常生产。

（中国水利水电第三工程局有限公司
赵 琦 牟 娜）

抽 水 蓄 能 电 站

溧阳抽水蓄能电站 2012 年建设情况

2012 年是溧阳抽水蓄能电站主体工程开工建设的第二年，也是土建施工高峰年。经过参与各方共同努力，除输水系统进度有所滞后外，工程总体进展顺利，年度安全、质量、投资管理目标均已完成。2012 年，工程主要施工项目有：上水库主坝及下水库工程、上水库库盆工程、引水系统及地下厂房工程、尾水系统工程、安全监测工程等。

（一）主体工程量及投资完成情况

2012 年，主体土建完成工程量为：土方开挖 192.30 万 m^3，石方明挖 1101.05 万 m^3，黏土填筑 6.21 万 m^3，堆石填筑 781.06 万 m^3，库底回填石渣 124.04 万 m^3。2012 年，土建工程实际完成投资 81 331万元。截至 2012 年底，工程开工以来土建工程累计完成投资 267 234 万元。

（二）主要项目工程形象进度

1. 上水库主坝及下水库工程（C1 标）

（1）上水库主坝：填筑至高程 228.6m，年累计完成填筑 772.6 万 m^3。完成土方开挖 30.8 万 m^3，石方开挖 29.3 万 m^3。

（2）下水库工程：完成土方开挖 113.0 万 m^3，石方开挖 919.1 万 m^3。下水库均质土坝于 2012 年 4 月底完成坝体填筑、坝基高压旋喷灌浆和帷幕灌浆，具备挡水条件。累计完成土方填筑 15.9 万 m^3。

（3）下水库进出水口工程：1 号尾水洞出口段第一层开挖支护完成。

2. 上水库库盆工程（C2 标）

（1）库岸工程：2012 年 12 月 11 日，上水库高程 295m 以上边坡全部开挖成型。完成土石方开挖 167 万 m^3，喷混凝土 4949m^3，挂网钢筋 156.3t，锚杆 6603 根，锚索 155 束。

（2）库底工程：2012 年 4 月 2 日，库底一期填筑结束，5 月 28 日开始库底二期填筑施工。库底已填筑至高程 223m，回填石渣 124.04 万 m^3。

（3）副坝工程：2012 年 12 月 17 日，1 号副坝填筑至高程 291.5m，填筑完成；坝体填筑 8.46 万 m^3。2012 年 12 月 31 日，2 号副坝完成坝基开挖，共开挖土石方 31.75 万 m^3，喷混凝土 810m^3。

（4）上水库进出水口工程：2012 年 10 月 17 日，1 号进出水口塔地面部分开挖支护完成，10 月 27 日竖井上下贯通。2012年10月3日，2号进出水口塔地面部分开挖支护完成，12月4日竖井上下贯通。

3. 引水系统及地下厂房工程（C3标）

（1）主厂房：主厂房第Ⅱ层开挖支护于2012年6月25日完成。第Ⅲ层于2012年5月25日开始下卧施工，6月19日开始岩锚梁开挖，10月31日岩锚梁开挖完成，12月7日岩锚梁第一仓浇筑完成。

（2）引水隧洞：1号引水主洞上平段上游侧于2012年4月20日开挖支护完成，9月27日开始竖井导孔施工，10月18日导孔贯通，11月26日导井反拉完成，12月25日具备扩挖条件。2号引水主洞上平段上游侧于2012年5月16日开挖支护完成，6月11日开始竖井导孔施工，9月14日导孔贯通，9月30日导井反拉完成，11月1日扩挖开始。

（3）主变压器洞：第Ⅰ层于2012年5月7日开挖支护完成，第Ⅱ层于9月底开挖支护完成，第Ⅲ层于11月底开挖支护完成。

（4）母线洞：2012年11月20日，母线洞一期开挖支护完成。

（5）尾水闸门室：2012年3月30日第一层开挖支护完成，11月12日，尾闸室顶拱混凝土第一仓浇筑完成。

4. 尾水系统工程（C4标）

（1）尾水主洞：1号尾水主洞上半洞累计开挖支护384m，上半洞混凝土衬砌570m；2号尾水主洞上半洞累计开挖支护471.2m，上半洞混凝土衬砌683m。

（2）尾水调压井：穹顶开挖支护完成。

（3）自流排水洞：开挖支护607m。

5. 安全监测工程（C5标） 完成多点位移计安装66套、锚索测力计60套、锚杆应力计363支、钢筋计35支、钢板计26套、渗压计47支、测缝计28支、引张线水平位移计26套、水管式沉降仪26套、土体位移计15支、土压力计16支、应变计8支、无应力计2套、测斜孔4个、观测墩34个。

（三）工程建设质量情况

2012年度，主体工程项目评定3252个单元工程，合格率100%，其中优良单元2010个，优良率92.6%。

（四）安全生产情况

2012年，溧阳抽水蓄能电站工程安全生产总体平稳，未发生各类安全生产事故。截至2012年12月31日，已实现连续安全生产无事故1480d。

（中国水电顾问集团中南勘测设计研究院 宁永升）

清远抽水蓄能电站 2012年建设情况

清远抽水蓄能电站总装机容量4×32万kW。2012年，工程在质量、进度、投资方面处于良好的受控状态：质量控制作业标准（WHS）合格率达84%，进度计划完成率100%，投资计划完成率为95%。截至2012年底，工程总体完成42.15%，主要进展情况如下：

1. 上水库工程 主体工程基本完成，2012年10月，上水库通过了环保阶段验收和蓄水安全鉴定，具备下闸蓄水的条件。

2. 下水库工程 总体完成54%，主要进行库坝填筑和泄洪洞、闸阀井混凝土浇筑。

3. 水道系统工程 总体完成62%。上平洞、中平洞、下平洞、高压岔管及引水支管已开挖完成；竖井总长173m，已经全断面开挖170m，完成98.6%；尾水调压井全长100m，已经全断面开挖61m，完成75.54%。

4. 厂房系统工程 开挖全部完成，总体完成55%。1号机水轮机层混凝土浇筑完成；2号机蜗壳基础及支墩混凝土浇筑完成。

5. 机电安装工程 1号机尾水管、座环及蜗壳安装完成，导水机构已吊装。2号机尾水管安装完成，座环及蜗壳已吊装。3号机尾水管安装完成，混凝土浇筑至33.4m高程。4号机尾水管安装完成，混凝土浇筑至36.1m高程。高压设备的设计基本完成。

（中国南方电网有限责任公司调峰调频发电公司）

深圳抽水蓄能电站 2012年建设情况

深圳抽水蓄能电站装机容量1200MW。2012年，工程在安全、质量、进度、投资等方面均处于良好的受控状态：质量控制作业标准（WHS）合格率达100%，进度计划完成率100%，投资计划完成率为105%。

2012年4月，上、下水库连接道路建成通车；11月1日主体工程具备开工条件，正式下发各标段开工令。

截至2012年底，工程总体完成14.48%，主要进展情况如下：

（1）上水库大坝标，主要进行导流洞洞脸开挖施工；主坝、1号副坝土方、石方已开始开挖。

（2）水道厂房标，主要进行上水库进出水口石方明挖、上游调压井支线土石方开挖及挡墙砌筑、下水库进出水口基坑开挖及边坡护坡混凝土浇筑等施工。1号施工支洞，洞口支护基本完成，洞挖已开始；交通洞开挖累计完成134m；通风洞开挖累计完成80m，通风支洞开挖累计完成80m；中平洞上半洞段开挖累计完成128m。9号施工道路贯通，通风竖井具备施工条件。2012年12月25日，电站地下工程开工爆破正式启动。

（中国南方电网有限责任公司调峰调频发电公司）

河北丰宁抽水蓄能电站项目获得国家核准

丰宁抽水蓄能电站地处河北省承德市丰宁满族自治县境内，装机规模3600MW，一期建设1800MW，上下水库大坝工程一次建成。该抽水蓄能电站具备周调节性能，建成后主要承担京津唐电网调峰、调频、调相、紧急事故备用及黑启动，并根据系统需要配合风电运行、适时储能等工程任务。

（一）勘测设计过程

1999年12月，北京勘测设计研究院（以下简称北京院）受委托承担了丰宁抽水蓄能电站预可行性研究工作，并于2001年6月底完成了丰宁抽水蓄能电站预可行性研究报告，同年10月通过审查；2003年3月完成《丰宁抽水蓄能电站项目建议书》。2005年6月，国家发展和改革委员会办公厅以发改办能源〔2005〕1228号文，同意开展河北丰宁抽水蓄能电站前期工作。2006年4月，国网新源控股有限公司以新源发展函〔2006〕13号文委托北京院开展河北丰宁抽水蓄能电站可行性研究工作。2010年10月，可行性研究报告通过了水电水利规划设计总院会同河北省发展改革委组织的审查。2010年12月北京院编制完成《河北丰宁抽水蓄能电站项目申请报告》；2011年4月，项目申请报告通过中国国际工程咨询公司的评估，并上报国家发展改革委。

2012年8月21日，国家发展改革委以发改能源〔2012〕2565号文，对河北丰宁抽水蓄能电站项目核准作出批复。主要批复意见如下：

（1）为增强京津唐电网的调峰能力，优化电网电源结构，改善电网运行条件，提高系统运行的经济性，确保电网安全稳定运行，促进当地经济和社会发展，同意建设河北丰宁抽水蓄能电站。

（2）电站规划总装机容量3600MW，分两期建设，本期工程建设规模1800MW，安装6台300MW立轴单级混流可逆式抽水蓄能机组。

（3）电站枢纽由上水库、下水库、泄水建筑物、水道系统、地下厂房及开关站等建筑物组成。上水库为混凝土面板堆石坝，最大坝高120.30m；下水库利用现有的丰宁水库混凝土面板堆石坝加高形成，最大坝高由39.80m加高到51.30m，并在库内建设拦沙坝，最大坝高23.50m。上水库正常蓄水位1505m，调节库容4061万m^3；下水库正常蓄水位1061m，总库容5961万m^3，调节库容4148万m^3。电站以500kV一级电压接入京津唐电网。

（二）周调节性能在电网的作用

丰宁抽水蓄能电站的供电范围为京津唐电网。京津唐电网峰谷差较大，尤其是周内负荷不均衡问题突出。为解决京津唐电网日益严重的调峰问题，改善电源结构，配合风电运行，提高供电质量，保证北京市的供电安全，京津唐电网迫切需要兴建调节性能好的抽水蓄能电站。丰宁抽水蓄能电站的建设条件优越，是京津唐电网乃至整个华北电网内唯一的具备周调节性能的抽水蓄能电站。该电站投入运行后可与其他调峰电源共同承担电网调峰、调频、调相、负荷备用与紧急事故备用等任务，改善网内大容量燃煤火电机组的运行条件，节约系统燃料和运行费，提高电网运行的安全性和稳定性。与网内其他可能的调峰电源比较，其自身条件具有较强的市场竞争力。

北京院为了分析该电站在京津唐电网中的经济效益，采用由该院开发的电力系统电源优化模型，模拟丰宁抽水蓄能电站在京津唐电网中的运行过程。经分析，丰宁抽水蓄能电站随着调节能力的增强，总费用现值减少，即丰宁抽水蓄能电站具备周调节性能是京津唐电力系统的需求。同时，抽水蓄能电站的调节性能越优，电力系统的经济效益越显著，并可通过改善火电机组运行条件而降低系统煤耗，减少污染物排放，环境效益愈加突出。

（中国水电顾问集团北京勘测设计研究院　王婷婷）

吉林敦化抽水蓄能电站项目获得国家核准

（一）项目概况

敦化抽水蓄能电站位于吉林省敦化市北部，与黑龙江省海林市交界。电站距长春市直线距离220km，距敦化市公路里程111km，距吉林市公路里程280km，距敦包500kV线路敦化变电站70km。该电站可行性研究阶段推荐装机容量1400MW，日发电小时数7h（含1h发电备用），在系统中承担调峰、调频、调相和事故备用任务，无其他综合利用要求。枢纽工程由上水库、下水库、水道系统、地下厂房系统和地面GIS等部分组成。

上水库位于海浪河源头洼地上，靠近西北岔河和海浪河的分水岭；下水库位于牡丹江一级支流珠尔多河源头之一的东北岔河上，与输水系统及厂房属吉林延边州小白林场；工程区的行政区域均属吉林省。

上水库库岸地形平缓，边坡稳定性较好。库区基岩岩性单一，主要是华力西晚期侵入二长花岗岩，未发现有较大的断层发育。上水库采用沥青混凝土心墙堆石坝，坝顶高程1395m，坝顶长948m、宽8m，最大坝高48m；正常蓄水位1391m，死水位1373m；正常蓄水位以下库容788.3万m^3，死库容90.5万m^3，调节库容697.8万m^3。

输水系统沿线围岩主要是华力西晚期侵入的花岗岩，以微风化至新鲜岩石为主，类别以Ⅱ～Ⅲ类为主，透水性弱，岩体强度高。输水线路总长4808m。引水系统及尾水系统均采用一洞二机的供水方式。高压隧洞主洞及岔管采用钢板衬砌，主洞采用一条中平段的斜井布置方式。引水和尾水调压室采用阻抗式结构型式。

厂房区地面地貌为山脊，高程为1025～1075m，地层岩性主要是正长花岗岩。厂房围岩主要为微新岩体，属微透水岩层。地下厂房采用中部布置方式，安装4台单机容量350MW的可逆式抽水蓄能机组，由安装场、主机间和副厂房组成，呈“一”字形布置，开挖尺寸158m×25m×53m。

下水库地面平均海拔高程约为650m，河道长度7km，流域面积29.9km^2。库区均为林地，植被良好，平均坡降7.1%；基岩岩性单一，主要是华力西晚期侵入花岗闪长岩。下水库采用沥青混凝土心墙堆石坝，坝顶高程720m，坝顶长410m、宽8m，最大坝高70m；正常蓄水位717m，死水位690m；正常蓄水位以下库容849.5万m^3，死库容96.2万m^3，调节库容753.3万m^3。坝基均采用垂直帷幕防渗，右岸突出山脊采用混凝土防渗墙接灌浆帷幕防渗。

工程和水库占用的均为林地，建设征地未涉及居民房屋和耕地，不存在移民安置问题。

该工程施工总工期78个月，其中筹建期24个月，准备期8个月，主体工程施工期58个月，完建期12个月。第一台机组发电工期为66个月。

工程静态总投资为587 454万元，动态总投资为778 936万元。

（二）建设必要性

为解决吉林电网日益严重的调峰问题，改善电源结构，配合核电和吸纳风电容量，提高供电质量，吉林电网迫切需要兴建调节性能好的抽水蓄能电站。吉林敦化抽水蓄能电站的建设条件优越，投入运行后可与其他调峰电源共同承担电网调峰、填谷、调频、调相、事故备用和黑启动等任务，改善系统内大容量燃煤火电机组的运行条件，节约系统燃料和运行费，提高电网运行的安全性和稳定性。与网内其他可能的调峰电源比较，其自身条件具有较强的市场竞争力。

敦化抽水蓄能电站开工建设后，预计总投资将达70亿元，可以增加地方财政收入，带动相关产业发展，为当地人民提供更多的就业机会，进一步改善生活质量，具有较大的经济效益和社会效益。电站的建设和运行对吉林省和敦化市国民经济发展将起到积极的促进作用。

从吉林电网的发展、调峰需求等方面分析，吉林电网建设抽水蓄能电站的空间较大，建设敦化抽水蓄能电站是十分必要的。

（三）项目核准情况

受国家发展改革委委托，中国国际工程咨询公司于2012年5月在吉林省长春市对吉林敦化抽水蓄能电站项目申请报告进行评估。2012年10月国家发展改革委以发改能源〔2012〕3384号文，对吉林敦化抽水蓄能电站项目核准进行了批复，同意建设吉林敦化抽水蓄能电站。

为支持抽水蓄能电站机组设备的国产化制造，机组设备在哈尔滨电机厂有限责任公司和东方电气集团东方电机有限公司之间进行采购。

该项目由国家电网公司独资建设，由中国水电顾问集团北京勘测设计研究院负责勘测设计工作。电站建成后，由国家电网公司统一运行和调度管理，其建设和运行成本纳入电网运行费用统一核定。

（中国水电顾问集团北京勘测设计研究院　唐修波）

安徽绩溪抽水蓄能电站项目获得国家核准

绩溪抽水蓄能电站位于安徽省绩溪县伏岭镇，靠近皖江城市带，邻近江苏省，距合肥、南京、上海直线距离分别为240、210、280km；站点位于皖电东送输电通道上，接入系统便利；建成后主要服务于华东电网（安徽、江苏、上海），在电网中承担调峰、填谷、调频、调相和事故备用等任务。

该电站枢纽主要由上水库、下水库、输水系统、地下厂房及开关站等建筑物组成。

上水库位于登源河的北支流源头赤石坑沟林场一带，近东西向，为狭谷河道型，库岸山体总体雄厚，地形封闭条件好。上水库主要建筑物有上水库大坝、环库公路、库岸防护等，不设溢洪道。大坝采用混凝土面板堆石坝，坝顶高程966.20m，坝顶宽10.0m，防浪墙顶高程967.40m，最大坝高117.70m（坝轴线处），坝顶长 336.00m。上水库正常蓄水位 961.00m，死水位 921.00m。

下水库位于登源河的北支流、赤石坑沟口的上岭前、下岭前村，属山涧盆地，地面高程 280～350m，地势较平缓。下水库主要建筑物有下水库大坝、岸边竖井溢洪道、导流泄放洞、库岸公路、库岸防护等。混凝土面板堆石坝坝顶高程 345.10m，坝顶宽 7.00m，上游设钢筋混凝土防浪墙，防浪墙顶高程 346.30m，最大坝高 65.1m，坝顶长 437.00m。溢洪道采用竖井式溢洪道，自由溢流。下水库正常蓄水位 340.00m，死水位 318.00m。

输水系统和地下厂房均位于赤石坑沟北岸山体内。上、下水库库底天然高差约 600m，进/出水口间输水系统水平距离约为 2513.4m，距高比为 4.19。输水系统总长约 2809.1m，其中引水系统长约 1766.8m，尾水系统长约 1042.3m。三条引水隧洞在主厂房上游约 66m 处设对称引水钢岔管，形成六条高压钢管，垂直进厂，分别与六台机组球阀相连。六条平行的尾水支管在主厂房下游约 154.5m 处由三个非对称钢筋混凝土尾水岔管合成三条尾水隧洞。引水隧洞从上斜井上弯段起采用钢衬。尾水压力钢管管径为 ϕ4.0m，尾水隧洞洞径为 6.0m。引水调压室布置在引水上平洞末端，采用阻抗式＋扩大上室结构型式，大井直径为 10.0m，小井直径为 3.0m，上室断面为 40m×7m×7m。尾水调压室布置在尾水岔管下游 30m 处的尾水隧洞上，采用阻抗式＋扩大上室结构型式，大井直径为 11.0m，小井直径为 3.5m，上室断面为 40m×7m×7m。

地下厂房布置在北线输水发电系统中部偏尾，厂房轴线方位角为 N35°E。主副厂房洞与主变压器洞、尾水闸门洞平行布置，主变压器洞位于主副厂房洞的下游，两洞间距为 40m；尾水闸门洞位于主变压器洞的下游，间距 30m。主副厂房洞右端布置安装场及通风机房，左端布置副厂房，中间为机组段，开挖尺寸为 208.0m×23.5m×53.4m（长×宽×高），共布置 6 台单机容量 300MW 的可逆式抽水蓄能组，机组安装高程 233.00m。主变压器洞开挖尺寸为 222m×19m×22.15m（长×宽×高），尾水闸门洞开挖尺寸为 145m×8.80m×20.3m（长×宽×高）。

500kV 电缆出线洞连接主变压器洞和 500kV 地面开关站，500kV 地面开关站场地高程为 360.0m 高程，场地面积为 200m×60m（长×宽）。

施工总进度计划安排，该工程施工筹建期 18 个月，施工准备期 4 个月，主体工程施工期 61 个月，首台机组发电工期 65 个月，工程完建期 17 个月，电站施工总工期 82 个月。

2009 年 12 月，中国水电顾问集团华东勘测设计研究院（以下简称“华东院”）编制完成《安徽省抽水蓄能电站选点规划报告》，推荐绩溪抽水蓄能电站作为安徽省继在建的响水涧抽水蓄能电站后的近期开发工程。

受国网新源控股有限公司的委托，华东院开展安徽绩溪抽水蓄能电站预可行性研究设计工作，并于 2010 年 5 月完成《安徽绩溪抽水蓄能预可行性研究报告》。同年 6 月，水电水利规划设计总院会同安徽省发展改革委、能源局在黄山市主持召开了安徽省绩溪抽水蓄能电站预可行性研究报告审查会议。水电水利规划设计总院于 2010 年 8 月 27 日以水电规规〔2010〕111 号文印发了审查意见。

2010 年 6 月，受国网新源控股有限公司委托，华东院开始开展可行性研究勘测设计工作。

2010 年 11 月，为促进安徽绩溪抽水蓄能电站建设的前期工作，国家发展改革委办公厅对安徽省发展改革委《关于开展安徽绩溪抽水蓄能电站项目前期工作的请示》和国家电网公司《关于开展安徽绩溪抽水蓄能电站项目前期工作的请示》复函，同意开展安徽绩溪抽水蓄能电站前期工作。

2011 年 9 月 26 日至 28 日，水电水利规划设计总院会同安徽省发展改革委、能源局在黄山主持召开了安徽绩溪抽水蓄能电站可行性研究报告审查会议。水电水利规划设计总院于 2011 年 11 月 8 日以水电规水工〔2011〕78 号文印发了审查意见。

随后，安徽省发展改革委、国家电网公司同时向国家发展改革委报送《绩溪抽水蓄能电站工程项目申请报告》。2012 年 5 月，《安徽绩溪抽水蓄能电站项目申请报告》通过了中国国际工程咨询公司的评估。

2012 年 10 月 24 日，国家发展改革委以《国家发展改革委关于安徽绩溪抽水蓄能电站项目核准的批复》（发改能源〔2012〕3385 号），对安徽绩溪抽水蓄能电站项目核准进行了批复，同意建设安徽绩溪抽水蓄能电站。

（中国水电顾问集团华东勘测设计研究院
姜忠见 陈丽芬）

山西西龙池抽水蓄能电站各专项验收完成情况

西龙池抽水蓄能电站装机容量 1200MW，安装 4 台 300MW 竖轴单级混流可逆式抽水蓄能机组，额定水头 640m，最高扬程 703m，是目前国内同类工程水头最高、斜井最长、施工难度大的项目。

该工程于 2007 年 4 月初上水库开始试蓄水；

2008年3月初下水库开始试蓄水；2008年12月，首台机组投运；2011年9月，四台机组全部投运。

该工程的各主要专项验收情况如下：

(1) 2004年9月10日西龙池电站通过了征地移民验收。

(2) 2010年12月30日通过了工程消防专项验收。

(3) 2011年3月9日通过了职业病防护设施专项验收。

(4) 2012年10月23日通过了枢纽工程专项验收。

(5) 2012年12月23日通过了劳动安全与工业卫生专项验收。

(6) 2012年12月30日通过了水土保持设施专项验收。

(7) 环境保护专项验收，计划在2013年1月进行。

(中国水电顾问集团北京勘测设计研究院　周长兴)

南水北调工程

南水北调工程2012年建设进展情况

2012年是南水北调工程开工建设以来，任务最重、难度最大、建设管理强度最高的一年。一年来，按照“突出重点推进度、突出高压抓质量、突出帮扶稳移民、突出深化保水质、突出监控管资金”的总体部署，加强统筹协调，细化实化措施，携手通力攻坚，扎实推进建设，各项工作进展顺利，总体形势持续向好，实现了年初确定的“进度更快、质量更好、投资更省、移民更稳、水质更优、战斗力更强”的目标。

一、工程建设全面推进

围绕“突出重点推进度”，抓重点、抓关键、抓责任落实，死盯重点项目，盯死关键节点和责任单位，工程建设全面推进，制约因素大幅减少，形象面貌大为改观，进度总体满足要求。一是建立风险项目挂牌督导制度。对风险项目分区分片，由国务院南水北调工程建设委员会办公室（以下简称“国务院南水北调办”）领导率队现场督导，对影响工程建设进度的突出问题进行现场协调，落实责任单位，并督促限期解决。二是建立关键事项督办制度。逐一梳理影响重点项目进度的关键事项，明确解决问题的节点目标、责任单位和完成时限，对存在问题的责任单位进行约谈。三是建立铁路交叉工程部办联席会议制度。加强与铁道部的协调，加强信息快报和问题快速处置，加快了铁路交叉工程建设。四是通过季度协调会、重点项目半月会商会，及时发现影响进度的关键问题，定期检查重点项目、重点监控桥梁关键节点事项落实情况和进度计划目标执行情况，促进了工程建设提速。五是开展安全生产年活动，通过组织“预防坍塌”、“打非治违”、安全生产隐患排查等专项治理，规范安全生产管理，保障了工程建设安全顺利进行。六是组织开展膨胀土、高填方施工技术研讨和现场技术协调，及时梳理和解决技术问题，推进了相关工程的建设。同时，加强合同监督管理，加快价差调整和资金拨付进度，发挥跨渠桥梁建设和设计变更快速处置机制，为工程建设赢得了时间。

全年共召开27次工程进度主任办公会或专题办公会；梳理影响工程建设的关键事项171项，一些制约工程进度的关键因素正在逐步消除，重点项目由年初的25项削减为16项。全年完成投资652.85亿元（占年度计划的102%）；完成土石方39 793万m^3，完成混凝土浇筑1145.8万m^3。东线68项设计单元工程，已完工41项，与通水直接相关的主体工程基本完工。中线丹江口大坝溢流堰面加高工程完成量过半，陶岔渠首混凝土坝段已封顶，穿黄隧洞工程洞身内衬已提前完工，沙河渡槽完成槽身预制188榀（占比82%），铁路交叉工程大部分能够按计划或提前完成建设任务，京石段自动化调度系统顺利启用。

受水区6省（市）配套工程总体规划均已批复，北京、天津部分工程已经建成，河南全部开工，河北、山东、江苏骨干工程开工，截至2012年底累计完成投资158亿元。

已建工程继续发挥效益。中线京石段于2012年11月22日第四次向北京应急调水，前三次已累计供水约13.8亿m^3。高峰时期，南水北调所调之水约占北京地区用水的60%，极大缓解了首都高峰期的用水压力。东线完建工程继续发挥防涝抗旱效益。

二、工程质量继续向好

围绕“突出高压抓质量”，强化质量管理意识，规范质量管理行为，完善质量监管体系，提高质量监管效力，保持监管高压态势，发现并消除了一批重大隐患，不负责任的行为受到应有处罚，质量监管不断加强，工程质量继续向好。一是通过建立“三位一体”的监管体系、实施“三查一举”（突击检查、专项稽查、站点监督和有奖举报）的工作方法发现质量问题，依靠权威机构快速认证质量问题的性质，把现场处罚、责成处罚和每季度国务院南水北调层面的集中处罚结合起来，对各类质量问题进行了严肃追责。二是建立健全了质量监管制度体系，实现了质量监管制度化。根据质量监管工作的实际需要，修订了质量责任追究办法、合同监督规定和关键工序考核办法，研究制定了有奖举报、站点监督、质量终身责任制等专项管理办法，组织编制桥梁桩柱质量问题认定与鉴定标准，开展信用管理、质量会商、责任约谈等制度的专项研究，为质量监管提供了有力的制度保障。三是全系统协同监管，形成区片联合、上下联动、合力管控工程质量的有利局面。充分发挥一线站点监督的作用，提高监督的有效性。加强与水利部、住房和城乡建设部、国家工商行政管理总局和国务院国资委的沟通联系，充分发挥五部委联席议事机制的重要作用。四是通过开展质量集中整治和专项检查活动，发现并整改质量问题，进一步提高了全系统的质量意识，强化了各参建单位的质量责任。五是加强对质量关键点的监督检查，研究确定工程关键部位、关键工序和关键质量控制指标作为工程质量关键点，明确质量管理责任和监督管理职责与措施。六是对高填方渠段工程实施派驻质量监管员、挂牌督办和四级联保制度，对跨渠桥梁、建筑物混凝土开展质量问题专项排查，确保了工程质量。

一年来，工程质量总体受控，未发生较大以上质量事故。截至2012年底，东、中线一期工程单元工程评定合格率100%，优良率91%。

三、征地移民任务完成

围绕“突出帮扶稳移民”，扎实做好库区移民和干线征地搬迁扫尾，深入开展帮扶维稳。移民和谐搬迁、保持稳定，库区后续工作稳步推进，干线征地搬迁顺利进行，为工程建设提供了可靠保障。一是丹江口库区移民搬迁任务全面完成。全年完成剩余1.5万人搬迁、16个城集镇迁建和若干专项、工业企业迁复建，丹江口库区34.5万移民全部搬迁，实现了国务院南水北调工程建设委员会确定的“四年任务、两年基本完成”的目标。二是干线征地搬迁及时提交新增用地，满足了建设需要。全年累计解决143项征地搬迁难点，合计新交永久用地0.6万亩，临时用地2.3万亩，累计交付建设用地约86.7万亩（其中永久用地43.3万亩，临时用地43.4万亩）。三是通过深化矛盾纠纷排查化解确保了稳定。通过经常性矛盾纠纷排查化解、突出问题专项检查、重点问题督办落实等措施，促进“事要解决”；通过进度商处、专题会议布置、重要时点下发通知强调，落实属地责任；加强上下联动处置和政策解释，做好信访接待。移民群众总体稳定，群众反映强烈的问题和矛盾纠纷都得到了及时处理和化解。四是库底清理工作按计划推进。面上构筑物、卫生清理基本完成，重点污染源的清理正抓紧进行，进度基本满足计划要求。五是临时用地退还复垦工作取得进展。通过开展“一查四定”（查清临时用地现状，定退还复垦计划、定责任内容、定责任单位、定奖罚事项），目前已完成复垦10.7万亩。六是移民帮扶工作深入开展。豫鄂两省相继出台帮扶政策，采取有效措施，为移民稳定发展增添了后劲。

文物保护工作任务基本完成。东、中线干线工程累计完成考古发掘面积102.8万m^2，占规划总量的100.4%；库区累计完成考古发掘面积63.5万m^2，占总量的96%。武当山遇真宫保护方案实施顺利。国家文物得到妥善保护，文物保护工作未影响工程建设。

四、治污环保继续深化

围绕“突出深化保水质”，落实补充措施，加快相关规划的实施，加大考核力度，东线水质继续向好，中线水质总体可控。

东线治污。以江苏境内3个不稳定达标考核断面和山东境内6个不达标考核断面治理为重点，2011年下半年确定的一批补充治污重点项目已全部开工，沿输水干线排污口已全部关闭，航运污染深化治理与交通运输部门取得共识，有关综合治理措施已纳入交通运输部“十二五”规划。同时，主要治污控制断面水质自动化监测网络建设步伐加快，农业面源污染防控力度进一步加大，城市污水和垃圾收集处置机制已经形成。规划确定的36个考核断面全部达标，输水干线水质基本达到规划要求。

中线水源保护。一是国务院批复《丹江口库区及上游水污染防治和水土保持“十二五”规划》和《丹江口库区及上游地区经济社会发展规划》后，召开部际联席会议进行贯彻部署，推进水源区水质保护和经济社会发展。二是与水源区三省签订了水源保护目标责任书，对三省规划实施进行检查考核，建立了监督检查与目标考核工作体系。三是对丹江口库区不达标入库河流，确定了“一河一策”治理方案，2012年可全面实施。四是建立了水源保护生态补偿机制。对水源区生态环境工程地方负责安排资金和污水垃圾处理费用，在中央财政重点生态功能区转移支付中予以补助。受水区对水源区的对口协作方案基本确定。五是推动中线干线生态建设，生态带建设规划已编制上报，生态文化旅游产业带规划纲要已编制印发。六是加强水质安全风险防范，严格控制在中线干线两侧保护区内新上产生污染的项目，会同安监总局加强对水源区尾矿库安全风险防范。

（国务院南水北调工程建设委员会办公室）

南水北调重要工程进展情况

（一）东线穿黄主体工程完工

2011年12月31日，东线穿黄隧洞出口闸及出口连接段工程最后一仓混凝土浇筑完成，标志着东线穿黄河工程主体工程全部完工。

东线穿黄河工程位于山东省东平和东阿两县境内的黄河下游中段，由东平湖湖内疏浚、出湖闸、南干渠、埋管进口检修闸、滩地埋管、穿黄河隧洞、出口闸、穿引黄渠埋涵及连接明渠等建筑物组成，主体工程全长7.87km，湖内疏浚9.424km，国家核定工程总投资6.13亿元。

穿黄河工程是南水北调东线的关键性控制项目，被称作南水北调东线的“咽喉”，2007年12月底正式开工建设。其中最为关键的穿黄河隧洞工程1986年即开始勘探试验洞建设，2010年3月25日穿黄隧洞全线贯通。穿黄河隧洞工程在黄河主河槽隐伏山梁下穿过，最大埋深达70m，开挖洞径8.9～9.5m，洞长585.38m，设计流量100m³/s。

在工程建设中，参建单位和工程建设者克服地质条件复杂、地下水渗漏量大等诸多困难，科学组织，精心施工，在确保质量和安全的基础上，有序推进工程建设，顺利打通了东线通水的关键环节。

（二）东线新沂尾水导流工程开建

南水北调江苏省新沂市尾水导流工程于2012年1月9日正式开工建设，这标志着江苏南水北调水污染防治工作进入新一轮深化治理阶段。

工程总投资2.12亿元，主要是通过采用专用管道，将徐州新沂市城区污水处理厂尾水输送至新沂河经湿地处理后入海，避免对王庄闸以上总沭河、新墨河水体污染，消除对南水北调重要调节湖泊骆马湖水质的影响。工程建成后既为南水北调输水干线水质持续稳定达标提供重要保障，也将促进地方经济社会可持续发展，提高人民生活质量。

治污工作是南水北调东线工程成败的关键。江苏作为南水北调东线源头地区，为确保一江清水北送，用5年多时间、投资60亿元，完成了《南水北调东线工程江苏段控制单元治污实施方案》确定的全部102个治污项目，建成了26个污水处理厂和江都、淮安、宿迁、徐州等4个截污导流工程，实施了一批产业结构调整、工业污染源治理和流域综合整治等项目。治污工程已经发挥明显效益，沿线地区综合环境得到显著改善，列入国家考核的14个监测断面水质已经基本达标。对尚未稳定达标的3个水质监测断面，江苏已经开始实施深化治理工程，计划于2012年底实现江苏段输水干线水质全线稳定达标。

（三）中线京石段工程第四次向北京调水

2012年11月22日凌晨，随着来自河北省黄壁庄水库的一渠清水从石津干渠引水闸缓缓流入南水北调中线总干渠，南水北调中线京石段工程拉开了第四次向北京调水的序幕。

此次调水计划到2013年5月结束，调水量为3亿m³。此前，南水北调中线京石段工程自2008年9月开始先后三次从河北省岗南、黄壁庄、王快及安格庄水库向北京应急调水13.8亿m³，入京水质均维持在Ⅱ类水标准以上。

南水北调中线京石段是南水北调中线一期工程的组成部分，起点为石家庄市古运河枢纽进口，终点为北京市团城湖，总长307km。目前京石段应急供水已成为北京新的战略水源，在供水高峰时段日供水量已占北京城区自来水日供应总量的一半以上，对保障北京供水安全发挥了重要作用。

（四）南水北调中线穿黄隧洞内衬工程完工

2012年12月30日，随着穿黄工程下游线隧洞北岸1号仓混凝土模板拆除，南水北调中线穿黄隧洞内衬混凝土浇筑全部完成，标志着南水北调中线干线工程建设取得突破性进展，为实现中线工程“2013年底主体工程完工，2014年汛后通水”的总体建设目标奠定了坚实基础。

南水北调中线穿黄工程位于河南省郑州市以西约30km的邙山孤柏嘴山湾处，是南水北调中线总干渠穿越黄河的关键性工程。穿黄隧洞开工以来，建设者先后攻克了北岸竖井地连墙施工和高压旋喷土体加固等一系列技术难题，保证了工程建设的顺利进行。

（国务院南水北调工程建设委员会办公室）

南水北调工程建设投资进展情况

截至2012年12月底，已累计下达南水北调东、中线一期工程投资 2153.6 亿元，其中中央预算内投资 247.3 亿元，中央预算内专项资金（国债）106.5 亿元，南水北调工程基金 159.3 亿元，国家重大水利工程建设基金 1175.1 亿元，贷款 465.4 亿元。

工程建设项目（含丹江口库区移民安置工程）累计完成投资 2029.2 亿元，占在建设计单元工程总投资 2232.7 亿元的 90%，其中东、中线一期工程分别累计完成投资 293.8 亿元和 1703.2 亿元，分别占东、中线在建设计单元工程总投资的 95%和 88%；过渡性资金融资利息 31.3 亿元，其他 0.9 亿元。

工程建设项目累计完成土石方 148 926 万 m^3，占在建设计单元工程设计总土石方量的 97%；累计完成混凝土浇筑 3379.5 万 m^3，占在建设计单元工程混凝土总量的 91%。

据统计，南水北调工程 2012 年 1～12 月完成投资 652.9 亿元（其中东线一期工程完成 77.2 亿元，中线一期主体工程 425.0 亿元，丹江口库区移民安置工程 132.0 亿元，过渡性资金融资贷款利息 18.7 亿元），完成土石方 39 793 万 m^3，完成混凝土浇筑 1145.8 万 m^3。

（国务院南水北调工程建设委员会办公室）

国务院南水北调工程建设委员会召开第六次全体会议

中共中央政治局常委、国务院副总理、国务院南水北调工程建设委员会主任李克强于 2012 年 3 月 20 日主持召开国务院南水北调工程建设委员会第六次全体会议并讲话。他强调，要按照科学发展的要求，加强统筹协调，携手通力攻坚，扎实推进工程建设，确保按期实现通水目标，把这项重大工程建成为质量可靠放心的工程、移民稳定致富的工程、管理阳光廉洁的工程。

会议认为，2011 年以来，南水北调工程建设全面加速，工程质量总体良好，部分已建工程开始发挥效益。东线治污和中线水源保护得到加强，水质达标率提高。征地移民平稳有序，移民搬迁任务已完成 95%。同时，部分工程进展还不平衡，材料、人工价格上涨推动建设成本上升，安置好移民仍需做很多后续工作。这些问题都要认真研究，统筹解决。

李克强指出，干旱缺水是我国很多地区经济社会发展的重大制约，特别是近年来北方干旱频率加大，2011 年入冬至 2012 年 3 月中，京津地区降水较常年同期偏少四成以上，地下水得不到补充，问题十分突出，而且这会是一个较长的过程。要从根本上破解缺水的困局，实现可持续发展，必须加快转变经济发展方式和调整经济结构，在大力节水和治污的同时，加快推进南水北调这样的优化我国水资源配置的重大战略工程。经过近十年来各方共同努力，南水北调工程已取得重大进展，为完成全部任务、实现预期目标打下了良好基础。当前，东线通水已进入倒计时，中线也将在 2014 年实现通水，2012 年是最为关键的一年。要进一步增强紧迫感，真抓实干，科学安排工程进度，同步推进主体工程和配套建设，抓紧研究健全后续管理机制和水源区生态补偿政策，确保工程按计划通水并持续发挥效益，促进实现受水区与水源区互利共赢、共同发展。

李克强强调，在南水北调工程建设中，要注意重点把握好三方面要求。一是把工程建成质量可靠放心的工程。在确保通水的同时，绝不能放松工程质量和水质安全。要加强工程质量监管。实现东线沿线水质监测全覆盖，坚决杜绝污染源，加强治污成果检查考核，开展中线总干渠两侧保护区生态建设，保证北上水质稳定达标。二是把工程建成移民稳定致富的工程。库区和沿线广大移民为调水做出了很大贡献，要加大移民后期帮扶力度。帮助他们解决实际困难，创造更多就业和发展空间，使他们安居安定安心，更好地参与和融入当地经济社会发展，实现逐步致富。三是把工程建成管理阳光廉洁的工程。南水北调是一项规模宏大、涉及面广的系统工程，要严格建设资金监管，科学控制成本，发挥审计、稽查、检查联动机制作用，堵塞漏洞，切实用好每一笔资金，把宝贵的资金用在刀刃上。

李克强指出，南水北调工程建设任务重、责任大、困难多，有关部门要按照党中央、国务院决策部署，加大投资、财政、金融、价格、土地等方面的政策支持，工程沿线省（市）要加强相互配合，健全对口协作机制，保质保量完成好各项任务。

中共中央政治局委员、国务院副总理、国务院南水北调工程建设委员会副主任回良玉出席会议并讲话。他在充分肯定南水北调工程建设取得的显著成绩后指出，南水北调工程已进入决战攻坚期，务必要统筹抓好工程进度和质量安全，统筹考虑主体工程和配套建设，统筹安排移民搬迁和后期扶持，统筹兼顾治污环保和沿线发展，统筹协调工程建设和运行管理，确保各项工作如期顺利推进，确保南水北调工程早日充分发挥效益。

国务院南水北调工程建委会各成员单位和有关部门负责人、工程沿线省（市）政府负责人等出席了会议。

南水北调工程自 2002 年底开工以来，155 项设计单元工程，已批复初设 154 项，开工 147 项，完建 48 项，基本形成全线开工建设局面。2011 年全年完成投资578亿元，累计完成投资1376亿元。

（国务院南水北调工程建设委员会办公室）

南水北调工程质量责任终身制实施办法（试行）

国务院南水北调工程建设委员会办公室（以下简称“国务院南水北调办”）于2012年4月16日以国调办监督〔2012〕65号文印发《南水北调工程质量责任终身制实施办法（试行）》。该办法全文如下：

南水北调工程质量责任终身制实施办法（试行）

第一章 总 则

第一条 为加强南水北调工程质量管理，确保工程质量及运行安全，根据国家法律法规和相关规定，结合南水北调工程实际，制定本办法。

第二条 南水北调工程实行质量责任终身制。南水北调工程行政管理部门、项目法人（建设单位）、监理、勘察、设计、施工等单位（以下简称“责任主体单位”）和个人，按照国家法律法规和相关规定对工程质量负相应的终身责任，因工程建设期内违反工程质量管理规定，造成工程质量问题的，即使发生单位转让、分立与合并，个人工作调动与退休，仍依法追究责任。

第三条 南水北调工程质量责任终身制由国家南水北调工程行政管理部门负责实施，各省（直辖市）南水北调工程行政管理部门、项目法人（建设单位）、监理、勘察、设计、施工等单位具体落实。

第四条 本办法适用于南水北调主体工程运行期间的质量责任追究。

第二章 质 量 责 任

第五条 按照各责任主体单位与质量问题的关联程度，将单位责任分为主要责任、次要责任和连带责任。

第六条 各责任主体单位的工程现场主要负责人负直接领导责任，现场技术负责人负直接技术责任，现场质量部门主要负责人负直接管理责任，现场具体工作人员负直接责任；单位主要负责人负领导责任，单位技术负责人负技术责任，单位质量部门主要负责人负管理责任（质量责任人一览表见附件1）。

第七条 其他参与南水北调工程建设的有关单位和个人，按照国家法律法规和相关规定承担相应责任。

第三章 质量问题分类与调查

第八条 南水北调工程质量问题分为质量缺陷和质量事故。

质量缺陷，按照《南水北调工程建设质量问题责任追究管理办法》进行等级划分。

质量事故，按照质量事故直接经济损失、影响正常输水的时间、减少的供水量以及对工程功能和寿命的影响进行等级划分（质量事故等级判定标准见附件2）。

第九条 运行管理单位应对质量问题进行初步判定，一般和较重质量缺陷应按月上报国家南水北调工程行政管理部门，严重质量缺陷和质量事故应立即上报。

第十条 一般和较重质量缺陷由运行管理单位负责调查和处理，严重质量缺陷和质量事故由国家南水北调工程行政管理部门负责组织调查和处理。

第十一条 国家南水北调工程行政管理部门组建调查组，对严重质量缺陷和质量事故进行调查。调查组实行组长负责制，成员选择应符合回避制度。

第十二条 调查组职责：

（一）查明质量问题发生经过，判定质量缺陷或事故等级。

（二）组织技术鉴定，查明质量缺陷或事故发生的原因。

（三）追溯质量责任，认定责任单位和责任人。

（四）根据本办法规定的处罚标准，视情节裁量，提出对责任单位和责任人的处理建议。

（五）总结教训，提出整改措施。

（六）提交调查报告。

第十三条 调查组工作方式方法：

（一）向相关单位了解情况。

（二）查阅相关资料。

（三）有权在任何时间进入工程现场查验、取证，向有关人员进行询问。

（四）可以延伸调查、取证和核实。

（五）发现涉嫌犯罪的，调查组应及时将有关材料提交国家南水北调行政管理部门。

第十四条 任何单位和个人不得拒绝、阻碍、干扰调查组开展工作。

第十五条 调查组成员在工作中应客观公正，恪尽职守，遵守纪律，保守秘密，不得擅自发布调查工作信息。

第十六条 调查组需要进行技术鉴定时，应委托具有国家规定资质的单位。必要时，调查组可直接组织专家进行技术鉴定。技术鉴定所需时间不计入调查期限。

第十七条 调查报告内容应包括本办法第十二条中规定的各项内容，并附有关证据材料。调查组成员应在调查报告上签字，如对调查报告存有异议，可提出保留意见。

第十八条 调查组应自组建之日起60日内向国家南水北调工程行政管理部门提交调查报告，特殊情况下，经批准可适当延长。调查报告经国家南水北调工程行政管理部门同意后，调查工作即告结束。

第四章 质量责任追究

第十九条 根据调查报告对责任的认定，国家南水北调工程行政管理部门负责追究各责任单位及其法定代表人和工程现场主要负责人的责任；各责任单位负责追究本单位其他责任人责任，在限定期限内处理完毕后于20个工作日内将处理结果报国家南水北调工程行政管理部门。

第二十条 责任单位和责任人构成犯罪的，移送司法机关处理。

第二十一条 有关责任单位负责对出现质量问题的工程进行修复，并承担相关赔偿责任。拒不修复和赔偿的，由运行管理单位通过仲裁或民事诉讼的方式进行责任追究。

第二十二条 责任单位涉及行政处罚的，依法处以警告、罚款、降低资质等级或取消资质等处罚（见附件3）。

责任人涉及行政处罚的，依法处以罚款或取消执业资格等处罚；涉及行政处分的，依法处以警告、记过、记大过、降级、撤职或开除等处分（见附件4）。

第五章 质量责任信息管理

第二十三条 南水北调工程建立质量责任信息档案，主要包括工程质量管理过程记录资料和质量责任人员信息。

各责任主体单位应如实记录工程建设期质量管理过程和质量责任人员信息，并保证责任信息真实完整、具有可追溯性。

第二十四条 各参建单位应完整保存以下工程质量管理过程记录资料：

（一）项目法人（建设单位）：承包合同，质量管理文件的审核和签发资料，重要质量和技术会议纪要，质量检查记录，原材料和中间产品的抽检资料，工程验收资料等。

（二）监理单位：监理规划，监理实施细则，施工图审查资料，技术交底记录，监理指令文件，检测资料，质量缺陷备案资料，质量相关审批资料，监理旁站记录，监理巡视记录，监理日志（日记）等。

（三）勘察、设计单位：地质勘测成果及审批资料，初步设计文件审批资料，施工图设计文件审批资料，设计计算书，设代日志，地质编录，重大设计变更审批资料等。

（四）施工单位：施工技术方案，工艺参数（含混凝土施工配合比）资料，分包合同，劳务合同，作业指导书及技术交底记录，生产设备率定资料，原材料、中间产品及成品试验记录，生产及控制记录，施工日志，质量检验与评定记录，缺陷处理记录，事故处理资料等。

上述资料按规定不需纳入工程档案的，由各单位负责保管，并随工程移交至运行管理单位。

第二十五条 南水北调工程质量责任人员信息实行实名登记。各参建单位应如实登记以下质量责任人员姓名、身份证号和职责分工，并由本人签名确认：

（一）项目法人（建设单位）：法定代表人、分管领导、总工程师、单位承担质量管理工作的部门主要负责人、现场建管机构主要负责人、现场建管机构总工程师或技术负责人、现场质量部门主要负责人、现场质量负责人、质量管理人员等。

（二）监理单位：法定代表人、分管领导、总工程师、单位承担质量管理工作的部门主要负责人、总监理工程师、分管副总监理工程师、总质检师、现场监理工程师等。

（三）勘察、设计单位：法定代表人、分管领导、总工程师、单位承担质量管理工作的部门主要负责人、勘察设计成果签发人、项目设计总工程师、勘察设计成果校核人、现场设代组长、勘察设计成果审核人、勘察设计成果编制人、现场设代工作人员等。

（四）施工单位：法定代表人、分管领导、总工程师、单位承担质量管理工作的部门主要负责人、项目经理、项目总工程师、施工措施签发人、工艺参数签发人、现场质量部门主要负责人、总质检师、施工作业人员、作业队长（班组长）、材料管理负责人、试验室负责人、中间产品生产负责人、质量检查员、质量检测报告签发人等。

第二十六条 南水北调工程质量责任人员信息实行分级管理。

国家南水北调工程行政管理部门负责管理各省（直辖市）南水北调行政管理部门主要人员，以及各参建单位法定代表人和工程现场主要负责人信息。

项目法人（建设单位）负责管理本单位及监理、勘察、设计、施工等单位的质量责任人员信息。

第二十七条 项目法人（建设单位）负责组织本

单位及监理、勘察、设计、施工等单位质量责任人员信息的填写、汇总、上报和更新（信息填写格式见附件5）。

各单位对本单位填报的质量责任人员信息负责。

第二十八条 项目法人（建设单位）应在规定的时限内上报质量责任人员信息，如发生单位和人员变动，应于20个工作日内完成更新上报。

第二十九条 南水北调工程主要质量责任信息应向社会公示，由项目法人（建设单位）负责组织实施，在工程显著位置设置永久性质量责任公示牌（具体要求见附件6）。

第三十条 国家南水北调工程行政管理部门负责质量责任信息管理工作的监督检查。

第六章 罚 则

第三十一条 对不按本办法第九条规定进行质量问题报告的，视情节对运行管理单位有关责任人给予相应的行政处分；构成犯罪的，移送司法机关依法处理。

第三十二条 质量问题调查工作人员失职、渎职、徇私舞弊的，视情节给予相应的行政处分；构成犯罪的，移送司法机关依法处理。

第三十三条 不按本办法规定对本单位责任人进行责任追究的，对责任单位法定代表人从重处罚。

第三十四条 工程建设期间不按本办法规定进行工程质量责任信息管理的，责令限期整改，对责任单位处以1万元以上10万元以下的罚款，对单位法定代表人给予警告以上行政处分，对负有直接领导责任和直接责任的人员，视情节给予记过以上行政处分。

第三十五条 对不按本办法规定进行质量责任公示的，责令限期改正，对单位法定代表人进行诫勉谈话。

第七章 附 则

第三十六条 本办法所称南水北调工程运行期间是指自工程通过合同项目完成验收之日起，至工程设计使用年限（合理使用年限）期满为止的时段。

第三十七条 南水北调主体工程建设期间质量问题的责任追究，按照《南水北调工程质量问题责任追究管理办法》和《南水北调工程合同监督管理办法》等规定执行。

第三十八条 南水北调配套工程质量责任终身制的实施可参照本办法执行。

第三十九条 国家法律法规和相关规定发生调整时，从其规定。

第四十条 本办法由国家南水北调工程行政管理部门负责解释。

第四十一条 本办法自印发之日起施行。

附件：1. 南水北调工程质量责任人一览表（略）
2. 南水北调工程质量事故等级判定标准表（略）
3. 南水北调工程质量问题责任单位处罚标准表（略）
4-1. 南水北调工程一般质量事故责任人员处罚标准表（略）
4-2. 南水北调工程较大质量事故责任人员处罚标准表（略）
4-3. 南水北调工程重大质量事故责任人员处罚标准表（略）
4-4. 南水北调工程特大质量事故责任人员处罚标准表（略）
5-1. 南水北调工程质量责任人员信息登记表（一）（略）
5-2. 南水北调工程质量责任人员信息登记表（二）（略）
5-3. 南水北调工程质量责任人员信息登记表（三）（略）
6. 南水北调工程质量责任信息公示牌设置具体要求（略）

南水北调工程建设关键工序施工质量考核奖惩办法（试行）

国务院南水北调工程建设委员会办公室于2012年11月6日以国调办监督〔2012〕255号文印发《南水北调工程建设关键工序施工质量考核奖惩办法（试行）》。该办法全文如下。

南水北调工程建设关键工序施工质量考核奖惩办法（试行）

第一章 总 则

第一条 为加强南水北调工程建设质量管理，进一步明确各参建单位质量管理职责，加强施工质量过程控制，鼓励关键工序施工作业人员增强质量意识，实现工程质量总体建设目标，结合工程建设实际，国务院南水北调工程建设委员会办公室（以下简称“国务院南水北调办”）制订本办法。

第二条　本办法适用于南水北调东、中线一期主体工程建设。

第三条　本办法所称建设管理单位是指由项目法人（含有关省级建设管理单位）直接派出或以代建管理模式对土建施工合同和监理合同进行管理的单位，以及该单位派到施工现场、具体从事工程建设管理的机构。

第四条　关键工序考核实行分级负责、分级考核。施工单位负责对关键工序施工作业班组和初检、复检、终检人员进行考核，监理单位负责对施工单位进行考核，建设管理单位负责对监理、施工单位进行考核，项目法人（含有关省级建设管理单位）负责对建设管理、监理、施工单位进行考核，国务院南水北调办负责对项目法人（含有关省级建设管理单位）组织的关键工序考核过程进行监督检查并考核。

第五条　关键工序考核工程类型分为建筑物混凝土工程、渠道衬砌工程、土石方填筑工程等三类。所涉关键工序包括：

（一）建筑物混凝土工程：钢筋制作及安装、模板（含止水）安装、混凝土浇筑、施工缝凿毛、混凝土养护、预应力张拉及灌浆。

（二）渠道衬砌工程：透水管安装、止回阀安装、复合土工膜焊接、混凝土浇筑、混凝土养护、切缝、嵌缝。

（三）土石方填筑工程：填方渠道（堤）填筑、改性土换填、穿渠（堤）建筑物周边回填。

第六条　施工单位负责确定关键工序考核工程，监理单位负责审核确定，建设管理单位、项目法人（含有关省级建设管理单位）负责检查。

第七条　施工、监理单位依据本办法对关键工序的考核与规程规范确定的工序验收同步进行。在完成工序验收后，监理单位填写关键工序考核记录表，并执行本办法有关规定。

第八条　建设管理单位、项目法人（含有关省级建设管理单位）、国务院南水北调办独立进行对关键工序的考核，施工、监理单位要提供关键工序考核的有关工作记录和资料。

第二章　职　　责

第九条　国务院南水北调办以抽查方式检查关键工序施工质量，对项目法人（含有关省级建设管理单位）组织的关键工序考核进行随机抽查，对施工、监理、建设管理、项目法人（含有关省级建设管理单位）等单位相关人员实施奖惩。抽查方式包括质量巡查、飞检、专项稽查和举报调查等。

第十条　项目法人（含有关省级建设管理单位）以抽查方式负责检查关键工序施工质量，统计汇总考核情况，对施工、监理单位相关人员按月实施奖惩，对建设管理单位相关人员按季度实施奖惩，筹集关键工序考核奖励资金，收缴和管理关键工序考核罚款。

第十一条　建设管理单位以抽查方式负责检查关键工序施工质量，检查施工、监理单位关键工序考核情况，对施工、监理单位相关人员按月实施奖惩，定期向项目法人（含有关省级建设管理单位）报告关键工序考核情况。

第十二条　监理单位负责对关键工序施工质量进行考核，检查施工单位关键工序考核情况，责成施工单位按照考核结果实施奖惩，定期向建设管理单位报告关键工序考核情况。

第十三条　施工单位负责对关键工序施工质量进行考核，并按照监理单位关键工序考核结果对施工单位相关人员实施奖惩。

第十四条　在进行关键工序考核前，施工单位要按照表1和附件1自查重要施工程序，监理单位、建设管理单位、项目法人（含有关省级建设管理单位）按照表1和附件1进行检查。

表1　　重要施工程序检查内容表

重要施工程序	检查内容
施工技术准备	图纸审查、设计交底、关键工序作业人员培训等
原材料及中间产品	对施工单位进场原材料和中间产品的取样、送样和检测进行验收，并对其中的检测全过程见证，按照规定要求进行平行检测和跟踪检测
关键参数的确定	土料含水率、改性土拌制及填筑、高填方碾压参数、压实度、反滤料压实、钢筋焊接、土工膜焊接等关键参数的确定和检验
实验室及混凝土配合比	施工单位实验室设备和人员配备，以及资质和资格，审核批准混凝土配合比，拌和楼工作期间定期、不定期抽查检查等

第三章　考核对象和考核标准

第十五条　关键工序被考核单位包括施工、监理、建设管理、项目法人（含有关省级建设管理单位）等参建单位。各单位具体考核对象见表2。

表 2 关键工序考核对象表

被考核单位	考核对象
施工单位	关键工序施工作业班组，有关的初检、复检、终检人员，质量管理负责人，项目经理
监理单位	关键工序现场监理工程师，质量管理负责人，总监理工程师
建设管理单位	参加关键工序考核人员，质量管理负责人，建设管理单位现场负责人、建设管理单位主要负责人
项目法人（含有关省级建设管理单位）	参加关键工序考核人员，质量管理负责人、主要负责人

其中关键工序施工作业人员详见表 3。

表 3 关键工序施工作业人员表

工程分类	关键工序施工作业人员
建筑物混凝土工程	钢筋制作安装工、模板（含止水）安装工、浇筑振捣工、施工缝凿毛工、混凝土养护工、预应力张拉工及灌浆工
渠道衬砌工程	透水管安装工、止回阀安装工、土工膜焊接工、混凝土浇筑及收面工、混凝土养护工、切缝工、嵌缝工
土石方填筑工程	铺料工、碾压工、层间结合面处理工、泥浆涂刷工

第十六条 关键工序考核指标分为检查指标和检测指标。关键工序考核标准分为“好”、“中”、“差”三个等级，详见表 4。

表 4 关键工序考核标准表

考核项目	考核标准		
	好	中	差
建筑物混凝土工程	检查指标符合质量标准且检测指标逐项合格率≥90%	检查指标符合质量标准且检测指标逐项合格率≥70%	检查指标有不符合质量标准项或存在检测指标合格率<70%
渠道衬砌工程	检查指标符合质量标准且检测指标逐项合格率≥95%	检查指标符合质量标准且检测指标逐项合格率≥75%	检查指标有不符合质量标准项或存在检测指标合格率<75%
土石方填筑工程	检查指标符合质量标准且检测指标逐项合格率≥90%，其中压实度全部符合设计要求	检查指标符合质量标准且检测指标逐项合格率≥70%，其中压实度全部符合设计要求	检查指标有不符合质量标准项或存在检测指标合格率<70%，或压实度不符合设计要求

第四章 考核及奖惩

第十七条 施工单位按照第十六条和附件 2 对关键工序施工作业班组和初检、复检、终检人员进行考核，参照附件 3 和表 5 对相关人员实施奖惩。

表 5 施工作业班组和初检、复检、终检人员考核奖惩标准表

考核对象	奖惩标准		
	考核等级为“好”	考核等级为“中”	考核等级为“差”
关键工序施工作业班组	责成施工单位实施奖励	不奖不罚	责成施工单位实施处罚
初检、复检、终检人员	责成施工单位按相应施工作业班组考核奖励额度的10%实施奖励	不奖不罚	责成施工单位按相应工序考核处罚额度的 8% 实施处罚

第十八条 监理单位负责每月对不少于 80% 的关键工序进行考核，每次参加考核人员应不少于2人。

监理单位按照如下要求开展考核工作。

（一）监理单位需派出专职人员，通过旁站、巡视等方式对关键工序施工过程进行控制。具体要求见表 6。

（二）施工单位完成关键工序“三检制”验收并考核后，提请监理单位按照第十六条和附件 2 进行考核，按照附件 3 和表 5 确定奖惩标准。在规定的时限内整改后考核等级仍为“差”的，责成施工单位继续实施处罚，直至考核达标。

（三）监理单位须填写关键工序考核记录表和奖罚通知书（详见附件 4 和附件 5-1），交由施工单位按照本办法实施奖惩。关键工序考核记录表须经施工单位的现场质检人员签字。奖罚通知书一式四份，由监理单位分送施工作业班组、施工单位、建设管理单位。

（四）监理单位每月检查施工单位实施关键工序考核奖惩情况。施工单位未按监理单位考核结果实施奖惩的，监理单位将具体事项及未执行奖罚款额上报建设管理单位，建设管理单位按未执行奖罚总金额的 120% 从施工单位下月工程结算款中扣留，将其中的原奖励金额交由施工单位用于上月关键工序考核相关人员的奖励，监理单位对其进行监督。

（五）施工单位对监理单位的考核结果有异议的，可向建设管理单位申诉，建设管理单位最终裁定监理单位的考核结果。

表 6　　关键工序施工过程控制检查要求表

考核工程	关键工序	检查要求	备　注
建筑物混凝土工程	钢筋制作安装施工	巡视	
	模板（含止水）安装施工	巡视	其中：止水安装旁站
	浇筑振捣施工	旁站	
	施工缝凿毛	成果验收	
	混凝土养护	巡视	
	预应力张拉及灌浆	旁站	
渠道衬砌工程	透水管安装施工	旁站	该项目如实施四方联合验收，可不旁站
	止回阀安装施工	旁站	该项目如实施四方联合验收，可不旁站
	土工膜焊接施工	旁站	该项目如实施四方联合验收，可不旁站
	混凝土浇筑及收面	旁站	
	混凝土养护	巡视	
	切缝	成果验收	
	嵌缝	巡视	
土石方填筑工程	填方渠道（堤）填筑	成果验收	其中：高填方、缺口回填的铺料施工、碾压、层间面结合处理需要旁站
	改性土换填	成果验收	其中：铺料施工、碾压、层间面结合处理需要旁站
	穿渠（堤）建筑物周边回填	成果验收	其中：穿渠建筑物周边回填、主干渠建筑物进出口翼墙回填、桥梁墩柱周边回填的铺料施工、碾压、层间面结合处理、泥浆涂刷施工需要旁站；泵站、船闸、建筑物周边回填的泥浆涂刷施工需要旁站

（六）监理单位对关键工序的考核与施工单位的考核不重复实施奖励，具体措施由施工单位确定。

第十九条　建设管理单位负责每月对不少于30%的关键工序进行考核。

（一）对施工单位的考核

（1）建设管理单位按照第十六条、附件 2 和表 5 对关键工序施工作业班组和初检、复检、终检人员进行考核，依据考核结果填写关键工序考核记录表和奖罚通知书（详见附件 4 和附件 5-1），奖罚通知书一式四份，分送施工作业班组、施工单位、监理单位。

（2）建设管理单位按月对施工单位质量管理负责人、项目经理进行考核，依据考核结果填写奖罚通知书（详见附件 5-2 和附件 5-3），实施奖惩。具体奖惩标准见表 7。

表 7　　施工单位质量管理负责人及项目经理考核奖惩标准表

考核对象	奖　惩　标　准		
质量管理负责人	当月 90%（含）以上关键工序考核等级为“好”时，给予质量管理负责人、项目经理奖励共计 2400 元	当月考核等级为“好”的关键工序所占比例≥80%、<90%时，不奖不罚	当月考核等级为“好”的关键工序所占比例<80%时，给予质量管理负责人和项目经理罚款共计 2000 元
项目经理			

注　施工单位质量管理负责人、项目经理的奖金、罚款分配由施工单位确定。

(3) 对施工单位的考核奖励资金由建设管理单位负责筹措，罚款由建设管理单位从施工单位下月工程结算款中扣留。

(二) 对监理单位的考核

(1) 建设管理单位每月依据对施工作业班组的考核结果连带考核监理单位，填写奖罚通知书（详见附件5-4和附件5-5），并对监理单位相关人员实施奖惩。具体奖惩标准见表8。

表8　监理单位相关人员考核奖惩标准表

考核对象	奖　励	不奖不罚	处罚
	考核等级为“好”和“中”所占的比例	考核等级为“好”和“中”所占的比例	考核等级为“好”和“中”所占的比例
现场监理工程师	≥98%，给予现场监理工程师奖励600元	<98%，≥80%	<80%，给予现场监理工程师罚款500元
质量管理负责人	≥98%，给予质量管理负责人、总监理工程师奖励共计1200元	<98%，≥80%	<80%，给予质量管理负责人、总监理工程师罚款共计1000元
总监理工程师			

注　监理单位质量管理负责人、总监理工程师的奖金、罚款分配由监理单位确定。

(2) 监理单位未按照第十八条（一）款要求实施旁站监理、未完成重要施工程序检查的，不给予奖励。建设管理单位要按有关规定对监理单位和当事监理工程师实施责任追究。

(3) 对监理单位的考核奖励资金由建设管理单位负责筹措，罚款由建设管理单位从监理单位下月结算款中扣留。

第二十条　项目法人（含有关省级建设管理单位）每月负责对不低于10%的关键工序进行考核。全年应对施工、监理标段全部实施考核。

（一）项目法人（含有关省级建设管理单位）按照第十六条、附件2和表5按月组织对关键工序施工作业班组和初检、复检、终检人员进行考核，填写关键工序考核记录表和奖罚通知书（详见附件4和附件5-1），按照表7对施工单位质量管理负责人、项目经理进行考核，填写奖罚通知书（详见附件5-2和附件5-3），交由建设管理单位负责实施奖惩；施工单位连续3个月90%（含）以上的关键工序考核等级为“好”时，给予施工单位10万元奖励。

（二）项目法人（含有关省级建设管理单位）每月按照表8对监理单位进行考核，填写奖罚通知书（详见附件5-4和附件5-5）并实施奖惩；监理单位连续3个月98%（含）以上的关键工序考核等级为“好”和“中”时，给予监理单位5万元奖励。

（三）项目法人（含有关省级建设管理单位）按季度对建设管理单位相关人员进行考核，填写奖罚通知书（详见附件5-6）并实施奖惩。具体奖惩标准见表9。

表9　建设管理单位相关人员考核奖惩标准表

类别	考核情况	处罚及奖励方式
奖励	考核等级为“好”和“中”所占的比例≥98%	奖励参加考核人员和质量管理负责人600元/人·季
处罚	考核等级为“好”和“中”所占的比例>80%且≤90%	批评质量管理负责人
	考核等级为“好”和“中”所占的比例>70%且≤80%	对参加考核人员和质量管理负责人罚款150元/人·季
	考核等级为“好”和“中”所占的比例>60%且≤70%	对参加考核人员和质量管理负责人罚款300元/人·季
	考核等级为“好”和“中”所占的比例≤60%	对参加考核人员和质量管理负责人罚款500元/人·季

第二十一条　国务院南水北调办以抽查方式对关键工序施工质量进行考核。按照第十六条、附件2和表5对施工作业班组和初检、复检、终检人员进行考核，填写关键工序考核记录表和奖罚通知书（详见附件4和附件5-1）；按照表7按月对施工单位质量管理负责人、项目经理进行考核，填写奖罚通知书（详见附件5-2和附件5-3）；按照表8按月对监理单位现场监理工程师、质量管理负责人和总监理工程师进行考核，填写奖罚通知书（详见附件5-4和附件5-5），按照表9按季度对建设管理单位参加考核人员、质量管理负责人进行考核，填写奖罚通知书（详见附件5-6），责成项目法人（含有关省级建设管理单位）实施奖惩。

国务院南水北调办每季度统计汇总考核结果，对项目法人（含有关省级建设管理单位）进行考核，填写奖罚通知书（详见附件5-7），实施奖惩。具体奖惩标准见表10。

表 10 项目法人（含有关省级建设管理单位）奖惩标准表

奖惩措施	考核标准
表扬	完成季度考核工作量，抽查项目季度“好”和“中”所占的比例≥90%
不奖不罚	完成季度考核工作量，抽查项目季度“好”和“中”所占的比例≥70%且<90%
批评项目法人（含有关省级建设管理单位）；建议项目法人（含有关省级建设管理单位）对相关责任人诫勉谈话	完成季度考核工作量，抽查项目季度“好”和“中”所占的比例≥70%且<80%
同上，建议给予相关质量管理负责人通报批评	未完成季度考核工作量，抽查项目季度“好”和“中”所占的比例<70%

第二十二条 国务院南水北调办、项目法人（含有关省级建设管理单位）、建设管理单位抽查关键工序的考核指标，按照附件 2 带有标识的指标执行，并对关键工序施工质量做出评价。

第二十三条 国务院南水北调办、项目法人（含有关省级建设管理单位）在检查、抽查关键工序考核工作中，发现有关单位的考核结果与实际情况不符时，有权撤销考核结果，追回奖励资金，并根据有关规定对相关人员进行责任追究。

第五章 奖励资金来源及奖罚兑现

第二十四条 施工单位实施关键工序考核的奖励资金由施工单位自行筹集。监理单位对施工单位考核确定的奖罚由监理单位通知施工单位实施，奖励资金由施工单位负责筹集。

第二十五条 项目法人（含有关省级建设管理单位）、建设管理单位实施关键工序考核的奖励资金从工程投资节余中支出。

项目法人（含有关省级建设管理单位）可综合平衡关键工序考核奖励资金和罚款的支出和收缴情况，罚款可用于奖励。

第二十六条 国务院南水北调办组织考核确定的奖罚由项目法人（含有关省级建设管理单位）负责实施。

第二十七条 项目法人（含有关省级建设管理单位）、建设管理单位遵循以下原则制定关键工序考核奖惩工作方案。

（一）发出奖励通知单后，应于当月及时兑现奖金；关键工序质量考核等级确定为“差”的，应在 5 日内通知施工单位和关键工序作业班组，罚款由建设管理单位从当月工程结算款中扣留。

（二）奖金要兑现到被奖励的有关单位具体人员。

（三）奖罚资金管理要符合财务管理有关规定，任何单位或个人不得挪用关键工序奖罚资金。

第六章 附 则

第二十八条 本办法由国务院南水北调办负责解释。

第二十九条 本办法自颁布之日起施行。

附件：（略）

4

工 程 勘 测

工程地质勘察与评价

功果桥水电站地下厂房洞室群围岩稳定性评价

功果桥水电站是澜沧江中下游河段梯级开发的最上游一级电站。枢纽布置方案为碾压混凝土重力坝、坝身泄洪、右岸地下厂房。坝顶高程 1310.00m，最大坝高 105m，总库容 3.16 亿 m^3，装机容量 900MW。

澜沧江洪水流量较大，泄洪建筑物规模较大，而发电水头相对较小，引用流量大，厂房的规模较大（最大跨度 27.4m）。坝址河谷较狭窄，左岸地质条件较差，经综合比较选择右岸地下厂房方案。

（一）基本地质条件

地下厂房区三大洞室围岩为白垩系下统景星组下段轻变质砂岩、砂质板岩夹灰白色石英砂岩，岩层产状为 N5°～15°W，SW∠60°～80°，构造较发育，多为顺层发育结构面。Ⅲ级结构面以上的断层主要有三组：第①组为顺层断层，产状 N7°W，SW∠67°，多为断层和层间挤压带，延伸长，数量较多，占断层总数的 75%，代表性断层有 f_1、f_2、f_3、f_4 等；第②组反倾断层，产状 N8°W，NE∠76°，与岩层走向大致平行，但倾向相反，在三大洞室均有出露，代表性的断层有地下厂房 f_{13}、f_{23} 等；第③组为切层断层，产状 N34°E，NW∠70°，走向平行或与洞向夹角较小，陡倾上游，均属Ⅲ级结构面，代表性的断层有地下厂房 f_4、f_{15}，主变压器室的 f_6 等。Ⅳ、Ⅴ级结构面为裂隙，其中层面裂隙最为发育，主要有五组即：①层面裂隙组，产状为 N10°W，SW∠67°；②切层陡倾上游裂隙组，产状为 N20°E，NW∠74°；③顺洞向陡倾上游裂隙组，产状为 N58°E，NW∠74°，洞室开挖后表现为在上游墙形成光面及片状剥离，由于开挖卸荷作用，后期变形较大；④与岩层走向相同倾向相反裂隙组，产状为 N1°W，NE∠73°；⑤缓倾岸外裂隙组，产状为 N63°W，NE∠34°，该组裂隙数量较少，延伸较短，以岩屑型充填为主。

洞室围岩为微风化至新鲜岩体。地下水渗流场总体较弱，岩体透水率一般小于 3Lu，仅在较大破碎部位透水率较大，局部表现出渗、滴水现象。

（二）影响地下洞室群围岩稳定性的主要因素

影响因素较多，主要有地形条件、地层岩性、结构面发育与组合情况、岩体风化卸荷、地下水及地应力等。

右岸山体雄厚，山顶高程大于 2000m。地下厂房三大洞室垂直埋深 140～300m，上部微、新风化岩体厚度 80～275m，水平埋深 160～280m，外侧微、新风化岩体厚度 130～220m。总体上三大洞室埋深适中，有利于洞室围岩稳定。

洞室围岩为层状变质砂岩及砂质板岩，岩层产状 N5°～15°W，SW∠60°～80°，岩层走向与三大洞室轴线（方向 N50°E）呈大角度相交（夹角为 55°～65°），有利于围岩稳定。本区岩体属陡倾层状结构，变质砂岩与板岩相间分布，岩体软硬相间，层间接触带、剪切带或错动带发育且结合力较差，顺层结构面发育。层状结构特征使其物理力学性质具有明显的各向异性，同时两种岩性模量值差异较大，其变形情况也存在较大的差异，围岩的变形受岩层产状影响较大。

三大洞室深埋于右岸山体中，深部变质砂岩、石英砂岩及砂质板岩为微风化～新鲜岩体，风化卸荷等浅表作用对围岩已无明显影响。

三大洞室均位于地下水位之下，均属弱透水带以下，因此洞室开挖后未发现大规模的渗水现象，仅局部裂隙密集带、断层破碎带附近有渗水或滴水现象，且随季节的变化而变化，雨季时水量增大。地下水对围岩稳定的影响主要表现为对断层破碎带物质的软化以及对不同岩性接触带的泥化作用，使其物理力学性能降低。

本区地应力场是一个以自重为主，受构造影响的中低地应力场。实测最大主应力值 $\sigma_1=10\sim14$MPa，方位 N25°E。最大主应力方向与厂轴方向夹角为 25°，有利于围岩稳定。

（三）围岩分类

基于工程区为层状岩体地质特性，围岩分类大单元主要围绕岩性分界线和大的弱面开展。施工阶段地质工作紧跟开挖面工作，围岩分类小单元以开挖分层为边界，围岩类别划分最小单元为 1m。以《水力发电工程地质勘察规范》（GB 50287—2006）中地下洞室围岩分类为依据，对照 Q 系统分类与 RMR 分类方法，根据指标选取和评分原则，对三大洞室的围岩进行了详细的围岩分类。

影响洞室围岩稳定的因素是围岩岩性，各级结构面的发育情况、规模和性状。各洞室围岩体分布的规模较大的断层破碎带及其影响带洞段多为Ⅲ₂类或Ⅳ类围岩，稳定性差；规模较小断层破碎带及其影响带、裂隙发育的变质砂岩或砂岩与板岩互层的洞段一般为Ⅲ₂类；裂隙中等发育的中厚层变质砂岩洞段一般为Ⅲ₁类围岩；而裂隙不发育的中～厚层状变质砂岩洞段围岩为Ⅱ类。

根据开挖揭露情况统计：主厂房Ⅱ类围岩的比例为15%，Ⅲ₁类围岩比例为53%，Ⅲ₂类围岩比例为30%，Ⅳ类围岩比例为2%；主变室Ⅱ类围岩的比例为8%，Ⅲ₁类围岩比例为47%，Ⅲ₂类围岩比例为42%，Ⅳ类围岩比例为3%；尾调室Ⅱ类围岩的比例为28%，Ⅲ₁类围岩比例为48%，Ⅲ₂类围岩比例为21%，Ⅳ类围岩比例为3%。

（四）地下厂房洞室群围岩稳定性评价

1. *初始应力场特征* 地下厂房区初始应力场是一个以自重为主体，受构造影响的中低地应力场；主应力值基本上是从上到下逐渐加大，第三主应力的方向与厂房纵轴线有较大的交角，第一、二主应力的方向与厂房纵轴线交角较小。最大主应力 $\sigma_1=10\sim13$MPa，方位 N28°～30°E；中间主应力 $\sigma_2=5\sim8$MPa，方位 N56°E～S82°E；最小主应力 $\sigma_3=4\sim6$MPa，方位 S3°～44°E。其中最大主应力方向与厂轴交角小于 25°，有利于地下厂房洞室的稳定。

2. *开挖后应力分布特征* 通过反演计算分析，除了洞室交叉部位和洞室拱座处有应力集中现象外，整个洞室群开挖后围岩应力分布规律正常，应力状态良好。地下厂房三大洞室围岩应力分布规律为：开挖过程中洞周的切向应力不断增加，径向应力变化幅度不大，主变压器洞的尺寸较小，洞室的高度不大，应力分布相对比较均匀，尾调室由于其开挖跨度大、洞室高，故应力值相对较大。

3. *围岩松弛特征* 对地下洞室围岩松弛带厚度的确定，主要依据测试孔单孔声波法纵波速度曲线中较明显的拐点判断。经测试，三大洞室围岩体松弛圈厚度变化较大，最浅小于 1m，最深达 4.0m，平均 1.7m；松弛圈岩体波速在 2150～3810m/s 之间变化，平均波速为 3440m/s；松弛带以内较完整岩体平均波速为 4910m/s。

4. *围岩变形总体特征* 本区岩体属陡倾层状结构，其物理力学特性各向异性，围岩的变形特征与岩层的产状密切相关。在岩层倾向的不同方向，岩体破坏形式主要表现为拉裂破坏顺层滑移和弯折倾倒变形。研究表明，洞室高边墙的位移随层面倾角先增大后减小，反倾向一侧的位移在倾角为 60°达到最大，顺倾向侧洞周位移要小于反倾向侧的位移。

监测结果表明，三大洞室围岩变位主要发生在洞室开挖阶段，各点变位过程呈台阶状，与洞室分层分段开挖的过程相对应。围岩基本属于浅表部卸荷变形，变形主要发生在围岩内 0～7m 范围内。受地质结构的影响，个别部位在围岩内部 7～15m 之间有一定变位。顶拱下沉与底板回弹量均较小，顶拱变位一般在 2～10mm；边墙变位较大，特别是边墙中部变位一般较大，且上游边墙（反倾向一侧）围岩变形较下游侧（顺倾向一侧）大，其中主厂房上游边墙围岩变形和锚固应力均较大，围岩变形普遍在 30mm 左右，洞室开挖完成后进入应力调整阶段，从后期监测结果看，围岩变形均已呈收敛状态，表明围岩已进入稳定状态。

（中国水电顾问集团西北勘测设计研究院　王林维）

敦化抽水蓄能电站引水发电系统工程地质勘察与评价

一、工程概况

敦化抽水蓄能电站枢纽工程由上水库、下水库、引水发电系统等部分组成。上水库大坝为沥青混凝土心墙堆石坝，最大坝高 54m，正常蓄水位为 1391m，库容 788.3 万 m³；下水库大坝为沥青混凝土心墙堆石坝，最大坝高 70m，正常蓄水位为 717m，库容 849.5 万 m³。引水系统采用一管两机的布置方式，高压隧洞立面采用双斜井布置方式，总长 4660m，地下厂房采用中部布置方式。

电站额定水头 655m，装机容量 1400MW，是目前在建的水头居国内第一的大型抽水蓄能电站。

二、引水发电系统工程地质勘察

工程区位于次生林区，植被覆盖好，基岩露头少；上水库库岸山顶高程 1460m，下水库坝址区河床高程 560m 左右，上、下水库间地形高差约 900m。针对上述情况，引水发电系统勘察采取了以遥感影像解译作为主要手段，并与工程地质测绘、勘探平洞、钻孔以及钻孔内地应力测试和高压压水试验等相结合的工程地质勘察。

（一）以遥感影像解译作为主要手段的工程地质测绘

引水发电系统沿线植被茂密，基岩露头少，地形高差大，以通常所采用的地质测绘手段难有成效，经综合考虑采用了以遥感影像解译作为主要手段的工程地质测绘。

工程区地质测绘比例尺要求为 1∶2000，根据大比例尺遥感地质解译的要求，选取了工程区范围内 Quick Bird（分辨率 0.61m）和 K2（分辨率 1m）高分辨率的光学遥感数据为主的遥感信息源；同时考虑到本研究区地表基本被森林覆盖，光学遥感数据的作用受到一定限制，而雷达遥感数据在一定程度上可增强植被高覆盖率地区的地质构造及有关地质体的信息，再选取加拿大的 Radar Sat 数据作为补充并与 K2 等光学遥感数据进行融合。然后利用先进的遥感图像处理技术，对 Quick Bird、K2 及 Radar Sat 数据进行遥感图像处理，解译工程区内地层岩性、地质构造、滑坡泥石流等地质信息。之后对室内解译的断裂构造及岩性识别、地质灾害等成果进行野外验证，最终成图，获得了良好的效果。例如，遥感影像解译地表发现的断层 F_{42} 在地下厂房勘探平洞内揭露，其对地下厂房位置选择起控制作用。

（二）勘探平洞与钻孔相结合的勘探手段

根据引水发电系统沿线地形条件，不同工程部位布置了勘探平洞及钻孔。地下厂房及高压岔管部位布置了勘探平洞，引水进（出）水口、上平段、上斜段、中平段、下斜段、下平段、高压岔管段、尾水进（出）水口分别布置了钻孔。其中引水隧洞沿线布置钻孔 11 个，总进尺 3070m；地下厂房布置钻孔 3 个，总进尺 435m；尾水隧洞布置钻孔 2 个，总进尺 130m；勘探平洞 4 条 2024m，其中地下厂房主勘探平洞 1619m，厂房轴线方向支洞 2 条 335m，高压岔管部位支洞 1 条 70m。通过地面地质测绘，结合平洞及钻孔勘探资料，基本查明了引水发电系统工程地质条件。

（三）高压压水及地应力测试

1. 高压压水　敦化抽水蓄能电站最大静水头 795m，因此，研究压力隧洞围岩高压水渗透特性就成为一项重要课题。为此在引水系统上斜段至中平段区域、下斜段至下平段区域、高压岔管至厂房区域等 10 个孔内进行了高压压水试验。其中，引水系统上斜段至中平段区域的最大试验压力 6MPa，其余地段最大试验压力为 10MPa，一般采用 4 个压力 7 个阶段完成，分别选取了完整岩体、有隐裂隙发育、裂隙发育等不同完整性岩体中进行试验，每级压水时间为前阶段压力值下的渗流流量稳定后 20～30min 后进行下一压力级压水。

在每个压水试验段位置进行了水力劈裂试验，实测出不同岩体类型的原位抗劈裂压力的临界值。

2. 地应力测试　地应力是影响地下洞室围岩稳定的主要地质因素之一，并为引水系统的衬砌形式选择提供依据。为此，在引水系统上斜段区域、中平段区域、下斜段至下平段区域、高压岔管区域等 9 个钻孔内进行了 66 段水压致裂法地应力测试；在地下厂房部位 3 个钻孔内进行了 17 段地应力测试，采用水压致裂法与应力解除法相互验证。

依据建筑物位置，引水系统上斜段、中平段的地应力测试深度主要集中在埋深 200～300m 区域；引水系统下斜段至高压岔管的地应力测试深度主要集中在埋深 400～500m 区域；地下厂房地应力测试深度集中在埋深 400～500m 区域。

三、引水发电系统工程地质条件评价

（一）引水系统工程地质条件评价

引水系统上平段上覆岩体厚度 40～100m，中平段上覆岩体厚度 155～340m，下平段上覆岩体厚度 450～480m；围岩为花岗岩，构造线发育方向主要为 NE60°～88°与 NW279°～310°。沿线基岩全风化带厚度一般 5～25m，强风化带厚度 3～28m，弱风化带厚度 20～60m，地下水位埋深 30～80m。

对高压压水试验资料进行分析，在埋深 60～100m 的岩体中，除完整岩体外，其余各种结构特征的岩体在高压水头的作用下，抗渗能力和抗劈裂能力均较差。在埋深 230～590m 的岩体中，完整岩体具有较好抗渗及抗劈裂能力；在有各类结构面发育的岩体中，岩体的抗渗与抗劈裂能力主要与结构面性状相关，压性结构面具备较好抗渗与抗劈裂能力，张性结构面抗渗与抗劈裂能力较差。

引水系统上斜段区最大水平主应力 8～9MPa，最小水平主应力 5～6MPa，最大水平主应力方向 NE79°～83°；引水中平段区最大水平主应力 10～13MPa，最小水平主应力 7～9MPa，最大水平主应力方向 NE67°～71°；引水下平段及高压岔管区最大水平主应力 13～15MPa，最小水平主应力 8～12MPa，最大水平主应力方向 NE50°～79°。

引水隧洞轴向与近 SN 向的结构面夹角较小，隧洞围岩稳定性受其影响较大。高压隧洞围岩类别以Ⅱ、Ⅲ类为主，Ⅱ类围岩岩体完整，围岩稳定，抗高压劈裂能力强，因此承受高内水压力能力强；Ⅲ类围岩结构面发育，局部围岩稳定性差，抗高压劈裂能力相对较弱，需要采取工程处理措施。局部构造发育部位为Ⅳ类围岩，围岩稳定性差，抗高压劈裂能力较弱，需要采取工程处理措施。

尾水隧洞轴线方向与工程区主要结构面夹角均大于 30°，隧洞围岩类别以Ⅱ、Ⅲ类为主。

引水系统沿线地下水位埋深浅，自然水头高，外水压力大，需做好排水。

（二）地下厂房工程地质条件评价

地下厂房勘探平洞开挖至地下厂房位置后，揭露断层 F_{42}，其与厂房轴线大角度相交穿过厂房，对厂房围岩稳定影响较大。为避开断层 F_{42}，厂房位置向西平移近 100m，选择在围岩条件较好的岩体内。地下厂房围岩类别以Ⅱ类为主，Ⅲ类次之。

厂房区最大水平主应力 σ_H 为 12～16MPa，最小水平主应力 σ_h 为 7～11MPa，垂直主应力 σ_V 为 10～13MPa；最大水平主应力方位角为 NE50°～79°。厂房区主要构造线发育方向为 NNE 向。据此，按照厂房轴线与最大水平主应力方向有较小夹角、与主要构造线方向有较大夹角的原则，兼顾水工布置顺畅，厂房轴线方向选择 NW275°。

（中国水电顾问集团北京勘测设计研究院 李院忠 宫海灵）

马马崖一级水电站工程地质勘察与评价

（一）概况

马马崖一级水电站地处贵州省关岭县和兴仁县交界的北盘江干流中游，其上游为已建成发电的光照水电站，下游为规划的马马崖二级水电站。电站采用堤坝式开发，坝高 109m，正常蓄水位 585m，总库容 1.365 亿 m^3，装机容量 558MW，年发电量 15.61 亿 kW·h，保证出力 97.0MW。枢纽主要由碾压混凝土重力坝、引水发电系统、右岸通航建筑物等组成。

中国水电顾问集团贵阳勘测设计研究院于 2003 年开始进行马马崖一级水电站的预可行性研究和可行性研究阶段勘测设计。2012 年 7 月 25 日，马马崖一级水电站项目获国家发展和改革委员会的核准批复。

（二）区域地质条件

工程场地在大地构造单元上位于扬子准地台黔北台隆六盘水断陷三级构造单元内。从新构造的角度分析，工程场地属于华南新构造区滇黔桂稳定隆起区滇东穹隆式断裂三级新构造区内。该区以大面积整体抬升为主，断块差异运动和断裂活动较弱，新构造活动强度小，晚更新世以来，工程区断裂无活动表现。场地 50 年超越概率 10%的基岩水平地震动峰值加速度为 0.049g，相应地震基本烈度为Ⅵ度，区域构造稳定性好。

（三）水库区工程地质条件

水库蜿蜒于云贵高原东部的岩溶中山至高山峡谷之中，为典型的峡谷型水库，干流回水长度 45.0km。部分江段河谷急剧下切，形成切深达 300m 左右的峡谷地貌。库区主要支流有西泌河、麻沙河，均分布于干流右岸，其水库蓄水回水长度分别为 3.0、2.2km。

水库区出露地层岩性主要为三叠系灰岩、白云岩，大部分库段基岩裸露，坡麓、沟口等常堆积第四系覆盖层。水库区大盘江上游库段构造上位于普安“山”字形东翼反射弧弧形褶皱带，大盘江下游库段位于 NW 向褶皱带，北盘江干流基本沿褶皱构造走势蜿蜒延伸，其中大田一法郎向斜为区内最大褶皱构造，轴部分别在水库上游盘江桥及坝址下游下瓜河段与北盘江相交，河谷多为走向～斜向河谷，无区域性断裂横穿库区。

水库库首左右岸均存在河湾地块，经勘察论证不存在水库渗漏问题。水库也不存在浸没和水库淤积问题。水库两岸岩质边坡库岸稳定性好；第四系堆积体组成的库岸，天然状态下稳定；近坝库岸的补朗堆积体面积约 0.75km^2，体积约 3000 万 m^3，堆积体整体稳定，在水库蓄水后其下游的Ⅰ区存在局部塌岸，但对成库、建坝无影响，上游的Ⅱ区在地震等偶然工况下，安全系数偏低，需进行安全监测，上游前缘的$Ⅱ_3$亚区存在塌岸与局部塌滑，需进行必要的防护处理。根据对水库诱发地震的分析评价，该水库诱发地震不会大于 M_s3.5 级，诱发地震对坝址的影响烈度不会超过Ⅵ度。

（四）坝址区工程地质条件

1. 大坝 坝址轴线位于尖山河段 11 号与 12 号冲沟之间，河流流向 S40°～50°E。枯期河水位 505m，水深 4～6m，河水面宽 25～35m，设计正常蓄水位 585m 高程，河谷宽 150～170m。

河谷呈不对称的 V 形，总体地形左岸陡右岸缓，坝址区两岸冲沟较发育，特别是右岸完整性较差，切割深度一般为 3～10m，11 号冲沟最大切割深度达 20m。坝址区出露地层岩性为三叠系中统杨柳井组和关岭组白云岩、白云质灰岩、灰岩及泥晶灰岩、晶洞灰岩，以及第四系覆盖冲积砂卵砾石层、崩塌堆积体及残坡积黏土夹碎块石层。坝址区位于法郎向斜南西侧，河谷为走向河谷，岩层倾左岸略偏上游，单斜构造，产状变化较小，为 N55°～75°W，NE∠8°～15°。坝址区无区域性断裂通过，主要为次生的小断层。岩溶发育具有多层性，主要集中在 510m、680～700m、730～750m 高程，河床深部岩溶不发育，岩溶形态主要为溶蚀裂隙、少量溶蚀晶孔。

坝址存在的主要的工程地质问题是边坡稳定和坝基抗滑稳定。

坝址左岸 685m 高程以上斜坡地带的 D6 堆积体，分布面积 0.2km^2，总体积 1500 万 m^3，从上游向下游根据其地形、与枢纽建筑的关系分为Ⅰ、Ⅱ两个区域，体积分别为 760 万、740 万 m^3。堆积体成分主要由孤石、碎块石夹层状孤石、黏土等组成。其中Ⅰ区位于大坝和厂房边坡上方，位置敏感，经过大量的勘探和试验发现，堆积体内部曾承受了高势能“压密”作用，物质胶结较紧密，降水以地表径流为主，接触带呈“椅子”状，前缘还存在“槽状”接触带，有利于堆积体稳定。计算得到典型剖面天然状态下的

安全系数 $K=0.939\sim1.391$，平均 1.222，整体处于稳定状态；目前地表和堆积体内部均未见不稳定迹象，在不改变其外部边界条件下，不会产生整体的失稳破坏。Ⅱ区前缘外侧为基岩山包，整体稳定性好，且远离枢纽建筑，对电站建设和运行影响不大。另外坝址两岸河谷深切，卸荷裂隙发育，左岸卸荷带水平宽 20～40m，右岸地表卸荷带水平宽度 20～50m，局部达 70m，左右岸形成 8 个具有一定规模的危岩体。

河床发现 J_1 层间岩性夹层，分布于 T_{2g}^{2-3-1} 地层中下部，厚约 40cm，为极薄层灰岩夹多层炭质薄层。河心孔录像揭示 3 条岩屑夹泥型次生软弱夹层，坝基开挖均有所揭露。大坝浅层抗滑稳定是沿大坝与岩体接触面滑动，主要受混凝土/岩体强度控制；以层面或夹层为底滑面，裂隙为侧向和后缘切割面可构成深层抗滑稳定边界，坝基整体建基面高程 483m，下游部分开挖键槽至高程 475m，经计算复核满足规范要求。

2. 引水隧洞　引水系统采用一洞一机供水方式，三条引水洞平行布置，其中引水隧洞进水口位于坝身段，不存在边坡稳定问题。隧洞沿线以Ⅲ₁、Ⅲ₂ 类围岩为主，引水洞整体成洞条件较好，局部洞段稳定性差。主要工程地质问题为围岩稳定问题、岩溶与涌水问题。围岩稳定主要集中在断层、裂隙、夹层及岩溶发育洞段。

3. 地下厂房　地下厂房轴线方向 N79°E，埋深 100～190m，毛洞断面尺寸为 140.5m×24.9m×62.8m（长×宽×高）。厂房位于新鲜岩体内，岩体强度能满足厂房基础设计要求。由于厂房区为缓倾角层状结构岩体，产状 N60°～75°W，NE∠9°～12°，洞轴线方向无论如何变化其顶部稳定性总是较差，洞轴线方向宜考虑长高边墙的稳定性。现洞轴线与岩层走向夹角约 40°，故下游长边墙为层状斜向至顺向结构，与厂房区存在的两组裂隙［产状分别为 N10°～30°W，SW（NE）∠65°～85°和 N10°～30°E，SE（NW）∠70°～85°］易组成滑动楔形体。边墙 510m 高程以上为 T_{2g}^{2-3-2} 晶洞灰岩，洞顶为 T_{2g}^{2-3-2} 晶洞灰岩及 T_{2g}^{2-3-3} 泥晶灰岩，属易风化岩类，晶洞灰岩岩溶较发育，局部形成溶蚀破碎带，加上发育有夹层及小断层等，围岩稳定问题较突出。综合以上因素，洞室围岩主要属Ⅲ₁～Ⅲ₂ 类，顶拱和下游长边墙遇薄层岩体、裂隙密集带、溶蚀破碎带或夹层带等应降为Ⅳ类。

地下厂房基础位于地下水位以下 40m 左右，且低于河水位，施工开挖时存在沿裂隙、溶缝的岩溶涌水及河水倒灌问题，基坑涌水问题较突出。施工时应充分考虑抽排措施，在大坝基坑不过水情况下，抽排能力为 $178m^3/h$，基坑过水时为 $330\sim460m^3/h$。

（中国水电顾问集团贵阳勘测设计研究院　万进年　郑克勋）

枕头坝一级水电站工程地质勘察与评价

（一）工程概况

枕头坝一级水电站为枕头坝两级堤坝式开发的第一级，其上一级为已建成的深溪沟水电站，其下为枕头坝二级水电站和沙坪水电站。电站坝址位于四川省乐山市金口河区，设计正常蓄水位 624m，最大坝高 86m，水库总库容 0.469 亿 m^3，电站装机容量 720MW，多年平均发电量 32.9 亿 kW·h。

大渡河干流规划报告完成于 1983 年，其后，根据审查意见进行了补充完善，于 1990 年完成了正式规划成果。2003 年 7 月完成了《大渡河干流水电站规划调整报告》，根据该报告规划成果，枕头坝水电站为大渡河干流水电站规划调整后的第十九个梯级，开发任务为发电，兼顾下游工业用水。

在规划调整开发方案基础上，结合上一级深溪沟水电站厂址上移，以及成昆铁路、国家地质公园等敏感因素对电站开发方案的不利影响，于 2007 年完成了第十九个梯级（深溪沟厂址—沙坪电站库尾河段）开发方式研究报告，将枕头坝电站调整为两级堤坝式开发方案。

枕头坝一级水电站预可研报告及可研阶段勘测设计报告分别于 2007 年底和 2008 年底完成，2011 年 3 月完成可研报告审定稿。该工程项目于 2008 年 5 月进入施工筹建期，2012 年 3 月获得国家发展改革委核准，同年 11 月底实现大江截流。

（二）工程地质条件与评价

1. 区域构造稳定性　枕头坝一级水电站在大地构造部位属扬子准地台西部之二级构造单元上的扬子台褶带范畴。坝址和水库区均处于南北向的汉源—昭觉断裂与宜坪—美姑断裂所夹持的相对稳定的瓦山断块内，块内历史上无中、强地震活动记载，现今弱震稀少且分布零星，表明瓦山断块内新构造活动及地震活动微弱，晚更新世以来处于间歇性整体隆起阶段，区域构造上属相对稳定区。根据工程场地地震安全性评价报告，枕头坝一级水电站工程场地未来 50 年超越概率为 10%的地震动参数基岩水平峰值加速度为 $106cm/s^2$，工程区地震基本烈度为Ⅶ度。

2. 水库区工程地质　水库位于大渡河乌斯河段—金口河大峡谷区，两岸山高坡陡，河谷狭窄，谷岭高差 500～2600m。水库正常蓄水位 624m，坝前抬高水头 34m，回水至深溪沟水电站厂房，水库回水长

17.50km，但库容仅有0.469亿m^3。库区出露地层岩性为震旦系上统灯影组（Z_{2d}）灰白色厚层状白云岩、白云质灰岩，仅在库首段见部分震旦系上统观音崖组（Z_{2g}）英安斑岩、安山玄武岩、凝灰岩及花岗岩侵入体。区内白云岩、白云质灰岩为库盆及两岸主要岩体，岩层产状平缓，倾角多在10°以内。库区内无区域性断裂发育，仅发育有几条层间小断层，但岸坡强卸荷带较发育，并发育有多个卸荷拉裂带岩体及零星小规模危岩体。在库区两岸还发育有多个崩塌或坐落堆积体，其中，在距大坝上游左岸1.4～3.8km处发育有庄子上巨型坐落堆积体。该堆积体长2.4km，宽0.4～0.8km，勘探揭露最大深度为150余米，总方量达到1.4亿m^3，其稳定问题是本工程成库条件的关键性问题之一。另外，成昆铁路在本水库区段沿左岸以隧洞、桥梁、明路的形式经过，其路面高程与河水位高差不大，水库蓄水对铁路的影响问题也将成为水库正常蓄水位选择的主要控制因素之一。还有省道S306公路也是从库区左岸边顺河经过，由于受地形条件限制，改建公路段地质条件复杂，边坡稳定问题突出。经对全库岸大比例地质测绘、地质调查以及对重点部位实施物探、钻探、洞探和室内试验等综合勘察评价后认为，沿岸除零星分布的中小规模危岩体存在稳定问题外，库岸总体稳定。对庄子上巨型坐落堆积体、成昆铁路经过库区段、省道S306公路经过库区段等进行了专题专项研究，庄子上巨型堆积体处于稳定状态（除暴雨、地震等条件外），不需要专门处理；对铁路段进行了加固处理，对公路也正在实施改建和复建工作，并对沿线分布的危岩体分别进行了相应的处理。

此外，水库区两岸虽为可溶岩类构成，但岩溶不发育，无水库渗漏之忧。库区两岸山高坡陡，耕地分布高，面积小，地下水排泄条件好，不存在浸没问题。水库建成蓄水后，产生水库诱发地震的可能性小。水库成库条件好。

3. 坝基工程地质　坝址处两岸地形呈基本对称的开阔状V形谷，河床水深6～8m，设计正常蓄水位624m处，河谷宽258m，坝前最大抬高水深34m。坝址区分布地层岩性为前震旦系烂包坪组玄武岩及第四系覆盖层。河床覆盖层厚一般为28～45m，最大厚度56m；由中等密实至密实的砂砾石层组成，其间夹有3层较为连续的砂层，不能满足大坝地基承载力及抗滑稳定要求，因此，大坝基础不宜置于深厚覆盖层上，需全部挖除。下伏基岩为玄武岩，在河床段多属弱风化状态，两侧岸边附近呈强风化状态。坝址区无大的断层和褶曲构造发育，但裂隙发育多达7组。经对坝基抗滑稳定分析后认为：本坝址区裂隙发育不均匀，频度并不高，各坝段、各部位的裂隙组数、方向及胶结程度等都不一样，特别是倾向上游的缓倾角裂隙发育稀少且不连续，不能构成坝基岩体滑移的边界条件，因此坝基不存在深部抗滑稳定问题。大坝建基面多置于弱、微风化玄武岩上，岩体坚硬，岩体类别为$Ⅱ_A$～$Ⅲ_A$类，承载力和抗滑稳定均满足要求。但在局部段如明渠段底部，有沿小断层或长大裂隙带形成的囊状风化带深槽，需做局部深挖清除或强化处理。此外，在坝轴线下游左岸附近还发育有1号堆积体。该堆积体为一覆盖层内部早期蠕滑而形成的滑坡堆积体，厚15～35m，总方量约65万m^3。在该堆积体的后缘为原生的河流阶地堆积物。该区堆积物最大厚度达85m以上，因其为早期河流所形成的阶地，后期未受到破坏，稳定性较好。前期重点是对1号堆积体进行了详细的勘探和评价工作，认为：1号堆积体目前整体处于基本稳定状态，但安全富余度不大，不能满足对工程区附近边坡稳定的要求，特别是公路复建开挖或其他工程活动等都有触发其失稳的可能。为此，对该堆积体实施了抗滑桩、锚索、前沿回填压脚及浅表层固结灌浆、排水等综合治理措施。

4. 天然建筑材料　枕头坝一级水电站工程混凝土总量约177.8万m^3，需砂石料216万m^3，砂石骨料勘察储量应不小于324万m^3。

经对工程区及其周边区域料源勘察研究试验分析，本工程可供混凝土骨料的料源共有三类，分别为工程开挖渣料、河岸边Ⅰ级阶地分布的天然砂砾石料及江沟右岸山体的玄武岩人工骨料。工程区开采渣料，坝肩、明渠边坡区弃渣以利用弱风化玄武岩为主，坝基河床部位以利用砂卵砾石为主，经计算，可用料有248.74万m^3。卡子岗河边Ⅰ级阶地天然砂砾石料场，经勘察有用量为142万m^3。这两料源有用料总量已达390.74万m^3，满足1.5倍规范要求，纳入主料源进行规划，而对位于江沟右岸山体的玄武岩人工骨料开采料源仅作为备用料源进行规划。在质量方面，主要存在潜在碱活性问题和玄武岩骨料加工后针片状颗粒含量偏多及砂料比例偏少的问题。针对碱活性问题，专门进行了掺粉煤灰抑制试验，结果表明，掺入一定量的粉煤灰后对骨料有较好的抑制作用。对玄武岩加工，选择恰当的破碎方式，减少针片状颗粒，增加砂料比例含量。

（中国水电顾问集团贵阳勘测设计研究院　张国富）

安徽绩溪抽水蓄能电站工程地质条件与评价

（一）工程概况

绩溪抽水蓄能电站枢纽建筑物主要由上水库、下水库、输水系统、地下厂房洞室群和开关站组成，总装机容量1800MW。上水库大坝为钢筋混凝土面板堆石坝，最大坝高117.70m（坝轴线处），坝顶长336.00m，正常蓄水位为961.00m。下水库大坝为钢筋混凝土面板堆石坝，最大坝高65.10m（趾板处），坝顶长443.70m。正常蓄水位为340.00m。输水发电系统按一洞两机斜井式布置，输水系统总长2809.1m；地下厂房位于输水线路中部偏尾部，轴线方向N35°E；主副厂房洞尺寸为210.00m×23.50m×53.40m（长×宽×高），主变压器洞平行布置于主厂房下游，岩体厚度40m。

（二）基本地质条件

工程区属中、低山及丘陵地貌，地面高程在260～1300m之间，高程400m以下为丘陵盆地地形，沟壑交错，地形坡度10°～30°；高程400m以上为中、低山地形，地势陡峻，山坡坡度30°～60°，局部为陡崖。冲沟多呈近EW向，上水库位于赤石坑沟源头，下水库位于赤石坑沟下游平缓段。

出露地层主要有元古界震旦系下统休宁组粉砂岩，位于上水库区；燕山晚期侵入的粗粒花岗岩位于下水库，（似）斑状花岗岩位于引水系统上平段至尾水隧洞下游段，第四系覆盖层零星发育，分别为冲洪积、残坡积和崩坡积物。

工程区内无区域性断层通过，主要构造形态以规模不大的断层和节理为主。主要断层以NNE～NNW向陡倾角为主，其中F_2为Ⅱ级结构面，宽10～15m。Ⅲ级结构面有16条，主要有F_{105}、F_{201}、F_{202}等，一般宽0.2～0.7m，其他多为Ⅳ级结构面。优势节理以NNE～NNW向陡倾角为主，上水库为单斜构造，地层总体产状为N65°～85°W，NE∠55°～85°。

上水库岸坡高陡，两岸地下水位出露点高于正常蓄水位，坝址左岸长期观测地下水位埋深20～40m，右岸埋深20～60m，变幅一般小于15m，最大达28.4m。下水库区地形起伏小，左坝肩地下水位埋深16.75～28.70m，变幅3.90～4.85m，右坝肩及右岸山脊一带埋深为18.20～47.50m，变幅为3.75～13.90m，库尾垭口地下水位高程385.89～410.54m，水位变幅1.20～5.80m。地下厂房CPD1探洞地下水活动总体较弱，主要沿近NNW向、NWW向陡倾角和NEE向中倾角节理以渗、滴水形式出露，局部出现小股线状流和涌水，多数出水点随开挖或掌子面推进已干涸，桩号0+880m以后洞段仍有流水。实测全洞地下水流量7～8L/s，桩号0+880m以后洞段流量约3.5L/s，支洞CZK7－2孔流量1L/s。

（三）上水库主要工程地质评价

1. 库岸稳定　上水库为峡谷河道型水库，赤石坑沟总体近东西向，沟谷深切，库岸为弱风化粉砂岩，厚至中厚层状，局部为似斑状花岗岩脉。覆盖层主要分布于沟谷两侧缓坡，厚度小于5.00m。卸荷节理发育，充填次生泥或岩屑，左岸强卸荷水平深度6～46m，弱卸荷水平深度44～56m；右岸强卸荷水平深度0～8m，弱卸荷水平深度4～22m。库区共发现6处危岩体，单体方量100～200m³。水库蓄水后，除少量覆盖层和卸荷松动岩块在库水影响下，产生小范围塌滑外，自然库岸稳定性好。左岸为层状顺向结构边坡，顺层卸荷裂隙及层间挤压破碎带发育频度高、张开宽度大，强卸荷带水平深度大、性状差。右岸为层状逆向结构边坡，卸荷深度、强度相对较弱。因此，浅表部的顺坡卸荷裂隙、层间挤压破碎带及层面节理是控制边坡稳定的主要因素，在不切脚开挖的情况下，库岸边坡基本稳定。

2. 水库渗漏　上水库库周山体宽厚，地形分水岭高于正常蓄水位70～340m，地形封闭条件好。库岸基岩多为弱至微风化粉砂岩，横切库岸的断层不发育，层面节理顺沟陡倾右岸，岸坡泉水出露点高于水库正常蓄水位，左岸地下水位埋深20～40m（高程980～1005m），岩体相对隔水层（$q\leqslant 1$Lu）顶板埋深50～75m；右岸地下水位埋深17～60m（高程为962～992m），岩体相对隔水层（$q\leqslant 1$Lu）顶板埋深17～50m，地下水位和岩体相对隔水层均高于正常蓄水位，不存在库水向外渗漏问题。

3. 建基岩体的利用及坝基边坡稳定　坝址区覆盖层厚0.5～3.5m，基岩为休宁组弱风化粉砂岩，厚～中厚层状，发育8条Ⅲ级和15条Ⅳ级断层和裂隙。以NWW～NW走向的中陡倾角挤压破碎带为主，NEE向次之，层面节理及NNW～NNE向节理发育，以中、陡倾角为主。左岸强卸荷水平深度为39.0～46.0m，弱卸荷水平深度为62.0～64.0m；右岸岩体强卸荷水平深度为6.0～12.0m，弱卸荷水平深度为16.0～38.0m。

堆石坝对地基适应性强，清除表层覆盖层和局部表层强风化、强卸荷破碎岩体，并做平顺处理后可作为堆石坝坝基。趾板清除覆盖层、强风化层及部分强卸荷破碎岩体后，须将趾板置于较完整的弱风化、强卸荷下部岩体，开挖深度为：左岸10～25m，沟谷1～5m，右岸10～15m。趾板地基须进行固结灌浆及帷幕灌浆处理，断层带槽挖回填混凝土处理。

左岸趾板边坡走向与岩层走向斜交，主要由弱风化强卸荷岩体构成，强卸荷深，边坡主要出露顺层卸荷张开夹泥裂隙和层间挤压破碎带，卸荷节理与其他节理切割组合，在边坡上形成不稳定块体，边坡稳定性差；右岸趾板边坡强卸荷带水平深度为12m，顺坡节理不发育，开挖边坡整体稳定。

4. 坝基渗漏及绕坝渗漏　坝基岩体以弱至微透

水性为主，中等透水性试段主要分布于浅表部，岩体透水率最大达19.1Lu，趾板沿线相对隔水层顶板（$q\leqslant 1Lu$）埋藏较深，左岸为8.00～54.42m，右岸为20.00～54.65m。坝基发育14条与坝线大角度相交的陡倾断层、层间挤压破碎带、顺层卸荷张开夹泥裂隙，透水性较强，存在集中渗漏问题，并有可能产生坝基管涌为主的渗透破坏，需对断层带、挤压破碎带进行专门防渗处理。

两岸坝肩上、下游均发育冲沟，水库蓄水后两坝肩不设防情况下渗径短。坝肩岩体属弱～微透水性，浅表部15m深度内弱风化强卸荷岩体多呈中等透水性，地下水位和相对隔水层顶板（$q\leqslant 1Lu$）埋藏较深，均低于正常蓄水位，坝肩存在绕坝和坝基渗漏问题，须进行帷幕灌浆防渗处理。

（四）输水发电系统主要工程地质评价

1. 上水库进/出水口　上水库进/出水口为侧向岸坡竖井式，位于上水库右岸，最大坡高141m。进/出水口为斜坡地貌，地形坡度30°～45°，覆盖层厚0.5～1.8m，基岩为中至厚层状粉砂岩及块状（似）斑状花岗岩脉，断层及顺层挤压破碎带有4条，宽0.2～2m。强风化带下限最大埋深5.9m，弱风化带下限埋深30.9～47.0m；强卸荷带水平深度5～12m，弱卸荷带水平深度16～25m，钻孔地下水位埋深17.4～28.15m。

层面节理和边坡均呈大角度相交并陡倾坡内，断层f_{24}、f_{25}近平行也陡倾坡内，顺坡节理不发育，边坡稳定性好。洞内围岩为弱至微风化，属Ⅲ类，断层带为Ⅳ～Ⅴ类。

上游事故检修闸门井围岩为中厚～厚层状粉砂岩，高程948m以上为弱风化，受断层影响，高程938m以上段RQD值为6%～37%。井口至高程940m段围岩为Ⅲ～Ⅳ类；高程940m以下为Ⅲ类，破碎带为Ⅳ～Ⅴ类。

2. 引水系统　包括上平洞、上斜井、中平洞、下斜井、下平洞、岔管和厂前支管，上覆岩体厚度30～468m。除上平洞为混凝土衬砌外，其余洞段全为钢衬。

围岩为（似）斑状花岗岩，微风化至新鲜，块状至次块状，上平洞上游段为弱风化粉砂岩，局部为玄武玢岩脉。属级结构面较发育，按走向分为三组：NE向有f_{222}、f_{224}、f_{234}，NNW向有f_{218}、f_{219}、f_{230}、f_{232}、f_{233}，NW向有f_{223}、f_{234}、f_{236}、f_{240}、f_{243}、f_{244}等，这些断层规模小，宽度不大于0.5m，平面上与洞线交角均较大，但在剖面上与斜井倾向一致，断层与断层、断层与节理组合在斜井上、下弯段附近出现时，在断层下盘洞顶、断层上盘洞底部位产生掉块、超挖；断层及其交汇部位的围岩稳定性差，应采用系统喷锚支护。NEE向和NWW向节理与洞轴线交角小，沿洞壁形成掉块。下平洞及厂前支管上覆岩体厚度大，可能存在轻微岩爆。NEE向结构面导水性好，开挖时可能会产生暂时性涌水，需加强抽排水措施，钢衬段外水压力应按全水头计算。围岩类别：引水上平洞及引水上斜井为Ⅲ～Ⅱ类，其他洞段为Ⅱ～Ⅲ类，断层破碎带为Ⅳ～Ⅴ类。

3. 地下厂房洞室群　地下厂房洞室群置于输水系统中部偏尾部，轴线方向N35°E，主变洞平行布置于地下厂房下游，与厂房之间的岩体厚40m，尾闸洞与主变洞之间的岩体厚30m。上覆岩体厚度300～420m。

围岩为新鲜（似）斑状花岗岩，断层有13条，多为陡倾角，按走向可分为三组：NNW向有f_{219}、f_{218}、f_{238}、f_{237}、f_{228}、f_{242}；NWW向有f_{236}、f_{240}～f_{244}；NE向有f_{202}、f_{217}。仅f_{202}宽0.3～0.8m，其他断层小，节理总体以N10°～30°W向的陡倾角为主，N20°～35°W向中倾角次之，其他节理断续发育。

厂房顶拱附近钻孔岩石质量指标RQD为58%～84%，岩梁附近RQD为69%～98%。该洞段地下水活动较弱，主要沿NNW向、NWW向结构面以线状流形式出露，f_{202}断层连通性及导水性好，预测地下厂房开挖时出水量为2000～3000m^3/d。厂区最大主应力（σ_1）为11.46～12.46MPa，最小主应力（σ_3）为5.09～7.68MPa，属低偏中等应力区。

推测地下厂房围岩以Ⅱ～Ⅲ类为主，局部为Ⅳ类，断层破碎带为Ⅳ～Ⅴ类。断层及节理组合的西北角顶拱和端墙、f_{228}至f_{240}之间的顶拱和边墙为Ⅲ类，局部为Ⅳ类。根据地下厂房顶拱平切图，断层之间无大的确定性不利组合，断层与节理切割在局部地方存在不利组合，可能产生坍塌、掉块或围岩稳定性差。

主变压器洞和尾闸洞围岩为新鲜（似）斑状花岗岩，工程分类为Ⅱ～Ⅲ类，局部为Ⅳ类，断层破碎带为Ⅳ～Ⅴ类。仅f_{217}断层与尾闸洞轴线成15°交角，边墙围岩稳定性差；与f_{228}断层交汇部位、北端墙附近f_{236}、南端墙f_{241}与节理切割后，该部位的围岩稳定性差。

4. 尾水系统　尾水系统包括尾水支管及岔管、尾水调压室及尾水隧洞。上覆岩体厚度20～357m，钢筋混凝土衬砌。f_2断层上游段围岩为（似）斑状花岗岩，岩石微风化至新鲜，较完整至完整；f_2断层下游段围岩为粗粒花岗岩，弱风化至新鲜。断层发育14条，走向以NNW向陡倾角为主，NNE向陡倾角次之，断层与洞线交角大，断层之间无大的不利组合，成洞条件好。f_2、f_{105}两断层带宽度大，洞顶会产生掉块、塌落，需加强支护处理。f_2断层上游洞段围岩为Ⅱ～Ⅲ类，下游洞段围岩为Ⅲ～Ⅳ类，f_2断层为Ⅴ类，其他断层破碎带为Ⅳ～Ⅴ类，尾水调压室为Ⅱ～Ⅲ类，f_{202}断层带地下水相对活跃，需加强排水措施。

5. 下水库进/出水口　进/出水口为侧向岸坡竖井式，最大坡高54m。进/出水口部位地面高程325～365m，覆盖层厚一般5～8m，基岩为粗粒花岗岩，强风化带下限埋深10～30m，弱风化带上段下限埋深20～40m。节理以中～陡倾角节理为主，地下水位埋深3.08～7.82m。

环库公路以上边坡高约7～15m，主要由覆盖层、全风化岩构成；环库公路以下边坡以弱风化上段岩体为主，断层f_{105}横切边坡中部，陡倾坡内，受其影响，岩石具囊状风化特征，表部可能还存在不厚的强风化岩体，边坡基本稳定，局部稳定性差。

进洞口上覆岩体厚度薄，围岩以弱风化上段为主，受f_2和f_{105}影响，岩体风化破碎，f_{105}出露于洞深25～35m，进洞和成洞条件差，需采取钢拱架、钢格栅及小导管等措施。

（五）下水库主要工程地质问题

1. 水库渗漏　下水库库盆呈北东向，左岸为高山峻岭，不存在水库渗漏问题；右岸为多个伸向库内的舌状山脊，山顶高程345～500m，右岸近坝段长约400m山脊低矮单薄，山顶高程多在345～360m，高于正常蓄水位340m仅几米至20米，正常蓄水位处山体宽20～50m，粗粒花岗岩风化深，强风化层下限埋深30～45m，岩体以弱透水性为主，地下水位埋藏高程301.63～339.28m，相对隔水层顶板（$q\leqslant 3Lu$）埋藏高程298.46～342.76m，均低于正常蓄水位340m，在不考虑采取防渗措施的情况下，右岸近坝段渗漏量1835m^3/d，因此，设计采用库岸面板＋趾板方案对该段库岸进行防渗处理。

2. 坝基建基岩体的利用　坝址区地形宽缓，正常蓄水位处谷宽约430m。覆盖层主要分布于河床左岸台地，厚度一般为0.50～3.00m，局部厚度可达5.00～7.00m，下伏基岩为粗粒花岗岩，沟底弱风化基岩裸露，两岸全风化层薄，强风化层厚度变化大，其下限埋深为：左岸17.43～33.10m，左岸台地0.80～40.30m，右岸3.20～48.50m（局部达62.50m）。钻孔声波波速为：覆盖层及全风化层多小于2400m/s，强风化层2100～3460m/s，弱风化上段2800～4200m/s，弱风化下段3660～4960m/s。堆石坝对地基条件要求不高，清除地表覆盖层和部分全风化基岩后可作为堆石体坝基，开挖深度一般为3.00～5.00m，局部达8.00～10.00m。趾板地基置于强风化中下部岩体上，开挖深度为：左岸10～15m，左岸台地10～30m，河床5m，右岸坡10～15m，4号沟约5～20m，趾板地基需进行固结灌浆和帷幕灌浆处理。

3. 坝基渗漏　左坝肩上、下游均发育冲沟，正常蓄水位线处山梁宽80～120m，强风化岩体较破碎，呈弱至中等透水性，坝肩长期观测孔地下水位高程341.37～357.87m，略高于正常蓄水位，岩体相对隔水层（$q\leqslant 3Lu$）顶板高程339.82～351.05m，与正常蓄水位相当，存在坝基和绕坝渗漏问题。沟谷坝基强风化层深厚，以弱透水性为主，少量中等透水性，弱风化岩呈弱透水性，岩体相对隔水层（$q\leqslant 3Lu$）顶板埋深2.50～40.77m，存在坝基渗漏问题。右坝头山脊采用了库岸混凝土面板＋趾板垂直灌浆帷幕防渗处理措施，无渗漏问题。

（中国水电顾问集团华东勘测设计研究院　王恕林）

刘家峡水电站洮河口排沙洞及扩机工程地质勘察与评价

（一）概况

刘家峡水电站位于甘肃省永靖县境内的黄河干流上，装机容量1390MW，水库总库容57.01亿m^3，1969年4月第一台机组发电。

洮河系黄河右岸的一级支流，在刘家峡大坝上游约1.5km处汇入黄河，其特点是水少沙多。据统计，洮河多年平均入库水量约51.7亿m^3，仅占刘家峡水库总入库水量的18%左右，而多年平均入库沙量为2860万t，占总入库沙量的31%左右。

洮河库段死库容于1987年淤满，此后来沙淤积占据了电站的有效库容，并大量推移到坝前，使洮河口附近黄河干流形成沙坎，淤积面逐年抬高。1987年实测淤积面高程1695m左右，至1999年实测沙坎高程1697.5m，最高处达1703m，超过电站运行死水位（1694m高程）1～9m。泥沙淤积已造成河道阻水，机组严重磨损。电站原有的排沙设施已不能完全解决洮河泥沙淤积及向坝前推移的问题，给电站安全运行和度汛造成了严重危害。因此，增建洮河口排沙洞是解决刘家峡电站坝前泥沙淤积问题，保障电站安全运行和度汛非常迫切的任务。

刘家峡水电站左岸排沙洞及扩机工程主要由闸门井、排沙洞及引水发电洞、调压井、地面厂房等组成；排沙洞长1.4km左右，洞径10m；扩机容量为2×150MW。

（二）工程区基本工程地质条件

1. 地形地貌　刘家峡水电站左岸排沙洞及扩机工程位于黄河左岸，地貌呈一“凸”出的河湾，沿河为陡峻的基岩斜坡及残留的黄河Ⅳ级和Ⅴ级阶地，临河基岩岸坡地形较完整，无大的冲沟发育，坡角一般为70°～75°，局部近直立。沿较大的断层带多发育短、窄、浅的小冲沟，沟长一般50～100m，最长130m左右，沟深一般5～10m，最深50m左右。受构造、风化及卸荷等作用的影响，临河基岩斜坡中上部以上有四处小范围的松动岩体及零星危石分布，方量不大。

2. 地层岩性 工程区出露地层主要有前震旦系（AnZ）深变质岩、上第三系（N）碎屑岩及第四系（Q）松散堆积物，变质岩中有岩浆岩脉侵入体。前震旦系（AnZ）岩性主要有云母石英片岩（AnZ-ck-Sc）、石英片岩（AnZ-kSc）及角闪石片岩（AnZ-aSc）和石榴子石石英云母片岩（AnZ-gkcSc）。上第三系（N）岩性以砾砂岩为主，厚层状，间夹少量砂岩，具明显相变和交错层。砾石成分主要为变质岩及岩浆岩碎块，粒径5～50mm，棱角状，砂粒成分主要为石英及长石，粒径0.2～2mm，棱角状。泥质、钙质胶结，成岩程度较差，属中硬岩，岩体较完整。在层间、裂隙中及其与片岩的不整合面附近见有次生石膏。在工程区广泛出露，并构成Ⅳ级、Ⅴ级阶地基座。与下伏前震旦系（AnZ）深变质岩呈角度不整合接触。第四系（Q）岩性主要有：①上更新统冲积砂卵砾石层（Q_3^{al}-Sgr）及黄土状土（Q_3^{al}-Lo）；②全新统（Q_4）河湖相沉积（Q_4^{lq}）、崩坡积（Q_4^{col+dl}）、洪积（Q_4^{pl}）及滑坡堆积（Q_4^{del}）。岩浆岩脉侵入体主要分布在排沙洞进口段。岩性主要为花岗岩（γ）、煌斑岩（μ）及石英岩（q），均呈岩脉状侵入前震旦系（AnZ）地层之中。

3. 地质构造 工程区位于刘家峡峡谷区的红柳沟背斜西南翼，背斜轴向NW325°～335°，轴面倾向NE，倾角65°～70°，两翼地层基本对称，主要为前震旦系深变质岩和上第三系红层。经过红柳沟坝址后向NW倾伏，倾伏角10°～15°。

地层总体呈单斜构造。受构造变动影响，前震旦系变质岩片理产状多变，排沙洞进口段地表及其下游侧片理走向NE10°～NE30°，倾向NW，倾角30°～45°，深部（1675m高程附近）及进口段上游侧片理走向NW330°～355°，倾向SW，倾角50°～65°。隧洞段、地下厂房尾水洞出口至排沙洞出口F37上游一带片理走向NW310°～340°，倾向SW（局部倾向NE），倾角50°～75°。排沙洞出口F37下游至地面厂房一带片理走向NW320°～340°，倾向NE，倾角65°～80°。上第三系红层岩层走向NW320°～350°，倾向SW，倾角8°～12°，层理不发育。

4. 水文地质条件 工程区属大陆性干旱气候，年蒸发量大于降雨量。地下水主要受刘家峡库水及大气降水和灌溉水补给，按埋藏条件主要有三类：①第四系松散层中的孔隙潜水；②上第三系红色砾砂岩中的孔隙潜水及承压水；③前震旦系变质岩中的裂隙潜水。工程区地下水多为硫酸盐、氯化物水，矿化度一般2～5g/L，pH值7.3～8.0，对普通硅酸盐水泥具硫酸盐侵蚀性。

工程区岩体透水性主要受岩性、裂隙发育程度及岸坡卸荷等因素的影响。深度增加、风化减弱，透水性逐渐变小，具一定的不均匀性。工程区37个钻孔149段压水试验成果：大于100Lu强透水仅2段，占1.3%；10～100Lu中等透水32段，占21.5%；3～10Lu弱透水43段，占28.9%；小于3Lu72段，占48.3%。说明浅部岩体主要为弱～中等透水岩体。

5. 物理地质现象 工程区物理地质现象主要表现为岩体风化及边坡岩体卸荷。强风化岩体深度2～8m，弱风化岩体深度一般为15～25m，局部30m左右。经调查，卸荷、倾倒岩体主要分布在地形较陡和地形突出的部位，表现为岩体松动、拉裂和倾倒，厚度一般为3～8m，零星散布，规模较小，对工程无大的影响，适当清坡或护坡处理即可。

（三）排沙洞工程地质条件及评价

1. 进口岩塞段

（1）进口岩塞段主要为云母石英片岩，夹少量花岗岩脉或石英岩脉，主要为顺片理发育的断层及裂隙，规模不大。

（2）进口洞脸边坡为层状斜向结构岩质边坡，1690m高程以下被洮河淤泥覆盖，淤泥面高程1692～1702m，基岩边坡整体稳定性较好。

（3）岩塞段现代冲积淤积土层厚度变化较大，厚度5～58m。主要为淤泥质粉土、粉土及粉质黏土，中夹薄层淤泥及薄层细砂和碎石。淤泥质粉土、粉土呈流塑至软塑状态，粉质黏土呈软塑至可塑状态。属高压缩性软土，具一定的抗剪强度和渗透性。岩塞爆破时应考虑其不利影响。

（4）集渣坑岩体完整性较好，为Ⅱ类围岩。但对高边墙岩体中的小断层需锚固或清挖回填混凝土，渗水量较大时，应做好抽、排水处理。

（5）水下堆渣体分布在排沙洞岩塞口爆破区范围内，方量约522m³，渣块岩性为坚硬的石英云母片岩和云母石英片岩，可能对岩塞口爆破不利；排沙洞运行过程中，这些岩块可能影响正常运行，成为隐患。水上堆渣主要沿进口上游陡坡上部堆放，分布高程1734～1742m，前缘部分堆积于基岩之上，稳定性较差，对排沙洞运行不利。需在其前缘部分做浆砌石护坡，底部做好排水。

（6）进口岩塞段位于库底以下，探洞施工过程中洞内渗水量最大约30m³/h，渗水通道主要为小断层及卸荷裂隙，岩塞爆破时，可能出现闭气不严、漏量过大，影响爆破效果，建议施工前对进口段岩体实施灌浆封堵。

（7）排沙洞上游岸坡浅表层松动，倾倒岩体天然状态下整体处于稳定状态，对排沙洞进口影响不大。

2. 排沙洞段

（1）排沙洞洞身段岩体总体完整性较好，成洞条件较好。影响围岩稳定的结构面主要为沿洞向发育的片理及片理挤压带、断层。因片理陡倾，顺洞向发育，范围广、密度大，局部伴有挤压变形等不利因素，开挖中多有顺片理产生的垮塌、掉块。特别是在圆弧洞段的肩部及拱底，遇短小裂隙相互切割时，垮塌、掉块现象突出。洞底片理则多表现为不规则的坑状超挖。洞内短小裂隙连续性差，陡倾横切隧洞发育，当与片理相互切割时，会造成洞内围岩超挖。总体来看，排沙洞无大的工程地质问题。

排沙洞洞身段围岩工程分类以Ⅱ类、Ⅲ类为主，少量为Ⅳ类。其中属Ⅱ类围岩共781m，约占60.48%，属Ⅲ类围岩共500.6m，约占38.77%，属Ⅳ类围岩仅10.33m，约占0.80%。

引水岔洞因断层、片理发育，岩体完整性略差，开挖中小的掉块、塌方较多，全段围岩均为Ⅲ类。

（2）进口闸门井及井口内侧边坡岩石条件较好，基本无较大不良地质现象。闸门井在开挖过程中未出现大的掉块、塌方。但排沙洞与井壁衔接段由于发育中陡倾、大致顺洞向、大跨度结构面发育，多有掉块、小塌方发生。1730m左右高程以上为Ⅲ类围岩，岩体弱风化，其下主要为Ⅱ类围岩，以微、新岩体为主，局部有因构造引起的囊状风化带。总体来看，进口闸门井开挖揭露地质情况与前期勘测结论基本一致。

（3）出口闸门井边坡主要为第三系红色砾砂岩，易风化崩解，需及时喷护锚固。作为永久边坡，建议采用浆砌石护坡。闸门井井壁岩体完整性较差，构造较发育。因其下游侧及外侧傍山岩体厚度相对太薄，岩体风化、卸荷较严重，构造中多充填次生泥，开挖中掉块、塌方较多。开挖揭露地质情况比前期勘测结论要差，主要是开挖揭露岩体风化界限比前期结论要深25m左右，相应的围岩类别也较低，主要以Ⅲ类为主，部分为Ⅳ类、Ⅱ类，体现为上部差、下部好。

（4）出口洞脸边坡构造发育。主要为片理及片理密集带、顺层断层等，且贯穿边坡，延伸较远，其他横切边坡不太发育，影响小。

明渠边坡岩体完整性较好，喷锚支护后，无大的工程地质问题。底板岩体完整性较好，主要为Ⅲ类岩体，工程地质条件较好。

（四）扩机系统工程地质条件

1. 发电洞工程地质条件及评价　成洞条件较好，不存在大的工程地质问题。仅在断裂构造带和裂隙密集处需重点支护。对调压井上部第四系松散层、上第三系红色砾砂岩及强风化岩体，亦需重点支护。调压井砾砂岩段开挖时应预留1m厚的保护层，采用小药量爆破开挖并做好排水措施，开挖面形成应立即喷混凝土或浇混凝土保护。

隧洞开挖过程中，断层裂隙间的切割组合，将在隧洞及调压井井壁构成不稳定楔形危岩体，造成掉块和少量坍塌，建议隧洞施工及工程处理措施比照排沙洞进行。

2. 厂房工程地质条件及评价　厂房建基于微风化至新鲜岩体上，局部有弱风化岩体，主要为Ⅱ类岩体，局部为Ⅲ类岩体，地基承载力及抗变形性能较高，工程地质条件较好，建议基岩开挖边坡为1∶0.4～1∶0.3，并对断层破碎带进行补强或清挖并回填混凝土处理。

厂房后边坡坡向为NW286°，与片理走向夹角39°～48°，最大开挖边坡高度90m，片理不发育，倾角较陡。厂房上、下游侧边坡走向为NE16°，与片理走向夹角42°～51°，基本为横向坡，最大开挖边坡高度80m，即厂房开挖边坡整体比较稳定。开挖坡度的大小取决于岩体的风化程度和深度，强至弱风化岩体可按1∶1～1∶0.75，弱风化至微新岩体可按1∶0.25～1∶0.3，并建议每15m高设一3～5m宽的马道，对永久边坡进行喷锚防护处理和设置地表排水、防洪设施。

开挖边坡岩体中未发现较大不稳定楔形体，整体稳定条件较好。对少数可能构成小规模楔形块体、危石、岩块，仍须及时进行清除或锚固。

（中国水电顾问集团西北勘测设计研究院
王文革　王　菲　沈启湘　杨　贤　赵海营　杨发军）

丰宁抽水蓄能电站上水库渗漏分析

丰宁抽水蓄能电站上水库位于灰窑子沟，地形条件为三面环山的天然洼地，整体封闭条件较好，是优良的上水库库址。坝型为混凝土面板堆石坝，坝轴线方向NE28.8°，坝顶高程1510.3m，坝顶长度525m，最大坝高120.3m，上、下游坡比均为1∶1.4。水库正常蓄水位1505m，死水位1460m，总库容约4882万m^3，调节库容4061万m^3。

库区岩性：灰窑子沟单元主要为熔凝灰岩、凝灰熔岩、流纹岩、凝灰岩夹薄层粗安岩等，水泉沟单元为流纹质凝灰岩、含角砾凝灰岩，岩体以微至弱透水为主。断层总体较为发育，以NNW和NNE向主，宽度0.3～3.0m，主要由断层泥、碎裂岩、碎粉岩、碎块岩等组成。另在上水库东、南侧分水岭部位出露有2条裂隙密集带，宽度5～13m。岩体风化受岩性及构造影响差异性较大，凝灰岩分布区和断层交汇部位风化较强，还存在夹层风化现象。

上水库整体上西北高、东南低，地形宽缓，山体雄厚，正常蓄水位1505m时，分水岭山体厚度多大于500m。地下水位与地形基本一致，也是西北高、东南低。在Ⅰ、Ⅱ号沟垭口部位地形较为单薄，与库外冲沟形成对顶沟，顺沟发育有裂隙密集带，且风化严重，存在夹层风化；水道系统通过库岸分水岭部位库外边坡相对较陡，岩体受构造影响较为破碎。勘察结果表明：Ⅰ、Ⅱ号沟垭口部位，水道系统通过库岸分水岭部位及坝基肩是水库渗漏的主要部位。

1. Ⅰ号沟脑　位于东岸、南岸分水岭，Ⅰ号支沟与库外冲沟形成对顶沟，垭口部位地面高程为1522m，比正常蓄水位高17m，正常蓄水位1505m时分水岭厚度为197m，其余部位库岸分水岭正常蓄水位1505m时分水岭厚度为310～400m。地下水位高程为1476.07～1493.02m，低于正常蓄水位，存在渗漏问题。分析认为主要是由于该段岩体风化严重及裂隙密集带J2造成的。该段分水岭大部分地下水位高于3Lu、1Lu界线，建议防渗标准按3Lu控制；局部地下水位低于3Lu界线按与地下水位相接控制，建议防渗深度95～110m。

2. Ⅱ号沟脑　位于东岸分水岭，Ⅱ号支沟与库外冲沟形成对顶沟，垭口高程为1576.37m，正常蓄水位1505m时分水岭厚度为457m。沿对顶沟发育有裂隙密集带J1，宽度10～12m。受其影响，岩体破碎，属中等透水，地下水位高程为1497.55m，低于正常蓄水位，蓄水后库水会沿J1产生渗漏问题。该段分水岭地下水位高于3Lu、1Lu界线，建议防渗标准按3Lu控制；局部地下水位低于3Lu界线按与地下水位相接控制，建议防渗深度10～25m。

3. 水道系统通过库岸分水岭部位　位于南岸，正常蓄水位1505m时分水岭厚度为270～585m。地下水位高程为1484.55～1495.56m，低于正常蓄水位，存在渗漏问题。分析认为，主要是由于该段岩体裂隙发育，岩体破碎，另外有断层f_{203}、f_{216}和辉绿岩脉V201通过，因此存在渗漏问题。该段分水岭地下水位低于3Lu界线，大部分高于1Lu界线，建议防渗标准按与地下水位相接控制，防渗深度20～115m。

4. 坝基肩部位　坝基及左右坝肩岩体断层发育，其中规模相对较大的断层主要有f_{201}、f_{203}、f_{204}、f_{205}、f_{206}、f_{207}、f_{209}等，断层带宽度一般为1～2m，多与坝轴线成30°～40°交角贯穿坝基。坝基肩部主要发育NE、NNW和NWW三组裂隙，受断层和裂隙切割，坝基岩体主要为次块状、碎裂结构。综上所述，坝基、坝肩存在沿风化裂隙及断层带渗漏问题。

左坝肩地下水位大部分高于3Lu、1Lu界线，建议防渗标准按3Lu控制，局部地下水位低于3Lu界线按与地下水位相接控制，防渗深度为10～92m；右坝肩地下水位大部分低于3Lu、1Lu界线，建议防渗标准按与地下水位相接或3Lu控制，防渗深度为10～45m；坝基防渗标准按3Lu或与地下水位相接控制，建议防渗深度为10～95m。

（中国水电顾问集团北京勘测设计研究院
赵国刚　宫海灵）

长江岩土工程总公司（武汉）2012年水电工程勘测工作情况

（一）乌江构皮滩水电站

2012年，主体工程已完建，进行竣工安全鉴定，勘测工作主要是通航建筑物与厂房尾水南侧边坡治理。

厂房尾水南侧边坡以软岩为主，上部为硬岩山脊，边坡区构造发育，稳定条件差。边坡自形成以来，一直处于缓慢蠕变状态。通过分析监测与地质资料，配合完成了上部硬岩卸载方案设计。本年度基本完成了卸载施工，边坡的变形趋于收敛。

通航建筑物布置于左岸煤炭沟至野狼湾一线，全长2306m，为三级垂直升船机，最大提升高度分别为52.0、127.0、79.0m，设计通航标准为Ⅳ级航道，可通行500t级船舶，第一级升船机与上游引航道已施工完成。第二级升船机软岩高边坡与软基变形等问题是工程处理的重点和难点。2012年完成第二、三级招标设计阶段勘察工作，基本完成通航隧洞、石棺材崩塌堆积体的抗滑桩施工，地质编录总面积约0.23km²。

2012年对库区开阳县龙水中学库岸进行了补充勘察工作，完成4个钻孔，总进尺83.2m，并完成龙水中学、遵义县乌江镇河滨大道两个库岸的治理设计工作。

（二）乌江银盘水电站

2012年，坝区主要进行三期主体工程施工，包括纵向围堰左侧护坦工程、泄10～12号坝段工程、船闸工程、右非溢流坝段工程及右岸上坝公路等。已完成三期主体工程泄洪坝段、船闸闸室、护坦、右岸上坝公路和下游引航道边坡地质编录及验收。共完成地质编录和验收21 300m²。

水库区施工地质工作主要有彭水县境内上塘码头接线公路、上塘滨江移民安置点、高谷移民安置点、高谷中学防护工程、高谷码头复建工程、高谷香高路复建工程及库区修编工作等。

（三）乌江白马航电枢纽

乌江白马航电枢纽可行性研究阶段勘察工作由长

江岩土工程总公司（武汉）负责组织实施，其中库区羊角滑坡由长江勘测技术研究所单独承担进行专题研究工作。

2012年度开展的可行性研究工作过程中，重点针对选定（或推荐）坝址——白马坝址左岸厂房上游边坡中的岩溶角砾岩开展补充勘察工作，同时相继开展了白马乌江大桥（新下桥位）、右岸过坝交通隧洞、弃渣场防护设计、武隆县城和白马集镇移民迁建新址、羊角水泥厂防护、焦村坝移民点边坡防护、白马集镇移民迁建区防护、武隆县城防护、库区交通运输工程（道路、桥梁、码头）等专项勘察工作。

完成的主要勘察工作量（主要是白马坝址补充勘察工作量）：坝址区小口径钻探363.20m/3孔，动探试验34次；平洞97.3m/1个；岩溶角砾岩现场大密度试验4组，现场含水率试验4组，现场颗粒分析试验2组，现场直剪试验2组，现场变形试验4组，现场大三轴试验1组；岩溶角砾岩矿物成分分析4组，化学成分分析4组；水质简分析1组；地下水长期观测190组日；配合测量235组日。

完成的勘察成果有：《重庆乌江白马航电枢纽白马乌江大桥（新下桥位）工程地质勘察报告》、《重庆乌江白马航电枢纽白马坝址右岸过坝交通隧洞工程地质勘察报告》、《重庆乌江白马航电枢纽工程弃渣场防护设计工程地质勘察报告》、《重庆乌江白马航电枢纽移民安置规划武隆县城移民迁建新址工程地质勘察报告》、《重庆乌江白马航电枢纽移民安置规划白马集镇移民迁建新址工程地质勘察报告》、《重庆乌江白马航电枢纽羊角水泥厂防护工程地质勘察报告》、《重庆乌江白马航电枢纽焦村坝移民点边坡防护工程地质勘察报告》、《重庆乌江白马航电枢纽白马集镇移民迁建区防护工程地质勘察报告》、《重庆乌江白马航电枢纽武隆县城防护工程地质勘察报告》、《重庆乌江白马航电枢纽库区交通运输工程（道路、桥梁、码头）工程地质勘察报告》、《重庆乌江白马航电枢纽白马坝址开挖料利用规划专题地质报告》（内审稿）、《重庆乌江白马航电枢纽建设用地地质灾害危险性评估报告》（送审初稿）、《重庆乌江白马航电枢纽可行性研究报告（第四分册　工程地质）》（内审稿），以及重庆乌江白马航电枢纽白马坝址三维地质模型（合作完成）。

（四）汉江孤山水电站

汉江孤山水电站可行性研究阶段勘察工作由长江岩土工程总公司（武汉）负责组织实施。2012年度勘察工作任务主要有：①水库区滑坡工程地质复核；②坝址右坝肩人工高边坡稳定性勘察；③环境影响评价专题库坝区水文地质勘察。

前期勘察表明，孤山水库区分布体积≥10万m^3的滑坡50处（左岸35处、右岸15处），总方量9683万m^3。2012年度需复核查明滑坡分布范围、体积、地质结构、边界条件和地下水动态，分析和预测滑坡稳定性，评价对水工建筑物、城镇、居民点及航运、主要交通线路的可能影响。

由于水工建筑物特别是电厂的布置限制，在坝址右坝肩将形成近200m高的人工边坡。右边坡岩体主要为寒武系绢云大理岩夹片岩，片理倾向、倾角和边坡坡向、坡角基本一致，为顺向坡。右坝肩高边坡稳定问题是坝址区重大技术课题。

环境影响评价是影响该项目立项报批的关键，为了建立坝址、库区地下水动态渗流场，以及监测地表、地下水的水文、水质动态变化等，2012年度开展了库、坝区水文地质勘察工作，以满足孤山水电站环评要求。

2012年度完成的主要工作量：1∶2000平面地质测绘5.75km^2，1∶500平面地质测绘2.61km^2，陆地钻探4405.7m/127孔，水上钻探107.8m/3孔，平洞30m/1个，钻孔地下水位动态观测48孔/5月，压水试验289段，原位直剪试验4组。

完成的勘察成果：《汉江孤山水电站水库区涉水房屋工程地质勘察报告（初勘阶段）》、《汉江孤山水电站可行性研究环境影响评价专题水文地质勘察说明书》、《汉江孤山水电站水库区滑坡工程地质勘察报告》、《汉江孤山水电站砂石混凝土系统及施工总布置调整专题研究报告》（工程地质部分）。

（五）汉江白河水电站

汉江白河水电站是汉江上游干流七级开发中的最末一级，枢纽位于湖北省郧西县、陕西省白河县境内。施工详图阶段勘察工作由长江岩土工程总公司（武汉）负责组织实施。

2012年主要进行左岸坝肩及下游引航道边坡施工地质工作，共完成施工地质编录13 060m^2。业主营地详勘及地灾评估共完成1∶500地质测绘0.2km^2，钻孔18个，总进尺300.1m，坑槽15m^3，钻孔重型动力触探试验18段。

（六）赣江井冈山水电站

井冈山水电站位于江西省吉安市境内，赣江中游河段，万安县城与泰和县城之间。可行性研究阶段勘察工作由长江岩土工程总公司（武汉）组织实施。

2012年度主要勘察工作为库区居民点新址勘察及地质灾害评估工作，配合设计进行移民安置规划报告编制及送审工作，配合CATIA三维建模，根据设计方案变动情况修改并完善地质勘察报告及地质篇。

坝址区多被第四系冲积物覆盖，河床多为松散砂砾卵石层，下覆基岩为白垩系红层，均为软岩及较软岩，存在软岩快速风化问题。对于松散砂卵砾石及软岩地层，钻探取芯较为困难。

2012年完成的主要工作量：1∶500地形测量0.38km²，1∶500断面测量4.5km，1∶2000工程地质测绘0.22km²，1∶500工程地质测绘0.38km²，槽探135m³，取扰动土样16组，土常规试验16组，饮用水水质分析2组，地下水长期动态观测21孔。

完成的勘察成果：《江西赣江井冈山水电站工程地质灾害危险性评估报告》（已备案）、《井冈山水电站建设征地移民安置规划库区防护工程地质勘察报告》、《井冈山水电站建设征地移民安置规划库区复建交通运输工程地质勘察报告》、《井冈山水电站建设征地移民安置规划百嘉集镇（局部）迁建规划工程地质勘察报告》、《井冈山水电站建设征地移民安置规划韶口集镇（局部）垫高及原址复建规划工程地质勘察报告》、《井冈山水电站建设征地移民安置规划韶口乡七仙坑居民点工程地质勘察报告》、《井冈山水电站建设征地移民安置规划韶口乡角塘居民点工程地质勘察报告》、《井冈山水电站百嘉集镇（局部）迁建规划场地地质灾害危险性评估报告》、《井冈山水电站韶口集镇（局部）垫高及原址复建规划场地地质灾害危险性评估报告》、《井冈山水电站韶口乡七仙坑居民点地质灾害危险性评估说明书》、《井冈山水电站韶口乡角塘居民点地质灾害危险性评估说明书》（已备案）、《江西赣江井冈山水电站工程地质勘察报告（可行性研究阶段）》（初稿）、《江西赣江井冈山水电站可行性研究报告》（地质篇）、《江西赣江井冈山水电站移民专业项目规划防护工程专题报告》（地质篇）、《江西赣江井冈山可行性研究阶段建设征地移民安置规划报告》（地质部分）、《江西赣江井冈山水电站移民专业项目——防护工程初步设计报告》（地质篇）、《赣江井冈山水电站浸没区地下水数值模拟及防治对策研究》专题报告。

浸没是库区影响的主要控制因素，而浸没临界地下水位埋深作为浸没评价的关键参数，取值的大小决定浸没预测的合理性。针对库区浸没问题，进行了专题研究。采用有限单元法，利用FEFLOW5.3软件进行数值模拟，预测两岸地下水壅高。为获得库区土层毛细管上升高度，分别采用了含水量试验法、水分特征曲线法、经验公式法以及现场调查法，通过各种方法得出的数据来综合确定浸没，预测最终采用的土层毛细管上升高度。这些方法的综合使用，比单纯采用室内毛细管上升高度试验确定的土层毛细管上升高度更符合库区实际情况，最终预测的浸没影响范围大大减少。

［长江岩土工程总公司（武汉） 向能武
王雪波 谢礼明 王启国 刘高峰 罗仁辉］

工程地质问题处理

橙子沟水电站引水隧洞塌方处理

一、概况

橙子沟水电站引水隧洞为圆形断面，沿白龙江右岸布置，全长约17.2km，Ⅲ、Ⅳ类围岩开挖洞径分别为11.7m、12.1m，Ⅱ类围岩开挖洞径为12.56m。引水隧洞横穿右岸山体，属傍山隧洞，沿途冲沟发育。

2012年1月26日，已完成开挖支护的14＋438.7m～14＋475.0m段，一期支护的钢支撑地脚处及喷混凝土面出现变形、开裂，并伴有渗水。为防止钢拱架继续变形及喷混凝土继续开裂，进行了喷射混凝土补强并对钢支撑加固处理，同时安排专人观察围岩变形动态。2012年2月11日上午9时30分，变形处隧洞顶部喷混凝土出现掉块，人员撤离10min后，桩号14＋438.7m处发生塌方并迅速向上游蔓延；塌方持续10多个小时，直至隧洞全断面堵死后才稳定下来。初步判断，塌方量约3000m³，塌腔高18m以上，纵长约38m，宽约10m；造成该段一期支护的50榀钢拱架完全损坏，且塌方体上下游面各有约30m的洞段出现不同程度的变形。

二、塌方原因分析

1. 地质因素　塌方段岩性为灰黑色云母石英片岩，局部夹杂灰黑色灰岩，软硬相间，岩层之间黏聚力差；岩层产状为NE85°NW∠54°～NE80°SE∠65°，走向与洞向夹角较小，为22°～27°；上部有一大型冲沟，覆盖有第四系冲洪积物，厚度100m左右，常年流水，流量在0.5～1m³/s左右。

2. 地下水影响　冲沟内常年有水并通过岩石裂隙渗入岩体，造成片岩吸水软化，抗滑系数及强度降低，导致围岩失稳。

3. 施工原因　该段开挖完成后因客观原因混凝土未及时衬砌，围岩暴露数月，卸荷严重。同时，施工及技术人员对后果估计不足，加固措施未能满足实际需要，支护变形后未能及时有效控制。

三、塌方处理

（一）处理方案

起初，采用正常出渣及钢拱架支护方式处理，效果不好又发生多次塌方，造成下游变形段8榀钢支撑被破坏，塌方有继续发展的趋势。之后，采纳施工方提出的先固结后处理建议，制定了采用超前小导管＋大管棚＋自进锚杆＋钢支撑的处理方案。该处理方案要点如下：

（1）对塌方区下游围岩14＋475.0m～14＋481.0m变形段采用锚固及固结灌浆进行加固，确保处理时人员与设备的安全。

（2）利用塌方石渣填筑作业平台，由下游向上游方向，进行多循环大管棚及小管棚（自进注浆锚杆）及钢支撑和钢筋挂网喷混凝土施工。

（3）在完成塌方段处理后，由上游向下游单循环进行平台以下垫渣挖除及下延钢支撑及混凝土衬砌施工。

（二）施工方法

1. 塌方段下游变形段处理　首先在塌方下游30m变形段进行固结灌浆处理。围岩固结灌浆采用自进注浆锚杆施工方法。注浆锚杆布置为间距120cm、排距100cm，锚杆长300cm，垂直于岩面钻孔，沿拱圈扇形布置（见图1），端部与钢拱架焊接成整体。注浆顺序：排间由低孔向高位孔，由下游向上游。

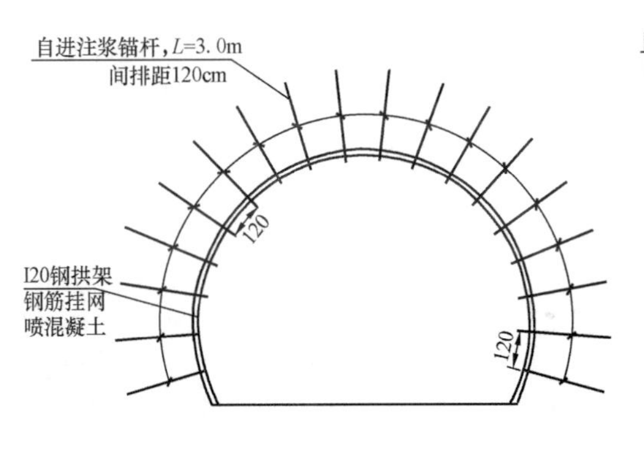

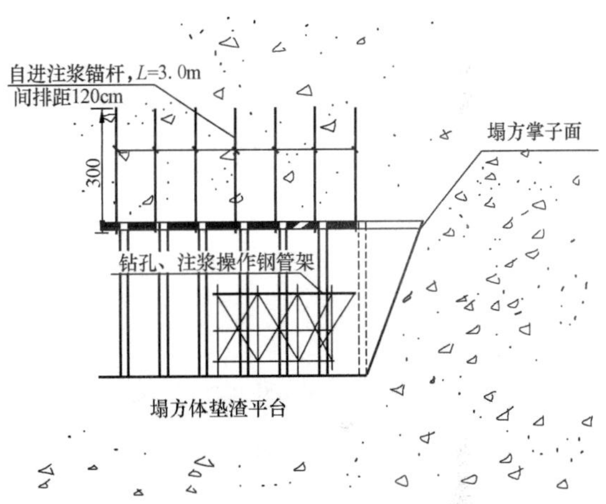

图1　下游变形段注浆锚杆布置示意图

2. 塌方段与变形段衔接处理　在距塌方面2m和4m位置处的顶拱120°范围分别钻固结灌浆孔两排，仰角为20°～30°，孔深10m、孔间距1m（见图2）。在孔内插入9m长的ϕ42mm×4mm的注浆小导管（导管壁加工注浆花孔，孔径为6mm，间距为15cm，呈梅花形排列，前端20cm制作成锥形，尾端30cm范围内不钻孔作为止浆段），用砂浆泵注入砂浆。小导管端部与钢拱架焊接成整体，导管内置入3根9mϕ25mm钢筋制作的锚筋桩，增强导管在渣体内承受荷载及抗剪的能力。同时为避免浆液由渣体渗漏，将渣体外部用喷厚度20cm的混凝土全部进行封闭。

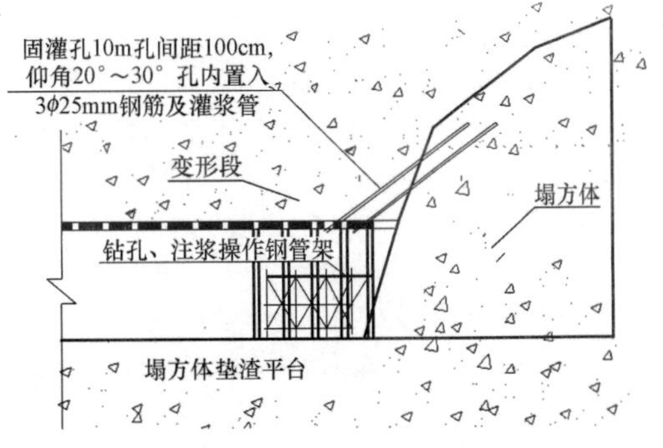

图2　塌方段与变形段衔接固结灌浆孔布置示意图

3. 主塌方段处理　待塌方段与变形段衔接处按上述方案处理完之后，清理出大管棚施工作业面，在离塌方面最近的一榀钢拱架后施作第一排管棚，采用MD30跟管钻机钻孔，环向布孔间距40cm，钻孔直径120mm，长度900cm，仰角20°。利用DN108mm套管作为管棚钢管，为增大管棚刚度，内置3根9mϕ25mm钢筋制作的锚筋桩。采用注浆泵注入1∶1水泥浆，注浆压力0.4～0.8MPa。

第一排管棚注浆完成达到规定强度后，用反铲开挖管棚下部渣体，每循环开挖1m立两榀钢拱架；立好钢拱架，立即喷C20混凝土封闭，完毕后继续进行开挖、支护，循环作业。在开挖过程中遇到孤石或被管棚穿住的大石侵占混凝土体形情况时，采用松动爆破爆除，以不扰动周边围岩为原则。单排管棚允许开挖最大长度 6m，以确保第二排管棚与第一排管棚重合段不小于 150cm。在第一排管棚 6m 范围内的洞段开挖、支护完成后，立即在掌子面进行喷混凝土以防塌方，接着用自进锚杆进行注浆固结施工。由于这次塌方主要是顶拱带左侧墙方向，钢拱架加固如采用锚杆锁脚的话，普通锚杆无法在松散的渣体内起到支撑钢拱架的作用，为此在固结灌浆前，每榀钢拱架底部采用两根锚筋桩加固，待锚筋桩注浆完成后再进行洞身固结注浆。锚筋桩由 3 根 9mϕ25mm 钢筋组成。

上述几项工作完成后进行第二排管棚施工。依此类推，开挖、支护按 1m，单排管棚按 6m 循环施工，直至处理完全部主塌段及变形段。

在处理过程中，还在部分侧墙处增加管棚，将第一循环开挖进尺调整为 0.5m，上游变形段管棚钻入岩石角度由原来的 20°调整为 40°，解决了施工出现的问题。

橙子沟水电站出现的这次塌方，采用超前小导管＋大管棚＋自进锚杆＋钢支撑的处理方案，有效控制了塌方继续发展的局面，同时确保了施工期的安全。从监控测量结果来看，本次隧道塌方的处理方案是可靠的。

（中国水利水电第三工程局有限公司
马利平　刘林元　常晓凯）

地下洞室渗漏水处理技术

一、有混凝土衬砌的地下洞室渗漏水处理技术

对于有混凝土衬砌的地下洞室渗漏水问题，处理重点是修补衬砌混凝土自身缺陷，常见缺陷类型有裂缝、伸缩缝止水失效、混凝土疏松不密实等。最有效的处理手段是水泥灌浆和化学灌浆。在对混凝土结构进行化学注浆时，对注浆材料性能的要求较高，如强度、耐久性、适应变形缝的能力等，因此除了超细水泥、水玻璃等无机灌浆材料外，常选用成本相对较高的有机灌浆材料，如环氧浆液、聚氨酯浆液、甲凝浆液等。

小浪底水利枢纽泄洪系统由密集的地下洞室组成，由于黄河水含沙量大，为满足洞身段抗蚀、抗冲刷的要求，工程对诸如混凝土裂缝、伸缩缝和施工缝渗漏水等缺陷的处理标准要求较高。中国水利水电第三工程局有限公司（以下简称中国水电三局）勘测设计研究院于 2000 年 10 月～2001 年 1 月完成了导流洞、排沙洞等洞室的衬砌混凝土裂缝渗漏水的处理工作，结合工程特点，制定并在施工中完善了“无损化学灌浆工艺”。该工艺不仅比传统化学灌浆工艺效率高，而且最大程度地避免了对原混凝土的二次损伤。

三峡工程对质量标准的要求是极高的，许多指标超过了规范的要求。中国水电三局勘测设计研究院于 2001 年陆续完成了三峡工程左岸厂房下游基础灌浆廊道结构缝防渗漏聚氨酯化学灌浆、三峡工程左岸厂房下游基础灌浆廊道混凝土裂缝补强防渗低黏度环氧树脂化学灌浆、三峡工程左岸厂房下游基础灌浆廊道加强防渗帷幕丙烯酸盐化学灌浆、三峡工程左岸船闸部分闸室底板止水检查槽水溶性聚氨酯防渗漏化学灌浆等多个项目的施工任务。所有处理部位经三峡工程过蓄水检验，做到了“滴水不漏”。三峡水库最高蓄水位达到 175m，下游水位 40m 左右，大坝基础廊道高程 24m，要承受最大 135m 的渗透压力。因此，基础廊道出现在裂缝或者结构缝部位的渗漏水均为压力水，经使用背水面化学灌浆技术处理，所有渗漏水问题均得到圆满解决。

二、无衬砌地下洞室围岩渗漏水处理技术

（一）预注浆技术

相对于有衬砌的地下洞室，无衬砌地下洞室围岩渗漏水处理要复杂得多，涌水压力大、围岩破碎等情况比较常见，有些地下富含煤层区段要避免瓦斯等可燃气体爆炸事故，在注浆堵水时不允许用可燃的有机注浆材料。因此，无衬砌地下洞室围岩渗漏水问题除了直接注浆封堵外，往往还采取导洞分流减压、预注浆等综合处理措施。

预注浆技术是指在开挖前通过钻孔向特定区段（富水带、含水层）预先注浆，利用注浆液有效扩散半径，在裂隙含水层中形成足够体积的浆液凝胶和岩石组成结构体，此方法可以有效地隔离地下水，在开挖前封闭地下水通道，从而保证隧洞开挖的顺利进行。预注浆技术应结合地下水超前地质勘探预报进行，采用超前地质勘探用以查明未开挖区的地质构造、地下水富集带、含水层或含水地下洞穴的位置，根据反馈的信息判断是否需要采取预注浆措施。地质勘探主要采用超前导洞勘探法、电阻率勘探法和地质雷达法（GPR 法）三者相结合的方法，相互取长补短，以便准确预报地下水的情况。

预注浆前，首先综合分析岩层裂隙状态、地下水情况、设备能力、浆液有效扩散半径、钻孔偏斜率和对注浆效果的要求，然后确定地下洞室每一注浆段，沿洞轴线呈伞状布设注浆孔。另外，鉴于洞室的岩石裂隙发育程度及不均匀性，施工中根据具体情况适当调整，以免出现“死区”。由于预注浆浆液扩散的一般规律是向上易扩散，向下不易扩散，一般先钻注布置在隧道顶板上的注浆孔，后钻注洞室两侧孔，最后

钻注底板孔。全段注浆完成后，根据不同浆材凝结时间要求待凝，然后进行开挖作业。

（二）注浆材料

对于开挖后出现的围岩涌水，在选择注浆材料时，要求其凝固时间短、强度高。这种浆液有利于快速堵水，减少漏浆浪费，对围岩有一定的补强作用。国内常用的有水溶性聚氨酯 HW 与 LW 以及油溶性聚氨酯等材料。中国水电三局勘测设计研究院 2009 年 3 月承担的四川仁宗海水电站引水压力钢管下斜段围岩涌水处理就是这类情况的实例。

在进行地下洞室预注浆时，因注浆量大，对注浆材料的要求是材料来源广泛，价格较低。常选择普通硅酸盐水泥、水玻璃等无机灌浆材料，近几年，无毒环保的丙烯酸盐灌浆材料也经常作为预注浆材料。

1. 改性水玻璃灌浆材料　水玻璃因其原材料来源广泛、价格低廉曾被广泛用于地基堵水加固灌浆领域。大多数工程在使用水玻璃浆材时，多采用无机材料（氯化钙、氯酸钠）做凝固剂，或者和硅酸盐水泥浆混合使用利用水泥中的成分激发固化。这种浆材体系虽然使用简单，但灌浆效果很难保证。中国水电三局勘测设计研究院在国外文献资料基础上，通过试验，成功掌握了用有机材料做水玻璃的凝固剂来显著改善水玻璃浆液性能的技术。有机材料能缓慢分解，释放出一种或多种能使水玻璃浆液凝固的物质，可以达到黏度低、渗透性好、强度高、凝固时间容易调节的要求。该配方可使单液水玻璃灌浆在地基防渗加固领域成功应用，提高了水玻璃浆液的应用空间及效果。

2. 丙烯酸盐灌浆材料　自从防渗化学材料丙烯酰胺因毒性问题被停止使用以来，许多国家都在研究开发毒性较低的丙烯酸盐化学灌浆材料及其应用领域。丙烯酸盐灌浆材料具有黏度低、无颗粒状态、可灌入细微裂隙、胶凝时间可以控制、凝胶渗透系数低、抗挤出能力强等特点。中国水电三局曾将我国研制的第一代丙烯酸盐材料成功应用在三峡工程左岸厂房坝段帷幕加强化学灌浆，显示了丙烯酸盐作为地基防渗灌浆材料的巨大应用潜力。二代丙烯酸盐 AC-Ⅱ丙烯酸盐灌浆液是一种新的防渗堵漏材料，它用一种新的交联剂替换了原来丙烯酸盐化学灌浆液中具有中等毒性的交联剂甲撑双丙烯酰胺，浆液中不含酰胺基团的化合物，经北京大学公共卫生学院毒理学系检测为实际无毒。使用 AC-Ⅱ丙烯酸盐灌浆液灌浆，不会污染环境，符合“绿色灌浆”的理念。中国水电三局勘测设计研究院于 2009 年底完成的筱溪水电站特殊地质条件丙烯酸盐帷幕灌浆，是 AC-Ⅱ为代表的第二代丙烯酸盐问世以来首次在水电工程较大规模应用，取得了较好的帷幕防渗灌浆效果，形成的工法对类似工程有借鉴意义。因此，中国水电三局勘测设计研究院参与了由中国建筑材料工业技术监督研究中心组织的《丙烯酸盐化学灌浆材料》行业标准起草工作，该标准已正式颁布实施。

（中国水利水电第三工程局有限公司　屈高见）

勘测技术与设备

无人机数字摄影测量技术在高海拔地区水电站工程地形测绘中的应用

（一）概况

雅鲁藏布江仲达和冷达水电站位于西藏自治区山南地区加查县和林芝地区朗县境内。测区平均高程约 3200m，最高达 4500m，属高海拔地区；呈峡谷地貌，相对高差大；除河道两侧谷底部分外，其他区域人迹罕至；沿河道右岸有山南—林芝国道通过，土质路面，且较窄，左岸为一条乡间土路，交通状况一般。

据当地气象资料，工程所在地每年 11 月便开始下雪，直至次年 5 月冰雪才逐渐消融，年最低温度约在－30℃，属高寒地区。

按项目要求，在 3 个月内要完成电站 1∶2000 地形图测量 $130km^2$，以及两个枢纽区 1∶1000 地形图测量 $50km^2$。除去正常作业准备、进出场路途外，可利用的外业工作时间最多 45d。

（二）无人机作业优势

采用常规测量方法完成本项目工作存在的问题有：①需投入的常规设备多（GPS 约 30 台套，全站仪 20 台套），人员数量大，生产组织、后勤保障困难；②现场环境复杂，生产作业存在不可预知因素，安全隐患较大；③人工碎部点测量存在局限性，外业数据采集不完整，成图漏洞多且难于补救；④作业成本高。

现阶段比较成熟的非接触性新型测绘技术手段有：空中机载激光扫描测量、无人机低空数码摄影测量以及地面激光扫描等。经比较，在要求的工期内完成本工程地形测图任务最为可能的方法为采用无人机低空数码摄影测量。它不需要办理飞行审批手续，起降场地可以在测区内依环境条件选择，根据现场气象条件择机飞行作业，影像数据获取的周期短、现实性强，且具有可控性，影像也满足项目成图比例尺精度要求。

（三）技术设计

1. 高原低空数码摄影技术　国内尚无成功高原低空数码摄影工程实例参考，也无此类应用技术的相应国家规范。高原低空数码摄影存在的问题有：①高原缺氧区无人机的发动机输出功率受限，飞行动力不足，稳定性不能很好保证；②测区属高山峡谷区，上下高差大，航片影像比例尺呈宽幅变化，成图精度不易控制；③无人机起降场地不理想，飞行器升空后没有盘旋爬高空间。对此，采取的应对措施如下：

（1）改进发动机功率，选用双缸发动机，在同等飞行条件下地面拉力比提高到 0.8 以上。通过实地反复试验，调试飞行姿态，确保无人机飞行平顺。

（2）充分结合测区地形特点，采取分区摄影方式，每个分区选用不同的行高，尽量缩小航片影像比例尺变化幅度，保证航摄影像分辨率满足地形图成图精度要求。

（3）选择简易公路或河滩地且起降方向无障碍的地方作为无人机起降场地，并对场地进行人工平整，在跑道上铺设塑料薄膜。采用直线爬高替代盘旋爬高，避免无人机在峡谷中盘旋可能产生的飞行安全隐患。

2. 像片控制点的设计　测区地貌荒芜、人烟稀少，地面缺少明显标志物或参照物，且部分区域海拔在 4500m 以上，技术人员难以到达，致使部分像控点布置及外业刺点困难。采取的措施有：对没有明显标志物的区域，采用高程点代替，同时增加该点附近检核点密度；在飞行设计时尽可能避开海拔 4500m 以上区域像控点布置与刺点问题，增加飞行范围，延伸刺点区域，或者移动标准点位到低处，最后按区域网整体平差处理。

（四）方案实施

根据技术设计的要求，首先进行了 4700m 航行的飞行测试；根据测试情况对飞机进行调整，达到飞行要求后进行试探飞行；对试探飞行的影像数据，检查是否达到设计要求，达到设计要求后，选择有利的气象条件正式飞行。

本项目共飞行了 11 个架次，其中有效架次 7 个，2 个架次调整飞机，2 个架次数据作废；飞行总航时约 525min，照片数量共计 3599 张，整理后文件大小为 45.80GB。

航线采取近似南北飞行，各个飞行架次航线旁向重叠度在 45%～68%之间，航摄像片航向重叠度在 70%～83%之间。全摄区基本无航测漏洞，航向超出摄区范围 3～6 条基线。

本项目飞行比例尺小于 1∶20 000，实际作业中利用提供外业散点成果中的高程点、控制点等，通过加密预测到相应位置，作为高程点量测，有效地改善了区域网的高程精度，在一定程度上改善了空三精度。其中 1∶1000 比例尺成图区域，利用外业大量实测数据成图，保证相应成图比例尺地形图的精度。

像片倾斜角小于 2°，旋偏角小于 7°，航线弯曲度小于 3%。实际航线偏离设计航线不大于像片上 1cm。同航线高差小于 30m，实际与设计航向小于 30m。像片位移误差小于 30m。

影像色彩均匀清晰，颜色饱和无云影和划痕，层次丰富，反差适中，像元分辨率为 6.4μ。满足设计要求。

低空数码摄影技术在该项目地形测绘中成功应用，开创了无人机在高原缺氧及高山峡谷地区飞行先例，是水电测绘新技术应用的创新。

（中国水电顾问集团北京勘测设计研究院
翟明成　杨海军　刘晓波）

GeoStation 地质三维勘察设计系统

一、系统技术方案

GeoStation 地质三维勘察设计系统（以下简称 GeoStation 系统）由中国水电顾问集团华东勘测设计研究院联合多家单位研制，主要由地质数据库、数据管理子系统、三维建模与分析子系统、二维绘图子系统、网络数据查询子系统、系统外部接口等模块组成。系统通过技术标准化、生产流程和项目成员权限配置，使各个组成子系统有机联系并执行统一的配置方案，灵活适应企业集团、设计院、岩土公司和工地项目部等各级机构生产管理的需要，大大提高了数据的一致性、可靠性和安全性。

GeoStation 系统基于 MicroStation 三维 CAD、SQL Server 数据库和 ProjectWise 设计协同软件开发研制，基础平台方案如图 1 所示。GeoStation 系统是首个在三维协同设计软件平台上开发实现的勘察设计综合业务平台，与其他土木三维设计应用软件或系统具有统一的平台集成方案，地质三维数字化成果利用时无需跨平台导入/导出，避免数据转换损失，满足设计协同的实时性要求。

水利水电勘测业务地域分布广，信息化水平一直

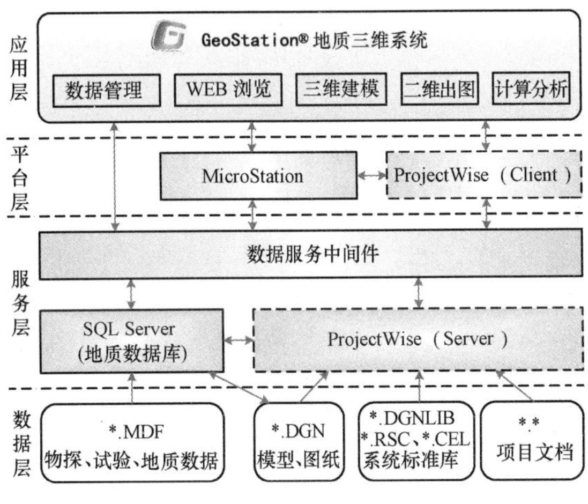

图 1　系统基础平台方案

难以提高。GeoStation 系统支持企业总部、分公司和项目现场的多级部署方案，如图 2 所示。系统支持局域网和互联网接入，地质数据服务支持密钥直连和域用户验证、项目用户验证连接等多种方式，物探、地质、设计和管理用户可根据自身应用需求进行选择。数据服务方式可以有效地提高数据访问的效率和安全性，为系统的跨地域推广应用奠定了技术基础。

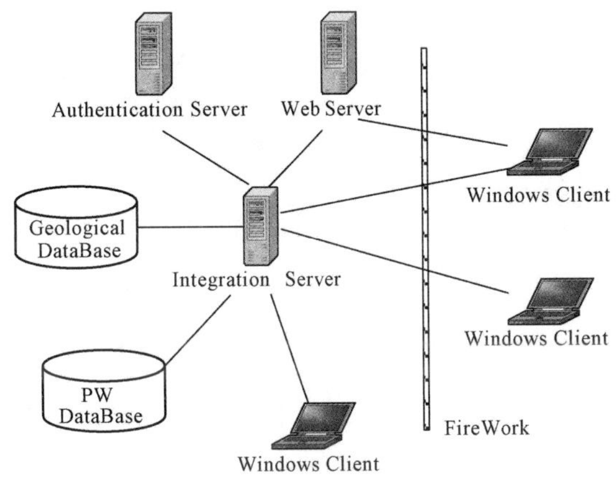

图 2　系统部署方案

二、系统关键技术研究

（一）数据驱动的自动化建模

为了提高地质建模的精度和速度，系统采用了数据驱动的自动化建模技术。数据库中记录了勘探模型、物探模型、试验模型、监测模型和洞室模型等对象的详细几何参数和特征值描述信息，建模工具可以根据这些数据，随时创建对应的三维模型。例如勘探对象建模包括勘探线、钻孔、平洞、探井、探槽等，勘探对象的位置信息和地质揭露信息都已经存储于地质数据库中，系统根据这些数据，自动采用点符号、线段、圆柱、方柱等表示它们在三维空间里的分布位置、外观、数量，以及不同颜色、属性区分的地质特征。在工程现场，地质、勘探、试验、监测工作不间断开展，所采集的工程信息随着时间不断积累，数据驱动的自动化建模工具可以实时利用最新揭露的工程信息生成最新的三维模型，用于推断工程安全状态，提出动态设计方案，帮助工程师方便快捷地发现、分析和解决工程问题。

（二）地质动态解译与曲面建模

地质曲面泛指风化、卸荷、地下水、相对隔水层顶板等在空间上起伏较大的面。该类曲面建模只有很少的揭露数据，需要在大范围内通过人工解译补充推测的建模数据。

1. 地质解译动态剖面方法　地质解译动态剖面技术是以三维剖面方式表达、存储、分析地质数据，以二维剖面方式核对、编辑地质数据，是对传统单一二维图编辑方法的延伸。三维地质解译剖面是地质曲面建模的基础，也是地质成果校验和质量控制的手段。三维地质解译工具不仅可以在垂直剖面和水平剖面上解译插值，也可以在连续折剖面上解译插值，其目的是加密已知勘探地质数据，使地质数据点的空间分布能够合理约束地质曲面建模。

2. 地质曲面拟合生成工具　根据工程地质对象的建模特点，系统创立了多种曲面生成方法，包括：Tin 表面生成法、插值生成方法、Grid 表面生成法、Tin 表面拟合生成法、剖面插值生成法、等值线插值生成法、趋势面拟合生成法、参照面校正生成法、地质结构面生成法。利用地质解译动态剖面数据成果，地质曲面拟合生成的效果更佳。

（三）地质结构面建模

构造面与岩层界面同属地质结构面，在空间上延伸都具有较稳定的产状，二者建模方法基本一致。地质构造在地质点、钻孔、平洞、探井等揭露位置采集数据。构造面在工程区分布的数量多时，确定构造面的空间连接和交切关系将非常复杂，需要借助特征分析、剖面分析或者建模分析来判断。系统提供了构造面特征分析建模工具，可提取构造的所有地质采集点特征信息进行初步对比，剔除明显不合理的数据点，再根据构造特征自动生成曲面。构造面建模需要根据地质情况分析，将构造面进行延伸、修边、剪切等处理，尤其是控制性结构面与被处理构造面之间的关系需要交代清楚。

（四）图件自动编绘与动态更新

系统支持 19 种常用的地质图件，包括工程地质平面图、剖面图、等值线图、展示图、柱状图和分析图。自动化出图功能分为两类：①根据数据库数据自动绘制钻孔柱状图、综合地层柱状图、地质统计分析图等；②综合利用地质模型和数据库，自动绘制符合行业和企业标准的平面图、剖面图、等值线图等。系统自动绘图技术将传统绘图工作效率提高了30倍，缩短地质提供资料周期，大幅降低了人员劳动强度。

（五）地质三维模型设计利用

地质三维协同设计是地质全信息三维模型与数据库成果被下序设计专业利用的过程。由于地质三维系统与枢纽三维设计系统具有统一的三维协同设计环境，因此地质模型无需导入/导出操作，不会发生模型重构、地质属性丢失等问题。为了枢纽三维设计能够更方便地利用地质三维成果，系统配套开发了一批地质三维协同设计工具，包括地质属性查询工具、实时分析剖面工具和动态剖切分析工具等，可以实现地质水工模型一体展示、地质信息实时查询和枢纽地质混合切图等应用，简化了勘察设计生产流程，为枢纽布置方案设计和调整提供了极大方便。

（六）地质三维技术标准化

系统标准化内容包括数据库标准化、建模标准化和CAD制图标准化。数据库标准化方面，系统为数据库建立了水利水电、岩土规范数据字典，可满足勘探、试验、物探、观测、地质等专业的应用。建模标准化方面，系统制定了地质三维模型对象化模版，内容包括模型的分类属性、专业属性、图元属性和标准属性，支持用户自定义扩展。CAD制图标准化方面，系统基于MicroStation平台建立了标准化的地质符号库，包括常用的地质点符64个、地质线型60个、填充花纹356个，也允许用户自定义扩充。地质点符号在行业规范的基础上做了大量补充，以便满足三维地质点模型创建的需要。企业技术标准在图纸和报告成果样式上存在个性化需求，系统支持系统级、项目级出图样式、字体、大小、标注、图签的服务端配置和远程推送，使得企业技术标准非常容易导入生产过程。

三、系统在水电工程中的应用

GeoStation系统已在白鹤滩、锦屏二级、龙开口、苗尾、丹巴、杨房沟、卡拉、黑龙、沙坪二级、永泰抽水蓄能、绩溪抽水蓄能、金寨抽水蓄能、西藏大古、中波、街需等30余项大型水电工程中长期推广应用，在工程各阶段建立了统一集中管理的地质数据库和上百个地质三维模型，为工程三维协同设计技术研究和应用提供了大量的地质三维成果资料。

在白鹤滩水电站项目中，系统建立了3.6km×2.5km的大范围高精度地形、地质模型，完成731个钻孔和315个平洞、竖井的地质、物探、试验数据入库，建立了枢纽区地质精细模型和左右岸边坡29个地质块体专题分析模型，其应用的规模是国内水电工程之最，完成了二维手段不能完成的艰巨任务。在锦屏二级项目中，系统建立了猫猫滩闸址深厚覆盖层模型，通过栅格剖面模型详细表达了砂层透镜体在覆盖层中的分布位置和数量。在龙开口项目中，系统建立坝址区三维地质模型，分析了凝灰岩软弱夹层和地下众多岩脉的空间分布。在苗尾工程中，系统建立了坝址区倾倒变形地质构造形态和岩体倾倒变形程度分级面。在永泰抽水蓄能项目中，系统建立了上水库和下水库的花岗斑岩侵入岩层，将溶岩在地下的连通和侵入关系显示得十分清楚。

（中国水电顾问集团华东勘测设计研究院　王国光）

5

水 工 设 计

大　坝　设　计

向家坝水电站二期大坝纵缝并缝研究

（一）概况

向家坝水电站二期工程大坝除右非⑥～⑧坝段不分缝和右非⑤坝段设置1条纵缝外，其余坝段均设置2条纵缝，第1条纵缝顶部均设置有并缝廊道。二期大坝纵缝分缝特性见表1及图1、图2。

（二）纵缝并缝方案

1. 常规并缝方案　除并缝混凝土满足允许最高温度要求外，并缝时下部混凝土冷却至坝体稳定温度，并缝混凝土宜安排在低温季节浇筑。

2. 特殊工况并缝方案　根据现场施工实际情况，实施时可能出现部分并缝部位不能完全满足常规并缝方案所提各项要求的情况。考虑到常规设计工况安全裕度较大，为保证混凝土施工进度，结合现场施工情况，对适当调整（或放宽）并缝要求的情况进行分析论证。拟定特殊并缝工况见表2。

（三）纵缝并缝温控分析

1. 常规并缝方案分析成果　按常规设计工况进行施工，并缝廊道周围混凝土拉应力较小，最大拉应力满足允许拉应力要求且安全裕度较大。

2. 特殊工况并缝方案分析成果

（1）产生的最大拉应力列于表3。

表1　　二期大坝工程各坝段分缝特性表

编号	坝段名称	纵缝Ⅰ桩号（m）	纵缝Ⅱ桩号（m）	第一仓宽（m）	第二仓宽（m）	第三仓宽（m）	纵缝特性
1	升船机	0+025	0+070	39	45	45.3	纵缝Ⅰ在高程287.0m并缝
1～8	厂房坝段	0+025	0+070	39～36	45	59.3～62.4	纵缝Ⅰ在高程287.0m并缝
1～13	泄洪坝段	0+017	0+070	45～51	53	62	纵缝Ⅰ在高程287.0m并缝
1～4	右非	0+020	0+060～0+050	38～25	40～30	49.1～37.1	纵缝Ⅰ在高程287.0m并缝
5	右非	0+035	—	36	37.4	0	与下游坝面相交
6～8	右非	不分缝		38.1～19.4	0	0	

注　大坝并缝高程在实际施工时，进行了适当降低。

图1　泄洪坝段纵缝分缝

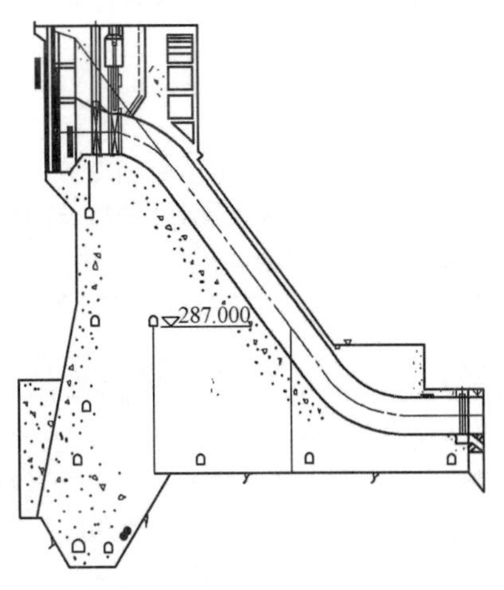

图2　厂房坝段纵缝分缝

表 2 并缝方案特殊工况汇总表

工况	并缝方案	基本温控措施
工况一	并缝高程下部混凝土不停歇待冷，下部混凝土和并缝混凝土连续浇筑，并缝混凝土浇筑时段为5月	浇筑温度：3～11月浇筑温度14～18℃；12月～次年2月自然入仓，水管间距1.5m×1.5m，通水温度12℃
工况二	并缝高程下部混凝土冷却至22℃后再浇筑并缝混凝土，并缝混凝土浇筑时段为5月	
工况三	并缝高程下部混凝土不停歇待冷，下部混凝土和并缝混凝土连续浇筑，并缝混凝土浇筑时段为2～3月	
工况四	并缝高程下部混凝土不停歇待冷，下部混凝土和并缝混凝土连续浇筑，并缝混凝土浇筑时段为7～8月	
工况五	并缝高程下部混凝土冷却至22℃后再浇筑并缝混凝土，并缝混凝土浇筑时段为7～8月	

表 3 特殊工况并缝方案产生的最大拉应力 MPa

工况	工况一	工况二	工况三	工况四	工况五
并缝廊道顶拱表面产生最大拉应力	0.73	0.64	0.1	1.26	1.12
并缝廊道周围产生最大拉应力	0.3	0.26	0.11	0.45	0.33
并缝高程下部混凝土产生最大拉应力	1.02	0.93	1.03	1.17	1.05

(2) 工况三即使不采取待冷措施，低温季节进行并缝时，并缝混凝土温度应力也较小。

(3) 并缝廊道表层应力主要受廊道气温影响周期性变化，顶拱表面应力相对较大，距表面一定距离后(0.3～0.5m)，应力峰值下降幅度明显，仅约为最大表面应力的50%。各工况并缝廊道周围最大拉应力均可满足允许应力要求，即各拟定工况是可行的。

(四) 后期冷却及接缝灌浆对并缝混凝土影响分析

为分析并缝高程以下混凝土后期冷却及接缝灌浆对并缝混凝土的影响，以表2中工况五为基础，进行了并缝混凝土的影响分析。

第一种情况：下部混凝土连续浇筑，待下部混凝土冷却至22℃后浇筑并缝混凝土，并缝混凝土夏季7、8月份浇筑，考虑接缝灌浆，有后期冷却。

第二种情况：下部混凝土连续浇筑，待下部混凝土冷却至22℃后浇筑并缝混凝土，并缝混凝土夏季7、8月份浇筑，不考虑接缝灌浆，无后期冷却。

两种工况下，廊道表面产生拉应力均不大。后期冷却使得并缝混凝土应力在施工期即由压应力状态变为拉应力状态，其不利之处主要在于后期强冷使得混凝土内部拉应力提前出现。即使考虑接缝灌浆压力单纯叠加，最大应力仍在安全范围内。

(五) 主要结论

1. 最大应力　根据温度应力分析成果，并缝高程以下混凝土后期冷却时，并缝廊道顶拱处应力均不大，即使考虑接缝灌浆压力单纯叠加，并缝廊道顶拱处最大应力仍在安全范围内。

2. 施工要求　为加快施工进度，按不同施工季节，并缝混凝土施工要求如下：

(1) 并缝混凝土于低温季节（11月～次年3月份）浇筑时，下部混凝土可不停歇待冷，下部混凝土按正常间歇后可连续浇筑并缝混凝土。

(2) 并缝混凝土于4～5月、9～10月浇筑时，下部混凝土也可与并缝混凝土进行连续浇筑，但为减小并缝混凝土与下部混凝土上下层温差产生的温度应力，适当加严并缝高程上下一定区域内混凝土允许最高温度控制标准。

(3) 原则上应尽量避免在高温季节（6～8月）期间浇筑并缝混凝土，若为加快浇筑进度考虑，实在难以避开时，必须采取以下措施：浇筑温度应≤14℃，并缝混凝土允许最高温度控制在28℃以内，并在10月初封闭并缝廊道进出口，必要时敷设保温材料，减少廊道气温受外界气温影响；采取一定的结构限裂措施提高廊道顶拱混凝土抗裂能力，如廊道顶拱处增设限裂钢筋等。

3. 温度梯度　考虑到并缝高程以下部位最高温度较高，且并缝后新浇混凝土的最高温度也相对较高，因此，并缝区域应形成合理的温度梯度，在垂直方向自下而上由稳定温度带、同冷带、过渡温度带和并缝温度带构成。

（六）结语

向家坝水电站二期工程大坝采用全年并缝混凝土施工，结构无异常，运行稳定安全。并缝混凝土与下部混凝土基本实现连续浇筑，突破了常规并缝混凝土低温季节施工的局限性。这保证了大坝混凝土浇筑进度，确保了首台机组按时发电，取得了巨大的经济效益。

（中国水电顾问集团中南勘测设计研究院
仇成旺 杨 虎）

托口水电站防渗设计

托口水电站位于湖南省洪江市境内的沅水上游，枢纽建筑物采用分散布置方式，由东游祠主坝（包括溢流坝、左岸碾压混凝土重力坝、右岸黏土心墙堆石坝及左岸生态放水设施），王麻溪引水坝（包括汇融溪至王麻溪引水明渠、混凝土重力坝、发电厂房及尾水系统、通航建筑物）、白土冲副坝及河湾地块防渗工程等四大部分组成。

东游祠主坝区岩层倾向右岸，厂房区岩层倾向左岸，均为纵向谷。主坝区的左岸和王麻溪副坝的右岸及王麻溪谷底水文地质条件较简单，地下水位正常，岩体的透水性较弱，相对隔水层顶板埋深浅，但主坝右岸地下水位埋藏深，相对隔水层顶板位于基岩面以下 30～140m，且沿白垩系砾岩层存在顺层风化。副坝左岸的壶天群、栖霞组碳酸盐岩类岩溶发育，地下水位低，相对隔水层顶板位于基岩面以下 3～90m。因此，主坝右岸、副坝左岸均存在绕坝（岩溶）渗漏问题。而夹于二者之间的河湾地块水文地质条件复杂，综合地下水位普遍较低，枯期高程 200m 左右，不存在地下分水岭，具岩溶的地层和部分全风化红层透水性强，灰岩中茅口组与栖霞组存在岩溶渗漏问题。托口水电站的防渗工程设计如下：

1. 东游祠主坝区　主坝区防渗设计包括右岸堆石坝坝体防渗和坝基及两岸坝肩防渗。右岸堆石坝坝体防渗体为位于坝体中部的黏土心墙，墙顶厚 3.0m，两侧均以 1∶0.2 的斜坡至坝基，墙外设反滤带及过渡区。堆石坝与混凝土重力坝连接采用混凝土刺墙插入式接头，混凝土接头段插入黏土防渗体内 5.0m，刺墙端上、下游外包黏土防渗体厚 3.5m。

坝基及两岸坝肩采用帷幕灌浆进行防渗。帷幕灌浆最大孔深按深入相对隔水层（$q\leqslant$3Lu）3.0m 和 0.5 倍作用水头控制。②～㉔坝段帷幕设为单排孔，孔距 2.00m；①坝段帷幕为双排，孔距 2m，排距 1.5m，下游排副帷幕孔深为上游排幕孔深的 0.7 倍。右岸土石坝范围内帷幕灌浆设有三排帷幕孔，上游 2 排为主帷幕，下游 1 排为副帷幕，同时在该区域内部分范围上、下游设有 1～2 排辅助帷幕，排距 1.5m，孔距 2m。左岸山体内的绕坝防渗帷幕通过左坝头防渗灌浆洞延伸至正常蓄水位与地下水位相交处，长度从左坝头深入山体 121.0m，灌浆深度 0～26.5m。而主坝右岸相对不透水层较深，且存在岩溶现象，因此主坝右岸山体内的绕坝防渗帷幕从右坝头延伸至山体 100.0m 处与河湾地块防渗帷幕连接，形成整体；该范围设有 2 排同孔深帷幕，孔距 2m，排距 1.5m，灌浆深度 103.0～113.0m。

结合帷幕布置，在坝体灌浆廊道下游侧布置一排排水幕，ϕ91 坝基排水孔，孔距 3.0m，孔深为帷幕深度的 0.5 倍，局部断层破碎带及岩层接触带可局部加深。坝体上游侧设 ϕ200 坝体排水孔，孔距 3.00m。坝基和坝体排水孔所收集的渗水，经廊道排水沟，进入基础集水井，由坝体抽排系统排至坝外。

2. 王麻溪副坝区　副坝区防渗设计为坝基及两岸坝肩绕坝防渗，采用帷幕灌浆。副坝相对隔水层（$q\leqslant$3Lu）因受断层及软弱夹层等的影响，其分布高低不一，最大孔深按深入相对隔水层（$q\leqslant$3Lu）3.0m 控制，但进水口 4 个坝段深度按 0.5 倍坝高控制，局部断层破碎带及岩层接触带可适当调整孔深。副坝坝基布置 2 排帷幕孔，下游排副帷幕孔深为上游排幕孔深的 0.7 倍，排距 1.5m，孔距 2m。副坝右岸山体内的绕坝防渗帷幕延伸至相对隔水层，长度从右坝头深入山体 44.15m，灌浆深度 12.0～34.0m；左岸山体内的绕坝防渗帷幕从左坝头延伸至山体 102.946m 处，与河湾地块防渗帷幕连接，形成整体，灌浆深度 117.50m。副坝坝基排水幕设计同主坝。

3. 河湾地块防渗设计　河湾地块防渗设计原则上以堵为主，防渗帷幕分东游祠主坝侧和王麻溪副坝侧两大部分，且两侧分上、下两层，即高程 253.0m 层和 202.0m 层灌浆洞。洞内防渗帷幕灌浆孔设为 1 排，孔距 2.0m。上、下两层帷幕平面间距 5.00m，为保证帷幕的连续性，在高程 202.0m 灌浆洞靠近高程 253.0m 灌浆洞一侧布置搭接浅孔，浅孔孔距 2.0m，布置在上下层帷幕洞重合段。

主坝右岸、王麻溪副坝左岸至河湾地块白垩系红层（高程 253.00m）的防渗帷幕深度，原则上按与下层 202.00m 灌浆洞搭接 5m 控制，帷幕深度按 5Lu 线控制。除主坝侧高程 202.0m 灌浆洞防渗帷幕后 326 个灌浆孔采用孔口封闭灌浆法外，其余防渗帷幕均采用自下而上、浆体封闭、高压脉动灌浆法（简称新工艺法）施灌。新工艺法灌浆分二序进行，Ⅰ序孔灌注改性黏土水泥膏浆，Ⅱ序孔灌注改性黏土水泥稳定浆液。孔口封闭灌浆分三序进行，灌注水泥浆。

河湾地块防渗工程采用新工艺法施灌，较好地解决了常规工艺时红层塌孔严重、钻孔困难、灌浆扩散不均一、防渗效果不理想及深部灰岩岩溶段不能实施高压挤密灌注等一系列技术难题，工艺简单可行，灌浆效果良好。

（中国水电顾问集团中南勘测设计研究院
詹前波 夏越谊）

亭子口水利枢纽大坝设计

（一）概况

亭子口水利枢纽位于四川省广元市苍溪县境内嘉陵江干流上。大坝坝型为混凝土重力坝，坝轴线总长995.4m，坝顶高程465m，最大坝高116m；8个表孔布置在河床中间，5个底孔（兼作排沙孔）布置在表孔左侧，厂房坝段在底孔左侧，垂直升船机坝段布置在表孔右侧，两岸布置非溢流坝段，见图1。

（二）地质条件

1. 地形地貌 嘉陵江由北北西向南南东流经坝址区，流向170°，河段平直开阔，呈浅U形河谷，谷底宽170～350m，高程458m处谷宽778～856m。坝址处河床左侧为主河槽，枯水位370～371m，相应水面宽170～200m，水深1.1～4.5m。河床覆盖层厚度一般6～10m，最厚处约13.5m，基岩顶板高程352.86～364m。

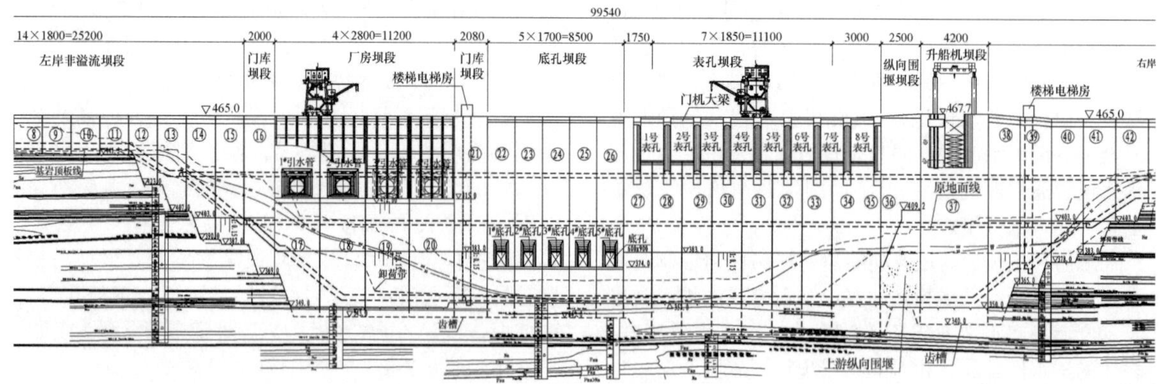

图1 大坝主要部分上游立面图

坝址处左岸山体宽厚，临江峰顶高程657.8m，岸坡中部高程480～400m区间为缓坡平台，平台宽150～360m，长度大于2500m，台面高程自上游至下游降低，斜坡段地形坡度一般为20°～25°。

右岸山体临江峰顶高程550m，岸坡中分布两级缓坡平台，下级高程390～410m，台地宽120～150m，长度大于500m，上级缓坡平台高程445～460m，台地宽100～120m，长度约500m，斜坡段地形坡度一般为15°～20°。

2. 地层岩性 坝区出露地层为白垩系下统苍溪组（K_{1C}）砂岩、粉砂岩、黏土岩，总厚度480m，为软硬相间不等厚的层状岩层。主要的砂岩层位有K_{1C}^{6-1}、K_{1C}^{4-2}、K_{1C}^{3-2}、K_{1C}^{2-3}、K_{1C}^{2-1}等5层，除K_{1C}^{4-2}层为长石石英砂岩结构较疏松的软岩外，其余4层均为较坚硬的岩屑砂岩，其中河床坝基下K_{1C}^{2-1}层砂岩厚23～28m。坝区第四系分布较广，主要为河流冲积与崩滑堆积。河床冲积砂砾石厚6～13.50m；左岸古滑体厚度一般为20～40m，最大厚度约63m。

厚层砂岩（K_{1C}^{2-1}、K_{1C}^{2-3}和K_{1C}^{3-2}）中共分布软岩31层，其中K_{1C}^{2-1}中有11层，分布面积较大的有NS2-1-2、NS2-1-5、NS2-1-8、NS2-1-9；K_{1C}^{2-3}中有14层，分布面积较大的为NS2-3-2、NS2-3-3、NS2-3-4软岩；K_{1C}^{3-2}中有6层。河床部位控制性软岩为NS2-1-5、NS2-1-8、NS2-1-9和K_{1C}^{2-2}层。

软岩中软弱夹层共有31条，其中Ⅰ类破碎夹层5条，Ⅱ类破碎夹泥层9条，Ⅲ类泥化夹层17条。河床部位主要软弱夹层有K_{1C}^{2-1}中的JS2-1-2泥化夹层、K_{1C}^{2-2}层顶底界的JS2-2-1、JS2-2-2泥化夹层和K_{1C}^{2-3}中的JS2-3-2、JS2-3-3泥化夹层。

（三）主要技术问题及处理措施

1. 大坝的深层抗滑稳定 坝址区岩层近于水平，软弱夹层抗剪强度低，坝基深层抗滑稳定是大坝稳定的主控因素。深层抗滑稳定基础处理措施一般有坝踵设混凝土齿槽切断夹层面、坝前加防渗板降低扬压力、坝基设排水洞降低渗压、坝趾加固增加抗力体抗力等方法。经综合比较，采用在坝踵以下设混凝土齿槽的方案解决坝基深层抗滑稳定问题。

2. 高水头底孔体形及消能 底孔的主要任务是泄洪、排沙，并兼做施工期导流底孔。亭子口水利枢纽设有5个底孔，孔口尺寸为6m×9m，采用底流消能形式。底孔弧形工作闸门设计条件下运行水头为87.8m，校核条件下的运行水头为89.54m。底孔设计流量为9800m³/s，入消力池流速为45m/s。

底孔设计水头高，流量大，孔数多及孔口尺寸大，且闸门开启频繁，国内外少见。底孔有压段出口采用突扩、突跌体形，在高水头及高含沙的运用条件下，底孔明流段存在空蚀和冲蚀可能，消力池底板存在被下游立轴旋涡空化空蚀及高速水流冲蚀的可能。经研究，采取在底孔突跌跌坎下方补气，采用跌坎式消力池，并将底孔消力池两侧导墙适当外移等措施解决高水头底孔的水力学条件。

（长江勘测规划设计研究院）

沥青混凝土面板在严寒环境复杂地基条件的应用

（一）工程概况

山西西龙池抽水蓄能电站装机容量为1200MW（4×300MW），额定水头640m。上、下水库沥青混凝土面板工程为国际招标，上水库沥青混凝土防渗面板于2006年5月开始施工，同年12月完工；下水库沥青混凝土防渗面板工程于2007年6月底开始施工，于同年10月底完工。

上水库极端最高气温36.1℃，极端最低气温－34.5℃。下水库极端最高气温37.4℃，极端最低气温－27.9℃。

上水库库区基岩为上马家沟组呈“互层”状的厚层灰岩和白云岩，库区岩溶、溶蚀宽缝发育，沿NE向构造溶蚀强烈；库岸岩石与全风化层间隔分布，基础软硬相间。上水库采用拦沟筑坝成库，由一座主坝（最大坝高50.85m，长401m）和两座副坝（1号副坝最大坝高18m、长221m，2号副坝最大坝高15m、长136m）围成。库内坝坡及库岸岩坡坡比均为1∶2，环库公路轴线全长1694.37m，路面宽度约为10m。水库正常蓄水位1492.5m，总库容468.97万m^3，调节库容413.15万m^3，最大库深32.50m，工作水深25.50m，最大水位降落速度5.42m/h。上水库采用沥青混凝土面板全库防渗方案，总衬砌面积22.46万m^2（其中库底11.55万m^2，库坡10.91万m^2）。

下水库库区位于滹沱河左岸大龙池沟的洪积扇上，库岸基岩主要为崮山组（$\in_{3g}$）厚层灰岩和薄层泥质条带灰岩，透水性较强；库底大面积覆盖第四纪松散堆积物，厚度达10～25m，属于强透水；库区地下水位位于库底以下87m左右。下水库由一座主坝（最大坝高97m，长537m，上游面坝坡坡比1∶2）和陡壁岩坡（长1184m，开挖坡比1∶0.75）围库而成。环库公路轴线全长1722m，路面宽约10m。水库正常蓄水位为838m，总库容502.99万m^3，调节库容432.20万m^3，最大库深55m，最大工作水深40m，最大水位降落速度6.2m/h。部分库底和坝基为覆盖层基础，透水性强；库岸基岩裂隙、断层发育，库底有断层通过，存在库水外渗和集中渗漏的条件，故岩坡采用了混凝土面板防渗（衬砌面积6.72万m^2），库底及坝坡采用了沥青混凝土面板防渗（衬砌面积5.33万m^2＋5.92万m^2）的全库混合式防渗型式。挡水主坝坝型为沥青混凝土面板堆石坝，坝轴线处填筑体最大高度约97m，坝体沥青混凝土面板坡比为1∶2，沥青混凝土总衬砌面积为11.25万m^2，方量约2.86万m^3。

（二）沥青混凝土面板设计

1．设计基本原则

（1）在设计的各种荷载条件下，使面板中产生的应变在相应的温度与载荷速度条件的屈服应变以下。

（2）沥青混合料的低温冻断温度应满足各部位防渗层的设计低温控制要求。

2．面板布置　上、下水库均为全库防渗，其沥青混凝土面板建在一个稳定的碎石垫层基础上，面板之间不设沉降与温度缝；沥青混凝土在库底与坝坡及库盆连接处，采用平滑的圆弧过渡（如上水库库盆平面连接转弯半径为118m与170m，上下水库坝坡和库底立面连接半径为50m），与进出水口、库岸混凝土等钢筋混凝土建筑物连接处，采用设基础混凝土趾板的接头型式处理，形成一个封闭的防渗体系。

上、下水库沥青混凝土均采用简式结构，其结构由外至内为：沥青玛蹄脂封闭层厚0.20cm，密级配沥青混凝土防渗层厚10cm，开级配沥青混凝土整平胶结层厚10cm。上下水库沥青混凝土面板总厚度均为20.20cm，并在基础变形相对较大的地方（如上水库库岸$O_{2s}{}^{2-6}$层与其他岩层相连的过渡带、库底岩基与回填交界部位，下水库库、坝斜坡与库底相交的反弧过渡段、库底基岩与覆盖层陡坎相交部位，沥青混凝土面板与刚性混凝土接头部位等）设置了加厚防渗层5cm，在整平胶结层上面加设了聚酯网格。面板下卧层为碎石排水垫层。

由于普通沥青混凝土很难适应本工程库岸的工作温度环境要求（最低最高温差超过100℃），因此，在考虑了经济因素情况下，对上水库沥青混凝土防渗层采用了两种材料的沥青混凝土，即斜坡与其连接库底的反弧段采用改性沥青混凝土，库底采用非改性沥青混凝土（以下简称普通沥青混凝土）。下水库防渗层均采用普通沥青混凝土。上、下水库沥青玛蹄酯封闭层均为库底采用普通沥青玛蹄酯，斜坡和反弧段采用改性沥青玛蹄酯。

（三）沥青混凝土面板基础处理

由于本工程地质条件复杂，为保证沥青混凝土面板的变形安全，上、下水库重点对影响基础产生不均匀变形的地方进行了基础处理，如上水库 O_{2s}^{2-6} 层部位采用了开挖回填水泥置换料的基础处理措施，下水库覆盖层与基岩交界面和基岩陡坎部位采用了放缓开挖坡比、加厚碎石排水垫层的基础处理措施。

（四）结束语

西龙池上、下水库沥青混凝土防渗面板工程分别已于2006年底和2007年10月底前结束。西龙池抽水蓄能电站已经安全运行了4年，库盆沥青混凝土表观良好，相关的监测结果显示，沥青混凝土防渗面板的工作状态良好。西龙池工程上、下水库的基础地形、地质条件复杂，蓄水后基础不均匀变形相对较大，设计采用了控制开挖坡度和置换基础材料等的基础处理措施，在满足工程安全的同时，减少了工程投资，保证了整体工程进度。由于本工程地处严寒地区，施工中采用了SBS改性沥青混凝土作为防渗层材料，这在我国抽水蓄能电站的水库还是首次使用。因此，其结构设计、材料试验和施工配合比及摊铺碾压方面，均可为今后我国寒冷地区沥青混凝土的实施提供实践经验。

沥青混凝土防渗面板以其良好的防渗性能、简单且机械化程度高的施工工艺，已经成为对防渗要求高的抽水蓄能电站的首选防渗措施，尤其是在气候温和地区。作为位于严寒地区的西龙池上水库，运用改性沥青作为防渗面板材料并取得成功，扩展了沥青混凝土面板防渗的应用地域范围，为我国北方地区的抽水蓄能电站的防渗，提供了好的设计思路和技术措施。

（中国水电顾问集团北京勘测设计研究院　孟凡珍）

厂　房　设　计

溧阳抽水蓄能电站地下厂房设计

溧阳抽水蓄能电站地下厂房采用首部式布置，安装6台单机容量为250MW的抽水蓄能机组。主厂房、主变压器洞和尾水闸门室平行布置。主厂房与主变压器洞之间布置有主变压器运输道、6条母线廊道和消防通道。主厂房开挖总长度219.9m，岩壁吊车梁上、下开挖跨度分别为25.00、23.50m，主机间开挖高度55.30m。主变压器洞开挖尺寸为193.16m×19.70m×22.50m（长×宽×高）。

（一）基本地质条件

地下厂房布置于上水库主坝北面约500m的山体内，垂直埋深为240～290m，洞室围岩由 S_{3m}^{3-1} 中厚至巨厚层（少量薄层）岩屑石英砂岩夹少量泥质粉砂岩组成，局部少量岩脉。弱风化带内两种岩石饱和抗压强度大于40MPa。

由于受 F_{54} 断层影响或局部褶皱，地下厂房区洞室围岩岩层产状变化较大。F_{54} 下盘围岩以中厚层至厚层岩屑石英砂岩为主，岩层产状10°～30°/SE∠40°～60°，局部岩层倾角达85°；层理构造总体上不发育，但仍有层间软弱面分布，层间错动有所发育，间距为4～5m。上盘岩性以厚至巨厚层为主，岩层产状以NWW走向为主，倾向NE，倾角多为10°～30°，由于断层错动影响，局部岩层倾角变陡。

主厂房、主变压器洞及母线洞等洞室有断层破碎带穿过。破碎带主要由角砾岩、碎块岩夹断层泥等组成，断层普遍充填有次生黄泥。主厂房至主变压器洞一带，节理裂隙发育方向分散，以陡倾角为主。

厂区岩体整体上属弱风化带，弱风化带下限高程低于－50.00m，下部属微风化带，但在弱风化带内分布有强风化囊。洞室围岩属于镶嵌碎裂结构至碎裂结构，少部分属于层状结构，完整性较差，宏观判断以Ⅲ$_2$～Ⅳ$_1$ 类为主。

厂区场地地震基本烈度为Ⅶ度；地应力量级较低，最大主应力值4.3～6.3MPa，方位角332°～350°。

（二）地下厂房布置

地下厂房纵轴线方位角为N20°W，与厂区最发育的2组分别走向为60°～70°和280°～300°的主要断层夹角在40°以上，同时有利于输水系统的布置。经综合分析，选定球阀布置在主厂房内，引水钢管与厂房轴线成65°角斜向进厂。

主厂房洞室开挖尺寸219.90m×23.50m×55.30m（长×宽×高）。主变压器洞开挖尺寸193.16m×19.70m×22.50m（长×宽×高）。母线洞净空尺寸7.50m×9.00m（宽×高），靠主厂房10m范围内母线洞净空尺寸6.00m×6.50m（宽×高）。地下辅助洞室均按照一洞多用及施工支洞与永久洞室相结合的原则来布置，利用开挖主厂房顶拱右端的2号施工支洞与进厂交通洞共同作为全厂的送风洞，利用2号施工支洞局部扩挖而成空调机室，将主厂房安装间下部的 3 号施工支洞改建作为透平油库及油处理室。

（三）洞室支护设计和围岩稳定分析

1. 洞室支护设计　主厂房岩锚梁以上最大开挖跨度 25.0m，岩锚梁以下最大开挖跨度 23.50m，最大开挖高度为 54.50m。主变压器洞最大开挖跨度 19.97m，最大开挖高度为 22.50m。由于围岩质量较差，主厂房与主变压器洞之间的墙厚度取它们的平均跨度的 2 倍即 45.00m。

根据围岩分析成果，影响洞室围岩稳定性主要因素有较大的断层带、节理裂隙的相互切割、陡倾角节理裂隙、软弱夹层和高边墙等。为此，采取如下措施：

（1）在地下厂房开挖前，要求完成厂周排水廊道（高程－27.00m）施工，以降低地下水影响。

（2）主厂房和主变压器洞顶拱高程以上 25m 处各布置 2 条灌浆廊道，在顶拱开挖前，利用该廊道对厂房顶部和主变压器洞顶部围岩进行预固结灌浆，以加固围岩。

（3）顶拱支护，既要能快速施工，又要具有一定的刚度，因此采用系统砂浆锚杆＋喷钢纤维混凝土＋系统锚索＋钢筋拱肋的联合支护型式，并充分利用顶部灌浆廊道提前进行锚索孔施工。

（4）洞室边墙支护采用系统砂浆锚杆＋挂网喷混凝土＋系统锚索的联合支护形式。

（5）根据第Ⅲ层开挖揭露的地质条件及岩壁吊车梁岩台开挖成型情况，为增强厂房高边墙的稳定性和岩壁吊车梁的运行安全，主厂房岩壁吊车梁均采用带附壁墙的辅助措施，且附壁墙延伸至发电机层高程。

（6）施工过程中发现主厂房下游边墙变形较大，锚索的富裕度不大，将下游边墙锚索的设计吨位 1500kN 调整为 2000kN。

（7）为减小尾水扩散段对厂房下游边墙的影响，在尾水扩散段口设置长 2m、厚 500mm 的钢筋混凝土初期衬砌；并在 6 条尾水管扩散段之间布置 1000kN 的预应力对穿锚索，锚索间距 4.8m。

2. 围岩稳定分析　采取上述锚固支护后，通过三维有限元计算分析，主厂房顶拱位移在 26.2mm 左右，边墙位移在 30.0～50.0mm 之间，局部软弱、破碎带部位最大达 59.9mm；主变压器洞顶拱位移最大值为 18.3mm，边墙位移在 9.0～20.0mm 之间，各洞室位移值相对不大、位移变化规律正常；锚杆应力基本小于屈服强度，锚索应力基本为屈服应力值的 52.6％～64.5％，而且锚杆、锚索应力留有一定的余地；塑性破坏区范围较小，主厂房上游边墙的开裂区深度为 4.6～6.6m，下游面拉裂区较为分散，洞口交叉处附近拉裂区较多，下部与尾水洞交叉处开裂区深度为 4.6m，开裂区深度均在锚杆长度控制范围内。块体稳定分析表明，尽管断层与节理裂隙组合型式较多，但绝大部分组合块体具有较好的稳定性。各洞室不稳定块体主要分布于洞顶，而侧墙部位不稳定块体较少。洞顶不稳定块体中绝大部分为直接坠落型式，但坠落块体体积一般较小，多数小于 1.00m^3。因此，地下厂房洞室群的围岩稳定是有保证的，采用的锚固支护参数是合理可行的。

（四）排水系统设计

电站上水库采用全库盆防渗，引水隧洞全长钢衬结构，厂区防渗设计主要考虑地下水影响。厂区岩体大部分属于弱透水，仅 F_{52}、F_{53}、F_{54}、F_{57}、F_{80} 等断层为强透水带；地下厂房顶拱位于地表埋深 200m 以上，地下水补给主要通过雨水，厂区防渗排水设计主要以排为主。在厂房四周布置 4 层排水廊道，顶层排水廊道高程 8.00～10.33m，最底层排水廊道高程－71.77～－73.28m。排水廊道降水效果明显，施工期下层排水廊道施工后，厂区地下水位迅速下降至施工廊道附近位置，上层排水廊道渗漏水基本已疏干。顶层排水廊道和各层排水廊道之间设置 ϕ110@4.8m 的排水孔（幕）。渗漏水汇入渗漏集水井后，通过泵抽至主厂房顶部（高程 32.00m），由排水洞自流至下水库排洪渠中。

（中国水电顾问集团中南勘测设计研究院　胡林江）

黑麋峰抽水蓄能电站地下厂房设计

黑麋峰抽水蓄能电站位于长沙市北郊，地下主厂房安装 4 台单机容量为 300MW 的可逆式抽水蓄能机组，开挖尺寸为 136.00m × 25.5（27.00）m × 52.70m（长×宽×高）；主变压器洞安装 4 台容量为 360 000kVA 的变压器，开挖尺寸 131.00m×20.00m×19.50m（长×宽×高）。

（一）基本地质条件

地下厂房洞室群位于雄厚的花岗岩山体内，围岩以较坚硬至坚硬、较完整的微风化至新鲜块状花岗岩为主，但布置区断层及节理密集带较发育，少数规模较大，沿断层及节理密集带岩体一般具有较明显的蚀变现象，且地下水较丰富。

地下主厂房、主变压器洞区围岩以微风化～新鲜二长花岗岩为主，少量花岗伟晶岩脉，具有良好的成洞条件。围岩岩石质量指标（RQD）在 80％以上，岩体质量类别以 $Ⅱ_2$ 类为主，局部为 $Ⅲ_1$～$Ⅲ_2$ 类，部分地段岩体较破碎，节理裂隙较发育。主要断层为 NEE 向陡倾角断层 F_{43} 和 F_{61}，断层破碎带及影响带围岩岩体质量级别为Ⅳ₂～Ⅴ₁级。地下厂房区地应力以自重应力为主，构造应力为辅，最大主应力为4～8MPa，侧压力系数$\lambda=0.42\sim0.72$，属中等应力水平的地应力场。

工程区地震基本烈度为Ⅵ度，主要建筑物地震设计烈度为Ⅵ度。

（二）地下厂房布置

根据工程地形、地质条件和引水发电系统的布置，确定地下厂房洞室纵轴线方向为正南北向，地下厂房位于下水库大坝左坝头正东向山体内，距下水库库岸水平距离约260m。该布置可以使地下厂房避开较大的断层；与主应力方向小角度相交，方向较为有利；岩体覆盖厚度约180～230m，满足上抬理论要求；地下厂房引水及尾水系统长度适宜，分别为1068m和440m，经水力过渡过程计算可以不设置上、下游调压井；地下厂房进、排风条件通畅，施工条件较好。

主厂房总开挖长度136.00m，机组段长23.00m，一机一缝。岩壁吊车梁以上开挖跨度27.00m，以下为25.50m。拱顶开挖高程为53.40m，尾水管底部建基面高程为0.70m，机组安装高程为15.00m，发电机层地面高程为30.50m，母线层地面高程为24.30m，水轮机层地面高程18.30m。主厂房采用岩壁吊车梁，轨顶高程41.00m。为改善顶拱的应力状态，主厂房顶拱采用三心圆拱，拱脚高程为46.635m。

主变压器洞平行布置在主厂房下游，与主厂房之间的岩柱厚35m，主变压器层高程为30.50m。

（三）围岩稳定分析和洞室支护设计

1. 围岩稳定分析　主厂房布置区围岩岩体完整性较好，部分地段岩体较破碎，节理裂隙较发育。主要断层为NEE向陡倾角断层F_{43}和F_{61}，两断层与厂房纵轴线均为70°的大角度相交，分别穿过厂房主机间和安装间，在平洞内揭露的破碎带宽度分别为20～50、30cm，沿断层具有明显的蚀变现象，对厂房边墙及顶拱有不利影响。断层破碎带及影响带围岩岩体质量级别为Ⅳ₂～Ⅴ₁级，其余部位围岩岩体质量级别主要为Ⅱ₂～Ⅲ级。

主变压器洞围岩以微风化至新鲜花岗岩为主；除F_{43}、F_{61}断层与其轴线大角度相交通过中部和南端外，另有F_{39}断层斜穿北部，与洞轴线交角40°；断层带岩体蚀变明显，地下水丰富。主变压器洞围岩岩体类别以Ⅱ₂类为主（占整个洞室的80%），其余部位为Ⅳ₂～Ⅴ₁类或Ⅲ₁～Ⅲ₂类围岩。

地下厂房区最大主应力为4～8MPa，σ_1主应力方向为S22°～30°E，SSE向分布，与主厂房轴线小角度相交。

地下厂房布置区虽然不存在洞室整体稳定问题，但存在稳定性差的楔形体和NEE向陡倾角断层F_{43}和F_{61}，其中主厂房上游边墙存在由F_{43}断层与节理组合构成的规模较大的长柱状楔形体，主变压器洞南端存在由F_{61}、F_{39}断层与节理裂隙组合构成的规模较大的楔形体。

块体稳定分析计算表明，主厂房和主变压器洞洞室楔形体规模多介于5～30m³，个别规模达48m³。在主厂房，上游边墙断层和节理组合构成的半特定楔形体规模较大，节理相互组合构成的随机楔形体规模小；下游边墙断层、节理组合构成的半特定楔形体和节理相互组合构成的随机楔形体规模均较大；顶拱的楔形体规模相对较小，边墙稳定性相对较好，顶拱部位稍差。在主变洞，上游边墙F_{61}断层与节理组合的楔形体稳定性较好，F_{39}断层与节理组合的楔形体稳定性较差，在顶拱F_{61}断层与节理组合的半特定楔形体和节理相互组合构成的随机楔形体规模相对较大，F_{39}断层与节理组合的半特定楔形体规模小，边墙稳定性相对较好，顶拱部位稍差。

2. 洞室支护设计　根据围岩及块体稳定分析及工程类比，并综合考虑各洞室的使用功能、围岩地质、地下水的影响，选定各洞室的支护型式如下：

（1）主厂房：水泵水轮机层以上采用普通水泥砂浆锚杆和喷钢纤维混凝土支护为主，锚杆间距1.5m，直径28/32mm，长度7/9m，交叉布置，局部辅以预应力锚索；对蚀变围岩和断层破碎较严重的部位在开挖之后及时喷混凝土封闭，局部采用混凝土回填置换。水泵水轮机层以下采用锚杆支护和钢筋混凝土衬砌。上、下游边墙，高程36.750、42.750m（岩壁吊车梁上、下侧）分别布置预应力锚索，间距为4.5m，$L=20$m，$P=2000$kN；受F_{43}断层影响，在上游边墙33.75m高程布置6根2000kN、长度为20.65～35.65m的锚索；受F_{61}断层影响，在下游边墙与主变压器洞上游边墙44.25m高程布置4根2000kN、35m长的对穿锚索。

（2）主变压器洞：主变压器室层以上采用普通水泥砂浆锚杆和喷钢纤维混凝土支护为主，锚杆间距1.5m，锚杆直径25/28mm，长度5.5/7m，交叉布置。对蚀变围岩和断层破碎较严重的部位在开挖之后及时喷混凝土封闭，局部采用混凝土回填置换。主变压器室层以下采用锚杆支护和钢筋混凝土衬砌。

整个地下厂房系统通过喷锚、局部预应力锚索和混凝土衬砌支护；对断层和蚀变岩体部位，加强加深系统锚杆，即挖即喷，进行及时封闭处理；岩壁吊车梁等局部重要部位进行混凝土刻槽置换回填处理。支护后多点位移计大部分的测值变幅均在1.00mm之内，变化也很平稳，表明围岩基本处于稳定状态。

（中国水电顾问集团中南勘测设计研究院　郭三元）

丰宁抽水蓄能电站地下厂房位置的选择

丰宁抽水蓄能电站位于河北省丰宁县境内，装机容量3600MW，由上水库、水道系统、地下厂房系统和下水库等组成。

水道沿线岩性以不整合界面（即 F_6）为界，桩号1+740m，上游为灰窑子沟单元熔凝灰岩、凝灰熔岩、凝灰岩，下游为三叠系干沟门单元中粗粒花岗岩。厂房勘探平洞PD1共揭露大小断层79条，其中Ⅲ级结构面19条，Ⅳ级结构面60条，主要为NW、NWW和NNE三组，中、陡倾角，断层带宽度多小于1m。裂隙主要有NE20°～55°SE（NW）∠35°～85°和NW290°～310°NE（SW）∠40°～70°两组，中、陡倾角，均为共轭的剪切节理。厂区地下水位埋深19～104m，高出厂房顶拱约220～230m。最大水平主应力方位在NE68°～NE83°之间，其值为12～18MPa，最小水平主应力值为7～11MPa，属于中等应力场。

（一）*地下厂房位置的选择*

抽水蓄能电站地下厂房位置选择首先应考虑主厂房的工程地质条件，兼顾主变压器室和尾水调压室，应避开Ⅰ、Ⅱ级结构面，尽量避开Ⅲ级结构面。该工程地下厂房应选在花岗岩体中，围岩以Ⅲ类为主，并遵照“次中选优”原则，选择在岩体相对完整地段。

依据平洞编录资料、钻孔资料，结合地形地貌条件，PD1勘探范围可划分为四个工程地质单元，相对应地下厂房可按首部、中部和尾部三种方案布置。

首部方案，厂房位于断层 F_{368} 上游，距离干沟门单元花岗岩与张家口组火山岩不整合界面（带）较近，岩性接触带及两侧岩体破碎；地下厂房系统规模较大，洞室开挖时会改变一定区域内的水文地质条件，厂房距离上水库较近，在上水库不做全库防渗情况下，库水可能会向地下厂房产生渗漏。

尾部方案，厂房部位断层较为发育，Ⅲ级结构面主要有 F_{327}、F_{329}、F_{337}、F_{347}、F_{348}，断层规模相对较大，最宽可达1.5m，斜切地下厂房等洞室，且与地下厂房边墙夹角较小，对地下厂房、主变压器室等洞室的稳定不利；受上述断层影响，高压管道岔管部位围岩稳定性也较差。尾部方案厂房水平埋深较小，距离下水库较近，库水易沿裂隙密集带 J_{303} 和与之相交切的断层渗漏至地下厂房。

中部方案，进行了北侧与南侧两个厂房位置的比较。北侧厂房位置发育有断层8条，其中 F_{358}、F_{363}、F_{367}、F_{368} 断层规模较大，特别是断层 F_{368}，断层及影响带最宽为7.5m，斜切地下厂房等主要洞室，对洞室围岩稳定性极为不利。南侧厂房位置发育有断层10条，其规模较小，破碎带宽度一般为0.1～0.5m；岩体完整性好，裂隙间距0.3～1.0m，为块状结构为主，局部为次块状，地下水以滴水、渗水为主；地下厂房避开了规模相对较大的 F_{348}、F_{350}、F_{375}、F_{368} 四条断层。

综合比较，中部南侧位置地下厂房的地质条件最为优越，故地下厂房最终选择在北以断层 F_{350} 为界、西以断层 F_{348} 为界、南以断层 F_{375} 为界、东以断层 F_{363} 为界所围的地块的中部方案，围岩类别以Ⅲa为主。

（二）*厂房轴线方向的选择*

地下厂房轴线方向的确定应根据厂区范围内主要结构面的优势方位、地应力条件，同时结合建筑物的布置综合分析确定。丰宁抽水蓄能电站厂区最大与最小应力差值较小，围岩强度应力比值为7.2～10.8，地应力对厂房轴线方向的选择不起控制作用，其主要受岩体中主要构造面方向的控制。厂房轴线考虑了SN和NE80°两个方向。

厂房轴线选择SN向，其轴向与主应力方向交角为68°～83°，平均79.5°。厂房将跨越 F_{369}、F_{370}、F_{371} 三条小断层，轴线与断层交角大于45°。轴向与NE向裂隙夹角为30°～50°，与NW向裂隙交角为50°～70°。

厂房轴线选择NE80°方向，其轴向与主应力方向交角为4°～8°。厂房将跨越 F_{369}、F_{370}、F_{371} 三条小断层，轴线与断层夹角小于30°。轴向与NE向裂隙夹角为30°～50°，与NW向裂隙交角亦为30°～50°，与这两组裂隙交角都比较小，对边墙稳定不利。综上所述，地下厂房轴线方向选择SN向是适宜的。

丰宁抽水蓄能电站水道沿线围岩以Ⅲ类为主，经过对勘察资料的研究分析，最终地下厂房“次中选好”确定为中部方案，轴线方向为SN。

（中国水电顾问集团北京勘测设计研究院
赵国刚　宫海灵）

水口水电站厂房发电机层开裂结构安全性评价研究

水口水电站厂房为坝后式，安装7台单机容量200MW的轴流式水轮发电机组。运行10年后，在1～7号机组段所有发电机层楼板部位均发现较明显裂缝，经检测，判定裂缝起因为机组振动引起的结构疲劳破坏。经超声波和取芯灌水检测，取得了裂缝分布及深度的详细资料。为评估振动裂缝对发电机层结构承载能力的削弱程度，进行了承载复核及安全性评价。

1. 研究方法 计算分析选用大型通用有限元软件 ABAQUS，研究对象选取裂缝破坏最严重的 7 号机组段。材料基本参数、荷载情况、计算工况均与原设计一致。混凝土材料考虑损伤非线性，裂缝采用分离式模拟。其中不带裂缝模型作为对比标准工况进行并行计算。

2. 安全性评价标准 承载能力极限状态安全性评价标准从结构强度方面考虑，即结构材料的受拉受压强度极限值的超越复核。正常使用极限状态安全性评价标准从结构刚度方面考虑，即结构构件的裂缝宽度、挠度等正常使用指标的复核。其中裂缝宽度验算采用相应部位等效钢筋应力的复核来进行。

3. 研究成果

（1）正常使用极限状态下，带裂缝模型计算结果与不带裂缝模型计算结果对比，板梁结构挠度、钢筋整体应力分布及数值均基本一致，折算结构下部裂缝满足正常使用状态下结构限裂要求，说明现有振动裂缝损伤对发电机层板梁结构整体静力承载刚度没有非常明显的影响。

（2）承载能力极限状态、存在振动裂缝损伤情况下，发电机层板梁结构主要受力钢筋基本处于强度设计值范围内，带裂缝模型结构损伤区分布与不带裂缝模型计算结果对比的规律基本一致，说明现有振动裂缝损伤未对发电机层结构整体静力承载能力产生非常明显的不利影响。

（3）研究结果显示，振动裂缝附近钢筋应力有较大程度提高，说明振动裂缝损伤对发电机层楼板结构局部承载能力存在一定的削弱，但现有振动裂缝损伤尚未对主要承载构件（主次梁结构）产生明显的不利影响，从而确保了现有裂缝存在情况下发电机层板梁依然具有足够的静力承载能力。

4. 承载能力安全性评价

（1）振动裂缝存在的情况下，发电机层结构在设计静力荷载作用下，正常使用状态下的挠度和裂缝宽度均满足规范要求的限值，发电机层结构在承载能力极限状态下的主要受力钢筋应力均未超过钢筋材料的受拉受压强度屈服值，这说明现有振动裂缝对发电机层结构整体静力承载暂时没有产生非常明显的削弱，水电站厂房发电机层结构整体静力承载依然满足规范规定的正常使用和极限承载的要求。

（2）振动裂缝对发电机层楼板结构的局部承载削弱现象不可忽视，对相应部位的钢筋耐久性也产生不利影响，考虑振动裂缝开裂的动态性和裂缝对结构耐久性及抗振性能的不利影响，有必要对电站厂房发电机层板梁结构裂缝进行闭缝处理和有针对性的加固补强处理。

（中国水电顾问集团华东勘测设计研究院
刘加进 徐良华）

输水建筑物设计

向家坝水电站输水系统设计

向家坝地下电站位于坝址右岸山体内，安装 4 台单机容量为 800MW 的水轮发电机组。电站最大水头 114.20m，最小水头 86.10m，额定水头 100.0m，单机最大引用流量 893m^3/s。地下主厂房洞室群位于厚层 T_3^{2-6}砂岩中。输水建筑物主要由进水口、引水隧洞、尾水支洞、两机合一变顶高尾水主洞等组成。

调节保证计算中的主要矛盾在于尾水管的真空度不容易满足规范要求。若按常规设计，需要布置两个面积约 1000m^2 的尾水调压室。由于围岩的砂岩上部分布的 T_3^3 岩组厚 88～110m，含有 7 层成层较好的煤，有民间采挖历史，采空区的影响范围内岩石破碎、变形严重，不宜设置大型尾水调压室。经研究，采取了加大引水隧洞洞径、布置上尽可能地缩短尾水管道长度、采用变顶高尾水隧洞等综合技术措施，满足了电站调节保证的要求，取消了尾水调压室。

地下电站进水口的引水渠底部高程为 314.50m，引水渠的起始宽度为 148m，渠道上游侧岸坡以 17°的角度将渠道扩宽。

进水口型式为岸塔式，塔楼总长 148m，顺水流方向塔宽 31m，塔顶部与大坝同高，高程为 384.00m，塔高 62m。每台机设独立进水口，顺水流方向依次布置有拦污栅、检修闸门、事故闸门。每台机进水口设 6 扇 4.2m 宽的通长拦污栅，拦污栅底部高程为 324.000m。检修闸门孔口尺寸 11.00m×16.00m（宽×高），快速事故门孔口尺寸 11.00m×15.50m（宽×高），闸门的底板高程均为 325.00m，满足先期蓄水发电水位354.00m的要求。闸门孔口最大流速为5.238m/s。考虑到防淤排沙的需要，⑧、⑦号机和⑥、⑤号机进水口之间布置有排沙洞进口。排沙洞进口设有检修闸门和事故闸门，孔口尺寸均为3.0m×4.0m（宽×高）。

引水系统采用单洞单机布置，4条圆形隧洞之间的中心间距36m，斜井段采用空间斜面弯（下弯段）与下平段相接，下平段轴线高程与机组安装高程相同，为255.00m，其后进入厂房。⑤～⑧号机引水道长度（由进水口至厂房上游边墙）分别为208、243、279、314m。⑤、⑥号机引水隧洞的洞径为13.40m，洞内最大的引水流速为6.332m/s；⑦、⑧号机引水隧洞的洞径加大至14.40m，洞内最大的引水流速为5.483m/s。引水隧洞从进口至厂前防渗灌浆帷幕间采用钢筋混凝土衬砌，衬砌厚度为0.80m，在与厂房的防渗灌浆帷幕相接处采用钢衬。⑤～⑦号机引水隧洞钢衬段长度36m，⑧号机钢衬段长度56m。钢衬按照地下埋管设计，不考虑围岩分担内水荷载；采用07MnCrMoVR调质钢材，厚度为40～48mm。

引水隧洞全长进行固结灌浆，其上平段灌浆压力为1.0MPa，斜井段及下平段固结灌浆压力为2.5MPa。钢筋混凝土衬砌段回填灌浆的灌浆压力为0.3MPa。钢衬段固结灌浆在喷混凝土施工后进行，以避免钢管安装后在管壁上钻孔灌浆。钢衬段顶部的回填灌浆和钢管底部的接触灌浆通过隧洞顶部和钢管底部预埋的可重复灌浆管进行。

尾水隧洞处于T_3^{2-6}厚层砂岩岩组中，洞室顶拱距离T_3^3岩层超过40m，两条变顶洞的中心线相距67.1m，净距47.1m，洞室间的岩体厚度超过两倍洞径，围岩条件较好。

尾水系统采用两机一洞的布置方式。尾水管后面接较短的一段有压尾水支洞，尾水支洞之后两机合一进入变顶高尾水主洞。尾水支洞断面为16m×21m（宽×高）的城门洞形，其间布置有尾水管检修闸门，尾水管检修闸门操作廊道与主变压器洞合并。⑦、⑧号机尾水支洞在尾水管检修闸门后进入1号变顶高尾水主洞。⑤、⑥号机尾水支洞进入2号变顶高尾水主洞。

变顶高尾水洞出口断面为20m×34m（宽×高）的城门洞形，控制尾水的最大出口流速不超过4m/s，出口底部高程为244.00m。1号变顶高尾水洞长263m，断面高度31.96～34.00m；2号变顶高尾水洞长199m，断面高度32.6～34.00m。变顶高尾水洞的底板坡度为3%，顶部坡度为4%。

尾水隧洞衬砌厚度1.0～2.0m，全长进行固结灌浆，其灌浆压力为0.6～0.7MPa，顶部回填灌浆压力为0.3MPa。

变顶高尾水洞的工作方式为：当电站运行尾水位为最低尾水位265.300m时，变顶高尾水洞内的水流流态为明流；当电站运行尾水位高于278.000m时，变顶高尾水洞内的水流流态为有压流；当电站运行尾水位介于两者之间时，变顶高尾水洞内前部分为有压流，后一部分为明流。满流时出口最大流速为2.77m/s。

在两条变顶高尾水洞顶拱以上高程296.00m设置了排水、通气廊道，廊道两侧设置排水孔以减小变顶高尾水洞衬砌承担的地下水压力；廊道与变顶高尾水洞顶拱之间每隔40m设置通气孔，以消除工况变化时变顶高尾水洞内水面往返运动产生的掺气压力。

尾水出口平台高程296.00m，底板高程244.00m，塔高56m，顺水流方向长12.5m，中墩厚3m。每个出口设置2－10m×34m（宽×高）的整体式检修闸门，由设置在排架平台上的检修闸门启闭机启闭，启闭机排架顶部高程324.00m，平台尺寸10m×28m。

（中国水电顾问集团中南勘测设计研究院　辜晓原）

绩溪抽水蓄能电站输水系统建筑物设计

绩溪抽水蓄能电站位于安徽省绩溪县伏岭镇，装机容量1800MW，主要由上水库、下水库、输水系统、地下厂房及开关站等建筑物组成。电站输水系统穿越的地层主要为元古界震旦系下统碎屑岩以及燕山晚期侵入的花岗岩；第四系覆盖层零星发育，主要分布于冲沟、坡脚和地势宽缓一带。输水系统主要洞段均位于地下水位以下，岩体较完整至完整，局部较破碎～完整性差，围岩类别以Ⅱ～Ⅲ类为主，局部为Ⅳ类，断层破碎带为Ⅳ～Ⅴ类。洞室围岩基本稳定，局部稳定性差，成洞条件较好。

（一）输水线路布置

结合整体枢纽布置及地质条件，地下厂房采用中部偏尾开发方式布置。由于电站水头较高，装机规模较大，输水系统采用三洞六机布置洞径相对适中，运行相对灵活。输水系统线路布置在考虑紧凑合理、运行检修方便的基础上，采取了灵活多变的布置方式。

（1）上库进/出水口布置于大坝上游右岸2、3号沟之间，总体属3号沟的西坡，距坝轴线约350m。下库进/出水口布置于下水库左库岸，距坝轴线约660m，与下水库料场结合布置。

（2）三条引水隧洞平行布置，洞线走向N39°W、N71.3°W，洞轴线间距为22.5m、43.2m。由于引水隧洞较长，为满足压力管道上平洞末端最小压力要求，在引水隧洞末端设置3个引水调压室。三条高压主管平行布置，平面上走向为N71.3°W，洞轴线间距为43.2m，立面上采用双斜井布置，设有上平段、上斜段、中平段、下斜段和下平段，斜井角度为55°。三个高压岔管距厂房上游边墙均为66m，均采用对称Y形内加强月牙肋型钢岔管。岔管后为高压支管，六条高压支管平行布置，平面上走向为N55°W，垂直进入厂房，洞轴线间距为22.5m。

(3) 三条尾水隧洞平行布置，洞线走向N71°W，洞轴线间距为43.3m。三个尾水岔管均采用非对称Y形钢筋混凝土岔管，布置及体形相同。由于尾水隧洞较长，为满足尾水管进口真空度要求，避免产生较大负压，在尾水岔管下游20m位置设置了3个尾水调压室。六条尾水支管平行布置，间距22.5m，轴线方位角为N55°W，与厂房纵轴线垂直。

(二) 结构布置设计

1. 上、下库进/出水口　上、下库进/出水口均采用岸坡竖井式，三个独立运行的单元上库进/出水口中心线间距22.5m，下库进/出水口中心线间距43.3m，均对称布置。上、下库进/出水口均由拦沙坎段、反坡段、前池段、防涡梁段、扩散段组成。上库进/出水口底板高程为909.00m，下库进/出水口底板高程为306.00m。

上、下库进/出水口防涡梁段长均为10m，为防止产生吸气漩涡，在顶部共设5道防涡梁。每个进/出水口设2个分流墩，将进/出水口分成3孔，孔口尺寸为5.5m×9.0m（宽×高）。上、下水库区污物来源较少，拦污栅检修的概率不大，不设专门的检修平台；为防万一，在死水位以上0.5m高程布置拦污栅清污检修平台，当水库水位消落至死水位时，对拦污栅进行清污或检修。

上、下库进/出水口扩散段长均为34.5m，平面为双向对称扩散，总扩散角24.212°，立面为单向扩散，顶板扩散角4.943°。每个扩散段内由2个分流墩分成3个流道，每个流道的扩散角均小于10°。扩散段起点净空为4.7m×6.0m（宽×高），末端净空为3m×5.5m×9.0m（宽×高）。

上库进/出水口每个单元各设一道事故门，下库进/出水口每个单元各设一道检修门，孔口尺寸均为4.7m×6m（宽×高），闸门检修平台高程同坝顶高程。

2. 引水隧洞　三条引水隧洞长度分别为572.1、578.7、585.3m，底坡均为4.6%，洞径均为6.0m，采用钢筋混凝土衬砌，衬砌厚0.7m。在隧洞顶拱120°范围进行回填灌浆，并进行全断面系统固结灌浆，梅花形布孔。

3. 压力管道　由高压主管、岔管和高压支管组成，除上平段采用钢筋混凝土衬砌外，其余均采用钢板衬砌。三条高压主管长分别为1073.0、1072.9、1072.7m。上斜井及中平洞管径为4.8m，中平洞、下斜井及下平洞段管径为4.4m，钢岔管主管管径4.0m，支管管径2.8m。钢管采用Q345R、600MPa级及800MPa级钢板，管壁厚度为20～36mm、32～48mm、40～58mm；加劲环间距为1000～1500mm，厚度为20～36mm。为满足施工要求，压力钢管顶拱回填混凝土厚0.7m，底部回填混凝土厚0.8m。

根据地质资料对压力管道沿线围岩开展固结灌浆，Q345R钢板衬砌洞段采用开孔固结灌浆，600MPa级及800MPa级洞段采用裸岩固结灌浆。对平洞段钢管顶拱120°范围进行回填灌浆，对平洞段钢管底部120°范围采用预埋接触灌浆管的方式进行接触灌浆。

除设置加劲环抗外压外，还考虑在管身外壁设置贴壁排水系统及利用施工支洞、长探洞等设置排水廊道并布置系统排水孔的排水措施。

4. 尾水隧洞　三条尾水隧洞长度分别为741.2、753.6、766.0m，底坡均为10.5%。尾水隧洞洞径为6.0m，采用钢筋混凝土衬砌，Ⅲ、Ⅳ类围岩段衬砌厚0.5m，Ⅴ类围岩段衬砌厚0.7m。在隧洞顶拱120°范围进行回填灌浆，并进行全断面系统固结灌浆，梅花形布孔。

(三) 进/出水口边坡开挖支护及基础处理

上库进/出水口区覆盖层不发育，弱风化基岩裸露，开挖坡比为1∶0.5，15m设置一级马道。边坡采用系统喷锚支护，局部存在大的不稳定块体采用预应力锚杆或预应力锚索支护。锚杆参数为：$\phi25$，$L=4.5\text{m}/6\text{m}@1.5\text{m}\times1.5\text{m}$；喷混凝土C25，厚10cm；预应力锚索，$L=30\text{m}@5.0\text{m}\times5.0\text{m}$，$T=1000\text{kN}$；预应力锚杆，$L=9.0\text{m}@2.0\text{m}\times2.0\text{m}$。坡面布置$\phi50$，$L=5\text{m}@4\text{m}\times4\text{m}$系统排水孔以排泄边坡的地下水。

下库进/出水口区为平缓的残丘地形，该部位覆盖层分布较广，下伏基岩岩性为粗粒花岗岩，节理裂隙较发育至发育。闸门井平台以下以弱风化上段岩体为主，开挖坡比1∶2；闸门井平台上部与开关站结合布置，两者之间设置一级边坡，高15m，开挖坡比1∶1.5。下库进/出水口闸门井平台以下边坡全部采用混凝土贴坡防护，混凝土厚40cm，配置防裂钢筋$\phi12@20\text{cm}\times20\text{cm}$。设置系统锚杆兼锚筋$\phi25$，$L=450\text{cm}$，间排距2m。局部成孔困难部位采用自进式锚杆，参数相同。局部采用锚索加强支护，$L=20\text{m}$，锚固力1000kN，间排距4m。平台以上边坡采用网格梁内植草护坡设计，网格梁断面40cm×40cm，间排距 3m，节点设普通砂浆锚杆，ϕ25，L=450cm，间排距 3m。

上、下库进/出水口底板设固结灌浆，灌浆孔间排距为 2m×2m，孔深入岩 4m，灌浆压力为 1.0～1.5MPa。

（四）隧洞及竖井开挖支护

根据隧洞围岩分类，隧洞开挖支护Ⅱ～Ⅲ类围岩洞段采用锚喷支护。对于局部Ⅳ、Ⅴ类围岩区以及断层带，增设钢筋网。对尾水隧洞出口及穿越断层带部位，同时还采用钢支撑加强处理。对下库闸门井，同时还采用钢筋拱肋加强处理。

（中国水电顾问集团华东勘测设计研究院
赵瑞存　陈丽芬）

苗尾水电站引水系统设计

（一）概况

苗尾水电站正常蓄水位为 1408.00m，相应库容为 6.6 亿 m^3，装机容量为 1400MW。引水系统布置在左岸回石山梁山体内，平面上基本呈直线型，为一洞一机布置。进水口为直立岸塔式，靠大坝左坝头布置。在进水口前端设拦污栅一道，为满足过栅流速要求，采用“一”字形连续布置，4 台机的拦污栅相互连通。引水隧洞开挖洞径 12.0m，自快速闸门门后采用钢板衬砌，衬后直径 10.20m。为避开不良地质条件，同时为了加大竖井间岩柱厚度，采用 4 条竖井前后错开布置的型式。

（二）工程地质概况

引水系统进出口地表坡度 40°～50°，山顶高程 1450～1500m，上平段上覆岩体厚度约 30～70m，下平段高压管道段上覆岩体最厚约 160m，与厂房机组连接处最薄约 12m。表层覆盖层较薄，基岩岩性为砂质绢云板岩及变质石英砂岩。引水隧洞进口边坡主要为弱风化上段岩石，上平段位于弱风化下段岩体，竖井段及下平段位于弱风化下段至微风化岩体，出口处为弱风化上段岩体。通过引水系统的主要断层有 F_{121}、F_{122}、F_{109}、F_{141}、F_{142}、F_{125}、F_{156}等。

上平段岩体层内错动带及岩层走向与洞轴线夹角约 20°，影响围岩稳定的主要结构面为缓倾角结构面，顶拱稳定性相对边墙差；洞室围岩主要以Ⅲ类为主，部分为Ⅳ类，稳定性差。竖井段断层、层内错动带不发育，未发现较大不利结构面的组合，仅发育断层 F_{122}，但断层及岩层走向与洞轴线夹角约 20°，围岩存在内鼓破坏的条件。下平段断层、层内错动带及岩层走向与洞轴线夹角 20°，是影响围岩稳定的主要因素，围岩以Ⅲ类为主；出口段为Ⅳ类，断层破碎带为Ⅴ类，Ⅳ～Ⅴ类围岩稳定性差。

（三）进水口

电站进水口为岸塔式。拦污栅墩采用框架结构，各拦污栅墩之间由胸墙和横向支撑梁连接，墩尾与隧洞进口洞脸衬砌混凝土墙由纵向支撑梁连接。拦污栅墩与隧洞进口之间流道采用通仓布置，有利于进流时各进水口之间相互补充。进水口两侧和顶部均采用 1/4 的椭圆曲线面，中心线为水平布置。

对电站进水口采用整体结构三维有限元进行计算。根据进水口进水塔的静、动力分析成果，可以得到以下几点认识与结论：

（1）各个工况中，进水塔的位移值较小，静力计算中进水塔结构在垂直水流向的位移不显著，动力计算中主要发生垂直水流向位移。

（2）静动力计算结果显示，进水塔的拦污栅墩应力水平均较小，小于混凝土抗拉、抗压强度设计值。

（3）进水塔在垂直水流向（x 向）的自振特性较为敏感，在垂直水流向的地震作用下，结构将出现较大的地震作用效应。进水塔沿水流向（y 向）的自振特性不敏感，在沿水流向的地震作用下，结构的地震作用效应不显著。

（4）检修及事故闸门塔体与进水塔底板两部位，在静动力计算工况中均保持较低的应力水平，通过结构构造配筋可以满足结构强度与稳定要求。

（5）静力计算结果表明，联系梁、支撑梁、胸墙部位整体而言应力较小。在地震工况中，进水塔主要的应力集中部位是各排联系梁与支撑梁，胸墙部位应力相对较好。根据应力结果，为满足抗震设计要求，对于大多数的联系梁与支撑梁可以通过配筋来实现，个别支撑梁拉应力极值较大，但是影响范围很小，应力梯度下降明显，可通过加强配筋满足抗震要求，同时可以适当加大支撑梁截面积。

（6）由于进水塔在垂直水流向的地震作用下，拦污栅墩抗震能力相对较弱，在边墩部分高程范围内拦污栅墩与塔体之间采用实体混凝土墙进行刚性连接，以加强垂直水流方向塔体的抗震性能。

（四）压力钢管

引水隧洞从快速闸门槽进水口渐变段起均采用钢板衬砌。引水钢管由上平段、竖井段（含上、下弯管）、下平段、厂前渐变段及厂内段组成。上、下平段通过竖井连接，钢管进厂前通过厂前渐变段将洞径渐变后与蜗壳相接。钢管在进入厂房前不设伸缩节，采用在厂房上游边墙处设置垫层段与厂房边墙混凝土隔开，以适应钢管和厂房之间的不均匀变形。钢管钢材分别采用 Q345R 和 600MPa 级高强钢。

在根据内水压力确定钢衬厚度的基础上，对压力钢管进行抗外压稳定验算。经验算，加劲环式钢管满足抗外压稳定要求。由于同等参数的钢管承担外水的能力远远小于其承担内水压力的能力，为了使得在内水压力条件下确定的钢板设计参数能够满足外水压力要求，适当采取降低外水压力工程措施，可以节省工程投资，故在压力钢管上方适当的位置布置排水廊道和钢管外贴壁排水系统。

根据引水系统地下水位情况，结合竖井、下平洞的布置，在防渗帷幕后的回石山梁内布置二层排水廊道。上层排水廊道在平面上呈折线型布置，渗水沿1号施工支洞排至洞外。下层排水廊道在平面上呈E形布置，所有渗水均排至厂房后平台排水沟内，然后排出厂外。钢管外壁排水系统，采用环向集水管加纵向集水管，以纵向集水管为主；从竖井起至厂前，在竖井起始处设两道环向集水管，以后是纵向集水管，引排至厂房检修排水廊道后汇入检修集水井，然后抽排出厂外。

（五）引水隧洞开挖支护

引水系统地质构造较为复杂，山体岩体风化和倾倒变形较为强烈，岩体破碎，表面多有薄层覆盖层分布。鉴于本工程引水隧洞开挖直径较大（$D=12.0$m），施工期的安全问题就显得尤为重要。为确保施工期隧洞围岩稳定，对隧洞采取了CF25钢纤维混凝土+系统锚杆+型钢拱架的组合式支护方案。对不同结构面切割组合形成不稳定块体，在系统喷锚支护的基础上，采用随机加强喷锚支护处理。对地下水发育洞段，采用了随机排水孔的措施。

（中国水电顾问集团华东勘测设计研究院　余雪松）

仙居抽水蓄能电站引水隧洞衬砌结构设计

仙居抽水蓄能电站安装4台单机容量375MW的可逆式抽水蓄能机组，地下厂房为中部开发方式。引水隧洞长约1219.2m，上下高差约490m；采用两洞四机布置，过流断面直径6.2m，设两级斜井，倾角53°；厂前支管斜81°进厂，直径3.5m。引水隧洞沿线主要为高坞组上段（J_3g^3）含砾晶屑熔结凝灰岩及中段（J_3g^{2-2}）角砾凝灰岩，岩性坚硬，以微风化～新鲜状为主，岩体以微透水性为主，此外揭露有燕山晚期侵入的花岗闪长斑岩、石英霏细斑岩、玄武玢岩、安山玢岩等脉岩。中平洞及以下洞段断层、岩脉较为发育，断层以NW～NNW向为主，带内多充填碎裂岩、断层泥等，胶结差，渗水易坍塌；岩脉与围岩多呈裂隙接触，沿面挤压、蚀变泥化。引水隧洞衬砌结构设计情况如下：

1. 三大准则判别

（1）挪威准则：要求不衬砌隧洞最小上覆岩体重量不小于隧洞内水压力，并再考虑1.3～1.5的安全系数，保证围岩在最大内水压力作用下，不发生上抬。经复核，本工程引水隧洞沿线山体较为雄厚，上覆岩体厚度满足该准则。

（2）最小地应力准则：要求隧洞沿线任一点的围岩最小主应力应大于该点洞内最大静水压力，并有1.2～1.3倍的安全系数，防止发生围岩水力劈裂破坏。本工程根据地应力测试成果，最小主应力7.25MPa，而引水下平洞最大静水头约为5.6MPa，且地应力测试结果表明该地区地应力场以自重应力场为主，因此引水隧洞沿线满足最小地应力准则。

（3）围岩渗透准则：要求检验岩体及裂隙的渗透性能，是否满足渗透稳定要求。本工程钻孔高压压水试验成果显示，中平洞及以下洞段围岩完整性好、裂隙少、连通性差的区域，岩体透水性微弱，临界压力值6.0MPa以上，并高于工程部位的实际静水压力值（5.6MPa）；而岩体受节理切割、岩脉侵入的区域，临界压力值则较低，仅3.0～4.5MPa，且多数试段的压力—流量关系曲线为D型（冲蚀型）。这说明在高压水流的长期作用下，岩体可劈裂并产生冲蚀，尤其是岩脉、断层带及节理发育部位，构造裂隙连通性较好，易发生渗透失稳破坏，必须加强对围岩的防渗处理，以提高围岩的抗渗透性能。

2. 衬砌型式选择　根据地勘成果及三大准则分析，有必要研究采用不透水衬砌。水电工程压力隧洞（高压管道）不透水衬砌主要有钢板衬砌、预应力混凝土衬砌和“三明治”衬砌（双层构造混凝土间夹薄钢板）等型式。经综合考虑三种不透水衬砌型式应用的HD值范围、技术可靠性、施工工艺成熟度、在高水头抽水蓄能电站应用的工程经验等因素，本工程引水隧洞砌型式选用不透水衬砌中应用最广泛、实用性强、工艺相对简单的钢板衬砌。

3. 钢衬范围拟定　引水隧洞钢衬范围的拟定，以相应部位的地质条件为依据。下平洞最大静水压力约568m，中平洞最大静水头约300m，上平洞最大静水头约65m。

（1）下平洞、下斜井岩脉、断层发育，岩脉与围岩接触带有岩屑或泥膜，易在高水头内水压力作用下被淘蚀，存在渗漏和渗透稳定问题，有必要采用钢板衬砌。

（2）中平洞存在局部节理裂隙较发育，多微张～张开，充填岩屑、方解石，存在渗漏稳定问题，考虑采用钢衬为宜。

（3）上斜井岩体新鲜，岩脉发育，主要为安玄玢岩，宽5～6m，与引水线近正交，出露于1号线上弯段附近及2号线斜井段；岩脉部位岩体破碎至较破碎，脉体与围岩接触面一般呈弱风化，呈岩屑夹泥型，在高压水头作用下，有可能在接触面附近产生渗漏问题，需加强防渗处理，综合考虑也采用钢衬。

(4) 上平洞围岩新鲜，多呈块状结构，断层不发育，节理较发育，岩体较完整至完整，局部较破碎；岩体呈弱透水性，地下水位位于洞室之上，承受的内水压力较小，可采用钢筋混凝土衬砌。

综上，引水隧洞将钢板衬砌延长至上斜井上弯段，将贯穿两条引水系统的安玄玢岩岩脉置于钢衬段，防止整个引水系统内水外渗，全面有效解决引水系统防渗问题。

4. 钢衬结构设计　引水隧洞结构设计为：上平洞采用钢筋混凝土衬砌，厚度 50cm，衬后直径 6.2m；上斜井上弯段至高压钢支管均采用钢板衬砌，钢衬直径 6.2m，回填混凝土厚 60cm；主厂房上游约 85m 处设对称 Y 形钢岔管，主管直径 5.0m，支管直径 3.5m。按设计规范要求，经计算，引水隧洞钢衬结构见表 1。

表 1　引水隧洞钢衬结构计算成果表

部　位	管　材	管径 (m)	厚度 (mm)
上斜井	Q345R	6.2	20～30
中平洞	Q345R	6.2	32～34
下斜井（上部）	600MPa	6.2	28～38
下斜井（下部）	800MPa	6.2	30～32
下平洞	800MPa	6.2～5.0	32
岔管前直段	800MPa	5.0	32～56
岔管段	800MPa	5.0	60
岔管后直段	800MPa	5.0	56～40
引水支管段	600MPa	3.5	38
支管厂前渐缩段	800MPa	3.5～2.6	46～48

5. 引水隧洞灌浆　平洞段（含斜井上下弯段）顶拱 120°范围回填灌浆，采用钢衬开孔或预埋灌浆管的方式。为提高围岩的联合承载能力，对围岩进行固结灌浆处理，其中斜井部位考虑采用裸岩灌浆，以降低施工难度；平洞 Q345R 钢衬段开孔固结灌浆，而 600MPa 及 800MPa 钢衬段则采用裸岩灌浆，避免高强钢开孔可能带来的不利因素。为防止引水上平洞内水外渗，造成钢衬外壁外水压力增大，混凝土衬砌末端及钢衬起始端共设置 4 道帷幕灌浆，形成防渗屏障。

（中国水电顾问集团华东勘测设计研究
王东锋　陈丽芬）

龙开口水电站泄洪消能设计研究

龙开口水电站位于云南省境内金沙江中游河段，大坝最大坝高 116.00m，水库总库容 5.58 亿 m^3，安装 5 台机组，总装机容量 1800MW。电站设计洪水（$P=0.2\%$）流量 15 900m^3/s，校核洪水（$P=0.02\%$）流量为 19 300m^3/s，最大下泄功率约 1×10^4MW。洪水峰型多为矮胖型，泄洪历时长。坝址区地形开阔，河道顺直，但主河床狭窄，枯期水面宽仅 50～70m；坝址基岩为致密块状玄武岩，完整性较好，抗冲能力较强，但右岸覆盖层深厚。该电站泄洪消能设计的主要特点是：高水头、大流量、历时长、高尾水，河谷宽阔但主河床狭窄，下游无对泄洪雾化敏感的对象。

（一）泄洪消能建筑物布置

1. 设计原则

(1) 为满足泄洪、冲沙、施工导流及震后工程安全检查和检修的综合要求，泄洪建筑物采用表、中（底）孔相结合的型式。泄流能力应满足冲沙、施工导流的综合要求。

(2) 由于校核洪水流量超出设计洪水流量 20%（$\Delta Q=3400m^3/s$），宜设置超泄能力强的表孔以降低汛期校核洪水位，减少坝顶超高。

(3) 本工程处高烈度地震区，为确保大坝安全，并为震后工程检修和尽快恢复运行创造条件，泄洪建筑物应具备在尽量短时间内降低坝前水位的能力，因此，宜布置适当规模的泄洪中孔。

(4) 本工程坝址地质条件较好，河谷宽阔，泄洪和引水发电建筑物布置有一定的调整余度，但从减少工程土建投资考虑，宜适当提高泄洪单宽流量，减少泄洪前沿宽度。

(5) 工程消能区地质条件较好，消能建筑物型式选择余度大，下游水位较高，无对泄洪雾化敏感的对象，从节省工程投资和运行维护考虑，消能方式宜首先考虑挑流消能方式。

(6) 为提高大坝抵御超标准洪水能力，调洪演算时：1000 年一遇以下洪水（$Q\leqslant16\ 900m^3/s$），仅考虑部分机组参与泄洪（3 台机组，流量 $Q=1800m^3/s$），1000 年一遇以上洪水（$Q>16\ 900m^3/s$），不考虑机组参与泄洪；10 年一遇以上洪水，冲沙底孔关闭不参与泄洪。

2. 泄洪方案　根据多方案比选，选定 5 表孔+4 中孔联合泄洪方案。表孔堰顶高程 1278m，孔口尺寸 13m×20m（宽×高），溢流前缘宽度 93m，溢流堰面设计为 WES 实用堰面曲线；中孔进口高程 1238m，孔口尺寸5m×8m（宽×高）。

3. 消能方案　首先考虑挑流消能方式。泄洪表孔设计水位堰上水头20m，单宽流量176m³/（s·m）；校核水位堰上水头23.3m，单宽流量226m³/（s·m）。泄洪表孔两侧布置4个泄洪中孔。下游消能区，受左侧导流明渠挡墙及右侧厂坝间导墙等建筑物限制，总宽度约为140m，最大单宽流量约为137m³/（s·m）。为了充分利用下游消能区，提出表孔采用“大差动+舌形坎”，中孔采用出口转弯侧向收缩窄缝方案。表孔、中孔单独或联合泄洪时，达到“挑流水舌分散入水、纵向拉开、分区消能”的效果，充分利用下游纵向消能水体，避免各孔水舌重叠现象，减小了消能区冲坑深度，确保了相邻建筑物安全。

表孔挑角选择，1、3、5号孔为小挑角，挑角为23°，反弧半径为30m，挑坎位置略靠后，鼻坎高程为1242.62m；2、4号表孔为高挑角，挑角为35°，反弧半径为30m，挑坎位置略靠前，距1、3、5号坎末端约10.8m，鼻坎高程为1246.17m。表孔各孔之间采用混凝土墙隔开，相互独立。由于1、2号中孔出口下游左侧紧挨导流明渠挡墙，3、4号中孔下游右侧紧挨厂坝间中导墙，为避免水舌冲淘两侧挡墙（或厂坝间中导墙）基础，中孔鼻坎采用平面转弯，转弯角度分别为15.5°、15.5°、17.95°、26.44°，将水舌导向河中。中孔出口采用收缩式鼻坎，各孔出口宽度分别为4.7、4.7、3.1、3.8m。试验表明，除了3号中孔与5号表孔水舌边缘存在重叠外，其余各孔水舌落点均能相对独立；中孔水舌未出现冲砸导墙基础现象。

施工过程中，消能区发现深度约20～30m、宽度约25m的深槽。下游消能区原地面高程约1212.0m，对深槽部位进行碾压混凝土回填至1193m高程，其余部位开挖至1200m高程。消能区主要为弱风化或微风化玄武岩，抗冲流速约为10m/s。模型冲刷试验表明，深槽处理方案及消能区开挖高程、冲坑深度及形态均不会危及大坝及两侧挡墙（或厂坝间中导墙）安全。

（二）水工模型试验研究成果

水工模型试验在1∶65、1∶40两个整体模型中开展，试验成果相互印证、确保成果的可靠性。

1. 泄流能力　在1∶40的整体模型，对表、中孔泄流能力进行了测试，表、中孔单独运行及表、中孔联合运行时的泄流能力均比计算值略大，校核洪水试验值19 420.5m³/s较设计计算值19 300m³/s大约0.62%，设计洪水试验值16 149.2m³/s较设计计算值15 900m³/s大约1.56%，泄流能力能够满足设计要求。

2. 泄洪建筑物水面线、流速及压力分布　校核工况下，表孔孔内水面距离弧门支铰7.40m，水流不会触及弧门支铰，溢流面斜坡段及反弧段内水面低于边墙顶高程；中孔明流直段内水流表面平顺，水面距离弧门支铰约5.3m，至转弯段水面逐渐升高，出口处外侧水面比内侧水面高约2.0～3.0m，明流段内水面均没超出边墙顶。

试验表明，表孔堰面存在负压现象，最大负压值为0.88×9.8kPa，小于规范最大负压6×9.8kPa；最大压力为24.4×9.8kPa，鼻坎最大流速约为29m/s，水流最小空化系数约为0.4。中孔校核工况时，水流空化系数最小值为0.37，该点压力为8.68×9.8kPa，断面平均流速30.4m/s。各工况流速及压力测试表明，表、中孔流速适中，压力分布均匀，空化系数均大于0.3，体形设计合理，发生空蚀破坏的可能性较小。

3. 流态、水舌参数　试验观测表明，各工况下水舌入水区纵向分层明显、横向间隔清晰，挑流水舌分散入水、分区消能。在设计工况（$P=0.2\%$）下，表、中孔全开水流水舌挑距和入水参数见表1。

表1　设计洪水水舌参数

表、中孔		水舌内缘		水舌外缘		入水宽度（m）
		挑距（m）	入水角度	挑距（m）	入水角度	
表孔	1、3、5号	76.4	27°	98.4	32°	22
	2、4号	87.9	35°	110	42°	43
中孔	1、2号	7.7	22°	88.7	33°	10
	3、4号	8.4	22°	83.4	32°	12.8

4. 动床试验　消能区动床试验依据消能区基岩抗冲流速约10m/s进行模拟。冲刷试验表明：各种泄洪工况水流均未对坝趾岩体、厂坝中导墙基础、左岸边坡产生淘刷。消能设计百年洪水工况下，冲坑形状为锅底形，中部低，四周高，冲坑最低点高程为1183.9m，位于坝趾下游约130m，消能区中间位置。冲刷试验还表明，冲坑形态及深度主要受表孔控制，5号表孔单孔全开工况为冲刷最不利工况，冲坑最低点高程为1175.68m，位于坝趾下游约140m，距中导墙约17m，但尚未影响厂坝中导墙安全。由于本工程9个泄洪孔口相对独立，泄洪运行灵活，可通过合理调度方式避免不利工况运行。

5. 下游河道流态及流速分布　各试验工况挑流消能效果好，水面波动幅度小，主流能够顺利归槽，下游河道流态平顺。各试验工况下，下游岸坡流速较小，消能区下游岸坡最大流速约为4.4～4.6m/s。厂坝导墙末端处下泄水流向右侧扩散并出现顶冲右岸边坡现象，顶冲区近岸流速约为2.0～3.6m/s。表孔和中孔泄洪时，尾水渠出口存在回流现象，回流流速约为1.5～2.6m/s；右岸边坡上的回流流速约为1.2～3.4m/s。

（中国水电顾问集团华东勘测设计研究院
汪 振 陈国良）

江坪河水电站泄洪建筑物设计

江坪河水电站位于溇水上游河段，地处湖北省鹤峰县走马镇，为一等大（1）型工程；水库总库容13.66亿m^3，电站总装机容量为450MW。枢纽工程由混凝土面板堆石坝、右岸泄水建筑物及左岸引水发电系统等建筑物组成。

（一）泄洪建筑物布置及结构设计

1. 泄洪建筑物布置 泄洪建筑物集中布置于右岸，均采用地下洞室结构，包括2条开敞式进口溢洪隧洞和1条泄洪放空洞。由于地形条件限制，泄洪建筑物布置紧凑；从山外向山里依次布置泄洪放空洞、①号溢洪道及②号溢洪道。泄洪放空洞侧向埋深较小，约35～50m，与①号溢洪道轴线相距28.5m；溢洪道轴线平行布置，洞轴线间距35m；隧洞间岩柱厚度按1倍洞径控制。

2. 泄洪放空洞结构设计 泄洪放空洞由进水塔、有压洞段、工作闸门室、无压洞段及出口挑坎等组成。进水塔为井筒式结构，布置检修闸门及事故闸门，塔高122.00m，水平截面尺寸15m×20m；有压洞段全长227.24m，断面为内径8.5m的圆形，衬砌厚度1.0m；无压洞段全长432.87m，采用城门洞形断面，顶拱半径4.95m，中心角90°，洞宽7.0m，衬砌厚度0.7～1.0m；工作闸门室位于右坝肩防渗帷幕线下游，为地下洞室结构，通过竖井与坝顶连接。

泄洪放空洞有压段采用混凝土C_{30} W10F100，无压段边墙及底板采用抗冲耐磨混凝土C_{45} W8F100，顶拱采用混凝土C_{35} W8F100。有压段衬砌结构缝长度12m，内设两道铜止水；无压段纵向施工缝设在边墙离底板1.00m处，缝内埋设一道膨胀止水条；横缝间距9m，内设一道铜止水。

泄洪放空洞无压洞段沿洞轴线方向设置3道掺气坎，第一道掺气坎距工作闸门出口跌坎109.08m，与第二道、第三道掺气坎距离分别为120.00m，217.35m；为改善工作闸门出口突扩的掺气条件，出口体形采用折流器。

3. 溢洪道结构设计 溢洪道由控制段、泄槽段及挑流鼻坎组成；隧洞式泄槽由底坡为1∶0.80的陡坡段、反弧连接段、缓坡段组成。①号溢洪道缓坡段全长438.63m，坡比0.075。②号溢洪道缓坡段全长520.75m，坡比0.100。溢洪道均采用城门洞形断面，洞宽14m，衬砌厚度1.00～1.50m。

溢洪道泄槽衬砌边墙及底板采用抗冲耐磨混凝土C_{45} W8F100，顶拱采用混凝土C_{30} W8F100。衬砌纵向施工缝设在边墙离底板1.5m处，缝内埋设一道膨胀止水条；横向施工缝间距9.0m，结构缝长度27m，内均设置一道铜止水。

溢洪道各设置5道底部掺气设施。反弧段入口及出口各设一道掺气坎，并增设侧墙掺气设施，①号溢洪道缓坡段掺气坎间距分别为130、140、100m；②号溢洪道缓坡段掺气坎间距分别为130、140、150m。

（二）技术问题及处理措施

1. 地下洞室群围岩稳定 泄洪建筑物洞室围岩以Ⅲ类围岩为主，局部洞段围岩较差；洞室间距小、断面大。为保证洞室围岩稳定及安全采取以下控制措施：

（1）采用三维有限元方法研究洞室群开挖支护程序及支护方案。

（2）围岩较差洞段采用对穿锚索、预应力锚杆等措施进行主动加固，提高岩体承载力。

（3）施工过程中严格控制爆破参数，对爆破质点振动速度进行严格监测，减少爆破对岩体及相临洞段的影响。

（4）隧洞开挖后及时进行支护，对围岩较差洞段采用钢拱架等支护措施，加强围岩稳定。

2. 高速水流及空化空蚀问题 泄洪建筑物水头高、流速大、单宽泄量大，高速水流引起的空化空蚀问题突出。针对泄洪建筑物运行特点，采取以下控制措施：

（1）泄洪洞无压洞段沿洞轴线方向设置3道掺气坎，掺气设施保护范围控制在120m。

（2）泄洪洞工作闸门门座两侧采用突扩、底部突跌的结构型式，以满足门后掺气要求。

（3）①、②号溢洪道沿洞轴线方向分别设置5道掺气坎。

（4）溢洪道反弧段水流条件复杂，在其入口及出口各设一道掺气坎，并设侧墙掺气设施。

（5）提高混凝土强度及韧性等性能指标，减少空蚀影响。

（6）对混凝土表面平整度提出较高要求。

3. 衬砌混凝土温控措施 泄洪建筑物衬砌具有断面大、衬砌厚、标号高的特点，且局部洞段岩体较差。采取了以下措施以减少混凝土裂缝：

（1）控制入仓温度，采取保温措施。高温季节施工时，衬砌混凝土施工浇筑温度控制在20℃并通冷却水冷却；低温季节施工时浇筑温度低于18℃自然入仓，并在施工过程中采取封闭洞口或表面保护措施。

(2) 控制浇筑时段，洞内洞口分序施工。为确保施工工期，洞内衬砌全年施工；洞口段衬砌冬末春初浇筑。

(3) 减小浇筑段长度，控制温度裂缝。

4. 抗冲耐磨混凝土研究 本工程泄洪水头高、单宽流量大，存在高速水流带来的空蚀问题，对混凝土的抗冲耐磨性能要求很高。对此采取了以下措施：优化混凝土原材料，研究满足高速水流抗冲耐磨性能的混凝土配合比，分别研究了聚羧酸高效减水剂、HF抗冲磨剂、硅粉、粉煤灰、玄武岩纤维等不同组合及掺量的抗冲耐磨混凝土配合比。

(中国水电顾问集团中南勘测设计研究院 王国辉)

枢 纽 布 置

糯扎渡水电站的枢纽布置及工程特点

糯扎渡水电站工程位于云南省普洱市思茅区和澜沧县交界的澜沧江下游干流上，是澜沧江中下游河段梯级规划“二库八级”电站的第五级。工程以发电为主，并兼有下游景洪市的城市、农田防洪及改善下游航运等综合利用任务。水库总库容237.03亿m^3。电站装机容量为5850MW（9×650MW），保证出力2406MW，多年平均发电量239.12亿kW·h，年利用小时数4088h。

本工程为一等大（1）型工程，永久性主要水工建筑物为1级建筑物，其他次要建筑物为3级建筑物。堆石坝按1000年一遇（$P=0.1\%$）洪水设计，泄洪流量$Q=27\ 418m^3/s$；按最大可能洪水（PMF）校核，泄洪流量$Q=37\ 532m^3/s$。

心墙堆石坝最大坝高261.5m，坝顶长627.87m。开敞式溢洪道布置于左岸平台靠岸边侧部位，水平总长1445m，宽151.5m，进口底板高程775.0m；共设8个15m×20m（宽×高）表孔，每孔均设检修门和弧形工作闸门；溢流堰顶高程792m，堰高17m；为方便运行管理、检修，采用两道中隔墙将泄槽分为左、中、右三槽；采用挑流并预挖消力塘消能。左岸泄洪隧洞进口底板高程为721.0m，全长950m；有压段为内径12m的圆形断面，工作闸门为2孔，孔口尺寸5m×9m；无压段断面为城门洞形，尺寸12m×（16～21）m，出口采用挑流消能。右岸泄洪隧洞进口底板高程为695.00m，平面转角60°，全长1062m；有压段为内径12m的圆形断面，工作闸门为2孔，孔口尺寸5m×8.5m；无压段断面为城门洞形，尺寸12m×（18.28～21.5）m，出口采用挑流消能。

引水发电建筑物布置于左岸，按单机单管布置，单机引用流量381m^3/s。进水塔采用岸塔式，总高88.5m；引水道直径为9.2m，圆筒式调压井直径27.8～29.8m，高94m。主、副厂房尺寸（长×宽×高）为418m×31m×81.6m，机组间距34m；主变压器室尺寸为348m×19m×38.6m。

该工程有以下特点：

(1) 本工程坝址区河谷呈V形，两岸山体雄厚，右岸高程1000m以下平均坡度约为4°，以上平均坡度约为9°；左岸高程850m以下平均坡度约为45°，高程850m左右为一宽大的侵蚀平台地形。该侵蚀平台在平面上呈梯形，临河侧长约700m，山里侧长约250m，宽约700m；平台上游为勘界河，下游为糯扎支沟，为心墙堆石坝布置溢洪道提供了较好的地形地质条件。

(2) 坝址区分布的岩层主要为花岗岩体和T_{2m}砂泥岩地层（主要分布于左岸坝顶以上平台部位），坝基部位主要为花岗岩，岩性单一。坝址河床及左岸岩体风化浅、断层规模小而且少，岩体完整性较好；右岸断层发育，对工程影响较大的断层有NNW向的F_{11}、F_{12}、F_{13}和NNE向的F_5、F_{14}等。NNW向断层间距小，影响带宽，断层带及其两侧岩体风化、蚀变强烈，并沿F_{12}、F_{13}断层形成了规模较大的构造软弱岩带，坝基地质条件较为复杂。

(3) 心墙堆石坝坝高261.5m，仅次于前苏联的罗贡（Rogun）坝（坝高335m）（设计未完建）、努列克（Nurek）坝（坝高300m）和哥斯达黎加的博鲁卡（Boruca）坝（坝高267m），比国内已建成最高的小浪底心墙堆石坝（坝高154m）高出100余米，而且国内已建工程中没有超过200m的高心墙堆石坝。

(4) 校核洪水标准（PMF）时总泄洪功率66940MW，泄洪流量及功率均名列世界前茅。特别是岸边溢洪道，最大的（PMF）泄流量31 318m^3/s，落差182m，泄洪功率55860MW，流速52m/s，泄流量仅次于巴西、巴拉圭的伊泰普（Itaipu）水电站，泄洪功率超过伊泰普电站 51228MW 而成为岸边溢洪道世界第一。

（5）引水发电系统布置在左岸地下，主厂房、主变压器室及调压室等三大洞室最小覆盖层厚度 180m，距坝基最小距离约 150m，距坝址区规模最大的断层 F_1 最小距离约 200m。同时，地下洞室布置还需尽量远离 F_3 断层，避开其影响。地下洞室群不仅规模巨大，而且工程地质条件比较复杂，设计难度较大。

（6）水库正常蓄水位 812m，死水位 765m，正常蓄水位以下库容 217 亿 m^3，死水位以下库容 104 亿 m^3，调节库容 113 亿 m^3，防洪库容 20 亿 m^3，库容系数 0.21，具有多年调节特性。水库加入全省水电站群联合补偿调节后，使全省 11 级电站的保证出力由 5533MW 提高到 6123MW，增加 590MW；多年平均发电量由 627.45 亿 kW·h 提高到 628.11 亿 kW·h。增加的 0.66 亿 kW·h 均为枯期电量，极大改善系统的电能质量。同时还具有防洪、拦沙、改善航道等综合效益。

（7）电站是澜沧江中下游梯级规划的八个梯级中装机容量最大的水电站，技术指标优越，是实现“西电东送”和“云电外送”的主要电源点，将成为南方电网中装机容量较大、供电范围较广的发电站。

（8）电站水轮机转轮名义直径约 7.2m，最大外径约 7.5m，转轮采用分瓣运输、现场组焊方案。转轮采用抗磨蚀和具有良好焊接性能的 ZG06Cr13Ni4Mo（1～6 号机）/ASTMA743CA6NM（7～9 号机）低碳优质不锈钢材料制造，叶片用 VOD 精炼、数控加工，上冠不开泄水孔并设有泵板系统，以保证水轮机顶盖取水作为机组技术供水的可靠水源。

（9）为保护水轮机导水机构，延长机组大修周期，提高机组运行可靠性和灵活性，设置水轮机圆筒阀。水轮机圆筒阀外径约 9800mm，筒体高度约 1360mm，厚度约 200mm，是国内最大的圆筒阀之一。

（10）心墙堆石坝总填筑量 3360 万 m^3，其中心墙防渗料 464 万 m^3，反滤料 202 万 m^3，堆石料 2689 万 m^3。工程填筑量大，施工强度高，坝料填筑种类多，心墙防渗土料还需用农场开采的土料按 35%重量比进行混掺砾石料，施工工艺复杂。枢纽区河谷狭窄，上坝道路的布置采用岸坡与坝坡相结合的布置方式，保证上坝强度及满足各料源上坝运输要求。

（中国水电顾问集团昆明勘测设计研究院）

构皮滩水电站枢纽布置

构皮滩水电站位于贵州省余庆县境内，是乌江干流水电开发的第 7 个梯级电站，工程开发的主要任务是发电，兼顾航运、防洪及其他综合利用。坝址控制流域面积 43 250km^2，多年平均径流量 226 亿 m^3；大坝坝高 230.5m，水库正常蓄水位 630m，总库容 64.54 亿 m^3，调节库容 29.02 亿 m^3；电站装机容量 5×600MW，年发电量为 96.82 亿 kW·h。

构皮滩水电站枢纽由混凝土双曲拱坝、坝身泄水孔口以及下游水垫塘和二道坝、左岸泄洪洞和通航建筑物、右岸地下引水发电系统等组成。河床布置混凝土抛物线形双曲拱坝，最大坝高 230.5m，厚高比 0.216，为强岩溶地区特高双曲拱坝；坝身最大泄量 25 840m^3/s，最大泄洪功率 37940MW，均居国内外已建双曲拱坝之首；地下厂房与主变压器洞间距 30m，约为厂房跨度的 1.1 倍、厂房高度的 0.41 倍，为国内外复杂岩溶地区规模最大、岩柱最薄的地下厂房；电站调压室高度 113m，为当今世界之最；电站尾水地下洞室群 75%穿越软岩地层；导流设计标准对应的洪水流量为 13 500m^3/s，导截流工程规模巨大；地下电站装设 5 台 600MW 机组，是首个系统开展调频调峰运行研究的巨型机组。

（一）混凝土双曲拱坝

拦河大坝采用抛物线形混凝土双曲拱坝，坝顶高程 640.5m，河床建基面高程 410.0m，最大坝高 230.5m。坝顶上游面弧长 552.55m，弧高比 2.40。拱冠顶厚 10.25m，底厚 50.28m，厚高比 0.216，拱端最大厚度 58.43m。坝体自左岸至右岸共布置了 26 条横缝，共计 27 个坝段。其中 1～10 号、18～27 号坝段为挡水坝段，11～17 号为溢流坝段。各坝段顶拱上游面弧长如下：1 号坝段为 21.61m，2～10 号坝段均为 20m，11～17 号坝段均为 24m（沿泄洪轴线弧长），18～25 号坝段均为 20m，26 号坝段为 17m，27 号坝段为 16.48m。

（二）泄洪建筑物

1. 坝身泄洪建筑物　工程泄洪以坝身泄洪为主，共设 6 个泄洪表孔、7 个泄洪中孔、2 个放空底孔及 4 个临时导流底孔。表孔堰顶高程 617.00m，孔口尺寸 12m×13m（宽×高，下同），跨横缝布置，中心线与坝段分缝线重合。中孔布置于表孔闸墩下方，在平面上沿泄洪轴线与表孔相间布置，其中心线与表孔闸墩中心线重合，断面尺寸为 7m×6m；1、3、5、7 号孔为平底板，进口底高程均为 550.00m，2、6 号孔出口挑射角为 25°，进口底高程均为 543.00m，4 号孔出口挑射角为 10°，进口底高程为 546.00m。放空底孔控制断面孔口尺寸 3.8m×6m，临时导流底孔控制断面孔口尺寸 6.5m×8m，各底孔进口底高程均为 490.00m。

2. 水垫塘及二道坝　大坝下游设人工水垫塘，

作为坝身泄洪水流主要消能区。水垫塘由底板、二道坝、左右岸贴坡式边墙及透水护坦段组成，采用封闭帷幕和抽排水的结构形式。水垫塘体长度 330m，最小宽度 70m，底板高程为 412.00m。二道坝与下游 RCC 围堰结合布置，顶高程 444.5m。二道坝后为透水护坦。

3. 泄洪洞 泄洪洞采用有压洞接明流隧洞的型式，平面上转弯布置，进水口布置在 1 号及 2 号导流隧洞进口上方，底高程 550.00m；其事故闸门采用岸塔式布置，孔口尺寸为 7m×16m；下接 25m 长的渐变段，其后是长 220.6m、直径为 12m 的圆形有压隧洞（平面转弯，洞轴线方位角由进口处的 78.983°转为 135.498°，轴线转弯半径为 90m），下接 22m 长的渐变段。工作闸门室布置于防渗帷幕线下游 34.42m 处，控制断面孔口尺寸 10m×9m。工作闸门室后为长 40m 的渐变段，其后采用坡度 $i=0.2063$ 的陡槽式直坡与出口明渠段相接，洞身型式为城门洞形，断面尺寸 10m×15m。隧洞出口明渠边墙高度 11.5m，下接挑流鼻坎及预挖冲坑。自进口至挑流鼻坎全长 602m。预挖冲坑位于左岸 1、2 号导流洞出口明渠处，最低预挖至高程 425.00m。

（三）引水发电系统

引水发电系统布置在右岸，主要包括引水渠、进水塔、引水隧洞、主厂房、主变压器洞、尾水隧洞、调压室、尾水平台、尾水渠、开关站、交通洞及通风洞等，采用一机一洞的引水形式。

引水渠位于右岸坝轴线上游，渠底高程 563.05m，最大开挖宽度约 150m，最大开挖长度约 98m。进水塔为岸塔式钢筋混凝土结构，单个进水塔宽 26.00m，建基面高程 559.25m，塔顶高程 640.50m，塔高 81.25m。

引水隧洞上平段入口中心高程 569.00m，下平段出口中心高程 416.80m；自上而下由上平段、水平弯管段、上弯段、竖井段、下弯段和下平段等部分组成；为圆形断面，上平段、上弯段及竖井段洞内径为 9.5m，下弯段及下平段洞内径为 8.0m。

主厂房纵轴线方位角为 NE75°，最大开挖尺寸为 230.45m×27m×73.32m（长×宽×高），从右至左依次为安装场（54.65m）、机组段（5m×31m）、副安装场（20.8m）。主厂房为首部式地下厂房，共安装 5 台 600MW 水轮发电机组。

主变压器洞位于厂房下游 30.0m，与厂房平行布置，长 207.10m，断面型式为城门洞形，开挖尺寸 15.8m×21.34m（宽×高），地面高程为 436.10m。母线洞共 5 条，位于主厂房与主变压器洞之间，与厂房纵轴线垂直，每条长 30m，其断面型式为城门洞形。副厂房位于主变压器洞左端，与副安装场有电缆廊道相连。

尾水隧洞段布置有调压室，在调压室前采用一机一洞平行布置形式，调压室后尾水隧洞采用两机一洞及一机一洞联合布置方式，其中 1 号、2 号机及 3 号、4 号机分别共用尾水隧洞，5 号机单机单洞。

调压室布置于主厂房下游，距离尾水管出口 32.5m。调压室在 481m 高程以下为 3 个相互独立的矩形调压室以对应下游 3 条尾水隧洞，其底板高程 393.08m，开挖长分别为 46m、46m、24m。调压室在高程 481m 以上连通成为闸门廊道。

尾水出口位于大坝透水护坦下游约 140m 处，为 3 个独立平台，平台顶高程 445.00m。

地面开关站布置在 5 号上坝公路内侧，设计高程 637.00m，场地长约 168m、宽 55m，布置 GIS 室和管理楼。GIS 和管理楼的平面尺寸分别为 17.5m×104.62m、17.5m×26m。

（四）通航建筑物

通航建筑物布置在左岸煤炭沟至野狼湾一线，全长约 2306m，采用带两级中间渠道的三级垂直升船机，最高通航水头 199.0m，设计通航标准为Ⅳ级航道、通行 500t 级船舶。第一级升船机布置在左坝肩高耸山体上游，采用船厢下水式布置方案，逆向运行，上游通航水位 590～630m，下游工作水位 637m，最大升程 47m。第二级升船机布置于大岩沟上游侧的宽缓台地处，采用钢丝绳卷扬全平衡式垂直升船机，其上下游工作水位分别为恒水位 637、510m，升船机提升高度为 127m。第三级升船机布置在马鞍山左侧的拦河槽沟出口处，采用船厢下水式升船机，最大升程 79m。三级垂直升船机最大总提升高度 253m，两级中间渠道均设有可供船舶迎向运行的错船段，各级升船机均可独立运行。

（贵州乌江水电开发有限责任公司构皮滩电厂
谭克银 赵 斌 朱玉庭）

银盘水电站设计

（一）工程概况

银盘水电站位于乌江下游河段，地处重庆市武隆县，是乌江干流水电开发规划的第十一个梯级，上游接彭水水电站，下游为白马梯级，是发电兼顾彭水水电站的反调节任务和渠化航道的枢纽工程。该工程的开发任务是以发电为主，其次为航运。

根据该工程的开发任务和功能要求，银盘水电站枢纽主要由挡水建筑物、泄洪建筑物、电站厂房和通航建筑物等组成。大坝为混凝土重力坝，最大坝高 78.5m；电站布置在左岸，为河床式厂房，安装 4 台单机容量为150MW的轴流式水轮发电机组；通航建筑物布置在右岸，为500t级单级船闸。

银盘水电站正常蓄水位为215.00m，总库容为3.2亿m^3。本工程等别为二等，工程规模为大（2）型，主要建筑物（混凝土重力坝、电站厂房）为2级建筑物，次要建筑物为3级建筑物；根据《船闸水工建筑物设计规范》（JTJ 307—2001）拟定的船闸级别为：上闸首、闸室和下闸首为2级建筑物，船闸导航设施、靠船墩等为4级建筑物。

施工导流采用分期导流的形式，导流共分三期。

（二）大坝地质条件

银盘水电站大坝建基岩体主要由软岩和硬岩互层组成，其中软岩类岩层有O_{1d}^{1-1}、O_{1d}^{1-3}、O_{1d}^{3-1}、O_{1d}^{3-4}、O_{3w}及S_{1Ln}页岩层，页岩在坝基出露长度约378m，约占大坝长度的58%；中硬岩类岩层有O_{1d}^{2}、O_{1d}^{1-2}及O_{1d}^{3-2}含泥质灰岩和粉细砂岩；坚硬岩类岩层有O_{1h}、O_{2+3}及O_{1d}^{3-3}灰岩和石英砂岩。坝基岩层倾向右岸偏下游，倾角40°，河流流向SW213°，与岩层走向夹角25°，岩层向下游视倾角22°，岩体中发育有多条剪切带，剪切带的走向、倾向与岩层一致，同时岩体中发育有NWW、NEE、NNE、NNW四组裂隙，其中缓倾角裂隙约占裂隙总数的10.8%，裂隙的连通率为10%～30%，大坝存在深层抗滑稳定问题。大坝坝基岩体质量满足大坝建基面的要求。

（三）泄洪消能建筑物布置

银盘水电站挡水建筑物按100年一遇洪水设计，相应洪峰流量为27 100m^3/s，1000年一遇洪水校核，相应洪峰流量为35 600m^3/s，消能防冲按50年一遇洪水设计，相应洪峰流量为24 400m^3/s。

该电站具有泄洪流量大、洪量集中，上、下游水位差较小，下游水位变幅较大等特点，泄洪消能问题是工程设计的关键技术之一。

根据坝址地形、地质条件和水文特征条件，结合施工导流方式，银盘水电站泄洪采用全表孔方案，布置10个泄洪表孔，堰顶高程为195m，孔宽15.5m，闸墩厚4.5m。泄洪表孔分三区布置：左、中区位于河床中部（各4孔），兼作三期截流后的导流设施；右区表孔（2孔）位于纵向围堰右侧。

泄洪消能建筑物结合电站运行及施工导流方案分三区布置，中区、右区为底流消能，左区为戽流消能或面流消能。通航条件下（5500m^3/s以下）不使用左区单独泄洪，下游引航道口门区的水流条件基本满足规范要求。

左区面流消能，中区、右区底流消能方案是可行的。左区4孔不宜单独运用泄洪；中、右区消力池高程为175m，护坦尾槛高程179m，消力池长度均为80m，采用合理的调度方式，正常运用期下游流态和冲刷满足设计要求。

（四）大坝深层抗滑稳定分析研究

银盘水电站大坝建基岩体中发育多条不利剪切带，大坝抗滑稳定条件较为复杂。剪切带倾向右岸偏下游，倾角40°，走向与坝轴线交角约75°，岩层无垂直的平行河流方向的裂隙，具有明显的三维空间特性。对大坝进行深层抗滑稳定计算时，可以考虑侧向切割面岩体的阻滑作用。剪切带分布示意见图1。

因此，大坝深层抗滑稳定的计算模式为：以剪切带为底滑面，以反倾向裂隙为侧向切割面，下游滑出面以剪断岩体考虑。其中，下游岩体中裂隙的连通率按10%～20%计，侧向切割面裂隙连通率按20%～30%计，底滑面剪切带裂隙的连通率按100%计。典

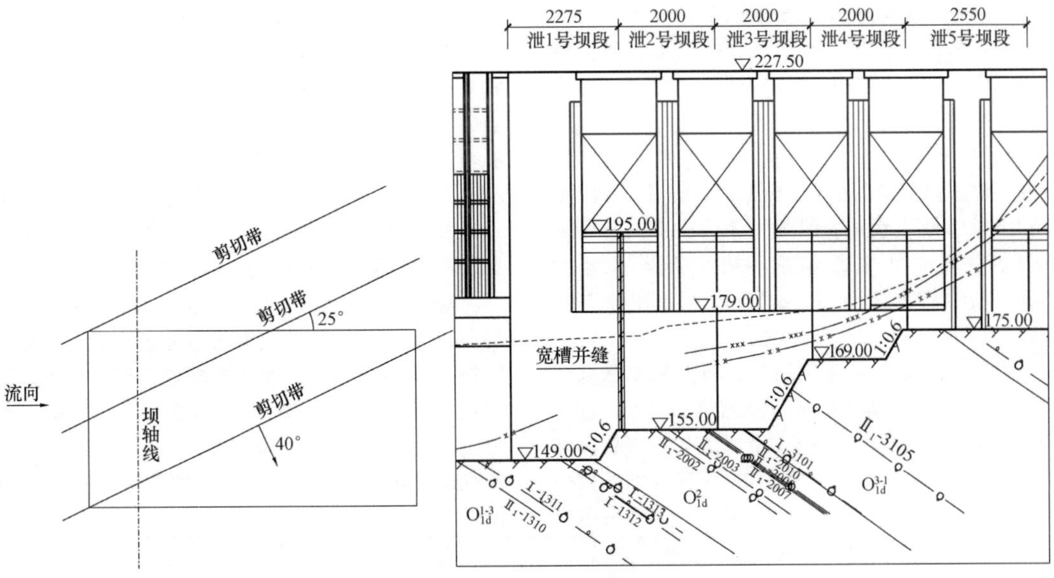

图1　剪切带分布示意图

型坝段深层抗滑计算模式见图 2。

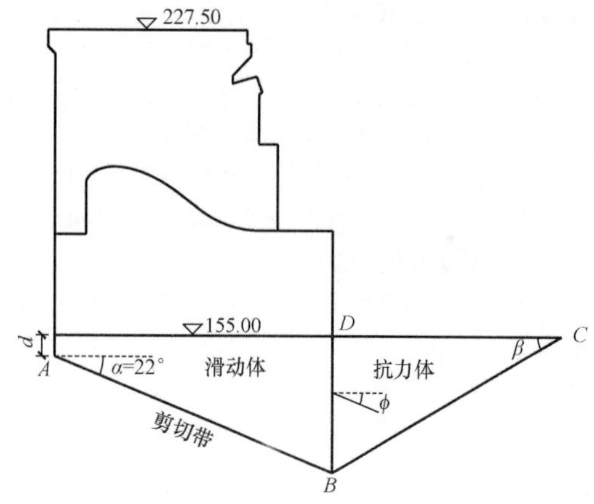

图 2 典型坝段深层抗滑稳定计算模式

以典型坝段为代表，对各种计算模式进行计算分析，选取最不利计算模式进行深层抗滑稳定计算。应用刚体极限平衡法中的等安全系数法计算，对侧向切割面岩体的阻滑作用、不同裂隙连通率组合、滑动体与抗力体间作用力角度不同取值进行了计算分析。研究结果表明，银盘水电站大坝深层抗滑稳定满足要求。

（五）水电站厂房设计

电站厂房布置左侧河床，为河床式电站，整个电站建筑物包括主厂房、安装场、尾水渠等。自左向右分别为安Ⅰ段、安Ⅱ段、1～4 号机组段。水轮机安装高程为 176.40m，机组间距 34.70m，安装场总长 55.00m，4 个机组段总长 142.10m，整个厂房总长 197.10m。

银盘水电站安装 4 台 150MW 轴流式水轮发电机组。洪水期库水位与尾水位高差不足 2m，尾水位变幅达 43m，采用竖直进厂方式，减少了厂房高度。蜗壳采用预应力结构，解决了高水头大尺寸钢筋混凝土蜗壳的限裂防渗问题。

（六）船闸设计

通航建筑物布置在右岸，由上游引航道、船闸主体段和下游引航道组成。船闸主体段由上闸首、闸室、下闸首及输水系统组成，挡水前缘宽度为 49.0m。船闸最大工作水头 35.12m，闸室平面有效尺寸为 120.0m×12.0m（长×宽）。

上闸首为整体式 U 形槽结构，挡水前缘总宽为 49.0m，其中左边墩宽 22.0m，航槽宽 12.0m，右边墩宽 15.0m，顺流向长 36.0m，依次布置有事故检修门和人字工作门。闸室及下闸首采用分离式结构，根据地形地质条件，左闸墙采用重力式，右闸墙采用半衬砌式。

（长江勘测规划设计研究有限责任公司 杜俊慧）

石门水电站枢纽布置及特点

石门水电站是呼图壁河中游河段规划的第三个梯级。工程的开发任务是“灌溉、防洪、发电”，为三等中型工程；水库正常蓄水位 1240m，死水位 1185m，总库容 7975 万 m^3，调节库容 7016 万 m^3，具有年调节能力；电站装机容量 95MW，保证出力 4.4/15.5（单独运行/联合运行）MW，多年平均年发电量 2.09/2.30（单独运行/联合运行）亿 kW·h。工程按 100 年一遇（$P=1\%$）洪水设计，设计洪水位 1240.00m，下泄流量 $705m^3/s$；按 2000 年一遇（$P=0.05\%$）洪水校核，校核洪水位 1240.86m，下泄流量 $1370m^3/s$。

（一）工程枢纽布置

工程枢纽建筑物由沥青混凝土心墙砂砾石堆石坝、右岸泄洪冲沙（兼导流）洞、右岸溢洪洞、左岸引水系统和地面厂房组成。

沥青心墙砂砾石坝坝顶高程 1243.00m，防浪墙顶高程 1244.20m。河床段心墙基座建基面高程为 1137.00m，最大坝高 106.00m，坝顶全长 312.51m，坝顶宽 10m，坝体最大底宽约 392m。坝体上游坝坡为 1∶2.2，并于 1210.00m 高程设置 3m 宽马道；下游坝坡取为 1∶2.0，并于 1210.00、1180.00m 高程设 3m 宽马道。沥青混凝土心墙为碾压式，位于坝体中部、坝轴线上游，心墙轴线距坝轴线 3.25m。心墙顶高程 1242.50m，顶部厚 0.50m，河床段至 1147.50m 高程心墙厚为 1.20m，心墙底部与混凝土基座连接，底部高程 1144.50m。

泄洪冲沙（兼导流）洞布置于右岸，由塔式进水口、洞身段、掺气坎及出口消能工等建筑物组成。结构总长 668.56，纵坡 4.48%。塔式进水口底板高程 1160m，塔顶高程为 1243m，塔高 83m。事故检修门孔口尺寸为 3m×6m（宽×高），弧形工作门孔口尺寸 3.7m×6.5m（宽×高）。闸门井下游接城门洞形无压隧洞段，断面为 9m×8.5m，洞身段设置 3 个掺气坎。出口消能工采用挑流消能方式。

溢洪洞位于大坝右岸，由引渠段、控制段（溢流堰段）、无压隧洞段及明渠段消能工组成。引水明渠底板高程 1226.00m。泄流控制段采用实用堰，堰面采用 WES 曲线实用堰，堰顶高程 1232.00m，弧形工作闸门孔口尺寸 5m×8m（宽×高）。洞身为无压洞，长 633.15m，纵坡为 5.73%，隧洞断面型式为城门洞形。采用挑流消能。

引水系统由岸塔式进水口、引水隧洞、调压井、压力钢管组成。电站采用一洞二机供水方式，引水线路总长约8615m，隧洞内径4.4m，压力钢管主管直径4.20m。

地面厂房位于坝址下游约7km的河道左岸岸边，安装2台单机容量为47.5MW的混流式水轮发电机组。主厂房长52.40m、宽22.0m、高39.37m，机组安装高程为1000.41m。

（二）主要技术特点

1. 发电与供水关系　呼图壁河流域用于灌溉的水量只有3.12亿m^3，有上百万亩耕地，水少地多，土地利用深度不够。由于渠系长，渗漏损失大，水利用系数低，2005年灌溉面积105.44万亩，其中呼图壁河河水只能灌溉53.34万亩左右。春季作物需水量占全年需水量的三分之一，但是春季来水仅占全年的10%左右。经过对石门水电站的规模与灌溉效益分析，兴建石门水电站后，则保证灌溉面积可达105.44万亩，增加近一倍。为保证下游灌溉和供水，石门水电站的水能利用特点是电调服从水调。

2. 挡水建筑物　石门水电站沥青心墙砂砾石堆石坝最大坝高106m，沥青心墙高96.50m。大坝设计烈度为Ⅷ度，具有高寒高抗震区筑坝特性，是目前已建和在建同类坝型中的第三高坝，为新疆和贵阳勘测设计研究院设计的第一座高沥青混凝土心墙堆石坝。

3. 引水系统　引水隧洞总长约8615m，穿越齐古活断层带，开挖揭露后确定影响段共计310m，其中引5+260m～5+270m有较明显的破碎带。齐古断层带为活断层，垂直错断速率（位移）为0.34～0.42mm/年，水平错断速率（位移）0.10～0.18mm/年。设计初期采用压力钢管结合多段波纹补偿器（伸缩节）来适应该处不均匀变位。施工期根据揭露情况，该段围岩情况好于预期，经多次踏勘和咨询，对该范围采取结构缝加密的处理措施，取消波纹补偿器（伸缩节）。

（三）重大设计变更和优化

呼图壁石门水电站可行性研究审查后，在工程招标及施工图设计阶段主要的设计及变更有以下几方面：

1. 泄洪系统结构调整变更　2008年12月，水利部西北水利科学研究所提交《新疆呼图壁石门水电站水工整体模型试验报告》表明，泄洪兼导流洞原设计采用收缩洞身断面的结构布置不满足水力学的过流条件。因此，施工图设计对结构进行了调整，过水断面由7m×8.5m调整为9m×8.5m，增加了三个掺气坎及隔流墩。同时结合溢洪洞水力学模型试验成果，对溢洪洞开挖断面进行了调整，桩号0+000.000m～0+010.000m段调整为渐变段，断面宽度增加0.5m；桩号0+010.000m～0+108.000m段两侧边墙及顶拱进行了扩挖，断面宽度增加0.5m，高度增加0.3m。

2. 引水发电隧洞混凝土衬砌优化　引水隧洞由于线路较长，且以砂质泥岩洞段为主，开挖揭露围岩类别主要是Ⅳ、Ⅴ类围岩，洞室稳定性差。为确保工程施工期的安全性和施工便利，招标阶段设计将圆形开挖断面调整为平底马蹄形开挖断面。但因平底马蹄形开挖断面结构受力条件较圆形断面复杂，边墙与底板交接处应力集中，需加强配筋，比圆形配筋面积大40%左右，隧洞的衬砌仍按照圆形断面设计。随后，通过有限元受力分析，对隧洞衬砌厚度进行了调整，将过水断面直径由4.4m调整为4.6m，衬砌厚度由招标阶段的40、50、60cm，分别调整为30、40、50cm，节约混凝土工程量7717m^3。

（中国水电顾问集团贵阳勘测设计研究院　张合作）

其　　他

糯扎渡水电站工程设计的主要技术创新

（一）洪水和水库初期蓄水规划

（1）该电站是澜沧江中下游河段继小湾电站之后的又一巨型水电站，由于上游的小湾、漫湾、大朝山水库的调蓄作用对糯扎渡水电站的来水情况造成影响，为确保工程设计既安全又经济，对设计洪水地区组成及入库洪水进行了专题研究。

（2）水库死水位下初期蓄水库容大，且主要在枯水期进行，这期间需要兼顾大坝施工、库区移民等工程形象要求以及下游生态、河道航运、城市取水、电站发电等不同部门的综合用水需求，同时还需考虑上下游已建小湾、景洪水库的协调运行；蓄水方案研究思路和方法对类似工程具有很好的借鉴意义。

（二）工程勘察与试验

（1）坝址区工程地质条件复杂，岩体风化程度、构造发育程度等均呈现很大的不均一性。参考岩体质量综合分类的方法，将坝址区工程地质情况按由好到差不同等级分为A、B、C、D、E、F六个区。

（2）坝基右岸中部岩体受构造、风化等因素的影响，形成了大致顺河方向沿 F_{12}、F_{13} 断层带延伸的构造软弱岩带。对该构造软弱岩带开展了渗透变形试验，依据试验成果对坝基渗透稳定性进行了评价，并提出了工程处理措施。

（3）电站进水口及溢洪道开挖料石渣总方量约 4000 万 m^3，为充分利用开挖渣料，对此两部位开挖区进行了详查级石料勘察，为尽可能利用开挖料提供了依据。

（三）挡水建筑物

心墙堆石坝高 261.5m，工程规模巨大，技术难度高。如此规模的心墙堆石坝设计国内没有任何成熟经验可资借鉴，国外可资借鉴的经验也有限。为此，联合多家高等院校和科研机构对心墙堆石坝关键技术问题开展了持续深入的科技攻关，解决了诸多关键技术问题。根据研究成果对高心墙堆石坝进行了创新设计，使我国高土石坝筑坝技术上了一个新的台阶。

（1）心墙防渗土料采用天然混合土料中掺人工碎石的砾质土料，改善了力学性质，使之适应了超高坝防渗土料的要求。

（2）论证了含软岩堆石料可用于高心墙堆石坝上游坝壳。最终大坝上游共利用了 478 万 m^3 建筑物开挖的含软岩堆石料，减少了弃渣和料场开挖料，除取得显著的经济效益外，还方便了施工，也有利于环境保护。

（3）论证了上游坝坡采用 1∶1.9，下游坝坡采用 1∶1.8 是可行的（目前已建 200m 以上心墙堆石坝坝坡，一般上游为 1∶2.2，下游为 1∶2.0），减小了大坝轮廓和工程布置难度，减少了填筑量。

（4）论证了直心墙堆石坝抗水力劈裂的安全性，比采用斜心墙堆石坝施工更为方便。

（5）土石坝计算静动力本构关系修正。

（6）提出了采用“数字大坝——工程质量与安全信息管理系统”进行大坝施工质量的数字化监控思路，对保障大坝施工质量提供了实时、动态的全过程有效的监督控制。

（7）开展了“数字大坝——工程安全评价与预警信息管理系统”的研究，根据监测和分析成果修正和完善不同时期、不同工况下大坝的各级警戒值和安全评价指标，提出相应的应急预案与防范措施。

（8）验证了施工过程中采用 595kJ/m^3 功能小型击实（ϕ152mm）P20 细料成果对掺砾土料进行质量控制和定期采用 2690kJ/m^3 功能大型击实（ϕ300mm）成果对掺砾土全料进行质量复核的可行性。

（四）泄水建筑物

本工程校核洪水标准（PMF）时总泄洪流量 37 532m^3/s，溢洪道、左右岸泄洪隧洞联合泄洪功率 66940MW。泄洪流量及功率均名列世界前茅。

对泄水建筑物布置、体形、掺气设施及衬砌混凝土材料均进行了充分的试验、分析研究及论证。抗冲耐磨混凝土采用 C_{180}55W8F100。

溢洪道泄槽底板采用 0.8～1.2m 的薄板结构，根据地形条件采用上缓下陡的两级底坡布置形式，跨断层部位采用有盖重固结灌浆和系统锚筋桩锚固处理，垂直水流方向仅在掺气坎附近设结构横缝，结构横缝间 65～128m 采用通仓浇筑。

溢洪道出口采用预挖消力塘形成水垫的消能方式，较好地解决了溢洪道的消能问题，但由于消力塘底面积大，约为53 000m^2，按平均厚度 3m 衬砌，混凝土方量为 15.7 万 m^3，且要设复杂的抽排水系统，因此对消力塘的结构及水力设计进行了专项研究，取消了消力塘底板衬砌和复杂的抽排水系统，采取护岸不护底方案。

左岸泄洪隧洞最大泄流量为 3395m^3/s，工作闸门孔口尺寸 5m×9m，布置 2 孔，设计水头 103m。

右岸泄洪隧洞最大泄流量为 3257m^3/s，工作闸门孔口尺寸 5m×8.5m，布置 2 孔，设计水头 126m。

泄洪隧洞闸门孔口流速接近 40m/s，无压断流速约 42m/s。泄洪隧洞两孔合一并侧向收缩的结构形式在国内尚没有成熟的工程实践；高水头、高流速增加了泄洪隧洞有压流无压流过渡设计及无压段掺气减蚀设计的难度。

（五）引水发电建筑物

水库深且库容巨大，水温分层；联合科研单位对分层取水进水口进行了研究，从水温分布预测、水力学、水工结构及闸门流激振动、施工组织、投资等方面进行了研究和论证。经过综合比选，推荐进水口采用多层取水叠梁门方案。

为减小圆筒式尾水调压室规模，降低施工难度，确保施工安全，1 号调压室充分利用了 2 号导流隧洞与 1 号尾水隧洞结合点至中部堵头段间的一段隧洞作为扩展调压室。

（六）边坡工程

对建筑物边坡开展了地质详查和结构面统计分析、岩体质量等级评定分析、边坡计算参数研究、边坡失稳模式判别、边坡二维及三维稳定分析、典型边坡二维有限元分析等系统研究，研究结果及施工实践表明：枢纽区边坡在综合采用分台阶开挖、边坡防排水系统、系统喷锚支护、预应力锚索等处理措施后，边坡满足稳定和安全要求。

开展了边坡开挖过程监测信息反馈分析及长期稳定性研究，根据研究结果，对各部位开挖坡的支护进行优化调整，保证了施工期及运行期边坡的稳定。

（七）心墙堆石坝安全监测

心墙堆石坝布置了完善的监测系统，在传统监测仪器布置的基础上，针对工程特点和难点，主要在以下方面进行了创新：

（1）上游堆石体内部布置弦式沉降仪，在堆石表面对应高程布置视准线，为全方位监测大坝变形性态提供了支撑。

（2）率先将剪变形计布置于心墙与反滤层之间，可综合评判大坝的变形协调情况。

（3）心墙沉降环采用不锈钢材料，将磁性被动探测改为主动发射，提高了仪器的耐久性。

（4）下游堆石体沉降监测将三管式水管沉降仪改为四管式，增加一根进水管，提高了仪器的可靠性及观测精度。

（八）导截流建筑物

为满足工程施工导截流需要，共布置5条导流隧洞，规模巨大；上游围堰与大坝坝体结合，下游土石围堰后期改造成坝体量水堰，围堰布置、体形结构要求特殊，且围堰施工工期相当紧张。

（1）1、2号导流洞进口渐变段最大开挖尺寸27.6m×26.3m，受断层影响，岩体条件较差，上覆岩体厚约28m。采用先预锚固，再进行开挖支护。2号导流洞进口渐变段平顶一次开挖、支护施工成型，国内外均属首次。

（2）导流洞采用“新奥法”建设；Ⅱ类及以好岩体段取消了顶拱混凝土衬砌。

（3）5号导流洞取消160m高闸门井筒及封堵平板门设计，改为仅设工作闸门的闸门室布置型式。

（4）采用高达82m的上游土工膜斜墙土石围堰，其为目前国内外最高的土石围堰。

（5）截流龙口具最高流速7.52m/s、最高落差6.7m的特点，截流难度大。截流规划设计准确指导了截流的实施。

（九）其他

1. 物料平衡　糯扎渡水电工程可用开挖料主要有电站进水口、溢洪道开挖料、尾水出口边坡、地面开关站及导流洞进口开挖料等，开挖总量约4002万m^3，利用料包括直接上坝、回采上坝和混凝土粗细骨料，利用料总量约为2232万m^3，利用率约为56%。其中工程开挖有用料的利用占坝体粗堆石料需要量的83%。

2. 永久与临时建筑物密切结合　结合地形地质条件、施工及运行要求，减少工程量，降低工程投资，永久与临时建筑多处结合布置，如：上游围堰与大坝结合；下游围堰与量水堰结合；5号导流隧洞后段与左岸泄洪隧洞结合；2号导流隧洞后段与1号尾水隧洞及1号尾水调压室结合；5号导流隧洞交通洞充分利用15号施工支洞。

3. 厂房三维协同设计　采用RIVET等软件进行多专业协同三维设计，设计成果可从多角度、各部位真实展示，甚至可模拟漫游电站厂房。在各专业、各系统的设计过程中解决了相互间错、漏、碰、撞的问题，三维模型不仅真实再现了工程实施后的全貌，而且可方便地转化为二维施工图。目前，电站的布置、电缆桥架等均采用三维模型转化的方式出二维施工图。推广采用三维协同设计，有效减少了设计中经常出现的“错、漏、碰”问题95%以上。

4. 环境保护与水土保持　工程涉及众多环境敏感保护目标，在项目环境影响报告书、水土保持方案报告书及批复意见基础上，按“三同时”制度要求进行环保水保总体设计，统筹布局环保水保措施体系，创新性提出生态保护“两站一园”思路，并实施叠梁门分层取水，最大程度减缓了因工程建设产生的不利环境影响，使糯扎渡水电站工程成为开发与保护并重的工程典范。

5. 建设征地移民安置规划设计　中国水电顾问集团昆明勘测设计研究院（以下简称昆明院）与地方政府共同承担建设征地移民安置实施规划设计工作。通过以下创新设计，基本满足电站建设需要：

（1）根据建设占地时序分枢纽工程建设区、围堰截流区、其他水库淹没影响区三区进行，其他水库淹没影响区又根据导流程序和蓄水计划分三期进行。

（2）实行长效补偿安置方式，并对库区农村移民搬迁方案进行优化调整。减少搬迁人口约3万人。

（3）结合水库淹没区实际情况综合分析确定农村移民长效补偿标准，得到各方认可，有效推动移民安置。

（4）为了保证设计质量，缩短设计周期，充分发挥主体设计单位的作用，初步设计和施工图设计均由昆明院同时开展。

（中国水电顾问集团昆明勘测设计研究院）

构皮滩水电站工程设计的主要技术创新

构皮滩水电站位于贵州省余庆县境内，是乌江干流水电开发的第7个梯级电站，工程开发的主要任务是发电，兼顾航运、防洪及其他综合利用。坝址控制流域面积43 250km^2，多年平均径流量226亿m^3；大坝坝高230.5m，水库正常蓄水位630m，总库容64.54亿m^3，调节库容29.02亿m^3；电站装机容量5×600MW，年发电量为96.82亿kW·h。该电站为一等大（1）型工程，是乌江水电基地规划中最大的水利水电枢纽，是国家“十五”期间开工建设的重点工程和“西电东送”骨干电源。工程于2001年开始筹建，2003年11月截流，2009年7月电站首台机组发电，2009年12月5台机组全部投产。电站工程累计完成土石方开挖2035.55万m^3，土石方回填169.28万m^3，混凝土浇筑612.46万m^3，钢筋制作安装9.74万t，完成投资135.92亿元。该工程设计的主要技术创新如下：

（一）特高双曲拱坝

构皮滩水电站位于复杂岩溶地区，大坝为混凝土抛物线形双曲拱坝，最大坝高230.5m，厚高比0.216。根据工程条件，在总结和借鉴国内外拱坝设计经验的基础上，通过技术攻关，首次采用“多约束、多程序、多方法、多因素”综合比较的拱坝体形设计新思路，成功设计出体形良好、结构安全的混凝土特高双曲拱坝。中孔弧门闸墩、表孔大梁、坝基固结灌浆等部位采用新工艺和新方法施工，建成了强岩溶地区的特高双曲拱坝。

（二）双曲拱坝泄洪消能

构皮滩拱坝坝身最大泄量25 840m^3/s，最大泄洪功率达37 940MW，均居国内外已建双曲拱坝之首。坝址河谷狭窄，枯水期水面宽度30～60m，设计、校核洪水水面宽仅140～150m；坝下游200m范围以外为黏土岩和页岩，抗冲能力低，下游防护压力大。“高水头、大泄量、窄河谷、软基础”的矛盾十分突出。经深入研究和一系列模型试验，提出了“坝身表、中孔泄洪，坝下水垫塘消能，岸边泄洪洞辅助泄洪”的方案，成功解决了构皮滩双曲拱坝泄洪消能难题，为高拱坝大泄量泄洪消能开辟了新途径。

（三）地下电站

构皮滩电站地下洞室群错落分布、规模庞大，其中地下厂房洞室开挖尺寸为230.45m×27m×73.32m。受地质条件限制，地下厂房主洞室群采用薄岩柱布置方式，岩柱厚度与大洞室开挖宽度比最小仅1.1，岩壁厚与大洞室高度比0.41。构皮滩枢纽区规模最大的岩溶系统——W24贯穿整个引水发电系统22条主要洞室。W24岩溶系统，岩溶空腔体积12.3万m^3，岩溶管道最大断面380m^2，主管道水平展布长度超过520m，高差超过130m，汛期最大来水量7000m^3/d，突发涌泥超过3000m^3/次。地下电站设计过程中，研究提出了以下主要创新技术：

(1) 提出了“精细布置、规避风险、强锚快锚、护腰固脚、平行作业、同步错时”等关键技术，解决了复杂岩溶地区大型地下厂房设计与施工中围岩稳定等关键问题，成功建成了国内外复杂岩溶地区规模最大、岩柱最薄的地下厂房。

(2) 系统提出了“趋利避害、优化体形、围压固壁、外排内导、薄层开挖、快速锚固、超前排水、封闭施工、清挖回填、支撑加固”等复杂岩溶地区高大调压室的关键技术，在复杂岩溶地区建成国内外高度最大（113m）的调压室，为复杂岩溶地区修建大高度充水建筑物提供了新思路。

（四）岩溶处理

构皮滩坝址区岩溶强烈发育，5个大型岩溶系统的特征各异（形态不同、充填物及充填程度不同）、规模巨大（体积大于1万m^3的有10个）、边界条件不清。岩溶直接影响高拱坝安全及地下洞室围岩稳定，是构皮滩工程设计中的最大难题。工程设计中提出了岩溶风险评估及分级处理等新理念，实现了岩溶处理从定性到定量跨越。

(1) 以模糊理论和专家经验为基础构建一种线性隶属函数，遴选出主要风险因子并根据专家经验给出不同因子的权重系数及评分标准，按计算的风险分值及其隶属区间将岩溶危险性划分为高、中、低3种风险等级。系统总结并提出“不同风险等级的岩溶采用不同处理标准”的岩溶分级处理体系，在岩溶处理的投入与风险、进度与风险间找到了平衡点，为复杂岩溶处理提供了新思路。

(2) 岩溶系统穿越引水发电系统22条洞室，岩溶为影响厂房地下洞室围岩稳定的主要因素。为此，研究提出了根据洞周围岩塑性区确定岩溶处理范围，以及“分界、分层、分序”的岩溶处理新技术，实现了岩溶处理从定性到定量的跨越。

(3) 坝基右岸拱座持力部位发育的大型溶槽K280对拱坝安全影响显著。为此，采用“立体分层、平行追踪”的方式进行溶洞追挖、“分序、分期”混凝土置换等溶洞处理集成技术，成功消除了坝肩特大溶洞对拱坝安全的影响。

（五）水轮机设计

构皮滩水电站是“西电东送”主力调频调峰电站，机组启停频繁，负荷变化范围大，既要求水轮机最优点效率高，又要求高效率圈宽（这两点要求往往难以同时满足）。为此，通过一系列创新研究和模型试验，成功设计研制出调频调峰性能良好的200m水头段水轮机新型叶片及转轮现场组焊新工艺等国际领先的科技成果。

（六）导截流设计

构皮滩导流设计流量达13 500m^3/s，导截流工程规模大。通过上游梯级防洪库容联合调度研究，提出施工期乌江渡水库预留5.5亿m^3防洪库容以削减构皮滩水电站施工导流设计洪峰流量。据此，构皮滩水电站导流洞数量由可行性研究阶段的4条减少至3条，节省直接工程投资2亿元。上述设计创新技术，拓展了导截流工程设计思路。

（贵州乌江水电开发有限责任公司构皮滩电厂
谭克银　赵　斌　朱玉庭）

苗尾水电站导流隧洞施工支洞布置与施工

苗尾水电站拦河坝为当地材料坝，施工采用全年围堰挡水、两条导流隧洞泄流的导流方式。导流隧洞布置于坝址左岸，1号导流隧洞全长1157.59m，2号导流隧洞全长1052.82m，中心距50.0m；导流隧洞净断面尺寸13.0m×15.0m（宽×高）。

为满足导流隧洞施工要求，导流隧洞设计布置2条施工支洞，2条施工支洞均分上下岔洞进入主洞，如图1所示。

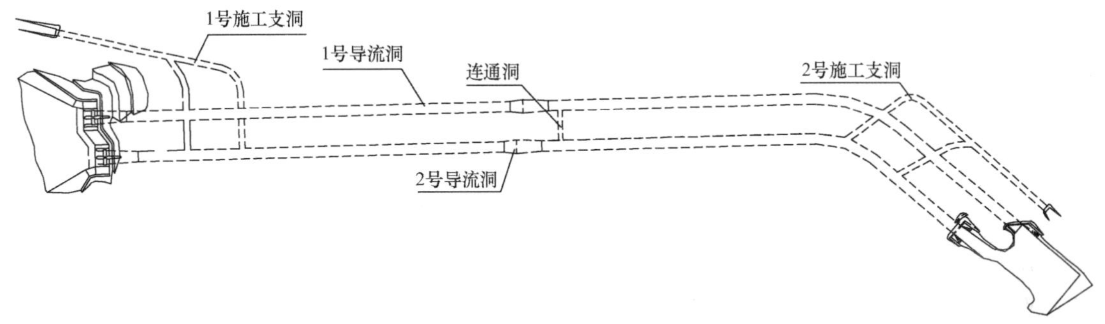

图1　苗尾水电站导流隧洞及施工支洞布置图

1号施工支洞位于坝址上游左岸，进口处岩体以强风化为主，倾倒变形发育，开挖边坡稳定性较差；支洞洞身段大部分位于弱风化岩体中，顺层结构面发育，初步围岩分类以Ⅳ类为主，断层破碎带为Ⅴ类。

2号施工支洞位于左岸石沙场沟内，进口段岩体风化强烈，开挖边坡稳定性较差；支洞大部分洞段位于弱微风化岩体中，顺层结构面发育，初步围岩分类以Ⅲ～Ⅳ类为主，F_{153}与F_{155}之间的岩体及断层破碎带为Ⅴ类。

施工支洞为城门洞形断面，衬砌断面尺寸为7.0m×6.5m（宽×高），其中1号施工支洞设计规划全长448.34m，2号施工支洞设计规划全长422.89m。实际施工时，进行了局部微调，1号施工支洞长456.519m，最大纵坡－9.79%，上岔洞平均坡降3.043%，下岔洞平均坡降5.053%；2号施工支洞全长407.134m，最大纵坡－9.95%，上岔洞平均坡降1.06%，下岔平均坡降6.336%。

进口边坡，坡顶开口线高程1360.6m。在开口线5m外设置60cm×40cm梯形截水沟，沟帮、沟底皆为30cm厚M7.5浆砌石，过水面及顶面采用M10水泥砂浆抹面2cm。在高程1344m设置2m宽马道。马道以上和以下分别按1∶0.75、1∶0.5坡比开挖。左右两侧边坡坡比除进口左侧0＋003.7～0＋000段由1∶0.5渐变到1∶0.75外，其他开挖坡比均为1∶0.75。边坡支护，采用系统锚杆$\phi25$@200cm×200cm、L=4.5m，现场编制$\phi6.5$@15cm×15cm钢筋网喷15cm厚C25混凝土；排水孔$\phi50$@300cm×300cm、L=3.0m，上倾10°，内置$\phi42$软式透水管。

因进口边坡覆盖层较厚，且进洞地质条件较差，1、2号施工支洞进洞桩号分别推移3.7、10.5m，明洞部分用I16@50～75cm钢拱架进行支护。

在洞顶上1344m高程马道布置垂直反吊锚筋桩（3$\phi25$@150cm、L＝9.0m），底脚至洞顶面，外露50cm。

进洞超前支护，采用在洞脸拱角以上开口线外1.0m处设置一排$\phi42$×5mm@50cm、L=4.5m超前小导管，上倾10°，灌浆压力≤0.3MPa，并在超前小导管内加入一根$\phi25$mm的钢筋。在洞脸开口线0.5～1.5m范围设置两排锁口锚筋桩，参数为3$\phi25$、L=9.0m，排距1.5m，间距1.0m。

洞身Ⅴ、Ⅳ类岩体，采用“核心土法”进行开挖，遵循“短进尺、小药量、弱爆破、勤量测、强支护”原则，进尺控制在50～75cm，严格控制最大单响药量，以减小爆破对围岩的扰动；洞身其余部位采用全断面开挖，借助钻爆平台手风钻机造孔。由于本工程围岩较破碎，开挖后先素喷3～5cm厚的C25混凝土进行封闭，再进行系统支护，确保施工安全。边顶拱120°范围内布设中空自进式锚杆$\phi25$@150cm×150cm、L＝4.5m；边顶拱120°范围外布设$\phi25$@150cm×150cm、L＝4.5m砂浆锚杆。钢拱架按I16@50～75cm设置，纵向联系用$\phi22$@150cm钢筋焊牢。在拱架背面人工现场编制$\phi6.5$@20cm×20cm钢筋网，喷混凝土将其覆盖。钢支撑与岩面之间的空隙必须用喷混凝土充填密实，对洞顶部空腔较大部位用型钢、钢筋做成副拱，满喷混凝土。

两个施工支洞进口段顶拱设置 ϕ50@300cm×300cm、L=3.0m 排水孔，内置软式透水管。其他洞段设置随机排水孔。

施工支洞封堵采用 C20W6 混凝土，分层浇筑，分层高度 3.0m。在浇筑第一层混凝土前，铺设一层同强度等级、厚 2～5cm 的水泥砂浆。顶拱处采用高流态混凝土，由混凝土泵通过埋设管输送填满。堵头混凝土达到规定龄期后，对顶拱进行回填灌浆和固结灌浆。

苗尾水电站导流隧洞 1、2 号施工支洞分别于 2009 年 7 月和 9 月开工，2010 年 1 月中旬进入导流隧洞，导流隧洞主洞开始施工，2011 年底两条施工支洞基本完成历史使命。

（中国水电顾问集团华东勘测设计研究院
任金明　陈永红　钟伟斌　王凤军　贺元鑫）

6

土 建 施 工

大　坝　施　工

改性PVA纤维在溪洛渡水电站工程中的试验研究及应用

溪洛渡水电站大坝为双曲拱坝，属于300m级的特高拱坝，坝身布置多层孔口，大坝受力条件复杂，坝体混凝土约700万m^3，混凝土抗裂性能要求高。通过大量系统的混凝土配合比优化试验，大坝混凝土的极限拉伸值相对较小和自生体积变形呈微收缩，其收缩值在$-20\times10^{-6}\sim-30\times10^{-6}$，且因骨料的原因，混凝土的弹性模量较大，在45GPa左右。为了提高混凝土极限拉伸值、自生体积变形等综合抗裂性能指标，对大坝混凝土配合比进行了外掺改性PVA纤维混凝土试验研究，并在工程中成功应用。

（一）配合比试验

试验采用大坝所使用的原材料，用大坝A、B区四级配混凝土配合比，在保持胶凝材料不变，适量变动减水剂掺量和工作性相近的条件下，进行掺与不掺改性PVA纤维混凝土性能对比试验。混凝土坍落度按50～70mm控制，含气量按4.5%～5.5%控制，粉煤灰掺量35%，改性PVA纤维掺量0.9kg/m^3。

试验时由江苏能力科技有限公司提供了两种型号改性PVA纤维。为优选比较，中国长江三峡集团公司试验中心与溪洛渡试验中心平行开展了试验。

1. 混凝土拌和物试验　试验表明，保持混凝土坍落度相近时，掺改性PVA纤维较不掺改性PVA纤维的混凝土，减水剂掺量需增加0.1%～0.2%，相当于减水剂掺量相同时，用水量增加1～2kg/m^3。

2. 混凝土性能试验　溪洛渡试验中心试验结果，掺改性PVA纤维混凝土较不掺改性PVA纤维混凝土，28d极限拉伸值提高3.8%～14.1%；90d极限拉伸值提高10.9%～15.7%；180d极限拉伸值提高6.7%～8.7%。三峡试验中心试验结果：掺改性PVA纤维混凝土28d极限拉伸值提高7.8%～14.3%；90d极限拉伸值提高4.4%～10.0%；180d极限拉伸值提高5.8%～11.3%。由此可见，大坝混凝土掺改性PVA纤维可以提高混凝土的极限拉伸值。

3. 混凝土自生体积变形试验　不同水泥生产工艺、配方对混凝土自生体积变形影响较大，但掺改性PVA纤维的混凝土较未掺的，同龄期自生体积变形均减少收缩约$13\times10^{-6}\sim16\times10^{-6}$，明显提高混凝土的自生体积变形性能。

（二）现场应用情况

2009年9月8日，在高线混凝土拌和系统开始进行PVA纤维混凝土的生产性试验，之后在河床坝段为增强长间歇坯层混凝土的抗裂能力，也采用了纤维混凝土的方案。

溪洛渡大坝项目部混凝土温控工作组2009年第二十八次温控例会，明确了低温季节宜浇筑掺PVA纤维混凝土的部位：①混凝土计划间歇期超过14d的仓面；②结构敏感部位（如缓坡坝段狭长型、呈三角形断面的基础部位）；③固结灌浆作业面（含质量检查、加密或补强等）；④廊道封闭的1～2个仓号。

截至2010年12月21日，已累计浇筑混凝土190万m^3，其中掺改性PVA纤维混凝土浇筑约15万m^3。

（1）试验中心抽检混凝土性能检测结果统计见表1、表2。

（2）对相同时段同生产工艺、同配方生产的华新水泥所生产的大坝混凝土，在大坝高线610m拌和系统随机抽取了2组未掺改性PVA纤维混凝土、1组掺改性PVA纤维混凝土，进行了混凝土自生体积变形对比试验。试验表明，掺改性PVA纤维混凝土270d龄期自生体积变形为-23.12×10^{-6}，较未掺改性PVA纤维混凝土同龄期自生体积变形减少收缩约20×10^{-6}，这和室内试验结果是一致的，见图1。

表1　掺改性PVA纤维混凝土强度试验统计数据

混凝土设计指标	试验项目	龄期(d)	组数	最大值(MPa)	最小值(MPa)	平均值(MPa)
$C_{180}40$ F300W15	抗压	7	14	25.4	20.8	22.6
		28	15	39.9	26.7	34.5
		180	13	61.4	44.9	55.0
	劈拉	7	3	1.83	1.58	1.78
		28	3	2.84	2.48	2.71
		180	10	4.29	3.45	3.80

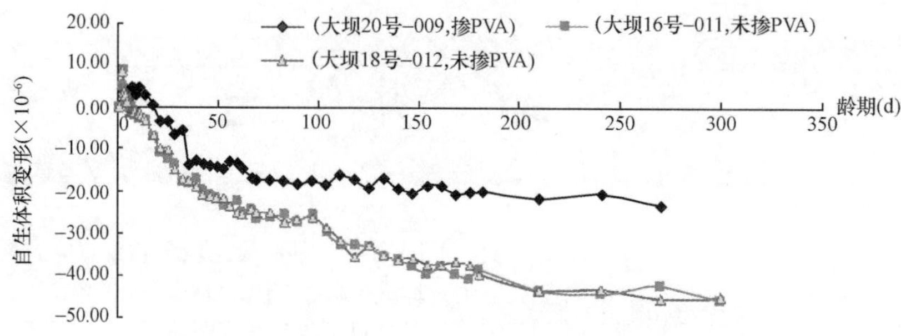

图1 掺与未掺改性 PVA 纤维混凝土自生体积变形曲线图

表2 掺改性 PVA 纤维混凝土极限拉伸值及弹性模量试验统计数据

混凝土设计指标	试验项目	龄期(d)	组数	最大值	最小值	平均值
$C_{180}40$ F300 W15	极限拉伸值($\times10^{-4}$)	7	2	0.73	0.71	0.72
		28	4	0.94	0.92	0.93
		180	4	1.09	1.07	1.08
	轴拉强度(MPa)	7	2	1.83	1.56	1.70
		28	4	2.95	2.74	2.83
		180	4	4.27	3.95	4.13
	抗拉弹模(GPa)	7	2	33.9	26.2	30.0
		28	4	39.0	35.2	36.6
		180	4	45.4	41.1	43.4
	抗压弹模(GPa)	28	1	—	—	36.7
		180	1	—	—	41.9

（三）结语

(1) 掺 KS-1500 改性 PVA 纤维混凝土与未掺改性 PVA 纤维混凝土相比，混凝土单位用水量有所增加，各龄期混凝土的极限拉伸值均有所提高。现场掺改性 PVA 纤维混凝土单位用水量增加 2kg/m³ 左右，按大坝 A 区 0.41 水胶比计算，增加胶凝材料 5kg/m³ 左右。

(2) 现场掺改性 PVA 纤维与未掺改性 PVA 纤维混凝土 7d、28d、90d 和 180d 抗压强度略有提高，28d 劈拉强度掺改性 PVA 纤维混凝土较未掺改性 PVA 纤维混凝土提高 8.3%左右。

(3) 现场掺改性 PVA 纤维与未掺改性 PVA 纤维混凝土 7d、28d、90d、180d 极限拉伸值（与 2008、2009 年现场抽检的未掺 PVA 纤维混凝土极限拉伸平均值相比）分别提高 10%、10.3%、11.8%和 4.8%，掺纤维对提高混凝土早期抗裂有利。

(4) 现场掺改性 PVA 纤维与未掺改性 PVA 纤维混凝土同龄期（270d）自生体积变形减少收缩约 20×10^{-6}，掺改性 PVA 纤维对提高溪洛渡高拱坝混凝土的抗裂安全指标是有利的。

(5) 掺改性 PVA 纤维后大坝混凝土施工存在不同程度的泌水，混凝土坍落度控制在 20～40mm 范围内，基本能保证浇筑过程中无泌水产生。室内试验验证掺改性 PVA 纤维后可适当降低混凝土砂率 0.5%～1.0%，不但可以降低混凝土的单位用水量，同时可以提高混凝土的抗压强度，也不影响混凝土的其余各项性能指标。

（中国水利水电第三工程局有限公司
杨富亮 李灼然）

向家坝水电站石灰岩人工砂石粉含量对常态、碾压、抗冲耐磨混凝土性能的影响研究

人工砂石粉是指生产砂及粗骨料过程中产生的粒径小于 0.16mm 的微细颗粒。向家坝试验中心针对向家坝工程使用的灰岩人工砂不同石粉含量对常态、碾压及抗冲耐磨混凝土性能的影响进行了试验研究。

试验采用向家坝工程马延坡砂石系统生产的石灰岩人工骨料，42.5 号中热水泥；Ⅰ级粉煤灰，需水量比为 94%；减水剂为江苏博特新材料有限公司生产的 JM-ⅡC 缓凝高效减水剂和 JM-PCAⅠ高性能减水剂，引气剂为上海麦斯特公司生产的 AIR202 引气剂和浙江龙游公司生产的 ZB-1G 引气剂。石粉取自马延坡砂石生产系统沉淀池内。试验采用常态混凝土二级配、碾压混凝土三级配、抗冲耐磨混凝土二级配，基准配合比参数见表 1。固定胶材总量与粉煤灰掺量，常态混凝土坍落度 50～70mm，含气量 3.5%～4.5%；碾压混凝土 VC 值 3s，含气量3.5%～4.5%；抗冲耐磨混凝土掺加江苏能力公司生产的 PVA 纤维 0.9kg/m³，坍落度 40～60mm，含气量 3.0%～4.0%。

表 1　　基准配合比

混凝土种类	级配	水胶比	粉煤灰掺量（%）	砂率（%）	外加剂				材料用量（kg/m³）		
					JM-IIC（%）	JM-PCAI（%）	AIR202（%）	ZB-1G（%）	水	水泥	粉煤灰
常态混凝土	二	0.50	35	35	0.6	—	0.02	—	120	156	84
碾压混凝土	三	0.49	60	34	0.7	—	0.10	—	84	69	103
抗冲耐磨混凝土	二	0.30	25	30	—	0.8	—	0.06	99	247	83

注　三级配大石：中石：小石=30：40：30；二级配常态混凝土中石：小石=55：45；抗冲耐磨混凝土中石：小石=50：50。

人工砂中掺加一定比例的石粉，常态混凝土人工砂石粉含量分别为6.3%、9.0%、11.7%、14.9%、17.9%、21.6%、25.5%，碾压混凝土人工砂石粉含量分别为11.4%、13.6%、17.4%、19.1%、22.1%、25.5%、29.0%，抗冲耐磨混凝土人工砂石粉含量分别为6.3%、8.3%、10.0%、12.7%、15.5%。

试验表明：随着石粉含量增加，砂的细度模数随之下降，石粉含量每增加3%，砂的细度模数降低0.1左右。

（一）石粉含量对混凝土拌和物的影响

1. 对常态混凝土坍落度和含气量的影响　在保持相同坍落度的条件下，混凝土用水量随石粉含量的增加而增加，石粉含量每增加约3%时，拌和物用水量增加约2kg/m³。在保持含气量基本相同条件下，引气剂掺量也随石粉含量增加而提高，石粉含量每增加约3%时，引气剂掺量相应增加约0.002%。

2. 对碾压混凝土VC值和含气量的影响　在VC值一定的条件下，碾压混凝土拌和物用水量随石粉含量的增加而增加，石粉含量每增加约3%时，拌和物用水量增加2kg/m³左右。在保持含气量基本相同条件下，引气剂掺量也随石粉含量增加而提高，石粉含量每增加约3%时，引气剂掺量相应增加0.02%左右。

3. 对抗冲耐磨混凝土坍落度和含气量的影响　在混凝土拌和物保持相同工作性的条件下，用水量随石粉含量的增加而增加，石粉含量每增加2%时，拌和物用水量增加2kg/m³。在保持混凝土含气量基本相同条件下，引气剂掺量随石粉含量的增加而增加，石粉含量每增加2%时，引气剂掺量相应增加0.02%，但石粉含量大于12.7%时，引气剂掺量增加比较明显。

（二）石粉含量对混凝土力学性能的影响

1. 对常态混凝土抗压、抗拉及极限拉伸值的影响　石粉含量在14.9%时抗压强度最高，石粉含量大于14.9%时，抗压强度随石粉含量的增加而呈下降趋势，参见图1。石粉含量对劈裂抗拉强度无明显影响，石粉含量大于17.9%时，混凝土极限拉伸值略有降低。

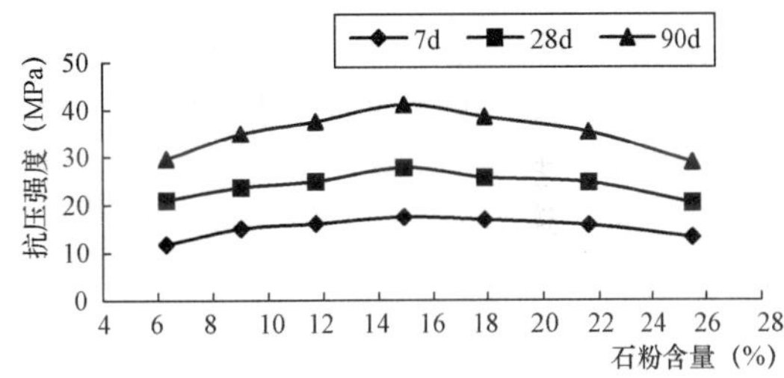

图1　常态混凝土抗压石粉含量与抗压强度关系曲线

2. 对碾压混凝土抗压、抗拉及极限拉伸值的影响　石粉含量在17.4%时碾压混凝土抗压强度最高，石粉大于19.1%时强度逐渐下降，参见图2。石粉含量对劈裂抗拉强度、混凝土极限值无明显影响。

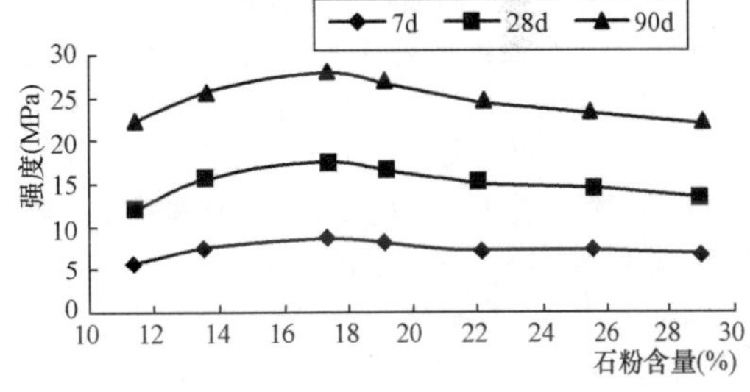

图2　碾压混凝土抗压石粉含量与抗压强度关系曲线

3. 对抗冲耐磨混凝土强度影响　在胶材用量不变、坍落度与含气量基本相同的情况下，石粉含量在6.3%～10.0%的范围内，抗压强度随石粉含量的增加而增加，石粉含量在10.0%～15.5%的范围内，抗压强度随石粉含量的增加而降低，参见图3。劈拉强度与抗压强度规律基本一致。

（三）石粉含量对混凝土干缩性能的影响

试验结果表明，随着石粉含量的增加，常态混凝土28d的干缩值呈下降趋势。碾压混凝土石粉在11.4%～17.4%范围内时，随着石粉含量的增加，28d及90d的干缩值呈下降趋势。当石粉含量超过

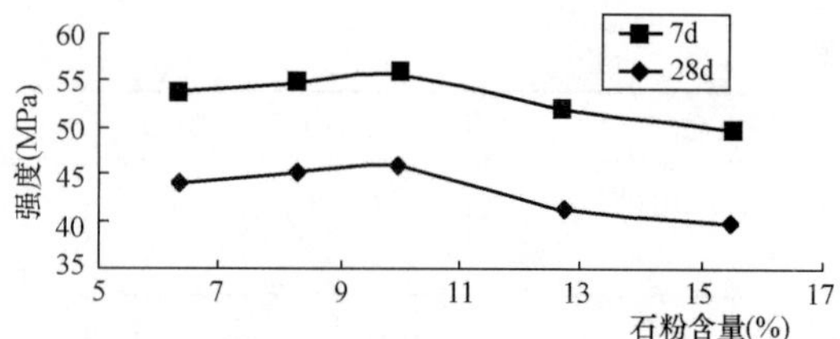

图3 抗冲耐磨混凝土抗压石粉含量与抗压强度关系曲线

22%后，28d及90d的干缩值随着石粉含量的增加呈上升趋势。

（四）石粉含量对混凝土抗冻性能影响

石粉含量在6.3%～25.5%范围内对常态混凝土抗冻性能无明显的影响，石粉含量在11.4%～29.0%范围内对碾压混凝土抗冻性能无明显的影响，石粉含量在6.3%～15.5%范围内对抗冲耐磨混凝土抗冻性能无明显影响。

（中国水利水电第三工程局有限公司
李国杰 许 艳 姚云德）

防碰撞系统在龙开口水电站的应用

龙开口水电工程坝体混凝土体积为330.18万m^3，主要浇筑设备有30t的辐射式缆索起重机3台套和移动塔机5台套，并布置有坝顶门机1台套和尾水检修门机1台套等临时设备及永久设备。由于作业空间比较狭窄，在夜间或阴雾天等能见度不佳的情况下，极易造成施工机械之间的碰撞，尤其是缆机与回转设备之间。为防止缆机与门、塔机等施工机械在运行中发生碰撞，龙开口水电站在施工中采用了防碰撞系统，有效地保障了施工建设安全。

龙开口水电站防碰撞系统的主要构成部分为：信号采集系统，信号处理基准站及中央控制系统，通信电台，分站报警系统，手持式显示系统，终端显示系统，远程监控系统。在各控制设备的操作室建立信号处理、控制分站及通信电台。分站负责处理单机上的各信号采集装置所采集的信号，通过通信电台采用无线通信的方式，将相关信号发送到信号处理基准站及中央控制系统；信号处理及控制总站（即中央控制系统）接收到各分站传送的信号后，经过分析、处理，计算出各设备的空间轮廓（包括起重臂、吊钩等部件的位置），并确定各设备是否有发生碰撞的可能，向各分站发出相应指令；设置在各台设备上的报警系统根据总站指令，发出相应的灯光及声响警示。

由于龙开口水电站大坝施工所用的缆机等设备的运行速度变化大，当设备以不同速度运行时制动，惯性产生的滑行距离必不相同，设备防碰撞的预警距离应该随各设备可能发生碰撞时相关部件间的相对速度的不同而变化，而不是一个固定值。这就要求系统主程序能够实现：①计算各设备的位置及其空间轮廓；②计算各设备相关部件之间的距离、运动速度及方向；③由此确定是否向相关设备发出有设备（或其部件）靠近或需要制动的警示指令。防碰撞预警系统的检测精度与GPS接收机的定位精度、解算方法、GPS信号采集点的信号采集周期、编码器的精度、软件计算模块编制等因素有关。GPS定位精度主要受到所检测设备的运动速度、定位模式的算法、采样频率，特别是GPS接收机本身性能等因素的影响，对于运动物体，需采用瞬间完成的动态定位方法，通常载体的速度低于60km/h时速度对精度的影响不大。GPS接收机的精度，在99%的置信度下，定位误差有±10m（平面）及±15m（高程）、±5m（平面）及±10m（高程）、±1m（平面）及±3m（高程）、±0.1m（平面）及±0.3m（高程）等四个等级。随着精度的提高，计算方法越来越复杂，数据解算时间越长，本防碰撞预警系统选用的GPS接收机定位误差为±1m（平面）及±3m（高程）。系统涵盖设备部件的最大运行速度为8.0m/s（缆机小车牵引），因此，选定GPS信号采集点的信号采集周期为0.1s，即各GPS信号采集点每0.1s向基站发送一组位置检测数据；基站控制中心的运算周期小于0.1s，即基站的主程序在0.1s完成对这些数据进行处理、计算出各设备部件的位置及相互距离、确定是否需要发送报警指令等工作。根据GPS解算理论及主程序的大小分析，这种信号采集周期及运算周期的制定是合理的，在系统的实际运行过程中未出现数据堵塞及主程序不能在规定时间内完成运算和数据处理等现象。在计算各设备的实时位置时，还考虑信号采集及主程序运算耗时的影响，即在计算设备的实时位置增加一个补偿值，该值为设备的当前速度乘以0.2s及加减速的影响值。

警示距离的最大误差，发生在两台设备上的GPS信号采集装置均处于最大误差，且其误差方向相反时。由于门塔机的高度是固定值，考虑程序处理及速度拟合出现的误差等因素的影响，则警示距离在垂直（高程）方向的最大误差为±3.5m，水平方向的最大误差为±2.5m。

龙开口水电站防碰撞系统未投入前，施工设备缆机及门塔机之间曾经发生了3次不同程度的碰撞及挂擦现象，给缆机及门塔机之间的正常运行造成很大的安全隐患。自从该系统正式投入使用后，在设备施工过程中实时、动态、直观地提供并显示各设备位置，在设备间存在碰撞可能时采用图像闪烁、语音报警、强行停机等方式及时提醒操作人员进行避让，辅助缆机和塔机等设备操作人员进行操作，运行一年来成功发出上百次确实存在运行安全的报警信号，提醒操作人员尽早进行了避让，使现场没有发生一次设备碰撞事故，有效地保障了施工建设安全。该系统已形成完备的技术体系，有较强的可移植性，可方便地在其他水电施工现场进行应用推广。

（华能龙开口水电有限公司龙开口水电工程建设管理局）

思林水电站大坝碾压混凝土温度控制情况

思林水电站为乌江干流规划梯级电站的第6级，总装机容量1050MW；大坝为全断面碾压混凝土重力坝，由左右岸挡水坝段和河床溢流坝段组成，坝顶长310m，高程452m，最大坝高117m，坝底宽80.61m，坝体分16个坝段，其中5～12号坝段为溢流坝段。大坝碾压混凝土采用平仓碾压，总方量77.1万m^3，整体平均日碾压强度2432m^3。

（一）基本条件

1. 气温　根据1958年至1991年资料统计，多年平均气温为17.4℃，实测极端最高气温为39.9℃，实测极端最低气温－5.2℃；历年各月极端最高气温平均为29.4℃，历年各月极端最低气温平均为9.0℃，年内分布以7、8月最高，1月份最低。最热月（7月）多年平均气温为27.9℃，最冷月（1月）多年平均气温为6.2℃。

2. 水温　根据延长后的1960～1991年共32年水温资料统计，多年平均水温为18.4℃，实测最高水温24.8℃，实测最低水温0.78℃，其中7、8月水温最高，2月水温最低。

（二）大坝温控标准

1. 基础温差　本工程基础允许温差见表1。

表1　坝基础约束范围内温控标准　℃

坝基础约束范围		基础允许温差	稳定温度	允许最高温度
0～0.2L	常态垫层混凝土	20	15	35
	碾压混凝土	16	15	31
0.2～0.4L	碾压混凝土	18	15	39

注　L—浇筑块的最大长度。

下层混凝土停歇时间不应超过28d，否则其上浇筑混凝土按基础温差控制，其范围定在停歇面上下各1/4块长，允许温差为18℃。

2. 内、外层温差　拟定坝体内外温差不大于20℃，为了便于施工管理，以控制混凝土的最高温度不超过允许值，并对脱离基础约束区（坝高大于0.4L）的上部混凝土，限制其允许最高温度不超过38℃。

（三）碾压混凝土温控措施

1. 原材料选用　371m高程以下采用中热水泥，以上采用普通硅酸盐水泥。采用了贵州江电葛洲坝水泥有限责任公司生产的“三峡”牌中热硅酸盐42.5水泥和贵州遵义华峰水泥有限责任公司生产的“银鼎”牌普通硅酸盐42.5水泥，其3d和7d的水化热分别为202、236kJ/kg和240、312kJ/kg。大坝碾压混凝土主要施工配合比见表2。

表2　碾压混凝土施工配合比表

编号	强度等级	种类	外加物掺量（%）			水灰比	砂率（%）	级配	VC值	配合比	备注
			QH-R20	DH_9	粉煤灰						
D-55331	C_{90}15W6F50	碾压	0.6	0.13	60	0.55	35	30∶40∶30	3.5s	1∶5.15∶9.85	三峡水泥遵义灰
D-50231	C_{90}20W6F100	碾压	0.6	0.13	50	0.50	38	50∶50	3.5s	1∶4.35∶7.32	
D-54331	C_{90}15W6F50	碾压	0.6	0.12	60	0.54	38	30∶40∶30	3～8s	1∶5.33∶8.96	

续表

编号	强度等级	种类	外加物掺量（%）			水灰比	砂率（%）	级配	VC 值	配合比	备注
			QH-R20	DH_9	粉煤灰						
D-55331	C_{90}15W6F50	碾压	0.7	0.12	60	0.55	35	30∶40∶30	3.0s	1∶5.14∶9.84	银鼎水泥遵义灰
D-50231	C_{90}20W6F100	碾压	0.7	0.12	60	0.50	38	50∶50	2.5s	1∶4.35∶7.31	
D-47221	C_{90}20W6F100	碾压	0.60	0.13	46.5	0.47	38	50∶50	—	1∶4.07∶6.84	三峡水泥金沙灰
D-47221	C_{90}20W6F100	碾压	0.60	0.13	50	0.47	38	50∶50	—	1∶4.11∶6.91	
D-51321	C_{90}15W6F50	碾压	0.60	0.13	60	0.51	35	30∶40∶30	—	1∶4.65∶8.90	
D-51321	C_{90}15W6F50	碾压	0.60	0.08	55	0.51	36	30∶40∶30	—	1∶4.72∶8.64	银鼎水泥金沙灰
D-46221	C_{90}20W6F100	碾压	0.60	0.08	45	0.46	39	50∶50	—	1∶4.28∶6.90	

2. 施工控制　混凝土生产主要制冷系统包括一次、二次风冷车间，高温季节施工时采用对骨料进行预冷，同时采用直接加冰或冰水搅拌、优化施工配合比等措施降低混凝土的出机温度，实测出机口温度最大值为29℃，最小值为5℃，平均值为17.7℃。同时采用真空溜管和皮带运输混凝土，缩短运输距离和加快运输速度，减少混凝土运输过程中混凝土温度的回升。通过上述施工措施使入仓温度仅较出机口温度平均升高了1.1℃。

混凝土入仓后快速摊铺碾压，摊铺层高控制在30cm左右，并确保在尽可能短的时间内完成碾压及仓面覆盖，减少外界温度倒灌仓面。外界环境温度过高时，采取喷雾措施降低小环境的外界温度和减少混凝土温度的回升。碾压混凝土从拌和到碾压完毕时间不宜超过2h。

3. 通水冷却　冷却水管采用贵阳黔通塑胶有限公司生产的高密度聚乙烯冷却水管，水管规格外径32mm、壁厚2mm，导热系数为1.66kJ/（m·h·℃）。冷却水管的垂直间距为1.5m或1.8m，水平间距1.5m，上下层错位布置，距上下游坝面、接缝面、坝内孔洞周边为0.75m和1.5m，单根长度不大于200m。碾压混凝土冷却通水在覆盖第1层混凝土后开始，流量控制为20～25L/min。高温季节进水温度不应低于10℃，控制水温与混凝土温差≤20℃。控制温降速率≤1℃/d，为保证坝体混凝土温度均匀下降，采取每12h通水方向对换一次。

（四）碾压混凝土温度监测

对5、7、9号三个典型坝段埋设的43支温度计实测碾压混凝土最高温度进行统计，最高温度大于40.0℃共计2支（占总数的4.7%），最高温度在35.0～40.0℃共计11支（占总数的25.6%），最高温度在30.0～35.0℃共计10支（占总数的23.3%），最高温度在25.0～30.0℃共计20支（占总数的46.5%）。只有2支温度计最高温度超过设计提出的允许最高温度38℃。同时根据上述43支温度计入仓温度及相应温峰值，计算各温度计相应温升。最大温升在5.0℃～10.0℃共计12支（占总数的27.9%），最大温升在10.0℃～15.0℃共计25支（占总数的58.1%），最大温升在15.0℃～20.0℃共计6支（占总数的14.0%），平均温升为11.8℃。

从统计结果来看，碾压混凝土和常态混凝土温峰出现时间的规律相似，入仓温度越高达到温度峰值的时间越早，入仓温度越低达到温度峰值的时间越迟。

乌江思林水电站碾压混凝土在浇筑过程中未发现温度裂缝，温控工作比较成功。

（贵州乌江水电开发有限责任公司思林发电厂　黄　俊
中国水电顾问集团贵阳勘测设计研究院　杨　健）

拉西瓦水电站右岸坝肩边坡的预裂爆破控制

（一）概况

拉西瓦水电站是黄河流域最大的水电站，大坝为双曲拱坝，右坝肩开挖高程为2460～2240m，开挖坡面高差220m，水平向开挖厚度30～50m。

右坝肩开挖体形为由上、下游坡面和拱坝端基岩面三个坡面组成的上窄下宽的槽型体，且槽体的三个面均为曲面。坝肩槽底和拱坝端头基岩面最窄为10m（2460m高程），最宽为52.9m（2240m高程）。据设计，坝肩开挖只有上游边坡设有马道，马道宽度为3m，相邻马道间最大高差为48m。上下游坡面径向剖面坡比上部为3∶1（坡度72°），下部为5∶1（坡度78.7°），侧面拱端开挖面轴向剖面坡比变化为由高到低、由陡变缓。

坝肩岩体为灰白色中粗粒花岗岩（Ⅱ类岩石），风化较弱，岩体赋存着较强的地应力，施工中可能发生岩爆和卸荷回弹现象。

双曲拱坝对坝肩基础岩体要求高，拉西瓦坝肩开挖中，采用边坡预裂爆破控制。

（二）确定合理的爆破参数

1. 钻孔直径　深孔预裂爆破钻孔直径一般在80～120mm之间选取。本工程坝肩在开挖过程中，预裂钻孔直径采取105mm和89mm两种，拱肩槽采用89mm孔径，上下游边坡采用105mm。

2. 孔间距　拉西瓦坝肩开挖中，在比较坚硬的花岗岩中采用1.0m，在裂隙较发育以及比较破碎的风化岩中，孔间距减小为0.8m，取得了较好效果。

3. 药卷直径　预裂爆破药卷直径采用32mm。

4. 耦合系数　据工程经验，不耦合系数合适取值范围为2～5。本工程取2.8。

5. 线装药量　目前线装药量均采用经验公式计算，并经坝肩开挖对比试验确定。经计算为536g/m。实践经验表明：预裂线装药密度，强风化（280～310）g/m，弱风化（340～380）g/m，微风化及新鲜岩石（400～430）g/m，效果较好。预裂上部减弱段长度1m，线装药密度为标准段的0.8倍，岩体完整时为1。底部线装药量为设计线装药量的3～5倍，取1500g，采用32mm的药卷并排连续装药。

6. 缓冲孔的爆破参数　缓冲孔与预裂孔的排距，软岩的大，硬岩的小。拉西瓦坝肩开挖中，对于坚硬的花岗岩采用1.5m的排距，对于风化岩采用1.3m的排距，效果较好。

7. 预裂孔的超深　拉西瓦坝肩开挖预裂孔的超深为0.2～0.5m，比较合适。

8. 炮孔堵塞　堵塞长度应由现场测试确定，一般堵塞长度0.8～1.5m。本工程取1.5m，局部岩石破碎地带取2.0m。

（三）钻孔施工

1. 钻孔角度的控制　开口位置必须准确，开口完成后对钻孔角度进行确定；钻孔达0.5m时对钻孔角度进行校核、调整，钻孔达1.5m时对钻孔角度再一次校核、调整；第一根钻杆钻孔结束，第二根钻杆安装完成后，对第二根钻杆进行最后一次校核、调整，后按设计孔深完成钻孔。

2. 钻孔方向的控制　钻孔方向采用三角垂吊法控制，吊线法与标杆法原理大致相同，由测量用仪器在预裂孔孔口位置前5m左右放出相应的方向点。方向点放样要求逐孔放在基岩面上，并与预裂孔对应进行编号。然后在每个方向点上支上三脚架，并挂上线锤，使线锤尖点对准方向点，校正者位于方向点后面，通过校正让挂有吊锤的细线与钻机的钻杆中心线相重合。吊线时必须检查方向点是否与预裂孔孔位相对应。钻孔方向的校核要求与钻孔角度同步进行，即校核一次钻孔角度应相应校核、调整一次钻孔方向。

（四）装药及堵塞

1. 装药

（1）根据孔深量出各孔所需导爆索。导爆索要比孔深长0.8～1.2m，并按各预裂孔的实测深度载接竹片，再按设计的线装药量将药卷按一定间距和导爆索一起用黑胶布或聚丙烯胶带绑在竹片上。当孔底增加药量段的线装药量较大时，应注意其与竹片的总直径不要超过孔径。所绑药串必须编号，并与钻孔编号一致。

（2）将绑扎好带药卷及导爆索的竹片或竹杆对号放入预裂孔中，保持药串在孔的中间位置或略靠近需要开挖的一边。在装药过程中如有药卷脱落破损，应及时补上或更换。

2. 堵塞　预裂孔的封堵按爆破设计要求采用保留装药段药卷与孔壁间的空气，只用岩粉或土填塞孔口未装药段。为了让填塞物不掉下去，先将废旧编织袋或干草用炮棍捣至指定深度，然后再采用岩粉填塞。

预裂孔装药及堵塞示意图见图1。

（五）起爆网络

预裂爆破起爆方式采用与主爆破同时起爆，要求预裂孔与主爆孔之间有一定时间间隔。在预裂爆破中不能发生预裂爆破破坏主爆破的起爆网络的现象，应尽可能加大间隔时间，一般情况，在坚硬岩石中间隔时间应不小于50～75ms，在软岩中应大于150ms。网络连接由炮工班按爆破设计实施。

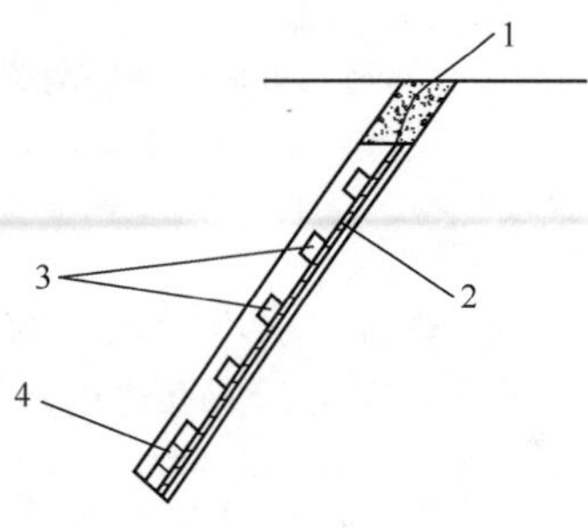

图1 预裂孔装药及堵塞示意图
1—导爆索；2—竹片；3—药卷；
4—底部加强段

（中国水利水电第三工程局有限公司 韩小刚）

龙开口水电工程砂石加工系统设计及空间曲线长距离带式运输机

龙开口水电站工程地质条件复杂、设计与施工技术难度大、工期短、施工强度高，工程建设过程中砂石加工系统运用三级竖井较好解决了巨大高差半成品毛料运输问题；空间曲线长距离带式胶带机的成功应用大大降低了成本，提高了运输可靠性。

（一）燕子崖砂石加工系统设计与工艺改造

龙开口水电站主体工程混凝土需要砂石骨料近1000万t，坝址区石料分布广泛，料源选择却十分困难。在项目可行性研究阶段，对坝址上下游20km范围内的石料场进行调查，先后对松园灰岩料场、小庄河玄武岩石料场、大菁沟玄武岩石料场、忠义村玄武岩石料场、金河白云岩料场及燕子崖白云岩料场等6个料场开展勘测、试验和比选工作，最终确定采用燕子崖白云岩石料场作为主体工程混凝土骨料的料。

白云岩作为砂石骨料料源在国内大型水电工程中尚属首次运用。在系统设计时考虑到白云岩致密坚硬、抗压强度较高的情况，有意利用高差进行跌落破碎，以降低二破负荷，但这一设计思想对白云岩岩性易碎、易磨蚀的认识不足。在砂石加工系统运行之初，半成品料中粗骨料（>40mm）严重不足（<35%），而细骨料（<40mm）远超出需要（>65%），导致加工系统生产能力降低（主要受一筛能力制约）、级配不平衡和砂石质量等问题。针对这些问题，华能龙开口水电有限公司龙开口水电工程建设管理局（以下简称“龙开口建管局”）组织参建各方进行技术攻关，对砂石加工系统进行一系列改造完善（将粗碎车间一台反击式破碎机替换为两台鄂式破碎机、竖井井口设置容量较大的调节料仓、保证满井运行、降低跌落高差等），系统生产能力、骨料级配平衡和骨料质量均达到了系统设计能力。目前，料场已完成成品料生产约620万t，单月生产量达到60万t，可满足工程建设要求。

燕子崖砂石加工系统布置在料场北侧坡脚中江河右岸，料场与系统之间高差近700m，水平距离约900m。如此巨大的高差在国内大型砂石加工系统中是罕见的，是系统设计中面临的一大技术难题。在招标阶段，龙开口建管局对投标人提出的明线溜槽运输方案和三级竖井运输方案进行了深入分析研究。明线溜槽运输方案由于跌落高差太大、安全文明施工环境差、汛期度汛风险大、运输可靠性差等原因而放弃，选用了构思新颖、可靠性相对较大的三级竖井运输方案。

（二）国产空间曲线长距离带式运输机

燕子崖砂石加工系统距离坝址公路里程约18km。由于本工程成品骨料运输距离长，运输量及运输强度大，保证率要求高，龙开口建管局组织设计对骨料运输方式进行了深入研究。根据本工程地形地貌特征以及现有交通状况，在广泛调研的基础上，设计开展了全程长距离胶带机运输方案、公路运输方案、胶带机运输与公路运输相结合方案的比选。全程长距离胶带机运输方案运输成本低、设备易维护、干扰小、可靠性高，但受地形条件限制只能采用空间曲线方式布置，连续4个小半径转弯，技术难度较大，在国内水电工程建设中尚属首例。

长距离空间曲线带式输送机在设计阶段进行了明线与洞线方案比较。由于明线地形地质条件复杂，同时需穿过几个居民村、设备安装与运行条件极差、安全风险大、占用耕地多，因此选用了洞线布置。该运输机总长约6010m，起点高程1463.00m，终点高程1333.00m。沿线由5个直线段和4个曲线段组成，转弯半径均为1000m，设计带速4.0m/s，带宽1400mm，输送能力为2500t/h，驱动功率为3×560kW。输送机沿线有3处隧道工程，隧道总长约5100m。该洞线方案土地占用量少、运行干扰小。除其在施工期对沿线的部分土地耕作有一定影响外，运行期对沿线的农业活动影响较小。

龙开口水电站砂石运输在工程建设中的重要性不言而喻。龙开口建管局通过招标选择国内具有类似皮带机设计、制造经验的设计与制造单位，就设计方案请国内知名的专家进行了多次咨询论证。尤其是长距离空间曲线带式运输机的设计。长距离空间曲线带式运输机在设计上运用了多点驱动、大转角小半径平面转弯、液体黏性无级调速技术、智能监控系统、低阻尼高密封高寿命托辊等多项国内外先进的前沿技术，保证了运输机运行的稳定性、安全性和可靠性，应用效果非常好，故障率极低。长距离空间曲线带式输送机的安装与运行管理是可靠运行的重要保障。安装、运行人员采取有效控制措施，提高安装精度，定时进行维修保养，严格操作程序，保证了该设备一次启动成功。龙开口水电站胶带机累计运行超过5000h，共运输砂石成品骨料650万t，运行稳定可靠，未出现运行和安全事故。实践证明，长距离空间曲线带式运输机具有输送能力高、运行连续可靠、节能环保、便于管理、技术成熟等特点，适合在地形复杂、输送可靠性要求高的大型水电工程项目上采用。

（华能龙开口水电有限公司龙开口水电工程建设管理局）

大岗山水电站大坝人工骨料加工系统成品砂工艺改造

（一）概况

大岗山水电站大坝人工骨料加工系统主要承担大坝、电站进水口等工程的混凝土及喷混凝土，体型结构工程量约351万m^3的骨料生产，共需生产粗、细成品骨料约840万t。系统生产规模需满足混凝土浇筑高峰期月强度约16.5万m^3的粗、细骨料供应，成品料生产能力约1100t/h，其中人工砂生产能力约330t/h，毛料处理能力约1400t/h。

大坝砂石加工系统供应的混凝土以四级配为主（四级配占90%），采用三段破碎，立轴冲击破干法制砂和棒磨机联合制砂工艺。粗碎为3台颚式破碎机，布置在棱子坝料场附近，粗碎后的半成品经长距离皮带机运至海流沟加工区。半成品先经第一筛分车间筛分，第一筛分车间安装3YAH3060振动筛3台，筛分后大于150mm的颗粒进入中碎处理，中碎设2台圆锥破机，中碎与一筛构成闭路循环。一筛处理后的80～150mm（特大石）和40～80mm（大石）颗粒经过冲洗筛后进入成品料仓，多余部分进入细碎处理。小于40mm的颗粒和细碎后的产品进入第二筛分车间料仓。

第二筛分车间安装3YKR2460振动筛3台，筛分后大于40mm的颗粒返回细碎处理，细碎采用2台圆锥破碎机破碎，20～40mm（中石）进入成品料仓，5～20mm和部分多余中石进入超细碎料仓，小于5mm的部分经过洗砂机清洗后进入成品砂仓。

超细碎与第三筛分车间构成闭路循环，超细碎采用4台立轴式破碎机。原料经过立轴式破碎机破碎后，进入第三筛分车间。三筛车间在投标阶段设计为湿法生产，开工后按有关方建议改为干法生产。经筛分后大于20mm的颗粒返回超细碎处理，5～20mm（小石）经过冲洗筛清洗后进入成品料仓，5～3.5mm颗粒和部分多余小石进入棒磨机处理，小于3.5mm的颗粒进入成品砂仓。

棒磨机车间安装3台MBZ2136棒磨机，主要用于调节成品砂石粉含量和细度模数。系统的成品由干法与湿法生产的混合砂。

（二）砂石加工工艺存在问题及原因分析

人工砂石加工系统建成投入运行后，存在砂的含水率偏高，不能满足≤6%的要求。砂石加工系统于2010年12月建成投产，2011年大坝混凝土浇筑强度较低，相应供应量较少，成品砂含水率总体可控制在6%以内。2012年随混凝土浇筑强度的增加，砂石骨料供应量增加，从2012年5月开始，系统供应的成品砂含水率一直偏高，且波动性较大。尽管成品砂仓采取了加密盲沟、完善截排水、防雨棚等措施，效果仍不明显。2012年8～10月经检测，砂的含水率最大值9.9%，最小值6.0%，平均值8.0%，其中6%～7%占13.7%，7%～8%占35%，≥8%占51.3%。

为控制砂的含水率，保证混凝土浇筑质量与温度控制，结合现场开采及加工生产情况进行了原因分析，认为造成人工砂的含水偏高的原因有以下几点：

（1）棱子坝料场花岗岩构造裂隙较发育，爆破开采后岩体较破碎，岩性偏软，加工毛料细颗粒偏多，导致实际产砂量相对偏大；而立轴破碎机干法制砂与棒磨机湿法制砂混仓堆存，干法制砂中的小于0.08mm的微粒含量偏高，在一定程度上影响人工砂的脱水效果。

现场对砂的脱水试验中，发现成品砂有明显的结板和结团现象，说明黏性较强，分析其中小于0.08mm的微粒含量为8.6%，经过取样进行亚甲蓝试验，两组样品测得MB值分别为1.0和0.75，MB值小于1.4，根据相关规范，可判定成品砂中的微粒与原岩成分相同。

选取微粒含量较高和微粒含量较低的砂各一组进行堆存脱水对比试验。其中微粒含量较高的一组为单独用棒磨机生产，石粉含量为19.4%，其中，小于0.08mm的微粒含量为7.9%；另一组为第二筛分车间和棒磨机生产的混合砂，石粉含量6.4%，其中小于0.08mm的微粒含量为3.6%。两组堆存高度同样为4m，每天取样检测含水率，发现两组样品含水率下降速度并无明显区别，但都明显比成品砂脱水速度快，第7天含水率即下降至7%以下，第10天可降到6%以下，观察这两组样品发现，两者样品的黏性明显低于成品砂，结团现象甚少。两组样品与成品砂的区别是：两组样品均是经过水洗的，而成品砂中有一部分未经过水洗。干湿混合砂与水洗后的砂的脱水率不同（将岩石风化和蚀变产生的黏性物质洗掉），湿砂中的水被干砂所吸附导致干湿砂脱水时间延长。

（2）人工砂砂仓仓容偏小，成品砂在砂仓脱水时间短，特别是混凝土浇筑高峰时段，脱水时间更短，导致成品砂的含水偏高。砂仓之间的分隔墙高度低，加之系统产砂量大，存在正在生产的成品砂与正在脱水的砂仓混仓情况。

（三）改造方案

为有效控制成品砂的含水率及含水率波动范围，最简单有效的办法是扩大砂仓的容积延长成品砂的脱水时间，或者采用干湿砂分仓堆存。但受现场场地所限，砂仓无法扩大。干湿砂分仓堆存，现场仅3个砂仓，实施也有困难。综合比较后，采用将第三筛分车间干法生产的人工砂（<3.5mm）单独用胶带机运出后再集中布置洗砂机进行水洗分级处理，处理后再与棒磨机湿法生产的人工砂混掺运至成品砂仓堆存的改造方案。目前此方案正在实施中。

（中国水电工程顾问集团公司　赵五一　常作维）

隧 洞 施 工

简易钢模台车在向家坝水电站灌浆廊道衬砌中的应用

向家坝水电站左岸厂房共安装4台800MW机组，单个机组段标准宽度36.80m，灌浆廊道底板高程225.95～237.50m，位于厂房下游的齿槽及左侧导墙内，灌浆洞断面为城门洞形，顶拱为180°，断面尺寸为3.00m×4.00m（宽×高）；该形廊道总长241.00m，共分为17仓，最大浇筑段长36.80m，最小浇筑段长11.00m，廊道下部的两侧设有排水沟，底坡为5‰。

（一）简易钢模台车设计

简易钢模台车结构参见图1。以钢架管、定形钢模及扣件为构件，采用“满堂红”支撑体形式，通过丝杠实现收、撑；通过钢轮、牵引系统完成台车的移动（行走）。台车单元长3.0m，一般采用多台可完成一个仓段的边墙及顶拱一次浇筑。台车支撑系统及顶拱片均采用ϕ48×3.5钢架管，杆件之间采用扣件连接，侧墙面板采用P3015、P6015定型钢模，顶部采用弧形模板，升降及左右伸缩机构采用“可调支手”调节。

（1）弧型钢模板顶拱：由厚为4mm的钢板及肋型结构焊制成弧形钢模板，弧形钢模板及拱形钢拱架组成顶模，在两侧拐角部各设一段50～70cm的弧形钢模板，与顶部拱片用铰件连接。

（2）满堂红支撑架：为侧、顶模板的支撑架，同时通过可调节丝杠（支手）进行上部顶拱升降和左右侧墙模板撑缩。在浇筑状态，满堂红支撑架落地；在行走状态是将顶部下落100mm、再升起40mm并安装行走轮，台车单元移动。

（3）传力丝杠：将在混凝土浇筑过程中模板受到的力传递给支撑架。

（4）牵引卷扬机：负责完成台车整体移动。

（5）斜撑：防止侧斜变形。

简易钢模台车的主要技术参数：

参数	数值
台车长度	3000mm
最小脱模量	40mm
水平最小调整量	40mm（单边）
高度最小调整量	100mm
整车长度（由12单元组成）	37 000mm
浇筑段长	36.0m
整车宽度	3000mm
整车高度	4000mm

（二）混凝土浇筑施工的程序

1. 钢模台车的安装及首段混凝土浇筑程序　组装平台→测量放线→钢模台车支撑架安装→可调支托安装→顶部模板现场安装→廊道钢筋安装→测量、调整、验收仓号→混凝土浇筑（左右两侧混凝土对称浇筑）→混凝土待强→下段浇筑备仓（放线、钢筋安装）→给行走的钢模台车单元安装行走轮→钢模台车两侧收回（以铰为轴转2.5°）→钢模台车上部可调支托下降（整体抬升40mm，安装行走轮行至备仓段）→下一循环混凝土施工。

2. 钢模台车浇筑程序　台车进行混凝土浇筑的作业程序如下：台车就位→模板安装调整→验仓、混凝土浇筑→待强→拆模、修面→养护→模板清理、刷脱模剂→移动台车→下一循环。

（三）模板清理、安装与调整

1. 模板清理　钢模台车每一段浇筑前应进行模板清理，可使用电动或风动工具清理模板表面，并涂刷脱模剂。钢模清理完成后即可进行行走就位、堵头立模及调整。

2. 模板安装与调整

（1）在完成仓号内的钢筋架设、仓号清理、验收等工作后，即可将台车就位。台车中心轴线应与廊道轴线一致。当台车与设计廊道轴线偏移时，利用布置于台车下部两侧的丝杆进行调整。

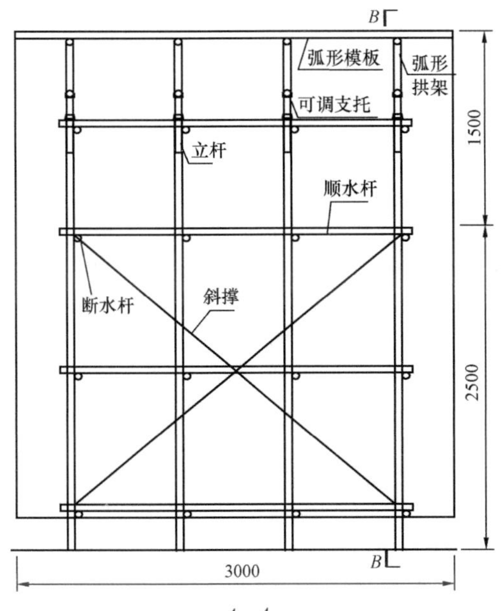

A—A

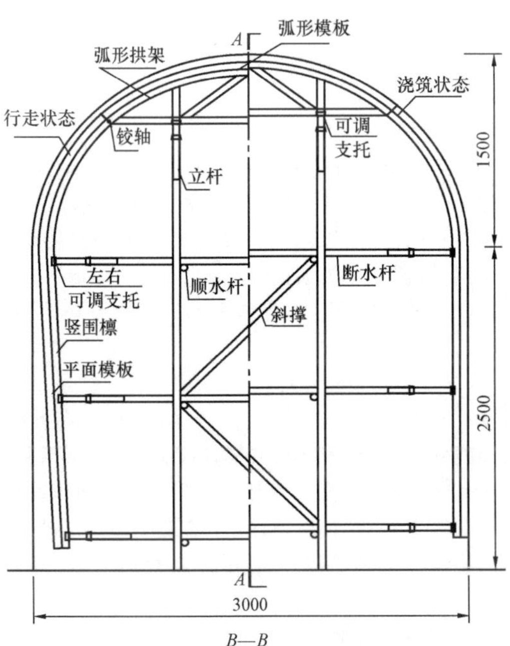

B—B

图1　简易钢模台车结构示意图

(2) 钢模台车就位后偏差应满足规范要求，台车两端必须与已浇混凝土用锁定机构把左、右侧向顶死(在浇筑底板时边墙应浇筑高约30～50cm)，廊道两侧混凝土必须对称浇筑，防止台车在进行混凝土浇筑施工时产生滑移变位。

(3) 立堵头模板，加装堵头拉筋或支撑。钢支撑须与岩面结合紧密，以防模板在混凝土浇筑过程中偏斜、移位，堵头模板拉杆安装须可靠。

(四) 混凝土浇筑

(1) 底混凝土采用刮轨样架，门塔机送混凝土入仓，振捣密实后人工压光收面；必须注意仓号之间平顺，保证底板浇筑混凝土的衔接质量。

(2) 严格控制混凝土的自由下落高度（一般不大于2.0m）。防止下料的冲击力造成钢模台车偏移，仓号内的混凝土布料需均匀、对称上升，不能使用振捣器长距离赶料。

(3) 顶拱混凝土衬砌厚度不大于2.0m，如大于2.0m时需分仓待强后再浇筑，防止钢模台车的支撑结构因受力过大变形。

(五) 脱模与行走

当混凝土达到技术要求规定的脱模时间（冬季约18～24h，夏季约12～14h），即可进行脱模（一般脱模时混凝土强度应达到0.2～0.5MPa）其脱模顺序如下：

(1) 拆掉堵头模板和所有模板加固件，清除钢模台车内所有废弃物。

(2) 先收缩垂直两侧可调支托，在台车底部提升后安装行走轮，台车在待强后的混凝土底板上行走。

(3) 小型卷扬机或手动葫芦（长3m的单元重830kg），牵引过孔桁架梁向前移动到位，然后用预先布于围岩或钢筋网上的锚点通过钢丝绳将过孔桁架梁固定。

(4) 操作卷扬机，牵引滑模台车行走至下一浇筑位置。

(5) 脱模后，做好混凝土表面养护。

(六) 结语

本工程在水平段13个单元的拆除、移动及调整就位时间为5人、2个班，采用上述施工方法有效，节省了周转材料13.0t，节约成本约18万元。

（中国水利水电第三工程局有限公司
薄应斌　刘　儒　袁永强）

官地水电站左岸导流洞渐变段开挖

(一) 概况

官地水电站左岸导流洞洞身全长744.137m，其中导0−008.00～导0+042.00为进口渐变段，长度50m，开挖断面由25.6m×25.3m（宽×高）渐变到20.56m×23.28m（宽×高），开挖工程量为29 060m^3。该渐变段以Ⅳ、Ⅴ类围岩为主，岩石破碎、风化、强卸荷、围岩稳定性差，是本工程的施工难点。支护的主要工程量为：锚杆（$\phi25L=4.5$、9.0m）1800根，管棚（$L=20.0$m、$\phi100\times6$）

8680m，注浆小导管（$L=6.0$m、$\phi50\times4$）2082m，钢支撑（Ⅰ20b型和Ⅰ22b型）183.55t，聚丙烯混凝土（C25、$\delta=30$cm）喷护958.8m^3。

（二）施工方案

渐变段开挖考虑从洞外及洞内两个方向进行，导0－008～0＋19.0m段由洞外向洞内施工，导0＋19.0～0＋42.0m段由洞内向洞外施工。该方案要求在上半洞及下部边墙开挖过程中及时进行相应的锚杆、钢支撑及喷混凝土支护，最后进行混凝土衬砌。

1. 洞外开挖　施工前需完成以下支护施工：①1250.0m高程以上边坡锚索施工完成；②1230.0m高程以上边坡系统支护施工完成；③1215m高程以上洞脸边坡的喷锚支护及固结灌浆施工完成；④洞门拱圈范围53根大管棚超前加固完成；⑤垂吊锚筋束。采取分层分区开挖方法。首先进行上部两侧导洞开挖及其喷锚支护，再进行上部中区开挖及其顶拱喷锚支护，最后进行上半洞钢支撑和模喷混凝土施工。上层开挖及支护完成后进行下部开挖。下部开挖采取分层开挖，每层中槽开挖的同时进行上一层边墙的开挖、支护。开挖流程详见图1。

（1）先进行洞脸管棚（$\phi100\times6$，$L=20$m，共53根）施工，同时可在右侧开挖小导洞（3.0m×3.0m）。小导洞可探明未知的围岩情况，贯通后还可成为进入洞内的道路。

（2）进行两侧导洞开挖及临时支护。工序为：开挖（断面尺寸为7.75m×8.0m，单循环进尺1.5m）→顶拱及边墙系统锚杆施工（$L=4.5$m、9.0m，共7根）→混凝土喷护（10.0cm厚，1.85m^3）→锁脚锚筋桩施工（$3\times\phi25$，$L=9$m，共2根）→钢支撑锁顶锚杆施工（$\phi25$，$L=6$m，共4根）→钢支撑施工（22b工字钢，2榀）→模喷混凝土（20cm，3.69m^3）。

（3）上部中区开挖视围岩情况滞后两侧导洞1～5个循环进行。工序为：开挖（断面尺寸为8m×8m，单循环进尺3.0m）→顶拱系统锚杆施工（$L=4.5$m、9m，共8根）→混凝土喷护（10.0cm厚，2.4m^3）→钢支撑安装（4榀）→模喷混凝土（20.0cm厚，4.8m^3）。

（4）下部中槽开挖采取分层施工，共分4层，台阶高度4.0m，长度10.0m。采用手风钻机钻孔。孔径$\phi42$，孔间距1.5～2.0m，孔排距1.0～1.2m。开挖时两侧临时边墙按光面爆破进行控制，并根据围岩情况增加锚杆、喷混凝土等临时支护措施。

（5）下部两侧侧墙开挖、支护。侧墙预留宽度3.0m，其开挖、支护与下层中槽开挖的同时进行，采用手风钻造水平孔，光面爆破，单循环进尺3.0m。工序为：单侧侧墙开挖→系统锚杆施工（$L=4.5$m、9.0m，共4根）→混凝土喷护（10.0cm厚）→锁脚锚杆施工（$\phi25$，$L=6$m，共2根）→钢支撑施工（20b工字钢，4榀）→混凝土喷护（20cm，3.6m^3）。

2. 洞内开挖　上半洞分左、右侧开挖及支护，先进行右侧，再进行左侧，最后再进行上半洞钢支撑安装及模喷混凝土施工。施工过程中，如围岩为Ⅳ～Ⅴ类，左侧开挖、支护可滞后右侧1～3个循环；如围岩为Ⅲ～Ⅳ类，则滞后1～5个循环。下部开挖施工方法同从洞外进洞的施工方案。上半洞开挖流程见图2。

（1）上半洞右侧开挖。左侧开挖（断面尺寸为11.75m×8.0m，单循环进尺1.5m）。

（2）上半洞右侧支护。顶拱及边墙系统锚杆施工（$L=4.5$m、9.0m，共8根）→混凝土喷护施工（10cm，2.7m^3）。

（3）上半洞左侧开挖。右侧开挖（断面尺寸为11.75m×8.0m，单循环进尺1.5m）。

（4）上半洞左侧支护。顶拱及边墙系统锚杆施工（$L=4.5$m、9.0m，共8根）→混凝土喷护施工（10cm，2.7m^3）。

（5）上半洞钢支撑及模喷混凝土施工。锁脚锚筋桩施工（$3\times\phi25$，$L=9$m，共2根）→刚支撑锁顶锚杆施工（$\phi25$，$L=6$m，共4根）→钢支撑安装（22b工字钢，2榀）→模喷混凝土（20cm，10.8m^3）。

进口渐变段开挖、支护全部完成后整体浇筑混凝土。

（三）施工期安全观测

1. 观测仪器布设　在导0－7.4m断面布置有2套长度分别为6m和9m的锚杆应力计，1套长度为20.0m的多点位移计；在导0＋022.0m断面布置有2套长度为9m的锚杆应力计，1套长度为20.0m的多点位移计，同时还设置了五个全断面的收敛断面观测。

2. 仪器监测情况

（1）多点位移计：位于导0＋007.4断面右拱肩距孔口19.5m处变形稍大，2007年10月17日测值为8.27mm，随后仍有缓慢增大变化趋势；位于0＋022.0断面右拱肩距孔口19.5m处变形较0＋007.4断面小，2007年10月18日测值为2.95mm，随后仍有缓慢增大变化趋势；但从2007年10月18日以前的观测数据和曲线图中看出，目前两断面测点位移量呈缓慢增大趋势，速率呈逐渐减小变化，故导0＋007.4、导0＋022.0两断面位移量变化即将呈收敛状态；以上部位仪器安装初期位移增加明显，以浅表部位（孔深3～8m）变形为主要特征，指向临空面。

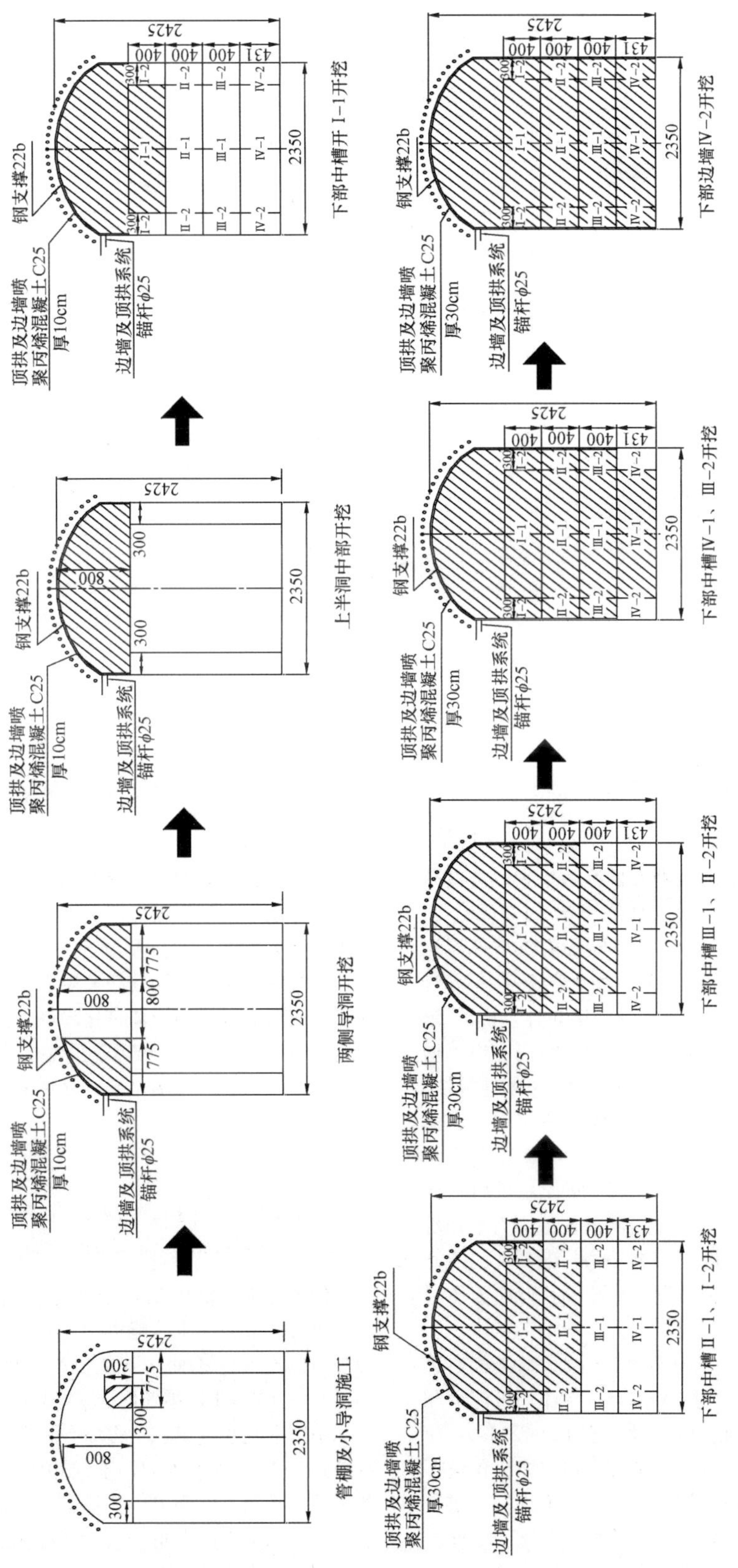

图1 进口段开挖施工流程图

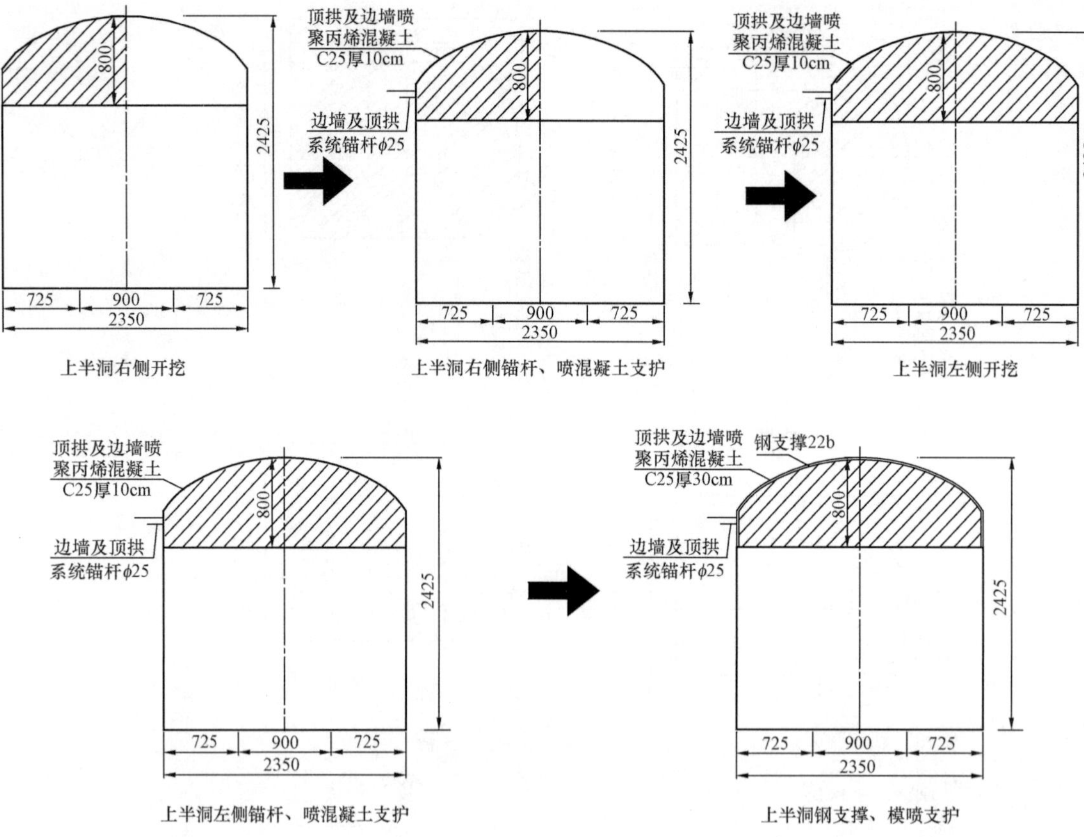

图 2　洞内开挖上半洞施工流程图

(2) 锚杆应力计：自仪器开始读数以来，进口渐变段锚杆应力计应力变化最大部位为导 0＋007.40 断面右拱肩外层测点和导 0＋022.00 断面右拱肩外层测点，最大应力分别为 288.29MPa（发生于 2007 年 8 月 23 日）和 257.54MPa（发生于 2007 年 9 月 4 日），锚杆应力计处于受拉状态；后 0＋022.00 断面右边墙增设锚杆应力计 ZBR23，锚杆应力计应力一度增速较快，最大值为 150.72MPa。但从整个监测过程来看，导流洞衬砌部位应力呈上升趋势的有导 0＋022.00 断面右边墙外层 ZBR23 测点及导 0＋295.0 断面右拱肩外层 R211 测点，锚杆应力计处于受拉状态，但应力增加量级不大。其他各测点，从 2007 年 10 月 18 日前的监测成果来看，钢筋计应力值虽有少量波动，但应力历时过程曲线变化平缓，无突变点发生。

3. 安全状况评价　导流洞导 0＋022.00 断面右边墙的锚杆应力计 ZBR23 的 2 号测点，导流洞过流后测得的锚杆应力有所增加，应力最大值 150.72MPa，应力时间过程线呈上升趋势，但应力值和应力变化量不大；对应该部位的 3 点式位移计变化量不大，月增量为 0.18mm（孔口）。由此认为导流洞 0＋022.00 断面围岩仍有活动迹象，但活动量较小；导 0＋007.4 断面右拱肩的多点位移计 M33 的孔口位移量为 8.27mm，该部位变形稍大，对应该部位锚杆应力计应力不大，呈波动变化。由此认为导流洞 0＋007.40 断面围岩目前仍有活动迹象，但活动量较小。

左岸导流洞进口渐变段监测部位各监测物理量过流后仍有所波动，但总体变化趋势平稳，未见有明显突变点发生，洞室围岩基本处于稳定状态。

（中国水利水电第三工程局有限公司
鲁　顺　胡秀梅）

仙居抽水蓄能电站斜井施工技术

仙居抽水蓄能电站位于浙江省仙居县湫山乡境内，为日调节纯抽水蓄能电站，安装 4 台 375MW 立轴单级混流可逆式抽水蓄能机组，年平均发电量为 25.125 亿 kW・h，年平均抽水电量 32.63 亿 kW・h。

中国水利水电第三工程局有限公司承建电站输水系统。1、2 号引水主洞，轴线相距 32～52m，每一条包括上平洞、上斜井、中平洞、下斜井及下平洞。上斜井与水平方向夹角 53°，单条长度约为 330m，围岩类别主要为Ⅱ、Ⅲ类。

斜井施工，采用全断面开挖存在不利于施工人员上下交通、测量控制和支护施工困难、开挖体形不易控制、施工环境差、安全隐患多等问题，因此，先进行导井施工。

本工程共有4条引水斜井，分别是1、2号引水上斜井和下斜井。根据招标文件要求的节点工期，经研究拟定的斜井施工程序为：中平洞形成后，利用阿利玛克爬罐A先进行1号上斜井导井开挖，完成后将爬罐转场至2号上斜井工作面，进行2号上斜井导井开挖，同时进行1号上斜井扩挖；下平洞形成后，利用阿利玛克爬罐B先进行1号下斜井导井开挖，完成后将爬罐转场至2号下斜井工作面，进行2号下斜井导井开挖，同时进行1号下斜井扩挖。

为确保施工总工期和施工安全，斜井采用阿利玛克爬罐结合人工正导井进行斜井的导井开挖，即人工正导井从斜井上部向下部开挖，阿利玛克爬罐从斜井下部向上部开挖。

根据施工经验，考虑到斜井导井开挖交叉使用正导井，为加快导井贯通进度，减小爬罐施工200m的“死亡之谷”地带，人工正导井进尺为60m，爬罐进尺240～250m。

爬罐结合人工正导井开挖斜井导井的优点是缩短爬罐开挖长度，缩短爬罐施工200m后的“死亡之谷”地带，增加安全系数，提高工作效率，缩短斜井开挖工期。

爬罐开挖导井采取的是反导法，即在斜井下部平洞8m处安装爬罐，由斜井下部向斜井上部掘进，导井断面尺寸2.4m×2.4m。斜导井的布置位置靠近斜井断面的下部，并保留一定厚度的岩石防止斜井溜渣磨耗侵入斜井设计断面边线。按同类项目中的施工经验，300m长55°左右的斜井导井，溜渣后的底板磨耗约50cm，因此本工程斜导井的位置拟定为斜井设计断面底沿线上移1m。这样既能减少扩挖时人工清渣的数量，加快斜井扩挖的施工速度，又能有效保护设计断面体形。导井开挖后，可以直接作为扩挖溜渣井使用。

引水系统斜井开挖采用“先导井，再扩挖”，导井由人工正导井配合反导井贯通，其中正导井掘进60m，其余为反导井施工；扩挖在导井贯通后利用导井作为溜渣井自上而下扩挖成型。按此开挖方案，制作了一台扩挖台车作为开挖支护平台，一台小车作为扩挖材料运输工具。

斜井扩挖利用手风钻造孔、采用光面爆破技术全断面掘进的施工方法。每排孔开钻前，必须进行测量放样工作。测量放线采用激光导向仪，激光经全站仪校核。斜井扩挖从上至下施工，前30m采用人工扩挖，上下交通采用钢筋爬梯。为便于人工扩挖，工作面开挖成小倾角坡面，导井口用安全栏栅封闭。爆破时，将栏栅挂在斜井台车底板，随开挖进行，在井壁打好轨道及各种设计锚筋。人工扩挖至30m后，按设计铺设台车引轨和轨道，并安装使用扩挖台车进行斜井扩挖施工。

采用爬罐反导井施工，质量符合相关规范的规定，有关安全和功能检测资料及质量验收资料较完整，施工效率得到提升。

（中国水利水电第三工程局有限公司　朱希双）

鸭嘴河水电站泄洪洞短斜井施工

鸭嘴河水电站左岸泄洪洞斜井坡比1∶1，斜长119.29m，设置两个掺气坎；为城门洞形，标准段7.2m×7.7m（长×高），掺气坎段10.0m×10.5m（长×高）；开挖方量3300m³。

该斜井不满足常规反井钻机施工参数对角度的要求，常规方法无法施工；爬罐法方案可行，但极不经济。因此，采取人工反方向（从下至上）先进行上半洞（高度6.2m）开挖，2～3循环后进行下半洞（仅预留底板厚度1.5m）开挖。开挖利用钻爆台车手风钻造孔，自然溜渣（底板铺设厚铁皮）至下游反弧段，再使用装载机或反铲进行出渣，如图1所示。

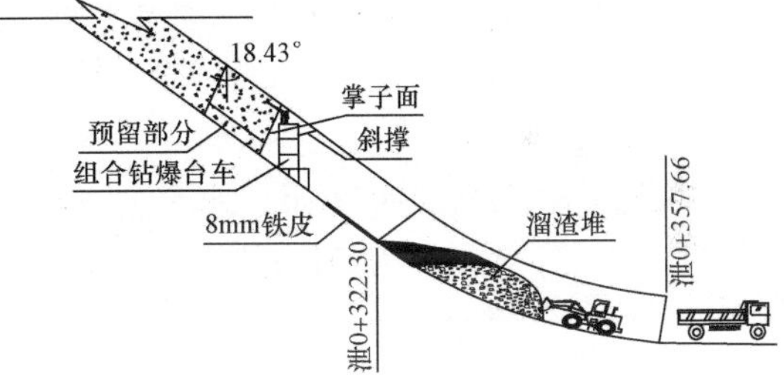

图1　斜井施工方法示意图

为方便施工及钻爆台车布置，经综合考虑，掌子面开挖角度采取对竖直方向和垂直洞轴方向相结合，取18°～20°。

开挖采用光面爆破施工工艺，采用YT-28手风钻人工造孔。由于断面高度较高，专门制作钻爆台车。考虑洞内无法采用机械移动，钻爆台车采取分段制作，各连接件之间采用特制接头连接，使用时在掌子面上人工配合卷扬机进行组合安装；爆破前进行分段拆除，移至距掌子面25～30m的地方悬挂于两侧边墙上。

爆破采用ϕ32乳化炸药，爆破孔采用非电微差导爆管雷管装药，周边孔采用导爆索装药，采取电网络起爆。

本工程采取以自然溜渣为主，人工作为辅助。为了保证溜渣的通畅，要求泄洪洞底板采取光面爆破，尽可能保证底板的爆后平整度，另外每茬炮在距掌子面底板约 20m 处铺设厚 8mm、宽 5.0m 的铁皮，固定铁皮采取在底板打设拐子插筋，插筋采用 ϕ22，L =0.5m，间排距 1.5，铁皮与插筋及铁皮之间焊接牢固，随着施工进度铁皮布设逐步上升。

由于掺气坎从标准断面下刻 1.4m 宽的槽子，此部位大量石渣难以采取溜渣的方式解决，只能采取人工清理的方式。

爆破后的石渣溜渣至下游反弧段，由反铲或装载机倒运至洞外集中，然后由 20t 自卸汽车经右岸过坝公路运输至左岸弃渣场。

由于洞内无法使用机械设备，为此专门在洞外不影响交通的空地布设一台 3t 卷扬机，用钢丝绳通过在掌子面上布设的定滑轮，来进行材料运输和小型机具移动。

在隧洞两侧设置人行通道。通道采用钢管、型钢及钢筋制作，宽度 0.5m，采用插筋与岩体固定，布置紧靠岩壁。

Ⅲ类围岩段开挖作业单循环时间按 24h 安排，进尺 2.0m，平均月进尺 60m。Ⅴ类围岩段开挖作业单循环时间按 48h 安排，进尺 1.5m，平均月进尺 23m。

鸭嘴河水电站左岸泄洪洞开挖所采取的施工方法，无论从安全、进度或者效益等各方面都是成功的，特别是在短斜井开挖施工方面值得推广。

（中国水利水电第三工程局有限公司
鲁　顺　胡秀梅）

华安水电站扩建工程引水隧洞开挖与初期支护

（一）工程概况

华安水电站位于福建省华安县境内，扩建工程项目装机容量为 80MW，利用现有水电站的拦河坝，新建引水系统、发电厂房及开关站等。引水隧洞总长 7126m，圆形断面，开挖洞径 10.5m，衬砌后内径为 9.0m。进水口二条引水支洞（引左 0－188.35～引 0＋000.00、引右 0－171.65～引 0＋000.00 段），设计开挖断面积 34.2m²。隧洞高压管道主管长 148.097m，开挖洞径为 10.50～8.80m；支管总长 88.847m，开挖洞径为 6.20m。工程于 2011 年 2 月正式开工。

（二）工程地质条件

引水隧洞主洞段属剥蚀侵蚀的中低山地貌，地形坡度 20°～25°；主洞要穿过进水口下游 F_{104} 冲沟和温水溪两个冲沟。引水隧洞岩性为细粒石英砂岩、砂质硅泥岩、角岩化硅质岩、燕山早期侵入岩及第四系堆积物。

引水隧洞主洞长约 6893m，主要为Ⅱ～Ⅲ类围岩、长约 5443m；Ⅳ类围岩长约 1450m。Ⅳ类围岩需系统支护，多条断层与洞线小角度相交，对洞挖不利，特别是 F_1 断层带和裂隙密集带透水率较大，需强支护。

（三）隧洞开挖与钻爆设计

1. 开挖方式　分上下两层开挖，上层 7.5m，下层 3m。

2. 洞挖施工

（1）使用全站仪，采用极坐标法测定断面，根据设计参数，放出断面周边轮廓线。

（2）根据设计在掌子面标出钻孔位置，并根据岩石条件，将周边孔布置在轮廓线以外 5～10cm 处，以控制超挖和欠挖。

（3）采用自制台车配气腿钻机钻孔。

（4）采用 ϕ15mm 镀锌管向孔内吹高压风清孔。

（5）选用 2 号岩石乳化炸药和光面爆破专用炸药，人工装药、联网，非电毫秒雷管簇联分段微差爆破。

（6）渣料用侧卸装载机配 10t 自卸汽车出渣。出渣时在已开挖的洞底部铺垫 20～30cm 厚石渣，便于施工机械设备通行。

（7）爆破后及时进行危石排险、清底，可由装载机配合人工进行。

（8）在支洞左侧底部设 50cm 宽排水沟，排水沟每 100m 设集水坑一个，用潜水泵抽排洞内渗水及施工废水。

3. 钻爆参数设计　上部开挖采用中部直孔掏槽，周边和底板开挖轮廓采用光面爆破控制，钻孔总数 167 个，孔径均为 ϕ42mm，炸药单耗 1.23kg/m³，平均单循环作业时间 11h，开挖循环平均进尺 2.7m。爆破孔采用风钻台车钻孔，人工装药，非电雷管簇联分段微差爆破，典型断面爆破参数为初设值，实际施工中可根据各类围岩地质岩性爆破试验成果适时调整爆破参数。

（四）隧洞内初期支护型式

本工程典型断面支护型式见表 1。

表 1　　引水隧洞初期支护型式

围岩类别	支　护　型　式
Ⅱ	原则上不采取支护。如在拱顶 120°范围内有破碎处，则该段 120°范围内采取素喷混凝土支护；对于局部特殊地质情况须增加随机锚杆，其范围和数量现场确定。随机锚杆 L =4m，Φ22；混凝土为 C25，厚 10cm
Ⅲ	拱顶 120°范围内采取系统锚杆、挂钢筋网和喷混凝土支护；120°以下范围如需支护的，按规定程序现场确定。系统锚杆 L＝3m，Φ22，间距 1.5m×1.5m，梅花形布置；钢筋网规格Φ8，20cm×20cm；混凝土为 C25，厚 15cm

续表

围岩类别	支 护 型 式
Ⅳ、Ⅴ	采取钢格栅拱架支护。格栅间距 0.8～1.5m，可根据现场实际情况调整。每榀拱架定位筋 10 根，钢筋为Φ 22，$L=3m$。相邻钢架顶拱 120°范围内，上层采用Φ 22 钢筋连接，环向间距 1m，并在内缘处焊 $\phi8$、20cm×20cm 钢筋网片连接。钢架在初喷 5cm 混凝土后架设，架设完毕后须再喷混凝土，并保证不少于 5cm 的覆盖厚度，混凝土为 C25。 如围岩软弱、破碎等易造成坍塌，采用超前小导管或超前锚杆进行预支护。超前小导管采用外径 42mm、厚 3.5mm 的热轧无缝钢管，长度为 4.5m，环向间距为 50cm，外插角 15°，钢管前端宜做成锥状；超前锚杆采用Φ 25 钢筋，$L=6m$，环向间距 1m，每循环搭接长度不小于 1m

（五）结束语

隧洞施工中要按设计要求进行开挖与支护。对于地质条件差，围岩级别低（特别是Ⅳ、Ⅴ类围岩）的，严格采用“短进尺、弱爆破、强支护、多循环”的施工方式。

在各参建单位积极配合和共同努力下，本工程施工进展顺利。

（华电福新能源股份有限公司华安水力发电厂 陈金辉）

厂 房 施 工

向家坝水电站左岸坝后厂房开挖支护施工质量控制

（一）概况

向家坝水电站左岸坝后厂房南北方向长度 158.49m，东西方向宽 71.45m，建基高程约 225.50m。出露基岩为厚～巨厚层中细砂岩，坝下 0＋130～0＋165 处出露两条软弱夹层，厚度 1.5～2.5m，产状 350° NE、∠20°～30°。顺河向陡倾节理发育，10° NW、∠80°。局部岩体受节理切割，呈劈裂状。局部有囊状风化体。该段整体为$Ⅲ_1$～$Ⅲ_2$类岩体，夹层及两侧影响带、节理破碎带为Ⅳ～Ⅴ类岩体。

尾水渠岩石整体为$Ⅲ_1$～$Ⅲ_2$类岩体，局部软弱夹层及节理破碎带岩石为Ⅳ～Ⅴ类岩体，并见崩塌块石覆盖的深槽及一条北西－南东走向、厚度为 1.2～1.5m 的软弱夹层。

向家坝水电站坝后厂房开挖，设计支护方案主要采用锚杆和钢筋桩，锚杆孔径分别为 $\phi50$（4.5m 以下）和 $\phi76$（4.5m 以上），钢筋桩孔径分别为 $\phi138$（17m）和 $\phi110$（12m），钻孔方向垂直开挖面或岩石节理面，灌浆采用 M30 水泥砂浆。支护完成锚杆 3396 根，钢筋桩 108 束。

（二）施工质量控制

（1）为保证锚杆、钢筋桩施工质量，施工前期组织开展了现场工艺试验。经过试验结果分析和施工工艺比选，确定长度在 6m 及其以下的锚杆采用“先注浆后插杆”工艺施工，长度在 6m 以上的锚杆采用“先插杆后注浆”工艺施工，钢筋桩采用“先插杆后注浆”施工工艺。

（2）造孔施工，孔位误差控制在 10cm 以内。水平面支护施工，采用手风钻造 $\phi50$ 孔；斜面造孔采用 CM351 钻机造 $\phi76$ 孔；钢筋桩采用 100B 钻机造 $\phi110$ 或 $\phi138$ 孔。验收时，检查孔距、孔径、孔向、孔深等，对孔深不合格的进行扫孔，对孔径、孔向等不合格的要求在周边 10cm 范围内重新造孔，并重新检测直至合格。验收合格的孔堵紧孔口，确保成孔质量。

（3）锚杆、钢筋桩安装：锚杆采用 HRB335Ⅱ级螺纹钢筋，钢筋桩采用 3 根直径 $\phi32$mm 的Ⅱ级螺纹钢筋组合构成，加工厂下料、调直、除锈、除油，现场人工安装。采用“先插杆后注浆”工艺的锚杆，每隔 3m 焊接一个对中支架，全杆至少 2 个；每个支架焊接三根 $\phi6$ 短钢筋，制作成弧形，互成 120°，在锚杆周围均匀分布；锚杆绑 $\phi20$ 白色 PVC 管作为注浆管，入孔后管口距孔底 50～100mm；安装时管口临时封堵，防止进入杂物，保证注浆管畅通。采用“先注浆后插杆”工艺的锚杆，在钻孔内注满浆后立即将锚杆平稳慢速推入，不可锤击打入，防止杆体的弹动造成砂浆流失。到位后用楔子封口，使杆体居中。

（4）锚杆、钢筋桩注浆：使用锚杆注浆机注浆，水泥砂浆采用标号为 42.5 的高抗硫酸盐水泥，水泥砂浆强度等级为 M30。注浆开始时，用水或水灰比为 0.5～0.6 的纯水泥浆润滑注浆管及其他管路，以免砂浆初凝堵塞管道。拌制砂浆时，要求配备称量设施，按配合比拌制，严格遵守搅拌时间，保证砂浆搅拌均匀。对“先注浆后插杆”的施工工艺，要求砂浆稠度适中，在注浆时将注浆管插到孔底，使浆液从孔底逐渐注满，插杆结束后孔口必须泛浆，若无泛浆则要求拔出锚杆，补充浆液或洗孔后重新注浆直至满足要求。对“先插杆后注浆”的锚杆要求孔口必须有连续浆液流出方可停止注浆，封堵孔口，并及时对孔口浆液流失部分进行补浆。

（三）问题处理

施工过程中遇到问题，应采取措施及时处理。

1. 造孔卡钻、塌孔

（1）塌孔先进行回填灌浆再造孔。如仍不能成孔，调整孔位重新造孔。

（2）锚杆安装前发现塌孔，及时采用高压风吹孔。

（3）加强各工序的衔接，尽量缩短造孔、安装、注浆工序间的间隔时间，减少成孔验收后的塌孔现象。

2. 注浆串浆、漏浆

（1）发现串浆现象立即封堵，并保持连续灌浆，直到注浆孔孔口溢浆。注满后，对此区域的其他锚杆孔采取跳孔方式，间隔注浆。

（2）根据现场灌注情况，适时提高砂浆浓度，加入速凝剂等外加剂，缩短砂浆凝结时间，保证注浆连续性，尽量通过注浆管一次注满，上部不能注满的孔从孔口补浆。

3. 注浆管堵管、爆裂

（1）堵管、爆管造成注浆中断，应迅速排除管路故障，重新调整浆液恢复注浆施工。

（2）将制浆设备设置在注浆孔口附近，有效缩短输浆距离；适当调整注浆机压力；增大输浆管直径。

（四）结语

向家坝水电站左岸坝后厂房锚杆、钢筋桩，通过施工工艺和质量检查的严格控制，按设计要求完成了各项施工。锚杆、钢筋桩孔位、轴线、孔深偏差检测合格率100%；M30砂浆取样检测结果综合评价合格；无损检测结果显示，锚杆、钢筋桩长度合格率100%，注浆密实度合格率95.4%。

（中国水利水电第三工程局有限公司
张振安 弓晓嘉）

向家坝水电站左岸坝后厂房混凝土施工技术

向家坝左岸坝后主厂房布置在河床左侧坝后，位于泄洪建筑物左侧，通航建筑物右侧，部分安装间与通航建筑物重叠布置。坝后主厂房装机4台，单机容量800MW，单管单机。电站建筑物由主厂房、副厂房、开关站、出线平台、回车场等组成。

（一）主厂房混凝土施工

主厂房建基面高程225.50m，建基面顺水流向宽度71.45m，厂房最大高度82.15m。厂房机组段为一机一缝的型式，单个机组段标准宽度36.80m，主厂房上、下游侧排架柱（墙）宽度均为2.00m，机组安装高程为258.00m。尾水管底板高程为230.25m，为双孔结构，孔高为8.88～13.20m；每孔净宽为12.50m，中墩厚4.00m，边墩厚3.9m。

主厂房混凝土采用两台MQ2000港机、一台MQ1260、一台MQ6000门机及一台30t缆机，根据不同时段合理布置，采用以6m^3、9m^{3}卧罐或立罐入仓，以平铺法为主、台阶法为辅浇筑，ϕ100～150mm振捣棒人工平仓。模板以小钢模、多卡为主，木模配合使用，对清水混凝土部位则采用WISA模板施工，保证其施工质量满足要求。

施工中的主要控制创新及控制要点：

（1）采用分缝分块施工。向家坝主厂房上下游方向分为三个区，一区主要为肘管上游实体和廊道混凝土，二区为机组段，三区为尾水段。原设计二区和三区分缝为错缝搭接形式。这种分缝形式造成两个分区的混凝土必须平行交替上升，且两区之间只能有一个升层的高差。而厂房二区施工受肘管钢衬等各工序施工影响较大，上升速度很慢，如果和三区交替上升，则导致三区施工受到制约。经与设计、业主多方沟通协调，最终将分缝形式修改为直缝加键槽、插筋的形式，并在缝面预埋接缝灌浆系统，后期对分缝进行灌浆，解决了混凝土上升期间相互制约干扰问题，加快了三区施工工期。为保证主厂房上下游墙内外侧墙面达到免装修标准，对墙体分层做了统一规划，墙面模板采用VISA面板，收仓面采用角钢控制，使施工完成的墙面整齐划一，达到免装修外观要求。

（2）肘管底部采用自密实混凝土。为确保肘管底部泵送自密实混凝土入仓，在肘管水平段钢衬上开ϕ200mm孔洞，作为混凝土泵管（软管头）入口，间排距2.0m×2.2m，梅花形布置，待肘管底板混凝土浇筑完成后，对开孔部位按要求补焊。自密实混凝土水化热较高，为避免出现超温情况，在肘管底部及四周布置双层冷却水管。由于肘管钢衬底部面积大，钢筋多、支撑件多，混凝土难以辅料到位，容易产生脱空，同时，混凝土凝固后自身也会产生静缩，容易与肘管里衬之间形成缝隙，因此在浇筑混凝土时采用拔管成孔。后期回填灌浆时，拔管通畅率在90%以上，保证了肘管后期回填的可行性。

（3）锥管安装由二期改为一期。根据向家坝节点工期要求，4台机组交面时间互相之间相差2～3个月，基本上在一年之内实现4台机组的交面。为加快锥管段施工进度，结合机组肘管段钢衬一期安装的经验，将锥管段也采用一期一次安装的施工方式，这样可以避免锥管预留二期混凝土施工带来的诸多不利因素，并且可以节约直线工期。

(4) 蜗壳施工技术：蜗壳二期混凝土浇筑起止高程为251.00～266.190m，高度14.69m。根据基础环结构及蜗壳断面特点，为避免蜗壳阴角部位混凝土脱空，同时考虑混凝土入仓能力，蜗壳二期混凝土共划分5层施工。为确保蜗壳及基础环在混凝土浇筑后的最终变形满足要求，根据机组四个象限一期混凝土在仓面形成的四个台阶特点，将蜗壳底部第一层分成四个相对独立的混凝土浇筑块进行顺序对称浇筑。

(5) 机墩风罩施工：根据机墩、风罩结构特点，为避免薄壁部位混凝土脱空，同时考虑埋管安装、混凝土入仓能力及工期要求，机墩风罩二期混凝土共划分4层，浇筑起止高程为267.145～277.690m，总高度10.545m；按照单台机组进行划分为独立的施工单元，每台机组同一升层，整体一次施工成型。风罩牛腿悬挑长度达1.18m且成圆弧形，木模提前在后方加工完成，在现场搭设3排脚手架作为支撑结构，保证其型体尺寸满足要求。

(6) 上下游墙体施工：向家坝左岸坝后厂房上下游墙体均为免装修，施工中采用定型WISA模板，合理布孔，全程监控，有效分层，及时改进，使其满足外观要求。混凝土浇筑注意有效把握复振捣时间，一般为第一次振捣完后等待30～40min，振捣时间为15～20s。采用角钢严格控制收仓线，确保收仓面的平整度，特别是靠模板侧收仓面的平整度混凝土浇筑完成后，对其缺陷不得擅自处理，需严格按照设计要求的缺陷修补办法实施，确保整体美观。

(二) 副厂房混凝土施工

副厂房由上游副厂房和下游副厂房两部分组成。上游副厂房布置在主机间上游侧，与主厂房之间用结构缝分开，底部高程266.74m。上游副厂房为框架结构，共6层，尺寸为157.80m×26.00m×45.40m（长×宽×高）。下游副厂房布置在主机间的尾水平台上。下游副厂房位于主机间下游边墙和尾水挡墙之间，尺寸为148.44m×20.00m×17.74m（长×宽×高），共三层。

施工中主要采用两台MQ2000港机、两台MQ1260及一台MQ6000门机，根据不同时段合理布置，采用以6m^{3}卧罐入仓，以平铺法为主、台阶法为辅浇筑，ϕ50～100mm振捣棒人工进行平仓。模板以小钢模为主，木模配合使用，合理配置模板。

(1) 上副混凝土施工：结合上副厂房结构特点划分2个施工区，即GIS及中控楼。GIS室由A～F六个单元组成，中控楼由G～I三个单元组成。根据区域给机电交面的先后顺序合理组织，精细化施工。为加快施工进度，满足工期要求，在采取常规脚手架搭设的同时，引进快速脚手架，减少承重架搭设时间。混凝土按照每个单元分块进行浇筑，严格控制结构高程，保证其面板符合机电安装高程要求；对工期特别紧张的部位，采取柱体与面板合仓浇筑。为加快顶层面板进度，减少承重架工程量，将开关站顶部面板采用预制板与现浇叠合施工形式。

(2) 下副混凝土施工：结合下副厂房结构特点按照房间划分施工区。为加快施工进度，满足工期要求，承重架采用仓外整体搭设，之后直接吊至仓内，局部补强处理。为保证下副厂房外观，对墙体及顶板均采用统一规划配板，加固采用无外露钢筋头的接安螺栓，确保了外观质量。为减少仓号备仓时间，将框架主梁钢筋在仓外整体绑扎，然后采用大型门机或汽车吊直接吊入仓内安装就位，然后再进行其余次梁的钢筋绑扎。

（中国水利水电第三工程局有限公司 唐 兵）

向家坝坝后厂房大体积混凝土施工的温度控制

向家坝水电站坝后厂房安装4台机组，单个机组段标准宽度36.8m。坝址附近各月多年平均气温：最高为27.0℃（7月），最低为8.4℃（1月），年值为18.4℃；各月多年平均最低气温：最高为23.2℃（7月），最低为6.4℃（1月），年值为15.2℃；各月多年平均最高气温：最高为31.6℃（7月），最低为11.4℃（1月），年值为22.2℃；河段最高月平均水温为24.8℃（1976年6月），最低位10.5℃（1983年10月）。坝后厂房大体积混凝土施工的温度控制情况如下：

(一) 温控管理制度与措施

1. 混凝土出机口温度　3～11月为14℃，12、1、2月为常温。

2. 混凝土入仓、浇筑

(1) 水平运输途中须设置遮阳棚，棚布必须满覆车斗上方，卸料后返程途中也须罩好棚布，避免暴晒。运输车车厢两侧加装2cm保温被，减少运输过程中温度倒灌。

(2) 混凝土入仓温度作为检查指标，以低于浇筑温度2℃为标准。

(3) 9月份，当预报日最高气温超过30℃时，开仓时间避开11：00时至16：00时。对于大仓号，可能跨次日高温时段，仓面必须采取喷雾措施。高温时段可采用制冷站多余回收水喷雾，增强喷雾效果。

(4) 所有混凝土冬季浇筑时浇筑温度不得低于5℃。

(5) 建立预警机制。入仓温度较高时预警、实际浇筑温度与控制标准差2℃时预警，并加强对浇筑温度的检测。浇筑温度每2个小时检测一次，气温较高时段（11：00～16：00）应加密检测，每半小时检测一次。若检测连续3个测点浇筑温度超温，停仓处理。

(6) 严格执行仓面设计审查制度。质量验收人员通过对浇筑仓保温被数量、入仓强度、振捣强度、坯层覆盖时间和开仓时间等进行复核，以确定合理的浇筑资源配置和最有利的浇筑时机，开仓前资源不到位不开仓。

(7) 港机、门机浇筑时，严禁脱钩打杂；坚持设备例行检修，降低设备故障率，确保浇筑连续，提高入仓强度。合理调配运输车辆，避免出现压料，加强仓面与拌和楼联系，及时停打或缓打。压料超过30min，经检测混凝土达到或超过入仓温度时，作废料处理。

3. 通水冷却措施

(1) 对冷却水供应干管采取橡塑保温，厚度不小于5cm。

(2) 冷却水管挂牌明示，24h换向一次，专人每日检查。

(3) 采取冷却水总量控制措施。

(4) 强化冷却机组管理，增设冷却水机组减压阀，减少故障率，改进通水冷却质量。

(5) 建立通水检查制度，对通水参数进行了量化控制。规定温控人员每天对应通水组数进行全数检查，并做好记录。

(6) 推行个性化通水方案。对高标号区、及浇筑温度出现超温点的仓号列为通水冷却的重点关注部位，采用"个性化通水"。在混凝土最高温度出现之前，低标号混凝土25L/min，高标号混凝土25～35L/min，其后降为20L/min。高标号混凝土仓位开仓即通制冷水。对超温的混凝土冬季可采取通制冷水替代江水，并调整通水流量。

(7) 每组冷却水管均要求进行闷温检查，并建立明晰的台账。

(8) 冷却水进行回收利用，提高利用率和冷却效果。

(9) 高温时段、接缝灌浆等关键时期建立日碰头制度。每天分析水量、坝体内部温度、缝张开度、灌区检查等情况。根据温度变化情况，及时调整冷却通水。

4. 冷却水管选材及铺设

(1) 第一层冷却水管采用ϕ25mm的黑铁管；中间层采用ϕ32mmPVC冷却水管，蛇形布置，单根冷却水管不大于250m。

(2) 按1.5m（浇筑层厚）×1.5m（水管间距）布置，对于引入廊道的水管应该排列有序，做好标记记录。应注意引入廊道的立管布置不得过于集中，以免混凝土局部超冷。

5. 混凝土保温及养护　对于永久暴露面，10月～次年4月浇筑的混凝土，拆模后立即设施工期的永久保温层；5～9月浇筑的混凝土，10月初设施工期的永久保护层。坝址区每年4、9月换季时节昼夜温差较大，应在每天下午6～7点之间，对龄期5d≤T≤28d的混凝土，采用2cm厚的聚乙烯卷材进行临时表面保温。高温季节，混凝土立面采用挂花管流水养护，平面采用洒水养护；低温季节，混凝土外露面以洒水养护为主。

6. 混凝土间歇期　低温季节要严格控制混凝土间歇期，避免出现表面裂缝。要求坝后厂房正常仓位按12d预警，15d书面预警，18d控制；复杂仓位按14d预警，18d书面预警，21d控制。

（二）测缝计、温度计布置

测缝计的布置按照接缝灌浆灌区划分位置，每个灌区布置一个测缝计，布置测缝计的两侧混凝土内各布置一层温度计，主厂房5～8号机高程260.00m以下有温控要求的大体积混凝土内，每台机组顺水流方向中心线位置每层共布置2支温度计，主要布置在仓面面积较大的位置，沿高程方向共布置4层，其中在Ⅱ区肘管底部的大体积混凝土增加2层温度计，另外在每台机组的蜗壳混凝土第一层各布置2支温度计。

（三）温控成果

向家坝工程混凝土各项温控指标都很好地控制在设计允许范围之内，取得了较好的效果，以2012年6～8月温控统计数据为例：

(1) 浇筑温度：共浇混凝土6万m^3，一共检测入仓浇筑温度1524次，超温率仅1.6%。

(2) 冷却通水：共检查初期通水790组，平均进水温度11.0℃，出水温度15.5℃，平均温差4.5℃。初期通水后闷温检查共700组，平均24.0℃，符合率99.7%。

(3) 混凝土内部最高温度：厂房测温管测C_{28}常态混凝土14组，最高温度35.9℃，平均33.0℃，合格率100%；厂房温度计测蜗壳二期混凝土，埋设6支，最高温度46.6℃，平均41.8℃，合格率100%。

（中国水利水电第三工程局有限公司
弓晓嘉　张振安）

钢桁架反吊模板在向家坝左岸厂房尾水闸墩的应用

向家坝左岸厂房尾水墩自高程273.000m开始，左右方向设计为跨尾水出口的连续墙体。墙体下游挑出尾水墩 50cm，上下游方向宽 2.3m，左右跨度 12.75～14.55m；距尾水扩散段底板 39.75m，均为悬空混凝土浇筑，需布设承重结构，施工难度较大。1、2 号机采用四根Ⅰ25 型钢加斜“八”字支撑的承重结构作为连续墙体的支撑系统，但该种方法施工时间长，多数工作均为高空作业，存在较大的安全风险，同时拆除工作也较为复杂。为加快尾水闸墩施工进度，尽快具备闸门安装条件，满足向家坝水电站 2012 年 4 月破堰进水要求，经研究决定将 3、4 号机的承重方案修改为型钢桁架梁反吊模板的施工方案。

1. 钢桁架设计与制作　钢桁架布置在尾水闸墩 273.00m 高程，直接埋入混凝土内部，为连续墙体承重。该连续墙体下部 3.5m 范围为暗梁结构，配有面层、底板及墙体上下游面钢筋，并在 3.5m 范围内布置箍筋，为降低承重支撑工作量，确保施工安全，将该部位第一层混凝土浇筑高度定为 1.5m。连续墙浇筑用的底模采用反吊形式，侧模采用内拉形式。桁架平面布置见图 1。

钢桁架荷载按混凝土厚度 1.5m 设计，主要设计与制作要求如下：

(1) 每台机组尾水出水口分左右两孔，施工时在每孔布置一套型钢桁架，每套 4 榀组成，榀与榀之间中心间距为 60cm，上下游边各距结构边线 25cm。

(2) 每套桁架高度为 1.5m，每端支座处长度为 30cm，桁架总长为 15.15m。经计算，上下弦杆采用 I28b 工字钢，立杆及斜杆采用 I18 工字钢，立杆间距为 1.16m，可满足要求。

(3) 每套 4 榀桁架中，①～③号端部可直接坐落在尾水 273.00 高程处边墩或中墩混凝土面上；④号布置位置属于连续墙体外挑部分，两端为悬空结构，因此在闸墩高程 272.480m 处埋设间距为 60cm 的定位锥，用于安装多卡模板三角支架平台。

(4) 选择合适的场地设立临时支撑平台。平台采用 I25b 工字钢制作，形式为“K”形，高度 1.8m 左右。在钢性平台上进行单榀桁架的制作，完成后整体吊装到临时支撑平台进行组焊成套。整套桁架完成后，由监理与施工单位进行联合验收。

2. 模板及施工平台安装　模板安装前，在桁架上按设计要求安装连续墙体底层钢筋及暗梁钢筋，对钢筋与桁架之间有冲突的部位，应对钢筋进行调整或局部减少。

连续墙体钢筋安装完成后，按设计要求预留钢筋保护层后，进行模板及围檩安装，同时在桁架外部布设施工工作平台，如图 2 所示。模板采用 P3015 及 P1015 小钢模拼装；底模安放在次梁上，通过反拉杆吊在桁架上；施工工作平台用 $\phi25$、$\phi16$ 圆钢制作。

3. 吊装　桁架吊装前，先对尾水闸墩部位进行测量校核及找平处理，并在对应位置放置 I12 工字钢对桁架端部进行垫高处理，保证连续梁结构尺寸符合设计要求。对桁架尺寸与闸墩站筋间距进行校核，对有冲突的站筋割除处理。经计算，单孔桁架＋钢筋＋模板＋围檩总重约为 35t，采用布置在下游副厂房顶部 280.74m 平台上的 MQ2000 或 MQ6000 进行吊装。

4. 混凝土浇筑　为保证桁架安全，混凝土浇筑采用平铺法，铺料厚度为 40cm。下料高度控制在 1m 以内，铺料顺序从上游往下游推进，先中、边墩处浇筑，然后再从两侧向中部推进。按照上述步骤，循环浇筑。混凝土浇筑过程中由专职人员全程监控，连续墙体下部设置安全警戒线，浇筑中下部不得有人员出入。浇筑完成后，混凝土未达到设计龄期时不得在连续墙体上部堆放重物。

5. 模板拆模　混凝土强度必须达到设计强度，方可进行模板拆除。拆除顺序为：侧模拆除→底模拆

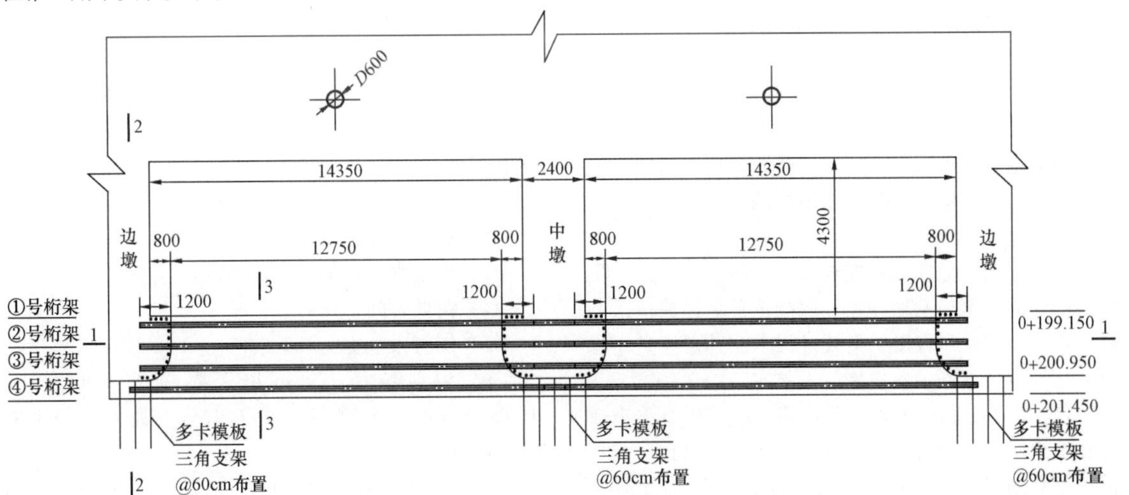

图 1　桁架平面布置图

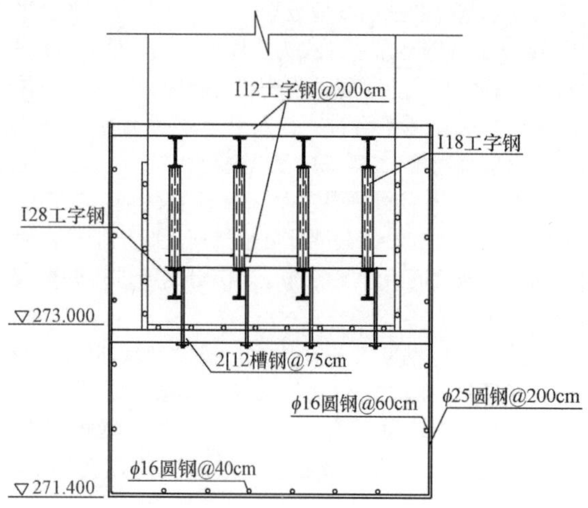

图2 桁架、模板及施工工作平台组装示意图

除→临时工作平台拆除。模板拆除同时，及时进行外露钢筋头等缺陷进行处理，避免后期重复施工。

桁架反吊模板施工方法在向家坝尾水闸墩的成功运用，既保证了安全，又加快了施工进度。

（中国水利水电第三工程局有限公司
唐 兵 谢春花）

振冲碎石桩法施工技术在粉细砂地基加固中的应用

海勃湾水利枢纽位于内蒙古自治区乌海市境内的黄河干流上，是一座防凌、发电等综合利用的水利枢纽，为二等大（2）型工程。厂房段设计建基面高程1043.5～1048.0m，地基土层为第Ⅲ地质单元（Q_{3a}^{1+1}）地层，在勘探深度范围内，上层土体以粉砂、细砂为主，中密～密实状，夹有砂壤土、粉土、壤土和黏土透镜体。为解决厂房地基承载力，采用了振冲碎石桩。

（一）振冲碎石桩施工工艺

振冲碎石桩法施工技术是在振冲孔中填砂石骨料，再用振冲器振密填料，形成碎石桩体，与原地基形成复合地基，可以提高地基承载力，也可以消除或减少地层的地震液化和欠固结地层的湿陷性。

1. 工艺要点

（1）造孔：振冲器对准桩位，开启压力水泵，出水口喷水后，再启动振冲器，运行正常后徐徐贯入基础地面，直至设计深度。造孔过程中振冲器应处于悬垂状态，应防止振冲器偏离贯入方向。

（2）清孔：造孔时返出的泥浆稠或孔中有狭窄或缩孔地段应进行清孔。清孔可将振冲器提出孔口或在需要扩孔地段上下提拉振冲器，使孔口返出泥浆变稀，保证振冲孔顺直通畅以利填料沉落。

（3）填料加密：采用连续及强迫填料制桩工艺。制桩时应连续施工，不得中途停止，以免影响制桩质量。加密从孔底开始，逐段向上，中间不得漏振。当达到设计规定的加密电流和留振时间后，将振冲器上提继续进行下一个段加密，每段加密长度应符合设计要求。

2. 施工应注意问题

（1）选用自然级配填料做桩体材料时，应采取严格的检验措施，控制最大粒径和级配，以防在边振边填施工过程中填料难以落入孔内，以及不容易振密桩体、振实度差的现象发生。

（2）为避免电流过大造成孔壁土石坍塌，可采取减慢振冲器下沉速度、减少振动力等措施。

（3）当密实度电流难以达到时，应采取继续填料和提拉振冲器加速填料的措施，防止因土质软而出现填料不足的质量问题。

（4）为避免缩孔、堵塞孔道，可采用先固壁、后填料和强迫填料的方法。

（5）对易液化的砂土底层，应适当加大桩距，避免“串桩”。

（二）振冲桩施工技术要求和质量控制标准

1. 施工技术要求

（1）振冲器喷水中心与桩位中心偏差不得大于50mm，造孔中心与设计定位中心偏差不得大于100mm，造孔深度偏差不得大于200mm；振冲器加密施工过程中，每进尺1.0～2.0m，记录一次造孔电流、水压和时间；造完孔后应清孔1～2次。

（2）填料和加密，其加密电流、留振时间、加密段长及填料数量，应符合设计要求。完成后的桩顶中心与设计定位中心偏差不得大于桩直径的0.2倍。对桩间土加密效果采用静力触探试验或标准贯入试验，在施工7～15d后进行随机抽样检测。

2. 质量控制标准

（1）根据本工程设计要求，经处理后的地基在Ⅶ度地震设防条件下，地基土不发生液化。根据多年的振冲碎石桩施工经验，结合试桩情况、本场区地质条件，采用BJ-150kW振冲器，振冲碎石桩施工的控制参数如下：

1）造孔水压：0.4～0.6MPa；

2）加密电流：120A；

3）加密水压：0.3～0.5MPa；

4）留振时间：10s；

5）加密段长度：0.3～0.5m；

6）填料粒径：5mm以下颗粒不大于25%，100～150mm块径含量不大于15%，最大粒径不大于150mm。

（2）振冲碎石桩地基质量检验标准应符合表1的要求。

表 1 振冲碎石桩地基质量验收标准

控制项目	允许偏差或允许值		检查方法
	行标	企标	
复合地基承载力特征值（kPa）	≥300		承载力试验
填料含泥量（%）	≤5	≤5	抽样检查
桩体直径偏差（mm）	≤50	≤50	用钢尺量
造孔深度允许偏差（mm）	±200	±300	量钻杆
桩顶中心位移（mm）	≤D/5	≤D/5	用钢尺量
桩间土相对密度	≥0.75	≥0.75	桩间土贯标

（三）复合地基质量情况

根据施工场地及检测区域具体情况，海勃湾水利枢纽电站基础振冲碎石桩复合地基检测，选取 6 个点位进行静载试验、50 孔进行动力触探和 76 孔标贯原位测试。结果如下：

（1）振冲碎石桩达到密实状态，在桩体的深度范围内均匀性较好。

（2）桩间土标贯击数均大于Ⅷ度地震液化标准贯入锤击数临界值，在Ⅷ度地震条件下不液化，具有抗液化能力。

（3）通过静载荷试验，复合地基承载力特征值大于 300kPa，满足设计要求。

振冲碎石桩加固粉细砂地基，形成复合地基，以提高地基承载力、增强稳定性、减小沉降量，同时还能显著增强地基的抗震性能，有效地解决了黄河海勃湾水利枢纽工程厂房地基承载力要求。

（中国水利水电第三工程局有限公司
王秀红 蒋良权 程选勤 包想军）

小型挡水阻砂围堰在粉、细砂地层局部深基坑施工中的应用

黄河海勃湾水利枢纽位于内蒙古自治区乌海市境内的黄河干流上，是一座防凌、发电等综合利用的水利枢纽，为二等大（2）型工程。该枢纽电站的副安装场集水井为基坑最低处，与临近的泄冲闸边坡最大高差约 25m，存在渗水通道，地下涌水、涌砂现象较为严重。施工前期采用了钢筋石笼挡墙，通过反滤料及土工布阻挡涌水、涌砂，虽然起到了一定的效果，但钢筋石笼挡墙上部边坡依然还有小范围的自然滑塌现象。随着基坑的继续下挖，在渗水通道没有完全阻断的情况下，集水井在粉细砂地层开挖中难以形成周边 1∶1.25 边坡，并危及到集水井周边的厂房基础稳定，引起左岸泄冲闸边坡整体滑塌。为确保副安装间集水井部位能够正常施工，在集水井周边结构体型线外侧，采用高喷防渗墙和混凝土防渗墙形成小型挡水阻砂围堰。

（一）挡水阻砂围堰结构

高喷防渗墙通过延长四周承压水渗流渗径，可减少涌水量，但单排高喷墙墙身抵抗侧向水、土压力能力较差；混凝土防渗墙有相对较强的抵抗周边水压能力，并对高喷防渗墙起到稳定作用，高喷与混凝土防渗墙联合，能够保证集水井部位开挖顺利进行。

1. 高喷防渗墙　高喷防渗墙布置在集水井体形线外侧，墙体中心线距集水井结构体形边缘约 95cm，成墙后形成第一道封闭矩形防渗体。防渗墙工作面高程为基坑大面高程 1048.5m，底高程 1035m，低于集水井建基面约 3m，墙顶高程 1043.12m，即钻孔深度为 13.5m，喷灌深度 8.12m。墙体单排布置，成墙厚度 80cm，孔距 0.8m 和 0.78m（因此地层已施工振冲碎石桩，地层很密实且分布大量碎石，给造孔及墙体连接造成困难，所以缩短孔距）。具体施工按照施工上下游围堰和新增右边坡高喷防渗墙施工参数进行，提升速度为 8cm/min。鉴于集水井高喷防渗墙有四个角，在折角部位需确保高喷孔孔距，并采取必要的加孔措施补强。

2. 混凝土防渗墙　混凝土防渗墙布置在高喷防渗墙内侧，紧贴高喷墙，墙体厚度 70cm，成墙后形成第二道封闭矩形防渗体。墙体顶高 1045.5m，底高为 1030.5m，即低于集水井建基面约 7.5m，墙体总深度约为 15m。为保证墙体的强度，在采用液压抓斗成槽后，先放入单层钢筋网片（ϕ18@20cm），再进行混凝土浇筑。钢筋网片采用人工绑扎，顶部设置吊耳，按照相应槽底深度及宽度进行施工。完成后由起吊设备吊入相应槽段内。

防渗墙施工为水下浇筑混凝土，为保证集水井下部强度能够满足运行需求，采用比集水井高一标号的混凝土进行浇筑，其他指标同原设计。

（二）挡水阻砂堰形成后的运用

由于地层较为复杂，开挖面临较多不确定因素，挡水阻砂堰形成后还不能急于对集水井进行开挖。为防止开挖至集水井底部后出现垂直涌水情况，还须采取如下措施：

（1）在集水井平面范围内布置两口管井。管井深度为深入集水井底部 3m 以下，口径 375mm，井壁材料采用铅丝钢管；具体位置以不影响后期开挖为原则。

（2）在开挖过程中设置临时排水沟。排水沟采用编织袋装黏土，人工码放形成，随开挖面的分层下降而下降，周边渗水经集水井两侧排出，并由水泵及时抽排。

（3）在挖至集水井底部时，需超挖 1m，上下游方向带有一定坡度，便于集水。超挖部分需在开挖到底部时立即用素混凝土回填，边挖边浇筑，作为盖重，防止底部涌水的发生。

（三）施工中需注意的问题

（1）在施工过程中需监理、设计、业主及拌和楼的大力配合，具备随叫随到、随时供料的条件。特别是在混凝土防渗墙和基础面开挖出来后，需立即进行验收，并提前通知拌和楼供料，防止槽孔等待时间过长导致底部塌方。

（2）在集水井土方开挖完成后，考虑集水井防渗墙墙体较长，开挖高度较高且为垂直面，为进一步加强整体稳定，保证施工平台稳定、施工人员和设备安全，还需采用 40 号槽钢、脚手架管、方木及可调丝杠等材料对防渗墙四周进行支撑加固。

通过上述小型挡水阻砂围堰及相关配套措施的实施，顺利实现了海勃湾水利枢纽工程电站标段集水井的施工。

（中国水利水电第三工程局有限公司
苏飞标　柳洪丹）

丹江口水力发电厂 4、5 号机组蜗壳钢衬脱空处理方法

（一）概况

丹江口水电站装有 6 台单机容量为 15 万 kW 的混流式水轮发电机组，1968 年第一台机组投产发电，1973 年初期规模建成。作为正在兴建的南水北调中线工程的水源工程，在大坝加高的同时，进行了机组扩容改造。

2011 年 3 月，对 4、5 号机组蜗壳钢衬进行检查，没见到鼓包变形和撕裂破坏现象，但锤击检查有脱空。经锤击与钻孔检查，4 号机脱空面积为 6m^2，平均深度 56cm；5 号机脱空面积为 34m^2，深度为3～50cm，必须进行处理。

（二）处理方法

在钢板没有发生鼓包变形和撕裂破坏的情况下，决定采用在钢板上开孔进行混凝土回填和化学灌浆法处理。

1. 处理原则

（1）面积小于 0.2m^2、深度小于 3mm 的空腔可以不进行灌浆处理。

（2）脱空深度大于 5cm 的区域，采用混凝土（砂浆）回填。在其顶部开 20cm×20cm 方形口，将拌好的混凝土或砂浆注入，用震捣器震动密实。

（3）脱空深度小于 5cm 的区域，采用化学灌浆。

（4）对于首轮灌浆后脱空面积仍大于 0.2m^2 的区域必须进行补充灌浆，即二轮灌浆。二轮灌浆全部采用化学灌浆法。

2. 材料

（1）混凝土采用 42.5 号普通硅酸盐水泥，配比采用 0.29∶1（水灰比），水∶水泥∶砂子∶小石比为 0.32∶1∶1.56∶10.27。水泥砂浆配合比采用 0.6∶1∶0.4（水∶水泥∶砂），外加 SN-I1 减水剂（按水泥的 0.5%添加）。

（2）化学灌浆材料选用 HK-G-2 系列低黏度环氧灌浆材料。其 25℃时黏度为 10～15MPa·s，抗压强度 40.0～80.0MPa，抗折强度 9.0～15.0MPa，抗拉强度 5.4～10.0MPa，黏结强度 2.4～6.0MPa。

3. 工艺流程　灌浆施工工艺流程为：搭设脚手架→检查空穴面积并标识脱空区域→布孔（1m^2 内布置 1 个灌浆孔，1～2 个排气孔）→打孔（直径 ϕ6mm）→连接灌浆嘴→灌浆（对于脱空缝隙在 5cm 以上的先进行混凝土或砂浆回填，最后灌化学浆）→去掉灌浆嘴→扩孔塞焊→抛光磨平（刷环氧防腐涂料两遍）→质量验收。

4. 施工技术要点

（1）根据检测结果，灌浆应分层次、分区域进行，在钢衬钻孔，原则为在每个独立连通的脱空区域内布设不少于 2 个孔，保证最高处和最低处均布设到。灌浆自下而上分层进行，压力按 0.1～0.15MPa 控制。

（2）制浆材料必须称量，称量误差应小于 5%。水泥等固相材料宜采用重量称量法；化学材料用体积法称量。

（3）化学浆液必须搅拌均匀并测定浆液密度，浆液温度应保持在 5～40℃之间，化学浆液自制备至用完的时间宜小于 2h。

（4）混凝土或水泥砂浆采用人工拌制，4h 内用完。

（5）灌浆前用高压风检查脱空区灌浆孔与排气孔的连通情况，同时吹除空隙内污物和积水，保证灌浆区清洁，风压控制在 0.1MPa。

（6）检查处理效果，灌浆应在结束 24h 后进行，混凝土或水泥砂浆应在 7d 后进行。

（7）应高度重视蜗壳里面通风和环境保护工作，保证施工人员的健康和安全，避免因工作不慎造成环境污染。

在丹江口水力发电厂 4 号、5 号机组蜗壳钢衬脱空处理施工中，因化学灌浆材料较为昂贵，采用了混凝土回填为主和后化学灌浆为辅两种施工方法，既达到了蜗壳脱空处理加固补强的作用，又缩短了工期，提高了效率，节约了成本。

（中国水利水电第三工程局有限公司　孙素泉）

其　他

溪洛渡水电站抗冲磨混凝土配合比优化试验

溪洛渡水电站具有“高水头、大泄量、窄河谷”特点，泄洪洞最大流速接近 50m/s，泄洪功率约为 9500MW，为二滩水电站的 2.5 倍。多年平均含沙量 1.72kg/m^3，为二滩水电站的 3 倍多。坝址处多年平均推移质输沙量 180 万 t，多年平均悬移质输沙量 2.47 万 t。这样大的挟沙水流通过电站泄洪排沙建筑物，对建筑物表面材料的磨损破坏是一个亟待解决的技术问题。为此，进行了混凝土抗冲磨配合比优化和耐磨性能试验。

（一）抗冲磨混凝土选用材料

1. 硅粉　采用重庆富祥金属纤维有限公司生产的硅粉，其品质检测结果满足金沙江溪工建技〔2009〕152 号《溪洛渡水电站混凝土用硅粉技术要求》的技术要求。

2. PVA 纤维　采用江苏能力科技有限公司提供的 KS-1500 型改性 PVA 纤维，是一种高强度高弹性模量改性聚乙烯醇纤维。

（二）不同材料组合水泥水化热试验

1. 不同硅粉掺量水化热　分别采用峨胜中热水泥＋曲靖Ⅰ级粉煤灰与华新中热水泥＋元亨Ⅰ级粉煤灰两种组合，以水泥 70％掺量＋粉煤灰 30％掺量为基准，与不同硅粉掺量、不同外加剂组合进行了胶凝材料的水化热试验，得到不同龄期水化热试验结果。

2. 不同胶凝材料组合水化热　试验采用华新P·MH42.5 中热水泥，嘉华、石门、峨胜 P·LH42.5 低热水泥，分别进行掺与不掺 5％硅粉＋30％粉煤灰组合水化热对比试验。试验结果表明，在相同龄期条件下，低热水泥水化热较中热水泥低 20％左右；掺 5％硅粉＋30％粉煤灰后，低热水泥水化热较中热水泥低 30％左右。说明使用低热水泥对降低混凝土水化温升有显著效果。

（三）抗冲磨混凝土试验

1. 泄洪洞抗冲磨混凝土

(1) 中热硅酸盐水泥试验：采用四川峨胜水泥股份有限公司生产的峨胜中热硅酸盐水泥（简称峨胜中热水泥）、云南曲靖电厂生产的Ⅰ级粉煤灰、溪洛渡水电站黄桷堡料场生产的玄武岩粗、细骨料，成都百固建筑材料有限公司生产的 X404 减水剂、巴斯夫化学建材（中国）公司生产的 AIR202 引气剂。混凝土试验以二级配为主，坍落度常态混凝土 C_{90}40 按 70～90mm、C_{90}60 按 90～110mm，泵送混凝土坍落度按 160～180mm、含气量按 3％～4％控制。拌和物试验表明，掺硅粉混凝土较不掺硅粉混凝土单位用水量增加 2～6kg/m^3；随着硅粉掺量的增加混凝土单位用水量随之增加。

同水胶比混凝土随着硅粉掺量的增加，混凝土强度也随之增加。以 28d 强度为基准掺 30％粉煤灰常态混凝土，90d 龄期强度发展系数平均为 1.40，掺入 2％～5％的硅粉后，强度发展系数平均在 1.25～1.28 之间，较单掺粉煤灰强度发展系数有所降低。90d 龄期混凝土抗压强度较基准混凝土，2％硅粉掺量增加 7.2％～15.9％，3％硅粉掺量增加 10.5％～19.8％，5％硅粉掺量增加 11.8％～22.3％。

掺硅粉混凝土干缩结果明显大于不掺硅粉混凝土，随着硅粉掺量的增加混凝土收缩随之增加，90d 龄期掺 2％～5％硅粉较不掺硅粉混凝土收缩增加 30.7％～37.5％。

(2) 低热硅酸盐水泥试验：采用华新水泥（昭通）有限公司生产的堡垒牌 P·MH42.5 中热硅酸盐水泥（简称华新中热水泥）、四川嘉华企业（集团）股份有限公司生产的嘉华牌 P·LH42.5 低热硅酸盐水泥（简称嘉华低热水泥）、湖南石门特种水泥有限公司生产的霸道牌 P·LH42.5 低热硅酸盐水泥（简称石门低热水泥）、四川峨胜股份有限公司生产的峨胜牌 P·LH42.5 低热硅酸盐水泥（简称峨胜低热水泥），云南曲靖Ⅰ级粉煤灰，溪洛渡工程中心场料场生产的斑状玄武岩人工碎石、玄武岩人工砂，成都百固建筑材料有限公司生产的 X404 减水剂、江苏博特新材料有限公司生产的 JM-PCA 减水剂、浙江龙游外加剂厂生产的 ZB-1G 引气剂。

溜槽混凝土：水胶比 0.33，粉煤灰掺量 30％，硅粉掺量 5％，减水剂为 X404，改性 PVA 纤维 0.9kg/m^3，二级配，坍落度控制 90～110mm，含气量控制 3.0％～4.0％。试验表明：①混凝土拌和物在达到控制要求的坍落度范围时，峨胜低热水泥混凝土拌和物用水量较其他三种水泥混凝土拌和物用水量约低 8～10kg/m^3；②混凝土抗压强度都满足设计要求；③不同品种水泥混凝土干缩结果差异不大，120d龄期干缩值在$-370.2\times10^{-6}\sim-393.6\times10^{-6}$范围；④抗冲磨强度与低热水泥混凝土基本相当。

泵送混凝土：采用嘉华低热水泥，水胶比0.31、0.33、0.35，粉煤灰掺量30%，硅粉掺量5%，改性PVA纤维0.9kg/m³，二级配，坍落度控制160～180mm，含气量控制3.0%～4.0%。试验表明：①在相同水胶比条件下，采用不同减水剂，混凝土拌和物用水量基本一致；②采用不同减水剂，90d、180d龄期混凝土抗压强度结果均能满足C_{90}60F150W8强度等级要求；③X404与JM-PCA减水剂混凝土抗冲磨强度基本相当。

2. 水垫塘、二道坝抗冲磨混凝土　采用华新中热水泥、四川宜宾电厂生产的元亨Ⅰ级粉煤灰、溪洛渡工程中心场料场生产的玄武岩粗、细骨料，浙江龙游外加剂厂生产的ZB-1A减水剂、ZB-1G引气剂。试验以二级配为主，坍落度控制在50～70mm，含气量控制在3%～4%。试验表明：①掺8%硅粉+PVA纤维混凝土单位用水量，较掺5%硅粉+PVA纤维混凝土多6kg/m³左右；②相同水胶比，掺8%硅粉较掺5%硅粉的混凝土强度略有降低（约2～5MPa），掺PVA纤维、硅粉较不掺的混凝土劈拉强度提高10%左右；③抗冲磨强度随硅粉掺量的增加而增高，而掺抗冲磨剂混凝土的抗冲磨强度有所降低；3%硅粉掺量的抗冲磨强度约是2%硅粉掺量的1倍，3%硅粉掺量和5%硅粉掺量的抗冲磨强度基本相同。

3. 推荐配合比　依据规范要求，确定混凝土的配制强度，根据回归方程式推出对应水胶比，泄洪洞与水垫塘、二道坝混凝土的试验结果对比见表1。

从表1可见，泄洪洞与水垫塘、二道坝混凝土在使用的水泥、粉煤灰、减水剂、引气剂均不相同的条件下，保持混凝土坍落度、含气量基本相同，水垫塘混凝土较泄洪洞混凝土单位用水量多6～8kg/m³，减水剂掺量增加0.1%，90d龄期混凝土抗压强度差别很小。

经技术经济和施工可行性研究，在各强度等级混凝土配合比设计比较方案中，对每一强度等级混凝土各提出1～2个添加剂组合方案，并把计算的水胶比缩小0.02左右，提出了表2推荐配合比表，供决策选用。

表1　泄洪洞与水垫塘、二道坝混凝土对比表

工程名称	W/C	砂率（%）	W（kg/m³）	水泥品种	F（%）	减水剂（%）	引气剂（/万）	90d抗压强度（MPa）
泄洪洞	0.33	33	120	峨胜	曲靖30	X404/0.6	AIR202/5.0	67.9
水垫塘、二道坝			128	华新	元亨30	ZB-1A/0.7	ZB-1G/0.8	67.6
泄洪洞	0.36		120	峨胜	曲靖30	X404/0.6	AIR202/3.4	62.3
水垫塘、二道坝			126	华新	元亨30	ZB-1A/0.7	ZB-1G/0.6	64.2

表2　推荐配合比表

工程名称	强度等级	混凝土种类	W/C	砂率（%）	W（kg/m³）	F（%）	C（kg/m³）	F（kg/m³）	硅粉（%）	PAV（kg/m³）	减水剂（%）
泄洪洞	$C_{90}40$	常态	0.43	33	120	35	181	98			X404 0.6
		泵送	0.43	41	136	35	206	111			
	$C_{90}60$	常态	0.30	30	120	25	288	112			
		泵送	0.30	37	146	25	365	122			
		常态	0.38	33	126	30	232	99	5		
		泵送	0.37	39	144	30	272	117	5		
		常态	0.39	33	128	30	230	98	5	0.9	
		泵送	0.38	39	146	30	269	115	5	0.9	
水垫塘、二道坝	$C_{90}40$	常态	0.45	34	124	35	179	96			ZB-1A 0.7
	$C_{90}50$	常态	0.37	32	126	30	238	102			
	$C_{90}60$	常态	0.31	30	130	25	315	104			
		常态	0.37	32	128	25	259	86	5	0.9	

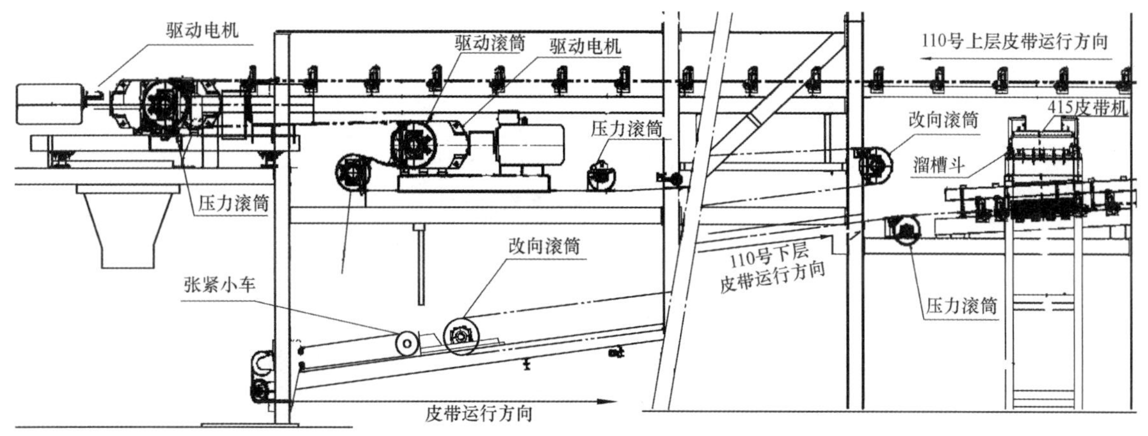

图1　皮带机返程带料上料点改造示意图

（四）结语

通过对溪洛渡水电站抗冲磨混凝土的优化试验，指导了工程施工，混凝土温控成本降低，取得了较好的技术经济效益。

水垫塘和二道坝 $C_{90}60$ 硅粉混凝土，由二级配改为三级配，有效地降低了胶凝材料用量和水化热温升，浇筑的约 9 万 m^3 混凝土，通过现场观察，未出现裂缝。

溪洛渡水电站泄洪洞工程通过优化试验，采用低热水泥、硅粉及改性 PVA 纤维联掺技术措施，使混凝土最高温升降低 5～6℃，最高温升历时缩短 12～19h，较好地解决了泄洪洞龙落尾段抗冲磨混凝土温控与抗裂的问题。

（中国水利水电第三工程局有限公司
杨富亮　李灼然）

皮带机返程带料技术研究与应用

锦屏二级水电站 4 条引水洞平均长度 16.7km，其中东端 1、3 号引水隧洞主要采用 TBM 施工，开挖直径为 12.4m，衬砌后直径为 11.2m；施工排水洞主要采用 TBM 施工，开挖直径为 7.2m。

根据施工布置设计规划，TBM 开挖渣料和混凝土砂石料需采取皮带机运输。砂石料料仓的位置在 TBM 渣料运输的起点附近，砂石料加工系统位于 TBM 渣料运输的终点附近，皮带机长度 5.9km。TBM 开挖强度最大达 5600t/h，由于地形、场地的限制，开挖渣料采用两条上下叠加布置的皮带机输送；砂石料输送强度要求大于 580t/h，利用上下叠加布置的下层皮带机返程时输送。

皮带机返程带料研究的重点是砂石料在皮带机下层皮带的上料和下料，以及上下层皮带的布置。

1. 上料点　如图 1 所示，在皮带机输送 TBM 渣料的尾端通过增加一个驱动滚筒、三个压力滚筒、两个改向滚筒将皮带机的上下层间距加大，并在上下层皮带之间布置一个溜槽斗和一条上砂石料皮带（图中 415 皮带），将砂石料运输至下层返程带料皮带上。

2. 中间段　通常不带料的下层皮带托辊及托辊支架布置为水平状，为实现皮带机返程带料的功能，将返程带料皮带的托辊及支架布置成 U 形，皮带全程上下层间距约为 875mm，防止砂石料在皮带机运行过程中外溢，并便于上下层之间布置隔离层，防止上层皮带渣料对下层砂石料的污染。

3. 下料点　为了下层皮带返程带料尾部能够实现卸料、转料等功能，对尾部的布置进行了创新设计，布置见图 2。

锦屏二级水电站工程皮带机输送系统，根据 TBM 出渣皮带机运行方向和混凝土砂石料运输方向正好相反这一特点，充分利用皮带机运行时上下层带面反方向运行这一特性，采用皮带机上层带面承担 TBM 渣料出渣运输的同时，下层带面将砂石加工系统生产的成品砂石料带回至混凝土生产系统，属国内外首创。该系统从 2009 年 6 月运行至今，成功完成了 TBM 渣料输送任务，已累计返程带运成品砂石料 456 万 t，满足隧洞开挖弃渣和成品砂石料运输的需要。

（雅砻江流域水电开发有限公司　李现臣
马蒂技术有限公司　薛继洪　王有才）

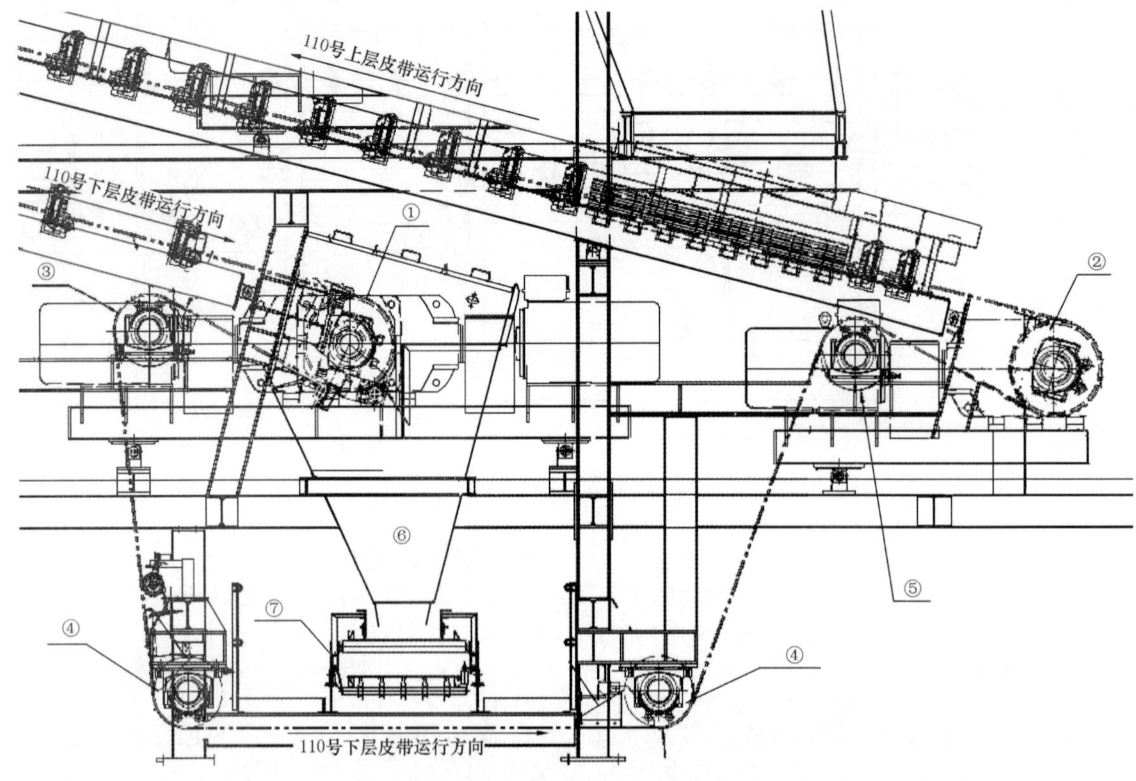

图2 皮带机返程带料下料点改造示意图

图中：①驱动滚筒，配置一台驱动电机，为返程带料皮带提供动力，作为返程带料皮带的卸料点；②驱动滚筒，配置两台驱动电机，为皮带机提供动力；③压力滚筒，增大驱动滚筒①的包角及卸料斗的布置空间；④改向滚筒，皮带改向及增大卸料装置的空间；⑤压力滚筒，增大驱动滚筒②的包角；⑥卸料斗；⑦板式皮带机，转送成品砂石料至后方运料皮带机。

枕头坝一级水电站二期上游围堰堰基渗漏通道堵漏处理

枕头坝一级水电站坝址河床最大覆盖层厚度达60m以上，二期围堰覆盖层部位采用塑性混凝土防渗墙作为防渗体，墙厚为1.0m，入岩1.0m。施工中进行了严格的质量控制，通过物探检测证明防渗墙施工质量较好。但基坑初期排水时，水位下降非常缓慢，基坑面积约6万m^2，在水泵实际排水能力已达4000m^3/h情况下，日均水位下降仅10cm左右，且在上游下泄流量增大的条件下，基坑水位不降反升，并可见到部分水流从上游渗出。初步判断，上游围堰堰基岩石裂隙渗漏是主要因素。该堰基防渗处理情况如下：

（一）帷幕灌浆

首选方案为在可能存在的渗水部位进行帷幕灌浆，主要在围堰右侧进行。

帷幕灌浆布置在混凝土防渗墙轴线上，为单排帷幕灌浆，造孔采用XY-2型地质钻机，孔径为ϕ75mm。依据《水工建筑物水泥灌浆施工技术规范》，单排帷幕灌浆孔钻孔孔斜控制一般在1%～1.5%。由于本次帷幕灌浆是在防渗墙上造孔，防渗墙厚度只有100cm，并且为深孔造孔，为确保帷幕灌浆尽可能在同一条线上，造孔孔斜要求控制在0.5%以内。

当帷幕灌浆孔正好钻至破碎带时，孔内不再返水，利用水灰比为0.5∶1的浓水泥净浆灌注，并待凝24h，然后进行扫孔和二次灌浆施工，但仍然无法灌注该孔段。此时，按常规处理办法，在孔内边灌注水泥净浆（无压），边在孔口添加速凝剂（水玻璃），使水泥浆在3min左右凝固，以期堵住岩石渗漏，但效果非常不理想。经分析，是因孔内裂隙通道大，水流比较大，快速将水泥浆带走。

（二）孔内灌注水泥砂浆或自密实混凝土

在帷幕灌浆无法堵漏的情况下，经研究，采用孔内灌注水泥砂浆或自密实细石混凝土的办法进行处理。在砂浆或混凝土中添加KGM-2型絮凝剂和速凝剂，使砂浆或混凝土变得黏稠、遇水不易扩散，尽量将水泥浆留住，利用速凝剂来调节凝结时间，尽快使混凝土硬化。

孔内浇筑砂浆或混凝土利用混凝土泵机效果更好，但由于塑性混凝土防渗墙强度低，设计28d龄期强度为5～6MPa，为避免浇筑过程中混凝土泵的压力过大对防渗墙造成损坏，产生裂缝，二次形成渗水通道，故利用地质钻机造ϕ150mm孔，造孔至新鲜岩石后，孔内下管径为ϕ125mm的钢管，以保护防渗墙混凝土。

在浇筑砂浆或混凝土时，能很明显的听见砂浆或混凝土落在水上的清澈敲击声，证明底部渗漏通道和水流都比较大。单孔最大灌注砂浆和混凝土达19m^3。在6个孔内灌注，共完成孔底堰基砂浆和混凝土浇筑56m^3。

在采取上述措施的情况下，尽管有一定的效果，但渗入基坑的水量还是非常大。经分析，主要原因是基岩存在大的贯穿性孔洞，在上游水位高、基坑内水位低的情况下，水泥颗粒在砂浆或混凝土尚未初凝前被带走，留下了砂石，仍有孔洞，效果不好。

（三）化学灌浆

采取上述两种堵漏措施后，仍有较大水量流向基坑，说明该部位堰基岩石存在深层裂隙和架空层，故采取第三种办法——化学灌浆进行堵漏。化学灌浆与孔内浇筑砂浆和混凝土最显著的区别是：化学灌浆过程中基本不受上游水位变化的影响，而浇筑砂浆和混凝土时，必须保持在低水位进行，否则大量水泥浆会被带走。

本工程灌浆材料选用油溶性聚氨酯灌浆材料9105、水溶性聚氨酯灌浆材料LW和HW等，其特点：①遇水后迅速反应、发泡、固化，反应时间可加配套的催化剂进行调节，一般可控制在数十秒至数分钟内固化，固化快；②密闭条件下成型时，4h可达17～20MPa的抗压强度，1d可达25～30MPa的抗压强度和3MPa的黏接强度，强度高；③自由发泡时，一般可达20倍以上，膨胀倍数大；④固结体无毒，有很好的耐化学腐蚀和耐生物侵蚀性能，化学结构稳定。

施工时，利用XY-2型地质钻机在破碎带部位重新钻孔，孔径为ϕ75mm，孔深均在20m以上。钻孔深度达到要求后，往孔内倾倒墨汁或放入固体高锰酸钾，进行渗漏通道试验，一般在35～45min即可看到渗入基坑内的水的颜色发生了变化，证明进行该孔孔底渗漏通道堵漏是正确的。然后将注浆管埋至孔底，自孔口向下约15m孔段砂浆回填埋管，灌浆管深入砂砾石层部分为花管。采用两台专用化学灌浆泵，每台最大灌注流量50L/min。灌注过程中对基坑上游抽水泵坑透水点观察，约30min后有白色泡沫随透水流出，持续观察透水点水量未见明显变化，因此决定暂时终止此次化学灌浆，分析原因，改进工艺。LW水溶性聚氨酯遇水固化时间偏长（约在15min以上）大部分浆体流失。

鉴于LW水溶性聚氨酯堵漏效果不明显，决定采用油溶性聚氨酯材料灌注。该种材料的特点是遇水固化时间可缩短至一分钟以内，大大缩短了遇水固化时间，并且膨胀率可达270%；现场进行了三种配比的固化试验，材料性能满足灌浆要求。灌浆方法仍然采用埋花管至孔底，纯压式灌浆，灌浆设备改用100L/min的更大流量泵。灌浆过程的变化为：上游泵坑22min后浆材泡沫开始透出、1h后透水量开始减少，2h后上游泵坑有部分透水点断流；下游泵坑透水点50min后浆材泡沫开始透出，表明透水为同一通道。经四次化学灌浆，彻底将上游围堰堰基大的渗水通道封堵住。

（四）质量检查

帷幕灌浆灌后质量检查主要采取压水试验，采用单点法，个别孔采取了孔内摄像进行了检查。灌前压水最大透水率35.22Lu，最小透水5.62Lu，灌前平均透水率22.6Lu。灌后检查孔最大透水率1.94Lu，最小透水率0.38Lu，灌后平均透水率1.0Lu，远小于5Lu的设计要求，显示灌浆取得良好效果。

孔内摄像主要针对灌前压实试验透水率较大的孔，孔内摄像与相应岩芯样对比，能准确、直观地反映孔壁周边表面质量情况。

枕头坝一级水电站二期上游围堰防渗墙底部岩石渗漏通道，经采取多方法处理，达到了较好效果。

（中国水利水电第三工程局有限公司
徐晓峰　唐永霞　刘　儒）

官地水电站黑水河拦水坝分流围堰方案调整

黑水河拦水坝工程是官地水电站的一个以引水兼取水为目的项目。拦水坝为土石坝，坝轴线长108.1m，最大坝高28m，坝顶宽6m，迎水面及背水面边坡坡比均为1∶2.0；坝体采用土工膜心墙防渗。

黑水河系雅砻江一级支流，洪峰主要为降雨汇水形成，具有陡涨陡落的特点，而分流围堰施工时期正处于主汛期，对施工期安全造成较大的威胁。

官地水电站黑水河拦水坝施工项目于2007年6月16日招标，在投标技术文件中，关于施工期水流控制即分流围堰选在坝址位置，作为拦水坝的一部分。2007年7月10日，中国水利水电第三工程局有限公司对现场进行开工前勘察，发现雅砻江流量及流速已明显加大，按投标技术文件所报分流围堰方案已无法实施。于是在业主召开的中标澄清会上，将这一实际情况进行如实的澄清，提议将分流围堰上移约90m至河床较狭窄处（黑水河沟泄水洞洞口），以确保在短时期内达到防汛高程，主体拦水坝能在汛期施工，同时可避免淹没正在施工的取水泵站工程。具体调整见分流围堰调整示意图1。

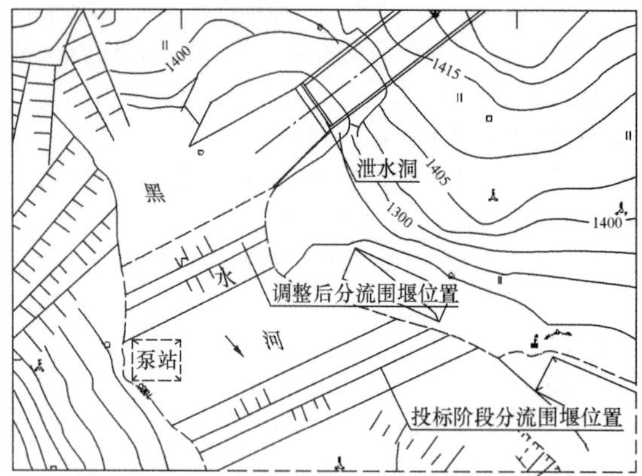

图1 分流围堰调整示意图

经业主代表、设计代表及监理工程师现场勘查，一致认为调整方案可行，同意按照调整方案进行施工。

2007年7月18日，黑水河如期安全地实现了截流。截流当天下午开始降雨，水文气象资料显示，以后数日内将为连降雨天。2007年7月19日，采用多部液压反铲、推土机配合进行翻渣，分流围堰达到防汛高程。

2008年9月10日召开了由业主主持的黑水河拦水坝分流围堰变更专题会，与会人员一致认同，分流围堰上移的决策是正确的，完全符合黑水河拦水坝在主汛期施工的实际情况，同意该项目按变更工程项目处理。

黑水河拦水坝项目按照变更重新进行了费用调整，较投标阶段分流围堰增加约229万元。但由于分流围堰设计方案的调整，大大降低了施工难度，缩短了黑水河拦水坝的施工时间，促进了工程顺利进行，保证了工程安全。

（中国水利水电第三工程局有限公司
鲁 顺 胡秀梅）

苗家坝水电站工程喷混凝土试验与施工

苗家坝水电站位于白龙江中游，总装机容量240MW（3×80MW），施工支护工程有许多采用喷混凝土。为确保喷射支护质量，对影响施工质量的因素进行试验对比，以制定合适的喷混凝土配比和施工工艺，并在施工中认真执行。

（一）试验情况

1. 原材料影响试验 将同一种材料，分A（用水冲洗过的集料）和B（照原样）进行试拌，在同一水灰比，同一块岩面上喷射。经试验对比，A比B具有混凝土强度高、黏结力大，回弹小等优点。这表明材料的干净程度对喷射混凝土很重要。

2. 岩面整洁度的影响试验 将待测的岩面分两块：A（清除干净）和B（保持原开挖面），将去除底部的面盆扣在岩面上，中间预设拉拔钢筋，喷射混凝土至盆满，28d后用锚杆拉拔器拉拔至破坏。A块岩面的抗拉拔力明显比B面大，A面的回弹量也比B面少。试验结果在0.2～0.9MPa之间。从A面破坏的形式上分析：①为黏结面上有许多发亮的花岗岩石英晶粒，说明花岗岩中石英晶粒是影响其与喷混凝土黏结强度的因素之一；②为破坏面上有部分花岗岩片石，说明试件的破坏首先产生在花岗岩的内部微节理面上。这表明了在喷混凝土前必须保持待喷岩面无松动岩石且干净和无油污杂物，同时在围岩节理较发育段有必要采用挂钢筋网和锚杆，以加强喷混凝土层与围岩的整体支护效果。

3. 水灰比的影响试验 对湿喷混凝土，水灰比过大，速凝效果差，回弹量增大，混凝土强度偏低；水灰比小，施工喷射困难，水泥水化不充分，强度较低，回弹增大。通过$C/W=0.4\sim5.0$进行试喷，$C/W=0.45$效果较好。

4. 施工温度的影响试验 水泥凝结时间随温度升高而加快。经试验，当温度到达30℃时，掺速凝剂后的混凝土其终凝时间和后期强度都不好；喷射混凝土温度宜在15～25℃为好。

5. 喷射层厚的影响试验 一次喷射层太厚，在自重作用下，喷层会出现错裂而引起大片坍落；太薄时大部分粗集料会回弹；喷层仅留砂浆，将影响喷射效果和质量。经现场试验，每层喷射厚度宜在3～5cm。

6. 风压和水压的影响试验 风压过大会造成喷射速度太高而加大回弹量；风压过小会使喷射力减弱，使混凝土密实性差影响强度；水压过小也会影响施工质量。经试验采用风压为200N/cm^2，水压为210N/cm^2。

（二）配合比设计

在原材料检测合格情况下，按照规范结合现场情况，设计出喷混凝土配合比。经业主、监理批准后施工，配合比设计及现场施工试验结果均满足规范和设计要求，配合比见表1。

表 1　　喷混凝土配合比表

强度等级	水泥品种及等级	水胶比	速凝剂掺量（%）	砂率（%）	材料用量（kg/m³）				
					水	水泥	速凝剂	砂	石（5～15mm）
C20	汉江 P・C32.5	0.45	4.0	55	180	400	16.0	1001	819

（三）施工要点

1. 岩面清洁及挂网　清除岩面松动岩石，清除油污以及杂物，保证岩面干净整洁。在围岩节理较发育段采用挂钢筋网和锚杆。

2. 喷射机械　采用 TK-961 型喷混凝土机，配合强制式混凝土搅拌机及空气压缩机。工作期间要求密封性良好，不漏水，不漏气。

3. 搅拌工艺　严格控制水灰比，外加剂和水的计量必须准确，投料顺序与搅拌时间为：粗、细骨料→水泥→外加剂（搅拌 90s）→水（搅拌 120s）→出料。

4. 喷射

(1) 喷射前根据岩面潮湿程度，适当调整水灰比。

(2) 喷射应分段、分部、分块，按先墙后拱、自下而上进行。分段长度不应超过 6cm，分部为先下后上，分块大小为 2m×2m。

(3) 喷射时，对受喷岩面作均匀的顺时针方向的螺旋转动，一圈压半圈的横向移动，螺旋直径约为 20～30cm，或采用 S 形往返移动前进。

(4) 喷嘴和岩面的距离为 1m，与受喷面垂直，并稍微偏向刚喷射的部位（倾斜角约 80°）。岩面凹陷宜先喷和多喷，而凸出处宜后喷和少喷。

(5) 输料管长度 40m，调整风压 200N/cm²，水压为 210N/cm²，同时要求供水系统水压不应大于 40N/cm²。为保证供水的水压稳定，采用压力水箱。

5. 养护　在喷射混凝土终凝 1h 后进行洒水养护，保持喷射面湿润，养护时间不少于 7d。

（四）质量检查

湿喷完成后跟踪检查，未发现表面裂纹的产生。但喷射面有较多的麻点，原因是湿式喷射的工作风压大，料束速度高造成的。麻面较多处混凝土的有效厚度不足，因此在混凝土表面喷射一层 1～3cm 的水泥砂浆。

对喷射混凝土试件切开检查，其表面气孔多呈椭圆状，闭合相互不连通，不会形成渗水通道而降低抗渗性能。28d 试件强度符合要求。

通过埋检测钉，喷射厚度基本得到保证。

（中国水利水电第三工程局有限公司　汪显军）

水泥胶砂强度不确定度评定

测量不确定度是指表征合理地赋予被测量之值的分散性，可分为标准不确定度和扩展不确定度。水泥胶砂强度试验测量不确定度评定按照国家标准《水泥胶砂强度检验方法》（GB/T 17671—1999）规定，采用“水泥胶砂强度检验法（ISO）”，将水泥、标准砂和水按国标规定的比例和规定的方法搅拌，成型 40mm×40mm×160mm 的试件，在温度（20±2℃）的水中，养护到一定的龄期后测其抗压、抗折强度。

呼和浩特抽水蓄能电站试验室抗压强度试验采用 P・MH42.5 水泥，使用 MCC82 多功能微机控制试验机进行，其测量不确定度的评定简介如下。

（一）测量不确定度分量

测量不确定度分量可从人（员）、（试验）机、（材）料、（方）法、环（境）等五个方面考虑，各种因素所引入的测量不确定度及分析方法见表 1。

表 1　　水泥胶砂强度测量不确定度来源及分析方法

不确定度来源	引入不确定度原因	分析方法
人员	人员在操作手法和熟练程度上的差别	重复检测的标准差
试验机	试验机精度的不同	检定部门给定的不确定度
材料	材料的均匀性	材料均匀性检测的标准差
方法	GB/T 17671—1999 允许的偏差	一定置信水准的标准差
环境	不同的环境温度对抗压强度的影响	可以包含在重复检测中

此外，数值修约、试验机加荷速度等因素也会引入测量不确定度，在分量上也应该表现出来并进行不确定度的评定。

1. 养护环境、人员操作引入的测量不确定度分量U_{c1}　用同一水泥样品搅拌成型6组水泥胶砂试件，每组制作两个试件，则$m=6$，$n=2$。经养护后进行抗压强度试验，数据见表2。

表2　水泥胶砂试件28d抗压强度

	n_1	n_2	平均
m_1	47.4	47.3	47.4
m_2	44.8	47.0	45.9
m_3	46.7	45.7	46.2
m_4	45.2	45.1	45.2
m_5	45.4	45.4	45.4
m_6	45.4	46.4	45.9

采用A类不确定度评定，其算术平均值为46.0MPa。

合成样本标准差为：

$$S=\sqrt{\sum_{i=1}^{m}\sum_{j=1}^{m}(R_{ij}-\overline{R})}=0.515\text{MPa}$$

测量结果的不确定度为：

$$U_{c1}=S/\sqrt{m(n-1)}=0.515/\sqrt{6}=0.210\text{MPa}$$

相对不确定度为$U_{c1rel}=U_{c1}/46.0=0.46\%$

由温度、人员操作引入的不确定度通过测量重复性引入的不确定度分量反映。

2. 抗压试验机引入的测量不确定度分量U_{c2}

(1) 由于抗压试验机本身精度引入的测量不确定度分量：MCC82多功能微机控制试验机不确定度为$U_c=0.8\%$，包含因子$k=2$，按B类不确定度评定，相对不确定度$U_{c2rel}=\frac{U_c}{k}=0.4\%$。试验中水泥抗压强度为46.0MPa（对应的荷载值$F=73.6$kN），其标准不确定度$U_{c2}=U_{c2rel}\times F=0.4\%\times73.6=0.29$kN。

(2) 试验操作引入的测量不确定度分量：抗压试验机采用电脑微机控制，避免了因人员操作熟练程度而造成的加压速率、读数误差等因素引入的测量不确定度，因此此项测量不确定度可以忽略。

3. 试件截面尺寸偏差引入的测量不确定度分量U_{c3}　根据《测量不确定度评定与表示》JJF 1059—1999，在均匀分布状态，置信水准$p=100\%$时，包含因子$k=\sqrt{3}$。截面宽度$b=40\pm0.1$mm，界面高度由于操作人员操作手法的不同取$h=40\pm0.2$mm，采用B类不确定度评定，故界面宽度标准不确定度为$U_{c3}(b)=0.1/\sqrt{3}=0.0577$mm，相对不确定度为$U_{c3rel}(b)=U_{c3}(b)/40=0.14\%$；界面高度测量不确定度为$U_{c3}(h)=0.2/\sqrt{3}=0.1154$mm，相对不确定度为$U_{c3rel}(h)=U_{c3}(h)/40=0.28\%$。因此，试件截面尺寸偏差引入的相对测量不确定度分量为：$U_{c3rel}=\sqrt{[U_{c3rel}(b)]^2+[U_{c3rel}(h)]^2}=0.313\%$，标准不确定度为$U_{c3}=0.313\%\times40=0.125$mm。

4. 数据修约引入的测量不确定度分量U_{c4}　由GB/T 17671—1999可知，抗压强度结果精确至0.1MPa，则结果误差的可能值出现于0.1MPa范围内的任何值是等概率的，而落于0.1MPa范围外的概率基本为零，故呈矩形（均匀）分布。由JJF 1059—1999表3可知，包含因子$k=\sqrt{3}$（均匀分布，置信水准$P=100\%$），采用B类不确定度评定，其标准不确定度为$U_{c4}=0.1/\sqrt{3}=0.058$MPa，假定试验中抗压强度为46.0MPa，则相对不确定度$U_{c4rel}=U_{c4}/46.0=0.126\%$。

5. 其他测量不确定度分量U_{c5}　由于材料（水泥、标准砂、水）的不均匀性，配合比的误差，水泥试件成型时环境温度、湿度变化引起的不均匀性，搅拌、成型的不均匀性引入的测量不确定度分量，因量器精度较高，且试验操作时严格按照GB/T 17671—1999执行，所以由上述各项引入的测量不确定度分量可忽略不计。

（二）不确定度列表（见表3）

表3　不确定度分量表

序号	不确定度来源		标准不确定度	相对不确定度
1	荷载	抗压机	0.29kN	0.4
		加荷速度	0	0
2	截面尺寸		0.125mm	0.313
3	检测结果重复性		0.21MPa	0.46
4	数值修约		0.058	0.126
5	材料均匀性		0	0

（三）合成不确定度

由于上述各测量不确定度分量之间无相关关系，所以水泥抗压强度的相对合成标准不确定度为

$$U_{crel}=\sqrt{U_{c1rel}^2+U_{c2rel}^2+U_{c3rel}^2+U_{c4rel}^2+U_{c5rel}^2}=0.70\%$$

假定试验中抗压强度为46.0MPa，则其合成标准不确定度为：$U_c=0.32$MPa。

（四）扩展不确定度U

选择包含因子$k=2$（正态分布，置信水准$P=95.45\%$），则水泥抗压强度测量扩展不确定度为$U=2\times U_c=2\times0.32=0.64$MPa；相对扩展不确定度为$U_{rel}=2\times U_{crel}=2\times0.70\%=1.40\%$。

（五）不确定度报告

相对扩展不确定度U_{rel}=1.40%。

水泥抗压强度测量结果为R=46.0MPa时，扩展不确定度U=0.64MPa，k=2（正态分布，置信水准P=95.45%）。

在进行试验室测量不确定度评定时，要从人、机、料、法、环等关键因素的各个环节考虑，因此，测量不确定度不但能让检测人员认识到试验室检测数据的分散性，同时在试验室比对数据出现可疑数据时有章可循，顺利找到可能出现问题的环节。一个完整的不确定度报告应当包括扩展不确定度和置信水准。

（中国水利水电第三工程局有限公司　周明学）

膨胀土改良试验研究与应用

（一）概况

南水北调中线一期总干渠陶岔渠首至沙河南段工程镇平段，位于河南省南阳市镇平县境内，长度为35.825km；其中明渠渠道长12.0km，标段主体土石方，开挖量约为560万m^3，填筑约为278万m^3。河南南阳地区最典型的土质就是膨胀土。膨胀土是具有特殊性质的土，塑性指数较高，处理技术是南水北调工程的关键技术问题之一。由于土料天然含水率大，且施工时段降雨较多，不利于翻晒；并且碎土后土料的颗粒级配也不满足设计要求，必须进行土料改良。

（二）掺砂试验研究情况

工程镇平段菜河倒虹吸附近渠道有一定数量的天然砂，属于开挖弃方，经试验检测为粗砂。根据现场材料的实际情况，若在黏土中掺入适量的弃方砂子，不但有利于节约成本，而且可以降低土壤含水量，有利于土料翻晒、破碎和掺混，因此，选取寺后张土料场的土料进行掺砂后的性能试验研究。

1. 掺砂对土料性能的影响　试验选用寺后张土料场土料掺砂进行相关试验，砂掺量对土料含水率、自由膨胀率、颗粒级配、塑性指数的影响分别见表1、表2、表3、表4。

表1　砂掺量对土料含水率的影响试验成果表

砂掺量（%）	0	10	20	25	30	40	50	60
含水率（%）	19.0	16.2	15.0	14.5	13.7	13.0	12.1	11.4
含水率变化值（%）	0	−2.8	−4.0	−4.5	−5.3	−6.0	−6.9	−7.6

表2　砂掺量对土料自由膨胀率的影响试验成果表

砂掺量（%）	0	25	30	35	40	45	50
自由膨胀率（%）	50	50	49	48	48	47	46

表3　砂掺量对土料粒组含量的影响试验成果表

砂掺量（%）	粒组含量（%）					
	粒径（mm）					
	5～2	2～0.5	0.5～0.25	0.2～0.075	<0.075	0.075变化值
0	2.3	30.2	13.7	30.7	23.1	0
10	2.3	30.5	15.4	30.6	21.2	−1.9
20	2.2	30.67	16.78	30.4	19.7	−3.4
30	2.1	30.9	18.2	30.4	18.4	−4.7
40	2.1	31.1	19.4	30.2	17.2	−5.9
50	2.1	31.2	20.2	30.2	16.3	−6.8
60	2.1	31.3	21.1	30.1	15.4	−7.7

表 4　砂掺量对土料的塑性指数的影响试验成果表

砂掺量（%）	0	25	30	35	40	45	50
液限（%）	46.4	44.3	42.9	42.2	41.5	41.1	40.5
塑限（%）	23.2	23.5	22.4	22.7	22.5	22.6	22.7
塑性指数（%）	23.2	20.8	20.5	19.5	19.0	18.5	17.8

掺砂对土料性能的影响趋势见图 1～图 4。

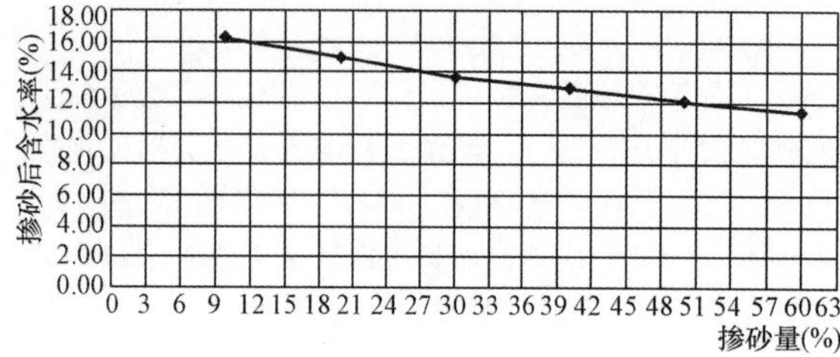

图 1　砂掺量与含水率关系曲线图

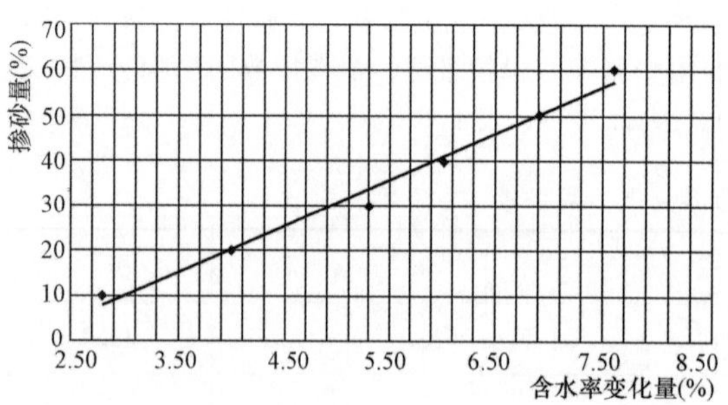

图 2　砂掺量与含水变化率关系曲线图

2. 土料的改性试验　综合上述试验结果成果，初步选定掺量为 30%～40%；由于试验用料的原因，砂的掺量对土料的自由膨胀率、塑性指数影响较小，但砂颗粒自身对于降低土料的自由膨胀率、塑性指数均有一定的好处，因此选择掺砂量为 30%进行改性试验。

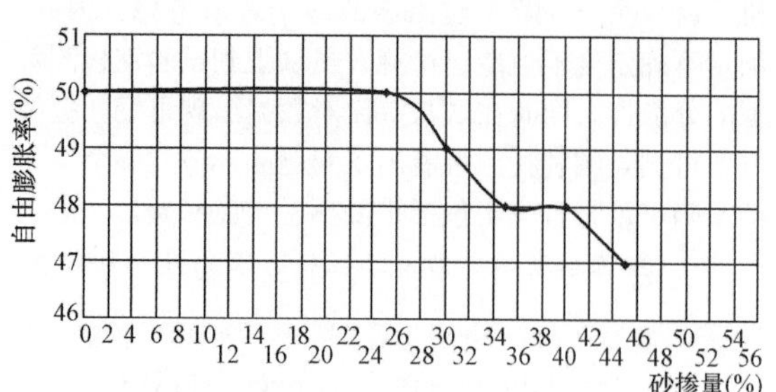

图 3　砂掺量与自由膨胀率关系曲线图

土料破碎的试验结果表明，掺砂后土料较容易破碎，碎土后级配粒径大于 100mm 为 0，100～50mm 粒径含量小于 4.3%，50～5mm 粒径含量小于 46%，满足土料级配要求。

由于掺砂没有显著降低膨胀土的自由膨胀率，为了控制土料的自由膨胀率，故按照原设计要求再掺入 5%的水泥。根据选定的掺砂量分别进行土料掺砂后的轻型击实试验和土料掺砂后再掺 5%的水泥进行水泥改性土的轻型击实试验，试验结果见表 5。

表 5　击实试验结果

击实试验参数	素土	掺砂 30%	掺砂 30%、掺水泥 5%
最大干密度（g/cm³）	1.71	1.75	1.77
最优含水率（%）	20.4	18.3	16.4

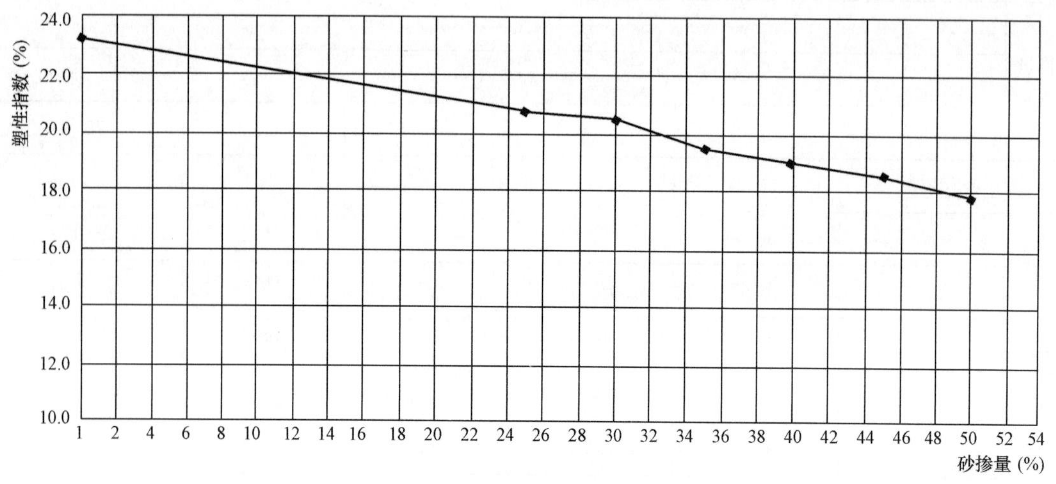

图 4　砂掺量与塑性指数关系曲线图

膨胀土掺30%砂，再掺入5%水泥后确定的水泥改性土的最大干密度和最优含水率为控制依据，进行水泥改性土的拌合及碾压试验，碾压10遍压实度合格率100%。

（三）结语

本工程土方填筑施工中，由于土料场天然土料含水率高，碎土困难，影响了改性土施工，成为影响工期的重要原因之一。膨胀土的改良试验研究的成功应用，解决了难题，提高了土方填筑施工效率，并且因地制宜地利用了弃方材料，具有良好的综合效益。

（中国水利水电第三工程局有限公司
贾德霞　刘　彤　王恩杰　杨永强）

水泥改良土配合比设计影响因素研究

水泥改良土是由水泥、土和水按适当比例配合而成的，在铁路、公路等工程中广泛使用，对其强度和耐久性的要求越来越高。水泥改良土配合比设计是改良土设计与施工过程中至关重要的部分。为提高设计的准确度，中国水利水电第三工程局有限公司开展了水泥改良土配合比设计影响因素的研究。

1. 延迟时间的影响　在水泥改良土的施工中应考虑延迟时间的影响，水泥剂量越高，延迟时间的影响就越大。大西铁路客运专线在前期改良土的试验填筑过程中，经现场检测发现压实系数很难达到要求。采用重型击实标准进行了水泥改良土延迟时间对击实干密度和无侧限抗压强度影响的试验，试验表明延迟时间对击实干密度和无侧限抗压强度有一定影响。水泥改良土延迟击实曲线见图1，延迟时间对击实干密度的影响见图2，延迟时间对最优含水率的影响见图3，延迟时间对7d无侧限抗压强度的影响见图4。

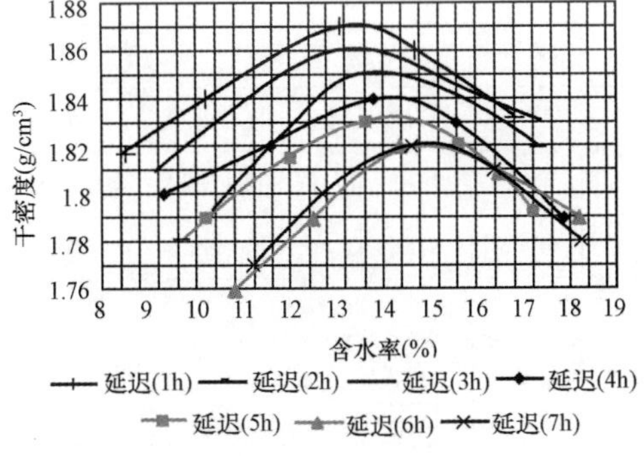

图1　水泥改良土击实曲线

用少量水泥掺入土中可以改变土的性质，由于水泥分布在土中形成坚固的核心，在所有的空隙中形成水化水泥的骨架，借以约束土粒，从而改变土的颗粒组成和结构，同时也导致了随时间的延迟，水泥土不易被压实，因此在施工过程中有必要考虑延迟合理的时间，来确定击实干密度（见图2），从而控制压实度。

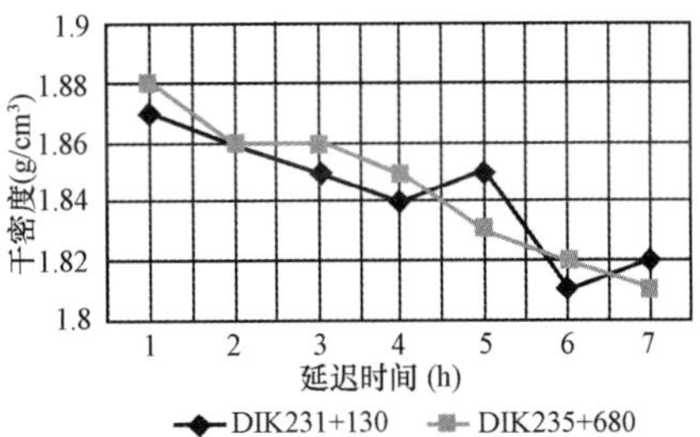

图2　延迟时间对击实干密度的影响

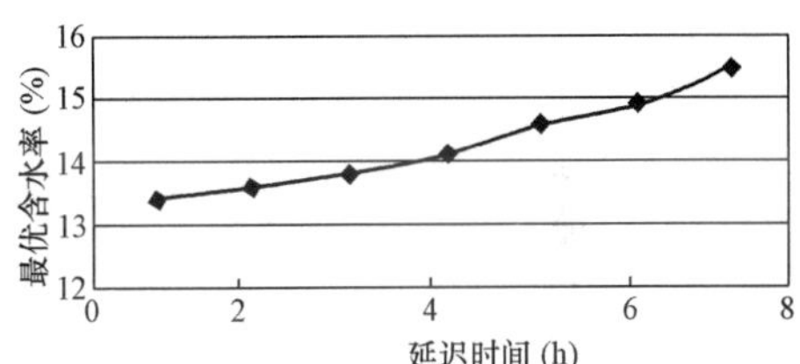

图3　延迟时间对最优含水率的影响

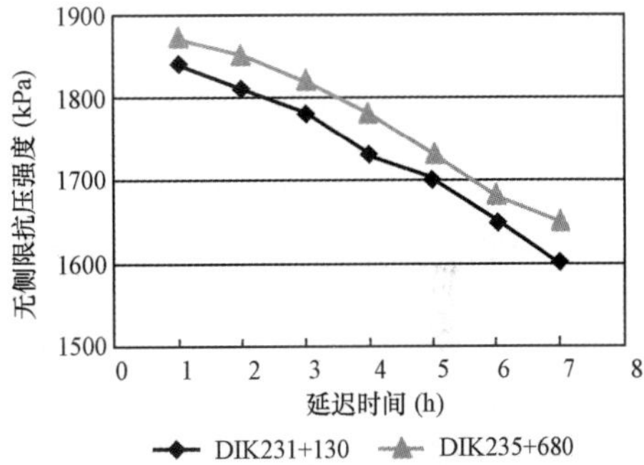

图4　延迟时间对7d无侧限抗压强度的影响

通过进行水泥改良土的击实试验和无侧限抗压强度试验，可以了解改良土延迟时间对强度和干密度的影响，配合比设计中延迟时间的确定，在保证改良土无侧限抗压强度的同时，还应满足现场拌和到碾压完成所需的时间。

随着击实延迟时间的增长，水泥改良土的最大干密度在1h最大，之后随时间增长而显著降低；最优含水率则随时间的增长而增大，这一现象对于水泥改良土检测方法与标准的选择有指导意义。

2. 养护条件的影响　由于水泥的水化反应，温度越高水泥的水化反应就越剧烈，通过在(5±2)℃、(10±2)℃、(15±2)℃、(20±2)℃、(25±2)℃、(30±2)℃下对水泥改良土进行养护，并观察破坏特征，结果表明：提高养护温度，水泥改良土无侧限抗压强度显著增大，但增长趋势越来越缓慢；低温情况下进行养护，水泥改良土表现出明显的脆性破坏，迅速产生裂缝。图5为水泥改良土在同样湿度下不同温度对应的7d饱和无侧限抗压强度。因此必须保证养护室温度和的恒定，才能够较准确的确定出改良土配合比。

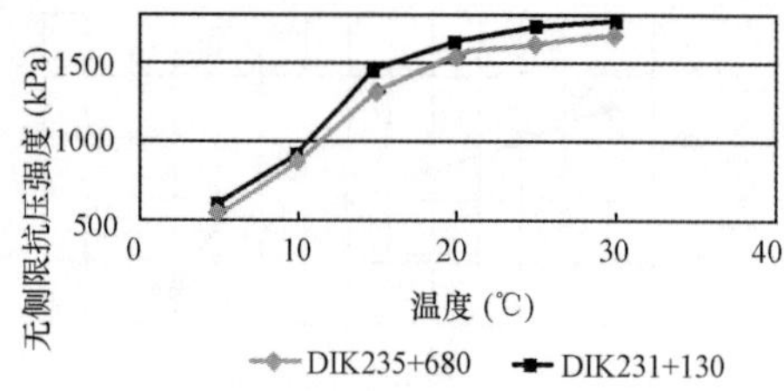

图5 不同养护温度条件下对无侧限抗压强度的影响曲线

3. 含水率检测方法的影响 在改良土填筑过程中，含水率的控制是非常重要的，直接关系到压实质量。因此必须准确的测定配合比设计中的含水率，从而确定最优含水率。

由于水泥的水化反应，在击实结束的试样取一定量进行含水量试验时，应提前将烘箱的温度达到规定的温度，然后将取出的试样立即放入烘箱中进行烘干，以使做出的试验结果更为精确。

水泥与水拌和就要发生水化作用，水化反应会消耗一部分水，在较高温度下水化作用发生得较快。如先将混合料放入烘箱中，再启动烘箱升温，则在升温过程中水泥与水的水化作用发生较快，而烘干法又不能除去已与水泥发生水化作用的部分，这样得出的含水率往往偏小。一般会减小0.7%～1.1%，所以应提高将烘箱升温到110℃，使放入水泥的混合料一开始就能在110℃的温度下进行烘干。检测方法对含水率结果的影响见表1。

表1 检测方法对含水率试验结果的影响

组数	检测方法		
	逐渐升温到110℃	直接在110℃	含水率偏差（%）
1	12.8	13.7	0.9
2	13.1	13.8	0.7
3	12.4	13.1	0.7
4	13.5	14.3	0.8
5	12.4	13.5	1.1

（中国水利水电第三工程局有限公司
王春荣 周 逊）

延迟击实对水泥改性土压实度影响

南水北调中线一期工程总干渠陶岔—沙河南方城段，位于河南省南阳地区方城县境内，全长为7.1km梯形明渠，土方工程开挖367万m^3、填筑91万m^3。

本地区最典型的土质就是膨胀土，膨胀土是具有特殊性质的土，根据相关设计要求，当土料的自由膨胀率为20%～35%时，按3%掺加水泥进行改性。该标段3%掺量水泥改性土的压实度要求大于98%，碾压时间要求小于4h。

在本标段前期水泥改性土的碾压试验，按松铺厚度30cm，采用25t震动凸块碾，很难达到设计要求（压实度大于98%、最大干密度1.78g/cm^3、最优含水率15.3%），超过一定的碾压遍数后，压实度逐渐降低，碾压试验结果见表1。

表1 水泥改性土碾压试验结果

桩号138+851～139+351										
碾压遍数	强8遍		强10遍		强12遍		强14遍		强16遍	
含水率（%）	18.0	18.2	17.4	18.1	17.7	17.5	17.3	17.5	16.9	16.8
干密度（g/cm^3）	1.64	1.63	1.68	1.67	1.65	1.63	1.63	1.60	1.63	1.60
压实度（%）	92.1	91.6	94.4	93.8	92.7	91.6	91.6	89.9	91.6	89.9
碾压时间	3.5h		4.0h		4.0h		4.5h		4.5h	
碾压遍数	弱8遍		弱8强2遍		弱8强4遍		弱8强6遍		弱8强8遍	
含水率（%）	17.8	18.0	17.6	18.0	18.0	17.8	17.3	17.2	16.3	16.8
干密度（g/cm^3）	1.67	1.66	1.66	1.66	1.67	1.68	1.60	1.60	1.60	1.60
压实度（%）	93.8	93.3	93.3	93.3	93.8	94.4	89.9	89.9	89.9	89.9

经过试验分析，该区段土的自由膨胀率21%，土类定名为粉质壤土，粉粒含量64.4%，黏粒含量29.4%，不宜碾压密实；掺加一定量的水泥后，土料中的粉粒含量增加，黏粒含量相对降低，颗粒级配不良，当碾压时间和击实时间不同时，室内击实试验用土料没有完全反映现场碾压时的水泥改性土的情况，故压实度很难达到设计要求。

按改性土试验技术要求，击实试验要在0.5～1.0h左右完成，超过1h的试验应予作废。这个时间水泥的水化反应刚刚开始，击实效果最佳，因此最大干密度也达到了最大值。但是在水泥改性土的填筑过程中，从拌和、运输、整平、到碾压完成在3～4h左右，用试验技术要求的所得试验结果来控制现场压实标准，与实际施工现场水泥拌和后延迟3～4h才碾压完毕的情况不相符，导致压实度达不到设计要求。

鉴于这种情况，试验室对水泥掺量3%的改性土击实试验过程进行了调整，配制不同含水率的素土样浸润静置24h后，然后掺加3%的水泥延时2h、3h、4h、6h进行轻型击实试验，试验结果见表2。

表中可以看出，随着击实延迟时间的增长，水泥改性土最大干密度在1h最大，之后随着时间的增长而显著降低；最优含水率则随时间的增长而增大，2h试验结果变化最大，4～6h变化缓慢。本次试验采用的天瑞散装P.O425水泥，初凝时间154min，终凝时间194min，上述结果反映出掺加水泥2h后的水泥正处于开始失去塑性时期，对土粒变化影响最大，最大干密度降至1.71g/cm³，最优含水率增至19.3%。

先前现场碾压试验就是按0.5～1h确定的最大干密度是1.78g/cm³、最优含水率为15.3%控制的，不易满足设计要求。

若采用与现场相符合的4h延迟时间所得最大干密度1.67g/cm³来控制，也按松铺厚度30cm、采用25t震动凸块碾进行碾压试验，检测试验数据见表3，可以看出强震10遍或弱震8遍的压实度均能满足设计要求。

水泥的初凝时间对水泥改性土的压实也有有显著的影响，可使用初凝时间在4～6h的水泥进行水泥改性土的拌合施工。

表2　　土料延时击实试验成果表

试验状态	素土	0.5～1h内	延时2h	延时3h	延时4h	延时6h
最大干密度（g/cm³）	1.76	1.78	1.71	1.68	1.67	1.66
最优含水率（%）	17.3	15.3	19.3	19.4	19.4	19.6

表3　　水泥改性土碾压试验成果表

桩号138+851～139+351										
碾压遍数	强8遍		强10遍		强12遍		强14遍		强16遍	
含水率（%）	18.0	18.2	17.4	18.1	17.7	17.5	17.3	17.5	16.9	16.8
干密度（g/cm³）	1.64	1.63	1.68	1.67	1.65	1.63	1.63	1.60	1.63	1.60
压实度（%）	98.2	97.6	100.6	100	98.8	97.6	97.6	95.8	97.6	95.8
碾压时间	3.5h		4h		4h		4.5h		4.5h	
碾压遍数	弱8遍		弱8强2遍		弱8强4遍		弱8强6遍		弱8强8遍	
含水率（%）	17.8	18.0	17.6	18.0	18.0	17.8	17.3	17.2	16.3	16.8
干密度（g/cm³）	1.67	1.66	1.66	1.66	1.67	1.68	1.60	1.60	1.60	1.60
压实度（%）	100	99.4	99.4	99.4	100	100.6	95.8	95.8	95.8	95.8

表中可以看出强震12遍和弱8强6遍时的压实度显著降低，说明现该土料不宜随意增加碾压遍数，以免出现过度碾压，给改性土填筑质量带来不利影响，在现场施工控制过程中也应该严格控制碾压遍数。

水泥改性土随击实延迟时间的增长，最大干密度降低而最优含水率增加。室内击实试验应采用与现场相符合的碾压时间来进行，用相应的最大干密度控制压实标准较为科学合理，施工质量才能够满足设计要求。

（中国水利水电第三工程局有限公司
贾德霞　金建海　聂俊立）

7

机电及金属结构

水电机组及辅机

溪洛渡和向家坝水电站水轮机的总体技术特性

（一）电站开发对机组总体特性的要求

1. 枢纽布置　溪洛渡水电站位于金沙江峡谷河段，主坝为拱坝。向家坝水电站坝址比溪洛渡水电站宽，主坝为重力坝。在工程总体布置上，两电站都同时考虑布置地下厂房。金沙江是四川和云南两省的界河，两省经济发展又都在一定程度上仰赖两座水电站的开发，因而必须考虑同时在两省范围内布置发电厂房。综合比较结果，在电站总体布置上，采用单机容量尽可能大，机组台数较少较有利，水轮机大件运输应满足公路或水路运输的要求，具体安排上都需在左、右岸（即云南、四川两省范围）各布置一座厂房。向家坝水电站总装机容量6400MW，左岸坝后电站和右岸地下电站各安装4台单机额定容量800MW的水轮发电机组。溪洛渡水电站总装机容量13 860MW，左岸地下电站和右岸地下电站各安装9台单机额定容量770MW的水轮发电机组。

2. 水轮机泥沙磨损　金沙江中游是长江主要产沙区之一，约为三峡水库入库沙量的1/2。溪洛渡、向家坝坝址处多年平均含沙量1.72kg/m³，汛期6～9月平均含沙量2.42kg/m³。向家坝水电站比溪洛渡水电站早一年蓄水发电，水库运行前10年平均出库含沙量为0.45kg/m³；上游溪洛渡水库建成拦沙后，水库运行前10年平均过机含沙量减至0.24kg/m³，汛期过机含沙量为0.29kg/m³。两座电站水轮机的水力参数和结构设计都必须考虑初期运行泥沙磨损问题。而溪洛渡水电站水轮机的泥沙磨损，预计将比向家坝水电站的严重些，因此，溪洛渡水电站的水轮机增设圆筒阀，以减缓水轮机过流部件的泥沙磨损，使水轮机的正常寿命保持在30年以上。

3. 两电站水库的运用方式　长江上的大型水电站，都必须考虑水库泥沙淤积问题，汛期降低运行水位使泥沙排向下游，是水库运用的共性措施。溪洛渡水库在每年6月初电站按保证出力发电，6～9月上旬库水位正常情况下不超过汛期限制水位560m，汛后9月中旬水库开始蓄水，至9月底蓄至正常蓄水位600m，并继续在此蓄水位下运行，12月下旬水库开始消落，至次年5月底库水位降至死水位540m。下游的向家坝水库的运用方式与溪洛渡水库非常相似，即汛期6月中旬～9月上旬按汛期限制水位370m运行，9月中旬开始蓄水，9月底蓄至正常蓄水位380m，10～12月一般维持在正常蓄水位或附近运行，12月下旬～次年6月上旬为供水期，至6月上旬末水库水位降至370m。与三峡工程一样，由于汛期降低水位运行，运行水头变化幅度都较大，水轮机的设计和运行性能必须兼顾到这一特点。

4. 场外运输条件　向家坝水电站位于金沙江下游河段，水陆路交通比较方便。溪洛渡水电站位于峡谷河段，水路无法通航，靠修建专用公路，桥梁和隧洞较多。电站机电设备特别是超大件（如转轮、主变压器）的设计，都必须考虑这一运输限制因素。

（二）水轮机水力设计参数

1. 水轮机设计参数　两座电站水轮机基本参数见表1。

表1　溪洛渡、向家坝电站水轮机基本参数

序号	名　称	单位	设计值	
			溪洛渡电站	向家坝电站
1	机型		立轴混流式水轮机	立轴混流式水轮机
2	额定水头	m	197	100.0
3	最大水头	m	229.4	114.2
4	最小水头	m	154.6	86.1
5	出力加权平均水头	m	223.48	100
6	额定出力 P_e	MW	784	812
7	额定转速	r/min	125	71.4
8	额定流量	m³/s	430.5	893
9	吸出高度(至导叶中心)H_s(地面/地下)	m	−10.81	−7.0/−13.0
10	安装高程(左岸坝后/右岸地下)	m	359.00	261.0/255.0
11	机组台数(左岸坝后/右岸地下)	台	9/9	4/4

2. 模型试验情况　参与两座电站机组投标的5

家制造厂商在投标时提交了各自的针对两座电站特殊运行条件的水轮机模型试验成果，包括能量特性、空化特性和尾水管压力脉动等运行稳定特性的数据和性能曲线。并按协议规定在双方同意的国内第三方试验台进行复核试验，以检验投标方水轮机性能保证的真实性和可靠性。在此基础上进行综合评标，授标后的水轮机模型验收试验，在合同方的试验台上进行。水轮机模型验收试验按国际标准和合同条件进行。中标的 4 家制造厂商的试验成果，包括能量特性、空化特性均满足合同要求，在合同规定的运行范围内都没有发现高水头高部分负荷时压力脉动突然升高的现象。

3. 溪洛渡水电站模型试验结果　向家坝水轮机的运行水头范围与三峡水轮机相近，其水力参数和结构尺寸都与三峡水轮机相仿。下面以溪洛渡水轮机的一家厂商的模型验收为例予以分析。

（1）水轮机最优效率：模型验收试验结果表明，效率最大值 $\eta_{opt,M}=95.64\%$，大于合同保证值 95.57%；按合同规定的效率换算方法，对应的原型机的最优效率工况点为：$H=199.03m$，$Q=328.61m^3/s$，$P=618.2MW$，原型机的最优效率 $\eta_{opt,P}=96.95\%$，大于合同保证值 96.91%。

（2）水轮机加权平均效率：经计算，模型的加权平均效率为 94.56%，高于合同保证值 94.48%；原型的加权平均效率为 95.88%，高于合同保证值 95.82%。

（3）水轮机保证出力：试验结果表明，合同规定的各水头的出力保证值，都能满足要求。

（4）出力裕度：合同规定水轮机在额定水头 197m、额定转速 125r/min 工况下运行时，出力裕度不低于 3% 额定出力。实验结果表明，模型水轮机出力裕度满足合同的要求。

（5）空化观测：合同规定“叶片进口边负压面初生空化线和正压面初生空化线控制在最大水头和最小水头的运行范围之外”。验收试验在叶片进水边负压侧初生空化线附近选择了 3 个工况点（水头均大于最大水头）进行了空化观察，未发现空化现象；在进水边正压侧初生空化线附近选择了 2 个工况点（水头均小于最小水头）进行了空化观测，未发现空化现象。合同规定“在长期连续安全稳定运行范围内不允许存在初生叶道涡”。验收试验在进水边叶道涡初生空化线和出水边叶道涡发展线上各选择了最大水头、最小水头和额定水头 3 个水头进行了叶道涡观测。

（6）初生空化系数 σ_i 和临界空化系数 σ_1：合同规定电站装置空化系数 σ_p/σ_i 以及 σ_p/σ_1 的保证值。部分工况点 σ_p/σ_i 及 σ_p/σ_1 与厂家提供的特性性能保证值存在出入，但均满足招标文件要求的 $\sigma_p/\sigma_i \geqslant 1.1$ 和 $\sigma_p/\sigma_1 \geqslant 1.6$ 的要求。

（7）电站空化系数下压力脉动试验：选择了 $H_p=229.4\sim154.6m$ 之间共 9 个水头。在每个水头下，从空载到该水头下的可能最大出力区间，按导叶转角每隔 2°间隔（在高部分负荷区每隔 0.1°～0.2°）选择了约 20 个工况点进行了水轮机尾水管压力脉动试验，压力脉动合同保证值见表 2。试验结果与初步试验结果基本一致，压力脉动值基本满足合同要求，仅在空载个别工况压力脉动值稍微超出了合同保证值。

表 2　溪洛渡水电站原型和模型水轮机尾水锥管压力脉动时域峰峰值 $\Delta H/H$ 的保证值

水头范围	出力范围	在距转轮出口 $0.3D_2$ 处测得的 $\Delta H/H$ 不大于（%）	
		模型	原型
154.6（含 154.6）～176m	空载(含空载)～50%P_e	4.9	4.9
	50%P_e(含该出力)～70%P_e	3.5	3.5
	70%P_e(含该出力)～100%P_e(含该出力)	2.0	2.0
176（含 176）～197m	空载(含空载)～50%P_e	4.7	4.7
	50%P_e(含该出力)～70%P_e	2.8	2.8
	70%P_e(含该出力)～100%P_e(含该出力)	1.9	1.9
197（含 197）～229.4m	空载(含空载)～392MW	3.9	3.9
	392(含 392)～548.8MW	2.8	2.8
	548.8(含 548.8)～784MW(含 784MW)	1.9	1.9
	784～870MW(含 870MW)	1.0	1.0

注　上述 ΔH 为实测压力脉动过程曲线时域峰峰值(置信度 97%)，H 为相应的运行水头。P_e 为额定出力。

（8）补气试验：在电站空化系数下进行的补气试验，用于判断补气与压力脉动的关系。试验结果表明，补气对运行特性有增加其平稳性的作用。补气条件下的压力脉动比没有补气条件下的压力脉动要低一点，尤其是在存在空腔涡带的工况，补气效果明显。

（9）导叶水力矩试验：同步/非同步导叶力矩试验结果表明，在运行范围内的绝大部分区域导叶具有自关闭趋势。

（10）圆筒阀下拉力测试：圆筒阀下拉力试验是在最大水头 229.4m，在不同的导叶开度，对 11 个不同的筒阀开度的轴向下拉力进行了测量。试验结果表明：在筒阀开度大于 2% 的各开度下，筒阀具有自关闭趋势。

（三）结构特性和现场工程设施

1. 水轮机转轮　两电站水轮机均为立轴混流式水轮机，采用负倾角叶片，叶片数为15片。转轮采用铸焊结构，上冠、叶片、下环为不锈钢，分件铸造加工。向家坝水电站可利用长江航运有利条件，在江边建直立式560t /50t 桅杆起重机重件码头，设有1000t或3000t级泊位1个，能满足长江重件滚装船和驳船系泊，用于运输大件、重件永久机电设备；其转轮在工厂将叶片分别数控加工，和上冠、下环组焊加工成整体转轮，重约430t，由水路整体运输到重件码头，再转运到两侧电站厂房。溪洛渡水电站由于受运输条件限制，水轮机转轮的叶片、上冠、下环加工完成的散件，经专用公路运到左岸的3个转轮组焊加工基地；现场加工经验收合格后由用户运送到两岸的地下厂房。在中国，以上两种转轮加工、运输方式都有成功的经验。溪洛渡和向家坝水电站水轮机转轮尺寸、重量见表3。

表3　向家坝和溪洛渡水电站水轮机转轮结构参数

转　轮		向家坝	溪洛渡
标称直径（mm）		9300	6077.6
进口直径（mm）		10 360	7655
喉部直径（mm）		9300	6077.6
出口直径（mm）		9300	6143
最大外径（mm）		10 527	7755
转轮进口高度（mm）		2711	1350
转轮总高（mm）		4708	3575
叶片数		15	15
材料		ZG06Cr13Ni4Mo	ASTMA743CA6NM
叶片最大许用应力（MPa）	正常	110	86.2
	异常	366	214.4
转轮重量（t）		430.7	195

2. 水轮机圆筒阀　为减轻泥沙过机对溪洛渡水电站水轮机过流部件的磨损，在溪洛渡水电站水轮机供货中增加了圆筒阀。圆筒阀可在现地和中控室监控进行手动和自动操作。圆筒阀关闭时的密封性能是关键，需模拟可预见的对机组最不利的运行工况，通过模型试验来确定密封圈的几何形状，并对密封圈材质、性能进行测试和检验。圆筒阀在90s内完成紧急关闭和90s内完成正常开启，并且启、闭时间均可在60s至120s内可调。圆筒阀设置6只油压操作的液压直缸接力器，圆筒阀在正常开启和关闭过程中任何情况下不会卡死。溪洛渡水电站圆筒阀技术特性见表4。

表4　溪洛渡水电站圆筒阀技术参数

阀体尺寸参数	单位	设计值
外径	mm	9935
内径	mm	9535
高度	mm	1500
圆筒阀开启时间	s	90s，60～120s可调
圆筒阀关闭时间	s	90s，60～120s可调
圆筒阀体分瓣数	瓣	2
分瓣外形尺寸（$L\times B\times H$）	mm	9935×4968×1500
分瓣重量	t	38.5
总重量	t	77
材料		S235J2G3
止水方式		密封围带

（四）讨论

1. 水轮机额定出力与最大容量　国内外已投运电站运行实践说明，混流式水轮机在高水头小开度下运行，会产生不稳定现象，特别是水头变幅大、机组尺寸大的机组，最大水头与额定水头比值大的机组更是如此。三峡水电站最大水头与额定水头比值为1.4，水头变幅是额定水头的57.7%，超过30%～40%的常规水平。为了使水轮机在高水头下在较大的开度下运行，有效地改善水轮机在高水头区域运行的稳定性，设置发电机最大容量，使机组在高水头运行时能尽量接近水轮机的最优工况，同时也能增加机组调峰容量。为此，三峡左岸水电站水轮机设计按新的概念“最大容量”进行设计：发电机按最大容量840MVA设计，当功率因数为1.0时，相应水轮机的最大出力为852MW。

溪洛渡和向家坝两水电站水轮机的额定出力分别为784MW和812MW，比三峡水电站水轮机额定出力要大。由于两电站水头变幅比三峡水电站要小，水头运行条件较好，对水轮机设计也没有像三峡水电站水轮机那样提出“最大容量”或“按最大容量进行设计”的要求。向家坝水电站水轮机在额定水头100m时，额定出力为812MW。溪洛渡水电站水轮机在额定水头197m时，额定出力为784MW，但发电机的额定容量为855.6MVA，这也是发电机的最大容量。当溪洛渡水电站发电机在额定容量且功率因数为1.0运行时，水轮机出力能达到870MW，此时水轮机运行水头在210m左右。

2. 水轮机的运行稳定性

(1) 大容量水电机组的运行稳定性问题：随着1992年巴基斯坦塔贝拉水电站440MW机组和2009年俄罗斯萨阳舒申斯克640MW机组相继出现了重大事故，溪洛渡和向家坝水电站的安全稳定运行，引发业内人士重大关注。三峡机组采用了诸多技术措施，包括“设置最大容量”，迄今运行良好。但三峡机组在电网实际运行中，由于国家调度体制上的原因，不能充分发挥“最大容量”的设计能力，未能实现“保证安全运行”并“多发电量”的效果。因而溪洛渡和向家坝不但按“最大容量”进行设计，而且明确最大容量就是铭牌出力，使水轮机在高水头运行时的稳定性更有保证。

(2) 大容量水电机组的运行稳定范围：三峡、大古力、伊泰普水电站都规定在60%额定出力以上的区域，实际上伊泰普水电站几乎是在80%额定出力以上运行，机组运行负荷没有大起大落的变化。溪洛渡水电站要求在50%额定出力以上，向家坝水电站要求在60%以上区域稳定运行，模型验收试验见证了在这个范围内运行是稳定的。由于模型机试验时的压力脉动与原型机运行时并未有确定的相似关系，在试运行中考察真机的稳定运行性能，并在长期运行中，坚持按分区运行的要求进行调度是十分必要的。

(3) 高水头高部分负荷时尾水管压力脉动：溪洛渡和向家坝水轮机模型验收试验以及厂家初步试验中，都没有发现在高水头高部分负荷时出现尾水管压力脉动值突然升高的现象。当然，三峡左岸水电站水轮机在模型试验时存在这种不稳定现象，但在原型水轮机现场试验和运行时并没有出现这种现象，这可以解释为是由于模型试验的条件和原型水轮机运行条件有很大不同所致。

(五) 结论

(1) 溪洛渡、向家坝水电站机组总体技术的要求：采用大容量大尺寸机组，减少机组台数；发电机电压采用较高电压设计；选用较低转速（水力参数），并采用圆筒阀，以减缓水轮机过流部件的泥沙磨损；电站现场布置转轮总装加工基地或兴建重件码头，方便转轮整体运输。

(2) 水轮机模型试验结果表明，两电站机组水轮机能量特性、空化特性和稳定特性优良，不存在高水头高部分负荷时特殊压力脉动。

(3) 适应大容量水电机组的运行稳定范围，坚持按分区运行的要求进行调度是十分必要的。

（注：本文为《长江上游两座在建巨型水电站水轮机总体技术特性评析》的摘录）

（中国长江三峡集团公司　黄源芳　刘　洁
清华大学热能系　王正伟）

向家坝水电站右岸电站机组机械设备综述

向家坝水电站总装机容量6400MW，左右岸分别安装4台800MW机组，装机规模目前为中国第三。其中右岸电站4台机组由天津阿尔斯通水电设备有限公司（TAH）设计制造，是当今世界单机容量最大的水轮发电机组。

一、水轮机

(一) 主要参数

水轮机为混流式，型号为HLFN-LJ-930，主要参数如下：

额定出力	812MW
最大水头	114.2m
额定水头	100m
最小水头	86.1m
额定流量	892m³/s
额定转速	71.4r/min
飞逸转速	134 r/min
吸出高度	−13m
比转速	203.54
加权平均效率	95.81%
标称直径	9.3m
旋转方向	俯视顺时针

(二) 结构

1. 座环　为组焊结构，由上环板、下环板、28个固定导叶、上过渡板、下过渡板、舌板、圆筒、上下密封环等部件组成。各部件均通过焊接方式刚性连接组圆。上、下环板采用S355J2G3Z35优质抗撕裂环形钢板焊接而成，内径分别为12 710mm、12 700mm。固定导叶采用S500Q材质，高2658mm。座环总重约290t，最大瓣重约90t，分四瓣运往工地，在工地进行组圆焊接，并与基础环进行焊接，然后整体吊入机坑。

2. 导水机构　活动导叶共28个，采用不锈钢铸焊结构，端部为金属橡胶组合式密封，立面为导叶本体斜面刚性密封。导叶为3支点自润滑轴承支撑，1个在底环，另2个在顶盖，自润滑材料为GGB。中轴套下部为唇型密封，上部为只需拆卸密封盖板即可更换的“O”型密封，端面与立面各另设一道密封。导水机构由2个接力器操作，额定工作油压为6.3MPa，在导叶全关位置设有液压和手动锁锭。控制环为钢板焊接结构，推拉杆为锻钢制造，设有拐臂止推装置、剪断销、限位块、摩擦保护装置等保护装置。

3. 顶盖　采用钢板焊接结构，材料为 Q235-C，外径为 13 100mm，最大高度 2288mm。顶盖与座环联结采用调整垫结构。顶盖与转轮上冠配合处设有焊接的可更换的固定止漏环，材料为 0Cr13Ni5Mo。为减少转轮上冠处的轴向水推力及顶盖的水压力，在顶盖上设有 6 个与转轮上腔相通的 DN820 的平压管。平压管出口引至尾水管扩散段，与机坑连接采用不锈钢波纹管膨胀节型式。

4. 水导轴承　采用无轴领、稀油润滑、强迫外循环冷却的分块瓦式结构，由 12 块轴瓦、轴瓦支承、带油槽的轴承箱、油箱盖和附件组成。除轴瓦为锻钢外，其余均为钢板焊接，瓦面浇铸巴氏合金。水导轴承能承受任何运行工况（包括飞逸工况）的径向负荷，能安全地承受在最大飞逸工况和各种极端工况下不小于 5 min 内所引起的温度、应力、振动和磨损。水导轴承油系统有足够的热容量，能在冷却水中断的情况下，运行 30 min 而不损坏轴瓦。水导油外循环冷却系统由 2 台油泵、双过滤器、油管路、4 个冷却器及其自动化元件组成，油路采用夹片式单向阀。油泵单台工作即可满足轴承供油量，运行时一台工作、一台备用。

5. 主轴密封　采用自补偿型静压自调节式轴向密封。工作密封能在不拆卸主轴、水轮机导轴承、导水机构和管路系统的情况下进行检修。密封元件采用耐腐蚀材料，由固定环和转动环组成，固定环为高分子聚合物，并在结构中设置了防转动措施。同时设置密封磨损位移传感器，当密封磨损量超量时可自动报警。另设置一个指示密封磨损量的带刻度的机械装置。工作密封元件保证至少能运行 40 000h 或 5 年不用更换。

在机组停机时，为防止水进入顶盖，在工作密封下方设置充气围带检修密封，密封气压为 0.5～0.8MPa，金属管供气。检修密封装置上装有防止机组在密封充气的情况下启动的压力开关。

6. 转轮　为组焊结构，共 15 片叶片。上冠、下环和叶片均采用抗空蚀、抗磨损并具有良好焊接性能的 ZG06Cr13Ni4Mo 不锈钢材料制造。上冠为整体铸造。叶片采用"电炉粗炼钢水＋精炼炉 VOD"方法冶炼和整体铸造，五轴数控车床加工。下环用钢板卷焊或分瓣铸造。向家坝水轮机转轮均在制造厂整体组焊，静平衡试验合格后运至工地。

转轮上冠和下环上部均设置有止漏环，鉴于三峡左岸 AH 机组在运行过程中出现的转轮上止漏环脱落的缺陷，向家坝转轮止漏环与上冠、下环一体，直接在上冠、下环外圆加工成型。同时在世界上第一次采用带有小孔的泄水锥。转轮上冠不设泄水孔，为减少转轮上冠的向下推力及顶盖的水压力，在顶盖上设置平压管。

7. 主轴　为钢板卷焊轴身与锻造法兰组焊的中空结构。水轮机轴轴长为 7280mm，与转轮的联接采用 20 个 M150 销钉螺杆联接，与发电机轴采用 30 个 M110 螺栓及销套进行联接。主轴内设直径 700mm 补气阀及 DN720 中心孔自然补气管。同时为防止高尾水位时尾水从大轴中心补气管大量溢出，在补气阀下部设有气缓冲、自润滑结构的浮球阀。

二、水轮发电机

（一）主要参数

水轮发电机为半伞式，型号为 SF800-84/19990，主要参数如下：

额定容量	888.9MVA
额定功率因素	0.9
额定电压	23kV
额定电流	22 313A
额定转速	71.4r/min
飞逸转速	134r/min
冷却方式	双路、空冷
定子槽数	756
推力负荷	4313t
制动方式	机械制动

（二）结构

1. 上机架与上导轴承　上机架由中心体和 20 个斜支臂等部件组成。斜支臂的外径为 23.0m，高度为 1.95m，重量为 118.5t。中心体和 20 个支臂在工地组焊一起后整体吊入机坑，再轴向连接到定子机座上。上机架径向通过螺栓将支臂与基础联接到一起。

上导瓦是 10 块自润滑、油浸式分块瓦。瓦坯为钢结构，内侧加工精度高，表面为巴氏合金。瓦面半径比轴领稍大，有助于形成油膜。冷却系统采用内循环系统，油冷器为线圈式，安装在油槽底部。挡油桶是反向螺线型密封结构，对旋转的油有向下封压作用。同时，在油槽上、下部皆设置了油雾吸收装置。

2. 转子　主要由圆盘斜支架、磁轭和磁极、制动环、集电环和电刷等部件组成。转子外径为 18 937mm，磁轭高度约为 3190mm，整体重量为 1850t。圆盘斜支架由 1 个中心体和 14 瓣斜支臂组成，在安装场完成组装焊接。磁轭由 4mm 厚经钝化处理的高强度钢片在现场叠装而成，热套在转子支架外侧。在磁轭下部设有制动环。转子为无轴结构，中心体上、下端分别与上端轴、发电机轴相连，联接方式均为法兰连接。

3. 定子 最大外径为 22 028mm，机座高度为6325mm。定子机座为斜支臂的结构，共有八层环板，靠定子铁芯环板侧均匀布置 189 根定子定位筋固定定子铁芯。定子铁芯总高度为 3490mm，由0.5mm 厚的优质硅钢片在工地以 1/3 的叠片方式交错叠装，以形成一个整体连续的铁芯。叠装完成后，用穿心压紧螺杆进行压紧，最终压紧压力约为1.5MPa。定子共 756 槽，线棒双层布置嵌入到铁芯的槽中。

4. 下机架与推导轴承 下机架为带有径向斜支臂的承重型机架。该机架由中心体、16 个斜支臂、下导与推力轴承座组成。支臂上布置 32 个三腔三活塞式制动器，并设有粉尘吸收系统。支臂径向设置支撑螺栓，地脚处设置挡块，运行时允许支臂径向伸缩，限制切向位移。

下导瓦共 16 块，瓦面为巴氏合金，与推力轴承合用一个油槽，并将推力头外缘作为下导轴领。下导瓦为自泵型导瓦，不需要外加泵可实现油的自循环。推力轴承由推力瓦、推力头、镜板及支撑等部件组成，并设置高压减载系统。推力轴承采用双层瓦结构，共 24 块。薄瓦为 60mm 厚的运行瓦（表面铸有一层高标准的巴氏合金，厚度约为 4mm），托瓦237mm 厚，两层瓦中间按部位受力不同安装 4 种规格的弹性支柱销。托瓦的下部安装有一个以螺栓固定的支撑圆盘，用以增加接触面积，使其负荷分布更为广泛。推导油槽密封采用接触式密封，同时设置了油雾吸收装置。下导轴承与推力轴承合用一个挡油桶，同样采用了反向螺线型密封结构。

5. 通风冷却系统 向家坝 TAH 机组是目前世界上最大的全空冷水轮发电机组。发电机上、下盖板和上、下挡风板形成密闭双路无风扇径向自循环通风冷却系统。定子机座外围圆周均匀布置 20 个水冷式空气冷却器。

三、调速器

（一）主要参数

主配压阀型号	WBLDT-200
主配压阀的阀芯直径	200mm
管道通径	DN200
油压装置型号	YZ-28/2-63
压力罐总容积	28m^3
回油箱总容积	18m^3
油泵配置	3+1（小）
主油泵实际输油量	11.3L/s
主油泵配套电机功率	110kW
小油泵实际输油量	1.32L/s
小油泵配套电机功率	15kW

（二）结构

1. 油压装置 是为水轮机活动导叶驱动机构提供压力油源的设备，主要包括压力罐总装、回油箱总装、油泵电机单元及出口阀组、油冷却器、油过滤装置（循环过滤装置及系统过滤器）、隔离阀装配等。油压装置配有 2 个压力罐、1 个气罐、1 个油气罐。压力罐采用钢制结构，材料为 Q345R。每台油泵出口处设置 1 套集成式控制阀组，可完成系统的压力控制及方向控制，实现油泵的卸荷、电机空载起动、油泵过压保护等功能。

2. 电液转换装置 调速器采用的是比例伺服阀和步进电机式两套电液转换装置。比例伺服阀采用德国 BOSCH 公司推出的新型比例阀，型号为4WRPEH10，液压部分以滑阀式结构为主，阀芯相对阀套移动形成矩形全周控制口，并带有阀芯的位置反馈。步进电机式转换装置通过控制步进电机旋转目标角度，旋转量通过位移转换装置转化为主配压阀先导级（引导阀芯）的直线位移量，再经过主配压阀内部液压放大后，向接力器油腔供油。

3. 主配压阀和事故配压阀 主配压阀采用长江三峡能事达电气股份有限公司自主研发、设计的复合控制型主配压阀。主活塞采用等径阀盘结构，开、关机时间由调整螺母整定，并配锁紧螺母，使调整后的开、关机时间保证在规定的范围内不变化，接力器不产生超过允许值的移动速度。事故配压阀采用模块式集成化布置形式，串接在主配压阀与导叶接力器之间的控制油管上，行程可通过调节螺钉在一定范围内进行调整，达到调整导叶第一段关闭速率。

4. 分段关闭装置 由行程换向阀及分段关闭阀组成，两段关闭的拐点由行程换向阀切换来完成。行程换向阀安装在主接力器附近，在接力器关闭到预定位置时，操作行程换向阀，来切换油路，动作分段关闭阀完成关闭速率的调整。其动作位置可以通过行程控制板进行调整。

四、结语

（1）向家坝右岸电站机组机械的总体设计是在总结三峡机组的基础上，对出现过的相关问题进行了改进和优化。

（2）在向家坝，世界上第一次采用了带小孔的泄水锥，从模型实验的结果来看，较好地解决了大负荷区水力激振带的问题。

（3）对三峡机组顶盖插入式结构碳钢平压管有了改进，采用不锈钢波纹管膨胀节型式。

（4）取消三峡转轮止漏环热套型式，改用转轮止漏环与上冠、下环一体的结构。

（5）大轴补气系统在三峡机组的基础上，增设了浮球阀。

（6）发电机冷却采用双路径向自循环通风冷却系统，有异于三峡单路径通风冷却。

（向家坝水力发电厂 宋晶辉）

300MW 级抽水蓄能机组国产化调速器首次在响水涧抽水蓄能电站全部投运

响水涧抽水蓄能电站位于安徽省芜湖市三山区境内，电站安装 4 台单机容量为 25 万 kW 的立轴单级混流可逆式抽水蓄能机组，是华东电网骨干调峰电源之一，主要承担华东电力系统的调峰、填谷、调频、紧急事故备用等任务。电站 1 号机组于 2011 年 12 月 1 日投产发电，2 号机、3 号机组分别于 2012 年 4 月 26 日、8 月 10 日投产发电。最后一台机于 2012 年 11 月 17 日投产发电。

响水涧抽水蓄能电站采用了南京南瑞集团公司研发的 SWT-2000H 型调速器。南京南瑞集团公司针对可逆式机组空载不稳定特性（S 特性），不断创新，探索出了一套针对 S 特性曲线不稳的控制策略，准确把握了控制关键点，打破了国外调速系统在此领域控制的技术壁垒，为我国在可逆式水轮机调速技术积累第一手经验，填补了空白。

响水涧抽水蓄能电站调速器是国内第一台拥有完全自主知识产权设备，其全部成功投产具有划时代意义。

（南京南瑞集团公司 李建华 荣 红）

冶勒水电站六喷嘴冲击式机组的调速系统国产化

冶勒水电站总装机 2×120MW，为 6 喷嘴立轴冲击式机组，设计最大水头为 644.8m，额定水头为 580m，额定转速 375r/min，转轮最大直径 3.346m，节圆直径 2.6m，21 个水斗。发电机为悬吊式结构形式，推力轴承采用全刚性支撑结构。

冶勒水电站是我国第一次引进六喷嘴水斗冲击式水轮发电机组，也是在亚洲地区第一次安装六喷嘴的冲击式机组，水电站平均水头高达 597m，最高水头高达 644.8m，压力引水钢管长达数千米，而且坡度大，管壁变化范围大，水轮发电机组全套从法国 Alstom 公司引进，无论是机组本身或是机电安装工程，都具有一定的的领先性、创新性。

2012 年 8 月 7 日，南京南瑞集团公司研制的我国首套国产化大型六喷针六折向器冲击式水轮机调速器在冶勒水电站成功投运。南京南瑞集团公司在原进口调速器的基础上进行相关性能改造，研制成功 SWT-2000H 冲击式水轮机调速器，在部分关键指标方面明显优于原进口设备。

自 2011 年签订设备改造及联合攻关协议后，南京南瑞集团公司结合国内电网运行要求，对一次调频功能进行优化，解决了冲击式机组普遍存在的喷针切换与一次调频的矛盾。同时，在原进口调速器的基础上优化了喷针切换流程和控制策略，研制成功 SWT-2000H 冲击式水轮机调速器。该调速器采用模块化设计、双冗余控制，结构简单，可靠性高，控制灵敏精确，出色完成了对六喷针六折向器的优化调度及精确控制，并与南瑞监控系统配合实现了功率方式与开度方式的双重控制。

冶勒大型六喷六折冲击式机组调速器的改造成功，为冶勒水电站控制设备国产化改造的全面成功奠定了坚实的基础，使南瑞调速器设计与制造水平迈上了一个新的台阶，进一步推动了我国水电装备制造业国产化进程。

（南京南瑞集团公司 李建华 荣 红）

小湾水电厂完成调速器孤岛控制试验

华能澜沧江水电有限公司小湾水电厂与南京南瑞集团水电公司共同研究、合作完成了“±800kV 楚穗直流孤岛方式下小湾调速系统研制及示范应用”，结合国内首次 700MW 机组直流孤岛系统的试验，现对此次试验所涉及的调速器部分的方案做一简要说明。

（一）调速器部分的接线变动

（1）监控系统开出 3 个无源节点信号至调速器电气控制柜，作为调速器进行运行工况判断的标识。分别定义为“孤岛模式投入”、“孤岛模式退出”（联网状态投入）、孤岛直流停运投入；其中“孤岛模式投入”、“ 孤岛模式退出”采用双位置保持型接点（此时监控要做好两个信号的互锁，防止信号同时发出或者同时不发出。为防止监控错误发信号，调速器程序内部对两个信号同时为“0”或同时为“1”时，做相应保护处理）。孤岛直流停运投入为瞬动型开关量，该开关量监控系统均给出一个脉宽为 3s 的脉冲量。

（2）调速器电气柜开出 2 个继电器，分别提供 1 对无源节点作为孤岛模式投入确认和孤岛直流停运投入确认信号反馈至监控系统，公共端取自监控系统。其中孤岛模式投入确认为保持型开关量输出信号，孤岛直流停运投入确认为瞬动型开关量输出信号。

（二）调速器控制逻辑（程序）的变动

（1）当机组处于空载工况运行时，调速器按照频率模式调节。空载时 PID 运行参数为 $K_p=3.5$、$K_i=0.12$、$K_d=2$，频率死区为 $E=0.0$Hz，$B_p=0\%$。

（2）当机组处于联网工况运行时，调速器按照开度模式和频率模式进行正常调节。根据调速系统的逻辑框图及调节规律可得出 $G_{v\text{-}give}=P_{gv}+Y_{nld}+Y_{pid}$ 公式，其中 $G_{v\text{-}give}$ 代表导叶开度给定值、P_{gv} 代表监控系统（或者触摸屏面板）的功增/功减、Y_{nld} 代表当前水头下的空载开度（与当前运行水头有关）、Y_{pid} 代表发电工况下的主环 PID 输出值。若一次调频功能未投入运行时，调速器执行开度模式调节，PID 运行参数为 $K_p=4$、$K_i=3$、$K_d=1$，频率死区为 $E=0.5$Hz（程序内部固定数值），$B_p=4\%$。若一次调频功能投入运行时，调速器执行开度模式、频率模式调节，PID 运行参数为 $K_p=4$、$K_i=3$、$K_d=1$，频率死区为 $E=0.05$Hz（触摸屏面板设置值，可根据要求设定），$B_p=4\%$。

（3）当调速器收到监控系统将孤岛模式投入信号指令后（瞬动型开关量，3s）进入孤岛模式，置出孤岛模式已投入的输出信号，作为信号确认反馈给监控系统。同时，频率调节死区、调差率由联网时的参数自动闭锁到孤岛模式下的参数，此时控制程序调用孤岛运行参数，即 $K_p=3.5$、$K_i=0.12$、$K_d=2$，频率死区为 $E=0.5$Hz，$B_p=1\%$。

孤岛下的该参数在界面的设置窗可以单独设置。修改的依据是根据电网的相关要求、实际孤岛后的频率稳定情况等，做灵活修改，选取一组效果较优、满足要求的参数。

当机组处于孤岛工况下运行时，调速器程序控制逻辑和联网时一次调频动作时是一样的，不同的是调用了不同的运行参数。

原则上孤岛系统不再投入一次调频功能，在保留一次调频功能可投退的前提下，目前小湾水电厂退出了该功能。

（4）当机组处于孤岛工况运行时，监控系统发出“孤岛直流停运”信号。调速器收到监控系统转来的“孤岛直流停运”信号指令（瞬动型开关量，3s）后，期间判断频率是否变化，当频率超过 50.5 Hz 时，或者直接收到“手动直流停运”信号时，控制程序调用孤岛运行参数，即 $K_p=3.5$、$K_i=0.12$、$K_d=2$，但频率死区为 $E=0.1$Hz，$B_p=0\%$。收到“手动直流停运”信号时对频率 PID 调节中的积分项 Y_I 重新初始化：$Y_I=G_{v\text{-}fdbk}-Y_{nld}$，即积分项＝当前导叶反馈－当前空载开度，功率给定 P_{gv} 的数值将减至 0，比例和微分项也暂时清为零，这样保证“直流停运”信号前后导叶给定不变：$G_{v\text{-}give}=P_{gv}+Y_{nld}+Y_{pid}$，调速系统再按照新的控制参数进行调节：（$K_p=3.5$、$K_i=0.12$、$K_d=2$，频率死区为 $E=0.1$Hz，$B_p=0\%$）。

同时调速器开出“孤岛直流停运”状态信号，返给监控。监控收到该指令闭锁对调速的功增功减开出。待调速器经过 180s 之后，调速器复归该信号。

待孤岛直流停运实际动作且调速器调节稳定后，经过 180s 延时，孤岛直流停运参数（死区）自动切换到孤岛参数，并确保机组负荷的正常增减。

（三）触摸屏界面程序的修改

（1）增加孤岛模式、孤岛直流停运 2 个开关量输入信号的信息显示。

（2）增加孤岛模式投入、孤岛直流停运投入 2 个开关量输出信号的信息显示。

（3）将 P_{gv} 数值输出显示到触摸屏的“模拟量窗”中。

（4）在设置窗内，增加五个输入框，用来设置孤岛模式下的参数。

2012 年小湾水电厂孤岛试验的第四阶段已经结束，调速系统控制稳定、完善，经受住了考验。依托该项目的孤岛试验，目前南京南瑞集团水电公司已申请发明专利 1 项，核心期刊发表论文 2 篇。

（南京南瑞集团公司　李建华　荣　红）

Asahan No. 1 水电站高水头大口径锥形中空喷射阀的选型设计研究与应用

（一）概况

印度尼西亚 Asahan No. 1 水电站位于 Asahan 河上游河段，距北苏门答腊省会棉兰市东南约 130km；主要任务是发电，安装 2 台单机容量为 90MW 的水轮发电机组。

为保证电站下泄流量稳定，在机组压力钢管岔管前引一根 DN2000 的旁通管，末端装设阀组，当电站任一台机组停机时，直接将水从压力钢管排放至下水库。该旁通阀运行水头范围为 150.50～167.90m，要求下泄流量不小于 $62.5\text{m}^3/\text{s}$。

（二）旁通阀型式的选择及主要参数

1. 旁通阀型式的选择　本电站水轮机旁通阀阀前压力高，达到 167.90m 水头，下泄流量大，达到 $62.50\text{m}^3/\text{s}$，并要求流量可调。按上述要求，阀门可采用多喷孔套筒阀或锥形中空喷射阀。采用多喷孔套筒阀，在 150.50m 水头下过流 $62.5\text{m}^3/\text{s}$ 时需装设两个直径为 1.80m 的阀门，而采用锥形中空喷射阀则仅需装设一个直径为 1.60m 的阀门。

中空喷射阀过流能力大、尺寸小、对水质要求不高、不易堵塞、布置面积小，其总体投资也少约620万元。经过详细比较论证后，最终确定采用锥形中空喷射阀，并在其上游侧设一个DN3200的检修蝶阀，两阀之间采用变径管与DN1600的压力钢管相连，锥形中空喷射阀出口为下水库。

2. 阀门主要参数 经过公开招标，中空喷射阀由德国VAG公司中标供货，阀门型号为KSS DN1600，设计压力2.50MPa，公称直径1.60m，导流罩直径3.20m，下泄流量（150.50m净水头）62.50m³/s，操作油压20MPa，阀门重量21.80t。

（三）阀门的优化设计

本电站选用的锥形中空喷射阀工作压力大、下泄流量大，且直径达到1.60m，上述三个参数综合起来，阀门设计制造难度大，各阀门厂家均没有相近工程经验，给设计、制造带来极大的挑战。由此，设计与制造厂家一起多次开展专题研究讨论会，提出了一系列的设计优化措施。

1. 阀门直径的选择 阀门直径的选择直接关系着阀门的运行。阀门直径过小，一方面要达到过流能力需加大阀门行程，行程过大易使移动套筒产生振动；另一方面，相应阀内流速增大，导流筋板头部容易产生脱流、空蚀甚至导致阀门的振动。阀门直径过大，虽然可适当减小阀门行程，但给阀门刚度设计带来困难，同时阀门的重量相应增加，使投资也增加。综合考虑阀门的刚度设计、抗振设计、抗空化设计等因素，通过与厂家的多次详细讨论研究，将阀门直径由1.50m改为1.60m，同时采用一些加强刚度的设计措施。

2. 选用埋入式导流罩 阀门出口为下游水库，离电站主厂房约100m，为减小阀门出口雾化对厂区的影响，阀门出口增设导流罩。导流罩采用埋入式的基础设计，而不是传统的悬臂式布置，以减小阀门的振动。

3. 结构优化 由于阀门直径大，为增加阀门刚度，阀内的锥体导流筋板由传统设计的6片增加至8片，同时导流罩增加环向及径向筋板，有效地提高了阀门的刚度。

4. 设置大口径补气管 EPC合同中不设导流罩，经过优化，增设导流罩，并在导流罩入口设置两根DN400的大口径补气管，以减小阀门空蚀，减小阀门振动。

5. 阀门操作方式 阀门操作有电动和油压操作两种方式。考虑到当地空气潮湿，且阀室为地下式，为提高阀门运行可靠性，避免因阀门振动影响螺杆与传动齿轮的长期运行的稳定可靠性，确保套筒双边推拉杆同步，阀门操作选用油压操作，操作油压为20MPa。

6. 阀室布置优化 EPC合同中检修蝶阀与锥形中空喷射阀布置在同一个阀室，水流经过阀组后通过DN2000的钢管排向下游。经过实地多次查勘，旁通阀室选择靠近下水库的基岩上，检修蝶阀与锥形中空喷射阀分别布置在相互独立的阀室内，锥形中空喷射阀出口为下水库，两阀之间的变径管及直管段埋入混凝土中，两室设廊道相通。该布置一方面提高了阀门、管道的抗振能力，同时，单个阀室尺寸小，有效提高了阀室结构刚度，减小了厂房的振动；另一方面，增大了两个阀门的距离，改善了水流流态，减小了两个阀门之间的相互影响。

（四）旁通阀的运行

2009年12月完成水轮旁通阀组无水调试，2010年1月完成有水调试及试验。试验时，在160m水头下，阀门在5%～100%开度下进行泄水试验，阀门下泄流量为9.02～69.2 m³/s，符合设计要求。各工况下阀室楼板基本感觉不到振动，喷射阀水流喷射距离约25m范围内。试验后关闭检修蝶阀进行全面检查，没有发现异常。

设备投运3年多来，旁通阀系统运行正常，也没有发现空蚀现象，其可靠、稳定的性能得到业主的一致好评。

（中国水电顾问集团北京勘测设计研究院 易忠有）

采用ELCID铁芯试验仪检验定子铁芯装配质量

山西西龙池抽水蓄能电站发电电动机由日本三菱公司制造，现场叠片，厂家配备了ELCID铁芯试验仪，用来检验定子铁芯装配质量。

该ELCID铁芯试验仪使用较低的磁通量，最典型的是正常运行磁通量的4%，用微压计线圈探测因铁芯缺陷造成的循环故障电流，能快速、安全地探测定子叠片故障，其中有些故障用整个铁芯损失试验可能探测不到。使用ELCID铁芯试验仪检查，是一种无损检测，非常适合电机制造或修理后的质量控制。

（一）测试原理

ELCID铁芯试验仪使用螺旋管型绕组激励铁芯，为了使铁芯中的磁通尽量均匀，要求励磁线圈从铁芯中心沿轴向布置；通过在铁芯表面进行磁力探测，获知故障电流的存在，而非其产生的热效应。

磁势差测量传感器为手持软管式微压仪，配有一个特殊线圈——Chattock电位计作探头。根据全电流定律，磁场强度沿任一闭合回路的线积分，等于这个闭合回路所包围的电流。闭合回路由铁芯和空气两部分组成，由于铁芯的相对磁导率是空气的几千倍，因此探测铁芯故障时，可测量出电位计测量端之间的感应电势。在故障电流中感应到的电流主要以90°相位角从磁场流动，以积分电流的形式测得。

信号处理器使用一种参考输入值，将信号的两个部分从励磁（在磁场中设置线圈或从励磁电流获得）和相位识别器隔离开。信号的两个部分能用于显示和试验记录，并用于相应的分析，直接从刻度读取故障电流值。对从传感器获取的经过处理的信号进行记录和跟踪，记录显示沿铁芯的大致位置及所有故障电流的振幅。相对励磁安匝数与相关故障磁势关系在正常测试条件下大部分都成线性。

（二）实际使用

西龙池抽水蓄能电站发电电动机额定电压18kV，其铁芯外径6.15m，内径4.8m，齿高0.2m；槽数216，接线方式为4Y，每相串联匝数为18匝。

1. 试验准备　试验前，先确定所需的励磁电源。经计算，额定励磁下需要励磁电压为288.7V，试验按4%额定励磁计，每圈导线需加励磁电压为11.5V，与厂方资料提供的需施加约12V就能获得4%的额定励磁电压相符。试验使用ELCID专用励磁电缆，匝数18匝，所需励磁电流不大于14.8A。试验选择380V的调压器，电流值为20A，则调压器容量为7.2kVA，实际选择10kVA的调压器。

2. 试验步骤　正确连接设备，试验前利用标准铁芯进行Y轴校准，使得测量的直轴量跟实际直轴量相位一致。由于标准铁芯是绝缘良好的，此时显示测量的交轴量为0mA；施加较小的励磁电压，使传感器探头很好放置于槽两侧的铁芯，并与之充分接触，同时观察检测的直轴量，若直轴量与预算值偏差不大，则继续施加励磁电压，直至4%的励磁电压，测试线圈电压达到约12V。在铁芯表面沿绕组槽纵向移动传感器探头（一次检查一个槽及相邻定子齿），同时观察铁芯测试仪器的指示，局部峰值应等于或小于100mA。如果指示表显示局部振幅峰值超过标准值（100mA），应仔细检查铁芯表面。

3. 试验结果 用ELCID测试仪对定子216槽测试后，所有槽的感应磁势均小于标准值100mA，其中所测最大感应磁势为55mA，远小于标准值。故本电站现场叠片组圆的定子铁芯不存在片间绝缘故障。

（三）与常规试验比较

依据规范要求，在现场叠压或修理后的定子铁芯必须进行铁损试验，来检验定子铁芯装配质量。铁损试验是在定子铁芯上缠绕励磁及测量线圈，通入交流电在定子铁芯中产生磁场，同时产生涡流和磁滞损耗，使铁芯发热，通过测定温升及单位铁损来检查。试验的磁通密度在1.0T左右（最低不小于0.9T），持续时间90min。常规铁损试验可以准确找到定子表面过热故障点，有试验行业标准（激磁量和试验持续时间、允许热点温升和与周围温差值等），但：①激磁电流大，需要电源容量大；②需要红外成像仪扫描；③试验总工时和费用较多；④判断齿深部片间短路故障不灵敏；⑤不属于非破坏性试验，试验过程可能增加原始故障的严重程度，增加修复难度。

而ELCID试验的特点是：①只需建立约4%额定磁通下的磁场；②工作量较小，能耗低，试验时间短；③传感器探头沿轴向逐槽扫描；④可以找到齿顶表面以及槽壁或槽底的片间短路点；⑤可以定位到槽深位故障点；但①必须有专用仪器，②不能知道实际温升。

（中国水利水电第三工程局有限公司
唐鹏程　王效安）

金安桥水电站主变压器冷却系统运行情况

金安桥水电站装机4×600MW，采用发变组单元接线（机变之间设有断路器，厂用电取自主变压器低压侧），经主变压器升压至500kV后，采用三串二分之三断路器接线经双回线路送电至楚雄换流站。主变压器型号为DSP-223000/500，三相额定容量223×3＝669MVA，与500kV线路高压并联电抗器均布置在厂坝间1320m高程平台内。主变压器冷却形式采用强迫导向油循环水冷（ODWF），冷却系统的结构、工作方式及运行控制情况简介如下。

（一）主变压器冷却系统

1. 结构　主变压器采用分相式变压器，每相变压器配置三台YSPG－315×3×3型防堵型双重管强油循环水冷却器，每台主变压器配置一个冷却器现地控制柜，采用Modicon TSX 37系列可编程控制器自动控制九台冷却器油泵启停，也可通过现地手动启停各冷却器油泵，油泵的启停联动全开、全关各冷却器供水电动阀，实现强迫油循环水冷功能。

主变压器冷却水供水系统采用自流减压单元供水方式，设置两个取水口，两路水源均取自本单元机组的坝后压力钢管，互为备用，分别经自动滤水器、减压阀及总管水力控制阀后向主变压器各相供水，各相再设支管水力控制阀，向各相三台冷却器供水。主变压器冷却水供水系统设置一个现地PLC控制箱，完成总供水水力控制阀和各相支管水力控制阀的控制。

2. 冷却器工作方式 主变压器冷却器主备用双路动力电源引自机组自用电，PLC电源采用交直流电源供电。冷却器控制柜上每台冷却器均设有“手动/停止/程控”方式切换开关。当冷却器控制方式置于“程控”时，冷却器按“工作”、“辅助”、“备用”顺序自动循环投入/退出，7天一个循环周期。如主变压器各相冷却器初始分组按表1编号，三相联合按1、2、3顺序自动循环切换时的冷却器分组情况为表2所列。

表1 主变压器各相冷却器初始分组编号表

相序	A相			B相			C相		
初始状态	工作	辅助	备用	工作	辅助	备用	工作	辅助	备用
冷却器编号	1	2	3	4	5	6	7	8	9

表2 主变压器冷却器三相联合分组循环运行表

循环顺序号	工作冷却器编号			辅助冷却器编号			备用冷却器编号		
1	1	4	7	2	5	8	3	6	9
2	2	5	8	3	6	9	1	4	7
3	3	6	9	1	4	7	2	5	8

在“程控”方式时，当主变高压侧或低压侧任意侧隔离刀闸合闸后，其辅助触点闭合，控制柜启动“工作”冷却器，A相则1号冷却器投入运行；若A相负荷电流 I_f 大于0.7倍额定电流 I_e 或油温大于60℃时，投入2号冷却器，当A相 I_f 小于 $0.7I_e$ 且油温小于60℃，经5min延时退出2号冷却器；若1号冷却器或2号冷却器故障（即渗漏、油流中断或电机故障）或A相油温大于70℃时，投入3号冷却器，当1号冷却器和2号冷却器故障均消除且A相油温小于60℃时，退出3号冷却器；当主变压器高压侧与低压侧隔离刀闸均分闸后，延时10min退出A相所有运行冷却器（退出油泵电机，关闭水力控制阀）。B相与C相冷却器控制方式与A相相同。

在“手动”控制方式时，主变压器冷却器不受PLC控制，直接手动控制冷却器的投退。

3. 冷却水系统工作方式 主变压器冷却水系统水力控制阀在自动控制方式下，当每相冷却器任意一台潜油泵及电动水阀启动，并检测有油流信号后，第一（或第二）路水源水力控制阀及各相支管水力控制阀自动开启，冷却器投入运行；当主变压器停运时，冷却器潜油泵及电动水阀全停，第一（或第二）路水源水力控制阀及各相支管水力控制阀自动全关。在运行中，当第一（或第二）路水源供水流量小于350m³/h或水压小于0.2MPa时，延时5s后切换至第二（或第一）路水源供水。

主变压器冷却水系统在手动控制方式下，则手动启动各冷却器及阀门后，主变压器冷却系统投入运行。

（二）运行控制出现的问题

（1）投产初期，主变压器冷却器自动投入/退出由机组开/停机令控制，后改造为由主变压器的高、低压侧断路器中的任意断路器合闸/分闸状态控制。运行期间存在主变压器停运，其高压侧断路器需要合环运行时，冷却器仍会自动启动；同时其高/低压侧断路器检修期间，需要进行断路器试验亦会导致冷却器频繁自动投/退的不利情况。

针对此问题，将主变压器冷却器自动投/退运行改由主变压器高/低压侧任意隔离开关合闸/分闸状态控制。经检修期间改造后，能够适应各种运行方式。

（2）在冷却器分组循环运行中，若组中某一个冷却器故障被置“切除”控制方式，冷却器可编程控制器将会检测到冷却器故障信号消失，当需要启动该组冷却器时，其余两台冷却器启动运行正常，而被切除的冷却器无法启动，且不会自动切换至备用冷却器运行。3号主变压器C相8号冷却器在运行过程中，曾多次出现油流中断停止潜油泵运行及潜油泵运行时其电源开关跳闸，后将其控制方式一直置“切除”位。3号主变压器空载运行时“工作”组1、4、7号冷却器运行，当3号机组开机并网带负荷运行后，3号主变压器将启动“辅助”组2、5、8号冷却器，但8号冷却器因控制方式在“切除”位无法启动，同时又无法自动启动“备用”组中的9号冷却器，导致3号主变压器C相油温度及绕组温度较A、B相均高出10℃以上；当现地手动启动9号冷却器后，“辅助”组的2、5号冷却器自动停运，“备用”组的3、6号冷却器自动启动运行。若不能及时手动启动备用冷却器，3号主变压器C相油温度只有在达到70℃时9号冷却器才会自动启动，此时其绕组温度将会更高，这对主变压器的安全运行及其使用寿命是不利的。

对此问题，经研究，较好的改进方案是：将主变压器每相的三台冷却器单独进行“工作”“辅助”“备用”循环控制，取消原主变压器三相共九台冷却器的联合分组控制运行模式。当“工作”冷却器故障或被切除后，原“辅助”、“备用”冷却器自动转换为“工作”、“辅助”冷却器；当“辅助”冷却器故障或被切除后，原“工作”、“备用”冷却器自动转换为“工作”、“辅助”冷却器，依次类推。这样，冷却器故障停运被切除后将不影响其他任何一台无故障冷却器正常启动或运行，增加了冷却器运行的可靠性。

此改进方案涉及控制逻辑程序较大的修改，且问题只发生在1台（3号）变压器上，目前还未决定实施。

（金安桥水电站有限公司　蒋小明）

潘口水电站发电机定子铁芯工地装配的特殊工艺

潘口水电站安装2台单机容量为250 MW的立轴半伞式水轮发电机组。发电机定子机座外形为正16边形，分成4瓣运输，在现场组圆焊接。定子铁芯内径12 610mm、高1902mm；冲片采用低损耗、无时效、优质冷轧高磁导率硅钢片整体冲制，两面涂F级硅钢片漆；叠片采用交错叠装，多段分层压紧；其定位压紧采用128根特殊的定位拉紧螺杆（参见图2，在铁芯的一侧为圆形，在机座的一侧为倒鸽尾形，两头有压紧用螺纹），并在拉紧螺杆的上端设一组高强度碟形弹簧，以防止由于机械振动、温度变化及电磁综合作用而引起的松动。

潘口水电站发电机定子铁芯，不设传统的定位筋，叠片定位采用临时安装的导向键，并采用了蝶形弹簧压紧，其工地叠装有几项特殊工艺，现简介如下：

（一）导向键安装

导向键为方形，共96根，是临时作为定子铁芯叠片的基准，必须严格保证安装精度。

安装导向键时临时叠片20mm，叠片应兼顾铁芯半径、拉紧螺栓孔、导向键安装位置和压指中心。叠片过程中用整形棒整形，使其基本达到图纸尺寸。

在机座环板处导向键上装上角铁，使导向键靠紧环板并对称点焊下环板角铁两处，检查导向键周向垂直度偏差应小于0.1mm，后点焊上环、中环处角铁，导向键的安装工艺如图1所示。

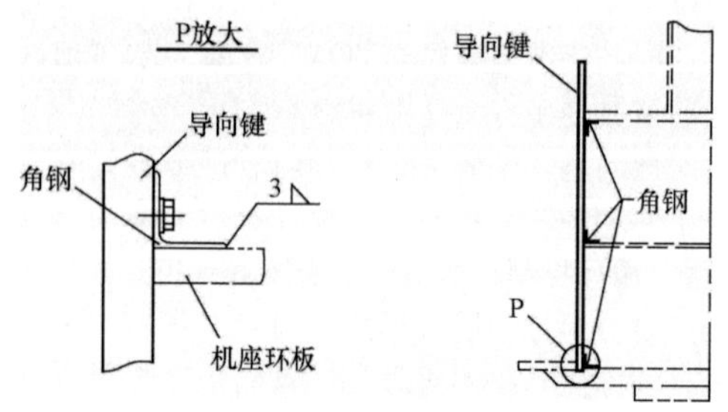

图1　导向键的安装

基准键调整时，在复查测圆架中心柱垂直度合格后用内径千分尺测量其上、中、下三点绝对值。以基准键上、中、下三点为零点，均匀对称用测圆架百分表分别调整其余导向键的半径，偏差控制在0.10～0.20mm以内。经反复调整，使导向键径向和周向垂直度偏差不大于0.05mm/m，内径绝对尺寸不大于±0.2mm。

导向键调整合格后，进行试叠片。整圆叠4层冲片，检查导向键两侧与冲片应有0.10mm左右的间隙，压指在齿中，用整形棒检查拉紧杆孔和衬口环应不影响拉块安装。合格后便可正式叠片。

与传统的定位筋叠片相比，采用导向键不需要焊接、调整方便，叠片效率高、质量好。

（二）拉块焊接

叠片完成并分段预压后，装上定位拉紧螺杆及碟形弹簧。在拉块与铁芯之间打入楔子板，胀紧拉块，使拉块与定位拉紧螺杆的鸽尾之间保留0.5mm间隙。由5名焊工按A、B、C、D、E的顺序在对称位置、同一方向、同一顺序将拉块点焊在机座环板上，先点焊①，再轮流点焊②、②（见图2），点焊时，应注意全焊缝不发生偏移。

然后拆下导向键与角钢的连接螺栓，拔出导向键，同时拆出导向键与机座之间的调整垫片和角钢。按上述方法，分3道工序对拉块实施满焊。在满焊的同时，必须严密监测铁芯内径的变化情况。最后拔出全部槽样棒，测量铁芯的高度、圆度和不平度，并做记录。

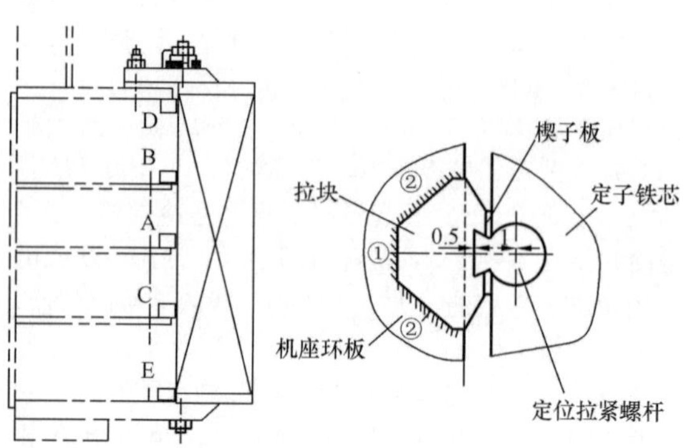

图2　拉块焊接顺序

（三）碟形弹簧压紧

碟形弹簧压紧时用扳手分三次对称把紧，每次把紧用深度游标卡尺测量碟形弹簧的压缩量，避免压缩量超过设计要求。铁损试验前可使碟形弹簧压缩量超出设计尺寸0.1mm，目的是试验震动完后刚好达到设计要求。铁损试验完成后再次进行测量，对未达到设计尺寸的碟形弹簧再次把紧至设计要求。

（中国水利水电第三工程局有限公司　唐鹏程）

电　　气

向家坝水电站计算机监控系统

（一）概况

向家坝水电站左岸（地面厂房）和右岸（地下厂房）各布置4台混流式水轮发电机组，单机额定容量为800MW，按"无人值班"（少人值守）原则设计。其计算机监控系统采用全开放、分层分布式结构，由主控级与现地单元控制级组成。主控级配置有4套数据采集服务器、1套历史数据库服务器集群、2套应用程序服务器、5套操作员工作站、2套移动操作员工作站、2套工程师工作站、2套培训工作站、4套调度通信服务器、2套厂内通信服务器、2套报表及电话语音工作站、1套电站生产信息查询服务器集群、2套WEB发布服务器、2套调度数据网接入设备、1套梯调接入设备、1套电网申请检修工作站、1套卫星时钟同步系统、1套模拟屏、4套UPS电源系统、2套组合液晶屏、8套控制网主干光纤环网交换机、4套信息网主干网交换机等。现地单元控制级包括8套机组LCU、2套公用设备LCU、2套500kV开关站LCU、2套厂用电LCU、1套坝顶LCU、1套模拟屏驱动LCU。

（二）调度关系及控制方式

向家坝水电站由国家电网公司国家电力调度控制中心（以下简称国调）调度。国调直接负责水电站的安全监视、自动发电控制（AGC）和自动电压控制（AVC）。电站的调度自动化信息在送往国调的同时也送往华中网调、四川省调、三峡集团公司成都集控中心，并可接受国调、三峡集团公司成都集控中心的调度指令。

计算机监控系统控制调节方式分为现地、厂站、集控和国调四种。控制调节的权限按现地级、厂站级和调度级（国调与集控中心优先级相同）的顺序从高到低，控制方式通过切换开关或软功能键切换，并设相应闭锁。

与国调、华中网调使用调度数据网传送，采用104协议。与四川省调使用调度数据网和点对点常规远动通道相结合的方式传输远动信息，常规远动通道的传输速率为1200bps，采用101协议。

与三峡集团公司成都集控中心的接口，主通道（A/B通道）通信速率100Mbps，通信规约为TASE.2；备用通道（C通道）通信速率10Mbps，通信规约为104；应急卫星通道（D通道）通信速率64kbps，通信规约为101；所有通道同时上送数据。

（三）计算机监控系统特点

监控系统采用三层网络结构，分别为电站控制网、电站信息网和信息发布网。电站控制网采用冗余双网，在左岸、坝顶、右岸地面和右岸地下四个节点各配置2台控制网交换机，构成1000Mbps双环主干网；各LCU配置的2台LCU交换机就近接入控制网交换机，构成双千兆主干环网加双百兆星型接入网的混合网络结构。

电站信息网采用1000Mbps冗余双网，在左岸、右岸地面分别配置2台电站信息网交换机，构成1000Mbps双链路聚合主干网；在右岸地下配置1台信息网子交换机，接入右岸地面信息A网交换机；主控级计算机采用2路网络接口就近接入信息网交换机，每个LCU各配置1台信息网交换机，就近接入电站信息网交换机或子交换机。

电站信息发布网采用1000Mbps单网结构，在右岸地面布置1台电站信息发布网交换机，并通过1000Mbps网络接口接入1台套信息查询数据服务器集群、2台套WEB发布服务器等电站信息发布层计算机。

卫星时钟同步系统设置1套主时钟（冗余主机）、2套二级时钟（冗余主机），分别布置在右岸地面、右岸地下和左岸；在坝顶LCU、机组LCU、公用LCU、开关站LCU分别设置1套三级时钟（单主机），构成三级时钟系统。

每套机组LCU共设有10个柜，其中本地柜4个、测温柜远程I/O柜5个、进水口闸门远程I/O柜1个。机组水力机械保护功能由机组LCU本体柜PLC和机组LCU水机保护回路执行，构成双套水机保护。常规继电器回路的水力机械事故保护主要包括各轴承轴瓦温度过高、电气过速、机械过速、油压事故、主配拒动、事故停机时导叶剪断销剪断等。

全站设有1套开关站GIS保护监控系统，左、右岸电站分别组建GIS保护监控系统双控制网，分别设置1套GIS操作员工作站、1套GIS维护工程师站、1套远动通信装置。开关站断路器、隔离开关、接地开关位置信号，断路器、隔离开关、接地开关的分/合闸命令，保护动作信息和测量信息等均通过远动通信装置与计算机监控系统数据采集服务器对接。计算机监控系统主控级负责发操作命令和监视 GIS 设备状态，GIS 保护监控系统完成操作的软件闭锁、操作过程及设备状态的反馈。

模拟屏 LCU 共 5 个屏柜，其中本地柜 2 个，远程 I/O 柜 3 个。模拟屏 LCU 对电气主接线中的断路器、隔离刀闸、接地刀闸的开关状态以及机组、线路、母线的频率/电压/电流/有功/无功等电气量使用 I/O 方式直接采集，并采用 I/O 硬接线方式驱动模拟屏上的表计。

在左、右岸电站计算机室各设置 1 套机房 KVM 系统，集中管理所有服务器。

（中国水电顾问集团中南勘测设计研究院
袁志鹏　刘立红　罗　云）

糯扎渡水电站计算机监控系统

糯扎渡水电站位于云南省思茅县与澜沧县交界处的澜沧江下游干流上，装有 9 台单机容量为 650MW 的水轮发电机组，总装机容量为 5850MW。电站以发电为主，兼有防洪、灌溉、拦沙及航运等综合利用，系澜沧江中下游河段梯级开发的第五级电站和“龙头水库”。电站主接线为：发电机与主变压器采用单元接线，发电机出口装设发电机断路器，发电电压母线采用离相封闭母线，500kV 开关站采用 4 串 4/3 断路器接线，出线 3 回。开关站与变压器高压侧间采用 500kV GIL 相连。

糯扎渡水电站采用南京南瑞集团公司开发的计算机监控系统，其上位机采用 NC3.0 监控系统软件，该软件是南京南瑞集团公司积累了多年 NC2000 监控软件的开发经验以及在国内外多个电厂的使用经验后、开发完成的面向大型水电厂和流域集控中心的新一代水电厂计算机监控系统软件；下位机采用施耐德 Unity Quantun 系列智能 PLC。

（一）系统结构

糯扎渡水电站计算机监控系统采用开放分布式体系结构，符合技术发展的趋势，系统功能分布配置，主要设备采用冗余配置。设电站级和现地控制单元级。电站计算机监控系统的网络结构为：电站级采用双星型以太网结构，在地下简易控制室和地面中控室里面分别设置两套工业以太网交换机，两个控制室里的工业以太网交换机采用千兆双光纤环网进行连接。厂站控制层网络传输速率为 100Mbps /1000Mbps 自适应式，通信协议采用 TCP/IP 协议，主用网络发生链路故障时能自动切换到备用链路。现地控制单元均采用工业级交换机，各现地控制单元节点配置 2 套工业以太网交换机，系统各节点间的协调通过系统网络控制软件来实现。

电站监控系统采用全计算机监控系统，电站控制方式设置电网调度控制、集控中心控制、电站计算机监控系统上位机控制、电站现地 LCU 控制四级。

1. 现地控制层结构　现地控制层主要设有 29 套现地控制单元，包括 9 套机组 LCU、9 套机组测温 LCU、5 套开关站 LCU、5 套厂用电及公用 LCU、1 套坝区 LCU。

2. 电站控制层结构　电站控制层由 2 套 SUN 公司 Sun SPARC Enterprise T5240 Server 冗余数据服务器、2 套 SUN 公司 Sun SPARC Enterprise T5240 Server 历史数据服务器、5 套 HP 公司生产的 DL380G6 操作员工作站、1 套 HP DL380 G6 ON-CALL 服务器、1 套 HP DL380 G6 厂内通信服务器、1 套 HP DL380 G6 生产信息服务器、2 套英奥公司冗余 GPS 时钟同步装置及外围设备等组成。

3. 集控控制层结构　集控控制层由 2 套 HP DL380 G6 通信服务器及交换机、路由器、纵向加密装置等外围设备组成。

4. 调度控制层结构　调度控制层由 4 套 Nematron 公司生产的 NPCII 无盘无风扇调度通信工作站及纵向加密装置等外围设备组成。

（二）系统功能

糯扎渡水电站是分层分布式计算机监控系统，控制级别现地最高，依次是电站计算机监控系统上位机控制方式（地下简易控制室高于地面中控室）、集控中心、调度机构控制。在现地 LCU 可实现现地 LCU 控制与电站计算机监控系统上位机控制两种方式切换，电站计算机监控系统上位机可实现电站计算机监控系统上位机、集控中心、调度机构三种方式的控制切换，集控中心可以实现集控中心、调度机构两种方式的控制切换。电站的实时数据由设于电站的调度通信服务器直采直送。电网调度及集控中心对电站的控制满足电网调度管理原则。

1. 现地控制层功能　现地控制层完成对相应被控对象的监视和控制。现地控制层主要有数据采集与处理、安全运行监视、控制和调节、时间检测和发送、数据通信、自诊断功能和输出保护等功能。

现地控制单元设有“现地/远方”切换开关。在现地控制方式下，现地控制单元只接受通过现地级人机界面、现地操作开关、按钮等发布的控制及调节命令。厂站级及调度级只能采集、监视来自电站的运行信息和数据，而不能直接对电厂的控制对象进行远方控制与操作。

2. 电站控制层功能　电站控制层完成对电站所有被控对象的监视和控制。电站控制层主要有数据采集与处理、实时控制和调节、参数设定、监视、记录、报表、运行参数计算、通信控制、系统诊断、软件开发和画面生成、系统扩充（包括硬件、软件）、AGC、AVC和运行管理等功能。

3. 集控控制层功能　集控控制层通过4路IEC60870-5-104规约与华能澜沧江集控中心交换信息，接收并执行集控中心发出的控制、调节命令，同时向集控中心传送厂内实时数据，实现与集控的遥测、遥信、遥控、遥调“四遥”功能。

4. 调度控制层功能　调度控制层通过6路IEC60870-5-104规约与南方电网调度中心的能量管理系统（EMS）、调度数据网（MSTP）、备调（BAK）交换信息，通过调度控制层接收电站控制层上送的遥测量和遥调量，并下发负荷曲线，实现对电站的监视，从而实现与南网的遥测、遥信功能。调度控制层控制权限最低，与电站控制层控制权限互相闭锁。

同时，调度控制层通过6路IEC60870-5-104规约与云南省电网调度中心的主调系统、备调系统、EMS系统交换信息，省调通过调度控制层接收电站控制层发送的遥测量和遥调量，从而实现对电站的远程监视。

（三）系统特点

（1）控制系统和控制策略完全适应我国电网的运行，运行方式既考虑机组的安全，又充分考虑电网安全的需要。

（2）采用全分布开放系统结构。主机、操作员工作站、工程师/培训工作站等使用符合IEEE和ISO开放系统国际标准的Unix/Linux/Windows操作系统。按照开放的接口、服务和支持格式规范而实现的系统，使应用系统能以最少修改，实现在不同系统中的移植，并能同本地或远程系统中的应用实现互操作。人机界面友好，全中文组态、显示，操作使用符合中国人习惯。

（3）系统采用分布式体系结构。系统以双星型以太环网为核心，实现各服务器、工作站功能分担，数据分散处理，既有效地减少了主服务器的负载，又降低了各个工作站故障对整个系统的影响，从而使整个系统的配置更加合理、可靠。

（4）各服务器/工作站在系统中处于平等地位，系统以后扩充时不会引起原系统大的变化，并为整个系统不断完善创造条件。

（5）系统主网络采用千兆双光纤以太环网，既保证了较高的通信速率，又保证了很高的可靠性，系统上任一节点故障或任一段光缆中断均不影响系统其他部分的正常运行。

（6）与南网网调和云南省调的通信采用了无风扇、无硬盘、双电源的无盘工作站，大大提高通信的可靠性和安全性。

（7）重要设备热备冗余化。使用了高性能、高质量的设备，降低了设备故障率，同时系统中的重要设备采用热备冗余配置，如电站控制层的服务器、现地控制层的PLC以及双以太环网等，有效地降低了重要设备故障时的影响，提高了电站的安全稳定性。

（8）系统先进、可靠。冗余化的设计和开放式系统结构，使系统既可靠实用、又便于扩充，整个系统性能价格比高。

（南京南瑞集团公司　程国清）

锦屏二级水电站计算机监控系统

（一）概况

锦屏二级水电站是雅砻江上水头最高、装机规模最大的一座水电站，额定水头288m，总装机容量4800MW，单机容量600MW，多年平均发电量242.3亿kW·h，年利用小时数5048h；以500kV电压等级接入电力系统，在系统中担任调峰、调频和事故备用。电站按“无人值班”设计，并同期接入雅砻江成都集控中心，接受集控中心的监控。

电站按照现地（LCU）、中控室（包括锦屏一级和锦屏二级水电站中控室）、集控中心和电网调度监控的指导思想进行总体设计和配置。正常情况下，电站由集控中心计算机监控系统对其进行远方直接监控。当集控中心计算机监控系统因故障而失效或通信中断时，由锦屏一级计算机监控系统进行监控。当锦屏一级计算机监控系统因故障而失效或通信中断时，由锦屏二级电站计算机监控系统进行监控。锦屏二级水电站计算机监控系统能实时向锦屏一级水电站计算机监控系统传送锦屏二级水电站的运行信息和数据。

锦屏二级水电站计算机监控系统采用南京南瑞集团公司自行开发、具有完全自主知识产权的SSJ-3000计算机监控系统，其上位机采用南京南瑞集团公司的NC2000（V3.0）监控系统，下位机采用施耐德公司的Unity PLC。

（二）监控系统功能

计算机监控系统能够实时、准确、有效地完成对本电站被控对象的安全监控。其主要功能如下：数据采集和处理、安全运行监视及事件报警、控制与调节、自动发电控制（AGC）、自动电压控制（AVC）、运行参数统计记录与生产管理、人机接口功能、数据通信功能、设备运行管理及指导功能。

锦屏二级计算机监控系统厂站控制级采用南京南瑞集团公司水利水电技术分公司开发的NC2000上位机监控系统。该系统是最新研制的面向大、中型水电厂的新一代计算机监控系统，其软件用JAVA语言开发，解决了在不同操作系统平台（UNIX、MS Windows）和不同标准（Microsoft、OSF）上都能独立运行的问题，减少了重复开发，人机界面友好，图形丰富，功能强大，使用方便，可靠性高。系统具有良好的开放性，可扩展性和移植性，并且主要控制设备均采用了冗余配置，保证了系统的安全稳定运行；采用分层分布式结构，系统中任何局部设备的故障均不会影响监控系统总体功能的实现。整个系统采用全分布开放式的全厂集中监控方案，设有负责完成全厂集中监控任务的厂站控制级设备和负责完成分布监控任务的现地控制单元级设备。现地控制单元LCU既作为全厂监控系统的现地控制层，向厂站控制级上行发送采集的各种数据和事件信息，接受厂站控制级的下行命令对设备进行监控，又能脱离厂站控制级独立工作。在系统总体功能分配上，现地控制单元LCU主要完成数据采集和控制操作等功能。厂站控制级设备主要完成全厂设备的运行监视、控制、操作、事件报警、AGC、AVC、与外系统通信、统计记录等功能。

（三）网络系统设计

计算机监控系统采用全开放的分层分布式星型网络结构，由网络上分布的各节点计算机单元组成，各节点计算机采用局域网（LAN）联接；与电网调度、集控中心等外部系统采用广域网联接，与锦屏一级电站通过主干网交换机形成双环网进行连接。

计算机监控系统主干网交换机由2台三层交换机组成，布置在地下副厂房计算机及培训室。主干网交换机选用德国赫斯曼公司的MACH4000骨干级工业以太网交换机，传输速率1000Mbps。1～14LCU现地级交换机与厂站级交换机之间通过多模光缆连接成冗余星型以太网；15～17LCU现地级交换机与厂站级交换机将采用单模光纤连接成冗余星型以太网；网络传输速率均为100Mbps。任意网络节点故障不影响整个系统的正常工作。双网络之间能实现自动切换，切换时不得引起系统扰动，不得影响系统功能和丢失数据。

（四）GPS方案设计

上位机需要提供2路以太网对时信号给交换机，各主机通过网络对时；各LCU需要提供DCF77信号对时，其中，1～8号机组LCU各需要配置3路，地下副厂房公用LCU需要配置1路，主变压器洞公用LCU需要配置2路，500kV GIS第一串至第四串LCU各需要配置1路。

（五）电源系统设计

厂级上位机系统的电源均来自UPS系统，提高系统电源的统一性。

现地控制单元采用1路220V交流厂用电和电站内设置的1路220V直流电源并列供电的冗余电源系统，开关电源带滤波器、防雷装置且具备抗干扰功能，其中电源装置的交流输入端配置隔离变压器，保证电源的可靠性。交流或直流的外供电源之一消失（或退出）时，均不影响监控系统正常工作。

（六）工程进度

2012年4月11～12日进行第一批设备的出厂验收；5月16日第一批设备发货，5月22日到货漫水湾；6月25日开始公用系统初次现场调试，9～12月完成前两台机组的投运，同时进行第二批设备出厂前调试及厂内验收。2012年12月24日，锦屏二级1号机组调试完成进入72h试运行，12月28日，锦屏二级2号机组调试完成进入72h试运行。

（南京南瑞集团公司　刘林兴）

官地水电站监控系统投入运行

（一）概况

官地水电站装4台600MW机组，总装机容量2400MW，年平均发电量为111.29亿kW·h，年利用小时数4637/4946h。电站的开发任务主要是发电，在电力系统中与锦屏一、二级电站作为一组电源同步运行，在系统中承担调峰及调频任务。作为首个接入锦苏直流特高压输电线路的特大型水电站，该电站配合锦苏直流输电线路试验完成了相关功能测试，满足各项指标要求。该电站也是继二滩水电站后雅砻江流域水电开发有限公司首个开发并率先投产的电站。

官地水电站计算机监控系统采用南京南瑞集团公司自行开发、具有完全自主知识产权的SSJ-3000计算机监控系统，其上位机采用南京南瑞集团的NC2000监控系统，下位机采用SJ-500型现地控制单元。

2012年3月，官地水电站首台机组投入商业运行，截至2012年12月，该电站4台机组已有3台投产，并已正式接入集控中心，受雅砻江流域集控中心统一调度。官地水电站计算机监控系统自投入运行以来，运行稳定可靠，各项功能达到设计要求。

（二）高可靠冗余的系统结构

设备的冗余配置是确保设备的安全运行和提高

系统稳定的基础，官地水电站的计算机监控系统均采用了高可靠的冗余化措施，对于主机、历史服务器、网络设备、调度通信设备、集控通信设备等均配置了双套冗余设备，并采用双硬盘（RAID1 方式冗余）和双供电电源，确保设备的可靠运行。对于核心服务器均选用高性能、多任务、多用户型小型机，配有足够的通信接口，并安装安全性和稳定性更高的 Unix 操作系统，其他设备也都采用了可靠的 Linux 系统。

对于现地控制层，其中 CPU 部件、电源设备、通信部件、现场总线也采用双重化，而开入、开出、模入等部件因其高度的可靠性，采用单部件；同时分别为每台机组各配置了一套 LCU，地下副厂房厂用及公用设备配置了一套 LCU，主变洞厂用及公用设备配置了一套 LCU，500kV 开关站配置了四套 LCU，大坝闸门配置了一套 LCU；各远程 I/O 通过中继器进行连接。由于地下厂房、开关站和大坝距离都较远，设计时在各重要部分都配置了配线架，并通过主干网交换机形成环网架构，各现地设备通过交换机以星型方式接入，实现了网络的双冗余、光纤铺设路径的双冗余，确保网络稳定可靠。系统结构图如图 1。

对于集控通信层，配置 2 台独立的集控通信服务器，采用“直采直送”模式，确保即使在电站侧主机崩溃情况下，集控侧还不受任何影响，既提高了传输效率也大大提高了电站的可靠性。

（三）系统功能和特点

（1）智能化监控软件：雅砻江官地水电站监控系统采用 NC3.0 水电厂计算机监控系统软件。该软件是南京南瑞集团公司积累了多年 NC2000 监控软件的开发经验以及在国内外多个电厂的使用经验后、开发完成的面向大型水电厂和流域集控中心的新一代水电厂计算机监控系统软件，并首次在同规模的电站中得以应用。

（2）采用全分布开放系统结构。主机、操作员工作站、工程师/培训工作站等使用符合 IEEE 和 ISO 开放系统国际标准的 Unix/Linux/Windows 操作系统。

（3）系统采用分布式体系结构。系统以双以太环网为核心，实现各服务器、工作站功能分担，数据分散处理，既有效地减少了主服务器的负载，又降低了各个工作站故障对整个系统的影响，从而使整个系统的配置更加合理、可靠。

（4）系统主网络采用 1000Mb/s 交换式冗余双光纤以太环网，光纤通过不同的路径铺设，既保证了较高的通信速率，又保证了很高的可靠性，系统上任一节点故障或任一段光缆中断均不影响系统其他部分的正常运行。

（5）全方位的防雷措施。本系统充分考虑了模拟量信号的防雷、串口防雷、电源防雷、GPS 信号输入防雷等的防雷措施，确保设备的安全可靠。

（6）全方位的防误措施。通过程序闭锁和南瑞公司的 DOP-1 输出保护技术，确保了输出的正确性，防止设备误动，提高了现地设备的可靠性。

（7）一整套软件防误措施，确保了电站的安全运行。

（8）与集控通信采用“直采直送”模式，该模式稳定可靠，确保集控运行稳定。

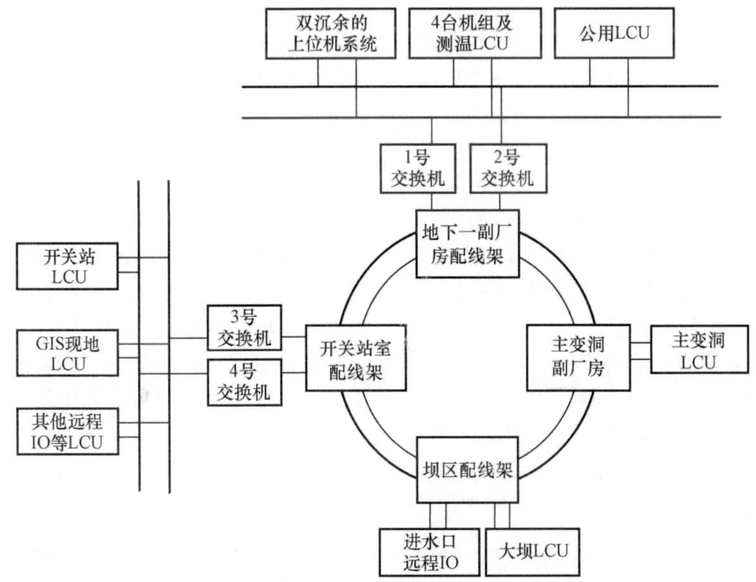

图 1　官地水电站监控系统结构及网络布局图

（9）售后服务和技术支持迅速、及时。

（南京南瑞集团公司　杨　剑）

湖北堵河潘小龙集控中心监控系统投入运行

（一）工程概况

堵河为汉江上游南岸最大支流，全长（包括上游泗河）354km，总落差超过500m，全流域面积12 502km²，年径流量约60亿m³。汉江水利水电（集团）有限责任公司、河南小浪底水资源投资有限公司、北京能源投资（集团）有限公司投资开发堵河流域的潘口、小漩和龙背湾三个电站；根据发展战略需求，建立湖北堵河潘小龙集控中心，以实现其对所属的湖北堵河潘小龙梯级电站进行集中远方实时安全监控、经济运行和联合优化调度、管理的目标。南京南瑞集团公司为湖北堵河潘小龙集控中心提供了以SSJ-3000型计算机监控系统为基础的集控监控系统解决方案和全套设备。

（二）集控监控系统建设

湖北堵河潘小龙集控中心监控系统采用NC3.0水电厂计算机监控系统软件。该软件是南京南瑞集团公司积累了多年NC2000监控软件的开发经验以及在国内外多个电厂的使用经验后，开发完成的面向大型水电厂和流域集控中心的新一代水电厂计算机监控系统软件，并在该项目上成功投入使用。

该监控系统软件主要具备数据采集和处理、安全运行监视及事件报警、控制与调节、自动发电控制（AGC）、自动电压控制（AVC）、运行参数统计记录、生产管理、数据通信、设备运行管理及指导等功能；集控中心运行人员能够方便地实现对梯级各电站被控对象的实时、准确、有效、安全的远程监控。

集控监控系统的硬件设备按功能划分、关键设备热备冗余的原则配置，主要包括2台应用程序服务器、2台历史数据服务器（含磁盘阵列）、3台操作员工作站、1台工程师/编程员站、1台报表管理工作站、1台操作员培训和专家系统站、2台梯级站接入通信服务器、2台调度通信服务器、1台实时平衡调度服务器、2台Ⅱ区数据接口服务器、2台WEB数据库服务器（含磁盘阵列）、1台WEB发布服务器、1台语音报警及ON－CALL系统工作站等。其中，对于核心服务器均选用高性能、多任务、多用户型小型机，配有足够的通信接口，并安装安全性和稳定性更高的Unix操作系统，其他设备也都采用了可靠的Linux系统。

对于关键的数据采集功能，建设了双通道，确保当电站侧1台梯调通信机不能正常工作时，集控依然能完成全厂LCU数据采集和命令下发工作，同时提高了数据采集的效率，降低了故障风险，进一步增强集控运行的安全可靠性。

集控监控系统按照实际运行需求，设计了三个层次的控制级别，即，上级调度机构远方控制方式、潘小龙集控中心集中控制方式和“各梯级电站”控制方式。当电站的控制权在集控中心时，由潘小龙集控中心控制室操作员工作站对各电站设备实现与各电站中控室操作员工作站完全相同的实时控制、安全监视及调度管理。集控中心运行值班人员通过其控制键盘，对各电站下达控制、调节指令。

（三）梯级计算机监控系统网络结构

集控中心计算机监控系统采用开放分层分布式系统结构，可分为生产信息查询层、控制层、非控制层和接入层，相应的集控中心监控系统也由四个局域网组成，分别是：生产控制网（安全Ⅰ区）、生产非控制网（安全Ⅱ区）、生产管理信息网（安全Ⅲ区）和接入网。

生产控制网采用千兆以太网双网结构，配置2台千兆以太网交换机，传输介质为超5类双绞线，采用国际标准网络协议TCP/IP。系统中的服务器和工作站等设备通过冗余配置的1000Mbps以太网交换机连接，以保证计算机监控系统的安全运行。生产控制网与生产非控制网采用防火墙隔离。

生产非控制网配置1台1000M以太网交换机，主要连接操作员培训站、语音报警及ON-CALL系统工作站、报表管理工作站和连接数据交换平台的数据接口服务器等。

生产管理信息网配置1台1000M以太网交换机，主要连接WEB服务器、生产管理信息服务器及流域梯级水调自动化系统外网等设备，并通过防火墙与公司管理信息系统连接，实现电站监控WEB发布功能。生产管理信息网通过网络安全隔离设备与集控中心生产控制网连接。

接入网采用100M以太网双网结构，传输介质为超5类线，采用国际标准网络协议TCP/IP。2台互为备用的监控通信服务器分别与监控系统的2台生产控制网交换机和接入网交换机连接。

集控中心计算机监控系统电站接入网采用主、备用通道传输数据。主备用通道均采用电力光纤专用通道。

调度数据网按双平面的接入方案考虑，通过独立的通道送网调与省调，同时应保证数据的实时性。

调度接入网核心层设在集控中心，采用高性能的核心路由器。路由器的接口配置及协议转换功能将根据网络主、备用通道的要求配置相应接口和协议转换模块，并且路由器将具有一定数量的扩展插槽，以此满足调度系统要求，便于省备调的接入，构建备用通道。上送上级调度机构所需各梯级电站信息和接收上级调度机构下达各梯级电站指令。

（四）电站接入通信策略

电站的接入包括三座水电厂，预留适当数量的备用接入口。

电站生产控制大区通过集控数据网主备通道与集控中心连接，实现远程网络通信，集控数据网主备用通道均采用电力光纤专用通道。

电力专用纵向加密认证装置分别配置在电站与集控中心实时控制区（安全Ⅰ区）的通信通道上。通过装设电力纵向加密认证装置，采用认证、加密、访问控制等技术措施，实现数据的远方安全传输以及纵向边界的安全防护，实现双向身份认证、加密、访问控制，实现集控中心（集控数据网）与电站实时控制区之间的边界保护。

硬件防火墙配置在电站与集控中心非控制生产区（安全Ⅱ区）的通信通道上，实现纵向边界保护。

此外，通过在通信通道边界引入入侵检测监测节点、通信网关服务器配置安全加固软件等手段，有效强化操作系统访问控制能力，阻断攻击者的进攻，从而起到保护用户网络和系统免受外部和内部的攻击的作用。

（南京南瑞集团公司　陆宋杰）

松江河发电厂智能化系统正式投入运行

（一）概况

2012年11月23日，作为国家电网公司智能水电厂建设试点工程的松江河发电厂智能化建设项目通过竣工验收，由南京南瑞集团公司自行设计和研发、具有完全自主知识产权的智能化系统正式投入运行。这标志着我国首次提出的智能水电厂的运行方式由概念变成现实。

松江河梯级水电站位于吉林省东南部第二松花江上游支流松江河和漫江上，由小山（2×80MW）、双沟（2×140MW）、石龙（2×35MW）三座电站和松山、三道松江河（未建成）两个引水工程共五部分组成。梯级电站以发电为主，在东北电网中主要担任调峰与事故备用任务，水利方面兼顾下游抚松县城的防洪。三座电站规划常规装机510MW，年平均发电量8.369亿kW·h。

松江河发电厂智能化建设项目主要包括智能化水电厂规划勘测设计、统一数据共享平台建设、智能化基础平台建设、专家知识库建设和管理、智能化应用中心建设、计算机监控应用建设、经济调度EDC与控制建设、在线监测与状态检修决策支持管理系统建设、防汛决策支持系统建设、通信管理平台的建设、安全防护管理系统建设、信息综合监管平台建设和二次安全防护系统建设等。

（二）智能化水电厂系统结构

1. *系统总体结构*　智能化统一平台总体设计采用分布式面向服务的组件模型设计思想，统一规划设计SOA组件模型框架，将各类应用功能划分为不同服务模块，通过微内核服务管理实现模块间数据交互、事件发布、应用调用等功能，同时利用不同管理区的数据中心与实时数据总线实现各类数据源共享，在此基础之上建立信息互动、综合监控、智能决策的智能化水电厂综合应用平台。

2. *系统层次结构*　总体架构横向按照二次安全防护要求划分为生产控制大区（Ⅰ、Ⅱ区）和管理信息大区（Ⅲ区、Ⅳ区），两大区之间采用物理隔离装置连接。

（1）生产控制区纵向上保留各站原有的现地自动化系统及其功能，划分为集控层和现地层。现地层各个子系统相对独立，主要包括现地监控系统、现地继电保护系统、调速系统、励磁系统、五防系统、现地状态监测系统、现地水情自动测报系统等现地自动化系统，现地系统通过IEC61850标准和集控中心的统一平台相连。生产控制区集控层建立在梯级调度中心，统一平台具有集控功能、经济调度与控制功能、状态监测功能、水调功能等功能模块，进行分析处理以及智能化决策分析；能够实现与管理信息区数据的交互，能够实现对全厂生产运行过程的智能化应用。

（2）管理信息区纵向上也分为集控层和厂站层两层。厂站层主要包括：门禁控制系统、消防系统，通过IEC61970标准的Web Service接口和集控层连接。集控层各个系统相对独立，包括大坝监测和分析评估、生产管理系统、工业电视系统、无线巡检系统、运维系统、环境监测系统，通过IEC61970标准的Web Service接口和统一平台连接。统一平台具有气象系统功能、状态检修功能、防汛决策功能、Web发布功能等，统一平台能够与各个子系统进行通信；并能够实现生产运行管理所需要的各类资料的自动生成和数据联动；能够实现智能化决策辅助。

（三）系统应用功能

系统应用功能结构根据总体设计分为现地站级自动化系统、一体化管控平台、基于平台的电厂业务应用三个层次。各站级自动化系统负责底层硬件设备的监视与控制，通过统一的现地数据总线，以标准协议进行通信，是智能水电厂的基本应用单元。各种标准化信息与数据汇总至一体化管控平台，一体化管控平台具备数据统一存储、访问接口，提供一体化的应用服务、组件发布、信息对外交互等基础功能，是整个智能水电厂的核心。在此基础之上，在集控中心开发统一的智能水电厂应用功能，以满足水电厂生产运行的各种需求，如实时监控、经济安全运行、信息管理等。在监控中心实现各种电厂功能的发布与组合，同时由于统一平台具备全视景的数据提取能力，因此可在基础功能的应用之上根据专家知识库建立各种智能化的分析评估专家系统。利用先进的分析技术与专业模型，提供安全、调度、设备检修等各种分析与决策辅助功能，从而有效提升水电厂的运行效益。

1. 一体化管控平台　系统通过面向服务的基础平台向各类应用提供支持和服务，主要功能包括数据库管理与访问、数据交换机制、应用服务和系统管理等基本功能。平台需要全面支撑智能水电厂实时监控、调度管理、状态监测等核心应用，并具有标准、开放、可靠、安全的技术特征。

2. 应用业务结构　在一体化管控平台的基础架构之上，实现系统的各种应用功能，其功能应覆盖水电厂日常运行调度等各领域。按照水电厂运行的核心业务，系统应用的业务架构分为六大类应用：

(1) 运行监控应用。监控中心实时监控系统的安全分区位于生产控制区的Ⅰ区，接受上级电网调度机构的调度命令和要求，作用到各现地控制单元，实现遥控、遥调、遥测、遥信及经济运行执行。同时控制系统作为电力系统安全稳定防线的一个重要部分，需实现在线稳定控制系统的控制策略，完成具有“自愈”功能的安全稳定控制系统，作为一个重要组成部分纳入智能化水电站和智能电网的建设。

(2) 经济运行应用。经济运行涉及水库来水预报、水电发电调度、防洪调度、效益考核及分析、风险分析、经济调度与控制等各方面内容，主要利用各类预测、调度、控制智能模型与算法，实现水电厂水资源合理高效利用、提高机组发电效率并进一步加强与电网的友好互动。

(3) 生产管理应用。生产管理应用以设备管理为核心，包括从设备投运到设备退役的全过程闭环管理。生产管理业务主要包括：设备管理（包括设备评价管理）、运行管理、修试管理、大修技改管理等。应用通过基础平台获取或存储各种设备相关信息，进行各种分析与处理，同时通过高清视频监视监控实现实时监视，报警等应用，各种信息汇总处理后，通过企业门户 Web 进行信息发布。

(4) 安全防护管理。针对电厂运行中的各种日常操作流程进行安全防范管理，涉及电力五防、无线巡检、门禁、环境监测、视频监视等多个环节，其目标是保证电厂的日常生产运行的安全，应用通过安全管理的一体化设计实现各防护监控间的互动，如故障与视频的联动等，实现局部异常，统一防范的应用框架。

(5) 在线监测与状态检修应用。基于设备的实际工况，根据其在正常运行下各种特性参数的变化，通过分析比较来确定设备是否需要检修；同时根据设备的运行状态对设备进行评估，通过对设备的评估，掌握设备的完好率情况，及时消除设备缺陷，提高设备的完好率和健康水平，保证设备的安全运行。通过对设备状态的监控预警，使设备主人和管理人员及时掌握设备的运行状态，对存在问题的设备进行维护，保证电厂的设备安全运行。

(6) 多系统联动。多系统联动是基于各系统标准通信接口的系统信息、策略的交互，其交互策略由具体应用业务确定，系统联动包括视频监视系统、门禁系统、消防系统、巡检系统、防误系统等各类不同应用的系统，联动策略作为统一控制与管理的模块负责管理各系统与平台间的联动模式，根据具体工程定制相应的功能。

（南京南瑞集团公司　程国清）

松江河发电厂智能化建设在线监测与状态检修辅助决策系统

2012 年 11 月 23 日，松江河发电厂智能化建设在线监测与状态检修辅助决策系统通过验收，正式投入运行。这是国内首套投入实际应用的状态检修辅助决策系统。

松江河发电厂由小山（2×80MW）、双沟（2×140MW）、石龙（2×35MW）三座电站和松山、三道松江河（未建成）两个引水工程共五部分组成，装机总容量为 510MW，年平均发电量为 8.369 亿 kW·h。

（一）系统定位

实现水力发电主设备的状态检修辅助决策是松江河发电厂智能化建设的重要部分。作为状态检修两大体系之一的技术支撑层（另一体系为组织管理层）的具体实现形式，松江电站工程建设局在线监测与状态检修辅助决策系统高级应用软件的主要功能定义为：从水电厂智能化统一平台获取水力发变电主设备相关基础资料、设备实时/历史数据等反映设备健康状态的特征参数，从现场状态监测采集单元获取设备对象的状态信息进行分析诊断，从而评价设备当前健康状况，并进行有效的风险评估，最终通过优化检修策略模型进行综合分析、推理、诊断，给出维修建议；并将分析结论及维修建议传输给统一平台数据中心，供生产信息管理系统查询引用，为生产管理者提供状态检修决策建议，为制定设备检修维护计划提供支持，从而有效支持状态检修工作的具体实施。

（二）建设目标

松江河发电厂在线监测与状态检修辅助决策系统立足水电厂智能化统一平台，实现松江河发电厂发电机、水轮机、变压器等水力发电主设备状态数据的采集、特征计算、实时监测、故障录波、性能试验记录及技术诊断，为不同设备提供统一数据接入模型和分析诊断模型，为电厂计划检修向状态检修的过渡提供技术保证，以促进状态检修工作的实现。

（三）开发思路

系统基于设备可靠性检修技术，借鉴设备全寿命周期资产管理思想，采取符合 IEC61850-MMS 网络通信国际标准进行数据传输和共享，建立水电厂统一设备状态监测检修信息平台。

系统采用状态检修辅助决策模式，构筑设备状态主题数据中心，充分运用诊断分析系统、可靠性检修策略等高级应用算法及模型实现设备的状态评估、故障诊断及状态预测。

（四）系统首创性

（1）国内首创地将水轮机、发电机设备类型、设备部件、设备参数建模体系引入在线监测与状态检修辅助决策系统符合国家电网公司输变电设备状态检修发展思路。

（2）成功开发了国内首套基于 B/S 模式和面向服务架构（SOA）的分布式“水力发电主设备在线监测与状态检修辅助决策系统”，从而构建起统一的水电厂主设备状态监测、故障诊断及其检修决策平台。

（3）国内首创地将水电机组振动、摆度、压力脉动、空气间隙、磁通量、局部放电、能量效率、运行工况、变压器油色谱等状态监测分析诊断技术，统一平台及生产管理系统信息互通互联共享技术，IEC61850/IEC61970 智能化变电站标准数据通信技术引入，为智能水电厂机组在线监测与状态检修辅助决策平台的构建提供了完整的信号样本，获取了多维趋势分析、深入数据挖掘、全面辅助决策等技术实现手段。

（4）国内首创地将三维数字建模技术运用于水轮机、发电机设备及其部件的模型视图构建及动态展示，符合当前状态检修系统展现友好化、互动化的发展方向。

（5）国内首创地将系统计算的机组实际振动区数据提供给监控系统，指导其自动发电控制（AGC）避开机组真实振动区运行，从而真正提高机组运行效率，延长机组运行寿命。

（6）电力系统实时数据库的首次应用，可为水电厂设备状态监测检修系统海量数据的组织、压缩、传输、存储、管理与检索提供完美解决方案。

（南京南瑞集团公司　张红方）

向家坝水电站的水机保护

向家坝水电站装设 8 台单机容量为 800MW 的巨型水轮发电机组，单机容量为世界之首。电站计算机监控系统采用北京中水科水电科技公司开发的 H9000 系统，每台发电机组配置 1 套 LCU。LCU 控制程序中采用了 2 个程序段（MARK0 与 MARK2）进行水机保护相关量的逻辑运算，作为水机的主保护。另外，在 LCU 盘柜中配置了简单的常规回路，作为水机的后备保护。

（一）水机主保护

LCU 程序利用 PLC 语言 FBD（功能块图）进行编程，可以对水机提供全面且可靠的保护，并且利用同一设备的模拟量与开关量进行逻辑运算，可以最大程度的防止误动。

1. 保护范围　按照故障的严重程度划分为 MARK0 一类机械事故、MARK2 二类机械事故。MARK0 与 MARK2 的区别主要在于动作后果：MARK2 只关导叶停机；而 MARK0 除关导叶停机外，还需紧急关闭进水口闸门。

（1）MARK0 在发生导叶剪断销故障并且转速大于 105%P_e（额定转速，下同）、机械过速装置动作或者转速大于 150%P_e、进水口闸门下滑至事故位置与闸门开度小于 90%全开开度三种故障时提供保护。这时仅仅关闭导叶并不能控制事故，还需借助关闭进水口闸门实现机组停机。

（2）MAKR2 向水轮发电机组提供了全面可靠的保护，按照保护范围可划分为：MARK2.1 水轮机机械事故、MAKR2.2 发电机机械事故。水轮机机械事故包括：水导上油箱油位过低、水导外循环油泵双泵全停、水导瓦温过高、调速器液压系统油罐油位过低、调速器液压系统油压过低、调速器控制柜交直流失电、调速器电气柜停机报警、转速大于 115%P_e 且主配压阀拒动、转速大于 148%P_e。发电机机械事故包括：上导油位过低、上导瓦温过高、推导油位过低、推力瓦温过高、下导瓦温过高、定子绕组温度过高、定子铁芯温度过高、定子铁芯上齿压板温度过高、定子铁芯下齿压板温度过高以及发变组电气保护装置失电或闭锁。

2. 防误动措施及动作后果　为了确保 MARK0 与 MARK2 动作的可靠性，采取了一些必要的防误动措施，如程序中调速器液压系统油位过低采用开关量模拟量相与的方式，可有效避免单一信号的不可信导致误停机。

MAKR0 与 MAKR2 动作后，触发 PLC 中的快速停机流程，由 PLC 自动完成停机。快速停机流程采用 SFC（顺序功能块）编程，直接动作紧急停机电磁阀，快速关闭导叶，保证安全的同时实现快速停机，确保机组安全。MAKR0 除触发快速停机流程外，还同时紧急关闭进水口闸门。

（二）水机后备保护

在机组 LCU 中布置了常规的水机保护回路，其信号与出口回路完全独立于 LCU，在 LCU 中的 PLC 发生故障时，仍然可以有效地保护机组的关键部件。

1. 保护范围　常规水机保护回路较为简单，保护范围主要有三部轴承的轴瓦温度保护以及过速保护。

（1）轴瓦温度保护：仪表柜上瓦温表的 PT 电阻均独立于送监控的测温 PT。瓦温表的温度过高的辅助接点在仪表柜进行逻辑组合之后送至 LCU 盘柜中的常规水机保护回路。

（2）过速保护：常规水机保护回路中还设置了过速保护，由纯机械过速装置以及转速装置的 150%P_e 开关量触发。

2. 防误动措施及动作后果　为了提高常规水机保护回路动作的准确性，同样设置一些必要的闭锁条件。考虑到机组并网运行时，不会出现机械过速以及 150%P_e 的严重过速情况，因此在过速保护回路中串入发电机的出口开关或者发变组的出口开关分闸接点作为闭锁条件。

常规的水机保护动作后，其出口也是独立于 LCU，由水机保护常规继电器开出。其后果包括动作紧急停机电磁阀、跳发电机出口开关、停励磁、投高压油等。

（向家坝水力发电厂　陈申伟　李　涛）

向家坝水电站 800MW 发变组继电保护设计

向家坝水电站由左岸坝后电站和右岸地下电站组成，各装设 4 台单机容量 800MW 的混流式水轮发电机组。发电机、变压器采用单元接线，发电机出口设有断路器；每台机组均带厂用变压器，采用自并励静止晶闸管整流励磁，左岸电站机组设置电制动；主变中性点直接接地或经电抗器接地。左、右岸电站 500kV 系统主接线均采用 3/2 接线，4 回进线，2 回出线。左岸主变压器和 GIS 之间直接连接，右岸主变压器和 GIS 之间采用高压电缆连接。

左岸电站机组由哈尔滨电机厂有限公司供货，额定电压 20kV，每相 8 分支。右岸电站机组由天津阿尔斯通水电设备有限公司供货，额定电压 23kV，每相 7 分支。

（一）发变组保护设计原则

（1）发电机、主变压器电量保护均采用两套完全冗余的微机保护系统，每套保护装置中包含主保护和后备保护。

（2）高压电缆设置单独的保护装置，不纳入发电机、变压器差动保护范围内。

（3）主变压器、主变压器中性点电抗器、厂用变压器非电量保护设置独立的保护盘，出口跳闸回路也完全独立。

（4）冗余的发电机、变压器电量保护的电流回路接于不同的两组电流互感器或同一电流互感器不同的副绕组上，电压回路接于不同的两组电压互感器或同一电压互感器不同的副绕组上；冗余的两套保护和非电量保护的出口跳闸接点分别作用于断路器的两个跳闸线圈。

（二）发电机及励磁变压器保护配置

发电机及励磁变压器设置 2 套保护装置，每套保护装置的保护功能包括：

（1）左岸发电机主保护为发电机完全纵联差动保护、发电机完全裂相横差保护、发电机零序电流型横差保护；右岸发电机主保护为发电机不完全纵联差动保护、发电机不完全裂相横差保护、发电机零序电流型横差保护。

（2）其他保护：定子一点接地故障保护、定子过电压保护、定子过负荷保护、带记忆的低压过流保护、发电机负序电流保护、失磁保护、过激磁保护、失步保护、转子一点接地保护、转子过负荷保护、轴电流保护、发电机断路器失灵保护、机组误上电保护、逆功率保护、高频率保护、起/停机保护、励磁变压器差动保护、励磁变压器过电流保护、电压互感器断线保护、电流互感器断线保护、励磁变压器温升保护。

（三）主变压器及厂用电变压器保护配置

主变压器及高压厂用变压器的电量保护采用两套保护装置，每套保护装置的功能包括：主变差动保护、主变复压过流保护、主变负序过流保护、主变过负荷保护、主变压器零序过电流保护、主变过激磁保护、电压互感器断线保护、电流互感器断线保护、厂用变压器差动保护、厂用变压器过电流保护、厂用变过负荷保护。

主变压器、主变压器中性点电抗器、厂用变压器非电量保护功能包括：主变重瓦斯保护、主变轻瓦斯保护、主变温升保护、主变压力释放保护、主变冷却器故障保护、电抗器重瓦斯保护、电抗器轻瓦斯保护、电抗器温升保护、电抗器压力释放保护、厂用变压器温升保护。

（四）系统特点

1. 发电机主保护配置及中性点引出方式、CT配置　针对天津阿尔斯通水电设备有限公司和哈尔滨电机厂有限公司发电机不同的定子绕组形式，建立了发电机定子绕组内部故障的数学模型，对两种机型所有可能发生的内部相间/匝间短路进行了仿真计算。对于每相8分支的哈尔滨发电机，中性点采用“相隔连接”的分支分组方式，即将每相的1、3、5、7分支接在一起形成中性点1，再将每相的2、4、6、8分支接在一起形成中性点2，在两个中性点之间配置5P级电流互感器，并在每相的1、3、5、7分支组和2、4、6、8分支组上装设TPY型分支电流互感器；配置一套零序电流型横差、一套完全裂相横差和一套完全纵差保护。对于每相7分支的阿尔斯通发电机，将每相的1、3、6分支接在一起形成中性点1，再将每相的第2、5、7分支接在一起形成中性点2，最后将每相的第4分支单独引出形成中性点3；在中性点1和中性点3之间、中性点2和中性点3之间均配置5P级电流互感器，以构成两套零序电流型横差；并在每相的1、3、6分支组和2、5、7分支组上装设TPY型分支电流互感器，与TPY型机端相电流互感器构成一套不完全裂相横差和两套不完全纵差保护。

2. 发电机定子接地保护　发电机A套保护中定子一点接地保护采用注入式原理，从接地变压器二次侧注入20Hz低频信号。发电机B套保护中定子一点接地保护采用基波零序和三次谐波原理，定子注入式接地保护电源装置布置在变压器非电量保护柜内。

3. 发电机转子接地保护　发电机A套保护中转子一点接地保护采用注入式原理，B套保护转子一点接地保护采用乒乓式原理。注入式转子接地保护装置、乒乓式转子接地保护装置布置在励磁系统直流过电压保护柜内。

4. 主变压器中性点运行方式　主变压器有中性点直接接地和带小电抗器接地两种运行方式，在主变中性点和电抗器处均配置了5P级电流互感器，电流互感器均接入变压器保护装置中，针对不同运行方式取对应的电流互感器电流。

5. 与开关站保护的配合　右岸电站发变组保护装置布置在地下厂房中，开关站保护装置布置在地面开关站内，两者保护之间的信号配合均通过布置在地面、地下的高压电缆光纤差动保护装置传输。

（中国水电顾问集团中南勘测设计研究院
罗　云　袁志鹏　刘立红）

向家坝水电站550kV GIS保护、测控系统的优化设计

（一）概况

向家坝水电站总装机规模为6400MW，多年平均发电量约307.74亿kW·h；左岸坝后和右岸地下厂房各布置4台混流式水轮发电机组，单机额定容量为800MW，是世界单机容量最大的水轮发电机组。

电站左、右岸开关站都以交流500kV一级电压接入系统，各出交流500kV线路2回。电站主接线采用3/2接线方式，左、右岸电站500kV侧进线各4回3串。右岸电站550kV GIS分地下和地面2个部分，采用4回500kV高压电缆连接，GIS出线通过SF_6管线及出线套管引至出线门形架。左岸电站GIS室布置在厂坝之间主变压器室顶部，GIS出线通过SF_6管线及出线套管引至架空线。

电站按“无人值班”（少人值守）原则设计，GIS系统从设计到系统集成都是由国内的设计院和生产企业完成，采用数字式保护、测量、控制一体化的网络及设备，引领智能化水电站的设计方向。

（二）GIS保护、测控系统的基本任务

向家坝水电站的开发任务以发电为主，同时改善通航条件，结合防洪和拦沙，兼顾灌溉，并且具有为上游梯级进行反调节的作用；主要供电华中、华东地区，并兼顾川、滇两省的用电需要。为使电站在发电、防洪和改善下游航运等方面发挥最大的综合效益，满足数字化变电站对高压开关设备智能控制的要求，GIS系统需完成以下基本任务：

(1) 满足“无人值班”（少人值守）水电站的要求，对开关站各主要开关设备进行自动控制和运行监视，保证设备安全、可靠地运行。

(2) 按电力系统调度自动化的要求和电站水库、机组运行条件实现全厂发电机组自动经济运行。

(3) 以计算机技术实现数据采集与分析、远方与就地控制、事件记录、在线检测、电机控制、联锁等功能。

(4) 通过以太网与安装在控制室的中心设备相连接，实现全开关站的智能控制，接受有关调度部门对电站设备的调度，并将电站运行参数和状态上送有关调度系统。

（三）GIS保护、测控系统功能

1. 系统组成　主要包括母线保护、高压电缆光纤差动保护（右岸）、断路器保护、短引线保护装置、智能测控装置等。分布于整个开关站的过程层、间隔层，通过以太网双网与站控层监控系统进行通信。

2. 主要功能　采用先进、可靠、集成、低碳、环保的智能设备，以全站信息数字化、通信平台网络化、信息共享标准化为基本要求，自动完成信息采集、测量、控制、保护、计量和监测等基本功能，并可根据需要支持电网实时自动控制、智能调节、在线分析决策、协同互动等高级功能。

（1）数据采集：自动采集各监控对象的各类实时数据和接收来自调度系统及其他系统的数据、接收由操作员向计算机监控系统手动登录的数据信息。

（2）数据处理：对采集的各类数据进行处理，包括进行可用性检查、刷新数据库、生成各类图表等，用以支持监控系统完成控制、监视和记录等功能。

（3）安全监视：监视各主要设备的运行状态和运行参数，对重要参数进行监视，并把GIS操动机构的机械特性参数和状态结果实时上传。

（4）控制与调节：对主辅设备进行控制，包括机组各种工况的转换控制及给定值控制、断路器及隔离开关等的操作等。

（5）通信功能：包括与电站保护信息管理系统、计算机监控系统之间的通信。

（四）GIS保护、测控系统配置

1. 系统配置　GIS保护、监控系统应以基于GIS智能控制、监视、测量一体化的GIS智能汇控柜为核心，同时结合分布式GIS保护，通过通信网络与保护、监控主机连接实现GIS保护、控制、监视、测量功能的分布式系统。

2. 配置优势　向家坝水电站的GIS智能汇控柜由南京南瑞继保电气有限公司提供。针对室内GIS设备结构紧凑的特点，采用智能汇控设备将二次测控功能与GIS就地汇控功能结合在一起，构成智能化开关功能。智能汇控柜针对GIS测量、监视、控制、联锁功能需求，按照分布式系统的设计要求，与单元间隔有关的保护装置组屏后置于GIS智能汇控柜旁，与智能汇控柜联合设计，组成面向间隔的保护、智能汇控柜组，优化了一次、二次设备的控制回路。通过将保护及智能汇控柜就地安装在GIS旁，对下与GIS机构通过标准化的接插件连接，对上直接通过光纤与主控室连接，实现面向间隔的保护、测控、GIS智能控制一体化。

（五）结语

近年来水电机组的单机容量不断增加，结构日趋复杂，相应地水电站的规模日趋庞大，自动化程度不断提高，对GIS开关站系统的设计也提出了更高的要求。向家坝右岸GIS开关站已经成功投运，设备运行稳定。实践证明，新的GIS保护、测控设计优化方案可行、可靠、安全，符合数字化水电厂的发展趋势，满足电力市场化改革的要求。从龙滩到向家坝，中国水电顾问集团中南勘测设计研究院一直致力于550kV GIS保护、测控系统优化的研究和探讨，水电站监控系统和GIS保护、测控系统的进一步融合，将是水电站数字化和智能化下一步发展所要思考和解决的问题。

（中国水电顾问集团中南勘测设计研究院　丁玺霖）

向家坝水电站励磁系统的晶闸管校核

向家坝水电站设计安装8台混流式水轮发电机组，单机容量800MW。励磁系统选用德国Siemens公司产品。

在招标期间，西门子公司的晶闸管配置是按照4个全控整流桥并联运行设计的，推荐使用的是EUPEC公司的T2351N晶闸管，60℃时通态平均电流3200A。最终签订合同时，西门子公司按5桥并列运行供货，晶闸管的电流裕度系数按2.0倍考虑，但未对晶闸管的实际电流裕度进行校核计算，同时也未提供3桥并列运行时功率柜的温度仿真计算。因此，向家坝水电站对实际配置的T1451N52晶闸管的电流裕度，以及3桥并列运行时满足1.1倍额定励磁电流工况下功率柜热稳定进行校核计算，以弥补厂家资料不足，为运行维护提供参考依据。

（一）晶闸管基本参数计算

向家坝水电站励磁系统功率柜，桥臂串联元件和并联元件各1只，单桥负荷能力为2200A。

1. 额定电流　晶闸管整流桥的并联支路数按$n-1$冗余原则考虑，即1桥故障时能满足包括强励在内的所有功能，2桥故障时能满足除强励外所有运行方式的要求。显然，单支晶闸管输出最大电流应该是在4桥并列运行强励或是3桥并列运行满足1.1倍额定励磁电流时。通过计算可知，4桥并列运行满足2倍强励时，右岸TAH机组单桥输出1943.10A，左岸HEC机组单桥输出2195.00A，单支晶闸管通过电流折算为通态平均电流为806.69A；3桥并列运行输出1.1倍额定励磁电流时，右岸TAH机组单桥输出1425.00A，左岸HEC机组单桥输出1609.00A，单支晶闸管通过电流折算为通态平均电流为591.33A。如按2倍电流裕度系数考虑，选取的晶闸管通态平均电流大于2×806.69A=1613.66A即可；并只需做左岸HEC机组在4桥强励工况下晶闸管热稳定校核计算，如果能满足要求，右岸TAH机组及左岸HEC机组各种工况都能满足要求。

2. 实际电流裕度系数分析　表1列出了向家坝水电站左、右岸机组在3桥并列运行满足1.1倍额定励磁电流和4桥并列运行满足强励时晶闸管的通态平均电流裕度系数的计算结果。根据西门子公司仿真计算结果，功率柜在4桥并列运行和5桥并列运行的各种工况下晶闸管温度均大于83℃，励磁系统在正常运行时宜用晶闸管85℃时的通态平均电流进行计算，即$I_{T(AV)}=1680A$。因此，实际电流裕度系数能满足要求。

表1　向家坝水电厂励磁系统晶闸管运行电流裕度系数

机组类别	额定励磁电流 I_{fn}（A）	通态平均电流 $I_{T(AV)}$（A）		裕度系数 K_i			
				3桥并列运行		4桥并列运行	
		60℃	85℃	60℃	85℃	60℃	85℃
左岸（HEC）	4170	2260	1680	3.82	2.84	2.80	2.08
右岸（TAH）	3692	2260	1680	4.32	3.20	3.16	2.35

（二）晶闸管热稳定校核

西门子公司对功率柜温度进行过仿真计算，但只提供了4桥并列运行和5桥并列运行的仿真计算书，并不能说明3桥并列运行时满足晶闸管热稳定要求，有必要对3桥并列运行励磁系统输出1.1倍额定励磁电流运行工况时的晶闸管热稳定性进行计算校核。由于左岸机组（HEC）1.1倍额定励磁电流较右岸机组大，所以以左岸机组参数计算。

1. 3桥并列运行时单支晶闸管功耗计算

（1）T1451N52相关参数见表2。

表2　T1451N52相关参数

名　称	单位	参数
斜率电阻 r_T	mΩ	0.34
门槛电压 U_{TD}	V	0.88
开通损耗 P_{ON}	W/次	0.4
判断损耗 P_{OFF}	W/次	3.0
结壳热阻 R_{thJC}	℃/W	0.009
接触热阻 R_{thCH}	℃/W	0.002 5

（2）在1.1倍额定励磁电流时单支晶闸管的功耗 $P_{AV}=U_{TD}I_{T(AV)}+kI_{T(AV)}^2r_T+P_{ON}+P_{OFF}=0.88\times591.33+3\times591.33^2\times(0.34/1000)+50\times0.4+50\times3=1047$（W）。

2. 在1.1倍额定励磁电流时晶闸管温升计算

在1.1倍额定励磁电流时晶闸管温升 $T_{jmax}=\Delta T_j+\Delta T_c+\Delta T_s+\Delta T_a=P_{AV}(R_{thJC}+R_{thCH}+R_{sa})+T_a=1045.77\times(0.009+0.0025+0.05)+40=104$（℃）。

T1451N52晶闸管最高允许结温125℃，3桥并列时能满足1.1倍额定励磁电流输出运行工况。但比5桥运行时强励温度还高，接近4桥并列运行强励时的温度。因此，在向家坝电厂的实际运行中应特别关注励磁系统这一特殊运行工况，注意功率柜进风口积尘清理以及风机的运行效率，保证功率柜的风压和风速正常。只有这样，才能保证散热器与环境间的热阻在校核计算范围内，从而保证晶闸管的结温不超过125℃的最高允许温度，进而保证整个系统的运行安全。需要说明的是，计算中由于没有西门子散热器热阻R_{sa}参数，计算中的0.05℃/W是按经验所取，但这一参数也是国内许多铝型材散热器加上足够风速（一般要求不小5m/s）的典型值。

（向家坝水力发电厂　何长平　王　波　孔丽君　吴高强）

金安桥水电站发电机组进相试验

金安桥水电站装机4×600MW，发电机型号为SF600-64/16200，采用带发电机出口断路器的发变组单元接线，额定电压18kV，额定电流21 383.3A，额定功率因数0.9，额定转速93.75r/min，励磁采用静止晶闸管自并励系统，额定励磁电压490V，额定励磁电流3000A，定转子绝缘等级为F级，开关站采用3/2接线两回出线与系统相连。

2011年3月15日金安桥首台4号机组完成了在当时104m水头所允许的三种工况下的进相运行试验，并分别于2011年6月26日、2011年11月24日、2012年8月4日完成了3、2、1号机组进相运行试验。下面以首台4号机组进相试验为例做详细分析。

（一）试验条件

为保证发电机组的静态稳定运行和安全可靠，功角控制在70°以下；发电机空冷器冷风温度不超过40℃、进水温度不超过25℃时，定子绕组、铁芯及转子绕组最高温度控制在120℃，最大温升控制在80K；500kV母线电压最低500kV，发电机出口电压最低16.2kV，10kV母线电压最低9.5kV，380V母线电压最低356V。为保证低负荷时能稳定运行，励磁调节器按表1修改低励限制定值。

表1　金安桥水电站首台发电机进相运行试验预设试验工况

$\cos\phi$	0.90	1.0	−0.95	−0.90	−0.8	−0.65	−0.4
Q(Mvar)	291.45	0	−197.1	−233.1	−270.9	−281.1	−274.35
P(MW)	600	600	600	480	360	240	120

（二）试验接线及注意事项

通过 WFLC-VI 便携式电量记录分析仪，记录发电机的定子三相电流、电压、有功、无功、频率及转子电压、电流，专人记录相应工况下的 500kV、发电机出口电压、10kV、380V 厂用电压及发电机定子铁芯、线圈温度和发电机进出风温度，由所测数据计算发电机功率因数和功角。

试验前，确认发电机保护按定值要求投入，特别检查失磁保护系统低电压判据是否正确投入。试验过程中，严密监视各项数据，并做好记录，所有试验限制条件均在要求范围之内，任何一个参数越限或出现异常现象需立即终止试验。增减负荷通过运行值班人员联系调度配合进行，在每一工况下，1h 内发电机各部分温升变化不超过 2K 时，可结束该试验工况进入下一试验工况。

（三）试验分析

首台机因受水头限制，发电机当前所能带最大负荷为 500MW，无法进行额定有功负荷下的进相试验，同时为了避开发电机的振动区，在 500、360、240MW 三种工况下进行了首台机组的进相运行试验。进相深度试验数据如表 2 所示。

表 2　金安桥水电站 4 号机进相试验进相深度表

试验工况	视在功率	有功功率	无功功率	功率因数	计算功角	定子电压	定子电流
	MVA	MW	Mvar	cosϕ	(°)	kV	A
工况一	524.05	495.161	−171.597	−0.945	38.63	16.328	18 305.72
工况二	421.65	363.554	−213.589	−0.862	32.44	16.27	14 807.44
工况三	314.80	234.195	−210.365	−0.744	22.04	16.306	11 046.69

进相试验过程中，系统无功不足，在调度的配合下完成了进相试验。由于 380V 厂用电采用的是独立施工电源，因此在试验过程中未进行考察。发电机进相时，定子铁芯、绕组、压指压板的温度和温升都不高，温度不构成进相的限制条件，但机端电压均接近限制值。由于金安桥电站与系统之间只有一回线路供电，线路阻抗比双回线路供电时大，机组进相运行对金安桥 500kV 母线电压影响较大，当发电机无功功率由 2Mvar 减到－171Mvar 时，500kV 系统电压下降了 24.4kV（由 537.3kV 下降到了 512.9kV）。

3 号机组进相运行试验在 104m 水头下进行；2、1 号机组进相运行试验均在 118m 左右水头下进行；三台机进相试验的结果与首台机类似。

（四）结语

金安桥水电站 4 台机组通过进相试验，验证了机组进相运行的进相深度，能够对电网提供较好的动态无功储备。为了发电机的正常稳定运行，将欠励曲线按发电机进相欠励限制图设置。通过试验验证，发电机在此欠励限制曲线下能安全稳定运行。金安桥水电站从首台机组投入运行到现在两年多的时间里，机组运行稳定，并且在 2012 年 4 月及 2013 年上半年的楚穗直流试验中，无功储备能力得到了充分验证。

（金安桥水电站有限公司　李春兰）

楚穗直流孤岛运行金安桥水电站试验

楚穗直流是世界上首个投入实际孤岛运行的±800kV 特高压直流，金安桥水电站作为它的重要组成部分，参加了一系列的孤岛运行试验。楚穗（云南楚雄—广东穗东）直流工程输电规模 5000MW，电压等级±800kV，每极采用双 12 脉动阀组串联接线方式。输电线路长度约 1418km，导线截面为 6×630mm^2。2009 年单极投产，输电容量 2500MW；2010 年双极投产，输电容量 5000MW。

楚穗直流正式投运后存在着交直流并联运行和孤岛运行两种方式。孤岛运行方式是在直流系统送端与若干电厂形成相对独立的“孤岛”系统，即与大电网交流系统不联网、直接通过直流系统将电力送往受端。南方电网科学研究院经过研究，确定楚穗直流的孤岛运行方式为一种正常的运行方式。即云南小湾电站和金安桥电站 500kV 交流线路在楚雄换流站交汇，通过楚雄换流站变换为±800kV 直流输送至广东穗东站，再由穗东站将±800kV 直流变换为 500kV 交流并入广东电网。

楚穗直流工程采用孤岛运行方式，可有效减少直流系统故障对主网的影响，提高南方电网的安全稳定水平，同时增加云电外送现有输电通道能力 700MW，对消纳云南富余水电有重要意义。

楚穗直流孤岛调试共安排 6 个阶段的试验，分别为总送电有功功率 1000MW（第一、二阶段）、1600MW（第三阶段）、2500MW（第四阶段）、3750MW（第五阶段）、5000MW（第六阶段）各项试验。金安桥电厂因投运较晚，参加后 4 个阶段的试验工作。现将 2011～2012 年金安桥电厂参与楚穗直流孤岛调试的情况介绍如下：

（一）2011 年调试情况

2011 年 5 月 19 日及 6 月 21 日，根据《楚穗直流孤岛/联网运行金安桥水电站实施方案》的要求，金安桥水电站分别将安稳装置 A、B 柜接收到的“孤岛”、“联网”、“直流停运”信号引至开关站 LCU，进行逻辑判断后经上位机下送各机组 LCU，各机组

LCU再将各信号送至调速器电调柜及励磁调节柜，调速系统及励磁系统收到信号后进行相应处理。并在7月9日安排试验验证了修改内容的正确性。

2011年7月21、22日，金安桥水电站进行了厂内模拟孤岛试验，参加试验的是3、4号机组。试验结果表明金安桥水电站孤岛运行时，2台机组能保持稳定运行。满足楚穗直流孤岛运行条件。

2011年11月13日，金安桥—小湾电厂两厂联合进行模拟孤岛试验，金安桥水电站、小湾电厂各有2台机组参与，金安桥水电站参与机组为3、4号机组。试验结果表明两厂在孤岛运行方式下能稳定运行，当发生极端情况“直流停运”后金安桥水电站各机组浅度发电运行，小湾电厂各机组浅度调相运行。

（二）参与第三阶段试验情况

2012年3月30日，金安桥水电站参加了南网总调安排的第三阶段孤岛试验，楚穗直流功率1600MW，楚雄侧孤岛，5机（小湾3×395MW、金安桥2×210MW）4线（小楚甲乙线、金楚甲乙线）。试验项目见表1。

表1 金安桥水电站第三阶段孤岛试验项目

序号	项目名称	模式	直流功率
1	联网/孤岛方式转换试验-联网转孤岛（联络线功率<100MW）	双极，有通信	1600MW
2	稳态性能试验（1000～1600MW）	双极，有通信	1600MW
3	联网/孤岛方式转换试验-孤岛转联网	双极，有通信	1600MW
4	联网/孤岛方式转换试验-联网转孤岛（联络线功率<150MW）	双极，有通信	1600MW
5	瞬时单相交流短路试验（小楚甲线，楚雄侧）	双极，有通信	1600MW
6	直流线路故障试验（极2整流侧）	双极，有通信	1600MW
7	直流线路故障试验（极1逆变侧）	双极，有通信	1600MW
8	云广直流双极1600MW，楚雄站4阀组同时闭锁（模拟直流保护出口）试验	双极，有通信	1600MW

楚穗直流第三阶段孤岛共进行了8项试验，金安桥水电站3、4号机各带210MW有功功率参与了这次试验。试验中，金安桥水电站2台机组运行稳定，频率及电压波动较小。进行第8项直流双极闭锁试验过程中，金安桥水电站2台机组一直并网运行，最终稳定后各带19MW有功负荷运行，符合南网总调要求的孤岛运行条件，频率最大58.03Hz，500kV母线电压最高566kV。

（三）参与第四阶段试验情况

2012年4月22日，金安桥水电站参加了南网总调安排的第四阶段孤岛试验，楚穗直流功率2500MW，楚雄侧孤岛，6机（小湾4×395MW、金安桥2×460MW）4线（小楚甲乙线、金楚甲乙线）。试验项目见表2。

表2 金安桥水电站第四阶段孤岛试验项目

序号	项目名称	模式	直流功率
1	联网/孤岛方式转换试验-联网转孤岛（联络线功率<100MW）	双极，有通信	2500MW
2	FLC控制的直流功率升降（2500～1600MW）	双极，有通信	2500MW
3	稳态性能试验（2500～1600MW）	双极，有通信	2500MW
4	直流功率阶跃响应试验（P_d=0.5－>0.45－>0.5p.u.）	双极，有通信	2500MW
5	直流电压阶跃响应试验（U_d=1.0－>0.95－>1.0p.u.）	双极，有通信	2500MW
6	直流电流阶跃响应试验（I_d=0.50－>0.46－>0.5p.u.）	双极，有通信	2500MW
7	联网/孤岛方式转换试验（联网转孤岛，联络线功率<150MW）	双极，有通信	2500MW
8	闭锁及解锁性能试验（解锁极2阀组2）	双极，有通信	2500MW
9	机组投切试验（小湾电厂切除一台发电机组）	双极，有通信	2500MW
10	机组投切试验（小湾电厂投入一台发电机组）	双极，有通信	2500MW
11	联网/孤岛方式转换试验：从孤岛到联网	双极，有通信	2500MW
12	云广直流双极2500 MW，楚雄站4阀组同时闭锁（模拟直流保护出口）试验	双极，有通信	2500MW

楚穗直流第四阶段孤岛共进行了12项试验，金安桥水电站3、4号机组各带460MW有功功率参与了这次试验。试验中，金安桥水电站2台机组运行稳定，频率及电压波动较小。第12项直流双极闭锁试验，金安桥水电站2台机组一直并网运行，最终稳定后各带21MW有功负荷运行，符合南网总调要求的孤岛运行条件，频率最大61.0Hz，500kV母线电压

最高 620kV。

（金安桥水电站有限公司　魏应兵）

水轮发电机中性点高阻接地的应用问题

水轮发电机中性点采用经消弧线圈或接地变压器高阻接地，可降低单相接地时的暂态过电压，将暂态过电压限制到额定相电压的 2.6 倍以下，消除弧光接地过电压和某些谐振过电压，并能采用简单的继电保护装置迅速切除故障。

由暂态过电压与 X_C/R 关系曲线可以看出，发电机中性点接地阻抗 R 值并不是越大越好。当 R 值过大时，如发生定子一点接地故障，将会产生较高的弧光暂态过电压，这将对发电机定子绕组绝缘造成威胁。随着 R 值的减小，发生接地故障时的弧光暂态过电压倍数将下降，但当 R 减小至低于 X_C 值后发生接地故障时，弧光暂态过电压倍数的下降将变得十分缓慢；相反地由于 R 过小，将不可能将接地故障电流限制在允许的范围内，这样接地电流将会烧损发电机定子铁芯。欲将电弧接地过电压限制到额定相电压的 2.6 倍以下，则中性点接地阻抗中流过的电流必须等于或小于发电机回路的电容电流。下面介绍两个电站接地变压器的实际应用情况。

（一）接地变压器在乌金峡水电站中的应用

乌金峡水电站机组是容量为 35MW 的灯泡贯流式机组，发电机出口电压 10.5kV。机组的单相电容采用交流低电压法测量为 0.903 6μF。在 1 号机组启动试验时，进行发电机单相接地试验：在发电机出口开关柜断路器外侧母线 C 相上接地，不带母线与主变，并在接地线回路中穿一只 0.2 级 50/5 的电流互感器，在互感器二次侧接 5A 的电动仪表测量接地电流，并可靠接地。

1. 半电压下的接地试验

（1）不投入中性点接地变压器：现地自动开机至空转，手动励磁，升压到 0.5 倍的额定电压 5.25kV，接地故障点电流为 2.53A。计算参数如下：

三相电容 $C=I_C/2\pi fU=2.53/[2\times3.14\times50\times(5250/\sqrt{3})]=2.659(\mu F)$

电容容抗 $X_C=1/2\pi fC=1/(2\times3.14\times50\times2.659\times10^{-6})=1198(\Omega)$

发电机单相电容 $C_n=C/3=2.659/3=0.886(\mu F)$

（2）投入中性点接地变压器：中性点接地变压器挡位置 2 挡（换算至高压侧 3071.6Ω），在 0.5 倍额定电压时测得中性点电流 1.06A；接地点故障电流为 2.65A，与不接入接地变比较，数据未有明显变化。重新计算并调整接地变压器挡位在 3 挡（换算至高压侧 2508.21Ω），再次进行机组接地试验，在 0.5 倍额定电压时测得中性点电流 1.36A；接地点故障电流为 2.69A，与不接入接地变比较，数据仍未有明显变化。此时接地设备已经调到最大电流挡位，当接地故障的发电机中性点经高阻接地后，流经故障点的接地电流为发电机回路的接地电容电流与流经该阻抗的有功电流的向量和，因此接地故障电流应比不接入接地变时有明显增大，而在半压实验中特征并不明显。

2. 全电压下的单相接地试验

（1）不投接地变压器时，对于相应的发电机在额定电压下发生单相接地，因发电机对地电容不变，实验时实测故障点电流值为 5.02 A，是半电压下的 2 倍。试验数据基本相符。

（2）投入接地变压器，接地变压器及二次侧电阻均调至最大电流挡位。升至 100%额定电压时接地故障点实测电流值为 5.61A，中性点电流为 2.58A。

由上述试验数据可以得出结论：发电机容抗与中性点阻抗的比值 1198/2508＝0.48，处于限制暂态过电压倍数的临界点。如果发生单接地故障，对发电机将造成危害。经与厂方沟通后另配合适的接地变压器进行更换。

（二）接地变压器在炳灵寺水电站中的应用

炳灵寺水电站机组是容量为 48MW 的灯泡贯流式机组，发电机额定电压是 13.8kV，机组的单相电容采用交流低电压法测量为 0.69μF。在进行 5 号机组启动试验时，进行发电机单相接地试验，方法与上述乌金峡机组相同。

1. 半电压下的接地试验

（1）不投入中性点接地变压器：现地自动开机至空转，手动励磁，升压到 0.5 倍的额定电压 6.9kV，接地点故障电流为 2.51A。

计算参数如下：

三相电容 $C=I_C/2\pi fU=2.51/[2\times3.14\times50\times(6900/\sqrt{3})]=2.01(\mu F)$

电容容抗 $X_C=1/2\pi fC=1/(2\times3.14\times50\times2.01\times10^{-6})=1584(\Omega)$

发电机单相电容 $C_n=C/3=2.01/3=0.67(\mu F)$

（2）投入中性点接地变压器：中性点接地变压器挡位置 2 挡（换算至高压侧 1965Ω），在 0.5 倍额定电压时测得中性点电流 2.03A，接地点故障点电流为 3.22A。重新计算并调整接地变压器挡位在 3 挡（换算至高压侧 1540Ω），0.5 倍额定电压时测得中性点电流为 2.51A，接地点故障电流为 3.55A，与不接入接地变比较故障点电流明显变大。

2. 全电压下的单相接地试验

（1）不投接地变压器时，对于相应的发电机在额定电压下进行单相接地试验，因发电机对地电容不变，接地点的故障电流值为5A，为半电压下的2倍。与半电压下的试验数据相符。

（2）投入接地变压器，接地变压器及二次侧电阻均调至最大电流挡位。升至100%额定电压时中性点电流值为5.1A，其接地电流正好是半电压下的2倍。接地点电流为7.1A，与不接入接地变时的试验数据相比明显增大。

由上述试验数据可以得出结论，发电机容抗与中性点阻抗的比值1584/1540=1.03，可以有效地限制暂态过电压倍数小于2.6额定相电压以下，满足规范的要求。

（中国水利水电第三工程局有限公司　王效安　唐鹏程）

防腐离子接地极在潘口水电站开关站的应用

（一）概况

防腐离子接地极的电极单元采用高纯度铜材或特殊钢材制成，壁厚2.0～3.5mm；极内的复合内填料具有非常好的吸水性和渗透性，不断向电极周围土壤补充导电离子，改善周围土壤电阻率，且能随着时间的推移，逐渐扩大范围，进一步降低土壤的电阻率。其使用寿命长，抗直击雷感应脉冲袭击强，所用的一切材料均无毒无污染，属绿色环保产品。

湖北省潘口水电站开关站为独立地网，地网按等间距布置，面积$S=162.5\text{m}\times100\text{m}=16250\text{m}^2$；土壤电阻率$\rho=200\Omega\cdot\text{m}$。开关站内发生接地短路时，最大接地短路电流$I_{max}=28.6\text{kA}$；流经设备中性点的电流$I_n=8.9\text{kA}$。

经计算，其水平地网的入地短路电流$I_g=9.85\text{kA}$，而接地电阻$R_o=0.78\Omega$，不能满足标准规定的$RI_g\leqslant2000\text{V}$要求。因此，该电站开关站采用了防腐离子接地极。

（二）参数选择

潘口水电站开关站离子接地极复合地网，水平接地极埋设深度为0.6m，垂直防腐离子接地极共装设52根，等效直径$D=0.18\text{m}$，$L=9\text{m}$。

1. 接地电阻

（1）单套防腐离子接地极的接地电阻$R_V=\frac{\rho}{2\pi L}\left(\ln\frac{8L}{D}-1\right)K=8.42\Omega$（式中，$K$为降阻系数，取0.2）。

（2）52根垂直接地极并联后的接地电阻$R_1=\frac{R_V}{n\eta}=0.2\Omega$（式中，$\eta$为屏蔽系数，取0.8）。

（3）开关站复合地网的接地电阻$R_2=\frac{R_0R_1}{R_0+R_1}/\eta=0.196\Omega$。

（4）地网电位升$U_g=I_gR_2=1970\text{V}$，满足标准$RI_g\leqslant2000\text{V}$的要求。

（5）接触电位差$U_{tmax}=K_{tmax}I_gR_2=226.5\text{V}$，小于允许值293V。

（6）跨步电位差$U_{smax}=K_{smax}I_gR_2=110.4\text{V}$，小于允许值442.3V。

2. 地网导线　最小截面$S_g\geqslant\frac{I}{C}\sqrt{t}=\frac{28.6\times10^3}{195}\times\sqrt{0.5}\geqslant104\text{mm}^2$（式中，$t$为短路的等效持续时间，取0.5～0.6s；$C$为接地材料的热稳定系数，40%导电率的铜包钢接地线为195）。实际选择40%导电率的铜包钢接地线，截面为120mm^2，可满足要求。

（三）实际测量结果

采用30°夹角法测量开关站复合地网，接地电阻为0.184Ω，最大接触电位差为218.5V，最大跨步电位差为98.4V；均略小于上述计算值，满足标准规定的要求。

（中国水利水电第三工程局有限公司　唐鹏程）

交联聚乙烯电力电缆的变频谐振交流耐压试验

试验和运行经验证明，直流耐压试验不能有效地发现交联电缆中的绝缘缺陷，甚至造成电缆的绝缘隐患。直流耐压试验，试验电压往往偏高，绝缘承受的电场强度较高，这种高电压对绝缘是一种损伤，使原本良好的绝缘产生缺陷。交联电缆绝缘层易产生电树枝和水树枝，在直流电压下易造成电树枝放电，加速绝缘老化。由于直流耐压试验有许多缺点，而交流耐压试验更接近运行工况，故国内外有关部门广泛推荐采用交流耐压取代传统的直流耐压试验。

在工频条件下，由于被试品电容量较大，或者试验电压要求较高，对试验装置的电源容量相应的也有较高的要求，传统的工频耐压装置往往单件体积大，不便于任意组合，灵活性较差。目前，广泛采用变频谐振的方法进行耐压试验。

中国水利水电第三工程局有限公司在国投敦煌光伏电站的交联电缆安装中采用了变频串联谐振装置进行交流耐压试验，现简介如下：

（一）变频串联谐振试验原理

变频串联谐振试验是利用$L-C$串联的原理，使试品能受到交流高压的作用，而供电设备的额定电压及容量可大为减小。CIGRI国际大电网推荐使用工频及近似工频（30～300Hz）的交流试验方法。工作时调整电感 L 的大小，使之与电容 C 在工频之下发生串联谐振。谐振时，流过高压回路 L 及 C 的电流达到最大值。

（二）试验情况

国投敦煌 10MW 并网光伏电站工程采用 YJV22-26/35kV、$3\times70\text{mm}^2$ 的交联电缆，电缆长 1.25km，生产厂家为安徽华菱电缆集团有限公司。该型号电缆的单相每公里电容量为 0.125μF/km，规程要求交接试验按 $1.7U_0$ 进行交流耐压试验，试验电压 U_s 为 44.2kV。如采用工频交流耐压试验，试验变压器选用输出额定电压 U_e 为 50kV 时，则所需试验变压的容量 $P=2\pi fCU_eU_s=2\times3.14\times50\times1.25\times0.125\times44.2\times50=108.4$（kVA）。而采用串联谐振装置进行交流耐压试验，假设选用装置的品质因数 Q 为 10，则所需试验变压器的容量仅需 11kVA。

中国水利水电第三工程局有限公司选用武汉市华天电力自动化有限责任公司生产的 BPXZ-HT-60kVA/50kV 调频式串联谐振试验装置。激励变压器型为 JLB-4kVA，额定容量 4kVA，输入电压 450V，单相，输出电压 4kV；变频电源型号为 BP-4kW/380V，额定输出容量 4kW，输出电压 0～450V，单相；高压电抗器型号 DK-30kVA/25kV，4 节，额定容量 30kVA，额定电压 25kV，额定电流 1.2A，单节电感量 100H；品质因素 $Q\geqslant30$（$f=40$Hz）；电容分压器 FRC-50kV-500pF，额定电压 50kV，高压电容量 500pF，分压比 1000∶1；电容分压器 FRC-50kV-12500pF，额定电压 50kV，高压电容量 12500pF，分压比 1000∶1。故当对 26/35kV电缆进行交接耐压试验时，可试验的最大电容量 $C=\dfrac{1}{\omega^2L}=1/[(2\pi\times35)^2\times100/4]=0.828(\mu\text{F})$；可试验的最小电容量 $C=\dfrac{1}{\omega^2L}=1/[(2\pi\times75)^2\times100\times4]=0.045(\mu\text{F})$。估算谐振频率 $f=\dfrac{1}{2\pi\sqrt{LC}}=1/(2\times3.14\times\sqrt{80\times0.156\times10^{-6}})=45.1\text{Hz}$，试验电流 $I=2\pi fCU_s=2\pi\times45.1\times0.156\times10^{-6}\times44.2\times10^3=1.745(\text{A})$，对应电抗器电感量 $L=1/\omega^2C=80$（H）。

试验时采用电抗器两串两并，电抗器组合后总参数为 120kVA/50kV/2.4A/100H。进入试验状态，装置在 30～300Hz 范围内自动调谐，频率在 45.3Hz 时，回路发生谐振；之后装置进入自动升压和自动计时状态。试验过程中无异常现象。试验结束后，装置显示电缆的谐振频率为 45.3Hz，品质因数为 11.2。

（三）试验标准

目前国家尚无交联电力电缆敷设后在现场进行交流耐压试验的相应标准。国内很多地方相应的出台了地方性试验标准，其试验频率大多都在 30～300Hz，中低压电缆试验电压为 1.6～2.0 倍的相电压，高压电缆试验电压一般都在 1.4～1.7 倍的相电压，具体根据各个地方略有不同。浙江推荐中低压电缆试验频率为 45～65 Hz，高压电缆试验频率为 35～75Hz，试验时间 5min。

（四）串联谐振试验的优点

（1）采用串联谐振装置进行交流耐压试验时，供电变压器和调压器的设备容量比采用工频交流耐压试验所需容量小 Q 倍。

（2）仅对工频产生谐振，而对其他由电源所带来的高次分量来说，回路总阻抗很大，试品上分量较弱，故串联谐振装置所输出的电压波形较好。

（3）若在试品耐压过程中，发生了闪络，则因失去了谐振条件，高电压立即消失，从而使电弧即刻熄灭。

（4）恢复电压并不出现任何过冲所引起的过电压。

（中国水利水电第三工程局有限公司　唐鹏程）

金属结构

欧洲 S690QL1 钢板在张河湾抽水蓄能电站压力钢管中的应用

张河湾抽水蓄能电站装有 4 台单机容量 250MW 的混流可逆式抽水蓄能机组。引水部分采用一管两机布置型式，高压管道均为钢板衬砌。压力钢管总长 616.6324m，主管直径由 6.40m 渐变为 5.20m，支管直径为 3.60m 变 2.70m，岔管选用内加强月牙肋钢岔管，公切球直径为 5.80m。钢管厚度 16～38mm，材料选用 16MnR 钢、WDB620 钢和 S690QL1 钢，其中 S690QL1 为欧洲钢板，厚度 32～44mm，重量 1867.4t。这是欧洲 S690QL1 钢板在我国水电站压力钢管的首次应用。

（一）S690QL1 钢的应用研究

1. 机械性能和化学成分分析

（1）到货钢板的屈服强度均在 800MPa 以上，抗拉强度在 856MPa 以上，伸长率均大于 19%，－40℃夏比 V 形冲击功大于《非合金结构钢的技术交货条件》（编号 EN10137－2）的规定值和合同规定值，且有一定的裕度；5%加工变形经 250℃×1h 应变时效作用后，钢板的冲击韧性指标仍高于合同规定值，且有较大的裕度。

（2）实物化学成分表明，其碳含量均在 0.14%以下，碳当量在 0.541%～0.555%之间，焊接裂纹敏感性系数在 0.284%～0.290%，指标均接近于日本钢板。

2. 焊接性能试验　钢板焊接性试验成果表明，当预热温度大于 100℃、实施焊条电弧焊时，不会产生焊接裂纹；当预热温度大于 75℃、实施埋弧自动焊时，不会产生焊接裂纹。线能量试验表明，为保证焊接接头的冲击韧性，焊条电弧焊的线能量应为 12～18kJ/cm，埋弧自动焊的线能量应为 20～27kJ/cm。与同级别的日本钢板相比，其线能量较低。

3. 钢管的制作、安装和施工

（1）S690Ql1 钢板具有良好的加工性能，到货钢板外形尺寸较好，故加工成型也好。

（2）与之匹配的焊接材料蒂森 SHNi2k100 焊条和 Union S 3 NiMoCr 焊丝以及 UV 421 TT 焊剂施焊的焊接接头各项指标满足设计要求。

4. 钢管残余应力测试及评价　焊接残余应力测试表明，S690QL1 钢板对接接头的焊接残余应力水平在 $0.7\sigma_s$ 以下，与同级别的钢材相同。

通过对 S690QL1 钢板的化学成分、机械性能分析，与到货钢板的实际各项指标验证，并经压力钢管制作加工过程的验证，S690QL1 钢完全可以用于水电站压力钢管。

（二）实际应用的几个问题

1. 关于钢板材料技术要求的规定　对于 780N/mm^2 等级的钢，招标合同的各项指标基本是按日本相关标准要求编制的，其中个别性能指标如延伸率甚至高于日本标准。以往国内其他水电工程同等级的钢，几乎都是由日本按其标准或由日本按美国标准生产的，如鲁布革、十三陵、天荒坪、小浪底、西龙池、吉林台等水电站。本工程因订货困难而采购了比利时按欧洲标准生产的 S690QL1 钢。这种钢有多年的生产历史，应属世界名牌产品，但其主要指标与日本标准指标相比仍有差别。如 C、P、S 等含量和碳当量略高于日本标准；对于冲击值，日本标准是－40℃、47J，欧洲标准是－40℃、30J；对影响接头质量和工程进度的“焊接线能量”值的要求，差别也很大；而且，二者实际供货材质证明单的数据相差更大。但供货商承诺按采购合同要求的标准供货。

2. 焊接材料采购　用于本工程 S690QL1 钢板的焊接材料有电焊条（SHNi2k100ϕ3.2、ϕ4）、气体保护焊丝（X85 ϕ1.2）、埋弧焊丝（Union S 3 NiMoCr ϕ4）及其焊剂（UV 421 TT）等。因对该钢材性能较陌生，故按钢厂推荐，选用德国蒂森产品。电焊条为铁粉超低氢镍铬钼型，焊剂为烧结型。超低氢型焊条，虽然价格相对较贵，但与低氢型焊条相比，可以将钢管的预热温度降低 25℃，有利于隧洞环境条件的施工。“超低氢”的标准与测定方法有关，如用色谱法和甘油法，扩散氢 0.3～1.2mL/100g 为超低氢，用水银法，其扩散氢小于 5mL/100g 为超低氢。本工程用的是水银法。在选购焊条时，还应注意下列问题：

（1）焊条长度：鉴于目前钢管安装隧洞岩壁与管外壁一般设计为 600～700mm，因此焊条长度宜选 350mm。本工程由于订货单中未注明长度，以致实际到货焊条长度为 450mm，从而给安装焊接带来困难，后来换用了岔管制作剩余的日本神户焊条 LB116。

（2）焊条直径：S690QL1 钢要求的线能量小，ϕ5 焊条不能用，且 ϕ3.2 焊条应多占一些比例，以便在多道焊时与 ϕ4 焊条混合使用。但国内的习惯是除焊缝根部第一、二层用 ϕ3.2 焊条外，其余层就不用了，这样不易控制焊道宽度和良好成形。据悉，在开发、应用 HT780 钢初级阶段，为控制线能量而全部采用 ϕ3.2 焊条。

3. 焊接接头冲击韧性的确定　线能量大小对高强钢焊接接头缺陷、组织和性能有影响，其中是对焊接接头冲击韧性尤为敏感，而且强度越高越敏感。因此，可以认为，接头冲击韧性是确定线能量值的关键因素。这就涉及预先确定接头冲击韧性目标值的问题。

接头冲击韧性目标值确立方法可归纳为两种：一种是按焊接线能量和焊接接头冲击韧性的关系坐标曲线中的冲击韧性峰值所对应的线能量选取，欧美有些国家采用，所确定的线能量值较小（一般在 20kJ 左右），影响生产率。另一种是按设计指标选取。所谓“设计指标”，是来自于招标合同中规定，如果合同没有规定，就按要进行的焊接工艺评定所引用的工艺评定标准中所规定的试验温度和冲击值。但不同的焊接工艺评定标准对试验温度和冲击值的规定各异，见表 1。

表1 部分标准对780级钢接头冲击功的规定

标准		对冲击功的规定
国家	编号及名称	
日本	JIS Z3040—1988 焊接程序的鉴定试验方法	所有试验结果的吸收能必须在母材的标准值以上
日本	JIS Z3040—1995 焊接程序的鉴定试验方法	吸收能应符合有关产品标准或经买方和卖方同意
日本	JIS B8285—2003 压力容器焊接规程的鉴定试验	吸收能平均值27J以上，单个最小值20J。试验温度由有关双方协商
英国	BS EN 288—3：1992 第3部分：钢材电弧焊焊接工艺试验	试验温度和吸收能应按对所研究的整个产品规定的设计要求
美国	ANSI/AWS D1.1—1998 钢结构性焊接规程	试验结果应满足或超过合同图纸或技术条件规定的试验温度下的数值
中国	DL/T 868—2004 焊接工艺评定规程	冲击功平均值不应低于相关技术文件规定的钢材下限值，且不低于27J
日本	闸门铁管技术标准（2007版）	0℃、平均值47J（780级钢）
中国	DL 5017—2007 压力钢管制造安装及验收规范	试验温度和吸收能合格值应符合图样或相关技术文件规定

DL/T 5147《水电站压力钢管设计规范》中规定焊接接头的冲击韧性应与母材相同，这种说法易使人产生歧义。从张河湾到货钢板的实物指标来看，S690QL1钢板的−40℃时冲击功大部分在100J以上，如果以此为焊接接头的冲击韧性标准，则焊接工艺是根本无法达到的。因此，应明确采用母材的相关标准规定值，对于S690QL1钢板来讲应该是−40℃、平均30J、一个最小22J。

本工程为确立S690QL1钢焊接接头冲击韧性指标，首先是将表1各标准进行分析、对比，并查阅实际产品性能指标，发现有的钢板冲击功与标准值比较，裕度不太大。其次，考虑到国内的施工管理水平，从防止结构脆性断裂的角度出发，有必要多些韧性储备。经折中，将其产品标准值（−40℃、平均值30J、单个最小值22J）作为合格标准，而没有采取招标文件要求的−40℃、冲击功平均值不低于47J的高指标。

（中国水电顾问集团北京勘测设计研究院 黄海锋）

丹江口大型升船机升级改造钢梁拆装技术

（一）概况

作为南水北调中线水源工程，丹江口大坝要加高14.6m，相应其通航建筑物要进行改造。丹江口大坝通航建筑物位于右岸3号坝段，由上游垂直升船机、中间渠道、下游斜面升船机组成，原升船机为150t级，这次改造升级为300t级。升级改造后，垂直升船机提升高度由45m加大为61m，额定提升荷载8900kN（含吊具），水平运行距离93m，总重约2500t，其中轨道梁总重1000t，单根钢梁最大重量145t；斜面升船机额定牵引力2×700kN（含吊具），最大单件（卷筒组）重量96t，总重约1000t，最大工作行程330m。

该升船机改造是国内外首个大型垂直加斜面两级升船机改造项目。由于工程面临大型起吊设备受限、施工面狭窄、与土建交叉作业等不利因素，150t升船机轨道钢梁拆除和300t升船机轨道钢梁安装为工程难点。经研究和悬挑实验，决定采用水平牵引滑移技术拆除和安装钢梁。

（二）150t升船机钢梁拆除

150t升船机钢梁如图1所示，左右对称各5根，总重460.0t；全部架空布置在支墩上，距坝顶面高10.0m、距坝后地面85.0m；最重钢梁66.8t，长32.5m，截面为3.5m×1.6m，最下游梁的重心距坝面中心63.0m。现场的主要起吊设备为位于坝面的MQ600B/30门机。

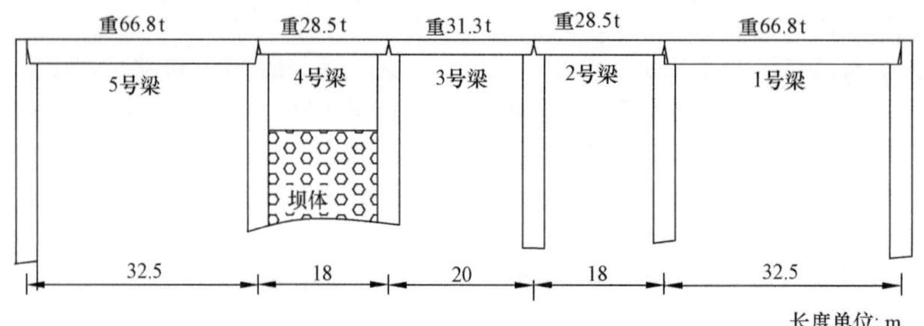

图1 钢梁分布示意

拆除方案为：①用 MQ600B/30 门机，通过切割、分解，拆除 4 号钢梁，使该门机可在坝面沿左右方向自由行走；②顶升 1、2、3 号钢梁，使三钢梁底面在同一个平面，在各支墩上支垫链轮式滚动装置，焊接防侧移、侧翻装置，并将此 3 根钢梁通过牵引焊接为一整体；③使用布置在 5 号钢梁上的卷扬机将 1、2、3 钢梁整体向上游牵引，当 3 号钢梁滑移到坝面顶部位置时，通过切割、分解，用 MQ600B/30 门机取掉 3 号钢梁；④将 1、2 号钢梁整体向上游牵引滑移，顶升 5 号钢梁，安装链轮式滚动装置和焊接防侧移、侧翻装置，并把此 3 根梁焊接为一体；⑤将焊成一体的 1、2、5 钢梁通过水平牵引进行上、下游滑移，由两端按 MQ600B/30 门机起重参数交替切割、分解钢梁，使用 MQ600B/30 门机吊下。

（三）300t 升船机轨道钢梁和提升机安装

300t 升船机轨道钢梁和提升机分部见图 2。左右各 4 根，1、2、4 号钢梁由 3 节组成，3 号钢梁由 2 节组成，距坝顶安装高度 15m。现场主要起吊设备为 160t 汽车吊。

为钢梁现场拼装，设计制作了适合现场施工要求的工装平台，如图 3 所示。它结构简单、制造方便，通用性强、灵活可靠，不阻碍坝面交通，既用于钢梁安装，也用于提升机安装。

钢梁安装方案为：①将 4 号钢梁分节吊到高空安装平台拼装，支垫链轮式滚动装置后向下游滑移，让出一节 3 号钢梁吊装位置；②吊 3 号钢梁下游节，与 4 号梁用高强螺栓及加强件临时连接成一体，再分次通过整体向下游水平牵引滑移，拼装 3 号钢梁上游节和临时连接 2 号梁下游节；③将连接成一体的 2 号梁下游节与 3、4 号梁，整体向下游滑移到位；④拆除 2、3 号梁间的临时连接件，将 3、4 号钢梁向侧边移动，让出 2 号梁可向下游滑移空间，同时，吊 2 号梁其余 2 节，完成 2 号梁拼装，并向下游滑移约一节长度；⑤吊 1 号梁下游节，与 2 号梁用高强螺栓临时连接一体，再分 2 次整体水平向下游移动，完成 1 号梁拼装；⑥将 1、2 号钢梁整体向上游水平滑移到位；⑦拆除梁间临时连接件，将各根钢梁调整到设计位置，按要求固定。

桥架结构的现场吊装主要为行走梁、组合梁、横梁的吊装。其中组合梁的吊装单件重 63t，为桥架吊装最大件，特别是下游一组梁的吊装，由于吊点离吊装设备较远，起吊有一定的难度。为此，采用下游行走机构及组合梁连接后，安装临时支撑机构向下游滑移，再安装上游行走机构及组合梁的方案。

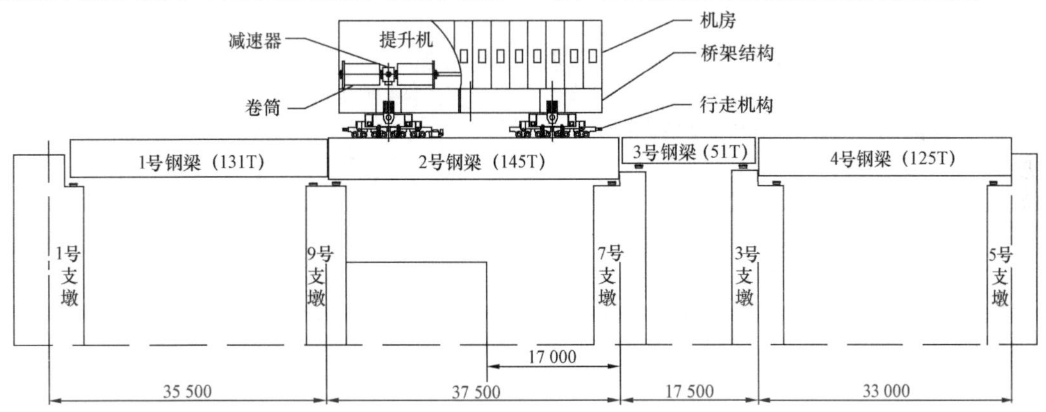

图 2 升船机轨道梁和提升机分部示意图

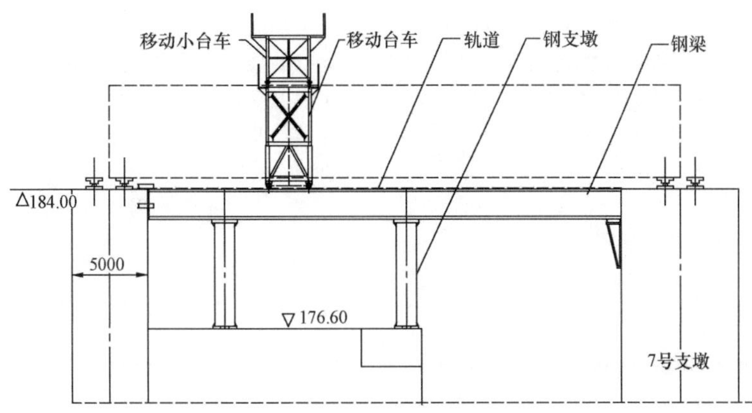

图 3 300t 升船机安装工装平台

（四）结语

2012年8月，300t升船机通过过船联合实验，具备通航条件。由于采用水平牵引滑移技术，150t升船机钢梁拆除节省资金110万元，300t升船机钢梁安装资金150万元，共计节省资金260万元，经济效益显著。

（中国水利水电第三工程局有限公司
杨联东　邹振忠　秦俊兰）

新型大坝弧门自动破冰装置

北方寒冷地区的大坝弧门前，冬季如不采取防冻措施，水会结成厚冰，导致水封变形漏水，铰支座压裂，巨大的侧压力还可将弧门上抬，造成开启事故。我国东北某电站曾发生过弧门被冰的上抬力开启的事故。防止大坝弧门前结冰，可采用人工破冰法、压缩空气吹冰法、电加热融冰法、水泵扰动破冰法和热管传热破冰法。热管传热破冰法是采用新颖的高导热性的传热器件，不消耗任何电功，但在大坝弧门破冰领域，受传热器件安全可靠性和经济性的影响，还处在理论和实验室研究阶段。从运行环境、工程技术、安全性和经济性等各方面因素综合考虑，目前水泵扰动破冰法仍是最佳方法，大部分寒冷地区水电厂均采用。

水泵扰动破冰法方法是利用潜水泵把水抽上来，经过钢管上的小孔在水中射出，形成连续不断的水流，从而达到防止局部结冰的目的。这种方法存在的问题是水位变化时，需人工进行水泵入水深度的调整，一旦调整不及时水面即会结冰。中国水电顾问集团西北勘测设计研究院针对此问题，研制成功一套新型大坝弧门自动破冰装置。

（一）装置结构

总体结构包括破冰部分和监控部分。

破冰部分分为涌水机构和自动升降机构。涌水机构由潜水泵、通水钢管和喷管等组成；自动升降机构由浮筒、重锤、固定支架和钢丝绳索道组成。

监控部分包括安装在潜水泵泵体上的温度传感器和压力传感器，控制箱，摄像头，视频处理单元，以及监控后台等。

（二）设备选型

1. 喷管的设计　原破冰装置喷管采用8只DN32的直管通过DN50的主干管竖直向上涌水。此种方法基本解决了水面结冰的问题，但在门槽两侧及电机电缆处经常出现结冰现象，曾发生过电缆由于冰凌造成的断裂事故。为此，利用了动水的反作用力原理，将喷管出口改为斜向45°方向喷射，这样当最外侧喷管喷出的水流射到混凝土表面上时就会发生反弹，在两侧混凝土墙体间区域形成一个自然的环流，从而达到扰动的效果；其他喷嘴出口均与浮筒、电缆及钢丝绳设置在一条直线上，这就有效地杜绝了配套设施的结冰问题。

2. 自动升降机构的设计　采用浮筒的方案使破冰装置始终漂浮于水面上，并实现了潜水泵距离水面为固定距离。采用了两台潜水泵，设计为一主一备的运行方式。两台水泵总重量为90kg，干管总长度为8m重量为143kg，出口逆止阀总重10kg，浮筒固定支架重40kg，合计总重283kg。为保证受力均衡，采用了双浮筒方式。根据装置布置，定制了单个承载能力为150kg的不锈钢圆形浮筒，采用环形卡套固定方式，便于以后维修。

3. 定位导向机构的设计　为避免装置的大范围游动，设计了一套升降限位机构。在排水干管两侧加装了两只直径为12mm的导向环（用ϕ5mm圆钢做）；门槽上部用槽钢向下固定一根ϕ8mm的钢丝绳做牵引；下部分别用一只80kg的圆柱形重锤放至门槽底部做配重，用于拉紧钢丝绳，形成了一个导向索道，起到升降导向的作用。

4. 监控部分的设计　在每个门槽内安装了一只摄像头，通过现地控制单元将信号传输至电站中央控制室，供运行人员实时监视破冰装置的运行情况。同时，专门为破冰装置编制了一套具有自动、手动控制的PLC程序，并将控制信号通过光纤引至中央控制室，运行人员可根据湖面结冰情况随时对装置进行操作。

（三）结语

本装置自2010年10月现场投入运行，经过一个冬季的运行检验，破冰效果明显，运行稳定可靠，解决了大坝弧门因结冰导致水封漏水的问题，提高了弧门运行的稳定性。同时，实现了远方监控和操作，减少了设备运行维护的工作量，为冬季高寒地区解决水工建筑物及弧门冰害问题提供了借鉴，具有良好的推广价值。

（中国水电顾问集团西北勘测设计研究院
侯纪坤　杨新光）

8

科学研究与技术创新

水 电 科 学 研 究

《大体积混凝土温度应力与温度控制》

《大体积混凝土温度应力与温度控制》一书作者朱伯芳 1951～1957 年参加了我国第一批三座混凝土坝（佛子岑坝、梅山坝、响洪甸坝）的设计和施工。这些工程根据当时国外文献的介绍，都采取了与国外类似的水管冷却等温控防裂措施，但实际上都产生了裂缝。作者认识到温控防裂是混凝土坝建设中的一个比较复杂、值得深入研究的课题。

1957 年底作者被调到中国水利水电科学研究院，分工担任混凝土高坝研究。当时已进入水利水电建设的高潮，三门峡、新安江、古田、刘家峡等数十座混凝土坝进行建设，温控防裂是这些工程中共同存在的一个重要技术课题。本书作者密切结合这些混凝土高坝建设，对大体积混凝土的温度应力和温度控制进行系统的、长期不懈的研究，先后发表关于本课题的论文 40 余篇，建立了比较完整的理论体系，提出了合理的技术措施。

（一）科学技术研究内容

本书在全世界首次建立了大体积混凝土结构温度应力和温度控制较完整的理论体系，包括下列几方面：

（1）混凝土结构形式和材料性质的优选，以利于防裂。

（2）混凝土温度场的计算方法。

（3）重力坝、拱坝、水闸、浇筑块、弹性地基梁等各种大体积混凝土结构温度徐变应力的计算方法和变化规律。

（4）控制温度防止裂缝的技术措施，包括水管冷却、预冷混凝土、表面保护、分缝分块、氧化镁混凝土等及其降温防裂效果的计算方法。

（5）混凝土温度控制准则和允许温差。

（6）混凝土坝仿真计算，可考虑分层浇筑、分区冷却、分区灌浆等十分复杂的施工过程和当地气候条件，计算混凝土坝从施工期到运行期的温度场和应力场的演变过程及各种温控措施的效果。

（二）发明及创新点

（1）大体积混凝土温度应力和温度控制的理论体系：本书在全世界首次建立了大体积混凝土温度应力和温度控制完整的理论体系，可有效防止混凝土裂缝，这一理论体系整体上是一项重要的创新。

（2）混凝土坝数字监控新理论和方法：混凝土坝传统的监控是仪器观测，不能给出大坝应力状态和安全系数。如目前混凝土拱坝的安全评估仍然采用拱梁分载法，不能考虑施工过程等因素。作者提出数字监控新理念和方法，由观测资料的反分析决定材料参数，用有限元方法根据实际施工过程和气候条件，计算从施工期到运行期的坝体应力、变位和安全系数。在施工期可根据当时实际状态和施工计划，预测完工后大坝的应力、变位和安全系数，如发现问题，可及时采取对策。在运行期，可考虑施工过程及运行条件计算大坝应力、变位和安全系数，对大坝安全进行评估，使大坝安全监控的精度大幅度提高。

（3）长期保温、全面温控的新理念：过去国内外只重视对寒潮的短期保温，由于气温年变化也能引起很大拉应力，本书作者提出长期保温、全面温控的新理念，利用泡沫塑料，这一新理念的应用，施工方便，价格低廉，效果明显。

（4）同时考虑水管冷却、天然冷却和水泥水化热的混凝土水管冷却等效热传导方程

$$\frac{\partial T}{\partial \tau}=a\left(\frac{\partial^2 T}{\partial x^2}+\frac{\partial^2 T}{\partial y^2}+\frac{\partial^2 T}{\partial z^2}\right)+(T_0-T_w)\frac{\partial \phi}{\partial \tau}+\theta_0\frac{\partial \psi}{\partial \tau} \tag{1}$$

式中 T 为温度，τ 为时间，T_0 为混凝土初温，T_w 为冷却水温，θ_0 为混凝土最终绝热温升。由于冷却水管的间距为 1.5m×1.5m，半径只有 1.2cm，如果直接用有限元计算，单元尺寸必须小到 1.2cm 左右，对于几十米厚、几十米到几百米高的混凝土坝，实际是很难计算的。采用式（1），冷却水管的作用在函数 ϕ 和 ψ 中考虑，用普通的有限元网格就可以计算温度徐变应力。

（5）水管冷却的新方式：小温差（分散温差）、早冷却、缓慢冷却的水管冷却新方式，在不影响施工进度、不增加投资的条件下，可有效降低拉应力。

（6）混凝土温度徐变应力的有限元算法：首次提出用有限元考虑施工过程及当地气候特点进行混凝土温度徐变应力计算的方法，给出了详细的计算公式。

（7）混凝土徐变理论的两个基本定理：［定理一］符合比例变形条件的复合结构，在外力作用下，徐变

不影响应力，只影响变位。[定理二] 符合比例变形条件的复合结构，在温度作用下，徐变不影响变位，只影响应力，并可用松弛系数法计算。

(8) 混凝土的半熟龄期 $\tau_{1/2}$：首先提出混凝土弹性模量和绝热温升达到其最终值一半时的龄期称为半熟龄期，半熟龄期越大，混凝土成熟越慢，有利于散热，改变半熟龄期，可有效减小温度应力。

(9) 解决重力坝加高问题的新思路：提出了一种新技术，可防止重力坝加高后，新老混凝土接缝的脱开，已在丹江口重力坝加高中应用。

(10) 混凝土徐变应力分析的隐式解法：在时段 $\Delta\tau_n$ 内，徐变应变增量为

$$\Delta\varepsilon_n^c = \sum(1 - e^{-r_s\Delta\tau_n})\omega_{sn} + \Delta\sigma_n C(t_n - \tau_n) \quad (2)$$

式中，ω_{sn} 为一循环公式，上式提高了应力分析的精度和效率。

(11) 混凝土坝仿真计算：提出了混凝土坝仿真计算的方法和基本方程，可考虑坝址实际气候条件及混凝土分层浇筑、分区冷却、分区灌浆等十分复杂的施工过程和运行条件，计算混凝土坝从施工期到运行期的十分复杂的温度场和应力场的演变过程及各种温控措施的效果。

(12) 拱坝温度荷载计算：以前拱坝温度荷载采用美国垦务局经验公式 $T_m = 57.57/(L + 2.44)$℃，式中 T_m 是平均温度，L 是坝体厚度，这个公式有较大缺点：第一，它不能考虑坝址区气候条件，而各地气候条件差别很大；第二，它不能考虑上下游温差，拱坝上游面与库水接触，下游面与空气接触，上下游温差较大。

本书作者提出新的拱坝温度荷载计算公式如下：

$$T_m = T_{m1} + T_{m2} - T_{m0}$$

$$T_d = T_{d1} + T_{d2} - T_{d0} \quad (3)$$

式中 T_m 为平均温度；T_d 为上下游等效温差；T_{m0}、T_{d0} 为封拱时的 T_m、T_d；T_{m1}、T_{d1} 为运行期年平均气温和水温引起的 T_m、T_d；T_{m2}、T_{d2} 为运行期水温和气温的年变化引起的 T_m、T_d。采用式 (3) 可根据当地气候条件计算拱坝温度荷载，已为拱坝设计规范应用。

(13) 水库水温计算公式

水库水温是大坝上游面的边界条件，过去没有计算公式，本书作者给出了算式：

$$T(y,\tau) = T_m(y) + A(y)\cos\omega(\tau - \tau_0 - \varepsilon) \quad (4)$$

式中 y 为库水深度，τ 为时间，$T_m(y)$ 为平均水温，$A(y)$ 为水温年变幅，$\omega = 2\pi/P$，$P = 1$ 年，书中给出了各个参数的算式。上述算式已为拱坝设计规范采用。

（三）与当前国内外同类研究、同类技术的综合比较

本书是目前全世界唯一的一本关于大体积混凝土温度应力温度控制的权威著作。国外一个著名出版社已签订合同计划出版本书英文版，目前正在翻译中。

目前国外出版了两本大体积混凝土温度方面的书：①美国垦务局编，“Cooling of Concrete Dams”，1949；②瑞士 A. Stuky 著，“Problems thermiques poses ba la construction des barrages－reservoirs”，1957。这两本书中列出了混凝土平板一维温度场的理论解和计算曲线，但完全没有接触温度应力；即使温度场的计算也只限于理论解，没有差分法和有限元法，不能考虑混凝土坝分层浇筑分区冷却的实际施工过程，计算结果与实际情况相差很远，实用价值不大。

引起大坝裂缝的是温度应力，而不仅是温度，还与约束条件、施工过程等有关。

（四）成果应用情况及社会经济效益

本书在水利水电工程中获广泛应用，虽然是为水利工程编写的，但在建筑学科中也得到一定应用。中国科学院科技信息研究所列举了我国每年各学科被引用最多的十本著作，本书每年均被列入水利学科或建筑学科，如表 1 所示。

表 1 本书被引用情况

年份	引用学科	本书排序
2010 年	建筑学科	4
2009 年	水利学科	1
2008 年	建筑学科	7
2007 年	水利学科	1
2006 年	水利学科	1

由于本书的广泛应用，我国混凝土坝的裂缝近年已明显减少，并在世界上首先建成了数座无裂缝的大坝，包括三峡重力坝三期工程和三江河拱坝。

由于防止了裂缝，提高了大坝抗渗性和耐久性，减少了大坝维护费用，延长了大坝使用寿命，社会效益和经济效益十分显著。

（中国水利水电科学研究院）

龙开口水电站重力坝动力分析及抗震安全评价研究

龙开口水电站位于云南省境内的金沙江中游河段上，为一等大（1）型工程。工程区位于青藏地震区的鲜水河-滇东地震带内，西南部邻接滇西南地震带；外围地震活动强烈，空间分布不均，中强地震震中条带

性分布明显，坝址主要受鲜水河-滇东地震带影响。电站场地地震基本烈度定为Ⅷ度，挡水建筑物按Ⅸ度设防。

本研究内容为重力坝全坝段整体地震反应分析和重力坝极限抗震能力分析评价。

（一）研究内容

（1）依据现行抗震规范进行大坝动力分析和抗震安全评价。根据现行水工抗震规范所确定的原则、方法和评价标准，选取挡水坝段、中孔坝段、溢流坝段及厂房坝段，分别采用悬臂梁法和平面有限元进行静、动态分析，评价大坝坝体抗震强度安全和坝体沿不同水平层面及建基面的抗滑稳定安全。

（2）大坝全坝段整体三维非线性有限元动力分析。为更真实地模拟大坝的实际工作情况，进行了大坝一地基体系进行全坝段整体三维有限元网格剖分，考虑坝体横缝的非线性接触作用影响，输入三方向地震波，进行非线性地震波动反应分析。在计算方法上，研究采用人工透射边界模拟无限地基辐射阻尼作用，采用动接触力模型模拟坝体横缝间的动态开合，并结合显式有限元的内点计算建立完全解耦的大坝非线性波动分析方法。为模拟缝间不同处理方式，研究开发了考虑缝间不同初始间隙、考虑设置键槽时对切向相对位移的限制及某些切缝键槽在水平向起作用而竖向不起作用等接触缝面的计算功能。在研究中，考虑了坝段间是否考虑相互作用、分仓缝的不同处理模式、地震输入的不同组合等条件组合，进行了多工况的计算分析，通过对比坝体静、动态位移、应力响应，坝段间缝面的开合及滑移情况等，分析论证了采取工程措施加强地震过程中坝段间相互作用的必要性和设置键槽方案与横缝灌浆方案相比较的有效性。

（3）大坝校核地震作用下抗震安全及极限抗震能力探讨。对龙开口重力坝典型坝段，进行了设计地震和校核地震作用下的二维地震非线性波动反应分析，评价和比较分析其在设计地震和校核地震作用下的静动力反应及抗震安全性，并采用超设计地震荷载的方法探索研究了大坝的极限抗震能力。同时进行了校核地震作用下线弹性方法的计算分析。

研究采用以具有初始强度的接触单元、采用动接触力模型模拟大坝头部及建基面的接触非线性的影响。通过对设计地震等比例放大的超载方式，计算大坝位移、应力、缝面开裂及抗滑稳定等因素进行综合分析和评判大坝的极限抗震能力。并建议了以下4项判据作为重力坝达到极限抗震能力的多指标评价标准：①大坝典型部位位移急剧增加或出现不可恢复的残余变形；②大坝沿建基面（深层滑动面）的开裂已超过灌浆帷幕；③大坝头部水平缝出现贯穿性开裂破坏；④动力求解过程不收敛。

对于龙开口重力坝，对其坝高最大而体型较为单薄的典型坝段，经分析表明校核地震作用下大坝的总体刚度没有明显变化，大坝的非线性损伤无显著发展。大坝头折坡部位所设缝面未出现开裂。大坝坝体应力、坝基交界面开裂范围及建基面抗滑稳定性都能满足抗震安全要求，不存在溃坝的危险。对大坝进行的极限抗震能力研究表明，在1.5倍设计地震荷载作用下，坝体处在小位移范畴，震后基本回复静力平衡位置，坝头折坡部位未出现开裂，坝基交界面的抗滑稳定有足够的安全裕度，开裂范围未达到帷幕，坝体应力亦在强度允许范围内；而在1.6倍设计地震荷载作用下，坝体在头部折坡部位可能因断裂发展而上部坝体发生位移突变，在数值计算上表现为位移的不断放大，且建基面的开裂已超过帷幕，因此取大坝的极限抗震能力取为1.5倍的设计地震荷载作用。

（二）创新点

（1）首次采用整体三维全坝段地震波动反应分析方法进行重力坝非线性地震反应分析和评价。

（2）结合工程实际，首次具体研究比较了碾压混凝土重力坝的分仓缝和诱导缝的不同缝面处理方式对加强大坝整体性的作用。

（3）建立了有效可行的进行重力坝极限抗震能力评价的计算分析体系和评价标准，为重力坝校核地震下安全性的复核及极限抗震能力的评价提供了基本方法和判据。

（三）成果应用

研究成果被设计部门全面采纳和应用，也为类似工程提供了借鉴和指导，并为抗震规范的修编提供了有益的参考，其中部分方法和判据已被纳入修编规范的相关条文中。

本项研究对于重力坝坝段间接缝处理方式对加强大坝抗震中的整体性的效果进行了分析比较，研究证明缝间设置键槽的工程措施可有效增加大坝横河向刚度，提高大坝抗震能力。设计部门依据这一成果，首次在碾压混凝土横缝缝面采用切割机现场切割的键槽式横缝+球形键槽分仓缝的处理方式，能起到与横缝灌浆相同的抗震效果。这一优化设计不仅降低了施工难度，加快了施工，缩短了工期，还可节省工程投资约3000万元。

（中国水利水电科学研究院）

紫坪铺水库震损评估与抗震减灾技术研究

紫坪铺面板堆石坝虽然经受住了“5·12”汶川

大地震的考验，但也产生了严重的震害。对大坝震后的抗震性能做出科学分析，提出合理的抗震加固措施，是工程灾后重建的关键。另一方面，我国强震区将建设越来越多的高土石坝，这些大坝的抗震安全已成为目前社会关注的焦点，迫切需要抗震技术的进步提供可靠的支撑。因此，以经受了强震考验的紫坪铺工程为依托，充分利用本次大地震的震害资料，深入研究高土石坝的震害破坏成因和地震安全性评价方法以及抗震减灾技术对提高我国土石坝工程抗震设计水平，确保工程的抗震安全有重要的现实意义。

（一）研究内容

(1) 对紫坪铺工程的震损进行系统调查，对紫坪铺大坝的基本参数复核，对紫坪铺面板堆石坝的震害进行系统总结与分析。

(2) 对紫坪铺工程震害进行复核计算与反馈分析，对本次“5·12”地震中大坝的震害特点和破坏现象进行定性和定量的分析与评价，研究和揭示大坝在地震作用下的破损特征和成因。

(3) 结合工程震害修复情况，对紫坪铺大坝进行新核定的地震工况下的地震反应分析和抗震安全性评价；并对大坝的极限抗震能力进行研究和分析；同时进行大坝抗震效果评价与抗震措施研究。

(4) 对紫坪铺面板坝混凝土面板和缝止水系统进行缺陷普查、检测、评估，并对修复加固技术和抗震措施进行研究。

(5) 充分利用紫坪铺震害资料，开发高土石坝多耦合非线性动力分析理论和方法，研究和揭示高土石坝动力破损特征与地震灾害机理，建立高土石坝地震安全评价方法。

(6) 通过分析大坝在强震作用下的稳定、变形及防渗体损伤破坏特征等，对大坝的极限抗震能力进行研究和分析，建立高土石坝震害预测方法，探讨大坝失稳模式和抗震风险评估方法。

(7) 系统地归纳总结各种抗震方法和工程抗震措施，研究其针对性、可靠性、经济性和作用机理，提出合理的土石坝抗震减灾方法和加固措施及应急处置措施。

(8) 开展大型动力模型试验，进行高土石坝抗震技术的原型—模型—数值分析的联合验证，在定性和定量两方面对震损评估与抗震减灾技术进行验证和完善。

（二）创新点

(1) 综合采用现场查勘资料分析、多种模型及方法的数值计算、反演分析和模型试验等，对大坝的震害特点和破坏现象进行了分析，研究和揭示了大坝在地震作用下的破损特征和成因。

(2) 开发了SK超韧性环氧砂浆、GB-聚脲柔性防护体系、塑性填料挤出机技术等新材料和新技术，发展了适用于高地震区的混凝土面板防渗止水体系。同时，开发了基于冲击弹性波的无损检测应用技术，并应用于混凝土面板和接缝止水系统的缺陷普查和质量检测。

(3) 开发了考虑颗粒破碎的广义弹塑性模型和基于P-Z模型的广义弹塑性模型，同时基于大型三维接触面试验，建立和发展了新型接触面弹塑性损伤模型。

(4) 研究了土石坝地震动输入机制、无限地基辐射阻尼对坝体地震反应的影响及覆盖层对地震动特性影响，开发了黏弹性人工边界单元，实现了可考虑行波效应、地基辐射阻尼以及覆盖层影响的土石坝地震反应分析方法。

(5) 基于Windows开发平台和Visual C++ MFC开发工具，采用面向对象的程序设计方法、图形用户界面和可视化以及多核并行等先进技术，开发了适用于高土石坝三维非线性有限元并行计算分析程序，显著提高了计算效率。

(6) 研究和揭示了高土石坝动力破损特征与地震灾害机理，将稳定性评价与变形分析相结合，将单元动力安全度与结构整体动力稳定性评价相结合，建立了基于稳定分析、变形分析和防渗体安全评价的土石坝抗震安全性评价方法。

(7) 研究了大坝在强震作用下的稳定、变形及防渗体损伤破坏特征等，探讨了大坝失稳模式，建立了大坝的极限抗震能力分析方法，开发了高土石坝震害预测与风险评估技术。

(8) 研究了不同抗震工程措施的针对性、可靠性、经济性和作用机理，提出了有效的土石坝抗震减灾技术和应急处置措施。

(9) 以实际震害资料为基础，利用新研制的大型离心机振动台及大型振动台，进行了高土石坝抗震技术的原型—模型—数值分析的联合验证，验证和完善了物理模拟和数值模拟技术。

(10) 针对紫坪铺工程，研究了先期震动对地震残余变形及抗震安全性的影响，对大坝的抗震安全性进行了论证评价，提出了适宜的抗震措施，为工程灾后重建提供了可靠的技术支撑。

（三）成果应用情况及社会经济效益

在相关核心刊物发表科技论文70余篇，其中8篇被SCI检索，46篇被EI检索；出版专著8本；编写标准和规范3部，其中国家标准1部，行业标准2部；取得专利6项，其中国家发明专利3项，实用新型专利3项；取得计算机软件著作权1项；获得省部级奖励3项；培养博士、硕士研究生31名；形成了一个具有开拓创新能力的研究群体。

成果为紫坪铺大坝震后除险加固提供了可靠的技术依据；并在抗震设计规范等的修编工作及重大工程的抗震设计中得到应用和推广。具体包括：

（1）研究成果已在设计手册和抗震设计规范的修编工作中得到应用和推广，包括：《水工建筑物抗震设计规范》、《水工设计手册》（第二版）、《混凝土面板堆石坝设计规范》、《水工建筑物抗震试验规程》（SL 539—2011）。

（2）研究成果已经应用在紫坪铺灾后重建、糯扎渡、长河坝、双江口、两河口等重大工程的抗震分析和安全评价中。

（3）紫坪铺大坝震后抗震安全复核成果为紫坪铺灾后恢复重建和除险加固提供了可靠的技术依据，并得到应用，取得显著经济效益和社会效益。其中浆砌石护坡抗震措施有效性的研究成果直接支持了紫坪铺大坝后坝坡采用浆砌石护坡进行加固处理的最终方案，据不完全测算，相比其他比选方案，节约工程投资8000万元。

（中国水利水电科学研究院）

全坝外掺氧化镁微膨胀混凝土快速建坝技术应用研究

全坝外掺氧化镁（MgO）拱坝快速筑坝技术的应用，自1999年起已有10多年历史，建成了十余座拱坝，但缺乏相关的设计和施工规范，其应用理念和效果也不尽相同，既取得了一些经验，也有一些教训。实践中多采用简化的材料力学概念确定MgO掺量。同重力坝相比，拱坝具有变形复杂的结构特点，对掺MgO后拱坝新的变形特点在设计认识上处于摸索阶段，尚未形成一套系统成熟的实用技术，仍有许多问题需要研究，本项目正是在这样的背景下进行立项。

（一）研究内容

1. MgO混凝土筑坝基本理论研究　提出了MgO混凝土筑坝的三个差：室内实验与实际膨胀差、时间差、地区差。对这三个问题进行定量计算和分析，以对MgO混凝土筑坝进行理论指导。另外混凝土掺MgO后会产生膨胀变形，膨胀速率与温度密切相关，如龄期100d时，40℃养护比20℃养护的膨胀量大1～2倍。对于温度不断变化的混凝土来讲，温度的影响起至关重要的作用，因此MgO膨胀模型不仅要反映龄期、MgO掺量等因素，还应考虑温度相关性，否则将难以反映真实的变形及应力状况。本项目在充分把握MgO微膨胀变形性能的基础上提出能反映微膨胀混凝土真实特性的仿真模拟模型。

2. 混凝土外掺MgO后材料性能的研究　本项目通过室内试验，说明了混凝土外掺MgO后，混凝土龄期、环境温度对混凝土的抗压、抗拉强度及弹性模量等参数的影响情况。混凝土材料性能参数都随龄期的增长和试验温度的升高而增大，但增长率不同，抗拉、抗压强度低龄期28d前的增长率大于高龄期的增长率，28d后各龄期的增长变化率不大；高温28d前的弹模提高较多，其后各龄期的弹模提高率都随龄期的增长而逐渐减小，试验成果为外掺MgO混凝土筑坝量化分析提供了依据。

3. MgO微膨胀混凝土筑坝施工期和运行期温度场、应力场仿真软件的开发　混凝土本身具有多种特殊性质，如水化热、强度和弹模随龄期变化、徐变随龄期、应力和温度变化等，加上MgO的膨胀特性和实际施工的复杂性，使得MgO混凝土坝的仿真模拟变得十分复杂。本项目研发了一套适合MgO混凝土整体拱坝的仿真分析软件，以快速高效、精确地仿真分析MgO混凝土整体拱坝的温度场、应力场的变化过程。

4. 外掺MgO混凝土拱坝的施工技术及质量控制方法的研究　提出了掺MgO混凝土原材料的检验方法和混凝土拌和过程中MgO均匀性控制的检测方法，原则规定：现场进行坝体浇筑的每批混凝土均要用滴定法进行MgO均匀性检测。对MgO含量超标（设计控制标准）的混凝土，严格采取挖出措施，不允许留存在坝体混凝土内，并提出了拱坝施工中工程质量控制要素和方案。

5. MgO微膨胀混凝土整体浇筑拱坝技术总结及相应设计规范的研究　根据已建MgO微膨胀混凝土拱坝的经验，研究坝体不分横缝或合理放宽横缝距离、设置诱导缝等措施，以简化施工工艺，达到快速筑坝目的。同时制定应用该技术建造混凝土拱坝的设计方法和基本准则，并推荐与该技术相适应的计算分析程序。同时从原材料到施工提出完整系统的质量控制要求，以保证该技术的应用取得成功。最终提出适用南方地区的《全坝外掺MgO微膨胀混凝土拱坝技术规范》。

（二）创新点

（1）首次提出MgO混凝土筑坝的三个差：室内实验与实际膨胀差、时间差、地区差，并对这三个问题进行定量计算和分析；首次提出十分吻合现有试验资料的MgO混凝土膨胀数学模型，建立了完整的MgO混凝土筑坝的理论体系。

（2）首次研制开发出一套适合MgO混凝土筑坝的仿真分析软件，并应用于多个实际工程设计施工中。

（3）首次提出MgO混凝土筑坝中必须通过仿真

分析确定 MgO 掺量、分缝位置以及温控措施的设计理念，并应用到 8 座拱坝设计施工中，达到提前发电、节省投资目的；工程实践表明：目前 6 座拱坝已正常蓄水运行，大坝防渗和抗裂效果优于国内同类工程。

(4) 首次提出适用南方地区的《全坝外掺 MgO 微膨胀混凝土拱坝技术规范》(DB52/T720—2010) 并获批准发布。

(5) 发表论文 20 篇，其中 7 篇论文列入 EI 检索。

(二) 成果应用情况及社会经济效益

已将研究成果应用于多个拱坝的实际施工中。如高 71.5m 的贵州三江混凝土拱坝浇筑时间 8 个月，满足一年建成的合同要求；高 110m 的贵州黄花寨碾压混凝土拱坝获得直接经济效益 2000 余万元，提前发电的间接经济效益 4000 余万元，总计 6000 万元；高 81m 的贵州落脚河混凝土拱坝在 1 年时间内建成，电站提前半年发电，高 69.5m 的贵州马槽河电站（装机 10MW）混凝土拱坝和高 67m 的贵州老江底电站（装机 100MW）混凝土拱坝也均在 1 年内建成，经济和社会效益十分显著。

（中国水利水电科学研究院）

大型输水工程参数辨识及安全调控关键技术

本项目以正在建设中的南水北调中线工程等现代大型输水工程安全运行需要为基础，紧紧围绕急需解决的一系列输水工程设计参数系统辨识和运行安全调控关键问题开展系统研究。针对此目的，采用现场调研、资料分析、理论分析、实体物理模型试验、数值模拟计算等多种研究手段，重点研究解决大型输水工程设计参数系统辨识及运行安全调控理论和 6 项关键技术，并提出有效的工程措施。

(一) 主要研究成果

(1) 在输水工程系统参数辨识理论方面，提出了输水工程渠道沿程糙率的系统辨识数学模型。即考虑渠道几何参数，如断面形态、长度、底坡等的影响，将渠道沿程糙率与粗糙高度和水力半径的关系用对数函数描述，应用系统辨识的最小二乘法得到了渠道沿程糙率公式，不仅可以校核南水北调中线工程设计，而且可以应用到其他工程。通过分析水力测量误差、渠道长度、壅水对糙率率定误差的影响规律，提出了渠道糙率误差分析理论及其计算方法，并在此基础上，提出了减小糙率率定误差的方法用于指导工程观测实践，提出了闸门特性的动态系统辨识模型及其方法。

(2) 在输水工程管道摩阻系数参数率定及辨识方面，提出了管道阻力系数、当量粗糙度、海曾-威廉系数、曼宁糙率和薄壁矩形量水堰流量的不确定度的计算理论和方法，其中考虑了管径、管长、水头损失或测压管水头以及量水堰宽度、高度与堰上水头等测量参数的测量不确定度的影响。研究了应用不确定度理论确定当量粗糙度值及其不确定度大小，研究了各摩阻系数导出量和测量的无因次标准不确定度之间的关系，并根据上述关系提出减小摩阻系数测量无因次标准不确定度的方法。

(3) 在输水工程管道安全的故障参数诊断和检测方面，发展了现代高新技术条件下适合复杂边界的长输管道系统故障参数辨识的专有频域数学模型，该模型适应范围更广。针对当前小泄漏难以准确检测的难点，提出了基于瞬变水击压力波法的故障参数两步检测技术。

(4) 在大型输水工程输水管道充水的安全运行与调控方面，研究提出了充水过程原、模型气泡体积的换算关系，提出了含气水流的水力瞬变模型相似率，开发了可同步、实时对多物理量进行信号采集及闸门启闭控制系统，直观地表征了输水隧洞内气团变化与运动，定量给出了通气孔通气量、暗涵输水效率等技术指标，提出了高效输水的措施和安全充水的调度、控制建议，解决了长距离有压输水隧洞充水的关键性技术难题。

(5) 在输水工程明渠倒虹吸冬季安全运行调控方面，搭建了国内目前唯一一个基于 SCADA 系统的低温冰水动力学试验平台，真冰条件下研究了冰块在倒虹吸进水口前堆积演变机理以及形成稳定冰塞的条件，提出了冰块不进入、平衡状态、少量进入和大量进入倒虹吸时的相关水力参数，提出了冰块在倒虹吸进口发生输移的淹没水深（倒虹吸进口顶部至水面的距离）和总水深的比值与上游渠道的佛汝德数之间的关系，并以南水北调中线工程为例，计算了输水工程各水位条件下冰块不进入倒虹吸的最大输水能力。

(6) 在输水工程冬季安全运行冰情预测预报方面，首次把神经网络模型和模糊算法结合起来，建立了大型长距离输水工程的冰情预报的自适应模糊神经网络理论，并以南水北调中线工程为例，研究了冬季输水冰情的发展状况，预报了黄河以北主要地区气温稳定转正、转负日期。

(7) 在输水渠道或河道冰塞演变机理试验研究和数值模拟方面，考虑了冰盖下的冰花输运和冰塞面变形对冰塞堆积产生的影响，建立了反映冰塞堆积厚度的冰塞面变形方程，并结合 $k-\varepsilon$ 两方程建立了可用于模拟计算平衡冰塞堆积厚度的河冰两维数学模型。在模型求解上采用了同位网格的变量布置方式，且引入了界面上的动量插值法解决了压力场和速度场的波动问题。建立了冰盖下垂向两维数学模型，获得了床面和冰盖糙率对垂向水流速度分布影响的一般规律。

（二）创新点

（1）应用系统辨识理论，首次提出了渠道糙率误差分析理论及计算方法、闸门特性的动态系统辨识模型及其求解方法、长输水管道系统故障参数辨识的专有频域数学模型等，为解决长距离输水工程的关键水力学问题提供了重要的技术支撑。

（2）通过实体模型试验研究，提出了长距离输水管道充水含气水流的水力瞬变模型相似律，解决了通气孔中气泡形成位置、大小、运动速度的测量以及通气孔负压辨识的关键技术问题，并进一步验证了设计的合理性。

（3）创建了国内水利系统唯一的基于 SCADA 系统的低温冰水动力学试验平台，通过大量真冰试验，提出了输水渠道中不发生倒虹吸冰塞事故的临界水深等关键水力学判据。

（4）为解决冰塞堆积和冰塞面变形等关键问题，通过自适应模糊神经网络模型和湍流模型的有效结合，首次建立了输水工程二维冰水动力学仿真模型和冰情预报方法。

（三）成果应用情况及社会经济效益

（1）提出的输水工程参数系统辨识系列成果是水力学系统辨识的重大标志性成果，理论性和实用性很强，在大型调水工程规划、设计、运行、调度等方面具有广阔的推广应用价值。南水北调中线工程设计、运行和管理初步应用了上述理论和计算研究成果，取得了显著的经济效益和社会效益。

（2）提出的输水工程输水管道充水安全运行与调控理论和技术成果已经应用于南水北调中线北京段的运行、管理、维护、调度，为工程不停产改建正常输水提供了科技支撑，减少了因运行不当引起的工程事故，其经济效益超过 8000 万元。

（3）提出的管道阻力系数、当量粗糙度、海曾—威廉系数、曼宁糙率和薄壁矩形量水堰流量的不确定度计算理论和方法，为不同厂家同类管道的制造加工质量提供了重要的评定方法。

本项目成果被水利部鉴定为“在理论和技术上有重大创新，研究成果总体达到国际领先水平。”目前已广泛应用于大型输水工程规划、设计、运行、调度等方面。在成果创新的同时，已发表核心期刊论文 23 篇，其中 SCI 检索 8 篇，EI 检索 11 篇，ISTP 检索 1 篇，申请国家发明专利 1 项，在水利水电工程领域产生了较为重要的学术影响，有力的推动了科学技术的进步，社会效益显著。

（中国水利水电科学研究院）

宽大裂（孔）隙地层堵漏灌浆成套技术研究

宽大裂（孔）隙地层渗漏通常具有地质条件复杂，渗漏水流量大、流速高等特点，给工程堵漏造成了严重困难。对于吃浆量大、集中涌水的宽大裂（孔）隙进行有效封堵，是当前灌浆技术中一个急需解决而又未完全解决的重要问题。针对不同开度、不同流速的大裂（孔）隙地层，研究开发具有优良性能的堵漏灌浆材料及其施工工艺，形成成套的宽大裂（孔）隙地层堵漏灌浆技术，具有重要的理论和工程应用价值。

（一）主要研究内容及成果

（1）研发了速凝纤维砂浆材料。研制的速凝纤维砂浆由普通水泥砂浆和一定比例的聚合纤维、水下不分散剂及促凝剂配制而成，具有良好的可泵性和一定的抗冲能力，凝结时间可以从几分钟到几十分钟进行选择；可采用常规的灌浆设备和施工工艺，材料来源广，价格便宜，适合于小流速下大裂（孔）隙地层堵漏的大规模生产使用。在锦屏二级水电站灌浆堵漏施工中得到了广泛应用，较常规的水泥灌浆堵漏节省材料用量 30%以上，并缩短了堵漏工期。

（2）研发了新型速凝膏浆材料及搅拌设备。研究开发了一种膏浆外加剂，可直接添加到水泥浆液中制成速凝膏浆，施工简单。掺外加剂的新型速凝膏浆性能稳定，具有较高的初始屈服强度、良好的水下不分散性和抗水流稀释性，凝结时间可调、可控，适合于较高流速动水条件下的堵漏灌浆。膏浆外加剂掺量为水泥重量的 3%～7%，目前已形成产品，在国内外十多个工程中得到了成功应用。根据膏浆黏聚力大、流动性差的特点，研制了适合于膏浆搅拌的 M1000 大容量高效制浆搅拌机，搅拌浆液浓度可达2.5Pa.s。

（3）研发了改性热沥青灌浆材料及设备。研究开发了沥青复合改性剂，显著降低沥青的软化点和黏度，首次将沥青灌浆的施工温度降低到 80℃以下，较常规的热沥青灌浆加热温度降低 50%以上，加热时间短、能耗少；沥青复合改性剂掺量为基质沥青的 6%～9%。开发了水泥-热沥青灌浆技术，解决了纯沥青浆液在水中漂浮的问题，同时提高了固结体的力学强度和减小蠕变，且可以节约沥青用量，降低工程造价；水泥推荐掺量为基质沥青的 50%～100%。研制了热沥青灌浆专用设备，解决了常规沥青灌浆管路需预热、难清洗的难题，简化了施工工序，研制的搅拌机和灌浆泵可满足水泥—热沥青灌浆要求。

（4）进行了宽大裂（孔）隙地层堵漏灌浆室内模

拟试验。设计制作了室内大型动水堵漏灌浆试验模型装置，模拟裂隙宽度可达 20cm，试验水头可达 2m，最大可以模拟 0.5m 的孔隙，模型的长度可满足浆液扩散距离 2m 的要求。对研发的材料及工艺进行了堵漏模拟试验，结果表明：对于地下水流速小于 0.2m/s 的地层，速凝纤维砂浆能取得较好的堵漏效果；对于地下水流速小于 1m/s 的地层，新型速凝膏浆堵漏效果较佳；对于地下水流速 1～2m/s 的地层，改性热沥青具有较好的堵漏效果。

（5）提出了沉箱封堵高压大流量集中涌水施工工艺。该技术实现了原始涌水点的封闭束流和规律分流，形成了可控的地下水排泄系统，减少了灌入浆液的冲释和流失，为集中涌水区域的地下水灌浆封堵施工创造必要条件。

（6）研制了高承压水岩层钻灌封闭装置。装置包括一个带密封圈和内膨胀塞及高压阀的钻进/加钻/退钻封闭器和灌浆封闭器，钻孔封闭器既可单独用于钻孔，也可与灌浆封闭器联合使用，用于灌浆。它成功解决了高承压水地层的钻孔与灌浆作业难题，保证了现场施工的安全。

（7）提出了模袋孔口止浆工艺。模袋孔口止浆塞加工简单，成本低廉，密封性好，尺寸可根据需要加工制作，施工方便，解决了裸露岩体封孔难等问题。

（8）将相关研究成果成功应用于锦屏二级水电站 3 号引水洞、桥巩水电站二期围堰及重庆两江大桥主塔基础围堰水下堵漏等工程，取得了显著效果。

（二）创新点

本项目研究，取得了“高压水岩层钻孔/加钻/退钻/封闭装置及灌浆退钻方法（专利号：ZL200610009102.5）”发明专利和“一种大容量高效制浆搅拌机（专利号：ZL200720175818.2）”实用新型专利各 1 项，并在以下几个方面有创新：

（1）研发了速凝纤维砂浆、新型速凝膏浆和低温热沥青堵漏灌浆材料，解决了不同地下水流速的宽大裂（孔）隙地层堵漏难题。速凝纤维砂浆适合地下水流速小于 0.2m/s 的地层堵漏，新型速凝膏浆较适合地下水流速小于 1m/s 的地层堵漏，低温热沥青浆液适合于地下水流速 1～2m/s 的地层堵漏。

（2）首次将热沥青灌浆施工温度降低至 80℃以下，较常规的热沥青灌浆加热温度降低 50%以上，并提出了水泥-热沥青复合灌浆材料，解决了纯沥青灌浆固结体力学强度低和蠕变大等问题。

（3）研制了膏浆搅拌设备，解决了膏浆的制浆难题。研制的 M1000 大容量高效制浆搅拌机搅拌充分、工效高、使用寿命长。

（4）研制了热沥青灌浆加热、输送、搅拌和灌注等专用设备，简化了热沥青灌浆施工工艺，实现了水泥一热沥青灌浆。

（5）创新性地提出了沉箱封堵集中涌水施工技术，解决了高压大流量涌水封堵的难题。

（6）研制了高承压水地层钻灌封闭装置，成功解决了高压水地层的钻孔和灌浆难题。

（三）成果应用情况及社会经济效益

本项目的系列研究成果已经成功应用于锦屏二级水电站辅助洞及 3 号引水洞灌浆堵漏、桥巩水电站二期围堰堵漏工程、重庆两江大桥主塔基础围堰水下堵漏工程、朝阳嘉陵江大桥 1 号墩围堰防渗支护、湖北三峡新材玻璃窑三线窑炉底板防渗等众多工程，在堵漏过程中大幅减少了水泥等材料用量，并缩短了施工工期，取得了良好的社会经济效益。

仅以速凝纤维砂浆、新型速凝膏浆两项技术统计，已完成的几个堵漏工程初步估计直接经济效益 900 万元以上，间接经济效益 2.2 亿元以上。

（中国水利水电科学研究院）

进口防渗材料海外监造质量控制体系的研究与实践

本项目通过内蒙古大唐国际克什克腾旗煤制天然气项目的 HDPE 防渗膜的海外监造，提出了一种科学实用的海外监造质量控制体系，为同类型产品或其他产品的海外监造工作提供了指导和借鉴。

内蒙古大唐国际克什克腾旗煤制天然气项目于 2009 年 8 月由国家发展改革委核准，是我国第一个经国家核准的煤制天然气示范项目，工程位于内蒙古克什克腾旗境内，设计生产规模为年产天然气 40 亿 m^3。生产过程所产生的废物废水种类较多，依据国家规范，按其危害程度主要有一般固体废物、危险废物、废水、生活垃圾四类。为了处理这些废物、废水，本工程在厂外建造了包括贮灰场、蒸发塘、危险废物填埋场和生活垃圾填埋场等在内的一系列子工程。各贮放渣场内采用铺设 HDPE 防渗膜等方法来对地基进行隔离处理，所需要的防渗膜总量约为 169 万 m^2，全部由加拿大索玛公司在马来西亚的生产线生产。

（一）研究内容

（1）在深入研究了海外监造特点的基础上，对比分析了国内外在监造观念、管理体系、工艺流程、质量控制、检测方法和标准等方面的差异，提出了一套海外监造质量控制体系，该体系将原料质量控制、产品生产监控、成品储装发放三部分的工作具体化、规范化、程序化，并将体系文件（包括原材料进厂记录表、日生产记录表、质检记录表、装车记录表、会议记录表以及监造周报和工作总结报告等）标准化。

（2）分析研究了国外的 GRI GM13、《SOLMAX INTERNATIONAL QA/QC MANUAL》、《Production process of Malaysia factory》和国内的行业标准 CJ/ T 234—2006、GB 5085.2—1996 等技术文件和规范资料，比较了 GRI GM13 与 CJ/ T 234—2006 之间在防渗膜外观质量、密度、屈服强度、屈服伸长率、断裂强度、断裂伸长率、炭黑含量、穿刺强度、氧化诱导时间、耐环境应力开裂等质量控制指标上的差异，在此基础上，综合考虑了委托方的技术标准要求，最终制定了产品的实际质量指标控制标准。

（3）在克旗渣场项目的实践中，按照所提出的海外监造质量控制体系，制定了详细的监造细则，对生产现场的各个环节进行了监督检查，并做好了每日的原材料进厂记录、工作记录、质检记录、装柜记录以及相关的会议记录、每周的工作总结周报；对现场出现的问题进行了快速有效的处理和备案。

（4）在生产结束后，对 HDPE 防渗膜的各质量控制指标的质检结果进行统计分析，并与制定的实际控制标准进行了对比；按照海外监造质量控制体系中的要求完成了工作总结，包括监造资料的汇总分析以及对土工膜生产质量的评价。

（二）创新点

在国家发展煤制天然气项目的大背景下，针对国内防渗膜海外监造经验的匮乏，深入总结了国内外在监造观念、管理体系、工艺流程、质量控制、检测方法和标准等方面的差异，提出了一套系统的、科学的海外监造质量控制体系，并成功实践于第一个经国家发改委核准的煤制天然气示范项目。

（三）成果应用情况及社会经济效益

本次监造工作很好地确保了 HDPE 防渗膜的生产质量，目前防渗膜已全部应用于内蒙古大唐国际克什克腾旗煤制天然气项目渣场地基处理中。

另外，HDPE 防渗膜以其较好的防渗性能，在岩土工程中的应用十分广泛，既可以应用在城市的垃圾处理场、蒸发塘等环境岩土工程的地基处理问题中，也可以用于闸、坝、平原水库等水利工程的防渗布置中。但是，HDPE 防渗膜能够很好地发挥作用，其前提是不会在生产、施工过程中出现孔洞、裂隙等质量问题。本项目的开展，所提出的科学的产品监造质量控制体系，既为今后土工膜的监造工作积累了经验，也为同类型产品的国内、外监造服务工作提供很好的借鉴和指导，具有显著的社会和经济效益。

（中国水利水电科学研究院）

老挝南乌江六级板岩堆石坝筑坝材料工程特性研究

国内外水电工程用板岩做高堆石坝堆石料的可供借鉴经验少。本项目开展板岩堆石料的工程特性研究，通过分析研究板岩堆石料的工程特性，为老挝南乌江六级电站堆石坝设计和计算提供基础资料。这为老挝类似工程的设计提供参考，也为我国在高堆石坝设计中软岩的应用累积相关经验，具有十分重要的工程意义与理论意义。

本项目在现场堆石料料场工程地质环境背景条件研究的基础上，依据板岩的岩体结构条件，通过现场与室内试验，研究板岩堆石料的工程特性，为板岩堆石料的工程可行性提供理论依据与试验依据。

本项目重点开展了以下内容的研究：

（1）国内外工程类比分析，通过总结国内外软岩筑坝的经验，分析南乌江六级板岩的筑坝可行性。

（2）板岩黏土矿物分析，通过 X-衍射试验，获得板岩中的黏土矿物成分及含量。

（3）岩石强度及水理试验，主要有：①岩石软化系数，对板岩堆石料的烘干样和饱和样分别进行单轴抗压强度试验，测定板岩堆石料的软化系数；②吸水试验，对板岩堆石料进行自然吸水和煮沸饱和吸水试验，测定堆石料的吸水率和饱和吸水率，得出板岩堆石料吸水程度及吸水率随时间的变化关系；③进行室内浸水崩解试验。

（4）大中型剪切试验，得出各压力下板岩堆石料的剪应力和剪切位移关系曲线，整理得出板岩堆石料的直接剪切强度指标。合同外增加了板岩堆石料的重复剪切试验，以获得不同循环剪切条件下的抗剪强度参数。

（5）湿化变形特性试验，测定软岩料在一定的应力状态下，受水的浸润作用发生的沉降变形。

（6）板岩堆石料动剪模量和阻尼比试验，测定板岩堆石料动剪模量与动剪应变的关系以及阻尼比与动剪应变的关系，确定材料的动剪切模量和阻尼比。

（7）板岩堆石料动力残余变形特性试验，测定板岩堆石料在不同动荷载作用下残余剪应变与振次的关系以及残余体应变与振次的关系。通过试验研究确定坝料的动力残余体应变特性和残余轴向应变特性，为大坝的地震残余变形分析提供参数。

（8）板岩干湿循环变形试验，确定板岩在不同干湿循环次数条件下的变形特性。

（9）板岩干湿循环抗压强度试验，确定板岩在不同干湿循环次数条件下的单轴抗压强度。

通过室内试验，了解和复核堆石料物理力学指标，提出合理的堆石料常规物理力学参数，论证坝体材料工程特性，为堆石料力学特性参数研究、大坝三维有限元计算分析及大坝优化设计提供依据。

（河海大学）

两核电工程有关洪水分析计算

（一）四川三坝核电一期工程可能最大洪水及溃坝洪水分析计算

本项目采用新安江模型推求碧口、宝珠寺、亭子口坝址和三坝厂址 4 个断面的 1/2PMP 洪水。采用马斯京根法将河道上断面流量演算至下断面，推求碧口～宝珠寺、宝珠寺～亭子口、亭子口和升钟水库～三坝厂址 3 个区间的 1/2PMP 相应洪水。

采用当地暴雨放大法、暴雨移置放大法和统计估算法三种方法推求厂址可能最大暴雨，采用水汽效率放大法推求厂址冬季可能最大降水及可能最大降雪。

对亭子口水库、升钟水库进行地震溃坝洪水计算。建立河道溃坝洪水数学模型，进行亭子口和升钟水库地震溃坝洪水与 1/2PMP 区间相应洪水相遇、与 P＝4％区间相应洪水相遇情况下的演进计算，得到嘉陵江三坝厂址断面的最大流量和最高水位，选择对核电厂防洪安全较不利的水位作为最终推荐的设计基准洪水位。

推荐厂址可能最大 24h 雨量为 750.0mm，冬季可能最大 48h 降水量为 85.5mm，冬季可能最大 48h 降雪量为 56.3mm。亭子口、升钟水库因地震同时溃坝引起的洪水与区间 4％洪峰组合事件在嘉陵江三坝厂址断面造成的结果更为恶劣，最大流量为 143 830m^3/s，最高洪峰水位为 306.74m，故推荐该值作为三坝厂址设计基准洪水位。项目研究成果为三坝核电厂的防洪安全设计提供了可靠的依据。

（二）黑龙江核电设计洪水及岸滩稳定性分析报告

依据国家“优化发展能源工业，积极推进核电建设”的能源发展战略，为满足黑龙江省电力负荷增长的需要，改善黑龙江省能源结构，发展高效、清洁能源，中国广东核电公司拟在黑龙江省境内新建中广核黑龙江核电项目。该项目所属阶段为初步可行性研究。

针对其运行现状，初步判断洪水泛滥、溃堤、滑坡、水库溃坝等的可能性及其厂址安全的影响。并搜集与调查厂址附近的波浪特性、最大波高等波要素，初步估算厂址处水域设计基准洪水位下的百年一遇、五十年一遇的 H1/100 波高值。搜集和调查拟取水水源取排水河段的泥沙特性及淤积情况、给出取水水域的泥沙含量等泥沙特征值、初步分析评价厂址及取水口处岸滩稳定性。初步评价水利、水电规划对岸滩稳定性等的影响。

（河海大学）

盖下坝水电站双曲拱坝地质力学模型及拱坝垫座结构开发研究

（一）主要研究内容

（1）根据地质资料，结合建筑物的布置，确定计算模型（考虑坝顶以上岩体边坡稳定），计算采用非线性三维有限元计算方法，考虑坝肩岩体的主要结构面的影响，模拟基础处理方案。

（2）对基本组合，进行坝体应力（包括外悬闸墩）、稳定分析（包括垫座）。要考虑大坝和地基联合作用，考虑表孔悬出坝体以外部位影响，考虑渗流场及渗流体积力产生的应力场影响。

（3）对特殊组合的地震工况（水平地震加速度分别按 50 年超越概率 10％和 50 年超越概率 5％考虑），进行坝体应力（包括闸墩）、稳定分析（包括垫座）。要考虑大坝和地基联合作用，考虑表孔悬出坝体以外部位影响，考虑渗流场及渗流体积力产生的应力场影响。评价坝体、坝基、闸墩的应力情况，对坝体及闸墩的抗震结构提出建议，评价坝肩整体稳定情况（刚体极限平衡法和整体稳定）。

（4）对基本组合和特殊组合的控制工况，在坝基岩体、断层、夹层、节理裂隙的抗剪强度参数提高、降低 20％的情况下，对两岸坝肩整体稳定进行敏感性分析。

（5）各组合下，计算坝基、坝体的渗流量及渗流场的分布特征。

（6）计算坝体在超载情况下的超载系数。

（7）对基本组合，考虑分期蓄水对坝体应力的影响，分析初期蓄水对横缝张开的影响。

（二）成果

通过计算研究，得到如下结论与建议：

（1）坝体分期施工分期蓄水时，位移结果显示，同一水位下，温度荷载对位移的影响较大，温升情况下位移要小一些。温升情况与温降情况相比，顺河向位移降低 20.56％左右，横河向位移降低 22.66％左右，竖向位移增大 23.69％左右。

（2）在水位不同时，坝体的位移值呈现随水位的增高而呈增大的变化规律。

(3) 坝体分期施工分期蓄水时，应力结果显示，盖下拱坝总体应力水平不高。正常蓄水位温降工况，第一主应力最大值为 2.96MPa，第三主应力最大值为 7.33Pa；正常蓄水位温升工况，第一主应力最大值为 3.76MPa，第三主应力最大值为 12.28MPa。且通过给出的温度荷载的数据也可以看到，升温时的最大温差在 15℃左右，而温降时最大温差在 4℃左右，且由上述结果可以看出，温降对坝体应力有利。

(4) 坝体分期施工、荷载一次性施加的应力及位移情况与坝体分期施工、荷载分期施加时应力及位移变化规律是一致的，但荷载的施加方式不同，对坝体的应力及位移有一定的影响，坝体分期施工、荷载一次性施加时应力与位移的最大值要小一些。相比坝体分期施工、荷载分期施加时，坝体分期施工、荷载一次性施加时，最大主拉应力：四种工况平均减小 1.20%；最大顺河向位移：四种工况平均增大 3.75%。

(5) 由于盖下坝所在区域地震烈度不高，因此动力反应数值相对不大，对于设计地震作用，坝体在正常蓄水位下的第一主应力最大值：3.19MPa，死水位时大坝动态拱梁应力较正常蓄水位时有不同程度的下降，死水位下第一主应力为 2.68MPa，比正常蓄水位时候减少了 16.0%。

(6) 在校核地震作用下，坝体第一主应力在正常蓄水位时为 4.07MPa，在死水位时为 3.97MPa，比设计地震作用下分别提高了 27.6%和 48.1%。

(7) 坝体在动力工况下最大位移发生在坝体顶拱下游右侧。设计地震作用下，在正常蓄水位和死水位时，顺河向位移分别为 116.2mm 和 119.4mm，在校核地震作用下，顺河向最大位移在正常蓄水位和死水位时，分别为 150.1mm 和 154.4mm。

(8) 针对孔口部分进行有限元的计算，分析其应力。可以得到：孔口部位的应力总体水平不高，最大第一主应力基本出现在孔口边墩处。

(9) 坝体分期施工、荷载一次性施加的应力及位移情况与坝体分期施工、荷载分期施加时应力及位移变化规律是一致的，但荷载的施加方式不同，对坝体的应力及位移有一定的影响，坝体分期施工、荷载一次性施加时应力与位移的最大值要小一些。相比坝体分期施工、荷载分期施加时，坝体分期施工、荷载一次性施加时，最大主拉应力：四种工况平均减小 1.20%；最大顺河向位移：四种工况平均增大 3.75%。

(10) 分别对盖下拱坝分期蓄水荷载一次性施加、荷载分步施加时的上下游坝面等效应力结果进行比较分析。等效应力的变化规律与有限元计算的变化规律是一致的，各种工况下的有限元等效应力值满足规范要求。

(11) 比较荷载施加的方式对等效应力的影响，可以得到：荷载一次性施加时坝体的应力及位移要小一些，这与有限元计算的结论基本一致。

(12) 等效应力的计算结果满足规范要求：基本组合下等效主拉应力不超过 1.50MPa，特殊组合不超过 2MPa；等效主压应力不超过 5MPa。

(13) 通过对分期施工过程中蓄水封拱前横缝张开度进行分析，计算得到的绝大多数的横缝张开度超过 0.5mm，可以进行灌浆封拱。

(14) 刚体极限平衡法计算的静力情况下，影响坝肩稳定的三个滑块的最小安全系数为 4.17，出现于正常温降工况下左岸坝肩滑块（320m），大于 3.5，满足规范的要求；影响边坡稳定的五个滑块的最小安全系数为 3.38，出现于左岸边坡滑块（394m），大于 1.3，满足规范的要求。

(15) 刚体极限平衡法计算的动力抗滑稳定计算中，影响坝肩稳定的三个滑块的最小安全系数为 3.88，出现于正常温降校核地震工况下左岸坝肩滑块（320m），大于规范要求；影响边坡稳定的五个滑块中，最小的安全系数是 3.00，出现在正常温降校核地震工况下右岸边坡滑块 2 位置。

（河海大学）

阿海水电站厂房机墩蜗壳结构三维动静力有限元计算分析研究

（一）主要研究内容

(1) 阿海水电站采用局部铺设垫层的完全承载蜗壳结构型式，应对垫层铺设范围、厚度等性能进行研究。垫层厚度是垫层材料一个重要的指标，对配筋量、混凝土应力、蜗壳应力及蜗壳与混凝土的承载比等均有影响。因此，分析不同垫层厚度下混凝土应力等的分布规律是垫层设计中必要的研究课题，可为垫层厚度范围的选择提供重要依据。

采用线弹性应力图形法配筋分析方法进行了三维有限元静力计算的分析比较。

1) 计算典型点的强度是否超过混凝土的抗拉强度设计值，校核是否满足强度的要求，另外校核钢蜗壳应力是否满足强度要求。

2) 采用线弹性应力图形法进行钢筋的复核，比较阿海蜗壳设计钢筋用量与计算需要钢筋量，校检配筋是否合理。

3) 分析在全垫层、半垫层铺设两种情况以及不同垫层厚度时对配筋量、混凝土应力及钢蜗壳应力的影响，通过计算结果更具体地指出在靠近垫层铺设区域以及远离垫层铺设区域之处的影响程度。

4）计算钢蜗壳在蜗壳断面各处的荷载分配比例，并且分析垫层厚度对荷载分配比例的影响。

（2）模拟在各种特征水位工况下，厂房坝段下游挡水结构应力、应变情况，核算蜗壳外围混凝土的开裂与配筋情况。

采用三维非线性有限元法对其受力状态及结构安全度进行了分析。分析中对以下几个方面做了改进：数值计算模型考虑了钢衬与外围混凝土之间的摩擦接触特性、混凝土损伤特性、钢筋与混凝土相互作用的粘结滑移。

采用有限元模型进行垫层蜗壳与外围混凝土联合承载三维非线性有限元分析，可以得到钢筋的应力，进而根据规范推荐的计算公式进行裂缝宽度验算。本项目拟在前述三维非线性分析的基础上，并参考已有大量实际工程的机墩混凝土裂缝分布规律，在混凝土损伤较大的部位预先设定裂缝开展路径，重新建立有限元模型进行蜗壳外围混凝土开裂有限元分析。

本模型同样模拟钢蜗壳与混凝土和垫层间的非线性接触特性，与前述方法不同的是，不采用薄层单元的方式，而改用计算效率更高的有限元混合法进行接触问题的求解。

本项目将课题组开发的钢筋混凝土开裂问题的虚拟裂缝模型应用于蜗壳外围混凝土开裂分析中，同时考虑混凝土的软化特性和钢筋与混凝土之间的粘结与滑移效应，可以更准确的确定钢筋的应力和变形，得到混凝土裂缝开展范围和开展稳定性，显式的得到裂缝开展宽度。

（3）进行蜗壳、机墩、风罩及楼板在内的厂房计算模型的结构自振特性和模态计算，研究阿海水电站蜗壳和厂房结构的动力特性，计算分析该厂房结构在运行期的自振频率，进行必要的共振核算。

从定性判别和定量分析两个角度对阿海水电站厂房结构振动安全性进行评价。

以共振校核的方式定性判别厂房结构与潜在振源的共振安全性。首先建立包含整体厂房结构的三维有限元模型，对整体自振特性进行分析。同时，考虑到楼板、立柱等构件的自振特性可能与整体结构相差较大，为了更准确细致地进行共振判别，还对其他构件进行了分部件的自振特性分析。此外，在有限元模型中也考虑了厂房上游坝体刚度的影响。其次，对水力、机械和电磁等三类振源的频率特性进行全面的分析。最后，将各种条件下的结构自振特性与振源的振动特性相对比，定性判别共振安全性。

定量分析以动力时程法为手段进行。在缺乏实测或实验资料的情况下，根据已有工程的类似资料，推求作用于厂房结构上的动荷载，得到每一时刻的结构动位移、动应力等响应指标，对厂房结构的振动安全性作出定量评价

（4）动力响应分析，计算运行工况下厂房混凝土结构的动应力和动位移，为优化厂房结构提供依据。

（二）主要成果

通过计算研究，得到如下结论与建议：

（1）线弹性应力图形法配筋方法计算得到的结果比较保守，配筋量也偏大。对于半垫层蜗壳，不同区域结构的受力状态受垫层厚度的影响不同，受影响最大的是垫层铺设区域，受影响最小的是远离垫层铺设的区域。阿海水电站半垫层蜗壳采用线弹性应力图形法配筋方法计算得到的结果表明，结构大部分满足强度要求，且设计钢筋量满足计算结果。

（2）非线性数值模拟结果表明，在水电站垫层蜗壳结构分析中的应用是必要的，引入混凝土损伤模型进行研究是可行的。实例计算结果显示，考虑钢衬与混凝土之间的摩擦接触及钢筋与混凝土的粘结滑移，可更真实的反映结构的受力状态，有利于进一步研究半垫层蜗壳受力状态。分析阿海水电站半垫层蜗壳非线性联合承载力时可知，在静水压力等荷载作用下，外围混凝土虽在薄弱区域出现局部损伤带，但损伤区域的损伤值较小，混凝土裂缝开展宽度也小于规范规定，此外，钢衬及钢筋应力水平远低于其屈服强度，可以保证蜗壳结构有足够的安全储备，不会因为强度不足而引起结构的破坏，这点从超载计算结果也可以得到证实。

（3）不同垫层蜗壳结构不尽相同，因此并不存在统一的适宜垫层厚度。而垫层厚度直接影响结构的受力状态，随着垫层厚度的增加，钢筋的应力呈增大的趋势，混凝土的受力状态得到改善，但垫层厚度增大到一定厚度后，垫层厚度的继续增加对结构受力状态改善的程度不大。本工程中垫层厚度增大到30mm后，垫层厚度的继续增加对结构受力状态改善的程度不大。对混凝土损伤、裂缝宽度影响而言，垫层厚度的影响也不大。

（河海大学）

南水北调东线一期工程淮阴三站工程建设投资评价研究

本项目评价的内容包括：勘测设计工作评价、投资计划及相关工作评价、投资控制及相关工作评价、工程验收评价。评价依据：国家相关政策法规、国务院南水北调工程建设委员会办公室的相关规定，以及《南水北调工程建设评价（中期）规程》（试行，

2008)。

本评价认为，淮阴三站工程建设投资控制的成效和创新有：

(1) 工程建设投资综合管理水平达到优秀。依据《南水北调工程建设评价（中期）规程》（试行）对淮阴三站工程建设投资进行综合评价，得90分。这表明淮阴三站工程建设投资管理达到了优秀水平。

(2) 工程建设投资得到有效控制。在参建各方的努力下，淮阴三站工程建设实际投资比工程概算略有结余，投资管理取得成功。

(3) 优化大型设备采购方式，降低了采购成本。淮阴三站工程积极优化灯泡贯流泵机组成套设备采购方式，将国内与国际采购、科研与采购相结合，在保证灯泡贯流泵机组成套设备主要技术标准和性能指标达到国际先进水平的条件下，大大降低了采购成本。

(4) 明确招标设计阶段，细化工程设计，有效控制施工阶段投资。淮阴三站工程在工程施工招标前安排招标设计，优化、细化工程设计。这不仅可使工程设计在施工前进一步优化，而且可降低工程施工过程中的不确定性、减少工程变更几率、完备施工合同、降低工程合同后交易成本，并为工程施工阶段有效控制工程投资打下了良好的基础。

(河海大学)

脚木足河巴拉水电站混凝土面板坝三维渗流及静动力有限元计算分析研究

巴拉水电站位于四川省阿坝藏族羌族自治州马尔康县境内脚木足河上，系大渡河干流水电规划“3库22级”自上而下的第2级水电站。拦河大坝距阿坝州府马尔康约138km，离成都约529km。坝址控制流域面积16 204km^2，多年平均流量为192m^3/s。巴拉水电站采用混合式开发，主要开发任务为水力发电，装机容量738.6MW。工程由首部枢纽、右岸引水系统及右岸地下厂房组成。拦河大坝为高138m的混凝土面板堆石坝，坝顶高程2925m，坝顶宽10m、长292m，上下游坝坡均为1∶1.4，趾板基础固结灌浆深10m，坝基帷幕灌浆最大深度约75m。在坝区左岸布置有1条溢洪洞及1条泄洪放空洞。本项目主要研究内容如下：

(1) 三维渗流场有限元分析，包括：①确定坝体浸润线及其下游逸出点的位置，绘制坝体及坝基内的等势线分布图；②确定坝体与坝基及两岸的渗流量；③确定坝坡或坝基逸出段与逸出比降；④判明坝体及坝基的渗透稳定情况；⑤判明大坝下游渗流出逸段的渗透稳定情况；⑥针对坝基渗透性的敏感分析和防渗帷幕深度的敏感性分析。

(2) 三维应力变形有限元静力分析，包括：①研究大坝的施工期变形：大坝施工期的最大沉降和水平位移，施工期的沉降分布，覆盖层在施工期的沉降；②研究大坝蓄水期变形：大坝蓄水期的最大沉降增量和水平位移增量；③研究蓄水期面板变形与应力：面板蓄水期变形与应力的分布；④研究施工期及蓄水期的坝体填筑料应力水平情况，分析评价坝体填筑料的分区设计和碾压控制指标设计的合理性；⑤对堆石料参数的低限值和高限值（各一组）进行敏感性分析。

(3) 三维应力变形有限元动力分析，包括：①研究大坝的地震反应，包括最大加速度反应和加速度反应分布；②研究大坝的地震永久变形，分析评价大坝抗震性能；③研究地震期面板（含趾板与连接板）加速度反应、变形与动应力；④研究地震期坝基覆盖层液化特性；⑤以上各项研究主要针对三组工况：设计地震工况（50年超越概率10%）、超设计地震工况（50年超越概率5%）以及校核地震工况（100年超越概率2%），研究各地震工况下的大坝极限抗震性能。

研究内容和成果完全符合合同要求，研究采用的技术路线和方法科学合理。计算成果规律性好，合理可靠。研究得出的结论和建议为委托方进行大坝抗震的合理经济地设计提供了理论依据，同时对类似工程也有较大的参考应用价值。

(河海大学)

贵州省芙蓉江官庄水电站右岸旧城村古滑坡堆积体稳定性研究

官庄水电站右岸旧城村古滑坡堆积体稳定性专题研究，是在系统评价堆积体工程地质条件的基础上，分析影响堆积体稳定的因素特别是水位动态变化下堆积体的稳定性，判别可能的失稳机制及失稳形式等，为优化监测点的布局、提出拟采取的工程治理措施，保证官庄水电站的安全运行具有重要的工程实践意义，同时，本课题的研究成果对类似地质条件下的堆积体稳定性分析等具有一定的借鉴意义，项目的研究成果为在类似工程地质条件下堆积体的稳定性评价与处理积累丰富的工程建设理论与经验，丰富工程地质理论。

本项研究工作围绕芙蓉江官庄水电站右岸旧城村古滑坡堆积体的稳定问题开展了综合分析研究，获得了如下研究成果：

（1）充分收集了官庄水电站右岸旧城村古滑坡堆积体已有的工程地质勘察报告，分析影响堆积体稳定的因素，根据地形地质条件，确定了计算剖面。

（2）系统收集了坝址区多年水文气象统计资料，确定了坝址区最大降雨量与降雨历时，为堆积体分析考虑强降雨及洪峰水位下等工况稳定性提供了依据。

（3）基于刚体极限平衡理论，采用 Geostudio 软件，分别对堆积体Ⅰ区的 4 个剖面、Ⅱ区的 6 个剖面、Ⅲ区的 8 个剖面及Ⅳ区的 5 个剖面，进行六种工况的稳定性分析；并对贵阳院提供的 1－8、11－13 等地质剖面进行了六种工况的稳定性分析。

（4）建立了基于塑性力学上限原理基础上的边坡二维、三维分析方法，应用该方法，对不同运行工况条件下，分别开展了官庄水电站右岸旧城村古滑坡堆积体四个区域的二维、三维极限分析，系统获得了二维、三维堆积体的稳定性；在堆积体三维极限分析中，由二维搜索临界滑裂面的计算分析结果初步确定堆积体可能发生滑动的范围，在此基础上考虑堆积体的三维效应，来确定三维堆积体滑裂面的具体空间位置，采用最近研制成的三维极限平衡分析方法对堆积体进行进一步的三维整体稳定性分析，最终提出堆积体的三维稳定性。

（5）采用有限单元法数值模拟软件 ADINA 分析了Ⅲ区三维堆积体应力应变特征与基于强度折减法的稳定系数；根据堆积体的物质组成及变形特征，采用基于快速拉格朗日分析的有限差分数值分析 FLAC3D 软件，系统评价了Ⅰ、Ⅱ、Ⅲ及Ⅳ区堆积体三维应力应变特征及稳定性。

（6）对堆积体前缘坐滑层状岩体进行了抗滑移与抗倾覆稳定性分析。

（7）最终提出了官庄水电站右岸旧城村古滑坡堆积体的稳定分析评价成果。

（河海大学）

水力发电设备前沿技术研究

建在哈尔滨大电机研究所的水力发电设备国家重点实验室，于 2011 年承担了科技部 973 课题“水力发电设备前沿技术研究”。该课题属能源高效利用中基础科学，包含 6 个研究方向：轴流式水轮机间隙流动机理研究、系统扰动下可逆式同步电机复杂工况的运行机理及行为研究、水轮发电机定子绕组绝缘内部导体角部电场强度分布的机理研究、混流式转轮焊接残余应力局部压应力化调控技术研究、水轮机过流部件涡列振动分析与测试、用声学法确定模型水轮机转轮叶片初生空化的研究。课题重点解决我国水力发电设备研究过程中存在的关键问题和基础问题，提升我国水力发电设备制造行业的基础理论研究水平和提高我国发电设备技术创新的能力，对提升我国水电行业技术水平和壮大我国装备制造业的实力，具有重要的战略意义。

目前已完成课题的全部研究任务，主要获得了以下科研成果：

（1）实现了利用间隙模拟技术对包括蜗壳、固定导叶、活动导叶、转轮和尾水管进行全通道整体数值模拟；建立了双间隙与初生空化之间的关系，可通过数值计算和模型试验相结合的方法，进行空化类别区分，有针对性的解决空化问题。

（2）开发了二维和三维场路耦合时域有限元仿真方法和场-路-网耦合时步有限元模型，仿真分析了起动、制动、进相、突然短路、误同期和单相重合闸、失磁故障过程和甩负荷等运行工况，为自主设计高水平大容量可逆式同步电机，提高国产可逆式同步电机产品的市场竞争力，具有重要意义。

（3）提出了改善导线角部电场分布的措施，将使我国自主研制的定子线棒，在不降低主绝缘性能的同时，减薄主绝缘厚度，节约成本，提高国产高压水轮发电机产品的竞争力。

（4）提出了“混流式转轮焊接残余应力局部压应力化调控技术”理论，应用转轮容易开裂区的焊接残余压应力分布来提高转轮的抗疲劳性能，形成了“混流式转轮焊接残余应力压应力化调控技术”的最优焊接工艺。对提高我国混流式转轮的质量，提高转轮的抗裂纹能力，延长转轮的使用寿命有重要意义，能够有效促进我国水轮机制造行业的发展，提高我国混流式转轮的制造工艺水平与竞争力。

（5）提出了应用剪应力传递数值模型和大涡模拟理论来描述涡列振动的计算方法，提出了有关水轮机过流部件卡门涡共振问题的预防和消除措施，实现了转轮应力水平预估和重量分配比例预估，为在短时间内设计出刚强度性能优良、水力性能优秀、重量分配合理的转轮创造了条件，为水电机组的运行稳定性提供了有力保障。

（6）开发出一种高精度的无需人工目测的利用声学法确定水轮机模型转轮叶片空化发生的计算机实时采集方法，使模型水轮机转轮叶片初生空化的监测方法从人工甄别上升到自动化测试的新阶段。

通过“水力发电设备前沿技术研究”的课题研究工作，全面提升了我国大型水电设备的研制能力，研究的关键技术在水电行业将产生长远的影响，将为民族工业重大技术装备的研制提供先进技术支撑，为中国水力发电设备制造行业的快速发展奠定坚实的基础。

（哈尔滨大电机研究所　王　波　范吉松）

黄河水利科学研究院2012年科研工作情况

2012年，黄河水利科学研究院（以下简称黄科院）从治黄科研面临的新形势、新任务出发，更加注重科研顶层设计，更加注重科研基础能力建设，更加注重科研创新管理，更加注重科研市场开拓，凝心聚力，奋发进取，务实求效，治黄科研工作呈现出持续推进、加快发展态势。

（一）加大基础研究力度，科研立项再创佳绩

按照黄河长治久安及流域经济社会发展对治黄科研提出的新要求、新挑战，黄科院以黄河自然规律和重大技术及生态问题研究为切入点，围绕防洪减淤、水土保持、水资源利用、堤防安全等重要领域和关键技术，积极开展项目立项和技术攻关，取得了丰硕成果。

黄科院首次主持的国家科技支撑项目“黄土高原砒砂岩地区抗蚀促生技术集成与示范”已通过科技部专家评审，将于2013年正式启动；项目集水土保持、工程力学和相关院校高新企业的优势，创新探索黄河中游砒砂岩区水土流失综合治理的新途径，实现水土保持生态建设核心技术上的新突破。同时还获得主持国家科技支撑计划“引黄灌区井渠双灌节水技术集成与示范区”课题中的1个专题。另外，黄科院申请的“内蒙古重点河段凌情预报关键技术研究与示范”、“深水库区底泥水下综合探测关键技术与示范”和“堤防土石结合部病险探测监测技术”3个水利部公益性行业专项课题已确定，也将于2013年启动。

黄科院与郑州大学合作申报的河南省重大科技专项“水利基础设施高聚物防渗安全防护技术研发集成与示范”项目已得到批复。

从2012年国家自然基金项目申报、院所长基金项目评审等入手，加大基础研究力度，聘请国内一流专家咨询、审查，有效提高了项目申请书的质量。遴选出了第一批院所长基金一类重点资助项目4项，同时获批国家自然科学青年基金资助。在站博士后冯峰获得第51批中国博士后科学基金面上资助，郭巧玲博士后获河南省博士后科研项目启动资助二等奖。

2012年，黄科院共有16个黄河水利委员会（以下简称黄委）以上项目、36个院所长基金项目通过验收。所承担的国家自然基金项目、国家“973”项目、国家“863”项目、“十二五”科技支撑计划项目、水利部公益性行业科研专项等均按计划进度顺利执行，其中主持的“973”课题“沙漠宽谷河道水沙变化及其驱动机理”在科技部中期评估中被评为“优秀”。

（二）话语权和影响力得到提升

2012年，黄河科研成果在治黄生产实践中发挥了积极作用。

为防洪减灾提供了有力支撑。作为主要承担单位，参与利用并优化桃汛洪水过程冲刷降低潼关高程试验，编制调度预案，优化试验指标，潼关高程降低0.08m。深入分析前两年汛前调水调沙观测结果，科学判断异重流对接水位调整与畸形河湾，滚动制订实时方案，开展异重流排沙后评估，小浪底水库最大出库含沙量398kg/m^3，出库泥沙7280万t，排沙比208%，创造了最大出库含沙量、排沙量及排沙比，为探索异重流排沙、水库减淤积累了新经验。2012年汛期，面对黄河上中游近30年来的罕见洪水，黄科院积极备战，启动多套数学模型计算方案，预测了下游河道洪峰增值状况，及时确立小浪底水库调度方案，为黄河干流4次编号洪峰的科学调度献计献策，实现了防洪减淤、蓄水兴利等多赢目标。

为下游河道治理方略提供有力支撑。治黄科研要统筹考虑治河与区域经济发展及生态保护，统筹考虑防洪减淤与滩区发展，统筹考虑上、中、下游。2012年4月，黄科院积极参与由全国政协原副主席钱正英院士提议，来自中国水利水电科学研究院、清华大学等单位的专家组成的考察组，对黄河下游河道与滩区治理进行专题考察与调研。考察结束后，黄科院配合黄委总工办撰写了汇报材料，同时负责编制了《黄河下游河道与滩区治理研究任务书》。该任务书已经通过了水利部水规总院组织的专家审查。

为泥沙资源利用提供有力支撑。一是泥沙资源利用技术与装备正逐步成熟与完善。在黄河泥沙资源利用方面，主要开展了黄河泥沙资源利用前景预测及管理研究、利用黄河泥沙制作人工防汛石料关键技术研究、黄河下游滩区新农村建设生态建筑材料技术推广等，积极转化科技成果，实现滩区泥沙资源利用，解决滩区部分百姓的就业问题，增加滩区群众收入。同时，在利用黄河泥沙制作砌筑材料、保温材料、装饰材料、耐火材料、防汛材料、工业原材料等方面进行了广泛探索。二是泥沙输送技术取得较大进展。在河道输沙方面，黄河下游各河段冲淤临界水沙条件、下游河道均衡输沙等研究都取得了一定进展。在长距离管（渠）道输沙方面，管道输沙技术已经相对较为成熟，输沙距离可达12km以上。在水库泥沙输送方面，基于水利部公益性项目“小浪底库区泥沙起动输移方案比较研究”，重点研究了射流冲吸式排沙与库区自吸式管道排沙技术可行性，取得了一定成果。目前，黄科院正在与浙江大学联合，探索研制适用于深水库区淤积物取样及探测综合分析技术。

为增进国际交流合作提供有力支撑。2012 年，黄科院继续实施“引进来，走出去”的战略，联合有关单位成功举办了第五届黄河国际论坛“流域管理工具和新技术分论坛”和“水库泥沙管理”、“国际大坝委员会第 80 届年会水库泥沙专委会会议”等重大国际学术交流与合作活动，多方深入探讨河流治理经验，共同研究解决黄河问题及世界河流所面临的共性问题，扩大了国际影响力和话语权。主持了“第四届中国水利水电岩土力学与工程学术讨论会暨第七届全国水利工程渗流学术研讨会”和“中国地球物理学会工程地球物理专委会会议”等国内重要学术会议，进一步推动了黄河水利学术研究的蓬勃健康发展。

黄河科研创新成果取得新突破。2012 年作为主持或参加单位完成的“黄河小浪底工程关键技术研究与实践”获大禹特等奖，“黄河防洪工程维护管理系统研发与应用”获大禹三等奖，“堤坝除险加固高聚物注浆成套技术及装备”获河南省科技进步一等奖，“利用泥沙制作防汛石料”获河南省科技进步二等奖，“堤坝安全监测信息分析评价系统开发研究”获水力发电科学技术奖三等奖，“黄河流域水沙变化情势分析与评价”、“黄河下游堤防淤筑工程安全关键技术研究”、“黄河下游滩区综合治理关键技术研究”获黄委会科技进步一等奖，“黄河干流水库生态环境效应及生态调度”、“黄河小北干流放淤支撑技术研究”获黄委会科技进步二等奖。新取得专利 8 项（其中发明专利 3 项）；发表论文 216 篇，其中以第 1 作者发表的论文被 SCI、EI 检索的数量为 51 篇，出版专著 8 部。

（三）科研平台建设又有突破

从黄河大科研平台的高度出发，组织开展了《研究所（中心）科研发展规划（2013～2020 年）》编制和咨询工作，积极筹划《黄河水利科学研究院科研发展规划（2013～2020 年）》前期工作，使之成为未来一个时期指导黄科院科研发展的纲领性文件。修订并颁布了《黄河水利科学研究院中央级公益性科研院所基本科研业务费专项管理实施细则》，着重培育具有流域特色一流创新团队，促进学科梯队创新能力可持续提升。

2012 年依托黄科院新成立了“水利部黄土高原水土流失过程与控制重点实验室”和“黄河水利委员会黄河泥沙处理与资源利用工程技术研究中心”，进一步增强了科研实力，提升了科研地位。目前，黄科院已经拥有 2 个部级重点实验室和一个部级工程技术研究中心。河南省第一批、黄科院第一个国家“2011 创新计划”中心“水利与交通基础设施安全防护河南省协同创新中心”申报成功，这为黄科院建立产学研管相结合的科研创新及人才成长平台探索了新途径。

多渠道筹集科研资金，积极推进黄河大科研平台建设。2012 年通过院所长基金项目资助共建共管单位科研项目 3 项；在申报的 2013～2015 年修缮购置项目中，尽管难度很大，黄科院仍然积极争取，共为天水、绥德两个水土保持试验站及黄河水资源保护科学研究院落实了购置投资经费。

黄土高原模型厅和降雨系统、水工试验厅、基础试验厅、测控中心楼等科研设施已竣工并投入试运行，堤防安全与病害防治实验室主体结构已封顶并通过验收。模型研发与应用领域工作取得重要进展，已建成了水利行业首个开放共享的数学模型评测平台，完成了河南省档案局的专项检查和两个重点实验室的项目档案验收。

（四）干部队伍与人才结构得到优化

加强领导干部队伍建设。2012 年，黄科院组织全院机关部门和院属单位处级干部轮岗交流，共对 6 个机关部门、6 个院属单位的主要负责人进行了交流和调整，按照党政领导干部选拔任用工作的规定新提拔了 6 位处级领导干部，通过轮岗提高了领导干部工作积极性、创造性，激发了干部队伍活力，对丰富干部阅历、增强才干、开拓视野有着重要意义。

加强高层次专业人才培养。江恩慧、姚文艺和张俊华先后荣获水利部“5151 人才工程”部级人选。由江恩慧同志领衔申报的国家自然科学基金黄河泥沙研究创新群体通过了国家科协的专家评审。黄科院博士后科研工作站被评为河南省优秀单位，并通过河南省人社厅 2008 年新设站单位的考核。

加强高校人才引进管理。在 2012 年举行的面向 211 高校公开招聘中，有 356 名优秀高校毕业生向黄科院提出了求职意愿，涉及清华大学、武汉大学、北京师范大学、河海大学等重点高校。有 116 人参加了面试，其中博士 25 名、硕士 91 名，高校人才招聘形势向好。

加强干部人事制度改革。先后出台了一系列制度和办法，涉及机关工作人员调配选聘、编外聘用人员管理以及在职干部联系离退休职工制度等不同方面问题，促进了人事管理工作科学化、制度化和规范化。

（五）经济实力逐步提高

逐步完善市场开发机制。黄科院依靠人才技术、专业资质等优势，稳步推动技术咨询服务走向市场。与青海、内蒙古、新疆和西藏等省区有关单位签订的合作协议，为承揽建设项目水资源论证、防洪评价、水保方案编制、监测及验收评估、水库安全鉴定等技术咨询业务发挥了重要作用。与华能青海分公司签署了合作框架协议，双方在能源开发技术咨询的长期合作关系，互惠共赢，共同致力于地方经济社会良性发展。

逐步提高职工生活水平。随着科研市场经济的发展和财务管理水平的不断提高，黄科院经济实力不断增强，全年新签合同238项，合同额较2011年又有新的增长；职工生活水平进一步改善，收入稳步提高；离退休职工“两费”不折不扣发放到位，解除了老同志的后顾之忧，让科研经济发展的成果惠及黄科院全体职工群众。

（六）科研管理得到加强

召开务虚会。为破解黄科院发展的瓶颈制约，召开了首次务虚会，从战略性、前瞻性、全局性、关键性的高度出发，解放思想，凝聚共识，破解难题，提出下一步发展思路和建议。黄河水利委员会陈小江主任亲临会议讲话指导，从科技创新、科研方向、人才队伍和院所文化四个方面做了重要指示。黄科院各单位和部门，以贯彻落实陈主任讲话精神为契机，认真梳理并编制了各自发展规划和今后工作思路。

加强预算支付工作。为确保黄科院预算执行序时、均衡、安全、有效，从强化制度建设入手，组织相关部门建立了预算支付工作多级分工联动、指标动态考核的奖惩制度，调动了各方相关人员的积极性，保证了上级对黄科院今年预算支付的要求。

加强资产安全管理。圆满完成了国有资产全面清查工作。通过大量细致的清查工作，摸清黄科院资产家底，提高了职工对国有资产管理重要性的认识，完善了资产管理办法，对于提高资产管理水平，确保黄科院国有资产安全完整、合理配置及高效利用，实现国有资产保值增值具有很大意义。严格落实安全生产责任制，加强涉密、保密工作检查，全年安全生产形势平稳有序。

加强宣传管理。制定实施了黄科院办公网及门户网站信息发布管理办法，门户网站改版并正式运行，公众服务水平明显提高。召开了宣传工作研讨会，强化宣传理念，及时跟踪宣传报道院重大科研事件和重要信息。全年在中国水利报（网）、中国科学报（网）等主流媒体上发表稿件10篇，在《水与中国》杂志发表深度稿件1篇，在黄河报（网）发表稿件近50篇，全方位、多角度地传递了黄科院的声音，树立了黄科院的形象，弘扬了“团结、务实、开拓、拼搏、奉献”的黄河精神，展示了黄科院这样一支政治坚定、作风顽强、技术过硬的科研团队。

（七）科研项目鉴定、验收情况

1.“黄河干流水库生态环境效应及生态调度”项目通过河南省科技厅鉴定　2012年6月10日，受河南省科学技术厅委托，黄河水利委员会国际合作与科技局在郑州组织有关专家对黄河水利科学研究院等单位完成的“黄河干流水库生态环境效应及生态调度”科技成果进行鉴定。经鉴定委员会讨论，一致认为：成果总体上达到国际领先水平。研究成果从河流系统整体出发，在对黄河干流水生态系统实地调查取样的基础上，研究了黄河干流水库生态环境效应；提出了生态水文概念性模型和环境流量计算方法；明确生态调度目标；建立了黄河干流水库多目标生态调度模式。研究成果对流域可持续性开发、减少水库对河流生态系统的胁迫具有重要的理论和现实意义。该成果已被黄河流域综合规划、黄河功能性不断流规划等治黄工作采纳，产生了显著的社会经济和环境生态效益，具有广阔的推广应用前景。

2. 水利部科技推广计划项目“水电站水轮机叶轮抗空蚀新技术推广”通过验收　2012年11月24日，水利部国际合作与科技司委托黄委国际合作与科技局在郑州组织召开水利部科技推广计划项目《水电站水轮机叶轮抗空蚀新技术推广》验收会。该项目调研考察了黄河流域、新疆地区等水电站及国内部分矿山的抗磨蚀防护市场，总结了两种实用的抗磨蚀防护技术，在黄河龙口、新疆乌鲁瓦提等水电站进行了抗磨蚀防护技术的推广应用，降低了水电厂水电机组的使用维护费用，提高了水电厂的发电效率，具有较好的经济效益、社会效益和生态效益，应用前景广阔。该技术成果入选水利部“2010年度水利先进实用技术重点推广指导目录”，申请国家发明专利2项，现已公示，发表数篇学术论文，编印了抗磨蚀技术宣传资料2套，设计制作了10组抗磨蚀样板。验收专家组认真听取了项目负责人的工作汇报和成果介绍，详细审阅了相关资料，经质询和讨论，验收专家一致认为：项目组全面完成了研究任务，达到了考核指标的要求，全面完成计划、项目取得突出进展，以综合评价A通过验收。

（黄河水利科学研究院）

中国水电工程顾问集团公司 2012年科技工作情况

2012年，中国水电工程顾问集团公司（以下简称水电顾问集团）坚持“自主创新、重点跨越、支撑发展、引领未来”科技发展指导方针，始终将科技进步和技术创新作为公司可持续发展的首要推动力，以增强自主创新能力建设作为提高集团核心竞争力的关键，不断增加科技投入，提升科技管理水平，在科技创新体系建设、科技项目实施、技术标准编制，以及科技成果推广应用等各方面工作中稳步推进，创新能力进一步增强。

（一）科技创新平台建设稳步推进

作为国家水能风能发展政策和技术支撑的重要服

务机构，国家水能风能研究中心和国家能源水电工程技术研发中心，经国家能源局批准依托中国水电工程顾问集团公司设立。2012 年 4 月，两个中心的授牌仪式在京举行，标志着两个中心的各项工作全面启动。

为切实负起两个中心的建设和运行管理责任，水电顾问集团充分发挥了自身的技术、管理及专业人才优势，在组织保障、项目策划、研发机制等方面不断创新。2012 年，水电顾问集团谋划部署了两个中心近期工作任务以及未来三年的规划及目标，完善了两个中心的运行管理体系，健全了各级组织机构及职能划分，从而保障了两个中心科学规范运行。在两个中心运行过程中，水电顾问集团持续加大了经费、人员及基础设施方面的投入，紧密围绕我国水电、风电发展中的热点、难点和关键技术问题，开展了大批水电风电政策研究和重大技术攻关，为打造一流的水能风能发展创新平台、水电科技产业化平台提供有力支撑，为促进我国可再生能源的健康持续发展作出积极贡献。

（二）国家重点科技课题攻关成效显著

2012 年，水电顾问集团联合中国水利水电科学研究院、长江三峡集团公司等单位积极开展了国家重点基础研究计划（973 计划）“梯级水库群全生命周期风险孕育机制与安全防控理论”项目的申报工作，经科技部组织专家论证，通过评审获立项批准，列入国家 973 计划。

该项目由王浩院士担任首席科学家，并由水电顾问集团负责“梯级水库群风险等级确定与风险设计”课题研究工作。这是继 2011 年成功申报国家“十二五”科技支撑计划课题“重大水利水电工程生态保护技术及标准规范研究”和“863”重点课题“海上风资源、海况及地质勘测测量技术研究”之后，水电顾问集团在申报国家重大科技项目计划课题方面取得的新成效，标志着水电顾问集团在承担国家最有影响力的支撑计划、863 计划、973 计划三大科技计划方面取得全方位突破，充分体现了水电顾问的雄厚技术实力。

为做好上述国家重点科技课题的研究和管理工作，水电顾问集团严格按照相关管理办法及要求，全面落实课题各项任务及研究经费，持续推动课题研究工作深入开展，为高水平、高质量完成国家重大课题研究任务提供有力保障。

（三）重大技术课题有效实施

为增加技术储备、提高核心竞争力，水电顾问集团坚持依托水电风电开发建设，持续开展战略性、前瞻性重大课题，工程建设共性、综合性关键技术课题以及专题研究。

在水电规划与环保领域，组织开展了“我国东中部水电深度开发研究”、“水电‘十二五’发展规划实施可行性分析”等涉及行业长远发展重大战略性课题研究。环境保护方面，组织开展了“绿色水电评价指标体系研究”、“高海拔、高寒区、高陡边坡植被恢复关键技术研究”、“雅砻江流域梯级电站联合运行生态调度研究”等水电环保重点课题研究，对促进水电开发建设事业的可持续发展具有重要意义。

在水库移民安置方面，开展了“水电工程的社会影响评价研究”、“水电工程移民前期工作管理制度研究”等热点、难点课题研究，促进了移民安置的科技进步和制度化、规范化建设。

在勘测、水工、施工等专业领域，以解决水电开发与建设突出的共性、综合性关键技术为重点，以提出和优化水电开发与建设技术方案为目标，开展了“300m 级高面板堆石坝安全性及关键技术研究”、“西部水电工程脆性岩体高应力破裂问题与控制措施研究”、“严寒环境下沥青混凝土面板设计关键技术研究”、“岩体力学特征尺寸效应研究及其工程应用”、“隧洞高压涌水灌浆封堵技术研究”等重大项目的研究，为水电工程开发建设和安全运行提供了重要技术支撑。

在风电及新技术领域，开展了“风力发电机组预应力混凝土混合塔架技术研究”、“非并网风能海水淡化技术研究”、“压缩空气蓄能电站高压密封地下储气库建设关键技术研究”、“国际风电 EPC 项目管理（标准）研究”等重大项目的研究与开发，为水电顾问集团开拓新的市场提供有力的技术支撑。

在信息化技术应用方面，以推进水电工程全生命周期管理为重点，分别依托不同开发平台，针对高土石坝、高混凝土坝等不同坝型，开展了“高土石坝工程全生命周期管理系统开发研究”、“基于数字水电站工程全生命周期管理关键技术及系统开发研究”、“基于 MS 平台的水电站三维数字化全生命周期管理系统研究”等项目的研究，全面促进了我国水电工程开发建设和集团公司信息化应用水平，提高了生产效率和产品质量。

（四）重大科技成果及应用

2012 年，为增加技术储备、提高核心竞争力，水电顾问集团坚持依托水电风电开发建设，持续开展覆盖各专业技术领域的战略性、前瞻性重大课题，工程建设共性、综合性关键技术课题以及专题研究，并取得了一批兼具良好社会效益和经济效益的重大科技成果，为水电风电领域的开发建设提供了有力的技术支持，进一步提升了水电顾问的技术创新能力和核心竞争力。

1. 全国水电发展“十二五”规划研究　该项目

结合我国当前节能减排形势要求，系统、详细地分析提出了“十二五”期间我国水电的发展目标、发展思路、发展重点和战略实施路线图，阐述了影响我国水电发展的关键问题，包括生态环境保护、移民工作机制、科技装备水平、行业管理体制等。首次在国家层面的规划中对我国西电东送通道建设规划进行了深入阐述。

该项成果是国家能源局《水电发展“十二五”规划》的重要依托文件，对指导未来5年我国水电可持续发展提供了重要参考，对实现2020年节能减排目标具有十分重要的作用，社会经济效益十分显著。

2. 深埋高外水压力长大隧洞围岩稳定性及衬砌支护结构研究　该项目依托锦屏二级水电站引水隧洞工作，针对工程埋深大、洞线长、地应力水平高、地质条件复杂，施工开挖技术极其复杂的特点，开展了系统深入的研究工作。提出了地应力综合研究方法；明确了断裂和褶皱对于局部地应力场的影响；提出了深埋大理岩无损取样方法；通过试验和现场论证揭示出锦屏深埋大理岩的脆延塑转换力学特征；采用离散元和颗粒流模拟分析和预测大理岩洞段围岩损伤演化和深度；建立了大理岩破裂时间效应的力学描述方法；形成了深埋高应力条件下硬岩隧洞的支护设计方案，创新了TBM掘进和岩爆条件下的支护优化方案。

上述成果已应用于隧洞的设计施工建设中，成功解决了如高地应力、高外水压力、突涌水、不良地质条件、滞后破裂等一系列的高难度问题，形成了针对深埋条件的全新的工作技能和方法手段，保证了锦屏二级水电站隧洞的顺利发电，具有巨大的经济效益。该项成果填补了我国在深埋岩石力学领域中的空白，标志着我国在深埋隧洞设计方面已经处于国际前沿位置，为我国在利用深埋地下空间领域提供了良好借鉴，也为其他类似工程建设提供宝贵的经验，社会效益显著。

3. 混凝土坝抗震安全评价体系研究　该项目针对国内面临的强震区修建大型高坝工程的严峻挑战和紧迫需求，围绕混凝土坝的抗震安全设防、地震动输入规范化、大坝混凝土材料的动态特性、混凝土坝动力分析方法及安全评价体系中急待解决的关键科学技术问题，开展系统和深入的理论与应用研究。提出了修订我国大坝地震设防水准、针对性开展校核地震或最大可信地震安全复核、极限抗震能力研究的建议；提出了采用有加速度替代方法及规范化地震动输入的意见；提出了地震动作用下大坝混凝土动态强度和弹性模量参数的建议值；提出采用线弹性动力分析方法和非线性动力方法；研发了新的地震动时程计算方法和软件；建立了重力坝地震反应分析评价流程和安全评价体系。

该项研究直接指导了我国高地震烈度区高混凝土坝的防震抗震研究设计，有效推动了《水工建筑物抗震设计规范》的修编和《水电工程防震抗震设计规范》的制定，具有重大的社会、经济效益。研究成果对促进水利水电设计行业的科技进步、提高行业竞争能力具有重要推动作用。

4. 深厚覆盖层上300m级心墙堆石坝设计关键技术研究　该项目依托双江口水电站心墙堆石坝工程，紧密围绕深厚覆盖层上300m级心墙堆石坝设计所面临的技术难题，开展了系统和深入的试验研究和理论分析工作。通过研究，提出了心墙防渗土料的掺合方案和掺合碾压施工参数，深厚覆盖层力学参数，堆石料湿化、流变新的经验关系式。提出了坝壳建于覆盖层上、心墙建于基岩上的双江口直心墙堆石坝分区设计方案，双江口大坝抗震措施以及初期蓄水控制库水位上升速率的系列工程措施。

该项研究成果已应用于双江口水电站心墙堆石坝的设计，推动了双江口水电站工程的建设进度，进一步提升了我国300m级高土石坝领域的研究水平，为类似高土石坝工程的设计研究提供了宝贵的借鉴经验，具有较高的推广应用价值。

5. Ⅲ、Ⅳ类围岩条件下钢筋混凝土高压岔管关键技术研究　该项目依托黑麋峰抽水蓄能电站工程，采用现场实验、设计计算、理论分析与工程实践相结合的方法，对Ⅲ、Ⅳ围岩条件下钢筋混凝土高压岔管关键技术进行了深入研究，形成了Ⅲ、Ⅳ类围岩条件下的钢筋混凝土高压岔管成套技术。其中，提出高压岔管（水道）洞周防渗设计新理念；提出高压水道围岩防渗设计新指标和防渗检验新标准；初步系统创建抽水蓄能电站高压压水试验方法体系。

该项成果已成功应用于黑麋峰工程，一次建成了Ⅲ、Ⅳ类围岩条件下的钢筋混凝土高压岔管和水道，缩短工期半年以上，同时，比采用钢衬和扩挖施工交通洞等工程措施，节省建设费用约2000余万元。该成果有效保证了黑麋峰高压水道的渗控工程质量，其渗流量比同类工程减少50%以上，大幅降低了电站运行水量损耗和厂房排水维护成本，经济效益十分显著。

6. 复杂喀斯特地区建库渗漏勘察技术与评价方法应用研究　该项目结合贵州、重庆、陕西等地的20余个水电站及水库工程，围绕喀斯特渗漏勘察技术、渗漏评价和防渗处理方法等方面开展了全面、系统和深入的研究工作。取得了喀斯特地区水库分类、喀斯特渗漏类型划分、不同类型河道的喀斯特发育规律，并系统论证了各种类型喀斯特的勘察方法、工程地质评价方法、工程处理措施等系列创新成果。

该项成果指导了近年我国喀斯特地区多个水电工程水库建设的实际生产活动，取得良好效果，对于提高我国水库喀斯特渗漏勘察科学技术水平，促进喀斯特地区水利水电和其他行业类似工程建设具有重要作用，推广应用前景广阔。

7. 西南水电工程地质灾害成灾特点与综合预防措施研究　该项目紧密结合西南地区环境地质条件及水电工程特点，系统总结了水电工程地质灾害问题、成灾类型与特点及其对工程的影响与危害，围绕水电工程地质灾害的成因、地质灾害危险性评价、风险分析与管理、预防措施等开展了全面研究。针对水电工程地质灾害重新定义和分类，首次建立了水电工程地质灾害风险评价和管理方法体系，并系统总结了水电工程地质灾害的预防措施。

该项成果为水电工程地质灾害防治的深入研究奠定了基础，作为研究成果之一的《水利水电工程地质灾害危险性评估技术要求》已在云南省推广应用，并编入《水力发电工程地质手册》。研究成果对水利工程、交通工程及岩土工程等的防灾减灾工作也具有借鉴意义。

8. 水利水电工程三维数字设计平台应用　经过近十年持续不断的科技投入、攻关，自主研发出拥有自主知识产权的《水利水电工程三维数字设计平台》成果（简称 HydroStation）。该平台包括：地质三维勘察系统 GeoStation、枢纽三维设计系统 Civil Designer、工厂三维设计系统 Plant Designer、混凝土配筋三维设计系统 Restation、参数化机电设备及元件库 Digital Elements 等子系统，具有完整的数据库服务和异地协同管理等功能，解决了工程设计平台软件不统一、协同设计难度大、异构模型耦合差、一模不能多用等技术难题，率先实现了水电水利工程全过程、协同的三维数字化设计。2012 年经鉴定达到国际领先水平，获得浙江省科技进步一等奖、电力行业信息化成果一等奖。该平台已在白鹤滩、锦屏二级等 20 多个水电工程，以及地铁、市政交通等工程领域广泛应用，提高生产效率 40%以上，极大地减少了设计产品差错率，取得了显著的经济和社会效益，特别是在地铁建设设计领域得到了很好的反响。目前，“水电水利工程三维数字化设计平台”成果的产品升级和商业化运作正在进行过程中。

9. 三维数字流域与水电工程辅助设计系统研发　该项目利用机载激光雷达测绘技术、地理信息技术、遥感技术、三维可视化建模技术以及数据库管理技术，依托雅砻江、大渡河等流域梯级水电工程建设，开发完成了三维数字流域与水电工程辅助设计系统。通过研究，解决了在传统测绘困难区域高效获取大面积、高精度三维测绘数据的技术难题，形成了满足工程要求的数字线划图（DLG）、数字高程模型（DEM）、数字正射影像（DOM）、数字栅格地图（DRM）等 4D 成果；综合运用遥感技术（RS）、地理信息系统（GIS）、全球定位系统（GPS）及虚拟仿真技术，开发了基于网络的三维数字流域基础地理信息系统，以及施工总布置、对外交通规划、水库移民调查、地质灾害风险管理及工程建设管理可视化等应用系统。

该项成果显著提高了水电工程测绘工作的效率，降低测绘成本 20%以上。该项成果为河流规划、地质勘察、工程设计、征地移民、环保水保及工程建设管理等提供基础信息平台，为流域综合规划、减灾防灾、工程建设管理和调度运营提供决策参考，对于提高我国水电工程勘测设计、工程建设管理及运行管理水平有十分重要的意义，具有广泛的应用前景和推广价值。

10. 水电工程砂石废水处理工艺和设备研发　中国水电顾问集团成都勘测设计研究院与重庆大学、天津大学和四川华建环博有限公司联合开发的水电工程砂石废水处理工艺和设备，解决了目前常规处理工艺排泥困难、易堵塞构筑物的技术难题，同时可减少药剂用量，减少占地，节约建设及运行成本，设备具有结构简单、脱水高效、密封效果好、管理方便、运行成本较低等特点，已在大岗山水电站厂房人工骨料砂石加工系统成功应用，系统运行稳定，处理效果好。目前水电行业砂石废水的处理成本一般在 1 元/m^3 废水以上，应用本产品，每立方米废水处理成本减少约 0.1～0.3 元，按目前国内水电建设年需砂石料及相应废水量测算，每年可节约环保投资约为 1.2 亿～3.6 亿元左右，项目的经济效益非常可观。此外，处理费用的降低也极大地增强了施工单位的环保积极性，有助于控制和减缓水电工程砂石加工系统生产废水对地面水环境的不良影响，有利于水电行业环境保护的健康、可持续发展，具有显著的社会效益。

（五）一批高水平科技成果获奖

2012 年，水电顾问集团共获得省部级以上科技进步奖 74 项，包括国家科技进步二等奖 3 项，国家技术发明二等奖 1 项。

国家级奖励方面，成都院、昆明院、西北院、贵阳院与天津大学共同完成的“高坝泄洪消能防护和雾化安全技术与应用”，成都院、昆明院与清华大学共同完成的“高坝动静力超载破损机理与安全评价方法”，成都院与大连理工大学共同完成的“高土石坝抗震设计理论研究与工程应用”等 3 个项目获得国家科技进步二等奖。成都院与四川大学等单位完成的“高水头大流量泄水建筑物分级防冲防蚀成套技术”荣获国家发明技术二等奖。

省部级奖励方面，2012年共获得70项省部级奖项。其中，“水电水利工程三维协同设计关键技术及系统开发研究”等16项项目获国家能源科技进步奖，“高混凝土面板堆石坝安全关键技术研究及工程应用”等20项项目获水力发电科学技术奖，“机载激光扫描技术在高山区大型水电工程勘测设计中的研究与应用”等10项项目获得电力科学技术奖。

（六）专利数量稳步增长

水电顾问集团一贯注重技术标准与专利、计算机软件著作权的结合，积极打造企业技术品牌，近年来一直保持专利数量稳步增长。2012年，集团公司共申请专利268项，其中发明专利76项；授权专利248项，其中发明专利41项。截至2012年底，集团公司拥有专利646项，其中发明专利116项。2012年度共获得软件著作权54项，同比去年增幅约10%。

（七）专业基础建设持续开展

(1)《水工设计手册》修编：《水工设计手册》共11卷65章，其修编工作始于2008年2月，水电顾问集团承担了其中5卷，共31章的修编任务，并于2011年全部完成。作为《水工设计手册》（第2版）修编出版工作的延续和重要组成部分，2012年水电顾问集团承担了《水工设计手册》（第2版）述评·纪事卷中第4，5，8，10，11卷的主编述评、主审专家述评、知名专家点评和读者评价的组织管理工作。

(2)《中国电力百科全书》（第三版）水力发电卷修编：《中国电力百科全书》（第三版）的修编工作于2010年12月启动，修编出版总期限为3年。水电顾问集团负责水力发电卷修编工作。2012年组织完成了水力发电卷初次审稿、水电卷一审、二审工作，为早日完成修编任务奠定良好基础。

(3)《中国水电科技发展报告》编撰：2012年，水电顾问集团联合中国水力发电工程学会开展了《中国水电科技发展报告》编撰工作。该报告旨在充分展示我国水电已取得的光辉成就的同时，对我国水电可持续发展需要解决的重点领域、重点工程和重点技术进行了详细阐述和远景规划，可供中国科协、国家有关部门决策参考。

（中国水电工程顾问集团公司 刘 娟）

水电水利规划设计总院2012年科技工作情况

2012年，水电水利规划设计总院（简称水电总院）坚持“自主创新、重点跨越、支撑发展、引领未来”的科技发展指导方针，在科技创新制度建设、科技项目立项实施、技术标准编制等方面，开拓进取、扎实工作，取得了显著成效。

（一）积极推进总院科技创新制度建设

科技管理制度是科技创新工作的制度保障，结合水电总院的实际情况，颁布了《水电水利规划设计总院标准化管理办法（试行）》、《水电水利规划设计总院科技项目管理办法（试行）》、《水电水利规划设计总院知识产权管理办法（试行）》、《水电水利规划设计总院科技项目经费管理办法（试行）》、《科技项目合同管理办法》等科技管理制度。

在科技管理制度建立的基础上，结合水电总院企业建立质量管理体系需要，起草并修改完善了《科技项目管理规定》、《课题研究项目控制程序》和《委外项目任务书编写规定》等质量管理程序文件和作业文件，使总院科技管理工作有法可依，管理流程清晰，管理细节规范，加快推动总院科技进步的步伐。

（二）科技项目立项实施

水电总院科技项目立项依托水电、风电审查和验收生产需要，以增加技术储备、提高核心竞争力为目标，重点研究对水电、风电、太阳能等可再生能源的发展建设具有战略性、前瞻性的重大研究课题，解决生产中的重大技术问题和与工程安全紧密联系，具有共性、综合性的关键技术课题以及技术标准专题研究。

2012年，水电总院在研科技项目72项，覆盖了水电工程和风电工程主要技术领域，有国家或省部级科技课题38项（其中，国家发展改革委课题12项，国家能源局课题22项），彰显了水电总院作为行业技术主管单位的地位和技术实力。

在水电规划领域，开展了“‘十二五’期间及2020年我国水电建设与全国电力供需平衡关系研究”、“提高我国水电开发利用效率路线图及政策措施研究”、“提高我国水电规划利用效率研究”、“我国与世界主要国家水电发展比较研究”、“我国抽水蓄能电站发展规划研究”、“落实可再生能源‘十二五’规划及相关措施研究”、“西藏水电开发与国家能源发展专题研究”、“西藏水电开发与西藏自治区经济社会发展专题研究”等涉及行业长远发展重大战略性课题研究。

在环境保护方面，开展了“水电建设项目有关环境影响调查研究”、“水电行业加强水电建设环境保护工作实施办法研究”等水电环保课题研究。

在水库移民安置方面，开展了“水电移民前期工作管理办法”、“金沙江上游水电工程移民多渠道安置方式和具体政策措施研究”和“水电开发‘先移民、后工程’土地配套政策研究”等热点、难点课题研究。结合生产任务需要，开展了“川藏段梯级电站移民安置方式和征地补偿标准研究”和“移民安置具体政策和安置措施建议专题研究”，促进了移民安置的科技进步和制度化、规范化建设，对促进水电开发建设事业的可持续发展具有重要意义。

在勘测、水工等专业领域，组织开展了“高拱坝库盘变形及对大坝工作性态影响研究”，“雅鲁藏布江中下游及邻近地区地震活动性及对水能资源利用影响初步研究”，为水电工程开发建设和安全运行提供了重要技术支撑。

在风电和光伏发电技术领域，开展了“中国风能资源多元化利用研究”、“海上风电度电补贴政策研究”“风电供热研究”“海上风电电价政策研究”“风电机组智能化升压配电装置研发”等重大项目的研究与开发，结合标准修编工作，组织开展了“海上风电机组基础设计标准制定”、“分布式光伏示范区管理办法编写及技术服务”、“无电地区电源建设指南”、“可再生能源全额保障收购管理办法”、“风电开发建设管理办法实施细则”、“海上风电场项目评审办法”、“绿色能源示范县与常规可再生能源项目管理协同”等技术标准科研课题的研究工作，推动了新能源建设。

在信息化技术应用方面，组织开展了“可再生能源电价附加信息管理平台”、“光伏电站信息化管理系统研究和开发”“基于北斗通讯系统的可再生能源信息化建设研究”等项目的研究，推动互联网技术与可再生能源的融合。

2012 年组织完成了水电总院年度科技项目立项工作，经初审、技术审查委员会评审和公司领导批准，“高拱坝库盘变形及对大坝工作性态影响研究”等 6 个课题列入 2012 年度水电总院科技项目计划。

（三）科技创新成果

1. 光伏发电智能化信息系统　成果主要包括光伏电站生产运行管理系统、光伏电站数据采集软件、光伏电站标识系统编码软件、光伏电站 KKS 编码体系编制规则、光伏电站生产运行指标体系，是我国首个实现光伏电站数字化和智能化管理的科技平台。其特点有：①能够发现故障源头，极大增强光伏发电单位的故障智能分析判别能力；②能够判断出影响发电量的原因，提高电站综合效率和发电量；③不需要增加大量的硬件设备，进行设备运行状态的综合分析；④规范了光伏电站运行、维护技术标准，实现了生产管理的规范化、标准化、程序化、智能化，提升了光伏电站生产管理水平；⑤实现了光伏电站运行情况的自动分析和上报，为我国可再生能源资源优化配置提供资料，通过与可再生能源电价附加信息体系连接，可直接为我国可再生能源电价附加支付情况进行核算。研究成果在格尔木、乌兰、桑日光伏电站得到了应用（其中格尔木光伏电站装机 20 万 kW，是目前世界上装机规模最大的光伏电站），具有良好的推广应用价值，经济和社会效益显著。

2. 科技奖励和知识产权情况　2012 年，水电总院共获得省部级以上科技进步奖 5 项：“梯级水库群设计洪水研究”获得 2011 年度电力科学技术奖三等奖；“水电建设工程安全评价及安全”三同时“管理技术研究”获得 2011 年度能源科技进步三等奖；水电总院参与完成的成果“水温分层型水库分层取水工程措施研究”，以及“风电接入电网和市场消纳研究”、“黄河上游高寒区水电开发环境评价及环境保护关键技术研究”分别获得 2012 年度水力发电科学技术奖二等奖和三等奖。

2012 年，水电总院获得软件著作权 6 项。总院员工撰写的技术论文在国内外学术刊物上发表 15 篇（部），其中有 2 篇论文被 EI 收录。

（水电水利规划设计总院　冷　辉）

中国水利水电建设股份有限公司 2012 年科技发展情况

2012 年，中国水利水电建设股份有限公司（以下简称股份公司）坚持科学发展、着力做强做优，通过加强自主创新能力建设来提升企业核心竞争力。秉持“顺势而变、诚信守诺、科技领先、管理图强”的经营理念，在努力推进建设具有较强国际竞争力的质量效益型世界一流公司的进程中，继续大力实施建设“国际行业科技领先型企业”的科技发展战略，科技创新体系不断完善，科技创新能力持续提高，科技创新取得丰硕成果，科技工作取得了新的进步。

（一）科研成果、技术创新成果开发应用情况

1. 科技项目完成情况　2012 年，股份公司立项的科技项目共有 47 项完成鉴定验收，被专家鉴定为国际领先水平的 2 项，国际先进 30 项，国内领先 7 项，国内先进 8 项。这些成果，有一批是依托大型、特大型工程项目开展的课题，如溪洛渡、向家坝、锦屏一级水电站等，较好地支撑了工程的优质安全快速施工，实现了集成创新，具有很强的影响力；有一部分是施工关键技术攻关项目，较好地解决了工程技术难点，形成了成套施工技术；几个新技术、新材料、新机具的课题，具有较强的原创性和创新性。这些项目中，还有国际项目和非水电项目。总的来看，科技攻关取得相当数量的有影响、高水平、拥有自主知识产权的成果，使股份公司继续保持行业技术领先的地位。

2. 重大科技成果简介　2012 年，公司新取得了一批重大科技成果，保证了国家重点工程的顺利实

施。现就其中有代表性的简要介绍如下：

(1) 在举世瞩目的国家重点水利工程南水北调工程中，由股份公司立项、中国水利水电第四工程局有限公司（以下中国水利水电第×工程局有限公司简称水电×局有限公司）实施的“沙河特大型渡槽施工关键技术研究与应用”科研项目，依托南水北调中线干线沙河渡槽工程展开科技攻关。该渡槽采用U形双向预应力薄壁结构，全长1710m，单跨长30m，双联四槽布置，渡槽结构复杂，综合指标列世界前列，施工难度极大。通过采用水电四局有限公司的创新成果，首次实现了特大型梁式渡槽的工厂化流水线预制、提运架机械一体化架设，明显加快了施工进度，提高了施工质量，取得了良好的工程效果。课题成果被专家鉴定为国际领先水平，为南水北调中线按期通水的实现打通了关键节点。

(2) 在举世瞩目的国家重点工程京沪高速铁路工程中，由股份公司立项，中国水电建设集团铁路建设有限公司和水电三、四、五、六、七、八、十一、十三、十四局有限公司与北京交通大学等单位联合完成的“京沪高速铁路施工关键技术研究”科研项目，依托股份公司中标的京沪高速铁路工程第三标段（全长220km）展开技术攻关。京沪高速铁路设计速度为350km/h，是世界上一次建成线路最长、标准最高的现代化高速铁路。尽管国内有高速铁路建设的经验，国外高速铁路建设也有部分成熟技术，但如此大规模、高标准的技术体系尚未建成，系列关键技术需要研究和通过实践验证。公司结合水电领域的成熟技术和高铁技术，开展了系列研究，在高速铁路路基工程、桥梁工程、隧道工程、轨道工程、测量与沉降监测等方面，攻克了多项工程技术难题，取得了系列创新成果，被专家鉴定为国际领先水平。课题成果取得了国家专利9项，国家级工法4项，并已经成功推广应用到股份公司中标的南广铁路、贵广铁路等工程中，经济和社会效益显著。

(3) 在国家重点工程向家坝水电站工程中，由股份公司立项、中国水电四局有限公司实施的“800MW水轮发电机组安装工艺技术研究”科研项目，依托金沙江向家坝水电站水轮发电机安装工程展开技术攻关。向家坝水电站设计装机8×800MW，左右岸电站各安装四台800MW机组。该电站机组是世界上单机容量与结构尺寸最大的水轮发电机组，安装工程难度世界第一。通过中国水电四局科技人员的艰苦攻关，形成了一整套特大型水轮发电机组安装调试的新工艺和新技术。课题研究成果有效地保证了向家坝机组提前投产发电，经济、社会效益显著，在其他特大型水轮发电机组安装中具有良好的推广应用前景，被专家鉴定为国际领先水平。

(4) 在国家重点工程溪洛渡水电站工程中，由股份公司立项、中国水电八局有限公司实施的“溪洛渡水电站高拱坝防裂混凝土研究及应用”科研项目，依托金沙江溪洛渡水电站工程展开技术攻关。溪洛渡水电站大坝为双曲拱坝，坝高278m，采用坝区玄武岩人工粗骨料。按常规配制的混凝土弹性模量高、极限拉伸值低、自生体积变形呈收缩型，混凝土抗裂性能差，此项关键技术的能否攻克关系到国家重点工程的能否顺利实施。课题研究采用高含MgO中热水泥、优选高效外加剂、掺加PVA纤维等综合技术措施，优化混凝土配合比，有效地预防和减少了溪洛渡高拱坝混凝土的裂缝。课题成果具有明显的技术经济效益，可在其他工程中推广应用，被专家鉴定为国际领先水平。

3. 科研立项方面　继续以科技立项为龙头，促进企业科技创新与进步。经专家评审，总经理办公会议审定，同意由股份公司立项，且给予经费资助的项目31项，资助经费1450万元，自筹经费9634万元；同意由股份公司立项、经费全部自筹项目12项，自筹经费5685万元；同意由子公司自主立项33项，立项项目经费合计4906万元。以上所有经费合计21 675万元。

根据公司科技创新工作的新要求，完成了5个股份公司科技重大专项的立项工作，目前重大专项研究进展顺利。

4. 打造科技品牌　股份公司系统打造“中国水电建设”科技品牌。2012年，股份公司下属的水电十四局有限公司等子企业参与完成的科技成果“重大水利水电工程施工时实控制关键技术及工程应用”获得国家科技进步二等奖。本年度股份公司共获得国家能源科技奖、中国电力科技奖、水力发电科技奖、水利部大禹科学技术进步奖22项；获得教育部、省政府科学技术进步奖项目11项；获得中施企协会、中国岩石学会、中国爆破学会等科技部审批的社会力量设奖项目23项；获得电网公司、省（市）电力公司、中国电力建设企业协会科学技术进步奖项目8项。

2012年，股份公司负责起草的标准，通过审查的有国家标准1项、行业标准19项目；完成报批稿的有7部行业标准；被批准发布的有国家标准1部、行业标准16部。

2012年，股份公司共获得146项国家专利授权，其中发明专利24项；166项专利申请被国家专利局受理；取得软件著作权5项。获得省部级工法127项。

（二）企业重大科研项目情况

科技立项分三个层面：一是对于子公司面临的局部性课题，由子公司设立专项资金、自行设立课题开展研究。二是处于行业技术先进水平，可在集团范围推广、应用的专项技术，仍然延续以往的工作方式，由集团公司立项，委托子公司负责研究，集团公司指导。三是为突出重点，提高企业核心技术能力，发挥集团公司集约化科技管理优势，对于事关行业和集团公司发展的施工关键技术系列研究和综合性课题及成果实施重大专项制度。

目前批准立项重大科技专项5项，分别为：

（1）特高拱坝关键施工技术研究与应用。本专项以水利水电工程特高拱坝施工为主要研究对象，以安全优质快速施工、混凝土温控与防裂、信息化施工管理、节能环保技术为主要研究内容，并开展与施工技术相关的理论研究与探讨，形成一套具有国际领先水平的特高拱坝综合性关键施工技术。

（2）特大地下洞室群施工安全环保关键技术研究与应用。本专项以特大地下洞室群为研究对象，以安全、优质、快速施工技术为主要研究内容，研究中应结合国家对环境保护、节能减排、职业健康等方面的要求，并开展与施工技术相关的理论研究，形成一套具有国际领先水平的特大地下洞室群施工技术成果。

（3）特高边坡关键施工技术研究与应用。本专项以水利水电工程特高边坡开挖和锚固施工为主要研究对象，以安全、优质、快速、环保施工技术为主要研究内容，并开展与施工技术相关的理论研究与探讨，形成一套具有国际领先水平的特高边坡综合性关键施工技术。

（4）高速铁路施工关键技术研究。本专项以高速铁路建设工程为依托，以施工关键技术为研究对象，在总结前期成果、拓展研究范围、深化研究内容的基础上，实现相关技术的突破和创新，形成企业系统的高速铁路施工技术，提高企业技术实力和竞争力。

（5）300m级高堆石坝关键施工技术研究。该专项依托在总结毛儿盖水电站（坝高147m）的研究成果，依托公司在建目前最高的长河坝水电站土石坝（240m），解决工程技术难题，并开展相关施工理论研究，形成300m级高土石坝成套施工技术和综合性成果，为今后双江口、两河口等工程提供技术储备。

集团公司科研项目主要研发方向有：

（1）继续研究水利水电行业施工建设的前沿技术，保持行业科技领先水平；

（2）在系统掌握工业与民用建筑、铁路、交通、市政建设、火电、核电、风电、机场等大土木行业相关技术的同时，集成水利水电技术的创新成果与相关行业技术实现再创新，跻身相关行业科技先进水平；

（3）继续研究建筑企业管理技术。

（三）取得的专利情况

2012年股份公司共获得146项国家专利授权，其中发明专利24项，166项专利申请被国家专利局受理，取得软件著作权5项。

（中国水利水电建设股份有限公司）

中国葛洲坝集团公司2012年科技工作情况

2012年，中国葛洲坝集团公司（以下简称集团公司）全面实施“科技兴企”战略，大幅提升科技创新能力，充分发挥科技对企业经济发展的支撑与引领作用。目前，集团公司建立了以集团公司总部与各子（分）公司两级企业科技立项为主线的创新机制及科技经费专项管理制度，完善了科技管理制度，形成了以国家政策扶持、集团总部支持、各子（分）公司配套的科技投入体制、机制，不断增强企业的自主创新能力，使集团公司主业科技达到世界领先水平。一年来，集团公司加强了科技创新以及专利、工法及科技成果挖掘申报的工作力度，各子（分）公司科技创新积极性显著增强，集团科技工作迈上了新台阶。

（一）技术服务与技术管理

充分发挥集团的整体技术优势，积极开展在建工程技术服务、咨询工作。2012年，技术中心组织人员到溪洛渡进行拐臂皮带现场技术服务，参与观音岩水电站供料线的设计和白鹤滩水电站左右岸山体开挖治理投标，对公司所承担的南水北调、普西桥大坝、清远抽水蓄能电站项目提供技术咨询，协助水电投资公司完成“四川岷江汉阳电航施工方案及砂石系统”审查，到锦屏水电工程项目、新疆斯木塔斯水电站解决工程遇到的技术问题；还组织人员到厄瓜多尔项目进行巡查，了解国际项目的实际问题，为集团公司的决策提供依据。为增强技术支持和技术服务能力，开展了特大型桥梁施工技术培训、铁路线上施工技术培训，组织并参加了工法编写的培训工作，编制了TBM课件讲义以及工程模板技术讲义，完成了《专利基础知识和编写申请流程》课件编写。

（二）科技成果

2012年，集团公司科学技术成果奖励授奖48项，其中“三峡升船机船厢室段高精度混凝土施工技术研究及应用”成果授予特等奖，“锦屏大奔流沟料场高陡顺层软硬相间岩体超宽超高边坡强卸荷稳定分析技术研究与应用”等6项成果授予一等奖，“中国葛洲坝集团股份有限公司信息化应用集成技术开发与应用”等13项成果授予二等奖，“猴子岩水电站超深基坑围堰防渗墙关键技术研究与应用”等28项成果授予三等奖。

2012年，集团公司22项成果获得省部级以上奖励，获奖数量再创历史新高。其中“水电工程快速优质施工关键技术创新能力建设”项目获得湖北省科技进步一等奖，为2005年三峡明渠截流项目获得湖北省科技进步一等奖以来，又一次自主申报获得的省级科技进步一等奖。

2012年度专利申请方面，共计申请专利434项，其中发明专利申请120项；在专利授权方面，共获专利授权310项，其中实用新型专利284项，发明专利26项。2012年度集团公司专利申请量、发明专利申请量及授权量再创企业新高。截至2012年底，集团公司拥有有效专利754项，其中发明专利63项。

2012年，完成了21项湖北省建筑工程工法和37项中国电力建设协会工法以及8项中国公路协会工法申报工作。共获得13项省部级工法以及28项电力建设企业协会工法。

2012年，集团公司作为主编单位完成了4项国家行业标准报批。通过积极申报，股份公司获得《水工混凝土表面保温施工技术规范》等6项电力行业标准制定任务。申报了8项2013年度电力行业标准项目计划，作为主编单位申报的《建设工程化学灌浆材料应用技术规范》已被批准为2013年度国家工程建设标准项目。

2012年1月，集团股份有限公司主编的《三峡工程施工技术三期工程卷》正式出版。本卷共分为综合论述、三期围堰及拆除、基础处理及灌浆工程、混凝土工程、金属结构及安装、地下电站工程。与之前出版的《三峡工程施工技术一期工程卷》和《三峡工程施工技术二期工程卷》成为三峡工程的系列技术论文总结。

2012年，易普力公司自主研发的“工业炸药现场混装车动态监控信息系统”成功入选国家工业和信息化部电子信息产业发展基金信息技术应用“倍增计划”项目，获得500万元补助。该项目基于安全可靠的电子信息技术和设备，全面监控、记录炸药现场混装车运行的关键信息，用于生产经营信息动态采集和安全生产保障，促进了炸药现场混装车信息化管理水平的提升。

2012年6月，集团公司“地下厂房无盲区三维高校混凝土布料系统研究与应用”项目通过技术鉴定。该课题针对地下厂房窄长高复杂结构特点，依托溪洛渡地下厂房混凝土施工项目，研究了一套地下厂房无盲区三维高校混凝土布料系统，解决了地下厂房混凝土施工技术难题，研究成果总体达到国际先进水平，其中地下厂房常态混凝土输送技术达到国际领先水平。

（三）提升企业行业地位

2012年，集团公司共有一公司、二公司、五公司、机电公司、机船公司5家高新技术企业通过了省科技厅复审，电力公司、新疆工程局、葛洲坝易普力湖北昌泰民爆有限公司也将获得高新技术企业认定，集团已拥有12家高新技术企业。2012年，机船公司成功获得省级企业技术中心认定，集团公司总共有5家子公司成为省级企业技术中心。申报的国有资本经营预算的重大技术创新及产业化项目，获得国家财政资助3541万元。通过高新企业减免税收和加计扣除超过2.5亿元。

集团股份公司技术中心为国家级企业技术中心，形成了以技术专家组、计算机信息中心、博士后科研工作站、建筑勘测设计研究院、情报资料室等组成的执行层核心研发系统，拥有混凝土面板堆石坝等16个专业技术研究所组成的执行层专业应用系统，积极实施“科技兴企”战略，成为集团公司拓展市场、干好在建工程的关键支撑体系。

2012年，通过集团公司技术委员会审定，批准立项63个项目，总经费共60 343.7万元。其中35项为集团股份公司资助项目，由集团股份公司出资资助，资助经费1070万元；7项为集团公司资助项目，由集团公司出资资助，资助经费70万元；21项为子分公司自筹资项目。另外还申报中能建科技项目6项，其中3个项目获得资助。

为发挥博士后科研工作站对于引领企业技术创新、提升企业核心竞争力的巨大作用，2012年，集团公司招收了第三位博士后李晓翔博士进站，与中科院研究生院联合培养，研究课题是“人力资源绩效评价与激励模式研究”。申报湖北省博士后创新岗位获得成功。

经中国水力发电工程学会和湖北省科协推荐，集团公司江小兵、余英两位同志获第五届“全国优秀科技工作者”称号。“全国优秀科技工作者”是中国科学技术协会面向全国各领域广大科技工作者设立的奖项，每两年评选一次，对被授予者只授一次，为终身荣誉。

（中国葛洲坝集团公司）

哈尔滨大电机研究所2012年科研工作情况

2012年，哈尔滨大电机研究所（以下简称研究所）通过加强科研基础设施建设，稳步推进各项管理工作，同时加大人才培养力度，使科技创新能力持续提高，各项科研工作取得了可喜的成绩。

（一）科研基础设施建设情况

2012年研究所建设完成了低水头、大容量水力试验Ⅴ台，高水头、小流量水力试验Ⅵ台，冲击式水力试验台，PIV水力试验台以及大型贯流机组径向轴承试验台等。目前，研究所已装备了8座具有世界先进水平的水力试验台，不断提升研究所的技术研发水平。

（二）科研任务与科研成果情况

2012年，挂靠在研究所上的水力发电设备国家重点实验室（以下简称实验室）成功申请了国家973课题“大型水轮发电机电磁结构及性能实验模拟技术研究”。课题将解决水轮发电机新产品设计中各种参数和特性的模拟及准确计算问题，有力地支持大型水轮发电机研发技术的创新。系统建成后，将成为我国最大的水轮发电机综合性能及参数模拟实验设备，并将首先应用于1000MW水轮发电机的模拟试验。

2012年，实验室承担的973课题“水力发电设备前沿技术研究”完成了全部研究任务，解决了我国水力发电设备研究过程中存在的关键问题和基础问题，对提升我国水力发电设备制造行业的基础理论研究水平和提高我国发电设备技术创新能力，提升和壮大我国装备制造业的实力，具有重要的战略意义。成功开发了高水头、超大容量仙居抽水蓄能电站水泵水轮机模型转轮，完全解决了水泵工况驼峰区稳定性问题，使研究所在高水头、超大容量抽水蓄能机组研究领域取得率先突破，巩固了在国内抽水蓄能水力技术研究领域的领先地位。首次开发和应用了轴流转桨式间隙流动模拟整体优化技术和轴流转桨式叶片多参数可视化设计方法进行轴流转桨式叶片设计和仿真分析，开发出的葛洲坝轴流转桨式水轮机在国内中立试验台进行了模型验证试验，模型转轮能量特性、空化特性等综合性能优良，整体水力性能及空化性能达到世界先进水平。开发的300kW潮流试验机组，水轮机采用先进CFD手段进行优化设计并进行了试验验证，机组整体水动力性能优良；发电机采用永磁直驱发电机，能够提高产品的可靠性；主轴密封采用了水轮机先进的成熟技术。相关技术均在工程实践中得到应用和验证，将提高国内潮流能发电系统关键设备和整机的技术水平和生产能力。利用水轮机转轮开发技术与水泵开发技术的相关性对高效水泵和核主泵进行了开发研究，成功开发出牛栏江一滇池补水工程所需的大型水泵，2012年7月在瑞士洛桑国际中立试验台进行了模型试验，水泵各项性能指标均满足泵站运行需求，其中原型泵最高效率达到93.27%，性能指标达到了世界领先水平，为我国大泵市场的国产化奠定了坚实的基础。按照贯流式水轮机叶片断面参数化方法，采用间隙流动模拟技术进行了全通道CFD模拟数值分析和优化，结合模型试验测试手段，开发出具有自主知识产权、较高能量特性、空化特性和稳定性的三、四叶片贯流式水轮机转轮，将进一步增强我国企业在贯流式机组市场中的竞争能力。

2012年，研究所取得的科研成果显著，其中：“1000MW级水轮发电机推力轴承研究与应用”获得了黑龙江省科技进步一等奖；“大型空冷定子线棒绝缘结构的研究”、“冲击式水轮机整体转轮制造关键技术研究”、“牛栏江一滇池补水工程中低比转速大功率离心泵开发研究”等也分别获得了省级科技进步奖。全年共起草标准5项，申报专利35项，其中：发明专利29项，实用新型6项；在国内外公开发表学术论文60余篇，其中：国际会议发表论文3篇，国内会议、刊物发表论文50余篇，有5篇文章还被EI检索收录。

（三）学术交流情况

2012年，研究所共举办、承办大型学术会议10次，其中有：

（1）2012年8月，作为协办单位与清华大学组织召开了第26届国际水利与环境工程学会（IAHR）水力机械及系统研讨会。研究所专家覃大清、魏显著分别主持了“水力机械的优化设计”和“水力机械中的非定常流动现象”会议，覃大清在会上还作了题为“哈尔滨电机厂有限责任公司水力机械研究的现状及发展趋势”的特邀报告，向世界展示了研究所的科研实力。

（2）2012年8月，国际水利与环境工程学会主席Franois Avellan教授应邀来研究所作了题为“蓄能泵与可逆水泵水轮机：技术挑战与进步”的精彩学术报告。他针对蓄能电站的作用、蓄能电站在能源市场中的地位、蓄能电站未来发展方向及技术挑战等多个方面进行了详细的介绍。

（3）2012年8月，国际水利与环境工程学会原主席Hermod Brekke教授应邀来研究所讲学，他以“冲击式水轮机设计”为题对冲击式水轮机性能分析以及水轮机运行范围、冲击式转轮设计、射流形式等问题进行了详细介绍。

（4）2012年9月，实验室第一届学术委员会第二次会议在研究所新水力试验大楼隆重举行，实验室学术委员会14位委员（5位院士、9位专家）应邀出席了会议。本次会议向专家汇报了2011年实验室工作总结以及近期发展思路，为实验室提升科研攻关能力，向持续、快速、健康的目标发展指明了方向。

（5）2012年9月，国际著名绝缘专家、国际电工委员会（IEC）SC2J委员会主席Greg Stone博士应邀来研究所讲学。他作了题为“发电机绝缘监测和诊断技术”的学术报告，重点介绍了匝间短路在线监测技术、局部放电在线监测技术和定子端部在线监测技术等处于国际前沿的发电机诊断技术，使研究所科研人员了解了国际上最前沿的电机诊断技术和核电机组在线监测技术。

2012年，挂靠在研究所上的全国水轮机标准化技术委员会、全国大型发电机标准化技术委员会、中国电机工程学会大电机专业委员会、中国电工技术学会大电机专业委员会等还分别组织召开了多次标准工作组会、年会以及学术交流会，增加了行业间的交流机会，提高了标准制、修订水平以及实施力度。其中：研究所专家刘莹负责修订的“隐极式同步发电机转子匝间短路测定方法”及钟苏负责修订的“透平型发电机定子铁芯、机座模态试验分析和振动测量方法及评定”，跟踪了国际标准化动态及其产品技术的发展状况，进一步提高了此标准的技术水平，适应了水电建设迅速发展和国际市场竞争的需要；武中德、吴军令负责修订的“水轮发电机推力轴承弹性金属塑料瓦技术条件”是针对水轮发电机推力轴承技术条件的一次幅度较大的修订，将促进国内推力轴承技术的快速发展，为水电机组的安全运行发挥重要作用。

2012年，研究所还组织、参与了多次国内外学术交流活动，在立足哈尔滨电机厂有限责任公司及研究所培训平台的基础上，全年组织完成了82个培训项目；同时健全了培训机制，完善了培训体系，逐步形成了现代化的人才培养模式。通过高水平学术交流，提高了研究所科技人员的科技研发能力和综合素质，进一步巩固、提升了研究所在行业中的影响力。

（哈尔滨大电机研究所　王　波　范吉松）

中国水电顾问集团西北勘测设计研究院2012年科技发展情况

2012年，中国水电顾问集团西北勘测设计研究院（以下简称西北院）结合生产经营和专业技术建设需求，积极开展了强震区及深覆盖层高土石坝筑坝技术、高寒地区高拱坝温控技术、大型地下硐室火灾模拟及风险控制技术、抽水蓄能电站、潮汐电站、大流量泄洪消能、软基勘察及处理、风电场及光伏电站设计等一批关键技术的研究，不断提高优势技术，努力提升弱势技术，积极培育新兴技术和人才；同时注重科技成果的应用，例如：

（1）集团公司科技课题“强震区200m级高混凝土面板堆石坝抗震关键技术研究”，成果已应用于滚哈布奇勒水电站、大石峡水电站以及茨哈峡水电站等工程；“高海拔高寒地区梯级水电站环境评价及环境保护问题研究”成果，应用于黄河上游水电工程的环境评价和保护设计工作。

（2）“三维激光扫描技术在地质测绘和工程测量中的综合应用研究”成果，成功应用于西北院正在进行勘察的60多个工程和河流规划。西北院为配套该项目研究，尝试性买了一套三维激光扫描仪。随着研究的推进和成果的推出，极大地提高了勘察工作效率和勘察成果的质量，西北院又陆续买了两套，拟再购买1～2套。该项研究成果必将在西北院后续工程中得到更广泛的应用。

（3）“西北地区大型风电场盐渍土工程地质特性及工程处理措施研究”，成果已成功应用于西北地区酒泉、哈密千万千瓦级大型风电基地勘察、设计和施工中，取得了良好的经济效益。该研究解决了干旱盐渍土地区的高耸建筑工程设计与地基处理难题，对西北地区大型风电工程勘察、设计和施工具有重要的技术指导意义，推广应用前景广阔。

（4）西北院其他一些院内科研课题，成果大都已应用于多个水电工程的勘测设计。

通过一系列的研究和科技创新，解决了工程建设中的诸多技术难题，达到了安全、经济、环保、节能的目的。

（中国水电顾问集团西北勘测设计研究院　熊登峪）

中国水电顾问集团贵阳勘测设计研究院2012年科技工作情况

（一）科研管理成果丰硕

（1）科技创新平台建设获得重大突破。中国水电顾问集团贵阳勘测设计研究院（以下简称贵阳院）大力推进科技平台的规划和建设工作，国家水能风能研究中心贵阳分中心获准组建并授牌，“贵州省碾压混凝土坝工程技术研究中心”获省科技厅批准组建。在院层面上，成立了碾压混凝土坝、岩溶勘测与处理、堆石坝、生态、物探试验、工程数字化研发和企业技术中心等7个院级研发中心。根据中心运行职能要求，制定和印发多项中心管理办法，推进中心建设工作。

（2）科研立项取得突出业绩。参与申报的“十二五”国家科技支撑项目——“澜沧江流域水电开发工程关键技术与生态环境保护研究及集成示范”正式立项，贵阳院承担专题二“水电大坝建设关键技术研究”的工作。参与环保部“绿色水电认证研究”工作，与云南华电怒江水电开发公司签订了“怒江绿色环保型电站建设管理的研究与创新”科研合同。获准立项或参与了6项中国水电工程顾问集团公司（以下简称集团公司）的科研项目，是历年最多的一次。评审立项27项院级科技基金项目。

（3）科研项目有序开展。院电力科学技术发展基金项目，年内开展72项，验收12项，其中11项通过验收、1项同意结题。2012年开展了《贵阳院碾压混凝土筑坝技术》、《岩溶地质》、《水利水电工程岩溶勘察与处理》3部专著的编写工作；《岩溶地质》初稿基本完成，《贵阳院碾压混凝土筑坝技术》初稿正在补充完善。集团公司科研项目正在开展的有12项；“复杂喀斯特地区建库渗漏勘察技术与评价方法应用研究”通过验收并获好评，“复杂地区测量技术应用研究”成果已提交待验收。贵州省科学技术基金项目正在开展的项目有7项，4项拟申请验收；完成了8项科技查新，组织“乌江索风营水电站岩溶渗漏勘察关键技术研究及应用”和“复杂地质条件隧道超前预报综合技术应用研究”科技成果鉴定会，2项成果均达到国际先进水平，并分别获得贵州省科技进步奖二、三等奖。

(4) 科技奖励创历史新高。组织63项成果申报，获得43项奖励，其中省部级以上奖励35项。年内获得顾问集团科技进步奖一等奖4项、三等奖3项的历史最好成绩。获贵州省2012年度咨询奖和“四优奖”均创历史佳绩，其中咨询一等奖3项，占全省总数的30%。光照水电站获国家优质工程金奖及国际RCC里程碑奖，国家优质工程金奖是贵州省第一个、顾问集团系统第二个获此殊荣的项目。

完成院2012年度科学技术奖评审和奖励工作。31项成果参评，28项获奖；完成了12项科技查新，组织召开“软硬岩混合石料填筑面板堆石坝的关键技术研究及其应用”科技成果鉴定会。

(二) 加强技术管理，确保方案合理先进

加强了技术管理、策划和指导，全院产品质量总体处于受控状态，报告审查通过率、技术标准应用符合率均达100%，产品优良率95%以上。集团公司产品质量评价结果表明，院编制的大型勘察设计报告合格率100%，评价好的占60%，在顾问集团处于中上水平。

(三) 知识产权管理再上台阶

(1) 计算机软件著作权登记实现了零的突破。2012年申报11项软件著作权，首次获得4项软件著作权登记。

(2) 继续推进知识产权优势企业培育工程，专利申报量、授权量大幅增加。稳步推进知识产权优势企业培育工程方案的实施，全年申报并受理专利73项，达到了5天1项；授权专利33项。申报量较2011年增长102%，授权量较2011年增长135%。至2012年底授权专利总量达56项，提前实现《贵阳院“十二五”发展规划》目标。“中国水电贵阳院”品牌获得“贵州自主创新品牌100强”殊荣。

（中国水电顾问集团贵阳勘测设计研究院 李月杰）

雅砻江流域水电开发有限公司2012年科技工作情况

(一) 技术创新体系建设情况

(1) 2012年，雅砻江流域水电开发有限公司（以下简称雅砻江公司）博士后工作站第二批博士后出站研究报告，顺利通过评审并出站；第三批博士后科研选题经过审定，并通过公开招聘等过程基本完成了第三批博士后的选聘工作。

(2) 雅砻江虚拟研究中心自成立以来，依托中心网站平台，有效运转，作为公司咨询专家库、科研信息发布和管理平台、学术交流平台、学术资源共享平台和公司与科研单位的联系平台，为公司科研工作提供了良好的支撑。雅砻江虚拟研究中心2012年度学术交流会议在成都召开，会议邀请了国家自然科学基金委员会工程与材料科学部水力学科主任李万红、上海交通大学葛修润院士、天津大学钟登华院士及虚拟研究中心成员单位代表共计70余人出席会议并进行学术交流。会议安排了15个学术报告，重点围绕雅砻江流域水电开发关键技术问题进行了充分的学术交流，对于进一步加强公司与科研单位的合作，为流域开发顺利推进提供更好的科技支撑具有重要意义。

(二) 合作创新有关情况

(1) 2012年，雅砻江公司联合清华大学、天津大学、中国水利水电科学研究院和中国水电工程顾问集团成都勘测设计研究院等单位，共同申报的国家“十二五”科技支撑计划课题“雅砻江流域数字化平台建设及示范”，完成可行性论证、预算申报和评审工作，将于2013年上半年正式启动。

(2) 2012年，进一步完善了中国锦屏地下实验室基础设施建设，加强实验室运行和维护管理。与清华大学合作的CDEX暗物质探测实验顺利推进，平稳获取实验数据，基本具备公开发表重要实验成果的条件，有关论文已经被《中国物理C》等杂志录用。2012年2月，雅砻江公司与上海交通大学签订战略合作协议，PANDAX实验项目已在地下实验室开展，并完成实验设备的安装和调试，预计2013年上半年开始正式运行。

(三) 科技成果情况

(1) 2012年，雅砻江公司获得国家科技进步二等奖1项，省部级科技进步特等奖2项，一等奖2项，二等奖2项，三等奖1项。其中“高坝动静力超载破损机理与安全评价方法”获2012年度国家科技进步二等奖；“锦屏二级水电站深埋隧洞群岩爆分析、监测与预警方法研究”和“复杂大型洞室群稳定性快速动态反馈分析与闭环优化设计方法”获 2012 年度中国岩石力学与工程学会科学技术奖特等奖。

(2) 2012 年，雅砻江公司员工出版专著 1 部，编著 7 部；在国内外期刊发表科技论文共计 194 篇，其中 SCI 收录 1 篇，EI 收录 7 篇。

（雅砻江流域水电开发有限公司　周济芳）

水 电 技 术 创 新

向家坝水电站机组水力开发、冷却技术研究

向家坝水电站机组单机出力 80 万 kW，是目前投产的最大容量的全空冷水轮发电机组。这是哈尔滨电机厂有限责任公司、哈尔滨大电机研究所（以下简称哈电、研究所）在三峡 70 万 kW 巨型机组上首创应用全空冷技术后，在更大容量机组上的再次成功应用。

该机组最高效率要求超过 96.5%，对稳定性和空化性能等各项水轮机性能的要求也达到世界最先进技术水平。该比转速的大型混流式水轮机中，既要保持高效率，在同样的流量下发更多的电，又要解决压力脉动，在所有运行工况安全稳定的工作。哈电对包括蜗壳、固定导叶、活动导叶、转轮和尾水管的整个流道采用整体设计理念，通过协调各部件的匹配关系并优化各个部件的水力性能，使水轮机具有最优的水力性能和稳定性能。采用环量控制的理念，实现对流动的宏观控制，消除了压力脉动的周期性叠加和反馈放大。开发出的转轮具有优秀的能量、空化和压力脉动特性，并成功消除了高部分负荷压力脉动带，各项性能指标均达到了该水头段的世界领先水平，能够满足向家坝电站水轮机运行参数要求，保证水轮机长期、安全、稳定、高效运行。

通过大量通风模型的试验研究以及基础科研试验，研究所积累了丰富的实用经验，自主创新研发出了巨型全空冷水轮发电机的通风系统和冷却方式，对向家坝水轮发电机通风系统的设计起到了重大的指导作用。

随着机组单机容量的不断提高，电机的主要尺寸不可能随容量同比增长，致使发电机散热强度提高，这给发电机通风系统的设计带来了很大的困难。在向家坝水轮发电机通风系统设计过程中，科研人员更加注重对电压、支路数与槽电流的匹配、热流密度分析计算及热负荷的控制，并从提高计算精度、不断优化结构入手，对通风冷却系统及绝缘系统等进行了整体优化、创新，不断寻求解决电机通风冷却的有效方法。设计上不断完善通风道形状，改善流道条件，降低阻力，提高流体的均匀分布，并利用多年来形成的具有国际先进水平的计算程序、软件，对发电机通风系统进行了大量精确的计算及有限元分析，保证了发电机各发热部件的温度更加均匀，防止了铁心膨胀翘曲。

通过向家坝电站水轮机水力性能研究，哈电在大型水电设备研究方面积累了丰富经验，掌握了解决世界性难题的方法，达到了世界领先水平；将计算、科研试验和理论分析相结合，克服了通风系统设计过程中的诸多困难，攻克了向家坝 80 万 kW 级水电机组全空冷关键技术，使哈电巨型水电机组全空冷技术达到了世界领先水平，在中国电力发展史上树立了又一个新的里程碑。

（哈尔滨大电机研究所　王　波　范吉松）

深厚覆盖层防渗技术

由于特殊的地域条件，我国西南、西北等地区的许多待建或在建的水利电力枢纽将不可避免地位于深厚覆盖层上，有些工程覆盖层甚至深达几百米，在如此深的覆盖层上，修建高坝大库，目前尚无很多成熟的工程经验可供借鉴，许多关键性的工程技术问题需要通过深入系统的研究加以解决。

下坂地水利枢纽工程地处新疆西北高寒地区，工程深厚覆盖层深达 150m，且含有大孤石、漂块石层，如何解决防渗问题，是关系到工程成败的关键。因此，由中国水利水电科学研究院牵头，新疆下坂地水利枢纽工程建设管理局组织，联合设计、施工单位，依托下坂地坝基防渗工程，进行了深厚覆盖层防渗结构设计、复杂地质条件下超深防渗墙和帷幕灌浆试验研究。

（一）研究内容

防渗结构设计：在主要以第四系冰碛、冰水堆积物的下坂地水利枢纽坝基覆盖层防渗设计中，通过对类似工程的资料收集和综合分析，根据工程要求、地质情况、施工设备及技术等条件，经过渗流计算和技

术、经济比较后综合确定，采取“上墙下幕”垂直防渗方案。通过现场试验和室内试验，对设计方案存在的问题进行试验验证。

复杂地质条件下超深防渗墙施工技术研究：针对下坂地水利枢纽复杂地质条件，进行超深防渗墙施工工艺试验；不同造孔设备工效的试验；防渗墙施工深度与经济性能的分析；防渗墙施工质量检测等专项研究。

超深覆盖层帷幕灌浆技术研究：进行了钻孔泥浆、灌浆材料、质量检查方法，套阀花管灌浆工艺和循环灌浆工艺试验，帷幕灌浆施工深度达到150m以上，灌浆后渗透系数小于10^{-4}cm/s。

运行监测及防渗效果分析，论证最终防渗效果：通过工程安全监测资料分析，2年以上的蓄水检验验证，达到工程预期防渗目标。

（二）创新点

在主要以第四系冰碛、冰水堆积物的下坂地水利枢纽坝基覆盖层防渗设计中，采用了“上墙下幕”垂直防渗结构型式，避免了原来水平铺盖防渗设计方案可能需要多达若干年的重复修复和工程安全风险，工程效益显著，防渗深度达到160m，防渗结构的设计突破了当时我国施工技术水平和设计规范。

新疆下坂地水利枢纽坝基混凝土防渗墙试验工程，以100m的预埋灌浆管深度，72.7m的接头管起拔深度和102m的墙体深度创下当年三项全国第一，研究出了一整套复杂地质条件下防渗墙施工工艺，为在深厚覆盖层中建造超深防渗墙做出了有益的探索。

通过施工设备、泥浆控制、施工工艺、对比试验研究，进一步发展和完善了孔口封闭循环灌浆工艺，研究出了一整套复杂地质条件下覆盖层帷幕灌浆施工工艺，创造了161m深厚覆盖层国内最深灌浆深度，采用塑料材料套阀花管，施工深度达到77.6m，创造了国内目前进行的此工法施工最深深度。

通过试验论证，沙砾石地层帷幕灌浆渗透比降设计采用不大于6，突破了现有设计规范3～4的规定，为依托工程和此后的工程设计提供了理论基础，帷幕灌浆由5排优化到4排，降低了工程造价，节约工程投资1330万元。

采用上墙下幕防渗结构，处理150m深覆盖层，垂直防渗帷幕深度达到161m，避开深防渗墙造孔施工技术上难度大的问题，解决了全帷幕灌浆方案基础上部帷幕排数多、施工工期长和投资高的工程难题。由于采用上墙下幕结构和孔口封闭灌浆技术，上部有足够的盖重，通过试验，覆盖层灌浆最高采用3～4MPa高压灌浆，灌浆段均能够在高压下灌浆，保证灌浆效果，并避免了地面抬动、冒浆。

（三）成果应用情况及社会经济效益

本研究成果已在下坂地水利枢纽得到应用，并经过近3年的蓄水检验，效果良好，达到了预期目标。技术成果已得到应用和推广，以项目组参加单位和参加人员为主编写的首部《水电水利工程覆盖层灌浆技术规范》（DL/T 5267—2012）已正式出版，将指导我国深厚覆盖层灌浆技术的推广和应用；项目共完成4个产品开发生产，可推广应用于覆盖层灌浆工程。

依托工程拟采用水平铺盖防渗，通过论证分析，现场试验等，确定了上墙下幕垂直防渗结构，避免了原设计方案需要多达十几年的重复修复和工程安全风险，工程发挥的灌溉、发电等社会效益巨大。

通过试验论证，沙砾石地层帷幕灌浆渗透比降设计采用不大于6，突破了现有设计规范3～4，为依托工程和此后的工程设计提供了理论基础，减少了灌浆帷幕排数，降低了工程造价。

通过试验对比，进一步发展和完善了孔口封闭循环灌浆工艺，增强了由我国创造的此灌浆工法的国际地位。

（中国水利水电科学研究院）

高坝洲水电厂机组闸门一体化控制系统

高坝洲水电厂是清江干流的最后一个梯级电站，装机3×90MW共270MW，采用发变组单元和扩大桥形接线，作为隔河岩电站的反调节电站，在系统中担负部分基荷和峰荷。在原来使用的监控系统面临设备老化、严重影响监控系统的稳定运行的情况下，电厂决定对机组监控系统、闸门系统进行硬件改造、软件升级。北京中水科水电科技开发有限公司承接了该电厂机组闸门一体化控制系统研制工作，并于2011年12月全部投运。

（一）技术内容

高坝洲水电厂机组闸门混合PLC的一体化系统按照“无人值班，少人值守”的原则设计，采用全计算机监控系统，电站按能实现现地、远方监控的指导思想进行总体设计和配置。并实现了电站计算机监控系统与华中网调、清江梯调通讯，实现水情测报系统、机组振动摆度监测系统、消防等系统的通信功能。该系统采用了北京中水科水电科技开发公司自主研制的H9000 V4.0计算机监控系统。并由中水科技公司承担了系统的设计、硬件选型、采购、软件开发、系统集成、工厂试验、现场指导调试、现场试验、用户培训等工作。

该系统包括高坝洲水电厂厂站层上位机系统及下位机16套LCU。厂站层上位机系统包括2套系统服务器、2套调度通讯网关机、1套报表管理工作站、3

套操作员站、1 套工程师站、1 套语音报警工作站。下位机包括：3 套机组 LCU、1 套开关站 LCU、1 套公用 LCU、1 套厂用 LCU、1 套模拟屏 LCU 以及 9 套闸门 LCU。

计算机监控系统采用冗余的双星型网络结构，由网络上分布的各节点计算机单元组成，各节点计算机采用局域网（LAN）联接；与华中网调、清江梯调等外部系统采用广域网联接；厂内其他自动系统如：消防监控系统、水情自动测报系统、振摆监测系统等与厂内通讯工作站进行通信。

局域网设备由 2 台工业以太网交换机和网路连接设备组成，其中操作员站、工程师站、系统服务器、ON_CALL 语音短信报警服务器、通信网关机、卫星时钟同步装置等厂站层设备通过 RJ45 电口与交换机相连，LCU 现地控制单元机组现地控制单元（LCU1～LCU3）、公用设备现地控制单元（LCU4）、220kV 开关站现地控制单元（LCU5）、厂房排水系统及辅助设备（LCU6）、闸门控制系统控制单元（LCU7）通过多模光口与交换机相连。由于模拟屏控制单元（LCU8）布置在电站中控室内与交换机比较近，直接采用 RJ45 电口与交换机相连。

本次对监控系统进行技术改造的重点包括以下三部分：

（1）上位机硬件设备全部更换，主机操作系统采用 Solaris10 系统和 Windows2000 相结合。

（2）机组监控 PLC 单元全部更换，PLC 采用施耐德 unity 系列产品，其中开关量输入全部采用 SOE 模块。

（3）闸门系统只更换西门子 CPU 模块，通过光纤接入机组监控系统，采用统一平台。

（二）创新点

（1）机组闸门混合 PLC 的一体化控制。经水利部发展研究中心查新确认：中水科技首次在高坝洲水电厂实现机组闸门混合 PLC 的一体化控制系统关键技术。该系统成功实现了实时监视和控制电厂机组、闸门 2 个系统控制设备、2 套不同 PLC 的控制方式，确保使用一个平台实现机组闸门混合 PLC 的一体化控制，从而保障电厂的发电安全、防洪安全，提高了经济效益。

（2）实现全 SOE 方式的开关量输入。经水利部发展研究中心查新确认：国内首次在高坝洲水电厂实现全 SOE 方式的开关量输入关键技术。电厂每套机组 LCU 的开关量输入为 320 点，全部采用 32 点 SOE 模块，该模块分辨率达 1ms，与 GPS 时钟对时精度达 1μs。考虑到 soe 点数多、响应时间快、精度要求高等特点，通过开发系统功能完成此要求。全 SOE 方式的开关量输入方式提高了事件分辨率、事件响应时间，便于电厂事故分析、确保安全。

（3）闸门成组控制。在本次监控改造中，不仅完整实现了闸门系统的全部功能，还加入了闸门编组自动控制模式。监控系统的上位机开发了一套控制程序，用户在自动闸门控制界面上可以选择对某个闸门手动单个控制还是投入成组自动控制，以及将哪些闸门编为一组控制；在对成组闸门进行控制时，只需要给定一组闸门的共同开度值，程序会自动将控制命令下达给其中的每一个闸门，使其同时动作。闸门成组自动控制功能消除了原先人工手动快速切换操作容易造成的下错命令问题，并且消除了控制时差，完全满足了闸门控制的设计要求。

（4）网络方式的闸门直接监控。高坝洲水电厂原闸门系统为独立系统、连接方式为 DP 串口，其可靠性相对较低。从运行人员减少、可靠性角度考虑，闸门监控接入机组监控，采用光纤连接方式。

（三）成果应用情况及社会经济效益

高坝洲水电厂改造过程中，已改造部分、正在改造设备、未改造的设备互不干扰，都能安全进行、顺利完成。该系统运行平稳可靠，经济和社会效益显著，主要有：

（1）满足全厂安全监视、控制调节及生产运行管理等多方面的需要。远方诊断功能的实现，提高了系统维护的质量，缩短了系统故障处理的响应时间。

（2）闸门系统在硬件改造、软件升级的同时，尽量采用和保留了原系统的设备，且节省了采用另外一套监控系统，节省了投资。

（3）机组闸门一体化控制系统成功实现，减少了原闸门系统运行人员 6 人，节省了运行人员费用。

（4）新系统大大降低了故障率，缩短了故障维修时间，减少了维护费用。

目前一些水电厂的机组监控系统与闸门系统一般是两个独立系统，独立运行、维护，不便于电厂运行管理，增加了运行维护成本。江西抱子石电站监控改造应用本技术。其成功投运，有力证明了所研制的机组闸门混合 PLC 的一体化控制系统有广泛推广前景。

（中国水利水电科学研究院）

三峡集团综合信息全景实时展示系统设计与开发

中国长江三峡集团公司为便于总部实时了解现场生产的情况，在发生紧急情况或突发事件时迅速指挥决策，并作为对外展示集团形象的一个窗口，决定在北京总部，建立一套“三峡集团综合信息全景实时展示系统”。北京中水科水电科技开发有限公司承担了这一系统的设计与开发任务。

（一）技术研究内容

三峡集团综合信息全景实时展示系统的任务是实现三峡集团各类专业信息化系统动态数据的采集、归纳、整合。系统的总体要求是“广度、深度、精度、时效性”。

本系统信息对象上十万个，超出绝大多数集团门户网站信息量多倍。在数据的“广度”满足要求后，系统建设的首要任务就是如何将这些纷繁芜杂的数据有机组合、形象展示。本系统以三峡集团主营业务价值链为主线，以集团战略、项目前期为起点，经大型水电项目建设、机电设备本土化、开发性移民等建设工作，到枢纽运行、电力生产等核心价值创造，最终到市场营销完成价值实现。信息展示环环相扣，多维信息浑然一体。同时，利用集团公司3块（纵向）×8块（横向）大显示屏超大分辨率的特点，精心设计画面，每幅页面在满足美观的同时推送给用户相关主题尽可能多的信息。

针对“深度”的要求，在任意一个环节均提供宏观到微观的深度钻取，用户在鸟瞰全局时，对某一局部发生兴趣时，可迅速定位至具体细节信息。以发电状况为例，可在3～4次操作中，由三峡集团实时供电状况定位到三峡右岸某一个阀门的分合状态或调取某一设备的视频监控信号。

针对“精度”和“时效性”的任务，对本系统的三个数据源：三峡左岸Web系统、右岸Web发布系统、三峡梯调综合数据平台，进行了不同的处理。在具备实时获取数据条件的三峡右岸电站，实现了5s的刷新频率及与现场相同的数据精度。实现了与现场基本同等的“精度”和“时效性”。

2012年2月该项目顺利通过了工程竣工验收。该系统得到了与会代表的一致认可及高度称赞，国资委办公厅信息中心规划处处长许丕盛评价该系统“处于中央企业同类系统一流水平”。

（二）创新点

（1）全景展示综合信息。系统采用先进、开放的系统结构，在24块67寸LED显示屏上，通过动态画面、数据、图表、视频等方式展示了包含工程建设、电力生产、枢纽运行、集团管控等各个方面的业务，是专门针对全景展示而开发的综合信息系统。

（2）多源数据的协调展示。系统数据来源三个不同厂家的数据平台，数据量约达10万点，数据结构及更新周期均不相同。本系统通过协调不同的数据刷新周期，减少了网站服务器端访问数据库服务器的次数，提高了数据的查取效率，同时也有效降低了服务器的工作量；通过分项解析、统一发布，实现了不同数据源在同一平台上的协调展示。同时，由于三个不同数据源所采用系统在行业内应用广泛，本系统具有良好的推广价值，技术上能够基本满足国内各枢纽集控和水量调度中心的展示需要。

（3）数据展示的实时性。重要数据采取秒级的刷新频率，实现了与三峡计算机监控系统的基本同步，展现了三峡电站的生产运行实时情况，在同类型的综合展示系统中是不多见的。

（4）综合计算，宏观支撑。系统提供了综合计算功能，通过对不同数据源数据运算和分析，扩充了数据范围，提供了整个流域范围内水文、发电等信息的汇总分析结果，为三峡总公司生产管理提供宏观数据支撑。

（5）良好的界面展示风格。系统共包含430余幅画面，130余路视频信号，覆盖了三峡电厂、葛洲坝电厂各个设备的重要信息。客户端采用SVG（Scalable Vector Graphic）格式，系统画面通过手工绘制SVG格式图片在WEB站点上展示，动态缩放，画面生动，表现形式丰富。

（6）中英文双语切换功能。针对三峡总公司外宾接待任务较多的实际，开发了中英文双语切换功能，为更好的展示我国梯级巨型、大型水利枢纽建设成效和运行管理特色提供了更友好、更广泛实用、更人性化的展示界面。

（三）成果应用情况及社会经济效益

目前该系统已经在三峡集团公司投入运行，满足三峡集团公司的生产需求。系统主要性能指标优良，在查询浏览生产实时信息、远程指挥决策、展示公司业务状况和集团形象方面发挥了重要作用。

（中国水利水电科学研究院）

红花集控中心发电防洪航运综合自动化系统

红花水电站是柳江干流的最下游一个水电站，总装机6×38MW；大埔水电站位于红花水电站的上游，总装机3×30MW，两站均以发电、防洪、航运为主，兼顾灌溉、旅游、养殖的综合利用。为了提高红花和大埔水电站机组的安全可靠运行水平，增强闸门的安全运行、快速响应能力，改善船闸的安全运行及快速通航能力，减少运营成本，业主中广核集团公司决定建设红花集控中心发电、防洪、航运综合自动化系统。北京中水科水电科技开发有限公司承接了这一任务。

该自动化系统实时监视和控制的主要设备包括：红花侧6台机组、开关站、公用系统、18孔闸门和船闸，以及大埔侧3台机组、开关站、公用系统、19

孔闸门和船闸。

（一）主要工作内容

（1）建设大埔闸门计算机监控系统，提高闸门的安全运行水平和快速应急响应能力，提高防汛防洪能力。

（2）进行船闸自动化系统改造，改善船闸现地控制系统性能，保障安全、快速通航，提高航运水平；同时将船闸自动化系统与闸门自动化系统统一到一个系统平台，实现厂站层集中控制，提高维护运行水平，改善运营环境。

（3）红花集控中心综合自动化系统建设，将红花电站、船闸、泄水闸和大埔电站、船闸、泄水闸集中管理和控制，实现“三调归一”的自动控制运行管理体系。

（4）大埔公用系统监控系统改造。

（5）其他系统的逐步改造与完善。

红花集控中心计算机监控系统采用星型结构，冗余以太网，局域网按 IEEE802.3 设计并应支持全开放的分布式结构，通信规约采用 TCP/IP，网络的传输速率不小于 100Mbps。

大埔、红花电站各配置 2 套远程通信服务器作为集控系统与其他系统的输入/输出接口，并与集控中心直连，负责与大埔、红花的计算机系统之间通信。2 套通信服务器构成冗余服务器用于采集各水电站的监控系统及闸门系统实时数据，再通过双冗余网络送至集控中心。

设置 2 台调度/远程通信服务器构成冗余装置，采取互为热备用方式运行。负责与广西电网调度中心之间的通信。两套相同的装置互为热备用方式运行，可实现自动/手动切换。各电站（大埔、红花）计算机监控系统通过冗余通信通道（主通道、备用通道均为光纤）与电网调度进行数据通信，上送上级调度部门所需的各电站信息。集控中心将通过电站中转，与电网调度进行数据通信。

（二）创新点

与其他集控中心相比，由于红花集控中心控制复杂，电站、泄水闸、船闸“三调归一”运行管理，对计算机监控系统的要求更加苛刻，对调度模式及运行操作方式要求更加协调统一、灵活及便捷。该系统的关键技术及创新点如下：

（1）三调归一的集中监视控制功能。该系统的成功实施，实现了红花、大埔两个水电站发电调度、泄水闸防洪调度、船闸航运调度“三调归一”的运行模式，将两个水电站的发电、防洪、航运等多种系统统一到一个监控平台，实现了电站的集中化、统一化、流域化管理。

（2）微型控制器国内首次实现闸门的控制。与机组相比，鉴于闸门系统控制流程相对简单、信息量相对较少，综合考虑各种控制器的性价比，在国内首次选用西门子 S1200 微型控制器实现了闸门的控制，并成功应用于该系统。

（3）船闸的远方集中监视与控制。船闸现地控制单元实现了自动流程控制与直接上网功能，并与闸门控制系统统一了平台，实现了远方集中监控，保障了航运的安全与快速反应能力。

（4）跨多平台系统的监控模式。该系统将其他厂家的现有监控系统有机地融合到集控中心系统中，形成了统一的整体，便于用户操作、使用、维护和管理。

（5）H9000/HistA 历史数据库管理系统。红花集控中心建立了后台历史数据库，并分别在大埔电站侧、红花电站侧和集控中心侧的相应服务器上安装了 MySql 的客户端以及 HistA 历史数据库管理系统等，这使得不仅在红花集控中心可以查询历史数据，红花电站侧和大埔电站侧的工作人员亦可以查询两站所有设备的运行状态和实时信息以及历史记录，大大方便了相关人员作业，对于电站的安全生产及运行管理具有重要的意义。

（6）闭锁条件及防误操作功能。系统设计并实现了完善的防误操作功能。红花集控中心的闭锁逻辑与现地侧闭锁逻辑完全一致，当闭锁条件满足时，操作指令方可成功下达到现地侧监控系统，当闭锁条件不满足时，弹出相应的窗口，告知集控运行人员该设备不可操作以及哪些闭锁条件不满足，待集控侧运行人员与现地侧沟通好并且闭锁条件满足后，指令方可下达成功，子站收到命令后仍需进行条件判断再执行命令。提高了系统安全性，操作可靠性，减轻了运行人员工作负荷和精神负担。

（7）短消息报警及查询功能。利用移动电话短信息的便捷特性，实时地将系统的重要报警信息以短信或电话的方式通知给特定用户，同时用户可以对系统数据进行查询，为集控中心的监测、控制、决策和指挥提供了灵活方便的手段，该系统实时性高，维护方便，配置灵活。设备报警可自由设置：根据红花集控中心用户的要求，本系统首次开发了对各 LCU 相关信息手动屏蔽的措施。系统报警设备可在界面自由设置，屏蔽了不必要的报警信息，节约了费用。

（三）成果应用情况及社会经济效益

该系统于 2011 年 12 月投入运行，实现了红花集控中心对红花电站、泄水闸、船闸和大埔侧电站、泄水闸、船闸等设备的实时监视和控制，具有梯级远方集控、自动发电控制、防误操作、智能报表等高级功能。近一年的运行表明，该系统设计合理、功能齐全、技术先进，实时性好，可靠性高，实用性强，操作使用简便，可维护性好，运行稳定，满足合同规定的要求，达到了预期的效果。

红花集控中心自动化系统的建立与运行，实现了电站的集中化、流域化管理，对厂站级电站最终实现“无人值班”（少人值守）起到了重要的作用，同时可节省运行、维护等人力资源25人，按人年费用13万元计，每年可节省开支325万元。

大埔闸门自动化系统的实现对于提高防洪调度能力、防洪应急管理和响应能力、防洪安全水平具有重要作用，可产生重大的社会效益。

（中国水利水电科学研究院）

密云水电站监控系统改造关键技术研究

密云水库是一座以防洪、供水、发电和灌溉为目的的综合性水利枢纽工程。密云水电站装有4台18.7MW常规水力发电机组和2台13MW抽水蓄能机组。电站计算机和控制器等电子设备的逐渐老化，故障率逐渐上升，监控系统成为制约电厂安全运行的瓶颈。为进一步提高管理水平和经济效益，保证密云水电厂安全、经济、可靠运行，逐步实现“无人值班、少人值守”的自动化要求，对密云水电站进行计算机监控系统的改造工作已势在必行。北京中水科水电科技开发有限公司承担了该改造的关键技术研究。

（一）研究内容

密云水电站计算机监控系统改造分为四个阶段开展工作。

第一阶段，深入对电站原计算机监控系统进行分析研究，结合相似水电站计算机监控系统的成功改造经验，确定本次实施的目标。

第二阶段，认真编制总体实施方案、总体施工计划、现场施工计划与措施。总体实施方案主要内容：①改造后监控系统的操作系统，既方便又安全，既简单又可靠，既发挥多窗口的特点，又满足运行人员的习惯；②新的监控系统软件采用模块化、结构化设计，保证系统的可扩性，满足功能增加及规模扩充的需要；③电厂网络结构比较简单，厂站内局域网采星网，根据实际需要和改造预算，考虑不更改网络结构；④新系统操作步骤按“选择-确认-执行”的方式进行，并且每一步骤都具有严格的软件校核、检错和安全闭锁逻辑功能，硬件方面也具有防误措施。

第三阶段，改造项目需更换升级的软硬件测试。监控系统提供单位北京中水科水电科技开发有限公司，完成设备订货、软件开发、调整，画面数据库集成。电厂审查制造单位各种图纸、设计方案、参与制造单位的系统集成、设备联调、出场验收。

第四阶段，现场进行安装调试。与电厂方进行沟通，确认施工过程的危险点，制定严格的安全措施，保证施工顺利进行。

密云水电站监控系统改造后，新系统具有完善的安全监视、控制、运行管理及远方诊断等多方面的功能，安全可靠、操作简单、维护方便、经济适用。

（二）创新点

密云水电站不同于有着成熟技术经验和雄厚资金支撑的大型水电站的监控系统设计。本研究对密云水电站计算机监控系统的改造总结出如下特点：

（1）不同电压等级信号输入：现场开关量输入PLC信号受其当时技术、资金条件制约，电压信号一部分为DC24V，而另一部分为DC220V。这就给人员设备安全造成威胁，维护起来非常不便。当今流行的PLC开关量输入信号为DC24V，为节约改造资金，加装DC220V的信号中转继电器，将DC220V信号转换为DC24V信号。

（2）带强电施工：现地LCU改造过程中，油压、气压须等保持在一定范围，部分设备不能断电，且这些设备进入LCU的信号为DC220V强电信号。对此，采取有针对性保证措施：首先，在施工现场铺设绝缘垫，施工人员佩戴绝缘手套；第二，拆除原设备前，对屏柜内每个设备进行登记，由电厂人员进行确认；第三，使用电压测试笔测定每个端子的电压等级，对高于36V安全电压的端子进行标记和隔离处理。

（3）调度通信平滑过渡解决方案：改造实现了调度的平滑过渡，监控系统对外通信接口保持唯一，新老系统采用IEC104规约进行通信，实现数据命令交互，由原系统保持原通信方式，待改造完成后，将通信接入新系统。调度通信的平滑过渡，保证了系统改造过程中通信的连续性，在不影响远控的前提下完成密云电厂监控系统的升级改造。

（4）新老通信设备兼容性差：电厂自动化设备一般都是十几年前的产品，其CPU主频都很低，而改造后的监控系统与这些设备的通讯控制器或工控机，其主频都有极大的提高，在新老设备通信时发现，通信报文无回应现象。经过反复试验发现，问题出在两通讯设备之间主频的差距。通过对通讯软件升级，增加对通讯速度进行控制的参数，并对参数进行调整，找到一个与现场设备进行通讯的最优参数，解决了问题。

（三）成果应用情况及社会经济效益

2011年5月至11月，改造工程在半年左右完成，并顺利通过竣工验收。改造后，提高了电厂的综合自动化水平，并为创一流企业、提高经济运行效率打下了扎实的基础。

密云水电厂4台常规机组，在未大规模更换硬件的条件下，采用部分辅机不断电改造方案，即一台机组改造期间与其共用部分辅机的那台机组正常运行，比起常规改造方案，整个改造期间全厂可多发电2692.8万kW·h，产生的经济效益达53.86万元。

新监控系统优化了功率调节功能，提高了水的利用率；减少机组在振动区的运行与穿越，降低了维护检修费用；缩短开机时间，减少了空载水耗，产生显著经济效益。

同时密云水电厂除发电功能外还担负着为北京市供水的任务，计算机集控系统改造的实施，使电厂开停机成功率达到100%，为北京市的供水安全提供可靠保证。

（中国水利水电科学研究院）

同步电动机双微机（PLC）晶闸管励磁装置研究

同步电动机广泛应用于石油、化工、煤炭、冶金、电力、水利、城市供水、供气等诸多领域中，一方面它为可提供机械所需动力，另一方面它可向电网输送无功功率，改善电网质量。励磁装置作为同步电动机中核心组成部分，对同步电动机的安全、高效运行起着重要作用。随着技术的进步，将PLC技术应用于励磁调节系统具有广阔的市场前景。为此，天津水利电力机电研究所开发研制了TDPL－20型同步电动机双微机晶闸管励磁装置。

（一）研究内容

1. PLC励磁调节器　采用基于双微机（PLC）和智能人机界面的晶闸管励磁数字调节技术，通过软件编程实现励磁系统的控制、调节、限制和保护。两套相同调节方式的PLC，一套主用，一套备用，两套PLC同时检测和处理信息，并不断进行双机数据通讯和互校，使得电动机励磁系统具有最优的励磁控制。当主用PLC出现故障，备用PLC能自动投入，而且实现无扰动切换。具有恒触发角、恒励磁电流和恒功率因数等多种数字调节方式，各种调节方式可在线任意切换。其中，在恒功率因数调节方式，滑差检测、准角度投励、投励后的励磁电流调节和停机逆变的全部过程不需要人工的干预，完全实现自动化运行，充分地满足无人值班（或少人值守）的要求。采用MODBUS通讯协议，有标准的通讯接口RS485，可方便与上位机之间实现数据交换。

2. 一体化功率单元　其核心器件采用进口或合资企业生产的性能优良的晶闸管。其散热技术采用国外引进的先进的热管散热技术，并用模块生产技术将其组成一体，使晶闸管与散热器之间的热阻大大降低，芯片的结温相对降低。加之热管本身的优良散热性能，使装置的热特性增强，过载能力及长时间运行的可靠性得到提高，运行时无须风机，可以降低装置的噪声和故障率，并具有维护简单、更换方便的特点。

3. 汉显人机界面　TDPL-20型同步电动机双微机晶闸管励磁装置通过触摸屏与PLC通信实现人机界面。触摸屏具有显示调节器的参数、状态信息和改变调节方式等功能。运行人员可以现地观察励磁电流、功率因数等数值，还可以通过触摸屏现地更改调节方式。当机组出现故障时，触摸屏弹出故障显示窗口，显示故障内容，方便运行人员和检修人员查找故障原因，及时消除故障。

（二）创新点

（1）采用双微机数字调节器（两套可编程控制器PLC＋智能人机界面）构成双微机电动机晶闸管励磁装置。可靠性高、抗干扰能力强（双微机数字调节器，一套主用，一套备用，即自动跟踪，一旦主用发生故障，热备立即投入）。

（2）多种调节（恒触发角、恒励磁电流和恒功率因数）方式，各种调节方式可在线实现无扰动切换。完全实现了开停机自动化，并能与计算机监控系统通讯，满足泵站无人值班（或少人值守）的要求。

（3）采用热管散热技术的一体化功率单元，运行时无噪声，减小了装置的故障率，并具有维护简单、更换方便的特点。

（三）与当前国内外同类研究、同类技术的综合比较

目前国内外开发和生产的大型同步电动机励磁装置大致有单微机励磁装置、双微机励磁装置、多微机励磁装置、单微机（PLC）励磁装置几种形式。单片机抗干扰能力差，增加了系统的不稳定性。使用双微机或多微机增强系统的稳定性，但使装置的结构复杂，维护困难。单PLC励磁调节器结构简单，维护方便，完全满足系统正常运行的需要，但当PLC出现故障时，无备用通道运行。因此，采用双微机（PLC）作为励磁数字调节器的核心，一套工作一套备用，双PLC之间通过通讯实现良好的跟踪功能，当主用PLC出现故障时可无扰动的切换到备用PLC运行，既满足结构简单、维护方便，又增加了励磁装置的可靠性，减少了装置故障率。

（四）成果应用情况及社会经济效益

DPL-20型同步电动机双微机晶闸管励磁装置主要适用于200～10 000kW的同步电动机组，既可以用于新建同步电动机组，亦可以用于老机组的技术改造。到目前为止，已有6套成功应用在宁省盘山县南水北调大型泵站，5套成功应用在引滦工程尔王庄泵站，10套成功应用于内蒙古包头市镫口扬水泵站。用户反映：该励磁装置投励时冲击小、电机启动平稳、保护功能齐全、操作简单、运行时无噪声、各种

调节方式稳定，各项性能指标皆满足或优于国标和部标的要求。

DPL-20型同步电动机双微机晶闸管励磁装置的研制成功，填补了国内大型同步电动机双微机晶闸管励磁装置的空白。装置的各项性能指标达到或超过国内外同类水平，性价比高，满足泵站“无人值班”（少人职守）的要求，具有较高的经济和社会效益。

据统计，全国共有大型泵站450处5233座，装机总台数24 484台，装机总功率563.02万kW，设计总流量35 884.88m^3/s，设计灌排总面积33 587.18万亩，有效灌排总面积28 396.96万亩。大型泵站排灌占有中国排灌的“半壁江山”。由于长期以来，我国泵站工程年久失修、设备问题老化问题突出，中央和各地方政府对此非常重视。2011年中央1号文件“关于加快水利改革发展的决定”要求加快大中型排灌泵站的更新改造步伐，确保2013年完成规划内的252处大型灌排泵站更新改造任务，适时启动中型灌排泵站的更新改造。因此，本励磁装置具有广阔的市场空间。

（中国水利水电科学研究院）

体外预应力技术在船闸大修加固工程中的应用研究

项目的目标为充分挖掘体外预应力的优势，根据船闸大修的实际情况，研究运用体外预应力对水工结构进行加固的技术，既能够充分延长船闸使用寿命，又能够有效缩短船闸大修的时间，减小大修对通航的影响。项目研究成果不仅可以直接应用于江苏省船闸大修工程，而且可以为水闸、箱涵等其他类似水工结构的加固改造提供有益的参考。

主要研究内容及成果如下：

（1）体外预应力技术研究；

（2）体外预应力技术在船闸结构加固中的可行性研究；

（3）谏壁一线船闸闸室结构加固方案研究；

（4）谏壁一线船闸闸室结构加固方案设计；

（5）谏壁一线船闸闸室结构加固施工方案研究；

（6）体外预应力锚索加固效果分析。

（河海大学）

爬升式升船机塔柱结构研究与后处理软件开发

本项目为长江水利委员会长江勘测规划设计研究院委托的横向课题。向家坝升船机为齿轮齿条爬升式升船机，相对常规塔柱而言，向家坝塔柱由于采用了爬升式，不仅使单个塔柱在平面内的形式复杂，而且沿高程增加的诸多联系梁使得结构的形式及其受力分析更加复杂。同时，该结构的主体为薄壁筒体结构，对外界温度变化（年气温、日照、寒潮）敏感。为满足升船机“齿轮-齿条”爬升、“螺杆-螺母”等机械设备的协调工作，要严格控制塔柱结构在静力与温度作用下的变形，因而有必要对结构方案、静力与温度作用下的结构相对变形进行研究；其次，墙体与联系梁的内力（应力）是它们配筋设计的依据，也需对各种荷载组合下各主要构件的内力（应力）进行计算分析。

研究内容包括3个部分。①软件开发。该项目选择AutoCAD作为操作平台，由FORNTAN语言和AutoCAD内嵌的VBA语言混合编制后处理软件。②结构形式研究。对合同规定的四种结构方案进行了有限元计算，详细比较了自重、横向风荷载、均匀温升、均匀温降、斜日照（夏日照）、斜日照（冬日照）、气温骤降等荷载作用下螺母柱、齿条、导轨等部位的变形，分析各方案的优缺点，提出了结构方案的建议。③结构内力计算。对选定的结构进行了15种荷载的计算，给出了每种荷载作用下螺母柱、齿条、导轨等部位的绝对变形与相对变形；并进行了12种内力组合，给出了每种组合下横梁与纵梁的内力，以及轴力、弯矩、剪力与扭矩的最大值，包括这些内力最大值对应的其他内力。

本项目的成果为向家坝升船机塔柱结构设计提供了技术支持，技术路线可供类似的工程计算提供参考，所编后处理软件使用方便，功能比较完善。因此，本项目的工作有一定经济效益与社会效益。

（河海大学）

三峡水利枢纽升船机长螺母柱锚固技术研究

本项目为长江水利委员会长江勘测规划设计研究院委托的横向课题。三峡升船机为齿轮齿条爬升式一级全平衡式垂直升船机，采用短螺杆一长螺母柱事故安全装置，该安全装置的核心部件是螺杆-螺母机构。在最不利的事故荷载工况下，螺母柱结构要承受约9000t的压力，再通过螺母柱的锚固传递到塔柱结构上。但目前对螺母柱的锚固设计无相应的规范，也无先例可循。因而，在事故荷载作用下短头螺杆的内力、过缝钢筋的应力如何？一期与二期混凝土交界面的接触状态如何？一期与二期混凝土的应力状态如何？这些都是长螺母柱锚固设计时必须要了解的问题。

本项目的研究内容主要包括软件开发和结构受力分析与锚固承载力校核两个部分。

①软件开发。该项目提出了能考虑钢筋与混凝土粘结滑移的空间钢筋混凝土组合式单元模型及相应有限元程序，可方便地处理钢筋。

②结构受力分析与锚固承载力校核。作用在螺母柱上的荷载要完整无误地传递到一期混凝土，并最终传递到塔柱结构上，四个部分起主要作用：挤压凸轮之间的灌浆接缝、预应力锚索、钢支架上的短头螺杆及一期与二期混凝土的结构缝。但是，灌浆接缝形式复杂，若在空间模型中模拟灌浆接缝的形状与接触则计算量太大，难以实施。因而，本项目采用两个模型对结构进行分析。模型1为空间模型，不考虑灌浆接缝，认为螺母与钢架是连续的，主要讨论预应力锚索、短头螺杆、钢架、一期与二期混凝土界面的受力状态以及混凝土的应力分布；模型2为平面模型，主要分析灌浆接缝的应力状态。

本报告对C与D两个阶段的设计方案都进行了空间模型与平面模型的计算。在C阶段，通过9种工况的空间模型计算，讨论了一期与二期混凝土界面切向接触状态、预应力大小、水平荷载等因素对结构受力状态的影响，给出了结构的应力分布，特别是给出了短头螺杆的内力，并对短头螺杆安全系数进行了核算，认为部分短头螺杆不能满足承载力要求。通过3种工况平面模型计算，指出灌浆缝弯钩处拉应力过大，应加以改进。在D阶段，通过14种工况的空间模型计算，讨论了一期与二期混凝土界面切向接触状态、预应力大小、短头螺杆直径等因素对结构受力状态的影响。详细给出了一期与二期混凝土应力，以用于该部位的配筋；给出了短头螺杆内力，对短头螺杆安全系数进行了核算，认为短头螺杆能满足承载力要求。通过7种工况平面模型计算，讨论了有效预应力吨位、温度变化对灌浆缝受力状态的影响。

本项目的成果为三峡升船机螺母柱锚固设计提供了技术支持，技术路线可供类似的工程计算提供参考。因此，本项目的工作有一定经济效益与社会效益。

（河海大学）

新疆开都河第二分水枢纽闸室部分结构应力计算分析

本项目为新疆巴音郭楞蒙古自治州水利水电勘测设计院委托的横向课题，为新疆开都河第二分水枢纽闸室结构设计提供技术支持。开都河第二分水枢纽拦河闸的结构型式不同于传统的水闸结构，它的底板和上面的桥柱形成一空间框架结构，承担着水压和上部交通桥的垂直压力，闸墩只承担分孔和承担启闭力的作用，闸底板采用“井”字形梁格式底板，采用油压启闭设备，活塞柱放在闸墩内，不设启闭台及闸房，是一种新型的水闸结构。因此有必要采用有限元方法对其进行应力与内力分析，了解结构的受力状态，进而进行计算钢筋用量，以达到合理设计的目的。

研究内容包括水闸闸室结构的应力状态与内力分布，以及主要构件的承载力计算与正常使用验算两部分内容。计算工况有9个，包括施工期2个、完建期1个、运行期6个。

考虑到各闸室之间设置了伸缩缝，且各闸室之间没有闸墙分隔，各闸室的水位相同的特点，项目采用等参单元，取一孔水闸结构建模计算，详细分析了每一种工况的结构应力与变形，为正确揭示结构的受力性能提供了基础。项目还将计算得到的应力转化成内力，找出主要构件的弯矩、轴力、剪力、扭矩最大值，以及和最大值相对应的内力，理清了主要构件的受力状态，按现行《水工混凝土结构设计规范》进行了承载力计算，对受弯构件还按规范进行正常使用验算，给出这些主要构件的配筋建议。

本项目的成果为新疆开都河第二分水枢纽闸室结构设计提供了技术支持，保证了该水利工程的顺利实施；本项目的技术路线可供类似的工程计算提供参考。因此，本项目的工作有一定经济效益与社会效益。

（河海大学）

大岗山水电站泄洪洞进口塔体三维有限元计算分析

该项目主要开展了以下几方面的工作：

（1）进水塔静力分析，建立合适的计算模型，能充分反映2号泄洪洞进水塔结构真实工作特性，开展静力作用下的各个工况的结构受力分析。

（2）进水塔模态分析（固有频率及振型）；模态分析用于确定塔体结构的振动特性（固有频率和振型），他们是承受动载荷的结构设计中的重要参数。为动力响应谱分析提供基础，模态分析是线性分析，任何非线性均被忽略。

（3）进水塔动力响应分析，为研究、分析和验证结构性能，包括应力、应变、刚度、稳定性等，研究进水塔结构在动载荷作用下的应力—应变传递响应、结构的运动稳定性等。

(4) 进水塔抗震安全分析（抗滑），按照《规范》规定对进水塔开展抗滑、抗倾覆、抗浮稳定安全验算。

(5) 按设计院提出的剖面位置给出各剖面的应力图及配筋建议值（按各剖面的控制段分别给出）。

综合各工况下对大岗山进水口结构的静动力分析计算成果，对进水塔结构的位移、应力、结构自振特性及抗震稳定性等几个方面分析，可以得到如下结论：

1. 刚度设计方面　静动力计算中，各工况产生的位移不大。

(1) 基本组合情况，在正常蓄水位工况下，顺水流、垂直水流、竖直方向数值分别为 0.2mm、0.6mm、－0.9mm（沉降变形），位移分布规律一致，顺水流方向最大位移出现在回填混凝土后侧，垂直水流方向、竖直方向的最大位移均出现在塔体两侧边墙前端顶部。

(2) 偶然组合情况，最不利地震组合下，顺水流、垂直水流和竖直方向的最大位移分别为 0.7mm、3.4mm、－0.7mm（沉降）。另一个位移的控制性工况是正常蓄水位＋温降工况，顺水流、垂直水流、竖直方向数值分别为 2.6mm、0.8mm、－3.5mm（沉降变形），综合以上的位移计算成果，除个别工况进水塔的竖直方向位移较大外，其他工况下位移较小，静动力刚度设计是可行的。

2. 强度设计方面　静动力计算中，各工况的应力水平总体较小，但局部存在应力较大的情况。

(1) 基本组合情况，正常蓄水位时，顺水流方向正应力为拉应力 0.3MPa，压应力 2.0MPa；垂直水流方向正应力为拉应力 0.1MPa，压应力 1.5MPa；竖直方向正应力为拉应力 0.3MPa，压应力 1.9MPa，主拉应力为 0.5MPa 出现在边墙支铰处。

(2) 偶然组合情况，温降时，进水塔结构的局部拉应力较大，在正常蓄水位＋温降 5℃工况下，顺水流方向正应力为拉应力 5.4MPa，压应力 2.0MPa；垂直水流方向正应力为拉应力 3.7MPa，压应力 0.5MPa；竖直方向正应力为拉应力 3.4MPa，压应力 1.4MPa，最大主拉应力为 6.3MPa。顺水流方向、竖直方向拉应力、最大主拉应力均出现在塔体进水堰与侧墙和底板的连接处，垂直水流方向正应力出现在大梁与边墙交界处。在地震工况组合下，为最不利组合，顺水流方向正应力为拉应力 2.7MPa，压应力 2.0MPa；垂直水流方向正应力为拉应力 6.4MPa，压应力 1.4MPa；竖直方向正应力为拉应力 2.1MPa，压应力 1.4MPa，最大主拉应力为 8.4MPa。顺水流方向、垂直水流方向、竖直方向拉应力、最大主拉应力均出现在左边墙与回填混凝土交界处。最大主拉应力分布区域较小，属应力集中。

综合静动力应力计算成果，进水塔结构高应力部位都在局部结构的薄弱部位，特别是左边墙与回填混凝土等交接处，但没有出现大范围拉应力区。在上述局部位置，建议根据报告中应力图，在进行受力钢筋的配置时注意做加强处理，特别是进口闸门槽、支撑铰与边墙连接处、边墙与底板、溢流堰交界处以及边墙与回填混凝土结合部要特别加以重视。

根据计算的成果提出如下建议：

(1) 由于工作门支铰处的拉应力与压应力均较大，建议根据上部支铰处局部应力分布规律布置侧墙与支承铰处的受力钢筋并适当提高此部位的混凝土标号；对于检修闸门槽部位要加强受力钢筋配置。

(2) 对支撑大梁与后部岩体要在施工过程中注意二者的紧密连接，对后部岩体采取工程加固措施以使其更好的分担弧门推力，提供一定的抗力。

(3) 对于溢流堰与底板交界处、检修门槽底部、后背大梁与边墙交界处，回填混凝土与边墙等局部的交接部位都应该加强受力钢筋配置。

（河海大学）

黄金坪水电站泄洪洞及工作闸门室结构特性分析

该项目建立了以泄洪洞工作闸室作为一体，考虑围岩作用和施工扰动影响的计算模型。计算中要求考虑结构与周围岩体、结构与水体的相互作用，重点分析顶拱、边墙、底板和弧门支铰大梁处围岩、结构的塑性区、位移、应力分布及数值，并给出主要部位支护参数及配筋建议。

主要计算内容为：①施加衬砌后，计算分析衬砌及围岩的应力状态及变形情况，塑性区的开展范围等；②计算固结灌浆压力作用下衬砌的应力及变形；③计算施工导流期衬砌的应力和变形；④计算运行期衬砌的应力和变形；⑤计算挡水期衬砌及弧门支铰大梁的应力和变形；⑥分析各工况下衬砌及弧门支铰大梁中的应力状态，提出围岩变形、应力等值线图及塑性开展深度，对洞室稳定性和支护方案作出评价，对衬砌进行配筋及裂缝宽度验算；⑦对工作闸门前有压段衬砌，特别是门楣梁，在工作闸门挡水及检修工况时进行应力和应变分析，提出相应配筋方案，并进行裂缝宽度验算；⑧对启闭机平台板梁，根据启闭门力荷载，进行应力和应变分析，提出相应配筋方案，并进行裂缝宽度验算；⑨对壁式连续牛腿，根据桥机荷载，进行应力和应变分析，提出相应配筋方案，并进行裂缝宽度验算。上述裂缝宽度控制标准见相关规范。

经过计算分析，得到如下结论和建议：

（1）目前采用的围岩支护方案可以满足围岩稳定的要求，塑性区的开展范围在支护控制范围以内。

（2）正常运行期间由于支铰力的作用，支铰大梁受力明显增加，呈现显著的受弯趋势，但是对梁后岩体的塑性区开展基本无影响，我们分析认为主要是此时围岩已经稳定，通过前期的支护加固措施应该可以充分承担支铰力的作用。

（3）本报告的结构配筋数值主要是根据计算结果得出，遇到实际工程由于施工和工程类比的需要可作适当调整。

（4）本报告的桥机梁荷载是参照类似工程，整体应力水平较低，建议后期明确该部分的受力情况再进行校核。

（河海大学）

我国特高压输电技术的创新驱动发展

（一）主要发展历程

特高压输电技术，世界看中国，中国看改革开放的今天。

检索现有历史资料可知，特高压概念最早见诸国家层面，是1986年初，水电部下达“关于远距离输电方式和电压等级论证”课题。研究认为21世纪初叶在中国出现交流百万伏级电压等级是可能的。此后，国务院重大办下达了“七五”国家攻关项目“特高压输电技术前期研究”。

由此发端，直至2006年8月9日国家发改委正式核准首个特高压工程，其间20年，特高压议题从未离开过国家相关部门的视野。特别是，特高压输电技术研究连续列入国家“七五”、“八五”和“十五”科技攻关计划；特高压交流输电技术研发先后列入《国家中长期科学和技术发展规划纲要》和“十一五”国家科技支撑计划，这些都为特高压技术研究积累了宝贵经验。

以2006年11月4日中国工程院提出《关于我国特高压输电研究和工程建设的咨询意见》为例，27位院士、7位专家参加的该项研究指出，中国有必要加快特高压输电研究和工程应用的步伐，试验示范工程方案符合“全面试验验证”要求，建议作为国产化的依托工程，纳入国家中长期科技发展规划、高技术产业计划和重大装备自主创新计划。同月，国务院发展研究中心完成《我国能源输送方式研究》报告，对特高压输电与输煤成本进行了综合分析，提出了输电与输煤并举，当前优先发展输电的建议。

由此，《国家中长期科学和技术发展规划纲要（2006－2020）》要求重点研究开发大容量远距离直流输电技术和特高压交流输电技术与装备，就不是无源之水、无本之木。

国家层面对特高压长期持续的关注，可以归结到一根主线，一种创新思维——随着经济社会快速发展，民众需求持续旺盛，中国现有500kV输电主网架，已经面临远距离、大容量输送能力不足，走廊资源紧缺等瓶颈制约，亟待升级至更高等级。

特高压，是历史、现实和未来的选择！

正如国家电网公司所指出，世界电力工业发展的历史表明：用电需求持续增长推动电网规模不断扩大、电压等级不断提升，相邻电压等级之比在2倍及以上。强调，500kV输电系统有力支撑了我国近30年的经济社会发展，但我国能源资源与需求呈逆向分布，70％以上的能源需求集中在中东部，可用能源资源却远离需求中心，76％的煤炭集中在北部和西北部、80％的水能资源集中在西南部，陆地风能和太阳能等新能源也大量分布在西北部，供需相距800～3000km。现有500kV输电系统面临着远距离、大容量输送能力不足，走廊资源紧缺等瓶颈制约，亟待升级至1000kV等级。

专家预测，2020年我国全社会用电量将比2000年净增3.25万亿kW·h，其中2/3以上集中在中东部地区，这些地区大多缺少一次能源。随着国家能源开发的西移和北移，以及东部老矿区资源逐步枯竭，能源产地和能源消费地之间的输送距离越来越远，规模越来越大，现有500kV输电系统在输送规模及安全性、经济性等方面越来越难以胜任。

实践证明：一回1000kV特高压交流输电线路输送功率接近500万kW，约为500kV线路的4～5倍；±800kV直流特高压输电能力可达640万kW，是±500kV直流线路的两倍多。同时特高压交流线路在输送功率相同的情况下，可将最远送电距离延长3倍，而损耗只有500kV线路的25％～40％。输送同样功率，采用1000kV线路与500kV线路相比，可节省60％的土地资源。

特高压电网的建成投运，为大型煤电、大型水电、先进核电接入系统提供了条件，使水火互济、跨流域调节、多种能源相互补充成为可能。预计至2020年，特高压及跨区电网输送功率将超过2亿kW，大电网在优化配置资源方面的优势将得到充分发挥，届时，大煤电基地、大水电基地、大核电基地、大型可再生能源基地、特高压电网“四大一特”的电力发展格局将基本成型。

特高压输电技术，又顺应了世界电力科技发展趋势。

20世纪60至90年代，美国、日本、前苏联等发达国家曾开展过试验研究，但没有形成成熟适用的技术和设备。中国研发特高压交流输电技术，既面临高电压、强电流的电磁与绝缘技术世界级挑战，又面临重污秽、高海拔的严酷自然环境影响，创新难度极大。所以说，世界性的电网科技难题在中国，创新的动力也在中国。

有了国家“七五”、“八五”、“十五”科技攻关计划和“十一五”国家科技支撑计划等研究的积累，又经过西北750kV输变电国产化示范工程顺利投产和三峡送出±500kV直流输电工程的成功实践，中国输变电设备的制造能力和水平有了很大提高，为特高压技术装备研发和应用创造了条件。到2006年8月首个特高压试验示范工程被核准时，“发展特高压输电，在技术上已没有难以克服的障碍，在工程上已具备实际应用的条件”。

（二）直面技术挑战问题

选择特高压，是创新思维的必然结果。国家电网公司强调，中国发展特高压必须在已有科技和工业基础上自主创新，率先攻克世界上一个全新电压等级输电所需的全套技术，并立足国内、在世界上首次研制全套特高压设备。这是中国各常规电压等级发展过程中未曾经历的重大考验。以史上首个特高压工程——晋东南—南阳—荆门1000kV特高压交流试验示范工程为例，需要全面攻克四大突出难题：

电压控制。包括稳态电压控制和瞬态过电压抑制。特高压系统输送容量大、距离远，正常运行时，最高电压应控制在1100kV以下，沿线稳态电压接近平衡分布，但故障断开时，电压分布发生突变，受端电压大幅抬升；开关操作时，会产生幅值极高的瞬态过电压，这些电压升高直接威胁到系统和设备安全。为确保特高压系统大容量电力可靠传输，必须攻克各种状态下电压控制难题。

外绝缘配置。包括空气间隙和固体绝缘介质沿面。特高压系统外绝缘尺度大，空气间隙的耐受电压随间隙距离增大不再线性增加，呈现明显饱和效应；我国大气环境污染严重，绝缘子在污秽情况下的沿面闪络电压大幅降低；线路铁塔高，雷电绕击导线概率明显增加。为确保特高压系统安全可靠，必须破解复杂环境下外绝缘配置的难题。

电磁环境控制。包括工频电场、工频磁场，可听噪声和无线电干扰。特高压线路、变电站构成的多导体系统结构复杂、尺度大，导体间相互影响显著，带电导体表面及附近空间的电场强度明显增大，电晕放电产生的可听噪声和无线电干扰影响突出。为确保特高压工程环境友好，必须攻克极高电场下电磁环境控制难题。

设备研制。特高压设备包括变压器、开关等9大类40余种，额定参数高，电、磁、热、力多物理场协调复杂。国外没有成熟经验可供借鉴，国内设备制造业设计研发、试验检测能力不足。按照现有技术简单线性放大，就会使得设备体积过大，造价过高，且部分设备无法运输，自主研制难度极大。为掌握核心制造技术，必须攻克成套设备研制中的系列难题。

所有这些，离开科技创新，都无从谈起。

（三）中间试验和示范工程

2009年1月6日22时，备受世人瞩目的晋东南—南阳—荆门特高压交流试验示范工程正式建成投运。这一史上首个实现商业化运行的特高压输电线路，集当时世界上运行电压最高、输送能力最强、技术水平最高于一身，宣告中国已在世界上率先系统掌握了特高压输变电核心技术及其设备制造能力。

在其后几年间，“运行电压最高、输送能力最强、技术水平最高”的指标一次次被刷新：

2010年7月8日，向家坝—上海±800kV特高压直流输电示范工程正式投入运行；2011年12月16日，晋东南—南阳—荆门特高压交流试验示范工程在建成投运近3年之后，其扩建工程正式投产；2012年6月13日，锦屏—苏南±800kV特高压直流输电工程全线贯通，具备带电运行条件。加上分别于2012年5月和7月开工建设的哈密南—郑州±800kV特高压直流输电工程和溪洛渡—浙江金华±800kV特高压直流输电工程，它们的“身份标签”上，无一例外都注明“世界上电压等级最高、输送容量最大、送电距离最长、技术水平最高”。每一项工程，都使中国在国际高压输电技术开发、装备制造和工程应用领域的领先优势进一步扩大。

根据国家电网“十二五”时期“三纵三横”特高压交流和16回跨区直流输电工程的密集建设规划，可以预期，今后相当长时间内，在世界电力技术制高点上，做到中国引领技术飞跃。

（四）技术创新破解难题

在技术层面，目前已建成的三个特高压工程，在技术、设备制造、工程建设等方面究竟创造了多少个“世界之最”，恐怕连业内人士都难以尽数。

以荣获2012年度国家科技进步特等奖的“特高压交流输电关键技术、成套设备及工程应用”为例，联合国内电力、机械行业的科研、制造、设计、高校等100余家单位近5万人，共开展180余项关键技术研究、9大类40余种关键设备研制，实现了电压控制、外绝缘配置、电磁环境控制、成套设备研制、系统集成、试验能力等“六大创新突破”，掌握了特高压交流输电核心技术，研制成功了全套关键设备，建成世界上电压等级最高、输电能力最强的交流输电工程。

直流换流阀，这一公认的直流输电核心技术的研发过程，更具典型意义。

据介绍，这一核心技术长期为瑞士 ABB、德国西门子等少数跨国公司垄断，中国已经建设的八条直流输电线路中，直流换流阀基本依赖进口，这严重束缚着我国正常发展。为了保守这一核心技术机密，几家互为对手的跨国公司步调竟难得一致：不在核心期刊发表相关技术文章，不发布任何产品的技术资料和细节图片，出厂的产品都要蒙上厚厚的包装……甚至为换流阀做试验的实验室，都采取极其严格的保密措施。在我国建成同类实验室前，世界上只有两个同类实验室，做一次试验就要 200 万元人民币，而购买他一个产品，再加个零，要 2000 万元人民币！由此可想而知，其对直流换流阀技术的保密程度有多么的高。中国电科院当初建设这个实验室时，手中现成的技术资料，仅仅是 7 页 A4 纸的宣传资料。因此，在中国电科院，直流换流阀研发工程，被称为“争气阀”。

凭借多年在电力系统和高电压领域的深厚积淀，凭借国内唯一拥有研发、制造自主知识产权可控串补等大功率电力电子产品的宝贵经验，短短一年半时间内，中国电科院就顺利完成了“争气阀”的研发。研发团队全面完成直流输电换流阀基础理论、换流阀成套设计、换流阀关键技术开发和关键设备研制、换流阀集成技术、换流阀试验技术等平台建设，掌握了直流输电换流阀的系列核心技术，实现了相关核心技术的重点突破。

中国“争气阀”相对国外产品具有无法比拟的优势：一是它拥±800kV/4750A 的电压等级和通流能力，超越了国外同类产品。所承受的电压高，就意味着能量传输距离更远，在相同距离上损耗更小；所通流的电流大，则意味着能输送更多能量，能极大地节约线路走廊占地。二是它减少了并联的数量，将阀模块体积缩小 1.5 倍，使整个阀塔得到整体优化，结构更加紧凑。三是它的水冷电阻一体化设计和饱和电抗器分体设计更是独门绝技：将水冷系统与电阻合二为一，就相当于把两个部件合成为一个，部件数量减少了，造成安全隐患的环节减少了，从而具有更高的稳定性；而分体的饱和电抗器就相当于电脑的“双核”，能使换流阀具有更强的兼容性，不仅能满足特高压需求，而且具有向下兼容能力，能覆盖更多电压电流等级工程需要。

“争气阀”进入市场后，预计将在 10 年内整体降低中国直流输电建设、运行和维护费用百亿元，为直流输电技术在国内的推广应用铺平道路，并在国际市场上打破跨国公司垄断。由中国电科院自主研制的这一直流输电的核心设备，通过了专家技术评审和鉴定，整体技术指标处于国际领先地位，具有完全自主知识产权，并已具备规模化生产和工程应用条件。

（五）工程技术全面升级

已建、在建、将建的一批特高压工程，使中国输变电装备制造业迎来大发展的“黄金期”。靠项目带动，中国电工装备制造企业技术水平大幅提升，创新能力显著增强，数年内迅速崛起一批在国际市场上声名赫赫、具备相当强竞争力的优势企业集群。

特高压设备设计研发、制造工艺和试验检测能力达到国际领先水平。研发成果还反哺应用到超高压设备技术改进，特高压主设备制造企业已掌握国内市场主导权，并全面进军国际市场，实现了高端产品出口零的突破。

在制造能力今非昔比的同时，特高压工程独具特色的创新模式也对提升民族装备制造业大有裨益。

在 2009 年 1 月 16 日国家电网公司宣布晋东南—荆门特高压交流试验示范工程正式投运的新闻发布会上，公布整个晋东南—荆门示范工程国产化率在 90%以上，具有完全的自主知识产权。在其“三站二线”中，“见不到国外商标，没有一个整机是进口的”。在其 100 多种主设备中，仅断路器是由 3 家国内企业和国外公司采用“联合设计、产权共享、合作生产、国内制造”模式供货。据介绍，考虑到国内基础较弱，国网公司组织专家组逐一审查了设备制造厂家的设计方案和关键技术，并组织国际知名咨询机构对主设备的关键设计环节进行独立计算校核，制造厂家根据审查校核结果完成设计优化，全面进入设备研制。舒印彪表示，“这比引进—消化—吸收进了一大步”，因为前者跟后者相比，有了自主产权，而且由国内生产。由此，工程立项时“设备国产化”的承诺得到了圆满实现。

（六）工程技术进步震动国际同行

中国在特高压输电领域的成功实践，震动了国际同行。

比较有代表性的反应，当属诺贝尔物理学奖获得者、美国能源部长朱棣文 2010 年 11 月 29 日在华盛顿国家新闻俱乐部发表的演讲，指出：“中国挑战美国创新领导地位并快速发展的相关领域包括：最高电压、最高输送容量的特高压交流输电。”

特高压工程大幅提升了中国在国际电工领域的影响力和话语权。中国特高压标准电压已成为国际标准。国际电工委员会（IEC）认为中国的特高压工程是“电力工业发展史上的一个重要里程碑”。国际大电网委员会（CIGRE）、电气和电子工程师协会（IEEE）成立了8个由中国专家主导的特高压工作组，正在主导编制相关国际标准。

世界能源理事会认为："特高压输电技术代表了当今电网最重要的发展趋势之一，在大容量、长距离电力输送和大电网互联方面起着至关重要的作用。""中国发展特高压是负荷中心远离能源中心的客观条件决定的，也是满足经济快速发展的必然选择。特高压交、直流系统不仅对中国，对全球其他国家，包括工业化国家同样具有重要意义。"

（本年鉴编辑部摘编）

高品质混凝土人工砂石骨料绿色环保生产技术的研究

"高品质混凝土人工砂石骨料绿色环保生产技术的研究"为中国水利水电第九工程局有限公司承担的贵州省工业攻关计划项目，合同编号为黔科合GY字［2010］3003号，研究时段为3年。

该项目包括五个子题：

（1）半干式人工砂生产工艺智能化控制技术，研究目标：人工砂的细度模数、石粉含量和含水率通过自动化控制达到混凝土用砂的最优标准，且保持稳定状态。

（2）绿色环保人工砂石生产污水的零排放技术，研究目标：绿色环保人工砂石加工系统生产污水达到零排放标准，生产污水的回收利用率≥85%，降低生产用水量，符合国家环保要求和"节能、降耗、减排"的基本国策。

（3）石粉的气力分级技术，研究目标：利用石粉气力分级技术，用气力分级工艺分离多于石粉，满足同一系统生产碾压砂和常态砂的质量要求实现常态混凝土石粉含量6%～18%之间要求，碾压混凝土石粉含量10%～22%之间的要求。

（4）高品质人工砂石骨料加工工艺研究，研究目标：生产质量稳定的高品质砂石骨料，提高高标号涉核和高铁的高标号耐磨抗冲混凝土的质量。

（5）低损耗人工砂石骨料加工工艺研究，研究目标：回收砂石骨料生产过程中流失的石粉及细砂≥90%，调节成品砂的细度模数和石粉含量，从而提高了成品砂产量和质量，降低成品骨料加工损耗至≤10%。

2012年，中国水利水电第九工程局有限公司完成了该项目的主要研究工作，计划2013年进行成果鉴定。

（中国水利水电第九工程局有限公司　任瑢瑢）

16MPa油压的受油器研发及试验

2012年，天津市天发重型水电设备制造有限公司在开发中小型轴流式双调机组中，为了落实环境保护政策，实现转轮内部的无油设计，立项进行16MPa受油器开发工作。

（一）研究目的、意义

小型轴流机组，由于空间结构限制，在机组转轮体内部不能布置活塞及操作架等，大多采用定桨型式，其加权平均效率比转桨式机组低。在业主对效率要求日益提高的今天，需要采用新型结构，将原来的小型定桨式机组更改为转桨式机组。因此，开发一种16MPa受油器的新型结构，来满足小型轴流机组的这一要求，很有意义。该结构是将转轮活塞及其他操作机构布置在发电机顶部，可以在转轮内部结构受限的情况下，实现桨叶的实时调节，达到机组转桨运行的要求。该结构目前属于国内首创，对小型轴流式机组的设计具有指导意义。

同时，对于灯泡贯流式机组，目前通常采用的转轮叶片调节方式为在转轮体内部设置接力器缸或活塞，其受油器为浮动瓦或者是固定瓦受油器，最大有效工作压力为6.3～8.0MPa，需要配备中压空压机系统，增加了电站投资及运行成本。随着高压系统的完善，目前很多贯流式机组的导叶操作已改为高压操作器，其压力等级提高到16MPa，但由于受油器结构限制，转轮目前还不能实现16MPa等级的压力油操作，在部分电站中出现了两套系统并联运行，导叶接力器采用16MPa等级，而桨叶接力器采用6.3MPa等级的情况。因此，需要尽快开发一种满足16MPa液压系统操作的桨叶操作系统，使导叶和桨叶采用同一种压力油系统，以减少电站总体投资，并节省运行费用。

采用16MPa受油器，机组转轮内部不再有油，可以有效地避免油通过转轮泄漏到河道内，从而提高了环保性能，在提倡环保的今天，具有重要意义。

（二）实施方案

超高压受油器主要用于带桨叶高压液压操作系统的转桨式水轮机，其作用是将桨叶操控压力提升为16MPa，采用蓄能罐取代压力油罐提供稳定压力油源，从而在厂房设计中不设计中压空压机系统，降低厂房投资和设备运行维护成本。

受油器采用进、出油管完全独立的结构，以方便密封的调整和控制。同时，如果是一个油口的密封出现故障，直接更换该油口的密封即可，降低维护成本。每一个进、出油口的密封均采用微间隙密封加盘根密封的特殊结构，间隙副配合由摩擦系数极低的巴士合金材料及锻钢组成，严格控制间隙，在保证形成油膜的情况下尽量减小间隙以保证密封性能；盘根密封采用进口的戈尔盘根，与盘根配合的轴表面进行特殊处理，以提高抗磨损性能和减少摩擦系数。由于机组在运行过程中不可避免要引起振动，为避免受油器在机组运行过程中因振动磨损而导致密封失效，受油器固定部分与外部设备的连接全部采用软连接。

（三）关键技术

（1）桨叶的操控采用 16MPa 等级后，对受油器密封结构进行重新设计、配套，采用专用的新型密封结构，保证设备的安全稳定运行。

（2）机组桨叶操作接力器缸及活塞等机构布置在卧式发电机的转子上游侧或立式发电机的顶部。为此，需改进发电机的相关结构，以满足桨叶操作接力器布置的要求。

（3）重新设计一套完整的桨叶操控接力器与传动、连接机构，满足操控桨叶并反馈桨叶位置的需要。

（4）桨叶受油器固定部分与外部设备的连接全部采用软连接，可以有效地吸收振动能量，以避免受油器在机组运行过程中因磨损而导致密封失效；受油器密封采用微间隙密封及盘根密封的双重密封结构。采用了 16MPa 的高压油，软管、接头的安全是重点，现高压软管接头技术和产品已经基本成熟，能保证使用寿命。

（四）实施效果

2012 年底，完成了受油器的试制及专业试验台的研制及实验，并进行了漏油量测试和磨损性能的初步测试，总体上达到使用要求，密封效果良好，但受油器轴瓦温度偏高，需要进一步进行修正。待 2013 年技术修正并完善后正式投放市场。

（天津市天发重型水电设备制造有限公司 曹立志
孙 江 周学均 张志斌 李效革 马恩君）

中国水利水电第十四工程局有限公司 2012 年度科技发展情况

2012 年，中国水利水电第十四工程局有限公司（以下简称水电十四局有限公司）被中国水利水电建设股份公司评为“科技进步先进企业”，被中国施工企业管理协会评为“中国施工企业管理协会科学技术进步奖技术创新先进企业”；承建的广州抽水蓄能电站荣登詹天佑奖金榜；在纪念中国建设工程鲁班奖（国家优质工程）创立 25 周年（创鲁班奖工程突出贡献奖）活动中，单位获得铜奖；主持的重大科技专项“特大地下洞室群施工安全环保关键技术研究与应用”和参与的“高速铁路施工关键技术研究”，获财政部施工新技术研究与开发项目立项，并获得研究与开发资金。

（一）技术创新体系建设情况

水电十四局有限公司着力提升公司研发机构发展水平，积极创建国家级和省级重点实验室、工程技术研究中心等高质量的企业研发机构，目前已成为省级企业技术中心。同时，水电十四局有限公司积极响应云南省将在企业、高校和科研机构建 100 个左右院士专家工作站，搭建起高层次创新创业平台的号召，进行院士工作站的筹备工作，以不断完善公司以市场为导向、产学研用相结合的技术创新体系，引导省内外院士专家及其创新团队来帮助公司发展。

水电十四局有限公司不断加大研发投入，尤其是在非水电领域的项目研发上，重点予以支持，力求打造一批具有高科技水平的科技成果，用以支撑公司市场开拓，加快转型升级步伐，推动企业真正成为创新需求、研发投入、技术开发和成果应用的主体。

（二）合作创新有关情况

结合中国水利水电建设股份有限公司“特大地下洞室群施工安全环保关键技术研究与应用”重大科技专项、小浪底水利枢纽建设管理局牵头的“小浪底枢纽工程关键技术研究与实践”和水电十四局有限公司立项开展的“800MPa 高强钢岔管水压爆破试验研究”、“岩溶区高涌水条件下地下厂房开挖方法研究”、“钻爆法施工岩溶区穿河床隧洞方法研究”和“浅埋大跨径隧道中Ⅴ级围岩的合理支护参数及地表沉降控制技术研究”等多项课题的合作研究，不断加强与武汉大学、天津大学、河海大学等高等院校和小浪底水利枢纽建设管理局等业主单位，以及中铁第五勘察设计院集团有限公司等设计单位的合作，根据优势互补、利益共享的原则，建立持续、有效、双赢的合作关系，不断提高研发能力和创新成果应用能力。同时针对公司立项的科研项目，鼓励项目产学研用相结合，加大推广应用力度。

水电十四局有限公司高度重视科技情报及信息交流工作，为了加强公司科技情报和信息交流，征订了《水力发电学报》、《岩土工程学报》、《水利水电技术》、《水力发电》、《隧道建设》、《现代隧道技术》、《施工技术》等学术刊物，供技术人员学习交流，查找资料。结合实际需要，积极组织技术人员参加相关的各个学会、协会组织的有关活动，并邀请长江水利委员会长江科学研究院爆破专家张正宇教授对厄瓜多尔辛克雷项目部作题为《水利水电工程爆破现状与未来》知识的讲座。邀请中国工程院马洪琪院士作《糯扎渡高心墙堆石坝坝料特性研究及浇筑质量检测方法和实时监控关键技术》的讲座。

（三）科技创新管理制度建设情况

制度建设是科技创新工作的基础和保障。水电十四局有限公司不断完善科技创新管理制度，建立健全管理体系。在现有制度的基础上，按照体系文件要求，积极组织对制度的适用性进行梳理，并及时修订了专利和工法管理办法，目前各项管理制度相对齐全，包含科技开发费用管理办法、科技管理和奖励办法、科研立项审批管理办法、科研项目中间检查管理办法、科技成果鉴定管理办法、技术中心管理办法、对外学术交流管理办法、科技信息管理办法、技术标准管理办法、科学技术进步先进单位和个人考核办法等管理制度，从科研立项审批、经费使用、成果评审、成果报奖、成果奖励等方面形成了较为完整的科技管理制度体系，使科技管理工作逐步步入制度化、规范化和标准化轨道。

另外，根据中国电力建设集团有限公司考核办法科技创新绩效考核内容及中国水利水电建设股份有限公司相关要求，将进一步完善相应的管理办法，比如科技论文发表及奖励管理办法、成果推广应用的管理办法等。

（四）重大科技成果情况

水电十四局有限公司 2012 年度多项成果通过鉴定，其中“清远抽水蓄能电站地下工程精细爆破关键技术研究及应用”成果通过中国工程爆破协会鉴定，被鉴定为国际先进水平；“大型椭圆形断面蜗壳现场制造工艺创新”通过云南省科技厅鉴定，被鉴定为国内领先水平；“京沪高铁泗河特大桥及无砟轨道工程施工技术”和“大型长廊式调压室施工技术”等四项成果通过中国水利水电建设股份有限公司鉴定，其中达到国际先进水平 2 项，达到国内先进水平 1 项，技术先进实用 1 项。与小浪底水利枢纽建设管理局等多家单位联合完成的“黄河小浪底枢纽工程关键技术研究与实践”通过鉴定，被鉴定为国际领先水平。

水电十四局有限公司 2012 年多项成果获得奖励，“重大水利水电工程施工实时控制关键技术及其工程应用”获得国家科技进步二等奖、“小浪底枢纽工程关键技术研究与实践”获得大禹科技进步特等奖；“三峡地下电站大型洞室关键技术”获水力发电科学技术特等奖；“地下工程精细爆破关键技术研究及应用”获中国工程爆破科技进步一等奖、“特高拱坝坝肩复杂地质抗力体加固处理施工技术”获得云南省科技进步三等奖、“水利水电 1000MPa 级高强钢工程应用技术研究”获得能源科技进步三等奖、“糯扎渡水电站尾水系统五岔口快速施工技术研究及实践”获得电力科学技术奖三等奖；“糯扎渡水电站尾水系统五岔口快速开挖施工技术研究及实践”获中国水利水电建设股份公司科技进步一等奖、“大型长廊式调压室施工技术”等三项课题获得中国水利水电建设股份公司科技进步二等奖；“水利水电 1000MPa 级高强钢工程应用技术研究”等四项课题获得中国施工企业管理协会技术创新成果二等奖，“水利水电施工安全标准化建设”等三项成果分别获得中国电力建设科学技术成果一等奖、二等奖、三等奖。

水电十四局有限公司在专利、工法、标准规程及论文集等工作上，也取得成效，获得授权“一种多功能板材承载力试验装置”等发明专利 2 项，“一种多功能皮数杆”等实用新型专利 16 项；完成的《混流式水轮机转轮现场制造工艺导则》和《水电水利工程施工机械安全操作规程 凿岩台车》正式颁布，《水电水利工程岩壁吊车梁施工规程》和《现浇塑性混凝土防渗芯墙施工技术规程》两项规程完成报批稿，与中国京冶工程技术有限公司合作修编的《岩土锚固与喷射混凝土支护工程技术规范》正在组织编写；组织编写出版了《云南水电》的惠州抽水蓄能电站专辑、曲靖分公司专辑、溪洛渡电站专辑、功果桥电站专辑；《地下洞室洞口段开挖安全防护施工工法》等 14 项工法获中国电力建设协会、中国水利工程协会等机构的省部级工法。

（五）新产品开发情况及获得的效益情况

水电十四局有限公司通过对“高海拔、高土壤电阻率、突变性土壤地区降阻措施的研究”及“叶片长度增加后高原水平轴风力发电机组安全评价”两项课题的研究，逐步掌握风电施工技术。

通过“特大型地下洞室群直墙深孔预裂、薄层开挖及时跟进支护施工技术研究及应用”等科研项目不断总结新技术、新工艺。目前此研究成果已在地下工程施工中得到大量的推广应用。

水电十四局有限公司与刚果（金）国家重点实验室联合开展的“无石料地区水泥稳定土施工工艺研究”项目取得成果，并创造了良好的经济和社会效益。

依托在建国际工程开展“刚果（金）国道水泥稳定基层施工技术”、“TBM 自发电供电系统的研究”、“标号管片混凝土设计研究与应用”等项目的研究，针对国际工程复杂的地形地质与气候条件，以及社会与资源供应环境独有的工程技术问题，将科技攻关及时延伸到国际项目，解决了工程建设中的技术难题，保障了工程建设的顺利进行。

依托与云南财经大学合作开展的“国际工程承包项目管控模式及风险管理体系建设研究”课题，形成《推动云南省国际工程承包企业“走出去”发展政府咨询报告》和《推动云南省国际工程承包企业“走出去”发展综合研究报告》等两份政府咨询报告，受到云南省商务厅高度重视，已经被采纳。形成的《国际工程承包项目管理案例解析》一书由机械工业出版社出版，目前是云南财经大学国际工商学院项目管理专业本科生和研究生的核心课程教材，并已经申报云南省高等院校优秀教材。

（中国水利水电第十四工程局有限公司　杨立峰）

浙江省抽水蓄能工程技术研究中心建设运行情况

为实现到2020年我国一次能源消费中非化石能源达到15%及单位GDP能耗与2000年相比降低40%的承诺，近年来国家大力鼓励发展可再生和清洁能源。根据有关规划，预计至2020年我国风电装机容量达到1.5亿kW左右，核电装机容量达到7000万kW。伴随着风电和核电的大规模发展，我国抽水蓄能电站也将得到快速发展，到2020年，除已建、在建的站址外，还需新建并投产的装机容量达到3000万～5000万kW。

中国水电顾问集团华东勘测设计研究院（简称“华东院”）是国内最早开展抽水蓄能电站开发研究的单位之一，在20世纪70年代初参与华东电网抽水蓄能电站建设必要性研究，80年代全面展开华东地区抽水蓄能电站站址普查及选点规划，并开展天荒坪、桐柏、响水涧、宜兴、双峰等一大批抽水蓄能电站的前期勘测设计，90年代单站装机全国乃至亚洲最大的天荒坪抽水蓄能电站成功投产发电，华东院在抽水蓄能领域的技术水平一直走在国内同行的前列。近年来为满足电网长远发展需要，华东院开展了华东电网浙江、安徽、江苏、福建，以及江西、山东等电网的抽水蓄能电站选点规划工作。

经过20多年的艰辛努力，随着天荒坪、桐柏、宜兴、宝泉、泰安等电站的成功建成投运，响水涧、仙游开始投产，洪屏、仙居、绩溪先后开工，以及马山、天荒坪二期、句容、金寨、厦门、永泰、宁海、周宁、开县、宁海、桐城等工程前期工作的开展，华东院在抽水蓄能电站勘测设计取得了高市场占有率，抽水蓄能电站勘测设计已经成为其核心技术和知名品牌。目前华东院承担勘测设计的已建和在建的抽水蓄能电站有装机容量超过1000万kW，占据国内市场份额约40%。在大量工程实践中，华东院不但积累了丰富的抽水蓄能勘测设计经验，而且锻炼培养了一大批在抽水蓄能电站勘测设计上有专长的专业技术人员。

鉴于国内大力开发抽水蓄能工程的背景，以及华东院在抽蓄领域厚实的技术积累，华东院向浙江省科技厅申请设立浙江省抽水蓄能电站工程技术研究中心（简称“抽蓄中心”），主要有以下三个目的：

一是为浙江省各级政府部门提供能源及新能源建设规划和抽水蓄能电站建设合理配套规划提供技术支撑，以及为国家有关部门或能源集团提供相应的政策研究、技术支持。

二是在当前抽水蓄能电站的建设高潮期，还有许多急需解决的难题，包括如何合理结合核电及可再生能源发展进行抽水蓄能装机容量的发展规划，如何解决抽水蓄能电站的建设投资主体及完善电价定价等理论性问题，以及很多工程建设遇到的技术难题（包括水工和机电技术两方面），需要通过建立一个技术交流、技术创新的平台，整合专家资源集中解决。

三是建设一个集中的抽水蓄能工程技术研究中心，可以使浙江省内乃至全国的众多抽水蓄能电站建成运行以后，有一个集中的试验研究中心，对各工程运行、维护过程中遇到的各种问题进行试验验证，提供技术支持和研究服务，保障众多工程的安全运行。

抽蓄中心于2010年9月30日得到浙江省科技厅、财政厅和发改委批复组建。抽蓄中心致力于提高我国抽水蓄能电站技术水平，主要研究方向包括：抽水蓄能建设战略研究、抽水蓄能工程构筑物关键技术研究、抽水蓄能机组关键技术研究等。

2010～2012年，华东院和省科技厅总计投入超过1300万元建设抽蓄中心，并于2012年9月底初步完成建设工作。目前抽蓄中心已建成一支拥有博士、硕士的专业结构合理的研究队伍，现有专职人员55人，具有正高职称21人，副高职称23人，中级职称9人，研发人员绝大部分为本科及以上学历。抽蓄中心下设的水工实验室位于杭州市古墩路997号院区内，建筑面积约800m^2；机电实验室位于萧山临江工业园区纬五路2587号，建筑面积约2000m^2。

抽蓄中心实行开放式运行，积极吸引国内外优秀科研工作者来抽蓄中心工作或进行科研合作、协作。抽蓄中心设立开放式基金，资助抽蓄工程建设、运行的重要理论基础研究和应用基础研究课题，建设期内对外发布三个开放式课题，分别由河海大学、浙江大学、西安建筑科技大学教授所带领的课题组申请并承担。

抽蓄中心网站于2011年6月建立，作为发布信息、对外沟通的重要平台。网站的网址为：http：//www.ecidi.com/pumppower/index.aspx。

建设期内抽蓄中心科研、标准制订、专利申请等方面工作取得了积极进展，主要成果有：①完成了包括“电网中抽水蓄能电站合理比重及布局”、“高水头抽水蓄能电站水道衬砌结构与围岩渗透机理”、“大型抽水蓄能电站机组控制流程与控制策略研究”等8个课题的研究；②完成了包括《抽水蓄能电站选点规划编制规范》、《水电工程土工膜防渗技术规范》等7个标准的编制；③完成了专利授权19项，其中发明专利2项；④完成了“减压环管”、“复杂条件下大型抽水蓄能电站关键技术”等科研成果的转化，取得了可观的社会经济效益。

（浙江省抽水蓄能工程技术研究中心
胡翰军　陈顺义）

获奖项目介绍

高混凝土面板堆石坝安全关键技术研究及工程应用

“高混凝土面板堆石坝安全关键技术研究及工程应用”获2012年度水力发电科学技术奖特等奖。

该项目针对国内外高混凝土面板堆石坝出现的面板裂缝、挤压破坏和严重渗漏等问题，以国家攻关和国家自然科学基金课题等为依托和基础，致力于高混凝土面板堆石坝变形安全和防渗系统安全的理论研究，在水布垭工程之后提出了变形协调和动态稳定止水两个新的设计理念，并结合200m级高坝和深厚覆盖层筑坝等关键技术难题，在结构设计、数值分析和模型试验、安全监测与反馈分析、施工技术等方面取得了原创性研究成果和重大技术发明，提高了高混凝土面板堆石坝的安全性和可靠性。成功建设了马来西亚巴贡（高202m，我国设计并承建）、老挝南俄二级（高182m，我国咨询）、国内的九甸峡（深厚覆盖层上世界最高的面板坝）等工程，并为在建的猴子岩、江坪河等工程提供了重要的技术支撑。一系列工程的成功应用表明，本项目成果——高混凝土面板堆石坝的筑坝安全关键技术已处于国际领先地位，并为更高的马吉（高270m）、茨哈峡（高253m）、大石峡（高251m）等面板坝的建设奠定了技术基础。创新成果如下：

（1）提出了变形协调新理念，建立了变形协调准则、判别标准和设计计算方法等，形成了筑坝材料、坝体分区、压实标准、施工顺序等实现变形协调的设计和施工措施，提升了高混凝土面板坝的安全性。

（2）提出了动态稳定止水新理念和新止水结构，开发了GB塑性填料及其系列产品，形成了200m级高面板坝止水配套技术。基于混凝土孔结构及界面过渡理论，研究了面板混凝土改性及其全要素分析，实现了200m级高面板坝混凝土防裂、耐久和适应性的技术超越。

（3）提出了在深覆盖层上修建高面板坝的关键技术解决方案，并成功指导了工程建设。针对复杂地形地质条件，完成了高面板坝与深覆盖层地基相互作用以及考虑坝基防渗结构与趾板连接形式的离心模型试验，揭示了将趾板置于深覆盖层上的高面板坝的应力变形规律，以及防渗结构与坝体、地基的相互作用机理，实现了复杂地形地质条件下高面板坝筑坝安全技术的突破。

（4）开发高面板坝安全监测系列新型监测仪器，包括：量测范围520m的遥测遥控水平垂直位移计，耐3.5MPa水压力的高精度双向固定测斜仪。建立考虑填筑与时效耦合影响的坝体变形计算模型以及水压与时效耦合影响的面板变形计算模型，开发预测高坝运行期工作性状的分析软件，形成完整的高面板坝安全监测技术。

（5）开发了重型振动碾压等成套施工设备，提出坝体填筑、面板浇筑等4项国家级施工工法，形成了高面板坝安全的施工配套技术。

项目成果已应用于国内外21座200m级高面板坝（其中已建并安全运行工程8座）。仅在巴贡、九甸峡、吉林台一级、公伯峡等14个工程产生的直接经济效益超过14亿元，承接的国外项目合同额300多亿元，止水等专利产品合同额2.38亿元。

取得发明专利8项、实用新型专利17项；成果列入规程规范10项，参编国际大坝委员会技术公报1项；出版专著2本、发表论文100余篇。获詹天佑奖1项、鲁班奖3项、国家优质工程奖4项、面板堆石坝国际里程碑工程奖1项、国际博览会发明金奖1项。

主要完成单位：中国水利水电科学研究院、水利部交通运输部国家能源局南京水利科学研究院、中国水利水电建设股份有限公司、中国水电顾问集团西北勘测设计研究院、甘肃省水利水电勘测设计研究院、中国水利水电第七工程局有限公司、中国水利水电第十二工程局有限公司、中国水电建设集团十五工程局有限公司。

主要完成人：贾金生、郦能惠、徐泽平、宗敦峰、李国英、郝巨涛、鲁一晖、王君利、吕生玺、米占宽、向建、陈宁、马锋玲、易进栋、赵剑明、杜振坤、傅华、李秋生、邵宇、徐竹青、何小雄、范建朋、王志强、吕小彬、李登华、刘经彪、刘启旺、凌华、赵海洋、陆希、张少杰、王少江、武颖利、严大顺、邓正刚、张志武、张胜利、邓刚、李泽崇、鲁电、郑璀莹、王年香、吴高见、徐耀、赵魁芝、李海芳、陈海军、窦铁生、沈婷、韩华强。

（水力发电科学技术奖励工作办公室）

三峡地下电站大型洞室关键技术

“三峡地下电站大型洞室关键技术”获2012年度水力发电科学技术奖特等奖。

针对三峡地下电站山体单薄、洞室规模大、洞室埋深浅、块体发育、岩锚梁轮压大等特点，开展了系统研究，主要科技内容包括：

(1) 开展了钻孔彩电、全空间平洞勘探及大型块体动态勘察、大型洞室仪测成像可视化地质编录、大断面地下洞室地质勘探数字图像采集和处理方法等地质勘察新技术研究，为裂隙性岩体地质勘察、块体快速加固提供了技术保障。

(2) 开展了室内及现场岩体（石）基本力学特性试验、复杂应力条件下岩石力学特性试验、围岩工程岩体质量分级与评价、岩体力学参数取值等围岩力学特性研究，为确定岩体力学参数和数值分析本构模型选择提供了依据。

(3) 研发了全耦合干孔声波测试探头、超磁致伸缩声波发射换能器、锚杆无损检测三分量传感器固定装置、带有快换接头的声波或电视测井仪井内顶送杆等物探检测新设备，为地下电站开挖支护施工质量的全过程监控奠定了技术基础。

(4) 开展了洞室“稳定拱”设计理论和确定主洞室上覆岩体最小厚度的设计方法、“单洞型布置”技术、地下厂房“倒悬边墙”结构、“原岩隔墩支撑”结构、大型地下厂房洞室群动态反馈分析与监控体系等浅埋洞室设计理论及稳定控制新技术研究，为单薄山体中浅埋大跨度、高边墙地下厂房的围岩稳定及施工安全提供了技术保障。

(5) 开展了岩锚梁锚固新技术、岩锚梁防裂等关键技术研究，攻克了重载岩锚梁结构安全技术难题，提高了岩锚梁的整体稳定性，保证了岩锚梁的正常运行。

(6) 开展了任意形状块体体积计算与角点计算机识别方法、洞壁大型块体“结构面真实应力法”加固等关键技术研究，解决了洞壁大型块体加固技术难题。

三峡地下电站厂房长度311.3m、跨度32.6m、高度87.3m，主厂房上覆岩体最薄仅32m，不足1倍洞跨，为国内外同期开挖断面最大、而上覆岩体厚跨比最小的地下厂房；岩锚梁最大轮压达108t，为同期最高；洞周围岩揭露大中型块体数量达108个，其中9个块体超过1万m^3，厂房下游边墙6个大型定位块体出露面积约占边墙总面积的50%，洞壁块体发育程度和规模远超同类工程。

三峡地下电站于2008年3月开挖结束，2011年5月实现首台机组投产发电，监测成果表明，厂房顶拱最大下沉为2.14mm，上、下游边墙最大变形分别为16.6、25.12mm；岩锚梁与岩壁间开度最大值为0.45mm，斜岩台最大压应力为0.36MPa；洞壁大型块体变形收敛，支护结构受力稳定。洞室围岩和岩锚梁的各项监测指标均在设计控制标准范围内，洞室围岩稳定性好，岩锚梁结构安全。

研究成果解决了三峡地下电站大型洞室关键技术难题，并在水布垭、构皮滩、彭水、向家坝等工程中推广应用，保障了国家重点工程的顺利建设。随着我国西部水电开发的向前推进，研究成果将得到进一步推广，具有显著的经济效益和社会效益。

部分研究成果编入了国家标准、行业规范及水工设计手册中，并以论文著作、技术交流和技术服务等形式推广，提升了我国大型地下电站设计及科研水平，极大地推动了我国水利水电行业的科技进步。

主要完成单位：中国长江三峡集团公司、长江勘测规划设计研究有限责任公司、长江三峡勘测研究院有限公司（武汉）、长江水利委员会长江科学院、长江工程地球物理勘测武汉有限公司、中国水利水电第十四工程局有限公司、中国葛洲坝集团股份有限公司三峡工程施工指挥部。

主要完成人：钮新强、杨清、周述达、陈又华、陈文斌、王小毛、丁秀丽、张曙光、张建清、谢红兵、翁永红、申洪杰、赵克全、何炜、王煌、生晓高、廖仁强、黄爱国、尹俊宏、孙昌忠、范五一、段国学、王家祥、牟春来、邵年、王德阳、杜申伟、张练、黄书岭、钟作武、李旻、陈锐、陆二男、史雁飞、詹剑霞。

（水力发电科学技术奖励工作办公室）

岩石流变力学研究及其在水电工程中的应用

“岩石流变力学研究及其在水电工程中的应用”获2012年度水力发电科学技术奖一等奖。

本研究成果依托国家自然科学基金海外青年学者合作研究基金项目（50128908）“岩石及裂隙岩体的

本构关系及计算技术”，国家重点基础研究发展规划项目（973）“灾害环境下重大工程安全性的基础研究第七课题（2002CB412700）子题：多因素相互作用下地质工程系统的整体稳定性研究”，以及多项重大水电工程科技项目，开展了系统的实验、理论与应用研究，在岩石流变力学及水电工程中应用研究与实践方面取得重大进展。

主要研究内容如下：

(1) 岩石流变力学实验研究：应用自主研发建设的岩石全自动三轴流变力学试验系统、全自动三轴渗流流变伺服系统以及剪切流变试验系统等实验设备，首次针对砂岩、粉砂质泥岩、蚀变岩、变质火山角砾岩、挤压破碎带砂岩、挠曲核部破碎带碎屑岩等多种岩石，开展了长达10余年的三轴流变力学试验与剪切流变试验；获得了不同围压、不同应力水平下的流变试验资料；分析了流变变形和渗透演化规律，研究了岩石流变破坏形式和微观破裂机理。

(2) 岩石流变本构模型研究：提出了基于非线性黏滞系数牛顿体的非线性黏弹塑性流变模型、基于摩尔库伦长期强度准则的复合非线性黏弹塑性流变模型；提出了反映岩石流变损伤特性的非线性流变损伤模型、基于统计损伤的流变本构模型；提出了基于细观力学的蠕变损伤本构模型、损伤一渗流耦合本构模型；建立了反映脆性岩石各向异性损伤和蠕变变形的本构方程、考虑流变损伤的岩石渗透特性与流变应力一应变耦合关系方程。

(3) 岩石流变力学参数研究：基于岩石稳态流变速率与应力水平、流变速率阈值和流变扩容破损应力，提出了相应的确定岩石长期强度的新方法；提出了基于优化算法搜索的流变模型参数辨识新方法；提出了基于蠕变柔量的黏弹性模型参数反演辨识方法；提出了流变参数的估计方法。

(4) 岩石流变力学在水电工程中的应用：提出了多尺度流变力学扩展有限元计算方法；进行黏弹塑性流变模型二次开发；研制非线性流变计算程序和渗流一应力耦合流变模型数值计算程序，发展岩石流变力学在水电工程中的数值计算理论与应用研究。

申报国家发明专利3项，在国内外重要学术刊物发表论文39篇，其中被SCI收录18篇、EI收录21篇；国际学术会议特邀报告3次，主题报告3次；培养博士后1名，毕业博士5名，硕士7名，获江苏省优秀博士学位论文2篇，培养了一批从事水电工程岩石流变力学实验及长期稳定性研究的高层次科技人才。

研究成果结合重大水电工程建设进行应用，在小湾、黄登、向家坝等水电站工程设计、施工实践中，取得了显著经济效益和社会效益，直接经济效益约1.12亿元。为解决我国重大水电工程岩石流变力学特性和长期稳定性研究提供了有力技术支持及安全保障，环境与社会效益显著。成果对于其他在建和拟建水电工程及相关领域工程建设实践亦有重要指导和借鉴意义。

主要完成单位：河海大学、中国水电顾问集团中南勘测设计研究院、中国水电顾问集团昆明勘测设计研究院。

主要完成人：徐卫亚、王如宾、邵建富、赵海斌、王文远、王伟、张治亮、冯树荣、蒋昱州、汤献良、黄德凡、顾锦健、邹丽芳、朱其志、李良权。

（水力发电科学技术奖励工作办公室）

大型岩土工程有限元静、动力分析软件系统

“大型岩土工程有限元静、动力分析软件系统”获2012年度水力发电科学技术奖一等奖。

结合我国一批高土石坝、核电厂工程和水运工程建设，在《200米级高混凝土面板堆石坝的应用基础研究》、《强震区高土石坝抗震措施研究》、《高土石坝地震灾变模拟及安全控制方法研究》、《饱和砂砾土的液化特性及变形、强度参数的相关性研究》等10多项国家自然科学基金（面上和重点）和40余项土石坝、核电厂工程和水运工程横向委托课题资助下，针对大型岩土工程有限元静、动力分析软件系统方面开展了自主研发工作。主要科技内容包括：

(1) 以广义Biot固结理论和弹塑性理论为基础，考虑多孔介质的流固耦合作用和筑坝材料的强非线性，采用一致的命令输入方法、单元激活方法、应变势作用方法、时间积分方法、强度折减方法，集成填筑、开挖、湿化、蠕变、地震永久变形、固结、瞬态、稳定等静、动力分析过程，建立岩土工程统一分析的软件开发模型。

(2) 基于Visual Studio C＋＋开发平台和MFC开发环境，采用类型抽象、继承、重载和多态等面向对象设计方法，对岩土工程有限元分析中的应力和应变本构模型、孔隙水渗流模型、地震孔隙水压力模型、单元类型、荷载类型、求解器进行类型封装和设计，建立岩土工程有限元分析模型的类库。

(3) 基于岩土工程统一软件开发模型及其类库，采用OpenMP多核并行、Windows多线程、非零存储、动态内存、迭代求解等计算技术，开发基于Windows的大型岩土工程静、动力分析软件；考虑土工构筑物分期填筑、岩土材料与防渗体接触面、面板坝面板缝以及复杂地形的空间拓扑信息，开发土工

构筑物三维网格自动生成软件；考虑矢量图空间消隐和任意切片技术开发三维图形可视化后处理软件；考虑岩土材料强度的非线性、边坡加筋作用机制开发基于任意圆弧搜索的有限元动力法稳定和滑移量分析软件。

（4）采用开发的岩土工程静、动力分析软件，对大量的经典问题和实际工程问题（包括：饱和土的固结和瞬态响应、土坡稳定、隧洞开挖、被动土压力、成层介质的一维波动、半圆形山谷散射、土石坝的动力响应、核电厂厂房的动力响应、紫坪铺面板堆石坝应力和变形模拟等）进行分析，与理论解、商用软件分析以及实际工程监测结果进行对比，验证开发软件的计算精度。

开发的软件系统具有完全的自主知识产权，便于使用和推广，提升了我国重大岩土工程的自主设计能力，对推动水工结构、工程抗震和岩土工程等相关学科的发展具有重要意义。

项目组采用开发的软件系统，承担了我国吉林台、糯扎渡、双江口、两河口、猴子岩等近 30 个水利水电工程以及田湾、宁德、秦山、阳江、红沿河等近 20 个核电厂工程和水运工程的安全性评价工作，研究成果应用于工程，通过了优化工程设计，减少了工程量，节约了投资，加快了施工进度，经济效益约 2.5 亿元人民币。

软件系统用于 10 名博士和 25 名硕士研究生的学位论文研究，在国内外重要期刊发表论文 71 篇，其中 SCI 和 EI 收录 43 篇次。授权软件著作权 7 项。

主要完成单位：大连理工大学。

主要完成人：孔宪京、邹德高、徐斌、周晨光、周扬、刘京茂。

（水力发电科学技术奖励工作办公室）

重力坝深层抗滑稳定分析理论、方法及应用研究

“重力坝深层抗滑稳定分析理论、方法及应用研究”获 2012 年度水力发电科学技术奖一等奖。

我国有多座已建和在建的重力坝，由于深层抗滑稳定性不足而导致改变设计、降低坝高、增加工程量或进行加固；特别是越来越多的高坝在复杂地质构造的岩基上修建，如三峡、向家坝等，高坝的深层抗滑稳定问题已成为影响工程安全的重大技术问题。为此，采用理论研究、数值分析、物理模型等多种手段对重力坝深层抗滑稳定问题进行了系统的研究，建立了一套完善的重力坝深层抗滑稳定分析的理论、方法体系，并在实际工程中得到了成功应用。主要研究内容如下：

（1）高坝深层抗滑稳定设计原则和安全度多元判据研究。开展了重力坝深层抗滑失稳破坏机理研究、软弱结构面倾角、主要结构面分布位置、不同软弱结构面组合对抗滑稳定的影响，极限状态下主压应力的抗力角取值等高坝深层抗滑稳定设计基本原则的研究；提出重力坝深层抗滑的等效相对安全系数法；进行了以高坝坝基变形稳定准则及控制标准、深层抗滑稳定安全评价指标、失稳安全度多元判据以及分项系数标定为主要内容的评判指标体系研究。

（2）坝基岩体结构面网络模拟技术与高坝深层滑移模式搜索技术研究。研究了结构面分类体系，提出了基于岩体分类和工程类比的强度参数的取值方法。完善和发展了岩体结构面网络模拟技术，开发了岩体结构三维结构面网络模拟程序。建立了节理岩体连通率和综合抗剪强度的确定方法。提出了一种多尺度/裂隙随机分布的表征方法及岩体力学参数预测的多尺度计算方法。提出了三种坝基深层滑移路径的搜索方法。

（3）高坝深层抗滑稳定分析方法研究。提出了高坝抗滑稳定“矢量和”分析方法。依据潘家铮最大值原理，从理论上推导了三维滑面上任意一点抗滑剪应力方向与整体下滑趋势方向之间的关系，并验证了“矢量和”法的科学性、合理性和可靠性。

（4）复杂地质基础上高坝深层抗滑稳定数值模拟分析关键问题研究。提出了损伤-弹塑性耦合的本构关系模型，分析了损伤-弹塑性的耦合计算策略，进行了本构模型的二次开发，编制了损伤弹塑性本构的有限元计算模块；提出了一种新的基于损伤演化和可靠性分析的分项系数有限元方法；推导了考虑卸荷应力状态的弹脆塑性本构模型；推导了三维弹塑性问题的区间参数摄动法有限元计算公式，研制了相应的弹塑性区间有限元程序，提出了区间参数单调性优化反分析法。

（5）高坝整体稳定性的实时监控与预警关键技术研究。研究了高坝损伤光纤实时监测和声发射动态检测技术，建立了监测效应量时序的多尺度统计模型和数据估计模型；发展和提出了非线性非平稳时序的自适应趋势性分量提取、坝基参数反演及整体性态演变动力特性识别和转异诊断方法；提出了适用于有界不确定性因子的抗滑失稳风险率的非概率模型，提出了具有普适性的概率和非概率组合的风险率模型；开发了高坝深层抗滑稳定分析和预警软件系统。

（6）高坝深层抗滑稳定综合分析与安全保障技术研究。针对示范工程——向家坝水电站，确定坝基的基本处理方案，提出了大尺寸槽挖、填塘置换和设置相对独立封闭防渗排水系统、分区固结灌浆等综合措

施作为坝基加固处理的基本措施；建立了理论分析-数值模拟（滑移模式、极限平衡、数值模拟、动力稳定）-设计原则及多元判据-实时监控及预警-坝基处治措施为一体的深层抗滑稳定保障技术。

本成果的主体内容发表在著名刊物并被引用和好评，所提出的新技术绝大部分均已获专利授权或公开，相关内容被写入设计规范，促进了水利水电工程的科技进步与自主创新，并具有广泛的应用推广价值。研究成果已被应用于三峡工程、向家坝工程，产生了巨大的社会、经济效益（约 3.1 亿元）。

主要完成单位：中国长江三峡集团公司、河海大学、中国科学院武汉岩土力学研究所、中国水利水电科学研究院、中国水电顾问集团中南勘测设计研究院、长江水利委员会长江勘测规划设计研究院、上海交通大学。

主要完成人：曹广晶、吴继敏、郑宏、彭冈、汪小刚、冯树荣、苏怀智、李建林、潘江洋、罗先启、丁秀丽、胡进华、汪志林、王毅、孙少锐。

（水力发电科学技术奖励工作办公室）

国产 500kV 交联聚乙烯绝缘电力电缆研制及应用

“国产 500kV 交联聚乙烯绝缘电力电缆研制及应用”获 2012 年度水力发电科学技术奖一等奖。

国内无超高压 500kV 及以上电压等级交联聚乙烯绝缘电力电缆设计与研制经验。国内市场完全被国外高压电缆生产企业所把持和垄断，超高压电缆市场价格畸高，售后服务延误。因此，结合国内需要，开展专题研究并通过引进、消化吸收、再创新方式，研制出我国具有自主知识产权的超高压 500kV 及以上电压等级交联聚乙烯绝缘电力电缆非常必要。

技术指标：

（1）主绝缘绝缘水平：① 435kV 下局部放电量≤4.3PC；② 600kV/60min 通过；③ 1675kV 雷电冲击正负 10 次（95～100℃）通过；④1240kV 操作过电压正负 10 次（95～100℃）通过；⑤裕度试验 700kV/30min 通过。

（2）外护套绝缘水平：① 1min 工频耐压（有效值）25kV 通过；② 雷电冲击耐压（峰值）72.5kV 通过；③ 直流耐压（15min）30kV 通过。

经济指标：进口电缆综合单价为 1.267 万元/m，国产电缆综合单价为 0.529 万元/m，国产电缆同比进口电缆综合单价低 0.738 万元/m，同比降低 58.26%。

500kV 交联聚乙烯绝缘电力电缆的研制成功，填补了国内空白，有了自己的核心技术，对国内电缆行业的发展起到积极的推动作用，有利于民族产业的发展。

500kV 交联电缆的国产化更适应我国超高压电网的具体情况，能够充分考虑国内电网的形势和电网安全稳定需求，对提高电网的安全运行具有重要的意义。

国产 500kV 交联聚乙烯绝缘电力电缆在技术和质量上与进口电缆相比毫不逊色，在成本价格方面具有明显优势，有利于打破国外公司的技术壁垒，必将为国家 500kV 超高压输变电事业做出巨大贡献。

随着小湾、拉西瓦、锦屏一二级、官地、澜沧江锦洪、糯札渡、溪洛渡、向家坝、瀑布沟、白鹤滩等巨型水电站的规划建设，具有自主知识产权的国产化 500kV 超高压交联聚乙烯绝缘电力电缆具有广阔的应用前景。截至目前，向家坝、国网福建仙游抽水蓄能水电站、山西轩岗电厂、华电云南鲁地拉水电站、国电大渡河流域大岗山水电站、大唐岩滩水电站二期扩建项目等工程均采用了本课题国产化研制的 500kV 超高压交联聚乙烯绝缘电力电缆。

该项目经引进、消化吸收、再创新并应用后，取得了节约 6980 万元工程建设费用的经济效益和巨大社会效益，电缆具备了技术先进、性能稳定的特点，具有在国家大型水力发电厂、抽水蓄能电站和超高压电力传输干线等电力系统 500kV 输配电系统的推广应用价值。

主要完成单位：龙滩水电开发有限公司、河北新宝丰电线电缆有限公司。

主要完成人：初曰亭、郑保忠、杨振先、胡镇良、郑玉朋、张强、程炳松、郑金钟、方善臣、杜晓彬、谌德清、王鹏宇、于恩楼、武建省。

（水力发电科学技术奖励工作办公室）

混凝土拱坝协同管理信息采集设备与数据智能处理网络平台的研发应用

“混凝土拱坝协同管理信息采集设备与数据智能处理网络平台的研发应用”获 2012 年度水力发电科学技术奖二等奖。

混凝土拱坝的裂缝是一个带有普遍性的问题。目前为止，大坝施工期和运行早期的裂缝问题，主要是通过施工期的温度控制解决。因此，建立一个基于混凝土拱坝施工过程信息采集与分析支持系统，在大坝施工过程中对大坝的温度状态不断地进行动态实时采集监控，防止大坝出现危害性的裂缝，确保大坝工程质量和进度显得尤为重要。本项目主要研究了如下五个内容：

(1) 工程数据采集及结构方法的研究。通过手持已经导出静态数据和安装数据分析应用程式的PDA设备到施工现场，系统能够充分利用PDA手写、模板选择、图片编辑、手签存储、现场照相图片等各项功能对工程进行全面的掌控与检测，解决了目前我国大型水利水电工程施工期温控实时监测和管理分析存在的实际问题。

(2) 数据驱动图形的动态建模方法的研究。以VC++.Net 2008为开发平台，采用数据驱动图形的建模方法，利用基于OGRE的图形引擎开发的程序直接生成模型，无需第三方建模软件的支持，省略了通过中间建模工具根据模型数据建模的工序。采用“五维空间”理论方法，将数据直接附着于图形，对节点、有效线以及有效面的数字化修改在模型实时体现，减少了由于变更产生的二次建模风险。该系统将成为一个集实时建模、实时显示、实时记录以及变化查询数据库为一身的真正意义上虚拟现实平台。

(3) 动态数据采集设备在第三代移动网络（3G）上实现数据实时采集技术的研究。利用3G网络、PDA及数据库技术，自主研发了FAAP（First Available Access Point）数据采集方式，主要包括：多类型网络自动选择方法、移动设备ID自动识别技术、无线网络接入点信号强度自动判断技术，以及有效移动设备在协同管理信息采集移动网络中自动注册入网技术。该项技术有效地解决了目前我国拱坝施工期温控实时监测和管理分析存在的实际问题，为水电工程协同管理信息采集与数据分析提供了新方法和手段。

(4) 跨平台网络数据交互技术的研究。借助跨平台开发库MONO，完成C/S架构在.NET B/S架构上跨平台交互的实现。有效避免了数据不匹配的缺陷，将工程数据在统一框架下收集，并由中心数据库校验合法性并分类存储，使数据规范化、系统化，以便今后数据的使用。

(5) 数据智能处理网络平台的研发。采用物理连接下载静态数据，由现场施工管理人员实时记录动态数据，导入到PDA，实时对所有数据查询、显示、分析，并将施工质量评价通过无线通讯GPRS同步到服务器，经过服务器数据统计分析中心的批量处理和详细分析，之后反馈到PDA数据库。该系统集空间化、数字化、网络化、智能化、可视化于一体，使项目各参与方通过网络实现多方实时协调。在国内大型的水利水电工程中应用，具有广泛的推广应用价值和科技进步意义。

本项目研究成果通过了省级鉴定，以曹楚生院士为主任的专家评审组一致认为该研究成果适应我国当前水电工程建设的迫切需要，在水电工程协同管理技术方面的研究达到了国际先进水平。依托本项目，在国内外高水平学术期刊上发表论文11篇，其中EI收录10篇，出版编著2部，获专利19项。

主要完成单位：华北水利水电学院、中国水利水电科学研究院、河南奥斯派克科技有限公司。

主要完成人：魏鲁双、张国新、魏群、李松辉、张爍一、刘毅、郑臣、袁志刚、王裕彪、张磊。

（水力发电科学技术奖励工作办公室）

舟曲泥石流抢险快速疏通施工技术

“舟曲泥石流抢险快速疏通施工技术”获2012年度水力发电科学技术奖二等奖。

1. 泥石流成因及特点规律研究

(1) 泥石流的形成主要有内在和外在因素，内在因素主要是地表覆盖层土质及岩性、地形地貌等。外在因素主要是地震、降水、人类活动、地下水水位巨变、火山活动等。

(2) 泥石流的物质组成一般与岸坡地表覆盖层及地层岩性一致，可以由泥、水、岩体坍塌碎石体组成。物质的粒径组成变化较大，从原岩层组成的块石、碎石（砂砾石）、岩粉、泥土等组成，有的还含有大量植被、冲毁的建筑物，根据含水量及含泥量的多少可以对泥石流进行命名和分类，例如分为泥流型、泥石型、水石型等等。

(3) 泥石流形成后，可以根据泥石流规模大小、沉积扇面积、在主河床淤积段原始河床坡度、洪水流量以及河床的行洪条件进行初步稳定性判断。泥石流淤积体自然破坏只有过水溢流破坏一种形式，且需过水流量及流速在达到泥石流爆发临界值时，破坏方能开始。

(4) 泥石流淤积体的形态特征可以由淤积体堆高、淤积长度、体积、含泥量及容重、湖水体积及自然漫流情况进行描述。本次研究统计分析了部分泥石流特征资料，并就部分特征参数的相关性做了分析，上述特征为泥石流快速疏通施工拟订方案的重要依据。

2. 泥石流快速疏通水力学分析研究

(1) 堰塞湖漫流水力计算理论适用于泥石流淤积体稳定判断。常规的堰塞湖溃坝计算需要复杂的微分方程解算，计算方法比较复杂。然而，一般堰塞湖溃坝计算精度要求并不太高，用宽顶堰漫流计算方法基本可满足要求。

(2) 快速疏通泄流渠水力学按照明渠均匀流进行

计算，疏通过程中根据水面和水流向特征的改变可以分析和找到快速疏通施工的有利部位，以利于提高疏通工效。

3. 舟曲泥石流快速疏通施工设计研究

（1）舟曲泥石流快速疏通的施工道路布置和形成速度是快速疏通施工进度的关键，临时道路快速形成的有效方法是路基箱铺垫法和混合石渣换填法。换填石渣主要来自流水区挖掘掏洗淤积体。修建丁字堰最佳的方法是砂袋铅丝笼、石渣混合进占法和块石、石渣混合进占法。

（2）泥石流除险快速疏通应考虑其个性特征及当时流域及当地气象、水文、交通、周边地形及地质等因素，以确定最经济、最快的处理方案。舟曲百龙江河道最佳疏通开挖方法是长短臂挖掘机配合法、台阶开挖法和左右岸交替进退法开挖。

（3）快速疏通时应修筑好撤离通道，在新生泥石流或洪水发生时给疏通人员和设备提供撤离安全通道。

（4）泥石流堆积物堵塞河床后，应尽快降低堰体上游水位。快速疏通开挖的淤积体以外翻堆放为主，辅以适当的外运，在快速疏通结束后再将外翻积渣外运。

本成果以舟曲特大山洪泥石流快速疏通研究为基础，提出泥石流沉积稳定理论和泥石流堰体泄流水力计算理论，利用“束窄河床、水流归槽、动能冲刷”原理，应用路基箱铺垫道路、丁字堰、石渣掏洗换填及长短臂挖掘机配合开挖等施工方法，高效、安全地完成大型泥石流快速疏通。这尚属首次，为今后应对类似自然灾害和应急工程处理提供了新的方法和借鉴经验。

主要完成单位：中国人民武装警察部队水电第三总队（安蓉建设总公司）。

主要完成人：陶然 、周庆丰、田维忠、刘春文、付光均、王永平、黄永贵、詹登民、王位、张仕超。

（水力发电科学技术奖励工作办公室）

700MW巨型水轮发电机组励磁系统研制及其应用

“700MW巨型水轮发电机组励磁系统研制及其应用”获2012年度水力发电科学技术奖二等奖。

励磁系统是建立并维持发电机组电压稳定的核心控制系统，是保障电网稳定运行的关键要素，也是提高电网输送能力最经济最优先采用的手段。作为当今单机容量最大的700MW巨型水轮发电机组，其励磁系统在抑制电网低频振荡以及实现大扰动时调节的快速性与稳定性的协调对电网稳定至关重要，且灭磁难度比相对同容量的汽轮发电机组大得多，因此长期以来仍然被国外垄断。它涉及电力系统自动化、电力电子、自动控制等技术，属于水力发电与网源协调技术领域。

该项目通过持续的自主创新，解决了国外设备存在的多项关键技术难题并成功实现技术突破：

（1）指出了双输入PSS通道间的相互关系以及斜坡函数的独特作用，提出了有效验证双输入PSS每个通道作用效果的方法，为充分发挥PSS应有作用提供了保障。

（2）提出了主辅环协调控制试验验证方法，进行参数优化，实现了主辅环间的协调控制，确保主辅环协调控制策略在大、小扰动工况下都具有优良的控制特性，保证励磁系统在各种工况下都能够为电网稳定提供有力的支撑。

（3）在700MW水轮发电机组上实现了巨型水轮发电机组事故情况下灭磁的快速性、可靠性与安全性的统一，并首次建立起以熄弧容量为依据的灭磁性能指标，为评价灭磁性能优劣提供了更加科学的依据。

（4）提出了起励/电制动开机续流控制的新方法，解决了巨型机组起励或电制动失败的难题。

（5）研制了单柜出力1500V/4000A风冷密翅型散热器功率柜，满足了700MW巨型水轮发电机组的需要，同时为1000MW水轮发电机组励磁奠定基础。

该项目已申请专利13项，其中发明专利6项，获得授权3项，软著3项，参与编写相关行业标准7项。该项目通过鉴定，专家组一致认为：该成果总体技术达到国际先进水平，其中校验双输入PSS效果新方法和新理念、主辅环协调控制技术及验证方法和专有灭磁技术处于国际领先水平。

成果的技术经济指标：

（1）采用双输入PSS参数整定和试验验证方法，消除“反调”的同时将低频段（0.1～0.8Hz）阻尼增加了约20%、有功功率摆动减少1～2次；采用主辅环协调控制的试验验证方法优化参数，将辅环调节速度由4.5s缩短到约1.5s，且对主环的调节性能不产生明显的影响；采用起励/电制动开机续流控制的新方法，确保起励和电制动开机成功率100%；采用多项专有灭磁技术，保证任何单一灭磁方式失效情况下仍能快速安全可靠灭磁；采用风冷型高密翅片整流柜，单柜出力达到DC1500V/4000A。

（2）该系统的成功应用，迫使进口每套同类设备的平均价格由1000多万元下降约500万元，仍为本系统价格的2倍，按近五年订货量统计（59套），若仍采用进口设备可为国家节省投资近3亿元，而使用本系统可为国家节省投资超4亿元，经济效益十分显著。

本项目的成功研制及其推广应用，填补了我国在700MW巨型水轮机组励磁领域的空白，开创了国内巨型水轮发电机励磁系统自主配套的先河，打破了国外设备在中国高端励磁系统市场垄断局面，提升了我国励磁系统制造技术在世界范围的影响，促进了行业科技进步，推动了我国电站重大装备制造业国产化的进程，促进我国巨型水轮发电机组励磁系统装备制造体系的完整性，为国家能源安全战略提供了基本保证。

该系统成功应用于长江三峡水力发电厂地下电站700MW水轮发电机组，打破了国外厂家的技术和产业垄断，在糯扎渡、溪洛渡、梨园等大型水力发电厂进行推广。

主要完成单位：国电南瑞科技股份有限公司、长江三峡水力发电厂、国网电力科学研究院。

主要完成人：邵宜祥、李志祥、许其品、刘国华、胡先洪、许和平、霍乾涛、许其质、王海军、袁亚洲。

（水力发电科学技术奖励工作办公室）

三峡700MW蒸发冷却水轮发电机研制

“三峡700MW蒸发冷却水轮发电机研制”获2012年度水力发电科学技术奖二等奖。

随着三峡、龙滩、小湾及溪洛渡、向家坝等700MW级的水轮发电机的陆续投产运行及开工建设，我国在水电设计、制造、建设等诸多领域已全面进入了单机大容量发展阶段，而水轮发电机单机容量的不断提高，电机的热负荷也大幅增加，由此而引起的绕组温升、温差都在增加。降低电机绕组温升及改善温度分布的均匀性对大型发电机的可靠运行是至关重要的。

蒸发冷却是一种电机内冷技术，是我国具有完全自主知识产权的冷却技术。蒸发冷却技术既有水内冷技术冷却效果好的优点，同时又消除了水内冷技术一旦泄漏后造成严重短路事故的重大安全隐患，又具有空冷技术运行简单、维护方便、可靠性高，运行维护成本也相对较低的特点。非常适用于巨型或频繁启动的水轮发电机。

东方电机依托三峡地下电站工程，在世界上首次将蒸发冷却技术应用于700MW巨型水轮发电机上。在此之前，蒸发冷却技术只应用到了400MW水轮发电机上，而目前世界上已经投运的巨型水轮发电机中，大部分采用的是水内冷技术。蒸发冷却技术是否能在巨型发电机上经受住考验，还是未知数。因此，研发难度非常大。

通过三峡700MW蒸发冷却水轮发电机的研制，取得了以下主要成果：

自主开发三峡700MW蒸发冷却水轮发电机，技术性能达到了国际领先水平；从科研、产品研发、制造、安装、试验检验、使用维护等全面丰富完善了蒸发冷却技术。并形成了电力行业标准DL/T 1067《蒸发冷却水轮发电机（发电/电动机）基本技术条件》以及其他相关指导性文件。

在应用过程中，获得发明和实用新型专利5项。其中水轮发电机定子蒸发冷却联合循环装置获得2011年中国专利优秀奖（发明）。

三峡700MW蒸发冷却水轮发电机的研制成功，为自主研制更高一级的“百万千瓦级”水轮发电机组奠定了坚实的基础。

主要完成单位：东方电气集团东方电机有限公司、中国科学院电工研究所。

主要完成人：贺建华、阮琳、郑小康、袁佳毅、铎林、余顺周、侯小全、张天鹏、廖毅刚、王笑君。

（水力发电科学技术奖励工作办公室）

水温分层型水库分层取水工程措施研究

“水温分层型水库分层取水工程措施研究”获2012年度水力发电科学技术奖二等奖。

水电工程尤其是具有较好调节性能水库的水电站，由于发电引水进水口位置通常低于水库死水位，从而导致春夏季节经发电后的下泄水温较低，对下游水生态及工农业用水均会带来一定的影响，需要采取分层取水措施来缓解这些影响。本课题对现有水温预测公式及参数进行分析、验证，提出新的应用简单且具有一定适用性的水温预测方法；分析电站发电下泄水温与进水口水深、结构、发电流量及水库水温结构的关系，探索分层型水库下泄水温计算的简便方法；结合工程实践，提炼出水温分层型水库分层取水设施及其设计流程，为国内大型分层型水库的进水口设计提供科学依据。

本研究为社会公益类，其主要效益为环境效益和社会效益，在减缓水电站下泄低温水对水生生态系统的不利影响方面发挥了积极作用，并为《水电站分层取水进水口设计规范》提供了支撑，对今后水电工程分层取水设计具有良好的指导作用。

成果紧密结合当前水电工程建设生态环境保护的需要，具有较好的创新性、先进性和应用性，促进了水电工程水温预测、下泄水温计算和分层取水进水口设计的研究，对统一大型分层型水库的水电工程配套分层取水设施必要性的认识和进一步规范水温预测、分层取水进水口设计起到了重要的作用。在本课题研究成果基础上，编制完成了《水电站分层取水进水口设计规范》，并通过了能源行业规划水库环保标准化委员会的审查，对大型分层型水库的水电工程进水口的设计具有很好的指导和借鉴意义。

成果对水温分层型水库水温分层情况进行了调研，建立了新安江水库表层水温与气温的线性回归公式及表层水温与气温多因子相关关系，对已有经验公式进行验证，提出其参数修正意见，提出坝前垂向水温预测S曲线方法。初步建立了新的用于下泄水温的计算方法。提出分层取水建筑物结构计算方法，提出大流量高水头叠梁门型通仓流道分层取水进水口结构。目前，该项研究成果已应用于滩坑水电站、云南糯扎渡水电站、贵州光照水电站、四川锦屏一级水电站及金沙江溪洛渡水电站等大型水电工程，为《水电站分层取水进水口设计规范》提供了重要基础，经济效益和环境效益显著。

主要完成单位：中国水电顾问集团华东勘测设计研究院、水电水利规划设计总院。

主要完成人：彭程、芮建良、顾洪宾、傅菁菁、吴旭敏、王东锋、侯靖、喻卫奇、崔磊、祁昌军。

（水力发电科学技术奖励工作办公室）

漂卵砾石地层特大型调压井沉井法施工技术研究与应用

“漂卵砾石地层特大型调压井沉井法施工技术研究与应用”获2012年度水力发电科学技术奖二等奖。

成果主要研究了漂卵砾石地层沉井法施工调压井合理结构和施工方法分析；喜儿沟水电站调压井工程沉井施工过程有限元数值模拟；漂卵砾石地层大直径超深沉井施工技术；软硬相间不均匀地质条件下的沉井施工程序和方法；漂卵砾石地层大直径沉井偏斜和裂缝成因及处理措施；大直径超深沉井下沉测量观测与控制；漂卵砾石地层沉井法施工调压井开挖出渣方法等。

成果围绕沉井法施工调压井技术，根据理论计算分析，论证确定沉井结构和施工技术参数，通过现场生产试验和应用实践，总结出一套系统、完整的漂卵砾石地层大型调压井沉井法施工技术。

（1）采用永久与临时建筑物结合的施工方法，减少了井口覆盖层开挖，改善了作业环境，降低了安全风险，加快了施工速度，有利于保护环境。

（2）通过下沉摩阻系数相关分析和结构计算，研究确定了合理的沉井刃脚结构型式，降低了沉井刃脚破坏的施工风险，有利于沉井顺利施工。

（3）结合数值分析成果，研究实施了漂卵砾石地层均匀碗形开挖；漂卵砾石软硬相间地层“先硬后软”、砾岩地层采用液压破碎锤分区破碎的施工方法；下沉困难地层采用小药量井中激震爆破辅助下沉，实现了沉井平稳、顺利下沉。

（4）该研究成果形成了漂卵砾石地层特大型调压井施工工法，具有一定的创新性，已申请了专利，经济社会效益显著，具有推广应用价值。

（5）利用科研成果，减少土方明挖18.5万m^3，减少征地及弃渣场占地约30亩，有利于环境水土保持，取得了良好的环保效益，产生的经济效益为1022.14万元人民币。

研究成果在依托工程中的应用，保证了工程施工任务全面完成，加快了施工进度，促进了施工安全，保证了施工质量，提高了工程效益。研究成果为覆盖层和软岩竖井施工方案提供了新的思路，具有显著的技术进步意义，在类似工程设计和施工建设领域，将产生广泛、深远的影响。

主要完成单位：中国水利水电第五工程局有限公司、四川大学。

主要完成人：吴高见、姜凌宇、喇成云、张黎、李洪涛、任俊友、周宏伟、段彬、张晓东、黄万虎。

（水力发电科学技术奖励工作办公室）

喀斯特化坝基岩体工程地质分类与地基处理研究

“喀斯特化坝基岩体工程地质分类与地基处理研究”获2012年度水力发电科学技术奖二等奖。

通过广泛收集喀斯特化坝基岩体工程地质分类与地基处理方面的工程实例资料及研究成果，对碳酸盐岩岩体风化带划分、坝基喀斯特类型及其力学效应分析、喀斯特化坝基岩体工程地质分类方法、喀斯特化坝基岩体质量检测方法、喀斯特化坝基地质缺陷处理等五个方面进行了分析研究。提出碳酸盐岩各风化分带的主要地质特征及综合性评判标准；采用数值分析手段对喀斯特洞穴或溶蚀破碎带分布对坝基岩体应力应变特性的影响进行了模型研究；根据喀斯特化坝基岩体地质及力学特点，建立了适应喀斯特地区的坝基岩体工程地质分类方法；通过喀斯特地区坝基岩体质量检测技术的系统应用与成果总结分析，初步建立了喀斯特化坝基岩体质量快速检测与评价体系；针对喀斯特化坝基不同类型的溶蚀缺陷，提出不同类型溶蚀缺陷的处理方法。

(1) 提出了有具体定量指标的碳酸盐岩岩体风化带划分表。该风化带划分表兼顾了碎屑岩地区的风化分带习惯，同时提出了碳酸盐岩岩体的详细风化分带划分标准，满足碳酸盐岩地区工程的需要。

(2) 通过建立溶洞或溶蚀破碎带对坝基岩体应力应变特性影响的地质模型，对多因素组合、单因素变化条件下的坝基岩体应力应变特性进行了有益的探索，为坝基岩体质量评价、坝基处理提出了一种定量分析的途径。

(3) 提出了有具体定量指标的碳酸盐岩坝基喀斯特形态组合类型划分表。

(4) 提出了基于碳酸盐类岩体溶蚀风化特点的溶蚀影响直接分类法和规范修正法两种喀斯特化坝基岩体工程地质分类方案，在贵州的索风营、沙沱等工程得到了很好的应用，为碳酸盐岩地区其他工程坝基岩体工程地质分类方法研究提供了有效的指导。

(5) 提出了一套碳酸盐岩地区坝基岩体质量快速检测及初步评价体系，为加快碳酸盐岩地区坝基勘察工作，有效、高效利用物探等轻型勘探手段打下了基础。

(6) 区分喀斯特化坝基不同类型的溶蚀缺陷，有针对性地提出不同溶蚀缺陷的处理方法，对类似工程地质缺陷处理有一定的借鉴意义。

研究成果对促进喀斯特地区水电工程建设具有重要作用，社会经济效益显著，推广应用前景广阔。已广泛应用到喀斯特地区坝基岩体工程地质分类与地基处理中。

主要完成单位：中国水电顾问集团贵阳勘测设计研究院。

主要完成人：郭维祥、杨益才、余波、肖万春、沈春勇、袁景花、徐光祥。

(水力发电科学技术奖励工作办公室)

水电工程自调节起旋墩泄洪防蚀消能新技术研究

“水电工程自调节起旋墩泄洪防蚀消能新技术研究”获2012年度水力发电科学技术奖三等奖。

我国西北西南大型水电工程多位于高山峡谷地区，水头高，泄量大，坝身不能承担全部泄洪任务，特别是日益兴建的面板堆石坝，常在岸边修建泄洪洞。作为电站枢纽泄水建筑物防蚀消能设施的核心，传统泄洪洞消能率不高，流速大，出口雾化严重。考虑到目前水电工程对生态环境的影响已成为衡量工程可行性的制约指标，一种趋势是把泄水建筑物的消能任务从洞外转移到洞内，除了满足基本的泄量要求，还要兼顾防空蚀、护生态和减投资的目的。项目依托于广东清远抽水蓄能电站上下水库泄洪洞工程，为保证工程设计经济、运行安全高效同时兼顾生态环境，迫切需要解决三大问题：①该泄洪洞泄量较大，若用常规环形堰竖井式泄洪洞，进水口易出现不稳定漩涡并影响泄流能力，若设置掺气坎和通气槽来防止空蚀，施工困难，造价高，因此需要研究新的泄洪防蚀体型；②泄洪洞体型需要同时解决在各种库水位运行时，水流不冲蚀竖井底板、不引起结构物空蚀、出口消能率高等诸多问题，需要研究新的高效内消能防蚀技术指导工程设计和运行；③该体型下游连接河床，设计不慎会冲刷河床，且出口雾化严重将破坏周围生态环境。在此背景下，本项目采用物理模型试验和理论计算分析等研究手段，围绕上述亟待解决的问题，提出了新的结构体型并解决了若干关键技术难题。

成果主要内容：

(1) 提出了一种以水电工程自调节起旋墩泄洪防蚀消能新技术为基础的新型旋流环形堰竖井泄洪洞形式，在各种水头下均能产生稳定的空腔旋转流运动，消除溢流堰和竖井壁面的负压，避免发生空蚀，同时提高泄洪洞的消能率。

(2) 揭示了自调节潜水起旋墩的旋流运动机理，即：当堰上水深较浅时水流沿着墩壁进入竖井，产生旋转流运动；当水深漫溢墩顶时，在惯性力的作用下水流自动调节入流角度加大泄流量，在底层旋转流的拖曳下同步旋转，并且增加了旋转力度。

(3) 建立了新型旋流环形堰竖井泄洪洞的设计理论和水力特性计算方法，包括：新型泄洪洞结构组成，自调节起旋墩布置原则，旋流环形堰断面曲线、平面半径、竖井直径和流量系数的确定方法，竖井合成速度和压力分布理论计算公式等。

(4) 利用洞顶余幅气体自掺气原理，提出了洞内带有自掺气顶压板（和自掺气消力墩）的压力消能工，明显提高消能效果和防止发生空蚀。

相应技术指标：①满足了上下水库泄量要求及防蚀消能要求；②环形堰旋流洞内无负压；③出口洞内流速低，整体消能率高；④堰、井及洞内无空蚀；⑤出口冲刷小、无雾化。

该项目出版专著1部，获授权发明专利2项，通过省部级科技鉴定。专家一致认为：成果总体达到国际领先水平。成果已被广东清远抽水蓄能电站竖井泄洪洞工程采用，经济效益显著。

该研究成果适于大、中型泄洪洞，特别是在土石坝水库修建非常泄洪洞和城市排水工程更有利，具有广泛的推广应用前景。

主要完成单位：中国水利水电科学研究院、广东省水利电力勘测设计研究院。

主要完成人：董兴林、杨开林、刘林军、郭建设、郭新蕾、郭永鑫、王涛。

（水力发电科学技术奖励工作办公室）

梯级水电厂群远程集中监控与诊断关键技术研究及其应用

“梯级水电厂群远程集中监控与诊断关键技术研究及其应用”获2012年度水力发电科学技术奖三等奖。

本成果结合五凌公司梯级水电厂群远程集控系统的建设，主要从系统硬件及网络的构建、系统的优化设计与功能规划、梯级联合经济运行、水电设备远程监测与故障诊断、电厂发电效益评价等多方面出发，解决系统建设中的若干关键技术。主要内容包括：

（1）五凌公司梯级水电厂群远程集控系统硬件平台、网络平台、软件平台、系统功能等的规划、设计与研究及工业应用。集控数据网组网方式构建策略及工程应用。

（2）电厂泄洪闸门远程集控策略的研究及工程应用。

（3）“区域值班员”相关关键技术研究及工程应用。

（4）集控模式下梯级电厂AGC、AVC及其安全技术研究和工程应用。梯级联合AGC技术的研究。

（5）集控数据平台下电厂设备远程集成监测与实时诊断技术的研究及工程应用；水电设备运动协联关系数字化技术研究及应用。

（6）梯级上下游电厂经济匹配运行模型关键技术研究及工程应用。

（7）电厂发电效益评价模型研究及工程应用。

主要技术经济指标：

（1）采用“区域控制”与“区域值班员”的集控模式可有效减少运行人员数量，13个水电厂仅仅需36个值班员，较传统的“一人一席一厂”的远程集控值班方式可减员48人，较目前电厂现地值班方式则一共可减少运行人员近200人，每年直接创造经济效益2400万元以上。

（2）在不增加任何硬件开支、成本的情况下，能对泵设备、机组振摆、发变组温度等进行远程智能分析与故障诊断。目前，已多次成功地诊断某电厂高压气系统漏气故障。

（3）梯级联合经济运行技术显著提高了电厂的经济效益，在满足调度发电要求的情况下，节省电厂耗水率，在高水头情况下，平均节省发电耗水0.4%；在低水头下，最高可以节省耗水1.5%；梯级水电厂匹配经济运行能提高下游电厂发电效益4%。

（4）电厂发电效益评价模型实效性强，成功应用到各个电厂效益评价、电厂次年中长期发电计划制定，小水电收购决策等多个方面。

促进行业科技进步作用及应用推广情况：

（1）项目的研究有效解决了五凌公司在实施远程集控过程中存在“跨省、跨流域、跨多级调度、多电源类型”等一系列问题，也为其他电厂数目多、地域分布广的大型水电企业实施远程集控提供一种较为有效的参考思路。

（2）集控数据平台下电厂设备集成监测与实时诊断相关思想，不仅有效提升了信息的综合利用水平，为电厂监控系统设计者提供了一种全新的设计理念，也提供实现电厂状态检修的大量数据素材及专家知识，可为智能电网框架下智能水电厂的研究提供大量的实践基础与理论基础。

主要完成单位：五凌电力有限公司、北京中水科水电科技开发有限公司。

主要完成人：邓志华、王德宽、曾再祥、田启荣、龚传利、万元、邓鹏程。

（水力发电科学技术奖励工作办公室）

大流量土石-碾压混凝土混合过水围堰研究与运用

“大流量土石-碾压混凝土混合过水围堰研究与运用”获2012年度水力发电科学技术奖三等奖。

成果主要内容：

（1）进行过水围堰水力特性研究。通过水力学模型试验和三维水气两相紊流数值模拟计算研究，模拟上下游围堰附近的三维流场，重点研究土石-碾压混凝土混合过水围堰的过流流速、流态、堰面动水压力、对基础及河岸的冲刷影响；研究不同围堰布置型式对水力参数的影响和变化规律；研究不同充水方式对基坑冲刷的影响。

（2）优化确定围堰形式及堰面防护材料。根据水力学模型试验和三维数值模拟计算成果，优化混合过水围堰体形、防护方式、细部结构及筑堰材料；通过围堰稳定计算、三维有限无应力应变计算，确定推荐的围堰体型和结构；进行进一步的模型试验，检验和论证确定的围堰体型及堰面防护材料。

（3）完成过水围堰设计及施工。根据研究论证结果进行围堰施工详图设计，提出全套施工详图及技术要求；根据设计要求研究确定围堰施工方法，完成围堰施工。

（4）进行原型观测及反演分析。过水围堰建成后，对汛期各种洪水流量下的运行状态进行原型观测，取得流速、流量、压力等系统观测数据；对围堰过流后进行外观测量和脱空检查，取得沉降、变形及冲刷破坏观测数据；对观测成果进行反演分析，形成系统的研究成果。

技术经济指标：

1. 技术指标

(1) 满足《水电水利工程围堰设计导则》(DL/T 5087—1999) 对围堰设计的各项技术指标要求，各项保证措施可靠；

(2) 满足施工期20年一遇设计洪水 $Q=10\ 700m^3/s$ 安全度汛要求；

(3) 设计洪水单宽流量 $44.4m^3/(s\cdot m)$，实际最大过流流量达 $8950m^3/s$，最大过流流速18.38m/s；

(4) 节省围堰施工直线工期2个月以上；

(5) 项目达到国内领先，国际先进。

2. 经济指标

(1) 在确保围堰安全运行的前提下，达到大幅节约鲁地拉水电站施工导流工程投资2.9亿元以上。

(2) 在鲁地拉水电站截流时间大幅度延后的情况下顺利完成了“一枯”期间的工程施工，确保了“一汛”安全度汛，取得节省发电关键线路直线工期3个月左右的间接效益；

(3) 对其他同类工程起到借鉴作用，降低类似工程项目的工程投资。

对行业科技进步作用及推广运用：

本成果研究解决深厚覆盖层上大流量土石-碾压混凝土混合过水围堰设计、施工中的技术难题，研究成果直接用于金沙江鲁地拉水电站围堰工程施工，取得了简化施工导流方式、节省工程投资和缩短发电关键线路直线工期的良好效益。

该围堰兼有土石围堰施工简单和混凝土围堰抗冲能力强的特点。通过本项目的研究和应用，为我国其他大江大河及深厚覆盖层地基上修建大流量过水围堰设计施工提供借鉴。

与采用碾压混凝土围堰作为大流量过水围堰相比，该研究成果不但减少了一道临时土石围堰，而且可以在截流戗堤的基础上直接填筑加高并浇筑碾压混凝土面板，减少了临时土石围堰填筑及防渗处理、基坑抽水、碾压混凝土围堰堰基开挖等工序，使围堰施工变得非常简单，从而为截流后“一枯”期间的基坑开挖、垫层混凝土浇筑、固结灌浆等项目施工赢得了宝贵时间，极大提高了“一汛”期间安全度汛的可靠性。该成果的推广应用将对采用枯期导流方式的水电工程项目施工组织设计产生重大影响。

本项目在鲁地拉电站的实践证明，过水围堰基础是原始的河床深厚覆盖层，戗堤和堆渣体既未进行特殊的工程处理，又没有任何时间进行沉降，但历经三个汛期大流量、高流速、长时间过水后，堰体没有产生大的沉降和破坏，也未发生明显的渗漏现象，围堰运行情况良好。本项目可为其他中小河流上类似规模的大坝修建提供新的筑坝思路。

主要完成单位：云南华电鲁地拉水电有限公司、中国水电顾问集团西北勘测设计研究院、武汉大学。

主要完成人：魏永新、黄天润、周卫东、白俊光、孙保平、张湘涛、冀培民。

（水力发电科学技术奖励工作办公室）

宽级配粗砾石土在瀑布沟大坝中的成功应用

“宽级配粗砾石土在瀑布沟大坝中的成功应用”获2012年度水力发电科学技术奖三等奖。

瀑布沟大坝采用砾石土心墙堆石坝，最大坝高186m，总填筑量为2284.4万 m^3。工程心墙料属宽级配粗砾石土。心墙顶高程854.00m，顶宽4m，上、下游坡度均为1∶0.25，底高程670.00m，底宽96.00m，约为水头的1/2。为减少坝肩绕渗，在最大横剖面的基础上，心墙左右坝肩从670～854m高程顺河流向上下游各加宽12～2.8m，各高程在垂直河流向以1∶5的坡度向河床中心方向收缩。为防止坝体开裂，防渗墙插入段和廊道周围铺设厚5m以上的高塑性黏土，心墙两岸和基岩接触面上铺设水平厚3m的高塑性黏土。心墙上、下游侧均设反滤层，上游设二层各为4.0m厚的反滤层，下游设二层各为6.0m厚的反滤层。心墙底部在坝基防渗墙下游亦设厚度各1m二层反滤料与心墙下游反滤层连接，心墙下游坝基反滤厚为2m。反滤层与坝壳堆石间设过渡层，与坝壳堆石接触面坡度为1∶0.4。

根据《碾压式土石坝设计规范》(DL/T 5395—2007)，用于填筑防渗体的砾石土，粒径大于5mm的颗粒含量不宜超过50%，0.075mm以下颗粒含量不应小于15%，且<0.005mm的颗粒含量不宜低于8%。依托工程心墙料属宽级配粗砾石土，筛除80mm超径石含量后，小于5mm的细粒在30%～64.5%范围内，平均值分别为46.66%（1991年资料）和45.92%（2001年资料），小于0.005mm的颗粒含量平均为4.57%和4.97%，小于0.1mm颗粒的含量平均为19.99%和20.5%。对比设计规范要求，依托工程防渗土料先天不足，经过大量的原级配试验研究、改良级配分析和室内及生产性试验研究，成功地将黑马砾石土料用于瀑布沟大坝填筑，充分发挥其

压缩性小，抗裂强度高，施工方便的优势，使我国的高堆石坝心墙防渗技术提高到了一个新水平。

宽级配心墙料的粒径组成存在着不均匀性，大多数土料不能直接上坝作为防渗土料，因此，改善土料的工程性能，使之得到充分使用，是目前该类坝型工程设计的重要课题。宽级配粗砾石土在瀑布沟工程中的成功应用，为同类工程防渗土料的选择及施工积累了经验，提供了新思路和解决的新途径，对我国的高土石坝防渗技术起到充实与发展的作用。

主要完成单位：国电大渡河流域水电开发有限公司、中国水电顾问集团成都勘测设计研究院、长江勘测规划设计研究院大渡河瀑布沟水电站大坝工程监理部。

主要完成人：付兴友、张建华、严军、涂扬举、高林章、姚福海、蒋常春。

（水力发电科学技术奖励工作办公室）

唱凯堤大型决口快速封堵技术研究与应用

“唱凯堤大型决口快速封堵技术研究与应用”获2012年度水力发电科学技术奖三等奖。

主要研究成果：

(1) 唱凯堤决口封堵要求时间短、条件恶劣、组织协调难度大等难点，分析了该堤决口快速封堵的规律特点，为制订科学合理封堵方案提供了依据。

(2) 决口快速封堵与河床截流施工在时段选择、作业条件、方案决策、施工组织及资源配置差异较大，但截断龙口水流的原理与方法相同，可部分用以指导决口封堵。

(3) 研究提出了用决口上游水深 H、上下游水位差 Z、决口宽度 B、完成封堵时间 T、堵截材料取料运距 L、堵截材料密度和是否采取双向进占等因素来分析判断决口封堵难度，以此指导制定快速封堵技术措施。

(4) 对唱凯堤决口封堵采用优先抢通道路、双向立堵、迅速稳固堤头控制决口宽度、利用上游水库调蓄削减流量降低决口水位、多方组织制备运送料源等技术措施，实现了决口快速封堵。

(5) 针对唱凯堤决口封堵抢险特点，在决口封堵中按正常施工需求量的2～3倍配置资源，并采取就近、快速、集中的调配原则，把封堵决口所需的资源快速调配到位。

(6) 针对决口封是应急堵抢险要求，迅速启动应急救援机制，成立抢险现场联合组织指挥机构，实施高效连续指挥，实现了部队出动快、机动到位快、情况掌握快、方案决策快、执行落实快、封堵合龙快，确保了提前完成任务。

应用情况：

2010年6月21日18时30分江西抚州唱凯堤发生决口后，武警水电官兵克服时间任务紧、抢险强度高等困难，整个决口封堵抢险过程贯穿“科学、安全、快速”抢险的理念，做到了抢险任务无一人伤亡、无一设备损毁、无一人违纪，做到了规范施工、科学抢险、质量优良。提前3天完成了江西省委省政府赋予的决口封堵任务。

推广评价：

通过本课题研究，提出了在施工方法上可以借鉴参考工程截流施工方法，在唱凯堤决口封堵决策和堵口资源调配上要重点强调“快速”的抢险特点；提出了决口封堵难度和困难时段的判断方法；强调在唱凯堤决口封堵前要及时对决口堤头进行保护与加固，针对不同堤头险情总结了不同的加固方法，研究提出堤防决口封堵总体难度评价，系统提出降低决口封堵难度实现快速封堵的技术措施。这些研究成果对以后堤防决口封堵抢险施工提供了新的思路和方法，对今后同类抢险工程具有指导意义。

主要完成单位：中国人民武装警察部队水电第二总队。

主要完成人：张利荣、严匡柠、吴国如、张海英、刘剑、徐昂昂、李宜忠。

（水力发电科学技术奖励工作办公室）

新一代励磁系统关键技术的创新研发与应用

“新一代励磁系统关键技术的创新研发与应用”获2012年度水力发电科学技术奖三等奖。

该成果是中国长江电力股份有限公司立足于企业自主创新，紧密结合大型水电工程和电力生产安全的迫切需要，围绕着大型发电机励磁系统几大重要环节和技术薄弱点，近年来，自主开展的科研攻关和技改应用。在直接关系到发电机组内部故障保护能力的无源零开断自动灭磁技术、为发电机提供稳定磁场能量且节能降耗的功率整流器及散热方式研究与应用、抑制或消除励磁谐波负面影响的可控硅励磁谐波对发电机运行危害研究，以及对功率整流器运行状态实现全面监测的整流器掉相监视器智能化产品化研究等多项关键技术上取得重大突破，从根本上解决了大型发电机事故保护能力弱化、事故损失扩大化的灭磁保护技术难题。另外，也解决了大功率整流器自然冷却散热的瓶颈问题和现场条件限制问题，彻底地甩掉了长期依赖的大风机散热方式，实现了高可靠、高效率、节能降耗和免维护的全新生产工作方式。并深入和扩展到发电机主体受到励磁系统谐波影响的交叉专业领域，首次理清了励磁谐波的形成机理和传播规律，以及切实有效的治理方案；且为智能化水电站发展要求，针对励磁功率系统的特点，研制了励磁整流器运行状态监视系统，填补了长期以来这方面功能的缺失，大大地提升了励磁系统的整体可靠性。从而形成了励磁系统功能结构的全新组合，是一系列关键核心技术的集成创新和应用，构成了新一代励磁系统的主体。项目成果代表着新一代励磁系统的发展方向，并且具有完全自主知识产权和核心技术，全部由葛洲坝电厂自主独立原创性研发完成。

(1) 无源零开断自动灭磁技术项目，是本厂申报并获得国家发明专利的新型自动灭磁技术的概括性名称，其核心技术就是以“无源零开断的自动灭磁装置及方法”发明专利（证书号为第522467号，专利号为ZL200510019636.1）为主体的，新一代发电机励磁系统事故灭磁保护技术。该发明专利包括八项专利权利，属于国内外电机灭磁技术领域首创的先进的技术方法和电路结构，具有创造性、新颖性和实用性。新型自动灭磁装置应用在葛洲坝电厂发电机组，取得了空前的灭磁效果，可超越任何限制极限的灭磁能力。项目通过了省级科技成果鉴定：具有国内外首创，国际先进水平。开创了大型发电机事故灭磁保护技术的全新方法和理想灭磁的最优性能，恢复重建了灭磁装置有效保护发电机内部故障的根本功能，填补了长期以来国内外灭磁技术的短缺和空白，是对传统灭磁方式的重大突破。

(2) 功率整流器及散热方式研究与应用项目，是同步推进的励磁系统的另外一项重点研究，针对励磁功率整流器传统强迫风冷散热方式，长期应用当中难以解决的痼疾，而进行的“自冷热管整流器及散热方式”的科研。该项目突破性地解决了功率整流器的热平衡计算、完全自冷散热的结构设计、配套器件的整体优化设计，以及现场安装使用条件限制的结构创新等，形成了热管自冷散热应用的关键技术体系，并且独立完成了产品化设计。将研究成果直接转化为全新的高性能、高品质工业产品，直接应用于新一轮的励磁技术改造当中，开创了功率整流器完全自冷散热方式应用的最佳效果、最低能耗和最高性价比，不但提高了运行可靠性，同时大大降低了维护成本，成为代表现代励磁整流器应用的方向性产品。该项目包括三项专利成果，且通过了国家电控产品检测中心的型式检验，具有国内同类产品的最高性能指标，并获得2009年首届全国电力职工技术成果二等奖。

(3) 可控硅励磁谐波对发电机运行危害研究，其内容目前国内外水电领域并无先例，完全是从葛洲坝电厂大型水轮发电机的实际应用问题出发，自主独立展开的科技创新项目，取得的成果也具有实用性、创造性，有利于提高水电机组安全运行水平，消除励磁谐波危害。该项技术研究成果具有技术上的独创性和先进性，填补了现代水电机组整流器静止励磁应用在谐波治理方面的空白，有助于提升水电技术的综合能力和本质安全，项目获得2011年第三届全国电力职工技术成果一等奖。

(4) 励磁整流器运行状态监视系统研制及应用项目，是针对全厂励磁整流器的自冷化改造应用过程中，大功率整流器柜运行当中缺少直接、有效的监测手段问题，而开展的专题研究。本项研究创造性地研发了功率整流器前端无源检测技术，集成运用先进的工业控制技术，整体解决了励磁功率整流器运行状态的全面监测问题，并通过完善结构设计，充分发挥产品的功能效用。成果具有构成简单、功能分散、现地指示、网络传输、功能组态、监测全面、实施方便、运行可靠的特点，并符合智能化电站的基本条件要求，填补了励磁整流器检测手段方式的不足，且具有进一步扩展应用的空间，是一项成功的监测技术产品化、智能化研究成果。

主要完成单位：中国长江电力股份有限公司葛洲坝水力发电厂。

主要完成人：黄大可、艾友忠、潘家才、邵显钧、程刚、谢刚、周小平。

（水力发电科学技术奖励工作办公室）

河流水电规划环境影响评价技术要点研究

“河流水电规划环境影响评价技术要点研究”获2012年度水力发电科学技术奖三等奖。

本成果是为推动水力发电环境保护领域发展所开展的研究工作。为适应我国当前“在做好生态保护和移民安置的前提下积极发展水电”的最新能源政策要求，针对我国未来水电快速发展的形势以及重点开发区域所处的生态环境特征，在现有研究成果与实践经验的基础上系统开展河流水电规划环境影响评价技术要点的研究工作，可为科学指导河流水电规划环境影响评价工作提供技术支持，进而从决策源头充分考虑水电规划可能涉及的生态环境问题，预防规划实施可能造成的生态破坏，推动水电开发与生态保护的双赢。

课题组在充分了解我国规划环评和流域水电规划相关法律、法规以及政策的基础上，以《规划环境影

响评价导则 总纲》、《河流水电规划编制规范》等技术规范为基础，结合河流水电开发的环境影响特点，在广泛收集国内外相关资料与研究成果、开展典型河流调研以及资料整理分析工作的基础上，对河流水电规划环境影响评价的指标体系与技术方法进行了深入探讨。以如何解决流域水电规划的布局、规模和开发时序等方面的环境合理性问题、提升流域生态安全保护要求为核心研究内容，归纳总结出一套反映“生态优先、统筹考虑、适度开发、确保底线”的新时期河流水电开发生态环境保护指导方针的规划环境影响评价技术方案。

通过本项研究，明确了河流水电规划环境影响评价需遵循的基本原则，建立了以生态环境要素与河流健康指标为核心的评价指标体系，提出了流域主要生态因子阈值，创新了河流水电规划环境影响评价的关键技术与要求，在此基础上提炼出“河流水电规划环境影响评价技术要点”，并以金沙江上游水电规划环境影响评价为案例，客观评价了水电梯级开发的生态环境影响，提出了生态友好的规划实施方案，制定了系统的环境保护对策措施。

目前，该研究成果已广泛应用于指导大中型河流水电规划环境影响评价、回顾性影响评价及跟踪评价工作。《金沙江上游水电规划环境影响报告书》是本研究成果的第一个应用案例，也是环境保护部近年来首个审批通过的大型河流水电规划环境影响报告书。其评价工作充分依据本次研究提出的相关指标体系与技术方法指导规划设计，形成了生态友好的规划设施方案，从源头避免了水电开发方案与环境保护要求发生冲突，对促进流域经济、社会、环境的可持续发展具有重要作用。该成果得到了评审专家、各级主管部门的高度好评，认为其理念和方法代表了当前国内规划环评的领先水平，可以将其作为今后河流水电规划环境影响评价的范例。

2012 年 3 月，环境保护部采纳了本项研究成果，并以环办〔2012〕48 号文颁布实施了《河流水电规划环境影响评价技术要点（试行）》，成为了我国水电行业第一个正式施行的规划环评技术指导性文件，填补了空白，并在各行业中处于领先地位，对推动我国规划环评技术的发展贡献作用巨大。此外，随着我国参与国外水电开发进程加速，本研究成果也可应用于国外河流水电规划环评中，从而为我国规划环境影响评价开拓国际市场创造条件。

主要完成单位：中国水电顾问集团成都勘测设计研究院。

主要完成人：王斌、李天威、章建跃、卢红伟、顾洪宾、李亚农、何涛。

（水力发电科学技术奖励工作办公室）

向家坝水电站骨料及混凝土生产废水处理与再利用技术

“向家坝水电站骨料及混凝土生产废水处理与再利用技术”获 2012 年度水力发电科学技术奖三等奖。

成果主要内容：

（1）通过系列研究、技术改造与方案优化，建立了向家坝水电站砂石骨料与混凝土生产系统全流程的废水处理与回收技术体系，达到了生产废水零排放的处理效果，有效地保护了施工区域与金沙江被影响区段的生态环境，实现了工程建设的生态环境保护目标。

（2）通过废弃水库改造，选用距离砂石加工系统较近的黄沙水库作为砂石系统生产废水自然沉淀池。通过这一水库型自然沉淀池的研究、规划与实施，实现了砂石系统废水全部回收重复利用，且处理费用低廉，生态环保效果理想的综合效益。

（3）在混凝土生产系统废水处理环节中，建立了“砂水分离装置＋高效污水净化器＋橡胶带式过滤机”的综合处理工艺，在水电行业首次引入 DH 高效旋流净化工艺（DH 高效旋流净化器＋真空带式过滤机），该 DH 高效污水净化器（南京慧邦科技研究所专利产品）通过高新集成技术和特殊工艺，将混凝反应、离心分离、重力沉降及污泥浓缩等过程有机融合为一体，实现了在线式快速连续高效处理。

（4）针对水电行业混凝土生产系统废水低浓度、细颗粒等特点，通过理论研究与技术创新，对砂水分离器平台、管道反冲洗系统、加药间地面、真空过滤机操作平台、废水提升泵进水连通管道、砂水分离器进水口检修阀、回用水管道系统、真空过滤机布料斗、加药管道反冲洗水管、净化器混凝器排污管等进行了改造或升级，有效保障了系统的整体运行。

主要技术经济指标：

（1）向家坝水电站建设的砂石骨料与混凝土生产过程中的废水实现了全流程处理与回收利用，实现了废水零排放的理想效果，有效地保护了工区与金沙江被影响区段的生态环境。

（2）本工程砂石骨料生产系统废水的综合处理成本为 0.67 元/m^3，混凝土生产系统废水的综合处理成本为 0.56 元/m^3，废水处理单价实现了行业内的突破，处理后的水质达到一级排放标准。

（3）包括水库自然沉淀池在内的向家坝水电站砂石系统废水处理的系统设计处理能力 3200t/h，相应废水排放量约 4320m^3/h，运行期间废水总处理量达 5000 万 m^3。同时，尾渣库的建设服务了地方的灌溉、供水与交通，实现了良好的社会、经济、环境效益。

(4) DH高效污水净化器的分离效率高达96%～98%，可分离出粒径大于0.2mm的颗粒，SS去除率高达99.9%，COD去除率达到40%～70%。处理后出水的SS为20～70mg/L，可达国家一级排放标准，也可进行回用。

本成果已在向家坝水电站工程中得到全面应用。综合应用本项目研究成果建立的砂石骨料与混凝土生产废水全流程零排放处理与回收技术为国家重大工程向家坝水电站的建设提供了系统的环境保护技术体系，经济效益理想，社会效益、生态环境效益显著。本项目中的水库型自然沉淀池和DH高效旋流净化工艺开创了本行业生产废水处理的新模式，可在具备相关条件的工程中推广应用。

主要完成单位：中国长江三峡集团公司、中国水电顾问集团中南勘测设计研究院、中国水利水电第八工程局有限公司。

主要完成人：樊启祥、朱传喜、姚元军、邓三才、车公义、朱等民、张建荣。

（水力发电科学技术奖励工作办公室）

风电接入电网和市场消纳研究总报告

“风电接入电网和市场消纳研究总报告”获2012年度水力发电科学技术奖三等奖。

风能是清洁的可再生能源，目前风力发电已逐渐成为许多国家可持续发展战略的重要组成部分。随着风电机组价格下降以及世界对环境和气候问题的日益关注，国际风电产业发展迅速。我国一贯重视和支持风电等可再生能源的开发和利用，并已向国际社会明确承诺2020年非化石能源消耗达到15%、单位GDP碳排放比2005年降低40%～45%的目标。加快风电等可再生能源发展已成为我国实现对国际社会庄严承诺的重要举措。

我国幅员辽阔，风能资源丰富，风能资源富集区域大多处于电网末端，远离负荷中心，且风电出力具有随机性和间歇性特点，给电网调度带来一定困难，风电并网和市场消纳已成为当前影响我国风电进一步大规模发展的主要问题。

本成果受国家能源局委托，从风能资源储量及分布、风能资源开发利用条件、出力特性分析及经济性分析、风电消纳能力分析、规划方案、重点区域电网风电预测和调度运行方案等方面，结合实际案例，系统分析了我国风能资源开发、风电消纳、电网风电预测预报和调度运行等方面的发展前景和所面临的困难与挑战，重点针对我国风电重点开发区域各风电基地的开发潜力和市场消纳及输电规划进行了全面分析和深入研究，并统筹研究了全国风电开发目标和区域布局，提出了具体的规划方案，成为国家编制风电“十二五”规划和制定风电年度开发计划的依据。

本研究成果为我国风电并网和市场消纳提供了解决方案，为“十二五”规划制定发展目标、主要指标、重点任务等工作提供了必要参考，为风电年度开发计划制定工作提供了有力支撑。研究成果在我国风电等可再生能源产业发展方面具有广阔的应用前景，为促进我国风电健康有序发展、协调风电开发与电网建设、提高电网消纳风电能力，确保我国可再生能源发展目标的实现提供了重要基础依据。

主要完成单位：水电水利规划设计总院、中国水电工程顾问集团公司、国网能源研究院。

主要完成人：王民浩、彭程、易跃春、郭雁珩、谢宏文、魏小婉、王霁雪。

（水力发电科学技术奖励工作办公室）

机载激光扫描技术在高山区大型水电工程勘测设计中的研究与应用

“机载激光扫描技术在高山区大型水电工程勘测设计中的研究与应用”获2012年度水力发电科学技术奖三等奖。

针对高山区特大型水电工程测绘数据获取与处理的技术难题，开展了机载激光扫描技术的应用研究，实现了数据的快速获取与高效处理。目的是为了适应西部水电大开发的形势，寻求或发展完善出一种新的综合解决方案：一要解决高山峡谷地区水电勘测工作获取空间地理数据的难题；二要大大提高作业速度和成果质量；三要能丰富成果表现形式，为勘测和设计各专业采用更直观、更形象和更准确的三维化协同设计手段提供支撑。故项目所属科学技术领域包括测绘科学技术、摄影测量与遥感技术、航空摄影测量及软科学。

主要科技内容：开展国内外空间数据获取行业主流技术手段对比分析、机载激光扫描技术原理及主流产品比选、重点型号在典型工况下的数据质量预估、机载激光数据采集与处理技术流程研究、保证激光扫描成果精度的综合手段研究、激光点云和影像数据同步匹配处理技术研究、技术解决方案的验证及精度检测、机载激光产品在水电工程勘测设计中的专业应用开发等工作。

技术经济指标：本项成果主要应用于高山区大型水电工程勘测和设计领域，也完全可应用于险峻地貌环境下交通、能源、水利、矿产、减灾防灾等诸多行业。

本项目所形成的技术手段，能在西南大部分高山峡谷地区稳定工作，能在一定程度上削弱植被的影响，能在最大3000m相对航高的情况下达到1/2000的高程精度和1/5000～1/2000的平面精度。

LiDAR系统内部（不包括轨迹误差）标称精度：平面＝相对航高/5500（m），高程为5～25cm，本项目通过优化设计和重点攻关，最终成果综合精度在高山峡谷地区可达到或优于1/2000精度要求，在开阔平坦区域可接近或达到1/1000精度要求。

系统非增压作业高度厂方推荐不超过海拔4000m，主流需求约5000m，本项目最高达到5600m。系统标称最大测程4000m，主流需求约3000m，本项目获得了在3400m测程下长期稳定工作的工况。厂方未提供植被穿透指标，主流需求要求一定程度削弱植被影响，本项目达到了在19.3m深阔叶混生林覆盖地区稳定提取地面数据的工况。

促进行业科技进步作用及应用推广情况：自本项目开展至今，机载激光扫描技术已先后应用于雅砻江流域，大渡河流域的多个水电工程，以及南京市、成都市温江区、遂宁市等多个城市的基础地理信息的采集和处理工作，获取了1/2000精度激光和影像数据9000km^{2}和1/1000精度激光和影像数据1000km^2，制作了数字地面模型（DEM）、数字正射影像（DOM）以及数字线划图（DLG）合计9000km^2，直接经济效益5000万元，机载激光扫描技术的应用缩短了水电开发勘测设计建设周期，产生了巨大的效益，促进国家能源建设和地方经济快速发展，使行业勘测设计水平显著提升。

主要完成单位：中国水电顾问集团成都勘测设计研究院、二滩水电开发有限责任公司、四川中水成勘院测绘工程有限责任公司。

主要完成人：王仁坤、吴世勇、陈万涛、王渊、申满斌、杨洪、杨卫。

（水力发电科学技术奖励工作办公室）

寒冷地区土石坝碾压式沥青混凝土防渗心墙冬季施工技术研究

“寒冷地区土石坝碾压式沥青混凝土防渗心墙冬季施工技术研究”获2012年度水力发电科学技术奖三等奖。

主要研究内容：

（1）针对负温最低到－25℃条件下，通过在实验室对原材料、不同的矿料级配及油石比进行试验研究，初步确定出冬季沥青混凝土配合比，然后通过在库什塔依水电站大坝施工中进行符合性研究，以确定适宜于寒冷冬季条件下的沥青混凝土施工配合比。

（2）通过库什塔依水电站沥青混凝土心墙的冬季寒冷时段施工，确定出冬季严寒情况下沥青混凝土摊铺、运输等设备的有效保温措施。

（3）通过库什塔依水电站沥青混凝土心墙的现场摊铺试验研究，确定沥青混凝土冬季严寒条件下大坝沥青混凝土心墙施工工艺。

（4）库什塔依水电站项目通过室内试验及现场摊铺试验研究，确定在严寒的外界气温条件下，沥青混凝土心墙施工可不进行层间加热施工技术，以提高沥青混凝土心墙施工速度。

（5）库什塔依水电站项目通过现场摊铺试验研究，将沥青混凝土摊铺层厚提高到350mm，以提高沥青混凝土心墙施工速度。

本成果根据库什塔依水电站项目现场特殊施工气候条件，对冬季极端气温条件下沥青混凝土配合比进行了试验室模拟试验及现场摊铺试验。对冬季严寒气温条件下沥青混凝土的施工设备选择及采取的保温措施、现场拌合、运输摊铺施工工艺及沥青混凝土冬季施工层间无加热技术、沥青混凝土冬季施工摊铺层厚技术方面进行了深入的研究。全面掌握了特殊气温0～－20℃条件下碾压式沥青混凝土的施工特性、设备选型及保温措施、施工工艺和温度控制特点等冬季施工技术，并在2011年1～4月库什塔依水电站大坝碾压式沥青混凝土心墙工中得以应用。

通过对库什塔依水电站沥青混凝土心墙冬季施工技术研究，总结出了采用合理的冬季沥青混凝土配合比，在施工现场对设备进行合理的保温措施，在0～－20℃条件下碾压式沥青混凝土施工的可行性。这一成果在本项目的应用，确保了库什塔依水电站截流、度汛、发电三大节点目标的顺利实现，为本项目按期竣工打下了基础，取得了良好的社会效益和经济效益。目前，国内外在这方面的研究少见报道。该课题的研究成果不仅能对本项目的施工具有指导意义，而且对国内外类似工程类似工程的建设具有借鉴意义。

主要完成单位：中国水电建设集团十五工程局有限公司。

主要完成人：何小雄、张少卫、党晓青、刘逸军、何鹏飞、李鹏江、章天长。

（水力发电科学技术奖励工作办公室）

大坝安全监测新型传感仪器设备及分析评估系统的研发及应用

“大坝安全监测新型传感仪器设备及分析评估系统的研发及应用”获2012年度水力发电科学技术奖三等奖。

大坝安全监测新型传感仪器设备及分析评估系统采用先进的技术和设备对工程安全进行及时有效的监测，研究科学合理的分析方法，对工程的安全稳定性进行正确评估，为掌握工程安全状况提供全套的技术手段，以利于维护社会稳定、保障人民生命财产安全。

本成果主要源于国家科技部项目《水电工程新型系列安全监测仪器的研制及应用开发》（GJ0645）等3个项目。主要包括传感器、数据采集装置及坝群安全监测分析评估系统三方面内容。项目组于2003年即开始以振弦式传感器为主的前期研究，经历了8年多的技术创新和攻关。研发了系列高端振弦式传感器、大量程CCD垂线坐标仪、适应潮湿环境的电感式垂线坐标仪、应用于大坝渗流测量的小型渗流量计等一系列国内外领先的传感仪器，多个仪器填补了国内空白，项目成果可以在大坝应力应变、渗漏、渗压、变形监测等有监测需求的场合大量推广应用；研制了具有网络分层、分区管理功能的高性能数据采集装置，率先提出了针对大型、特大型大坝工程的安全监测分层分布式网络结构，解决了特大规模监测自动化系统组网难题。项目首次全面系统地采用偏最小二乘回归等多种建模方法进行坝体安全分析评估，提出安全评价准则与方法，研制了专业分析评估软件；研制的坝群安全监测信息系统，在国际上首次实现跨流域的坝群统一监控、管理。

成果已在长江三峡、湖南五凌（跨沅水、湘江、资水流域）、云南小湾、湖北水布垭等水利工程以及大型地下厂房、山体边坡、城市地铁、过江隧道及大型桥梁等200多个国内不同类型工程成功投入使用，并出口10多个国家。项目成果获专利授权11项，其中发明4项；获批2项软件著作权；编写产品行业标准7项；公开发表论文25篇；成果经行业院士和权威专家鉴定一致认为：“该成果技术先进，取得了多项技术创新，并广泛应用于实际工程，取得了重大的社会经济效益，达到了国际领先水平。”

成果从2003年1月开始，经过项目组成员不懈努力和刻苦攻关，在推广应用过程中不断进行系统创新及功能完善。近三年累计销售超过4亿元，新增税收6000万元，为国家节省了大量外汇，直接经济效益显著。采用项目成果的工程，设备直接投资显著降低，并且由于系统可靠性和性能的提升，运行和维护工作量减少，间接经济效益也十分显著。

成果打破国外垄断，填补了国内及国际空白，极大地提高了大坝安全自动化监测技术和管理水平，有力推动了行业发展，保障了人民生命财产的安全。

主要完成单位：南京南瑞集团公司、国网电力科学研究院。

主要完成人：刘观标、吕刚、王卫列、刘广林、邓检华、卢欣春、潘琳。

（水力发电科学技术奖励工作办公室）

瀑布沟水库中小洪水实时预报调度技术研究与应用

“瀑布沟水库中小洪水实时预报调度技术研究与应用”获2012年度水力发电科学技术奖三等奖。

主要科技内容：

瀑布沟水库是一座以发电为主，兼顾防洪、拦沙任务的大型水电工程，为充分利用水资源，发挥工程的综合效益，集控中心积极开展了瀑布沟中小洪水实时预报调度技术研究工作。即在分析大渡河流域的洪水径流组成、洪水遭遇规律、暴雨洪水特性、水文气象预报水平、预泄预报能力的基础上，进行了预泄预报调度运用条件研究，在满足大坝安全和不降低水库防洪标准的前提下，提出了瀑布沟中小洪水实时预报调度的启动条件及操作控制指标，充分利用现代水文气象预报技术、成果，对瀑布沟水库进行实时预报调度，合理利用洪水资源，挖掘水库防洪、发电潜力，充分发挥瀑布沟水库的综合效益。

打破常规深挖潜。在汛期水库调度方式上，突破了一味重安全、轻效益的传统调度模式，创造性地提出了根据防洪任务目标和来水量级控制水库水位，适度利用汛期闲置库容进行中小洪水实时预报调度的全新调度模式，进一步挖掘了瀑布沟水库发挥综合效益的潜力。

分析全面重安全。打破常规不等于轻视安全，本项目提出的中小洪水实时预报调度方案，是以不降低水库防洪标准、不增加下游防洪负担为原则，在对大渡河流域的水文气象预报水平、暴雨洪水特性、中小洪水拦蓄风险进行深入分析，并建立相应应急对策的基础上提出的，确保了工程本身和防洪对象的安全。

调度合理效益现。通过中小洪水实时预报调度，一方面，大大减少了防汛时间和频次，节约了防汛经费，更大限度地发挥了水库的防洪效益；另一方面，在合理利用洪水资源增加发电效益的同时，提高了抗旱、供水的保证率，进一步发挥了水库的综合效益。

应用本研究成果，成功识别并拦蓄 2011 年“8·6”中小洪水（洪峰 3710m^3/s），将水库水位顺利蓄至 842.13m，增加发电量 0.66 亿 kW·h，效益显著。

主要完成单位：国电大渡河流域水电开发有限公司、长江水利委员会水文局。

主要完成人：向进、贺玉彬、郑静、张祥金、唐勇、杨忠伟、冯宝飞。

（水力发电科学技术奖励工作办公室）

四川大渡河瀑布沟水电站计算机监控系统

“四川大渡河瀑布沟水电站计算机监控系统”获 2012 年度水力发电科学技术奖三等奖。

瀑布沟水电站装设 6 台 600MW 的混流式水轮发电机组，电站利用小时数为 4420h，在系统中担负调峰、调频及事故备用，枯水期担负峰腰荷，丰水期主要担负基荷和部分腰荷，是四川电力系统中的骨干电站之一。国电大渡河流域水电开发有限公司于 2008 年 1 月与中国水利水电科学研究院签订了瀑布沟电站计算机监控系统合同，委托中国水利水电科学研究院完成系统设计、软件开发、设备制造和系统集成、现场安装调试投运，及验收、培训、技术服务和工程管理等，实现对瀑布沟水电站的集中监视和控制，最终实现水电站的“无人值班”（少人值守）控制目标。瀑布沟水电站计算机监控系统采用了中国水利水电科学研究院开发的 H9000 V4.0 系统，采用全开放的分布式冗余星型网络结构。系统于 2010 年 12 月全部投入运行。该系统实现了对瀑布沟水电站全部 6 台水轮发电机组及其附属设备的实时监控，并实现了自动发电控制、防误操作、智能报表、智能报警等高级功能。

瀑布沟水电站属于巨型水电站，电站机组数量多，单机容量大，电压等级高，对计算机监控系统的要求更加苛刻，系统研制和开发的难点在于：

（1）发电机、水轮机等设备监测点数量剧增，系统海量数据实时采集与处理难度大。

（2）机组及电站的重要性提升，控制系统的性能指标如数据采集周期、事故处理响应时间、控制响应时间等进一步提高难度大。

（3）为满足特大型电站对控制系统的运行和维护要求，Oncall 系统需要进一步提高自动化和智能化程度，同时具备高可靠性。

（4）作为四川电网最大的调峰调频骨干电站之一，瀑布沟电站担负着保障四川电网安全稳定运行的重要任务。6 台机组不仅有功容量大，且机组型号和特性也都不同，使得有功分配方式和计算方法较为复杂；季节水位变化大，导致机组振动区和全厂禁运区复杂多变，对 AGC 控制策略和算法提出了很高的要求。

针对瀑布沟水电站的规模巨大、系统结构复杂、功能多、各项性能指标要求高的具体技术要求，以国际最新计算机技术、网络技术、自动控制理论等成果为基础，对瀑布沟水电站计算机监控系统重新进行了系统内部数据规约设计，通信设计和功能设计。本系统投运后，控制可靠、优化运行效果突出，可量化的直接经济效益综合分析（以 10 年计）为 8875 万元。课题组提出和采用 CIP 技术、PTP 技术、区域联合控制模式、Oncall 系统智能化报警技术和特大型调峰调频电站 AGC 控制策略，为未来巨型水电站计算机监控系统建设提供了参考与依据，并为其他领域计算机监控系统的研究积累了宝贵的经验。目前该系统已被推广应用到积石峡、梨园、东江、安康等 30 多个电站。许多单项技术被直接应用到其他各类水电工程或其他领域，如全厂卫星时钟同步技术、智能报警技术、AGC 控制策略等，具有非常广阔的推广应用前景。本课题的研究成果将在水利、交通、石油、化工等行业的计算机监控系统的研发和建设，产生广泛、深远的实际指导意义。

主要完成单位：中国水利水电科学研究院、国电大渡河流域水电开发有限公司。

主要完成人：王德宽、黄张豪、杨春霞、姚福明、文正国、宋柯、王桂平。

（水力发电科学技术奖励工作办公室）

堤坝安全监测信息分析评价系统研究

“堤坝安全监测信息分析评价系统研究”获 2012 年度水力发电科学技术奖三等奖。

通过对当前堤坝监测内容、仪器设备类型和测试原理的调研分析，梳理了堤坝监测信息的管理需求，提出了堤坝变形、应力应变、渗流、扬压力、裂缝开度等监测效应量的监控模型建模方法。

分析了堤坝安全监测信息分析评价系统对信息查看、监测信息整编、测点多指标动态建模分析、特征值分析、测值分布类型分析、监控指标辅助拟订、图形分析等功能的需求，提出了堤坝安全监测信息分析评价系统的逻辑模型。研究了基于组件技术的软件集成方法，实现了巨型复杂系统模块分解的合理性和科学性。使软件开发时的模块分解具有向下目标分解和向上功能集成的特点，各组件之间互相通讯、合作，并按一定的方式组合，完成复杂诊断和分析评价任务。同时，结合组件运行阶段装配机制，使功能扩充更具有便捷性，较好地实现了系统的可重构、可重用、可扩展的功能。研究了堤坝监控信息的建模原理和实现方法。借鉴门限自回归模型的门限思想，在常规回归模型中引入门限因子和门限值，利用提出的最佳拟合相关分析法确定门限因子和门限值，创建了门限回归模型，可较大幅度提高模型分析精度。当原始数据量较大时，在单门限模型基础上，还可以建立双门限、三门限等多门限模型以进一步提高拟合效果和预测精度。

成果在堤坝安全监测信息分析系统软件需求分析的基础上，分析了系统的程序结构、开发流程，优化了结构设计，并利用可视化语言和组件开发技术，实现了上述结构和功能。通过国际国内联机检索表明，项目成果在研究内容和关键技术上具有创新性，是国内外同领域研究的一项最新成果。

成果被列入《2009 年度水利先进实用技术重点推广指导目录》，获准推广应用（推广证书编号 TZ20090024），目前成果已在南京水利科学研究院大坝安全与管理研究所、河海大学水电学院、江西省水科院、黄河水利委员会基本建设工程质量检测中心等单位开展的水库蓄水安全鉴定、大坝安全评价、大坝监测资料分析等有关项目中得到应用和肯定，为保证堤坝安全，充分发挥水库、堤坝防洪、发电、供水、灌溉等综合效益做出了贡献，取得了较好的社会和经济效益。

主要完成单位：黄河水利委员会黄河水利科学研究院、水利部堤防安全与病害防治工程技术研究中心。

主要完成人：何鲜峰、王爱萍、乔瑞社、郝伯瑾、宋万增、李信、吕秀环。

（水力发电科学技术奖励工作办公室）

超大型高流速岸坡式溢洪道成套施工技术研究与实践

“超大型高流速岸坡式溢洪道成套施工技术研究与实践”获 2012 年度水力发电科学技术奖三等奖。

主要内容：

(1) 超大型溢洪道开挖爆破高质高效控制技术研究；

(2) 高流速高强度抗冲耐磨水工混凝土性能研究；

(3) 抗冲耐磨混凝土温控与防裂技术措施研究；

(4) 超大型溢洪道底板抗冲耐磨混凝土施工成套技术研究；

(5) 超大溢洪道快速施工质量控制技术研究；

(6) 超大型溢洪道开挖料优化调度与混凝土施工实时控制研究；

(7) 溢洪道陡槽段混凝土施工仿真试验。

主要特点：

(1) 开挖强度大。糯扎渡溢洪道工程土石方明挖工程量约 1180.0 万 m^3，高峰强度达 160 万 m^3/月，且 830.0 万 m^3 的开挖料作为大坝Ⅱ区填筑料，开挖组织管理与安全管理难度大。

(2) 溢洪道工程建基面面积达 15.4 万 m^2，有效控制建基面起伏差，确保薄层抗冲耐磨混凝土块体厚度均匀性，对温控防裂和降低施工成本具有重要意义。

(3) 溢洪道陡槽段长约 600m，宽 151.5m，垂直高差达 135m，底板纵坡 23%，施工作业布置、水平运输以及入仓方式难度大。

(4) 溢洪道设计最大流速 52m/s，要求过流面平整度达到 3m 范围内不超过 3mm，对大面积、陡坡混凝土表面平整度及光洁度的控制难度大。

(5) 溢洪道底板高标号抗冲耐磨混凝土直接与基岩面接触，单仓最大浇筑长度为 120m，宽 15m，厚仅 1.0m，该薄层、长条混凝土要求整块连续浇筑施工，混凝土的温控与防裂是施工的重点和难点。

通过该施工技术在糯扎渡水电站的成功运用，实现了优质、快速施工的目标。满足各项技术要求，混凝土表面平整、光亮，体形符合要求，达到相关技术标准。

本施工技术适用于水利水电工程中的溢洪道抗冲耐磨混凝土工程、堆石坝面板工程、防洪堤护岸工程等混凝土浇筑施工，并可以推广应用于机场跑道工程等领域。

主要完成单位：中国水利水电第七工程局有限公司、华能澜沧江水电有限公司糯扎渡水电工程建设管理局、武汉大学水利水电学院。

主要完成人：向超群、刘兴国、华正超、戴益华、刘兴宁、张光辉、胡志根。

（水力发电科学技术奖励工作办公室）

高水头大口径锥形中空喷射阀的选型设计研究与应用

“高水头大口径锥形中空喷射阀的选型设计研究

与应用”获2012年度水力发电科学技术奖三等奖。

阿萨汉一级水电站位于印度尼西亚阿萨汉河上游，装设两台单机容量为90MW混流式水轮发电机组。引水系统采用一管两机一阀布置，设引水调压室。为不影响阿萨汉河下游用水，印度尼西亚阿萨汉一级水电站设置一台水轮机旁通阀，在水轮发电机组停机时开启下泄水流。经过与其他类型阀门的详细技术经济比较，该阀采用锥形中空喷射阀。锥形中空喷射阀阀体由一个固定的锥体和一个可移动的钢套管组成，流量的控制通过钢套管前后移动以改变套管与固定锥体距离来实现，工作时，水流通过固定锥形体以宽广的锥形角度扩散，与空气大面积摩擦以达到消能效果。

技术特点：

(1) 流量连续可调：通过调节钢套管位置以调节套管与固定锥体间的开度大小，以调节流量。

(2) 设计压力高、直径大：设计压力2.5MPa，工作压力2.3MPa，直径达到1.6m。

(3) 过流流量大，流速高：在高于154m水头时下泄流量不小于62.5m^3/s，水流流速达到31.1m/s，试验时最高流速达到34.4m/s，其过流流速之高居锥形中空喷射阀之首。

(4) 泄放能力强：下泄能量可达到90～102MW，其泄放能量之大为锥形中空喷射阀之最。

(5) 阀体抗磨蚀性能高：阀体所有滑动表面堆焊不锈钢材料；阀体内表面由一层镀锌、两层沥青、一层环氧树脂复合材料组成。

(6) 密封性能好：密封阀座采用不锈钢材料，密封圈采用丁腈橡胶材料。

(7) 抗泥沙、水草性能好：与对称水流消能原理的多喷孔套筒阀相比，锥形中空喷射阀对水质条件要求低，不易堵塞卡阻。

2010年1月在160m水头下阀门分别在5%～100%开度进行阀门泄水试验，阀门下泄流量在9.02～69.2m^3/s连续可调，检查未发现异常，且在近2年的运行证明，阀门运行灵活、良好，振动小，且未发生卡阻及空蚀现象，达到设计要求。

经过选型设计比较分析，阿萨汉一级水电站采用中空锥形喷射阀方案从经济上较其他方案节省，且土建开挖及回填少等，直接投资可节省约620万元。

随着水电站及水利设施的大力建设，该类型阀门在各种生态放流、水库放空检修等得到越来越多的应用。本项目高压力大口径锥形中空喷射阀的顺利投运，为今后该类型阀门的选型设计提供了重要的参考。

主要完成单位：中国水电顾问集团北京勘测设计研究院。

主要完成人：易忠有、李志山、陈千文、苟东明、万凤霞、梅传胜、周振忠。

（水力发电科学技术奖励工作办公室）

大型双密封水轮机进水蝶阀的研发和应用

“大型双密封水轮机进水蝶阀的研发和应用”获2012年度水力发电科学技术奖三等奖。

本项目由新疆水利水电勘测设计研究院提出水轮机进水阀的特殊要求、研究内容，并进行推广应用，由湖北洪城股份有限公司进行蝶阀结构性、工艺性进行研发并生产完成。

成果针对新疆QFQH水电站和JLT一级水电站具体的工程项目，通过研究、试验和应用，解决了水轮机进水蝶阀工作检修密封更换时需要停止整条发电引水隧洞输水的问题。

在新疆QFQH水电站和新疆JLT一级水电站使用双密封进水蝶阀成功后，特大口径水轮机进水液动双密封蝶阀在水电站管线系统中得到了广泛的应用。该产品具有满足使用工况，且利于检修的双密封结构特点，性能优良、检修安全可靠、水力特性好、流阻小、液动系统及传动原理设计先进，控制系统采用逻辑控制，改善了以往在水电站一般采用几台水轮机共用一条压力管道，且每一台水轮机前都装有进水的阀，检修时影响其他机组的正常运行，放水和充水的时间较长和检修时间过长等弊端，大大提高了机组的发电效率，同时该阀在市场中取得了较好的经济效益和社会效益。

水轮机进水双密封蝶阀核心技术取得了多项自主专利，特别是其独特的双密封结构，设计新颖，属国内外首创。该项目经济和社会效益大、研究路线科学、难度大、规模与工作量大、成果成熟、产品质量好、应用价值特别大。成果总体达到国际先进水平。为其它有同类问题的水电站进水蝶阀密封提供实践经验。

之后，双密封进水蝶阀在西藏直孔水电站(5100mm)、华能涪江古城水电站(5000mm)、云南天花板水电站(4300mm)、云南牛栏江小岩头水电站(4000mm)、新疆温泉水电站(3600mm)、越南同奈3水电站(4300mm)、埃塞俄比亚(3000mm)、乌兹别克斯坦阿航格朗水电站(2500mm)等国内外40多项工程推广应用。

主要完成单位：新疆水利水电勘测设计研究院、湖北洪城通用机械股份有限公司。

主要完成人：王洪运、方向阳、张军仿、安刚、樊智军、朱烨华、高钦。

（水力发电科学技术奖励工作办公室）

主跨 200m 大纵坡连续刚构跨海大桥综合施工技术

“主跨 200m 大纵坡连续刚构跨海大桥综合施工技术”获 2012 年度水力发电科学技术奖三等奖。

主要研究内容：

（1）深海无覆盖层地基钢栈桥及钻孔施工平台设计与施工技术；

（2）深海无覆盖层地基桩基施工技术；

（3）水中大体积混凝土承台钢吊箱施工及温控防裂技术；

（4）超高超大型箱梁 0 号块施工技术；

（5）大跨径大纵坡连续刚构箱梁悬臂施工技术；

（6）连续箱梁边跨现浇段及中边跨合拢施工技术；

（7）连续箱梁施工测量控制技术；

（8）连续刚构桥施工监控技术。

《主跨 200m 大纵坡连续刚构跨海大桥综合施工技术》研究成果，实现了 6 大科技创新，研究水平达到了国际先进水平。课题解决了地质和水文条件复杂的跨海大桥施工技术难题，总结形成了相应的工法，申请了专利，技术经济和社会效益显著，可为类似工程借鉴。

连续刚构桥超高、跨越能力强，梁体连续，行车平稳舒适，无需设大型支座，造价低，维护简单，发展前景十分广阔。目前，世界上已建和在建的跨径超过 200m 的连续刚构桥仅 20 余座，而且纵坡一般不超过 4%。跨径 200m、5.5%大纵坡的连续刚构跨海大桥更为罕见。根据中国信息中心查新结果，目前还没有先例。

本成果依托该大桥项目对《主跨 200m 大纵坡连续刚构跨海大桥综合施工技术》进行研究，在超大跨径、大纵坡和无水上施工机具等不利条件下，研究制定了一套切实可行、成本低、安全可靠的施工方案。采用“钢栈桥＋钢平台”方案，左右岸引桥、主桥同时施工，保证了进度，实现了 6 项技术创新，节约成本约 76.4 万美元。

通过本课题一系列技术研究，取得的相关科技成果，直接应用于大桥施工，推动了大桥建设，从而填补了此类桥梁技术研究空白。课题研究和应用成果具有创新性、指导性和实用性，经济、社会效益明显，为类似工程提供了施工技术借鉴及经验，可在类似工程中进行推广应用。

主要完成单位：中国水电建设集团十五工程局有限公司。

主要完成人：沈德才、屈建刚、雷权有、徐庆元、孙剑峰、张鹏升、屈有辉。

（水力发电科学技术奖励工作办公室）

多流域水电集控中心机组状态在线监测系统的研究与应用

“多流域水电集控中心机组状态在线监测系统的研究与应用”获 2012 年度水力发电科学技术奖三等奖。

本成果实现了将云南大唐国际电力有限公司分布在各地的机组状态及相关工况数据汇总到云南集控中心的机组状态在线监测系统平台上，从而构建一个以云南大唐国际电力有限公司为中心，各电厂机组为数据节点的机组状态远程监测网络。通过在集控中心建立数据分析中心系统，建立统一的状态监测网络化平台，统一规划和组织各电站的状态监测和维护检修工作，集中管理各电站状态监测信息，综合分析、建立电厂各主设备的健康档案。

通过对电厂机组实施远程监测能帮助公司及时、准确地掌握电厂的实际生产情况和机组运行状态。对运行状态异常的机组，公司可以迅速组织专家力量借助远程监测数据对机组进行分析诊断。机组远程监测系统能够大大加强公司对电厂生产的管控能力。

主要完成单位：云南大唐国际电力有限公司、北京奥技异电气技术研究所。

主要完成人：张秀平、黄德云、孟利平、朱永平、陈伟、何建平、肖建明。

（水力发电科学技术奖励工作办公室）

南水北调中线工程中细砂加筋土筑堤技术研究与应用

“南水北调中线工程中细砂加筋土筑堤技术研究与应用”获 2012 年度水力发电科学技术奖三等奖。

南水北调工程是为解决我国北方地区水资源紧缺问题而修建的长距离输水调水工程，其总体布局被设计为三条调水线路，即分别从长江上、中、下游调水，以适应西北、华北各地发展需要。南水北调中线工程全长约 1200km，其中明渠输水段的长度约 1000km 左右，属于典型的长距离线性渠道输水工程。在南水北调工程的渠道工程设计和施工中，渠道土方开挖和渠堤土方填筑量很大。因各施工区段地质情况复杂、地质条件变化大，许多区段适合渠堤填筑的壤土缺乏，工程中需远距离取土或弃土，这都需大量征地增大工程投资来解决。因此，如何寻求经济、可行、高效的施工技术方案，既保证施工进度和质量要求，又解决了缺土、征地问题，对整个工程建设具有较大的指导意义。

本研究结合国家有关政策和南水北调中线工程建设实际情况，以南水北调中线京石段应急供水工程S3标段加筋砂土筑堤技术应用为基础，提出采用砂土部分或全部替代黏土筑堤的设计方案，且对加筋砂土筑堤涉及的人工、材料、机械等消耗量，加筋土筑堤施工工艺、质量管理要点、施工组织等方面进行系统研究分析；对加筋土的筑堤的适用条件、主要结构形式、施工工艺流程、碾压工艺参数（包括碾压机械型号、行走速度、碾压遍数、含水率、层厚等）、加筋土坡面防护等加筋土技术进行研究和技术经济比较。经过分析、测算、修正、优化后确定出适用于南水北调中线渠道工程的具有普遍性、实用性、操作性强的加筋土筑堤技术应用方案，为南水北调中线工程的建设提供了参考。本项目研究成果在南水北调中线工程中应用，且已经接受两年多的运行考验，在向北京市多次输水的任务中发挥了预计的功能。

本项研究自2008年8月开始启动，研究过程中根据工程建设的进展不断分析、实践，且结合工程施工进行局部和整体的试验检验、分析、优化等得出研究成果，最终于2010年12月完成项目验收。

加筋土筑堤方案是“三新”（新技术、新材料、新工艺）的施工方案，目前并没有成熟的设计方法，也没有成熟的施工工艺参数和施工方法可供参考。通过本项目的研究，提出了实用性和操作性强的研究成果，对于指导南水北调中线工程后续项目建设提供参考，为设计单位提供优化技术方案参考，为建设单位节约工程投资，为施工单位进一步做好成本控制提供具有操作性的参考，对社会也产生了较大的经济效益和社会效益。

主要完成单位：中国水利电力对外公司。

主要完成人：杨广杰、王禹、赵晓明、王宝生、张丽、石磊、孙忠强。

（水力发电科学技术奖励工作办公室）

惠蓄电厂水泵水轮机主轴密封改进及优化

“惠蓄电厂水泵水轮机主轴密封改进及优化”获2012年度水力发电科学技术奖三等奖。

广东惠州抽水蓄能电站位于广东省惠州市博罗县城郊，是一座周调节的纯抽水蓄能电站。电站分A厂、B厂建设，分别安装4台立式单级混流可逆式水泵水轮机-电动发电机机组，单机容量（发电工况）300MW，总装机容量2400MW，为世界上一次性建成的最大的抽水蓄能电站。电站于2011年6月15日全面建成投产，为国家“西电东送”能源战略发挥重要配套作用。

主轴密封作为水轮机的关键部件，起着封住水流上溢、防止水轮机导轴承及顶盖被淹的作用，直接关乎机组的安全稳定运行。惠蓄主轴密封采用的是弹簧复位式流体静压平衡轴向机械密封，无水腔结构。

惠蓄主轴密封自投运以来，一直存在不同程度的漏水现象，并曾出现过导向螺杆松动和断裂等情况，导致主轴密封往顶盖内大量喷水，后经紧急停机检修和临时改造，虽取得了一定的效果，但仍存在较大的安全隐患。为消除存在的缺陷和隐患，探明主轴密封在不同工况下漏水情况及其影响因素，寻求压紧弹簧导向螺杆松动和断裂的原因及改进措施，彻底消除存在的安全隐患，组织相关人员对其进行了系统、深入研究。通过分析、计算，掌握了主轴密封工作特性和螺杆松动及断裂破坏原因，并确定了技术改造方案，先后对全厂8台机组主轴密封进行了技术改造，包括对主轴密封固定环、弹簧压板和弹簧导向螺杆进行改造和更换，消除了主轴密封弹簧摆动大、弹簧导向螺杆松动等情况，提高了机组的可靠性和安全稳定运行水平。

抽水蓄能电站在电力系统中具有调峰填谷、调频、调相、事故备用、黑启动等多项功能，随着国内电力行业对抽水蓄能电站在电力系统中不可替代的作用的认识，一波投资建设抽水蓄能电站的浪潮正在兴起。与常规水电机组相比抽水蓄能电站一般水头较高、机组转速也较高（惠蓄电站水轮机工况额定净水头517.4m，机组额定转速500r/min），因此抽水蓄能电站对水轮机主轴密封有着更高的要求，其需满足线速度高、尾水压高、启动频繁、工况复杂、在调相模式下运行、承受更大振动、运行于正反两种旋转方向等需求。作为世界上一次建成的最大抽水蓄能电站，对水泵水轮机主轴密封上的研究与改进，必能为国内已建成和在建的抽水蓄能电站的同行们提供相应的经验与参考，为抽水蓄能事业的进步贡献一份力量。

主要完成单位：惠州蓄能发电有限公司。

主要完成人：刘玉斌、杨小龙、李德武、于晓光、王琪、高彦明、叶飞。

（水力发电科学技术奖励工作办公室）

高速铁路测量技术和沉降变形观测技术研究

“高速铁路测量技术和沉降变形观测技术研究”获2012年度水力发电科学技术奖三等奖。

本成果着眼于对高速铁路测量管理机制运行方案实施效果，对如何减少测量强度和优化测量技术进行了研究；结合高铁测量质量运行系统对京沪高铁的成功实例进行了分析与总结，形成了一套完整的管理方案，得出了相应的研究成果。课题共分五个专题进行研究：

（1）GPS应用技术的研究；

（2）高速铁路工后沉降变形监测技术研究；

（3）高速铁路测量管理机制的研究；

（4）高速铁路CPⅢ网施工技术研究；

（5）路基工后沉降预测方法的研究。

和传统铁路建设技术单位合作，跟踪测量规范，了解现场测量精度要求，进而优化测量方法。从现场测量入手，了解现场测量流程，及时发现测量技术和规范在实际运用中不尽合理的地方，从技术上进行充分的论证，尽量优化测量技术和流程，同时及时了解现行测量规范对现场测量技术所未涉及的部位，完善现场测量对技术的要求，提高测量技术的可控性和规范性。

成果依托济南长清区至泰安段无砟轨道工程底座板，并成功运用到整个标段中的施工。

主要完成单位：中国水电建设集团铁路建设有限公司、中国水利水电第七工程局有限公司、中国水利水电第四工程局有限公司。

主要完成人：曹玉新、蒋宗全、王成、李正云、周建伟、王洪义、宋胜登。

（水力发电科学技术奖励工作办公室）

黄河上游高寒区水电开发环境评价及环境保护关键技术研究

“黄河上游高寒区水电开发环境评价及环境保护关键技术研究”获2012年度水力发电科学技术奖三等奖。

通过对黄河上游高寒区环境特点分析，结合拟定的水电规划方案，在研究回顾开发程度较高的黄河龙羊峡至刘家峡河段水电开发对环境影响的基础上，识别出高寒区水电开发中应重点关注植被破坏、鱼类影响、水温影响等关键问题：

（1）水土保持与生态恢复：依据自然条件将研究区划分不同的生态治理区，根据各区不同的土壤与生态植被分布特征，通过工程类比、现场调查试验以及统计分析等方法，研究黄河上游高寒区水电开发对区域生态植被、水土流失的影响破坏程度，进而提出黄河上游高寒区水电开发水土保持和生态恢复的综合防治措施体系。

（2）鱼类影响及保护：开展现场调查和实验，系统地对黄河上游高寒区鱼类种类组成、种群结构、“三场”分布、关键生境及生态习性等进行了研究，结合龙羊峡至刘家峡水电开发鱼类环境影响研究成果，对龙羊峡以上高寒区水电梯级开发对鱼类的影响范围、程度进行预测，对比分析梯级建设后鱼类种群的变化；在现状发展趋势及预测的基础上，提出高寒区水电开发鱼类保护的必要条件以及针对性鱼类保护措施综合体系。

（3）水温影响及评价：在分析水库对下游河道水温影响机制和累积效应的基础上，探讨高寒区水库运行条件响应水温结构变化的耦合机制和演变规律，建立适宜的水温模型，预测高寒区规划梯级方案对水温的累积影响，构建水温影响评价指标体系，提出减小梯级开发对水温影响的有效措施。

本课题通过对黄河上游河段水电开发生态环境影响效应、水温影响效应的研究与总结，为高寒区水电开发生态环境影响、水温影响评价提出可行的评价模式，为高寒区水电开发环境保护对策措施提供科学依据。研究成果可为高原区水电开发的环境影响评价及环境保护工作提供指导，具有较高的借鉴意义；其研究成果的应用能够减缓高寒区水电开发的不利环境影响，促进区域生态环境的良性循环发展，能产生较大的生态效益、经济效益和社会效益。

本课题研究总结出黄河上游高寒区的环境特点和生态演变趋势，以水电开发对水土流失、鱼类影响、水温的影响作为高寒区环境影响评价的关键问题，提出评价的内容、方法与模式，构建高寒区水土保持与生态恢复、鱼类保护和水温恢复的措施体系，对于指导规划布局、环境措施总体布局具有前瞻性的指导意义；成果将为高寒区规划环评、工程环评提供可靠的技术支撑；同时，本成果还是《水电建设项目环境影响评价方法和评估准则研究》课题的重要组成部分，为该课题提供了具有区域特征的重要例证。

主要完成单位：中国水电顾问集团西北勘测设计研究院、北京师范大学、西安理工大学。

主要完成人：宋臻、牛天祥、寇晓梅、张东亚、牛乐、张乃畅、吴汉涛。

（水力发电科学技术奖励工作办公室）

1000MW级水轮发电机组推力轴承研究与应用

“1000MW级水轮发电机组推力轴承研究与应用”获2012年度水力发电科学技术奖三等奖。

对于大型发电机，推力轴承设计技术是非常重要的，其工作性能不仅直接关系到机组推力轴承能否安全运行，而且还影响机组的出力和效率。1000MW级水轮发电机组推力轴承技术是1000MW水轮发电机组的研制将要解决的关键技术之一。1000MW级水轮发电机的特点决定了推力轴承具有较高运行速度，大单位压力和由此而产生的单瓦受力大，推力瓦变形较大，油膜厚度较小及轴承损耗高等特点。从700～1000MW水电机组需要解决重载高速推力轴承的技术难题，加紧前期工作的开发与创新，加强技术储备，才能争取主动。研制1000MW水电机组推力轴承，将为我国水电机组设计、制造能力达到世界领先水平，奠定坚实的基础。

开发了世界上最大的250t级弹性油箱和单瓦面积4200cm^{2}弹性金属塑料瓦以及开发了世界上最大的单瓦面积4440cm^{2}小支柱双层瓦结构的巴氏合金瓦推力轴承。

进行了白鹤滩和乌东德推力轴承的热弹流润滑性能分析，优化了轴承参数。

试验研究了白鹤滩弹性油箱支撑的弹性金属塑料瓦推力轴承及乌东德小支柱支撑结构的双层巴氏合金瓦和塑料瓦推力轴承，在110%～120%额定推力负荷的情况下，推力轴承仍然稳定运行。

试验研究了抽屉式内循环冷却方式、导瓦泵和外加泵外循环冷却方式，并进行了分析对比。世界上首次进行巨型推力轴承油槽内油流场和温度场的研究，实现了油流场和温度场的“可视化”。

测量结果验证了设计计算结果，并完善了推力轴承热弹流分析软件。

研究成果已应用到780MW溪洛渡和800MW向家坝水轮发电机组推力轴承的设计中。对弹性金属塑料瓦和弹性油箱的发展及其标准更新产生自己重要影响。

成果已发表了10篇论文，获6项实用新型专利，1项发明专利已进入实审。

本研究成果将为百万千瓦机组提供不但可用，而且是安全可靠的推力轴承技术，并填补百万机组大部件研究的空白。本课题的成果使哈电的巨型推力轴承技术处于世界领先水平。

主要完成单位：哈尔滨电机厂有限责任公司、哈动国家水力发电设备工程技术研究中心有限公司、哈尔滨大电机研究所。

主要完成人：刘平安、武中德、吴军令、李广德、张宏、于秋敏、范寿孝。

（水力发电科学技术奖励工作办公室）

500t级升船机与船闸联合运行研究

“500t级升船机与船闸联合运行研究”获2012年度水力发电科学技术奖三等奖。

乌江源远流长，水量充沛，横跨贵州、重庆两省市，与我国黄金水道长江直接连通。根据其优越的地理位置和国民经济发展的需要，国家将乌江列为西南地区的重要战略交通航道，针对乌江滩险流急的特点，乌江航运规划的目标是通过乌江彭水水电站枢纽工程的建成，并同步建设通航建筑物，使乌江渡坝下至河口河段达到Ⅳ级航道标准。

彭水水电站位于乌江干流下游，重庆市彭水县城上游11km，距河口涪陵147km，是渝、黔地区的水陆交通要道和物资集散中心。彭水水电站建成蓄水后，大坝上游113km干流河道的70余个浅滩将全部被淹没，形成深水航道，500t级船舶可直达贵州沿河县城；彭水下游银盘、白马梯级建成后，沿河县城以下至河口涪陵约260km的航道可全线达到Ⅳ级标准，对黔东北及渝东的酉阳、秀山、黔江、彭水、武隆等县区的工农业生产和生活物资的运输及国民经济发展具有重要作用。

主要创新点：

（1）通过设计、施工、实际生产运行研究彭水通航建筑物的先进性，掌握特殊的地质环境对通航建筑物的影响，主要研究船闸附近f1断层等地质缺陷引起的边坡稳定性问题、升船机附近施工开挖后的高边坡的稳定性问题和地下水对边坡稳定性的影响。

（2）通过实际运行摸索出500t级升船机与船闸联合运行技术，掌握升船机与船闸的运行特点。

（3）通过实际运行摸索出500t级升船机与船闸安全管理、危险点控制与分析，掌握人生事故、碍航事故及其他事故发生特点，制定出有效的应急预案。

（4）通过实际运行摸索出，发电、航运、防洪间的相互联系及主要矛盾。

（5）通过实际运行及各项试验数据分析，研究提高通航效率，减少过坝时间，降低能源消耗、优化工作流程。

主要完成单位：重庆大唐国际彭水水电开发有限公司。

主要完成人：杨绍卿、张建中、谢卓健、吴小林、张友民、陈永伟、高守。

（水力发电科学技术奖励工作办公室）

特大型贯流式机组座环设备制造技术研究与应用

“特大型贯流式机组座环设备制造技术研究与应用”获2012年度水力发电科学技术奖三等奖。

巴西杰瑞水电站位于巴西马德拉河（Rio Madeira），总装机容量3450MW，拟安装46台75MW大型贯流式水轮发电机组。东方电气集团公司成功获得该电站左岸共18台机组的供货合同，成为该项目最大的设备供应商。其余28台机组由阿尔斯通、伏依特-西门子和安德利兹三家欧洲公司中标。东方电气集团公司将机组中4台座环分包给中国水利水电第八工程局有限公司制造。

巴西杰瑞水电站18台75MW大型贯流式水轮发电机组具有完全自主知识产权，为当今世界单机容量最大的贯流式水电机组。水轮机埋件中的座环由外环、外环后段、内环、支撑装配、上下支柱等组成，单套重量为303t，装配后外形尺寸为22.34m×15.19m×5.82m（长×宽×高）。其中外环由四块组成，最大加工直径ϕ11.6m，内环由两块组成，最大加工高度为4.89m。座环加工后内环上下法兰平面（两者间高度为4.89m）平行度要求为0.2mm，法兰面平面度要求为0.8mm（法兰环面为ϕ10230/ϕ5380mm），两块组合后合缝面间隙不允许超过0.05mm，外环加工后内径要求为0～＋1mm（内径加工后为ϕ10991mm）、内外环端面法兰相对高度尺寸要求为940±0.5mm。内环、外环分块处均设计有加工的合缝板，用螺栓连接。座环最大运输单元10.23m×5.65m×5.19m（长×宽×高），单块重量约74.3t。

巴西杰瑞水电站贯流式水轮发电机组单机容量和座环结构尺寸均为世界之最。座环按照国际先进标准制造，加工精度要求高、难度大。课题组通过采取内环上下段分段拼装后整体组装、内环先初加工—法兰面作基准参与座环整体组拼再画线加工其他相关工作面、座环整体组装采用上游侧法兰朝上倒装等工艺创新，满足了座环制造的质量及工期要求。相比广西桥巩、广西长洲、印度竹拉兰等水电站贯流式水电机组座环，其设计水平及制作加工技术有了显著提高和改善。

成果进一步提升了我国特大型灯泡贯流式机组座环的制造技术，其制造工艺具有较高的实际应用价值，经济效益和社会效益明显，具有广阔的推广前景。

主要完成单位：中国水利水电第八工程局有限公司。

主要完成人：张黎阳、冯黎明、王玉明、王启茂、姚正鸿、杨刚、曾辉。

（水力发电科学技术奖励工作办公室）

彭水水电站350MW机组发电机挡风板结构安全研究

“彭水水电站350MW机组发电机挡风板结构安全研究”获2012年度水力发电科学技术奖三等奖。

彭水水电站共安装5台单机容量350MW的水轮发电机组，总装机容量1750MW，首台机组于2008年2月6日投产运行，2008年12月16日五台机组已全部投产发电。投运后不久，出现了发电机上部内圈立挡风板固定螺栓大量断裂、滑丝及挡风板裂纹问题，严重影响到机组安全。为了避免因挡风板的结构问题引发事故，特立项对发电机上部内圈立挡风板进行加固改造研究，以查明问题原因，通过有针对性的加固措施，确保挡风板结构安全、运行稳定，保证机组运行安全。

主要创新点：

（1）大跨度斜支臂上机架结构350MW水轮发电机挡风板固定螺栓断裂原因研究。采用三维有限元结构动力分析技术和现场结构动力特性试验相结合的方法对350MW水轮发电机的大跨度斜支臂上机架结构和挡风板结构进行了结构特性研究，同时对挡风板固定螺栓进行结构进行受力分析得出了挡风板螺栓大量断裂原因。

（2）350MW水轮发电机挡风板结构加固改造研究。结合350MW水轮发电机挡风板固定螺栓大量断裂原因，考虑经济性和安全性，通过改变挡风板固定方式达到防止螺栓断裂的目的，提出了符合现场实际的挡风板加固改造方案。

（3）挡风板结构加固改造后效果验证研究。按照研究成果提出的挡风板加固改造方案对350MW水轮发电机组进行了改造，并对改造后的挡风板受力特性进行了现场试验测定，结果表明挡风板固定螺栓受力状况得到极大改善，威胁机组安全的螺栓断裂问题得到有效解决。

主要完成单位：重庆大唐国际彭水水电开发有限公司、湖南省湘电试验研究院有限公司。

主要完成人：杨小松、谢卓健、吴小林、周奋强、伏虹润、张友民、张明亮。

（水力发电科学技术奖励工作办公室）

高速铁路隧道施工关键技术研究

“高速铁路隧道施工关键技术研究”获2012年度水力发电科学技术奖三等奖。

主要内容：

（1）高速铁路隧道开挖及支护方式研究；

（2）高速铁路隧道围岩量测技术研究；

（3）高速铁路隧道施工工序优化控制及安全管理模式研究。

主要成果：

（1）在高速铁路隧道中，针对Ⅴ级围岩运用双侧壁导坑法及隧道浅埋部位的施工技术；

（2）运用监控量测手段并通过分析判定围岩的稳定；

（3）结合超前地质预报对隧道不同围岩开挖掘进及支护掌控技术；

（4）运用新型自动量测技术与常规量测技术对隧道安全掘进的判定分析；

（5）隧道施工各环节工序优化控制。

该项目依托西渴马一号隧道等高速铁路隧道进行研究，并进行了应用。

主要完成单位：中国水电建设集团铁路建设有限公司、中国水利水电第六工程局有限公司、中国水利水电第七工程局有限公司。

主要完成人：杨忠、蒋宗全、午向阳、王成、曹玉新、朱浩波、姜明廷。

（水力发电科学技术奖励工作办公室）

抽水蓄能电站井式进/出水口体形及水力特性研究

“抽水蓄能电站井式进/出水口体形及水力特性研究”获2012年度水力发电科学技术奖三等奖。

成果的技术难点和要求：抽水蓄能电站的进/出水口，具有双向过流功能，在进流时，易产生漩涡；在出流时，因流速不均匀，易引起拦污栅的振动。其水力学特性应满足以下要求：在水流进出时水头损失小；进流时流量分配均匀，在不同水位时无有害吸气漩涡；出流时水流均匀扩散，流速均匀分布；在孔口范围内没有负流速存在或负流速区范围较小。

成果依托西龙池抽水蓄能电站，在分析国内外抽水蓄能电站井式进/出水口的设计和运行实践的基础上，通过多方案水工模型试验和三维数值模拟，全面的分析研究了井式进/出水口各部位体形参数对水力特性的影响，主要成果如下：

（1）首次系统地提出了抽水蓄能电站井式进/出水口体形的设计原则和体形参数。

（2）在国内首次将井式进/出水口型式成功地应用在西龙池抽水蓄能电站上，较好地适应了工程地形地质条件，简化了进/出水口与防渗结构的连接，为工程的安全运行提供了保证。电站已投产发电，进/出水口运行状况良好。

（3）西龙池抽水蓄能电站上水库进/出水口应用井式型式比侧式型式节省工程投资512万元，经济效益显著。

本项目研究成果填补了国内空白，具有国内领先水平，在国际上也属首次，研究成果对今后的抽水蓄能电站井式进/出水口设计工作具有重要的借鉴作用和指导意义，社会经济效益显著，具有推广应用价值。

主要完成单位：中国水电顾问集团北京勘测设计研究院、天津大学、山西西龙池抽水蓄能电站有限责任公司。

主要完成人：邱彬如、王建华、张沁成、杜英奎、高学平、严旭东、王志国。

（水力发电科学技术奖励工作办公室）

抽水蓄能机组计算机智能故障分析及工况管理系统设计开发及应用

“抽水蓄能机组计算机智能故障分析及工况管理系统设计开发及应用”获2012年度水力发电科学技术奖三等奖。

主要内容：该系统完全由广蓄电厂技术人员独立设计开发完成，用于自动分析广蓄机组各种工况启停失败和一些特殊故障的原因。

（1）以经验丰富的技术人员故障分析思路为基础，在上位机开发分析程序，在机组故障时自动对原因进行判断，为技术人员提供支持。

（2）开发独立的故障记录数据库，用于记录故障时技术人员最关心的设备动作情况并以此为基础进行分析，将结果在模拟图上显示。

（3）开发自记忆功能的动态模拟图，在机组正常时显示机组各设备的实时情况；故障时，记忆故障发生瞬间各相关设备的运行情况，达到还原故障现场的效果，直到故障处理完成后手动复归。

（4）开发程序用于自动分析广蓄机组长期存在的一些特殊故障原因，并将结果在模拟图上显示。

(5) 开发蓄能机组各工况运行管理模块，用于远方对机组任意工况进行闭锁或解锁。

(6) 开发下位机程序分析软件，技术人员使用该软件能方便的查找及分析可读性差的广蓄电厂下位机程序。

特点：

(1) 完全由广蓄技术人员开发，模拟技术人员故障分析时的思路进行故障分析，结果准确，有很强的实用价值。

(2) 自记忆模拟图，为技术人员准确、真实还原故障现场。

(3) 解决了广蓄多项长期存在但原因不明的疑难故障，如机组无报警异常停机、原因不明的无法远方AGC等。

(4) 远方对蓄能机组任意故障工况进行隔离或恢复，不影响其他工况运行。

(5) 解决了广蓄电厂下位机程序可读性差的问题，降低故障分析难度。

(6) 在电厂监控系统中开发，无需引进额外设备。

(7) 技术人员掌握核心技术和源代码，方便进行二次开发。

投运以来，该系统分析故障准确可靠，降低了技术人员现场进行故障分析的难度，减少了广蓄机组故障处理的时间，提高了电厂自动化程度。该系统设计开发思路和成果具有很强的实用价值，可推广应用。

主要完成单位：广东蓄能发电有限公司。

主要完成人：江裕熬、张明华、巩宇、杨铭轩、彭涛、冯凌云、钟雪辉。

（水力发电科学技术奖励工作办公室）

高陡地形拱坝坝肩开挖型式研究与应用

“高陡地形拱坝坝肩开挖型式研究与应用”获2012年度水力发电科学技术奖三等奖。

天花板水电站位于云南省昭通市境内的金沙江右岸一级支流牛栏江下游河段上，电站开发任务以发电为主，采用混合式开发方式，总装机容量为180MW。枢纽工程的主要建筑物由碾压混凝土双曲拱坝、引水发电隧洞和地面式厂房等组成。坝顶高程1076.80m，最大坝高107m，坝顶弧长160m，拱冠梁坝顶宽度6m，拱冠梁底宽度22.64m，拱端最大厚度24.09m，厚高比0.212。

天花板工程坝址河谷为典型的峡谷河段，两岸地形十分陡峻，岸坡平均坡度在60°～80°，局部为悬崖峭壁，河谷整体断面为“V”字形，基本对称，河床高程为989～991m，河床宽为30～40m。正常蓄水位处河谷宽度110m，河谷宽高比约为1.34。两岸岩性为东龙潭组中厚～厚层富藻粉晶白云岩，岩层倾斜平缓，倾向上游，厚层状结构，弱～微风化，岩质较坚硬，单轴饱和抗强度（Rc）40～60MPa，为中硬岩，大部分岩体完整或较完整。

成果主要依托天花板水电站对高陡地形拱坝坝肩开挖型式进行设计研究，提出适合工程规模的安全、合理、经济的坝肩开挖型式。

左坝肩，上游侧较下游侧更加高陡，且坝肩嵌入山体位置较深；下游侧呈倒喇叭形，山体相对单薄，坝肩嵌深较浅，而下游侧岩体作为坝肩持力体，应考虑尽可能地减少开挖，以有利于坝肩稳定。另外，左岸坝顶高程以上无条件布置机械施工道路，仅能采取人工开挖的方式，施工作业面狭窄、难度较大。因此，左坝肩采用了对坝肩持力体影响小、开挖范围小、开挖支护工程量省、开挖工期短且有利于环境保护的安全、经济的洞式基坑结构型式的开挖方式。

右坝肩，岩体受f15断层及其影响带的影响，地质条件较差。同时，坝肩上、下游侧嵌深均较大，但上部嵌深较小、下部嵌深较大。且在靠近右坝肩上游侧设有岸塔式电站进水口，右坝肩和进水口设有坝顶连接公路，并布置有回车场及坝顶管理用房。因此，右坝肩采用了明挖与槽挖相结合的开挖方式。

右坝肩由于枢纽布置有电站进水塔等原因，边坡高度降低有限，而左坝肩采用洞式基坑结构型式开挖方式后，边坡高度降低和支护范围减少明显，边坡高度降低一半，由130m降至63m；边坡长度范围减少一半，由80m减少到约48m；土石方开挖工程量由约16万m^3降至约4.9万m^3，约为明挖量的30%，支护工程量也减少至一半以上，开挖及支护工程量明显较少；节省直接投资约480万元。

本工程坝高107m，坝高位于国内外碾压混凝土拱坝前列。左、右坝肩采用以上开挖方式，对于百米级的拱坝的施工具有很好的示范性，具有较好的经济和社会效益，今后对促进行业科技进步和高山峡谷地形中电站坝肩开挖设计具有较好的借鉴意义和推广作用。

主要完成单位：中国水电顾问集团北京勘测设计研究院。

主要完成人：邓毅国、王毅鸣、林健勇、苏岩、李贺林、周飞平、付长明。

（水力发电科学技术奖励工作办公室）

DHF-LY混凝土骨料碱活性检验养护装置研制与应用

“DHF-LY混凝土骨料碱活性检验养护装置研制与应用”获2012年度水力发电科学技术奖三等奖。

DHF-LY混凝土骨料碱活性检验养护装置（以下简称：DHF-LY养护装置）是一项创新型成果；在混凝土耐久性研究中，被使用在混凝土骨料碱活性检验砂浆长度法、混凝土棱柱法试件养护上；应用于水工、市政、工民建、公路、铁路等行业的混凝土骨料碱活性试验。DHF-LY养护装置的成功研制，从技术上彻底解决了养护环境温度上冲、湿度不能满足规程规范要求的难题，其应用前景十分广阔。

主要内容：

（1）首次研制出此类功能的混凝土骨料碱活性检验养护装置。与现有养护箱比，养护同等数量试件条件下，体积大大缩小。

（2）发明了具有加热、加湿双重功能的加热系统，使之温控稳定、节能、养护精度高。

（3）研制了以压力水泵为核心、采用干湿球温度对比计算湿度的技术，使箱内湿度时时能保持在≥95%。

（4）很好完成了加湿系统管路与控制电路分离，避免管路漏水影响电路安全性。

（5）水封技术，养护装置盖与箱体采用的水封技术，解决了密封条老化对密封效果的影响，以及更换密封条的不便和环保问题。

（6）箱体底部设置有4个承重万向走轮，可360°旋转及方便移动。

与现有养护箱比，该装置取消了制冷压缩机、风扇，具有体积小、重量轻、便于搬运、造价低等特点。耗电量是现有养护箱的1/20，适用于施工现场试验室检测人员在工地检测，减少样品运输带来的经济消耗。

使用DHF-LY养护装置，试验养护环境均匀、稳定性提高，大大降低检测试验出现结论上错误的风险，减少由于试验结果带给混凝土建筑物的工程隐患在多年后给工程（特别是水电工程）带来致命的打击的风险。DHF-LY养护装置适用于各级各类工程试验室，它的应用为工程避免因混凝土骨料碱活性检测结论不正确导致工程造价大幅提高提供了可能。也避免了因结论不正确导致建成的大坝若干年后溃坝。

DHF-LY养护装置，已成功应用工程，反映效果很好。应用单位均认为：该养护装置具有很高的工作稳定性及可靠性，是一项具有很好的应用及推广前景的科研产品。DHF-LY养护装置已于2011年8月17日获得中华人民共和国国家知识产权局颁发的“外观设计专利证书”。同时申请的发明专利已进入实质性审查阶段。

主要完成单位：中国水电顾问集团北京勘测设计研究院。

主要完成人：刘艳、董延安。

（水力发电科学技术奖励工作办公室）

水工隧洞钢筋混凝土衬砌计算机辅助设计软件（SDCAD）开发与研究

“水工隧洞钢筋混凝土衬砌计算机辅助设计软件（SDCAD）开发与研究”获2012年度水力发电科学技术奖三等奖。

水工隧洞钢筋混凝土衬砌计算机辅助设计软件（SDCAD）的开发与研究是水工结构设计中计算机辅助设计软件开发课题，本项目选择水工隧洞钢筋混凝土衬砌计算与配筋方向，采用VB、VC、FORTRAN等计算机语言在Windows、Winword、AutoCAD环境下开发计算机辅助设计软件。SDCAD5.1软件是依照《水工混凝土结构设计规范》（DL/T 5057—2009）、《水工建筑物荷载设计规范》（DL 5077—1997）、《水工建筑物抗震设计规范》（DL 5073—2000）、《水工隧洞设计规范》（DL/T 5195—2004）的规定，在Windows环境下自主开发研制的软件。

该软件具有以下主要功能和特点：

（1）用于招标设计和施工详图设计阶段有压和无压水工隧洞（含竖井）的钢筋混凝土衬砌结构设计。

（2）可对16种断面型式的衬砌进行内力计算、内力图绘制、配筋计算和计算书编制；对其中的8种常用断面，还可进行裂缝开度验算，并能自动绘制钢筋图。

（3）设计状况包括持久设计状况、短暂设计状况、偶然设计状况。内力计算方法包括边值法、有限元法、公式法（圆形有压隧洞）。

（4）软件可考虑地震作用。

（5）软件采用Windows XP系统，操作简便，输入数据少，人机界面友好，自动化程度高，便于设计人员操作和应用。

该软件符合现行规程规范要求，功能较全，已有水利水电系统30多个设计单位先后引进SDCAD软件应用于数十个工程（含各种不同版本），收到了较好的社会效益和经济效益；并已应用于东风、柘溪扩机、三板溪、向家坝、龙滩、小岩头、溧阳等多个水电站工程。

主要完成单位：中国水电顾问集团中南勘测设计研究院。

主要完成人：安学明、李泰来、李佛炎、李卫平、王征、陈好军、朱虹。

（水力发电科学技术奖励工作办公室）

路基填筑多维数字化监控技术研究与应用

“路基填筑多维数字化监控技术研究与应用”获2012年度水力发电科学技术奖三等奖。

依托厦深铁路工程，主要成果为路基填筑多维数字化监控技术研究与应用。成果根据厦深铁路工程实际情况，利用智能压实控制系统结合GPS系统，把影响路基填筑质量和过程追溯的主要因数空间、时间、填筑体、振动压实工艺参数、压实遍数、振动压实度测量值（CMV）6个维度通过数字化技术组合起来，并建立技术模型。通过该课题的研究和运用，创建了新的理念并进行初步应用，其研究成果也可为今后国家修订或编制相应规范提供技术支持与工程实例资料，具有一定的技术价值。运用该技术和工艺施工的厦深铁路路基施工段目前各项指标均符合设计要求。

主要完成单位：中国人民武装警察部队水电第二总队。

主要完成人：张利荣、朱俊华、胡继峰、胡炳根、陈志宏、李建元、王志明。

（水力发电科学技术奖励工作办公室）

四川大渡河沙湾水电站超长尾水渠研究与应用

“四川大渡河沙湾水电站超长尾水渠研究与应用”获2012年度水力发电科学技术奖三等奖。

四川大渡河沙湾水电站工程属二等大（2）型工程，其主要建筑物为2级建筑，次要建筑物为3级建筑，归属建筑科学技术领域。其水能开发方式采用一级混合开发方式，即电站加长尾水渠、获得下游14.5m水头，设计先进、开发方式独特，并取得了较好的经济效益和社会效益。项目的成功实施，为其下游安谷水电站的开发方式提供了成功的典型案例，也为城镇区域人口和工矿企业集中的平缓河段的水能挖掘利用提供了有力依据。

通过对9.015km尾水渠沿线地形、地质勘测与分析研究，尾水渠渠线及断面选择，尾水渠沿线河道及尾水渠行洪关系研究，左堤防渗形式选择和防渗墙设计等研究，确定本工程采用长尾水开发方式，总装机容量二级开发方案增加了6万kW。

2010年11月24日业主对尾水渠淤积情况进行了实测，渠内出口段存在少量淤积，但对电站的出力影响很小，可忽略不计。

设计采用40cm厚超薄塑性混凝土防渗墙最大深度达35m，抗渗标号W8、渗透系数$k \leqslant i \times 10^{-7}$cm/s，设计先进。采用“三钻两抓法”成槽、气举反循环排渣清孔等先进的施工技术，实现了优质快速施工，并达到了设计规定参数，经运行检验防渗效果良好。

尾水渠投运使用后，运行单位根据小时发电量计算出发电流量，再根据观测水位整理出了2010年全年发电流量及水位关系表，不同发电流量对应的实测水位与模型试验水位相差20cm左右，考虑实测误差和模型与实物之间的误差，误差20cm可忽略不计，这说明运行工况与设计工况基本一致。

长尾水渠一级混合式开发实施方案对照规划阶段的二级开发方案，总装机容量增加了6万kW，每年平均发电量增加了2.55亿～3亿kW·h，按照四川省现阶段水电标杆电价计算，每年增加发电收入7365万元以上。

沙湾水电站超长尾水渠的设计研究与成果运用，为其下游城镇区域河段的水能挖掘利用以及安谷水电站的开发方式提供了成功的典型案例，同时也在青江上在建的白花滩电站（装机100MW、尾水渠长7.8km）、毛滩电（装机103MW、尾水渠长5.8km）得到了推广应用。

主要完成单位：四川圣达水电开发有限公司、四川省水利水电勘测设计研究院。

主要完成人：张跃涛、罗武、高明军、刘崇新、杨正清、李万军、李永清。

（水力发电科学技术奖励工作办公室）

200m级高混凝土面板堆石坝关键技术研究与国内外工程应用

“200m级高混凝土面板堆石坝关键技术研究与国内外工程应用200m级高混凝土面板堆石坝关键技术研究与国内外工程应用”获2012年度中国电力科学技术奖一等奖。

自20世纪90年代末以来，中国水利水电建设股份有限公司针对世界面板堆石坝的发展，有计划地根据其子企业在各时期所承建的不同类型的混凝土面板堆石坝的工程特点，统一部署，动态、有针对性、分阶段地进行课题立项，研究关键的相关施工技术，获得了一系列阶段性的专题成果。本课题则是这些专题成果的集成，系统地反映了当今面板堆石坝施工关键技术的发展。

该课题系统地研究了各种类型面板堆石坝的施工关键技术。研究共分5个专题：坝料规划技术、高坝变形控制施工技术、高坝防渗施工技术、特殊施工工艺的进步、变形监测技术的发展及200m级面板堆石坝坝体变形观测成果。

（一）主要技术创新点

（1）针对高面板堆石坝开挖料与填筑料之间的平衡难题，提出了“次堆石区的填筑与料场上部开挖进程相匹配”的施工原则，优化了最大利用开挖料的挖填程序；提出了一种反映挖填强度关系的图示法，取得了良好效果。

（2）针对高混凝土面板堆石坝变形协调等方面的高标准要求，开展了坝体填筑分区分序规划系列研究，形成了成套填筑技术。针对巴贡205m水电站坝体沉降规律及控制施工方法的研究，形成了控制沉降施工的“七步骤分序填筑加载法”。

（3）研制了面板混凝土水平布料机、防渗墙混凝土移动式板台车，采用趾板混凝土滑动模板，提高了施工质量和效率。

（4）根据面板混凝土补偿收缩设计理论，研发了能够人为调节膨胀时间和膨胀率的VF混凝土防裂剂。经过巴贡水电站等工程的应用和完善，形成了面趾板混凝土防裂的专项施工技术。

（5）研发了翻模固坡技术，发展了挤压式边墙施工技术，研制了电液导向调平边墙挤压机，形成了面板堆石坝固坡、护坡的工法和专有技术，提升了面板堆石坝固坡、护坡技术的整体水平。

（6）优化防渗墙、坝体填筑和连接板施工顺序，改进防渗墙施工工艺，成功实施了九甸峡不对称峡谷深厚覆盖层面板堆石坝工程（最大坝高133.5m、覆盖层厚56m），实现了特殊地形、深厚覆盖层面板堆石坝建设的新突破。

（二）应用领域与推广前景

本项目属于岩土（水利）工程应用基础理论和应用技术研究范畴。

该研究成果取得了多项专利、工法，成为国内规范和国际大坝委员会相关技术公告的技术依据。注重研究成果在高面板堆石坝技术上的普遍适应性、合理性和可靠性，相关成果在国内外工程中得到了广泛应用。

本课题成果已应用于当今世界上具有代表性的工程。应用的典型工程遍布国内外，涵盖了各种不同的筑坝条件。典型的工程包括：坝高200m以上的面板堆石坝；建于深覆盖层上，坝址为深窄河谷、高陡边坡的面板堆石坝；坝长4319m的长面板堆石坝；坝体设溢流堰的面板堆石坝；小粒径石料填筑的面板堆石坝、寒冷地区的面板堆石坝等。

该成果推广应用极其广泛，几乎可以推广到所有中国水利水电股份公司及其子企业所承担的面板堆石坝项目，以及世界在建的面板堆石坝项目上。项目的实施及研究成果的应用取得了巨大的经济效益和社会效益。国内外工程效益巨大。

（三）获奖单位

中国水利水电第七工程局有限公司、中国水利水电第十二工程局有限公司、中国水电建设集团十五工程局有限公司、中国水利水电建设股份有限公司

（四）获奖人

宗敦峰、向建、李秋生、何小雄、刘经彪、常焕生、严大顺、张胜利、鲁电、范亦农、李中方、伍夕国、王建峰、劳俭翁、赵海洋。

（摘自《中国电力科学技术奖获奖项目汇编》）

金沙江溪洛渡水电站导流工程关键技术研究与实践

“金沙江溪洛渡水电站导流工程关键技术研究与实践”获2012年度中国电力科学技术奖二等奖。

金沙江溪洛渡水电站是我国继三峡水利枢纽工程之后又一座巨型水利枢纽工程，装机容量13860MW。其导流工程是当前高山峡谷狭窄河道采用“断流围堰、隧洞导流”方式中规模最大、要求最高、难度极大的工程，多项技术指标均居国际领先水平，技术复杂，是国内外一系列已建和待建的峡谷高坝工程中的典型代表。

项目依托溪洛渡水电站工程，对导流设计标准的选择、特大型导流洞群技术、高山峡谷深水深厚覆盖层高土石围堰技术、高山峡谷大流量深水深厚覆盖层河道截流技术、高拱坝坝身导流底孔群等方面进行了一系列攻关研究，拓展和发展了高山峡谷地区大流量、高流速、深水和深厚覆盖层等复杂条件下的导流技术。

结合研究成果，申请了7项专利，4项已获得授权。项目成果直接应用于溪洛渡工程建设实践，获得6.9亿元的直接经济效益，并缩短筹建工期和准备工期共2.5年。

（一）主要技术创新点

（1）首次在国内外导截流工程中采用了大型地下式竖井闸室群结构。

(2) 研究采用了混凝土防渗墙靠上游布置、防渗墙施工和堰体填筑工作面分开的碎石土斜心墙堰型结构。

(3) 研究提出了坝身10个导流底孔分两层布置，导流洞和坝身导流底孔分期下闸封堵。

(4) 导流工程综合技术指标实现新突破。峡谷枢纽导流设计流量32 000m³/s，6条导流洞，单洞断面尺寸18m×20m (宽×高)，单洞设计流量7030m³/s；上游土石围堰堰高78.0m；河道截流流量3560m³/s，流速9.5m/s，落差4.5m，水深20m，单宽功率209.8t·m/(s·m)以及坝身设置10个临时导流底孔等。

(二) 应用领域与推广前景

研究成果主要应用于水电水利工程。溪洛渡水电站导流工程各项技术指标位居世界水电工程前列，技术先进成熟，经济指标合理，运行安全可靠；以超大型导流洞群、大流量深水深厚覆盖层河道截流、深水深厚覆盖层高土石围堰为代表的施工导流技术对推动我国高山峡谷大型水电站建设的技术创新与进步有重大影响，推广应用价值大，整个工程经济、社会、环境效益突出。

(三) 获奖单位

中国水电顾问集团成都勘测设计研究院、四川大学、武汉大学、中国水利水电第八工程局有限公司。

(四) 获奖人

王仁坤、郑家祥、黎昀、肖白云、黄河、杨兴国、章建跃、贺昌海、唐朝阳、朱素华。

(摘自《中国电力科学技术奖获奖项目汇编》)

水利水电工程对河流生态环境的调控方法及应用

“水利水电工程对河流生态环境的调控方法及应用”获2012年度中国电力科学技术奖二等奖。

本项目以三峡库区支流富营养化、工程建设对重要水生生物胁迫、河口生态环境等国内外高度关注的水利水电工程生态环境问题为背景，通过水文学和水动力学模型开发、原型观测、理论分析、系统集成等手段，建立了水利水电工程对河流生态环境的调控方法和关键技术。该研究是当前水利水电学科中的热点问题和制约水电开发的关键科学问题，对工程建设、运行管理和生态环境保护具有极其重要的理论意义和实用价值，也是当前水利水电工程、水文学与水资源、河流水动力学、地下水动力学、水环境学领域的热点。

(一) 主要技术创新点

(1) 成功构建了融合多源数据、具有物理机制的水文模型耦合系统，建立了水电工程调控改善水文与水动力环境的理论、方法和关键技术，揭示了水利水电工程对不同敏感水域水文与水动力环境变化的影响机理。

(2) 研发了大型水库多维、多场耦合富营养化模拟系统；揭示了水温分层对库湾水华的影响机理，提出了利用内波改善河道型水库支流库湾水温层化特性的方法；揭示了水华动力学的非线性、复杂性和随机性特征；提出了抑制库湾水华暴发的水库调度方法。

(3) 揭示了大型水库运行方式、下泄流量和水温、溶解气体饱和度、水体紊动对鱼类生境及繁殖的影响，量化了重要水生生物自然繁殖的适宜水环境阈值，丰富了基于水库生态调度改善重要水生生物产卵繁殖条件的理论与方法。

(4) 建立了“陆—水交界带的环境过程”的模拟模型，阐明了水利水电工程影响和复杂水动力条件下污染物入水通量在不同时间尺度下的变化，提出了以改善盐水入侵为目标的优化调度原则。提出了梯级水电工程生态环境刚性约束和柔性需求的生态补偿技术准则。

(二) 应用领域与推广前景

本项目成果在三峡工程、长江流域、太湖流域、鄱阳湖水利枢纽工程等得到应用，产生了巨大的社会效益、生态效益及发电效益；建立的水利水电工程生态调度的理论、方法和关键技术，对其他水利水电工程建设、运行管理和生态环境保护具有重要的理论意义和实用价值。

(三) 获奖单位

河海大学、中国水利水电科学研究院、中国科学院水生生物研究所、长江水利委员会长江科学院。

(四) 获奖人

戴会超、余钟波、蒋云钟、杨文俊、蔡庆华、李凌、王玲玲、毛劲乔、叶麟、谭德宝。

(摘自《中国电力科学技术奖获奖项目汇编》)

500kV/780MVA三相组合式变压器研制及应用

“500kV/780MVA三相组合式变压器研制及应用”获2012年度中国电力科学技术奖三等奖。

本项目为龙滩水电工程建设所需自选项目，同时列入了广西科学研究与技术开发计划项目。龙滩水电站500kV/780MVA三相组合式主变压器的低压套管连接结构包括3个单相变压器的单相低压铜排，其特征在于每一相铜排分别通过管道内的三相连接铜排连接成角接，并由管道上端的一个升高座引出a、b、c三相，管道可以由两段或多段组成，之间由波纹管相连接。变压器的低压升高座与管道之间通过波纹管相连接，管道内部安装电磁屏蔽。龙滩水电站主变压器的低压引线电流高达25 000A以上，是迄今为止中国境内在役所有变压器中电流最大的主变压器。在研制应用过程中，解决了两大关键技术：三相之间连接和防止局部过热。采取的优化方案有：温度场优化、电场计算优化、磁场分析计算优化、变压器1.3倍过负荷曲线优化等。

（一）主要技术创新点

（1）研发了大容量三相组合变压器的低压引线管道连接结构技术，并获得了多项专利。主变压器低压通道通过采用非磁性材料、加装电磁屏蔽及优化布置，解决了局部过热问题。

（2）采用先进的仿真软件，对变压器主要部件的电场、磁场、温度场等进行了仿真计算，优化了产品结构和参数。该产品经国家级检测中心检测、现场试验及长期运行，情况良好。

（3）采用了三相共体软连接技术，有利于解决现场三相组合连接、安装困难等问题。

（二）应用领域与推广前景

项目成果有效解决了山区运输困难及水电站枢纽布置受限情况下大容量变压器的选型应用问题。成果可广泛应用于电力系统，目前该技术已应用于中国大唐集团公司广西岩滩水电站二期、四川电力公司宜宾局等变压器制造项目。

（三）获奖单位

龙滩水电开发有限公司、特变电工沈阳变压器集团有限公司、中国水电顾问集团中南勘测设计研究院。

（四）获奖人

杨振先、胡镇良、钟俊涛、安振、徐立佳、张强、王鹏宇。

（摘自《中国电力科学技术奖获奖项目汇编》）

电力行业标准《贫胶渣砾料碾压混凝土施工导则》编制研究

“电力行业标准《贫胶渣砾料碾压混凝土施工导则》编制研究”获2012年度中国电力科学技术奖三等奖。

贫胶渣砾料碾压混凝土坝是介于碾压混凝土坝与面板堆石坝之间的一种坝型，其剖面一般为大致对称的梯形。贫胶渣砾料碾压混凝土的优势是拓宽了骨料使用范围，可利用就近的砂石材料，减少固废，减少筛分环节，采用挖装机械简化拌和，并以较大层厚快速碾压施工，能适应较软弱地基，且可允许洪水过坝安全度汛。

贫胶渣砾料碾压混凝土坝为新坝型，本导则制定之前，国际上尚缺乏完整的技术资料和正式出版的设计、施工规范。

《贫胶渣砾料碾压混凝土施工导则》是根据国家发展和改革委员会发改办工业〔2008〕1242号《关于印发2008年行业标准计划的通知》文件中制定《贫胶凝粗粒料坝（堰）施工规程》的要求编写的，标准于2009年7月28日更名为《碾压胶凝粗粒料施工导则》，并根据2010年9月7日对规程送审稿的专家审查意见，更名为《贫胶渣砾料碾压混凝土施工导则》。

（一）主要技术创新点

（1）压实度进一步明确为可达93％～99.9％。

（2）渣砾料最大料径的重大突破。规定最大料径可达650mm，更进一步简化了开挖筛分环节。

（3）对最少胶凝材料用量的新尝试进行总结分析和确定。在沙沱水电站贫胶渣砾料碾压混凝土中，最少胶凝材料为50kg/m^3，进行了钻孔取芯检查，为导则对胶凝材料下限值的确定提供了新的支持。

（二）应用领域与推广前景

本标准规定了水电水利工程中的围堰工程和应急工程的贫胶渣砾料碾压混凝土的施工和质量检测方法，其他工程的贫胶渣砾料碾压混凝土施工可参照执行。

本标准已由国家能源局于2011年7月28日发布，2011年11月1日实施。

（三）获奖单位

中国水利水电第十六工程局有限公司。

（四）获奖人

陈振华、林胜柱、范玲斌、杨祥震、周宗斌、吴秀荣、刘永祥。

（摘自《中国电力科学技术奖获奖项目汇编》）

糯扎渡水电站尾水系统五岔口快速开挖施工技术研究及实践

“糯扎渡水电站尾水系统五岔口快速开挖施工技术研究及实践”获2012年度中国电力科学技术奖三等奖。

糯扎渡水电站“地下厂房引水发电系统”工程由进水口、引水道、主副厂房、升变电压系统、尾水系统及地面开关站等组成。尾水系统共有9条尾水支洞、3个调压井、3条尾水隧洞，在3条尾水支洞、1个调压室及1条尾水隧洞渐变段的立面交汇部位形成五岔口。该工程具有跨度大、挖空率高、围岩应力重分布复杂、预留岩柱小、工期短、技术复杂、施工难度高等特点。

本课题以尾水系统五岔口开挖工程为依托，与相关科研单位合作，通过对尾水系统五岔口及其相邻建筑物围岩的开挖、支护过程的研究，采用三维有限元法进行数值仿真分析，提出一系列性能评价方法和增强结构安全的工程措施，形成尾水系统五岔口安全、快速的开挖支护理论及工艺措施和施工方法。

本课题研究成果创新性强，效益显著，直接经济效益在300万元以上，单个五岔口优化后工期10个月，较常规施工方案缩短直线工期4个月，推广应用价值高。

（一）主要技术创新点

（1）课题应用三维有限元数值仿真分析成果对开挖、支护等施工技术提供理论指导，并结合围岩监测成果对现场施工方案进行优化，其成果在糯扎渡电站五岔口安全快速施工中得到了成功应用，为类似工程施工积累了宝贵经验。

（2）采用了锚筋桩、预应力锚杆、预应力锚索等综合支护手段，有效控制了围岩变形，保证了围岩的稳定。

（3）采用先进的爆破技术，47m深井一次扩挖成形，实现了快速开挖施工的目的。

（4）根据分析、监测成果，优化支护方案，取消常规采用钢筋混凝土锁口及系统锚索，实现了安全快速施工。

（二）应用领域与推广前景

本课题研究成果可在大型水利水电工程施工领域或类似地下工程施工中应用。糯扎渡水电站尾水系统五岔口快速开挖施工技术的成功应用，为五岔口及地下大型洞室复杂部位开挖支护积累了宝贵的施工经验，形成了一套完整、成熟的理论和施工技术，可以解决当前地下洞室（群）勘测规划、设计、施工中存在的一些难题，为大型地下洞室的设计、研究与施工提供了科学的理论方法和先进的技术手段，推广应用价值前景巨大。

（三）获奖单位

中国水利水电第十四工程局有限公司

（四）获奖人

凌征华、杨保才、周太陆、张春洪、晏联飞、字朝良、刘红震。

（摘自《中国电力科学技术奖获奖项目汇编》）

大渡河下游梯级电站中小洪水实时预报预泄及水沙协调调度技术研究与应用

“大渡河下游梯级电站中小洪水实时预报预泄及水沙协调调度技术研究与应用”获2012年度中国电力科学技术奖三等奖。

本项目在深入系统分析大渡河流域的洪水径流组成、洪水遭遇规律、暴雨洪水特性、水文气象预报水平、预泄预报能力的基础上，创造性地提出了根据防洪目标任务和来水量级控制水库水位、进行中小洪水实时预报预泄及水沙协调调度的全新调度模式，对具体的控制指标和调度方案进行了深入研究，并在大渡河下游梯级水库联合调度中得到成功应用。

（一）主要技术创新点

（1）为了提高短期洪水预报预见期和预报精度，并提前预判汛期来水形势，首次提出了动力诊断短期降雨数值预报方法，并建立了大渡河概念性旱涝模型，制定了大渡河长期水文预报方案，为短期降水预报及中长期水库调度决策提供参考。

（2）系统研究了大渡河流域洪水径流组成、洪水遭遇规律、暴雨洪水特性、水文气象预报水平、预蓄预泄能力，全面总结了瀑布沟中小洪水特点，进行了中小洪水识别，首次提出了瀑布沟中小洪水实时预蓄预泄调度方案，有效改善了洪水资源利用水平，增加了梯级水电站发电量。

（3）研究了瀑布沟中小洪水实时预报、预蓄、预泄调度对下游防洪对象以及库区回水的影响，建立了洪水调度风险控制指标体系，并按不同预见期论证了指标控制范围，明确了瀑布沟中小洪水实时预报、预蓄、预泄调度的启动条件及操作控制指标，在发挥经济效益和社会效益的同时，为防洪安全提供了支撑。

（4）为有效控制水库泥沙淤积，实现水库的可持续运用，研究了大渡河梯级水电站来沙组成以及梯级水库形成后入库泥沙变化，建立了SBED扩展一维全沙水库冲淤数学模型，分时段、分河段、分粒径组对龚嘴、铜街子水库泥沙冲淤过程进行了验证。模型计算与龚嘴、铜街子两水库的实际冲淤过程基本吻合。

（5）研究了冲淤平衡状态下龚嘴、铜街子以及瀑布沟三库联合调水调沙方案，提出了水沙联合调度推荐方案，并进行了龚嘴、铜街子调水调沙实验，排沙效果显著，有利于电站安全稳定运行，提高了梯级电站整体经济效益和社会效益。

（二）应用领域与推广前景

本研究成果适用于具有一定调节性能的单一水库或梯级水电站水库群调度，通过中小洪水识别，建立优化的调度方案，可大幅提高电站发电能力，减轻水库淤积，实现较好的经济及社会效益。

（三）获奖单位

国电大渡河流域水电开发有限公司、长江水利委员会水文局、四川大学、中国水电顾问集团成都勘测设计研究院。

（四）获奖人

付兴友、向进、熊明、马光文、贺玉彬、周新春、叶发明、李攀光、张祥金、陶春华、杨忠伟、唐勇、沈定斌、张思洪。

（摘自《中国电力科学技术奖获奖项目汇编》）

长距离空间转弯曲线胶带机在龙开口工程骨料运输中的研究及应用

“长距离空间转弯曲线胶带机在龙开口工程骨料运输中的研究及应用”获2012年度中国电力科学技术奖三等奖。

燕子崖砂石加工系统承担龙开口水电站约462万m^3混凝土的粗、细骨料生产任务，成品料生产能力约1650t/h，供料时间约4年。系统位于坝址下游中江河右岸高程约1460m的坡地上，距离布置在坝区的混凝土生产系统直线距离约5.8km，公路里程约18km，高差约130m，要求高峰时成品骨料的输送强度约2500t/h。本项目根据运量大、运输距离远、高差较大，沿程地形复杂等运输条件和要求，运用先进的施工技术和理念，从环境、民生、经济效益、节能降耗及安全施工等多方面对骨料运输方案、布置形式、运行参数选择等进行分析后，采用在国内水电行业中尚未使用的长距离空间转弯曲线胶带机运输成品骨料至坝区混凝土生产系统。胶带机长约6060m，带宽1200mm、最小转弯半径1000m，带速4m/s，驱动功率1680kW。

（一）主要技术创新点

（1）提出了空间转弯长距离曲线胶带机运输方案，胶带机在降坡的同时，以转弯半径1000m连续转弯，在国内水电工程中属首例。

（2）充分利用了胶带机首尾高差产生的重力势能，有效地降低了设备运行能耗，充分贯彻了“节能、节地、注重环保”的设计理念，沿线以隧洞布置为主，减少土地征用。

（3）运距短、运行安全、便于管理、减少CO_2等有害气体的排放，符合“绿色施工”的目标，是在水电工程建设中认真贯彻国家产业政策的体现。

（4）改变了以往长胶带输送线较多采用的多条胶带机搭接输送混凝土成品骨料的方式，有效减少混凝土骨料运输过程中逊径的产生，对保证混凝土骨料质量具有重要意义。

（5）采用国产设备，不但在性能上可以满足工程要求，且采购周期短，价格低于进口产品，具有良好的售后配套服务。

（二）应用领域与推广前景

设备自2009年8月投运以来，已超额完成预定混凝土骨料输送量，未发生安全运行和质量事故，日常的设备维护工作量小，运行3年多来，易损件托辊的更换率不到1%，远低于国家标准规定的10%。预期至电站建成，与同期的汽车运输相比，可节约费用约13 400万元。国产长距离空间转弯曲线胶带机特别适合在地形复杂、输送能力高、输送总量大、由高向低运输倾角2°～6°、运距2～10km的大型水电工程项目上采用，宜在水电站施工的混凝土成品或半成品骨料运输中大力推广。

（三）获奖单位

中国水电顾问集团华东勘测设计研究院。

（四）获奖人

吴关叶、包俊、黄春华、叶建群、吕国轩、任金明、赵凯。

（摘自《中国电力科学技术奖获奖项目汇编》）

深埋长隧洞地质超前预测预报研究

“深埋长隧洞地质超前预测预报研究”获2012年度中国电力科学技术奖三等奖。

本项目属水电、地下洞室、隧（洞）道工程领域。据国内不完全统计，隧道施工过程中由于地质灾害事故造成的停工时间大约占总工期的30%，因此隧洞施工过程中塌方、涌水等地质灾害和特殊工程地质问题的防治工作是一项亟待解决的重大课题，而地质超前预报则是解决这一课题的关键技术。目前，对查找掌子面前方的断层、破碎带、溶洞等地质缺陷已有了较为可用的物探方法和仪器，但是这些方法仍有许多亟待解决的问题和改进的地方，尤其是对反射类物探方法、对探查对象空间定位的改进和测定掌子面前方地层岩体波速的理论、方法、技术及解释软件并未实现完全突破，这些方法均难以较准确地解决隧洞涌水预报问题，也缺少对地质和物探的综合集成方法。

在上述背景条件下，中国水电顾问集团华东勘测设计研究院等五家单位联合，围绕锦屏二级水电站深埋长隧洞的建设，开展深埋长隧洞地质超前预测预报研究工作，取得了一系列创新性研究成果。

（一）主要技术创新点

（1）创新了高差达3000m的高山峡谷区系统的岩溶水文地质勘察、研究技术方法。

（2）开创性地提出了适合深埋长隧洞的地质超前预测预报的优选方法：地质分析法＋TSP法（瞬变电磁法为辅）＋地质雷达法。

（3）提出深埋长隧洞地质超前预测预报体系、原则、数据查询系统和工作指南。

(4) 首次提出地层相对介电常数测定法、“U”型测线布置法、地质结构面产状探测法、地质雷达首波相位法以及TSP法预报判别准则和地质雷达法预报突涌水构造的判别方法。

(5) 改进了瞬变电磁法主机和发射、接收装置，并开展全空间瞬变电磁三维成像、拟波动方程三维曲面延拓成像理论研究，提出了瞬变电磁全空间三维成像预报方法。

(二) 应用领域与推广前景

本项目成果可应用于水电、地下洞室、隧(洞)道工程的地质超前预报领域，已成功应用于锦屏辅助洞、排水洞、引水隧洞、齐岳山等交通隧洞的地质超前预测预报，预报与实际开挖吻合率达92%；并被引用于《水力发电工程地质手册》，取得了显著的社会经济效益，具有很高的推广应用价值。

(三) 获奖单位

中国水电顾问集团华东勘测设计研究院、中国水电工程顾问集团公司、山东大学、浙江华东建设工程有限公司、浙江华东工程安全技术有限公司。

(四) 获奖人

单治钢、黄世强、周春宏、薛翊国、王惠明、李利平、陈文华。

(摘自《中国电力科学技术奖获奖项目汇编》)

高水头链轮闸门、弧形闸门结构设计研究

“高水头链轮闸门、弧形闸门结构设计研究”获2012年度水力发电科学技术奖二等奖和2012年度中国电力科学技术奖三等奖。

随着小湾、糯扎渡等一系列大型水电工程的开工建设，超高水头链轮闸门、弧形闸门的运用逐步增多，如小湾电站放空底孔链轮门、弧门的设计水头已达到160m，其设计参数已达国内最高水平。高水头闸门由于构件刚度大，结构的节点效应和空间效应很强，现行闸门设计规范的平面体系算法已不能反映其复杂的受力条件，计算结果的误差较大，对高水头闸门的结构安全要求留下隐患；超高水头闸门的止水问题也越来越突出，现有水封型式已难于满足要求，对闸门的安全运行留下隐患。这些问题都制约了超高水头链轮闸门、弧形闸门设计技术的发展。通过本项目的研究，解决了超高水头链轮闸门、弧形闸门设计中面临的一系列关键技术问题，并取得以下主要研究成果：

(1) 针对现行规范平面体系算法难以反映高水头弧形闸门空间效应强的问题及传统有限元计算的局限性，结合高水头弧形闸门的结构特点，通过数模和物模相结合的系统研究，首次提出适合于高水头弧形闸门结构计算的板梁结构三维框架计算模型，较好地解决了弧形闸门空间结构的动、静力设计问题。相应取得“主横梁高水头抗震弧形闸门”(专利号ZL201020690100.9)、“主纵梁高水头抗震弧形闸门”(专利号ZL20102069099.X)专利。并在总结研究成果的基础上，在《水利学报》(第42卷2011年增刊)上发表了《高水头弧门结构设计理论与实践》的论文。

(2) 针对链轮闸门辊轮与轨道之间复杂的非线性接触问题，采用等效弹簧刚度系数方法，结合物理模型试验验证，首次提出了适用于链轮闸门辊轮支撑系统的计算方法，解决了链轮闸门设计中的关键技术问题，填补了国内链轮闸门辊轮支撑系统计算方法的空白。

(3) 通过物理模型试验，首次研究了不同链轮垂度与闸门运行阻力和荷载之间的关系，同时研究了加水、加沙状态下对链轮门支撑摩擦阻力的影响，解决了链轮闸门启闭力计算的关键技术问题。同时在研究链轮闸门启闭运行过程特性的基础上，取得“一种斜拉链轮门防前倾装置”(专利号为ZL 2008 2 0199960.5)专利。

(4) 在链轮闸门中引入高强度马氏体沉淀不锈钢(0Cr17Ni4Cu4Nb)材料，并对其制造工艺进行了研究，满足了高水头链轮闸门辊轮、轨道、均衡座材料对高强度、高硬度、耐腐蚀性的要求。

(5) 针对超高水头闸门止水设计的难题，以及材料物性、几何形状、接触的非线性特性，采用数学模型和物理模型相结合的方法，系统全面地研究了超高水头平面闸门和弧形闸门充压式止水装置的特性，取得了水封装置止水工作特性的系统化成果，较好地解决了超高压闸门的止水难题，相应取得“高水头弧形闸门水封装置”(专利号为ZL200720105124.1)专利。

该项目研究成果已成功应用于小湾、糯扎渡、金安桥等多个大型水电工程，工程运行情况良好。研究成果完善了高水头链轮闸门、弧形闸门的设计方法，获得了4项实用新型专利，该成果为今后高坝、大库水利水电工程的开发建设提供了技术支撑，应用前景广阔。

主要完成单位：中国水电顾问集团昆明勘测设计研究院、中国水利水电科学研究院、河海大学。

水力发电科学技术奖的主要完成人为曹以南、曾镇铃、罗文强、余俊阳、李自冲、马仁超、易春、曹慧颖、李荣、生永贞。

中国电力科学技术奖的获奖人为曹以南、曾镇

铃、罗文强、余俊阳、李自冲、马仁超、易春。

（本年鉴编辑部摘编）

乌江流域水电站群优化调度和效益评价核心技术研究及应用

“乌江流域水电站群优化调度和效益评价核心技术研究及应用”获 2012 年度水力发电科学技术奖二等奖和 2012 年度中国电力科学技术奖二等奖。

通过短期和中长期径流预报研究，改进数学模型，提高径流预报精度。通过发电优化调度研究，形成了适用于同一梯级内存在两座多年调节水库的七级电站发电优化调度的理论体系、数学模型和调度规则。通过分期洪水调度、汛期水位动态控制、洪水传播特性等研究，形成了防洪调度理论体系、数学模型和调度规则。开展效益评价规则、指标体系研究，改进水能利用提高率计算方法，研发自动考评专家系统，制定科学的效益评价管理办法，最终建立了梯级优化调度效益评价体系。

发电优化调度充分考虑了航运、生态及其他综合利用要求，具有科学性、先进性、系统性和实用性；在同一模型内采用了三种求解方法相互验证；软件一次计算时间小于 50s，操作简便、运行稳定。

径流预报 5 日内水量平均精度 86%；能够预测未来 5 年梯级水电站坝址及区间以及各主要支流的年径流总量，2011 年各月水量预报精度平均水平达到 82%。

一次完整的多库防洪优化调度计算时间约 6min，操作简便，存入数据库的结果可选；软件功能模块运行情况良好，系统稳定可靠。

梯级水电站优化调度效益自动考评专家系统软件每次计算时间都在 1min 以内，清晰直观、操作简便、安全稳定；改进后的水能利用提高率算法既考虑了来水情况和电网需求情况，计算结果科学、客观、准确、合理。

该成果解决了水力联系密切、调节组合复杂的大型梯级水电站群的联合优化调度问题，在梯级调度效益评价体系、优化调度算法、径流预报模型等方面创新显著，为梯级调度效益评价提供了一套合理的解决方案，推动了梯级调度领域内同一梯级存在两座多年调节水库优化调度的数学模型、调度规则研究。

该成果已在乌江流域水电站群成功应用，为乌江梯级水电站运行管理提供了理论依据和技术支撑，并取得了巨大的社会经济效益，下一步将向集团公司提出建议在集团所属的流域梯级水电站推广应用。项目的大部分成果均在流域梯级调度领域具有显著的示范作用。在中国水力发电工程学会梯调专委会上曾进行了两次专门学术交流，引起了三峡、清江、大渡河、澜沧江等梯调中心（或集控中心）的广泛关注，已经通过学术研讨、经验交流等方式在梯级调度行业内推广应用。

水力发电科学技术奖的主要完成单位为贵州乌江水电开发有限责任公司、西安理工大学、河海大学、四川大学、南京南瑞集团公司，主要完成人为熊宇、何光宏、邹建国、戴建炜、黄强、朱江、彭鹏、黄炜斌、李晓英、李泽宏。

中国电力科学技术奖的获奖单位为贵州乌江水电开发有限责任公司、西安理工大学、河海大学、四川大学、南京南瑞集团公司、中国水电顾问集团贵阳勘测设计研究院，获奖人为熊宇、何光宏、邹建国、戴建炜、黄强、朱江、彭鹏、黄炜斌、李晓英、李泽宏。

（本年鉴编辑部摘编）

巨型地下电站通风空调关键技术研究与应用

“巨型地下电站通风空调关键技术研究与应用”获 2012 年度水力发电科学技术奖三等奖和 2012 年度中国电力科学技术奖三等奖。

地下水电站的通风空调系统的主要任务是排除厂内的余热、余湿，保障电站内设备正常、可靠运行，并为运行管理人员提供舒适健康的工作环境。在常规设计中，厂内余热负荷难以准确计算，一般采用大通风量系统，造成了高能耗；且目前电站通风空调系统大都采用机械式，忽略了对自然冷热源、自然动力的利用，产生了能量的浪费。为对设计结果进行验证，一些电站采用模型试验，但大都采用冷态试验，且只对局部区域进行，因此其评价结果比较片面。

本项目主要针对地下电站通风空调系统设计存在的以上问题进行研究，以可靠资料收集研究为基础，除进行常规系统计算外，使用计算流体动力学 CFD（computational fluid dynamics）计算软件进行气流组织模拟设计计算，同时对地下厂房进行全模型热态试验，对计算结果进行验证。通过上述模拟与试验研究，优化通风方案，修正厂房结构尺寸，对水电站地下厂房通风进行有价值的科学探讨。针对巨型水电站通风空调设计的难点，本项目采取的具体研究措施包括：①广泛收集原始资料，这些资料包括室外气象资料、水库水温资料、电气设备散热资料、洞室岩石物性参数资料等，力求基础资料尽量接近电站实际工况；②根据电站厂房布置资料，在确定通风通道时，尽量利用已有通道如施工支洞、排水廊道等，减少土建开挖和节约工程投资；③建立数学和物理模型，使用计算流体动力学 CFD 计算软件进行厂房气流组织计算，并通过模型试验验正设计的合理性和可靠性；④在设计过程中与空调设备制造厂密切配合，保证非标空调设备的设计制造可行、可靠及节能。

本研究提出了空气处理的二级制冷模式与流程，并开发了相关设备；提出了基于等效开机台数的负荷计算方法；解决了水电站洞室群整体热态通风模型实验中的关键技术问题；揭示了地下水电站各洞室全年工况下的通风需求变化规律，并提出了相应的通风空调系统调节控制方案。

该项目研究成果已成功应用于龙滩水电站，目前系统运行良好。本项目研究成果的成功应用，减少设备投资 2000 万元。且采用本成果每年地下厂房的通风及空调运行费用节约 400 万元。另外专业空调生产厂广东申菱空调厂采用本成果的新技术，提供空调设备给其他的地下工程通风系统使用，直接经济效益达 1020 万元。目前在建的向家坝水电站、托巴水电站地下厂房也部分采用了本项目研究成果。

本项目的研究成果对目前国内拟建和在建的巨型电站都有一定的参考价值，对以后可能选用的巨型空调设备的设计、制造提供了宝贵的经验，尤其是整个地下厂房的通风全模型试验，对其他巨型电站气流组织、系统阻力等提供了丰富的实验数据，对于相近的厂房布置形式的电站，完全可参考本电站的实验数据，不必再进行类似的试验。

主要完成单位：中国水电顾问集团中南勘测设计研究院、龙滩水电开发有限公司、重庆大学。

水力发电科学技术奖的主要完成人为贺婷婷、李伟、付国锋、徐立佳、肖益民、王怀茂、何银芝。

中国电力科学技术奖的获奖人为贺婷婷、李伟、付国锋、徐立佳、肖益民、王怀茂、何银芝、罗俊军、初曰亭、付祥钊、张锡柱、张强、夏胜交、张俊芝。

（本年鉴编辑部摘编）

555m 级超高水头段混流式水轮发电机组设计研究与应用

“555m 级超高水头段混流式水轮发电机组设计研究与应用”获 2012 年度水力发电科学技术奖三等奖和 2012 年度中国电力科学技术奖三等奖。

针对 20 世纪末国内拟建一批 400～600m 水头段大中型水电站，为了使电站充分利用水能资源，降低电站初期投资，提高电站效益，促进建设资源节约型和环境友好型社会，促进可持续发展；同时机组性能、结构须确保电站及机组的安全稳定可靠运行和减少日常运行维护的劳动强度，开展了本项目研究。

通过研究超高水头电站特性，混流式和水斗式机组性能，国内外水轮机研制开发的技术水平以及未来技术的发展趋势，采用现场调研、技术交流、理论计算和技术经济论证等手段，创新提出 555m 超高水头混流式水轮发电机组的设计研究方案，以充分利用先进的水轮机研发和制造技术成果；进而根据电站条件和运行方式，尤其是针对高转速大容量混流式水轮机运行稳定性及泥沙磨损，研究该型水轮机和水轮发电机的总体结构和关键部件结构，创新提出能使水轮发电机组安全、稳定、高效和经济运行，同时便于运行维护和检修的设计成果；通过科研成果的成功应用，创新实施和总结了一套超高水头混流式机组电站的机电设备集成技术及工程设计技术，实现了科研项目既定目标。

成果主要应用于 400～600m 超高水头段大中型电站的水轮机选型指导、水轮机结构设计指导和高转速混流式水轮发电机组的工程技术开发。自本项目开展至今，555m 超高水头段混流式水轮发电机组的设计研究技术成果已先后应用于 555m 级超高水头段的四川宝兴河硗碛水电站，500m 级的四川金康、自一里、狮子坪、周宁水电站，以及 400m 级的四川小天都、柳洪水电站。仅硗碛水电站项目（电站装机 3×80MW，额定转速 600r/min）一例，其工程初期投资节省 700 多万元，电站投运后水轮机最高效率增加约 3%，有效利用水头增加约 5m，每年均可增加发电量约 2800 万 kW·h，综合效益显著，在技术上实现了国内 400～600m 水头段混流式水轮发电机组从无到有的突破，促进国家能源建设和地方经济快速发展，促进了行业设计水平显著提升。

主要完成单位：中国水电顾问集团成都勘测设计研究院。

主要完成人：田迅、孙文彬、蒋登云、付维平、陈正刚、华键、董宏成。

（本年鉴编辑部摘编）

黄河水利科学研究院 2012 年科技成果获奖情况

黄河水利科学研究院 2012 年科技成果获奖情况见表 1。

表1　黄河水利科学研究院2012年科技成果获奖情况表

序号	项目名称	获奖情况
1	黄河小浪底工程关键技术研究与实践	大禹水利科学技术奖特等奖
2	黄河防洪工程维护管理系统研发与应用	大禹水利科学技术奖三等奖
3	堤坝除险加固高聚物注浆成套技术及装备	河南省科学技术进步奖一等奖
4	利用泥沙制作防汛石料	河南省科学技术进步奖二等奖
5	堤坝安全监测信息分析评价系统开发研究	中国水力发电科学技术奖三等奖
6	黄河流域水沙变化情势分析与评价	黄河水利委员会科学技术进步奖一等奖
7	黄河下游堤防淤筑工程安全关键技术研究	黄河水利委员会科学技术进步奖一等奖
8	黄河下游滩区综合治理关键技术研究	黄河水利委员会科学技术进步奖一等奖
9	黄河干流水库生态环境效应及生态调度	黄河水利委员会科学技术进步奖二等奖
10	黄河小北干流放淤支撑技术研究	黄河水利委员会科学技术进步奖二等奖

（黄河水利科学研究院）

中国水电顾问集团北京勘测设计研究院2012年科技成果获奖情况

2012年，中国水电顾问集团北京勘测设计研究院科技成果获奖情况见表1。

表1　中国水电顾问集团北京勘测设计研究院2012年科技成果获奖情况表

序号	项目名称	获奖情况
1	喀斯特地区抽水蓄能电站上水库防渗处理的研究与应用	国家能源科技进步二等奖
2	水利水电1000MPa级高强钢工程应用技术研究	国家能源科技进步三等奖
3	提高现代水力发电系统运行稳定性关键技术研究	教育部科学技术进步二等奖
4	高水头大口径锥形中空喷射阀的选型设计研究与应用	水力发电科学技术奖三等奖
5	抽水蓄能电站井式进/出水口体形及水力特性研究	水力发电科学技术奖三等奖
6	高陡地形拱坝坝肩开挖型式研究与应用	水力发电科学技术奖三等奖
7	DHF-LY混凝土骨料碱活性检验养护装置研制与应用	水力发电科学技术奖三等奖
8	辽宁大唐国际阜新前后查台（2×49.5MW）风电工程	国家工程建设质量奖审定委员会国家优质工程银奖
9	安徽琅琊山抽水蓄能电站工程	国家工程建设质量奖审定委员会优质工程银奖

（中国水电顾问集团北京勘测设计研究院　王春江）

中国水电顾问集团西北勘测设计研究院2012年科研成果获奖情况

2012年，中国水电顾问集团西北勘测设计研究院科研成果获奖情况见表1。

表1　中国水电顾问集团西北勘测设计研究院2012年科研成果获奖情况表

序号	项目名称	获奖情况
1	水电站750kV超高压工程设计研究与应用	中国电力科学技术奖二等奖
2	梯级水库群设计洪水研究	中国电力科学技术奖三等奖
3	水电工程建设征地移民安置规划设计规范	水力发电科学技术奖三等奖
4	抽水蓄能电站与风电配合运行研究	水力发电科学技术奖二等奖
5	岩质高边坡稳定分析、安全系数取值标准及处理措施研究	国家能源科技进步奖二等奖
6	水平旋流消能关键技术研究	国家能源科技进步奖三等奖

（中国水电顾问集团西北勘测设计研究院　熊登峪）

中国水电顾问集团贵阳勘测设计研究院 2012 年度科技成果获奖情况

2012 年，中国水电顾问集团贵阳勘测设计研究院科技成果获奖情况见表 1。

表 1 中国水电顾问集团贵阳勘测设计研究院 2012 年度科技成果获奖项目表

序号	项目名称	获奖情况
1	贵州北盘江光照水电站工程	2011～2012 年度国家优质工程奖金奖
2	光照工程	国际里程碑 RCC 工程奖
3	高坝泄洪消能防护和雾化安全技术与应用	国家科学技术进步奖二等奖
4	复杂地质条件隧道超前预报综合技术应用研究	中国岩石力学与工程学会科学技术奖二等奖
5	贵州华电塘寨电厂取水口平行双岩塞爆破	中国工程爆破协会科技奖二等奖
6	水工隧洞结构限裂设计研究	水力发电科学技术奖三等奖
7	光照 200m 级高碾压混凝土重力坝筑坝技术研究	中国电力科学技术奖三等奖
8	软硬岩混合石料填筑面板堆石坝的关键技术研究及其应用	贵州省科技进步奖三等奖
9	北盘江马马崖一级水电站可行性研究报告	贵州省 2012 年优秀工程咨询成果奖一等奖
10	丰满水电站大坝全面治理工程环境影响报告书	贵州省 2012 年优秀工程咨询成果奖一等奖
11	红水河龙滩水电站枢纽工程竣工环境保护验收调查报告	贵州省 2012 年优秀工程咨询成果奖一等奖
12	重庆中梁水电站水库防渗工程技术咨询总结报告	贵州省 2012 年优秀工程咨询成果奖二等奖
13	贵州乌江源（祖安山、海柱、百草坪、大法）风电场可行性研究报告	贵州省 2012 年优秀工程咨询成果奖二等奖
14	内蒙古阿拉善 20MW 光伏并网发电特许权项目可行性研究报告	贵州省 2012 年优秀工程咨询成果奖二等奖
15	毕节试验区大方药品食品产业园区规划环境影响报告书	贵州省 2012 年优秀工程咨询成果奖二等奖
16	平坝石朱桥水库工程可行性研究报告	贵州省 2012 年优秀工程咨询成果奖二等奖
17	西藏扎曲果多水电站工程地质灾害危险性评估报告	贵州省 2012 年优秀工程咨询成果奖三等奖
18	贵州桐梓河兰子口水电站建设对下游新兴宏能煤矿渗漏影响分析评价专题报告	贵州省 2012 年优秀工程咨询成果奖三等奖
19	贵州威宁雪山仙水坡风电场可行性研究报告	贵州省 2012 年优秀工程咨询成果奖三等奖
20	贵州赫章石头寨风电场可行性研究报告	贵州省 2012 年优秀工程咨询成果奖三等奖
21	内蒙古巴彦淖尔 20MWp 光伏并网发电特许权项目可行性研究报告	贵州省 2012 年优秀工程咨询成果奖三等奖
22	贞丰县七星水库灌溉工程防洪评价报告	贵州省 2012 年优秀工程咨询成果奖三等奖
23	贵州北盘江光照水电站工程	2012 年度全国工程建设项目优秀设计一等奖
24	乌江思林水电站工程地质勘察	2012 年贵州省优秀工程勘察设计一等奖
25	北盘江董箐水电站工程地质勘察	2012 年贵州省优秀工程勘察设计奖一等奖
26	贵州乌江思林水电站工程设计	2012 年贵州省优秀工程勘察设计奖一等奖
27	贵州赫章大韭菜坪、石头寨风电场地形图测绘	2012 年贵州省优秀工程勘察设计奖二等奖
28	水电站水力机械设计应用软件	2012 年贵州省优秀工程勘察设计奖二等奖
29	贵阳市金阳奥林匹克中心岩土工程勘察	2012 年贵州省优秀工程勘察设计奖二等奖
30	西藏澜沧江如美、班达水电站 1∶1 万地形图测绘	2012 年贵州省优秀工程勘察设计奖二等奖
31	云南省洗马河二级赛珠水电站工程勘察	2012 年贵州省优秀工程勘察设计奖二等奖
32	安全监测工程培训考评系统	2012 年贵州省优秀工程勘察设计奖三等奖
33	重庆郁江马岩洞水电站工程设计	2012 年贵州省优秀工程勘察设计奖三等奖

（中国水电顾问集团贵阳勘测设计研究院 王 芳）

中国葛洲坝集团公司 2012 年科技成果获奖情况

中国葛洲坝集团公司 2012 年科技成果获奖情况见表 1。

表 1 中国葛洲坝集团公司 2012 年科技成果获奖情况表

序号	项目名称	获奖情况
1	巨型混流式水轮发电机组安装标准与工程实践	国家能源科技进步奖二等奖
2	±800kV 特高压直流输电线路及换流站工程施工技术研究与应用	国家能源科技进步奖三等奖
3	三峡双线五级船闸第二期建设施工关键技术研究与应用	国家能源科技进步奖三等奖
4	大型沉井群用于水电工程深厚覆盖层地基处理技术研究	国家能源科技进步奖三等奖
5	水电工程快速优质施工关键技术创新能力建设	湖北省科技进步奖一等奖
6	大型三维空间曲面钢模台车研制及在三峡地下电站引水弯管段的应用	湖北省科技进步奖三等奖
7	砂砾石筑面板坝技术研究及在寺坪工程中的应用	湖北省科技进步奖三等奖
8	青藏高原并网型光伏电站施工关键技术研究与应用	中国施工企业管理协会科学技术奖一等奖
9	深基坑“∞”形地下连续墙施工技术研究及应用	中国施工企业管理协会科学技术奖一等奖
10	高原冻土铁塔基础施工关键技术研究与应用	中国施工企业管理协会科学技术奖二等奖
11	大型三维空间曲面钢模台车研制及在三峡地下电站的应用	中国施工企业管理协会科学技术奖二等奖
12	700MW 特大型、多种埋设方式的蜗壳安装及蜗壳周边混凝土优质快速施工研究及实施	中国施工企业管理协会科学技术奖二等奖
13	100m 级防渗墙关键技术研究	中国施工企业管理协会科学技术奖二等奖
14	大岗山高拱坝坝肩深层裂隙处理技术研究与应用	中国施工企业管理协会科学技术奖二等奖
15	水下开采水上制备土石坝反滤料施工技术研究与应用	中国施工企业管理协会科学技术奖二等奖
16	大断面深竖井压力管道混凝土施工技术	中国施工企业管理协会科学技术奖二等奖
17	高寒多雨地区碾压沥青混凝土心墙施工技术研究与应用	中国施工企业管理协会科学技术奖二等奖
18	密集深嵌岩基础钻孔灌注桩特殊技术问题研究	中国施工企业管理协会科学技术奖二等奖
19	崩积层地下阀室开挖综合支护技术研究	中国施工企业管理协会科学技术奖二等奖
20	大型地下厂房无盲区大范围多维高速混凝土布料系统研究与应用	水力发电科学技术奖三等奖
21	大型升船机高精度复杂结构塔柱群液压自升式模板施工技术研究与应用	水力发电科学技术奖三等奖
22	700MW 水轮发电机组蒸发冷却系统安装调试技术研究	水力发电科学技术奖三等奖

（中国葛洲坝集团公司）

华能澜沧江水电有限公司 2012 年科技工作及获奖情况

2012 年，华能澜沧江水电有限公司的科技工作，围绕电站建设前期和蓄水运行科研项目、国家“十二五”科技支撑计划申报和国家能源水能高效利用与大坝安全技术研发（实验）分中心、集团公司重点实验室创建等方面开展，积极组织开展重大科研项目，为流域水电站工程建设和安全运行、环境保护、水能高效利用提供科技支撑。马洪琪院士获何梁何利基金科学与技术进步奖。公司多项科技成果获奖，获奖情况见表 1。

表 1 华能澜沧江水电有限公司 2012 年科技项目获奖情况表

序号	项目名称	获奖情况
1	高坝动静力超载破损机理与安全评价方法	国家科学技术进步二等奖
2	超高心墙堆石坝关键技术研究及工程应用	云南省科学技术进步一等奖
3	高拱坝时空特性演化机理及监控体系研究	云南省科学技术进步一等奖

（华能澜沧江水电有限公司）

专利项目简介

中国水电顾问集团北京勘测设计研究院 2012年获得专利情况

中国水电顾问集团北京勘测设计研究院2012年获得专利情况见表1。

表1 中国水电顾问集团北京勘测设计研究院2012年授权专利一览表

序号	专利名称	专利类型	专利号
1	重力坝宽尾墩联合消能工适用性的水力判别方法	发明	ZL200910250099.X
2	声波测井换能器	发明	ZL201010184536.5
3	一种用于水利水电工程采用多支臂复合铰结构的弧形闸门	实用新型	ZL201120325592.6
4	一种用于水电站的混凝土调压井新型防渗型式	实用新型	ZL201120442823.1
5	用于水利水电工程的钢一混组合支臂及应用其的弧形闸门	实用新型	ZL201120442821.2
6	一种可用于快速支护的永久锚索墩头型式	实用新型	ZL201120512722.7
7	水电站厂房的防淹水位计布控系统	实用新型	ZL201220126357.0

（中国水电顾问集团北京勘测设计研究院　刘佩琳）

中国水电顾问集团西北勘测设计研究院 2012年获得国家专利情况

2012年，中国水电顾问集团西北勘测设计研究院获得国家专利情况见表1。

表1 中国水电顾问集团西北勘测设计研究院2012年获得国家专利项目表

序号	专利名称	专利类型	专利号
1	高地应力窄河谷反拱水垫塘及设计方法	发明	ZL200910022474.5
2	一种由导流洞采用“龙翘尾”型式改建成的泄洪洞的设计方法	发明	ZL201110049509.1
3	高水头混流式水轮机转轮止漏密封间隙的调控装置及方法	发明	ZL201110221931.0
4	高水头混流式水轮机转轮止漏密封间隙的调控装置	实用新型	ZL201120281035.9
5	进水口导水叠梁	实用新型	ZL201120356579.7
6	一种碾压混凝土坝诱导缝接缝灌浆排气系统	实用新型	ZL201120378859.8
7	一种水电站厂房闸门槽	实用新型	ZL201120414880.9
8	一种太阳板支撑架	实用新型	ZL201120480372.0
9	一种检修闸门水封用的混凝土模袋	实用新型	ZL201120486696.5
10	一种下游落差式陡坡泄槽弧形迷宫堰装置	实用新型	ZL201220041073.1
11	预应力混凝土圆筒型基础	实用新型	ZL201220086057.4

续表

序号	专利名称	专利类型	专利号
12	一种半潜式浮体检修门	实用新型	ZL201220159044.5
13	一种低水头转桨式水轮机双重调节装置	实用新型	ZL201220179767.1
14	一种低水头转桨式水轮机协联装置	实用新型	ZL201220179768.6
15	一种转桨式水轮机双重调节电气协联装置	实用新型	ZL201220179766.7
16	水轮机协联调节装置	实用新型	ZL201220179765.2
17	一种低水头转桨式水轮机调节装置	实用新型	ZL201220179690.8
18	一种减小消力池水面波动的侧掺气挑坎	实用新型	ZL201220205006.9
19	电磁沉降管弯曲埋设装置	实用新型	ZL201220257024.1
20	一种低水头转桨式水轮机协联调节装置	实用新型	ZL201220179763.3
21	常态混凝土拱坝接缝灌浆槽管结合排气系统	实用新型	ZL201220257025.6
22	小型铜止水成型机	实用新型	ZL201220320455.8
23	一种闸门或弧门防冻除冰装置	实用新型	ZL201220208066.6

（中国水电顾问集团西北勘测设计研究院　熊登峪）

中国水电顾问集团贵阳勘测设计研究院 2012年获得的专利授权情况

中国水电顾问集团贵阳勘测设计研究院2012年获得的专利授权情况见表1。

表1　　中国水电顾问集团贵阳勘测设计研究院2012年获得的专利授权情况表

序号	专利名称	专利类别	专利号	授权公告日
1	河床横断面地震折射波勘探装置	实用新型	ZL201120186616.4	2012-01-04
2	一种螺纹式碳纤维锚索锚固装置	实用新型	ZL201120186605.6	2012-01-04
3	一种用于碳纤维锚索钢套筒锚固段压固的辊轮式挤压装置	实用新型	ZL201120186602.2	2012-01-11
4	一种闸墩预应力锚固端结构	实用新型	ZL201120243400.7	2012-02-01
5	一种双缸悬挂式液压机油缸防挠装置	实用新型	ZL201120249517.6	2012-02-08
6	一种多框架多支铰双吊点潜孔弧形闸门	实用新型	ZL201120332284.6	2012-05-30
7	一种涵洞基础结构	实用新型	ZL201120459897.6	2012-07-11
8	一种用于测试堆石体密度的附加质量装置	实用新型	ZL201120433345.8	2012-07-11
9	一种结合浆砌石进行防渗的堆石坝	实用新型	ZL201120470166.1	2012-07-11
10	一种结构混凝土与开挖面间的接触结构	实用新型	ZL201120487929.3	2012-07-11
11	一种挡水坝段和溢流坝段间的传力缝结构	实用新型	ZL201120487868.0	2012-07-11
12	一种面板堆石坝施工期反渗排水系统	实用新型	ZL201120474725.6	2012-07-11
13	一种钢筋混凝土圆管涵结构	实用新型	ZL201120529171.5	2012-07-25
14	一种平拉索桥的栏杆结构	实用新型	ZL201120529172.X	2012-08-22

续表

序号	专利名称	专利类别	专利号	授权公告日
15	一种人行悬索桥的栏杆结构	实用新型	ZL201120529180.4	2012-08-22
16	一种索道桥圆钢锚杆结构	实用新型	ZL201120529165.X	2012-08-22
17	一种与重力坝复合的面板堆石坝	实用新型	ZL201120470153.4	2012-09-05
18	一种钢管柱的结构	实用新型	ZL201120533123.3	2012-08-22
19	一种索桥风构结构	实用新型	ZL201120529166.4	2012-08-15
20	一种 200m 级高碾压混凝土防渗坝	实用新型	ZL201120493905.9	2012-10-10
21	一种用于引水明管的可拆卸式滚动支座	实用新型	ZL201220113796.8	2012-10-10
22	一种利用钢丝锚固钢柱的装置	实用新型	ZL201220113791.5	2012-10-10
23	一种用于平面闸门的液压移动式锁锭装置	实用新型	ZL201220098833.2	2012-10-03
24	一种新型悬垂式电缆线夹具	实用新型	ZL201220082770.1	2012-10-03
25	一种控制生态流量的装置	实用新型	ZL201220135057.9	2012-10-24
26	地下厂房楼板的支承结构	实用新型	ZL201220135070.4	2012-10-24
27	一种大跨度平面滑动水闸	实用新型	ZL201220121148.7	2012-10-24
28	一种用于潜孔弧门的卷扬式锁锭装置	实用新型	ZL201220113804.9	2012-11-07
29	一种用于潜孔弧门的液压旋转式锁锭装置	实用新型	ZL201220113797.2	2012-11-07
30	一种翻板式导流洞封堵闸门	实用新型	ZL201220222383.3	2012-12-05
31	一种用于引水明管的鞍型支座	实用新型	ZL201220223394.3	2012-12-05
32	一种多吊点多纵向定轮支承的平面闸门	实用新型	ZL201220246076.9	2012-12-05
33	一种梁式钢桥	实用新型	ZL201220272768.0	2012-12-26
34	堆石体碾压密度雷达测定装置	实用新型	ZL201220291259.2	2012-12-26
35	滑块支承的梁式钢桥	实用新型	ZL201220272769.5	2012-12-26

（中国水电顾问集团贵阳勘测设计研究院　王　芳）

黄河勘测规划设计有限公司 2012 年获得国家专利情况

黄河勘测规划设计有限公司 2012 年获得国家专利项目见表 1。

表 1　　黄河勘测规划设计有限公司 2012 年获得国家专利项目表

序号	专利名称	专利类别	专利号	授权日期
1	用于驱动斜拉门机或斜拉台车式启闭机小车的液压缸	发明	ZL201110030767.5	2012.01.11
2	单双吊点变换式起升装置	发明	ZL201010149462.1	2012.02.15
3	用于坝体闸门的斜拉双向门式启闭机	发明	ZL201110095317.4	2012.04.18

续表

序号	专利名称	专利类别	专利号	授权日期
4	无倍率直拉式启闭机	发明	ZL201110030764.1	2012.05.23
5	用于旋转闸门的卷扬启闭系统	发明	ZL201110030761.8	2012.05.23
6	闸门底坎水下冲淤系统	发明	ZL200910065903.7	2012.06.27
7	水下液压穿轴锁定装置	发明	ZL200910065902.2	2012.07.25
8	斜拉门式启闭机小车驱动机构的液压系统	发明	ZL201110030769.4	2012.08.15
9	一种基于等势面的地下水渗流量计算方法	发明	ZL201110006443.8	2012.09.12
10	无机防水材料	发明	ZL201110045592.5	2012.12.26
11	手动移轴器	实用新型	ZL201120199350.7	2012.01.18
12	有压隧洞渐变段结构	实用新型	ZL201120102593.4	2012.02.08
13	多功能岩体试验制件机	实用新型	ZL201120257887.4	2012.02.08
14	涵闸	实用新型	ZL201120261874.4	2012.03.14
15	水电站移动式启闭机远程监控系统	实用新型	ZL201120357554.9	2012.05.23
16	软岩硬土力学特性仿真测试装置	实用新型	ZL201120407106.5	2012.06.06
17	深埋水电站地下厂房制冷机循环尾水换热器	实用新型	ZL201120454034.X	2012.07.11
18	便携式深钻孔地下水动态监测设备定位系统	实用新型	ZL201120521421.0	2012.08.08
19	多泥沙河流水电站水轮发电机组技术供水系统	实用新型	ZL201220003896.5	2012.08.29
20	半地下式电站厂房上游侧墙体结构	实用新型	ZL201220008432.3	2012.09.05
21	用于泄洪洞的消能孔板	实用新型	ZL201220010698.1	2012.09.05
22	深埋水电站地下厂房全通风温、湿分控系统	实用新型	ZL201220020356.8	2012.09.12
23	一种人工湿地系统及其溢流墙	实用新型	ZL201220062846.4	2012.09.26
24	一种河湖底泥采样装置	实用新型	ZL201220010742.9	2012.10.03
25	数显式水平尺	实用新型	ZL201220136337.1	2012.10.24
26	自嵌式生态护坡砌块	实用新型	ZL201220125351.1	2012.10.31
27	柔性生态护坡砌块	实用新型	ZL201220125355.X	2012.10.31
28	圆柱状岩石试样描量仪	实用新型	ZL201220239036.1	2012.12.05
29	阻抗与溢流相结合的调压井结构	实用新型	ZL201220191454.8	2012.12.05
30	溢洪道泄槽底板暗排水系统	实用新型	ZL201220191450.X	2012.12.05
31	水库多功能组合进水塔结构	实用新型	ZL201220239358.6	2012.12.05
32	露顶式弧门液压启闭机的支撑结构	实用新型	ZL201220239421.6	2012.12.05
33	高塔架闸门井垂直交通系统	实用新型	ZL201220263656.9	2012.12.12
34	一种人工湿地污水处理系统及氧化塘	实用新型	ZL201220189347.1	2012.12.12
35	一种仰孔灌浆封闭器	实用新型	ZL201220274141.9	2012.12.19
36	一种坡面人工湿地系统	实用新型	ZL201220249428.6	2012.12.19
37	一种生态鱼巢及使用该鱼巢的坡面人工湿地系统	实用新型	ZL201220249427.1	2012.12.19

（黄河勘测规划设计有限公司）

黄河水利科学研究院 2012 年获得国家专利和软件著作权情况

（一）八项成果获得国家专利

由黄河水利科学研究院完成的“多沙河流河工动床模型人工转折方法及人工转折导流槽”、“一种水工模型制作方法”和“一种水工模型制作装置”三项成果获得国家发明专利证书；“一种分层渠首闸”、“高含沙洪水揭河底胶泥块底部水流紊动结构监测装置”、“高含沙洪水揭河底模拟试验用胶泥块的制作装置”、“高含沙洪水揭河底期间胶泥块内力变化过程的监测装置”和“一种初期污浊雨水弃除自动控制装置”五项成果获得国家实用新型专利证书。

发明专利“多沙河流河工动床模型人工转折方法及人工转折导流槽”：（专利号：ZL 2010 1 0546477.1 授权日期：2012 年 7 月 4 日）本发明涉及一种多沙河流河工动床模型人工转折方法及人工转折导流槽，选择河势平顺稳定、断面几何形态对称、河床冲淤变化不大且水流水力要素横向分布均匀的河段布设人工转折导流槽，确定人工转折导流槽的转折角度、转折半径、连接段长度和过渡段长度几何要素，根据模型放水流量、流速、水深参数计算水流的磨损阻力得出坡降，由河道原坡降和附近加坡降计算设计导流槽进出口的最终比降，按照试验要求进行率定，经不同量级洪水的测试，对人工转折导流槽的坡降进行调整，完成人工转折导流槽设计，该方法及装置可以在不用变换模型比尺的情况下解决模型长度不够的限制。

发明专利“一种水工模型制作方法”：（专利号：ZL 2011 1 0002474.6 授权日期：2012 年 2 月 15 日）本发明涉及一种水工模型制作方法，属于水利工程技术领域，其 IPC 国际专利分类号为 E02B 1/02。适用于边坡陡峻，或地形高差距较大的水工模型的制作。该方法采用的专用地形制作仪，由横梁、高程控制系统、支架、河道断面形态线四部分组成。制作水工模型时，首先在河道断面的上方确定坐标系坐标原点：由横梁作为水平基准线，沿水平方向加工的刻度控制河道断面的起点距；高程控制系统中的每个高程控制杆可以上、下、左、右移动，通过其沿垂直的刻度准确控制每一个高程控制点的模型相对高程；河道断面形态控制线直接依次穿过每个高程控制杆尖端小孔，形成一个完整的河道断面。施工人员可据此制作河道断面，进而制作整个实体模型。

发明专利“一种水工模型制作装置”：（专利号：ZL 2011 1 0002471.2 授权日期：2012 年 2 月 15 日）本发明涉及一种水工模型制作装置。属于水利工程技术领域，其 IPC 国际专利分类号为 E02B 1/02。适用于边坡陡峻，或地形高差距较大的水工模型制作。该装置由横梁、高程控制系统、支架、河道断面形态线四部分组成。在水利工程实体模型制作时，首先在河道断面的上方确定坐标系坐标原点；由横梁作为水平基准线，沿水平方向加工的刻度可以控制河道断面的起点距；高程控制系统中的每个高程控制杆可以上、下、左、右移动，通过其沿垂直的准确控制每一个高程控制点的模型相对高程；河道断面形态控制线直接依次穿过每个高程控制杆尖端小孔，形成一个完整的河道断面。施工人员可据此制作河道断面，进而制作整个实体模型。

实用新型专利“一种分层渠首闸”：（专利号：ZL 2011 2 0338488.0 授权日期：2012 年 5 月 23 日）本实用新型涉及一种分层渠首闸，其 IPC 国际专利分类号为 E02B 7/20。属于水利工程技术领域。本实用新型的分层渠首闸，包括分层闸室、分层闸门、启闭设备和闸后竖井。本实用新型的分层渠首闸，分层取水，能够应对不同来沙情况，适应河床调整，保证设计引水流量，使灌区工程效益得到有效发挥。可以在黄河下游的引黄灌区推广应用，也可以适用于其他多泥沙河流的引水渠首，结构简单，应用灵活，可以大大延长渠首闸的使用寿命，具有显著的经济效益和社会效益。

实用新型专利“高含沙洪水揭河底胶泥块底部水流紊动结构监测装置”：（专利号：ZL 2012 2 0014993.4 授权日期：2012 年 11 月 28 日）本实用新型涉及一种高含沙洪水揭河底胶泥块底部水流紊动结构监测装置，其 IPC 国际专利分类号为 E02B 1/02。包括若干片状薄膜式压力传感器和数据采集仪，其中，所述片状薄膜式压力传感器固定布设在胶泥块的底部，并通过数据线与所述数据采集仪相连接。本实用新型的监测装置，结构简单，布设方便，能够实时、准确地监测胶泥块底部的水流紊动情况，为进一步深入研究黄河“揭河底”理解这一难题提供了可行性和装置，为认清“揭河底”现象发生机理、建立“揭河底”冲刷指标奠定了基础，为制订黄河防洪预案和防汛工程的规划设计，提供了重要的依据和参考。

实用新型专利“高含沙洪水揭河底模拟试验用胶泥块的制作装置”：（专利号：ZL 2012 2 0014995.3 授权日期：2012 年 12 月 12 日）本实用新型涉及一种高含沙洪水揭河底模拟试验用胶泥块的制作装置，其 IPC 国际专利分类号为 E02B 1/02。该装置包括模具盒和多个单点式薄膜压力传感器，在所述模具盒的前后两端各固定有钢支架，在钢支架上面置有一根滑杆，所述多个单点式薄膜压力传感器间隔放置在模具盒内，其上下左右通过高强度碳纤维固定在滑杆和模具盒上。本实用新型的高含沙洪水揭河底模拟试验用胶泥块的制作装置，制作的胶泥块在高含沙洪水揭河底模拟试验中，能够实时、准确地监测胶泥块本身内部的应力变化情况，为认清“揭河底”现象发生机理、建立“揭河底”冲刷指标奠定了基础，为制定黄河防洪预案和防汛工程的规划设计，提供了重要的依据和参考。

实用新型专利“高含沙洪水揭河底期间胶泥块内力变化过程的监测装置”：（专利号：ZL 2012 2 0014994.9 授权日期：2012 年 12 月 12 日）本实用新型涉及一种高含沙洪水揭河底期间胶泥块内力变化过程的监测装置，包括数据采集仪和多个单点式薄膜压力传感器，其中，所述多个单点式薄膜压力传感器垂直间隔布设在胶泥块的受压区，并通过数据线与所述数据采集仪相连接。本实用新型的监测装置，能够实时、准确地监测胶泥块本身内部的应力变化情况，为进一步深入研究黄河“揭河底”现象这一难题提供了可行的试验方法和装置，为认清“揭河底”现象发生机理、建立“揭河底”冲刷指标奠定了基础，为制订黄河防洪预案和防汛工程的规划设计，提供了重要的依据和参考。

实用新型专利“一种初期污浊雨水弃除自动控制装置”：（专利号：ZL 2011 2 0427896.3 授权日期：2012 年 6 月 6 日）本实用新型涉及一种初期污浊雨水弃除自动控制装置。本实用新型的技术方案要点是，包括建筑物落雨管，在建筑物的墙体上设置水平管与建筑物的各个落雨管连通，竖向的收集雨水管的上端与所述水平管连通，其下端与排雨水管网连通，在此竖向的收集雨水管的上部和下部分别设有 DT 感应探头和电动阀，在所述电动阀上方的竖向收集雨水管上设有与集雨水箱顶部相连通的旁路管，所述电动阀由 DT 感应探头、接触器、延时继电器组成的自动控制器控制。本实用新型用于收集雨水。

（二）二项成果获得国家计算机软件著作权登记证书

由黄河水利科学研究院完成的“混凝土层析成像分析系统 1.0.2.0”、“HEY 堤坝安全监测信息分析评价系统软件 V1.0”等二项成果，获得中华人民共和国国家版权局颁发的计算机软件著作权登记证书。

“混凝土层析成像分析系统 1.0.2.0”：开发完成日期，2012 年 7 月 30 日，登记证书编号：软著登字第 0489991 号。

“HEY 堤坝安全监测信息分析评价系统软件 V1.0”：开发完成日期，2010 年 12 月 20 日，登记证书编号：软著登字第 0451071 号。

（黄河水利科学研究院）

中国水利水电第九工程局有限公司 2012 年获得两项发明专利简介

2012 年，中国水利水电第九工程局有限公司获得 2 项发明专利，一是“二级离心脱泥工艺”，专利号 ZL201110101333.X；二是“大型人工砂石厂废水处理工艺”，专利号 ZL201010244636.2。

1. 二级离心脱泥工艺专利　本发明是一种大型砂石厂生产污水脱泥的工艺，涉及生产废水的固液分离技术，适合用于砂石厂等石料冲洗废水处理等领域，本发明有效解决了大型砂石厂富含泥浆和石粉的废水固液分离的问题。二级离心脱泥工艺，是由第一级浓缩装置，第二级浓缩装置，低速卧螺式离心机，高速卧螺式离心机，加药装置所组成。砂石厂的骨料冲洗废水富含石粉和泥浆，先由第一级浓缩装置和第二级浓缩装置进行分级浓缩，分级浓缩后由第一级浓缩装置浓缩的、悬浮固态物重度较大的高浓度废水和由第二级浓缩后、悬浮固态物重度较小的高浓度废水分别由低速卧螺式离心机和高速卧螺式离心机进行固液分离，脱去石粉和泥浆；其中经低速卧螺式离心机脱泥后的低浓度废水在由加药装置添加絮凝剂后进入第二级浓缩装置重新沉淀浓缩。本发明脱粉脱泥效果好且可靠，并可以大幅降低水处理成本，在水电站砂石系统或其他行业用砂石骨料冲洗水处理中推广应用后有良好的社会效益和经济效益。

2. 大型人工砂石厂废水处理工艺专利　本发明是一种大型砂石厂生产废水的处理工艺，具体涉及人工砂石厂生产过程中产生的废水三级水处理技术。适合用于水电站砂石系统或其他行业人工砂石厂废水处理。

大型人工砂石厂废水处理工艺是通过人工砂石厂生产过程中产生的废水经过三级水处理工艺进行研发，一级采用泥浆净化装置对生产废水进行沉淀回收，减小后续废水处理设施的负荷；二级采用竖流式沉淀池，主要沉淀经一级处理后溢水中的石粉及污泥；三级采用斜管/板沉淀池，在斜管/板沉淀池进水口按一定比例投加絮凝剂，使水中较难沉淀的悬浮物在斜管/板沉淀池中加速沉淀。二级和三级沉淀池沉淀下来的石粉及污泥，由圆盘式真空过滤机进行固液分离，经圆盘式真空过滤机分离后的废水返回至二级（竖流式沉淀池）循环处理，废水回收，污泥干化得到的废渣运至弃渣场或用于复耕填埋。

本发明解决了过去人工制砂废水处理难的问题，改善了工程施工环境，降低了环保风险，为建绿色环保工程提供了基础条件。同时可带来良好的经济效益和社会效益。

（中国水利水电第九工程局有限公司　任瑢瑢）

中国水利水电第十四工程局有限公司2012年度授权专利简介

2012年，中国水利水电第十四工程局有限公司共计获得授权专利18项，其中发明专利2项，现简介如下：

1. 发明专利“一种测定塑性混凝土渗透系数的试验方法”（授权号ZL201010249720.3）　该发明公开了一种测定塑性混凝土渗透系数的试验方法。制作6个试件，将黄油与粉煤灰或水泥按重量比1：（2～2.5）混合制成密封材料，用于试件与试模的密封。将渗透仪的水压力一次加至0.2MPa，恒压6h，劈开试件分十等分量取渗水高度。按下式：$K_r = aD_m^2/2TH$计算该试件的相对渗透系数。六个试件的相对渗透系数的平均值即为该塑性混凝土的渗透系数。本发明填补了塑性混凝土试验方法的空白，有效克服了现有防渗墙塑性混凝土的配合比设计中试验结果不能真实反应实际抗渗能力的问题，从而使设计指标与现实更加匹配。

2. 发明专利“一种多功能板材承载力试验装置”（授权号ZL201110020365.7）　该发明公开了一种多功能板材承载力试验装置，包括机架、承载施力装置、驱动装置和控制系统。所述的承载测试装置包括拉力承载测试装置和压力承载测试装置，所述的拉力承载测试装置安装于机架上部；所述的压力承载测试装置安装于机架下部；所述的驱动装置设置于机架之底部工作台中，驱动电机通过传动机构驱动丝杆带轮；控制系统通过控制装置控制电机工作。本发明采用移动式横梁结构，实现了拉力承载和压力承载的通机测试，提高了设备了利用率。而且采用计算机控制，提高测试的精度和可靠性。

3. 实用新型专利“玻璃钢管柱及玻璃钢管混凝土支柱”授权号ZL 201120138706.6）　该实用新型提供了一种玻璃钢管柱及利用该玻璃钢管柱灌注的玻璃钢管混凝土支柱。该玻璃钢管柱顶端设有顶托板与支撑肋，顶托板、支撑肋与玻璃钢管外壁加工成一体；玻璃钢管柱底端设有封底板，封底板与玻璃钢管加工成一体。该玻璃钢管混凝土支柱包括玻璃钢管柱及管内填充的自密实混凝土。本实用新型具有结构简单，承载力高，抗震性能优越，耐腐蚀性能好，施工方便，成本较低，低碳环保。

4. 实用新型专利“一种设备基础地脚螺栓预留孔施工成孔装置”（授权号ZL 201120465225.6）　该实用新型提供了一种设备基础地脚螺栓预留孔施工成孔装置，是钢制的梯形体定型模板，由侧板、纵横肋、底板、盖帽、固定架构成。侧板形状等腰梯形，上边长18～20cm，下边长28～30cm，高150～200cm；每块侧板焊外纵肋2根，长150～200cm，内纵肋6根长25～30cm，内横肋14根长8～12cm；4侧板拼焊成梯形体方口管；底板正方形，边长28～30cm，外纵横肋各2根长25cm，焊成口字型，内纵横肋各2根长15cm焊成十字型，底板与梯形体大口端焊接；小口端焊盖帽；每个钢模1个井字架，上下口正方形大小相等；固定横杆与侧板外横肋齐平焊接。一组单个井字架钢模连成一体。预留孔成孔后不拆除钢定型模板，成孔质量好，减少施工工序。

5. 实用新型专利“一种火电厂屋外配电装置支柱安装定位装置”（授权号ZL 201120555591.0）　该实用新型提供了一种火电厂屋外配电装置支柱安装定位装置。由两个对称的部件组合而成，每个部件包括水平半圆环盘、半圆管瓦、方向翼、把手、磁环条。水平半圆环盘形状为半个圆环，半圆管瓦形状为半圆形圆柱面，方向冀形状为矩形一角切除一等腰直角三角形，方向冀下缘有刻度尺，把手形状为U形，截面圆形。半圆管瓦侧边镶磁环条，一端与水平半圆环盘连接，方向冀长边与半圆管瓦外壁连接，短边与水平半圆环盘连接，相邻两方向冀相互垂直，把手与半圆管瓦外壁连接，磁环条相吸将两部件组合为一体。调整定位装置及支柱，使支柱支撑钢板十字线与定位装置方向冀一致，方向冀与基础杯口中心十字线重合进行定位。中心线偏差≤2mm，垂直度偏差≤3mm。

6. 实用新型专利“一种多功能皮数杆”（授权号ZL 201220080650.8）　本实用新型是一种多功能皮数杆。由杆体顶段、杆体中间段、杆体底段、杆底座、水平方向固定支座、标记带组成；杆体顶段、杆体中间段、杆体底段、杆底座通过承插口连接，水平方向固定支座与杆体连接，杆体为铝合金方管，杆体大面标有长度刻度，杆体小面镶有磁条，杆体中间段小面居中布置有水准气泡，在杆体的大面上粘贴有可更换的标记带，标记带为单面粘贴纸，在粘贴纸正面画有砖皮数、灰缝厚度、门窗、预留孔洞、圈梁位置高度。本实用新型可组合出基础皮数杆、墙身皮数杆、托线板、水平尺、2m靠尺、阳角方尺、龙门桩等工器具。具有功能多、通用性强、利用率高、使用方便、低碳环保等特点。

7. 实用新型专利“一种轻型移动式钢模台车”（授权号ZL 201220151431.4）　本实用新型是一种轻

型移动式钢模台车。主要分四部分组成：行走底盘、承重脚手架、拱架、模板组成；行走底盘由行走部分的两轮组、底盘和移动平台组成，两轮组分别装于底盘两端，移动平台在底盘上面；拱架为钢管制作的弧形结构架，拱架由1个顶拱和2个边拱组成，边拱与顶拱铰连接；模板为边模和顶模；承重脚手架装于底盘上，顶拱拱架置于承重脚手架上方，两边拱拱架置于承重脚手架两侧，边模和顶模模板固定在拱架上。该装置造价低、性能可靠、使用简单，操作方便、安装速度快。对洞径小于9m以下、长度小于400m单孔、洞浇筑更为经济、适用。

8. 实用新型专利“一种半自动切割机导向轮装置”（授权号ZL201220158673.6） 本实用新型是一种半自动切割机导向轮装置。其特征在于主要由连接板、伸出板、螺杆、小轮构成；连接板、伸出板中间都有圆槽口，连接板与伸出板连接，螺杆与伸出板连接，小轮用螺母固定在螺杆下端，连接板的槽口与切割机用螺栓连接固定。本实用新型避免了坡口缺陷，补焊和打磨量大大减低，减少劳动强度，极大地提高效率。且不需购买新设备，仅增设一导向轮，投入极少。可实现不翻板切割，从而减少了专业起重工的配合，降低起重设备使用率，杜绝不安全隐患。

9. 实用新型专利“一种施工用的分水器”（授权号ZL201110020365.7） 本实用新型公开了一种施工供水用的分水器。分水器由进水口段、存水段、出水口段组成，在存水段焊接上装有闸阀的多个分叉管，及排污管，在进水口段、出水口段焊接上法兰盘，分叉管通过管道接头紧箍器与橡胶软管连接。本实用新型进水口段、出水口段通过法兰盘与相应规格的钢管连接，分叉管通过管道接头紧箍器与相应规格的橡胶软管连接，装拆方便简单，使用方便通用性强，可作为施工供气分气器使用；分叉管接头紧固器紧固效果好，能保证分叉管接头处不出现跑冒滴漏，可以大大节约水资源。其使用寿命长，使用方便，节省水资源。

10. 实用新型专利“一种铁路混凝土轨枕螺旋道钉锚固卡具”（授权号ZL201220224483.X） 本实用新型是一种铁路混凝土轨枕螺旋道钉锚固卡具。采用铸模具将卡具一次性灌注成形，卡具包括锚固架底座、道钉套筒、横肋、手持柄，在道钉套筒和手持柄间的强力磁铁。其定位迅速，减少了施工工序，操作简单，控制有力，加快了施工进度，降低了施工成本。通过实践表明，螺旋道钉偏离预留孔中心在规范允许的偏差范围内，偏斜度已控制在小于2°的范围内。拉拔力均大于60kN的规范值。工效由原来的单人每天8h灌注200根（纯灌注），提高到现在的每天8h灌注500根（纯灌注）。

11. 实用新型专利“一种砌块垂直运输用的吊笼”（授权号ZL201220272589.7） 本实用新型公开了一种砌块垂直运输用的吊笼，属于建筑工程中墙体砌筑用的吊运工具。它由笼盖、笼壁、笼底组成，笼盖通过铰链、锁扣与笼壁连接，笼壁通过笼壁插销环、笼底插销环、L型插销与笼底连接，在笼壁顶部边框边角位置设置四个吊耳，在笼底底部设置五个万向轮。本实用新型和现有装备相比，具有设计合理、通用性强、使用方便、既能用于垂直运输、又能用于水平运输，运输效率高等特点。

12. 实用新型专利“一种预应力张拉辅助施工台架装置”（授权号ZL201220246220.9） 本实用新型是一种用于铁路、公路、工业建筑、水利、能源和岩土锚固等工程中的预应力张拉辅助施工台架装置。由外模架、内模架、锚具台座、张拉锚具、滑轮组件组成，外模架和内模架由脚手架钢管组成，内模架置于外模架内，锚具台座置于内模架上，张拉锚具置于锚具台座上，滑轮组件连接在外模架上，外模架底部设有万向转动轮。锚具台座由方木、钢筋网片和钢筋护栏组成，钢筋网片置于方木上，钢筋护栏置于钢筋网片上。该台架装置构造简单、就地取材、操作方便，通过工程实践表明，利用该新型台架装置后，张拉速度快，施工安全，施工费用得到降低。

13. 实用新型专利“一种聚氯乙烯膜防渗坝墙”（授权号ZL201220246221.3） 本实用新型是一种聚氯乙烯膜防渗坝墙。用聚氯乙烯膜置于坝心墙中央，防渗坝墙的构成为：坝底为砂垫层，中间为聚氯乙烯膜防渗墙，聚氯乙烯膜防渗墙两则为过渡料层，过渡料层外为坝壳，坝壳表面为干砌石护坡。聚氯乙烯膜防渗墙中的聚氯乙烯膜布置按垂直方向上“之”字形折叠上升。聚氯乙烯膜防渗坝墙的墙头用混凝土浇筑成凹字槽，在凹字槽中间中心位置设置一根预埋螺栓，螺栓深入混凝土并外露10cm，聚氯乙烯膜固定在墙头的凹字槽内。有效解决在找不到合式防渗土料的地方修建心墙堆石坝的问题及在软土地基上修建心墙堆石坝的沉降变形问题，节约成本，缩短建设工期，产生较好的社会经济效益。

14. 实用新型专利“一种带电子秤的立式水泥罐”（授权号ZL201220272567.0） 本实用新型公开了一种带电子秤的立式水泥罐。由水泥罐罐体、罐体支撑架、液压夹具、称重传感器、电动液压千斤顶组成；罐体的支撑架由罐体支撑架上段钢管柱与罐体支撑架下段钢管柱组成，罐体支撑架下段钢管柱有罐体支撑架下段钢管柱柱芯，罐体支撑架上段钢管柱与罐体支撑架下段钢管柱通过液压夹具连接固定，罐体支撑架下段钢管柱柱芯焊接在罐体支撑架上段钢管柱的底端封板上；称重传感器焊接固定在电动液压千斤顶顶部，支撑架下段钢管柱柱芯底端与称重传感器接触，罐体支撑架下段钢管柱底端及电动液压千斤顶底座焊接固定在基础混凝土预埋件上。本实用新型具有适时监控水泥罐内水泥重量的功能，操作方便、计量准确，方便混凝土搅拌站现场水泥管理。

15. 实用新型专利“一种L型钢支撑与锁脚锚杆连接件”（授权号ZL201220272584.4） 本实用新型是一种L型钢支撑与锁脚锚杆连接件。包括锁脚锚杆、钢支撑，其特征在于由横向钢筋和纵向钢筋连接成L型连接件，横向钢筋用双面焊与钢支撑焊接牢固，纵向钢筋用双面焊与锁脚锚杆焊接牢固。本实用新型的连接件将钢支撑与锁脚锚杆有机连接起来，大大减小了钢支撑的变形，增强了钢支撑自身的稳定，增大了洞室的安全。

16. 实用新型专利“一种定子基础免拆地脚螺栓孔预埋铁盒子”（授权号ZL201220224482.5） 本实用新型是一种定子基础免拆地脚螺栓孔预埋铁盒子。由四侧厚钢板和底钢板加工成倒楔形预埋铁盒子，预埋铁盒子内壁每面设至少2根180°锚钩，锚钩开口向下，预埋铁盒子内壁设有多道加筋肋和多块钢板加筋肋。本实用新型的定子基础免拆地脚螺栓孔预埋铁皮盒子是解决了地脚螺栓孔立模、拆模难的问题，配合专用回填灌浆料施工，提高了一、二期混凝土结合质量，简化了施工工艺，提高了二期混凝土施工质量；有效的加快了施工进度，提高了经济效益，避免因常规立模、拆模难，以及二期常规施工方法耽误施工进度影响发电工期。

17. 实用新型专利“一种顶管式锚杆”（授权号ZL201220151396.6） 本实用新型是一种顶拱管式锚杆。顶拱管式锚杆为一无缝钢管，钢管尾部焊箍，顶部为尖锥状，管壁布置梅花形小孔，并焊接梅花形的角钢锚刺，呈倒刺状。本实用新型是对普通的管式锚杆进行改进，头部加工成尖锥状，管身增加倒刺。改良后充分保护了灌浆孔不易堵塞，而且增加了锚杆的自身摩擦力，可加快施工进度，确保了施工安全，降低施工成本。

18. 实用新型专利“单面边墙滑模”（授权号ZL201220101607.5） 单面边墙滑模，由模板、背楞、提升架、平台、背部连接、导轨、导轮机构、液压千斤顶、限位调平器、爬杆、管架组成，各部分螺栓连接安装成整体。模板由面板，四周焊接腹板制作，腹板开螺栓孔，模板挂在背楞上，背楞为槽型，钢制，34块连接成30m模板组，模板斜度0.3%～0.5%。提升架由槽钢、角钢连接制成；背部连接为钢板；模板、平台、背部连接在提升架连接为整体，与液压千斤顶相连，带动滑模上升；斜撑连接固定提升架和下背楞；导轨用槽钢制作，与岩壁锚杆焊接固定；导轮机构由导轮、支架、轴构成，装在背楞之间，支架与导轨用轴相连；爬杆钢管制作固定，千斤顶沿其爬升；限位调平器调节千斤顶位置；管架由钢管制作，确保爬杆稳定。

（中国水利水电第十四工程局有限公司 杨立峰）

发明专利“一种生物酶水解酸化装置和方法”简介

“一种生物酶水解酸化装置和方法”发明专利，专利号：ZL 201110192689.9；授权日：2012年12月5日；专利权人：中国水电顾问集团中南勘测设计研究院，云南国水环保科技有限公司。

本发明涉及污、废水的生物酶处理的装置和方法，特别指城镇污水处理与污水厂提标改造、石油化工、炼油、焦化、纺织印染、合成革、制药、农药、食品、精细化工、造纸等高浓度、难降解的有机工业废水处理的生物酶水解酸化的装置和方法。

水解酸化工艺放弃了厌氧反应中反应时间长、控制条件要求高的产甲烷发酵阶段，水解酸化由于能够将一些难降解的有机物转化为易降解有机物，提高废水的可生化性，已广泛应用于污、废水处理中。水解酸化池的水解酸化效果与污、废水中底物性质有密切关系，对某些污、废水有明显效果，可使废水B/C值（废水可生化性的一个重要指标）提高，有利于后续好氧生物处理，但不是对所有的难降解有机物都有效。目前，难降解的有机物多为木质素、腐殖质、醚类、多环芳茎、联苯胺、卤代甲烷、甲基蓝活性物质(MBAS)、除草剂和杀虫剂等，对这些物质的去除，至今尚无较成熟的处理技术。如何提高水解酸化池对这些有机物的水解酸化效果，提高其对难降解有机物水解酸化的有效性将是今后水解酸化工艺的研究重点。

要提高水解酸化的效果以及提高对难降解有机物水解酸化的有效性要满足两个重要条件：一是提高微生物的数量；二是改善微生物的质量。以往，水处理工作者在提高微生物的数量方面想了很多办法，如在各反应器中放置各种填料、固定并富集微生物。在提高微生物的质量方面，则需要培养、改性、调节、变异等手段，培养能分解难生物降解的有机物的微生物细菌。我国目前在这方面的研究进展不大。

本发明所要解决的技术问题是，针对上述现有技术的不足，提供一种污水处理中，不仅能增加微生物的数量而且能够改善微生物质量的生物酶水解酸化装置和方法。该装置和方法可以提高水解酸化的效果以及提高对难降解有机物水解酸化的有效性。

为了解决上述技术问题，本发明所采用的技术方案是：一种生物酶水解酸化装置，包括缺氧区和沉淀池，还包括生物酶反应区、好氧区和污泥酸化池，且缺氧区分为高污带缺氧区、中污带缺氧区和低污带缺氧区三个部分；生物酶反应区、好氧区、高污带缺氧区、中污带缺氧区、低污带缺氧区、沉淀池和污泥酸化池依次连接组成。

本发明所提供的一种生物酶水解酸化装置，其作用主要在于可以将一些难降解有机物转化为易于降解的有机物，提高污、废水的可生化性。水解酸化反应器的水解酸化效果与底物性质有密切关系，通过长期的工程实践证明，某些特殊结构的难降解有机物，目前并不能通过以往常规的水解酸化装置转化为易降解有机物。但本装置在调试初期导入如水解酶、淀粉酶、加氧酶、双加氧酶及其菌酶复合剂等（只需在调试初期一次性导入生物酶，不需要补加），通过生物酶和固定在缺氧填料载体上的混合菌的双重作用，大大增加了缺氧池的微生物的量和生长活性。经过对专性高效优质微生物菌种的培养、驯化，利用不同细菌间生命活动特点的不同，形成专门的生长环境条件，使仅适应于该条件的微生物菌落旺盛生长。当系统启动成功后，在缺氧池通过生物酶建立起专性高效优质微生物菌种的微生态系统，这不仅增加了微生物的数量，而且改善了微生物的质量。

本发明提供的生物酶水解酸化装置，将缺氧池分为高污带缺氧区、中污带缺氧区和低污带缺氧区三个部分，采用梯度差别化完全混合和推流相结合的方式，使污、废水在池中通过旋流孔进行水流上、下翻腾折绕。池的进口和出口负荷变化呈现出高→中→低负荷，其流态介于厌氧接触和厌氧滤池之间，保证了污、废水与池内生物膜充分混合接触，提高了处理效果，不需要回收沼气。由于微生物处于亚厌氧状态，所以对温度、pH 值的要求也不及传统厌氧池严格。更重要的是缺氧池分为三个区域能使各菌群自然分开，其环境有利于专性高效优质菌种的生长。

本发明专利应用于中石化南化公司年产 10 万 t 苯胺、硝基苯装置所产生的生产废水处理。该工程设计处理规模为 800m^3/d，设计进水 COD_{Cr} 浓度为 1500～2000mg/L，进水苯胺≤500mg/L，进水硝基苯≤150mg/L，设计出水达到国家一级 B 排放标准。处理系统自 2009 年 12 月份开始连续进出水并记录数据至 2010 年 12 月份，生物酶反应区 13 个月平均进水量为 542.4m^3/d，平均进水 COD_{Cr} 为 1055.36mg/L，平均进水 NB 为 100.86mg/L；经过缺氧区处理后，出水平均 COD_{Cr} 为 465.50mg/L，NB 为 21.98mg/L；经好氧区处理后，系统出水平均 COD_{Cr} 为 56.44mg/L，NB 为 0.76mg/L，AN 为 0.29mg/L；生物酶反应区进水色度为 4000 倍，经过缺氧区处理后出水小于 2000 倍，经过好氧区处理后总出水小于 50 倍，均达到了国家一级排放标准。该应用充分体现了利用本发明的装置和方法处理苯胺、硝基苯生产废水的如下特点：①工艺流程简洁，操作难度较小；②硝基苯去除率高，抗冲击能力强；③污泥产量小，无须污泥处理设施；④运行成本低廉（2.09 元/t），市场应用前景广；⑤出水 COD_{Cr} 浓度低，可合理有效回用等。

（中国水电顾问集团中南勘测设计研究院
唐传祥、刘德华）

实用新型专利“一种接缝止水结构”简介

本实用新型专利，专利号：ZL201220298090.3；公开了一种接缝止水结构，属于混凝土面板堆石坝分缝顶部止水领域。为解决混凝土面凹凸不平，造成防渗保护盖片与混凝土面接触不好，形成渗漏通道的问题，所述接缝止水结构包括设置缝面顶部的塑性填料或无黏性填料，在缝面两侧的混凝土面板内均设置有预埋扁板，所述塑性填料或无黏性填料的上表面设有防渗保护盖片，该防渗保护盖片的两端固定在所述预埋扁板上。本实用新型的防渗保护盖片与混凝土面接触良好，所述塑性填料或无黏性填料与缝面的贴合紧密，有效地防止了接缝渗漏，大大改善和提高了混凝土面板表面的止水防渗性能，且简单实用。

（中国水电顾问集团中南勘测设计研究院　宁永升）

实用新型专利“管道渗漏快速封堵装置”简介

2012 年 5 月 30 日，国电大渡河公司龚嘴水力发电总厂自主研究开发的“管道渗漏快速封堵装置”获国家实用新型专利，这是继 2011 年获得“一种单活塞三腔气动复位式制动器”实用新型专利以来，该厂获得的第二项专利授权的科技创新成果。

本专利技术主要着眼于解决水电站机组供水管锈蚀后发生渗漏时，需要停机对其进行补焊或更换的问题，通过使用管道渗漏快速封堵装置，可以快速恢复油、水、气系统的正常运行，保证不停机、不停电。

管道渗漏快速封堵装置结构简单，成本低廉，使用方便。密封采用2块半圆弧形钢板和橡胶组合体结构，用铰链将两块弧形钢板和橡胶组合体连接成一起，可以自由开合。用抱紧螺栓将两块半圆形钢板和橡胶组合体连接成一个圆形密封装置，包裹于管道外侧而进行密封。当管道发生渗漏，2个半弧形钢板和橡胶组合密封打开，套在渗漏管道外，通过螺栓快速紧固，抱紧钢管泄点进行密封，对管道进行快速止漏。

（国电大渡河公司龚嘴水力发电总厂　刘志华）

9

国际合作与技术交流

国际技术交流

国际大坝委员会第 80 届年会及第 24 届大会简况

2012 年 6 月 4～8 日，国际大坝委员会第 80 届年会及第 24 届大会在日本京都召开，来自 69 个国家的 1350 名代表参加了会议。中国大坝协会组织了 64 人代表团参加了年会及大会系列活动。

2012 年 6 月 4 日，国际大坝委员会 21 个专委会召开年度工作会议。中国长江三峡集团长江电力梯调通讯中心主任助理李晖代理专委会主席曹广晶主持召开了水电站与水库联合运行专委会会议，黄河水利科学研究院副院长、国际大坝委员会泥沙专委会主席江恩惠主持召开了泥沙专委会会议，中国水利水电科学研究院副总工、国际大坝委员会大坝水力学专委会副主席郭军参加了大坝水力学专委会会议，中国水利水电科学研究院教授级高级工程师、国际大坝委员会大坝安全专委会委员徐泽平参加了大坝安全专委会会议，武汉大学教授、大坝设计计算分析专委会委员陈胜宏参加了大坝设计计算专委会会议，中国大坝协会秘书处办公室袁玉兰作为观察员参加了大坝统计与文献专委会会议。

2012 年 6 月 4 日下午，国际大坝委员会亚太分会会议在国际会议中心举行，来自亚洲太平洋地区的中国、日本、韩国、越南、澳大利亚等 10 多个国家委员会的代表参加了会议。会议由亚洲区副主席、越南大坝委员会主席范洪刚主持，国际大坝委员会主席贾金生、国际大坝委员会副主席坂本忠彦应邀出席并讲话。会上，各国家委员会汇报了自 2011 年会议以来所开展的活动以及未来的工作计划，并对中、日、韩三国合作召开的东亚大坝会议进行了讨论，提出了建议和意见。中国大坝协会副秘书长徐泽平在会上汇报了中国大坝协会自 2011 年 5 月以来的工作情况及 2012、2013 年的工作计划，并对与会代表发出参加 2013 年由中国大坝协会和巴西大坝委员会联合在中国举办的第三届堆石坝国际研讨会的邀请。

2012 年 6 月 5 日，作为年会的一部分，“变化世界中的大坝——坝工技术跨国界、跨代际的交流和传承”国际研讨会开幕。国际大坝委员会主席、中国大坝协会副理事长兼秘书长贾金生和日本大坝委员会主席坂本忠彦分别在开幕式上致辞。本次会议收录了 271 篇论文，共有 120 名代表分别在 7 个不同的议题分会上作交流发言，其中包括 31 名青年工程师。7 个分会的议题分别为：气候变化对大坝及其效益的影响、世界人口增长对大坝工程的需求、大坝工程技术的交流、大坝建设的先进技术、地震以及坝基的地质因素。国电四川阿水电力开发有限公司总经理陈建春和中国水利水电科学研究院教授徐泽平应邀担任研讨会分会主席。本次研讨会上，中国专家共提交论文 10 余篇，并在会场进行了论文展示，中国代表团的多名团员分别参加了各议题分会。

2012 年 6 月 5 日，国际大坝委员会第 80 届执行会议在日本京都召开。会议由国际大坝委员会主席贾金生主持，选举产生了新一届国际大坝委员会主席和欧洲、非洲区两位副主席。布基纳法索大坝委员会主席阿德姆・诺贝瑞（Adama NOMBRE）当选为国际大坝委员会新一届主席（2012～2015 年）。瑞士大坝委员会主席安东・施莱斯（Anton SCHLEISS）当选为欧洲区副主席，南非大坝专家哥瑞特・巴森（Gerrit BASSON）当选为非洲区副主席。会议通过了相关专委会提交的 4 份技术公报，听取了美国大坝协会关于举办 2013 年国际大坝委员会第 81 届年会筹备情况汇报；经过投票表决，确定在印度尼西亚举办 2014 年国际大坝委员会第 82 届年会；一致同意挪威大坝委员会承办 2015 年年会和大会。

2012 年 6 月 6 日，国际大坝委员会第 24 届大会在日本京都国际会议中心隆重开幕。国际大坝委员会主席贾金生、日本大坝委员会主席坂本忠彦（Tadahiko Sakamoto）出席大会开幕式并致辞。出席大会开幕式并致辞的还有：日本土地、基础设施、交通与旅游部副部长，京都县知事，京都市市长，国际灌排委员会秘书长，国际水资源协会秘书长，日本关西经济联合会主席以及世界银行首席大坝专家等。开幕式上，贾金生作了题为“共同努力、促进水库与大坝更好发展”的主旨报告。报告对水库大坝最新技术进展进行了回顾与展望，也对其 3 年任期内的主要工作进行了总结，得到了与会代表的高度评价。日本大坝中心松本德久（Norihisa Matsumoto）先生作了题为“日本大坝”的特邀报告，介绍了日本已建、在建大坝情况，地震后大坝情况以及未来日本大坝建设所面临的挑战等。特邀报告之后，进行了国际大坝委员会荣誉奖颁奖仪式，日本坝工专家 Yoshio OHNE 和巴西大坝委员会主席 Erton CARVALHO 获 2012 年度国际大坝委员会荣誉奖。开幕式后，大会分成两个会场同时进行，来自日本、中国、美国、法国、澳大利亚、南非、印尼、瑞士、罗马尼亚、斯洛文尼亚、加拿大、西班牙、捷克、莫桑比克、瑞典、摩洛哥、斯里兰卡、俄罗斯、冰岛等国家的 79 位专家在会上围绕会议议题作了学术报告。本次大会探讨的 4 个议题是：环境友好的水库大坝技术、大坝安全、大坝泄洪、大坝老化与更新改造。中国水利水电科学研究院教授郭军在“大坝泄洪”议题会上作总报告，南京水利科学研究院教授级高级工程师王士军和高级工程师谷艳昌在“大坝安全”议题会上作了学术报告。会议各发言报告内容紧扣 4 个议题主题，反映了当今世界上在大坝设计、建设、运行、更新改造、环境管理和安全管理方面的热点问题、发展动向、新技术和新成果。报告演讲精彩，时间控制非常严密，代表们提问非常积极，学术交流非常热烈，达到了预期的效果。

2012 年 6 月 6 日，《储水设施与可持续发展》世界宣言在日本京都隆重发布。该宣言由国际大坝委员会联合国际灌排委员会、国际水资源协会和国际水电协会起草，宣言的目的是呼吁全世界共同努力，采取可持续发展的方式发展和保护储水基础设施。

2012 年 6 月 8 日下午，经过为期 3 天的交流和研讨，国际大坝委员会第 24 届大会在日本京都国际会议中心落下帷幕。国际大坝委员会新一届主席阿德姆·诺贝瑞（Adama NOMBRE，布基纳法索）在闭幕式上讲话，高度赞扬贾金生主席在任期间（2009～2012 年）为国际大坝委员会以及几年来在促进非洲大坝与水电可持续发展所做出的突出贡献，并为贾金生主席以及卸任的副主席爱莫·艾格坡（Imoe Ekpo，尼日利亚）与基奥瓦尼·鲁格瑞（Giovanni Ruggeri，意大利）颁发纪念章。贾金生主席发表了热情洋溢的讲话，他感谢任职 3 年来各国家委员会、专委会，各位荣誉主席、副主席以及秘书长等对主席工作给予的大力支持，充分肯定了国际大坝委员会在水库大坝规划、设计、施工和运行管理中所起的作用；相信在新任主席的带领下，国际大坝委员会仍将在环境友好、经济合理、社会可接受等方面促进水库大坝健康发展；并对日本大坝委员会高质量、高效率地筹备、组织本次会议表示感谢！

（摘自中国大坝协会网）

第 26 届 IAHR 水力机械及系统国际学术会议在北京召开

2012 年 8 月 20～23 日，由清华大学主办，哈尔滨电机厂有限责任公司、哈尔滨大电机研究所等单位协办的第 26 届 IAHR 水力机械及系统国际学术会议在北京清华大学隆重召开，共有来自 26 个国家和地区的 361 名水力机械专家学者及企业代表出席会议。会议围绕水轮机和水泵、可再生水能、液压系统、计算与试验新技术、创新技术 5 个方面展开，着重研讨水力机械及其相关系统的前沿科技，以及有助于增强水资源和水电可持续发展的最新技术，对提高水资源的可持续发展和水力发电技术具有深远意义。

清华大学流体机械研究所所长王正伟主持会议。清华大学副校长袁驷致开幕词；江苏大学校长袁寿其，水沙科学和水电工程国家重点实验室主任王光谦院士，瑞士洛桑高等工业大学教授、IAHR 水力机械及系统委员会主席 Franois AVELLAN，西班牙加泰罗尼亚大学教授、IAHR 水力机械及系统委员会副主席 Eduardo EGUSQUIZA，以及本次会议主席吴玉林教授分别致辞。

在大会开幕式上，哈尔滨电机厂有限责任公司副总工程师、哈尔滨大电机研究所副所长覃大清应邀作了题为“哈尔滨电机厂有限责任公司水力机械研究的现状及发展趋势”的特邀报告，介绍了哈尔滨电机厂有限责任公司在混流式水轮机、轴流式水轮机、贯流式水轮机、冲击式水轮机、水泵水轮机、水泵、潮流水轮机等领域参与的国内外重大项目，以及在水力机械技术和试验技术上取得的进步。开幕式后，覃大清和哈尔滨电机厂有限责任公司副总设计师魏显著还分别主持了“水力机械的优化设计”、“机械中的非定常流动现象”分会场。

本次会议主题为“增强水资源和水电可持续发展的水力机械及系统最新技术”，邀请到本领域的各国知名学者 17 名。其中，在国际水力机械界影响较大的学者有：美国加州理工原副校长布兰恩教授，日本透平机械学会主席过本良信教授，韩国流体机械学会主席金光龙教授和清华大学荣誉教授、日本流体专家西道弘。

IAHR 水力机械及系统国际学术会议每两年举办一次，是国际上唯一大型水力机械学术会议。本次会议为期一周，是参会人数和发表论文最多的一届会议。

（哈尔滨大电机研究所　王　波　范吉松）

第六届碾压混凝土坝国际研讨会在西班牙召开

2012年10月23日，第六届碾压混凝土坝国际研讨会在西班牙萨拉戈萨召开，来自30多个国家的300多位代表出席了研讨会。应西班牙大坝委员会的邀请，中国大坝协会副理事长兼秘书长、国际大坝委员会荣誉主席、中国水利水电科学研究院副院长贾金生率团参加了研讨会。

1991年，中国大坝协会（原中国大坝委员会）和西班牙大坝委员会在中国联合主办了第一届碾压混凝土坝国际研讨会。该研讨会一届又一届成功举办，促进了世界范围内的碾压混凝土坝筑坝技术交流与合作，已成为碾压混凝土技术国际交流的权威平台。

来自水利部水利水电规划设计总院、水电水利规划设计总院、南水北调中线干线工程建设管理局、中国长江三峡集团公司、二滩水电开发有限责任公司、水利部小浪底水利枢纽建设管理局、中电投云南国际电力投资有限公司、华能澜沧江水电有限公司、贵州乌江水电开发有限责任公司、贵州黔源电力股份有限公司、华能龙开口水电工程建设管理局、中水淮河规划设计研究有限公司、中国水利水电科学研究院、中国大坝协会秘书处等单位的29名专家参加了本届研讨会。

中国大坝协会副理事长贾金生应邀在开幕式上致辞并作大会主旨报告。

20世纪末以来，中国的碾压混凝土坝建设获得了突飞猛进的发展，巨大的建设成就引起了国际同行的瞩目与高度关注。在本次研讨会上，中国代表团有8位专家（二滩水电开发有限公司吴世勇，中国长江三峡集团公司陈先明、朱红兵、高鹏和钱晓慧，水电水利规划设计总院赵全胜，中国水利水电科学研究院孙粤琳，中国大坝协会秘书处郑璀莹）作了报告，获得了参会代表的广泛关注。

会议闭幕式举行了国际碾压混凝土坝里程碑工程奖的颁奖仪式。国际大坝委员会主席Adama Nombre先生和国际大坝委员会荣誉主席Luis Berga先生、贾金生先生为获奖的工程颁奖。美国的Taum Sauk、中国的光照和西班牙的La Breña Ⅱ碾压混凝土坝工程获得了“国际碾压混凝土坝里程碑工程”荣誉称号。这些获奖工程在大坝建设、运行管理以及生态环境保护方面取得了重大成就，对国际上同类大坝工程建设具有重要的参考价值和深远影响力。中国大坝协会、西班牙大坝委员会和有关国际大坝委员会专家参与了获奖工程的评选。

中国大坝协会与西班牙大坝委员会于1991年首次就碾压混凝土筑坝技术签订了合作协议，到期后分别于2000年和2007年续签了协议。本次会议期间，两国再一次续签了合作协议。中国大坝协会副理事长贾金生代表汪恕诚理事长出席了合作协议续签仪式，出席仪式的还有西班牙大坝委员会主席José Polimón先生、国际大坝委员会主席Adama Nombre先生、荣誉主席Luis Berga先生、西班牙大坝委员会秘书处长Juan Carlos De Cea先生、中国大坝协会副秘书长温续余、水利部小浪底水利枢纽建设管理局总工张利新、二滩水电开发有限责任公司副总经理吴世勇、中国长江三峡集团公司质量安全部主任胡斌等。

会后，中国代表团参观了西班牙的Embalse De Mularroya心墙堆石坝工程和希腊的Filiatrinos胶凝砂砾石坝等工程。

（摘自中国大坝协会网）

中国水电工程顾问集团公司2012年国际合作和交流情况

中国水电工程顾问集团公司（以下简称“水电顾问集团”）2012年国际交流合作情况如下：

（一）参加国际会议和展览

于2012年2月，水电顾问集团应亚太安全合作理事会（CSCAP）邀请派员赴日本参加CSCAP水资源安全研究小组会议；3月，赴法参加第六届世界水论坛暨水展，派员赴柬埔寨参加大湄公河次区域水能开发与环境保护会议；4月，派员参加CSCAP水资源安全研究小组最后一次会议；5月，赴马来西亚参加2012年亚太区域水电论坛；6月，派员赴日本参加国际大坝会议第24届大会，赴匈牙利参加水资源在可持续区域性发展战略中所起作用之亚欧会议可持续发展研讨会；8月，应世界自然基金会（WWF）邀请，派员参加湄公河水资源开发利用交流研讨会，探讨上下游国家之间可能的合作机会，提升湄公河流域水资源与水电的管理；9月，派员赴韩国、俄罗斯参加FIDIC2012年年会；11月，参加中印战略第二次经济对话，促进双方在研究及产业方面的合作。

（二）对外签署的重要合作协议及备忘录

（1）2012年5月，在中国国家主席胡锦涛和哥伦比亚总统胡安·曼努埃尔·桑托斯（Juan Manuel Santos）的共同见证下，水电顾问集团与哥伦比亚马格达莱纳河区域自治公司关于马格达莱纳河综合开发一揽子项目合作谅解备忘录顺利签署。

（2）2012年8月，水电顾问集团与埃塞俄比亚水和能源部签署“中国援埃塞俄比亚风电和太阳能规划”成果发布暨水资源普查谅解备忘录。

(3) 2012年12月，中国水电顾问集团昆明勘测设计研究院（以下简称“昆明院”）、水电股份公司海外投资有限公司、老挝能源与矿产部三方签署了老挝国家技术培训及土木工程实验中心谅解备忘录。

(4) 2012年12月，昆明院与约旦阿卡巴国家地产公司签订了可再生能源和其他工程领域谅解备忘录。

（三）境外培训

(1) 2012年5月，水电顾问集团应湄公河委员会邀请派员赴老挝参加湄公河委员会第七期“沿岸青年专家”培训项目。

(2) 2012年6月，水电顾问集团派员参加2012年中国国际青年交流中心组织“百名团干部赴国外研修培训项目”赴英国进行培训。

(3) 2012年10月，水电顾问集团应国务院国有资产监督管理委员会邀请派王斌总经理赴美国参加斯坦福大学举办的“企业创新型体制建设培训班”。

(4) 2012年中，中国水电顾问集团中南勘测设计研究院（以下简称“中南院”）派1批次20人次在长沙参加了发展中国家水资源管理及防洪研修班，研修班境外培训机构包括巴基斯坦等12个发展中国家的官员参加。

(5) 2012年中，中南院派1批次29人次在长沙参加了发展中国家新能源开发利用机制建设部长研讨班，研讨班境外培训机构包括埃塞俄比亚等16个发展中国家的官员参加。

(6) 2012年中，中南院派1批次22人次在长沙参加了发展中国家水情自动测报系统设计与建设研修班，研修班境外培训机构包括尼泊尔等14个发展中国家的官员参加。

(7) 2012年中，中南院派1批次18人次在长沙参加了哥伦比亚水利技术培训班，官员来自哥伦比亚水利部、能源部、电力部等政府机构。

（四）境外考察

(1) 2012年4月，水电顾问集团赴美国、加拿大开展地质勘测技术考察活动，考察深部岩体的勘测技术、深部地质灾害及其控制技术以及海洋工程先进的勘测和勘探技术。

(2) 2012年5月，水电顾问集团派员赴巴基斯坦执行Dawood项目现场和投资环境考察。

(3) 2012年6月，水电顾问集团领导赴美国考察太阳能光伏电站。

(4) 2012年8月，水电顾问集团为促进企业规范管理，开拓美洲各国的新能源市场，赴美国、加拿大多个项目进行考察，并赴厄瓜多尔德尔西水电站项目部开展效能监察工作。

(5) 2012年10月，中南院以及海南省发展改革委赴西班牙、丹麦、荷兰进行海上风电规划、投资建设考察。

(6) 2012年12月，水电顾问集团开展印尼巴淡托鲁水电站预可行性研究与可行性研究咨询派员赴印尼执行巴淡托鲁水电站考察任务。

（中国水电工程顾问集团公司　王　艳）

农村水电国际交流与合作

1. 小水电援外培训稳步开展　2012年，水利部农村电气化研究所成功举办了3期援外培训和研讨。第一期是发展中国家小水电技术培训班，来自17个国家的24名官员或技术人员参加了为期45d的培训；第二期是发展中国家农村电气化研修班，来自15个国家的24名官员参加了为期28d培训；第三期是非洲法语国家小水电技术培训班，来自14个非洲国家的35位技术人员和官员参加了为期42d的培训。

2. “点亮非洲”项目继续推进　由我国政府与联合国工业发展组织共同倡导、国际小水电中心负责组织和实施的“点亮非洲”项目，在2012年继续推进。赞比亚北方省Shiwang’andu小水电示范项目(1MW)建设完成，2012年12月在项目现场举行盛大的竣工仪式，赞比亚现任总统萨塔、赞比亚开国总统卡翁达等出席了竣工典礼。以示范项目为突破口，拓展了“点亮非洲”项目框架下对尼日利亚阿莫科电站、肯尼亚索马里奥电站，以及喀麦隆和赞比亚等项目合作；积极参与西非经济共同体国家小水电规划计划，把“点亮非洲”从项目层次的合作提升到了更广泛的地区规划领域的合作；参与了联合国工业发展组织在非洲的其他设备供货工作，为肯尼亚和尼日利亚分别提供了2台100kW、3台400kW的设备供货 。

3.《世界小水电发展报告》取得初步成果　国际小水电中心牵头编写的《世界小水电发展报告》（英文版）已形成初稿，正与联合国工业发展组织合作进行修改和完善。《世界小水电发展报告》是全球第一份小水电行业的权威发布刊物，包括了全球小水电的基础数据，从世界小水电发展的高度，用全球视野看全球的小水电发展。

4. 积极参与国际水电活动　2012年，水利部农村电气化研究所和国际小水电中心等单位先后参加了在法国马赛召开的“第六届世界水论坛”、在菲律宾召开的“中亚区域经济合作能源领域协调委员会会议”、在柬埔寨金边召开的“第二届东亚峰会能源效率大会”、在中国北京召开的“中印小水电合作国际研讨会”、在加纳召开的“国际离网可再生能源会议”

等国际水电和可再生能源会议，介绍我国小水电发展成功经验，促进国际小水电的交流与合作。

（水利部农村水电及电气化发展局 张 翔）

黄河水利科学研究院 2012 年参与和举办国际学术交流活动情况

（一）参与国际学术交流活动情况

1. 中澳河流健康与环境流量项目 该项目为期两年，是中澳环境发展伙伴项目 24 个子项目之中最大的子项目，旨在尝试在中国推进国际河流健康与环境流量评估方法，在中国黄河、辽河与珠江三条河流展开试点研究。其中，黄河子项目由黄河水利委员会（以下简称“黄委会”）牵头，黄河水利科学研究院（以下简称“黄科院”）技术负责，黄委会水文局和信息中心参与完成，并得到了澳方专家的大力协助。

2012 年 2 月 23 日，该项目完工研讨会在北京召开，来自中国水利部、环保部、商务部国际经贸关系司、发展改革委国际合作中心、国家林业局湿地保护管理中心，澳大利亚国际发展署等国际援助机构、中澳环境发展项目协调办以及澳方与中方的特邀代表等 70 余人参加了会议。黄科院蒋晓辉博士、付新峰博士等代表参加了会议，蒋晓辉博士代表黄委会作了黄河流域试点环境流量评估的报告。

2. 第六届世界水论坛 该论坛由世界水理事会和法国政府共同主办，于 2012 年 3 月 12～16 日在法国南部城市马赛召开，主题为“治水良策、时不我待”，设立了 103 个具体目标，邀请利益相关方参与讨论，提交解决方案。中国派出了政府代表团、专家代表团、企业代表团出席。黄科院常向前副总工和蒋晓辉博士分别做为企业代表团和专家代表团的成员，参与了一些双边或多边活动，并在涉水灾害风险、水资源综合管理、粮食安全、水生态保护、可持续水电及中欧项目专题会上与国外同行进行了交流讨论。

3. 国际大坝委员会第 80 届年会 2012 年 6 月 2～12 日，国际大坝委员会第 24 届大会和第 80 届年会在日本京都召开。黄科院江恩慧副院长作为水库泥沙专业委员会主席主持召开了水库泥沙专委会会议。会议主要围绕着水库泥沙处理方法及技术、大坝管理中建议的泥沙淤积数据记录标准、水库泥沙处理规范等方面展开讨论，并按照国际大坝委员会有关要求布置了编写未来水库泥沙研究进展公报的事项。

4. 中荷水管理研讨会 2012 年 9 月 26 日，第五届黄河国际论坛召开中荷水管理研讨会，中国水利部副部长胡四一，荷兰驻华副大使 Andre Driessen、荷兰基础设施与环境部 Ingwer de Boer 致辞。会议围绕“洪水管理”和“堤坝安全”两个专题，共有 8 位专家作了特邀报告，其中黄科院汪自力教授报告题目为《黄河流域堤坝安全研究》。在 2012 年 9 月 27 日召开的堤防探测技术研讨会上，安排来自 AGT 国际集团荷兰公司和中国黄科院、长江科学院等单位的 7 位专家作特邀报告，其中黄科院汪自力、赵志忠分别作了《黄河下游堤防安全管理关键技术探讨》、《截渗墙质量无损检测技术探讨》的学术报告。会议还就 AGT 公司在黄河大玉兰控导工程丁坝所做坝体稳定性监测系统有关问题进行了热烈讨论。

（二）外国专家来院学术交流与参观

（1）2012 年 4 月 5 日，加拿大贝德福德海洋研究所终身研究员吴永胜博士来黄科院作《潮汐发电对 Bay of Fundy（芬迪湾）泥沙输移的影响》的学术讲座。吴永胜博士结合自己的研究项目，详细介绍了芬迪湾的潮汐概况和潮汐过程中河口流速的分布状况，以及芬迪湾潮汐数学模型的建立过程和模拟结果。通过计算发电机组不同放置方式下芬迪湾潮汐流速和泥沙输移的变化，比较了潮汐发电的各种工况对芬迪湾泥沙输移的影响。讲座结束后，吴永胜博士还和与会科技人员讨论了数学模型在模拟水流和泥沙运动时经常遇到的问题。

（2）2012 年 4 月 19 日，法国尼斯大学 Philippe Gourbesvllle 先生一行参观黄科院沙门“模型黄河”试验基地。Philippe Gourbesvllle 先生对模型试验非常感兴趣，在参观过程中不断提出关于模型试验方面的各种疑问。黄科院试验基地科技人员陪同客人参观了黄河下游模型及小浪底模型，并回答了客人提出的问题。

（3）2012 年 5 月 30 日，美国康涅狄格大学教授、博士生导师刘澜波到黄科院作《多尺度无源地震方法》的学术报告。刘澜波教授深入浅出地介绍了无源地震方法的理论基础、实现手段和仪器设备等方面内容，并结合实际工作，详细说明了不同尺度条件下无源地震方法的应用情况，还就包括地震方法在内的综合地球物理方法在黄河下游泥沙储量调查等方面的研究前景进行了展望。刘澜波教授就地球物理方法在治黄工作中的应用等问题，和与会人员进行了深入交流，就一些具体的技术问题进行了探讨，并参观了黄科院北郊沙门模型基地。

（4）2012 年 7 月 23 日，泰国自然资源与环境部水资源厅副厅长 Niwatchai Khampee 先生一行参观了黄科院“模型黄河”试验基地。代表团参观了基础试验厅、水工试验厅和下游河道模型试验厅，黄科院江恩慧副院长和王万战教授分别就客人提出的关于模型试验方面的问题一一做了解答。此次泰国自然资源与环境部水资源厅代表团来黄委会调研和考察，旨在进一步推动中国和泰国在水利方面的交流与合作，探讨未来开展合作项目的可能性。

(5) 2012年8月2日，ELC公司法国咨询专家专程到黄科院参观了该院水力学研究所承担的“厄瓜多尔CCS水电站首部枢纽沉沙池单体模型试验”。项目组就试验工作进展情况向ELC公司专家进行了介绍，随后就关键技术问题进行了商榷。2012年8月14～17日，ELC公司咨询专家组对黄科院承担的厄瓜多尔CCS水电站沉沙池与调蓄水库模型试验有关问题进行技术审查，并在北郊试验基地水工试验厅观看模型放水。2012年8月20～23日，ELC公司咨询专家组跟踪观看了厄瓜多尔CCS水电站第7号沉沙池模型局部开启工况试验、冲沙试验及调蓄水库模型正常引水流量条件下输水隧洞出口和水库流态流速分布；检测了消力池压力分布，观看了单管4台机运行和双管8台机组运行，流量加大1.5倍时电站压力管道进口流态，漩涡尺寸、水库库区淤积分布试验以及水库放空洞拉沙试验等。咨询专家对项目组的工作非常满意，对试验成果给予充分肯定。

(三) 承办第五届黄河国际论坛流域管理工具与新科技分论坛

2012年9月26～27日，第五届黄河国际论坛流域管理工具与新科技分论坛在河南郑州会展中心成功举办。来自澳大利亚、丹麦、荷兰、英国等长期从事流域管理研发的一流专家和企业代表与国内流域管理领域的领导、专家和学者共聚一堂，围绕流域治理开发与管理相关的遥感应用技术、数字流域模拟技术、洪水预警与监测技术、仪器设备开发等展开交流与探讨，并全面展示了澳大利亚的水科技。

本次分论坛取得了丰硕成果。在流域监测技术方面，大家分享了对地观测系统、卫星与遥感技术、智能堤防技术，以及河流监测、大坝运行监测、实验室水利量测技术等。在数学模拟技术方面，黄委会、中国科学院、清华大学、武汉大学、中国水利水电科学研究院等单位和丹麦水力学所（DHI)、澳大利亚eWater公司、英国Wallingford等公司都共享了新突破，展望了新方向。同时，分论坛提出了水联网、智能流域、“水、土、气、生、人”耦合、河流自然过程—生态环境—经济社会集成等新理念，对于引领和支撑流域综合管理具有重要意义。

2012年9月28日，第五届黄河国际论坛与会中外学者参观黄科院“模型黄河”试验基地。通过此次参观交流活动，将进一步扩大黄科院“模型黄河”试验基地在国内外的影响。

（黄河水利科学研究院）

雅砻江流域水电开发有限公司 2012年国际合作与交流情况

2012年10月23～24日，由中国大坝协会和西班牙大坝委员会联合主办的第六届碾压混凝土坝国际研讨会（6th International Symposium on Roller Compacted Concrete Dams）在中国西班牙萨拉戈萨召开，来自30多个国家的300多位代表出席了研讨会。雅砻江流域水电开发有限公司2名代表出席此次研讨会，并随团参观了西班牙的Embalse De Mularroya心墙堆石坝工程和希腊的Filiatrinos胶凝砂砾石坝等工程。雅砻江流域水电开发有限公司副总经理吴世勇作为主持人之一参加研讨会，并作题为《官地碾压混凝土坝建设》的学术报告，雅砻江流域水电开发有限公司有关人员提交的3篇论文被收录进了会议论文集。

2012年8月19～23日，由清华大学主办的第26届IAHR水力机械及系统国际研讨会（26th IAHR Symposium on Hydraulic Machinery and Systems）在北京召开，来自25个国家和地区的近350位水力机械及系统领域的学者、工程师和相关企业代表参加了本届研讨会。雅砻江流域水电开发有限公司有关人员参加了会议交流，提交的1篇论文被收录进了会议论文集。

2012年5月25～28日，第九届亚太地区交通运输发展研讨会（9th Asia Pacific Transportation Development Conference）在重庆召开，雅砻江流域水电开发有限公司有关人员参加了会议交流，提交的1篇论文被收录进了会议论文集。

2012年8月23～25日，2012年工业控制和电子工程国际会议（2012 International conference on Industrial control and electronics engineering）在中国西安召开。雅砻江流域水电开发有限公司有关人员参加了会议交流，提交的1篇论文被收录进了会议论文集。

2012年，雅砻江流域水电开发有限公司员工在“Acta Geotechnica(Springer)”、“Journal of Rock Mechanics and Geotechnical Engineering”等国际期刊上发表论文2篇。

（雅砻江流域水电开发有限公司　张　一）

对外经营与国外工程

中国水利水电建设股份有限公司2012年国际经营情况

2012年，中国水利水电建设股份有限公司（以下简称“股份公司”）坚持“保市场、保订单、保发展”的工作重心，加强市场营销的力度和对在建项目履约的监管，使新签合同金额、营业收入和利润等保持了稳中增长，新签国际项目193个，同比增长35.7%，完成国际营业收入353.11亿元，同比增长21.99%。根据商务部最新公布的2012年我国外经企业新签合同金额和营业收入排名，股份公司位列第二位；在全球最大225家国际承包商排名中，位列第23位。

2012年，股份公司国际业务呈现如下特点：

1．贯彻落实国际业务优先发展战略，优化和调整国际公司组织机构

（1）投资和承包业务分离。按照股份公司的总体部署，国际公司分立，成立了海外投资公司，实现了国际承包与海外投资业务的分离，有效提升了国际承包及海外投资的专业能力，产业结构更趋合理。

（2）总部管理机构调整建立。对股份公司总部各部门进行精简调整，合并业务一、二、三、四部和区域管理部为市场部，成立战略发展部（与党委工作部合署办公）、法务合约部，合并机电部、保障部为采购管理部，合并审计部、监察部为审计监察部，设立工会专职副主席，加大对出国人员的后勤服务力度，充分发挥总部职能部门的支持、保障作用。

（3）布局区域部和建立区域管理体系。在原有3个区域总部的基础上，根据政治、经济、地理、文化、宗教等因素，将全球市场分为13个区域市场，在区域市场的核心国别设立区域部，打造前方营销团队，大力推进海外业务前移。同时，为适应区域部建设的需要，制订了《海外区域部管理办法》、《区域部绩效考核管理办法》和《区域部固定资产管理办法》等7项管理办法，建立了关于竞标类项目和融资类项目投议标的两大业务主流程及9个相关配套的业务子流程，基本建立了区域部管理体系。

（4）深化和优化国际业务优先发展战略。2012年11月，海外事业部牵头组织召开了“股份公司深化优化优先发展战略研讨会”，会议确定了股份公司国际业务采取“集中管控营销和有条件的子公司自主营销有机结合的国际营销新模式”，并在会议结束后紧急安排部署相关的配套工作，目前已基本完成了股份公司国际工程承包业务的相关制度和市场营销简明指导手册，并已经过股份公司总经理办公会、党政联席会审议通过，即将下发执行。

2．区域布局基本形成，区域部建设初步取得成效

（1）全球区域布局基本形成。目前，股份公司在全球除欧美发达国家以外的152个国家设立了13个区域部，在海外68个国家共设立了84个驻外机构，基本形成了全球市场区域布局，形成了东南亚、北非、东非、中东等区域化的相对稳定市场和安哥拉、卡塔尔、苏丹、老挝等项目群国别市场。

（2）区域部成效初步得到显现。各区域部基本完成了将后方人员派出、机构设置、办公条件及硬件设施配置，编制了区域部各类管理办法，建立了与各代表处、项目部的联系网络，对所属国别市场的在建和跟踪项目进行了摸底，制定了区域内市场发展规划，着手搜集区域市场的政治、经济、国家发展规划、法律法规等，确定了重点跟踪项目并加大推动力度。各区域部分别设立了市场处、工程管理处和综合处，与国内总部进行工作对接，并及时将最新市场情况向总部报告，保证股份公司领导能及时掌握信息。

区域部的成立，凸显了项目跟踪和推动的力度，目前，在海外100多个国家跟踪推动着1450亿美元的368个项目，已经投标、正在议标和已投标有可能中标的项目超过100亿美元。其中，美洲跟踪项目35个，合同总金额约270亿美元；欧洲跟踪项目25个，合同总金额98亿美元；东南亚跟踪项目71个，合同总金额350亿美元。这三大区域跟踪合同金额占50.15%。从地域来看，南美洲市场已逐渐成为股份公司的重要市场，同时东欧市场也成为关注的市场，整体上符合股份公司“着力做好欧美市场、中高端市场”的战略发展布局。

3．营销网络持续拓展，项目领域多元化扩张

（1）营销网络不断扩张。一是年内成功开辟了波黑、白俄罗斯、波兰、塞内加尔、利比里亚、几内亚六国市场；二是首次签约欧洲市场项目，包括波黑尤乐高水电站EPC项目、波兰弗罗茨瓦夫分洪河道整

治工程等，实现了在欧洲市场竞标类和融资类项目的“双突破”并进入欧盟市场；三是长期跟踪的尼日利亚市场获得突破，首次中标70万kW宗格鲁水电站项目。

（2）项目进一步多元化发展。在2012年新签项目中，水电项目占33.38%；火电、机场、道路、港航、房建等非水电项目占66.62%。在建项目合同总金额351.48亿美元，剩余存量221.39亿美元，其中水电项目合同存量占37.07%；非水电项目合同存量占62.93%，同比上升12.07%。多元化营销战略部署已初见成效，主业结构基本形成了以水电项目为主、多元化发展的“大土木、大建筑”格局。

4. 履约能力进一步提升，项目总体履约情况良好

2012年，股份公司海外在建项目的质量、安全、工期、资金和财务风险总体受控，绝大部分项目履约情况良好，项目的综合履约能力稳步提升，一些风险和重点关注项目的危机在加强管控和实施整改措施后，危机逐步得到化解。

（1）敢于担当，确保履约。面对复杂多变的国际政治、经济环境，股份公司敢于担当，理顺关系，采取措施，沉着应对风险，确保了项目履约，避免了重大合同风险产生。2012年，成功处理了厄瓜多尔CCS项目、越南松邦项目的履约风险，有效应对了博茨瓦纳卡玛机场航站楼项目合同终止事件，积极响应并实现了委内瑞拉应急电站项目业主关于大选前实现发电目标的需求。

（2）关注重点，有效发挥总部履约监管平台作用。一是认真做好项目前期策划和启动工作，制定并认真贯彻落实项目前期策划及启动方案评审制度，确保国际工程承包项目中标、签约后，能在较短时间内完成前期准备工作。二是深入贯彻、落实敏感信息月报制度、“双五”风险项目制度、重点关注项目巡查制度、风险项目会诊制度、合同风险紧急议案制度、非传统安全紧急议案制度等11项制度，通过“双五”项目加强重点监控和重点关注项目的风险管理。三是完善在建项目数据库，登载了150个较为完整的在建项目信息数据，并对这些项目的续存/显现/潜存风险事件/因素进行了分析；整合股份公司内外专家团队资源，协调股份公司与项目实施单位之间的对接，加强在建项目风险管理能力建设，逐步实现在建项目风险管理工作从后方向前方、从被动向主动的转变。

（3）履行海外事业部职责，对项目质量、安全和环境全面介入管理。大力推行《国际业务管理指导手册》和《海外业务质量、环境和职业健康安全三标一体化体系文件》，加大了海外项目的安全生产督察和三标体系的内部审核工作，保证了海外安全管理总体可控，尤其是2011年下半年，采取积极有效的措施，伤亡人数显著减少，安全生产形势比上半年大有好转。2012年，历经苏丹141公路人质事件、马里军事政变、莱索托当地员工暴力袭击等海外非传统安全事件，国际公司沉着应对、妥善处置，逐一化解，最大程度避免了人员伤亡和财产损失，维护了股份公司的利益和声誉。苏丹人质事件及时、妥善的应对，得到了国务院国资委、外交部和商务部等部委的一致认可，并被国务院国资委作为典型案例在央企推广。

5. 拓展多边关系，实施战略合作　始终坚持以开放的姿态、广阔的视野、共赢共进的胸怀面对世界，积极寻求国际间的广泛合作与共同发展。加强与外国政府、国内外知名跨国企业、行业组织、金融机构的广泛合作，建立全球互利共赢的竞争联盟。

（1）积极开展高端营销，积极创造商机。2012年，股份公司领导加强与各国政府的沟通联络，会见外国国家元首、总理、各国部长、国内外大型企业董事长及高管达100余次。

（2）与中外企业强强合作，强化银企合作，实现优势互补。股份公司在中国电建集团公司的战略框架下，积极与国内大型企业开展合作，加强与世界一流企业合作，互利共赢，增强自身国际竞争力，同时，加大银企合作，拓宽融资渠道，形成互利双赢合作关系。

（3）注重参加国际组织的活动，加强沟通与交流，增进了解与互信。如与世界银行、亚洲开发银行、非洲开发银行等世界金融组织，塞内加尔等流域组织，各国电力公司（如埃塞俄比亚电力公司、赞比亚电力公司）建立合作伙伴关系，是国际水电协会的金牌会员。

（中国水电建设集团国际工程有限公司　王立鹏
中水电海外投资有限公司　张一凡）

中国水利水电建设股份有限公司 2012年海外主要电力项目进展情况

（一）海外主要电力工程承包项目进展情况

1. 马来西亚沐若水电站项目　沐若水电站地处马来西亚婆罗洲岛的砂捞越州，坝址位于拉让河流域源头沐若河上，是拉让河上游四级梯级开发中的第二级梯级电站，距下游的巴贡水电站约70km，距民都鲁市约200km，坝址控制流域面积约为2750km^2。工程的主要任务是发电，是马来西亚推行的第二能源计划中的一个重要工程。电站主要由碾压混凝土重力坝、坝身表孔溢洪道、引水系统（含调压井）、发电

厂房、生态流量引水发电系统等组成，坝顶长度473m，最大坝高141m；水库正常蓄水位540m，死水位515m，总库容120.43亿m^3，调节库容54.75亿m^3；安装4台单机容量为23.6万kW的混流式水轮发电机组，总装机容量94.4万kW。

沐若水电站由马来西亚砂捞越能源公司开发，由长江三峡技术经济发展有限公司牵头承建，中国水利水电第八工程局有限公司负责土建施工、金属结构制作安装和永久机电设备安装。2008年10月19日下午，砂捞越能源公司与长江三峡技术经济发展有限公司在湖北宜昌签署马来西亚沐若水电站EPC合同，合同总金额52.62亿元，工期60个月。中国水利水电建设股份有限公司（以下简称“股份公司”）承担了工程总合同的3/5，合同金额为人民币14.1亿元。

项目于2010年4月实现截流，截至2012年12月底，土建工作基本完成，金属结构安装完成60%，完成产值折合人民币26.7亿元，占合同金额的88.56%。

2. 刚果金宗戈水电站二期项目　宗戈水电站二期设计装机容量15万kW，建成后预计年发电8.6亿kW·h，主要解决金沙萨和下刚果省部分地区的用电，合同总金额3.675亿美元，其中中国进出口银行提供3.6亿美元优惠出口买方贷款，其余为刚方自筹资金。项目工期为3年。

截至2012年12月底，项目累计完成产值11 679万美元，为合同总金额的31.32%。

3. 加纳布维水电站项目　布维水电站是加纳共和国的第二大水电站，合同金额约5.7亿美元，设计装机容量40万kW。2007年8月24日，举行开工仪式；2008年12月2日，提前合同工期一年实现截流；2009年12月18日，大坝首仓碾压混凝土开盘浇筑；2011年6月，电站成功下闸蓄水。

截至2012年12月底，项目累计完成产值5.7亿美元，为合同总金额的95.28%。

4. 厄瓜多尔科卡科多—辛克雷EPC项目　科卡科多—辛克雷水电站位于厄瓜多尔拿坡（Napo）省和苏库比奥（Sucumbíos）省之间查克（Chaco）和鲁巴基（Lumbaqui）地区的科卡（coca）河流域，距首都基多约130km。电站设计总装机容量150万kW（8台机组），年发电量88亿kW·h，建成后将满足厄瓜多尔全国人口1/3的电力需求。整个项目将由中国进出口银行提供85%的买方信贷。2009年10月5日，股份公司与科卡科多—辛克雷公司正式签署科卡科多—辛克雷水电站EPC总承包合同，合同金额23亿美元，工期66个月。科卡科多—辛克雷项目是厄瓜多尔历史上外资投入金额最大、规模最大的水电站项目，同时也是目前中国对外投资承建的最大水电站工程。中国水利水电第十四工程局有限公司和中国水利水电第十工程局有限公司负责项目具体实施，黄河勘测规划设计有限公司与意大利GEODATA设计公司联合负责项目设计。2010年7月28日，工程正式开工。

截至2012年12月底，项目累计完成进度24.91%，累计完成产值67 323万美元，为合同总价的34.01%。

5. 委内瑞拉紧急火电站项目　委内瑞拉紧急电站项目是中委能源电力领域合作框架项下的重要项目。2010年2月，股份公司与委内瑞拉能源部签订了两年内完成总装机270万kW火电厂的一揽子紧急电站建设备忘录。2010年3月25日，股份公司与项目业主委内瑞拉能源石油部所属的委内瑞拉石油公司（PDVSA）就紧急电站项目一期工程签订EPC总承包合同。委内瑞拉紧急电站项目第一期工程合同总造价为13.5亿美元，工期为9个月。一期工程共建两个电厂：一个是位于马拉凯市瓦伦西亚湖边的新卡夫雷拉燃气电厂，装机容量20万kW，总造价为3.15亿美元，由中国水利水电第十一工程局有限公司实施；另一个位于卡贝略港附近的新中心电厂，装机容量77.2万kW，总造价为10.38亿美元，由中国水利水电第八工程局有限公司和中国水利水电第十二工程局有限公司共同实施。

2010年11月22日，股份公司再次与业主签署紧急电站项目新卡夫雷拉燃气电厂一号补充商务合同，增加装机容量18.2万kW，并相应增加卡夫雷拉电厂建设工期3个月，增加合同金额2.17亿美元。至此，委内瑞拉紧急电站项目第一期总装机容量增至115.4万kW（装机6台，机型为大型燃油燃气式发电机组），总造价增至15.72亿美元。其中，卡夫雷拉电厂装机容量38.2万kW（2×19.1万kW），总造价约5.34亿美元，工期12个月；新中心电厂装机容量77.2万kW（4×19.3万kW），总造价约10.38亿美元。

目前，委内瑞拉新卡夫雷拉电厂首台机组点火成功，新中心电厂4台机组全部成功点火并网发电。

截至2012年12月底，新卡夫雷拉电厂项目累计完成产值50 017万美元，为合同总金额的94.74%；新中心电厂项目累计完成产值67 659万美元，为合同总额的65.14%。

（二）海外主要电力投资项目进展情况

1. 柬埔寨甘再水电站BOT项目　柬埔寨甘再水电站是中国在境外首个以项目融资方式开发的BOT水电站项目。甘再水电站项目总投资3.34亿美元，总装机容量19.41万kW，建设期4年，特许经营期40年。2007年8月主体工程开始施工，2009年12

月7日甘再水电站PH2厂房首台机组投产发电。2011年12月7日甘再项目竣工暨PH1首台机组发电，2012年8月1日项目接到柬埔寨国家电力公司(EDC)正式批文，项目正式进入商业运营期(COD)。截至2012年12月31日，电站累计发电40545.01万kW·h，进入COD商业运行后累计发电27135.32万kW·h，已完成首个运行年基础发电量的一半以上。

2. 老挝南俄5水电站BOT项目　老挝南俄5水电站项目由中国水利水电建设集团公司（以下简称“集团公司”）与老挝国家电力公司组成南俄5发电有限公司共同进行开发，其中集团公司持股85%，老挝国家电力公司持股15%。南俄5水电站项目总投资1.99亿美元，总装机容量12万kW，年发电量5.07亿kW·h，建设期4年，特许经营期25年。2010年12月24日，南俄5项目融资工作正式结束。

项目于2008年10月1日开工，2009年10月16日截流，2012年2月29日下闸蓄水，2012年11月30日完成2台机组72h试运行，并同时获得老挝政府颁发的完工证书，2012年12月3日获准进入商业运行日期。

3. 尼泊尔上马相迪A水电站BOOT项目　尼泊尔上马相迪A水电站工程坐落于尼泊尔西部马相迪河上，是一座以发电为主的径流引水式水电枢纽工程。项目所在地距首都加德满都180km，距离下游中马相迪水电站约30km。电站采用混凝土闸坝，总装机容量2×2.5万kW，年平均发电量达3.31亿kW·h。电站以BOOT（建设、拥有、运营和移交）方式投资开发，电站特许经营期35年（含施工期4年），总投资金额约1.659亿美元。

2010年3月11日，中国水电—萨格玛塔电力有限公司（以下简称“项目公司”）在尼泊尔正式注册成立，中水电海外投资有限公司控股，占有项目90%的股份，当地合作伙伴萨格玛萨电力有限公司参股10%。2010年12月29日，与尼泊尔国家电力公司正式签署《购电协议》。2011年1月，与福建省水利水电勘察设计研究院签订设计咨询服务合同；2011年3月10日签订项目补勘补测实物工程施工合同，并于2011年7月20日完成补勘补测工作。2011年11月，基本完成项目移民与征地工作。2012年4月，获得尼泊尔能源部签发的发电证书。2012年12月，融资谈判完成。工程计划于2015年10月全面竣工。

4. 老挝南欧江流域梯级电站BOT项目　南欧江流域梯级水电开发项目是股份公司在老挝投资建设的水电开发BOT项目，于2007年与老挝政府签订开发协议，其后积极推动该项目的开发进程，并于2011年6月注册成立南欧江流域发电有限公司（Nam Ou River Basin Hydropower Co.，Ltd.），中水电海外投资有限公司为控股大股东。南欧江流域规划为7个梯级电站，总装机容量达115.6万kW，多年平均发电量50亿kW·h，预计总投资达20多亿美元。电站规划由下而上依次为南欧江一级～南欧江七级，项目一期计划开发二级（五级和六级）电站，总装机容量54万kW，年平均发电量约20.92亿kW·h。一期工程已于2011年12月开始“三通一平”等工程前期项目建设，主体工程已于2012年10月1日开工建设，计划于2015年底首台机组发电，2016年10月31日全面竣工。

（中国水电建设集团国际工程有限公司　王立鹏
中水电海外投资有限公司　张一凡）

中国葛洲坝集团公司 2012年国际经营情况

2012年，中国葛洲坝集团公司（以下简称“集团公司”）深入落实“保增长、调结构、强管理、促稳定”的工作方针，沉着、智慧地应对复杂的国际局面，在竞争与合作中化解危机、防范风险。全年完成国际产值103亿元，国际签约超过365亿元。在建工程总体履约正常，市场开发在新兴国家和高端领域取得了新的突破，CGGC品牌价值进一步提升，企业形象得到广泛传播和认可，在严峻的形势下保持了国际业务的稳健发展。

（一）国际在建项目管理情况

2012年是集团公司国际工程履约高峰的一年，项目履约和监管的任务十分艰巨。面对复杂的国际形势，集团公司高度重视在建项目的履约管理，主要措施如下：

(1) 召开重点项目履约专题会。按照“合同金额大、产值计划大、项目影响大、履约风险大、业主要求高”的原则，遴选出巴基斯坦N-J水电站、厄瓜多尔索普拉多拉水电站、埃塞俄比亚GD-3水电站、伊朗鲁德巴大坝和厂房项目、柬埔寨额勒赛电站大坝工程、委内瑞拉埃罗莎—曼特卡尔农业项目、老挝色萨拉龙灌溉项目、安哥拉桑比赞加基础设施建设工程等25个重点项目，先后组织召开了尼泊尔上催树里3A水电站项目、老挝会兰庞雅及厄瓜多尔索普拉多拉水电站项目、巴基斯坦N-J水电项目、伊朗鲁德巴大坝和厂房项目、缅甸萨泰导流洞项目等专题会议35次，对项目履约状况进行深入剖析，研究制定应对措施，形成并下发会议纪要和指导意见40余份，加强与兄弟单位总部的联系，协助兄弟单位解决问题，督促各海外在建项目认真贯彻落实。

（2）扎实开展巡查。全年安排15个巡查组对海外27个在建项目开展29次巡查，对于重点关注的厄瓜多尔索普拉多拉水电站项目、埃塞俄比亚WA公路、柬埔寨达岱水电站项目和额勒赛大坝项目、蒙古西部公路，由集团公司领导带队进行现场检查指导。

（3）召开国际在建项目季度例会。先后在宜昌和北京召开了3次，集团公司领导亲自参加，并做出重要指示。

（4）高度关注和防范社会安全风险。加强安全质量环保管理，及时应对项目所在区域安全局势变化，通过一系列制度和措施的有效实施，确保国际工程项目施工生产顺利进行，实物工程质量和环保满足合同要求，没有发生任何安全事故及相关投诉。

（5）抓好完工项目的索赔和收尾。对埃塞俄比亚FGG2输变电工程、马里巴马科第三大桥项目、尼日利亚拉贡航道项目、缅甸水津供货与机电安装项目、缅甸密松其培电源电站项目等项目加强竣工管理，督促并指导项目按要求开展竣工资料的整理，切实抓好尾款回收。

（6）积极推动变更索赔工作。有针对性地做好变更索赔的策划方案，加强对变更索赔工作的指导，对斐济公路等项目开展了专项指导工作。

（7）加强劳务管理。坚持把劳务管理工作当作在建项目的日常监管的重要工作内容严抓不懈，结合国际工程劳务管理的新特点，动态调整劳务管理工作思路和管理方法，有效规避海外劳务滋事、罢工等事件的发生。

截至2012年年底，集团公司50个国际工程在建项目中，15个项目履约情况较好；20个项目履约情况正常；利比亚房建工程、缅甸密松溢洪道工程、马里马塞纳—迪亚法拉贝公路工程、苏丹麦洛维灌溉工程等15个项目由于利比亚战争、缅甸政府搁置中电投项目、业主资金短缺、项目业主解除合同、马里军事哗变等非我方原因暂停施工，在建项目总体上履约情况可控，形象良好。国际公司先后被评为北京市“高新技术企业”、“走进东盟十大成功企业”、“中国执行‘两优’贷款优秀企业”。集团公司在全球最大225家国际承包商中排名从2011年的71位提升至62位。

（二）国际市场开发情况

2012年，集团公司国际工程新签合同27个，同比增长33.57%。在市场开发方面主要做了以下工作：

（1）积极运作优惠性质贷款、出口信贷、一揽子合作贷款等高端项目。认真研究金融危机新形势下国家出台的一系列对外资金支持及融资政策，充分利用好集团公司多年打造形成的融资平台，继续抢占高端项目市场，签约项目中，平均单个项目合同金额达15亿元，属于融资项目、EPC项目的比例占70%左右，并且大部分是所在国优先发展的中、大型项目，有利于在当地造成良好的社会和政治影响，也有利于资源配置和项目实施。

（2）充分利用集团公司资质全面的优势，继续加大力度向火电、输变电、公路、房建、市政工程等非水电领域拓展。2012年实现了签约项目种类多样化，新签项目涉及水电、公路、输变电、房屋建筑、农业灌溉、爆破、污水处理等多个领域，非水电项目比重不断增大。

（3）继续巩固传统市场，加大力度开发新成绩。充分利用多年来已经建立起来的市场网络，依托在建项目和良好的品牌形象，在缅甸、尼日利亚、科威特、埃塞俄比亚、印度尼西亚、老挝、蒙古、安哥拉等传统市场，实现了市场开发的滚动发展；通过现有分支机构不断辐射周边市场，在纳米比亚、刚果（布）、伊拉克、利比里亚、乍得等新国家取得突破，国际业务布局进一步扩大。

（三）对外投资工作情况

本着“积极推进、分步决策、严控风险、效益为先”的原则，集团公司高度重视投资国别选择，不断加强投资项目信息跟踪和研究，严格控制投资风险，按照关于国际投资的总体部署，以电力和矿产投资为重点，同时跟踪研究水泥和炸药等建材的投资机会，着力推进重点投资项目的工作进程。电力方面，印度尼西亚卡拉玛河1号水电站由于印度尼西亚政府原因，未能按计划完成开发权招标；老挝拉龙河流域水电投资项目，顺利签署了合作开发拉龙河2号电站及支流塔芒河电站的谅解备忘录（MOU），流域中剩下的另一个电站的MOU也已获得老挝总理府批准；秘鲁三塔玛丽亚水电项目、利比里亚重油燃油电站等重点项目正在稳步推进。矿产方面，印度尼西亚哈希尔砂锡矿投资项目取得了印度尼西亚投资协调委员会对集团印尼有限公司认购哈希尔公司65%股权的批复，完成了股权交割与变更手续；印度尼西亚红土镍矿投资项目，签署了6个矿区的合作开发协议。水泥投资方面，积极开展了水泥投资优先国别和项目信息筛选，为下一步推进重点推进水泥投资项目做好准备。

（四）风险控制情况

不断完善国际业务风险防范体系，认真研究项目各个环节存在的风险源、风险点和重点国别的市场风险，通过严格合同把关、规范关键环节的过程控制等方式，加强海外项目所在国当地法律服务力量，全面提升项目履约风险把控能力。2012年推出了《国际工程履约案例汇编》第二册，第一批22个重点国别《国别风险分析报告》年底出台，储备了一批经验丰富、专业对口的国际国内合作单位，建立了外部风险管理资源库。为进一步加强风险控制管理，满足复杂形势下的风险防控、法律事务、招投标合同审核工作，成立专门的风险控制部（法律事务部），对风险控制实行专人专责，进一步加强了风险控制力量。

（五）人才队伍建设工作情况

2012年，国际公司大力引进各类人才，广拓校园招聘和社会招聘信息源，在相关高校试点推行了“校园大使”新模式，取得了预期的良好效果。充分发挥国际公司的成熟培训机制，承办了中国能源建设集团公司国际工程项目经理高级研修班等高层次培训。严格执行海外员工定期回国学习制度，明确了公司、单位（部门）、员工3个层级的培训责任，并将各层级培训责任和工作目标纳入经营责任书的考核范围。加强员工培养交流，一方面加大集团公司内部轮岗交流，为员工提供集团公司总部和海外不同岗位锻炼平台，另一方面与中国能源建设集团公司兄弟单位建立人才交流机制，为集团公司国际火电业务发展培养和储备了人才。

（六）关于重组的影响

中国能源建设集团公司成立以来，国际公司除在传统的水电、公路、市政、港口、房建等领域大力开展工程总承包业务外，还着力加大与中国能源建设集团公司内火电设计、施工、装备等各兄弟单位携手共闯国际的力度，并成立专门从事国际火电、输变电项目开发的市场部门。已与中国能源建设集团公司内中南电力设计院、广东电力设计院等12家设计单位和天津电力建设公司、东北电力一公司等16家施工单位就30多个火电、输变电项目开展了合作，协调发展取得了初步的成果，其中8个项目已取得实质性进展。

（中国葛洲坝集团公司）

云南澜沧江国际能源有限公司境外项目开发前期工作情况

华能澜沧江水电有限公司（以下简称“澜沧江公司”）认真贯彻实施国家“走出去”发展战略部署，积极开拓境外电力资源市场，不断扩大资源储备。为加大在东南亚等湄公河次区域国家的电力开发，澜沧江公司在成功开发缅甸瑞丽江一级电站后，于2009年成立了云南澜沧江国际能源有限公司（以下简称“国际能源公司”），负责对境外电力资源的投资与开发。国际能源公司成立3年来，工作主要围绕境外可开发的电力资源市场（主要是水电资源），开展了项目前期开发权申请、项目技术经济条件评估及合资合作的商务谈判等主要工作，工作范围主要集中在缅甸、老挝和柬埔寨。随着境外有关BOT项目的合作进展，国际能源公司将与具体项目合作方以及当地政府成立项目合资公司，负责具体项目的建设、运行、管理。

（一）境外主要前期项目进展情况

1. 缅甸瑞丽江二级水电站项目　瑞丽江二级水电站距已完建的瑞丽江一级水电站约8km，坝址距中缅边界约70km，电站安装4台混流式水轮机，装机容量52万kW（4×13万kW），多年平均发电量28.14亿kW·h。工程静态总投资46.8亿元，动态投资55.0亿元。

2009年10月，国际能源公司委托中国水电顾问集团昆明勘测设计研究院完成项目可行性研究报告，并递交缅甸电力部；2009年11月，与缅甸政府签订了项目开发谅解备忘录（MOU）；2010年11月，与缅甸政府签订了项目协议备忘录（MOA），效力持续到各方签署项目JV/BOT协议。按缅方提出的以JV/BOT方式建设的水电项目必须向有关部委提交环境评价报告和社会评价报告并获得批准的要求，2012年12月30日，向缅甸电力部提交了项目环境评价报告和社会评价报告，并启动了项目合资协议（JVA）的谈判工作。

该项目申请报告已于2010年报至国家发展改革委核准，由于2011年以来缅甸局势发生变化以及受密松电站事件的影响，国家对缅甸项目的核准更为谨慎，项目核准情况还要根据缅甸局势的发展情况而定。按照国家发展改革委要求，对在缅投资项目需进行政治社会风险评估，国际能源公司于2011年10月委托云南省社会科学院完成了相关评估工作。评估报告已由云南省能源局报送国家发展改革委，该项目处于国内待核准状态。

2. 缅甸仰光燃煤火电项目　该项目位于仰光市西北45km处的坦德宾镇。电站拟安装4台单轴凝气式汽轮机，装机容量54万kW（4×13.5万kW），年发电量27亿kW·h，年耗煤量125万～141万t，项目静态总投资为40亿元。项目计划分两期建设，一期计划2014年建成投产。

2010年2月，澜沧江公司和缅甸特别集团公司一起与缅甸电力一部签署了项目开发谅解备忘录（MOU），启动项目的可行性研究工作；2010年10月，国际能源公司向缅甸政府提交项目可行性研究报告；2011年8月，缅甸政府对可行性研究报告进行批复，要求项目采用8项清洁燃煤技术；经澜沧江公司多次解释，缅甸电力部同意了目前国际上通用的3项技术。目前国际能源公司正在落实项目的运煤码头，一旦码头落实，将要求设计单位对可行性研究方案及财务评价重新修订，提交缅甸政府，开展协议备忘录（MOA）的商谈工作。

3. 缅甸仰光500MW燃气蒸汽联合循环电厂项目　该项目位于缅甸仰光市北面的劳嘎湖畔，电厂装机容量51.6万kW，年发电量约26.7亿kW·h，拟采用2套单机容量25.8万kW的德国原产西门子“E”级双轴联合循环机组。项目静态投资约为4.70亿美元，预计2013年底开工，2015年4月首台机组发电。

国际能源公司于2012年7月与缅甸政府签署项目可行性研究谅解备忘录（MOU）；2012年9月，委托西南电力设计院开展项目可行性研究工作。计划2013年1月向缅甸电力部提交可行性研究报告，2013年5月向缅甸电力部提交项目环境评价报告和社会评价报告。

4. 柬埔寨桑河二级水电项目　该项目位于柬埔寨东北部上丁省湄公河一级支流桑河和斯雷坡河交汇处下游1.5km处，距上丁省会30km。电站装机容量40万kW（5×8万kW灯泡贯流式机组），多年平均发电量18.29亿kW·h。项目预计2013年开工，2018年全部机组投产。

2011年8月，国际能源公司开始与柬埔寨皇家集团就该项目合作开展了相关工作。2012年4月，国际能源公司与皇家集团签订能源合作框架协议和排他合作的谅解备忘录，开展项目前期研究工作。经过商谈，双方就项目合作条件达成一致，2012年11月26日，双方签署了桑河二级水电项目开发合作协议。目前，中国华能集团公司已委托中介机构完成了项目评估及尽职调查工作，最终正式合资协议（或股东协议）有待最终签署。

国际能源公司已委托中国水电顾问集团华东勘测设计研究院完成了原可行性研究报告的评估及国内可行性研究报告、项目申请报告的编制，项目已经获得中国华能集团公司的投资许可，项目核准工作正在启动中。

项目电价调整和经营权延长已经得到政府批准，同时政府已经批准该项目的实施协议（IA）、用地租赁协议（LA）、购电协议（PPA）以及柬埔寨政府出具的财政担保协议，至此已经正式走完柬埔寨政府审批程序。

（二）境外项目投资机会研究情况

1. 怒江中缅界河项目（中缅友谊电站）　中缅友谊电站位于云南省德宏州潞西市怒江下游中缅界河上。中缅界河长35km，坝址下游1km进入缅甸。电站最大坝高92m，拟安装4台25万kW的混流式水轮机，装机容量100万kW，年平均发电量45.3亿kW·h。

2008年，澜沧江公司向云南省人民政府请求开发怒江中缅友谊电站。按照云南省政府的要求，已明确由澜沧江公司牵头开发怒江中缅友谊电站。在此基础上，澜沧江公司于2011年3月与德宏州政府签订了《战略合作协议》，进一步明确了由澜沧江公司主导开发该项目。2011年11月，中国华能集团公司与云南省政府签订加快桥头堡建设战略合作框架协议，明确由澜沧江公司开展项目前期工作。澜沧江公司已委托中国水电顾问集团中南勘测设计研究院开展前期设计工作，项目预可行性研究报告初稿已于2011年11月完成。

2009年12月28日，国际能源公司向缅甸电力一部正式递交了项目建议书和谅解备忘录（MOU）申请。目前正与缅甸合作方协调缅甸政府MOU的审批。

2. 湄公河中老缅界河项目　澜沧江—湄公河中国—缅甸—老挝界河位于南阿河口—南腊河口之间，河段长约265km，规划河段按四级方案开发，其中中缅界河段规划河口滩一级、老缅界河段规划相腊、孔康、孟喜三级的开发方式，梯级总装机容量350万kW，多年平均发电量161.14亿kW·h。

2009年11月4日，国际能源公司正式向老挝计划投资部提交了老—缅界河水电项目开发权的谅解备忘录（MOU）申请文件。2010年4月，老挝总理府办公会议讨论了该项目申请，同意但表示在授权前需征求缅甸政府的意见。缅甸方面，澜沧江公司一直与缅甸电力部等相关部委积极沟通，但缅甸政府以界河开发较为复杂为由，对界河开发积极性不高，目前项目获取还未有突破性进展。2010年初，澜沧江公司已完成该项目在国家发展改革委能源局的备案工作，分别委托中国水电顾问集团昆明、华东勘测设计研究院开展项目预可行性研究工作。同时，已委托云南大学亚洲国际河流中心开展《湄公河中—老—缅界河水电开发的法律依据及对策研究》的课题。

（云南澜沧江国际能源有限公司）

中国水电工程顾问集团公司 2012年国际经营情况

中国水电工程顾问集团公司（HYDROCHINA CORPORATION）是中央管理的中国水利水电建设集团整体改制并控股的公司。2012年，中国水电工程顾问集团公司（以下简称“顾问集团公司”）国际业务营业收入达13.58亿元，国际项目收入占企业总营业收入的9.05%，新签约国际项目合同金额108.8亿元。

（一）国际经营呈现的特点

（1）打造 HYDROCHINA 品牌、构建有效沟通机制。顾问集团公司作为一个知识密集型企业，与世界上诸多的知名企业、协会、委员会等有广泛的接触和交流；通过国际展会、各种国际会议、技术交流，不断地扩大 HYDROCHINA 的品牌影响。2012 年，顾问集团公司在中国水利水电建设集团公司的支持帮助下，增强了与外交部、商务部、国家开发银行、中国进出口银行以及中国对外承包商会等部门机构的交流合作，与国家开发银行签订了 13 个不同国家的电力规划合作协议，获得了外交部批准的签证自办权。中国水电顾问集团国际工程有限公司取得了商务部颁发的对外承包工程资质证书。

2012 年，顾问集团公司在美国《工程新闻记录》全球 200 强（ENR Top 200）国际设计企业排行榜中从 2011 年的第 102 位上升至第 41 位，Top 150 全球设计企业排行榜中从第 19 位上升至第 16 位。在《工程新闻记录》和中国建筑时报联合举办的中国承包商和工程设计企业双 60 强评比中，连续两年位居中国工程设计企业 60 强榜首。

（2）全面推进国际优先发展战略。2012 年，顾问集团公司明确提出国际优先发展的战略，强化“高端切入、规划先行、技术领先、融资推动”的经营理念，并明确：一是要进一步强化总部的国际战略引领作用；二是要着力打造国际业务发展的核心竞争力；三是要研究借鉴国内外优秀企业实施国际优先战略的成功经验；四是要进一步研究落实国际优先的体制、机制；五是要充分发挥中国水电水利建设集团公司一体化的平台作用，在巩固中国水利水电设计企业的龙头企业的基础上，积极推进总承包项目的发展。

（二）完善国际经营管理体系建设

2012 年，在制度保障方面，制定颁布了《中国水电工程顾问集团公司关于促进国际优先发展的指导意见》，并修订完善了《中国水电工程顾问集团公司国际经营管理办法》、《中国水电工程顾问集团公司境外业务安全管理体系文件》和《中国水电工程顾问集团公司外事管理办法》。在风险内控工作方面，认真梳理已有管理流程，结合国际经营的实际情况，进行流程再造，编制完成了《驻外机构设置流程》、《国际市场信息收集与申报管理流程》、《国际项目投标管理流程》、《国际项目合同评审与签订流程》、《国际项目执行过程监控流程》、《国际经营信息和业务统计流程》、《国际项目突发事件应急管理流程》、《因公出国申报与审批流程》等 8 个管理流程。在风险控制、加强管理方面，针对“高端切入，规划先行”的综合规划项目，如援哥伦比亚马格达莱纳河流域综合规划项目和泰国防洪抗旱规划项目，分别成立项目管理委员会、技术管理委员会和项目部，充分发挥顾问集团公司整体实力和技术优势，对项目的商务运作和技术支持实施全过程的管控。对于 EPC 总承包项目，如厄瓜多尔德尔西水电站 EPC 总承包项目，成立项目管委会，对项目实施重大事项决策和里程碑节点控制的管控模式。

（三）海外主要电力项目工程进展情况

1. 阿根廷罗马布兰卡（Loma Blanca）风电项目 该项目是中国出口信用保险公司参与的第一个项目融资新能源国际总承包项目，它在风险可控前提下操作成功，是顾问集团公司国际市场营销模式的重大创新。同时，该项目也是中国公司在阿根廷承接的第一个清洁能源项目，对于在拉美市场开拓众多的风电业务以及在其他较发达地区和国家运作国际总承包项目将发挥重要的带动作用。阿根廷罗马布兰卡（Loma Blaca）项目位于其南部 Chubut 省，总装机容量 200MW，一共分为 4 期，每期 50MW。

2. 埃塞俄比亚阿达玛（ADAMA）一期风电项目 该项目是中国首个政府支持的境外新能源项目，也是埃塞俄比亚首个投产的现代化风电场，为埃塞俄比亚增长和转型计划的标志性工程之一。该项目总装机容量 51MW，于 2009 年签订合同，2011 年 6 月正式开工，2012 年 8 月全部风机通过 240h 试运行，2012 年 12 月 1 日顺利竣工。

3. 埃塞俄比亚阿达玛（ADAMA）二期风电场总承包项目 在埃塞俄比亚阿达玛（ADAMA）风电场项目顺利实施的基础上，以顾问集团公司为牵头方的联营体于 2012 年 10 月 11 日和埃塞俄比亚电力公司签署了埃塞俄比亚阿达玛（ADAMA）二期风电场总承包项目合同。工程 EPC 合同总价为 3.45 亿美元，其中 15%支付埃塞俄比亚当地币，85%拟申请中国进出口银行的优惠出口买方信贷。埃塞俄比亚阿达玛（ADAMA）二期风电场与阿达玛（ADAMA）风电场毗邻，共布置 102 台单机容量 1.5MW 的风力发电机组，总装机容量 153MW，预测多年平均年上网发电量 4.77 亿 kW·h，平均上网等效满负荷小时数为 3115h。

4. 巴基斯坦萨菲尔（Sapphire）风电项目 该项目位于巴基斯坦信德省 Jhimpir 区，在卡拉奇东北方向 150km；装机 33×1.5MW，共计装机容量 49.5MW（实际为 52.8MW），选用 GE1500/82 风机，送出系统接入电压等级为 132kV。项目计划工期 15 个月，质保期 2 年。顾问集团公司与巴基斯坦萨菲尔（Sapphire）风电公司签订了巴基斯坦萨菲尔（Sapphire）风电项目 EPC 合同，合同金额为 1.052 亿美元。

5. 厄瓜多尔德尔西水电站项目　该电站位于南美洲厄瓜多尔萨莫拉·钦奇佩（Zamora Chinchipe）省境内的萨莫拉（Zamora）河上，流域面积 $1112km^2$，多年平均流量 $47.3m^3/s$。工程开发的主要任务为发电。电站为引水式电站，装机容量120MW，多年平均发电量9.457亿kW·h，采用2台冲击式水轮发电机组，单机容量60MW，额定引用流量为 $28.2m^3/s$，额定水头495.00m。水库上游最高运行水位为1491.00m，水库库容59.6万 m^3，最大毛水头534.70m。主要建筑物由首部枢纽、左岸引水系统、发电厂房及其附属设施组成。首部枢纽由进水口、沉沙池和拦河坝组成。中国水电工程顾问集团公司厄瓜多尔子公司于2011年10月15日与厄瓜多尔国家电力公司正式签订厄瓜多尔德尔西水电站工程总承包合同，签约合同价为1.95亿美元（4.37亿人民币和1.27亿美元）。开工令已于2011年11月28日下达，工期4年。顾问集团公司工作范围：作为EPC总承包方，全权负责该项目的土建施工及永久机电设备的出口、安装工作，最终竣工向业主移交。该项目是顾问集团公司成立以来在境外签订的第一个也是最大的一个水电EPC总承包合同。

6. 塞拉利昂曼盖（Mange）水电站　该电站位于卡巴河（Kaba）下游段的Port loko，装机容量100MW，项目EPC合同金额预计2.5亿美元。该电站是顾问集团公司完成塞拉利昂全国水电规划后重点推荐开发的水电站之一，列入了塞拉利昂能源部的近期重点开发项目。2012年11月，顾问集团公司与塞拉利昂能源部签订了项目“可研＋FEPC”MOU协议，目前正在进行可行性研究报告和项目建议书的编制，预计将于2014年正式签订EPC合同。

7. 印尼上舍索肯抽水蓄能电站咨询项目　上舍索肯（UPPER CISOKAN）抽水蓄能电站是印度尼西亚的第一个抽水蓄能项目，它位于雅加达东南150km，附近有两个水电站。工程包括新建上库和下库，均采用碾压混凝土大坝，蓄水量均为约1000万 m^3。上库坝的最大高度为75m，坝顶长375m；下库坝的最大高度为98m，坝顶长294m。有2条引水隧洞（长度分别为约1.2km）、2个阻抗式调压室、2条压力钢管道及4条尾水隧洞。地下厂房高51m、宽26m、长156.6m，安装4台容量为260MW的抽水蓄能机组。顾问集团公司与台湾中兴公司组成的联营体于2012年10月22日与印尼国家电力公司签订上舍索肯抽水蓄能电站咨询项目合同。这是海峡两岸的水电咨询企业首度联手并成功在印尼市场击败强劲的日本咨询企业、签订由世界银行贷款融资的项目。

8. 缅甸上耶瓦输变电线路项目　缅甸上耶瓦电站（Upper Yeywa）采用230kV同塔双回线路送出接入曼德勒省瑞萨阳（Shwesaryan）变电站。线路全长约129km，同塔双回架设；沿线高原台地占81%，低山占12%，丘陵占3%，平原占4%；按0mm覆冰，35m/s风速设计，导线型号采用ACSR－2×605MCM（Duck）型钢芯铝绞线。经缅甸业主方面的评标及合同谈判，2012年3月，顾问集团公司与缅甸电力二部签署了项目总承包合同（土建工程不包含在合同范围内，由缅方实施），合同金额1721.9万美元。上耶瓦项目使用中国进出口银行优惠出口买方信贷，并且在中国中共中央总书记习近平、缅甸总统吴登盛的见证下，正式签署贷款协议。

（四）2012年海外主要电力投资项目进展情况

巴基斯坦大沃（Dawood）风电投资项目股权收购协议和合作开发协议成功签订，标志着顾问集团公司正式进军巴基斯坦新能源市场。该项目是顾问集团公司首次以收购项目公司模式获取了巴基斯坦大沃（Dawood）风电（49.5MW）项目的开发权。2012年，顾问集团公司已完成了大沃电力有限公司董事会、股东会和顾问集团公司的立项审批，正在开展中国水利水电建设集团公司立项审批以及巴基斯坦政府部门相关审批等工作。

（中国水电工程顾问集团公司　夏洁明）

中国水电顾问集团贵阳勘测设计研究院2012年国际经营新突破

2012年是中国电力建设集团公司和中国水电工程顾问集团公司实施“国际优先发展战略”的第一年，也是中国水电顾问集团贵阳勘测设计研究院深入实施“主业西移、多元经营、国际发展”三大战略的关键之年。中国水电顾问集团贵阳勘测设计研究院在全院职工的共同努力下，重点跟踪了亚非拉目标国家水电与风电项目，加强了与多国电力公司和国内大企业集团联系，继续执行“借船出海”战略，加强资源投入，积极参与国际项目现场考察和投标，2012年度全年合同签约金额14 850万元，完成年度计划的123%。

新签合同业务类型包括勘测设计和EPC业务领域，其中勘测设计4250万元，水电工程总承包业务10 600万元。新签订的水电工程总承包合同是中国水电顾问集团贵阳勘测设计研究院承担的第一个国际工程总承包项目，标志着该院国际业务迈向了工程总承包领域，是一个新的历史性跨越。

（中国水电顾问集团贵阳勘测设计研究院　刘　雯）

越南山萝水电站机电设计及设备成套项目介绍

越南山萝水电站位于越南北部山萝省境内的达江上游，主要建筑物包括碾压混凝土重力坝，坝后式厂房等；最小水头 57m，额定水头 78m，最大水头 101.6m；安装 6 台单机容量为 400MW、转轮直径为 7.8m 的混流式水轮发电机组，设计年发电量为 100 亿 kW·h；在系统中还担任调频、调相等任务，是越南最大的水电工程。

2007 年 9 月 29 日，通过竞标及合同谈判，天津 ALSTOM 公司和中国水电顾问集团中南勘测设计研究院（以下简称“中南院”）与越南电力总公司（EVN）签订了山萝项目合同，共同承担越南山萝水电站除主变压器、GIS、金属结构以外的所有机电设备成套供货。

2007 年 10 月 22 日，中南院与天津 ALSTOM 签订了分包合同。中南院承担项目内容为电站 BOP 辅助设备的设计和成套供货，涵盖了电站技术供水系统、渗漏和检修排水系统、紧急排水系统、中压和低压气系统、绝缘油和透平油系统、消防系统、电站接地和照明系统、小型起重设备系统、全厂辅助设备的控制系统、全厂动力以及控制电缆、电缆桥架系统、通风空调系统、生活供水和污水处理系统及含油污水处理系统等，并承担以下工作和责任：①全面负责由其供货的设备的技术性能保证和质量；②全面负责供货的设备和材料的设计、工厂试验、包装、安装督导、试验、调试、现场试验和试运行，提供保修服务以及对买方人员进行培训；③按时提供合同相关的图纸、文件、材料质量证书、产品质量检验报告、产品验收证书等；④负责部件的详细设计、材料采购、制造、包装、交货、运输和保险，提供相关服务和培训，并确保质量和进度计划；⑤如果未能满足合同的技术要求，负责修复偏差或缺陷。

山萝水电站是越南最大的水电站，除施工单位为越南本国公司外，厂房土建设计、所有机电设备供货全部采用国际招标确定，所涉及的建设单位较多，给设计工作带来了一定的难度。同时，业主在合同中明确规定，机电设备设计及制造所采用的标准必须采用 IEC、ISO、ASME、DIN 标准或越南国家标准。针对这项要求，设计人员对相关标准的主要条目与中国国家标准进行比对，将标准偏差对比表提交给业主审查，经多次沟通最终获得了业主对中国国家部分标准的认可，这样既为合同设备的设计、制造赢得了时间，又成功地向越南输送了 GB 150《钢制压力容器》、GB/T 3091《低压流体输送用焊接钢管》、GB/T 8163《输送流体用无缝钢管》、GB/T 14976《流体输送用不锈钢无缝钢管》、GB/T 17395《无缝钢管尺寸、外形、重量及允许偏差》、GB/T 50019《采暖通风与空气调节设计规范》等中国标准。此外，水电行业上的一些国际规则，如水电站标示码系统（KKS 编码规则），在该项目上也首次得到成功应用。因此，山萝水电站机电设计既包含了中国国内水电站的基本设计原则和经验，又采用了国际上水电行业的基本规则。

自 2007 年 9 月 29 日合同签订以来，中南院先后组织或参与了 5 次大型设计联络会，只用 660d 时间完成了首台机组投产发电所需要的全部设计文件，2009 年底完成了合同规定工作范围内的全部设计工作，共提供设计图纸报告 4000 多张（套），圆满完成了项目设计工作。

水电站工程项目建设中的机电设备成套采购是非常关键的一个环节，工程建设的目标是缩短工程工期、保证质量、控制造价、提高效益。工程项目建设物资的采购则服务于整个项目的建设，以安全、及时、经济为采购原则，通过对物资采购的全方位综合管理和全过程动态控制，确保工程项目所需的主要材料、机电设备等物资保质保量按时到位，为工程项目奠定物资基础。海外机电设备成套采购项目相对于国内项目，过程更加复杂，不仅包括国内采购的供应商选择、招投标、开标、合同洽谈、交货、运输等基本过程，还涵盖了货物集港、货物报关、海运或者空运运输、出口清关、文件翻译等。自 2007 年 9 月 29 日合同签订开始，中南院就开始了合同设备材料的采购工作，只用 750d 时间完成了首台机组投产发电所需要的全部设备、材料的交货任务，2010 年底完成了合同规定工作范围内的全部设备材料交货任务，累计完成设备材料集港海运批次达 20 余次，包装箱数 2800 多件，体积达 8400m^3，重量超过 3000t，完成全部供货任务。

自山萝项目开始，中南院山萝项目部全体人员克服语言障碍，以优质的设计方案、良好的设备质量、优质的服务质量和良好的服务态度确保了首台机组于 2010 年 12 月发电，最后一台机组于 2012 年 9 月 26 日投产发电，获得了越南业主及总承包方天津阿尔斯通的一致好评，并于 2012 年 6 月 20 日收到越南工贸部签发对天津阿尔斯通—中南院团队全体专家的嘉奖令。

山萝水电站机电设计及设备成套（BOP）项目的成功实施，为中南院“走出去”战略奠定了较好的基础。由于山萝项目优质的设计、良好的设备、优质的服务和良好的态度，中南院成功获得了越南莱州水电站（3 台单机容量 400MW）机电设备独家议标的资格并成功获得该项目。

（中国水电顾问集团中南勘测设计研究院　何银芝）

厄瓜多尔德尔西水电站项目简介

厄瓜多尔德尔西水电站位于南美洲厄瓜多尔境内 Zamora Chinchipe 省 Zamora 河上，坝址区距 Loja 及 Zamora 公路里程分别为 40.5、16.5km。该工程为引水式电站，开发任务为发电，装机容量 120MW（2×60MW），安装 2 台冲击式机组，年利用小时数 7881h，多年平均发电量 9.457 亿 kW・h。水库总库容 59.6 万 m^3，可利用库容 27 万 m^3，最高运行水位为 1491.00m，死水位 1485.00m。

枢纽建筑物主要由首部枢纽及左岸引水发电系统组成。首部挡水建筑物为混凝土闸坝，坝顶高程 1493.00m。引水发电系统主要建筑物包括电站进水口、引水隧洞（长约 7500m）、调压室、压力钢管、厂房、尾水渠等。厂房位于河床左岸，为岸边式地面厂房。

引水系统采用隧洞和钢管结合的有压引水方式，并布置调压室。引水隧洞和调压室布置在左岸，设计引用流量 28.2m^3/s，由一条引水道向厂房内两台冲击式机组供水。

发电机出口电压为 13.8kV，发电机—变压器组合方式采用一机一变单元接线，发电机出口设置发电机断路器，138kV 侧为单母线带旁路母线接线。该电站以 138kV 一级电压接入系统，出线 4 回，其中 1 回接至电站附近 138kV 线路，与该线路距离约 1.3km；2 回接入 LOJA 市 YANACOCHA 变电站，送电距离约 38km；1 回送至矿区。

该项目采用总承包（EPC）建设模式，总承包商为中国水电工程顾问集团公司，由中国水电工程顾问集团西北勘测设计研究院具体实施，合同金额 1.949 亿美元。工程主要包括电站整体的设计、土建施工、机电供货、安装、调试及移交。工程计划总工期 48 个月，已于 2011 年 11 月 28 日下达开工令，计划 2015 年 9 月第一台机组投产发电，2015 年 11 月第二台机组投产发电。

（中国水电顾问集团西北勘测设计研究院
杨新光　侯纪坤　王亚红）

埃塞俄比亚 Adama/Nazreth 风电场工程简介

埃塞俄比亚 Adama/Nazret 风电场工程位于埃塞俄比亚中部，距首都亚的斯亚贝巴（Addis Ababa）95km，距 Nazret 市约 3km。该风电场为东北—西南走向的条形场区，主场区宽度 400～600m，长度约 5km，海拔高程为 1824～1976m。

Adama/Nazret 风电场安装有 34 台单机容量为 1500kW 的风电机组，总装机容量为 51MW，在风电场内新建 132kV 升压变电站一座，采用 3 回 33kV 电压等级集电线路，33kV 侧为单母线接线，132kV 侧采用变压器组接线方式，送出线路 1 回，以 132kV 架空线路接入距风电场约 3km 的 Nazret 变电站。

该风电场工程是中国政府优惠买方信贷项目，业主为埃塞俄比亚电力公司（EEPCo），总承包商为中国水电工程顾问集团与中地海外建设集团有限公司组成的联营体，由中国水电工程顾问集团西北勘测设计研究院实施总承包（EPC），合同总金额 1.17 亿美元。

2011 年 4 月 22 日，施工总承包项目部第一批人员进场。2011 年 6 月 16 日，项目正式开工。2012 年 3 月 31 日，Nazret 变电站扩建间隔、ADAMA 升压站带电成功，第一回集电线路带电成功，首台风机并网发电。2012 年 7 月 30 日，所有机组并网发电，进入商业试运行阶段。

（中国水电顾问集团西北勘测设计研究院
杨新光　侯纪坤　高　宁）

10

技术标准

标准化工作管理

2012年电力标准化管理情况

(一) 标准项目计划及发布

2012年经有关部门批准，共确定电力标准计划立项307项。其中，国家标准项目计划共35项，包括国家标准化管理委员会下达电力国家标准项目23项、住房和城乡建设部下达电力工程建设国家标准计划项目12项，国家能源局下达电力行业标准计划项目272项。

2012年经有关部门批准发布的电力标准共293项。包含国家标准40项，其中国家标准化管理委员会发布的国家标准23项、住房和城乡建设部发布的工程建设国家标准17项，国家能源局发布的行业标准253项。

在2012年发布的电力国家标准中，包括GB/T 28813—2012《±800kV直流架空输电线路运行规程》等13项±800kV、1000kV特高压技术标准和GB/T 28583—2012《供电服务规范》等4项重要电力监管标准，此外，GB 50797—2012《光伏发电站设计规范》等8项标准为光伏发电站建设与接入电网提供重要规范。

发布的电力行业标准中，包括DL 5190—2012《电力建设施工技术规范》系列强制性标准、DL/T 273—2012《±800kV特高压直流设备预防性试验规程》等19项特高压技术标准等。

截至2012年底，电力标准共有2044项，其中，电力国家标准329项，电力行业标准1715项。

(二) 标准化重点建设

1. 发布《工程建设标准强制性条文》(电力工程部分) 汇编2011版　2012年初出版发行的2011版《工程建设标准强制性条文》(电力工程部分)，摘录了现行工程建设国家标准、电力行业标准中涉及安全、人身健康与卫生、环境保护及其他公众利益必须严格执行的条款，是保证电力工程勘测、设计、施工、安装及监理等工作正常开展的重要基础，也是政府对执行工程建设强制性标准监督检查的依据。

2. 电力标准英文版翻译　2012年，住房和城乡建设部批准电力标准英文版翻译计划63项，实际全年共完成翻译及审查61项 (电网标准38项、火电标准20项、水电标准2项、光伏发电标准1项)。

3. 国际标准化工作　国际电工委员会 (IEC) 接受并批准了中国提交的《电动汽车电池更换设施安全要求》国际标准提案。截至2012年底，已有高压直流输电、智能调度、电动汽车充电设施、智能用户接口等11项国际标准由中国提出并获得批准，正在编制过程中。

为加强新能源并网技术国际标准化工作，中国向国际电工委员会申请成立“大容量可再生能源发电并网技术委员会”。

中德电动汽车充电通讯协议工作组 (EG2) 会议及电动汽车充电通讯协议国际标准工作组会议在南京召开，会议审议了ISO/IEC 15118《道路车辆　电动汽车与电网之间的通讯协议》系列标准各部分工作进展。

经国家标准化管理委员会批准，由中国电力企业联合会承担国际电工委员会/电气储能系统技术委员会 (IEC/TC120) 第一国内技术对口单位，中国电器工业协会承担该技术委员会第二国内技术对口单位。中国电力企业联合会负责电气储能系统的规划、设计、建设、运行、管理和维护等方面的国际对口工作；中国电器工业协会负责电气储能系统关键设备方面的国际对口工作。

4. 企业标准化工作

(1) 电力企业“标准化良好行为企业”试点确认工作：2012年，先后有中国能源建设集团山西省电力勘测设计院、广东省粤电集团公司沙角C电厂、河南省电力公司新乡供电公司、中国能源建设集团安徽电力建设第一工程公司、山东电力集团公司、重庆市电力公司、华电内蒙古能源有限公司包头发电分公司、江苏省电力公司等8家企业通过AAAA级标准化良好行为现场确认，宁夏大坝发电有限责任公司通过AAA级标准化良好行为现场确认。2012年12月13日，国家电力监管委员会、国家标准化管理委员会在南京召开电力企业标准化良好行为试点及确认现场工作会，会议由中国电力企业联合会承办。会议总结了两年来开展的现场确认工作，向河北省电力公司等30家通过标准化良好行为现场确认的电力企业授牌。会议对全面深入开展电力标准化工作将起到推动作用。

(2) 开展企业标准的备案工作。2012年，审查、备案企业技术标准 137 项，促进了企业标准化建设。

(3) DL/T 485—2012《电力企业标准体系表编制导则》、DL/T 800—2012《电力企业标准编写导则》修订完毕，并于 2012 年发布实施。这两项有关企业标准编制的基础性标准为电力企业标准体系建立提供指导依据，实质性地指导电力企业标准化活动的开展。

5.《电力标准体系表》(第二版) 出版　《电力标准体系表》(第二版) 是对 1995 年版《电力标准体系表》的全面修订，更加切合当前电力工业发展的实际，能够有效指导电力标准化工作，为制定电力标准规划、指导年度制修订计划项目申报管理等奠定科学基础。

6. 科技成果　英文版翻译工作得到行业的大力支持和积极肯定，“英文版中国电力行业水电施工技术标准基本体系及应用”项目获得 2011 年度中国电力科学技术二等奖。

(三) 标准化组织机构建设

2012 年，全国带电作业标准化技术委员会、全国架空线路标准化技术委员会线路运行分技术委员会、全国电磁兼容标准化技术委员会、全国高压电气安全标准化技术委员会、全国高电压试验技术和绝缘配合标准化技术委员会高电压试验技术分技术委员会、电力行业电力电缆标准化技术委员会、电力行业绝缘子标准化技术委员会、电力行业电力变压器标准化技术委员会等 8 个标准化技术委员会的秘书处挂靠单位由国网电力科学研究院变更为中国电力科学研究院。

2012 年，电力行业结合技术发展及标准体系建设的需要，向国家标准化管理委员会提出了成立全国智能电网用户接口标准化技术委员会、全国电力储能标准化技术委员会的申请，向国家能源局提出了成立能源行业核电厂常规岛标准化技术委员会的申请。

2012 年换届的标准化技术委员会 (括号中为新届次) 包括：电力行业环境保护标准化技术委员会 (第四届)、电力行业信息标准化技术委员会 (第五届)、电力行业热工自动化与信息标准化技术委员会、电力行业电测量标准化技术委员会、电力行业电气施工及调试标准化技术委员会、电力行业供用电标准化技术委员会、电力行业节能标准化技术委员会、电力行业电能质量及柔性输电标准化技术委员会、电力行业可靠性管理标准化技术委员会、电力行业水电施工标准化技术委员会分别调整了部分委员。

2012 年，中国电力企业联合会对北京电力公司等 47 家电力企业、电力行业信息标准化技术委员会等 15 个专业标准化技术委员会、于永军等 115 位同志电力标准化工作先进集体和个人进行了表彰。

(中国电力企业联合会　许松林　朱志强)

第一批通过标准化良好行为现场确认的电力企业名单

2012 年，又有 8 家企业通过 AAAA 级标准化良好行为现场确认，1 家企业通过 AAA 级标准化良好行为现场确认。截至 2012 年底，第一批通过标准化良好行为现场确认的电力企业有 30 家，见表 1。

表 1　第一批通过标准化良好行为现场确认的电力企业名单

序号	所在省份	企业名称	隶属单位	确认级别
1	河北	河北省电力公司	国家电网公司	AAAA
2	广东	广东惠州天然气发电有限公司	广东省粤电集团有限公司	AAAA
3	天津	天津大唐国际盘山发电有限责任公司	中国大唐集团公司	AAAA
4	河北	保定供电公司	国家电网公司	AAAA
5	河北	邯郸供电公司	国家电网公司	AAAA
6	山西	山西省电力勘测设计院	国家电网公司	AAAA
7	内蒙古	华电内蒙古能源有限公司包头分公司	中国华电集团公司	AAAA
8	上海	中电投电力工程有限公司	中国电力投资集团公司	AAAA
9	四川	四川省电力公司	国家电网公司	AAAA

续表

序号	所在省份	企业名称	隶属单位	确认级别
10	江苏	上海华电电力发展有限公司望亭发电厂	中国华电集团公司	AAAA
11	江苏	江苏省电力公司	国家电网公司	AAAA
12	浙江	浙江省永康供电局	国家电网公司	AAAA
13	浙江	浙江省火电建设公司	国家电网公司	AAAA
14	浙江	浙江浙能兰溪发电有限责任公司	浙江省能源集团有限公司	AAAA
15	安徽	安徽电力建设第一工程公司	国家电网公司	AAAA
16	山东	山东省电力集团公司	国家电网公司	AAAA
17	河南	河南省电力公司新乡供电公司	国家电网公司	AAAA
18	广东	广东省粤电集团有限公司沙角C厂	广东省粤电集团有限公司	AAAA
19	重庆	重庆市电力公司	国家电网公司	AAAA
20	四川	四川电力建设三公司	国家电网公司	AAA
21	河北	华北电网有限公司廊坊供电公司	国家电网公司	AAA
22	贵州	贵州华电大龙热电有限公司	中国华电集团公司	AAA
23	宁夏	宁夏大坝发电有限责任公司	中国电力投资集团公司	AAA
24	新疆	新疆电力公司乌鲁木齐电业局	国家电网公司	AAA
25	广东	广东电网公司深圳供电局	中国南方电网有限责任公司	AAA
26	四川	四川松林河流域开发有限公司	中水四川公司	AAA
27	四川	国电大渡河公司龚嘴水力发电总厂	中国国电集团公司	AAA
28	福建	福建棉花滩水电开发有限公司	中国华电集团公司	AAA
29	河南	河南省罗山县电业管理局	国家电网公司	AAA
30	吉林	大唐珲春发电厂	中国大唐集团公司	AAA

（中国电力企业联合会　许松林　朱志强）

水电水利规划设计总院和中国水电工程顾问集团公司2012年标准化管理工作情况

水电工程技术标准是指导水电工程建设的重要制度和依据，对水电行业的健康、稳定、可持续发展有着不可替代的作用。作为水电行业6个标准化技术委员会归口管理单位和挂靠依托单位，水电水利规划设计总院、中国水电工程顾问集团公司均高度重视技术标准化工作，以建立科学、合理的水电行业技术标准体系为目标，以制、修订先进、适用并能指导生产实践的高水平工程建设标准为原则，不断提升我国水电行业标准化管理工作，为我国水电建设的蓬勃发展提供强有力的技术保障。

（一）加强标准体系建设，进一步完善行业标准体系

2012年度，根据国家能源局《能源领域行业标准制定管理实施细则（试行）》的有关要求，水电水利规划设计总院联合中国水电工程顾问集团公司充分发挥水电勘测设计、水电规划水库环保、水电技术经济、水电电气设计、水电站水力机械、水电金属结构及启闭机等6个标准化技术委员会职能和水电顾问专

业技术优势，开展了水电标准体系研究，进一步完善了水电标准体系，行业标准化管理工作得到加强。

（二）持续行业标准申报，积极组织开展标准制修订

积极组织开展了《抽水蓄能电站设计导则》等23项水电标准和《海上风电场工程施工组织设计技术规定》等9项风电标准制、修订项目的申报工作，列入国家能源局2012年能源领域行业标准制、修订计划。

在努力争取行业标准计划立项的同时，积极组织开展了包括国家标准、行业标准及企业标准在内的各级标准的编制工作。目前，国家、行业在编技术标准共152项，其中：国家标准3项、水电标准108项、风电（含光伏发电）标准41项。

国家标准方面，完成了《水利水电工程结构可靠度设计统一标准》、《水利水电工程防火设计规范》等2项标准的报批和《水力发电工程地质勘察规范》的大纲审查。

行业标准方面，完成了8项标准的送审稿审查工作，包括《水电工程勘探验收规程》、《抽水蓄能电站选点规划编制规范》等5项水电标准，《风电场设计防火规范》等3项风电标准；完成了《水电工程施工导流设计导则》、《水电站水工技术监督导则》、《风电场工程后评估技术导则》等15项水电及风电标准的征求意见和反馈；完成了《水电站厂房设计规范》、《水电工程水情自动测报系统技术规范》等18项水电标准及5项风电标准的报批工作。

企业标准方面，发布了《水电站地下厂房设计导则》。同时，根据企业发展需要，及时通过工程经验的总结和科技成果在企业标准中的转化应用，有效地推动了企业技术标准质量的提升。

（三）重视标准国际化，国际标准化工作稳步推进

为了适应加入WTO的国际竞争环境，实施“走出去”的发展战略，积极参与发展中国家可再生能源开发。2012年，中国水电工程顾问集团公司继续开展标准英文版编译工作，并组织有关专家对《混凝土拱坝设计规范》等25项水电标准、《风电场工程等级划分及设计安全标准》等5项风电标准英文版进行了复审，完成《水电工程可行性研究报告编制规程》、《混凝土面板堆石坝设计规范》、《水工混凝土结构设计规范》等11项水电标准和《风电专业英汉汉英词汇》等的英文版审核，进一步提高了标准的编译质量和有效性。目前，共编译水电、风电技术标准65项，审核58项，印制标准英文版汇编5部，为推进我国水电工程技术标准在国际工程中的应用奠定了坚实的基础。

（中国水电工程顾问集团公司　王　昊）

水电水利规划设计总院2012年标准化工作情况

（1）2012年，归口管理的能源、水电（NB、DL）9项新标准获批准发布，其中水电标准1项、风电标准8项。国家能源局2012年第6号、第8号公告发布《风电场工程电气设计规范》、《风电场工程安全验收评价报告编制规程》、《风电场工程安全预评价报告编制规程》、《海上风电场能资源测量及海洋水文观测规范》、《陆地和海上风电场工程地质勘察规范》、《海上风电场工程预行性研究报告编制规程》、《海上风电场工程可行性研究报告编制规程》、《海上风电场工程施工组织设计技术规定》8项风电标准及《水轮发电机组运行状态在线监测系统技术条件》1项水电标准。

（2）上级批准的2012年水电标准制定、修订项目共24项，其中国家标准1项、行业标准23项。具体项目为：《水力发电工程地质勘察规范》1项国家标准；《水电工程劳动安全与工业卫生验收规程》、《抽水蓄能电站设计导则》、《地下厂房岩壁吊车梁设计规范》、《水电站调节保证设计导则》、《水电工程安全监测系统专项投资编制细则》、《水电工程调整概算编制规定》、《水电工程投资估算编制规定》、《水电工程投资匡算编制规定》、《水电建设项目环境保护专项投资编制细则》、《气体绝缘金属封闭开关设备配电装置设计规范》、《水电工程建设征地房屋补偿标准》、《水电工程移民安置环境保护设计规范》、《围堰和分期蓄水淹没影响区建设征地移民安置规划设计报告编制规程》、《水电工程水库移民安置区工程地质勘察规程》、《水电站地下厂房设计规范》、《水电站气垫式调压室设计规范》、《水电工程泥石流勘察与防治技术规程》、《水电工程场内交通施工道路设计规范》、《水电工程小流域水文计算规范》、《抽水蓄能电站水能规划设计规范》、《水电工程环境影响评价规范》、《水电工程生态流量计算规范》、《水电工程水库运行调度设计规范》等23项行业标准。

（水电水利规划设计总院　李晓新）

全国大型发电机标准化技术委员会和全国水轮机标准化技术委员会2012年制定与修订标准情况

2012年，挂靠在哈尔滨大电机研究所的全国大型发电机标准化技术委员会和全国水轮机标准化技术委员会组织制定、修订的26项国家标准及行业标准情况见表1。

表1　大电机、水轮机2011～2012年标准在编情况表

序号	标准名称	工作要求	当前状态
1	水力发电厂和泵站机组振动的评定	制定GB/T	征求意见
2	发电机定子铁芯磁化试验导则	修订GB/T 20835—2007	征求意见
3	旋转电机定子线棒及绕组局部放电的测量方法及评定导则	修订GB/T 20833—2007	征求意见
4	透平型发电机定子绕组端部动态特性和振动试验方法及评定	修订GB/T 20140—2006	征求意见
5	发电机液体内冷空心导线　第1部分：铜空心导线	修订JB/T 10415.1—2005	征求意见
6	风扇磨煤机用大中型三相异步电动机　技术条件	修订JB/T 6519—2005	征求意见
7	轧机用大型直流电机基本技术条件	修订JB/T 6518—2005	征求意见
8	大型火电设备风机用电动机　技术条件	修订JB/T 6226—2005	征求意见
9	水轮机筒形阀基本技术条件	制定GB/T	批准阶段
10	汽轮发电机运行状态在线监测系统应用技术导则	制定GB/T	批准阶段
11	发电/电动机基本技术条件	修订GB/T 20834—2007	批准阶段
12	汽轮发电机绕组内部水系统检验方法及评定	修订JB/T 6228—2005	批准阶段
13	透平发电机转子气体内冷通风道检验方法及限值	修订JB/T 6229—2005	批准阶段
14	水轮发电机用制动器　第1部分：立式水轮发电机用制动器	修订JB/T 3334.1—2000	批准阶段
15	水轮发电机用制动器　第2部分：卧式水轮发电机用制动器	修订JB/T 3334.2—2000	批准阶段
16	灯泡式水轮发电机基本技术条件	修订JB/T 7071—2005	批准阶段
17	隐极式同步发电机转子匝间短路测定方法	修订JB/T 8446—2005	批准阶段
18	大型三相同步电动机技术条件　第2部分：TL系列	修订JB/T 8667.2—1997	批准阶段
19	交、直流电机用背包式空—水冷却装置	修订JB/T 8992—1999	批准阶段
20	水轮发电机推力轴承弹性金属塑料瓦技术条件	修订JB/T 10180—2000	批准阶段
21	透平型发电机定子铁心、机座模态试验分析和振动测量方法及评定	修订JB/T 10392—2002	批准阶段
22	核电主泵电机技术条件　第1部分　轴封泵异步电机	制定NB/T	征求意见
23	核电主泵电机技术条件　第2部分　屏蔽泵异步电机	制定NB/T	征求意见

（哈尔滨大电机研究所　高文丽　刘诗琪）

2012年农村水电技术标准制定与修订情况

2012年，水利部农村水电及电气化发展局主持发布了《小型水电站施工技术规范》（SL 172—2012）、《小型水电站建设工程验收规程》（SL 168—2012）、《小水电代燃料生态效益计算导则》（SL 593—2012）、《小型水电站现场效率试验规程》（SL 555—2012）等4项技术标准，另有《水电新农村电气化验收规程》等7项国家标准完成编制工作，并待有关部门批准发布。截至2012年底，农村水电现行有效标准达44项。

2012年，水利部农村水电及电气化发展局主持

编写的农村水电技术标准共24项，其中，2012年新增6项。根据《水利标准化工作管理办法》要求和2012年水利技术标准制、修订计划安排，水利部农村水电及电气化发展局组织召开了《小型水轮机进水阀门基本技术条件》等8项标准的编制工作大纲审查会；对《整装微型水轮发电机组》等7项标准发文征求意见；组织召开了《小型水电站水文计算规范》等6项标准的送审稿审查会；完成了《水电新农村电气化验收规程》等3项标准的报批工作。在编标准详情见表1。

2012年，水利部农村水电及电气化发展局围绕“农村水电增效扩容改造”、“小水电代燃料”组织举办了3期相关技术标准宣贯培训班，来自全国各地的419名学员参加了培训。

表1　　农村水电在编标准情况表

序号	标　准　名　称	制定/修订	性质	当前状态
1	小型水电站运行维护技术规范	制定	国家标准	报批
2	小水电电网节能改造工程技术规范	制定	国家标准	报批
3	小水电电网安全运行技术规范	制定	国家标准	报批
4	小型水电站安全检测与评价规范	制定	国家标准	报批
5	小型水电站机电设备报废条件	制定	国家标准	报批
6	小水电电网电能损耗计算导则	修订	国家标准	报批
7	水电农村电气化验收规程	修订	国家标准	报批
8	小型水电站施工技术规范	修订	行业标准	发布
9	小型水电站建设工程验收规程	修订	行业标准	发布
10	小水电代燃料生态效益计算导则	制定	行业标准	发布
11	小型水电站现场效率试验规程	制定	行业标准	发布
12	小型水电站施工安全规程	制定	行业标准	报批
13	农村水电供电区电力系统设计导则	修订	行业标准	送审稿审查
14	小水电电网调度规程	制定	行业标准	送审稿审查
15	小水电电网调度自动化技术规范	修订	行业标准	送审稿审查
16	整装微型水轮发电机组	制定	国家标准	送审稿审查
17	小型水电站水文计算规范	修订	行业标准	送审稿审查
18	小水电规划环境影响评价规程	制定	行业标准	征求意见
19	小型水电站设计防火规范	制定	行业标准	大纲审查
20	小型水电站开发规划选点导则	修订	行业标准	大纲审查
21	小型水电站机电设备导则	修订	国家标准	大纲审查
22	小型水轮机进水阀门基本技术条件	制定	行业标准	大纲审查
23	小型水电站监控保护设备应用导则	制定	行业标准	大纲审查
24	小水电水能设计规范	制定	国家标准	大纲审查

（水利部农村水电及电气化发展局　孙亚芹）

电力行业水电施工标准化技术委员会2012年标准制修订工作成果

2012年，电力行业水电施工标准化技术委员会在中国水利水电建设集团公司的大力支持和中国电力企业联合会标准化中心的指导下，标准化工作取得了显著的成绩。与此同时，也为中国水利水电建设集团公司实施企业知识产权战略和标准化战略做出了积极的努力。尤其是在响应国家“走出去”战略，在技术体系上支持企业在国际工程市场分享更大利益，牵头编译建立了英文版中国水电施工标准化基本体系。由于工作开展有力，2012年水电施工标准化技术委员会再次获得中国电力企业联合会电力标准化“先进集体”荣誉称号。这是电力行业水电施工标准化技术委员会在每两年一次评选中，连续第四次获得该荣誉。

2012年，电力行业水电施工标准化技术委员会申报并获得立项批准的电力行业水电施工技术标准有8项，全年组织召开行业标准审查会8次、审查水电施工技术标准27项，完成21项标准征求意见工作和22项标准的报批稿。2012年完成报批稿的水电施工技术标准情况见表1。

表1 2012年完成报批稿的水电施工技术标准情况表

序号	标准名称	工作要求	主编单位
1	水电水利工程模板施工规范	修订	中国水利水电第一工程局有限公司、中国水利水电第六工程局有限公司
2	水电水利工程岩壁梁施工规程	修订	中国水利水电第十四工程局有限公司、中国水利水电第六工程局有限公司、南方电网调峰调频发电公司
3	水工混凝土钢筋施工规范	修订	中国水利水电第四工程局有限公司、中国人民武装警察部队水电指挥部
4	水工混凝土抑制碱—骨料反应技术规范	制定	长江科学研究院
5	水工混凝土掺用石灰石粉技术规范	制定	长江科学研究院
6	水电水利工程爆破施工技术规范	修订	中国葛洲坝集团股份有限公司、葛洲坝集团公司第一工程有限公司
7	水电水利工程塑性混凝土试验规程	制定	中国葛洲坝集团股份有限公司、葛洲坝集团公司第二工程有限公司、葛洲坝集团试验检测有限公司
8	水电水利工程砂石料开采及加工系统运行规范	制定	中国葛洲坝集团股份有限公司、葛洲坝集团公司第五工程有限公司
9	水电水利工程施工机械安全操作规程运输类车辆	制定	中国水利水电第四工程局有限公司、中国水利水电第十一工程局有限公司
10	水电水利工程施工机械安全操作规程专用汽车	制定	中国水利水电第四工程局有限公司、中国水利水电第十一工程局有限公司
11	土工离心模型试验技术规程	修订	中国水利水电科学研究院
12	水电水利工程施工安全防护设施技术规范	修订	中国水利水电建设股份有限公司、中国水利水电第七工程局有限公司
13	碾压式土石坝施工规范	修订	中国水利水电第五工程局有限公司、中国水电建设集团十五工程局有限公司
14	水电水利工程清水混凝土施工规范	制定	中国水利水电建设股份有限公司、中国水利水电第五工程局有限公司
15	水电水利工程水下混凝土施工规范	制定	中国水利水电建设股份有限公司、中国水利水电第五工程局有限公司
16	水工混凝土抗冲磨防空蚀技术规范（英文版）	编译	中国水利水电建设股份有限公司
17	水工混凝土建筑物缺陷监测和评估技术规程（英文版）	编译	中国水利水电建设股份有限公司
18	水工混凝土耐久性技术规范（英文版）	编译	中国水利水电建设股份有限公司
19	水电水利工程场内施工道路技术规范（英文版）	编译	中国水利水电建设股份有限公司
20	水电水利工程斜井竖井施工规范（英文版）	编译	中国水利水电建设股份有限公司
21	水工混凝土掺用天然火山灰质材料技术规范（英文版）	编译	中国水利水电建设股份有限公司
22	水工混凝土掺用磷渣粉技术规范（英文版）	编译	中国水利水电建设股份有限公司

（中国水利水电建设股份有限公司　康明华）

中国水电顾问集团西北勘测设计研究院2012年标准化工作情况

中国水电顾问集团西北勘测设计研究院（以下简称“西北院”）标准化工作主要分为3个层次，第一层次是通过水电规划设计标准化技术委员会或其他专业标委会承担水电勘测设计行业技术标准或国家技术标准，这是最重要也是西北院标准化建设工作的重点；第二个层次是通过中国水电工程顾问集团公司科技质量部承担的中国水电工程顾问集团公司企业标准项目，这个层次是2004年以后应中国水电工程顾问集团公司关于技术标准市场的战略决策而开展的；第三个层次是西北院2006年以来因生产的需要，以提高设计工作效率和设计产品的质量为目标，自主立项开展的院内标准化建设工作，这个层次为院内标准，数量较多，主要结合西北院专业基础建设和质量体系文件编制开展。

结合标准编制任务，与国内知名科研院所紧密合作，开展大量的专题研究工作，使西北院不同时期编制的标准都能代表国家、行业的技术发展水平，也为西北院的发展培养了一批高技术人才，使西北院始终站在行业发展的前列。

2012年，西北院负责或参与制定、修订标准的情况见表1及表2。

表1 2012年西北院负责或参与制定、修订的已被批准发布的标准

序号	标准名称	标准编号	编制单位	备 注
1	风电场电气设计规范	NB/T 31026—2012	中国水电顾问集团西北勘测设计研究院	主编
2	风电场工程安全预评价报告编制规程	NB/T 31028—2012	中国水利水电建设工程咨询公司，北京木联能软件技术有限公司，中国水电顾问集团西北、华东、中南、昆明勘测设计研究院	参编
3	风电场工程安全验收评价报告编制规程	NB/T 31027—2012	中国水利水电建设工程咨询公司，北京木联能软件技术有限公司，中国水电顾问集团西北、华东、中南、昆明勘测设计研究院	参编
4	陆地和海上风电场工程地质勘察规范	NB/T 31030—2012	中国水电顾问集团西北勘测设计研究院	主编

表2 2012年西北院正在负责或参与制定、修订的标准

序号	计划编号	项目名称	标准类别	制定/修订	技术归口单位	主要起草单位	备注
1	能源20120106	水电工程劳动安全与工业卫生验收规程	工程建设	制定	能源行业水电勘测设计标准化技术委员会	水电水利规划设计总院，中国水利水电建设工程咨询公司，北京木联能工程科技有限公司，中国水电顾问集团西北、中南勘测设计研究院	参编
2	能源20120122	海上风电场工程规划报告编制规	工程建设	制定	能源行业风电标准化技术委员会风电场规划设计工作组	中国水电工程顾问集团中南、华东、西北、北京勘测设计研究院	参编
3	能源20120123	风电场工程劳动安全与工业卫生验收规程	工程建设	制定	能源行业风电标准化技术委员会风电场规划设计工作组	水电水利规划设计总院，中国水利水电建设工程咨询公司，北京木联能工程科技有限公司，中国水电顾问集团西北、中南勘测设计研究院	参编
4	能源20120420	风电场工程可行性研究报告编制规程	工程建设	修订	能源行业风电标准化技术委员会	中国水电顾问集团西北勘测设计研究院、河北省电力勘测设计研究院	主编
5	能源20120421	高海拔风电场工程风电机组使用导则	工程建设	制定	能源行业风电标准化技术委员会	中国水电顾问集团西北勘测设计研究院等	主编

（中国水电顾问集团西北勘测设计研究院 熊登峪）

湖北清江水电开发有限责任公司2012年标准化工作情况

2012年，湖北清江水电开发有限责任公司（以下简称“清江公司”）标准化工作以“夯实生产基础、提高工作水准、确保管理效果”为指针，全面深入、规范有序地推进企业标准体系建设，先后荣获“电力安全生产标准化一级企业”、“电力企业标准化工作先进集体”称号，企业管理水平逐步提升。

（一）标准制定与修订

（1）2012年，完成清江公司“技术、管理、工作”三大系列标准的修编、增补、调整工作，标准体系已逐步建立完善。清理清江公司层面管理流程55项；修订管理标准98项，新增管理标准40项；修订（含新增）技术标准168项；修订工作标准261项，新增工作标准30项。所有标准均按清江公司《标准化管理标准》的要求，完成审查、批准，并上网发布。

（2）参与行业标准制定、修订情况见表1。

表1　清江公司参与制定、修订的行业标准情况表

序号	标准名称	主管单位	承办单位	牵头单位	参加单位	负责人
1	梯级水电站调度控制专业导则	国家能源局	中国电力企业联合会标准化中心	中国水力发电工程学会梯级调度控制专委会	四川大学、中国长江三峡集团公司、湖北清江水电开发有限责任公司等	王小君 袁兵
2	梯级水电站集中控制运行技术标准	国家能源局	中国电力企业联合会标准化中心	中国水力发电工程学会梯级调度控制专委会	中国长江三峡集团公司、二滩水电开发有限责任公司、湖北清江水电开发有限责任公司等	袁兵 张子平
3	水电站设备状态检修管理导则	国家能源局	中国电力企业联合会标准化中心	中国电力企业联合会水力发电分会	中国长江三峡集团公司、二滩水电开发有限责任公司、湖北清江水电开发有限责任公司等	谭少华
4	混凝土坝养护修理规程（SL 230）	水利部	水利部水工程安全与病害防治工程技术研究中心	长江水利委员会长江科学院	湖北清江水电开发有限责任公司等	贡建兵 尤迎春

（二）标准贯彻执行情况

（1）2012年，对标准化组织机构进行全面清理调整，进一步明确职责。建立标准化周例会制度，全年召开周例会20余次，适时安排阶段性工作任务共200余项；对标准化网站进行改版，重建标准化查询系统，标准保密性得到实质性提高。

（2）结合标准编修、标准的发布执行、标准分体系建设，全年共开展5次全方位的监督检查和现场指导工作，检查计75人/天，发现不符合事实近100项，并及时督促整改。举行较大规模的标准培训、专题会4次，培训153人·次。专门发文安排清江公司标准学习及检查考试工作，结合实际适时开展标准学习情况检查评价，组织完成标准化抽考76人·次，合格率为100%。

（3）邀请中国电力企业联合会技术咨询公司专家参加，对标准体系运行情况进行为期一周的自我评价。共发现不符合项16个，并及时完成整改，评价总体得分394分，超过电力企业标准化良好行为确认“AAA级”得分要求。

（4）认真总结近3年来标准化工作的经验和成果，加强对外沟通联系，主动汇报，逐步取得中国电力企业联合会、国家电力监管委员会华中监管局、湖北省质量技术监督局等主管部门的认可。在2012年11月召开的全国电力标准化工作会议上，清江公司被增补进全国第一批电力企业标准化良好行为试点单位名录（国标委服务联〔2012〕88号），并被评为全国电力企业标准化工作先进集体，这是清江公司首次在全国电力行业内获得标准化荣誉称号。

（5）为贯彻落实《关于深入开展电力安全生产标准化工作的指导意见》（电监安全〔2011〕21号）精神，清江公司2012年全面组织开展安全生产标准化达标工作。先后开展策划、自查自评、现场咨询、预评审工作。2012年8月30日～9月7日，由湖北安源安全环保科技有限公司组织评审团，依据《发电企业安全生产标准化规范及达标评级标准》，对清江公司所属的水布垭、隔河岩、高坝洲3座梯级电厂开展现场评审，评审得分94.79分，通过电力安全生产标准化现场评审。2012年11月3日，国家电力监管委员会安全监管局专家组对清江公司等16家安全生产标准化一级企业评审报告进行审核，按照《电力安全生产标准化达标评级管理办法》和《电力安全生产标准化达标评级实施细则》，清江公司评审得分94.79分，以本批达标企业第一名获准通过，并在《中国电力信息公开网》进行公告。清江公司成为华中地区第一家通过安全生产标准化一级达标现场评审的水电企业。2012年12月，国家电力监管委员会为清江公司“电力安全生产标准化一级企业”授牌，共计4块奖牌（“湖北清江水电开发有限责任公司电力安全生产标准化一级企业”、“湖北清江隔河岩水力发电厂电力安全生产标准化一级企业”、“湖北清江高坝洲水力发电厂电力安全生产标准化一级企业”、“湖北清江水布垭水力发电厂电力安全生产标准化一级企业”），证书编号为F1QG0028，公示文件为《关于授予湖北清江水电开发有限责任公司等16家企业电力安全生产标准化一级企业称号的通知》（国家电力监管委员会办安全函〔2012〕570号）。

（湖北清江水电开发有限责任公司）

中国水电顾问集团贵阳勘测设计研究院 2012 年标准、手册编制工作情况

（1）标准化工作迈上新台阶。2012 年，中国水电顾问集团贵阳勘测设计研究院（以下简称“贵阳院”）申报能源领域行业标准 16 项，在编技术标准 12 项，新增 5 项。参编的《水工建筑物水泥灌浆施工技术规范》、《水电水利工程覆盖层灌浆技术规范》已发布实施。主编《贵州省一般工业固体废弃物储存、处置场污染控制标准》；参编《矿山帷幕注浆规范》、《碾压混凝土重力坝设计规范》和《磷石膏库安全技术规程》。

规范并推进技术范本等企业技术标准编制工作，全年共编制 41 项，提交贵阳院评审 22 项、通过 21 项。组织翻译 2012 年度（第二批）工程技术标准（英文版）2 项，即《水电水利工程土工试验规程》、《中小型水力发电工程地质勘察规范》。

（2）积极编撰工具书、年鉴及论文。主编《中国电力百科全书》第三版水力发电卷工程地质勘测分支，组织召开一审审稿会，并提交卷审。参编《中国水力发电科技发展报告》高坝建设技术部分。参编的《水工设计手册》第二版陆续出版。启动参编《水电站水力机械设计手册》工作。

完成了《中国水力发电年鉴》第十六卷（2011 年）、《2012 年长江年鉴》、《2012 年贵州年鉴》、《2012 贵州电力年鉴》等编纂工作，总计约 5.2 万字。

全院员工在核心期刊发表论文 46 篇，在院刊《水电勘测设计》发表论文 37 篇。

（中国水电顾问集团贵阳勘测设计研究院　李月杰）

华能龙开口水电有限公司龙开口水电厂筹备处标准化工作进程

2012 年，华能龙开口水电有限公司龙开口水电厂筹备处（以下简称“龙开口电厂筹备处”）为贯彻落实国家、行业、中国华能集团公司及华能龙开口水电有限公司有关安全生产工作要求，深入开展安全生产标准化建设工作。2012 年 2 月 29 日，根据华能龙开口水电有限公司《关于深入开展电力安全生产标准化建设工作的通知》（华能澜电安〔2011〕102 号）文件要求，为规范生产人员行为，提高员工安全意识和安全技能水平，消除违章，改善安全生产条件，夯实安全管理基础，有效防范和坚决遏制安全生产事故发生，结合实际，制定了《安全生产标准化建设工作方案及达标评级计划》。

2012 年 5 月 15 日，龙开口电厂筹备处成立了标准化管理委员会，明确了成员及主要职责。

2012 年 10 月 6 日，龙开口电厂筹备处根据华能龙开口水电有限公司《关于转发〈华能电厂安全生产管理体系评价办法（试行）〉的通知》（华能澜电生〔2010〕133 号）要求，为建立健全电厂安全生产管理体系，实现安全生产管理的科学化、规范化、流程化，结合创一流暨管理提升活动要求，编制完成了《企业方针、目标管理标准》等 99 个安全生产管理体系文件。

（华能龙开口水电有限公司龙开口水电厂筹备处）

技术标准的制修订情况

2012 年度国家标准化管理委员会下达的电力国家标准计划项目

序号	项目名称	制定/修订	起草单位	代替标准
1	光伏发电站汇流箱技术要求	制定	内蒙古神舟光伏电力有限公司、中国电力科学研究院、国网电力科学研究院、中国电器工业协会、上海电器设备检测所、北京鉴衡认证中心有限公司	

续表

序号	项目名称	制定/修订	起草单位	代替标准
2	电力软交换系统及接口技术规范	制定	国网电力科学研究院	
3	电力系统高级计量架构信息安全	制定	南方电网科学研究院有限责任公司、中国电力科学研究院	
4	电力系统实时动态监测系统数据接口规范	制定	国网电力科学研究院、华北电力设计院工程有限公司、中国电力科学研究院等	
5	电力系统应用软件安全开发　第1部分：指南	制定	中国电力科学研究院、国网电力科学研究院	
6	电力系统应用软件安全开发　第2部分：需求分析规范	制定	中国电力科学研究院、国网电力科学研究院	
7	运行中变压器油和汽轮机油水分含量测定法（库仑法）	修订	西安热工研究院有限公司	GB/T 7600—1987
8	电站分散控制系统运行维护与试验技术要求	制定	浙江省电力试验研究院、大唐集团公司等	
9	安全工器具柜技术条件	制定	国网电力科学研究院、苏州工业园区金禾电气设备有限公司	
10	电动汽车电池更换用电池箱电联接器通用技术要求	制定	国家电网公司、许继集团公司、浙江省电力公司、中国电力科学研究院、国网电力科学研究院	
11	电动汽车快换电池箱架通用技术要求	制定	国家电网公司、中国电力科学研究院、许继集团有限公司、国网电力科学研究院、浙江省电力公司、上海电巴科技有限公司、上海中科力帆电动汽车有限公司、福建省汽车工业集团有限公司、新乡新能电动汽车有限公司、合肥国轩高科动力能源有限公司	
12	电动汽车快换电池箱通信协议	制定	国家电网公司、中国电力科学研究院、浙江省电力公司、许继集团有限公司、国网电力科学研究院、上海电巴科技有限公司、北京汽车集团有限公司、上海汽车工业（集团）总公司、北京普莱德新能源电池科技公司、中信国安盟固利动力科技公司、天津力神电池股份有限公司、中海油新能源投资有限责任公司	
13	电力能效监测系统技术规范　第1部分：总则	制定	中国电力科学研究院	
14	电力能效监测系统技术规范　第2部分：功能规范	制定	中国电力科学研究院	
15	电力能效监测系统技术规范　第3部分：通信协议	制定	中国电力科学研究院	
16	电力能效监测系统技术规范　第4部分：子站（企业）设计规范	制定	中国电力科学研究院	
17	电力能效监测系统技术规范　第5部分：主站设计规范	制定	中国电力科学研究院	

续表

序号	项目名称	制定/修订	起草单位	代替标准
18	电力能效监测系统技术规范 第6部分：信息集中与交换终端技术条件	制定	中国电力科学研究院	
19	电网节能项目节约电力电量测量与验证规范	制定	中国电力科学研究院	
20	发电厂余热回收系统节能量检测试验导则	制定	华北电力科学研究院有限责任公司、北京京能热电股份有限公司、河北电力研究院	
21	微电网接入电力系统技术要求	制定	中国电力科学研究院	
22	智能变电站保护测控一体化装置通用技术条件	制定	南京南瑞继保电气有限公司、国电南京自动化股份有限公司、北京四方继保自动化股份有限公司、许继电气股份有限公司等	
23	智能变电站智能终端技术规范	制定	河南省电力公司、河南省电力勘测设计院	

（中国电力企业联合会 许松林 朱志强）

2012年度住房和城乡建设部下达的电力工程建设国家标准计划项目

序号	项目名称	制定/修订	主编单位	参编单位
1	风光储输联合发电站设计规范	制定	中国电力企业联合会、上海电力设计院有限公司	国网电力科学研究院、国网新源张家口风光储示范电站有限公司、新疆电力设计院
2	居住区电动汽车充电设施技术规范	制定	中国电力企业联合会、国家电网公司	北京动力经济研究院、安徽省电力公司、中国电力科学研究院、国网电力科学研究院、许继集团有限公司、国网信息通信有限公司、浙江省电力公司
3	微电网接入系统设计规范	制定	中国电力企业联合会、国家电网公司	中国电子工程设计院、中国电力工程顾问集团公司、中国电力科学研究院、国网北京经济技术研究院、国网电力科学研究院、东北电力设计院、江苏省电力公司、中科院电工所、天津大学
4	330kV～750kV智能变电站设计规范	制定	中国电力企业联合会、国家电网公司	江苏省电力公司、江苏省电力设计院、新疆电力设计院
5	110（66）kV～220kV智能变电站设计规范	制定	中国电力企业联合会、国家电网公司	江苏省电力公司、江苏省电力设计院、新疆电力设计院
6	储能电站设计规范	制定	中国电力企业联合会、中国南方电网调峰调频发电公司	广东电力设计研究院
7	电气装置安装工程串联电容器补偿装置施工及验收规范	制定	中国电力企业联合会、中国电力科学研究院	东北电力科学研究院、河北电力科学研究院、江苏送变电公司、广东火电建设总公司、浙江火电建设公司

续表

序号	项目名称	制定/修订	主编单位	参编单位
8	电力工程基本术语标准 GB/T 50297—2006	修订	中国电力企业联合会、四川省电力公司	中国电力科学研究院、国网电力科学研究院
9	工业用水软化除盐设计规范 GB/T 50109—2006	修订	中国电力企业联合会、中国电力工程顾问集团西北电力设计院	华东电力设计院、华北电力设计院工程有限公司、广东电力设计研究院
10	工业循环水冷却设计规范 GB/T 50102—2006	修订	中国电力企业联合会、中国电力工程顾问集团东北电力设计院	西北电力设计院、西南电力设计院、华北电力设计院工程有限公司、中国水利水电科学研究院
11	110kV～750kV 架空送电线路施工及验收规范 GB 50389—2006、GB 50233—2005	修订	中国电力企业联合会、中国电力科学研究院	西北电网有限公司 、中国南方电网超高压输电公司、广西送变电建设公司、黑龙江省送变电工程公司、陕西送变电工程公司、甘肃送变电建设公司、青海送变电工程公司
12	水力发电工程地质勘察规范 GB 50287—2006	修订	中国电力企业联合会、水电水利规划设计总院	中国水电工程顾问集团公司、北京勘测设计研究院、华东勘测设计研究院、中南勘测设计研究院、成都勘测设计研究院、贵阳勘测设计研究院、昆明勘测设计研究院、西北勘测设计研究院

（中国电力企业联合会　许松林　朱志强）

2012 年度国家能源局下达的电力行业标准计划项目（水电、风电及电气等部分，未含火电项目）

序号	标准名称	制定/修订	主要起草单位	代替标准
1	交流电力系统金属氧化物避雷器使用导则	修订	中国电力科学研究院	DL/T 804—2002
2	气体继电器检验规程	修订	郑州赛奥电子股份有限公司、江苏省电力试验研究院、华北电力科学研究院等	DL/T 540—1994
3	继电保护和安全自动装置通用技术条件	修订	国电南京自动化股份有限公司、南京南瑞继保电气有限公司、北京四方继保自动化股份有限公司、中国电力科学研究院、华东电力设计院、许继电气股份有限公司	DL/T 478—2010
4	电力企业自动化通信网络和系统　第7－1部分：变电站和馈线设备的基本通信结构 原理和模型	修订	中国电力科学研究院、国网电力科学研究院	DL/T 860.71—2006
5	电力企业自动化通信网络和系统　第8－1部分：特定通信服务映射（SCSM）对 MMS（ISO 9506－1 和 ISO 9506－2）及 ISO/IEC 8802—3 的映射	修订	北京四方电气有限公司、国网电力科学研究院	DL/T 860.81—2006
6	油浸式变压器绝缘老化判断导则	修订	中国电力科学研究院、辽宁电力科学研究院、西北电力科学研究院、山东电力研究院等	DL/T 984—2005
7	电力金具专用紧固件　闭口销	修订	中国电力科学研究院	DL/T 764.2—2001

续表

序号	标准名称	制定/修订	主要起草单位	代替标准
8	电力金具专用紧固件　六角头带销孔螺栓	修订	中国电力科学研究院	DL/T 764.1—2001
9	带电作业用绝缘垫	修订	国网电力科学研究院	DL/T 853—2004
10	带电作业用绝缘毯	修订	国网电力科学研究院	DL/T 803—2002
11	110kV～750kV架空送电线路工程施工质量检验及评定规程	修订	国家电网公司交流建设分公司、中国电力科学研究院	DL/T 5168—2002
12	电气装置安装工程　质量检验及评定规程　第1部分：通则	修订	中国电力科学研究院	DL/T 5161.1—2002
13	电气装置安装工程　质量检验及评定规程　第2部分：高压电器施工质量检验	修订	中国电力科学研究院	DL/T 5161.2—2002
14	电气装置安装工程　质量检验及评定规程　第3部分：电力变压器、油浸电抗器、互感器施工质量检验	修订	中国电力科学研究院	DL/T 5161.3—2002
15	电气装置安装工程　质量检验及评定规程　第4部分：母线装置施工质量检验	修订	中国电力科学研究院	DL/T 5161.4—2002
16	电力用油名词术语	修订	湖南省电力公司科学研究院	DL 419—1991
17	油浸纤维质绝缘材料含水量测定法	修订	西安热工研究院有限公司	DL/T 449—1991
18	绝缘油中含气量的气相色谱测定法	修订	广东电网公司电力科学研究院、西安热工研究院	DL/T 703—1999
19	运行油开口杯老化测定法	修订	西安热工研究院有限公司	DL/T 429.6—1991
20	电力行业词汇　第1部分：动力工程	修订	苏州热工研究有限公司	DL/T 1033.1—2006
21	电力行业词汇　第3部分：发电厂、水力发电	修订	苏州热工研究有限公司	DL/T 1033.3—2006
22	电力行业词汇　第5部分：核能发电	修订	苏州热工研究有限公司	DL/T 1033.5—2006
23	电力行业词汇　第6部分：新能源发电	修订	苏州热工研究有限公司	DL/T 1033.6—2006
24	电力行业词汇　第10部分：电力设备	修订	苏州热工研究有限公司	DL/T 1033.10—2006
25	电力行业词汇　第11部分：事故、保护、安全和可靠性	修订	苏州热工研究有限公司	DL/T 1033.11—2006
26	电力物资编码　第1部分：材料产品	修订	国家电网公司物资部、信息通信部，中国水利电力物资有限公司	DL/T 700.1—1999
27	电力物资编码　第2部分：机电产品	修订	国家电网公司物资部、信息通信部，中国水利电力物资有限公司	DL/T 700.2—1999

续表

序号	标准名称	制定/修订	主要起草单位	代替标准
28	电力物资编码　第 3 部分：备品配件	修订	国家电网公司物资部、信息通信部，中国水利电力物资有限公司	DL/T 700.3—1999
29	水轮机电液调节系统及装置技术规程	修订	中国水利水电科学研究院	DL/T 563—2004
30	水轮机电液调节系统及装置调整试验导则	修订	中国水利水电科学研究院	DL/T 496—2001
31	水工碾压式沥青混凝土施工规范	修订	中国葛洲坝集团股份有限公司	DL/T 5363—2006
32	聚合物改性水泥砂浆试验规程	修订	中国水利水电科学研究院	DL/T 5126—2001
33	环氧树脂砂浆技术规程	修订	中国水利水电科学研究院	DL/T 5193—2004
34	水电水利基本建设工程单元工程质量等级评定标准（一）水工建筑工程	修订	中国长江三峡集团公司	DL/T 5113.1—2005
35	水电水利工程锚喷支护技术规范	修订	中国水利水电股份有限公司	DL/T 5181—2003
36	水电水利爆破安全监测规程	修订	长科院爆破所	DL/T 5333—2005
37	水工建筑物抗冲磨防空蚀混凝土技术规范	修订	南京水科院	DL/T 5207—2005
38	水电水利工程振冲地基处理规范	修订	北京振冲公司	DL/T 5214—2005
39	高压开关设备和控制设备标准的共用技术要求	修订	中国电力科学研究院	DL/T 593—2006
40	电力系统直流电源柜订货技术条件	修订	中国电力科学研究院	DL/T 459—2000
41	低压并联电容器装置使用技术条件	修订	浙江省电力试验研究院、安徽省电力科学研究院	DL/T 842—2003
42	变电站电压无功调节控制装置订货技术条件	修订	浙江省电力试验研究院	DL/T 672—1999
43	光纤复合架空地线	修订	中国电力科学研究院、国网信息通信有限公司	DL/T 832—2003
44	全介质自承式光缆	修订	中国电力科学研究院、国网信息通信有限公司	DL/T 788—2001
45	水轮发电机组设备出厂检验一般规定	修订	溪洛渡电厂	DL/T 443—1991
46	水电仿真机技术规范	修订	中电联鉴教中心、华北电力大学、丰满培训中心、国电大渡河公司龚嘴水力发电总厂	DL/T 1024—2006
47	机动绞磨技术条件	修订	中国电力科学研究院	DL/T 733—2000
48	流域水电站梯级集中控制运行技术规程	制定	四川大学，中国水电顾问集团成都勘测设计院，南瑞集团公司	

续表

序号	标准名称	制定/修订	主要起草单位	代替标准
49	供电系统低压用户供电可靠性评价规程	制定	中国电力企业联合会、中国南方电网有限责任公司、国家电网公司、深圳供电局、杭州电力局	
50	供电企业档案分类导则	制定	中国南方电网有限责任公司、中国电力建设协会	
51	电力系统集中式数据灾备系统技术规范　第1部分：系统存储监控	制定	国家电网公司	
52	电力系统集中式数据灾备系统技术规范　第2部分：信息机房综合监控	制定	国家电网公司	
53	变压器油再生与使用导则	制定	湖南省电力公司科学研究院	
54	油中酚类及胺类抗氧化剂含量测定法　伏安线性扫描法	制定	东北电力科学研究院	
55	变压器油中金属钝化剂含量测定方法	制定	广东电网公司电力科学研究院	
56	发电企业生产实时监管系统技术条件	制定	西安热工研究院有限公司	
57	变电站金属材料腐蚀防护技术导则	制定	广东电网公司电力科学研究院、湖南省电力公司科学研究院	
58	输电线路铁塔防腐蚀保护涂装	制定	湖南省电力公司科学研究院、广东电网公司电力科学研究院、中国电力科学研究院	
59	电厂自动准同期装置通用技术条件	制定	南京南瑞继保电气有限公司、北京四方继保自动化股份有限公司、国电南京自动化股份有限公司、许继电气股份有限公司、国网电力科学研究院等	
60	电厂厂用电保护整定计算导则	制定	南京南瑞继保电气有限公司、北京四方继保自动化股份有限公司、国电南京自动化股份有限公司、许继电气股份有限公司、国网电力科学研究院等	
61	变电站故障解列装置通用技术条件	制定	北京四方继保自动化股份有限公司、南京南瑞继保电气有限公司、国电南京自动化股份有限公司、许继电气股份有限公司、国家电网华北调控分中心、国网电力科学研究院	
62	220kV～750kV 断路器保护装置通用技术条件	制定	南京南瑞继保电气有限公司、国电南京自动化股份有限公司、北京四方继保自动化股份有限公司、许继电气股份有限公司、国网电力科学研究院等	
63	交流滤波器保护装置通用技术条件	制定	南京南瑞继保电气有限公司、国电南京自动化股份有限公司、北京四方继保自动化股份有限公司、许继电气股份有限公司、国网电力科学研究院等	

续表

序号	标准名称	制定/修订	主要起草单位	代替标准
64	能量管理系统应用程序接口　第456部分：电力系统状态解子集	制定	中国电力科学研究院、国家电力调度通信中心、东方电子公司、国网电力科学研究院、清华大学、中国南方电网有限责任公司	
65	电力市场数据通信结构　第301部分：通用信息模型的市场延伸	制定	国网电力科学研究院	
66	智能变电站内同步相量测量装置通信接口规范	制定	华北电力设计院工程有限公司、中国电力科学研究院、国网电力科学研究院、许继集团有限公司	
67	能量管理系统应用程序接口　第552部分：CIM XML模型交换格式	制定	中国电力科学研究院、国家电力调度通信中心、国网电力科学研究院、山东大学、中国南方电网有限责任公司	
68	电力系统无线通信网络及设备安全防护要求	制定	国网电力科学研究院	
69	电力企业自动化通信网络和系统　第80－1部分：基于公用数据类　数据模型应用IEC 60870－5－101/104进行信息交换导则	制定	华东电网公司、国网电力科学研究院、中国电力科学研究院	
70	直流系统用套管技术规范	制定	中国电力科学研究院	
71	直流阀冷系统仪表检测导则	制定	中国南方电网超高压输电公司、中国电力科学研究院、中国电力技术装备有限公司	
72	架空地线复合光缆防雷接地技术导则	制定	河北省电力公司、中国电力科学研究院、国网北京经济技术研究院	
73	电网运行数据交换规范	制定	河北省电力公司、中国电力科学研究院	
74	电力调度员培训系统验收规范	制定	河北省电力公司	
75	电力调度数据网网络设备测试规范	制定	国网电力科学研究院	
76	地区电网调度控制技术导则	制定	河北省电力公司邯郸供电公司、河北省电力公司、中国电力科学研究院	
77	交流输电线路对埋地输油输气管道的电磁影响限值	制定	中国电力科学研究院	
78	直流输电线路和接地极对埋地输油输气管道的电磁影响限值	制定	中国电力科学研究院	
79	电动汽车非车载充放电装置技术条件	制定	国家电网公司、中国电力科学研究院、国网电力科学研究院、许继集团有限公司、万向电动汽车有限公司、一汽海马汽车有限公司、深圳奥特迅股份公司、珠海泰坦科技股份有限公司	
80	电动汽车车载终端与运营管理系统间通信协议	制定	国家电网公司、中国电力科学研究院、国网电力科学研究院、许继集团有限公司、中国长安汽车集团股份有限公司	

续表

序号	标准名称	制定/修订	主要起草单位	代替标准
81	电动汽车快换电池箱电联接器技术规范	制定	国家电网公司、中国电力科学研究院、许继集团有限公司、浙江省电力公司、国网电力科学研究院、上海电巴科技有限公司、万向电动汽车有限公司、众泰控股集团有限公司、北京普莱德新能源电池科技公司、中信国安盟固利动力科技公司	
82	电动汽车充换电服务网络运营管理系统通信规约：系统与离散充电桩通信规约	制定	国家电网公司、中国电力科学研究院、国网电力科学研究院、许继集团有限公司	
83	电动汽车充换电服务网络运营管理系统通信规约：系统与站级监控系统通信规约	制定	国家电网公司、中国电力科学研究院、国网电力科学研究院、许继集团有限公司	
84	电动汽车用动力电池检测规范	制定	国家电网公司、山东电力集团公司、中国电力科学研究院、万向电动汽车有限公司、合肥国轩高科动力能源有限公司、北京普莱德新能源电池科技公司、中信国安盟固利动力科技公司、天津力神电池股份有限公司、中国电器科学研究院	
85	电动汽车快速更换电池箱通用要求	制定	国家电网公司、中国电力科学研究院、国网电力科学研究院、许继集团有限公司、浙江省电力公司、上海电巴科技有限公司、一汽海马汽车有限公司、上海申沃客车有限公司	
86	换流阀现场试验导则	制定	中国南方电网超高压输电公司、中电普瑞工程公司	
87	750kV及以上交流输电线路绝缘子串分布电压测量导则	制定	国网电力科学研究院武汉南瑞有限责任公司	
88	交流输电线路工频电气参数测量导则	制定	中国南方电网超高压输电公司、中国电力科学研究院、河北电力科学研究院	
89	直流设备不拆引线现场试验导则	制定	中国南方电网超高压输电公司、中国电力科学研究院	
90	直流输电线路及接地极线路参数测试导则	制定	四川电力科学研究院、中国南方电网超高压输电公司	
91	配电自动化技术导则	制定	中国电力科学研究院	
92	电能表现场服务终端技术规范	制定	中国电力科学研究院	
93	电力应急指挥中心技术导则	制定	中国电力科学研究院	
94	电能计量封印技术规范	制定	中国电力科学研究院	
95	电能计量设备电子标签技术规范	制定	中国电力科学研究院	
96	电能信息采集与管理系统 第4—3部分：低压电力线载波通信协议	制定	中国电力科学研究院、上海市电力公司、福建省电力有限公司、广东电网公司	
97	电能信息采集与管理系统 第4—4部分：微功率无线通信协议	制定	中国电力科学研究院、北京市电力公司、河南省电力公司、广东电网公司	

续表

序号	标准名称	制定/修订	主要起草单位	代替标准
98	电能信息采集与管理系统　第5－1部分：功能测试	制定	中国电力科学研究院、华北电网有限公司、广东电网公司	
99	电能信息采集与管理系统　第5－2部分：远程通信协议一致性测试	制定	中国电力科学研究院、江苏省电力公司、广东电网公司	
100	智能高压设备通信技术规范	制定	中国电力科学研究院、中国电力技术装备有限公司	
101	气体绝缘金属封闭开关设备状态评价导则	制定	中国电力科学研究院、浙江省电力公司、北京市电力公司	
102	气体绝缘金属封闭开关设备状态检修导则	制定	中国电力科学研究院、浙江省电力公司、北京市电力公司	
103	电流互感器状态评价导则	制定	中国电力科学研究院、浙江省电力公司	
104	电流互感器状态检修导则	制定	中国电力科学研究院、浙江省电力公司	
105	高压电缆在线监测装置技术规范	制定	天津市电力公司、国网电力科学研究院、北京市电力公司、上海市电力公司、北京兴迪仪器有限责任公司	
106	变压器铁芯接地电流测量装置通用技术条件	制定	国网电力科学研究院	
107	超声波局部放电测试仪通用技术条件	制定	浙江省电力试验研究院	
108	油浸式变压器测温装置现场校准规范	制定	湖北省电力公司	
109	油浸式电力变压器（电抗器）局部放电的超高频检测方法	制定	国网电力科学研究院	
110	电子式互感器现场交接验收规范	制定	山西省电力公司、国网电力科学研究院、中国电力科学研究院、江苏省电力公司、中国电力技术装备有限公司	
111	变压器中性点交直流限流装置技术规范	制定	华东电网公司、华东电力试验研究院有限公司、国网电力科学研究院等	
112	110kV及以上油浸式电抗器（变压器）运行检修振动测量方法	制定	陕西电力科学研究院、西安交通大学	
113	电力变压器（电抗器）用高压套管选用导则	制定	国网电力科学研究院、西安西电高压套管有限公司	
114	解体运输电力变压器现场组装和试验规程	制定	中国长江三峡集团公司、国网电力科学研究院等	
115	电力系统用串联电容器补偿装置技术条件	制定	华北电力科学研究院有限责任公司、中电普瑞科技公司	
116	电力系统用交流滤波电容器技术导则	制定	国网电力科学研究院、广东电力设计院、哈尔滨理工大学	

续表

序号	标准名称	制定/修订	主要起草单位	代替标准
117	超高压分级式可控并联电抗器选用导则	制定	中国电力科学研究院、中电普瑞科技有限公司	
118	优质电力园区供电技术规范	制定	中国电力科学研究院	
119	非线性用户接入电力系统技术规范	制定	福建省电力有限公司电力科学研究院	
120	电能质量评估技术导则　三相电压不平衡	制定	中国电力科学研究院	
121	智能变电站智能组件柜技术规范	制定	四川省电力公司、许继集团有限公司	
122	气体绝缘金属封闭开关设备局部放电特高频检测技术规范	制定	广东电网公司、中国电力科学研究院、湖北省电力科学研究院	
123	电力电缆用导管技术条件　第8部分：改性聚丙烯单壁波纹电缆导管	制定	中国电力科学研究院	
124	变电站用接地线绕线装置	制定	中国电力科学研究院、苏州工业园区金禾电气设备有限公司	
125	混凝土坝安全监测系统施工技术规范	制定	国家电力监管委员会大坝安全监察中心、葛洲坝集团试验检测有限公司、中国水电顾问集团华东勘测设计研究院、中国水电顾问集团昆明勘测设计研究院、中国水电顾问集团成都勘测设计研究院、国网电力科学研究院、中国水利水电第三工程局有限公司、中国水利水电第七工程局有限公司、龙滩水电开发有限公司	
126	垂线装置基本技术要求	制定	国家电力监管委员会大坝安全监察中心、北京木联能工程科技有限公司	
127	引张线装置基本技术要求	制定	北京木联能工程科技有限公司、国家电力监管委员会大坝安全监察中心	
128	光纤光栅仪器基本技术要求	制定	北京基康科技有限公司	
129	水电厂非电量变送器、传感器运行管理与检验规程	修订	中国水利水电科学研究院天津水利电力机电研究所	DL/T 862—2004
130	水轮机调节系统建模及参数实测技术导则	制定	陕西电力科学研究院、中国水利水电科学研究院	
131	发电机灭磁及转子过电压保护装置技术条件　第3部分：转子过电压保护	制定	国网电力科学研究院	
132	发电机灭磁及转子过电压保护装置技术条件　第4部分：灭磁容量的计算	制定	国网电力科学研究院	
133	智能水电厂基本技术导则	制定	国网电力科学研究院	

续表

序号	标准名称	制定/修订	主要起草单位	代替标准
134	变电站通信网络和系统　第7—410部分：变电站和馈线设备基本通信结构　水电厂监视和控制通信	制定	国网电力科学研究院	
135	变电站通信网络和系统　第7—510部分：变电站和馈线设备基本通信结构　水电厂建模原理与应用指导	制定	国网电力科学研究院	
136	水工喷射混凝土试验规程	制定	长江水利委员会长江科学院	
137	水工混凝土配合比设计规程	修订	长江水利委员会长江科学院	DL/T 5330—2005
138	水工混凝土表面保温施工技术规范	制定	中国葛洲坝集团股份有限公司	
139	水电水利地下工程施工测量规范	制定	中国葛洲坝集团股份有限公司	
140	水工新老混凝土结合面密合剂施工技术规程	制定	中国葛洲坝集团股份有限公司	
141	水电水利工程压力钢管波纹管伸缩节制造安装及验收规范	制定	中国葛洲坝集团股份有限公司	
142	水电水利工程施工机械安全操作规程　振捣机	制定	中国水利水电第二工程局有限公司	
143	水电水利工程施工机械安全操作规程　振动碾	制定	中国水利水电第二工程局有限公司	
144	水电水利接缝灌浆施工技术规范	制定	中国水利水电股份有限公司、水电四局有限公司	
145	水电水利工程截流施工技术规范	制定	国电大渡河流域水电开发有限公司、中国水利水电建设集团公司、中国葛洲坝集团公司	
146	水电水利基础处理工程竣工资料整编及验收规范	制定	中国水利水电第八工程局有限公司	
147	水工建筑物水泥基灌浆材料试验规范	制定	中国水利水电科学研究院、中国水电基础局有限公司	
148	灌浆记录仪检定规程	制定	中国水电基础局有限公司、长江水利委员会长江科学院	
149	风力发电场生产准备导则	制定	中广核风力发电有限公司	
150	风力发电场监控系统通信　信息模型	制定	北京岳能科技有限公司、北京科诺伟业科技有限公司、中国电力科学研究院、华电新能源发展有限公司、中国大唐集团新能源股份有限公司、华电电力科学研究院	

续表

序号	标准名称	制定/修订	主要起草单位	代替标准
151	风力发电场监控系统通信　信息交换模型	制定	北京科诺伟业科技有限公司、北京岳能科技有限公司、中国电力科学研究院、华电新能源发展有限公司、中国大唐集团新能源股份有限公司、华电电力科学研究院	
152	风力发电场监控系统通信　映射到通信规约	制定	北京科诺伟业科技有限公司、北京岳能科技有限公司、中国电力科学研究院、华电新能源发展有限公司、中国大唐集团新能源股份有限公司、华电电力科学研究院	
153	风力发电场监控系统通信　一致性测试	制定	北京科诺伟业科技有限公司、北京岳能科技有限公司、中国电力科学研究院、华电新能源发展有限公司、中国大唐集团新能源股份有限公司、华电电力科学研究院	
154	风力发电场远程监控系统技术规程	制定	北京光耀能源技术股份有限公司、北京岳能科技有限公司、中国电力科学研究院、龙源电力集团股份有限公司、中国大唐集团新能源股份有限公司、中国华电集团新能源股份有限公司、辉腾锡勒风力发电有限公司	
155	风力发电机组消防系统运行技术要求	制定	杭州青天新能源技术有限公司、龙源电力集团股份有限公司	
156	风电机组叶轮系统技术监督规程	制定	中国大唐集团新能源股份有限公司	
157	风力发电场电能质量技术监督规程	制定	华电新能源发展有限公司、华电电力科学研究院、中国电力科学研究院	
158	风力发电场电气设备检修规程	制定	华电新能源发展有限公司、华电电力科学研究院	
159	风力发电仿真机技术规范	制定	中国电力企业联合会、华北电力大学	
160	风电机组电气仿真模型建模导则	制定	中国电力科学研究院	
161	风电场工程继电保护配置及整定技术规范	制定	西北电网有限公司、国家电力调度通信中心、南方电网调度通信中心等	
162	风力发电厂可靠性评价指南	制定	中国电力企业联合会	
163	输电线路检测技术导则	制定	中国电力科学研究院、河南省电力公司	
164	输电线路运行状态专家系统技术导则	制定	中国电力科学研究院、湖北省电力公司	
165	直升机电力作业安全工作规程	制定	国网通用航空有限公司	
166	直升机激光扫描输电线路作业技术规程	制定	国网通用航空有限公司	
167	架空输电线路等值覆冰厚度监测装置技术导则	制定	中国电力技术装备有限公司、华中电力科学研究院	
168	架空输电线路戈壁碎石土地基掏挖基础设计与施工技术导则	制定	中国电力科学研究院、国网北京经济技术研究院、国网直流建设分公司、中国电力工程顾问集团中南电力设计院	

续表

序号	标准名称	制定/修订	主要起草单位	代替标准
169	架空输电线路跳线技术条件	制定	中国电力科学研究院，南京线路器材厂	
170	1000kV交流同塔双回输电线路带电作业技术导则	修订	国网电力科学研究院，浙江省电力公司	DL/T 392—2010
171	750kV交流同塔双回输电线路带电作业技术导则	制定	国网电力科学研究院，国家电网公司西北分部，陕西省电力公司	
172	500kV输变电设备带电水冲洗作业技术规范	制定	广东电网公司、武汉大学、国网电力科学研究院	
173	电力用车载式带电水冲洗装置	制定	广东电网公司、武汉大学	
174	电力安全工器具配置与存放技术要求	制定	苏州热工研究院有限公司、陕西省电力公司、广东电网公司、武汉奋进电力技术有限公司	
175	电力安全工器具预防性试验规程	制定	苏州热工研究院有限公司、国家电力器材产品安全性能质量监督检验中心、河北安电电力器材公司、霍尼韦尔（中国）有限公司	
176	输电线路大跨越工程质量检验及评定规程	制定	国网交流建设分公司	
177	智能配变终端技术条件	制定	中国电力科学研究院	
178	智能低压配电箱技术条件	制定	中国电力科学研究院	
179	农村住宅电气工程技术规范	制定	中国电力科学研究院、甘肃省电力公司、河南省电力公司、华北电网有限公司、江西省电力公司	
180	常温硫化硅橡胶防污闪涂料现场施工技术规范	制定	中国电力科学研究院、国家电网公司华北分部	
181	变电设备外绝缘用防污闪辅助增爬裙技术条件/使用导则	制定	中国电力科学研究院、国家电网公司华北分部	
182	交流系统用盘形悬式瓷或玻璃复合伞裙绝缘子元件	制定	中国电力科学研究院、山西省电力公司	
183	高压直流线路用盘形悬式复合伞裙绝缘子串元件	制定	中国电力科学研究院、山西省电力公司	
184	高压交直流系统用复合绝缘子人工污秽试验	修订	中国电力科学研究院、清华大学、南方电网科学研究院	DL/T 859—2004
185	标称电压高于1000V架空线路绝缘子 使用导则 第2部分：直流系统用瓷或玻璃绝缘子	修订	南方电网超高压公司、中国电力科学研究院	DL/T 1000.2—2006
186	电力企业信用评价规范	制定	中国电力企业联合会、国家电网公司	
187	电力企业信用评价指标体系分类及代码	制定	中国电力企业联合会、国家电网公司	
188	电力行业供应商信用评价规范	制定	中国电力企业联合会	
189	电力行业供应商信用评价指标体系分类及代码	制定	中国电力企业联合会	

续表

序号	标准名称	制定/修订	主要起草单位	代替标准
190	水电工程设备铸锻件检验验收规范	制定	华电郑州机械设计研究院有限公司	
191	水电工程焊接接头超声相控阵检测方法	制定	华电郑州机械设计研究院有限公司	
192	水电建设项目文件收集及档案整理规范	制定	中国电力建设企业协会、中国水电工程顾问集团公司	
193	分布式电源孤岛运行控制规范	制定	中国电力科学研究院、浙江省电力公司	
194	生物质结渣性的测定方法	制定	华北电力大学、生物质发电成套设备国家工程实验室	
195	生物质着火温度的测定方法	制定	华北电力大学、生物质发电成套设备国家工程实验室	
196	生物质灰熔融性的测定方法	制定	华北电力大学、生物质发电成套设备国家工程实验室	
197	光纤复合线 第2部分：施工及运行管理规范	制定	中国电力科学研究院	
198	接地测量仪器设备检测规程	制定	国网电力科学研究院	
199	电子式电流互感器选用导则	制定	中国电力科学研究院	
200	电子式电压互感器选用导则	制定	中国电力科学研究院	
201	电网建设货运索道运输施工工艺导则	制定	中国电力科学研究院	
202	输电线路钢管杆塔用法兰技术要求	制定	国家电力器材产品安全性能质量监督检验中心、国家电网公司电力器材安全性能检测技术实验室、北京国网富达科技发展有限责任公司	
203	移动式手持电动工具绝缘电阻试验仪技术要求	制定	国家电力器材产品安全性能质量监督检验中心、国家电网公司电力器材安全性能检测技术实验室	
204	速差式防坠器疲劳试验装置技术要求	制定	国家电力器材产品安全性能质量监督检验中心、国家电网公司电力器材安全性能检测技术实验室	
205	架空绞线用复合芯棒缠绕试验机技术要求	制定	国家电力器材产品安全性能质量监督检验中心、国家电网公司电力器材安全性能检测技术实验室	
206	手拉葫芦无载动作试验装置技术要求	制定	国家电力器材产品安全性能质量监督检验中心、国家电网公司电力器材安全性能检测技术实验室	
207	电力铁塔用钢管制造技术条件	制定	电力工业电力设备及线路器材质量检验测试中心	
208	电动汽车充电站及电池更换站监控系统技术规范	制定	中国南方电网有限责任公司、广东省电力设计研究院等	
209	电动汽车电池箱更换设备通用技术要求	制定	国家电网公司、许继集团有限公司、中国电力科学研究院等	

续表

序号	标准名称	制定/修订	主要起草单位	代替标准
210	电动汽车充电站/电池更换站监控系统与充换电设备通信协议	制定	国家电网公司、国网电力科学研究院、中国电力科学研究院等	
211	电动汽车充电设备检验试验规范　第1部分：非车载充电机检验试验规范	制定	国家电网公司、国网电力科学研究院、许继集团有限公司等	
212	电动汽车充电设备检验试验规范　第2部分：交流充电桩检验试验规范	制定	国家电网公司、国网电力科学研究院、许继集团有限公司等	
213	电力设备典型消防规程	修订	上海市电力公司、上海电力股份有限公司、华东电力设计院、上海电力设计院、上海市消防局、公安部消防研究所、北京市电力公司	DL 5027—1993

（中国电力企业联合会　许松林　朱志强）

电力行业标准《水轮发电机组状态在线监测系统技术条件》简介

《水轮发电机组状态在线监测系统技术条件》（以下简称“标准”）是根据《国家发展改革委办公厅关于印发2008年行业标准项目计划的通知》（发改办工业〔2008〕1242号）的安排制定的。受中国电力企业联合会标准化中心的委托，电力行业水电站自动化设备标准化技术委员会（以下简称“标委会”）承担，中国水电顾问集团北京勘测设计研究院作为组织单位负责本标准的编写工作，中国水利水电科学研究院、南京南瑞集团公司、中国长江三峡集团公司、北京华科同安监控技术有限公司、北京奥技异电气技术研究所等单位参加编写。

标准编写工作于2009年开始启动。2011年4月初将本标准的征求意见稿发送标委会及行业相关单位，开始广泛征求意见。2011年11月中旬形成标准送审稿。标委会于2012年2月在三亚举行标准审查会，经标委会专家会议审查后，编写组根据审定会所提意见进行修改，形成标准报批稿。2012年8月，国家能源局以国家能源局〔2012〕06号公告的形式发布该标准，并于2012年12月1日开始实施。本标准原上报名称为《水电厂机组状态在线监测与分析系统技术条件》，因包含抽水蓄能机组相关内容，故把“水电厂机组”改为“水轮发电机组”，经三亚审查会讨论更名为《水轮发电机组状态在线监测系统技术条件》。

本标准的主要内容：

（1）本标准在水电站水轮发电机组运行状态监测的技术领域内制定了在线监测系统配置的技术条件，规定了在线监测系统的功能、基本结构。

（2）明确了不同机组的监测对象、监测点。对象和监测点均为近年来对水电行业机组故障统计和分析后的结果，具有较强的针对性。

（3）规定了为振动、摆度、轴向位移、压力脉动、空气间隙、磁通密度、局部放电以及定子线棒端部振动测量所使用元器件的参数水平与配置要求。所规定的参数水平和硬件配置要求均代表了国内外电子元器件发展的最新水平。特别是对于压力脉动测量时采用的传感器的低频响应能力做出规定，保证了测量的精度。

（4）对数据采集设备和上位机设备提出了相应的技术要求，对网络数据传输等进行了规定。

（5）标准中采用的资料性附录采用目前国内外较广泛采用的方式和结构，较好地满足实际工程的需要。

（6）标准还对系统设备本身的出厂和现场性能检验、测试项目做出了一般规定，并对随设备出厂的相关技术文件给以明确。

本标准适用于大、中型水电站水轮发电机组的状态在线监测系统。小型水电站水轮发电机组的状态在线监测系统可参照使用。

（中国水电顾问集团北京勘测设计研究院　张维力）

《水利水电工程导体和电器选择设计规范》（SL 561—2012）由水利部批准发布

2012年7月31日，水利部发布2012年第28号公告，批准并发布了水利行业标准《水利水电工程导体和电器选择设计规范》(SL 561—2012),从2012年10月31日实施。

《水利水电工程导体和电器选择设计规范》(SL 561—2012)属新编标准,黄河勘测规划设计有限公司为主编单位。黄河勘测规划设计有限公司于2005年4月成立编制组,在大量收集资料、调研及专题研究的基础上,积极开展标准编制工作,于2008年2月完成《高压电器选择设计规定》征求意见稿。与此同时,编制组开始《导体选择设计规定》的编制工作。根据《导体选择设计规定》大纲审查会议要求,《导体选择设计规定》与《高压电器选择设计规定》从征求意见稿开始合并编写,名称改为《水利水电工程导体和电器选择设计规范》。据此要求,编制组于2010年3月完成合并后的标准征求意见稿,2010年8月完成送审稿,并于2011年5月完成报批稿,2011年11月报批稿通过水利部国科司组织的审查。

《水利水电工程导体和电器选择设计规范》(SL 561—2012)总结了我国水利水电工程导体和电器选择设计的经验,对有关环境条件、各类导体和电气设备选择的技术要求等做出了规定,反映了目前我国水利水电工程导体和电器选择设计的技术水平。

(黄河勘测规划设计有限公司)

新 颁 标 准

2012年国家标准化管理委员会发布的电力国家标准

序号	标 准 号	标 准 名 称	实施日期	代替标准
1	GB/T 7603—2012	矿物绝缘油中芳碳含量测定法	2012年11月1日	GB/T 7603—1987
2	GB/T 28536—2012	核电厂机械设备老化管理大纲编制导则	2012年11月1日	
3	GB/T 28548—2012	核电厂主回路水压试验技术导则	2012年11月1日	
4	GB/T 28549—2012	核电厂调试阶段核岛管道与主设备支吊装置验证要求	2012年11月1日	
5	GB/T 28550—2012	核电厂调试阶段管道验证要求	2012年11月1日	
6	GB/T 28551—2012	核电厂离心泵组调试技术导则	2012年11月1日	
7	GB/T 28552—2012	变压器油、汽轮机油酸值测定法(BTB法)	2012年11月1日	
8	GB/T 28557—2012	电力企业节能降耗主要指标的监管评价	2012年11月1日	
9	GB/T 28566—2012	发电机组并网安全条件及评价	2012年11月1日	
10	GB/T 28583—2012	供电服务规范	2012年10月1日	
11	GB/T 28569—2012	电动汽车交流充电桩电能计量	2012年11月1日	
12	GB/T 8905—2012	六氟化硫电气设备中气体管理和检测导则	2013年2月1日	GB/T 8905—1996
13	GB/T 28813—2012	±800kV直流架空输电线路运行规程	2013年2月1日	
14	GB/T 28814—2012	±800kV换流站运行规程编制导则	2013年2月1日	
15	GB/T 28815—2012	电力系统实时动态监测主站技术规范	2013年2月1日	
16	GB/T 19964—2012	光伏发电站接入电力系统技术规定	2013年6月1日	GB/Z 19964—2005
17	GB/T 29316—2012	电动汽车充换电设施电能质量技术要求	2013年6月1日	
18	GB/T 29317—2012	电动汽车充换电设施术语	2013年6月1日	
19	GB/T 29318—2012	电动汽车非车载充电机电能计量	2013年6月1日	
20	GB/T 29319—2012	光伏发电系统接入配电网技术规定	2013年6月1日	
21	GB/T 29320—2012	光伏电站太阳跟踪系统技术要求	2013年6月1日	
22	GB/T 29321—2012	光伏发电站无功补偿技术规范	2013年6月1日	
23	GB/Z 29328—2012	重要电力用户供电电源及自备应急电源配置技术规范	2013年6月1日	

(中国电力企业联合会 许松林 朱志强)

2012年住房和城乡建设部发布的电力工程建设国家标准

序号	标准编号	标 准 名 称	实施日期	替代标准
1	GB/T 50775—2012	±800kV及以下换流站换流阀施工及验收规范	2012年12月1日	
2	GB 50777—2012	±800kV及以下换流站构支架施工及验收规范	2012年12月1日	
3	GB 50774—2012	±800kV及以下换流站干式平波电抗器施工及验收规范	2012年12月1日	
4	GB 50776—2012	±800kV及以下换流站换流变压器施工及验收规范	2012年12月1日	
5	GB 50172—2012	电气装置安装工程　蓄电池施工及验收规范	2012年12月1日	GB 50172—1992
6	GB 50171—2012	电气装置安装工程　盘、柜及二次回路接线施工及验收规范	2012年12月1日	GB 50171—1992
7	GB 50729—2012	±800kV及以下直流换流站土建工程施工质量验收规范	2012年10月1日	
8	GB 50762—2012	秸秆发电厂设计规范	2012年10月1日	
9	GB 50766—2012	水电水利工程压力钢管制作安装及验收规范	2012年12月1日	
10	GB 50764—2012	电厂动力管道设计规范	2012年10月1日	
11	GB 50745—2012	核电厂常规岛设计防火规范	2012年10月1日	
12	GB 50741—2012	1000kV架空输电线路勘测规范	2013年1月1日	
13	GB 50797—2012	光伏发电站设计规范	2012年11月1日	
14	GB 50794—2012	光伏发电站施工规范	2012年11月1日	
15	GB/T 50795—2012	光伏发电工程施工组织设计规范	2012年11月1日	
16	GB/T 50796—2012	光伏发电工程验收规范	2012年11月1日	
17	GB/T 50789—2012	±800kV直流换流站设计规范	2012年12月1日	

（中国电力企业联合会　许松林　朱志强）

2012年国家能源局发布的电力行业标准（水电、风电及电气部分，不含火电项目）

序号	标准编号	标 准 名 称	实施日期	代替标准
1	DL/T 495—2012	电力行业单位类别代码	2012年3月1日	DL/T 495—1992
2	DL/T 437—2012	高压直流接地极技术导则	2012年3月1日	DL/T 437—1991
3	DL/T 517—2012	电力科技成果分类与代码	2012年3月1日	DL/T 517—1993
4	DL/T 518.1—2012	电力生产人身事故伤害分类与代码	2012年3月1日	DL/T 518.1—1993
5	DL/T 544—2012	电力通信运行管理规程	2012年3月1日	DL/T 544—1994
6	DL/T 545—2012	电力系统微波通信运行管理规程	2012年3月1日	DL/T 545—1994
7	DL/T 546—2012	电力线载波通信运行管理规程	2012年3月1日	DL/T 546—1994
8	DL/T 548—2012	电力系统通信站过电压防护规程	2012年3月1日	DL 548—1994
9	DL/T 619—2012	水电厂自动化元件（装置）及其系统运行维护与检修试验规程	2012年3月1日	DL/T 619—1997
10	DL/T 622—2012	立式水轮发电机弹性金属塑料推力轴瓦技术条件	2012年3月1日	DL/T 622—1997

续表

序号	标准编号	标准名称	实施日期	代替标准
11	DL/T 676—2012	带电作业用绝缘鞋（靴）通用技术条件	2012年3月1日	DL/T 676—1999
12	DL/T 679—2012	焊工技术考核规程	2012年3月1日	DL/T 679—1999
13	DL/T 793—2012	发电设备可靠性评价规程	2012年3月1日	DL/T 793—2001
14	DL/T 815—2012	交流输电线路用复合外套金属氧化物避雷器	2012年3月1日	DL/T 815—2002
15	DL/T 836—2012	供电系统用户供电可靠性评价规程	2012年3月1日	DL/T 836—2003
16	DL/T 837—2012	输变电设施可靠性评价规程	2012年3月1日	DL/T 837—2003
17	DL/T 890.402—2012	能量管理系统应用程序接口（EMS－API）第402部分：公共服务	2012年3月1日	
18	DL/T 1080.13—2012	电力企业应用集成　配电管理系统接口　第13部分：配电CIM RDF模型交换格式	2012年3月1日	
19	DL/T 273—2012	±800kV特高压直流设备预防性试验规程	2012年3月1日	
20	DL/T 274—2012	±800kV高压直流设备交接试验	2012年3月1日	
21	DL/T 275—2012	±800kV特高压直流换流站电磁环境限值	2012年3月1日	
22	DL/T 276—2012	高压直流设备无线电干扰测量方法	2012年3月1日	
23	DL/T 277—2012	高压直流输电系统控制保护整定技术规程	2012年3月1日	
24	DL/T 278—2012	直流电子式电流互感器技术监督导则	2012年3月1日	
25	DL/T 279—2012	发电机励磁系统调度管理规程	2012年3月1日	
26	DL/T 280—2012	电力系统同步相量测量装置通用技术条件	2012年3月1日	
27	DL/T 281—2012	合并单元测试规范	2012年3月1日	
28	DL/T 282—2012	合并单元技术条件	2012年3月1日	
29	DL/T 283—2012	电力视频监控系统及接口　第1部分：技术要求	2012年3月1日	
30	DL/T 284—2012	输电线路杆塔及电力金具用热浸镀锌螺栓与螺母	2012年3月1日	DL/T 764.4—2002
31	DL/T 285—2012	矿物绝缘油腐蚀性硫检测法　裹绝缘纸铜扁线法	2012年3月1日	
32	DL/T 288—2012	架空输电线路直升机巡视技术导则	2012年3月1日	
33	DL/T 289—2012	架空输电线路直升机巡视作业标志	2012年3月1日	
34	DL/T 290—2012	电厂辅机用油运行及维护管理导则	2012年3月1日	
35	DL/T 291—2012	营销业务信息分类与代码编制导则	2012年3月1日	
36	DL/T 305—2012	抽水蓄能可逆式发电电动机运行规程	2012年3月1日	
37	DL/T 308—2012	中性点不接地系统电容电流测试规程	2012年3月1日	
38	DL/T 321—2012	水力发电厂计算机监控系统与厂内设备及系统通信技术规定	2012年3月1日	
39	DL/T 1140—2012	电气设备六氟化硫激光检漏仪通用技术条件	2012年3月1日	
40	DL/T 5038—2012	灯泡贯流式水轮发电机组安装工艺规程	2012年3月1日	DL/T 5038—1994
41	DL/T 5070—2012	水轮机金属蜗壳现场制造安装及焊接工艺导则	2012年3月1日	DL/T 5070—1997
42	DL/T 5071—2012	混流式水轮机转轮现场制造工艺导则	2012年3月1日	DL/T 5071—1997
43	DL/T 5113.3—2012	水电水利基本建设工程　单元工程质量等级评定标准　第3部分：水轮发电机组安装工程	2012年3月1日	SDJ 249.3—1988
44	DL/T 5113.4—2012	水电水利基本建设工程　单元工程质量等级评定标准　第4部分：水力机械辅助设备安装工程	2012年3月1日	SDJ 249.4—1988

续表

序号	标准编号	标 准 名 称	实施日期	代替标准
45	DL/T 5113.5—2012	水电水利基本建设工程 单元工程质量等级评定标准 第5部分：发电电气设备安装工程	2012年3月1日	SDJ 249.5—1988
46	DL/T 5113.6—2012	水电水利基本建设工程 单元工程质量等级评定标准 第6部分：升压变电电气设备安装工程	2012年3月1日	SDJ 249.6—1988
47	DL/T 5113.10—2012	水电水利基本建设工程 单元工程质量等级评定标准 第10部分：沥青混凝土工程	2012年3月1日	
48	DL/T 5148—2012	水工建筑物水泥灌浆施工技术规范	2012年3月1日	DL/T 5148—2001
49	DL/T 5173—2012	水电水利工程施工测量规范	2012年3月1日	DL/T 5173—2003
50	DL/T 5267—2012	水电水利工程覆盖层灌浆技术规范	2012年3月1日	
51	DL/T 5268—2012	混凝土面板堆石坝翻模固坡施工技术规程	2012年3月1日	
52	DL/T 5269—2012	水电水利工程砾石土心墙堆石坝施工规范	2012年3月1日	
53	DL/T 5446—2012	电力系统调度自动化工程可行性研究报告内容深度规定	2012年3月1日	
54	DL/T 5447—2012	电力系统通信系统设计内容深度规定	2012年3月1日	
55	DL/T 5448—2012	输变电工程可行性研究内容深度规定	2012年3月1日	
56	DL 5449—2012	20kV 配电设计技术规定	2012年3月1日	
57	DL/T 5450—2012	20kV 配电设备选型技术规定	2012年3月1日	
58	DL/T 5451—2012	架空输电线路工程初步设计内容深度规定	2012年3月1日	
59	DL/T 5452—2012	变电工程初步设计内容深度规定	2012年3月1日	
60	DL/T 5453—2012	串补站设计技术规程	2012年3月1日	
61	DL/T 5103—2012	35kV～220kV 无人值班变电站设计规程	2012年3月1日	DL/T 5103—1999
62	DL/T 5158—2012	电力工程气象勘测技术规程	2012年3月1日	DL/T 5158—2002
63	DL/T 627—2011	绝缘子用常温固化硅橡胶防污闪涂料	2012年7月1日	DL/T 627—2004
64	DL/T 684—2011	大型发电机变压器继电保护整定计算导则	2012年7月1日	DL/T 684—1999
65	DL/T 744—2011	电动机保护装置通用技术条件	2012年7月1日	DL/T 744—2001
66	DL/T 770—2011	变压器保护装置通用技术条件	2012年7月1日	DL/T 770—2001
67	DL/T 810—2011	±500kV 及以上电压等级直流棒形悬式复合绝缘子技术条件	2012年7月1日	DL/T 810—2002
68	DL/T 886—2011	750kV 电力系统继电保护技术导则	2012年7月1日	DL/Z 886—2004
69	DL/T 985—2011	配电变压器能效技术经济评价导则	2012年7月1日	DL/T 985—2005
70	DL/T 272—2011	220kV～750kV 油浸式电力变压器使用技术条件	2012年7月1日	SD 326—1989
71	DL/T 271—2011	330kV～750kV 油浸式并联电抗器使用技术条件	2012年7月1日	SD 327—1989
72	DL/T 270—2011	钢弦式位移计	2012年7月1日	
73	DL/T 269—2011	钢弦式锚索测力计	2012年7月1日	
74	DL/T 268—2011	工商业电力用户应急电源配置技术导则	2012年7月1日	
75	DL/T 267—2011	油浸式全密封卷铁心配电变压器使用技术条件	2012年7月1日	
76	DL/T 266—2011	接地装置冲击特性参数测试导则	2012年7月1日	
77	DL/T 265—2011	变压器有载分接开关现场试验导则	2012年7月1日	

续表

序号	标准编号	标 准 名 称	实施日期	代替标准
78	DL/T 264—2011	油浸式电力变压器（电抗器）现场密封性试验导则	2012 年 7 月 1 日	
79	DL/T 263—2011	变压器油中金属元素的测定方法	2012 年 7 月 1 日	
80	DL/T 259—2011	六氟化硫气体密度继电器校验规程	2012 年 7 月 1 日	
81	DL/T 257—2011	高压交直流架空线路用复合绝缘子施工、运行和维护管理规范	2012 年 7 月 1 日	
82	DL/T 256—2011	城市电网供电安全标准	2012 年 7 月 1 日	
83	DL/T 253—2011	直流接地极接地电阻、地电位分布、跨步电压和分流的测量方法	2012 年 7 月 1 日	
84	DL/T 252—2011	高压直流输电系统用换流变压器保护装置通用技术条件	2012 年 7 月 1 日	
85	DL/T 251—2011	±800kV 直流架空输电线路检修规程	2012 年 7 月 1 日	
86	DL/T 250—2011	并联补偿电容器保护装置通用技术条件	2012 年 7 月 1 日	
87	DL/Z 249—2011	变压器油中溶解气体在线监测装置选用导则	2012 年 7 月 1 日	
88	DL/T 248—2011	输电线路杆塔不锈钢复合材料耐腐蚀接地装置	2012 年 7 月 1 日	
89	DL/T 247—2011	输变电设备用铜包铝母线	2012 年 7 月 1 日	
90	DL/T 245—2011	发电厂直接空冷凝汽器单排管管束	2012 年 7 月 1 日	
91	DL/T 244—2011	直接空冷系统性能试验规程	2012 年 7 月 1 日	
92	DL/T 243—2011	继电保护及控制设备数据采集及信息交换技术导则	2012 年 7 月 1 日	
93	DL/T 242—2011	高压并联电抗器保护装置通用技术条件	2012 年 7 月 1 日	
94	DL/T 5113. 8—2011	水电水利基本建设工程单元工程质量等级评定标准 第 8 部分：水工碾压混凝土工程	2012 年 7 月 1 日	DL/T 5113. 8—2000
95	DL/T 5210. 1—2011	电力建设施工质量验收及评价规程 第 1 部分：土建工程	2012 年 7 月 1 日	DL/T 5210. 1—2005
96	DL 5190. 1—2011	电力建设施工技术规范 第 1 部分：土建结构工程	2012 年 7 月 1 日	SDJ 69—1987
97	DL 5190. 9—2011	电力建设施工技术规范 第 9 部分：水工结构工程	2012 年 7 月 1 日	SDJ 280—1990
98	DL/T 5271—2011	水电水利工程砂石加工系统施工技术规程	2012 年 7 月 1 日	
99	DL/T 5272—2011	大坝安全监测自动化系统实用化要求及验收规程	2012 年 7 月 1 日	
100	DL/T 5273—2011	水工混凝土掺用天然火山灰质材料技术规范	2012 年 7 月 1 日	
101	DL/T 5274—2011	水电水利工程施工重大危险源辨识及评价导则	2012 年 7 月 1 日	
102	DL/T 5275—2011	±800kV 及以下直流输电系统接地极施工质量检验及评定规程	2012 年 7 月 1 日	
103	DL/T 5276—2011	±800kV 及以下换流站母线、跳线施工工艺导则	2012 年 7 月 1 日	
104	DL 5278—2011	水电水利工程达标投产验收规程	2012 年 7 月 1 日	
105	DL 5279—2011	输变电工程达标投产验收规程	2012 年 7 月 1 日	
106	NB/T 31021—2012	风力发电企业科技文件归档与整理规范	2012 年 7 月 1 日	
107	NB/T 31022—2012	风力发电工程达标投产验收规程	2012 年 7 月 1 日	
108	DL/T 476—2012	电力系统实时数据通信应用层协议	2012 年 12 月 1 日	DL 476—1992
109	DL/T 485—2012	电力企业标准体系表编制导则	2012 年 12 月 1 日	DL/T 485—1999

续表

序号	标准编号	标 准 名 称	实施日期	代替标准
110	DL/T 646—2012	输变电钢管结构制造技术条件	2012年12月1日	DL/T 646—2006
111	DL/T 666—2012	风力发电场运行规程	2012年12月1日	DL/T 666—1999
112	DL/T 689—2012	输变电工程液压压接机	2012年12月1日	DL/T 689—1999
113	DL/T 760.3—2012	均压环、屏蔽环和均压屏蔽环	2012年12月1日	DL/T 760.3—2001
114	DL/T 768.7—2012	电力金具制造质量　钢铁件热镀锌层	2012年12月1日	DL/T 768.7—2002
115	DL/T 796—2012	风力发电场安全规程	2012年12月1日	DL/T 796—2001
116	DL/T 797—2012	风力发电场检修规程	2012年12月1日	DL/T 797—2001
117	DL/T 800—2012	电力企业标准编制规则	2012年12月1日	DL/T 800—2001
118	DL/T 822—2012	水电厂计算机监控系统试验验收规程	2012年12月1日	DL/T 822—2002
119	DL/T 860.6—2012	电力企业自动化通信网络和系统　第6部分：与智能电子设备有关的变电站内通信配置描述语言	2012年12月1日	DL/T 860.6—2008
120	DL/T 899—2012	架空线路杆塔结构荷载试验	2012年12月1日	DL/T 899—2004
121	DL/T 5111—2012	水电水利工程施工监理规范	2012年12月1日	DL/T 5111—2000
122	DL/T 283.2—2012	电力视频监控系统及接口　第2部分：测试方法	2012年12月1日	
123	DL/T 860.7420—2012	电力企业自动化通信网络和系统　第7-420部分：基本通信结构　分布式能源逻辑节点	2012年12月1日	
124	DL/T 890.403—2012	能量管理系统应用程序接口（EMS-API）　第403部分：通用数据访问	2012年12月1日	
125	DL/T 890.453—2012	能量管理系统应用程序接口（EMS-API）　第453部分：基于CIM的图形交换	2012年12月1日	
126	DL/T 1152—2012	电压互感器二次回路电压降测试仪通用技术条件	2012年12月1日	
127	DL/T 1153—2012	继电保护测试仪校准规范	2012年12月1日	
128	DL/T 1154—2012	高压电气设备额定电压下介质损耗因数试验导则	2012年12月1日	
129	DL/T 1155—2012	非传统互感器技术条件	2012年12月1日	
130	DL/T 1156—2012	串联补偿装置用金属氧化物限压器	2012年12月1日	
131	DL/T 1157—2012	配电线路故障指示器技术条件	2012年12月1日	
132	DL/T 1166—2012	大型发电机励磁系统现场试验导则	2012年12月1日	
133	DL/T 1167—2012	同步发电机励磁系统建模导则	2012年12月1日	
134	DL/T 1168—2012	高压直流输电系统保护运行评价规程	2012年12月1日	
135	DL/T 1169—2012	电力调度消息邮件传输规范	2012年12月1日	
136	DL/T 1170—2012	电力调度工作流程描述规范	2012年12月1日	
137	DL/T 1171—2012	电网设备通用数据模型命名规范	2012年12月1日	
138	DL/T 1173—2012	电力线载波机接口技术要求	2012年12月1日	
139	DL/T 1174—2012	抽水蓄能电站无人值班技术规范	2012年12月1日	
140	DL/T 1176—2012	1000kV油浸式变压器、并联电抗器运行及维护规程	2012年12月1日	
141	DL/T 1177—2012	1000kV交流输变电设备技术监督导则	2012年12月1日	

续表

序号	标准编号	标 准 名 称	实施日期	代替标准
142	DL/T 1178—2012	1000kV交流输电线路金具电晕及无线电干扰试验方法	2012年12月1日	
143	DL/T 1179—2012	1000kV交流架空输电线路工频参数测量导则	2012年12月1日	
144	DL/T 1180—2012	1000kV电气设备监造导则	2012年12月1日	
145	DL/T 1181—2012	1000kV交流棒形悬式复合绝缘子技术规范	2012年12月1日	
146	DL/T 1182—2012	1000kV变电站110kV并联电容器装置技术规范	2012年12月1日	
147	DL/T 1183—2012	1000kV非接触式验电器	2012年12月1日	
148	DL/T 1184—2012	1000kV输电线路铁塔、导线、金具和光纤复合架空地线监造导则	2012年12月1日	
149	DL/T 1185—2012	1000kV输变电工程电磁环境影响评价技术规范	2012年12月1日	
150	DL/T 1186—2012	1000kV罐式电压互感器技术规范	2012年12月1日	
151	DL/T 1187—2012	1000kV架空输电线路电磁环境控制值	2012年12月1日	
152	DL/T 1188—2012	1000kV变电站电磁环境控制值	2012年12月1日	
153	DL/T 1190—2012	额定电压10kV及以下绝缘穿刺线夹	2012年12月1日	
154	DL/T 1191—2012	电力作业用手持式电动工具安全性能检验规程	2012年12月1日	
155	DL/T 1192—2012	架空输电线路接续管保护装置	2012年12月1日	
156	DL/T 1193—2012	柔性输电术语	2012年12月1日	
157	DL/T 1194—2012	电能质量术语	2012年12月1日	
158	DL/T 1196—2012	互感器负荷箱通用技术条件	2012年12月1日	
159	DL/T 1197—2012	水轮发电机组状态在线监测系统技术条件	2012年12月1日	
160	DL/T 5280—2012	水电水利工程施工机械安全操作规程 凿岩台车	2012年12月1日	
161	DL/T 5281—2012	水电水利工程施工机械安全操作规程 平地机	2012年12月1日	
162	DL/T 5282—2012	水电水利工程施工机械安全操作规程 塔式起重机	2012年12月1日	
163	DL/T 5283—2012	水电水利工程施工机械安全操作规程 混凝土泵车	2012年12月1日	
164	DL/T 5284—2012	碳纤维复合芯铝绞线施工工艺及验收导则	2012年12月1日	
165	NB/T 32001—2012	光伏发电站环境影响评价技术规范	2012年12月1日	
166	DL/T 5084—2012	电力工程水文技术规程	2012年12月1日	DL/T 5084—1998
167	DL/T 5159—2012	电力工程物探技术规程	2012年12月1日	DL/T 5159—2002
168	DL/T 5218—2012	220kV～750kV变电站设计技术规程	2012年12月1日	DL/T 5218—2005
169	DL/T 5457—2012	变电站建筑结构设计技术规程	2012年12月1日	
170	NB/T 20195—2012	压水堆核电厂堆芯热功率测量规程	2013年3月1日	
171	NB/T 25009—2012	压水堆核电厂能量统计规程	2013年3月1日	
172	DL/T 5154—2012	架空输电线路杆塔结构设计技术规定	2013年3月1日	DL/T 5154—2002
173	DL/T 5157—2012	电力系统调度通信交换网设计技术规程	2013年3月1日	DL/T 5157—2002
174	DL/T 5458—2012	变电工程施工图设计内容深度规定	2013年3月1日	
175	DL/T 5459—2012	换流站建筑结构设计技术规程	2013年3月1日	
176	DL/T 5460—2012	换流站站用电设计技术规定	2013年3月1日	
177	DL/T 5462—2012	架空输电线路覆冰观测技术规定	2013年3月1日	
178	DL/T 5463—2012	110kV～750kV架空输电线路施工图设计内容深度规定	2013年3月1日	

（中国电力企业联合会 许松林 朱志强）

2012年大电机、水轮机新颁标准

序号	标准编号	标准名称
1	JB/T 8667.1—2011	大型三相同步电动机技术条件　第1部分：TK系列
2	JB/T 8668—2011	大型三相立式异步电动机技术条件
3	GB/T 28570—2012	水轮发电机组状态在线监测系统技术导则
4	GB/T 14478—2012	大中型水轮机进水阀门基本技术条件
5	GB/T 28528—2012	水轮机、蓄能泵和水泵水轮机型号编制方法
6	GB/T 28545—2012	水轮机、蓄能泵和水泵水轮机更新改造和性能改善导则
7	GB/T 28546—2012	大中型水电机组包装、运输和保管规范
8	GB/T 28572—2012	大中型水轮机进水阀门系列

（哈尔滨大电机研究所　高文丽　刘诗琪）

2012年发布的水利技术标准

序号	标准名称	标准编号	实施日期
（一）行业标准			
1	水利水电工程技术术语	SL 26—2012	2012年4月20日
2	浮箱履带式挖掘机技术条件	SL 65—2012	2013年1月19日
3	水质　叶绿素的测定　分光光度法	SL 88—2012	2012年10月31日
4	河工模型试验规程	SL 99—2012	2012年12月28日
5	应变控制式直剪仪校验方法	SL 116—2012	2013年2月26日
6	岩石三轴试验仪校验方法	SL 119—2012	2012年11月6日
7	岩石声波参数测试仪校验方法	SL 120—2012	2012年11月6日
8	岩石直剪仪校验方法	SL 121—2012	2012年11月1日
9	岩石变形测试仪校验方法	SL 122—2012	2012年11月1日
10	水泥胶砂流动度测定仪校验方法	SL 123—2012	2012年11月1日
11	水工（常规）模型试验规程	SL 155—2012	2012年10月13日
12	闸门水力模型试验规程	SL 159—2012	2012年11月6日
13	冷却水工程水力、热力模拟技术规程	SL 160—2012	2012年10月13日
14	小型水电站建设工程验收规程	SL 168—2012	2013年2月23日
15	水工预应力锚固设计规范	SL 212—2012	2012年11月6日
16	水利工程代码编制规范	SL 213—2012	2012年4月19日
17	土工合成材料测试规程	SL 235—2012	2012年8月16日
18	水文资料整编规范	SL 247—2012	2013年1月19日
19	中国河流代码	SL 249—2012	2012年11月1日
20	农田水利规划导则	SL 462—2012	2012年6月22日

续表

序号	标准名称	标准编号	实施日期
21	灌浆记录仪校验方法	SL 509—2012	2012年11月6日
22	大坝安全监测仪器检验测试规程	SL 530—2012	2012年8月16日
23	大坝安全监测仪器安装标准	SL 531—2012	2012年9月8日
24	泵站现场测试与安全检测规程	SL 548—2012	2012年7月23日
25	用水审计技术导则（试行）	SL/Z 549—2012	2012年10月23日
26	灌溉用施肥装置基本参数及技术条件	SL 550—2012	2012年10月20日
27	土石坝安全监测技术规范	SL 551—2012	2012年6月28日
28	用水指标评价导则	SL/Z 552—2012	2012年11月13日
29	小型水电站现场效率试验规程	SL 555—2012	2012年7月5日
30	水利基本建设项目竣工决算审计规程	SL 557—2012	2012年6月28日
31	灌溉排水工程项目可行性研究报告编制规程	SL 560—2012	2013年1月8日
32	水利水电工程导体和电器选择设计规范	SL 561—2012	2012年10月31日
33	水工金属结构残余应力测试方法——磁弹法	SL 565—2012	2012年12月10日
34	水利水电工程水文自动测报系统设计规范	SL 566—2012	2012年12月19日
35	水利水电工程地质勘察资料整编规程	SL 567—2012	2012年12月10日
36	土壤墒情评价指标	SL 568—2012	2012年10月20日
37	灯泡贯流式水轮发电机组运行检修规范	SL 573—2012	2012年11月6日
38	水利统计主要指标分类及编码	SL 574—2012	2012年12月10日
39	水利水电工程水土保持技术规范	SL 575—2012	2013年1月8日
40	水工金属结构铸锻件通用技术条件	SL 576—2012	2013年1月19日
41	湿磨细水泥浆材试验及应用技术规范	SL 578—2012	2012年11月6日
42	洪涝灾情评估标准	SL 579—2012	2012年10月31日
43	水工金属结构三维坐标测量技术规程	SL 580—2012	2013年1月19日
44	水工金属结构T形接头角焊缝和组合焊缝超声检测方法和质量分级	SL 581—2012	2012年11月6日
（二）国家标准			
1	节水型社会评价指标体系和评价方法	GB/T 28284—2012	2012年8月1日
2	水位测量仪器　第3部分：地下水位计	GB/T 11828.3—2012	2013年2月1日
3	流速流量仪器　第2部分：声学流速仪	GB/T 11826.2—2012	2013年2月1日
4	土壤水分（墒情）监测仪器基本技术条件	GB/T 28418—2012	2012年11月1日
5	节水灌溉工程验收规范	GB/T 50769—2012	2012年10月1日
6	蓄滞洪区设计规范	GB 50773—2012	2012年10月1日
7	取水计量技术导则	GB/T 28714—2012	2013年2月1日
8	城市防洪工程设计规范	GB/T 50805—2012	2012年12月1日

（水利部国际合作与科技司　刘咏峰）

11

水电建设管理

工　程　管　理

构皮滩水电站的工程建设管理

构皮滩水电站业主单位为贵州乌江水电开发有限责任公司（以下简称“乌江公司”），工程建设管理单位为乌江公司构皮滩电站建设公司（以下简称“构皮滩电站建设公司”）。工程建设管理实行业主负责制、招投标制、工程监理制和合同管理制。构皮滩电站建设公司对工程安全、质量、进度、环保、投资实行全面管理，围绕“服务、协调、督促、管理”的工作方针，贯彻业主、设计、监理、施工“四位一体”的管理理念，以“和谐环保，促达标投产；精工建设，创国优工程”为建设目标，全面推进工程建设的各项工作。

（一）工程招投标与投资管理

1. 工程项目招投标　制订了《构皮滩电站建设公司工程项目招标评标管理办法（修订）》，并在招标管理工作中严格执行，将相关招标工作制度化、规范化、程序化。对施工单项合同估算价在 50 万元以上，重要设备、主要甲供材料等货物的采购单项合同估算价在 20 万元以上，勘察、设计、监理、咨询等服务的单项合同估算价在 20 万元以上的项目，均实行了公开招标，未发生拆分、化整为零等规避招标的情况；并对 300 万元以上项目认真履行相关的乌江公司审批手续，无先招标、后补报的现象。招标过程中严格遵照国家有关法律、法规以及中国华电集团公司有关管理办法，遵循“公开、公平、公正”的原则，并在构皮滩电站纪检监察部门的全程监督下进行招标工作。

2. 资金使用

（1）工程进度款结算。2012 年，构皮滩电站引水发电系统、大坝、水垫塘、渗控、泄洪洞等主要合同标段均已进入完工结算审核程序，不单独进行进度结算；在建船闸项目按照施工图、监理工程师签证等资料进行工程进度结算月报表的编制，同时相关支付情况录入工程建设管理信息系统（PMS），结算报表数据准确。在年度合同执行中，未发生超前支付、无项目支付及支付价款超过实际完成工程量的情况。

（2）合同付款手续。构皮滩建设公司制定了完善的合同付款手续，各部门均根据各自职能对进度付款报表进行核定，并履行相关签字留痕手续，再申报构皮滩建设公司领导，对超合同部分均履行报批程序，合同原价 300 万元（含 300 万元）及以下项目累计增加投资超合同原价 20%以内的（含 20%），由内部程序自行调整；合同原价 300 万元以上项目，以累进办法计算，300 万元以内按 20%，超过 300 万元部分按 10%计算，累计增加投资在此以内的，由内部程序进行调整，超过的情况上报乌江公司，待批复后进行支付。在合同付款时，均按合同规定扣留承包人质保金、安全文明生产金、环境保护金等，待工程完工验收后再审核支付。

3. 概预算管理　构皮滩水电站 2012 年度资金风险控制较好，招评标流程规范并符合相关文件要求，结算支付流程规范，严格按照合同约定及相关文件要求处理合同变更及补偿项目，年度实物工作量完成情况较好。电站概算总投资 1 843 085.75 万元（含通航建筑物 295 119.54 万元），截至 2012 年 12 月底，累计完成投资 1 424 216.78 万元（含通航建筑物 44 338.88万元）。枢纽工程中辅助生产建筑、附属建筑、公共福利建筑的单项面积或费用均未超过初步设计审定的标准，整体投资控制在执行概算范围内。

4. 造价管理

（1）在合同变更管理方面，制订了《构皮滩水电站施工合同变更处理实施细则（修订）》等制度，建立了完整的工程造价控制体系，对施工单位申报的工程量、工程变更及新增项目的审核程序、审核时效均进行了规定，对于提交资料齐全的合同签订、合同变更项目等均能及时处理，未发生无故留置 3 个月以上的情况。合同变更均有完整的变更或新增项目的立项审批、单价审核等签证资料。

（2）在补偿费用方面，制定了完善的补偿程序，对合同补偿性工程项目按一事一议的原则进行处理，按照《水电工程基本建设项目管理办法》（黔乌司〔2007〕66 号）规定，严格执行各级审核、审批程序。

（3）2012 年，共计处理未完工的合同变更及新增项目 186 项，其中包含 1371 个工程量清单 3 级子目，总金额为 6088.19 万元。

（二）工程质量、安全、进度管理

1. 工程质量管理

（1）质量管理体系：采用施工单位自检、监理单位控制抽检、构皮滩电站建设公司监督协调和检查考核、电力建设质量监督总站巡视检查和评价的质量管理体系，对工程实施全过程的质量控制。

(2) 质量控制标准：主要依据构皮滩水电工程建设有关合同文件（含设计图纸）、国家及行业发布的有关技术规范、规程和构皮滩电站建设公司发布的相关质量文件和标准，为工程施工提供了技术保证。

(3) 工程质量监督巡视：根据乌江公司的申请，国家电网公司电网建设工程质量监督总站于2003年12月～2009年5月对构皮滩水电站工程共进行了7次质量监督现场检查（含截流、蓄水和首台机组启动阶段质量监督）。质量监督总站巡视组每次均按质量监督大纲的规定要求，通过检查工程现场、听取构皮滩电站建设公司关于工程建设情况汇报、查阅参建各方自查报告、与参加各方座谈、抽查工程档案及原始记录，提交质量监督现场巡视报告和工程阶段质量监督报告等形式，对工程质量管理和实体工程质量进行了全面检查。

2. 工程安全管理

(1) 建立四位一体的安全文明生产管理体系，形成统一的安全文明生产管控合力。构皮滩水电站建设期间，成立了由构皮滩电站建设公司经理任主任委员，构皮滩电站建设公司副经理、监理部总监、设代处处长为副主任委员，各施工单位安全第一责任人为成员的安全生产委员会。安全生产委员会下设办公室，全面负责安委会日常工作。安委会办公室为构皮滩电站建设公司机构编制中的二级机构，配备主任一名、副主任一名，成员配置根据工作需要增设；各施工承包单位相应设置安全生产委员会，委员会下设安全部；各施工作业队设现场安全员，班组设兼职安全员。按要求层层签订安全生产责任书，层层落实安全生产责任，层层实行安全目标承诺，在计划、布置、检查、总结、评比生产工作的同时计划、布置、检查、总结、评比安全工作，形成全方位抓安全、保安全的安全生产网络。

(2) 建设完善的安全生产管理制度，做到安全文明施工有章可循。为了加强统一管理、管控标准一致，构皮滩电站建设公司根据工程施工实际制订了一系列行之有效的安全生产管理制度，如：《构皮滩电站安全文明生产及环境保护考核管理办法》、《构皮滩电站民爆物品安全管理实施细则》、《构皮滩电站施工区封闭管理规定》、《构皮滩电站安全文明奖惩具体办法》、《构皮滩电站场内公路道路交通管理办法》及《构皮滩电站工地消防安全管理规定》等，在贯彻执行上述规章制度时，一视同仁、决不姑息。

(3) 安全生产委员会每月组织各参建单位召开例会。由各参建单位汇报上月安全措施费用的投入、施工现场安全隐患排查治理、安全生产指标完成情况等安全生产工作情况，对上月安全生产工作进行总结，指出存在的问题和不足，提出整改措施和要求；协调解决安全生产工作中存在的问题，并对下月安全生产工作进行全面部署，确保安全生产管理工作有安排、有落实、有总结、有提高。

（贵州乌江水电开发有限责任公司构皮滩电厂
谭克银　赵　斌　朱玉庭）

项目法人主导优化工作
全面提升工程建设水平

思林水电站的业主是贵州乌江水电开发有限责任公司（以下简称“乌江公司”），乌江公司为思林电站工程的项目法人。乌江公司思林电站建设公司（以下简称“思林电站建设公司”）作为乌江公司对思林电站工程建设管理的派出机构，在总结乌江流域开发及国内同类工程建设管理经验的基础上，建立了以突出业主在工程建设中的主导作用和中心地位的建设管理体系。该管理体系在坚持业主为主导的前提下，充分发挥参建各方的主观能动性和创造性，对工程建设的控制关键点的设计及施工方案进行优化，全面提升工程建设水平。

（一）设计优化

水电工程建设是一项庞大而复杂的系统工程，参建单位多且分部广，影响工程建设的因素非常复杂。工程建设，设计是“龙头”。设计优化对保证工程质量安全、节约投资、缩短工期起着重要性作用。

思林电站建设公司组建了一支高、精、尖的高素质人才队伍，积极推动参建各方全面参与设计优化工作。

工程建设前期，根据导流洞开挖揭露的地质情况及工程进展情况，及时组织参建各方对左、右岸导流洞堵头后部分洞身混凝土衬砌进行优化，节约钢筋混凝土1.1万m^3。导流洞仅用不到1年工期就具备分流条件，保证了截流如期实现，投入运行后效果较好。

在坝基开挖过程中，聘请第三方物探检测专家，对大坝坝基进行详细的物探勘测；组织参建各方的专家共同分析论证，及时对大坝建基面进行了优化。两岸建基面抬高5m，减少开挖及混凝土浇筑6.8万m^3，提前了工期，又节约了投资。

在大坝浇筑过程中，根据乌江上游梯级电站已全部建成的实际情况，积极协商设计单位，召开专题会，对大坝底孔进行优化。鉴于上游在建的构皮滩水电站将与思林水电站同步蓄水发电，思林水库基本无排沙要求，经共同商讨设置了大坝临时底孔，取消了永久底孔，进一步优化大坝工程结构。

工程建设中后期，地下厂房施工为工程建设的关键节点。思林电站建设公司又一次发挥了建设主导作用，主动、积极同设计单位进行沟通和探讨，对引水发电系统进行大量优化。将地下GIS开关站及中控楼移至地面，减小了主厂房开挖量；缩短1、2号机组引水洞的长度，进一步改善机组运行条件；增大上游侧各地下洞室间的安全距离，减小了互相干扰；增大帷幕线与4号机组竖井和副厂房间的距离，保证防渗帷幕的可靠性；线路优化后引水系统总水头损失减小，机组运行条件得到很大改善，且不设调压室。

思林电站工程建设中，项目业主对工程规模、性质、功能、效益、枢纽布置、施工总布置等设计深度进行掌控；设计院接受业主、监理、施工等单位的提出合理化建议，在保证工程质量和安全的原则下开展设计优化工作，保证了工程建设得以优质、高效地顺利进行，提高了工程整体效益。

（二）施工优化

思林电站建设公司在工程施工各阶段均会同参建各方对施工的控制关键点的施工方案进行优化。

1. 右岸导流洞及尾水隧洞工程

（1）右岸导流洞施工任务繁重、工期紧，为了能在大江截流前完成导流洞施工，浇筑台车需从原计划的2台增加至8台，但采用传统浇筑台车根本不现实。为此，思林电站建设公司召集各方，对传统台车进行了大量优化和改进，8台简易钢模台车如期交付使用。导流洞顺利完工，达到了预期目标。

（2）尾水隧洞开挖一期支护，传统的支护形式是用型钢制作成型，然后利用设备安装，施工难度大、制作慢、成本高。在思林电站建设公司的主导下，采用$\phi25$的螺纹钢制作成格栅进行前期支护。该支护形式，能利用边角废料，节约材料，制作快捷、便于施工，现在已被广泛应用在洞室开挖的前期支护施工中。

2. 地下厂房

（1）会同施工单位对施工方法进行了科学论证，对主厂房内部水轮机层以下部位遵循“能保留的岩体尽量保留”的原则，大量预留岩墙（台）的做法，为类似工程地下洞室群施工提供了新的思路，具有推广应用价值。根据地下厂房工程的水文地质条件、布置特点和洞室结构及围岩稳定分析，采取“外排为主、内排为辅、外围堵截自排、厂内抽排”的防渗排水措施，有效降低了厂区地下水位及渗透压力，提高了洞室围岩的稳定性。该施工方法成为喀斯特地貌中地下厂房岩溶管路处理的一大亮点。

（2）GIS开关站和中控楼下临大坝基坑和进水口，上有大坝砂石拌和系统，其开挖对周围施工的影响很大。经参建各方共同研究后，在开挖中，采用对开挖面上部铺设用铁丝连接的废旧轮胎，再在上面铺设安全防护网，用在开挖面周围的锚筋使其连接成一整体。在开挖面周围架立架子管和铺设安全防护网。该施工方法简单，放炮对周围施工的影响很小。

3. 大坝工程

（1）会同参建各方开展了大坝碾压混凝土快速入仓技术研究，成功地解决了高差120m的陡峭岸坡狭窄河谷上快速修筑碾压混凝土坝的技术难题，对推动碾压混凝土坝筑坝技术的发展起到了重要的促进作用。该施工方法的主要创新点：①合理地布置了砂石加工及混凝土拌和系统；②采用了高速胶带机、真空溜槽、垂直柔性软溜管、缓降溜管入仓的集成技术，实现了高陡狭窄河谷条件下碾压混凝土水平及垂直运输一体化；③研究了缓降溜管的工艺及原理，着重分析了缓降器的结构与分级配置、溜管的布置角度、管径的大小和混凝土输送强度及混凝土质量之间的关系等，为其推广运用提供了良好的条件。

（2）上下游围堰由科研阶段的碾压混凝土围堰调整为土石过水围堰。该土石过水围堰高度47m，挡水水头高，枯期正常挡水位以下水深约30多米，是当时全国同类型之最，成功经历了3个汛期最大流量达7800m^3/s的洪水考验；围堰地处石灰岩地区，堰址处岩溶发育，地质条件复杂，汛期河流流速高、单宽流量大，填补了水电施工技术在高土石过水围堰方面的空缺。

（3）围堰闭气采用了高压双管砂浆堵漏技术，成功解决了土石围堰大块石架空、大流量通道等复杂地质条件下进行防渗处理的技术难题，为工程安全度汛、缩短工期、节省投资发挥了作用，推动了我国水利水电工程施工技术的发展。

4. 机电安装工程 业主的管理人员和生产运行人员深入参与到机电安装的每个环节，成立各机电专业组，加强对各道工序特别是关键部位或技术复杂的部位的专职检查。针对安装中细部工序不够规范、工艺不够精细的情况，引进电力设备检修中H、W点控制方法，制定了思林电站水轮发电机组、电气主设备安装施工停工待检点及施工见证点，严格以H、W点的验收签证手续进行机组安装检查验收。蜗壳挂装采用“混凝土支墩＋千斤顶”支撑结构形式，挂装精度优于厂家设计的单点固定方式。GIS设备安装中，对关键工序气室水分处理采取了分类处理的工艺，GIS设备从安装、常规试验结束到气室处理合格充气完成并一次耐压合格仅46d，保证了安装质量，有效地缩短了工期。

（三）取得的成效

在业主主导下，思林水电站工程项目各节点目标均按计划顺利实现，节约工程投资3亿元，连续5年实现零死亡事故目标，工程质量总体优良，在国内在建水电工程中名列前茅，多次受到上级单位、电力工程质量监督总站和水电建设同行的高度评价。

（贵州乌江水电开发有限责任公司思林发电厂
马习耕　张建华　龚朝蜀　陈　龙
李荣华　孙华刚　李　勇）

水电施工项目安全技术措施编制与管理

安全技术措施是指导安全施工的技术性文件，编制、实施安全技术措施，对工程施工过程中存在的诸多不安全因素进行预测和分析，从技术上和管理上采取措施，达到控制和消除施工过程中的事故隐患的目标，实质上是一个预测、预防的过程。

当前，我国水电工程建设推向国际市场，国际合作项目和工程越来越多，对安全技术措施提出了更高的要求和挑战，在将国内的经验推向国际的同时，还需要结合工程所在地国家的相关法律法规进行编制和管理。

（一）安全技术措施主要内容

一般来说，为加强安全生产管理和保障项目顺利实施，水电工程项目安全技术措施的内容主要包括：项目简介、编制依据、安全技术措施、注意事项和检查等。

（1）项目简介：简要介绍项目情况以及相关实施环境。

（2）编制依据：技术文件、规程规范。

（3）安全技术措施：保证安全生产的方法、工作流程和资源配置、责任划分、组织领导机构。

（4）注意事项：实施过程中需要注意的事项。

（5）检查整改：检查标准、时间及整改责任人等。

对于结构复杂，危险性大的特殊工程，应编制单项的安全措施。结合水电工程建设的实际情况，必须编制专项安全技术措施的工程有：①土石方明挖工程、地下工程、斜井工程、竖井工程；②爆破工程；③大型排架和高栈桥工程；④水上水下工程施工；⑤高处临空、临水施工工程，高边坡施工工程；⑥两层以上交叉和系统性电气作业、起重吊装作业；⑦大型金属结构及机电设备运输、大型施工设备安装与拆除工程；⑧新工艺、新材料、新技术、新设备使用；⑨预防自然灾害（防泥石流、防台风、防雷击、防地震、防暑降温、防冻、防寒、防滑等）的措施；⑩其他存在重大安全风险的工程项目。

（二）安全技术措施的编制依据和原则

1. 主要依据　包括两大类，一类是相关的法律法规、标准，如安全生产法律法规、行业标准、安全防护设施标准、施工技术规程、安全技术规程等；一类是与施工工程紧密相关的技术文件，主要包括实际环境资料、设计文件等。

2. 编制原则　编制安全技术措施，是在危险因素辨识清楚的基础上，运用技术方法对人、机、料、法、环5个方面确定施工方法、程序和资源配置。在编制安全技术措施时，应该遵循规范性、可行性、可操作性和先进性原则。具体要求如下：

（1）规范性原则：施工安全技术措施应符合现行安全生产法律、法规和安全技术规范、标准，必须以满足安全生产需要为前提。

（2）可行性原则：在满足安全生产工作需要的前提下，充分结合现有的施工能力、设备、人员素质情况制定安全技术措施。

（3）可操作性原则：安全技术措施应做到对象明确、目的清楚、简单明了、易于操作。

（4）先进性原则：采用先进的施工技术、设备、工艺，不断提高安全生产保障水平。

（三）安全技术措施的编制程序

按照任务的不同，安全技术措施编制程序可以分为编制前的准备工作、安全措施的编制、安全技术措施的审批和执行、落实和检查4个主要过程。

1. 编制前的准备工作

（1）收集施工项目所处的施工环境资料、工程图纸、设计文件、合同文件等。

（2）开展现场查勘。

（3）收集有关的国家安全生产法律法规、行业标准、安全防护设施标准、安全操作规程、施工工艺、同类技术文件。

（4）开展危险因素辨识、确定评价资料。

2. 编制

（1）根据工程情况、工期要求、现场环境开展平面规划。对具有危险性的临时设施按有关规定进行布置并明确标识。

（2）现场勘察，确定影响作业安全的环境危险因素，制定相应的安全技术措施消除危险因素。

（3）根据设计文件、工期要求、施工环境、作业流程，分析施工过程中可能出现的危险因素，制定相应的安全技术措施。

（4）分析工艺流程中存在的危险因素，制定相应的技术措施。

（5）根据施工设备状况和使用条件（使用时间较长、工作环境特殊），制定防止超负荷运行、安装安全保护装置的措施。

(6) 根据安全操作规程和作业特点，规定作业程序，规范施工人员的作业行为。

(7) 在使用新工艺、新技术、新材料、新设备时，按照编制施工组织设计→现场实验→修订完善的模式编制安全技术措施。

(8) 明确分工，落实责任，构建组织机构。

(9) 建立监督机制，明确检查与验收，构建信息反馈与整改体系，实现可追溯性。

3. 审批和执行　安全技术措施按照上述程序编制后，需要履行相关的审批程序，不同类型的水电工程审批和执行的条件是不同的，需要做好以下几方面的工作：

(1) 原则上所有项目的实施方案和施工组织设计都必须含有专项安全技术措施，都应履行相应的审批程序。

(2) 施工合同内项目的安全技术措施应由施工单位编制完成后报送监理单位组织审查和批准，各子公司技术负责人和专业职能部门应参加审查。

对工期、投资、工程本身和施工安全有较大影响的安全技术措施应由监理单位提出初步审查意见后报子公司组织审查，监理单位结合审查意见进行批准(或修改重报后批准)。

(3) 导截流、下闸蓄水等重大安全技术措施应由各子公司完成内部审查并提出初步审查意见后上报公司主管部门审查和批准。

(4) 当施工条件发生变化时，原则上安全技术措施应由原编制部门进行修订，变动和影响较大时应重新报批，变动和影响较小时，应上报备案。

4. 落实和检查　是安全技术措施从预测转化为预控的重要步骤和阶段，这一步骤决定着前面编制的安全技术措施的合理性、可行性和可操作性。安全技术措施一旦在执行过程中发现问题或当外部条件发生改变的时候，必须及时进行修订。成功的情况可以将技术措施上升为技术规范或者标准，失败的情况可以分析原因、吸取教训。因此，落实和减产工作必须从以下5方面严格抓起：

(1) 工程开工前，必须完成对施工人员的安全技术措施交底与培训，并应做好记录，确保可追溯性。

(2) 施工过程中，现场管理人员应按施工安全技术措施要求组织好物资采购与储备，做好资源（人员、设备、物资等）组织、调配与投入，确保各项措施的有序、全面实施，并对安全技术措施落实的质量和进度负责。

(3) 施工单位安全监督管理部门负责本单位各项安全技术管理措施的监督、检查和汇总，并做好记录。

(4) 监理单位对所监理工程所有安全技术措施的落实负有全过程监督、检查和协调的责任，监督、检查记录应具有可追溯性。

(5) 各子公司对所辖项目各项安全技术措施的落实具有监督检查的责任，对参建各方的安全管理应建立评价和奖惩机制。

安全技术措施是水利水电工程建设和管理中必不可少的组成部分，必须给予高度的重视。

（中国水电建设集团海外投资有限公司　张国来）

“六位一体”管理理念在全国电力行业获奖

2012年9月，华能澜沧江水电有限公司苗尾·功果桥水电工程管理局创建的“‘六位一体’管理理念的探索与运用”管理创新成果获全国电力行业管理创新成果二等奖。这是该局继创建“‘五心’、‘八字’水电工程管理模式”、“‘一局（厂）两站’管理模式的探索与实践”管理创新成果之后，在全国电力行业获得的第三项管理创新成果。

“六位一体”水电工程管理理念的探索与运用，调动了参建各方和地方政府同心建设电站的积极性和创造性，凝聚了参建各方的智慧和力量，破解了工程建设中的重重难题，提升了建管局的管理水平，创造了优异的业绩和成果。

“六位”指业主、设计、监理、施工、地方政府、移民六方；“一体”指以业主为主导，以设计、监理、施工、地方政府、移民五方为运作载体，以工程建设大局为中心，以和谐共赢为凝聚点，充分调动各方的积极性和创造性，共破工程难题，优质、安全、高效地推进水电工程建设。

在“六位”中，业主是核心，设计是“龙头”，监理是工程现场的管家，施工单位是建筑产品的创造者，地方政府是工程建设的外部保障，移民是保证工程顺利推进的基础。在“六位一体”管理理念中，“一体”，是“六位”的凝聚点、落脚点，是“六位一体”理念的价值所在。“六位”没有形成“一体”时，必然是各行其是，各自为政，形不成统一的力量，往往会相互干扰，影响电站建设。在“六位一体”管理理念中，形成“一体”的主要方法和内涵是：思想上形成“一体”，目标上确定“一体”，工作上协调“一体”，和谐上凝聚“一体”，制度上确保“一体”，总结上提升“一体”。和谐管理，是“六位一体”管理理念的核心。和谐就是力量，就是胜利，就是希望，就是发展。没有和谐，就谈不上凝聚“六位”各方的智慧和力量。“六位一体”管理理念的落脚点就是要在合作共赢的基础上，围绕共同的水电工程建设目标，千方百计把各个方面的力量凝聚起来，最大限度地减少不和谐因素，防止各种内耗现象的产生和干扰。

“六位一体”管理理念实施以来，对内提升了管理工作的系统性和科学性，又好又快地推进了工程建设；对外带动了地方经济发展，促使当地城乡发生了巨变。云龙县，地处山区，曾是云南省的贫困县，两座电站的建设，给云龙县带来了发展的机遇和活力。据统计，2012 年云龙县财政收入突破 3.3 亿元，国税收入实现 1.3 亿元。

（华能澜沧江水电有限公司苗尾·功果桥水电工程管理局 王立常）

中国华电集团公司水电与新能源产业的工程基建与安全生产管理

2012 年，中国华电集团公司（以下简称“华电集团公司”）新投产水电 49.8 万 kW、新能源 151 万 kW，使水电、新能源装机容量达到 2132.67 万 kW（其中，水电装机容量 1673.39 万 kW，风电装机容量 421.91 万 kW，太阳能装机容量 16.44 万 kW，分布式装机容量 15.60 万 kW，生物质装机容量 5.33 万 kW）。2012 年 2 月 10 日，装机容量 216 万 kW 的金沙江鲁地拉水电站项目通过国家核准，工程正式开工建设，计划于 2013 年 6 月底前首台机组投产发电。光照水电站获国家优质工程金奖，这是 2012 年度全国唯一获此奖项的水电工程项目，也是华电集团公司自成立以来第一个获国家优质工程奖的项目。

（一）工程基建管理

积极推广华电集团公司水电工程质量手册应用，指导各项目做好现场施工策划。充分发挥电力工程建设质量监督总站作用，加强水电工程过程管控，严格推行年度和重大节点（截流、蓄水、发电）质量巡视和竣工阶段质量监督，确保工程过程质量可控、在控。通过年度达标投产抽查，对二级机构质量制度建设、运作情况、管理水平进行全面检查，按照主体工程开工管理程序，严格落实项目开工条件以及配套工程建设条件。做好施工准备，对工程设计、设备选型、招标等主体开工前的各项准备工作进行全面、系统、科学策划。加强过程管理，合理控制工程进度，协调推进土建和安装、地下和地上、主体和附属、生产和生活、厂内和厂外之间的进度关系。适时派出现场工作组，及时协调投产前存在的各种问题，确保项目按期投产。加强设计优化工作，充分发挥初步设计审查在设计优化工作中的作用。针对前期深度不足，对水电、风电、分布式能源项目全面推行设计审查。以执行概算为抓手，按照“三级管控”模式，狠抓水电工程过程造价管理工作。全面推行执行概算静态控制、动态管理模式。目前，已编制执行概算的水电项目为鲁地拉、阿海、沙沱、泸定以及木里河流域项目，投资均控制在执行概算内。出台设计变更、合同变更管理办法，严格界定各级管理权限，要求重大变更必须先进行技术审查后才能实施，有效控制工程投资。

把“价值思维”理念贯穿于工程建设的全过程，建立在建项目执行概算体系，并实施动态监控。2012 年，根据动态测算的结果，已开工的湖北观音坪和新疆沙尔布拉克项目由于边界条件变化，不能满足华电集团公司决策的收益要求而暂停施工。华电集团公司及时组织派出专家组对上述两个项目分析指导，全面梳理存在问题，提出解决措施。新疆沙尔布拉克项目通过设计优化、机组增容等一系列工作后，将装机容量提高到 5 万 kW 以上，消化了由于政策因素导致增加的 3000 多万税费，满足了华电集团公司决策的收益要求，并于 2012 年 5 月复工；湖北观音坪项目因通过优化后仍然不能满足华电集团公司决策的收益要求而最终暂停建设。

充分发挥华电集团公司系统专家团队优势，组建了华电集团乌江项目管理公司，主要负责所属项目的设计内部审查、设计优化、施工技术咨询、管理总承包等工作。该公司自筹建开展以来，成功完成新疆沙尔布拉克和达克曲克的设计优化工作，节约投资近 8000 万元，并负责沙尔布拉克的现场项目管理咨询和达克曲克的管理总承包工作，对中小水电项目的建设管理提供了整体解决方案。

（二）安全生产管理

1. 安全检查　深入开展安全大检查，及时消除安全隐患。截至 2012 年底，共排查一般事故隐患 9355 项，已整改 8878 项，整改率 95%，累计落实隐患治理资金 5007.89 万元。完成西溪河洛古电站压力钢管边坡滑坡体重大事故隐患整改 1 项，对万安溪水电公司、西溪河水电公司、甘肃分公司等 11 个单位复查，并下发了整改通知。

2. 安全应急管理　按国家统一部署，大力推进应急体系建设和完善应急处置机制，使预案更具针对性和可操作性。2012 年，各单位共进行预案演练 1115 次，参加人数达 16 935 人，通过培训和演练，提高了各级人员的应急处置能力。

3. 安全生产标准化建设　以安全生产标准化达标工作为契机，健全完善安全生产体系、机制，并按照电监会要求，完成企业自查评和整改工作。截至 2012 年 12 月 31 日，有光照发电厂、乌溪江发电厂等 9 个单位完成现场评审工作，光照水电厂成为华电集团公司首家通过安全生产标准化一级评审的水电企业。

4. 安全性评价工作　以《发电企业安全性综合评价标准》为查评依据，采取基层单位自查、区域交叉互查、华电集团公司查评等方式，全面开展安全性评价工作。截至2012年底，组织查评了万安溪水电厂、泸定水电有限公司等代表性较强的4家水电站，二级单位交叉互查7家。通过查评，切实提高设备可靠性，进一步规范安全管理。

5. 安全教育培训　严格贯彻落实《国务院安委会关于进一步加强安全培训工作的决定》，加强安全生产法规和知识宣传，夯实电力安全生产思想基础。发电企业主要负责人、安全管理人员和生产经营单位特种作业人员实现100%持证上岗，其他人员先培训后上岗，全面提高基层企业危险点预控和风险防范能力，为安全生产提供强有力的保障。

6. 设备管理与技术改造　严格执行重大设备缺陷管理制度和技术规程，发现和消除重大隐患，设备重大隐患治理效果显著；强化检修全过程管理，为机组长期稳定运行打下坚实基础；积极采用新技术、新工艺、新材料，提高设备健康水平。按照《水电站设备设施评估检测标准》，对东风、乌溪江、普定、高砂、万安溪、紫兰坝等6家水电厂进行首次评估检测，为治理老旧设备安全隐患提供了技术依据。

7. 技术监督工作　贯彻"安全第一，预防为主"的方针，以安全和质量为中心、以标准为依据、以计量为手段、逐步建立了较为完善的技术监督体系。不断探索技术监督工作的新思路、新模式，以科技创新为手段、信息化管理平台为依托，利用远程管理和现场查评相结合的方式，实现了对公司系统水电新能源企业的再监督管理，监管专业涵盖水轮机、金属、化学、绝缘、水工等多项技术监督。2012年7月，华电集团公司在四川雅安组织专家召开"转轮裂纹形成与处理"专题技术交流会。2012年10月，华电集团公司在乌江渡发电厂建立起水电厂运行仿真系统，并成功举办第一届水电运行技能大赛，增强基层员工学习技能积极性。

8. 防汛工作及大坝安全　2012年4月26日，华电集团公司在浙江衢州召开2012年防汛工作座谈会。会议提出了落实防汛责任制、强化防汛工作措施、加强防汛应急管理、重视地质灾害防治、夯实防汛工程基础、规范大坝安全管理等6项要求，保证大坝安全、稳定运行。

9. 星级企业创建　按照华电集团公司星级企业倒逼机制，2012年确立了创建目标：12家五星级，15家四星级，三星级发电企业及以上的单位比例为77%。另外，为进一步深入推动华电集团公司星级发电企业创建工作，对现行的《中国华电集团公司创建星级发电企业管理办法》和《星级水力发电企业评价体系及评价细则》、《星级风力发电企业评价体系及评价细则》提出具体修订补充意见。自2012年12月开始，水电与新能源产业部的管理评价和指标评价相继启动，认定、命名各项相关工作如期完成。有11家五星级发电企业、14家四星级发电企业和21家三星级发电企业获得了表彰。

（中国华电集团公司　李朝新　聂勇勇）

澜沧江流域集中检修成功启动

华能澜沧江水电有限公司检修分公司（以下简称"检修分公司"）成立于2011年6月，是华能澜沧江水电有限公司（以下简称"澜沧江公司"）下属非法人二级单位，不对外经营，主要负责澜沧江公司所属电厂的设备检修管理和继电保护、自动化等二次系统核心专业的检修任务，是澜沧江流域"集中控制、集中采购、集中检修"具体实践之一。截至2012年底，澜沧江公司总装机容量达到1047万kW，其中单机容量10万kW及以上的运行机组达30多台、运营电厂数量达6个，生产运行进入新阶段，集中检修在流域电厂中逐步实施的条件基本具备。

检修分公司围绕上级赋予的检修职责，完成了组织机构设置、办公环境建设、企业资质报批、首批建章立制等基础性工作，启动了发展方案规划、员工岗位招聘、检修工作实践等关键性工作，积极推动检修界面划分、专业人员补充、资金预算管控、员工现场培训、安全教育和管理、业务交流培训、信息化建设、廉洁从业教育等一系列工作，开局总体良好。2012年底，检修分公司机构设置为"四部一室"，即办公室、计划合同部、财务部、技术监理部、检修部；共有干部员工48人，平均年龄32.8岁；具有大学本科及以上学历43人，包括研究生学历4人，占总人数的89.6%；取得中级及以上职称20人，包括教授级高级工程师1人、高级工程师5人、高级会计师1人，占总人数的41.7%；检修专业人员35人，占总人数的72.9%，专业涵盖机械、电气一次、继电保护、调速器、励磁等。

2012年，根据澜沧江公司安排，检修分公司先后安排4批人员外出到长江电力股份有限公司检修厂、国电大渡河流域检修安装有限公司等9家单位调研考察，了解国内其他流域水电同行企业集中检修或单一电厂检修情况，以及在检修机制建立、运作模式、经营管理、人力资源、设备检修等方面的做法，为澜沧江公司实行流域集中检修获取有益经验。

2012年上半年，检修分公司积极参与小湾电厂机组检修任务；4～5月首次独立承担景洪电厂2台·次机组检修。景洪电厂3、4号机组C级检修，分别完成检修项目309项和318项；到2012年底，实现了修后180d无非停事故的目标。

2012年11月起，检修分公司正式承担流域2个电厂即小湾和景洪电厂的年度机组检修任务，累计检修机组11台·次，其中B级检修5台·次，C级检修6台·次，检修的安全、质量和进度可控、在控。

澜沧江流域流域集中检修成功启动，并顺利向前推进。

（华能澜沧江水电有限公司检修分公司）

华能澜沧江水电有限公司苗尾·功果桥水电工程管理局实行“一二三”财务管理模式

（一）“一二三”财务管理模式的背景

在苗尾、功果桥电站开始筹建的2006年，华能澜沧江水电有限公司（以下简称“澜沧江公司”）率先提出在基层单位实施“一局（厂）两站”新型管理模式。“一局（厂）两站”管理模式，就是由一个项目建设管理机构（一局）统一负责相继建设且上下游相连两座水电站的建设管理、一个生产管理机构（一厂）负责两个电站的生产运行。与“一局（厂）一站”传统模式相比，该模式主要优点是优化了生产和基建单位的机构和人员，实现了部分资源共享，降低了成本，管理效益明显。由于建设单位和生产单位所共存的时期较长，以苗尾·功果桥水电站为例，从2011年功果桥水电站首台机组投产发电到2018年苗尾水电站竣工决算，需要7～8年时间，按照传统财务管理模式分设两个独立的财务部门，易造成人、财、物的长期浪费和管理的低效。在这种情况下，“一二三”财务管理模式应运而生，即一个财务部同时负责基建和生产两家单位3个项目并行的财务工作，也就是一个财务部门在承担功果桥、苗尾两座水电站基建财务工作的同时，承担着功果桥水电站发电后的生产财务管理工作。这是澜沧江公司“一级法人、两级管理”及“一局（厂）两站”管理模式下探索产生的一种全新的基层单位财务管理模式。

（二）“一二三”财务管理模式的优势

（1）有利于提高工作效率，节约管理成本。苗尾·功果桥水电站，若采用原来的财务管理模式，将分别设置基建和生产两家单位的财务部门，需要定员11人左右；财务部合并后，可以减少2～3名财务人员，功果桥水电站生产与苗尾电站基建同时存续期预计至少7年，按照直接管理及人工成本50万元/(人·年)计算，可节约700万～1050万元。

（2）有利于培养“一专多能”财务管理人员。财务部合并后，部内员工虽然分工不同，但大大增加了基建财务工作和生产财务工作融通的机会，促使财务人员更好地学习和掌握基建与生产的财务管理知识，有利于提高财务人员的专业技术水平和协调管理能力，培养出更多的“一专多能”财务管理人员。

（3）有利于基建财务与生产财务的有效衔接。将基建单位与生产单位财务部合并，同一个部门财务人员既负责电站建设期的工作又负责生产运营期的工作，有利于财务人员全面掌握项目有关信息，有利于竣工项目资产移交和财务后续工作的顺利开展。

（三）“一二三”财务管理模式的难点

（1）“双身份”及制度差异带来的困难。基建单位（建管局）与生产单位（电厂）作为两家相对独立的管理机构，只有财务部门实行了基建和生产的合并，形成了一个财务部既隶属基建单位又隶属生产单位的模式。虽然建管局与电厂同属一个法人单位，但因两单位中心工作任务不同，管理重心、管理思路、模式及具体管理制度存在一定的差异，给财务部合并管理和协调工作带来巨大挑战。在具体制度差异方面，如合同结算的资金支付流程、审批权限等方面的不同，基建单位的结算和支付相对分开，设有专职合同管理部门，使用合同管理信息系统，结算需经过监理、工程、合同等相关单位或部门的充分审核，所以在财务支付流程中，财务手续相对简单，审批权限相对较大；而对于生产单位，合同结算的整个流程都体现在支付审批业务中，所以财务手续相对复杂，各级审批权限较小。

（2）部门人员配置不合理。“一局（厂）两站”模式下财务部合二为一，但财务部人员的编制没有进行相应的调整，仍然沿用以前两个单位的人事编制，同一个部门的人员分别隶属基建单位和生产单位，存在诸多不合理的地方。财务部作为一个统一的整体，如果部门人员因为人事编制的差异使得休假、薪酬待遇等诸多方面都存在内部差异的话，对部门统一管理存在一定的难度，不利于长期开展工作。在“一局（厂）两站”模式下，财务部合并还面临一个重要问题，当第一个电站投产发电后，财务部在正式开展生产财务工作的同时，要面临第一个电站的竣工决算和第二个电站的建设高峰期，工作任务繁重、压力大，是人员需求的最高峰。财务部所面临的这个问题是澜沧江公司其他基建和生产单位前所未有的，是目前面临的最大问题。

（3）部分工作存在繁复化。由于基建与生产独立核算，采用独立的财务管理系统，财务人员需要经常切换使用两套财务管理系统。另外，增值税管理复杂化问题尤为明显，功果桥水电站首机发电后，属功果桥水电站的增值税专票均以澜沧江公司信息开具，每月在建管局进行认证，再转澜沧江公司抵扣；属苗尾水电站的增值税专票均以建管局信息开具，每月在建管局进行认证、留抵；加上电站涉及各类合同繁多、复杂，增值税的管理工作繁杂。

（四）“一二三”财务管理模式的经验与思考

作为澜沧江公司在苗尾、功果桥水电站实行“一局（厂）两站”管理模式下探索产生的全新基层单位财务管理模式的第一个试点，“一二三”财务管理模式面临诸多复杂且前所未有的问题。

（1）优化人员分工，固化业务流程。“双身份”及制度差异带来的问题，主要采用加强协调工作和培养财务人员协调能力，优化人员分工、定期轮岗、固化业务流程及尽量统一财务制度等方式。每周定期召开部门工作会议，同时主动与两家单位的相关部门进行协调、沟通，及时处理两家单位财务工作中遇到的问题。将部门划分为基建和生产两个组，分别负责两个单位日常财务管理工作，同时实行定期轮岗制，使每位财务人员都能熟悉基建业务和生产业务。使用预算管理系统，将审批流程固化，规范管理，同时在制度允许范围内，尽量统一财务制度，比如备用金管理制度、差旅费报销制度等。

（2）统一部门员工人事关系，优化人员配置。财务部人员的编制在两个电站建设期间均归属基建单位，当第二个电站全部投产发电后再转入电厂统一管理。当第一个电站投产发电后，财务部面临第一个电站的竣工决算和第二个电站的建设高峰期，工作任务重，人员配置上至少达到原来配置的80%，即8～9人；在度过最艰难、最繁忙的这段时期后，可以缩减1～2人。这种人员配置的灵活处理方式，有利于工作的开展。

（3）优化系统管理，提高工作效率。面对财务人员需要经常切换使用两套财务管理系统的问题，在实际工作中，相对固化人员分工，避免了系统的频繁切换。资产管理系统、账务核算系统与预算管理系统的统一合并使用，减少了一部分系统操作造成的负担。在日常工作方面，采取合理配置部门岗位工作职责、工作分合相结合的方法。如财务报表编制、预算管理、绩效管理等工作，因时间要求紧迫，且两家单位各自的情况区别很大，分别由专人负责，确保工作质量；有的公共业务，如部门综合事务、出纳及资金管理业务、纳税及对外联系以及财务管理系统的维护等，已统一由某一个岗位同时负责合并开展；日常费用报销、合同结算等相对分开。通过分合相结合的方式合理安排相关工作，在确保两家单位财务业务工作质量的同时，不断提高工作效率，精简财务人员。

（五）结束语

2012年6月21日，经历了5年建设的功果桥水电站4台机组全部投产发电，苗尾水电站工程建设也快速、稳定推进。建设过程中实行“一局（厂）两站”模式管理，据统计，至少可以节约投资达12亿元以上。

苗尾·功果桥水电站实行的“一二三”财务管理模式是水电基层单位财务管理模式的一大创新，提高了财务人员的工作效率和管理水平，也节约了人力成本和管理成本，效益明显。

（华能澜沧江水电有限公司苗尾·功果桥水电工程管理局　普文荣　向亚兰　张诗雨）

光照水电站工程获国际RCC里程碑奖和国家优质工程金质奖

2012年10月23日，第六届国际RCC大坝会议在西班牙隆重召开，贵州黔源北盘江光照水电站工程荣获大会颁发的国际RCC里程碑奖，这是本次大会上中国获得的唯一奖项。2012年11月21日，国家工程建设质量奖审定委员会发布国家优质工程表彰决定，光照水电站工程荣获国家优质工程金质奖，是2012年全国唯一获此殊荣的水电项目。此前，该工程还获得全国工程建设项目优秀设计成果一等奖和5项省部级科技成果奖，并荣获2011年度中国电力优质工程奖。工程建设获6项专利，编制了2项国家级工法。

光照水电站位于贵州省关岭县和晴隆县交界的北盘江中游，是北盘江干流最大的水电站，总装机容量1040MW，设计多年平均发电量27.54亿kW·h，总投资69.03亿元。工程于2003年5月开始前期施工准备；2004年10月大江截流；2007年12月30日下闸蓄水；2008年成功实现“一年四投”，创造了5个月内百万千瓦级大型水电站同类型发电机组全部投产并稳定运行的全国新纪录；用23.8个月建成了200.5m高的世界级碾压混凝土重力坝，混凝土坝浇筑速度达到世界先进水平。

工程地处高山峡谷和复杂岩溶地区，两岸地形陡峭，施工道路及设施布置困难；200.5m高的大坝是目前世界上已建成最高的碾压混凝土重力坝，在防渗、防裂、层间结合、温控及施工等方面存在一系列技术难题。

大坝在设计、施工综合技术领域中有一系列的创新与突破。采用全坝面、不间断、立体循环斜层碾压筑坝技术，开仓面积达21300m^2，有效保证了碾压混凝土层间结合质量；不到2年时间完成了坝高200.5m碾压混凝土坝浇筑，筑坝技术达到了国际领先水平。

国内首创水电站进水口叠梁门分层取水技术，取用水库表层水发电，解决了传统取水口下泄水库底层低温水问题，有利于下游水生物的生长；工程同步建设了 50000m^2 大型鱼类增殖放流站，每年增殖放流珍稀鱼苗 60 万尾，解决了珍稀鱼类繁殖保护问题；建立了野生动物异地养殖场，实施了水库淹没区珍稀古树移植等“四节一环保”绿色工程措施方案。

枢纽建筑物布置合理，工程感观良好，内在质量可靠，大坝沉降量、水平位移、渗流量三大质量技术指标远优于设计值，达到国内领先水平。

工程的主要科技创新有：

(1) 自主创新开展了 200m 级高碾压混凝土筑坝技术研究，取得了多项创新科技成果。积极推广应用大坝异种混凝土同步浇筑上升新工艺等 12 项“五新”技术和建筑业 10 项新技术的 9 个大项、25 个子项，确保了工程一次成优。

(2) 大坝三级配碾压混凝土采用高掺粉煤灰，每立方米混凝土水泥用量仅 40kg，同比减少 34%，技术成果达到国内领先水平。首次采用大坝基础垫层“补偿收缩混凝土后浇带”技术，成功解决了基础强约束区混凝土温控防裂难题。首次采用深槽高速皮带及垂直满管输送系统，成功解决了高陡峭地形的混凝土高强度输送难题。

建立业主、设计、监理、施工“四位一体”的质量管理体系，严格执行国家强制性条文，全面开展 QC 小组活动，严格按照创优规划控制，建管无缝链接，确保工程质量优良。8056 个单元工程全部合格，20 个单位工程优良率达 100%，实现了“铸精品工程、建环保电站”绿色施工理念。

工程经过几年运行期考验，建筑物、金属结构及机电设备运行稳定，结构安全可靠。电站连续安全运行 1467d，非计划停运次数为零，机组运行最大摆度 171μm，远小于设计值，多项主要技术经济指标达到国内同期、同类工程领先水平。

截至 2012 年 8 月 10 日，累计发电 81.18 亿 kW·h，创造直接经济效益 25.41 亿元，每年上缴税收 8000 多万元，并大幅度地提高了北盘江干流的径流调节能力，提高了下游流域梯级电站的水能效率，为拉动地方区域的经济发展发挥了重要作用。

光照水电站大坝创造了高碾压混凝土坝世界纪录；进水口分层取水等环保设施的投运树立了工程建设环境保护“三同时”典范。工程建设形成极具推广价值的创新成果，不但为我国水电工程建设起到了示范作用，更为世界坝工建设跨越式发展做出了突出贡献。

（贵州省水力发电工程学会）

二滩水力发电厂“实施以状态评估为核心的设备管理”项目获奖

2012 年 2 月 23 日，在全国电力设备管理协会组织召开的 2012 年度全国电力行业设备管理工作会议上，二滩水力发电厂“实施以状态评估为核心的设备管理”项目荣获管理创新奖一等奖。

自二滩水电站投产发电以来，二滩水力发电厂结合自身实际，充分借鉴国内外水电站的先进检修管理经验，并综合运用全员维修、以可靠性为中心的维修、持续改进等方法，从优化管理体系、完善监测手段、实施设备改造、提高元件自动化水平及检修质量等方面入手，形成了以状态评估为核心内容的设备管理模式，在此基础上开展了以状态检修为主的主动检修方式。同时，二滩水力发电厂将“规范精细、务实高效”的理念落实到设备检修的每一个环节中，进一步强化了过程管理及质量风险控制。经过实践证明，该模式推行后，在节约检修成本、提高供电可靠性及人员培养等方面取得了显著成效，保持了设备检修的高效率、高质量，为设备的安全、稳定运行奠定了坚实基础，对电力企业设备管理工作也有很好的参考借鉴作用。

（雅砻江流域水电开发有限公司二滩水力发电厂 李家军）

企业管理

中国长江电力股份有限公司2012年经营管理情况

2012 年，中国长江电力股份有限公司（以下简称“长江电力公司”）发电量实现历史性突破，主营业务利润增加，经营业绩显著提升。全年实现营业总收入 258.18 亿元，比 2011 年同期增长 24.72%；营业利润 114.41 亿元，比 2011 年同期增长 36.44%；利润总额 135.65 亿元，比 2011 年同期增长 34.26%；归属于上市公司股东的净利润 103.69 亿元，比 2011

年同期增长 34.66%；基本每股收益 0.6284 元，比 2011 年同期增长 34.66%。公司总资产 1551.88 亿元，比 2011 年同期减少 2.02%；归属于上市公司股东的所有者权益 748.99 亿元，比 2011 年同期增加 9.76%；归属于上市公司股东的每股净资产 4.5393 元，比 2011 年同期增加 9.76%。

2012 年，长江电力公司共召开了 5 次董事会、3 次监事会、2 次股东大会共 10 次三会会议，完成了 7 次董事会专委会以及监事会预备会等，累计审议通过了 75 项议案，年度经营计划、财务决算及预算、利润分配、地下电站第二批资产收购、葛洲坝电站机组增容改造、发行债务融资工具等事项顺利通过三会审议。

2012 年，长江电力公司先后获得“2012 年度中国上市公司资本品牌价值百强奖”榜第 29 名、“《财富》2012 年中国 500 强”第 201 位、“2012 中国上市公司综合实力 100 强”、“最佳股东回报上市公司”、第八届中国证券市场年会“金鼎奖”以及“中国上市公司优秀年报奖”、“全国电力行业实施卓越绩效模式先进企业”、“三峡集团公司先进基层党委”及“湖北省国资委先进基层党委”、“中国企业文化竞争力双十强”、“全国职工文化建设先进单位”、“全国电力行业新闻宣传工作先进单位”、“最具慈善爱心捐赠企业”，并取得“金蜜蜂 2012 优秀企业社会责任报告社区类专项奖”、“2012 年全国电力行业文化与企业文化优秀成果奖”、“第八届中电传媒杯全国电力行业优秀电视片（综合专题类）银奖”、“中国电力报社 2012 年全国发电企业文化建设最佳实践标兵单位”、“首届星海杯广州国际合唱公开赛（混声合唱组）银奖”等奖项。中国长江三峡集团公司董事长、长江电力公司董事长曹广晶荣获“2012 中国上市公司最受尊敬企业家”称号。

长江电力公司积极开展境外电站运营管理咨询服务。2012 年 7 月 17 日，与苏丹麦洛维大坝电力公司（以下简称“麦洛维公司”）在湖北宜昌签署合作协议，为麦洛维公司提供人员培训及电站生产运行技术咨询服务。麦洛维公司是苏丹最大电力公司，其发电量满足了本国约 75%的电力需求。长江电力公司以此为契机，锻炼国际化人才队伍，提升长江电力运行管理的品牌，从而增强长江电力在世界水电行业的影响力。

长江电力公司积极开展职工技术创新活动。2012 年 12 月 24 日，由励磁专家、高级工程师黄大可研发的《现代励磁系统关键技术创新成果》喜获湖北省第三届职工技术创新成果奖一等奖。湖北省职工技术创新成果奖由湖北省总工会组织评审，每两年评审一次，评选范围是湖北省内各类企事业单位、机关团体一线职工（包括技师、高级技师）在经济技术创新活动中取得的非职务性成果，参评的技术创新成果必须具有实用性、先进性和有效性，并产生一定的经济效益和社会效益。湖北省第三届职工技术创新成果奖共评选出特等奖 1 项、一等奖 3 项、二等奖 10 项、三等奖 30 项。

（中国长江电力股份有限公司　谢兴发）

黄河上游水电开发有限责任公司 2012 年经营管理情况

2012 年，黄河上游水电开发有限责任公司（以下简称“黄河水电公司”）营业收入达到 165.35 亿元，同比增长 26.14 %；上缴税费 21.7 亿元，同比增长 17%，经济效益和社会效益显著提高，荣获“全国五一劳动奖状”、青海省“2012 年度工业经济运行先进单位”、中国电力投资集团公司“先进集体”等荣誉称号。

（一）主要指标

2012 年，完成发电量 453.15 亿 kW·h，同比增长 28.1%。其中，水电 449.31 亿 kW·h，新能源发电 3.84 亿 kW·h。电解铝产量 56.1 万 t，多晶硅产量 808.03t，太阳能电池产量 121.22MW，电池组件产量 51.82MW。

截至 2012 年底，黄河水电公司电力总装机容量 1107.14 万 kW，其中，水电装机容量 1072.84 万 kW，光伏发电装机容量 34.10 万 kW，风电装机容量 0.2 万 kW。电解铝产能 55.5 万 t，多晶硅产能 1250t，太阳能电池产能 200MW，电池组件产能 150MW。公司资产总额 613.19 亿元，同比增加 34.11 亿元。资产负债率 80.3%，同比降低 2.06 个百分点。

（二）电力生产

发电量创历史最好水平，主要技术指标完成情况见表 1。

表 1　黄河水电公司 2012 年电力生产主要技术指标统计表

电站	发电量（亿 kW·h）		年完成率（%）	上网电量（亿 kW·h）	综合厂用电率（%）	连续安全生产天数（d）
	实发电量	计划电量				
班多	16.56	16.28	101.71	16.47	0.74	443
龙羊峡	72.82	72.80	100.02	72.30	0.71	5627

续表

电站	发电量（亿 kW·h）		年完成率（%）	上网电量（亿 kW·h）	综合厂用电率（%）	连续安全生产天数（d）
	实发电量	计划电量				
拉西瓦	124.45	124.38	100.06	123.96	0.40	1330
李家峡	70.06	70.31	99.64	69.80	0.37	4591
公伯峡	62.95	62.89	100.09	62.61	0.53	1680
苏只	10.84	10.81	100.32	10.76	0.80	2527
积石峡	32.91	32.65	100.81	32.72	0.60	752
盐锅峡	25.56	25.29	101.07	25.33	0.89	4244
八盘峡	10.53	10.40	101.29	10.42	1.10	556
青铜峡	13.55	13.23	102.45	13.34	0.73	4595
大通河梯级	6.01	5.75	104.54	5.88	2.23	—
龟都府	3.06	2.90	105.47	3.01	1.75	—
乌兰光伏	0.77	0.83	104.52	0.77		—
桑日光伏	0.13	0.13	103.78	0.13		—
景泰	0.16	0.16	102.64	0.16		—
格尔木光伏	2.58	2.49	92.71	2.58		—
金塔	0.0081	0.0090	89.66	0.0081		—
共和	0.16	0.14	113.42	0.16		—
河南	0.03	0.02	148.25	0.03		—
茶卡	0.000 07	—	—	0.000 07		—
总计	453.15	451.46	100.37	450.43	0.60	—

优化运行，增发电量。拉西瓦水库水位提升至2448m，积石峡水库水位开始向1850m提升，为提高电站防汛能力和机组出力水平奠定了良好基础。积极协调，多方争取，实现龙羊峡汛限水位动态控制，2012年末龙羊峡水库较2011年同期多蓄水24.8亿m^3。针对黄河上游的洪水特性，将降雨预报成果运用在龙羊峡水库的洪水调度过程中，真正实现洪水资源化利用；精心维护、精心操作，杜绝机组非停，有效避免了因为机组原因弃水；各径流式电站昼夜倒班不间断清理库区杂物，保证了拦污栅的安全，实现了主汛期各电站连续大负荷安全稳定运行。黄河水电公司最高日发电量达2.23亿kW·h，占西北全网发电量的1/4。全年水电发电量达449.31亿kW·h，较2012年初计划多发电量90亿kW·h，创历史最高纪录。

（三）综合产业

多晶硅单月产量达设计能力，铝业碳素系统达产，成本大幅降低，太阳能电池平均转换效率达行业先进值，综合产业产量质量稳步提升。

提高质量，降低成本。电解铝项目通过节能技术改造、强化过程管理和对标管理，主要能耗物耗指标显著降低。阳极炭块成本较2012年初降低605元/t。铝业8项对标指标值均达到集团公司基本标准值，达标率100%。多晶硅产品质量已能满足直拉法半导体分立器件和6英寸集成电路抛光片对高纯多晶硅的要求，多晶硅实验室取得中国合格评定国家认可委员会认可证书。单晶电池平均转换效率达18.5%，多晶电池平均转换效率达17%，单晶组件平均功率达245W，电池及组件产品质量稳步提升。

（四）项目建设

项目前期工作加快推进。2012年，黄河水电公司核准项目7项，总容量23.6万kW；取得省级同意开展前期工作的项目7项，总容量27万kW；西宁火电项目、龙羊峡水光互补项目取得国家级同意开展前期工作的路条，总容量164万kW；中国电力投资集团公司立项13项，总容量485万kW。与有关州、县政府达成风电及光伏发电开发意向项目12项，总容量190万kW。陕西李家梁风电一期项目核准，黄河水电公司在陕新能源项目实现零的突破。

水电建设全面推进。羊曲水电站溢洪道工程开挖完成，导流洞、泄洪洞工程正在施工，生活营地建设基本完成。茨哈峡水电站进场交通洞工程在确保安全的前提下，月均开挖进尺 123m，达到国内先进水平。通过大量的勘探、监测和科学地计算分析，果卜岸坡变形机理有了明确定论，果卜岸坡安全状况整体可控。借助防汛契机，协调地方政府有效破解积石峡库区移民难题，水库水位逐步提升。

新能源项目开发势头良好。2012 年，共和、金塔、河南及格尔木二期光伏电站相继投产，新增电力装机容量 7.1 万 kW。黄河水电公司第一个风电项目——茶卡风电并网发电，新增电力装机容量 0.2 万 kW。在建项目 7 项，总容量 22.63 万 kW。格尔木一期光伏电站荣获“2012 年度中国电力优质工程奖”。

西宁火电项目完成可行性研究收口，通过初步设计咨询，签订了三大主机设备采购及项目建设 EPC 合同。兰州新区热电联产项目通过中国电力投资集团公司立项，可行性研究工作全面启动。

多晶硅扩建项目投料试车。西安电池及组件项目建成投产，增建 50MW 组件线联动试车。西宁电池及组件项目 200MW 电池线＋200MW 组件线联动试车。

（五）安全生产

全力推进安全健康环境管理体系建设和安全生产标准化达标工作。大力开展隐患排查治理，提高设备可靠性。健全完善公司应急管理体系，组建公司层面抢险救援队伍。强化各板块事故应急演练。全年安全事件与 2011 年相比有较大幅度下降，机组运行实现零非停，实现了“八个不发生”安全环保工作目标。特别是面对黄河 20 年一遇的洪水考验，加强防汛力量，严格执行度汛方案，运用水库调节功能均衡控制下泄流量，强化设备预防性消缺与维护管理，在实现各站机组稳发满发的同时，保证了梯级电站和下游河道安全度汛。

（六）企业管理

管控模式调整初步完成。电站运行维护工作职责及人员平稳交接，辅业改革有序推进，管控一体化改革取得初步成效。

事权界定手册编制完成。职责权限和管理界面逐步厘清公司管理水平得到提高。

强化经营，争取政策，着力推动经济效益增长。针对发电量大幅增加的实际，加强与电网的沟通，水电实现足额消纳。在保证量的基础上，积极争取价的提高，各水电站送省外电量的销售价格均达到国家核定价格。甘肃境内水电站电价调升全面落实，全年增收 3517 万元。青铜峡、唐渠水电站并价工作取得实质性进展，为两站发电效益最大化提供了保障。针对电网吸纳新能源发电能力不足的实际，做好本地区光伏电站日发电量比对工作，努力化解电网对新能源发电项目的网络阻塞因素，减少弃光，提高新能源上网电量。

积极开拓短途运距市场，增加氧化铝现货采购，争取地方政府补助资金和电费补贴，统筹资金运用，有效控制电解铝项目经营成本。充分发挥晶硅光伏产业链协同优势，开展多晶硅料委托定制加工工作，一方面保证了黄河水电公司光伏电站建设质量，另一方面扶持了多晶硅、太阳能电池及组件产业发展。

针对融资困难，努力拓宽融资渠道，保证了黄河水电公司生产经营及建设发展的资金需求。积极开展融资创新和低成本融资工作，置换高利率贷款 22 亿元。加大承兑汇票支付力度和范围，节约利息支出 3215 万元。努力申请财政资金及 CDM 减排补贴，落实增值税“征八返九”及各类税费减免政策。认真开展低效、无效资产清理工作，强化股权管理，提高核心资产质量。完成长安保险经纪公司股权转让和新能源发电项目收购重组工作，改善黄河水电公司资产负债率、流动资产周转率。加强应收账款清理和废旧物资处理，有效控制财务与经营风险。

深入开展管理提升活动，查找管理瓶颈和薄弱环节，全面完成自我诊断等基础工作，对查找出的 101 项管理问题，落实责任，实施改进。按照管控一体化要求，完成电力板块管控模式调整。编制事权界定手册，对 94 项主要业务建立完整流程，为 ERP 建设奠定良好基础。开展以风险预防为导向的任中经济责任审计工作，进一步强化事中监督力度。制定“七统一”实施细则，全面推进集约化管理，不断强化二级单位利润中心、三级单位成本中心定位。制定完善辅业改革实施方案，有序开展资产处理、股权收购、人员安置前的调查、协商和准备工作，稳妥推进辅业改革。充分发挥法律服务职能，防范法律风险，保障公司合法权益。进一步加大干部竞争性选拔力度，扩大选拔范围，提高选拔层次，完善选拔方式方法，全年新任命的中层干部 55%以竞聘方式产生。

（七）问题和不足

一是面对黄河水电公司多产业快速发展，有些领导干部缺乏工作前瞻性和科学性，处理问题简单化，日常工作处于疲于奔命状态，工作效率、分析和协调解决问题的能力有待提高。个别干部大局意识淡薄、组织观念弱化、执行力不高，在个人利益面前患得患失，缺少合格干部应有的素质。二是企业在高速发展过程中，管理理念、基础管理水平、班组建设水平参差不齐，与一流企业存在差距。特别是在黄河水电公司光伏电站建设迅猛发展时期，电站的管理模式、管理手段相对滞后。非电产业与同行业先进水平相比也存在一定差距。三是黄河水电公司技术创新和管理创新水平尚不能满足快速发展的需要。四是绩效考核、收入分配机制与产业集群管理不相适应。

（黄河上游水电开发有限责任公司　许为宁　张文俊）

国网新源控股有限公司 2012年经营管理情况

（一）单位概况

国网新源控股有限公司（以下简称“新源公司”）于2005年3月31日成立，是国家电网公司的全资子公司。目前，与国网新源水电有限公司实行一个班子、一套机构、两块牌子的一体化管理模式，合计注册资本金43亿元，主要负责开发建设和经营管理国家电网公司经营区域内的抽水蓄能电站、部分常规水电站项目，在国家电网公司战略布局中具有重要地位。

截至2012年12月底，新源公司资产总额552.81亿元，管理单位48家，分布在17个省（市），员工总数5654人，管理装机容量2556.775万kW。

按照国家电网公司战略部署，适应清洁能源迅猛发展和智能电网加快建设需要，新源公司正大力推进“三步走”发展战略，着力建设创新能力强、风控能力强、支撑作用强、竞争优势强，经营业绩优、布局结构优、治理机制优、企业形象优，具有国际一流水平的调峰调频电源专业运营公司和清洁能源公司，更好地服务国家电网公司“一强三优”现代公司建设。

（二）安全生产情况

2012年，新源公司强化运行、检修全过程管理，精心组织春秋季检修预防性试验、迎峰度夏（冬）、防洪度汛和十八大保电等重点工作，保持了安全生产良好局面。未发生有人员责任的重大及以上设备、火灾事故，未发生恶性误操作事故、水淹厂房事故、重大垮塌事故和火工品流失事件。抽水蓄能机组发电启动13843次、成功率99.82%；抽水启动8908次，成功率99.49%；等效可用系数为91.42%。常规水电机组发电启动10069次，成功率100%，等效可用系数为91.01%。设备运行情况总体平稳。

（三）发展工作情况

1. 规划选点工作　2012年，新源公司联合水电水利规划设计总院，历时3年有余，基本完成国家电网公司经营区域抽水蓄能选点规划工作。该次选点规划覆盖了20个省（市）区，选取规划站点近100个，规划容量1.2亿kW，是国家电网公司经营区域第一次大规模、系统性、全局性抽水蓄能站点资源普查，实现了国家电网公司经营区域抽水蓄能开发的系统优化布局，为实现国家能源局提出的2020年我国抽水蓄能达到7000万kW的规划目标提供了重要保障。

截至2012年底，新源公司已完成国家电网公司经营区域范围内江苏、福建、浙江、安徽、湖南、湖北、重庆、河北、山东、内蒙古、甘肃、陕西、山西、新疆、黑龙江、吉林和辽宁共17个省（直辖市、自治区）抽水蓄能电站选点规划审查工作，国家能源局已批复了福建、陕西、安徽、山东、湖南、重庆、江苏、新疆、甘肃、内蒙古和河北12个省（直辖市、自治区）抽水蓄能选点规划。新源公司抽水蓄能的开发建设已全面步入合理、有序开发轨道，为实现新源公司安全健康快速发展打下了坚实基础。

通过本次规划选点，在传统优化布局理论的基础上逐步适应国家能源发展新形势需要，探索形成了“风蓄、核蓄”互补的布局理论，促进了社会各方在抽水蓄能与核电风电配套、高水头抽水蓄能电站开发、现有水库利用、抽水蓄能功能定位及未来发展等认识方面取得突破性进展，进一步丰富发展了我国抽水蓄能优化布局理论，将对我国抽水蓄能发展起到重要推动作用。

2. 项目前期工作　2012年，新源公司丰宁、荒沟、绩溪、敦化、丰满大坝重建5个项目取得了国家发展改革委的核准，文登、天池项目转入核准项目序列，蟠龙、镇安、金寨、沂蒙4个项目取得“路条”批复，蟠龙、沂蒙、厦门、镇安和金寨5个项目可行性研究工作全面推进，阜康、句容2个项目上报了“路条”申请，丰宁二期等20余个预可行性研究项目有序开展。

（四）工程建设情况

严格工程总体布置、施工总布置、关键设备参数等重大技术方案审查，组织开展安全质量流动红旗竞赛活动，单元工程优良率达到94.14%。严格推行执行概算，加强合同履约管理和工程完工结算及竣工决算管理，提高了项目造价管控水平。辽宁蒲石河抽水蓄能电站、安徽响水涧抽水蓄能电站、柬埔寨基里隆Ⅲ号水电站全部建成投产，福建仙游抽水蓄能电站首台机组并网发电，丰满大坝全面治理（重建）工程开工建设，江西洪屏抽水蓄能电站、浙江仙居抽水蓄能电站建设顺利推进。河南宝泉抽水蓄能电站工程通过国家电网公司优质工程检查，安徽琅琊山抽水蓄能电站工程获得国家优质工程奖。

（五）企业管理情况

深入开展管理提升活动，持续加强基础管理，加速推进新源公司一体化标准体系建设，构建了一体化标准体系框架，建成了包括345项管理标准和89项规章制度在内的一体化标准制度体系，实现了新源公司纵向管理的流程贯通和横向业务的同质化管理。

（六）科技工作情况

抽水蓄能机组设备国产化研究工作进展顺利。2012年6月19日，由新源公司和国网电力科学研究院共同完成的“抽水蓄能机组启动变频器国产化研制”科技项目通过国家电网公司验收。启动变频器是抽水蓄能电站的核心控制设备，其技术与市场长期被少数国外企业所垄断。抽水蓄能机组启动变频器的成功研制，标志着我国已完全掌握启动变频器核心关键技术，打破了国外企业的长期技术垄断，突破了该技术领域国产化的技术瓶颈，提高了国内抽水蓄能机组自动化核心技术水平，极具推广应用价值。

编制完成5项电力行业标准、4项国家电网公司技术标准。全年新源公司取得专利授权66项，2项专利获得国家电网公司专利奖。

（七）其他

(1) 辽宁蒲石河抽水蓄能公司、吉林松江河水电公司、丰满培训中心获得“全国五一劳动奖状”，6家单位获得“全国‘安康杯’竞赛活动优胜单位”荣誉称号。

(2) 2012年6月20日下午，时任中共中央政治局常委、全国人大常委会委员长吴邦国专程视察金寨抽水蓄能电站项目，详细询问了抽水蓄能电站项目规划设计、建设工期、设备国产化等具体情况。吴邦国对国家电网公司积极推进皖电东送特高压工程建设、加快金寨抽水蓄能电站项目建设、服务革命老区经济社会发展给予了充分肯定。他指出，抽水蓄能既经济又环保，是目前最好的储能方式，对促进新能源发展、增强电网调频调峰能力起着重要作用。他要求国家电网公司认真组织，高质量完成金寨抽水蓄能电站项目的建设。

（国网新源控股有限公司 韩 冰）

湖北清江水电开发有限责任公司2012年经营管理情况

2012年，湖北清江水电开发有限责任公司（以下简称“清江公司”）完成发电量69.67亿kW·h，上网电量69.09亿kW·h，上缴各项税收共计5.65亿元。在严控安全发电生产的同时，积极支持库区各项建设，并在防洪、航运和旅游方面发挥了巨大的社会效益。

2012年，水布垭工程建设，完成大坝330m高程以上全部面板的水下检查，检查面积达14 500m^2；完成315m平台整治及检修用房主体框架、左岸护岸工程L8～L9段、左右岸洞室维修加固工程的施工；长阳县水布垭坝区移民工作通过了验收，电站工程竣工移民安置验收（终验），省级验收合格。为支持库区交通，维护库区社会稳定，2012年，清江公司实施了恩施市芭蕉乡小河中桥复建项目，水布垭水库水位降至375m以下并维持60d。

2012年，清江公司对质量、安全、环境职业健康管理体系开展内部审核，对所有不符合项采取了纠正或预防措施。在整改中，加强了基础台账的管理，进一步推动信息化管理；通过统一、协调、简化、优化，确保了标准执行的有效性；根据清江公司实际情况调整管理目标，将半年和全年工作总结与管理评审工作相结合，将标准执行的考核纳入到年底经济责任考核当中。2012年底，清江公司一次顺利通过中电联（北京）认证中心现场再认证审核，并获得“2012年度电力行业管理体系认证先进企业”称号。

（湖北清江水电开发有限责任公司）

华能澜沧江水电有限公司2012年经营管理情况

2012年，华能澜沧江水电有限公司（以下简称“澜沧江公司”）深入贯彻落实科学发展观，强化管理，攻坚克难，各项工作取得了较好成绩。云南省内装机容量最大的糯扎渡水电站实现投产发电，澜沧江流域环评获得批复，果多水电项目获得核准。截至2012年底，澜沧江公司全年完成基建投资187.48亿元，约占云南全省电力建设投资的21.73%，约占云南全省固定资产投资2.48%；全年新增装机容量240万kW，总装机容量达到1124.15万kW，约占云南全省统调装机容量的29.11%，约占云南全省统调水电装机容量的44.79%；以糯扎渡水电站7号机组接入集控为标志，澜沧江公司远程集控容量达1047万kW，居国内第一；全年完成发电量424.28亿kW·h，约占云南全省统调发电量的30.95%，约占云南全省统调水电发电量的45.68%；澜沧江公司资产规模突破千亿元大关，达1030.30亿元，综合实力进一步增强，继续保持云南省最大发电企业地位。

（一）安全工作

扎实开展安全生产年活动，以“打非治违”、隐患排查治理及反违章专项行动、安全生产标准化建设和达标评级为抓手，集中治理安全生产各类隐患、非法违法及违规违章行为，创新安全管理思路，管理水平不断提高。全面总结历年防洪度汛工作经验，提高水情雨情预报水平，各项措施落实到位，顺利实现安全度汛。扎实做好生产和基建项目安全生产标准化建设及达标评级工作，圆满完成十八大电力安全保证任务。景洪电厂连续3年实现无非计划停运，保持长周期安全、稳定运行；龙开口等工程保持了自开工筹建以来的“零事故”目标，澜沧江公司系统未发生各类生产安全事故，安全生产状况总体稳定。澜沧江公司再次被云南省安委会考核评定为“年度安全责任状优秀单位”，在被考核单位中名列前茅。

（二）电力建设

合理控制工程建设节奏，统筹安排投资预算，实现了投资安排与工程建设进度的协调推进，在建、筹建装机规模达1507万kW。小湾水电站2012年10月首次蓄水至1240m正常蓄水位，“龙头水库”的综合效益得到全面发挥；糯扎渡水电站提前实现“一年三投”目标；功果桥水电站全部机组实现投产发电，主要工程全面完工；龙开口水电站实现下闸蓄水；西藏果多水电站（16.5万kW）实现大江截流；苗尾（140万kW）、黄登（190万kW）、乌弄龙（99万kW）、里底（42万kW）、大华桥（92万kW）、托巴（140万kW）水电站工程筹建工作稳步推进。

（三）生产经营

不断完善生产管理体系，推进生产管理标准化建设，加强设备维护管理，保持机组健康水平；在流域来水偏枯的情况下，优化流域梯级调度，挖掘发电潜能，首度实现枯季无亏损和全年利润持续增长目标；强化流域集控管理，集控容量达1047万kW，迈入世界领先水平。着力推进“增供扩销”实现多发电，克服各种不利因素影响，超额完成发电量23.25亿kW·h，平均发电利用小时数同比提高457h，在云南省内居五大发电集团首位。实现各个月份全部盈利，各项经营指标全面超额完成年度任务，并实现了发电量增幅大于平均发电容量增幅，收入增幅大于发电量增幅，利润增幅大于收入增幅。

（四）项目前期

龙开口、果多水电站，白鹤厂、野猫山风电项目获得核准，苗尾、里底项目启动了核准程序；流域规划环评获得环保部批复；如美水电站“路条”获得批复，项目启动了可行性研究设计，杨家房、大田山风电项目获得“路条”；古水河段两级开发方案获得两省区联合批复，古水水电站预可行性研究报告通过审查。与缅甸签订了仰光燃气蒸汽联合循环电厂项目MOU，与柬埔寨皇家集团签订能源合作框架协议和排他性合作谅解备忘录，开展项目投资机会研究。与云南省煤田地质局签署了页岩气开发战略合作协议，先期介入页岩气资源开发的前期工作。功果桥水电站CDM项目注册成功，为澜沧江公司下一步在CDM领域发展探索出了成功经验。

（五）财务工作

加强与各大银行的沟通协调，全力推进直接融资工作，保障了各项工作的顺利开展。制定年度资金保障方案，提前筹划资金来源，实时监控澜沧江公司资金风险，努力降低资金沉淀，提高资金使用效率。不断加强预算管控能力，确保经济活动和各项绩效指标可控、在控。完善科学合理、公平公正的绩效考核办法，不断提升绩效考核管理水平，实现绩效考核全员、全过程覆盖。圆满完成股权融资和财政贴息申报工作，改善了财务状况，增强了债务融资能力，提升了澜沧江公司经济效益。澜沧江公司公开化市场评级主体信用级别继续保持AAA（最高级）。

（六）科技创新

组建成立了科技研发中心（科技管理部），开展国家能源水能高效利用与大坝安全技术研发（实验）中心的建设和研究工作，强化了科技创新平台建设。国家“十二五”科技支撑计划项目出库基本完成，即将全面启动。依托古水、如美水电站组织开展300m级高面板堆石坝安全性及关键技术研究。科技奖励、专利申报工作取得新进展，“高坝动静力超载破损机理与安全评价方法”项目获国家科技进步二等奖；“大型水电站进水口分层取水研究”获云南省科技进步一等奖；“超高心墙堆石坝关键技术研究及工程应用”项目申报了云南省及中国华能集团公司科技进步一等奖；600mm超大型击实仪取得国家实用新型专利；马洪琪同志荣获“云南省科学技术杰出贡献奖”和“何梁何利科学技术奖”。

（七）企业管理

积极组织开展世界一流水电企业创建工作及管理提升活动，结合水电行业实际，提出“六个一流”目标，明确“八大战略”任务，制定“三大保障”措施；编制印发创建世界一流水电企业总体实施方案、管理提升活动实施方案，明确责任分工，细化实施步骤。同时，积极开展员工建言献策活动，开辟创一流专题网页，定期编制创一流工作简报，组织人员分生产、基建组外出调研，提高员工对创一流工作的认识。研究开展了内控手册编制工作，强化保密工作宣贯，修订《公司三重一大决策实施办法》，不断强化内部管理，努力提升企业管理水平。2012年，澜沧江公司荣获国家级管理创新成果二等奖1项，电力行业管理创新成果一等奖1项、二等奖2项。

（八）党建工作及精神文明建设

澜沧江公司党组以党的十八大精神为指导，切实服务澜沧江公司发展大局，加强思想、组织、作风、反腐倡廉和制度建设，在深化创先争优中开展基层党组织建设年活动，积极推进学习型党组织建设，深入开展“跨越发展先锋行动”，为澜沧江公司发展提供坚强的思想保证和组织保证。深入开展党风廉政宣传教育，切实落实党风廉政建设责任制，着力推进纪检监察工作标准化、规范化建设，从严规范领导干部及党员的从业行为。2012年，澜沧江公司荣获“中央企业思想政治工作先进单位”、澜沧江公司党组荣获云南省国资委党委“创先争优组织奖”，小湾水电站党委荣获“全国创先争优先进基层党组织”称号。在文明单位创建活动中，漫湾电厂连续3届保持全国文明单位称号，小湾电厂荣获“第三批全国文明单位”称号；澜沧江公司本部、景洪水电厂、糯扎渡水电站、苗尾·功果桥水电站、龙开口水电站荣获“云南省文明单位”称号。

(九) 和谐水电建设

严格按照环保、水保“三同时”要求，建立健全环境保护管理体系，不断加强和规范建设项目生产生活废污水处理、粉尘噪声防治、垃圾填埋场运行管理、渣场挡护、工区绿化美化等环保水保措施，努力做到“零排放”。完成基独河四级电站拆除，恢复天然河道、建立鱼类保护栖息地；顺利完成鱼类年度增殖放流和捕捞过坝任务，其中糯扎渡水电站增殖放流的巨魾在世界上首次人工繁殖成功并实现放流；龙开口水电站成功完成2012年短须裂腹鱼和岩原鲤人工繁殖工作，并被云南省渔政执法总队推荐为“渔业资源修复保护示范单位”。

根据工程建设进度，认真做好征地移民工作，在满足工程建设需要的同时实现了移民“搬得出、稳得住、能发展”。不断完善和创新“新农村”建设工作思路，提出了以实施素质提高、民生保障、民族文化和生态保护等四大工程为主要内容的新一轮“百千万工程”计划，深入推进平安和谐工（厂）区创建，继续保持了电站施工区（电厂）及周边社会的平安、稳定。开展了第六个华能澜沧江水电职工爱心基金募捐活动，澜沧江公司近2500名员工踊跃捐款，共募集爱心扶贫基金150万元，向昭通地震灾区捐款318万元。在电站涉及区开展结对助学突破3000人次，结对助学款达100万元。

(华能澜沧江水电有限公司)

中国华电集团公司四川公司 2012年经营管理情况

(一) 概况

中国华电集团公司四川公司（以下简称“华电四川公司”）是中国华电集团公司在四川设立的分公司，按照中国华电集团公司授权和委托，负责中国华电集团公司在川企业管理，现与华电四川发电有限公司、华电金沙江上游水电开发有限公司实行“一个机构，三块牌子，合署办公”。

华电四川公司共有30家企业，运行装机容量821万kW，固定资产480亿元，员工近8000人。运行的水电厂主要有宝珠寺、紫兰坝、瓦屋山、泸定和杂谷脑河、西溪河流域梯级电站。在建项目总装机容量300万kW，主要有凉山州木里河流域梯级水电站、俄日河梯级水电站、绰斯甲河蒲西电站、安宁河下游梯级水电站等。规划建设项目总装机容量1200万kW，主要有金沙江上游川藏段梯级水电站、金沙江上游支流水电站等。

2012年，华电四川公司总装机容量821万kW，其中火电504万kW、水电317万kW；全年发电量265.88亿kW·h，同比减少7.17亿kW·h，降低2.63%。火电厂供电煤耗334.55g/(kW·h)，同比下降2.74 g/(kW·h)；火电厂厂用电率6.17%，同比下降0.27个百分点；水电厂厂用电率0.25%，同比下降0.04个百分点。

(二) 经营管理

2012年，面对煤价高位运行、电力需求不旺、新投水电较多、水电大量弃水、火电大量减发、财务费用增加、资金供应紧张等突出困难和巨大压力，华电四川公司牢牢把握全力提效、稳健发展、控制风险的总基调，以创造可持续价值为主导，以“双提升、创一流”为主线，全力以赴，攻坚克难，狠抓落实，实现了区域扭亏为盈，扭亏增盈，成效显著。

(1) 努力多发优发电量。全力争取减少外购电、增加外送电，四川主网5～11月外送电量达263亿kW·h，主网外购电量较计划减少16亿kW·h，有效拓展了电力市场空间，缓解了发电市场压力。优化水库调度，优化机组运行，尽量减少弃水，努力多发优发水电，华电四川公司水电同比多发12.91亿kW·h。

(2) 切实抓好电煤供应。建立电煤供应主渠道，与重庆市能源投资集团公司签订煤炭购销战略合作协议。在电煤供大于求时段实施“招标采购，询价补充”采购策略，全力降低采购成本，全年共进电煤1098万t，入厂标准煤单价同比下降48.52元/t，节约燃料成本2.94亿元，丰存枯用电煤239万t，没有因缺煤影响发电。

(3) 切实抓好扭亏增盈和风险控制。一厂一策研究制定扭亏增盈实施方案。加大筹资和融资力度，协调解决下属公司资金接续问题，维护华电四川公司的银行信用。按照“保必须、保在建、保重点”的原则，从严控制投资规模，努力降低资产负债率。修订华电四川公司《合同管理办法》，进一步规范合同授权、签订程序和各类文本，把好合同法律审核关。

(4) 切实抓好安全生产。全面落实安全生产责任制。开展安全文明生产标准化管理、安全性评价、隐患排查治理、春秋季安全大检查、“打非治违”和外包工程治理等安全专项活动。切实抓好机组检修维护和技术改造，完成机组大小修 49 台·次，设备可靠性提高，机组强迫停运同比减少。加强基建安全管理，强化应急演练，建立健全风险预防机制，切实抓好移民、工程建设稳定工作和员工队伍稳定。

（5）扎实开展“双提升、创一流”工作。成立领导小组和工作小组，研究制定实施方案。开展“管理诊断，整改提升”活动，公司系统共诊断出问题和不足 447 条，并积极组织整改。以国务院国资委和中国华电集团公司部署的 13 个领域为重点，研究制订专项提升工作方案，积极推进实施。宝珠寺电厂被命名为中国华电集团公司五星级发电企业。华电四川公司授予宝珠寺电厂、广安公司“2012 年度一流企业”称号。

（三）区域项目发展

全力加快结构调整，大力发展水电，优化发展上下游产业，建并结合，优化电源结构和资产布局。2012 年，华电四川公司资产结构明显改善，盈利能力逐步增强。

（1）科学、稳妥、加快推进金沙江上游川藏段水电资源开发。金沙江上游流域水电规划于 2012 年 7 月正式取得批复，岗托、波罗、巴塘、昌波水电站于 2012 年 9 月取得“路条”，川藏段 7 级电站共 1000 万 kW“路条”也全部取得国家发展改革委批复。苏洼龙、拉哇、叶巴滩水电站可行性研究设计和岗托、波罗、巴塘、昌波水电站预可行性研究设计加快推进。苏洼龙水电站“三通一平”环评和水保报告分别通过国家环境保护部、水利部审批。巴白路、巴拉路和苏洼龙水电站 4、8 号场内道路加快建设，同波路通过核准。结合川藏联网优化施工用电方案，并开展设计。业主营地完成选址和规划方案设计。流域送出规划通过国家电网公司审批。编制完成电站移民安置方式和征地补偿标准建议，明确了近期移民补偿安置处理原则和多种安置方式。积极推动建立协调机制，2012 年 12 月 28 日，国家能源局正式召开金沙江上游水电协调机制启动暨协调领导小组第一次会议，正式建立了国家层面协调机制，并对有关重大问题进行了协调和安排部署。金沙江上游川藏段水电开发在十分艰难、复杂的情况下积极有效推进，不断取得重大突破和进展。

（2）科学、有序推进其他流域和项目开发。木里河流域开发建设积极有序较好推进，俄日河红卫桥、俄日电站预可行性研究报告通过审查，可行性研究设计顺利推进。取得盐源县 4 个风电项目共 20 万 kW“路条”，并完成预可行性研究设计。

（3）积极、稳妥、慎重推进川南区域产业发展。研究制定川南区域产业发展实施方案，成立华电四川公司川南产业发展领导小组及工作组，确定了“积极研究推进页岩气开发利用，科学有利有序关停老小火电机组，择机择优发展煤炭、火电和存量土地开发”的发展思路。与内江市政府签订了页岩气开发利用战略合作框架协议，推进内江市中石油示范区以外页岩气资源先期调查、评价和有利区块选取工作。稳妥推进宜宾公司小火电机组关停，积极争取宜宾公司、黄桷庄电厂关停后原址土地处置的有利政策。

（4）切实加强工程建设管理。木里河流域各项目建设进展顺利，西溪河洛古、联补、地洛电站工程通过中国华电集团公司达标投产竣工考核，杂谷脑狮子坪水电站概算调整报告通过水电水利规划设计总院审查，珙县电厂一期 2×60 万 kW“上大压小”新建工程获 2012 年度中国电力优质工程奖。

（四）人力资源管理

深入开展“四好”领导班子创建活动，宝珠寺电厂等 4 家单位被评为中国华电集团公司“四好”领导班子。加大竞争性选人用人力度，全年共考察调整领导干部 43 人，新增和空缺领导干部岗位公开选拔比例达 76%。组织开展中国华电集团公司“70、80 工程”人选推荐，及时调整补充后备干部人才库。制定华电四川公司《水电项目生产准备人员配置指导意见》。推进按定员组织生产，完成 4 家企业关停机组定员调整。加强劳动合同、劳务用工和社会保险管理，防范劳动用工风险。加强人工成本管理，规范和调整水电项目公司津补贴待遇，充分发挥薪酬激励作用。加强人才开发，完成生产人员 3 年轮训，选拔华电四川公司首届专业技术带头人 3 名、岗位能手 60 名。完善人才评价体系，初步实现教育培训闭环管理。落实未移交地方政府管理留在企业的退休教师待遇。推进人力资源信息化管理，干部管理、组织人事、劳资报表等模块投入运行。

（中国华电集团公司四川公司）

大唐岩滩水力发电有限责任公司 2012 年经营管理情况

岩滩水电站位于广西大化瑶族自治县岩滩镇，为红水河上梯级电站之一，其中一期工程安装 4 台单机容量 30.25 万 kW 混流式水轮发电机组，运行保证出力 242MW，年设计发电量 56.6 亿 kW·h；二期扩建工程计划安装 2 台 30 万 kW 发电机组，建成后总装机容量为 181 万 kW，年均发电量 75.47 亿 kW·h。

2012 年，大唐岩滩水力发电有限责任公司（以下简称“岩滩公司”）克服了上半年红水河余旱及政策变化给生产经营带来的种种困难，稳中求新，各项工作都取得了长足进步。在“一流企业”评比 19 项评价考核指标中，岩滩公司有16项指标达到中国大唐集团公司最佳水平；在两全系统年度24项业绩考核指标中，有18项指标达到了创优值。

（一）主要指标完成情况

（1）发电量完成58.28亿kW·h，较2011年增长11.23%，完成年度计划的96%。

（2）设备平均累计利用小时数达4816h，同比增加了11.23%，比全区平均值高1553h，处于全区先进水平。

（3）主营业务收入79 884万元，比2011年增加了9213万元，同比增加13%，完成年度预算的96.17%。

（4）利润总额完成35 114万元，比2011年增加了5665万元，增加19.23%，比预算增加914万元，完成预算的102.67%。

（5）发电耗水率为6.59m^3/(kW·h)，比2011年下降0.01m^3/(kW·h)，比前5年平均值低0.06m^3/(kW·h)。

（6）非计划停运次数为0次/台。

（7）投资完成79620万元，为计划的96.3%；投资完成偏差率为3.7%，同比减少3.13%，投资控制在三线目标值8%以内，在同行业中居于优秀水平。

（二）安全生产管理

（1）2012年，设备共发生缺陷45项，均为三类缺陷，比2011年同期减少了17项，减少27.4%，缺陷处理率达100%，企业安全文化建设不断深化，安全生产平稳持续向好。2012年9月，岩滩公司被评为中国大唐集团公司“标准化良好行为企业”试点单位，成为大唐广西分公司的第一家、也是唯一的一家列入该项试点的企业。2012年12月，通过第三方评审，岩滩公司获评国家电力监督委员会颁发的“安全生产标准化一级达标”企业，也是大唐广西分公司首家获此资质的基层发电企业。

（2）通过水库精细化调度与控制，水能利用提高率为5.56%，节水增发电量3.07亿kW·h，增加收入近5000万元。加强“专人专项”紧盯电费回收，保证电费回收率达到100%，为岩滩公司节约财务费用765.85万元。通过延期支付移民资金，减少贷款规模1.5亿元，年度节约利息支出815.60万元；通过贷款置换，节约利息支出212万元。年度技改、修理项目资金完成率均超过99%，达到大唐广西分公司考核优良水平。2012年，岩滩公司资产负债率为41.50%，比预算目标51%低9.5%，年内资产负债率可控、在控。

（3）2012年，组织了19个QC课题，收到102项合理化建议；向中国大唐集团公司、中国水力发电工程学会申报了3项科技成果参与评审；推荐24篇科技论文参与中国大唐集团公司评审，还推荐了8篇论文参与广西自然科学优秀论文评奖。组织申报的3项管理成果分别荣获“全国电力行业企业管理创新成果”一等奖1项、三等奖2项。有2项发明专利申请并获受理。在1、2、3号机组转轮改造取得成功的基础上，2012年对该型机组进行科研论证，4号机组的“精品转轮”再获优化，转轮的尺寸偏差、平整度、焊缝残余应力都达到最优的水平，解决了困扰机组稳定运行的振动问题。

（三）二期扩建工程建设

（1）通过创新实行安全管理“134 570”模式，建立完善安全生产管理体系，促进安全施工。全年安全生产形势总体平稳，实现零事故目标，实现了工程安全度汛，继续保持集团“安全文明施工样板工地”称号。

（2）坚持以“一流水平达标投产，创中国电力优质工程奖和国家优质工程银奖”为目标，开展质量管理工作。自开工以来，土建工程完成单元工程验收评定982个，优良率91.7%；分部工程验收评定7个，优良率100%；机电安装工程完成单元工程验收评定7个，优良率100%；工程整体建设质量优良，岩锚梁、主变压器洞等混凝土的浇筑质量达到国内先进水平，以96.01%的得分率通过中国大唐集团公司2012年度达标投产年度考核。

（3）制定考核与激励机制，科学管理，到2012年底，抢回了滞后的工期，主关键线路进度赶上大唐广西分公司内控的总进度计划，比中国大唐集团公司批复的总进度计划提前5个月，为2013年底首台机组投产发电打下坚实基础。

（4）通过对进水口预留岩坎围堰拆除、尾水隧洞及尾水边坡开挖支护、转轮加工厂、尾水启闭机等设计方案进行优化，节省了投资，缩短了工期。严格“三重一大”决策程序，规范合同管理、投资计划管理，2012年，完成年度投资计划100.01%。

（四）职工队伍建设

出台了《员工职业生涯规划岗位动态管理办法》，积极推进“112人才工程”建设，2012年共有18人分获中国大唐集团公司A、B、C级“112人才”称号。全年共有7人完成学历提升取证，28人提升专业技术职务资格，17人提升专业技能等级。

2012年，举办了17个专业347人·次的技能竞赛（调考）活动，举办了2期120人·次干部履职能力提升培训班，有效提高各级管理人员的岗位履职、创新能力。

岩滩公司文明平台年度总考核得分131.69，在中国大唐集团公司总排名第40位，在大唐广西分公司系统5家单位中排在第2位，获得了中国大唐集团公司“文明单位”荣誉称号，保持了7年连续授勋的光荣纪录。

2012年，岩滩公司荣获了“2012年全国发电企业建设实践标兵单位”和大唐广西分公司“劳动竞赛先进单位”、“青春杯”安全知识竞赛第一名、“解放思想更新观念”辩论赛第二名等荣誉。

（大唐岩滩水力发电有限责任公司　包　波　姚　凌）

华能澜沧江水电有限公司漫湾水电厂创新生产管理模式

华能澜沧江水电有限公司漫湾水电厂（以下简称“漫湾电厂”）位于云南省云县和景东县交界的澜沧江中游河段上，是云南省第一座百万千瓦级大型水电厂，也是我国第一座由中央和地方合资建设的大型水电工程。漫湾电厂总装机容量为167万kW，为“一厂三站”式分布，共有3个厂房，分别为一期厂房、二期厂房和田坝厂房。

针对“一厂三站”设备可靠性差、系统性弱、集成度低、管理分开、标准流程各异、人员配置不同、配合困难等问题，漫湾电厂为适应华能澜沧江水电有限公司“大公司、小电厂、远程集控、统一运营”的总体规划，以本质安全为基础，从设备、检修、维护、运行等生产管理的多个方面入手，努力实践先进的电力生产管理模式，提升自身生产管理水平和核心竞争力。

漫湾电厂通过对3个厂房的设备治理、系统化建设、自动控制单元建设，实现了设备可靠、智能、高度集成，在控制层面上实现了统一，在硬件上具备了“一厂三站”集成统一管理。通过统一生产管理，漫湾电厂在2007年已实现“一厂三站”远程集中控制，2008年实现“一厂三站”的少人值守，主厂房保持两人值班、其余两个站无人值班。通过强化运行人员和专业技术人员之间的融合等管理上的不断创新，漫湾电厂在2012年实现了“一厂三站”模式下的“运维合一”；通过终结辅助监盘、加强设备运行趋势分析，进行在线监测设备的建设，注重设备异常的预防，加强人员应急处置能力培养，推进“一厂三站”模式下的无人值班工作。

漫湾电厂“一厂三站”水电厂生产管理模式的应用产生了显著效果：2011年实现全年“无非停”，荣获南方电网年度安全生产先进单位；截至2012年12月31日，漫湾电厂连续安全运行3233d；2012年超额完成全年发电任务，机组等效可用系数、机组利用小时数等生产指标均处行业领先；自动开停机成功率一直在98%以上，高于无人值班95%的指标；电厂AGC功能能实时响应电网需求，AVC功能实现母线电压的实时控制，母线电压波动小，母线电压合格率为100%，一次调频功能、PSS功能完备，能最大限度地保障电网频率稳定和抑制功率振荡。漫湾电厂员工从500多人精简到目前的141人，生产效率提高，效益突出。

漫湾电厂“一厂三站”的生产运行管理模式，实现了二期厂房、田坝厂房“无人值班”，实现了“运维合一”，是对华能澜沧江水电有限公司电力企业生产管理模式的成功应用，对后续功果桥苗尾、黄登大黄桥等“一厂多站”电厂运营具有一定的借鉴作用，为继“远程集控”后推进现场“无人值班”生产管理模式提供了有益经验。

（华能澜沧江水电有限公司漫湾水电厂）

12

水电站生产运行

电力生产及管理

中国长江电力股份有限公司2012年电力生产情况

（一）发电量完成情况

中国长江电力股份有限公司（以下简称长江电力或公司）2012年全年发电量创历史新高，总发电量达到1163.22亿kW·h，较2011年同期增加23%。其中，宜昌区域的三峡电站完成发电量981.07亿kW·h（含三峡电源电站4.93亿kW·h），较2011年同期增加25.31%；葛洲坝电站完成发电量166.42亿kW·h（含葛洲坝自备电站1.06亿kW·h），较2011年同期增加2.32%；金沙江区域的向家坝电站首批3台机组投产完成发电量15.72亿kW·h，完成年度发电计划（13.7亿kW·h）的114.77%。

2012年，三峡一葛洲坝梯级枢纽坝址来水总量为4480.77亿m^3，年平均流量为14 200m^3/s，相应来水频率51.1%，较多年均值（14 300m^3/s）偏枯0.7%，较2011年同期偏丰31.96%。

2012年度，三峡电站计划取水4164.04亿m^3，实际来水4480.77亿m^3，实际发电用水4191.67亿m^3。葛洲坝电站实际入库4547.13亿m^3，实际发电用水3671.06亿m^3，2、4、6、7、8、11月实际取水量比计划取水量小。三峡一葛洲坝梯级电站全年累计节水增发电量75.86亿kW·h，其中，三峡电站65.34亿kW·h，葛洲坝电站10.52亿kW·h。梯级电站水能利用提高率6.94%，其中，三峡电站6.97%，葛洲坝电站6.75%。

（二）安全生产情况

机组各项指标保持较高水平。三峡电厂实现了全电站2250万kW设计额定出力累计运行711h、大于2000万kW累计运行1437.7h的良好业绩。葛洲坝电厂全年机组满负荷运行3421.6h，机组平均运行6674.71h，是近4年来最高水平，其中，3号机组全年运行时间长达8111.57h；全厂全年自动开停机成功率99.76%，机组平均开机时间3.6min，平均停机时间2.48min。

顺利完成三峡—葛洲坝梯级电站年度岁修任务。在2011～2012年度岁修中，完成了三峡电站1、7、13、2号等4台机组B级检修任务和葛洲坝电站7、11、14、2号等4台机组B级检修等检修任务。在2012～2013年度岁修中，计划进行三峡电站2、11号等2台机组和B级检修4、5、6、11号等4台机组推力头镜板专项处理以及葛洲坝电站12、15号等2台发电机改造增容任务等。

安全生产实现了全年无事故，电力生产保持平稳运行，未发生设备事故、人身伤亡事故、电力系统事故及火灾事故、交通事故。三峡电厂顺利通过发电企业电力安全生产标准化评审，现场查评得分率95.09%，复评得分率93.29%，达到一级标准。葛洲坝电厂电力安全生产标准化达标现场评审得分率93.26%，达到一级标准。葛洲坝大坝通过国家电监会大坝中心组织的第三次大坝定检。专家对葛洲坝闸坝安全状态进行了全面评价，葛洲坝水利枢纽大坝被评定为正常坝。

向家坝电厂8、7、6号3台机组等效可用系数为100%（≥95%）；非计划停运小时数为0，一类非停次数为0次；工程项目管理达标率、技术规程准备率均达到100%。

（三）其他有关情况

1. 三峡地下电站机电设备全面移交投产　2012年7月4日，三峡地下电站27号机组正式移交投产，地下电站机电设备全部正式由施工单位移交给三峡电厂，全面投入商业运行。自此，三峡电站32台机组全部投产发电，圆满实现2250万kW的设计发电能力，包括左、右岸电站和地下电站工程在内的三峡电站工程建设全部完工，比计划工期整体提前一年。

三峡地下电站的建设有力推动了机电设备国产化的进程。32、31号等哈电机组的成功投运，表明国产巨型全空冷机组的设计、制造、安装及调试达到成熟水平。东电27、28号机组采用了我国具有完全自主知识产权的“定子绕组常温自循环蒸发冷却”技术，这是世界范围内首次在巨型机组上应用该项技术，为蒸发冷却技术的推广奠定了基础。

2. 三峡-葛洲坝梯级电站累计发电量超过万亿千瓦时　2012年7月6日零时，三峡一葛洲坝梯级电站历年累计发电量达到10 001.56亿kW·h。三峡电站首台机组于2003年7月正式投产，2012年7月4日，随着三峡地下电站27号机组投入商业运行，三峡电站机组全部投产，发电能力达到设计水平。截至2012年7月6日零时，三峡电站累计发电5681.31亿

kW·h。葛洲坝电站首台机组于1981年投产，至今已安全运行30多年，截至2012年7月6日零时，该电站累计发电4320.25亿kW·h。

3. 三峡工程顺利实现2012年试验性蓄水目标 2012年10月30日8时，三峡坝前水位达175m，三峡工程顺利实现2012年试验性蓄水目标。这也是继2010年和2011年后，连续第三年成功实现175m试验性蓄水目标。此次蓄水，累计蓄水位16.08m，累计蓄水量138.6亿m³。

2012年是三峡工程175m试验性蓄水的第五年。2012年7～9月，三峡水库遭遇多轮洪水，洪水流量大，持续时间长，为历年来所罕见。本次三峡175m蓄水，在前期调洪的基础上于2012年9月10日零时正式启动；蓄水期间，上游除向家坝水库以外，还有官地水库、锦屏Ⅰ级水库、阿海水库需蓄水。2012年10月2日，三峡水库水位就已突破了170m，蓄水进度为历年最快。截至2012年10月中旬，受向家坝下闸蓄水影响，三峡入库流量持续减少，蓄水进度放缓。

蓄水期间，三峡枢纽建筑物和水库坡岸地质状况稳定，电站机组、三峡船闸运行正常。据海事部门通报，蓄水期间三峡库区未发生重大交通事故，进出川船舶安全、有序。

4. 向家坝水电站首批机组移交投产 2012年12月28日，向家坝水电站首批机组——地下电站8、7、6号机组正式移交向家坝电厂运行管理。

2012年10月10日，向家坝水电站初期蓄水工作正式启动，蓄水分5个阶段进行，10月16日15时57分，向家坝电厂水库达到353m初期蓄水位，具备了投产发电的条件。

7号机组是向家坝电站首台投产发电的机组，10月19日开始尾水充水，11月2日16时30分开机并网发电，11月5日16时30分正式投入运行。

在下闸蓄水之际，2012年10月10日，长江电力在向家坝电站工地隆重举行向家坝水力发电厂揭牌仪式。向家坝水力发电厂于2009年4月开始筹建，经过3年多的团结拼搏和艰苦奋斗，已圆满完成各项电力生产筹备工作，全面具备接机发电条件。

（中国长江电力股份有限公司 谢兴发）

黄河上游水电开发有限责任公司所属大中型水电站2012年生产管理情况

（一）班多水电站

2012年，班多水电站完成发电量16.56亿kW·h，完成年计划发电量的101.71%。上网电量16.47亿kW·h。年累计入库水量256.05亿m³，年累计出库水量256.05亿m³；机组发电平均耗水率10.46m³/(kW·h)。综合厂用电率0.74%，发电设备平均利用小时数4599.66h，等效可用系数89.52%。年内实现安全生产366d，电站连续安全运行443d。

全年共执行操作票673份、办理工作票1247份，“两票”合格率均为100%；执行开停机280台·次；发现设备缺陷203项、处理202项，主设备消缺率100%、辅助设备消缺率99.5%。

全力做好2012年迎峰度夏、防汛度汛和安全越冬工作。针对主汛期水库来水漂浮物多、泥沙含量大并夹杂有大量杂物的实际情况，及时组织拦污栅、机组技术供水系统各滤水器和工业取水口拦污栅杂物清理，实现安全度汛。

针对现状，对分公司机构人员进行了调整，将5个维护班组编制缩减为2个班组。将部门职责和岗位职责进行了详细的制定和划分，采用双向选择的方式，组织全体员工上岗。

开展建章立制工作。认真梳理、修订、完善分公司规章制度和技术规程，全年共制定制度45部，规范了管理行为和工作流程。同时结合实际细化了管理流程，为各项工作规范有效的开展以及实现管理流程标准化奠定了基础。

开展全员培训工作。结合机组相继投产发电的实际需要，组织员工进行业务、技能等培训。2012年内，参加中电投高培中心组织的培训5人·次，累计160学时；参加黄河水电公司培训中心、青海海南州质监局举办的各类培训38人·次，累计840学时。

2012年，分公司运维部获得了黄河上游水电开发有限责任公司“2011年度青年文明号”荣誉称号、生产党支部获黄河上游水电开发有限责任公司“先进党组织”荣誉称号，分公司工会荣获全省模范职工之家称号。

（二）龙羊峡水电站

2012年，龙羊峡水电站发电量72.82亿kW·h，完成年调整计划的100.02%；上网电量72.30亿kW·h，创发电以来最高纪录。全年累计入库水量270.51亿m³，较2011年偏多37.71%；累计出库水量245.42亿m³，较2011年偏多32.08%。2012年末，龙羊峡水库水位为2592.79m，较2011年同期抬升7.08m，蓄水量为220.17亿m³，较2011年同期多蓄水25.09亿m³。全年平均厂用电率0.71%，与调整后厂用电率考核指标持平；发电耗水率3.07m³/(kW·h)，较年计划值降低0.33m³/(kW·h)；设备利用小时数5688.81h，创历史最高；运行负荷率79.39%，较考核值提高9.39个百分点；机组等效可用系数

90.58%。发生一般设备事故一次，实现全年“7个不发生”的安全生产考核目标，连续安全生产天数5627d。

认真开展安全生产标准化建设工作，完善技术标准86部、安全生产管理标准46部、突发事件综合应急预案1部、专项应急预案10部、现场处置方案5部，同时进行了安全生产标准化达标评级自查、上报工作。

加大设备检修维护和消缺力度，抓好隐患排查。完成了机组A级检修1台·次，C级检修4台·次，D级检修2台·次；330kV线路春冬检预试3条·次；加强机电设备检修的过程控制，强化了设备检修质量和技术监督；年度修理和技改工程项目均得到较好完成。全年消除设备缺陷258条，主设备消缺率100%，辅助设备消缺率达99%以上；全年共排查各类隐患87条，治理84条。

2012年7月以后又来水偏丰，遇到近20年一遇洪水，水库首次实现汛限水位动态控制，是龙羊峡水库发电以来防汛形势最严峻的一年。面对泄水及其进厂公路落石、护坡垮塌、虎山坡出现新增裂缝等情况，加强防汛值班，开展专家现场论证，加密大坝和库区滑坡观测，落实汛期机组大负荷长周期运行期间的工作措施。2012年7月23日，电站库水位达到2588m时，执行调令开闸进行泄洪，8月29日泄洪结束，历时39d，执行调度闸门操作命令48次，泄洪21.87亿m^3，顺利完成电站防汛度汛工作。

（三）拉西瓦水电站

2012年，拉西瓦水电站全年发电量124.45亿kW·h，完成调整计划的100.06%，首超电站设计发电量，创电站投产以来新纪录；上网电量123.96亿kW·h。综合厂用电率为0.40%，较指标值0.46%降低0.06%。发电平均耗水率1.94m^3/(kW·h)，较指标值1.96m^3/(kW·h)降低0.02m^3/(kW·h)。发电设备平均利用小时数3555.68h。电站机组负荷率57%，较指标值53%增加了4%。等效可用系数91.67%。实现全年安全生产运行366d，连续安全生产1330d。

针对机组运行中存在的问题，合理安排机组检修，严把检修质量，顺利完成了机组B级检修1台·次、C级检修3台·次、D级检修3台·次，并且一次启动成功。辅助设备消缺率达到98%，隐患整改率达到98.5%，有效提高了机组健康水平。

2012年汛期，黄河遭遇20年一遇洪水考验，果卜岸坡滑塌风险、防洪形势十分严峻。为确保电站安全度汛，分公司积极协调电网，合理控制水位，防止了果卜岸坡大方量滑坡；成立提落门工作组，分别进行了表孔、深孔提门泄水，电站未发生因自身原因造成的弃水。

2012年8月23日，日发电量达到8139万kW·h，创单日最高纪录。

截至2012年底，安全生产标准化建设工作已完成了安全生产管理、设备设施、应急管理等13个方面的内容自查自评工作，顺利通过了安全生产标准化二级企业达标评审。安健环管理体系建设正按计划组织开展，稳步推进。

成立了管控调整工作领导小组，编写了分公司管控一体化实施细则，保证了管控一体化政令畅通。通过竞聘、聘任，顺利完成了143名在册职工的岗位调整，确保了分公司各项工作的平稳过渡，顺利进行。

加强设备验收，做好缺陷登记造册，全力配合开展达标整治工作。2012年主要接收设备有：4号机组金属结构、大坝观测设施设备、坝顶320t门机及表孔、深孔、底孔机电设备。

制度体系不断完善。全年分公司共对130部制度进行评估，新增36部，现有制度166部，基本做到了“凡事有人负责、凡事有章可循、凡事有据可查、凡事有人监督”。

部室、班组建设稳步开展。2012年，分公司运维部保护班分别荣获了黄河上游水电开发有限责任公司“优秀班组”称号和西北网调“继电保护先进集体”荣誉称号。

组建分公司、部门、班组三级培训机构，开展了以部门、班组培训为主的相关业务和技术培训，确保每周培训时间不少于2h。2012年，分公司职工共参加中国电力投资集团公司、黄河上游水电开发有限责任公司举办各类培训计104人·次，累计培训时间3988.5课时，促进了职工综合素质的提升。

通过排查，发现了主变压器气体超标，推力瓦、GIS开关盆式绝缘子、技术供水阀门等设备中存在隐患，影响机组的安全稳定运行。

（四）李家峡水电站

2012年，李家峡水电站全年发电量70.06亿kW·h，完成调整计划的99.64%；上网电量69.80亿kW·h，创历史最高水平。综合厂用电率0.36%。机组平均利用小时数4378.56h；运行负荷率71.59%，较计划指标高出8.59个百分点，创历史最高。机组等效可用系数94.37%。发电耗水率3.23m^3/(kW·h)，较计划值低0.06m^3/(kW·h)，节水4.21亿m^3，节水增发电量1.3亿kW·h，创历史最好水平。全年实现“七个不发生”的安全生产责任目标，安全运行366d，电站连续安全运行4591d。

全年执行开停机各573次，成功率达100%，担任第一调频厂592.95h，未发生频率调整不到位现象。AGC、一次调频、稳控装置、调度通信等自动化设备运行可靠，主设备运行情况稳定，未发生人身、设备事故及非计划停运事件。

运行人员针对负荷、水位等情况，积极与网调调度员沟通，以抬高水位和提高负荷率。年内，联系调度加负荷或停机104次，同意停机46次，申请调整负荷96次，同意54次，使机组在满足电网负荷曲线的前提下尽量处于高效区运行。

认真开展安全专项活动，隐患排查治理成效显著。通过春、秋（冬）季安全大检查，隐患排查治理，“安全月”活动的开展，重点解决安全管理方面存在的突出问题和隐患，年内查出设备设施隐患26项，治理26项。春、秋（冬）季安全大检查共查出并解决安全生产中存在的问题47项。专项活动的开展有效促进了电站的安全生产管理工作。

加强检修维护管理，设备运行可靠性进一步提高。根据电站年度机组检修计划，结合汛期机组大负荷运行的特点，全年共完成机组C级检修5台·次，D级检修2台·次，完成4条330kV送出线路的清扫、检查及预防性试验工作。在按计划完成机组检修工作的同时，加大设备维护管理工作的力度，对设备缺陷出现的规律进行分析，及时消除，全年共发现缺陷287条，消除283条。完成金属监督108台·次，安全阀校验3台·次，校验热工表计727块、电测表计及变送器620块，预试设备451台·次，保护、自动装置投入率100%，提高了设备运行可靠性，确保了大负荷运行期间机组的安全、稳定运行。

完善应急管理机制，应急处置能力进一步增强。结合管控一体化工作调整实际，建立健全应急管理组织体系，制定并发布相关应急管理制度，年内修订了《突发事件综合应急预案》和10部专项应急预案，修订和新编现场处置方案64部。编制了2012年应急演练计划及2013～2015年应急预案演练规划，重点进行了防汛应急预案、消防应急预案的演练，检验了电站应急预案的可操作性和实用性，提高了员工对事故应急处置的能力。

（五）公伯峡水电站

2012年，公伯峡水电站全年完成发电量62.95亿kW·h，完成年计划发电量的100.09%；上网电量62.61kW·h，均创历史最高水平。年平均发电耗水率3.77m^3/(kW·h)，较计划值3.73m^3/(kW·h)高0.04m^3/(kW·h)。综合厂用电率0.53%，较计划值高0.01个百分点；机组平均利用小时14 196.39h，等效可用系数完成94.91%，较计划值93.01%高1.9个百分点。机组检修合格率100%。设备消缺率99.58%。年内安全生产实现了“7个未发生”的目标，安全生产纪录366d，连续安全生产纪录1680d。

结合管控一体化调整，健全完善了分公司安全委员会、三级安全网络。制定了年度安全生产工作目标及控制措施，明确了目标体系和安全生产责任要求。

组织开展安全生产标准化达标建设。制定了《分公司安全生产标准化建设实施方案》，并将《电力安全生产标准化达标评级实施细则》检查内容逐项分解自查，自评报告已通过西北电监局审核，报请国家电监会审核。

积极开展“安全监督规范年”活动。规定各层级安全管理人员现场监督检查工作重点，确保安全监督工作不留死角。集中开展安全生产领域“打非治违”专项行动，拟定了16项重点检查内容，建立了分公司非法违规行为档案。

规范外包工程管理。项目开工前与责任方签订安全协议，对施工人员进行安全教育培训和安全技术交底，明确双方安全责任，有效防止了施工期间人身、设备事故的发生。

建立了安全生产管理制度体系，编制完成94部技术标准和66部管理标准。

健全了应急管理体系。修订1部综合应急预案、13部专项应急预案、44部现场处置方案，同时还组织了防局部暴雨专项应急预案和全厂停电及黑启动专项应急预案的演练。

从2012年7月25日起按照调度指令提门泄水，至2012年8月29日泄水结束，总泄水量9.71亿m^3，下泄最大流量2568m^3/s。发电机组经历了连续满负荷运行考验。

加强设备消缺维护。对设备重大缺陷和异常现象进行专题分析，制定有效处理方案，利用机组检修、低谷消缺等时机，消除了3号机组调速器抖动、1DDF阀门不能电动操作等重大缺陷。年内共发现缺陷238条，处理缺陷237条，消缺率99.58%。

开展管理提升工作，切实推进分公司管理工作全面创新。共收集分公司适用的各类法律法规、行政规章101部，国家及上级标准982部；自行制定各类标准302部，为分公司各类“技术规程、管理制度、岗位说明书”向“技术标准、管理标准、工作标准”的全面编制转换提供了翔实、准确的依据。

全年生产工程项目共计下达26项（含信息化项目5项），计划资金计1241.15万元，截至2012年12月31日，全年完成项目25项，完成率100%；完成投资1100.97万元，完成率88.71%。签订经济合同87份，没有发生合同纠纷或无效合同事件。

坚持以人为本，加强全员培训。按照年度培训计划，积极开展各种形式的培训活动，2012年共有101人次参加了各类培训班的学习，学习课时3182h。

（六）苏只水电站

2012年，苏只水电站全年发电量10.85亿kW·h，完成年计划的100.32%；上网电量10.76 kW·h，均创新高纪录。综合厂用率0.80%，较计划值低0.12个百分点，同比减少0.15个百分点。全年平均耗水率21.82m^3/(kW·h)；水能利用提高率8.32%，比计划值高5.32个百分点。机组年平均利用小时数4819.79h，设备等效可用系数94.42%，比计划值增加1.72个百分点。年内安全生产366d，实现“8个不发生”目标。连续安全生产2527d。

扎实开展“安全监督规范管理年”、安全专项整治和隐患排查治理等活动。补充修订规章制度、技术规程14部；共发现缺陷183项，消除缺陷181项，年消缺率为98.91%。

开展水电生产标准化管理。把标准化管理与对标工作相结合，取得了良好成效。人工成本指标人事费用率为9.66%，做到了在集团公司同类企业中最优；发电单位耗水率比目标值降低0.09个百分点。

认真落实防洪度汛措施。面对黄河20年一遇的洪水考验，电站加强防汛力量，严格执行度汛方案，运用水库调节功能均衡控制下泄流量，强化设备预防性消缺与维护管理，在实现机组稳发满发的同时，保证了下游河道安全度汛。

结合电站实际，积极开展安全生产标准化达标工作，通过青海省电监局的电力安全生产标准化达标二级企业验收。

对电站单向采集无功变送器，无功数据无方向显示，导致电站AVC控制策略异常的缺陷，组织有关人员进行分析，并判定其缺陷的原因，将3台机组无功变送器更换为双向采集无功变送器，经开机试验机组无功显示正常，保证了电网自动电压控制系统可靠运行及电站的安全、稳定运行。

加强与集控中心联系，争取电站库水位高位运行，提高机组运行水头，实现了主汛期连续大负荷安全、稳定运行，有效提高了水能利用率，较年初计划超发电量2.1亿kW·h，经济运行水平和发电效益显著提高。

深入开展了管理提升活动，查找管理瓶颈和薄弱环节，查找岗位风险点41项、部门风险点38项，制定防范措施80余条，逐项实施改进；对公司173部规章制度进行全面梳理，年内修订发布制度43部；加强内控和风险管理，开展事权界定工作；充分发挥审计监督职能作用，全年完成审计项目16项，提出审计建议56条，全方位保证经营安全。

积极争取政策，拓宽选人用人渠道，合理调整劳务费用。加强现场培训，努力提高运行和维护人员技能和管理水平。全年自办或参加各类培训74期，培训736人·次。

（七）积石峡水电站

2012年，全年完成发电量32.91亿kW·h，完成年计划100.81%；上网电量32.72亿kW·h。综合厂用电率0.60%。全年入库水量251.97亿m^3，发电水量235.28亿m^3，其中泄洪16.31亿m^3，年末库水位1846.80m。平均发电耗水率7.15m^3/(kW·h)。机组平均利用小时数3218.08h，设备等效可用系数90.76%。

全年共发现设备缺陷392项，消除387项，待消5项，未消除0项，缺陷消除率98.72%。

运行负荷率、技术监督完成率、两票合格率、消缺率均完成计划指标；由于主汛期水电大发，发电量增加，使得主变压器损耗、生产厂用电量均不同程度增高，导致综合厂用电量超出计划指标值，但综合厂用电率始终控制在指标范围内；由于电站二期蓄水工作滞后，上游水位在1843m以下运行，加之主汛期水电大发，尾水水位抬高，使得机组发电水头降低，导致非汛期平均运行水位及耗水率未达到计划指标值。

全年未发生任何安全事件，实现安全生产“7个不发生”目标。年内安全生产366d，连续安全生产累计752d。

坚持分析电站的安全生产规律，及时总结经验，以技术监督为手段，加大隐患排查治理、设备巡回、维护消缺管理力度。规范缺陷管理工作，针对设备存在缺陷多的问题，加强监测分析，督促各级人员深入掌握设备性能、状况，进一步掌握消缺技能，加大设备消缺力度，提高设备消缺率。发现各类缺陷392项，已消除387项，缺陷消除率98.72%；排查各类隐患87项，已治理78项。2012年，电站共完成机组计划检修5台·次。其中，B级检修1台·次，C级检修3台·次，D级检修1台·次；3号机组B级检修跨年进行。通过驻站全体员工的共同努力，投运设备运行可靠性得到了有效提高，杜绝了非计划停运。

组织成立了积石峡水电站应急管理组织体系，由应急管理领导机构、现场应急救援指挥部、应急值班室、现场应急救援小组组成。制定下发了应急演练培训计划和应急预案修订计划，对应急预案进行了全面修订，共修订应急预案13部，增订应急预案1部。按照应急演练计划，提前制定演练方案，组织开展了4次演练，并对演练进行全程跟踪，开展演练评估，提高了人员应急处置能力。

全年主要完成了发变组3台·次检修、330kV稳控装置安装调试、GIS室六氟化硫气体泄漏监测装置的安装与调试、厂用10kVⅠ～Ⅲ段清扫预试、检修渗漏集水井清淤、生活区沿河边坡防护等。

2012年是电站投产发电以来防汛形势最为严峻的一年。以“保机组、稳发电、确保电站安全度汛”为目标，及时成立了抗洪抢险指挥部及抗洪抢险突击队，并及时发布了“积石峡水电站防汛Ⅳ级（一般）蓝色预警”。一方面，及时协调电网调度部门申请机组临时抢修4台·次，先后组织全体人员清理机组技术供水系统滤水器（包括增压泵后滤水器）20台·次，更换滤水器轴5根、连接轴套11个、滤筒6个，更换主轴密封增压泵机械密封8台·次；清理机组进水口拦污栅31次，共清理污物530m³，修复破损拦污栅19节，更换9节。另一方面，加强与上下游地方人民政府、大河家电站的联系，向地方政府防汛办和下游施工电站通报电站水情信息，确保下游人民群众生命财产损失降至最低。

全面开展了制度评审、修订，全年共发布修（新）订管理制度79部。按照标准化管理要求，对已颁布的69部规章制度进行了全面梳理并制定了修编计划。同时，结合管控一体化现状，进一步梳理了管理流程，制定了《分公司员工行为规范》，为分公司各项工作规范、有序开展奠定了坚实的基础。

积极参加中国电力投资集团公司、黄河上游水电开发有限责任公司组织的各类培训34次，开展站区培训34次，参加人员共907人·次，全面完成了覆盖面100%、人均脱产培训不少于60课时的既定任务，员工队伍的综合素质有了进一步提高。

（八）陇电分公司

陇电分公司辖有盐锅峡水电站（以下简称“盐站”）、八盘峡水电站（以下简称“八站”）。

2012年，分公司全年发电量36.26亿kW·h，完成年计划的101.14%。其中盐、八两水电站36.09亿kW·h，完成年计划的101.14%，两站年发电量都创历史最高；景泰光伏电站1615.36万kW·h，完成年计划的103.55%；金塔光伏电站81.59万kW·h，完成年计划的90.66%。上网电量35.92亿kW·h，其中，盐、八两站35.75亿kW·h，完成年计划的101.15%。

年累计入库水量，盐站326.12亿m³，八站354.88亿m³；年累计出库水量，盐站326.12亿m³，八站354.88亿m³。耗水率，盐站年平均11.30m³/(kW·h)，八站年平均28.48m³/(kW·h)。机组平均利用小时数，盐站5281.15h，八站4788.24h；等效可用系数，盐站95.73%，八站92.25%。综合厂用电率，盐站0.89%，八站1.10%。

2012年内安全生产，盐、八两站均为366d，景泰光伏电站337d（新投产），金塔光伏电站9d（新投产），分公司实现了安全生产责任目标，确保了“7个不发生”；盐站连续安全生产4244d，八站556d。电费回收率100%。

全面启动了安全生产标准化达标活动和安健环体系建设，开展了发电企业安全生产标准化规范及达标评级，通过了电力安全生产标准化达标评级二级企业评审。

加强设备检修质量管理。坚持“应修必修、修必修好”的原则，严格执行三级质量验收制度，确保了检修设备一次启动成功。全年共完成机组增容技术改造1台·次、A级检修2台·次、C级检修20台·次；完成修理工程项目53项、技改项目18项。全年盐站共发现各类设备缺陷411项，消除394项，消缺率95.86%；八站共发现各类设备缺陷548项，消除541项，消缺率98.72%。

加强运行管理。盐站全年共办理各类工作票854份，执行操作票1578份，两票合格率100%。八站全年共办理各类工作票1245份，执行操作票1576份，两票合格率100%。盐站全年累计开停机1778次；八站全年累计开停机690次。两站开停机成功率100%。

面对30年一遇的汛情，严格汛期值班制度，加强汛情交流和巡回检查，克服各种困难，在检修公司的全力配合下，及时进行机组拦污栅清污。期间，盐站共计清污1116m³、清理拦污栅37扇·次，机组抢修4台·次、启闭泄洪闸门339次；八站共计清污1769m³、清理拦污栅39扇·次，机组抢修2台·次、启闭泄洪闸门518次。及时清污，抢修设备，确保了安全度汛和安全发电。

积极、稳妥地推进管控一体化调整工作，设置了7个管理部门、5个生产单位和3个挂靠机构，成立了相应的党支部、分工会等党群组织机构，完成了中层管理人员和一般管理人员的聘任、聘用上岗工作，确保了管控一体化调整期间的安全生产局面和员工队伍稳定。

确立了“制度体系健全化、管理流程标准化、工作要求标准化、指标体系标准化、执行过程标准化”的工作目标，制订了制度框架体系，修订完善了30项制度及114项技术标准。

新能源项目发展取得新突破。6个项目取得省级发展改革委路条并通过中国电力投资集团公司立项，3个项目获得省发展改革委核准。

在建工程项目取得重大进展。金塔光伏项目并网发电，临泽、武威、景泰光伏二期和景泰风电一期项目工程进展顺利。

全年举办培训班9期，培训员工275人·次。承办黄河上游水电开发有限责任公司培训班2期共69人·次。外出培训218人·次。

组织开展分公司的技能鉴定和学历教育工作，5

人取得汽车驾驶员技师资格，7人取得了大专学历，14人取得了本科学历。

（九）青铜峡水电站

2012年，青铜峡水电站全年发电量达13.55亿kW·h，完成年计划的102.45%；上网电量13.34亿kW·h，均创历史最好水平。综合厂用电率1.57%，比计划值低0.04%。全年累计入库水量339.98亿m^3，累计出库水量339.98亿m^3。发电耗水率全年平均22.52m^3/(kW·h)，比年度计划值高0.62m^3/(kW·h)；非汛期平均运行水位为1155.94m，高于计划值0.05m；机组平均利用小时数4386.21h，累计平均运行负荷率77.76%，超过计划值为7.76个百分点；等效可用系数96.19。未发生二类障碍以上不安全事件，年内实现安全生产366d，连续安全生产4595d。

以"安全监督规范管理年"活动为契机，逐级落实安全责任。深入推行"预控+闭环"式安全管理模式，强化安全生产例行工作，强化隐患排查治理工作，建立了重大隐患挂牌整改、跟踪督办机制，集中开展安全生产领域"打非治违"专项行动。技术监督完成率、生产工程计划完成率、机组检修合格率、主辅设备缺陷消除率、两票合格率、保护及自动装置动作率和投入率均实现100%目标。信息化建设进一步加强，电站局域网络、商密网、办公网信息安全综合防护系统全面升级。稳步推进标准化达标评级工作，取得了电力安全生产标准化二级企业证书，安全生产管理水平再度提升。

加强设备管理，提高设备检修质量。全年安排机组检修11台·次。其中，完成B级检修1台·次，C级检修6台·次，D级检修3台·次。所有机组检修工期均控制在计划工期内，无超工期的情况，检修质量良好，均实现了一次启动、并网成功。通过机组检修，消除了4号机组水轮机过流部件磨蚀破坏，4、6号机组主轴密封磨损、漏水较大，4号机组发电机水平受力劣化，4号机组励磁装置工作不可靠，4号机组受油器铜瓦磨损、间隙超标，4号机组水导轴承转动油盆漏油，3号机组推力油槽油品劣化，7、8号泄水管底板冲刷、破坏等缺陷，保证了机组的安全、稳定运行。

全年实施完成生产工程项目共33项，项目完成率100%；资金完成率90.34%。

2012年，主汛期黄河来水流量大，历时长，电站陈旧的设备和设施经受了近30年来最严峻考验。电站全体职工上下一心，严防死守，确保了大坝和设备安全。主汛期共清理拦污栅276孔·次，清理污物11300多立方米，清扫滤水器256台·次，泄洪30.46亿m^3。

规范开展大坝安全管理工作，重点进行了大坝安全监测和水工建筑物的补强加固，大坝注册等级由乙级上升为甲级。水工监测测次完成率和自动化监测系统投入率100%，监测设施完好率达到99.04%。

完成了8号灌溉机组改造工作，实现机组增容5MW，顺利归调发电。水电站第一期技术改造工程后续2、3、7号3台机组技改项目已获中电投集团公司批复，技术设计和生产准备工作扎实开展。2012年，电站全面技术改造工作取得阶段成果。

在管控一体化工作中扎实开展管理提升活动。加大制度建设和标准化管理推进力度，全面开展制度、规程修编工作。年内已发布规章制度117部，修订审核40余部；完成了电站机、电、水、运等专业42部技术规程修编工作。积极开展六型班组创建活动，建立完善了生产班组基础管理台账，提高了基础管理精细化水平。

分公司积极争取电价及税收政策，完成了电费回收100%的目标，实现增值税"征8返9"退税收入1579万元，享受西部企业所得税优惠政策，净增利润838万元。积极争取水资源费部分减免，减少支出180余万元。青铜峡、唐渠电站并价工作取得实质性进展，为两站发电利益最大化提供了保障。

（黄河上游水电开发有限责任公司　许为宁　张文俊）

中国南方电网有限责任公司调峰调频发电公司2012年生产与管理情况

2012年，中国南方电网有限责任公司调峰调频发电公司（以下简称"调峰调频发电公司"）深入推行中国南方电网有限责任公司《安全生产风险管理体系》，所属4个电厂中，广州蓄能水电厂（以下简称"广蓄"）取得5钻认证，天生桥水力发电总厂、鲁布革水力发电厂、惠州蓄能水电厂（以下简称"惠蓄"）取得3钻认证。

（一）生产指标情况

2012年，调峰调频发电公司主要生产技术指标优于考核指标，机组全年安全、稳定运行，启动成功率99.55%，比计划值高1.55个百分点；机组非计划停运5.23次/台，同比减少3.15次/台；机组强迫停运率0.62%，同比减少0.35个百分点；常规电厂等效可用系数90.43%，比计划值高3.93个百分点；蓄能电厂等效可用系数85.36%，比计划值高3.86个百分点；蓄能电厂对电网事故应急反应8次，应急启动机组23台·次，应急启动成功率达到100%。

（二）运行管理

（1）认真落实防范电网运行安全风险控制措施。认真组织落实《中国南方电网有限责任公司 2012 年系统运行计划及风险控制措施》的通知、《2012 年南方电网 220kV 及以上系统防范电网安全风险继电保护专业重点措施》通知要求，完成了保护、通信、自动化的相关反措和重点工作，500kV 厂站故障快速切除率 100%，实现了公司系统迎峰度夏及防风、防汛安全生产。

（2）高度重视，扎实组织开展迎峰度夏、保供电，确保了防汛和保供电可靠。一是早安排、早准备。组织层层制定并落实迎峰度夏、保供电工作方案，报备水库调度运用计划和洪水调度方案，明确保供电工作任务和目标。二是组织落实方案措施。汛期及保供电各阶段，各单位对汛前、汛中检查暴露的问题及时进行整改，实现了可靠度汛和保供电安全。三是统一开展专项值班工作。加强指挥和协调，密切跟踪保供电动态，顺利完成了迎峰度夏，广东省党代会、香港回归 15 周年庆典及党的十八大保供电生产任务。

（3）2012 年，调峰调频发电公司面临着保持老电厂设备整治改造、新电厂安全投产保稳定、基建多项目开工等多项任务，是公司安全生产任务繁重和艰巨的一年。通过努力，调峰调频发电公司生产保持了稳定，未发生安全生产考核事故。

（三）设备管理

（1）全面推行机组大修标准化管理。各电厂机组大修期间，严格执行公司 4 项规范机组检修工作的标准，检修质量明显提高，非计划停运小时数由 2011 年同期 142.64h/(台·年)减少到 53.37h/(台·年)。

（2）加强缺陷闭环管理。经组织协调，各单位加大消缺力度，截至 2012 年 11 月，已消除发现的 2 项重大缺陷和 102 项紧急缺陷，消缺率 100%；一般缺陷 1005 项，已消除 940 项，消缺率 93.53%。通过大修和技改，广蓄消除了 B 厂 4 台机组转子磁极连接片裂纹问题，惠蓄新设计球阀轴套已开始更换。

（3）组织落实反措计划。各单位严格执行中国南方电网有限责任公司和调峰调频发电公司 2012 年反措要求，对重要设备精心监视、特殊运维，全面完成了年度反措计划项目 26 项。

（4）推进设备维护手册编制。按照中国南方电网有限责任公司设备维护检修手册编制要求，启动了调峰调频发电公司设备维护检修手册编制工作。

（四）大坝安全

（1）加强水工专业一体化管理。各单位严格执行水工管理标准、流程，汛期加强值班管理，对水库大坝、机电设备等重点设备设施实施特巡。

（2）召开首次大坝安全管理专题会议。对大坝安全管理进行了全面总结，对安全监测系统、监测数据分析、水库调度运行管理、闸门及机电设备运行管理等几个专题进行了研讨。

（3）严格执行行业大坝安全管理规定。跟踪定检整改项目执行情况，积极跟踪和参与惠蓄大坝初始注册现场检查。

（中国南方电网有限责任公司调峰调频发电公司）

华能澜沧江水电有限公司小湾水电厂 2012 年电力生产情况

2012 年，华能澜沧江水电有限公司小湾水电厂（以下简称“小湾水电厂”）年度发电量 187.22 亿 kW·h，同比增长 18.11%，完成年度发电计划的 110.13%；顺利实现 3 个安全百天，自投产发电以来累计连续安全运行 1214d；设备可用小时数为 7971.39h，利用小时数 4457.67h，等效可用系数 90.75%；无一般设备事故，设备一类障碍率 0.167 次/(台·年)。小湾水电厂连续 2 年获得华能澜沧江水电有限公司“安全生产月活动先进单位”荣誉称号。

小湾水电厂深入推进运维合一，强化生产技术管理，顺利完成 2011～2012 年检修期 2 台机组 B 级检修、4 台机组 C 级检修及母线、线路等其他设备检修定检工作。检修质量较好，基本杜绝了质量返工事件。通过孤岛分析、科研实验和设备改造，顺利完成孤岛 3、4 阶段试验配合任务，孤岛运行风险不断降低，在国内电厂新技术应用方面取得领先。“一种适用于孤岛模式下的巨型水电机组调速系统的控制策略”取得国家发明专利，“电厂孤岛专用装置”专利正在申报过程中。

小湾水电厂利用汛期逐步蓄水至正常蓄水位 1240m，全年总入库水量为 356.57 亿 m^3，总出库水量 336.72 亿 m^3，年平均入库流量 1124m^3/s，出库流量 1064m^3/s，月水量利用率 100%，澜沧江中下游龙头水库的作用开始发挥。监测数据显示，在高水位下小湾工程水工建筑物变形、渗流、应力、应变等均符合规律，水库坡岸地质状况整体稳定，库区水质保持总体稳定，机组在高水头条件下运行稳定。年内完成大坝安全注册现场检查工作，形成《云南小湾水电站大坝安全初始注册现场检查意见》，明确了小湾水电厂大坝的安全状况和管理现状具备大坝安全初始注册条件。

2012 年，小湾工程投资完成情况良好，顺利通过水土保持专项验收和漭街渡大桥档案专项验收，完成混凝土双曲拱坝、大坝安全监测两个单位工程验收工作。自开工以来，主体工程累计验收土建单元43 210个，合格率100%，其中优良39 159个，优良率90.62%。累计验收机电、金属结构单元1583个，合格率100%，其中优良1556个，优良率98.29%。主体工程验收完成，达标投产顺利实现。已完成完工项目竣工工程量的清理工作，竣工决算正在稳步推进当中。

（华能澜沧江水电有限公司小湾水电厂 吴婷婷）

国电大渡河公司龚嘴水力发电总厂2012年生产运行情况

（一）生产运行统计

2012年，国电大渡河公司龚嘴水力发电总厂（以下简称“龚电总厂”）全年累计完成发电量75.44亿kW·h，完成上网电量74.84亿kW·h；厂用电率0.09%，综合厂用电率0.80%；机组等效可用系数为91.95%；未发生机组非计划停运。严格设备缺陷管理，全年发生设备缺陷354项，同比下降9.69%，消缺率96.33%。认真落实设备管理“两个长效机制”和“三个专项工作”，专项治理了12项“典型重复缺陷”。扎实开展防洪度汛工作，成功应对了大渡河流域20多年来最大洪峰考验。

（二）安全生产情况

2012年，龚电总厂深化本质安全型企业和班组建设，严格执行安全生产奖惩制度，进一步夯实了安全管理基础，全年未发生人身、设备、火灾、交通事故，实现了连续7年安全无事故，连续安全记录2681d。扎实开展防洪度汛工作，组织了3次汛前安全检查，开展了2次防汛应急预案演练，成功应对了大渡河流域20多年来最大洪峰考验。

（三）设备检修情况

2011～2012年设备检修期完成了龚站3号机组、铜站12号机组扩修增容，至此龚站机组增容改造圆满收官，铜站机组增容改造首战胜利。另外，还完成了龚站1号机组A级检修、4B主变压器更换、6号底孔大修、7号溢洪道大修和铜站12B主变压器更换、左底孔大修、2号溢洪道大修；完成了两站8台机组C级检修，6台主变压器、3条线路、2条220kV母线和两站安控装置及母差、失灵保护、线路录波装置、继电保护子站年检；完成了两站7个溢洪道、3个底孔小修等检修项目。汛期完成了两站防洪系统、厂用电系统、辅助设备系统年检。2012年度，国电大渡河公司下达的技术改造项目23项，实际完成17项，主要包括龚站3B主变压器保护更换、龚站上厂1台高压气机更换、铜站4台机组励磁变压器室增设通风装置、铜站坝基渗漏排水控制系统改造等，已完成的技术改造项目质量控制效果较好，设备投入运行后情况正常。

（四）企业管理成效

2012年，龚电总厂被评为中国国电集团公司四星级水力发电企业，在16家被表彰的发电企业中排序第一。扎实推进标准化良好行为试点工作，被正式评为电力企业标准化良好行为AAA级企业。不断深化精益运维管理，运行与维护管理水平显著提高，以94.68%的综合得分率通过了国家电力监管委员会专家组的安全标准化现场评审，达到了国家一级标准；《深入开展“精益运维管理活动，着力提升安全生产管理水平》荣获全国电力行业企业管理创新成果二等奖。强化财务基础管理，实现了集中核算系统和财务管控系统双轨运行。坚持科技创新和管理创新，“一种单活塞三腔气动复位式制动器”获得国家发明专利，“管道渗漏快速封堵装置”获国家实用新型专利，“龚嘴水电站6号机水轮机尾水锥管改造工艺研究与应用”获中国国电集团公司科技进步三等奖，一篇论文荣获全国电力行业企业管理创新成果二等奖，28篇管理和技术论文在省部级刊物上发表。班组管理再获殊荣，设备维护部电维一班被评为“2012年全国电力行业优秀质量管理小组”。廖坤勇、曹军获国务院国有资产监督管理委员会的“中央企业技术能手”荣誉称号，曾克成获国家电力监管委员会、中国电力企业联合会的“全国电力可靠性监督管理2008～2011年度先进个人”荣誉称号。

（国电大渡河公司龚嘴水力发电总厂 郭涌淋 陈 东）

金安桥水电站2012年生产运行情况

（一）主要目标完成情况

2012年8月31日，1号机组正式并网投产，至此，金安桥水电站4台机组全部投产发电。全年发电上网108.67亿kW·h，超额完成了81.49亿kW·h的销售目标，电费回收率达到100%。

实现安全度汛和零伤亡、零事故，全面完成了集团下达各项生产任务。截至2012年12月31日，实现连续安全运行653d。

（二）主要生产工作情况

1. 设备检修

(1) 2012年2月5日～5月21日，按计划完成了2、3、4号主设备和辅助设备检修。在检修中，发现和及时处理了上导轴承、下导轴承螺栓剪断、大轴补气阀阀盘断裂等重大缺陷，为汛期设备满负荷高效、稳定运行奠定了基础。

（2）除运行按规定每班进行巡检外，全年一次班完成日常巡检56次；自控班完成日常巡视98次，完成中国南方电网有限责任公司安排的特巡14次；保护班完成日常巡检96次和12次专业巡检，完成中国南方电网有限责任公司安排的特巡40次；机械班完成日常巡检58次，重大缺陷巡检76次；水工班完成厂日常巡检24次，大坝巡检3次，库区巡检7次。

（3）年内共发现各类缺陷325项，其中A类缺陷8项，B类缺陷14项，C类缺陷303项，总消缺率为74.8%。消缺率较低的原因为：不具备停机消缺条件或暂无备品。

（4）全年办理工作票1731张，合格率为99.94%；倒闸操作票470张，合格率达到99.79%。

（5）年度对水情遥测系统进行了汛前巡检，对水调自动化系统中的水电经济指标计算功能进行了完善，水情测报系统月平均畅通率达到99%，日水情预报精度达到93%，水能利用提高率达到3%。

2. 安全管理　贯彻“安全第一，预防为主，综合治理”的指导思想，全面加强安全管理。进入汛期后，建立了安全月例会制度，对全厂安全形势定期进行总结分析，检查各生产部门执行安全管理制度情况。

全年安全活动，运行部各班值开展203次，电气部各班组开展81次，机械水工部各班组开展93次。

编制了年度防洪度汛工作方案，报请云南省能源局批准，组织汛前检查并进行整改，储备防汛物资，购置卫星应急电话，执行汛期24h值班制度，实现了2012年度安全度汛。

根据《云南省发电企业机组并网安全性评价检查大纲》，各生产部门完成了本专业的自评及整改工作。其中，仅电气专业组提出47项整改意见，大部分整改项目已经实施。2012年11月，金安桥并网安全性评价正式通过了云南省电监办组织的复核。

加强消防水系统、自动报警系统等设备维护，确保消防设备完好率100%；及时对手提式移动灭火器进行更换、增补；全年未发生火灾事故。

3. 技术保证

（1）年度继续与云南省电力试验研究院签订了《2012年度技术监督服务合同》，邀请技术专家来厂进行了技术监督系统培训。由于低压线圈制造缺陷，增加了主变压器及电抗器绝缘油化验频次，全年完成主变压器及电抗器的绝缘油送检累计26次，完成厂内化验48次。通过油化验先后发现2号主变压器W相、4号主变压器U相和3号主变压器U相总烃、氢气、乙炔等超标，及时采取了相关措施，避免了重大设备事故的发生。在3号机预防性试验当中，发现励磁电缆绝缘降低、励磁交直流电缆均有局部严重烧损碳化的现象，据此及时制定了防范与处理措施。通过机组在几种水头下稳定性试验，找出了部分水头下机组的振动区范围，避免机组因长期在振区运行造成对设备的损害。

（2）积极配合电网完成了前两个阶段的试验，对试验中发现的问题按照总调要求及时进行整改，确保了电网孤岛试验总体安排的顺利推进。

（3）各部门按照电网要求，及时完成各种基础数据的填报工作，为指导公司生产和经济运行提供了重要依据。

（4）全年度各班组编写技术方案、报告，总计85项。电气部组织编写技术方案34项，其中：保护班编写技术方案13项，已完成的有10项；自控班提出技术改造方案13项，一次班编写技术方案8项。机械水工部组织编写技术方案30项，其中机械班20项，水工10项；编写坝顶盖板整治等专项报告2个。运行部组织编制水库调度方案19个。

4. 经营管理

（1）先后组织进行了4个季度、上半年和年度生产经营分析会，综合分析水情预测、电力市场消纳情况、物资采购、财务预算执行及电费回收等情况，进而对发电计划、水库调度和资金安排做出合理调整。

（2）优化水库调度。通过汛前腾库、汛后及时蓄水；试验前加大出力、敦促阿海水电站及时蓄水等措施，优化水库调度，全年节水增发电量3.2亿kW·h。其中，联系云南省电监办、云南省电网调度控制中心等上级有关部门，敦促阿海水电站在汛末及时进行二期蓄水2.843亿m^3，减少因阿海水电站在枯水期进行二期蓄水的损失电量0.8362亿kW·h。

（3）加强营销工作和电费结算。2012年初，配合云南电力试验研究院计量所对关口表进行了两次校验工作。结合“两个考核细则”的修订，及时了解和掌握相关内容，安排专人跟踪总调考核电量情况，发现问题及时申诉，全年未出现因考核扣除电量情况。电费结算较为顺畅，2012年电费已全部回收。

5. 尾工建设　2012年8月31日，最后一台（1号）机组发电之后，金安桥水电站工程全面进入尾工建设期，主要工作就是尾工建设项目管理、缺陷处理和尾工项目施工安全管理，同时组织各完工项目的分部工程和单位工程验收。2012年，各主标土建单位工程全部验收完成。

（三）人员培训

2012年度，各部门继续积极开展了各种形式的培训活动，不断提升全员技术水平。运行部共进行专题技术讲座9次，现场反事故演习25次，技术问答558次，事故预想110次，运行分析100次，共进行了11次技术和运行规程考试。电气部抓住3号主变压器A级检修和4、3号机组B级检修机会，联系厂家进行了相关系统的专门培训。机械水工部开展月度测评、口头测评、技术问答等活动，全年共完成培训49次。

为鼓励员工提出合理化建议和技术革新方案的积极性，组织对合理化建议和小型技术改造项目进行评选，对33个技术革新项目进行了表彰奖励。

（全安桥水电站有限公司　李凡林）

天生桥水力发电总厂 2012年生产管理情况

天生桥水力发电总厂隶属于中国南方电网有限责任公司调峰调频发电公司，成立于1988年3月，负责运行管理天生桥二级水电站和500kV开关站、220kV开关站各一座，是南方电网重要的应急调峰调频电厂。天生桥二级电站位于珠江水系红水河上游南盘江上，为引水式发电站，引水隧洞长度近9.8km、直径9.8m，设计水头176m，装机容量6×220MW，年平均发电量82亿kW·h，为西电东送南路工程第一个电源点。电站至广东、贵州和广西的4回500kV、8回220kV输电出线，构成了南方电网交流输电主网架的重要枢纽。

2012年，天生桥水力发电总厂所在南盘江流域来水量135.74亿m^3，比2011年增长119.79%，但较该流域多年平均减少29.28%；全年发电量56.69亿kW·h，上网电量56.12亿kW·h；平均利用小时数4295.01h，累计机组等效可用系数89.85%，机组启动成功率99.89%；机组发电平均耗水率2.23m^3/(kW·h)；综合厂用电率0.99%，直接厂用电率0.13%。2012年，该厂全年除发生一起机组开机失败四级电力安全事件外，未发生人身轻伤、重伤、责任事故事件，实现安全生产366d（根据南方电网公司新的调度规程，之前的安全生产记录全部清零，从2012年1月1日起重新计算安全生产天数）。

2012年，该厂启动并顺利完成新员工教育培训3D课件开发科技项目，成为国内首个大规模地开发Scorm1.2标准课件的水电站。该科技项目首次采用精细化手段，对所属天生桥二级电站水轮发电机组每一个零件都以1∶1尺寸进行三维建模，然后在三维模型的基础上生成了机组结构原理展示课件、机组整体检修工序展示课件、机组单步检修工序展示课件等可以较好应用在实际教学中的课件。截至2012年12月31日，该厂针对该项目开发了2135个3D模型、363个装配体、68个EXE可执行3D文件、81个（计21028s）分步检修工艺视频、2个手动开停机视频、84个Scorm1.2标准课件压缩包。该课件的成功开发创造了五个“第一”：第一个大规模将水电站内部结构用极其精细的3D方式进行展现；第一个用视频方式深入专业地讲解水轮发电机组分步检修工艺；第一个用三维动画来讲解水轮发电机组结构、机组拆卸、回装流程等；第一个将sandbox直接应用于工业虚拟现实中（目前国内普遍的应用为房地产虚拟现实及游戏开发）；第一个大规模地使用3D打印机对水轮发电机组进行展示。

（天生桥水力发电总厂　陈少林）

河南宝泉抽水蓄能电站 2012年生产运行情况

（一）电站概况

河南宝泉抽水蓄能电站（以下简称“宝泉电站”）位于河南省辉县市境内，是一座日调节纯抽水蓄能电站。电站总装机容量120万kW，安装4台单机容量为30万kW的立轴单级混流可逆式水泵水轮机—发电电动机组。电站主体工程于2004年6月1日开工，2011年6月28日4台机组全部建成投产，以500kV电压等级接入河南电网。

宝泉电站主要由上水库、引水系统、地下厂房、尾水系统、下水库、地面开关站等主要建筑物组成。

宝泉电站位于河南省电网负荷中心，在电网中承担调峰、填谷、调频、调相以及事故备用等任务。宝泉电站对于优化河南电网电力结构、服务电力发展具有重要意义，在电网安全、稳定运行中发挥着重要作用，为促进当地经济和社会的可持续发展做出了应有的贡献。

（二）安全生产情况

宝泉电站机组由华中调控分中心委托河南电力调度控制中心进行调度，值班员根据调度指令进行开、停机和调整负荷。

电站始终把安全生产放在各项工作的首位，以大安全理念为指导，以源头预防和风险防范为重点，注重将安全活动与日常工作相结合。2012年，领导带队组织安全大检查10余次，组织开展机组黑启动、水淹厂房和防汛等专项应急演练12次。强化应急管理，编制发布总体应急预案和21项专项应急预案、71项现场应急处置方案，总体预案和专项应急预案通过地方安监局和电监办备案。截至2012年底，宝泉电站实现了机组投产以来连续安全生产1393d。

2012年，宝泉电站4台机组共启动982次，其中，发电启动623次，成功率99.84%；抽水启动359次，成功率99.72%；应急启动18次，启动成功率100%。全年发电电量22 852.827万kW·h，抽水电量29 326.887万kW·h，机组综合效率77.64%，等效可用系数92.31%，继电保护正确动作率100%，各项生产运行指标优良。

（三）设备检修、技改情况

宝泉电站加强生产精益化管理，认真贯彻资产全寿命周期管理要求，针对影响安全生产的设备缺陷和隐患，加大检修与技改力度。2012年，圆满完成了4台机组C级检修、D级检修和2号球阀枢轴故障应急抢修等任务；对110kV变电站进行停电检修，集中对5台高压空压机进行大修；排查治理设备隐患9项，检查发现并处理各类缺陷78项；完成电气设备预防性试验、安全阀校验和水工监督等1722项，组织完成功角测量系统改造等7项技改工程，有效提高了设备健康水平。

宝泉电站电气主接线形式为内桥接线，由于初期只有一条500kV出线接入电网，在可靠运行方面存在一定隐患。2012年，组织开展了500kV电气主接线完善，在过渡期以类似三角形接线方式运行，增强了电站的运行可靠性。在停电检修期间，统筹安排了1、2号球阀枢轴更换、引水系统检查及机组检修和消缺等任务，全方位提高了电站运行的安全稳定性，为电站保持长期安全运行奠定了坚实基础。

（四）宝泉电站在电网中发挥重要作用

宝泉电站是河南省已建成最大的抽水蓄能电站，自投运后，为河南电网调峰填谷、黄河小浪底调水调沙、特高压大负荷试验、重大保电任务、迎峰度夏和迎峰度冬等方面发挥着重要作用，承担了电网“稳定器”的角色。

2012年6～7月，黄河小浪底进行了19d的调水调沙，宝泉电站作为主要调控电厂，充分发挥抽蓄机组的调峰、调频、填谷等作用，圆满完成本次调控任务，为河南电网的安全、稳定运行做出了贡献。在小浪底调水调沙期间，宝泉电站4台机组共发电方向启动115台·次，抽水方向启动94台·次，累计并网运行484.43h，累计发电量4407.561万kW·h，抽水电量5403.348万kW·h，为快速响应和跟踪电网负荷变化，AGC频繁投退。

2012年7月，宝泉电站接到了配合特高压大负荷北送试验任务。试验恰逢迎峰度夏进入关键时期，宝泉电站主动与河南省调联系，提前完成机组定检，认真、细致地落实各项措施。试验期间，宝泉电站4台机组共发电方向启动23台·次，抽水方向启动11台·次，累计并网运行106.34h，累计发电量1048.707万kW·h，抽水电量1437.804万kW·h。其中，2012年7月19日，3台机组同时发电运行，最高出力75万kW，满足了试验期间的各项要求，彰显了抽水蓄能电站在电网中的重要作用。

（河南宝泉抽水蓄能电站）

华东宜兴抽水蓄能有限公司 2012年运行与管理情况

（一）生产运行情况

2012年，宜兴抽水蓄能电站（以下简称“宜兴电站”）发电量9.23亿kW·h，抽水电量11.45亿kW·h，综合厂用电率1.06%，电站综合效率79.99%，等效可用系数93.52%。电站机组共发电启动1534次，成功率100%；抽水方向启动967次，成功率99.79%；对于发生的2次抽水方向启动不成功事件，严格做到“四不放过”，并在日常维护工作中作为重点进行检查。

2012年，宜兴电站水工建筑物运行正常，未发生影响电站正常运行的重大缺陷，满足正常使用功能需要。为了保证水工建筑物的正常可靠的运行，及时掌握水工建筑物的工作状况，消除隐患，并以此为基础做好水工建筑物的维护修理工作，全年进行了年初、年中、年底详查，还组织了防汛、台风等专项检查，形成检查报告，将检查中发现的缺陷及时消缺；一些需观察的项目列出，继续观察变化；一些相对大型的项目集中处理，列入明年项目储备库。

（二）机组检修情况

加强设备检修、技改、预防性试验和运行管理，加大巡检、定检力度，不断提高设备的运维水平。全年按计划完成8台·次机组C级检修和D级检修工作，完成地下洞室安全处理等4项30万元以上非标项目和中控室大屏幕改造等12项技改工作；开展了1、3、4号发电电动机，1～4号主变压器和1、2号主变压器保护以及500kV两个单元电气设备的预防性试验；严格执行“两票三制”，完成工作票531份、操作票492份，操作18303项无差错，两票合格率达到100%。

（三）安全管理情况

2012年，以“安全年”活动为契机，狠抓安全体系建设，认真策划、深入开展各项安全活动。结合宜兴电站实际情况和全年安全生产目标及计划，将“安全年”活动76项重点措施细化为185项推进计划，把每一项重点措施都细化落实为一件件具体的工作和要求，并明确评价考核标准、责任部门、时间节点，在每月的安全分析会进行检查总结，把“安全年”活动开展得有声有色，扎扎实实，全方位促进了电站安全管理水平提升，取得了显著成效。

着力抓好重点生产活动安全监督和外包工程安全管理。对重点安全生产活动和风险高的作业活动实行全过程管理监督和到岗到位管理。对外包工作承包单位安全资质、现场作业管理人员资质、特种作业人员资质、安全工器具管理、施工方案安全措施实行严格审查，加强外包单位人员安全教育和安全技术交底工作，加强作业现场安全检查。通过这些措施的严格实施，保证了各项技改、检修维护作业活动安全顺利完成。

2012 年，宜兴电站安全生产态势良好，未发生各类安全事件，获得国网新源控股有限公司生产单位综合管理对标第一名。

（四）科技工作情况

2012 年，宜兴电站科技管理工作有序开展，完成“抽水蓄能电站设备金属监督规程编制”项目验收；“基于 Web 的抽水蓄能电站运行管理研究与应用”成果获得国网新源控股有限公司管理创新三等奖；“抽水蓄能机组蜗壳与外包钢筋混凝土联合作用研究”、“抽水蓄能电站安全设计防护标准研究”在 2012 年初分别获得国网新源控股有限公司 2011 年科技进步奖一等奖和二等奖。“缩短 500kV 系统倒闸操作响应时间”项目获得 2012 年江苏省优秀 QC 成果二等奖，运行分场二班获“2012 年江苏省优秀质量管理小组”称号；维护分场机械班获得“2012 年全国电力行业优秀质量管理小组”称号。“抽水蓄能机组差压式下导油盆油位测量装置 ”、“一种管路阀门运行隔离锁具”、“一种抽水蓄能电站用分布式桥引线保护系统”、“发电电动机油盆除尘保护装置”获得实用新型专利证书；“水泵工况导叶预开建压方法”获得发明专利证书。

（五）获得荣誉情况

2012 年，华东宜兴抽水蓄能有限公司获得 2012 年度“全国电力行业优秀企业”和国网新源控股有限公司 2012 年度“先进单位”、“安全生产先进单位”、“运检管理先进单位”、“物资管理先进单位”、“发展工作先进单位”、“财务管理先进单位”、“信息化工作先进单位”等荣誉称号。华东宜兴抽水蓄能有限公司“安全年”活动专项效能监察获得国网新源控股有限公司 2012 年自主立项三等奖。华东宜兴抽水蓄能有限公司档案工作获得全国建设项目档案管理示范工程和无锡市先进集体称号。

（华东宜兴抽水蓄能有限公司 路 建）

鲁布革水力发电厂 2011 年生产管理情况

2012 年，中国南方电网有限责任公司调峰调频发电公司鲁布革水力发电厂按照“稳健、和谐、务实、超越”的工作思路，团结和谐、务实进取，在主动应对各种挑战中稳健前进，在扎实推进管理提升中实现提高，圆满完成了全年目标任务，取得了较好的成绩。

（一）经济技术指标

指标名称	2012 年完成	2011 年完成	同期相比（%）
发电量（亿 kW·h）	21.8	11.53	89.07
综合厂用电率（%）	1.29	1.49	−0.20
机组等效可用系数（%）	91.71	91.58	0.13
发电事故（起）	0	0	0
机组启动次数（次）	791	1627	−51.38
机组启动成功率（%）	99.49	99.69	−0.2
机组非计划停运次数（次）	8	11	−27.27
机组非计划停运小时（h）	51.55	81.59	−36.82
强迫停运率（%）	0.21	0.39	−0.18
继电保护正确动作率（%）	100	100	0

（二）安全生产

安全生产技术指标完成良好。全年未发生三级及以上电力安全事故（事件），各项指标好于上级公司考核值，主要指标优于 2011 年。

安全生产管理更加规范。扎实推进安全生产风险管理体系建设，突出抓了体系培训、设备风险评估、作业风险库应用、内审整改等工作，达到保 3 钻的目标。深入推进生产管理规范化，制定安全生产管理标准执行细则，开展 4.0 版作业指导书修订、设备维护检修手册编制等工作，修编 17 项应急预案和专项处置方案，进一步细化和完善了安全生产管理、业务流程及作业标准。

设备健康水平稳步提高。提前 134h 高质量完成了年度机组检修工作，检修作业标准高效、风险管控有力、现场整洁有序。4 号机组大修后评价得分 928 分，评级优秀。结合大修技改项目实施、设备运行维护、隐患排查、技术监督等工作，认真抓好设备改造和消缺，年度大修、技改、信息化及科技项目完成率 100%，及时发现并处理了 203 开关操作机构故障等问题，全年开展技术监督 485 项，发现缺陷 125 项，消缺率99.2%。

迎峰度夏工作圆满完成。严格落实各项防汛措施，集中对泄洪系统、抽排水系统等进行维护消缺，妥善处理厂房渗水量大增等问题，确保了防汛安全。在安全度汛的同时，想方设法挖掘潜力，最大限度利用来水多发电，在全年来水仅为多年平均80%的情况下，年发电量为多年平均的90%，提前31d完成发电任务，超发电量0.8亿kW·h。

党的十八大保供电任务顺利完成。严格执行党的十八大特级保供电工作方案，认真落实安全生产、队伍稳定、信息安全等方面的24项重点工作，各级人员尽职履责，主辅设备零缺陷投入保供电，圆满完成了保供电任务。

（三）基础管理

利润指标超额完成。认真落实降本增效工作方案，精打细算抓经营，业绩考核效益指标得分名列上级公司第一，考核评级为A级。

计划、财务和合同管理更具实效。增强计划的前瞻性，提前编制项目计划、招标计划，加强业务、计划与预算的协同，控制预算均衡执行，计划完成率、完成质量和资金使用效益稳步提高。加强预算管理，加大成本分析和控制力度，预算执行合格率100%。对重点项目进行月度跟踪，合同的谈判、签订、审核和实施过程得到有效控制，提高了合同管理水平。

人力资源管理持续加强。根据上级公司规范岗位管理要求，制定工作方案，进一步优化岗位管理。按照全员绩效考核实施细则，逐步完善绩效考核工作。开展技术专家、技能专家选聘，2人被聘为上级公司助理技能专家。围绕一体化管理要求和岗位业务需要，全年共培训5201人·次，人均75学时。做好持证上岗工作，一线员工技术技能等级持证率100%、准入资格证持证率100%。

物资管理方式全面转变。在上级公司系统率先应用物资管理系统，实施计划引领采购，做到账、卡、物一致。根据业务需求，编制集中采购计划，提高采购效率。完成逆向物资清理和处置，降低了库存。物资管理方式全面转变，管理水平明显提高，被评为南方电网公司物资工作先进单位。

生产现场整体规划圆满实现。加强多项目统筹管理，加大现场安全监督检查力度，克服5个项目同时施工，作业面、风险点和外来施工人员多的影响，做到管理规范、施工安全、工程优质、工期按时，顺利建成与先进生产设备协调配套的现代化厂区，鲁布革的崭新形象进一步得到凸显和提升。

后勤服务水平逐步提高。强化专兼职驾驶员和车辆管理，确保交通安全。提高员工就餐质量，提高办公区保洁标准和频次，开展罗平办公区、乃格生产区路灯大修等工作，改善了员工工作和生活条件。

班组规范化管理得到推进。制定《班组建设实施意见》、《生产班组规范化建设细则》，建立统一规划、分步实施的工作机制，形成了班组图纸、资料、工器具清册，规范了班务管理。

（四）获奖情况

鲁布革水力发电厂被评为“2011年度全国大型水电厂（站）劳动竞赛先进单位”、“2011年度全国‘安康杯’竞赛优胜单位”、“云南省第十三批文明单位”；职工刘仕良荣获云南省五一劳动奖章，王应安被评为南方电网公司劳动模范，胡道平荣获“2011年度电力教育培训新星奖”一等奖。

（鲁布革水力发电厂　余孝茹）

华能澜沧江水电有限公司集控容量突破1000万kW

2012年12月3日零时，以华能澜沧江水电有限公司糯扎渡水电厂7号机组接入华能澜沧江水电有限公司集控中心（以下简称“集控中心”）为标志，华能澜沧江水电有限公司（以下简称“澜沧江公司”）集控容量突破1000万kW大关，达到1047万kW，远程集控水电机组达25台，安全生产无事故1992d。澜沧江公司所属澜沧江流域所有投产电厂全部纳入了流域联合调度范畴，实现了大型流域电厂以集控方式纳入系统并网调度的新跨越。澜沧江公司在集控容量规模方面，已进入世界领先水平，大大提高了澜沧江梯级水电站群的整体经济效益，有力地推动了“大公司、小电厂、远程集控、统一运营”生产管理模式建设。

集控中心于2007年6月19日，经中国华能集团公司批准正式成立，承担澜沧江公司所属水电厂远程集控运行、流域水情测报及水库调度、优化发电计划、二次系统（继电保护、计算机监控、通信）的专业管理等职能。经过6年的快速发展，集控中心综合实力、远程集控运行管理、梯级水库优化调度、水情测报等方面已处于国内领先水平。截至2012年12月31日，已完成对功果桥、小湾、漫湾、糯扎渡（已投产机组）、景洪水电厂的远程集控，并对瑞丽江一级、徐村、石林光伏和中小水电厂运行实时信息进行采集处理和监视发布。2012年，集控中心实现节水增发电量12.1173亿kW·h，全年完成发电量424.28亿kW·h，超额完成年度发电计划（401.03亿kW·h），同比增长26.4%，占云南省统调总发电量的33.16%，占统调水电装机容量的45%，减排二氧化碳4667万t。

集控中心不断推进澜沧江、金沙江、瑞丽江等流域水调自动化系统建设，已建成梯级电站联合优化运行系统（荣获中国华能集团公司科学技术进步一等奖）、水库调度及水情测报系统，流域水情测报站点达185个，其中澜沧江流域建成水情测站162个，覆盖了西藏曲孜卡至西双版纳关累出境口，控制流域面积约7.6万km^2；金沙江龙开口流域建成水情测站11个，瑞丽江一级电站建成水情测站12个。水情测报系统干流洪水预见期达到60h，水库调节能力达到218亿m^3。小湾、糯扎渡2个巨型水库发挥巨大调节作用，集控中心通过科学调度水库，有效发挥了“蓄丰补枯”的调节作用，下游景洪城市防洪标准从50年一遇提高到100年一遇，农田防洪标准从5年一遇提高到10年一遇。同时，将下游河段的最小月流量从天然情况的400m^3/s提高到950m^3/s，下游河段的枯期（11月～次年5月）平均月流量从天然情况的832m^3/s提高到1474m^3/s,；中下游汛期电量占54%，枯期电量占46%，极大地扭转了云南省电力系统长期以来的“丰弃、枯紧”的被动局面。此外，随着龙头水库进一步发挥调蓄作用，澜沧江沿线枯水期的通航水位和工农业用水条件得到了极大提高和改善。2012年，景洪港实现货物吞吐量22.6万t，较设计值（15万t）增加51%，客运量达40.5万人，同比增长49%。

2012年初，根据中国华能集团公司及澜沧江公司创建世界一流水电企业的总体部署，集控中心提出了全力打造“四个集控”的总体要求，即：打造一个以安全生产为基础，安全管理工作制度化、规范化、标准化的“安全集控”；打造一个以数字化为特征，发电运行高度自动化、分析处理高度智能化的“智能集控”；打造一个依靠科技进步，优化配置水资源，实现水能利用和综合效益最大化的“效益集控”；打造一个忠诚敬业、公正诚信、团结进取、以人为本的“和谐集控”。一年来，依托“四个集控”建设，集控中心以安全生产为基础，充分发挥流域电站梯级联合优化运行优势，科学、合理地优化调度配置，大力提倡科学调度、生态调度，积极承担社会责任，最大限度利用流域水能资源，发挥龙头水库补偿调节性能，满足防洪、发电、灌溉、航运、养殖、城市供水等需求，实现了水能高效利用和综合效益的最大化，为云南省和南方区域经济社会发展做出了巨大贡献。

（华能澜沧江水电有限公司集控中心　王学磊）

国电四川电力股份有限公司及所属企业水电站生产运行情况

国电四川电力股份有限公司（以下简称“川电股份公司”）2012年发电量85 166万kW·h，年利用小时数3075h，全年公司系统安全生产形势良好，未发生任何设备事故和人身伤亡事故。截至2012年12月31日，川电股份公司南桠河发电厂实现连续安全生产3301d，国电四川栗子坪发电有限公司实现连续安全生产1627d，四川国电紫马电力有限公司连续安全生产4531d，冕宁磨房沟发电有限公司连续安全生产4544d，丹巴县合众电力开发有限责任公司连续安全生产324d。

其所属单位有关生产运行统计数据如下：

川电股份公司南桠河发电厂：2012年，完成发电量48000万kW·h，年利用小时数4000h；完成3号机组A级检修，1号主变压器大修及闸首低渠弧形闸门支铰及闸门检修等16项检修项目和13项技术改造项目。

国电四川栗子坪发电有限公司：2012年，完成发电量27 812万kW·h，年利用小时数2106.97h；完成了1、2号机组及主变压器B级检修，中低压气机及气系统检修，1号水轮机过流部件修复，1、2号水轮发电机组导轴承巴氏合金轴瓦更换为弹性金属塑料瓦等12项检修项目和7项技术改造项目，完成率100%。

四川国电紫马电力有限公司：2012年，完成发电量5803万kW·h，年利用小时数3868h；完成1号机组A级检修等6项检修项目、6项技术改造项目。

冕宁磨房沟发电有限公司：2003年起，由于锦屏电站施工，将该公司2台机组发电用水源打漏，到2007年已完全无水发电，停运至今。

四川启明星科技发展有限责任公司：该公司控股的丹巴县合众电力开发有限责任公司2012年完成发电量3551万kW·h，年利用小时数3551h，完成1号机组A级检修和技术供水改造等项目。

（国电四川电力股份有限公司　陈庆宏）

国电海南大广坝发电有限公司电厂调节性能运用情况

国电海南大广坝发电有限公司所属大广坝电厂装机容量242MW（包括渠首2 MW），设计多年平均发电量5.04亿kW·h，水库总库容17.1亿m^3，属多年调节水库。每年可提供工业和居民用水8190万m^3，灌溉农田19.5万亩。

2012年，大广坝流域平均降雨1783.9mm，水库全年来水量为30.64亿m^3，与多年平均来水量30.6亿m^3持平。水库最高水位为年初的139.85m，最低为7月24日的水位124.44m。全流域受南海天气系统影响3次，发生较大洪水3场，最大一次洪水入库洪峰流量4400m³/s。该公司汛前与电网调度密切沟通，上半年加大机组发电量，把水库水位降到最低，腾出了足够库容量，为汛期水库蓄水提供可靠的保证，全年没有发生水库弃水情况。

2012年，国电海南大广坝发电有限公司严格执行调度命令，严肃调度纪律，机组开停机成功率达到99.99%以上，全年没有发生非计划停运及以上情况。

机组检修情况：2、3、4号机组小修工作按照年初制定检修计划顺利完成了检修任务。

（国电海南大广坝发电有限公司）

技 术 改 造

华能澜沧江水电有限公司小湾水电厂2012年技术改造情况

（一）推力头改造

2011年11月，华能澜沧江水电有限公司小湾水电厂（以下简称“小湾水电厂”）3号机组检修过程中发现推力头与镜板摆度超标，同时各台机组推力轴承存在不同程度的甩油问题。2011年12月，经研究，决定对推力头及镜板进行加工处理，在推力头与转子支架把合面加工密封槽，在推力头和镜板之间增加4个ϕ30的直销；现场在转子中心体和推力头之间加5颗ϕ30的直销、2颗ϕ30的锥销，销钉带螺尾以便拆卸。2012年2月，确定在转子支架中心体与推力头把合螺栓处增加密封法兰、“O”型密封圈，同时在转子中心体上加工14组M16密封法兰把合螺栓孔，用以消除油槽润滑油通过推力头把合螺栓缝隙渗油。2012年完成1、2、3、4号机组推力头改造工作，改造后推力头与镜板摆度在正常范围内，同时推力轴承甩油问题也得以解决，提高了机组运行的稳定性。根据机组检修期，将对剩余2台机组推力头及镜板进行相应的加工处理，预计于2013年5月全部完工。

（二）转子圆度处理

小湾水电厂发电机在运行过程中，1、3、5号机组定子振动值出现超标情况。其振动特征分量是由定子、转子圆度不均引起，估计机组安装完成后，通过甩负荷、机组过速试验、长周期运行等，较大的离心力使磁轭发生永久变形，转子半径增大。针对此问题，决定检修期间对定子、转子圆度进行测量，对转子中圆度超标的磁极进行处理。小湾水电厂机组正常运行时，转子理论设计半径为7466mm，转子上、中、下三部位实际测量绝对半径偏差值分别在±1.02mm范围内为合格，在±0.70mm范围内的为优良。检修期间对转子40个磁极分别测量上、中、下三部位的绝对半径，对于超出±1.02mm范围的磁极，通过加减钢制垫片使相应磁极的圆度偏差保持在±1.02mm内以达到合格或是优良。经对转子圆度进行测量与处理，发电机振动情况得到了很好的改善。2012年，已对1、2、4、5号机组转子圆度进行了处理，预计2013年7月完成全部机组转子圆度处理工作。

（三）孤岛试验

小湾水电厂运行方式有联网运行和孤岛运行方式两种。其中，孤岛运行方式又分为A类孤岛运行方式和B类孤岛运行方式。根据系统运行要求，孤岛运行方式将成为小湾水电厂常态化运行方式。为验证孤岛运行方式的可行性，提高孤岛运行方式的可靠性，小湾水电厂根据南方电网总调要求，联合监控及调速器厂家、中试所试验人员，对计算机监控系统及调速器控制进行了改造，增加了孤岛专用装置；对监控系统AGC/AVC程序、电厂数据库组态、监控画面等进行了修改完善，对调速系统程序控制逻辑进行了修改，增加了孤岛运行参数、直流停运参数，完善了孤岛运行方式下控制策略及程序。2012年进行了相关试验，提高了“西电东送”的可靠性。

（华能澜沧江水电有限公司小湾水电厂　胡金飞）

二滩水力发电厂2012年设备改造情况

（一）监控系统改造

二滩水电站计算机监控系统原采用德国ABB公司的Advant OCS系列分布式控制系统，于1998年投运，运行近 14 年。为解决系统不开放、元件老化以及备品备件采购困难等问题，2012 年决定对二滩水电站计算机监控系统实施改造。新计算机监控系统由奥地利安德里茨集团公司研发，整套设备选用安德里茨的 NEPTUN 系统，下位机采用 SAT1703 控制器，上位机采用 SCALA 软件，网络通信规约采用 IEC870-5 系列标准，系统中的服务器支持 UNIX 平台，操作员站仅支持 Windows 平台。二滩水电站新监控系统已于 2012 年开始实施。

（二）发变组保护改造

二滩水电站 1～6 号发变组保护装置采用 ABB 公司的 REG216 型保护装置，1998 年开始投运，到 2010 年已运行 12 年，设备开始出现老化。该装置已达到规程规定的继电保护装置运行年限，并有一些不符合现有规程规范要求的问题，如非电气量保护与电气量保护出口未分开，无保护投退压板及出口压板，无 GPS 对时接口、无继电保护信息化管理系统通信接口等，因此，2010 年开始进行改造。2011 年完成了保护装置改造的设计和定值整定计算，2012 年度机组检修期间完成了 6 台发变组保护装置的改造工作。改造后的发变组保护能够满足继电保护信息化建设、并网安评及现场安全运行需要，提高了保护装置的可靠性。

（三）地下厂房新增直流系统

二滩水电站地下厂房原来只设计了一套直流系统和蓄电池组，给地下厂房 6 台机组和辅助设备提供电源，但这套直流系统如果出现故障，地下厂房机组和辅助设备均面临安全隐患，给安全生产造成原则威胁，同时也不满足反事故措施和相关新的设计规范要求。为了提高直流系统的安全可靠性，2012 年在地下厂房新增加了一套直流系统和两组蓄电池，分担 1、2、3 号机组直流负荷和安装间区域设备的直流负荷，提高了地下厂房直流系统的可靠性，为二滩水电站机组及辅助设备的安全稳定运行提供了保证。

（四）机组技术供水流量监测系统研究

二滩水电站机组技术供水流量监测系统在 2000 年进行改造后，采用了德国 TURCK 公司的系列产品（FCS-G1/2A4-AP8X-H1141 型）。由于该流量开关采用热传导测量原理，运行过程中出现问题较多，增加了检修维护工作量，同时该系统存在探头测量误差大、结垢导致误报信号和信号处理板备品停产等问题。为了提高设备安全可靠性，及对后续的技术改造提供技术参考，通过自主科研的方式，结合二滩水电站的实际情况，从经济性、施工可行性等方面综合考虑，对各种型式测流元件的工作原理、安装方式及其新技术、新工艺进行收集分析，对其技术性能、应用范围、应用情况进行充分的研究分析，为后续机组测流系统的技改和运行维护提供了保障。

（二滩水力发电厂 冯 喆）

龚嘴水力发电总厂机组增容改造情况

（一）龚嘴水电站 3 号水轮发电机组增容改造项目顺利完成

2012 年 3 月 22 日，龚嘴水力发电总厂龚嘴水电站（以下简称“龚站”）3 号机组由 10 万 kW 增容改造至 11 万 kW 工程竣工，正式投入运行。龚站 3 号机组增容改造是 2011～2012 年度龚站设备检修工作的重点项目之一，于 2011 年 10 月 20 日正式开工，工期为 157d，先后完成了尾水管锥管段更换、导水机构更换、转轮更换、定子组装等 69 项标准项目中的重点、非标、技改项目，成功恢复了机组原尾水管补气功能，预埋了宽口径射水补气管路。至此，历时 10 年的龚站 7 台机组增容改造工作全部完成，龚站装机容量增加至 77 万 kW，龚电总厂总装机容量达到 137 万 kW。

（二）铜街子水电站 12 号水轮发电机组增容改造顺利完成

2012 年 5 月 30 日，龚嘴水力发电总厂铜街子水电站（以下简称铜站）12 号机组增容改造结束并顺利投入运行，工期 187d。12F 机组是铜站首台增容改造机组，主设备由东方电气集团东方电机有限公司研制。本次增容改造更换了水轮机转轮、支持盖、导流锥等配套过流部件，更换了 12B 主变压器、发电机定子铁芯、线圈及转子磁极，对发电机通风系统、励磁系统进行了改造。

在原有的水轮机过流部件基本保持不变的基础上，通过减少转轮叶片（6 片减为 5 片）、降低轮毂比（由 0.5 降低为 0.45）提高水轮机效率等方式，使机组额定出力由 15 万 kW 提高至 17.5 万 kW。通过增容改造彻底解决了 12 号机组定子铁芯松动、定子铁芯波浪度超标、转轮叶片漏油、转轮叶片磨蚀严重等问题，消除了机组存在多年的安全隐患。增容改造后，铜站 12 号机组运行稳定，各部振动、摆度、压力脉动均满足国家有关标准要求，各项主要技术指标均优于改造之前。

（国电大渡河公司龚嘴水力发电总厂 陈 东 易旭涛）

高坝洲水电厂计算机监控系统改造情况

（一）概况

清江高坝洲水电厂原监控系统由法国 ALSTOM 公司设计制造，由主站及现地控制单元组成，整个系统采用分层分布式结构。主站由两台主机通过双机切换装置互为热备用而构成以太网，并与各现地控制单元（LCU）通过光纤联接组成双环网，实现主站层与各现地控制单元信息交换。现地控制单元采用 GE 的 9030PLC 并直接上网的双冗余配置。由于该系统投运已超过 10 年，硬件和软件都存在大量的问题，且备品备件采购困难，有些备件甚至已无法采购，日常的维护存在困难，同时软件方面两台主站 CIS 主机无法同时运行，且经常出现主机脱网，工程师站数据库损坏，无法实现日常的维护，大量信号的定义及属性修改也无法完成。

为确保电厂设备安全稳定运行，在 2009 年启动了该系统的改造工作。2009 年 6 月份完成了高坝洲水电厂计算机监控系统改造的招标，中标单位是北京中水科水电科技开发有限公司（简称“中水科技”）。2009 年 12 月完成新计算机监控系统上位机改造，2011 年 5 月完成闸门集控系统现地单元 LCU7 的改造，监控系统改造历时 3 年。

（二）新系统特点

高坝洲水电厂新监控系统主要特点如下：

1. 硬件方面

（1）新系统采用目前被广泛使用的硬件设备。

（2）新监控系统简化了电源设计，采用高品质的电源模块。

（3）采用隔离模块与 I/O 板件分离设计。

（4）机组及开关站 DI 信号采用全 SOE 模块接入，保证了监控系统对外部信号的可靠监视。

2. 软件方面

（1）H9000V4.0 系统为无主系统。

（2）新系统采用冗余磁盘阵列作为历史数据和实时数据的记录载体。

（3）新系统在现地单元采用目前最新的施耐德 Modicon Quantum 67160 系列 CPU。

（4）泄洪闸门集控系统整体接入电厂计算机监控系统，进一步提高了高坝洲电厂的防汛水平，为电厂和大坝提供了一种全新的运行模式。

（三）改造效果

高坝洲水电厂监控系统改造所选用的是中水科技 H9000V4.0 无主系统。硬件上采用被广泛使用的硬件设备，现地单元采用施耐德 Modicon Quantum 67160 系列 CPU，解决了原系统部分现地单元主、备 CPU 不能同时运行的问题以及硬件的备品备件采购困难。通过简化监控系统电源设计，取消了多重电压等级，提高了电源装置抗干扰的能力；通过隔离模块与 I/O 板件分离，解决了 I/O 接口板上部分元件老化而导致整个板件隔离效果不理想的问题，降低了误动的风险；同时机组 DI 信号采用全 SOE 模块接入，保证了监控系统对外部信号的可靠监视。总体来说，改造后的新系统设计合理，系统的安全性、可靠性较改造前有了极大的提高。

（湖北清江水电开发有限责任公司）

隔河岩水电厂调速器电调部分改造

（一）概况

隔河岩水电厂原使用 DTL525 型调速器，1993 年 4 台机组调速器逐次投入运行。至改造时已运行 18 年。随着可编程控制器在工业控制中的广泛应用，调速系统的控制功能日趋成熟和完善，原有调速系统暴露出其功能不够完善、人机界面不直观等缺点，且缺少备品备件和替代品，光电隔离器安装布置不合理，导致光电隔离器松动、误动等问题。又因华中电网规定水电机组调速器的一次调频限幅为额定值的 10%，原调速器软件无法修改，不能满足华中电网对一次调频的要求。隔河岩电厂于 2010 年 11 月启动了第一台调速系统改造工作，至 2012 年 11 月，4 台机组改造工作全部完成。

（二）新调速器特点

改造采用了 TC1703 型调速器，较原调速系统具有一些高级功能，具体如下：

（1）多种调节方式。TC1703 型微机调速器，采用功能块语言编程，由自动和手动两个控制单元组成。自动控制单元具有功率、转速、开度三种调节方式，机组开机未并网及进入孤网运行时采用转速调节方式，机组并网后默认选择开度调节方式，并网后若远方或现地选择功率方式则调速器进入功率运行方式。手动单元采用开度控制方式，当并网后自动方式出现一级故障则切换到手动方式运行，手动方式作为自动控制方式的后备控制及调试试验时使用。自动调节器输出的转速开关量信号用于水机后备保护回路，手动调节器输出的转速开关量信号和自动调节的转速模拟量信号上送至机组监控系统用于程序判断。

（2）逻辑程序可编程修改。调速器可通过 TOOLBOXⅡ软件对逻辑程序进行修改编译，其功能强大，设计严谨。其主编译环境 CAEx Plus 中集成多种水电站标准程序，同时集成标准的 IEC61131-3-Ext 电气元件程序块。在 CAEx Plus 编译环境下，工作十分便利，可根据需要拖入所需要的标准模块，设计好逻辑，进行编译，即可完成程序的编程或修改。此软件具有离线编程，离线仿真，在线修改，在线记录等功能。

（3）实现调速器冗余控制。调速器电器柜采用 CPU 和外围重要信号交叉冗余结构。自动方式的导叶反馈采用两个传感器同时并入 AI 模块，频率信号采用两个测速探头测速和一组残压测速的方式，保证 CPU 有冗余信号。当信号或模块故障时，当前 CPU 能自动直接采用正确的信号。同时，采用三机冗余 CPU，由于系统的切换由协调 CPU 完成，这将明显提高控制 CPU 运行效率。由于两套控制 CPU 的运行情况完全在协调 CPU 的监控之下，降低了控制系统误切换的可能性。

（4）软件自带曲线记录功能。TOLLBOXⅡ可以实现在线监控的同时记录各种参数的变化，如导叶反馈变化、频率变化等。通过录波曲线可以分析调速器运行是否正常。省略了仿真仪器及接线过程，是辅助试验及调试的很好的记录工具。

（5）触摸屏方式实现人机交流界面。现地控制盘柜配置了触摸屏，主画面中可显示调速器运行状态及重要数据。报警画面显示具体报警信息并配有复归报警选项，若某一项发生报警，则该项文字后面的状态点变为实心红色。参数修改画面可显示调速器重要参数，并在输入密码后可进行参数修改。报警表画面记录调速器及转速控制单元在遇到故障时报告故障发生的时间，方便运行、维护人员对调速器故障做出正确的判断。

（三）改造效果

清江隔河岩电厂 4 台调速器电气部分改造，主要包括更换数字式水轮机单调调节器 DTL525、手动控制单元 ETR10、测速单元 SM1200、主控阀位置反馈测量装置、接力器位置反馈测量装置。更换原齿盘测速装置，只保留原测速齿盘；增加残压测频，电气部分增加两套测速单元。

静特性实验数据表明，改造所选用的 TC1703 型调速器关方向非线性度为 0.12%，开方向非线性度为 0.12%，实测开方向永态转差系数为 4.00%，静特性曲线近似为直线，计算出的转速死区 $i_x=0.0084\%$，满足国标标准。

隔河岩电厂调速系统改造，通过开机、停机、空摆、空扰、负荷调整、一次调频、甩负荷等试验验证了该系统的可靠性、稳定性。设备改造至今两年，系统运行稳定，维护工作量少，调节的灵敏度、准确度得到提升，从开机到空载稳定时间得到缩减。

（湖北清江水电开发有限责任公司）

隔河岩水电厂励磁系统改造情况

（一）概况

隔河岩水电厂机组原励磁系统是加拿大 GE 公司制造的 SILCO 5 型全数字化励磁系统。该系统由两套数字控制系统并列运行，互为热备用，当一套控制系统出现故障后，自动无扰动地切换到另外一套系统。1993 年 4 月首台机组励磁系统投入运行，至今已有 18 年。随着运行时间的增加，设备整体老化严重，导致部分插件板内部分继电器动作不正常，电压跟踪单元出现漂移，带状电缆通讯接口老化通讯不畅通，缺少备品备件和替代品等。因此在 2011 年启动了励磁系统更换改造工作。

2011 年 12 月 21 日，由长江三峡能事达电气股份有限公司提供的 300MW 组装方案的励磁系统在隔河岩并网发电成功。此次成功改造的隔河岩电厂 2 号机组励磁系统是 ABB 公司 UNITROL6000 系统在亚洲生产并投入现场运行的首套产品，因此其极具历史性意义。至 2012 年 12 月底，隔河岩电厂又相继完成了 1 号机、3 号机的励磁系统改造。

隔河岩电厂励磁系统改造主要范围包括：两套励磁数字控制调节器单元（AVR）；功率整流单元（三桥）；输入输出显示报警系统；磁场断路器及过电压保护装置；起励、电制动直流开关及控制回路；冷却系统；励磁保护系统（包括励磁变压器过流保护）；转子过压、过流热容量保护系统；起励装置；电制动整流单元等。

（二）新系统特点

相对于隔河岩电厂以前采用的 SILCO 5 型全数字化励磁系统，UNITROL 6000 励磁系统是一套全新的定制励磁系统，该系统是瑞士 ABB 公司于 2009 年推出的全新数字式同步发电机静止励磁系统，是数字控制领域内最先进的研究成果，如 DSP 数字信号处理技术、晶闸管整流桥智能化均流技术、低残压快速起励技术、完善的通讯功能和多种调试手段、光纤通信技术等。该系统代表了目前励磁控制领域的世界先进水平。

从励磁系统的角度来看，UNITROL 6000 具有的主要特点是：良好的通信和人机界面；多通道实时同步时钟；按相非按柜实现数字均流；方便更换和维修的抽屉式的双风机；高性能的 LENOIR CEX 直流灭磁开关等。

对于电厂所看重的运行稳定性来说，由于 UNI-

TROL 6000励磁系统调节器的控制器模板之间、通道之间都采用光纤数据传输，这极大地提高了系统的抗干扰能力。其核心模板AC800PEC是一个高速可编程控制器，其CPU采用带64位IEEE浮点运算单元的全功能400或600MHz的RISC处理器，光接口路数多，互通性和模块化配置方便，专门适用于各种电力电子控制。

UNITROL 6000励磁系统吸收了目前励磁领域先进的研究成果和工艺，增添了新的精巧的解决方案和手段，该励磁系统在极大程度上完美体现了设计理念上的一体化，它有机、完整地实现了对励磁系统各个部分控制及信息的整合，充分适应及满足了隔河岩电厂对励磁系统集成化、智能化的设计要求。

（三）改造效果

隔河岩电厂励磁系统更换以后，明显降低了励磁故障的发生几率，容错技术使非正常停机大大减少。

调节器在硬软件上实现了与ABB的同步电机动态实时仿真的连接，能够非常方便地实现励磁系统实时仿真和闭环试验。可以观察UNITROL 6000接入仿真的电力系统后的起励、调整、灭磁等全过程，通过人机界面查看调节器的运行参数、录波曲线、故障信息以及整个操作过程，这大大方便了电厂的日常维护与试验要求。

机组励磁系统的故障均可以从ECT显示界面上看出，相比于旧的励磁系统，故障信息反映的不再仅仅是故障名称，还包含了对故障现象的详细描述以及产生该故障的可能原因，这大大缩短了维护时间。

功率柜的智能化使得我们能实时监测到三个功率柜的运行工况，实现智能退柜和智能均流等功能，并联运行功率柜均流系数大于95%。

逆变灭磁的方式使得正常停机操作可以不去跳开发电机灭磁开关，减少合闸冲击，延长直流电源装置使用寿命。

从运行的效果来看，总体来说系统设计合理，电压跟踪准确，响应速度快，可以完全满足运行要求。同时，UNITROL 6000励磁系统的人性化设计，也使得励磁系统维护更加直观，操作更加简便。

（湖北清江水电开发有限责任公司）

桓仁水电站3号机组技术改造情况

2012年9月，国电电力发展股份有限公司和禹水电开发公司（以下简称“和禹公司”）开始对桓仁电站3号机进行技术改造。

（一）水轮机改造

桓仁电站3号机组1970年5月1日投产发电，水轮机转轮型号为HL702型，适用水头为50～85m，而电站实际水头为47～61m，使转轮严重偏离最优工况运行，水轮机效率降低，空蚀严重，产生裂纹。经过40年的运行，每年都要对转轮的空蚀、裂纹进行处理，转轮叶片已严重变形，14个叶片上下出水边都有不同程度的穿透性裂纹，靠上冠处出现50～470mm长的裂纹，机组运行存在安全隐患。

此次改造，将转轮更换为全不锈钢HLV244型。该转轮由上海福伊特水电设备有限公司实测水轮机流道尺寸，由福伊特美国分公司根据CFD分析进行设计，在性能指标、空化性能、稳定性方面均优于HL702型。根据新转轮结构、性能要求，对尾水管进口、顶盖固定迷宫环、下固定迷宫环、接力器进行了改造，取消了尾水管十字补气架，对轴心补气阀进行了更换。

新转轮在设计上采用延长叶片长度的设计理念，延长了水流对转轮的作用时间，提高了水能的利用率，提高了水轮机的效率和出力。转轮改造后，效率增加了5个百分点以上，出力增加6000kW以上，高水头出力提高近1万kW，效率曲线变化平缓，高效区覆盖电站水头变化范围。采用的整体不锈钢材料使空蚀性能与稳定性明显提升，导叶运行在各个开度无明显振动区，在尾水管进人门处聆听无明显气泡破裂的爆破声和水流的撞击声，噪声明显降低。

此次转轮的成功改造，消除了转轮空蚀、裂纹和叶片脱落等重大安全隐患，同时还解决了水轮机顶盖固定螺栓机械强度不足、原十字补气架补气管路冬季结冰造成机组严重振动、聚氨酯密封条空蚀导致漏水等问题，提高了设备的安全可靠性。

（二）发电机改造

桓仁电站3号发电机组是哈尔滨电机厂设计制造，型号为TS 854/190-44。1970年5月1日投入运行，至今已经运行40年。定子线棒采用的是沥青云母绝缘（俗称“黑绝缘”）。

2005年大修期间，对桓仁电站3号发电机进行绝缘鉴定试验。试验结论如下：桓仁电站3号发电机已经运行35年，对于定子线棒为“黑绝缘”的机组来说，其自然老化已经比较严重；根据分相及单根线棒抽检结果，存在较为明显的绝缘老化现象；定子绕组主绝缘已经普遍地呈现程度不同的分层现象以及局部放电烧蚀现象；在击穿试验时，高电位线棒主绝缘的击穿电压已经降低到大于20.7kV，小于40kV的程度，据此，根据有关绝缘剩余寿命估算的方法和经验公式（考虑热应力、电应力和热机应力影响）及有关国家或组织的判定标准，这样绝缘状况下，机组尚可运行的年限应在4～5年之间（2005～2010年），只能满足一个大修周期安全运行的要求。

这次机组改造，发电机容量由75MW提高到90MW，对发电机定子铁芯和线圈进行彻底更换，绝缘等级由A级提高到F级。定子改造由四川东能源有限公司承揽。铁芯由原D42热轧硅钢片更换为DWW250高导磁率冷轧硅钢片，减少了磁损；铁芯采用现场堆积，避免分瓣铁芯椭圆度大和磁阻不均匀。线圈采用F级绝缘材料，提高绝缘等级。改造后，通过对发电机定子进行效率试验、铁芯损耗试验、发电机损耗试验等14项试验，全部到达国家标准。发电机定子成功改造，提高设备安全运行的可靠性。

（国电电力发展股份有限公司和
禹水电开发公司　孙圣坤）

水 情 预 报 调 度

清江流域梯级运行调度集约化的新技术

（一）主要研究工作

（1）开展了清江梯级水库多目标联合优化调度研究，建立了梯级水库多目标联合优化调度模型。采用多目标权重主客观相结合的方法，在客观权重的基础上按决策者对问题的经验判断和偏好对客观权重进行修正，从而得出多目标评价的综合权重。

（2）开展清江梯级水库汛限水位联合运用和动态控制研究，分析清江梯级汛限水位联合运用风险。综合考虑预报预泄法和库容补偿法的计算结果，得到清江梯级水库汛限水位动态控制域；建立了梯级水库汛限水位联合运用模型，寻求综合利用效益最大的梯级水库汛限水位联合运用动态控制方案；分析前汛期、主汛期和后汛期清江梯级预留防洪库容分配风险，分析不同分配方案下梯级水库的发电效益。

（3）开展气象水文预报预警关键技术研究。参与国家科技支撑计划项目，在气象水文预报预警关键技术研究项目中，以自主创新和综合集成为手段，形成具有自主知识产权的气象水文预报预警的关键技术。研究基于主观预报、日本模式下的清江流域面雨量预报结果对MM5模式格点预报产品进行校正的方法；建立多数值气象模式与清江分布式VIC水文模型的耦合机制。

（二）新技术应用

1. 雨洪资源利用　通过梯级电站之间的水头转移、负荷的重新分配，最大限度利用雨洪资源。

在梯级电厂电量可控和电网调度的积极支持下，充分发挥集控优势，开展站间负荷转移，为适时开展流域经济调度（EDC）摸索经验。加强梯级水库内在规律的研究，在确保安全的前提下，通过梯级电站之间的水头转移、负荷的重新分配，最大限度利用雨洪资源。

汛前利用水布垭加隔河岩的方式给电网提供调峰，隔河岩在日电量计划相对稳定的条件下保证高坝洲机组24h满负荷运行，尽量发挥高坝洲机组的过流能力和水库有限的库容调节能力，最大限度利用梯级电站的发电能力，为在汛前有效消落库水位争取时间。

在总出力不减的情况下，适当分配梯级电厂负荷。当高坝洲库水位过高或过低时实时申请调整隔河岩发电，电力增减部分则转移至水布垭；当梯级电厂机组旋转备用较多时，适时申请负荷适当转移、停机，改善机组运行工况。

2012年5月28～29日降水过程中，在系统负荷不大的情况下，申请将有限增加的负荷优先安排清江梯级发电，为消纳洪水腾出空间；提前降低高坝洲水库水位，以防止隔河岩至高坝洲区间出现集中暴雨；当隔高区间降水超预报值后，密切跟踪高坝洲入库流量和水位变化，分3次将隔河岩发电出力从120万kW调整到8万kW，避免了高坝洲水库弃水，同时将减少的负荷全部转移到水布垭电站。

2. 开展生态调度　高坝洲水库是径流式电站，通过迅速拉低再抬高库水位、置换高坝洲库区水体，可有效地改善高坝洲水质。

2012年9月29日，应长阳县人民政府的要求，当日申请转移隔河岩负荷至高坝洲，将高坝洲水位最高79.60m（29日8时），降至78.26m（29日23时），对高坝洲库区水体进行了一次充分置换以改善库区水质，满足了生态调度的需求。

3. 合理安排梯级长中短期运行方式　充分发挥集控运行平台功能，从形式上起到电网与电厂之间的桥梁、纽带作用，从本质上着力挖潜增效，落实运行方式安排，控制好运行指标。

在年度发电计划的指导下，科学制订年度调度策略，围绕公司年度发电计划，加强梯级电站运行水位控制；根据水位控制目标和设备健康情况滚动调整阶段性运行方式；每日召开日生产例会，综合考虑天气、水情、设备、检修情况、电网需求、市场状况等因素后制定短期运行方式安排，落实到实际调度中，最大限度地保证计划和方式的合理性。

（湖北清江水电开发有限责任公司）

基于实时数据库技术的水调自动化平台

基于实时数据库技术的水调自动化平台是由中国水电工程顾问集团公司立项，由中国水电顾问集团中南勘测设计研究院承担并完成的科技开发成果，主要应用于水情自动测报、水库调度自动化及其他自动监测领域。

该项目主要针对新形势下水调自动化领域应用需求的变化及关键技术提出全面的、完整的解决方案。通过全面收集和分析水调自动化的应用需求，利用软件工程的最新方法和技术，按照合理、通用、可扩展的原则设计了软件平台架构和数据库表结构，并通过综合运用并行处理技术、实时数据库及软总线技术、数据服务技术、组态技术、GIS 技术、WEB 技术等最新软件技术，开发完成了具有架构先进、功能齐全、易于配置、扩展方便、操作简单、运行可靠的新一代大型水调自动化软件平台。

（一）主要功能

该平台的主要功能包括数据通信、数据采集与计算、数据转换与整理统计、信息管理、数据查询、数据监视、数据同步、告警与事件管理、信息服务、会商决策支持等。其中数据通信支持网络方式的计算机间通信，以及基于 GSM/GPRS、北斗、VHF 等方式的遥测数据通信；数据采集与计算除包括雨量、水位、流量等水文数据的采集和计算外，还包括机组发电、闸门溢流、机组耗水率、水库蓄水量等数据的采集和计算；数据转换与整理统计包括对雨量、水位、流量、水量、出力、电量等数据的实时值、时段值、特征值进行转换、整理和统计；信息管理包括实时信息、历史信息、基础信息、地理信息、配置信息等管理功能；数据查询、监视包括标准图表方式、组态方式、GIS 方式等多种方式的查询和监视功能；系统通过组态方式提供的图形和报表自定义功能能够适应不同业务的应用需求；告警与事件管理包括对系统操作与设置、数据异常、通信中断、网络状态异常等方面的分析、记录与告警。平台通过信息服务向其他程序提供数据和功能调用，与其他程序实现交互；会商决策支持则通过接入预报、调度软件，进行方案分析和数据对比分析等。概括而言，该系统的功能包括了从数据采集通信、数据管理到业务应用、决策支持的各个方面。

（二）主要技术特点

（1）该平台基于微软的.NET 框架，采用面向对象设计技术、中间件/组件开发技术和组态技术，通过对软件系统的分层设计和平台功能的模块化设计，实现了软件系统的积木式搭建。软件总体结构合理、构建简便快捷、维护和升级方便。

（2）在水调自动化平台中通过应用实时数据库及软总线技术，为实现在分布式环境下软件系统各个部分的互联、互通、互操作提供了支持，并为系统各模块和各进程提供了统一的通信和协调机制。

（3）通过建立完整的水调系统信息资源模型，对水调系统资源对象在系统、流域、水库、电站、溢洪道、机组、闸门、测站、数据点等的不同类型划分和属性集定义，系统地构建了水调系统信息资源分层结构模型；通过建立资源标识、属性、数据关系、数据值的纵向信息管理体系，妥善解决了复杂信息管理与简单数据记录之间的关系衔接；平台具有弹性结构和动态扩充能力，能够适应大流域、多电站、系统规模需要动态扩充的水电企业和流域机构在水调自动化系统建设、管理、应用、维护和扩展时的需要。

（4）平台采用了数据类型的抽象和封装技术，通过对数据类型的标识、计算特性、计量单位、精度要求等要素的抽象，使系统的数据识别不再限定于初建时的数据类型，实现了通过配置即可动态识别新的物理数据类型的能力，提高了软件的通用性和平台的应用范围。

（5）基于树形分层结构、XML 技术、Webservice 技术、SOA 技术，实现了数据和服务接口的标准化，以及应用环境的个性化定制，提高了系统对不同环境和应用要求的适应能力。

（6）针对复杂系统在数据呈现时需要显示的数据集合常常表现为若干个固定的表格模式，系统设计了以数据列描述为基础的表格样式定制输出。

（7）系统针对不同数据类型及特性设计了一套数据存储控制规则，使数据存储空间利用较为充分。

（8）系统采用多线程并行处理技术，实现了多信道数据采集、多用户访问、多任务并行计算的实时、高效、并行处理。

（三）应用情况

该平台主要针对大流域、梯级水库、跨流域系统等复杂环境的水情自动测报系统、流域防洪系统和水库（群）调度自动化系统等应用而设计，对单个水库、流域同样适用。可作为电力公司、流域公司、水电厂、水利防汛部门、河道航运部门等单位的水调系统、水情自动测报系统、防汛指挥系统等的基础支持平台。到2012为止，该平台已在广西龙滩、海南大广坝、戈枕、牛路岭、四川鸭嘴河、硕曲定曲等水电站水库，以及湖南株洲航电、竹园水库、重庆阿蓬江流域、湖南怀化、湘西、张家界水情分中心等工程中得到应用，效果良好。

（中国水电顾问集团中南勘测设计研究院　刘志云）

大 坝 安 全 管 理

发挥技术优势，配合电监会开展安全监管工作

2012年，国家电力监管委员会大坝安全监察中心（以下简称大“坝中心”）积极按照国家电力监管委员会（以下简称“电监会”）“六项重大监管”、“三项改革任务”和“四项监管服务”制定的24项重点专项监管工作方案的部署，努力服务电力监管大局。按照《关于开展2012年电力安全生产专项检查的通知》的工作要求，积极配合安监局及派出机构开展电力安全生产检查、汛期督查，做好电力安全监管和水电站安全专项检查工作，为电监会电力安全监管提供技术支持。2012年3月上旬配合浙江电监办联合对珊溪、华光潭一、二级、百丈漈一级、滩坑水电站进行了防汛检查；4月，对云南电监办开展云南省境内水电站防汛检查进行跟踪、指导；5、6月，配合浙江电监办、南方电监局、华东电监局、新疆电监办对浙江天荒坪、新安江水电站，广西浮石、龙滩水电站、安徽响水涧抽水蓄能电站、新疆大山口水电站及开都河流域在建水电站工地进行了电力安全生产专项检查；10月，配合安监局对四川在建电力工程进行专项核查；11月，参加安监局对四川运行小型水电站安全管理专项核查。2012年汛期，全国各地洪涝灾害、地震灾害依然较为频繁，大坝中心利用大坝安全远程管理系统和其他各种信息渠道，定期编制防汛简报，将汛期受灾地区的汛情、灾情和注册大坝运行情况报电监会，为电监会应急管理、应急决策提供技术支持。在参加了丰满水电站全面治理（重建）工程专项审查会后，及时向电监会报告了丰满大坝全面治理（重建）工程影响现有大坝运行安全的技术问题，为电监会对丰满大坝安全监管提供技术参考。大坝中心积极响应电力行业开展的发电企业安全生产标准化达标活动，在大坝安全注册、大坝备案、定期检查等技术活动过程中，宣传、贯彻标准化达标规范和要求，积极推进大坝安全管理与电力企业的标准化达标相配套，促进水力发电企业的安全管理标准化。大坝中心认真清理已运行水电站大坝基本情况、核实现状，加强与各派出机构的沟通、协调，并对运行管理单位进行细心指导，配合安监局和各派出机构加强对已运行、未注册水电站大坝的监管。

（国家电力监管委员会大坝安全监察中心　杜德进）

2012年水电站大坝安全注册工作进展情况

2012年，国家电力监管委员会大坝安全监察中心（以下简称“大坝中心”）根据已注册大坝注册证有效期限，计划开展21座大坝的安全换证注册工作，实际完成了普定等19座大坝的注册换证检查；同时，根据相关工作进展，新增完成了珠窝、落坡岭、刘家峡、古田溪一至四级大坝的注册现场检查和花木桥大坝的注册复查工作。

2012年共受理了三峡、水布垭、金溪、丰海、阿鸠田、叶茂、丰源、牛头山、洪口、弄另、黑麋峰上库坝、黑麋峰下库坝、沙湾、槽渔滩、宝兴、柳坪、色尔古、紫兰坝、大盈江三级、小湾、惠蓄上库坝、惠蓄下库坝、宝泉上库坝、宝泉下库坝、鱼跳、山秀、金鸡滩、达拉河口、福堂、麒麟寺、铁城、鱼剑口、滩坑、下桥、双口渡、五一桥、大金坪、照口、金牛坪、阴坪、大河口、大洑潭、构皮滩、大兴、大埔等45座水电站大坝的初始注册申请。根据申请注册大坝的情况，及时安排、开展了光照、董箐、三峡、水布垭、金溪、丰海、阿鸠田、叶茂、丰源、牛头山、洪口、弄另、黑麋峰上库坝、黑麋峰下库坝、沙湾、槽渔滩、柳坪、色尔古、小湾、天王沟、滩坑、麒麟寺、铁城、宝泉上库坝、宝泉下库坝、双

口渡、照口、鱼剑口、惠蓄上库坝、惠蓄下库坝、金牛坪、福堂、大金坪等33座大坝的初始注册现场检查。

年内已对完成现场检查的37座大坝进行了注册等级评审，在征求派出机构意见基础上，报电监会批复后发放注册证。全年已发放大坝安全注册证书50份，其中换证注册证28份、初始注册证22份。截至2012年11月底，在大坝中心注册的水电站大坝有263座，注册大坝水库总库容3215亿m^3，水电站装机容量101467MW。

2012年为37座已蓄水投运的水电站大坝办理了备案手续。

在前两年对未注册大坝调查摸底的基础上，在安监局的指导和各派出机构的大力配合下，2012年对已蓄水或投运的总装机容量50MW（含）以上的174座水电站大坝进行了分类梳理，进一步厘清了这些大坝的基本情况，逐座大坝制订了注册工作计划，明确了下一步监管工作的方向和重点，为加强已运行水电站大坝安全监管、推进大坝安全注册工作打好了基础。

在办理注册过程中，大坝中心始终加强对管理薄弱单位的督促力度，年内督促湖南沙田水电站进行整改，并进行了现场复查。经过一年的努力，三峡、龙滩等大型水电站大坝已经完成了注册；水布垭大坝注册检查意见已经完成评审，并报电监会审批；小湾大坝已完成现场检查。我国在世界上具有标志性地位的这四座巨型水电站大坝已经全部完成注册初步工作，大坝安全注册进入了一个全新的阶段。

（国家电力监管委员会大坝安全监察中心　陈　铿）

2012年水电站大坝安全定期检查开展情况

2012年，国家电力监管委员会大坝安全监察中心（以下简称“大坝中心”）根据国家电力监管委员会（以下简称“电监会”）第四轮定检规划和注册工作进展情况，继续认真开展大坝安全定期检查工作。

以4月下旬丰满水电站大坝定检专家组会议结束为标志，第三轮定检任务已经全部完成。第三轮定检共开展了182座大坝的定检工作，其中有141座是列入电监会三轮定检规划大坝，41座大坝为申请初始注册而新增大坝。在电监会三轮定检规划拟定的143座定检大坝中，浙江成屏大坝因正在开展补强加固治理、花木桥大坝因未及时换证而没有启动定检。在完成三轮定检的182座大坝中，除广西浮石大坝因防洪能力偏低评定为病坝外，其余均为正常坝，没有险坝。大坝中心在定检结束后，都及时将备案后的定期审查意见向水电站运行单位和大坝主管单位进行了转发，要求运行单位按照定检意见对相关的缺陷和隐患进行整改。

按照电监会2010年的规划，2012年要开展藤子沟等32座水电站大坝的第四轮定检工作。截至2012年底，已经全部启动这些大坝的定检工作，还新增启动了山西天桥、重庆鱼塘2座规划外大坝的定检工作。截至2012年11月底，已完成大峡等28座大坝的专家组工作，完成华光潭一级等11座大坝的定检审查意见评审、备案和转发。四轮定检自2011年启动以来，已有34座大坝完成了定检专家组工作。

开展第四轮定检以来，大坝中心根据新的工作形势和要求，积极采用大坝安全信息化建设成果，通过事前策划和大坝安全远程管理信息系统资料的分析，对定检进行分类管理，优化定检过程，有效提高了定检效率，较好地控制了第四轮定检的进度和工作质量。

（国家电力监管委员会大坝安全监察中心　沈海尧）

2012年水电站大坝安全监测管理情况

当前，国家电力监管委员会大坝安全监察中心（以下简称“大坝中心”）主要通过监测系统的鉴定评价，监测系统设计和更新改造的审查、验收，监测设备的封存、报废和监测项目、测点、频次、期限的调整审批等技术活动，对大坝安全监测进行监督管理。

2012年，大坝中心受理并批复了广东青溪，湖北柘溪，贵州引子渡，浙江华光潭、天荒坪，福建古田溪四级，吉林雪山湖，江西居龙滩等9座水电站的监测项目封存停测或改变监测频次的申请。

2012年大坝中心继续深化远程监控工作，认真整理各水电站上报的监测信息，开展监控指标的设置，在梳理过程中将发现的报送水电站监测系统存在的设备、运行维护等问题及时反馈电厂，提出处理要求和建议，督促其改进管理与维护工作。大坝中心每月编写《水电站大坝安全监控月报》，提供给各区域主管，便于其及时掌握大坝运行情况；监控中发现的异常现象，在提醒区域主管进行跟踪落实的同时，也及时反馈运行单位予以核实、整改。

为了准确掌握运行水电站大坝的运行性态和大坝安全监测系统的状况，2012年大坝中心开展了葛洲坝、公伯峡、彭水、富春江、新丰江、三板溪等25座水电站监测系统评价和资料分析工作。同时根据2011年注册水电站报送的年报资料和2011年开展的大坝定检、监测资料分析和监测系统评价工作，统计、汇总了全国电力行业水电站监测工作情况，编制并在年初的工作会议上发放了《2011年全国注册水电站大坝安全监测工作报告》。报告分析了全国水电站大坝监测系统的合规性、监测设施的完备性、监测设备的可靠性以及监测系统运行维护方面存在的问题，便于各水电站运行单位对照、改进和提高。

（国家电力监管委员会大坝安全监察中心 王玉洁）

水电站大坝安全信息化建设进展顺利

自2006年国家电力监管委员会（以下简称“电监会”）印发《水电站大坝运行安全信息报送办法》和《水电站大坝运行安全信息化建设规划》以来，国家电力监管委员会大坝安全监察中心（以下简称“大坝中心”）依照电监会的规划和注册工作的进展情况，积极推进大坝安全信息化建设。2012年，除了日常报送信息检查和水电站大坝安全主系统的维护以外，完成了喜河、红枫、百花、藤子沟、鱼剑口、那兰、崖羊山、龙马、居甫渡、土卡河、戈兰滩、黄龙滩、滩坑等13座大坝的网络报送；完成了珠窝、落坡岭、京南、吉沙、木龙滩、柴家峡、康扬、炳灵、薛城、马岩洞、上培、三棵树等12座大坝的邮件报送，完成了溪口上、下库和大盈江一级大坝的基础信息初始化工作。截至2012年底，电监会信息化建设规划确定的169座大坝，除葛洲坝大坝由于保密原因无法实现网络报送外，已全部完成。截至2012年底，已有253座大坝完成了信息化建设，实现了大坝安全信息远程接入水电站大坝安全管理主系统，其中网络报送181座、邮件报送72座。

根据信息化建设进展和大坝安全信息化管理要求，2012年大坝中心继续开展水电站大坝安全远程管理主系统功能完善、监控指标设定、接入大坝报送信息梳理、电站端大坝安全信息管理子系统优化升级等管理工作。2012年，大坝中心对主系统进行了升级、优化，实现了注册大坝水库水位信息的实时显示、报送信息的定期自检、移动平台查询显示等功能，增加了基于GIS系统的大坝安全管理功能；组织专门团队，开展了水电站大坝全生命周期安全管理系统的开发，并取得了初步进展。启动了基于北斗卫星系统的大坝安全关键信息传送技术的开发，为应急管理提供了更充分、有效的技术手段。

2012年年初，大坝中心制订了52座大坝监控指标设置和报送信息整理任务。为此，大坝中心将任务落实到人、具体到月，利用信息报送平台对大坝监测数据报送情况进行梳理，年内完成53座水电站大坝报送信息的处理工作。在梳理过程中，实时搜集、整理每座大坝的日常监测信息，对远程信息管理系统的异常数据及时进行甄别、处理、分析，确保大坝安全管理主系统信息的准确性、完整性和实用性，逐步实现了对接入大坝工作性态的实时监控。对监控过程中发现的异常情况，及时反馈运行管理单位，指导、督促运行单位不断改进管理工作、加强日常监测，有效提高了大坝安全性态预警预测的准确性。截至2012年底，大坝安全远程管理主系统中已有164座大坝具备了安全信息实时监控功能，为实行注册大坝远程实时监控又迈进了坚实的一步。

（国家电力监管委员会大坝安全监察中心 陈振飞）

关口前移，积极开展水电工程安全鉴定

水电站在建工程的安全是投运水电站大坝运行安全的基础，水电站工程蓄水安全鉴定和竣工安全鉴定是贯彻落实“安全第一、预防为主、综合治理”的重要手段，也是大坝安全管理关口前移的有效措施。2012年，国家电力监管委员会大坝安全监察中心完成了苗家坝、盖下坝、桃源、渡口坝、锁儿头、柳树沟、牛都、白市、天桥（除险加固）、托口等水电站的工程蓄水安全鉴定和苏家河口、班多、黄河河口、巴山、鱼子溪、耿达、莲麓一级、腾龙桥二级、石门坎、雷打滩等水电站的工程竣工安全鉴定或机电设备安全鉴定，为这些水电站建设工程的顺利蓄水或验收创造了条件。在开展工程安全鉴定过程中，严格执行工程建设强制性条文要求，按照有关规程、规范的标准，实事求是指出这些在建水电站工程中存在的安全隐患，为建设期的工程安全提供技术咨询，同时积极宣传、落实国家电力监管委员会《关于进一步加强电力建设工程安全监督管理的意见》精神；宣贯大坝安全管理理念，将大坝安全管理前移。

通过安全鉴定和技术质量评估等活动，掌握了大坝建设期的工程质量情况，在建设过程中宣贯了运行期大坝安全管理的有关要求，为大坝投运后的安全管理创造了有利条件。

（国家电力监管委员会大坝安全监察中心 聂广明）

深化水工技术监督，提高水电站运行管理水平

为了规范水电厂的水工技术工作，提高电力企业水工工作人员在水工建筑物的安全管理、水情测报、水库调度、大坝安全监测、水工规章制度制定及实施、常见水工缺陷的处理等方面的业务能力，2012年国家电力监管委员会大坝安全监察中心（以下简称“大坝中心”）继续开展大唐国际所属的彭水、崖羊山、居甫渡、龙马、戈兰滩、土卡河、那兰、马鹿塘二级等8座运行水电站的水工技术监督工作，同时又受托新开展了银盘、马岩洞、藤子沟、牛栏口、鱼剑口、石门坎、直岗拉卡等7座水电站的水工技术监督。大坝中心定期组织专家组对这些大坝开展汛前、汛后现场检查和水工技术监督考核，每月对监督大坝的运行情况和监测数据持续进行现场检查核实，编写水工技术监控月报供电站运行、管理单位参考，指导、督促运行单位按要求编制监测年报、月报，对建筑物运行缺陷诊断、分析、处理提供技术指导，进一步摸清了水电站的运行管理情况，规范运行单位的日常管理工作，不断提高大坝安全现场一线人员的工作素质和工作成效。在工作过程中，针对马鹿塘二期坝后渗漏异常和土卡河水电站坝基渗漏严重等问题，都及时提出了处理意见和建议，指导电厂开展补强加固处理，保证了大坝的安全运行。

（国家电力监管委员会大坝安全监察中心　吕永宁）

防治并举，积极推进水电站大坝安全评估和隐患排查治理

2012年，国家电力监管委员会大坝安全监察中心（以下简称“大坝中心”）继续深入贯彻落实国家电力监管委员会（以下简称“电监会”）有关隐患治理工作部署，切实加强组织领导，健全工作机制，明确职责分工，在通过定检、注册检查认真排查运行大坝缺陷隐患的同时，指导、帮助企业开展大坝安全评估和隐患排查治理活动，客观评价工程的大坝安全状况，确保大坝的安全运行和技术改造的顺利开展，努力推进运行大坝的补强加固和缺陷治理。

大坝中心于2012年2月派人参加了贵州三板溪水电站大坝的竣工验收工作，4月，派人参加了重庆银盘水电站大坝的蓄水验收工作；5月，派人参加了丰满大坝老坝运行安全专题审查会，从法规、技术角度在会上表达了丰满大坝重建方案存在的问题，提醒业主单位关注重建对现有大坝运行安全影响；6月，派人参加了中国国际工程咨询公司组织的“丰满水电站全面治理（重建）工程项目申请报告评估会”；6月还派人参加了富春江船闸扩建改造工程施工图专家评审会，为富春江船闸扩建改造工程实施进行技术把关；7月，派人参加了云南雷打滩水电站大坝的竣工验收工作和董箐枢纽工程专项验收工作；8月，派人参加了土卡河大坝地基加固处理验收工作。

大坝中心对浮石病坝的运行情况持续保持跟踪。指导浮石大坝业主单位开展处理方案研究、组织专家对浮石大坝的处理措施进行了专题讨论，进一步明确了技术路线。积极推进丰满大坝第三次定检工作，审核定检专题、编制定期检查工作报告，于4月中旬召开了丰满大坝第三次定检第三次专家组工作会议。

2012年2月16日，广东河源发生4.8级地震，震中距新丰江水电站约40km。大坝中心积极响应，指导广东粤电集团有限公司及时对新丰江大坝进行安全检查，跟踪、掌握大坝运行状况，监控大坝运行安全。6月24日，川滇交界地区发生5.7级地震后，大坝中心及时通过电话及远程管理系统平台对震区附近的二滩大坝运行情况进行跟踪、监控，得出了该次地震没有对二滩大坝运行造成不利影响的明确结论。6月29日，新疆发生6.5级地震后，大坝中心现场工作人员立即对托海水电站大坝进行了现场检查，同时对震区周边的水电站大坝运行情况进行了解，及时掌握了运行大坝的安全状况。同时，受广东粤电集团有限公司委托，开展了该集团公司所属9座水电站的全面安全检查及风险评估、预控工作，对可能造成水电厂大坝发生重特大安全事故的软、硬件环节进行了系统排查和风险评估。上半年，还对湖南东江水电站一、二级放空洞的缺陷处理进展进行跟踪、核实；对湖南柘溪、白渔潭水电站的防洪问题进行了专题研讨，指导业主单位开展防洪专题研究；对贵州修文、红林水电站大坝的安全性进行了专题讨论。

（国家电力监管委员会大坝安全监察中心　郑子祥）

开展大坝安全技术交流，不断完善技术标准体系

2012年，国家电力监管委员会大坝安全监察中心（以下简称“大坝中心”）积极开展学术交流，促进大坝安全技术创新。10月，组织人员参加了中国大坝协会组织召开的年会，并在会上分别作了《水电站大坝安全风险控制》、《梯级开发水电站溃坝洪水风险分析》的报告；11月，派人参加国际大坝委员会水电站与水库联合运行专业委员会召开的《气候变化

条件下的水电站安全运行》国际研讨会。大坝中心组织法国 HydroKarst 公司专家、瑞士大坝安全专家来大坝中心进行技术交流，了解了法国 200m 深水下处理的技术和手段、瑞士大坝安全分级管理的做法和经验；组织举办了美国 FERC 水坝安全专家林祥钦博士的《美国水电站大坝水文安全基于 PMP/PMF 标准应用》学术讲座。这些活动都增进了大坝中心员工与国际大坝安全管理先进国家专家、学者的交流。

组织开展大坝安全监测标准项目计划编制和申报，督促、检查标准制订进度及质量，及时组织大坝安全有关技术标准的审查和报批。2012 年完成了《水电站大坝运行安全评价导则》（征求意见稿）的编制，经过内部多次讨论修改后已经正式发函向各有关单位及专家征求意见。修订了大坝安全监测系统评价作业指导书，初步完成了《大坝安全监测系统运行与维护规程》的编制，完成了《混凝土坝安全监测技术规范》的修订初稿，完成了《水工技术监督导则》（征求意见稿）的编制和会审。10 月底，完成了《大坝安全防渗处理技术实例》（初稿）的编制工作。

大坝中心积极利用挂靠的水电站大坝安全监测专委会开展技术交流，促进大坝运行管理技术水平的提高。11 月，在杭州召开了“大坝安全监测专委会换届会议暨 2012 年学术交流会”，顺利完成了大坝安全监测专委会的换届任务，制订了第五届专委会的工作条例、工作打算，开展了学术交流、出版了论文集。大坝中心还认真做好电力行业大坝安全标准化技术委员会的归口管理日常工作及年度技术标准项目申请、进度和质量控制，完成了《大坝声波检测技术规程》（送审稿）的审查，《差动电阻式监测仪器鉴定技术规程》、《钢弦式监测仪器鉴定技术规程》、《光电式（CCD）双金属管标仪》、《大坝声波检测技术规程》四个标准报批工作。

这些技术基础工作的开展和学术交流，既总结了已有的经验，又前瞻性地引入了最新的技术成果和大坝安全管理理念，为更好地履行技术监督服务职能奠定了工作基础。

（国家电力监管委员会大坝安全监察中心　赵花城）

小湾水电厂 2012 年水库与大坝管理情况

（一）首次达到工程设计正常蓄水位

华能澜沧江水电有限公司小湾水电厂（以下简称“小湾水电厂”）为澜沧江中下游龙头电站，总装机容量 4200MW（6×700MW），混凝土双曲拱坝，最大坝高 294.5m。水库正常蓄水位为 1240m，死水位 1166m，为不完全多年调节水库，2008 年 12 月 16 日开始初期蓄水。历经四个阶段蓄水验收和九次专家组的检查评价，2012 年 10 月 31 日 8 时 10 分，水库蓄水首次到达工程设计正常蓄水位 1240m 高程。这座已建成的世界第一高拱坝，承受了 1800 万 t 水荷载的实际考验，工况正常；近坝库岸基本稳定，整体安全状况良好，各项功能满足设计要求。电站由蓄水阶段转入正常运行阶段，全面具备机组满负荷运行条件，将进一步发挥巨大的调蓄作用，为云南省及南方区域枯期发供电提供重大保障。

小湾水库按照“分期蓄水、监测反馈、逐步检验、动态调控”的原则，分四个阶段蓄水，成立了小湾蓄水专门委员会、综合评价专家组和小湾蓄水专门委员会工作组，全程领导、协调和指导蓄水相关工作。2011 年 7 月 3～5 日，工程第四阶段蓄水验收专家组会议及蓄水验收会在北京召开，同意小湾水电厂进行第四阶段蓄水；并要求根据上游来水情况，选择在水位 1210、1225、1232m 附近进行系统地监测分析和对比研究，确认没有异常情况下，逐步稳妥地提高库水位。2011 年 7 月 13 日，华能澜沧江水电有限公司下发了《关于调整小湾电站蓄水专门委员会机构和人员的通知》，对小湾蓄水专门委员会机构及人员进行了调整，增设第四阶段蓄水专家组，全面跟踪分析蓄水过程，定期开展现场检查评价工作。在小湾水电厂水库蓄至 1210、1225、1232m 水位附近时，蓄水专家组分 3 次赴现场检查及评价工作，给出了“根据对监测成果的综合分析，小湾水电厂第四阶段蓄水过程中，拱坝工作性态正常。按照‘分期蓄水、监测反馈、逐步检验、动态调控’的原则，小湾水电厂水库在主汛期可蓄水至 1232m，在后汛期蓄水至 1240m。”的检查评价结论。小湾水电厂持续落实相关专家对巡视检查和安全监测工作开展及监测成果分析反馈做出的具体要求和意见，加大枢纽区水工建筑物及库岸边坡的现场巡检力度，及时排查蓄水期间新增的各类缺陷点，确保电站首次蓄水至工程设计正常蓄水位 1240m 高程。

（二）大坝安全注册情况

为了准确掌握大坝的安全运行性态，加强对大坝的运行监测和安全管理，对照《大坝注册管理要求》和《大坝安全注册管理实绩考核评价标准评分表》的相关条款，小湾水电厂在 2012 年 6 月完成了大坝安全注册自查及申报资料的填报工作，2012 年 7 月向国家电力监管委员会大坝监察中心（以下简称“大坝中心”）提出了小湾水电厂大坝安全初始注册申请。

根据《水电站大坝运行管理规定》及《水电站大坝安全注册办法》的要求，2012 年 7 月 23～26 日，大坝中心会同云南省电监办对小湾水电厂大坝进行注册现场检查。专家组主要对大坝坝顶、检查廊道、帷幕灌浆廊道、排水廊道和诱导缝检查廊道以及坝内观测间安全监测设施等进行现场检查，随后分为水工、防洪、金属结构、档案四个小组对小湾水电厂大坝管理机构设置、水工运行管理人员素质、大坝安全管理制度、防洪度汛和应急管理、历次安全鉴定专家意见和建议落实情况进行了系统检查，最终形成了《云南小湾水电厂大坝安全初始注册现场检查意见》。意见指出：小湾工程于 2011 年 6 月通过了中国水电工程顾问集团公司组织的第四阶段枢纽工程蓄水（正常蓄水位 1240.0m）安全鉴定，同年 7 月通过国家能源局委托水电水利规划设计总院组织的验收；2009 年 12 月大坝蓄水后，每年结合各阶段枢纽工程蓄水安全鉴定，对大坝进行了详细检查；目前大坝运行正常，小湾水电厂大坝的安全状况和管理现状具备大坝安全初始注册条件。据此，国家电力监管委员会批准小湾水电厂大坝安全注册等级为甲级。

（三）全国大型水库大坝安全调研小湾水电厂现场检查情况

为全面了解和掌握水库大坝安全状况，进一步加强安全监管，分析存在的问题，为国务院相关决策提供依据和修订《水库大坝安全管理条例》做准备，水利部、国家安全生产监督管理总局、国家电力监管委员会和国家能源局联合组织开展了全国大型水库大坝安全调研工作。此次调研选取了全国 20 座有代表性的工程，小湾水电厂是特高拱坝的典型代表。

依照水利部办公厅、国家电力监管委员会办公厅办安监〔2012〕265 号《关于切实做好全国大型水库大坝安全调研问卷调查工作的通知》的要求，小湾水电厂于 2012 年 7 月 25 日完成大坝安全调研问卷调查。2012 年 10 月 25 日，小湾水电厂组织专人赴北京参加由水利部安全监督司、国家电力监管委员会安全监督局组织召开的全国大型水库大坝安全现场调研工作会议。会议明确拱坝工程专业调研组拟于 2012 年 12 月 10～15 日对小湾工程进行调研。

2012 年 12 月 12～14 日，全国大型水库大坝安全现场调研组由国家电监会大坝安全监察中心总工程师张秀丽带队，一行 13 人到小湾水电厂进行专题调研。调研中，首先由业主、设计、监理、施工单位依次就工程基本概况、运行管理、工程技术等相关情况做专题汇报；在此基础上，专家们先后深入尾水平台、地下厂房、基础廊道、诱导缝等处进行现场查勘，查阅工程建设运行管理相关资料；随后分成建设管理、运行管理、应急管理、重大技术 4 个小组全面详细地了解小湾工程建设、大坝安全监管、电站生产运营管理等情况，并最终形成调研报告。调研组对小湾水电厂水库大坝管理工作给予积极评价，并对进一步加强小湾工程安全监测、库区管理、应急管理等工作，确保小湾水电厂大坝长期运行安全提出了指导性意见和建议。

最后，调研组一致认为，小湾水电厂大坝作为我国最早开工建设的第一个 300m 级特高拱坝工程，在工程技术上极具挑战性，在经历首次蓄水至正常蓄水位 1240 后，拱坝工作性态正常、安全风险可控。小湾工程安全管控体系成熟、大坝安全监测体系健全、生产运行管理机制完善、库区应急处置预案体系涵盖全面、具有较强的实用性和可操作性。小湾工程在设计、建设和运行过程中积累的各项成功经验，值得深入总结、广泛推广，有助于提高我国特高拱坝的建设水平。

（华能澜沧江水电有限公司小湾水电厂
李洪波　张　鹏）

数字化监控技术在金安桥水电站大坝管理中的应用

金安桥数字大坝管理系统采用法国达索系统公司的三维平台技术进行开发，使用 CATIA 进行三维建模、3DVIA Composer 进行三维模型发布，最后基于 Microsoft .NET 平台（使用 C# 语言）进行三维模型与工程资料信息进行关联和系统集成，最终实现大坝历程仿真、结构仿真、稳定监测仿真，以至大坝全信息三维虚拟仿真等全方位信息仿真模拟；以使大坝维护、大坝监测、大坝安全分析评估，大坝应用运行等诸多业务实现全面信息化、精细化、全程化管理。

（一）大坝数字化监控技术的总体框架

数字化监控系统整体结构框架分为 3 个层次，即数据库管理层、支撑平台层、应用实现层。

1. 数据库管理层　数据库管理层主要是实现系统相关数据的汇集、分析、整理、管理等功能。相关数据库主要包括：①系统自管理综合数据库；②大坝观测成果数据库；③图形图像数据库；④地物三维模型库；⑤空间地理信息数据库；⑥CAD 设计图库等。

2. 支撑平台层　支撑平台层是整个系统的核心，实现系统总体管理，以及系统共性功能实现，并保证系统资源共享。系统共性功能实现主要包括：三维虚拟空间功能、平台综合管理、用户权限管理、功能组件管理、数据接口管理及各种模型、图形、数据的管理和展示。

3. 应用实现层　应用实现层是在数据库层和支撑平台层的基础上，针对不同的业务需求和技术方向，实现具体的应用功能，主要包括：大坝建设过程仿真；大坝安全观测仿真展示；大坝结构仿真；大坝边界地质结构仿真；大坝变形分析仿真；大坝浸润线及漏水分布仿真；大坝专题图生成；大坝运行综合报表、报告生成等。

（二）数字化监控技术的系统划分

1. 数字化监控技术数据库管理系统

（1）数据库系统是整个系统数据流的枢纽，是系统的核心，系统所有的各种数据都要存在数据中，系统所有功能应用所需的数据都要从数据中查询、调用。防汛信息数据库包括数据库和数据库管理系统两部分。数据库是存储于计算机中用于管理决策的业务数据的集合，而数据库管理系统则是支撑这种数据库的软件，它用来产生、维护、储存、更新以及保护数据库。同时，数据库和其管理系统能对大量数据进行有效的管理、能将数据的物理结构与逻辑区分开，并能对它们分别进行处理、能为非程序人员提供灵活的、容易存储的接口的优点。

（2）系统主要包括数据库管理系统管理、数据管理维护和数据分析。数据库系统管理包括数据库的建立，用户权限的控制，程序备份，数据备份恢复等；数据维护包括数据的插补、修改、删除功能的实现；数据分析主要是建立数据自动统计、整编机制，或应用客户程序控制，人机交互完成；或在数据库中，应用触发器、存储过程、事件等建立自动数据整体机制。

2. 数字化监控技术三维虚拟仿真支撑平台

（1）主要功能包括：①能够构建统一动态的主界面管理机制，实现功能组件的动态管理；②统一的异构多数据源动态管理；③系统数据资源共享机制管理；④信息交换管理；⑤三维虚拟空间控制管理功能，其中包括三维场景布设、地物模型布设、纹理渲染、光照场效控制、三维漫游、路径飞行、定位方体切割、剖面切割等一系列三维空间控制功能；⑥CAD图形数据显示；⑦各种图片图像数据显示；⑧360°全向图片融合及显示。

（2）框架结构主要包括平台综合管理、三维虚拟空间控制管理、多类型数据展示三部分。平台综合管理主要包括平台主界面控制管理模块、用户权限控制管理模块、功能组件管理模块、数据接口管理模块。三维虚拟空间控制管理主要包括三维坐标系管理模块、图层控制管理模块、三维场景布设模块、地物模型布设模块、纹理渲染模块、光照场效控制模块、雾化场效控制模块、三维漫游控制模块、路径飞行控制模块、定位方体切割模块、方体透视展示模块、剖面切割展示模块。多类型数据展示主要包括多类型图片数据展示、多类型图像数据展示、多类型 CAD 数据展示、360°全向摄影融合模块、360°全向摄影展示模块。

（3）以 Microsoft .net C# 为开发工具，采用C++语言为主体开发工具，并与 OpenGL、vega 相结合，实现三维虚拟仿真的空间控制功能。以 MultiGen Creator 为主，特殊需要精细表现的模型采用 3DSMAX 来实现三维空间模型构建，遥感数据，以及纹理图片处理，采用 ERDAS IMAGE 来完成。

3. 大坝安全观测仿真展示子系统 是在三维虚拟仿真环境下，来展示大坝观测分析成果。主要包括：①大坝观测点的空间布设管理模块；②三维空间平台上观测点维护管理；③漏水实时观测数据三维展示模块；④漏水空间分布分析模块；⑤大坝位移观测数据三维展示模块；⑥位移分析成果展示模块。

4. 大坝结构仿真子系统 主要包括：①大坝外部结构三维仿真展示模块；②大坝内部结构三维仿真展示模块；③大坝坝段分布模块；④大坝配筋结构的三维仿真展示模块；⑤坝体定位方体挖取分析模块；⑥坝体横剖断面分析模块；⑦坝体纵剖断面分析模块。

5. 大坝边界地质结构仿真子系统 主要针对大坝坝基和两侧山体地质结构，以三维虚拟仿真方式来展示。主要包括：①坝基地质结构三维展示模块；②坝基缝隙分析结果展示模块；③基岩主要参数显示模块；④山体地质结构三维展示模块；⑤山体裂隙分析结果展示模块；⑥山体主要参数显示模块。

6. 大坝专题图生成子系统

（1）功能与性能：针对大坝运行管理各专业、各方面的业务需求，系统可自动或者交互式生成相应的专题图，主要包括：①建设阶段大坝状况图；②坝基开挖地形图；③大坝观测点分布图；④大坝漏水分布图；⑤大坝位移分析成果展示图；⑥大坝配筋结构图；⑦大坝挖取方体专项图；⑧大坝横剖面图；⑨大坝坝段纵剖面图；⑩坝基地质结构图；⑪坝基地质裂隙分布图；⑫山体地质结构图；⑬山体地质裂隙分布图。

（2）框架结构：主要包括：①专题图分类管理模块；②专题图模块生成管理模块；③专题图装饰模块；④专题图打印管理模块；⑤专题图存储调用管理模块。

（3）技术实现：在三维虚拟仿真支撑平台的空间分析功能支持下，针对各专题图构建模块，调整角度和视角，截取相应显示图片，并针对专题图进行装饰。

（三）结语

大坝数字化监控技术可以提高大中型水电站大坝安全管理水平，使上下游库区人民生命财产安全和大坝运行安全得到保障，其应用价值和发展前景具有十分重要的现实意义。

（金安桥水电站有限公司
陈文彬　黄瑞娟　郭　锐）

乐滩水电站大坝通过首次安全定期检查

乐滩水电站是红水河规划中的第八个梯级电站，以发电为主，兼有航运、灌溉等综合利用，水库总库容 9.5 亿 m^3，总装机容量 600MW。工程于 2002 年 6 月开工，2006 年 11 月枢纽工程通过竣工安全鉴定，2008 年 6 月，枢纽工程通过了专项验收。

乐滩水电站的主管单位为广西桂冠电力股份有限公司，运行单位为广西桂冠开投电力有限责任公司。

（一）大坝安全定期检查情况

根据《水电站大坝安全定期检查办法》第十七条规定，大坝定检一般要求每 5 年进行一次，检查时间一般不超过一年。乐滩水电站竣工安全鉴定是在 2006 年 11 月，到 2011 年 11 月满五年。因此，乐滩水电站大坝安全首次定期检查确定自 2011 年 8 月开始，至 2012 年 8 月结束。

定检专家组由国家电力监管委员会大坝安全监察中心组织成立。2011 年 8 月 29 日～9 月 1 日召开第一次会议，明确工作大纲、专项检查内容、定期检查报告编写提纲和专家分工。根据工程实际，提出专项检查项目和要求。会议确定定期检查专题报告为：乐滩水电站大坝运行总结报告、乐滩水电站大坝现场检查报告、乐滩水电站大坝安全监测系统综合评价及监测资料分析报告、乐滩水电站大坝安全水下检查报告。广西桂冠开投电力有限责任公司负责提供工作所需的基础资料，编制运行总结报告，开展现场检查和专项研究工作的委托等。2012 年 5 月，完成了各专题报告的送审稿。2012 年 8 月 21～23 日召开第二次会议，组织专家审查专题报告，讨论、完善大坝安全定期检查报告，进行大坝安全评价。

（二）大坝运行维护

包括水库运行、大坝运行及维护、泄洪消能建筑物运行及维护、近坝库岸及工程边坡运行及维护、闸门和启闭机运行及维护等情况。厂坝现场检查及监测结果表明：乐滩水电站大坝运行正常，局部存在缺陷已按要求处理。

（三）大坝安全监测

乐滩水电站的大坝、厂房、船闸及边坡等部位布置的监测项目主要有：水平位移监测、垂直位移监测、坝基扬压力监测、渗流量监测、绕坝渗流监测、左岸边坡监测、环境量。大坝安全监测系统于 2008 年 3 月开始自动化改造，同年 7 月完成安装调试，8 月投入试运行；2010 年 8 月通过竣工验收，投入正式运行。大坝安全定期检查期间，对各监测设施进行了现场检查和测试。结果表明，各监测设施可靠性满足有关要求。

2007 年 8 月 3 日 10 时 38 分，忻城县红渡镇发生了 3.8 级地震，震中距坝区约 4km，坝区震感较为明显。地震发生后，对大坝进行全面安全检查。从检查的结果来看，大坝未出现新的裂缝，地面和边坡没有发现沉降或者是滑坡的迹象，坝段间及伸缩缝无错动，扬压力无异常，但有两个幕后排水孔渗流量突然增大。其中，B6MHP-X7 孔地震前渗流量为 70ml/s，震后当天为 117ml/s，4 天后突然增大为 246ml/s。该孔渗流量在第五天降至 179ml/s，至 9 月底，一直在 110～150ml/s 之间变化，10 月以后降到 60ml/s 以下。

2008 年 5.12 汶川地震发生后，对大坝开展专项隐患排查，重点检查大坝的水平位移、垂直位移、扬压力及渗流量情况。检查结果：大坝变形、扬压力及渗流量无突变，没有发现影响大坝运行的安全隐患，大坝的抗震能力达到设计要求。

（四）大坝安全评价

首次定检结论为：乐滩水电站大坝工程等别、建筑物级别、防洪及抗震设计标准符合现行规范规定；大坝泄流能力、坝顶高程满足防洪安全要求；坝基岩体完整性较好，局部地质缺陷施工过程中已处理；大坝、河床式厂房及船闸上闸首抗滑、抗浮稳定和坝基应力满足现行规范要求；坝基变形稳定和防渗可靠；大坝结构运行性态正常、结构安全、防渗有效；泄洪消能建筑物运行性态良好；闸门和启闭机运行稳定，现场操作和远程控制正常，电源可靠；近坝库岸和工程边坡整体稳定；监测系统项目齐全，已基本实现自动化，满足工程安全监控要求。对照《水电站大坝运行安全管理规定》第二十四条，专家组评定乐滩大坝为正常坝。

（广西桂冠开投电力有限责任公司
韦爱华　姚小斌）

芹山大坝参与国家四部委开展的大型水库大坝安全调研

为了全面了解掌握水库大坝安全状况，进一步加强安全监管，2012 年 6～12 月，水利部、国家安全生产监督管理总局、国家电力监管委员会和国家能源局联合组织开展全国大型水库大坝安全调研。此次调研采用问卷调查和现场调查两种方式。问卷调查范围为所有坝高大于 30m、库容大于 1 亿 m^3 的水库大坝工程，共 545 座。现场调查主要在问卷调查的基础上，选取 19 座代表性工程，按照拱坝工程、重力坝工程、心墙坝工程、面板堆石坝工程分为四个专业组进行。

芹山大坝位于福建省周宁县泗桥乡芹山村附近，坝型为面板堆石坝，坝高 120m，库容 2.65 亿 m^3。芹山大坝作为此次大坝安全调研的对象，参与了问卷调查和现场调研。

（一）安全调研工作简况

1. 问卷调研情况 2012 年 5 月 24 日国家四部委联合下文《关于开展全国大型水库大坝安全调研的通知》（水安监〔2012〕252）开展大坝安全调研。闽东水电开发有限公司按照文件调研大纲要求，于 2012 年 7 月 25 日完成并上报了问卷调查材料。2012 年 11 月 22 日芹山大坝问卷调查材料通过全国大型水库大坝安全调研工作协调小组办公室审核。书面材料主要内容：①芹山大坝工程基本信息；②芹山大坝建设与运行安全管理体制和机制；③芹山大坝安全相关技术问题及管理情况；④对进一步加强大坝安全管理监管的建议。

2. 现场调研情况 现场调研的主要内容包括大坝建设管理、大坝运行安全管理、重大技术、应急管理和应急预案等方面。

（1）2012 年 10 月 12 日水利部办公厅和国家电力监管委员会办公厅下发《关于开展全国大型水库大坝安全现场调研的通知》（办安监〔2012〕441 号）。

（2）2012 年 10 月 25 日调研协调小组在北京组织现场相关调研单位召开动员大会，进行任务布置。

（3）闽东水电开发有限公司于 11 月 12 日按照大坝安全现场调研大纲要求完成《芹山大坝综合汇报材料》编写工作，完成现场调研备查资料收集工作。

（4）2012 年 11 月 26～29 日，专家组到芹山大坝现场查看，听取了闽东水电开发有限公司有关芹山大坝工程情况汇报。通过开座谈会、查阅相关资料进行调研，并对资料进行总结，提炼调研结论。

（5）2012 年 12 月 6 日，专家组完成《芹山大坝工程现场调研报告》。

（二）主要调研成果

此次调研，专家组通过前期问卷调查收集的情况，通过现场调研听取汇报、查阅资料、查看现场及召开座谈会等方式，围绕调研大纲，从大坝建设管理、大坝运行安全管理、重大技术、应急管理和应急预案等方面进行全面调查，提炼调研结论，对存在问题提出建议。为修订《水库大坝安全管理条例》（国务院令第 78 号）提供支撑，研究提出加强大型水库大坝安全监督管理的对策建议，确保水库大坝安全。同时专家组对存在问题提出的建议，对被调研大坝运行管理单位进一步提升水库大坝安全管理也有积极促进的作用。

1. 主要结论

（1）有关技术资料和现场查看情况表明，芹山水电站大坝工程等级符合规范要求，采用的设计洪水满足水利行业规范及国家标准；经水工模型试验验证，溢洪道泄流能力满足设计要求；大坝结构安全性满足规范及设计要求；坝体变形和渗流总体正常；溢洪道工作闸门及启闭机运行基本正常；坝区及近坝库区岸坡稳定；水库运行中出现的问题已基本处理和解决，大坝安全性态正常。

（2）闽东水电公司已按国家电监会的《电力企业应急预案管理办法》要求编制、组织评审和向福建省电监办报备整套电力安全生产应急预案。预案较为完整，评审、报备手续齐全。

（3）闽东水电公司已按国家防总《水库防汛抢险应急预案编制大纲》要求编制了芹山水库防汛抢险应急预案，并通过了省经贸委组织的审查，以及省防指的批复同意。

（4）闽东水电公司重视应急预案的培训、宣传和演练，其中 2012 年曾作为中国华电集团公司的福建区域示范演练点，对防汛（防台风）、水淹厂房、全厂失电、地下厂房火灾及厂房防超校核洪水等突发事件进行了应急演练。

（5）省政府有关部门（经贸委、防指、电监办）认真贯彻执行国家关于水库防汛抢险和电力企业应急管理的规定，对闽东水电公司的应急管理工作进行了有效监管，职责分工明确，无监管真空。

2. 主要建议

（1）溢洪道闸门自投入运行迄今遇到的最大泄洪流量只有 $500m^3/s$ 左右，还未经过设计指标下泄洪流量的考验。因此，应加强对溢洪道弧形闸门的日常检查和维护，并注意大流量泄洪时的巡视检查，确保泄洪安全。

（2）应继续加强大坝两岸渗流观测孔的观测，并关注其可能产生的危害。

3. 运行主管单位对大坝安全监管的提出的建议

（1）设计标准适用原则问题：现在已建的大坝，部分存在建设标准符合水利部标准但不符合后期出台的电力行业标准的问题。应该以什么的原则进行套用标准，相关法规中未明确规范。

（2）水库建成投入运用后，因水文条件、工程情况等发生变化，主要参数及指标需变更，规范上需按原设计报批程序进行审批后方可执行。实际操作过程中没有单位受理。

（闽东水电开发有限公司 卓已峰）

大坝安全监测

二滩大坝强震观测实现远程管理

大坝强震观测通过设置在坝基、坝肩和坝体上的测点，记录在周边地区发生地震时大坝结构的反应特征，并通过及时处理分析做出大坝震后安全评价，采取相应的应急措施，减轻和防止大坝震害的进一步扩展和次生灾害的发生。

二滩水电站大坝强震观测系统于2001年11月建成，主要由分布在大坝坝基、坝肩和坝体上等11个部位的24个PA-1型加速度传感器、1台HR24型强震记录仪和相应的后台强震信息处理软硬件组成。截至2011年底，大坝强震观测系统先后记录了20次地震触发记录，为大坝震后安全评价打下了良好的数据基础。

2008年汶川大地震以来，国家和行业主管单位更加关注和重视大坝震后安全评价，需要电厂及时对震后的大坝安全状态进行快速报送和评价。为此，二滩水力发电厂针对二滩大坝强震观测系统存在的无法进行远程管理和快速报送等问题，于2012年对系统进行了技术改造。

由于二滩大坝强震观测系统的加速度传感器和强震记录仪工作正常，本次系统改造主要对强震信息处理软件的相关功能进行添加和完善。改造后系统实现的基本功能如下：

（1）实时示波。显示可以实时显示地震动波形，直观了解地震动状态。在显示窗口每次可以实现六个通道的波形显示，同时也可以调整波形显示的通道。

（2）设备参数设置。对系统各个参数进行设置，包括基本参数、通讯参数、报警参数、采样参数、拾震器标定参数以及加速度传送参数的设置。

（3）触发事件管理。设置好触发参数、警报参数后，系统自动判别震动信号并进行触发，系统自动以地震时刻表示的文件名保存地震信息文件，同时进行快速计算评估，生成警报信息，向大坝监测自动化系统发送联动信息，并将强震警报信息、强震文件信息、强震明细信息、烈度评估信息发送到远程管理系统，从而对强震事件进行快速处置。

（4）远程管理。在相应计算机上安装远程管理系统后，可通过局域网内或VPN方式连接至大坝强震监测系统实现实时示波、触发事件的查看，并进行报表输出等处理工作。

（5）快速报表输出。可快速分析强震数据，显示各通道的加速值和参考烈度，制作相应的成果报表，并初步评价大坝的安全状态。

二滩大坝强震观测系统通过技术改造，实现了强震信息的实时示波、信号采集、数据分析、预警信息发送等功能，并通过远程管理系统实现了局域网内、外网VPN方式的远程管理，极大提高了系统的可靠性和实用性。经测试，系统能实时监测坝基地震加速度在1.0gal以上的地震反应，满足《水工建筑物强震动安全监测技术规范》的相关要求。

（二滩水力发电厂　宋明富）

金安桥水电站GNSS外观监测自动化

金安桥水电站大坝及边坡外观GNSS监测系统共计36个表面变形观测点，其中在坝顶共布置10个表面变形观测点，用于坝顶的表面变形监测；近坝边坡B1崩塌堆积体布置6个表面变形观测点，B2、B20崩塌堆积体共布置20个表面变形观测点，做到对近坝库岸重点边坡实时监控。

（一）GNSS监测系统建立

1. 基准站　基准站是长期连续跟踪观测卫星信号，并实时为自动化各观测点提供高精度的相位差分数据和起算坐标。结合金安桥枢纽区实际情况确定使用外部变形监测网中的J3和J08作为基准站。

基准站选点原则及安装要求：

（1）不受大坝变形影响，基础稳定，年平均沉降和位移小于3mm。

（2）远离大功率无线电发射源、高压输电线路和微波无线电传送通道。

（3）距离最远自动化观测点平面距离不超过2000m，高差不超过500m。

（4）无反射，附近无高大建筑物，卫星接收信号良好，多路径效应不明显。

2. GNSS观测点建立　坝顶和B1、B2、B20崩塌堆积体中选取的36个表面变形观测点实现自动化，建立相应的观测系统，其监测数据联入工控机安全监测信息平台综合分析。

观测点墩标一般高出地面 3m，不超过 5m，挖至基岩，内部钢筋与基岩锚固后浇筑，周围设置隔震槽，内填粗砂。墩标建立时考虑可靠的电力和通信，接收机、电源盒通信设施安装位置，以及线管设备的安全防护问题。

3. 测量机器人监测系统　金安桥水电站在右岸布置测量机器人工作基点，设置一台自动超站仪（包括自动全站仪、GNSS 天线、接收机等），使用 GNSS 监测系统的基准站对本系统工作基点进行定期校核。

测量机器人选择 B2、B20 崩塌堆积体全部 20 个表面变形观测点作为测量机器人监测系统监测点，将 360°棱镜安放在 GNSS 监测系统墩标上。使用测量机器人观测可防止 GNSS 监测系统受卫星信号干扰出现监测资料的不连续性，同时能将 GNSS 监测数据与测量机器人监测数据进行比对，得出相应结论。

（二）GNSS 监测系统供电和通信系统

1. GNSS 监测系统供电　GNSS 监测系统供电方式由监测管理站向基准点、监测点和超站仪观测房集中供电，电缆采用镀锌钢管进行穿管保护。

2. GNSS 的通信　为实现远程控制测量机器人全站仪和 GNSS 设备进行无人值守组网观测，良好的数据通讯尤为重要。GNSS 基准点和监测点的数据传输采用光纤传导，墩标上的接收机数据采集出来后，用 RS232 通讯电缆同 MOXA TCF-142-S 光端机相连，每个监测点独立使用 4 芯光纤传导，进入监测管理站后与 40 芯光纤对焊，通过 40 芯光纤传导到控制室，由 MOXA TCF-142-S 光信号转化为 RS232，再利用 MOXAnport5110-cn 单串口符服务器将 RS232 转换为 TCP/IP 协议，最后通过交换机与工控机相连。

（三）小结

目前金安桥大坝及边坡 GNSS 外观监测自动化工程机处于调试阶段，自动化线路已经牵引完毕。GNSS 自动化测量能满足一般崩滑体变形监测的精度要求，不受气候条件的限制，在风雪雨雾中仍能进行观测，极大减少监测人员的工程量。

（金安桥水电站有限公司 张晓波）

基于 DCS 系统的大坝监控与健康评判系统

福建棉花滩水电开发有限公司（以下简称棉花滩公司）辖有棉花滩、白沙二座电站，其大坝安全监测与管理，两座电站现场均配备了水工建筑物管理人员，人工和自动化两套系统并行观测。为优化大坝安全管理技术力量和设备的配置，及时对大坝的安全性态进行诊断和预警，棉花滩公司建立了基于网络分布式控制系统（DCS）的大坝远程监控和健康诊断系统，实现在龙岩基地对两座大坝观测数据的实时采集、分析和大坝安全的远程监控与健康诊断，全面提高了大坝安全管理水平。

（一）系统组成和功能

大坝远程监控和健康诊断系统主要包括自动化远程监测和管理、健康诊断和预警、远程会商平台、水工水务资料信息管理四个子系统共 13 个功能模块，系统功能结构如图 1 所示。

1. 大坝安全自动化远程监测和管理子系统　基于监测信息远程采集软件系统和监测仪器性态的数据特征，建立了大坝自动化远程监测和自管理系统；实

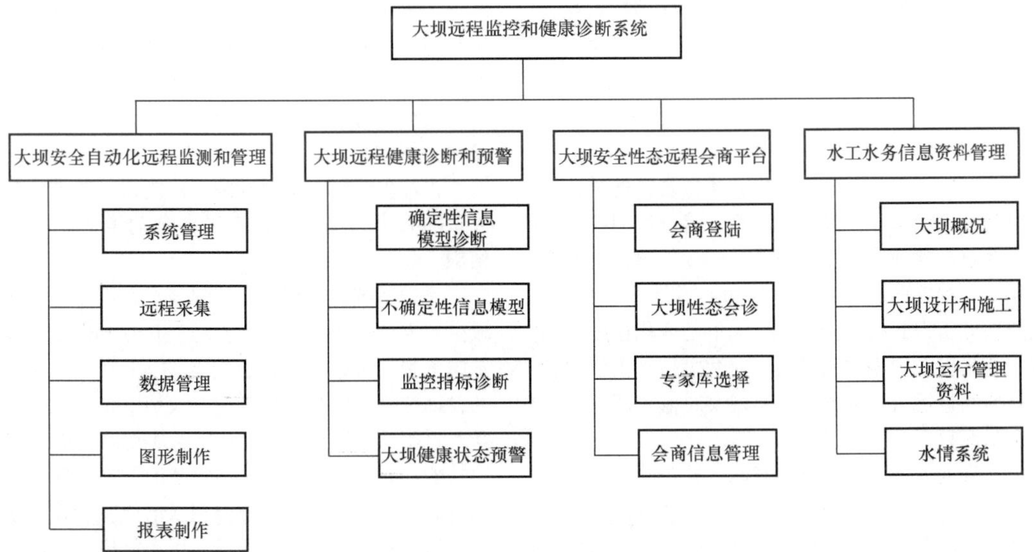

图 1　系统功能结构杠图

现对重点项目和重要测点的自动筛选，形成在安全分析和预警方面的重点关注测点集，提出监测系统数据智能采集模式。

（1）提取仪器损坏数据特征，凝练测点仪器的活性指标以及对环境荷载变化的敏感性指标，为建立大坝自动化远程监测和自管理系统，奠定评判知识基础。

（2）建立两座电站水工建筑物的监测项目重点监测排序规则，实现对重点项目和重要测点的自动筛选，形成在安全分析和预警方面的重点关注测点集，并及时对大坝安全管理技术人员进行警示。

（3）建立监测系统数据智能采集模型，反馈指导采集系统的运行。

2. 大坝远程健康诊断和预警子系统

（1）依托棉花滩、白沙两座水电站，在龙岩基地建立大坝监测中心，开发大坝监测系统实时采集软件，实现在基地直接采集两座电站大坝监测数据和相关环境量。可进行单点、多点的实时测量和定时自动巡测。人工观测数据可在龙岩、棉花滩、白沙进行录入，并存入数据库。

（2）大坝安全监测信息远程管理分析预警系统，包括基础数据管理、误差分析和处理、报表和数据上传报送、监测管理和维护、建模分析、建筑物状态预警、图形和信息可视化、网上会商、文档管理、数据库维护、系统管理、系统支持库群等子系统，同时实现大坝安全监测信息及分析结果的在线发布。具体包括：①观测资料初步分析和整编、报表生成软件。采用概率统计、设置阀值等方法，对每天自动采集的监测数据进行误差识别、漏测判别。通过自动异常筛选和人机交互的方法，结合实测过程线图形进行粗差剔除，并将处理的数据存入数据库。同时能够按大坝管理要求生成监测数据报表。②监测管理和维护日志。提示本日（周、月）监测项目、主要工作内容等目的（可根据公司例行工作制度、水工工作标准编制）。提供观测系统维护的记录、查询和统计功能。③建模分析。提供确定性和不确定性建模方法以及常规统计模型、时间序列模型、神经网络模型、混合模型的建模功能，含自动建模和人工建模等。④水工建筑物安全状态预警。根据两电站水工建筑物的设计监控指标、监测资料分析得到的监控指标、测值的变化速度、加速度、变幅以及模型的预测值，对两电站水工建筑物的重点监测量进行自动预警，实现实时监测两电站大坝安全状况目标。

（3）根据大坝安全状态具有确定性与不确定性并存的特点，通过数值模型仿真和实测资料分析，建立了大坝安全监测信息的确定性和不确定性评价模型，拟定了大坝安全监控指标和预警值，实现了多种模型和方法的多角度在线并行评价，结合专家经验，自动给出大坝安全的综合评价结论。确定性评价模型主要有统计模型、时序模型和神经网络模型等。不确定性评价模型包括原始信息的获取、原始信息分配矩阵的形成、不确定性关系矩阵的构建、各影响因素间的权重确定、近似推理不确定性分析模型建立等。

3. 大坝安全性态远程会商平台子系统　建立大坝安全监控技术支持中心数据库（包括专家人员库等），对疑难问题，通过网络系统与国内有关大坝安全评价专家进行信息的交流，以实现网上会诊和技术咨询等。可进行在线实时的文字和语音交流以及离线的文字和语音留言。

大坝安全性态评价，对棉花滩大坝的监测资料进行全面分析，揭示棉花滩大坝安全运行情况和存在疑点，提取大坝运行的不利荷载工况，结合三维弹塑性有限元仿真，应用规范法和强度储备法，分析大坝的变形、强度和稳定状态，对大坝安全性态及其变化趋势进行评价。

4. 水工水务信息资料管理子系统　基于Web建立两电站水工水务管理基础数据库，为两电站水工建筑物的长效管理和安全监控提供重要的信息平台。数据库的内容包括：基础资料、运行资料系统、两电站水工建筑物的设计监控指标、应急预案、规章制度、大坝管理人员档案库、培训库、试题库、相关案例库等。

（二）系统使用情况

系统建成后，从2011年底开始在棉花滩、白沙两座大型水库大坝管理投入使用。应用情况表明，系统稳定，两座电站大坝等水工建筑物监测由原现地采集数据提升为远程采集和智能自管理。2012年4月26日，棉花滩自动监测系统发生电源断路时及时发出报警信息并提示故障类型，得到了及时处理。运行安全监控模型软件和健康评判系统软件，及时对两座大坝安全状态进行分析诊断和预警，每周向管理人员发布分析结果，每月1日发布上月两座大坝运行状况。在报表编制、资料管理、智能评判等方面节省了大量的人力、物力，各类报表自动生成，减少了差错率。

通过系统的应用，棉花滩公司大坝水工管理人员减少6人，每年节省人工费用130万元以上，节省设备添置费、维修费、办公费等约86万元；利用系统的自动评判功能，实现随时对大坝安全状况的在线判断，每年节省聘请专家费约50万元；利用系统的监控功能，有效跟踪大坝的运行状况，在确保大坝安全运行的前提下，通过与电网和水情调度合作，采用重复利用兴利库容，增加水量利用率等措施，每年通过增发电量产生直接经济效益约为6000万元。

（三）系统先进性

2012年5月4日，中国华电集团公司组织对研究成果进行评审。其主要结论为：研究成果对及时掌握大坝安全性态，提高大坝安全管理水平有着显著的理论意义和实际应用价值。该项成果总体上达到国际先进水平，部分指标达到国际领先水平。

（福建棉花滩水电开发有限公司　徐世元）

福建棉花滩大坝渗流监测

（一）概况

棉花滩水电站位于福建省永定县境内汀江干流上，总装机容量600MW，水库总库容20.35亿m^3，具有不完全年调节性能。大坝为碾压混凝土重力坝，坝高113.0m，坝顶长308.5m、高程为179.0m，水库正常蓄水位173m，校核洪水位177.80m。工程于1998年4月正式开工，2000年12月18日下闸蓄水。

坝基扬压力孔布置在纵向基础廊道以及三个横向廊道内，共有25个测点，编号UP1～UP16位于1～6号坝段纵向基础灌浆廊道，UP17～UP25位于三个横向廊道内，所有测点均有人工和自动化测值。UP5孔在2003年6月后新建一个扬压力观测孔，新旧孔分别命名为UP5NEW和UP5OLD。渗漏量采用三角堰来测量，其中，76.00m高程廊道集水井两侧的上下游排水沟内各设两个量水堰，分别测量坝体和坝基的渗流量，坝体渗流量的测点编号分别为WE1和WE3，坝基渗流量的测点编号为WE2和WE4；在左右排水平洞的排水沟中各设置一个量水堰，测点编号分别为WE5和WE6；在96.00、120.00m和140.00m高程出坝廊道的下游出口段共设了4个（140.00m高程布置两只）量水堰，测点编号分别为WE7、WE8、WE9和WE10。

（二）坝基扬压力性态分析

电站运行以来，上游水位最高时各测压孔扬压力折减系数及设计值分布图见图1。

通过对坝基扬压力监测资料分析，结果表明：

（1）上游水位是影响坝基扬压力测孔水位变化的主要因素，降雨次之，而扬压力测孔水位受温度变化的影响不大。

（2）高水位时段5号和3号坝段的扬压力系数超过设计值。5号横断面上测压孔水位呈上下游较高，中间测孔水位相对较低分布，且UP17和UP18孔水位有逐渐增大的趋势。这与坝段基础有F_{18}等断层穿过，地质情况复杂有关，建议加强监测和分析。

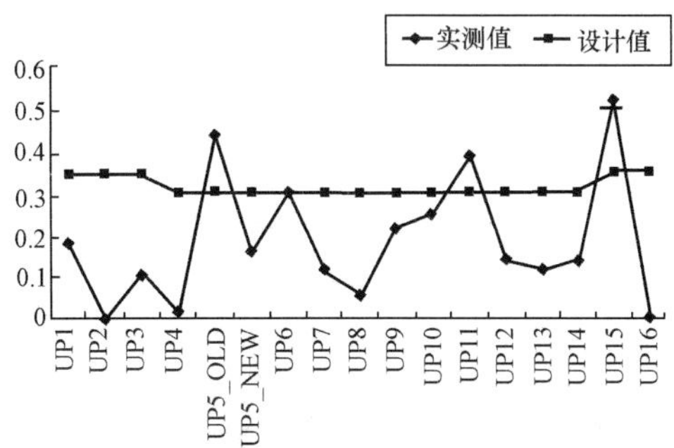

图1　上游水位最高时各测压孔扬压力折减系数及设计值分布

（3）扣除由于监测误差引起的测值突变和跳跃现象后，UP9、UP11、UP17和UP18孔的孔水位有逐渐升高的趋势；除上述测孔外，其余测孔测值变化比较稳定，无明显的趋势性变化。

（4）在高水位时段（水位高于170m）时的最大扬压力折减系数，大部分小于设计采用值，但UP5、UP6、UP11和UP15超过设计值，其主要原因有：①1号岸坡坝段的UP15测孔，除受库水位及降雨影响外，山坡地下水和渗流不利地质是重要影响因素；②5号坝段的UP5、UP6孔基础条件复杂，有F_{18}等断层穿过。

（三）渗漏量性态分析

图2为典型测点渗漏量过程线，监测资料分析表明：

（1）上游库水位变化是影响各测点渗漏量变化的主要因素，库水位上升时，渗漏量增大；库水位下降时，渗漏量减小；库水位变化对大坝渗漏量影响有滞后效应。

（2）降雨是影响各坝段渗漏量变化的因素之一，降雨量较多及库水位较高的时段，渗漏量较大；降雨量较少及库水位较低的时段，大坝渗漏量较小。

（3）温度变化对各坝段坝基渗漏量有一定的影响，但总体影响比库水位及降雨变化要小。

（4）时效对各坝段渗漏量也有一定的影响，但影

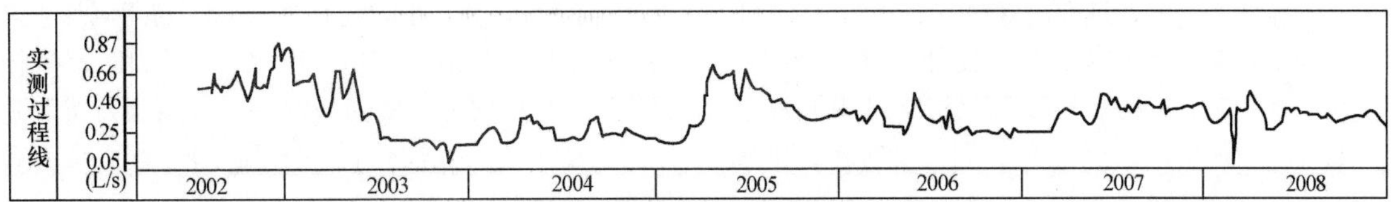

图2　渗漏量WE6实测过程线

响较小。

总体而言，若扣除监测误差及横缝止水问题等影响，则坝体及坝基的渗漏量测值总体变化较为平稳，无明显的趋势性变化。

（四）绕坝渗流性态分析

图3为典型测点绕坝渗流测孔水位过程线，监测资料分析表明：

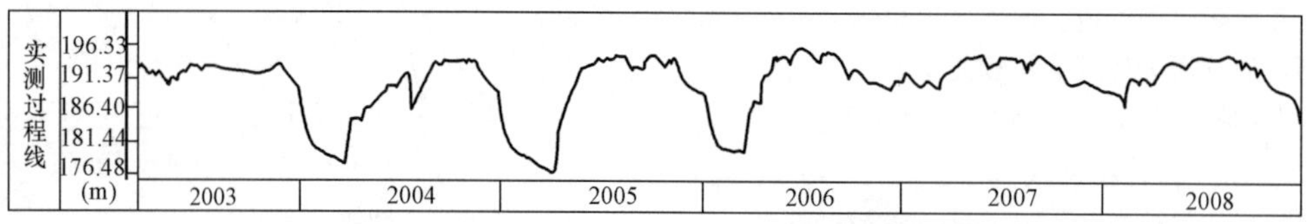

图3 绕坝渗流左岸测点L1实测过程线

（1）帷幕前测点R1和L1所监测的绕坝渗流量的变化受库水位变化的影响较大，库水位升高，绕坝渗流孔水位上升；库水位下降，绕坝渗流测孔水位下降；同时，库水位变化对地下水位影响有一滞后过程。

（2）温度变化对两岸绕坝渗流变化有一定的作用，一般温度较低季节，地下水位较高，而温度较高季节，则地下水位较低。

（3）降雨对两岸绕坝渗流也有影响，降雨较多的季节，库水位较高，则地下水位较高；反之，降雨较少季节，库水位较低，则地下水位较低；同样地下水位的变化较降雨也有一个滞后过程。

（4）两岸绕坝渗流孔水位变化比较平稳，时效呈平稳变化。

综上，棉花滩大坝渗流变化性态基本正常。

（福建棉花滩水电开发有限公司 徐世元）

其 他

水布垭大坝面板喷淋系统实施与运行情况

水布垭大坝坝顶高程409m，坝顶长674.66m，最大坝高233.2m。大坝面板厚0.3～1.1m，总面积13.87万m^2，受库水位变幅影响，部分三期面板长期暴露在外。考虑面板为薄壁混凝土结构，受夏季日光暴晒和昼夜温差较大影响，温度应力加速混凝土面层老化龟裂，不利于面板的防渗挡水功能及耐久性，为此，在水布垭大坝实施了面板喷淋系统。喷淋系统主要包括DN125内衬不锈钢外涂塑复合钢管、DN25不锈钢喷淋管、管道支架、喷嘴、阀门及电器元件。其中夹扣式扇形喷头设计喷雾夹角80°，喷射距离1m，间距2m，覆盖宽度2.18m，工作压力0.3MPa，最小喷雾粒度220μm，最大喷雾粒度2500μm，流量3.9L/min。DN25不锈钢喷淋管设计流速1.2m/s。该系统设计功能上，具备手动控制与自动控制两种功能。自动控制采用西门子PLC控制，根据温度和湿度定时控制电动蝶阀动作。

水布垭面板喷淋系统2012年投入运行，在5～9月高温季节采用手动控制运行，日最高气温达到35℃或连续3d超过30℃，采取24h不间断喷淋，压力约0.05MPa左右，完全满足面板全面湿润、降低面板温度的效果，运行状况良好。

该系统运行效果分析如下：

（1）对比分析2012年与往年时间段水上面板温度监测数据，同比最大值下降15℃左右，最高温度在25～27℃，且变幅较小。

（2）对比分析往年与2012年5～9月时间段水上面板混凝土应变监测数据，往年测值变幅明显大于2012年测值。

（3）喷淋系统投入运行后，有效降低了水上面板混凝土温度应力，减小了混凝土的热胀冷缩，提高了面板薄壁混凝土结构的抗老化龟裂及耐久性。

（4）在工作压力0.3MPa下，平均耗水量60m^3/h；在0.05MPa压力，平均耗水35m^3/h。费用测算：自备生产水按0.5元/m^3计，时间按30天24h全开计，月度运行费用约为1.2～1.5万元，年度运行费用在8～10万元左右（按运行5个月计）。满足经济合理性。

（湖北清江水电开发有限责任公司）

棉花滩水电站过流系统水能损失偏大原因分析

棉花滩水电站位于福建省永定县境内的汀江干流，1998年开工修建，2002年2月竣工。电站安装4台单机容量为150MW的混流式竖轴水轮发电机组，采用单机单洞引水，二机一尾洞出水的布置形式。进水口由喇叭口、闸门槽及渐变段组成，引水隧洞由上平段、竖井段及下平段组成，尾水管后接4条平行的尾水管加长段，设2个尾水调压室，尾水调压室后设4条尾水支洞经2个岔管合并为2条内径11m的圆形尾水隧洞，发电工况额定水头流量为193.59m³/s。在实际运行中发现，机组满发时引水系统水头损失比设计值高40cm，降低了水能利用率。因此，利用三维数值模拟水能损失分析模型，对棉花滩水电站流道进行全面分析，找出产生水头损失的成因，提出治理技术。

数学模型选定进水流道（四条）和出水流道（两条）为计算区域，使用Gambit前处理软件对该区域进行数模建立和网格划分。由于水轮机机组过流使用三维数值模拟存在较大误差，很难真实的反应水头损失，所以只对进水和出水侧过流系统进行模拟。

采用混合网格对模型进行网格划分，进水每个流道网格数约为80万个，出水每个流道网格数约为140万个。

算例均采用k-e模型、simple算法、二阶迎风格式，采用残差和质量守恒作为判断收敛的依据。

根据各过流部件的空间位置及尺寸，在已知上游水位，引水隧洞进口高程的前提下，进行流场、压力场的模拟，得出各过流部件流场和压力场的分布形式。

（一）进水流道计算结果与分析

进水流道计算结果见表1。

综合对比进水流道部件的总压，在所有部分中，进水口和压力管道部分的损失所占比重最大，尤其是进水口的闸门处所产生的局部损失（漩涡）较大。

（二）出水流道计算结果与分析

出水流道计算结果见表2。

表1　进水流道计算结果

位置	1号流道		2号流道		3号流道		4号流道	
	总压值（Pa）	水头损失（m）	总压值（Pa）	水头损失（m）	总压值（Pa）	水头损失（m）	总压值（Pa）	水头损失（m）
进口断面	667 562.31		667 123.44		665 554.5		665 118.94	
进水口段末端断面	665 208.06	0.240	663 917.94	0.327	663 198.56	0.240	662 813.5	0.235
上平段末端断面	662 441.75	0.282	662 117.63	0.184	662 281.13	0.094	661 543.06	0.130
上弯段末端断面	660 956.06	0.151	660 786.69	0.136	660 968.81	0.134	660 533.69	0.103
下弯段前端断面	659 845.88	0.113	659 767.06	0.104	660 058.44	0.093	659 078.13	0.148
下弯段末端断面	656 417.56	0.349	657 932.69	0.187	658 718.63	0.137	656 698.31	0.243
出口断面	653 626.69	0.284	656 047.75	0.192	656 906.88	0.185	655 709.81	0.101
合计		1.419	653 528.44	0.257	655 890.44	0.104	653 600	0.215

表2　出水流道计算结果

位　置	1号尾水流道		2号尾水流道	
	总压值（Pa）	水头损失（m）	总压值（Pa）	水头损失（m）
尾水加长段进口断面	128 381.40		127 856.74	
尾水加长段末端断面	127 617.05	0.078	127 096.59	0.077
调压室出口断面	127 424.81	0.020	126 905.75	0.019
尾水支洞末端断面	127 173.95	0.026	126 585.49	0.033
尾水加长段进口断面	126 644.98		126 033.98	
尾水加长段末端断面	125 871.02	0.079	125 268.04	0.078

续表

位置	1号尾水流道		2号尾水流道	
	总压值（Pa）	水头损失（m）	总压值（Pa）	水头损失（m）
调压室出口断面	125 691.81	0.018	124 584.34	0.070
尾水支洞末端断面	125 159.53	0.054	124 495.45	0.0009
岔管段末端断面	123 137.76	0.309	122 647.7	0.295
上弯段末端断面	122 627.67	0.052	122 085.13	0.057
尾水隧洞末端断面	118 050.70	0.467	117 557.53	0.461
下弯段末端断面	117 470.84	0.059	116 995.7	0.057
渐变段末端断面	116 521.06	0.097	116 353.96	0.065
出水流道出口断面	115 963.53	0.057	115 830.54	0.053
合计		1.316		1.266

由数模计算得出的流场分布形态可知，在调压室、岔管段和尾水出口闸门段的水力损失所占比重较大，这些位置的压力分布和速度分布显示，水流型态紊乱、湍动能较大，且有低压回流区存在，对整个流道影响较大。

（三）现场实测试验结果对比分析

为了解电站机组过流系统水力损失特性，以及机组停机状态下导叶漏水情况，进行了机组引水、排水流道水力损失现场试验和导叶漏水量测试。测试数据见表3。

为与实测试验结果更加直观地进行比较，以便进一步提出研究整治措施，对实测试验的工况进行了三维数值模拟研究，数模结果整理如表4及表5所示。

表3 引水系统和尾水隧洞损失测试数据汇总表

序号	流量（m^3/s）	上游水位（m）	蜗壳进口压力（kPa）	尾调水位（m）	下游水位（m）	引水系统损失（m）	尾水隧洞损失（m）
1	177.52	166.71	911.08	72.408	72.29	0.58	0.12
2	123.85	166.71	929.25	72.364	72.32	0.30	0.04
3	77.32	166.71	939.83	72.211	72.19	0.13	0.02
4	34.24	166.71	944.88	72.134	72.12	0.08	0.01

表4 进水流道水头损失 m

工况	流量177.52m^3/s	流量123.85m^3/s	流量77.32m^3/s	流量34.24m^3/s
进水口	0.204	0.105	0.045	0.011
引水隧洞	0.633	0.322	0.142	0.037
压力管道	0.198	0.100	0.041	0.011
合计	1.035	0.537	0.228	0.059

表5 尾水（3号单机）水头损失 m

工况	流量177.52m^3/s	流量123.85m^3/s	流量77.32m^3/s	流量34.24m^3/s
尾水管加长段	0.069	0.037	0.016	0.004
调压室段	0.018	0.009	0.004	0.001
尾水支洞	0.033	0.016	0.006	0.001
岔管段	0.105	0.052	0.022	0.005

续表

工况	流量 177.52m^3/s	流量 123.85m^3/s	流量 77.32m^3/s	流量 34.24m^3/s
尾水隧洞	0.159	0.083	0.036	0.011
合计	0.384	0.196	0.085	0.023

（四）治理技术

1. 优化流道局部体型　从三维数值模拟的结果来看，岔管段的水头损失最大。岔管局部水头损失主要与岔管分流比和交汇角相关，局部水头损失随岔管交汇角的增大而增大，故在对岔管体型进行优化时主要考虑交汇角的减小，以此来改善流态。

将岔管弧段的角度改为45°，计算得出岔管段水头损失约为0.142m。较之原岔管段的损失0.295m减小了0.153m。

2. 开挖尾水渠　水电站的动力来源为发电水头和发电水量，上下游水头差的大小对发电尤为重要。从现场来看尾水渠出流非常不顺畅，漩涡明显且分布范围广，为提高电站出力，可对尾水渠及下游河道进行开挖以降低下游水位。开挖的范围和深度，需根据下游河道水位、河床和岸坡地质条件确定。

（华电集团公司福建分公司　陈瑞兴　徐世元）

13

环境保护与水库移民

环 境 保 护

雅砻江干流中下游水生生态环境保护措施

雅砻江是金沙江最大的支流，干流河道全长1535km，流域面积约12.84万km^2；两河口至卡拉段为中游河段，卡拉至江口为下游河段，中、下游干流河道长度分别为385、412km。雅砻江流域水电开发有限公司（以下简称“雅砻江公司”）高度重视水电站开发过程中的水生生态环境保护工作，制定了一系列保护雅砻江水生生态环境的措施。

（一）雅砻江中下游区域水生生态环境保护措施分类

雅砻江干流中下游现有水生生态保护体系包括3个层次6个方面。3个层次分别是指避让、减缓、补救措施；6个方面是指栖息地保护、渔政管理、科学研究、生态调查与监测、生态调度及增殖放流措施。

（二）栖息地保护和生境修复措施

1. 河段保留情况　经过规划阶段和可行性研究正常蓄水专题研究阶段研究，两河口水库正常蓄水位由原规划的2880m调整至2865m，降低15m，由此，拟建两河口水库上游6km未进行水电开发。为了规避拟建的牙根水电站对雅江县城的淹没，《雅砻江两河口至牙根河段水电开发方案研究报告》将原中游规划的牙根梯级调整成牙根一级和牙根二级两个梯级，由此，牙根一、二级水电站之间，将在雅江县城保留6.0km的天然河段。经过规划论证研究，卡拉梯级坝址上移7.2km。这些未开发的天然河段为流水性鱼类的生存提供了空间。

2. 生境修复　委托中国水电顾问集团成都勘测设计研究院，对官地水电站简易喜流水性鱼类产卵场进行专题设计工作，目前已建成并投入使用。委托中国水电顾问集团华东勘测设计研究院对锦屏二级大河湾减水河段开展河段生境修复设计，此工作正在进行。

（三）渔政管理

2008年7月，四川省人民政府以川府函〔2008〕174号文印发了《四川省人民政府关于建立恩洋河中华鳖等9处省级水产种质资源保护区的批复》，同意建立包括雅砻江鲈鲤长丝裂腹鱼省级水产种质资源保护区在内的9处四川省省级水产种质资源保护区。

2011年5月，四川省水产局公布了包括雅砻江鲈鲤长丝裂腹鱼省级水产种质资源保护区在内的四川省7个省级水产种质资源保护区涉及的面积、范围和功能区。

同时，为落实保障雅砻江鲈鲤长丝裂腹鱼省级水产种质资源保护区的运行管理，凉山州水产渔政局与雅砻江公司计划下一步完善该水产种质资源保护区的配套设施和运行管理。

（四）科学研究

为落实环评要求，保护调查河段的鱼类，雅砻江公司开展了如下基础研究工作。

（1）通过招标、签订合同的方式，2011年委托水利部、中国科学院水工程生态研究所对锦屏一级、二级和官地水电站鱼类增殖站进行运行管理，开展2011～2013年鱼类增殖站各项科学实验工作，并于2012建立了鱼类实验室，成功实施了裂腹鱼类和鲈鲤的繁殖。

（2）编制了《雅砻江下游鱼类保护科研采购询价书》，目前正在组织招标，拟委托国内有相关科研实力的科研院校开展以下3个方面的科研工作：①雅砻江保护及特有鱼类生活史、繁殖生物学研究；②雅砻江保护及特有鱼类人工驯养及繁殖技术研究；③雅砻江保护及特有鱼类增殖放流技术研究。

（五）生态调查与监测的执行情况

雅砻江公司通过招标、签订合同的方式，2010年委托四川省水产研究所开展了官地水电站蓄水前水生生态调查工作；2012年委托四川农业大学开展锦屏一级、二级水电站施工期水生生态调查工作。

（六）生态调度

（1）雅砻江中游7个梯级为拟建梯级，均处于勘测设计阶段，各梯级设计过程中均论证并进行了生态泄流措施的工程设计。下游锦屏一级、锦屏二级、官地、桐子林水电站均为在建项目，二滩水电站为已建项目，生态调度执行情况如下：锦屏二级水电站，为了减缓锦屏大河湾减水导致河段生境改变对鱼类生活的不利影响，根据环境影响报告书及审批文件要求，已经在拦河闸右岸建设了生态流量泄放洞，并建立了坝下水位在线监测系统；锦屏一级、官地、二滩及桐子林水电站均按环评报告书要求下泄生态流量。

（2）锦屏一级和两河口水电站是雅砻江中下游控制性大型水库，运行期水库极有可能存在水温分层，从而对下游鱼类产卵造成影响。根据《雅砻江锦屏一级水电站环境影响报告书》和《雅砻江中游（两河口至卡拉河段）水电规划环境影响报告书》的要求：①锦屏一级水电站可行性研究阶段开展了分层取水水温研究和电站厂房进水口分层取水设计等工作，研究制定了采用叠梁门实现分层取水的设计方案，目前分层取水设施所有门槽预埋件已安装完毕，叠梁门的拼装也已完成；②两河口水电站在预可行性研究阶段就开展了分层取水水温专题研究、电站厂房进水口分层取水设计等专项工作，制定了叠梁门分层取水的设计方案，并纳入可行性研究勘测设计中。

（七）鱼类增殖放流

雅砻江中下游规划共建4处鱼类增殖站，分别为两河口站、杨房沟站、锦屏站及桐子林站，统筹兼顾12个梯级的增殖放流任务。目前已建成并运行鱼类增殖站1处，站名为四川省锦屏一级、二级和官地水电站鱼类增殖站。该站为国内放流规模最大的鱼类增殖放流站，占地总面积71520m²，建设亲鱼池面积4573.2m²，鱼苗、鱼种培育面积5250.0m²，活饵料培育池346m²，养殖退水池480m²，蓄水池3060m³；2008年12月开工，2011年9月28日完工，同年9月29日正式揭牌投入运行。

2011年11月29日，锦屏一级、二级和官地水电站鱼类增殖放流站进行了首次放流活动，在锦屏一级水电站库区江段、锦屏二级库区江段、锦屏二级水电站进水口江段、官地水电站库区江段实施放流，放流长丝裂腹鱼、细磷裂腹鱼、短须裂腹鱼、四川裂腹鱼和长薄鳅等5种鱼类共计10万尾鱼苗。2012年秋季进行了第二次增殖放流，增殖放流了长丝裂腹鱼、短须裂腹鱼、细鳞裂腹鱼、四川裂腹鱼、鲈鲤和长薄鳅鱼苗35万尾。

2002年12月，雅砻江公司向二滩库区投放裂腹鱼类、中华倒刺鲃、白甲鱼、大口鲶、花鲢、白鲢、鲤鱼、鲫鱼等各种规格鱼种420万尾，二滩库区鱼类资源的恢复取得了良好的效果。

雅砻江公司正在开展雅砻江中下游河段水电开发环境影响回顾性评价，将按照该报告成果及审查意见的要求，继续落实完善雅砻江中下游水生生态保护的各项措施。

（雅砻江流域水电开发有限公司　孙　哲）

龙开口水电站工程环保水保措施

龙开口水电站是金沙江中游河段8个梯级水电站中的第6级，是一座以发电为主，兼有灌溉、供水等综合效益的大型水电枢纽工程。龙开口水电站的建设有利于带动滇西北地区经济发展，改善工程所在地区的灌溉条件，避免水土流失，对保护生态环境有积极作用。工程以建设金沙江上的“绿色电站”为目标，建立了以业主单位华能龙开口水电有限公司龙开口水电工程建设管理局（以下简称“龙开口建管局”）为核心的项目环境保护管理体系，强化了环境监理机构建设，积极开展环境监理、环境监测和环保咨询，落实、完善和新增了各项环境保护措施。通过垃圾填埋场、鱼类增殖站、生产和生活污水处理厂建设，采取保护大气及声环境的措施，进行渣场拦排、边坡喷护和施工区和周边环境绿化与美化，龙开口水电站环境保护工作已取得显著成效。

（1）龙开口建管局投资2000多万元在业主营地建设面积1.33hm²的大型珍稀鱼类增殖放流站，2010年建成，当年便实现了短须裂腹鱼的人工增殖和放流；2011年，在云南省首次成功完成岩原鲤的人工增殖；2012年，建成了展示厅科普教育基地；将逐步扩大放流规模，每年向金沙江放流32万尾的珍稀鱼苗。为保证大坝上下游鱼类种群间遗传基因的交流，龙开口水电站已进行了十余次捕捞下游江段土著鱼类（主要有28种）过坝放流工作，放流36 800余尾、2150多千克，并将持续开展此项工作。

（2）根据电站基坑现状和施工用水特点，利用右岸冲沙底孔明渠段布置施工期废水处理设施，采用混凝土沉淀/中和组合工艺处理废水，回用于绿化用水及施工场地冲洗。该废水处理设施日处理量500t，具有工艺运行稳定、操作管理方便、处理效果良好等优点。混凝土拌和系统废水采用絮凝沉淀工艺处理，经沉淀池沉淀处理后进入清水池，重复利用于拌和楼冲洗及系统场地冲洗。砂石加工系统采用预沉—混凝—机械脱水沉淀法处理方案，主要设施有沉淀池、干化池、洗砂机和细砂回收装置、高效污水净化器、陶瓷过滤机、回收水池及泵房等，处理后的废水回用于骨料冲洗。业主营地和承包商营地采用地埋式污水成套设施，处理后的水通过回用水泵与绿化用水管网相连用于周围草坪绿化灌溉。这些处理措施的合理运用，使得龙开口工程生产、生活污废水处理率达到100%。

（3）对施工区、生活区及与周边村庄接壤的区域进行了绿化，对渣场进行了综合治理，并将库区内的珍稀植物红椿树移栽到业主营地内予以保护。工区内已完成绿化面积50万m²，种植各种树木2万余株，极大地提升了工区的整体形象。

（4）生活营地和施工区均设置有专门的垃圾收集场所，并安排专人进行管理。工区建有专门的生活垃圾填埋场，投资约200万元。填埋场库容约9200m³，使用年限76个月；渗滤液采用外置式膜生化反应器处理工艺进行处理。施工区所有的垃圾都运到此集中填埋，垃圾每填埋 40cm 就覆盖一层土。垃圾场的底部有防渗层，在垃圾池下还有渗滤液调节池，将渗滤液集中，然后统一用渗滤液处理装置进行处理。

(5) 施工期间，龙开口建管局制定了施工区道路交通管理办法，明确夜间禁止运输活动；在大坝工程二次筛分系统生产车间设置隔音墙，在砂石料加工系统安装了离线分室脉冲袋除尘器；对周边三堆石村一户居民实施了环保搬迁，对周边居民采取了经济补偿；在交通沿线设限速标志、禁鸣标志、减速坎等。施工过程中，洒水降尘、设置除尘装置、加强施工管理并进行道路绿化等措施的实施，减少了施工扬尘的影响。

(6) 通过优化施工总平面布置，合理安排工程占地；燕子崖砂石系统采用 6700 多米长距离运输洞代替运输道路，减少了耕林地占用面积。工区设有多个弃渣场，用来集中存放施工过程中产生的各种弃渣，为了节约用地，将位于淹没区外的 6 号弃渣场进行了综合治理，建成了集绿化、美化环境、体育健身设施于一体的"花园"式渣场；对淹没区内的 3 号、5 号等弃渣场加以治理后用作施工场地。工区大部分加工厂、修理厂、仓库都修建在弃渣场上，大大减少了工程临时占地。碎石类、土石方类的弃渣，则采用加工成混凝土骨料、地基填埋、铺路等方式加以再利用。

截至 2012 年底，龙开口水电站已完成工区内绿化面积约 50 万 m^2，种植各种树木 2 万余株，极大地提升了工区的整体环保形象。鱼类增殖站运行正常，成功完成短须裂腹鱼和岩原鲤人工增殖工作，并开展了鲈鲤人工增殖试验；已进行了 3 次人工增殖放流工作，开展了 7 次鱼类捕捞过坝集中放流。环保部审查意见认为：龙开口水电站环境保护工作在国内同类电站中处于领先水平。

（华能龙开口水电有限公司龙开口水电工程建设管理局）

溧阳抽水蓄能电站水土保持工作情况

溧阳抽水蓄能电站位于江苏省溧阳市，装机容量 150 万 kW，设计年发电量 20.07 亿 kW·h，年抽水电量 26.76 亿 kW·h。工程占地面积 319.7hm^2，土石方挖填总量 5626.4 万 m^3，总投资 76.35 亿元。

2005 年 7 月，中国水电顾问集团中南勘测设计研究院编制完成《江苏溧阳抽水蓄能电站水土保持方案报告书》（报批稿）。2005 年 9 月，水利部以《关于江苏溧阳抽水蓄能电站水土保持方案的复函》（水保函〔2005〕357 号），批复工程水土保持方案。

项目于 2008 年 12 月获得国家核准，正式开工建设。

（一）水土保持工作管理

为加强水土保持工作管理，建设单位成立了水土保持工作领导小组，制定《江苏溧阳抽水蓄能电站工程环境保护和水土保持管理规定（试行）》和《江苏溧阳抽水蓄能电站工程环境保护和水土保持管理细则》，明确管理目标、组织机构、各参建方的管理职责。建设单位和参建各方，均专门设立安全环保部门，并落实专职环境保护和水土保持管理人员，根据制定的工作标准、岗位职责全面负责现场水土保持管理工作。

设计单位根据可研阶段水土保持要求及规划方案，结合工程进展情况，陆续提供水土保持专项设计图纸。

施工单位按设计要求编制水土保持施工措施并报监理审批后严格执行。监理单位则根据现场情况，督促施工单位组织实施，确保水土保持措施与主体工程同步实施完成。

监测单位通过调查水土保持设计和施工管理，及时掌握工程现场水土流失状况和防治效果，对现场存在的水土保持问题及时提出改进措施及建议，并跟踪改进情况。

（二）水土保持监测

2012 年 6 月，建设单位江苏国信溧阳抽水蓄能发电有限公司委托杭州华辰生态工程咨询有限公司（水保监资证甲字第 021 号）承担工程水土保持监测工作。

经现场调查、了解工程概况和布局，确定水土保持监测点 8 处，明确将工程建设进度、扰动土地面积、水土流失灾害隐患、水土保持工程建设情况、水土流失防治效果以及水土保持工程设计、水土保持管理等作为主要的监测内容，并拟定选用无人机航拍技术进行扰动土地范围、水土流失防治及其效果等的监测。据此，编制《江苏溧阳抽水蓄能电站水土保持监测实施方案》。监测单位根据监测实施方案确定的工作计划及要求进行常规监测，按季度提交《江苏溧阳抽水蓄能电站水土保持监测季报》，参加水土保持监督检查，主动向建设单位和各级水行政主管部门汇报水土保持监测工作。

（三）水土保持监理

2012 年 11 月，建设单位委托中国水利水电建设工程咨询西北公司进行工程施工监理（涵盖水土保持监理）。

监理单位于进场初期编制工程安全环保水土保持监理细则，水土保持监理人员根据监理合同、细则、规范、标准等要求，进行水土保持工程的进度、质量和投资控制，对水土保持方案实施情况进行全过程监理；组织开展月度、季度、年度的安全、环保、水保检查及日常巡查，发现现场存在的水土保持问题及时处理；每月编制并提交水土保持工作月报。

（四）水土保持工作效果

建设单位根据批复的水土保持方案和经审查的水土保持专项设计，与主体工程同步落实各项水土保持措施。

项目区已实施护坡、挡墙、排水、硬化等工程措施，覆盖表土，种植爬山虎、胡枝子、刺槐、狗牙根等植物，实施进度符合主体工程和水土保持要求，防治水土流失效果明显。

转（堆）料场内表土堆存场和堆放黏土场在使用完毕后已实施排水、沉沙等工程措施和植物措施，弃渣场已在下游修建挡渣墙，周边修建了排水沟，表面采取网格梁护坡并进行了覆土整治，有效控制了重点水土流失区的土壤侵蚀。

（杭州华辰生态工程咨询有限公司　林晓渝　江　涛）

大渡河下游平原河网区生态保护与建设策略

（一）区域概况

大渡河下游平原河网区地处大渡河、青衣江、岷江的三江交汇口。该区域河谷开阔，水流渐趋平缓，形成了许多漫滩、心滩，河道分汊呈河网状，平原河网地貌特征明显，呈水平放射状，分水线界定模糊。区域下游青衣江、峨眉河等支流汇入，形成了典型的河口湿地特征，也是大渡河下游重要的鱼类“三场”分布区域，是岷江与大渡河鱼类洄游重要通道，该区域生态环境保护对大渡河、青衣江鱼类资源保护具有重要意义。

（二）区域生态干扰方式识别

区域农耕发达，人口稠密，厂矿企业较多，同时由于地处大渡河—岷江河口，生态系统复杂，涵盖城市、农业、河流以及河口湿地等多种生态系统，属典型社会—自然—经济复合生态系统。经调查，该区域生态干扰因素众多，包括安谷水电站工程建设、农业开发、河道采砂、城市建设开发利用等。

1. 安谷水电站建设　安谷水电站是大渡河干流梯级开发的最后一级，坝址位于四川省乐山市安谷镇，距乐山市区 15km。电站采用混合开发方式，即在河网中间区域建坝壅水高 20.0m，采用河床式厂房，厂房后接长 9461m 的尾水渠以及长 9205m 泄洪渠，尾水渠利用落差 15.5m。坝址上游建设有左右岸副坝。水库正常蓄水位 398.00m，相应回水长度约 11.4km，相应水库面积为 5.55km^2。安谷水电站建设对河网区生态干扰主要表现在河网水系结构、河流连通性、河网湿地生态系统改变。

2. 农业开发和河道采砂　区域属典型的农业生态系统，区域垦植指数高，是沙湾、乐山的蔬菜基地，很少有天然岛屿。随着人口增加、种植效益的提高，区域开发程度不断加大，对生态环境干扰日趋加大，已成为该区域生态系统退化的主要因素。

大渡河近年的大规模过度无序采掘河床泥沙，引起河床严重下切，破坏了河床自然结构，使网河分流比剧变，从而导致了水文条件、河床演变自然进程的较大变化以及水质的改变，生态随之改变。

3. 城市建设开发利用　大渡河下游河网地区地处乐山市市区，历史文化底蕴深厚，土地利用开发程度高，且已进行了众多土地利用和城市发展规划。城市建设和开发利用，已对该区域生态环境形成较大压力，是该区域生态环境又一重要干扰因素。

（三）河网生态保护与建设策略

该区域河网生态保护与建设是在区域生态干扰方式识别的基础上，采取工程措施、城市规划调整对河网生态系统进行生态恢复和重建，促进生物多样性恢复和生态系统的良性循环，达到保护该区域河网生态环境的目的。根据生态干扰方式识别，生态保护与建设总体布局包括河网水系结构恢复与保护、河网湿地生态系统修复与建设、鱼类资源保护。

1. 河网水系结构恢复与保护策略　安谷水电站左侧河网由于电站施工以及采砂等原因，造成许多地方原有河道被回填，阻断了原有河网的自然顺畅，需要对工程后左侧河网进行保护与规划。为实现水系的沟通，经现场调查，拟分别在左侧河网魏坝与张坝之间、主体枢纽区、2 号弃渣场区域、太平镇副坝右侧等区域设置 9 处连通工程，其中主体枢纽区和 2 号弃渣场区域采用近自然旁通式鱼道建设模式，不仅实现湿地连通作用，同时具备过鱼能力。

2. 河网湿地生态系统修复与建设策略　该区域湿地生态保护与修复是安谷水电站环境保护工程重要内容之一。针对安谷水电站建设对于区域湿地生态系统的影响，选择重要的湿地生态节点进行保护以及修复示范工程，通过示范工程为该区域今后城市发展以及区域生态建设提供方向。拟进行的湿地栖息地节点共有 13 处，拟构建的湿地保护与修复示范区 6 处，包括放水闸下游湿地生态修复与建设示范区、太平副坝湿地水环境修复示范区、库湾消落带湿地修复示范区、滨水景观湿地生态建设示范区、泄洪渠湿地生态修复示范区、金坝湿地生态保护与修复示范区。该项工程通过设立湿地保护区、栖息地保护区、湿地修复示范工程等手段对区域湿地生态系统进行保护。

3. 鱼类资源保护策略　该区鱼类资源保护策略主要从栖息生境、洄游通道构建以及资源恢复方面进行。

（1）鱼类栖息生境修复策略：鱼类栖息地保护是保护鱼类自然资源的有效措施。根据安谷水电站建成后河网水系特点，对该河段产漂流性卵和沉黏性卵产卵场进行修复，主要有魏坝产卵场、金子坝产卵场、冯坝产卵场、罗汉镇政府产卵场、三层坝、丰都庙、扬子坝左河道、峨眉河汇合口、青衣江汇合口等10处鱼类产卵场。为实施左侧河网作为鱼类栖息地保护工程，对左侧河网20km河网区进行了地形和断面测量，每200m左右测一个断面。结合使用一维水力学HEC-RAS模型和二维河流栖息地River2D模型，由HEC-RAS模型计算分析得到的河网断面平均水位结果，代入River2D进行栖息地模拟分析。研究丁坝、深潭、河心滩地等微地形改造措施对栖息地的生境影响，为河网的生态修复提供理论参考。

（2）鱼类洄游通道恢复策略：安谷水电站属于低水头开发方式，库尾放水闸以及主体枢纽区上下游水头均较低，其中库尾放水闸约4～5m，主体枢纽区为20～30m，电站过鱼设施选择竖缝式鱼道和近自然旁通道式鱼道。在左侧河网及库尾放水闸处各建设1条竖缝式鱼道和1条仿自然旁通式鱼道，构建库尾放水闸上下游鱼类洄游通道，并对竖缝式鱼道和近自然旁通道式鱼道过鱼效果进行验证。在主体枢纽区建设1条仿自然旁通式鱼道，在泄洪渠下游建设1条仿自然旁通式鱼道，构建泄洪渠与左侧河网鱼类洄游通道。

（3）鱼类资源恢复策略：为恢复该区域鱼类资源，在电站业主营地内规划建设1座鱼类增殖放流站，恢复大渡河下游河网平原地区鱼类资源，增殖站近期增殖放流规模为24万尾/年，放流种类为胭脂鱼、长薄鳅、唇䱻、黄颡鱼。中长期考虑长鳍吻鮈、泉水鱼、四川华鳊、四川白甲鱼等种类。

4. 河道与景观建设策略　河道生态工程遵循生态学和生态优先原则、生境多样和景观异质性原则、可持续发展原则，对新建河道和改造河道护岸实施河道生态工程。

安谷湿地是区域重要的河网湿地，为区域可持续发展提供了宝贵的生态资源，也是大渡河生态廊道的一部分，保证了上下游生物多样性的贯通。由于距离城市近、开发条件相对成熟，拥有区域重要的水岛等自然资源，安谷湿地面临城市建设开发的压力。为避免无序开发造成不可挽回的损失，在本次规划中将湿地生态保护、城市建设规划有效结合，对区域建设和景观打造提出了控制要求。

（中国水电顾问集团华东勘测设计研究院
施家月　芮建良）

水电行业环境保护标准体系建设规划

为协调我国水电开发与生态环境保护的关系，切实解决当前乃至今后较长时期内水电环境保护面临的关键技术问题，促进水电健康、可持续发展，中国水电工程顾问集团公司组织编制了《水电行业环境保护标准体系建设规划》。该规划是我国的第一个行业内部的专业标准体系建设规划。

水电建设项目属国家基础性产业，具有建设周期长、投资大、社会影响广泛、环境影响和社会问题复杂等特点。水电建设在为人类带来巨大的经济利益和防洪安全保障的同时，也在不同程度上造成河流形态的均一化和非连续化，以及水文情势变化人工化，这些变化对水生态系统的完整性及其功能产生广泛而深远的影响，并往往导致河流生物多样性的丧失。对水电建设项目的环境影响研究始于20世纪80年代初，基本只针对单个电站进行。进入21世纪以来，水电建设快速发展，已从单个电站建设发展成流域多梯级、电站群的联合开发建设，其环境影响的长期性、累积性更趋明显，重视和做好环境保护工作，是水电建设发展的需要。

环境保护标准是环境保护法规体系的重要组成部分，是行政执法的重要依据。目前，我国环保标准体系已初步形成，为建设项目的顺利推进和生态环境的改善发挥了重要作用。但是，我国水电开发规划、项目设计及运行等方面的标准多是电力行业工程技术标准，环境保护方面的规定和要求大多是在这些标准中有所体现，尚没有形成一套完整的环境保护标准体系。2005年以来，中国水电工程顾问集团公司在水电行业环境保护技术标准化方面进行了积极的探索，组织编制了一些技术标准，这些都为水电行业环境保护标准体系建设提供了很好的基础。

建立健全水电行业环境保护标准体系，充分发挥标准具有的法律、技术、经济综合管理功能，严格生态保护，是促进水电健康、可持续发展的重要制度保障，对推动水电建设环境保护技术进步具有积极的意义。因此，为推进水电行业环境保护标准化进程，进一步明确水电行业环境保护标准体系发展的总体目标、基本原则、重点任务及保障措施，现拟定水电行业环境保护标准体系建设规划。

（一）现状分析

19世纪末期，欧洲少数河流污染严重，开始了水质评价。20世纪80年代，河流管理的重点从水质保护转到河流生态系统的保护和恢复；进入21世纪后，美国和欧盟的一些国家利用已知的知识和可能影响，制定和正在制定一系列与水电建设环境保护相关的标准。包括灌溉、渔业/水产养殖、流域水电开发、海岸带开发、森林和土地清理以及社会评估和社会参与、公众健康等各方面。这些知识和标准体系为我国制定水电行业环境保护标准体系提供了可供借鉴的参考内容。

目前，我国水电开发规划、项目设计及运行等方面的标准多是电力行业工程技术标准，没有形成一套完整的标准体系。一是现有规划设计技术规范中，有关生态环境保护的指标很少，对于河流、流域尺度上的生态影响考虑较少，水电规划和项目设计中难以科学确定保护和生态修复的目标，缺乏措施设计依据。二是现有的生态环境保护标准不统一，缺乏行业标准体系，现行的有关河流生态需水确定、水生生物保护等方面的技术规定存在对水资源属性和适度开发重要性考虑不周，规定中许多内容脱离流域经济发展、水资源利用和水电建设的实际，造成水电建设管理工作与流域生态环境保护脱节的被动局面。三是水生态环境保护技术标准缺乏，有关流域水电规划环境影响评价、河流生态系统健康评价、水电工程生态调度、河流生态修复与重建等方面的技术依据不足。

总体上看，我国水电行业环境保护标准体系尚不健全，现有的有关环境保护标准不能满足水电项目环境管理需要。为此，有必要在我国现有标准体系基础上，参照国内外相关的技术标准，结合我国水电发展的实际情况，建立水电行业环境保护标准体系，促进水电建设与生态环境保护协调发展。

（二）指导思想与总体目标

指导思想：以国家有关水电建设环境保护工作的法规、政策、方针为指导，落实《国民经济和社会发展第十二个五年规划纲要》提出的“在做好生态保护和移民安置的前提下积极发展水电”和环保部《关于进一步加强水电建设环境保护工作的通知》（环办〔2012〕4号）提出的“生态优先、统筹考虑、适度开发、确保底线”的水电开发生态环境保护要求，切实做好水电建设环境保护工作。根据《环境影响评价法》、《建设项目环境保护条例》的相关规定，针对水电建设项目环境影响和环境管理的特殊要求，借鉴国际先进经验，制定水电行业环境保护标准体系，以促进科技进步，为我国水电建设可持续发展提供技术支持。

总体目标：近期到2015年，建立具有水电建设特色的行业环境保护标准体系，拟定一些基础性和特别重要的技术标准；远期到2020年，建立比较完善的水电行业环境保护标准体系，标准覆盖全过程、全要素，标准的技术水平和要求与水电建设发展相适应，实现水电建设与生态环境保护全面、协调、可持续发展目标。

（三）基本原则

水电行业环境保护标准体系的建立应在现有标准体系框架内，结合我国水电开发的特点及当前生态环境保护中存在的问题，提出适合我国国情的水电行业环境保护技术标准体系。标准体系遵循以下原则。

科学性：体系应按水电行业生态环境保护标准层次分类，并具有一定的可分解性和可扩展性。体系内各结构层次和各项标准之间应协调统一。

实用性：针对水电建设项目存在的水文、水温、水生生态、陆生生态、水土保持、移民安置等主要环境影响问题，提出科学、合理、有效、便于操作和管理的标准。

完整性：体系的组成应完整、配套，基本涵盖当前水电建设项目各设计阶段、各专业、各环境要素以及全过程的环境保护技术规范、规程、导则、方法等标准体系。

前瞻性：体系的建立既要考虑当前的技术水平，也要对未来的发展有所预见，使标准体系框架能适应各项技术的迅猛发展，从而得到不断地完善和补充。

（四）重点任务

根据水电行业环境保护标准体系规划的目标和原则，在分析国家有关环境保护标准现状、水电建设环境保护工作开展情况与存在问题，以及水电建设环境管理需求的基础上，确定水电行业环境保护标准体系表（见表1）。水电行业环境保护标准体系分为通用、环境保护、水土保持3个子系统，涵盖了评价、设计、概算、施工、监测、监理、验收、运行等方面内容。

本次水电行业环境保护标准体系规划重点任务如下：

（1）构建具有中国特色、环境友好型水电行业环境保护技术标准体系。标准体系要结合我国国情，结合建设环境友好型水电工程的需要，重点突出具有累积性和长期性影响环境要素标准的制定。

（2）做好基础性和支撑性的水电行业环境保护技术标准体系研究。开展水电建设环境保护的基础研究工作，提出可操作的计算方法和标准，构建基础性标准体系，为水电行业环境保护技术及标准体系的建立提供科学支撑；逐步完善水电建设项目涉及的水文情势、水环境、水域生态、陆地生态、社会环境、局地气候等方面的环境保护关键性技术标准体系，为切实解决制约水电建设健康、有序发展的突出环境问题提供科学依据。

（3）进行保障体系发展措施研究。建立我国水电行业环境保护标准体系建设工作的长效机制，不断完善我国水电行业环境保护标准体系，为国家相关部门制定实时、有效的水电建设环境保护工作政策、法规和相关指导性文件提供技术借鉴。

（五）保障措施

为保障水电行业环境保护标准体系的建立，要在科学研究、工程评估、人才队伍、计划安排和标准宣贯等方面提供支持，提高标准制（修）订的能力。

（1）加强科学技术研究。针对河流水电梯级开发的特点，结合国家和行业有关规范的要求，研究水电梯级规划环境影响评价指标体系和方法；对国内外水电工程生态需水、分层取水、过鱼设施、鱼类增殖站、陆生植被保护和修复、局地气候影响评估、移民安置生态适宜性评价等进行深入调查研究，为水电行业环境保护标准体系的建立提供科学支撑。

（2）开展水电项目环境保护工程评估。开展水电项目已建环境保护工程评估，针对标准体系中关键技术、主要参数等进行研究，提出可操作的计算方法和标准限值，为水电行业环境保护标准体系的有效实施提供技术支撑。

（3）加强环境保护标准人才队伍建设。要明确负责制（修）订标准人员的工作岗位，着重培养一批标准制（修）订的专业技术人员，为建立健全水电行业环境保护标准体系提供强有力的人才保障。

（4）做好项目计划安排。在水电行业环境保护标准体系研究的框架下，结合目前环境保护相关标准体系和水电建设发展趋势，对标准制（修）订进行计划安排，并组织标准的制（修）订。

（5）及时组织开展标准宣贯。标准的宣贯和培训主要包括以下两方面内容：一方面，组织新入职的技术人员进行标准的学习；另一方面，组织相关技术人员学习新出台的标准。

表1　水电行业环境保护标准体系表

类别	序号	标准名称	标准号（标准计划号）	标准状态	实施日期	制（修）订单位	进度状况	计划进度	备注
通用	1	环境影响评价技术导则 总则	HJ 2.1—2011	发布实施	2012年1月1日	原国家环境保护局			
	2	环境影响评价技术导则 大气环境	HJ 2.2—2008	发布实施	2009年4月1日	环境保护部			
	3	环境影响评价技术导则 地面水环境	HJ/T 2.3—1993	发布实施	1994年4月1日	原国家环境保护局			
	4	环境影响评价技术导则 声环境	HJ 2.4—2009	发布实施	2010年4月1日	环境保护部			
	5	环境影响评价技术导则 生态影响	HJ 19—2011	发布实施	2011年9月1日	环境保护部			
	6	水土保持规划编制规程	SL 335—2006	发布实施	2006年6月1日	水利部			
	7	水土保持工程项目建议书编制规程	SL 447—2009	发布实施	2009年8月21日	水利部			
	8	水土保持工程可行性研究报告编制规程	SL 448—2009	发布实施	2009年8月21日	水利部			
	9	水土保持工程初步设计编制规程	SL 449—2009	发布实施	2009年8月21日	水利部			
	10	环境空气质量标准	GB 3095—1996	发布实施	1996年10月1日	原国家环境保护局			
	11	地表水环境质量标准	GB 3838—2002	发布实施	2002年6月1日	原国家环境保护局			
	12	地下水质量标准	GB/T 14848—1993	发布实施	1994年10月1日	国家技术监督局			
	13	声环境质量标准	GB 3096—2008	发布实施	2008年10月1日	环境保护部			
	14	大气污染物综合排放标准	GB 16297—1996	发布实施	1997年10月1日	原国家环境保护局			
	15	污水综合排放标准	GB 8978—1996	发布实施	1998年1月1日	原国家环境保护局			
	16	城镇污水处理站污染物排放标准	GB 18918—2002	发布实施	2003年7月1日	原国家环境保护总局			

续表

类别	序号	标准名称	标准号（标准计划号）	标准状态	实施日期	制（修）订单位	进度状况	计划进度	备注
通用	17	工业企业厂界环境噪声排放标准	GB 12348—2008	发布实施	2008年10月1日	环境保护部			
	18	建筑施工场界环境噪声排放标准	GB 12523—2011	发布实施	2012年7月1日	环境保护部			
	19	室外排水设计规范	GB 50014—2006	发布实施					
	20	室外给水设计规范	GB 50013—2006	发布实施					
	21	小城镇污水处理工程建设标准	建标 148—2010	发布实施					
	22	农村生活污染控制技术规范	HJ 574—2010	发布实施					
	23	城镇污水处理站附属建筑和附属设备设计标准	CJJ 31—1989	发布实施					
	24	城市污水处理站工程质量验收规范	GB 50334—2002	发布实施					
	25	混凝土结构设计规范	GB 50010—2010	发布实施					
	26	砌体结构设计规范	GB 50003—2001	发布实施					
	27	建筑结构可靠度设计统一标准	GB 50068—2001	发布实施					
	28	建筑结构荷载设计规范	GB 50009—2001	发布实施					
	29	给水排水工程构筑物结构设计规范	GB 50069—2002	发布实施					
	30	给水排水工程管道结构设计规范	GB 50332—2002	发布实施					
	31	民用建筑设计通则	GB 50352—2005	发布实施					
	32	建筑地基基础设计规范	GB 50007—2002	发布实施					
	33	建筑地基处理技术规范	GBJ 79—2002	发布实施					
	34	给水排水构筑物施工及验收规范	GBJ 50141—2008	发布实施					
	35	岩土工程勘察规范	GB 50021—2001	发布实施					
	36	建筑抗震设计规范	GB 50011—2010	发布实施					
	37	供配电系统设计规范	GB 50052—2009	发布实施					
	38	低压配电设计规范	GB 50054—1995	发布实施					

续表

类别	序号	标准名称	标准号（标准计划号）	标准状态	实施日期	制（修）订单位	进度状况	计划进度	备注
评价	1	江河流域规划环境影响评价规范	SL 45—2006	发布实施	2006 年 12 月 1 日	水利部			
	2	河流水电规划环境影响评价规范	能源 20090159	制定中		水电总院、成都院		拟 2013 年完成	
	3	环境影响评价技术导则—水利水电工程	HJ/T 88—2003	发布实施		环境保护部			
	4	水电工程环境影响评价规范	SDJ 302—1988	修订中	1988 年 7 月 1 日	水电顾问集团、成都院		拟 2014 年完成	拟 2013 年立项
	5	水电梯级开发规划环境影响后评价技术规范	能源 20110163	待制定		水电顾问集团、贵阳院			拟 2013 年立项
	6	水电工程环境影响后评价技术规范		待制定		水电顾问集团、贵阳院			拟 2013 年立项
	7	水电工程移民安置环境影响评价技术规范		待制定		水电顾问集团、中南院			拟 2015 年立项
	8	水电工程社会环境影响评价技术规范		待制定		水电顾问集团、中南院			拟 2014 年立项
	9	水电工程鱼类资源影响后评价技术规范		待制定		水电顾问集团、贵阳院			拟 2015 年立项
	10	水资源保护规划编制规程		制定中		水利部			
	11	水域纳污能力计算规程	SL 348—2000	发布实施		水利部			
	12	水电工程生态流量计算方法		待制定		水电总院、成都院		拟 2013 年完成	拟 2012 年立项
	13	水电工程水温计算方法		待制定		水电总院、中南院		拟 2013 年完成	拟 2013 年立项
	14	生态风险评估导则		待制定		水电顾问集团			拟 2014 年立项
	15	生态需水评估导则		待制定		水电顾问集团			拟 2014 年立项
	16	河流生态健康评估导则		待制定		水电顾问集团			拟 2014 年立项
	17	小水电规划环境影响评价规程		制定中		水利部	征求意见		
	18	农村水电站工程环境影响评价规程	SL 315—2005	发布实施	2005 年 9 月 1 日	水利部			

续表

类别	序号	标准名称	标准号（标准计划号）	标准状态	实施日期	制（修）订单位	进度状况	计划进度	备注
设计	1	水电工程环境保护设计规范	DL/T 5402—2007	发布实施	2008年6月1日	成都院			
	2	水电工程水土保持方案技术规范	DL/T 5419—2009	发布实施	2009年12月1日	水电总院、华东院			
	3	河流水生态保护与修复技术指南		待制定					拟2014年立项
	4	水电工程生态调度方案设计导则		待制定		水电顾问集团、成都院			拟2014年立项
	5	水电站分层取水进水口设计规范	能源20090160	制定中		华东院、中南院	报批稿		
	6	水电工程过鱼设施设计规范	能源20090163	制定中		水电总院、华东院	报批稿		
	7	水电工程鱼类增殖站设计规范	能源20090162	制定中		成都院	报批稿		
	8	水电工程珍稀植物移栽保护技术规程		待制定		水电顾问集团、贵阳院			拟2013年立项
	9	水电工程迁建城集镇生活污水处理设计指南		待制定		水电顾问集团、中南院			拟2013年立项
	10	水电工程农村移民安置区生活污水处理设计指南		待制定		水电顾问集团、中南院			拟2013年立项
	11	水电工程迁建城集镇生活垃圾处理设计指南		待制定		水电顾问集团、中南院			拟2013年立项
	12	水电工程农村移民安置区生活垃圾处理设计指南		待制定		水电顾问集团、中南院			拟2013年立项
	13	水电工程移民专项工程环境保护设计指南	能源20120158	制定中		水电总院、贵阳院		拟2013年完成	
	14	水电工程库底清理技术规范	DL/T 5381—2007	发布实施	2007年12月1日	水电总院、中南院			
	15	水电工程设计工程量计算规定	国能新能〔2010〕214号	发布实施	2010年7月26日	水电总院			

续表

类别	序号	标准名称	标准号（标准计划号）	标准状态	实施日期	制（修）订单位	进度状况	计划进度	备注
概算	1	水电建设项目环境保护工程投资编制细则		制定中		水电总院（定额站）		拟 2013 年完成	
	2	水电建设项目水土保持工程投资编制细则（试行）	水电规造价〔2005〕0018 号	发布实施	2005 年 11 月 2 日	水电总院（定额站）			
监测	1	入河排污量统计技术规程		制定中		水利部			
	2	水电工程生态调查技术指南—陆生生态		待制定		水电顾问集团、昆明院			拟 2014 年立项
	3	水电工程生态调查技术指南—水生生态		待制定		水电顾问集团、北京院			拟 2014 年立项
	4	鱼类保护措施实施效果监测评估规范		待制定		水电顾问集团、成都院			拟 2014 年立项
	5	水电工程环境监测技术规范		待制定		水电顾问集团、华东院			拟 2014 年立项
监理	1	水电工程环境监理技术规范	能源 20090800	制定中		水电顾问集团	征求意见	拟 2013 年完成	
验收	1	水电工程环境保护设施竣工验收技术指南		待制定		水电顾问集团、成都院		拟 2013 年完成	环保部项目
运行	1	水电工程生态调度技术规程		待制定		水电顾问集团、成都院			拟 2013 年立项
	2	鱼类增殖站运行管理规程		待制定		水电顾问集团、贵阳院			拟 2013 年立项

注 表中中国水电工程顾问集团公司简称“水电顾问集团”，水电水利规划设计总院简称“水电总院”，中国水电顾问集团××勘测设计研究院简称“××院”。

（中国水电工程顾问集团公司 喻卫奇）

《水电开发的生态补偿机制研究》成果简介

2009 年，中国水电顾问集团北京勘测设计研究院承担了中国水电工程顾问集团公司“水电开发的生态补偿机制研究”的科研项目。该项目已经通过验收。

项目组收集整理了大量的相关研究文献，同时在报告编制过程中邀请环境保护部环境影响评价司、环境保护部环境工程评估中心、中国水电工程顾问集团公司、水电水利规划设计总院、中国三峡集团公司科技环保部、水利部中科院水工程生态研究所、中国水电顾问集团中南勘测设计研究院等单位的领导、专家进行咨询。研究成果指出：水电工程的生态补偿应包括两方面内容，一方面，水电建设会造成一定不利环境影响，针对不利环境影响进行的补偿，为“抑损补偿”；另一方面，水电工程同时也会产生一定的环境效益，针对环境效益进行的补偿，为“增益补偿”。

“抑损补偿”是指对受损的生态系统进行恢复、重建和保护，以达到生态系统服务功能充分发挥的目的。受水电工程不利影响的生态系统包括河流生态系统、森林生态系统、草地生态系统、农田生态系统等。水电工程可能破坏河流生态连续统一体，淹没森林、草地、农田等陆地生态系统，导致各生态系统的部分服务功能丧失。因此，抑损补偿的补偿对象是各受损的生态系统，具体是对各生态系统的服务功能进行补偿。

“增益补偿”是指对水电工程产生的环境效益进行补偿，以达到对生态保护行为进行激励的目的。作为我国能源工业的一个重要组成部分，水电工程是一种清洁的电力生产工业，在节约煤炭和减排温室气体、有毒有害气体方面，会产生一定的环境效益。水电开发企业作为环境效益的产生者，理应得到相应的激励性的补偿。

对于抑损补偿，应是由政府和水电开发企业共同组成补偿主体，由水电开发者支付补偿费用，政府通过其特殊的职能地位发挥主导作用，保证生态补偿的切实执行。在补偿费用方面，根据现行的法规和文件，水电开发者需支付的具有生态补偿性质的相关费用包括林地补偿费、林木补偿费、森林植被恢复费、草原植被恢复费、土地补偿费、安置补助费、地上附着物和青苗的补偿费、水土保持设施补偿费、水土流失治理费、水资源费、土地复垦费、耕地占用税等；此外，还需投资针对生态系统的保护措施费用，如对陆生生态系统采取的就地、异地恢复或保护措施，以及对河流生态系统采取的河流连通性恢复、局部生境修复、鱼类产卵场营造、生态调度、生物群落重建等河流生态修复措施。这些补偿费用是水电工程生态补偿资金的主要来源，政府应充分发挥其主导作用，协调补偿资金在财政、林业、环保等各相关部门间的分配关系，以保证生态补偿的有效实施。

对于增益补偿，可采用政策补偿和碳排放交易两种方式。在政策补偿方面，政府给水电开发企业提供适当的放宽政策、一定的税费优惠，以及通过调整水电上网电价等进行补偿。提供政策就是一种补偿，利用政策进行补偿在我国是一种行之有效的方式，尤其是在资金贫乏、经济薄弱情况下更为重要。从激励性补偿的角度出发，水电工程需要得到国家政策的倾斜和扶持，如制订绿色水电的补偿政策，对水电实行包含环境效益的水电电价等。另一方面，从水电开发者的角度，积极参与清洁发展机制（CDM）下的碳排放交易可作为增益补偿的另一种方式，在我国已有甘肃省张掖市小孤山水电站等项目实例。

在抑损补偿方面，结合目前我国水电工程的生态补偿效果，从生态系统服务功能的角度来看，水电工程对陆地生态系统的补偿效果较显著。但是，在对河流生态系统的抑损补偿方面，受限于河流生态系统服务功能的复杂性和河流生态系统修复措施实施的困难性，河流生态系统的生态补偿效果还不是很明显。

在增益补偿方面，目前存在的主要问题是，对水电工程产生的环境效益未进行生态补偿，水电开发企业作为环境效益的产生者，未成为增益补偿的客体。

我国目前尚未建立起水电工程的生态补偿机制，建立和完善水电工程生态补偿机制任重而道远。为此，建议在水电工程生态补偿机制中，政府充分发挥其主导作用，完善生态补偿相关法律法规，加强相关配套制度的执行和管理，从抑损补偿和增益补偿两方面考虑水电工程生态补偿机制的建立，实现水电开发与环境保护的和谐发展。

（中国水电顾问集团北京勘测设计研究院　张铁超）

汉江上游干流水电开发环境影响回顾性评价研究

汉江上游源头至丹江口水库库尾流域面积 6.04 万 km^2，干流全长 730km，涉及陕西 699km，湖北 31km。规划布置黄金峡、石泉、喜河、安康、旬阳、蜀河、白河、孤山 8 个梯级（总装机容量 234.25 万 kW），其中黄金峡梯级为陕西省引汉济渭项目水源工程。目前，规划梯级中石泉、安康、喜河和蜀河 4 个电站已建成发电，黄金峡、旬阳、白河和孤山 4 个电站正在开展前期筹建准备工作。

汉江是水电开发时间较早的一条河流，石泉水电站已建成 38 年，安康水电站也已建成 20 年，水电开发对生态环境的影响已逐步显现。由于历史原因，该河段梯级规划阶段未开展环境影响评价工作。2010 年8 月，陕西省引汉济渭工程协调领导小组办公室、陕西汉江投资开发有限公司、中广核汉江水电开发有限公司三方联合委托中国水电顾问集团北京勘测设计研究院开展汉江上游干流梯级开发环境影响评价的回顾性研究工作。

回顾性评价研究采用资料收集、调查监测、遥感识别、综合分析等相结合的方法，核查了已建梯级电站生态保护措施落实情况，关注了区域性和累积性环境问题，分析评价了电站梯级开发对水环境、区域生态和经济社会的影响，并提出了进一步的环境保护对策和生态补救措施。主要研究成果如下：

（1）水环境影响：已建梯级电站蓄水后，河流水文情势较天然状态已发生较大改变。通过梯级电站调蓄，河道水位抬高、流速降低，下泄泥沙减少，径流年内分配趋向均化。受梯级电站发电运行影响，河道日内流量、水位变幅增大，部分时段存在下游河道脱水现象。引汉济渭工程实现从汉江近期调水 10 亿 m^3 和远期调水 15 亿 m^3 后，调水水量只占丹江口断面天然径流量 2.60%和 3.90%，对丹江口水库水资源量和南水北调中线调水水量影响较小。已建梯级电站中，安康水电站为水温分层型水库，库内表、底层水温最大温差 15℃，存在部分季节下泄低温水影响。规划梯级电站全部运行后，河道预测水温与现状水温呈现累积协同效应，安康水电站下泄水温较目前最大变幅 0.6℃。规划河段主要干支流现状水质总体满足水功能要求，引汉济渭工程调水和后续梯级水电开发对规划河段水质影响较小。

（2）水生生态影响：梯级水电开发所引起的大坝阻隔、水文情势改变对水生生态影响最为严重。目前，汉江上游鱼类种群和资源量呈明显下降趋势，鱼类组成也由适流水生境鱼类逐步转变为适缓流和静水生境鱼类。后续规划梯级建设，将进一步缩小评价河段流水生境，加剧对部分鱼类不利影响。已建梯级电站造成了部分四大家鱼等产漂流性卵鱼类产卵场的消失或萎缩，较大产卵场数量由安康水电站建成前的 11 处减为 6 处，且产卵场规模也已缩小，其中 4 处位于蜀河坝下至丹江口河段。白河和孤山水电站的建设将进一步缩小汉江上游现有产漂流性卵鱼类产卵场的数量和规模。

（3）陆生生态影响：汉江上游梯级电站工程施工、水库淹没和移民安置将对流域内植被及植物资源造成影响，但未改变区域生态系统结构和稳定性。工程施工期和水库蓄水造成栖息地面积一定程度减少，对陆生动物产生一定不利影响。黄金峡梯级回水涉及陕西汉中朱鹮国家级自然保护区实验区，但对其结构功能、保护对象和生态系统的完整性没有明显影响。

（4）社会环境影响：汉江上游梯级电站开发可促进地方经济增长，提高城镇化率，改善库周城镇基础设施和居民生产生活条件。已建梯级电站涉及搬迁安置人口 6.9 万人，其中安康水电站搬迁人口占 82%。移民安置后生活设施得到改善，移民安置造成的不利影响已逐渐减小。安康水电站建成后，形成瀛湖省级风景名胜区，促进了地方景观旅游资源开发。

（5）已建成的安康水电站安装一台小机组，引用流量 $82m^3/s$，在改善航运条件的同时，对于下泄生态流量、防止河道断流是有利的，但存在部分时段停机不泄流，下游河道脱水现象。

根据回顾性评价研究成果及环境保护部《关于汉江上游干流水电开发环境影响回顾性评价研究报告有关意见的函》（环办函〔2013〕425 号），对汉江上游水电开发提出了以下要求：

（1）制定后续梯级水库蓄水和运行调度环保方案，确保下泄生态环境用水。后续梯级电站项目环评阶段，应根据下游河道生态用水需求，深入开展下泄生态流量研究，并建设单独生态流量泄放设施及在线监控系统，与主体工程同时设计、同时施工、同时投入使用。已建梯级应根据枢纽布置情况，研究生态流量泄放对策措施，补建生态流量泄放设施及在线监控系统。安康水电站应优化运行调度方案，充分发挥小机组泄放生态流量功能，确保下游河道生态流量。开展梯级生态联合调度研究，在鱼类繁殖季节加大下泄生态流量，形成人造洪峰，刺激鱼类产卵。开展减缓安康水电站低温水影响对策措施研究，采取必要补救措施减缓下泄低温水影响。长期进行安康水电站坝前和下泄水温及影响观测。

（2）依法承担电站建设和运行造成对鱼类影响的责任，采取鱼道、升鱼机、鱼类增殖放流、鱼类栖息地保护等补救措施。喜河、蜀河水电站补建鱼道，石泉、安康水电站应结合枢纽布置，研究采取鱼道、升鱼机等不同过鱼方式的适宜性，落实过鱼设施规划及建设。后续梯级电站应设置鱼道作为过鱼设施。各电站建设单位应承担鱼类增殖旅游任务，统筹本单位所承担电站鱼类增殖放流站布局。加快中长期放流鱼类人工繁殖及增殖放流技术研究。

依据安康市人民政府承诺，黄洋河和月河需作为汉江鱼类栖息地保护河流，不再进行水电开发。将汉江干流黄金峡梯级库尾以上 249km 天然河段（占规划河段 34%）、支流沮水、漾家河、大双河、将军河也作为鱼类栖息地进行保护，禁止进行水电开发或其他拦河工程。对黄洋河下游已建的龙头山水电站采取措施恢复河道连通性。

（3）落实陆生生态保护和生态补偿措施。加强施工期环境管理，减缓对野生动物、自然植被的影响。深入开展黄金峡水库淹没陕西汉中朱鹮国家级自然保护区的影响研究，落实生态补偿及修复措施。

（4）协调各梯级开发业主尽快建立流域梯级开发环境保护管理机构，统一开展生态保护、环境监测工作。构建流域环境监测体系。适时启动流域环境影响跟踪评价和梯级电站环境影响后评价工作，进一步完善生态环境保护对策措施。

（5）尽快完成安康水电站环境影响后评价，喜河水电站环境保护竣工验收，蜀河水电站鱼类增殖放流站和鱼道建设工作。

（中国水电顾问集团北京勘测设计研究院 钟治国）

苏洼龙水电站“三通一平”工程水土保持方案和环境影响报告获批复

苏洼龙水电站位于金沙江上游河段四川巴塘县和西藏芒康县的界河上，为金沙江上游川藏段13个梯级电站中的第10级，上游为巴塘梯级，下游与昌波梯级尾水衔接。电站装机容量为1200MW，多年平均发电量53.61亿kW·h，为一等大（1）型工程。工程任务以发电为主，并促进地区经济社会发展和移民脱贫致富，保护生态环境和民族文化遗产。枢纽主要建筑物由沥青混凝土心墙堆石坝、右岸岸边开敞式溢洪道和泄洪洞、左岸机组进水口、引水隧洞、地面厂房组成。水库正常蓄水位2475m，死水位2471m，正常蓄水位水库库容6.38亿m^3，调节库容0.72亿m^3。

2012年，苏洼龙水电站工程设计工作进入可行性研究阶段，正常蓄水位选择专题报告、枢纽布置比选专题报告、施工总布置规划专题报告完成。

为尽快开展电站前期工程建设，受华电金沙江上游水电开发有限公司委托，中国水电顾问集团北京勘测设计研究院（以下简称“北京院”）正式启动苏洼龙水电站“三通一平”阶段水土保持方案报告书和环境影响报告书的编制工作。

北京院于2012年7月编制完成《金沙江上游苏洼龙水电站“三通一平”工程水土保持方案报告书（送审稿）》。2012年7月12日，水电水利规划设计总院在成都组织召开了《金沙江上游苏洼龙水电站“三通一平”工程水土保持方案报告书》（送审稿）的技术审查会议。会前，部分领导和专家对电站现场进行了实地查勘，重点对5个弃渣场进行了详细查勘，尤其是对1号和4号两个沟道型渣场重点查勘。经过与会专家的讨论和评审，水土保持方案顺利通过了专家审查。报告书经过修改完善后上报水利部，水利部以水保函〔2012〕376号文件对方案报告书进行了批复。

2012年10月，在相关领导和特邀专家对电站现场进行了实地查勘的基础上，环境保护部评估中心在成都组织召开了《金沙江上游苏洼龙水电站“三通一平”等工程环境影响报告书》（送审稿）的技术审查会议，与会专家一致同意该报告通过审查。该报告在对苏洼龙水电站“三通一平”等工程所在区域开展自然环境现状、生态环境现状调查的基础上，重点分析了“三通一平”等工程建设所产生的环境影响，并针对其影响提出相应的环保对策措施，包括按照环境保护部最新要求对鱼类增殖站进行了初步设计，提出生境修复及设置过鱼设施的要求等。会后，北京院根据专家意见修改完成了报批稿，并报送环境保护部请求批复。

2012年12月24日，环境保护部以环审〔2012〕356号文件对《金沙江上游苏洼龙水电站“三通一平”等工程环境影响报告书》进行了批复。批复称“在全面落实报告书提出的各项生态保护和污染防治措施后，不利环境影响可以得到缓解和控制”。该环境影响报告书获得环境保护部的批复，标志着苏洼龙水电站具备了开工建设筹建准备工程的基本条件，金沙江上游的第一个工程合法进入施工阶段。

（中国水电顾问集团北京勘测设计研究院
韩小杰　何昱璇）

功果桥水电站环境保护与景观工程工作成效显著

2012年，在做好工程建设的同时，华能澜沧江水电有限公司苗尾·功果桥水电工程管理局（以下简称“苗尾·功果桥建管局”）坚持“构建和谐电站，奉献绿色能源”企业发展理念，把环境保护工作放在首位，确保各项环境保护措施得到有效落实。2012年11月7日，云南省环境保护厅以云环验〔2012〕92号文件同意功果桥水电站“三通一平”等工程通过竣工环境保护验收，功果桥水电站景观工程也全面建成。

（一）进一步强化生态保护工作

2012年，苗尾·功果桥建管局严格按照“三同时”要求落实各项环保设施建设，加强投运设施的运行管理。通过网捕过坝、增殖放流、增设人工鱼巢，启动基独河鱼类栖息地保护以及对国家珍惜植物进行移栽等工作，进一步强化了生态保护工作。

2012年，华能旧州功果桥、苗尾水电站鱼类增殖得到进一步完善和发展，已成为大理州生态文明示范窗口。增殖站位于云龙县功果桥镇西南边的三崇山下，占地面积33亩，于2009年9月15日开始施工，2011年1月20日建成投运，肩负着功果桥水电站和苗尾水电站珍稀土著鱼类增殖放流的任务。2010～2012年间，增殖站开展了6次鱼类网捕过坝活动，在功果桥、苗尾水电站区域的澜沧江上，放流各种鱼类共计36100尾。2012年，到这个增殖站检查、参观、调研、学习的各级领导、社会各界人士、在校大学生等已达60多次、800多人。

2012年9月26日，针对基独河四级电站拆除，启动基独河鱼类栖息地保护方案设计工作。为满足环境影响报告书及其批复要求，保护流域河段珍稀鱼类产卵繁殖栖息地，苗尾·功果桥建管局还分别在清水河点和苗尾沉江坝点实施人工鱼巢项目。人工鱼巢面积共计2.11亩，其中清水河点完成人工鱼巢设置面积1.42亩（约950 m^2），鱼巢149串；苗尾沉江坝点完成人工鱼巢设置面积0.69亩（约460 m^2），鱼巢80串。该项目于2012年5月2日开始施工，清水河点于2012年6月26日完工，苗尾沉江坝点于2012年6月30日完工。2012年，同时对施工区3株国家Ⅱ级重点保护植物红椿进行移栽保护，目前已移栽至旧州业主营地；对国家Ⅱ级重点保护植物金荞麦进行采种，并播撒于旧州业主营地内。

（二）景观工程全面建成

随着功果桥水电站最后两台机组投产发电，功果桥水电站景观工程建设也步入全面收尾阶段。2012年，尾水启闭机等建筑景观建设完成；2012年7月起，对电站进水口平台、坝后左右岸边坡岩面、变电站至左岸拌和站、木箐沟营地等地块施工基地进行绿化恢复，累计面积252 399.74m^2。

将功果桥水电站建设成为流域景观工程的理念，要求参建各方把“结构设计”与“艺术”设计结合起来，“美化”与“亮化”结合起来，“工程”与“景观”结合起来，改善水电站粗放、杂乱的观感印象，向“精品化、艺术化”方向努力，最终把功果桥水电站建设成生态平衡的绿色景观电站，实现人与自然、电站与环境的和谐统一。

功果桥水电站景观工程建设，一方面，厂区统一规划，通过生态恢复、绿化景观和建筑物造型处理，让水电站工程与天然景观有机融合，使整个厂区和谐统一，采取了左、右岸进场公路的绿化、边坡种植上爬下垂的绿色植物、功果大桥两岸植物拼成的华能标志图案等设计，增加人们良好的观感和舒适感，提高工程的“精品化”；另一方面，通过“简约而不简单、现代而不奢华”的设计理念，对电站重点部位的建筑物进行艺术处理，在中控楼、大坝电梯、底孔启闭机及液压启闭机建筑群，尾水启闭机建筑这些比较醒目的位置，以蓝、白、灰三色为基色，将建筑物以点、线、面，及图形的组合为构图进行设计。对大坝下游面结合坝段做出了一条条竖向的线条，使大坝外层看似由一块块砖贴成；将安装间前交通洞和主厂房的地面、墙裙采用云龙当地的板岩来装饰，以与当地特色有机的融合起来等处理方式，增加整个工程的“艺术性”，使建筑各自以优美的造型凸显出来。

（华能澜沧江水电有限公司苗尾·功果桥水电工程管理局 孙 雨）

思林与沙沱水电站鱼类增殖放流相关技术研究

思林、沙沱鱼类增殖站位于思林发电厂生活营地，设计繁殖放流鱼类种类为胭脂鱼、岩原鲤、青鱼、中华倒刺鲃、白甲鱼、泉水鱼、长薄鳅和华鲮共8种鱼类，每年各放流2万～9万尾，总计放流57万尾。

为保证思林、沙沱水电站鱼类增殖站增殖放流任务顺利完成，并使放流苗种在自然环境中达到很好的生存、繁衍效果，需进行相应技术的科技攻关研究。科研项目主要包括增殖放流鱼类的野生亲鱼的采集与驯养技术、人工繁育技术、苗种培育技术、放流技术、病害防治等方面内容。根据已有资料，胭脂鱼、青鱼、中华倒刺鲃的亲鱼培育、人工繁殖和苗种培育技术已成熟；岩原鲤、白甲鱼和华鲮的亲鱼培育和人工繁殖技术初步成熟，但是有待引进熟化和提高；长薄鳅、泉水鱼的亲鱼驯养、人工繁殖和苗种培育需要技术攻关。

（一）亲鱼采集与驯养技术

亲鱼采集的难点在于如何将采集到的亲鱼运输到增殖放流站，并保证一定的成活率。不同鱼类的采集地点不同，根据采集地的远近分为短距离运输和中长距离运输，若一些种类的亲鱼采集地距离增殖放流站比较远，就必须考虑中长距离运输。目前，短距离亲鱼运输技术已基本成熟，长距离亲鱼运输技术还有待研究，特别是对于一些特有鱼类，由于其生物学特性比较特殊，对运输条件要求较高，因此需要研究相应的运输技术。

长距离运输主要采用麻醉运输和活体运输维生系统。关于麻醉运输技术，研究内容主要包括麻醉剂种类的比选、给药方式、适合的浓度和剂量等；对于活体运输维生系统，还需要进行研发。

由于亲鱼自然生活水体环境和人工养殖水体环境有较大的差异，为保证野外采集的亲鱼能够在人工养殖条件下继续存活、生长，必须对其驯养技术进行研究。目前，研究重点是亲鱼的人工驯养技术，此项研究内容主要包括人工养殖维生系统的设计开发、人工驯养条件下亲鱼的行为观察（摄食行为，生殖行为等）、亲鱼在不同环境条件下的存活与生长比较（不同水温、流速、光照条件对亲鱼生长和繁殖的影响）、人工控制条件下的饲养管理方法（食性驯化，配合饲料的开发）。

（二）人工繁殖技术

人工繁殖的成功是进行苗种放流的基础。此项研究内容主要包括催产亲鱼的选择标准（体表特征的观察，体长、体重标准，成熟度等）、亲鱼的强化培育方法和人工诱导其性腺发育成熟、人工催产技术（催产针剂、剂型、处理方法等）、产后亲鱼的恢复培育与再催产效果。

此外，为进一步完善以上鱼类的繁殖技术，还需要对其进行繁殖生物学方面的研究。

（三）苗种培育技术

鱼类在早期生活史阶段死亡率较高，此项研究内容主要包括建立规范化苗种培育技术、早期发育阶段的营养需求及适口饵料的研制、活饵生产培育技术、饲养条件下的生长特征研究等。

（四）放流技术

为提高人工培育苗种的自然存活率，苗种在放流前必须在自然水体中经过一段时间的适应性暂养。暂养可在网箱内或库区河汊内进行。暂养选择水深适中（1.5～2.0m），水面开阔的水体；暂养时必须加强暂养水体的监管，采用一定措施对可能的敌害生物进行驱赶；网箱或拦网的网目需根据苗种体型及大小实验确定，并保证网内外水体通畅。放流时，应将苗种尽量分散于广阔的水域内，使其获得适合的生境与饵料条件。为满足日后放流效果评价监测的需要，放流前还需进行放流苗种标志技术的研究，该方面的研究可为建立标准化放流程序奠定基础。

为评估人工增殖放流效果，调整人工增殖放流计划，需要在苗种放流期间以及放流一段时间后进行相应监测。监测内容主要包括种群数量与遗传多样性变动两个方面。通过渔获物调查评价各放流鱼类种群数量的涨落，并通过鱼类早期资源调查获得放流鱼类自然繁殖状况的有关信息。通过渔获物调查所获得的DNA材料，进行种群遗传结构与遗传多样性分析。具体研究包括分子标记的筛选、自然种群的遗传多样性水平和遗传结构研究、人工增殖放流对种群遗传多样性的影响评价等。

（五）病害防治技术

人工养殖条件下，必须做好病害的防治工作。因为在工厂化养殖条件下鱼群密度相对自然条件下密集，病害容易在鱼体间传染，造成鱼体发育不良，严重时还会造成大规模的鱼类死亡。因此，除在日常工作中规范操作，针对可能发生的病害采取防范措施，防患于未然外，还需要对生产过程中发现的病害病理进行及时研究，并采取相应的诊治措施。此项研究内容主要包括人工驯养及苗种培育过程中有关病害种类及其预防、治疗方法，该项目内容的研究可以作为建立标准化养殖程序的一部分。

（贵州乌江水电开发有限责任公司思林发电厂 于品洋）

龙开口水电站鱼类增殖站设计

龙开口水电站位于云南省鹤庆县朵美乡境内的金沙江中游河段上，系金沙江中游8个梯级电站的第6级，距上游金安桥电站41.4km，距下游鲁地拉电站99.5km。根据环境影响报告书及批复意见要求，龙开口水电站的建设必须采取鱼类人工增殖放流等补偿措施，以缓解工程建成运行对所在河段鱼类产生的不利影响。

1. 增殖放流工艺流程　增殖站主要工作包括亲鱼收集购置、亲鱼驯养培育、人工催产和授精、人工孵化、苗种培育、放流、放流效果监测、调整生产规模和方式等。根据技术工艺流程进行管理人员、技术操作工人的配备和培训，以及增殖放流站管理制度的制定。

2. 增殖放流规模　根据环境影响报告书，确定近期增殖放流鱼类为鲈鲤、短须裂腹鱼、细鳞裂腹鱼、岩原鲤、长薄鳅等5种，放流规模分别为5万尾/年、10万尾/年、10万尾/年、5万尾/年和2万尾/年。

3. 产卵量、催产率、受精率、孵化率和幼鱼成活率　鱼的种类不同，其平均产卵量也不同，而且产卵量受亲鱼成熟度和外界环境等条件的影响。根据相关资料，该工程近期放流的鲈鲤、短须裂腹鱼、细鳞裂腹鱼、岩原鲤、长薄鳅的平均产卵量分别为1.0万粒/尾、1.5万粒/尾、1.5万粒/尾、1.0万粒/尾、1.0万粒/尾。

影响鱼类催产率的因素主要包括鱼类的种类、亲鱼的成熟度、催产时水温、催产方式、催产药物的种类和剂量等；影响鱼类受精率的因素主要包括雌雄亲鱼的比例、卵细胞的发育、精子的活力、水温等；影响鱼类孵化率的因素主要是水温、水体溶氧等环境条件；影响出苗率的因素主要是水温、水体溶氧和水流速度等；影响苗种培育成活率的主要因素包括水温、水体溶氧、食性转化期的开口饵料及驯食、养殖密度、病害防治等。

根据亲鱼培育难易程度初步确定催产率和受精率设计参数。催产率和受精率：鲈鲤人工繁育已经成功，催产率和受精率均为70%；岩原鲤人工繁育虽然成功，目前主要是雌性亲鱼催产率较低，两者分别按50%和60%的参数设计；长薄鳅虽然利用野生性成熟亲鱼人工繁育成功，但是人工培育亲鱼未突破，催产率和受精率主要由培育亲鱼状况决定，依据其食性和性腺发育，即使突破亲鱼培育技术，其催产率和受精率较高的可能性亦较小，两者约为50%和60%；短须裂腹鱼和细鳞裂腹鱼虽人工繁育技术尚未成功，但裂腹鱼类催产率和受精率相对较高，两者按60%和70%设计。

孵化率、出苗率和苗种培育成活率高低主要由管理技术决定，排除人为因素，则生物本身在发育过程中有一定的死亡率，因此，设计参数主要按生物本身发育规律取值，孵化率取85%、出苗率取80%、各阶段培育成活率取75%。

4. 亲鱼数量确定　根据近期增殖放流的数量、鱼类的平均产卵量、催产率、受精率、孵化率、出苗率和各阶段苗种成活率，推算出达到放流规模所需要的各种成熟雌性亲鱼数量。人工繁殖自然受精为了保证受精率高，亲鱼配对采用3∶2，总的原则是至少雄性要多1～2尾，让雄性亲鱼产生角逐，采用雌雄性比一般为1∶1.5；人工繁殖、人工授精时可以将1尾雄性亲鱼的精液用于多尾雌性亲鱼的卵，采用的雌雄性比一般为1.5∶1；综合考虑，本增殖站规模设计参数以雌雄亲鱼性比为1∶1。

根据不同种类性成熟个体大小，亲鱼数量为358.77kg，但由于亲鱼培育有一定的死亡率，人工催产和授精对亲鱼有一定的伤害而带来损失，为此，需每年培育一定数量的后备亲鱼用作补充。按所需亲鱼数量的50%培育后备亲鱼，则共需培育亲鱼数量538.16kg。

5. 各类培育鱼池规模及生产安排确定　根据鱼类增殖放流技术工作流程，该增殖站主要建（构）筑物包括亲鱼培育池、催产孵化及开口苗培育车间、室外鱼种培育车间、活饵培育池、实验室以及展示厅、综合办公等设施。由于不同养殖对象在生物学以及生态学方面存在较大的差异，结合各种鱼类的特点，同属一科的鱼类生活习性较为接近，可同池混养，其余鱼类应进行单养，鱼池使用方式可根据实际养殖情况和鱼类的生活习性自行调整。根据放流规模，并考虑鱼类个体、生活习性和繁殖特性以及鱼池放养密度等因素，计算所需各类鱼池面积，从而确定其规格尺寸。

6. 增殖站运行情况　龙开口水电站鱼类增殖站于2009年11月开工建设，2010年10月投入运行。目前，增殖站共有亲鱼5种，其中短须裂腹鱼42尾、岩原鲤26尾、鲈鲤20尾、细鳞裂腹鱼156尾、长薄鳅2尾；已实现了短须裂腹鱼、岩原鲤、鲈鲤的人工繁殖技术；细鳞裂腹鱼和长薄鳅已驯化养殖成功，还没有实现人工繁殖，但在国内其他单位有初步成功的经验；长薄鳅由于亲鱼数量太少，还未开展人工催产试验。龙开口水电站于2010年12月2日、2011年7月8日、2012年12月15日开展了3次放流活动，放流种类为岩原鲤、短须裂腹鱼。

由于不同的珍稀特有鱼类生物习性相差较大，国内各科研院所基本仅掌握其中1～2种或2～3种珍稀特有鱼类人工繁育技术，因此，还需经过多年的运行，才能达到设计的放流规模要求。

（中国水电顾问集团华东勘测设计研究院
汤优敏　傅菁菁）

福建街面水电站水土保持设施验收

街面水电站位于福建省三明市尤溪县，坝址位于尤溪县文江溪与均溪汇合口上游约0.2km的均溪上，水库具有多年调节性能。电站总装机容量300MW（2×150MW），工程等级为一等，规模属大（1）型。工程征占地面积3704.67hm^2，土石方挖填量701.46万m^3，总投资26.39亿元。工程于2004年4月正式开工，2008年5月建成并投入试运行。

建设单位按照《开发建设项目水土保持设施验收管理办法》（水利部令第16号）及《开发建设项目水土保持设施验收技术规程》（GB 22490—2008）规定，于2008年8月～2012年2月期间开展并完成了水土保持设施专项验收工作。

（一）水土保持设施自查初验

工程于2008年5月投入试运行后，建设单位组织设计、施工、监测、监理等单位开展了水土保持设施自查初验工作，于2011年8月编制完成《福建街面水电站水土保持方案实施工作总结报告》和《福建街面水电站水土保持设施验收技术报告》，为后续水土保持设施验收技术评估工作的开展奠定了基础。

（二）水土保持设施验收技术评估

2008年8月，建设单位委托中国水电顾问集团华东勘测设计研究院开展工程水土保持设施验收技术评估工作。

2008年9月，评估单位在全面查阅与验收相关的审批、设计、施工、监理、监测等资料的基础上，结合首次现场核查结果，按验收要求提出了《福建街面水电站水土保持设施竣工验收前需解决和落实的主要问题及措施意见》。

2011年6月，建设单位完善了相关水土保持措施，评估单位随即对照批复的水土保持方案，从设计和实际两方面对水土流失防治责任范围、水土保持设施工程量、水土保持投资等方面进行了对比评价。同时，通过查阅工程质量检验评定资料和现场核查，对水土保持工程质量进行综合评定；通过现场核查，对水土保持设施布局的合理性进行评价；通过查阅资料和调查询问，对水土保持监理、水土保持监测工作的开展情况，水土保持效果等进行了评价；并开展了公众满意度调查，于2011年9月编制完成《福建街面水电站水土保持设施验收技术评估报告》，作为水利部开展行政验收的技术支撑文件。

2011年10月，评估单位先后向福建省水利厅和水利部太湖流域管理局汇报技术评估工作，并征求其对工程水土保持设施验收的意见。

2011年12月，评估单位向水利部水土保持司提交了技术评估报告，以及福建省水利厅和水利部太湖流域管理局同意验收的书面意见，汇报了技术评估工作。

（三）水土保持工程质量评价

工程施工临时建筑占地防治区、料场防治区和弃渣场防治区作为重点评估范围，其他区域作为其他评估范围；石料场防洪排导工程、采挖平台土地整治工程、石料场拦渣工程、石料场植被建设工程、渣场拦渣工程、渣场顶面土地整治工程、渣场斜坡防护工程、弃渣场植被建设工程等作为重要单位工程。重点评估范围单位工程全部查勘、分部工程抽查核实比例达到50%，其他评估范围单位工程查勘比例达到50%、分部工程抽查核实比例达到30%，重要单位工程全部查勘，其分部工程抽查核实比例达到50%。

评估组核查了工程涉及的21个水土保持单位工程及其所属的41个分部工程，单位查勘率和分部工程核查率均为100%，单位、分部工程质量全部合格；工程质量总体评定为合格，满足水土保持设施竣工验收条件。

（四）水土保持监测工作评价

工程水土保持监测工作由三明市水土保持监督站承担，现场监测时段为2005年3月～2009年4月。监测结果显示：工程实际水土流失防治责任范围面积4571.87hm^2，在2005年3月～2009年4月监测期内，累计造成土壤流失量为1.37万t，堆渣体累计输沙量为0.48万t，占流失总量的35%。监测期内，各年度平均土壤侵蚀模数均大于项目区容许土壤流失量500t/（km^2·a），但总体呈逐年下降趋势；至运行初期，随着扰动区域各项水土流失防治措施的实施与健全，土壤侵蚀模数降至420t/（km^2·a），总体上达到了水土流失治理要求。

（五）水土流失防治指标

1. 扰动土地整治率　项目建设区（不包括水库淹没范围，下同）累计扰动土地面积81.24hm^2，扰动土地整治面积79.69hm^2，扰动土地整治率为98%。

2. 水土流失总治理度　项目建设区内水土流失面积43.92hm^2，水土流失治理达标面积42.22hm^2，水土流失总治理度为96%。

3. 土壤流失控制比　项目建设区运行初期平均土壤侵蚀模数为420t/（km^2·a），容许土壤流失量为500t/（km^2·a），土壤流失控制比为1.2。

4. 拦渣率　施工期间工程弃渣量为333.42万m^3，采取工程措施和植物措施取得了较好的拦渣效果，拦渣率达98%。

5. 林草植被恢复率　项目建设区内林草植被可恢复面积21.62hm^2，林草植被实际恢复面积20.38hm^2，林草植被恢复率为94%。

6. 林草覆盖率　项目建设区占地面积81.24hm^2，林草类植被面积20.38hm^2，林草覆盖率为25%。

（六）行政验收

2012年2月4日，水利部在三明市尤溪县召开了工程水土保持设施竣工验收会议。会议认为：福建街面水电站水土保持方案及设计变更审批手续完备，开展了水土保持后续专项设计、监测和监理等工作，资料齐全；在工程建设和试运营阶段，积极开展了水土流失防治工作，水土保持设施已按批准的水土保持方案和设计文件的要求建成，质量合格；扰动土地整治率、水土流失总治理度、土壤流失控制比、拦渣率、林草植被恢复率和林草覆盖率等指标达到了设计要求；水土保持设施具备正常运行条件；运营期管理维护责任已得到落实，同意水土保持设施通过竣工验收。

（中国水电顾问集团华东勘测设计研究院
尉全恩　周永峰　江　涛）

移　民　工　程

金沙江下游水电移民工作协调机制对向家坝水电站移民安置的指导和促进

（一）向家坝水电站移民安置任务

向家坝水电站位于四川省宜宾县和云南省水富县境内，正常蓄水位380m，装机容量6000MW，保证出力2009MW，多年平均发电量307.47亿kW·h。

向家坝水电站涉及搬迁四川省和云南省6个县共11.3万人，淹没屏山、绥江2座县城和屏山县书楼、绥江县会仪等11座集镇。至规划水平年2012年5月底，向家坝水电站规划搬迁安置移民12万人，生产安置人口6万人，迁建2座县城和11座集镇，复建和新建等级公路331.46km、10kV及以上电力线路523.55km等大量专项设施。

（二）金沙江下游水电移民工作协调机制

1. 组织和职责　由于向家坝水电站移民工作任务繁重、时间紧迫、难度大，2009年5月，国家发展改革委发文指出：为协调平衡地处界河电站的移民政策，加强川滇两省、项目业主和有关各方的沟通，确保两省移民工作做到协调平衡，促进电站顺利建设，决定成立金沙江下游水电移民工作协调机制，负责金沙江下游梯级电站移民相关工作的沟通和协调。

2010年5月，国家能源局以国能新能〔2010〕155号文件印发《关于建立金沙江下游水电移民工作协调机制有关事项的通知》，正式成立金沙江下游水电移民工作协调领导小组（简称协调领导小组）。

2. 对移民安置工作的指导和促进　协调机构先后多次召开协调领导小组全体会议、协调领导小组办公室会议；组织安排专家组密切关注向家坝、溪洛渡两电站移民工作实施情况，加强技术指导工作，及时提出了应对措施和建议。

协调领导小组会议明确了向家坝电站移民工作总体目标、节点时间和年度移民工作任务，要求川滇两省和项目法人认清向家坝电站移民工作形势，增强责任心和紧迫感，落实责任，全力以赴推进移民搬迁安置工作，确保电站如期蓄水发电。

在协调领导小组的协调、指导下和川滇两省的大力支持下，有关各方按照协调领导小组的整体部署，以高度的责任感和使命感，认真负责地开展了电站移民搬迁安置和枢纽工程建设工作，向家坝水电站移民工作取得了较大进展，移民安置、城镇和专业项目建设实施进度都得到了极大的促进和推动。向家坝水电站取得了枢纽工程建设和移民搬迁安置工作的双突破，移民安置滞后局面得到扭转，下达的年度计划任务和工作目标基本实现。

金沙江下游水电移民协调机制的建立，在坚持和强化政府的领导责任、加强移民政策协调管理、推行移民工作主体设计单位技术总负责制度、积极探索重大移民工程设计施工总承包、代建制、开展移民补偿补助标准动态管理、加强移民数据管理工作、加强实施规划设计产品质量控制和技术指导等移民管理体制方面均有创新。

（三）各方共同努力解决移民安置工作中的问题和分歧

在金沙江下游水电移民协调机制的框架下，四川省组建了省扶贫移民局特别工作组，建立了其牵头的省直部门协调机制；云南省组建了省政府督察组；中国长江三峡集团公司分别与宜宾市、凉山州、昭通市形成了定期协调的轮值会议机制；昭通市、宜宾市分别牵头组建了云南库区移民安置工作现场协调领导小组、宜宾市驻县指挥部和屏山库区移民工作现场协调组。库区6个县也分别与中国长江三峡集团公司、主体设计单位和综合监理单位形成了定期或不定期的现场工作处置机制。

在川、滇两省政府的领导下，在中国长江三峡集团公司、主体设计单位和施工总承包单位等各方的通力协作下，有关各方先后攻克了实（物）调（查）关、政策关、围堰关、安置关等重点难点工作，彻底扭转了库区移民工作滞后于枢纽工程建设两年半的被动局面。特别是2012年上半年，全面发起移民搬迁总攻坚，基本攻克了最后一道难关“安置关”。

通过各种协调机制及时有效的建立和运作，分层次、分类别地解决了实施过程中的问题和分歧，保证了向家坝水电站移民安置工作科学、有序、稳定开展和实施。

（四）向家坝电站库区移民专项验收工作

2012年9月12日和9月13日，川、滇两省移民局分别主持召开了向家坝水电站工程蓄水库区建设征地移民安置专项验收委员会会议。移民安置专项验收委员会认为，向家坝水电站库区移民搬迁任务已基本完成，基本达到工程蓄水移民安置专项验收要求。地方政府制定的各保障措施落实后，移民工作能满足工程按期下闸蓄水要求。

在金沙江下游水电移民工作协调领导小组的正确指导和川、滇两省各级地方政府、移民主管机构、能源局、电站业主、主体设计单位等有关各方的共同努力下，2012 年 10 月 8 日，向家坝水电站顺利按期下闸蓄水，标志着历时 6 年、移民 12 万余人的向家坝水电站移民安置工作基本完成。

（中国水电顾问集团中南勘测设计研究院 钟广宇 魏 鹏）

向家坝水电站工程蓄水移民安置专项验收

2012 年 9 月，在四川省扶贫和移民工作局、云南省移民开发局分别主持下，通过了向家坝水电站工程蓄水阶段移民安置专项验收，并形成验收意见。

（一）建设征地移民搬迁安置及库区清理完成情况

《蓄水移民规划报告》提出的工程蓄水四川库区移民搬迁安置任务为 57 045 人，其中屏山县55 630人，雷波县 1415 人。

《蓄水移民规划报告》提出的云南库区工程蓄水移民搬迁安置任务为 55 508 人，其中绥江县50 341人、永善县 3472 人、水富县 1695 人。地方政府上报搬迁安置任务为55 678人，其中绥江县50 549人、永善县 3434 人、水富县 1695 人。

截至 2012 年 9 月 10 日，实际搬迁完成111 900人，其中四川部分57 221人，云南部分54 679人。永善县、水富县、雷波县已完成搬迁工作。屏山县和绥江县剩余的少量移民搬迁工作已由地方人民政府承诺下闸蓄水前完成移民搬迁。2 座县城、11 座集镇、12 个农村集中安置居民点基础设施建设工作已初步完成，两省库区涉及的等级公路、库周交通、电力通信、防护工程等专业项目部分完建。虽然尚有大部分项目正在建设完善中，但目前也已实现了基本使用功能，可保障居民基本生活的需求。对不能在蓄水前完成的少量路段和供水、电力通信项目，地方政府和有关单位已提出保通方案或者采取临时措施，可保证后续施工不受工程蓄水影响和保障居民基本生活的需求。

四川库区的库底清理工作已基本完成，屏山县正在抓紧扫尾完成剩余的少量未完清理任务。云南库区已完成高程 354m 以下库底清理工作，354～381m 范围内的库底清理工作正加紧进行实施，昭通市人民政府已承诺下闸蓄水前完成全部库底清理工作。

（二）蓄水阶段移民专项验收情况

2012 年 9 月 24 日，云南省移民开发局向金沙江向家坝水电站工程蓄水验收委员会报送了《关于金沙江向家坝水电站工程蓄水云南库区建设征地移民安置专项验收的报告》（云移局请〔2012〕47 号），报告评价结论是“库区移民工作进度满足工程按期下闸蓄水要求”，其验收结论为“经过库区市县人民政府自验初验和相应的整改落实，向家坝水电站云南库区移民搬迁任务和库底清理工作已基本完成，向家坝水电站云南库区已基本达到工程蓄水移民安置专项验收要求，移民安置专项验收委员会同意通过向家坝水电站工程蓄水云南库区建设征地移民安置专项验收。”

2012 年 9 月 27 日，四川省扶贫和移民工作局提交了《金沙江向家坝水电站工程蓄水四川库区建设征地移民安置专项验收报告》。报告中附具的《四川省扶贫和移民工作局关于印发〈金沙江向家坝水电站工程蓄水四川库区建设征地移民安置专项验收委员会报告〉的通知》（川扶贫移民发〔2012〕465 号）关于移民安置专项验收的结论为：“会议认为向家坝水电站四川库区移民搬迁任务已基本完成，剩余的少量移民搬迁、移民工程迁（复）建工作正在按照地方政府和有关单位的承诺及部署抓紧落实，从移民搬迁安置角度，向家坝水电站四川库区已基本达到工程蓄水移民安置专项验收要求。移民安置专项验收委员会同意通过向家坝水电站工程蓄水四川库区建设征地移民安置专项验收。”

（三）综合验收结论

向家坝水电站工程蓄水验收委员会 2012 年 9 月 28 日的验收鉴定书中有关移民搬迁和库底清理的验收意见为：“向家坝水电站库区移民搬迁任务和库底清理工作已基本完成，且分别通过了四川、云南两省政府所组织的移民安置专项验收委员会的验收，均有同意通过向家坝水电站工程蓄水库区建设征地移民安置专项验收的结论。上报的移民安置专项验收资料齐备，符合国家关于水电工程移民阶段性验收的有关规定。向家坝水电站库区移民搬迁和库底清理工作满足工程蓄水条件。”

（水电水利规划设计总院 张一军）

向家坝水电站四川库区企业淹没处理规划

（一）规划过程

2006 年 11 月 26 日，向家坝水电站开工，征地移民进入实施阶段。至2010年，向家坝水电站四川库区企业淹没处理补偿评估报告，经多次审查未能获得通过。2011年5月，主体设计单位接手四川库区企业淹没处理规划。2012年2月，规划报告通过审查。

在四川库区企业淹没处理规划过程中探索的一些解决具体问题的思路和方法，可为其他水电工程企业淹没处理规划所借鉴，也为今后水电工程出台企业处理规范提供参考。

（二）淹没调查

向家坝水电站移民安置实施阶段，纳入四川库区企业淹没处理规划的企业共75家（其中中型企业2家，小型企业73家），涉及7个行业，其中工业企业42家，批发零售企业18家，农业企业2家，交通运输仓储和邮政企业3家，住宿餐饮企业4家，建筑企业1家，其他服务企业5家。

实物指标联合调查组对这部分企业的专业主厂房、构筑物、附属设施、管道沟槽、机器设备、存货等项目逐项复核调查。向家坝水电站可行性研究阶段水库淹没调查之后，企业为执行国家产业政策和环保要求而新增的设备设施纳入了调查。75家企业对应的主要实物指标为：各类结构房屋面积19.89万m^2，房屋装修27.89万m^2；纳入评估范围的企业专业主厂房6.4万m^2，构筑物1436项，管道沟槽266项，机器设备4007台（套），存货117项。

（三）处理方案

向家坝水电站企业淹没处理分为迁建、货币补偿2种方案。首先，地方政府根据企业受淹没影响程度，在征求企业意愿和行业主管部门意见后，结合本地区经济产业结构调整、技术改造及环境保护要求，提出企业淹没处理初步方案。然后，主体设计单位从国家产业政策、水库移民政策等方面对初步方案进行复核。经复核和确认，75家企业中，迁建49家，货币补偿26家。

迁建方案是指企业按三原则补偿，重新选址建设，在新址恢复原有生产工艺、生产原有产品。在制定企业淹没处理规划时，有条件迁建的企业应尽量采用迁建方案处理。建筑企业、交通运输、仓储和邮政企业、批发零售企业、住宿餐饮企业、计算机服务、金融业等服务类企业，优先采用迁建方式。企业搬迁又可分为复建搬迁和组合搬迁2种方案。复建搬迁是指企业需要重新选址建设，按原规模恢复原有生产工艺和生产原有产品；组合搬迁是指企业重新改组或组合成新企业，改变原有生产工艺或产品，重新选址进行复建。采用组合搬迁的企业，必须有可靠的其他渠道资金的来源。随城集镇搬迁企业，由地方政府在城集镇迁建新址内划定具体的用地范围，其供水、供电、交通等外部基础设施在城集镇迁建规划中已统筹考虑，不再单独进行规划。在城集镇以外规划独立迁建的企业的征地费和基础设施费用，进行了迁建新址规划设计的企业按规划设计成果计算；未进行迁建新址规划设计的企业，征地和场平基础设施费根据实物指标调查确认的占地面积和实际场平面积，计列综合征地费和场平工程费。49家迁建企业中，随县城、集镇迁建28家，城集镇外独立选址迁建13家，迁入工业园区8家。

货币补偿方案适用于不需要、不批准或难以迁建企业。资源型企业、破产企业、停产2年以上或连续2年未通过工商税务部门年检的或不符合国家产业政策的企业，根据淹没影响的具体情况采用货币补偿方式处理。淹没企业采用货币补偿方案的企业，必须制定实施方案，企业主管部门审核后，报县级以上人民政府审批并报上级行业主管部门、移民局备案。采用货币补偿方案的企业，其移民补偿资金首先要用于企业单位职工安置，妥善解决企业职工和离退休人员的基本生活，并做好再就业和社会保险工作。

（四）补偿费用

需要迁建的企业，可以结合技术改造和产业结构调整进行统筹规划和迁建。按原规模和原标准建设所需要的投资，按照重置价格，经核定后列为水电工程补偿投资；扩大规模、提高标准需要增加的投资，由企业自行解决。对于需要迁建的企业，全淹的计算其全部迁建的补偿费用；部分受淹的，其主要车间或主要设施在淹没线以上的，计算淹没线以下部分的迁建补偿费用，主要车间或主要设施在淹没线以下的，如能就近后靠改建的，计算淹没线以下部分的补偿费用，主要车间不能后靠调整改建的，计算全部迁建的补偿费用。对于采用迁建方案的企业，其迁建补偿费用包括：基础设施规划费用，普通房屋及附属设施补偿费，专业主厂房补偿费用，构筑物补偿费用，不可搬迁设备的重置费用，可搬迁设备的拆迁损失费、搬迁运输和安装调试费，联合试运转费，存货资产的搬迁运输费，停产停业损失。

货币补偿方案的企业，其货币补偿的费用包括：基础设施补偿费用，普通房屋及附属设施补偿费，专业主厂房补偿费用，构筑物补偿费用，机器设备的补偿费用，存货资产的补偿费用。对于选择货币补偿方式的建筑企业、交通运输、仓储和邮政企业、批发零售企业、住宿餐饮企业、计算机服务、金融业等企业，其可搬迁设备和存货资产按照搬迁方式计算补偿费用。

向家坝水电站四川库区企业淹没处理规划涉及的75家企业，共计补偿费47 590.37万元，其中专业主厂房补偿9124.03万元，构筑物补偿6805.09万元，设备补偿 10 155 万元，存货补偿 242.5 万元，停产损失补 1525.24 万元，综合征地及场平工程费 5245.29 万元，普通房屋及附属设施、装修、零星果木和照明饮水补助补偿费 13 043.62 万元，其他费用 1429.6 万元。

（中国水电顾问集团中南勘测设计研究院
段小芳 李旭亚）

金沙江中游河段移民安置特点

2012 年 12 月，云南省“金沙江 16118 移民安置惠民生”项目获得联合国 2012 年度“全球促进社会发展最佳实践奖”。这是目前全国水利水电移民安置工作取得的最高成就奖。

云南省“金沙江 16118 移民安置惠民生”政策是在金沙江中游梯级电站开始试点的。金沙江中游河段规划一库八级水电站，目前已建、在建电站有梨园、阿海、金安桥、龙开口、鲁地拉、观音岩 6 个电站。“16118”政策的出台加快了金沙江中游河段各梯级电站的移民搬迁安置实施进度。截至 2012 年底，阿海、金安桥、龙开口、鲁地拉、观音岩水电站已通过国家核准，其中，阿海、金安桥、龙开口水电站已基本完成移民搬迁安置任务并完成下闸蓄水发电；鲁地拉、观音岩水电站正按计划稳步推进移民安置工作。中国水电顾问集团昆明勘测设计研究院（以下简称“昆明院”）承担了阿海水电站、金安桥水电站、观音岩水电站的设计，下面主要以这 3 个电站来分析金沙江中游河段移民安置的特点以及“16118”政策的优势。

（一）工程概况及移民安置特点

1. 阿海水电站　阿海水电站是金沙江中游河段“一库八级”规划的第四个梯级，总装机容量为 2000MW，水库正常蓄水位 1504m，总库容 8.82 亿 m^3。电站建设征地涉及云南省丽江市玉龙县、宁蒗县，迪庆州香格里拉县以及四川省凉山州木里县。建设征地总面积 30.6881km^2（其中，陆地面积 23.6308km^2），居住在建设征地范围内人口为 2619 人。阿海水电站云南省辖区内实行以长效补偿安置方式，四川省辖区内实行以农业安置为主的安置方式。经规划，阿海水电站规划水平年共涉及生产安置人口 3018 人，搬迁安置人口 2538 人；设 8 个安置点集中安置移民 1944 人（其中，云南省 4 个集中安置点安置 1716 人，四川省 4 个集中安置点 228 人），分散安置 594 人；云南省长效补偿人口 2109 人。建设征地移民安置总投资为 13.19 亿元，其中云南省为 12.68 亿元，四川省为 0.51 亿元。

阿海水电站 2006 年启动可行性研究工作，于 2008 年完成，是第一批实践新移民条例的水电工程之一，同时也是第一个实施创新型“16118”移民安置方式并获得国家核准的项目。因在“16118”政策方面的率先实践，在移民安置规划时，进行了传统的农业安置与长效补偿安置两种方式的对比，并经征求移民和地方政府的意见，全部选择长效补偿安置方式。其实践经验对推广实施“16118”政策具有开创性的指导意义。

2. 金安桥水电站　金安桥水电站为金沙江中游河段一库八级水电开发方案的第五个梯级，装机容量 2400MW（4×600 MW），正常蓄水位 1418m，相应库容 9.13 亿 m^3。建设征地涉及云南省丽江市古城区、玉龙县、永胜县、宁蒗县 4 个县（区），总面积 31.321km^2（其中，陆地面积 23.239km^2），涉及居民点 21 个、街场 2 个，人口 2972 人。

该电站预可行性研究报告于 2002 年 10 月通过审查。工程自 2003 年 8 月工程开始筹建；2006 年 1 月，电站项目核准申请报告通过了中国国际工程咨询公司评估。2006 年底至 2007 年下半年，国家和云南省人民政府相继颁布了《大中型水利水电工程建设征地补偿和移民安置条例》（中华人民共和国国务院令第 471 号）、《云南金沙江中游水电开发移民安置补偿补助意见》（云政办发〔2007〕159 号）等一系列政策文件。按新的政策文件的要求，金安桥水电站重新开展了可行性研究阶段移民安置规划工作。《金安桥水电站建设征地移民安置规划报告》于 2007 年 9 月 27 日顺利通过了审查。

金安桥水电站可行性研究移民安置规划是在新老条例、新老政策交替时完成的，先后编制了两套移民安置规划，以保证移民安置工作的顺利实施。

3. 观音岩水电站　观音岩水电站为金沙江中游河段一库八级水电开发方案的最后一个梯级。水库正常蓄水位 1134m 时，相应库容 20.72×$10^8$$m^3$，回水长约 95.8km。

与金安桥水电站类似，2005 年 11 月，昆明院按老的移民条例、规范完成了移民安置规划报告的编制。2007 年下半年，国家和有关部门先后发布了一系列新的法规、政策和规程规范，昆明院又按新的条例、规范分省编制完成了移民安置规划大纲和移民安置规划报告，移民安置规划大纲于 2008 年通过水电水利规划设计总院会同云南、四川两省移民主管部门的审查，并获得两省人民政府的批复。移民安置规划报告于 2008 年通过水电水利规划设计总院会同贵州两省移民主管部门的审查，2009 年通过两省移民主管部门的审核。

观音岩水电站建设征地涉及云南省丽江市华坪县和永胜县、楚雄州永仁县和大姚县、大理州宾川县及

四川省攀枝花市仁和区和西区等4个州（市）、7个县（区）13个乡（镇）28村民委员会112个村民小组。建设征地总面积为58.4384km²，其中耕地16 476.46亩、园地13 654.34亩、林地20 525.53亩、其他土地37 001.08亩；居住人口9347人；房屋总面积74.79万m²；影响四级公路62.86km，通信光（电）缆66.05km；10kV线路94.48km。

观音岩水电站云南省辖区内实行以长效补偿为基础的安置方式，四川省辖区内实行以农业安置为主的安置方式。经规划，观音岩水电站规划水平年农村共涉及生产安置人口10 116人（云南省9738人，四川省378人），搬迁总人口10 260人；其中农村（包含集镇）农业搬迁安置人口8963人（云南省8585人，四川省378人），设13个安置点集中安置8614人（云南省8236人，设12个集中安置点；四川省378人，设1个集中安置点），分散安置349人；非农业搬迁人口1297人，其中农村350人（云南省348人，四川省2人），随本村组农业人口搬迁安置，集镇搬迁非农业人口947人。

湾碧乡集镇迁建结合农村移民安置，整体搬迁至咖啡厂安置点复建，水平年总人口规模2099人，其中农业人口1152人，非农业人口947人。

2011年1月，因移民安置规划报告审定后云南、四川两省出台了新的水电工程建设征地补偿政策文件，库区当地物价也有所变化，按照国家发展改革委、国家能源局对水电工程项目核准的要求，在审定的观音岩水电站移民安置规划报告设计成果的基础上，按与主体工程一致的价格水平（2010年4季度价格水平）编制《金沙江观音岩水电站建设征地移民安置补偿费用概算修编报告》，作为已审核的移民安置规划报告补偿费用概算部分调整的依据。经修编，观音岩水电站建设征地移民安置补偿费用（不含贷款利息）为569 104.75万元，其中静态费用概算543 444.1万元，价差预备费25 660.65万元。

观音岩水电站也是一个在新老条例、新老政策交替时完成移民安置规划的水电工程，其先后编制了两套移民安置规划。

（二）“16118”政策的意义和优势

“16118”政策是云南省人民政府为培育云南水电支柱产业，解决移民安置困难的实际难题，结合全省实际情况，创造性提出的创新型移民安置政策。在不突破现有国家政策的前提下，它转变过去“以农为本，以土安置”为主的移民安置指导思想，提出了“立足长效补偿机制，实行6种安置并举、建立产业发展资金、享受统一后期扶持”及8个配套实施办法。2007年7月4日，云南省人民政府办公厅颁布实施了《云南金沙江中游水电开发移民安置补偿补助意见》（云政办发〔2007〕159号），并在金沙江中游河段水电开发中探索试行。

“16118”政策自颁布以来，得到了广大移民群众和地方政府的支持和拥护。经过金沙江中游河段6个电站的推广实践，其重要意义和优势体现在以下几方面：

（1）切实解决云南省人多地少的现实矛盾。金沙江中游河段耕地资源有限，人多地少矛盾突出。如按传统安置模式安置移民，土地资源调配压力巨大，无法保证为移民配置同等质量、同等数量的耕地，进而无法保证移民的生产生活达到原有水平；同时，金沙江中游河段地质情况复杂，生态脆弱，水土流失严重，大量开发土地资源将加剧生态环境恶化，“16118”政策的实施能有效缓解可预期的生态环境恶化问题。

（2）“16118”政策在宣传应用中，始终坚持以后靠为主，减少了水电工程移民搬迁人数，减轻了移民安置难度和工作难度，加快了移民搬迁安置进程，使得通常情况下移民安置严重滞后于主体工程的矛盾得以缓解，同时也缓解了各级政府搬迁安置移民的工作压力。

（3）以长效补偿为基础再配置适量土地的安置方式建立了以不降低移民原有生活标准为前提的长期生活保障制度。长效补偿保证了移民收入长期稳定，生产生活得到保障；少土安置又为移民保持原有生产生活方式留下缓冲余地，为移民适应生产生活环境改变、安居乐业打下坚实基础。

（三）实施中存在的问题

由于政策的开创性以及实施过程中缺乏配套的实施细则，随着“16118”政策的深入实施，也暴露出一些问题。例如，长效补偿标准以及逐年增长标准如何统一和确定；长效补偿费用来源和管理方法的明文规定；移民公积金制度的完善；移民之间资源不平衡导致互相攀比严重以及库周非移民和安置区原居民的心理不平衡等问题，都亟待解决。

（中国水电顾问集团昆明勘测设计研究院
罗　毅　李红远　赵灿章　肖银松）

思林水电站库区移民工程管理模式的创新与实践

（一）概况

思林水电站位于乌江中游，是乌江干流梯级开发的第6级，装机容量4×262.5MW，保证出力303.6MW，水库正常蓄水位440m，相应库容12.05亿m³。工程于2003年12月开始施工准备工作，2005年

11月26日顺利实现大江截流，2006年10月23日项目通过国家核准，同年11月8日正式开工建设。

电站建设前期，库区的移民工程由地方政府组织实施建设。由于各种原因，进度缓慢，制约电站下闸蓄水。为确保思林水电站顺利下闸蓄水，贵州省水利水电工程移民局依据省政府倡导的“政府管民生，业主管工程”的协作机制，通过协调各方关系，将电站库区的重要、重大移民工程项目返包给电站业主建设。

2007年7月12日，思南县人民政府与贵州乌江水电开发有限责任公司（以下简称“乌江公司”）签订协议，明确：思南县人民政府负责相关工程的征地、拆迁、安置和相关协调工作，营造良好的施工环境，保障工程顺利施工；乌江公司对所实施工程的安全、质量、进度和资金负责，及时提供竣工验收资料，牵头组织工程验收。

（二）新模式的好处

移民工程返包电站业主建设管理模式充分发挥了地方政府和电站业主各自的优势，避开了各自的不足，取长补短，扬长避短，符合新形势下移民工作的需要，达到了“双赢”的目的。其好处如下：

（1）避免了长期以来在项目投资概算确定上的扯皮现象。由于项目由电站业主承担，项目投资也由电站业主负责包干，在项目审查时地方政府和电站业主都不再为投资问题争论不休，只要按照条例的规定确定好项目的标准和规模即可，减少了协调难度，加快了前期工作的进度。

（2）有利于电站业主合理安排电站建设工期。电站业主在安排电站建设工期时将会把这些项目的完成工期作为控制工期来考虑，避免了目前许多库区专业项目进度滞后于电站建设进度的状况；并可充分发挥业主单位技术力量、管理经验和人员、材料、机械调配等方面的优势，确保工程的安全、质量、进度、投资得到有效控制，为库区移民搬迁安置创造条件。

（3）有利于地方政府腾出更多的时间和精力来抓好移民的搬迁和安置，把移民工作做深做细，确保移民搬迁安置的进度和质量。按照以前的管理模式，库区大量的移民项目都由地方政府来抓，主要工作大量消耗在这些项目实施中的协调处理上，直接影响到移民的搬迁安置进度，一旦到了下闸蓄水的时间，只好采取应急措施，或强制搬迁、或过渡安置，容易激化库区矛盾。另外，在实际工作中，有的干部热衷于移民工程项目建设，对移民安置重视不够。实行这种模式后，回归了地方政府和移民部门的职能本位，把精力集中在抓好移民工作上。

（三）采取的具体解决措施

1. 移民工程管理　思林库区返包移民工程项目包括：文家店集镇新址迁建场平、给排水工程，三道水集镇新址迁建场平、给排水工程，三道水公路，三道水大桥，李子沟中桥，关木溪桥，洋恩坝大桥和河坡大桥。结合移民安置工作的需要，后期又增加了香坝乡三江1、2号索道桥工程。这些工程，项目分散，协调管理困难。返包后，思林水电站建设公司作为业主单位乌江公司派驻现场的代表，对返包移民工程全面实施建设管理，专门组建了移民项目部，并安排一名公司副经理专门分管。思林水电站建设公司充分发挥工程管理经验和技术、人员、材料、机械调配等方面的优势，选择优秀的设计、监理、施工单位，进一步加强与地方的联系，强化质量试验、检测和监督，确保了工程建设的进度和质量。

2. 移民搬迁安置　思林水电站涉及思南县思林、枫芸、香坝、合朋溪、长坝、文家店、三道水、塘头、邵家桥等9个乡镇，共63个村210个组，搬迁安置人口17826人。为了圆满完成思林库区移民搬迁安置工作任务，地方政府采取了以下有效措施：一是成立组织机构，健全工作制度，强化监督管理，建立移民工作长效机制；二是“举全县之力、聚全县之智、集全县之能”开展移民工作；三是以实际行动深得移民的信任，使移民度汛搬迁取得实效；四是急移民群众之所想，确保移民群众搬迁后生产生活的稳定；五是积极化解矛盾，切实维护库区社会稳定；六是坚持公平、公正、公开，全力搞好移民集镇和集中安置点宅基地划分工作。

（四）实施效果

（1）思林库区返包移民工程于2007年10月9日开工，通过参建各方的努力，集镇场平工程于2008年9月完工并经过初步验收后提供给地方政府划分宅基地，仅花了10个月的时间。而与此形成鲜明对比的是，由地方政府实施的一个集镇场平工程项目于2006年8月开工，2008年底才完工划分宅基地，工期2年多。

（2）在不考虑政府部门政策性调整的情况下，工程的投资较好地控制在概算范围内。思林库区返包移民工程中的文家店集镇场平工程实际建设面积为521亩，建筑安装工程实际投资约为5000万元；三道水集镇场平工程实际建设面积为253.43亩，建筑安装工程实际投资约为4400万元；由地方政府实施的一个集镇场平工程实际建设面积为150亩，建筑安装工程实际投资约为4500万元。

思林库区返包移民工程建设的圆满完成，为库区移民搬迁安置工作的顺利开展创造了有利条件。

（贵州乌江水电开发有限责任公司思林发电厂
马习耕　张建华　陈　龙　龚朝蜀　卢明军）

毛尔盖水电站移民逐年补偿安置方式

毛尔盖水电站位于四川省阿坝藏族羌族自治州黑水河中游红岩乡至俄石坝河段。2012年1月6日，四川省政府批准了在毛尔盖水电站实施移民逐年补偿安置方式。

（一）毛尔盖水电站移民特点

根据审定的可行性研究报告，毛尔盖水电站规划水平年建设征地共需生产安置人口2302人，其中规划通过8个集中安置点开发调剂土地1364亩，安置1353人，人均耕地1.0亩；分散调地775亩，安置488人，人均耕地1.6亩；养老保障安置346人；自谋职业、自谋出路、投亲靠友安置115人。

毛尔盖水电站生产安置移民主要有以下特点：

（1）人地矛盾高度集中，"大农业"为主的移民安置方案操作难度巨大。受5·12汶川地震影响，毛尔盖水电站原审定的部分移民安置点地质条件发生变化，大量土地灭失；同时，黑水县境内可用以调剂和开发的土地面积很少，在满足移民居民点建设后，人均耕地量不足0.15亩，生产安置容量大幅下降。

（2）移民意愿发生变化。地震后移民意愿发生强烈变化，不愿意接受跨乡安置，同时对大农业安置的认可度降低，担心大棚种植等措施不能弥补受淹耕地收益损失、原有生产生活水平得不到保障，继续采取以"大农业"生产安置方案在黑水县操作难度较大。

（3）各级政府迫切希望创新移民安置方式。为推动藏区经济社会发展，国务院下发了《国务院关于支持青海等省藏区经济社会发展的若干意见》（国发〔2008〕34号），明确支持开展藏区大中型水电工程水库移民安置补偿试点，四川省也下发了《中共四川省委、四川省人民政府关于推进藏区跨越式发展和长治久安的意见》（川委发〔2010〕3号）明确提出"落实和完善大中型水电工程建设移民安置和补偿政策，完善移民安置方式"。

2009年4月，黑水县人民政府结合毛尔盖水电站移民安置实施情况和四川省、阿坝州政府相关精神，报送了《关于变更毛尔盖水电工程征地移民安置方案的请示》（黑移办〔2009〕20号），提出要求创新移民安置方式。

综上，以"大农业"为主的生产安置方式已不适应毛尔盖水电站移民安置的实际情况，生产安置方式存在创新的必要和政策条件。

（二）逐年补偿安置方式的形成

2009年2月，阿坝州人民政府按照国务院、省政府精神，结合5·12汶川地震影响及毛尔盖水电站移民安置实际情况，向四川省人民政府提出《关于建立毛尔盖水电站移民补偿机制试点请示》（阿府〔2009〕18号），2009年3月，四川省政府批转了《四川省发展和改革委员会关于收文B〔2009〕第00332号办理情况的回复》（川发改能源交办函〔2009〕176号），建议开展相关研究工作。由此，州移民办和毛尔盖水电有限公司委托中国水电顾问集团成都勘测设计研究院（以下简称"成都院"）开展毛尔盖水电站长效补偿安置方式专题研究。

成都院结合黑水县区域特征、移民特性以及毛尔盖水电站的实际情况，综合分析了社保、城乡统筹、城市拆迁等行业政策和四川省现行水电移民养老保障政策现状、存在问题及可借鉴的经验，并连同各级政府进行的多次调研和研究，编制完成了《毛尔盖水电站农村移民安置方式创新研究报告》和《阿坝州黑水县毛尔盖水电站农村移民生产安置方案调整报告》，提出和完善了逐年货币补偿安置方式。

2012年1月6日，四川省政府批示实施该安置方式。

（三）逐年补偿安置方式实施情况

结合毛尔盖水电站移民生产安置创新成果，经开展移民意愿调查，所有生产安置移民均选择了逐年货币补偿安置。

该方式化解了毛尔盖水电站移民安置实施过程中严重的人地矛盾，减缓了资源环境压力，移民满意度也有了很大的提高。

逐年货币补偿安置方式打破了原有的"以土定搬迁"的安置模式，也降低了对土地的依赖，加快了移民搬迁安置进度，推动了工程的建设，为电站提前8个月下闸蓄水创造了条件。

同时，由于移民搬迁安置不再受"土地资源"位置的限制，毛尔盖水电站移民5个集中居住点和麻窝、扎窝两集镇新址均可紧邻国道G302线或松黑县道、知扎县道，具备很好的交通优势，为移民后续从事运输业、零售业和旅游业等提供了极大的便利条件，进一步拓宽了移民致富渠道。

现在，泽盖等集中居民点移民已开始享受通过跑运输、办农家乐等方式创收的喜悦。

（四）存在的问题

1. 政策风险　《中华人民共和国土地管理法》和《大中型水利水电工程建设征地补偿和移民安置条例》的基本思想是"以土为本"，虽然也提出其他安置方式，但没有细化政策明确"逐年补偿"的安置方式；另外，"逐年补偿"安置方式将部分土地费用计入了电站运行成本，相似于土地租赁，与现行土地征收政策不符。

2. 社会稳定风险 “逐年货币补偿”减去了实体的生产资料环节，造成大量劳动力的闲置，社会稳定可能会存在一定风险。

建议建立和完善移民培训体系，加强移民职业教育和技能培训，促进移民劳动力转移，规避社会不稳定风险。

3. 项目业主经营风险 逐年补偿安置方式将部分筹建期工作摊入运行期，使移民安置工作在运行期持续存在，且与地方经济社会发展存在了一定的关联，实施过程中将出现一些新问题，给项目业主的管理工作带来风险，建议研究和探讨逐年从库区基金中提取一定比例的资金作为补偿风险保证基金，同时开展逐年补偿电价动态调整机制的研究。

（中国水电顾问集团成都勘测设计研究院
郭万侦 翟洪光 张江平 邓旭艳）

水电工程“先移民后建设”政策落实的有关问题

2012年2月7日，国家发展改革委发布了《国家发展改革委关于做好水电工程先移民后建设有关工作的通知》(发改能源〔2012〕293号)，通知明确提出应坚持“先移民后建设”的水电开发方针，同时提出了抓好安置规划、做好规划实施、落实责任等工作推进要求。此后，水电工程建设各单位争相开展工作：移民工作技术人员研究如何做好“先移民后建设”，行政主管部门研究如何落实“先移民后建设”政策要求，项目业主研究按照“先移民后建设”要求解决移民安置问题。落实“先移民后建设”成为2012年水电工程移民安置政策的主题。

（一）“先移民后建设”工作推进的要求

(1) 突出移民安置规划工作的重要。针对水电项目前期工作中，移民安置规划未完成的情况下开展移民安置工作这一较为普遍问题，提出要“突出抓好移民安置规划工作”，强调了移民安置规划是移民安置实施的基础，落实了国务院第471号令对移民安置工作的相关要求。

(2) 提出做好移民安置规划实施的要求。坚持“先移民后建设”的开发方针，移民安置规划实施应重点做好计划制定、扎实推进规划实施、严格实行监督检查、抓好验收等相关工作。

(3) 强调责任落实。按照国务院第471号令“政府领导、分级负责、县为基础、项目法人参与”的移民安置管理体制，明确移民安置实施有关各方的责任，要求省级人民政府积极探索“先移民后建设”办法和移民先行政策。

（二）“先移民后建设”工作存在的问题

“先移民后建设”的通知发布后，西南水电资源大省均积极组织探索“先移民后建设”办法，成立课题研究小组，组织调研、考察；一些科研单位、设计单位也成立课题小组，研究“先移民后建设”的组织实施。到2012年末，取得了研究成果，但对水电工程“先移民后建设”工作的重点问题并未形成统一认识，大部分省区也未能形成“先移民后建设”的具体办法。工作存在的问题如下：

1. 工作启动时机 目前，水电项目在取得“同意开展前期工作”批复后，均启动了主体工程辅助项目的建设工作。前期工作启动后，项目业主要求此时应立即启动“先移民后建设”工作，而有关省、市(县)人民政府，面临着移民搬迁安置的压力，并认为存在启动移民搬迁安置工作合法性问题，一般是在项目移民安置规划报告编制完成并通过相关部门审批后才能启动，两者在启动时间上，相差1～2年时间。

2. 覆盖范围 水电工程项目业主认为“先移民后建设”仅仅需要考虑枢纽工程建设区所涉及的范围，即使扩大，只能扩展至围堰截流淹没影响区所涉及的范围。而地方政府除要求将工程前期工作启动所涉及区域纳入处理范围以外，还要求将移民安置规划方案中所涉及的重大移民工程（如大型集镇新址建设、库周交通建设等）纳入“先移民后建设”的处理范围。

3. 规划控制 项目业主从移民安置规划的前后衔接考虑，要求将规划提交工程移民安置规划审查单位组织审查，以做好规划的技术控制。而地方人民政府基于“先移民后建设”项目是在主体工程核准之前启动，认为应按照地方项目建设审批程序，由其作为实施主体提交地方行业主管部门审查、批准。

4. 规划实施验收 项目业主一般要求按照水电工程移民安置验收的相关办法组织验收。而地方人民政府认为，既然项目履行地方项目建设审批程序，则应该履行地方行业部门的验收管理程序。

（三）对“先移民后建设”工作推动的几点理解

“先移民后建设”的水电开发方针是国家主管部门根据水电工程建设过程中实际问题，结合多年实践，为解决水电工程“移民安置滞后工程建设”这一问题提出的政策措施。工作过程中，应重点解决好规划控制、规划实施和实施监控等问题。

(1) 做好“先移民后建设”的规划控制。启动前期工作前，项目业主单位委托相应资质的技术单位开展“先移民后建设”的规划设计工作。按照国务院第471号令的相关要求，“先移民后建设”规划编制单位在规划编制过程中，应严格履行实物指标公示复核、规划方案征求意见等程序。“先移民后建设”规划成果，由项目业主按照主体工程建设征地移民规划审批要求，履行审批程序。

(2) 抓好“先移民后建设”规划实施。“先移民后建设”规划审批后，在项目核准前，由项目业主与工程建设涉及地方人民政府签订“先移民后建设”工作协议，明确工作内容、责任和义务、进度要求、拨付费用等，形成以地方政府为实施主体、项目业主参与的“先移民后建设”规划实施管理模式。

(3) 落实“先移民后建设”规划的实施控制。“先移民后建设”工作启动后，按照目前水电工程移民安置实施管理相关要求，由省级移民主管部门委托移民综合监理单位，对“先移民后建设”规划实施进行全过程监督控制，并按照水电工程验收相关规定在“先移民后建设”规划实施完成后，组织阶段性验收。

（四）结束语

“先移民后建设”水电开发方针，是针对水电工程建设过程中经常出现的“移民安置滞后工程建设”、“移民安置临时过渡现象普遍”、“水撵人”等移民安置问题，并结合多年提前开展移民搬迁安置试点工作经验提出的一项政策。在具体实施过程中，各省级人民政府还应结合当地实际情况，本着“以人为本”、“建设和谐社会”、“建设社会主义新农村”和“科学发展观”的精神，制定具体办法，为“先移民后建设”工作的推动创造政策环境。

（中国水电顾问集团华东勘测设计研究院　韩晓劲）

甘肃省水库移民后期扶持新政策落实情况与效果

在国务院〔2006〕471号令与国发〔2006〕17号文颁布后，相应出台了一系列水库移民新后期扶持政策（以下简称“后扶新政策”）。为加强“后扶新政策”的实施管理，按发改农经〔2011〕1033号文件《关于开展大中型“移民后扶”政策实施情况监测评估工作的通知》，开展了“后扶监评”工作。其主要内容有：①后期扶持新政策实施情况；②后期扶持资金使用管理情况；③后期扶持新政策实施效果。

2012年，中国水电顾问集团西北勘测设计研究院承担了甘肃全省、广西壮族自治区和陕西省延安市的“后扶监评”任务；共进行了9个市（州）18个县（区）外业调查，通过资料收集、移民群众座谈、访谈、问卷调查、后扶项目现场踏勘等方式，获取了大量数据资料。其中，甘肃后扶新政策落实情况与效果如下：

（一）基本情况

甘肃省大中型水库移民2010年核定人口为230 241人，分布在14个市（州）、55个县（市、区）、203个乡（镇）的669个行政村。其中，移民人口超过万人的5个县，移民人口占90%以上的行政村为53个，涉及移民64 100人。

全省水库移民搬迁多发生在20世纪60～70年代，安置区多分布在国家级贫困地区和少数民族聚居地区，移民生产生活水平较低。刘家峡、盐锅峡、八盘峡、碧口4座水库，1990年后先后实施了《1989～1995年移民遗留问题处理规划》和《2002～2007年移民遗留问题处理规划》，这些措施的实施取得了一定实效，但安置区依然存在着需要进一步解决的问题。主要有：①移民生产生活水平虽改善较大，但增收仍是当前重要的问题；②库区和移民安置区（以下简称“两区”）基础设施项目虽取得效果，但仍未彻底改变薄弱状况；③“两区”地质灾害处理小有进展，但因近年库岸侵蚀坍塌、耕地盐碱化、库区土地沉陷、塬边滑坡等灾害时有发生，移民生产生活条件仍处在较差状态。

（二）后期扶持新政策实施情况和效果

在国发〔2006〕17号文件、各部委及地方配套政策的指导下，甘肃各市（州）县结合移民意愿和自身实际确立了各有侧重的“移民后扶”方式。主要实施情况包括：①各级政府成立了移民后扶政策工作领导小组，建立健全了长效机制；②核定了后扶人口；③明确了后扶资金发放流程：各级移民管理部门负责提供移民清册，在国家资金到位后由财政部门逐级将资金拨付到指定金融部门的移民专户，再由金融部门及时打入移民户存折，最后由移民自行领取；④开展了项目实施；⑤每年库区移民办根据部门预算编制下年度的后期扶持结余资金、库区基金和财政资金预算计划；⑥由省库区移民办牵头，以县为单位编制了后扶规划和《“两区”基础设施建设和经济发展2009～2012年规划》并上报国家有关部门。

实施效果主要体现在：①后扶人口核定符合政策要求；②各移民安置县（市、区）在关注移民实际需求基础上，加强农村饮水及农田水利基础设施建设力度，同时对道路改造、医疗、卫生、文化教育和保护生态环境等公共设施进行了不同程度完善；③截至2010年底，共下达后期扶持结余资金10 631万元，下达库区基金6100万元，下达跨省基金305.5万元，投资完成率均为100%；④2008～2010年规划项目实施主要工程量：开发土地1613亩、新建泵站27处、新修渠道163.65km、新建堤坝10.0km、新建管网162.65km、新修公路254.79km、公路桥4座、新建学校4所、文化室798m^2、塌岸滑坡治理11处、水土流失治理1处、培训3700人次、生产扶持17项、经济林17 800亩；⑤2005年与2010年移民人均纯收入分别为1053.3元与2376.4元，为全省农民人均纯收入的53%与69%，占移民总人口72.57%的永靖县、临夏县、东乡县、文县、积石山等县移民人均纯收入还在2300元/人的国家贫困线以下；⑥水库移民信访工作在信访总量、群体性事件、遗留问题显著减少。

（三）结论及建议

2012年的“后扶监评”结果认为，大中型水电工程的“移民后扶”政策实施情况总体进程处于较好状态，移民受益、区域社会经济发展、社会稳定等方面的效果均得到较好体现，整体上达到预期的目标。但移民后扶工作经费缺乏，项目规划资金不足，组织机构也有待加强；移民后扶新政策中的“后扶”与“两区”规划缺少具体指导性规范，应尽快完善；移民人口流动性较大，应采用计算机等新技术提升人口动态管理水平；移民从业与生活边缘化情况较严重，移民社会的长远可持续发展有待进一步重视。

（中国水电顾问集团西北勘测设计研究院　赵社义　王雪双　杨爱菊　肖　翔　王鹏飞　张　勇）

青海省水电工程移民安置方式研究

“青海省水电工程移民安置方式研究”课题由青海省移民安置局、黄河上游水电开发有限责任公司共同组织参与，委托中国水电顾问集团西北勘测设计研究院与河海大学共同承担具体工作。2010年3月，课题正式启动；同年4月，开始实地调研；同年7月，完成了《青海省水电工程移民安置方式研究报告（初稿）》，并召开了讨论会；同年8～11月，根据讨论会提出的意见，对初稿进行了完善。2010年11月26日，青海省国土资源厅组织有关专家对《青海省水电工程移民安置方式研究报告》成果进行了鉴定。专家组认为本研究成果对青海省水电工程移民安置工作具有一定的指导意义，整体处于国内领先水平，通过鉴定。

（一）研究结论

（1）青海省水电开发和移民安置任务艰巨。青海省黄河上游地区的水能资源丰富，是全国十二大水电资源开发基地之一，为国家重点开发的水电基地之一。新中国成立以来，在各级党委和政府的正确领导下，在广大水电建设者的共同努力下，青海相继建成了龙羊峡、李家峡、公伯峡、拉西瓦、康扬和苏只等一批大中型水电工程，水利水电事业从小到大逐步发展。近几年，随着能源短缺形势的不断严峻、西部大开发和节能减排等战略的实施，青海省水电资源开发，特别是黄河上游段的水电资源开发进入了前所未有的快速发展时期。水电资源的开发和利用必然带来大量的水利水电工程移民。青海境内黄河上游水库移民始于20世纪70年代龙羊峡水电工程的兴建，到2008年2月底，已建大中型水电工程建设征地移民安置涉及3个州（地）、6个县、29个乡镇、99个行政村、0.89万户、4.93万人，已搬迁安置0.79万户，计4.13万人。随着黄河上游积石峡、黄丰、羊曲、茨哈峡、玛尔挡等大中型水电工程以及其他大中型水利工程的相继建设，青海省还将产生更多的水电水利工程移民。

（2）创新青海省移民安置方式很有必要。青海境内大中型水电工程移民工作进展总体顺利，在征地补偿、搬迁安置、安置区基础建设和遗留问题处理等方面取得了较大成绩，移民基本得到了妥善安置。但是，随着社会经济的不断发展，以及青海省独特的自然社会经济特点，移民安置工作仍面临着很大挑战。首先，部分土地资源有限的库区实行农业生产安置的压力较大；其次，单一的农业安置方式难以满足多种多样的生产生活方式的需求；再次，随着市场经济的发展，一部分移民逐渐抛弃传统的农业生产方式，转而寻求二、三产业就业机会；最后，部分老龄移民对“老有所养”要求日益强烈。总之，在以人为本的和谐发展理念指导下，以及移民权益维护意识不断增强等微观因素影响下，创新青海省水电工程移民安置方式变得极为迫切。

（3）组合式安置是青海省移民安置方式创新的基本方向。目前，在水电工程移民安置实践中，已经存在包含传统农业安置和新型的社会保障安置等在内的众多安置方式。这些安置方式的出现有的顺应了移民传统的生产习惯，有的顺应了市场经济条件下城镇化发展趋势，但这些单一安置方式的实施在发挥自身优势的同时也暴露出很多不足。为此，将这些安置方式进行组合应用，既可以发挥各自优势，又可以弥补各自的不足。青海省组合式安置方式的实施，要遵循以本地传统农业安置方式为基础、以区域适宜的安置方式为框架、以年龄作为移民个体安置方式选择依据、以公众意愿作为生产安置平衡计算依据、以总体收益均衡作为安置出发点。

（4）农业安置基础上的逐年补偿和退养安置组合是青海省当前较为适宜的安置组合方案。青海省农业生产资源丰富，尤其是牧业较为发达。在水电工程移民安置中，虽然面临土地调整越发困难等问题，但很多库区仍存有一定数量可以开垦的土地。将这些土地加以合理利用，仍可以安置一部分移民。因此，农业安置方式是青海省水电工程移民基本安置方式。此外，逐年补偿安置具有很强的普适性，而本报告提出的退养安置能够实现移民老有所养的目标，同时还能够减轻移民安置中环境容量面临的压力。基于此，青海省近期水电工程移民安置方式的选择中，推荐以传统的农业生产资源为基础，在实施农业安置基础上采用青海各个区域都适宜的逐年补偿和退养安置相组合的安置模式。同时，考虑到青海省农村地区社会经济发展水平相对较低、移民城镇非农就业压力较大、移民劳动力在安置后短期内很难迅速恢复到原有生产生活水平等现实，移民安置中将给予所有退养年龄之前的移民劳动力一定的基本生活补助。基本生活补助可以与目前正在实施的新型农村养老保险制度相衔接。

（5）完善移民政策和制度是青海省移民安置方式创新的重要保障。水电工程移民安置涉及内容丰富，工作复杂。移民安置不仅包括实物指标调查、安置工作实施，还包括移民后期扶持与发展促进等各个内容，涉及国土、城建、交通、社保等各方面。因此，水电工程移民安置需要以科学和完善的政策法规与制度来保障。针对本省移民安置工作实践，青海省已经出台了包含移民补偿、安置、扶持与管理等各类型政策。这些政策为保障青海省水电工程移民妥善安置奠定了坚实的基础，对移民安置工作起到了重要的指导作用。随着组合式安置方式的逐步实施，现行的部分移民政策可能无法满足实际工作需求，在组合安置方式全面实施过程中，为了减少选择不同安置方式之间移民利益的相互攀比行为，需要出台相关政策对安置标准设置与平衡、移民自主选择等配套政策。同时，组合式安置方式的实施还将涉及国土、社保等其他行政部门，与这些利益相关部门的权责利协调也需要一套行之有效的管理制度予以明确。

（二）研究成果

根据“青海省水电工程移民安置方式研究”的成果，经请示青海省政府同意，2011 年 5 月 19 日，青海省移民安置局印发了《青海省水电工程移民退养安置逐年补偿安置社会保障安置方式的意见》（青移安〔2011〕53 号）。该意见是在青海省现行的农业生产安置、分散安置、产业结构调整安置、货币安置的基础上，提出新的安置方式：退养安置、逐年补偿安置和社会保障安置方式。

1. 移民退养安置　“退”是指纳入退养安置的移民，必须退出自己的农业生产资源；“养”是指由电站业主用征地补偿费和安置补助费，为达到退养年龄的移民提供不低于原有生活水平的退养待遇，不足部分资金由业主自筹解决。适用范围，为青海省在建水电站移民安置规划水平年需要安置且达到退养年龄的老年移民（男性 55 岁、女性 50 岁）。安置标准，根据当地农村居民生活消费支出平均增长率，及移民安置规划水平年当地平均消费水平，确定移民退养安置标准，按物价上涨指数逐年递增，直至去世。

2. 逐年补偿安置　以水电工程被淹没或占用的土地平均产值为基数，进行逐年补偿，逐年补偿安置是变静态的一次性补偿为逐年补偿。适用范围，为青海省在建水电站规划水平年需要安置的移民。适用地区，为青海省土地资源较为稀缺的积石峡、黄丰、羊曲水电站库区。安置标准，依照当年采用的年产值标准进行兑付，可以直接补贴粮食，也可以采用补偿现金的方式，电站业主根据粮食单产和粮食价格变化对逐年补偿标准进行调整。资金来源，征地补偿费和安置补助费，不足部分资金由项目业主自筹解决。

3. 社会保障安置　为建立水电工程移民社会保障制度，在新型农村牧区社会养老保险的基础上，对水库移民再增加的一种补偿性保障。适用范围，为青海省在建水电站规划水平年需要安置的具有劳动能力的移民（男性 16～55 岁、女性 16～50 岁）。适用地区，青海省所有在建大中型水电站建设涉及地区。安置标准，根据不同的性别及年龄段确定缴费补助年限。

以上安置方式，正在黄丰、积石峡等水电站中开展实施试点工作。

（中国水电顾问集团西北勘测设计研究院
赵社义　王雪双　巢江海　申　玮　陈　亮
李国建　王波雷　王传明　王鹏飞）

科学技术手段在白鹤滩水电站实物指标调查中的应用

2012 年，白鹤滩水电站实物指标调查、公示、复核工作全面结束，为白鹤滩水电站后续的移民安置规划设计工作奠定了良好的基础。白鹤滩水电站是我国装机规模仅次于三峡电站的巨型水电工程，其装机规模为 16000MW，建设征地涉及四川、云南两省 4 市（州）7 县（区）38 个乡（镇）136 个行政村（居委会），移民人口近 10 万人，移民数据信息量十分庞大。在白鹤滩水电站实物指标调查中，全面应用了移民管理信息系统，改变了传统的工作方法，实现了空间数据与属性数据的统一存储和管理，提高了移民规划管理决策的科学性和准确性。

（一）信息系统的应用情况

（1）白鹤滩水电站实物指标调查采用 GIS 地理信息技术，改变了传统实物指标调查工作方式，避免内业资料处理过程中增加的误差，做到现场打印调查表格，现场签字。

（2）移民工作要求提高，实物指标公示、移民安置实施等需要的多个时间节点数据，信息量大，处理难。应用移民管理信息系统，能够通过计算机辅助处理移民信息，提高工作效率。

（3）以往移民实物指标调查和移民安置管理过程中，计算机应用率普遍不高，各类报表也往往是人工填写，移民档案大多使用纸质进行存储，很难对移民安置各环节实施有效监控。移民管理信息系统，采用现代信息技术，是数字移民、数字电站信息化平台，适应新条例对移民安置管理的要求。

（二）信息系统研究的主要创新点

（1）系统应用平台较广。系统的设计以先进的计算机技术、网络技术、数据库技术、地理信息系统和三维可视化技术为基础，采用模块化和面向对象的设计方法，充分考虑水电工程征地移民工作的特点和实际需求，实现在一个系统平台上同时同步支持项目管理、实物指标调查、安置规划设计、移民补偿概算、实施管理的数据访问，提供高效、快捷、安全地对水电工程征地移民实物指标信息进行采集、存储、整理、传输、分析、查询、统计和计算。

（2）系统建立了完整的数据一致性冲突检查机制。针对野外实物指标调查工作的分布式异步式作业方法，各调查工作组之间的数据不能及时在数据共享的环境下通过数据库管理系统进行数据验证和检查的问题，系统提供了一套对空间数据和非空间数据属性数据进行一致性冲突检查功能，可通过数据的属性、位置、操作时间、拓扑关系等系列参数进行数据的对比。

（3）专门研究了空间插值、曲面生成和区域构面的算法。针对水位方案比选，计划用地，工程枢纽区、水库淹没区和影响区范围内的实物指标调查信息的统计和汇总，专门研究了空间插值、曲面生成和区域构面的算法，实现在区域范围内即时统计出范围内调查信息的功能，有效地提高了工作的效率；实现水库影响区的自动模拟，创新性地提出虚拟切割方法建立水库蓄水评价模型，为确立移民安置范围、制定移民安置规划提供参考。

（4）融合了多种数据源。系统既有矢量的地形图，又有栅格的数字栅格图像、影像数据、数字正射影像，还有三维的DEM模型，并提供各数据源的叠加、无缝显示，缩放时自动取舍，多比例尺、多分辨率、多角度的三维地形显示。

（5）提供智能、快速、自动化的报表输出功能。系统不仅可以从数据库中快速提取需要的数据，另外还能从实时分析计算模型中提取数据。此外，系统提供过滤输出功能，即输出表将根据输出的内容自动调整表式和表头，将不存在的项或者为零的项自动过滤。

（中国水电顾问集团华东勘测设计研究院
林永钢　毛振军　卞炳乾）

构皮滩水电站移民实施规划及概算调整

构皮滩水电站坝址位于贵州省中部余庆县境内的乌江干流上，距上游乌江渡水电站136.2km，距下游思林水电站89.0km。水库正常蓄水位630.0m，电站装机容量3000MW。2002年6月，《乌江构皮滩水电站可行性研究（等同初步设计）报告》通过了国家有关部门组织的审查。水库淹没涉及余庆、湄潭、瓮安、开阳、息烽、遵义等六县的32个乡（镇）116个村、480个村民小组。2003年11月大坝工程开工，2009年7月首台机组发电。

自电站开工建设以来，根据有关水电工程征地移民工作管理办法，为推进移民实施工作进度，贵州省人民政府于2004年3月批准了经贵州省移民局组织审查的《乌江构皮滩水电站水库移民安置实施规划报告》。贵州省移民局会同有关地方人民政府及其移民部门、设计单位克服种种困难，进行了大量的协调沟通工作，按照已审批的《乌江构皮滩水电站水库移民安置实施规划报告》开展了诸多卓有成效的移民安置实施规划设计工作，保证了电站的顺利建设，维护了库区社会稳定。在移民搬迁安置实施期间，国家颁布了《大中型水利水电工程建设征地移民安置补偿条例》（国务院令第471号），贵州省人民政府亦先后出台了一系列有关水电工程移民安置补偿新的政策规定，同时库区和移民安置区经济社会也发生了较大的变化发展，农产品、主要建筑材料价格和人工费上涨，移民安置实施中出现了实物指标变化、设计变更及其他等情况，原可行性研究审定的移民安置补偿费用概算已不能满足移民安置实施工作的需要。

为推进移民搬迁安置实施工作和移民安置补偿费用概算调整工作，2006年12月18日，贵州省人民政府印发了《省人民政府办公厅关于调整全省在建大中型水电工程移民补偿投资概算有关问题的通知》（黔府办发〔2006〕125号）。自2006年至2009年初，贵州省移民局会同贵州省发展改革委多次召集地方人民政府及有关部门对构皮滩水电站征地移民有关实施规划项目设计变更和补偿投资概算调整进行协调，并积极推进工作。

按照国家基本建设项目投资概算管理的有关规定和《贵州省大中型水电工程移民安置实施规划设计操作规程（试行）》的有关要求，为完善工程项目管理程序，贵州省移民局组织对构皮滩水电站征地移民实施规划、项目变更和补偿投资概算变化履行了有关程序。贵州省移民局于2009年9月初再次组织有关部门审查通过了《乌江构皮滩水电站移民安置实施规划报告》，该实施规划报告获得了贵州省人民政府的同意，并作为移民补偿投资概算调整的依据。随后，贵州省移民局于2010年1月以《贵州省移民局关于乌江构皮滩水电站移民安置工程项目设计变更的审核意见》（黔移函〔2010〕2号）对移民安置有关工程变更项目及其投资予以审核确认，以《贵州省移民局关于〈乌江构皮滩水电站移民安置实施规划报告〉的说明》（黔移函〔2010〕4号）对移民安置实施规划修编报告予以确认，同意可据此纳入建设征地移民安置补偿投资概算调整报告。项目法人以《关于同意乌江构皮滩水电站移民安置项目设计变更审核意见的函》（黔乌司函〔2010〕4号）也对上述报告予以了认可。在此基础上，报告编制单位于2010年1月中旬编制提出了《乌江构皮滩水电站建设征地移民安置补偿投资概算调整报告》。

根据《国家能源局关于委托对贵州乌江构皮滩和思林水电站建设征地和移民安置补偿投资概算调整进行审查的函》（国能新能〔2009〕174号）的要求，为做好乌江构皮滩水电站建设征地移民安置补偿投资概算调整工作，2009年10月～2010年1月，水电水利规划设计总院会同贵州省发展改革委对乌江构皮滩水电站建设征地和移民安置补偿投资概算调整报告进行了审查、核定，并经水电水利规划设计总院的复核评审。概算调整报告审定后的工程建设征地实物指标情况如下：

淹没影响人口23 127人，拆迁各类房屋90.4万m^2，征占土地总面积130 992.5亩，其中：耕地37 751.6亩（含鱼塘），园地3218.9亩，林地67 009.6亩等。淹没影响三级公路4.8km，四级公路10.5km，等外公路37.05km，大中型桥梁7座300m，汽渡1处，广播电视、电信线路36km，35kV输电线路4.5km，10kV输电线路41.33km，小型水电站27座9924kW，抽水站28座1412kW，水文站4处，水位站1处，文物古迹15处，矿产5处等。

水电水利规划设计总院已将《乌江构皮滩水电站建设征地移民安置补偿费用调整概算报告审查意见》上报国家能源局。

（水电水利规划设计总院　王锐林）

彭水水电站移民实施规划及概算调整

彭水水电站是乌江干流梯级开发方案中的第10级，坝址位于重庆市彭水苗族土家族自治县县城上游11km，是梯级开发规模仅次于构皮滩水电站的大型骨干工程；其主要任务以发电为主，其次为航运，并兼顾防洪及其他综合利用；装机容量1750MW，多年平均发电量63.51亿kW·h，水库正常蓄水位293m（黄海高程）。工程建设征地涉及重庆市彭水县、酉阳县和贵州省铜仁市沿河县，共计24个乡（镇）、114个村、405个村民小组。2005年9月，国家发展改革委核准项目申请报告；2007年12月，工程通过蓄水验收；2008年2月，电站投产发电。

电站自开工建设以来，重庆市、贵州省人民政府高度重视移民安置工作，省级移民主管部门和有关各级地方人民政府克服各种困难，开展了移民安置实施工作，保证了电站的顺利建设，维护了库区社会稳定。《大中型水利水电工程建设征地移民安置补偿条例》（国务院令第471号）于2006年9月1日起施行，正值该工程移民安置工作进入实施阶段，两省（市）人民政府先后出台了一系列有关水电工程移民安置补偿的法规政策。同时，在移民安置实施过程中，库区和移民安置区经济社会也发生了较大的变化，出现了农产品、主要建筑材料价格和人工费上涨、实物指标错漏、部分规划项目设计变更及其他等情况。由于该项目是国务院471号令和《水电工程建设征地移民安置规划设计规范》发布前开工项目，其移民安置规划设计成果在行政程序和规划设计深度等方面均难以满足实施的要求。

为推进移民安置实施工作，重庆市和贵州省人民政府及其移民管理机构按照《国家计委关于印发水电工程建设征地移民工作暂行管理办法的通知》（计基础〔2002〕2623号）的要求，分别开展了移民安置实施规划工作，并进行了多次综合协调和专题审查。2011年3月，重庆市人民政府印发了《重庆市人民政府关于乌江彭水水电站重庆库区建设征地移民安置实施规划修编报告的批复》（渝府〔2011〕20号）；2010年11月，贵州省人民政府批复了《乌江彭水水电站贵州库区建设征地和移民安置实施规划修编报告》（2010年办2408号）。重庆、贵州两省（市）人民政府均认为可行性研究阶段审定的移民安置补偿费用概算已不能满足移民安置实施工作的需要，上述实施规划修编报告可作为移民补偿投资概算调整的依据。在此基础上，重庆大唐国际彭水水电开发有限公司组织长江勘测规划设计研究有限责任公司，在地方人民政府支持和配合下，编制了《乌江彭水水电站建设征地移民安置规划设计变更报告》（以下简称《变更报告》）、《乌江彭水水电站建设征地移民安置补偿费用概算调整报告》（以下简称《概算调整报告》）。

按照《水电工程概算调整管理办法》（国能新能〔2011〕92号）的要求，2011年8月，重庆市、贵州省发展改革委联合向国家发展改革委行文《关于恳请开展重庆乌江彭水水电站建设征地及移民安置补偿投资概算调整报告专项审查的请示》(渝发改能〔2011〕1111号)。同年9月,中国大唐集团公司向国家发展改革委行文《关于报送乌江彭水水电站工程概算调整报告的请示》(大唐集团规〔2011〕841号),请国家发展改革委安排专项审查。

为做好彭水水电站建设征地移民安置补偿费用概算调整工作,2011年11月,国家能源局以《关于委托审查乌江彭水水电站建设征地和移民安置补偿投资概算调整的函》(国能新能〔2011〕365号),委托水电水利规划设计院开展移民专项审查工作。根据国能新能〔2011〕365号文件的要求,2012年4～10月,水电水利规划设计院会同重庆市、贵州省发展改革委(能源局)组织有关部门和相关地方人民政府对《变更报告》和《概算调整报告》进行了会议审查、核定,并经水电水利规划设计院复核评审。经《变更报告》和《概算调整报告》审定的工程建设征地涉及影响主要实物指标为:人口26 457人,房屋117.15万m^2;土地(陆地)面积36.12km^2,其中耕地18 485亩、河滩地658亩、园地352亩、林地17 712亩等;征地涉及工矿企业9家,二级公路0.25km,四级公路34.13km,大中型桥梁12座866m,码头26处,10kV输变电线路65.46km,电信线路129.69km等。根据移民安置实施规划最终确定:搬迁安置人口30 667人(其中,重庆11 516人,贵州19 151人),生产安置人口14 901人(其中,重庆6057人,贵州8844人)。

水电水利规划设计院已将《乌江彭水水电站建设征地移民安置补偿费用概算调整报告审查意见》上报国家能源局。

(水电水利规划设计总院　王锐林)

水电工程建设征地移民安置过程中土地流转问题研究

该课题是通过对承担的四川岷江紫坪铺、大渡河瀑布沟、金沙江鲁地拉、黄河积石峡、羊曲等水库移民安置工作的经验总结,结合当前农村土地制度的变革,在现行农村土地法律政策框架下提出的生产安置用地构想,并向水电水利规划设计总院提出课题申请并获立项。2008年10月,课题组就课题的思路、研究的方向、课题的进展以及外业调查等进行了详细的研究部署。

该项目收集查阅了大量而丰富的现有政策法规及水电工程移民规划资料,结合现场实地调查情况,分析了国内外土地法律政策和土地取得模式,针对水电工程建设征地移民安置中移民生产安置用地取得方式和价格进行了研究。通过对现行农村土地流转方式的分析比较,结合水电工程移民安置的特点,取得了移民生产安置用地的取得方式、价格计算方法和资金管理等研究成果。

该项目的主要研究内容和技术要点如下:

(1)研究了水电工程建设征地移民安置中土地流转的理论基础,从土地产权制度、征地制度、农地价值理论、土地价格评估理论、福利经济理论、公平与效率理论、土地可持续利用理论等方面进行了分析研究。

(2)系统研究比较了美国、日本、印度、土耳其等国水库移民方面的法律法规,论述了亚洲开发银行和世界银行等机构关于水电工程移民安置的政策规定;系统回顾了我国大陆和台湾地区各阶段建设征地移民安置的法律法规和具体操作情况。分析比较了我国水电工程建设征地移民法律政策与国外的不同之处,并对现行水电工程建设征地移民安置中的法律政策进行了评述。研究了水库移民安置与土地流转之间的政策结合点。

(3)分析了国外水电工程建设征地移民安置区土地的取得模式,重点论述了国内水电工程建设征地移民安置区土地取得模式及补偿情况,并对国内外水电工程移民安置过程中的土地取得模式进行了评述。

(4)全面、系统地研究了水电工程建设征地移民安置过程中土地流转模式,回顾了我国土地流转历程,分析了水电工程土地流转的特殊性,分别提出了政府主导下的土地流转模式、完全市场化下的土地流转模式以及市场与政府结合型土地流转模式,分析推荐了移民生产安置用地资源通过政府干预取得的模式。

(5)全面、系统地研究了水电工程建设征地移民安置过程中土地流转收益取得依据和流转价格,分析了政策依据,提出了价格评估方法,并引入了农地社会保障价格的理论。

(6)全面、系统地研究了水电工程建设征地移民安置区土地流转适宜规模,提出了研究方法、研究原则,分析了土地流转规模影响因素,提出了影响指标体系,运用多元回归法建立了数学研究模型。

(7)全面系统地研究了水电工程建设征地移民安置中土地转出方和转入方流转意愿与社会心理,并就租赁、转让等方式调查分析了双方土地流转意愿,全面分析了影响土地流转意愿的因素,并提出了相应的指标体系,从微观上运用Probit回归分析方法建立了数学研究模型。

(8)全面、系统地研究了水电工程建设征地移民安置中土地流转收益资金的使用与管理,分析了现行水电工程建设征地移民安置过程中资金管理制度及存在问题,并提出了建议。

（9）从土地产权、补偿标准、建立市场机制及交易规则、完善利益共享、提高公众参与力度等方面提出了促进水电工程建设征地移民安置过程中土地流转的对策和建议。

该项目借鉴了土地征收、征用、流转等理论，提交的移民生产安置用地取得方式、价格计算方法和资金管理等方面的研究成果具有一定的实用性。该成果已在金沙江鲁地拉水电站和黄河积石峡水电站的移民安置土地流转设计中应用，对保证工程设计成果的质量和经济效益等方面均起到了良好作用，收效显著，具有较好的应用价值。

（中国水电顾问集团西北勘测设计研究院
辛乾龙　王传明　付海峰　刘冬冬　马福全）

两项水电开发移民安置研究工作情况

（一）金沙江上游水电开发移民安置研究工作启动

2012年7月23日，根据《国家发展和改革委员会办公厅关于印发金沙江上游水电开发工作会议纪要的通知》（发改办能源〔2011〕268号）的要求，为推进金沙江上游水电工程建设，做好移民安置工作，使水电项目的开发建设真正成为当地移民群众脱贫致富的难得机遇和流域地区发展经济、加快城镇化进程的重要契机，水电水利规划设计总院在北京组织召开了金沙江上游水电工程移民多渠道安置方式和具体政策措施研究讨论会。参加会议的有：青海、西藏、四川和云南四省（区）能源局和移民主管部门，中国华电集团公司，中国水电顾问集团成都、华东、中南、昆明、贵阳、西北、北京勘测设计研究院，华电金沙江上游水电开发有限公司，雅砻江流域（二滩）水电开发有限公司，国电大渡河流域水电开发有限公司等。会议正式启动了金沙江上游水电工程建设征地移民多渠道安置方式和具体政策措施研究课题研究工作，并对课题完成之前近期开展该流域水电工程建设征地移民安置规划设计工作，拟定了处理原则和工作思路。

（二）新形势下水电开发移民安置工作研究

2012年9月，中国水电工程顾问集团公司“水库移民多渠道安置和库区城镇化政策研究课题组”提出了《水库移民多渠道安置和库区城镇化政策研究报告（中间成果）》。该报告基于我国城镇化发展现状和城乡统筹发展规划，通过总结目前我国已在部分电站实施的水电工程城镇化安置措施的成功经验和失败教训，并结合水电工程建设征地的相关政策及实际特点，进一步对城镇化安置过程中与移民密切相关的户籍、就业、社会保障、社会适应性等重大问题进行了探讨和研究。

（水电水利规划设计总院 李湘峰）

14 水电工程综合效益

三峡工程综合效益显著

中国工程院院士、长江水利
委员会总工程师　郑守仁

〔编者按：本文是中国工程院院士、长江水利委员会总工程师郑守仁接受《中国能源报》记者胡珺访问的谈话要点〕

水电是我国仅次于煤炭的第二大常规能源资源，也是可再生和非化石能源中资源最明确、技术最成熟、最清洁和最经济的能源。水电可持续发展是我国实现能源结构调整和节能减排目标的重要措施，而三峡工程在我国水电可持续发展中具有重要的战略地位。

2008年以来，三峡水库为长江中下游的补水总量近500亿m^3，相当于约两个三峡工程的防洪库容。2012年5月底前，三峡地下电站最后两台机组将投产发电，届时，三峡电站投产装机容量将达到2250万kW的设计水平。

（一）水利水电建设史上的里程碑

《中国能源报》：2012年和去年这个时候，三峡都在往下游补水。

郑守仁：经三峡水库调节，宜昌以下的枯水季节流量可增加约2000m^3/s。三峡工程在改善生态与环境、长江中下游供水及抗旱等方面有显著的效益。

《中国能源报》：作为三峡工程的设计总工程师，您如何评价三峡工程？

郑守仁：三峡工程是当今世界最大的水利水电工程，是我国水利水电建设史上的重要里程碑。

三峡工程建成投运后，可有效地控制长江上游洪水，使荆江河段防洪标准由10年一遇提高到100年一遇。221.5亿m^3的防洪库容，对减轻长江中下游洪水灾害发挥了特殊的控制作用。

三峡工程的最终装机容量为2250万kW，保证出力580万kW。“十一五”期间，我国水电累计发电量达27 100亿kW·h，其中三峡电站上网电量为4492亿kW·h，占16.58%，发电效益大，稳定性能好。

三峡工程建成后，与葛洲坝工程联合运行，可渠化重庆以下的航道，改善水流条件，万吨船队可直达重庆。单向年通过能力将达到5000万t，运输成本可降低35%～37%，通航效益也很显著。

《中国能源报》：尽管如此，近些年围绕三峡工程以及水电开发的争议依然很多。

郑守仁：生态与环境问题和移民问题成为制约水电可持续发展的两大问题，也是三峡工程建与不建争论的主要问题。

我国水电的开发程度，按国际惯例使用的发电量计算，约为25%，与发达国家60%～70%的平均水平还有较大差距。而在我国电力结构中，水电装机容量仅占电力总装机容量的22%左右，近几年来水电比例还有所下降，要达到30%难度很大。

（二）高度重视生态环保与移民安置

《中国能源报》：在生态与环境上主要做了哪些工作？

郑守仁：长江委在20世纪50年代进行三峡工程规划设计时，开始研究三峡工程对生态与环境的影响，1958年编制的《三峡水利枢纽初步设计要点报告》中提出了三峡工程将会对生态与环境产生的不利影响，并对水库蓄水引起库岸稳定、滑坡等地质灾害、水库诱发地震，水库淹没与移民，泥沙、生物、自然疫源性疾病及地方病等环境影响问题进行了调查与研究。

2001年，国务院批准了国家环境保护总局编制的《三峡库区及其上游水污染防治规划（2001～2010年）》，国家在10年内投资400多亿元专门防治三峡库区及其上游水污染问题。

2010年10月26日，三峡水库175m试验性蓄水运行期间的水库水质监测成果表明：干流水质保持总体稳定，蓄水过程尚未改变水库的水环境状态，干流断面水质保持在Ⅱ～Ⅲ类，支流Ⅲ～Ⅳ类。

三峡工程运行实践证明，多年来采取的综合治理措施取得明显效益。生态与环境保护贯穿始终，重视库区发展和移民安置。

《中国能源报》：2011年，三峡工程对洞庭湖和鄱阳湖的影响引起了多方关注。

郑守仁：三峡后续工作规划着重研究解决的就是三峡库区生态建设与环境保护，以及对长江中下游重点影响区的处理。其中，包括针对三峡工程的影响，采取适当措施维持长江干流宜昌至湖口河段航道格局的稳定；对长江中下游干流、洞庭湖、鄱阳湖生态与环境受到的影响进行研究分析，提出减缓不利影响的措施以及重点观测、研究的建议。

《中国能源报》：在移民方面呢？

郑守仁：三峡工程淹没范围大，移民众多，情况复杂，是工程建设的难点和关键，也是社会关注的焦点。

长江委在20世纪50年代进行三峡工程规划设计时，将三峡水库淹没问题作为专题研究，20世纪80年代，长江委加强了三峡移民工程的规划、勘测、设计、科研工作。

1993年8月，国务院颁布《长江三峡工程建设移民条例》，在我国水利水电工程颁布移民条例尚属首次，坚持了依法移民，建立健全移民政策法规和规章制度，为移民工作有序规范开展奠定了基础，从法律上保障了移民的顺利安置；国务院三峡工程建设委员会成立了移民开发局，对移民工程的规划、勘测、设计、科研工作和安置迁建计划管理、财务监督实施业务归口，统一管理，从组织上保障了移民安置工作。

2008年8月，三峡工程圆满完成了正常蓄水位175m水位线以下移民搬迁任务。移民工程质量总体良好，移民生产生活水平正在恢复和提高，三峡库区社会总体稳定。三峡移民搬迁安置工作有力地保障了工程建设的顺利进行和综合效益的发挥。

（摘自中国水力发电工程学会网）

华能澜沧江水电有限公司苗尾·功果桥建管局积极支持社会主义新农村建设

2012年，华能澜沧江水电有限公司苗尾·功果桥水电工程管理局（以下简称“苗尾·功果桥建管局”）在建设两座电站的同时，以推行“百千万”工程行动计划为平台，积极支持社会主义新农村建设。

（一）出资改善地方教学设施

出资251万元资助地方改善教学设施。其中，出资30万元资助圣泉完小建设教学楼；出资5万改善学校的图书、书桌等办公设备；出资30万元资助永平县杉阳镇仁寿希望小学建设教学楼；出资26万元资助永平县岩洞希望小学建设教学楼；出资30万元资助云龙县旧州镇新山小学建设教学楼；出资30万元资助云龙县大栗树小学建设教学楼；出资30万元资助永平博南镇沙鲁完小建设教学楼；出资10万元，资助云龙县水井完小完善教学设备；出资30万元资助云龙县旧州镇山西小学完善教学设施；出资20万元资助改善云龙三中建设多媒体教室，出资10万元资助改善云龙县下坞中学完善体育设施。

（二）努力改善地方医疗和村民的生活条件

（1）出资64万元资助地方改善卫生条件。其中，出资6万元在永平县博南镇花桥村建设农村卫生室1个，出资6万元在博南镇沙鲁村建设农村卫生室1个；出资6万元在博南镇坡脚村建设农村卫生室1个；出资6万元在旧州镇海沧村建设农村卫生室1个；出资40万元资助云龙县功果桥镇卫生院改善医疗条件。

（2）资助当地农民参加“新农合”。出资16万元资助永平县6000人参加国家新型农村合作医疗；出资18.044万元资助云龙县9022人（其中6022人为库区移民）参加国家新型农村合作医疗。

（3）资助进行自然村村容村貌整治。出资20万元资助云龙县宝丰乡圆上村、下营村进行村容村貌整治；出资20万元资助永平县圣泉村和沙鲁村进行道路硬化；出资10万元帮助永平县博南镇花桥村进行道路硬化和建桥；出资20万元资助云龙县小邑山村组道路建设；出资20万元资助云龙县旧州集镇道路硬化、环境卫生整治；出资15万元资助云龙县苗尾傈僳族民族乡水井行政村水井自然村水井一、二社道路硬化、人畜饮水改造、村容村貌整治；出资40万元资助云龙县苗尾傈僳族民族乡水井行政村苗尾一、二社道路硬化、大坪4个社人畜饮水和公路还建项目。

（三）对库区的移民进行劳动力培训和资助初高中生就业培训

分3次共出资50万元，资助云龙县4415人开展劳动力就业转移培训。出资12万元分3年资助云龙县初高中毕业生就读职业技术学校。

（四）推进农村文化建设

出资8万元分别在云龙县宝丰乡宝丰村和旧州镇下坞村建设文化室，帮助添置图书及文化娱乐设施，推进农村的文化建设。

（五）改善当地交通

随着功果桥电站的投产发电，苗尾·功果桥建管局投资330.54万元复建沘江小铁桥，投资614.49万元复建澜沧江汤涧境内的新龙桥，投资728.16万元复建澜沧江桥街境内的飞龙桥，投资2500.96万元复建旧州境内苍龙桥。现在除苍龙桥尚在建设之中外，其他3座桥梁已建成通车，方便了两岸居民的往来，推进了当地经济的发展。

从旧州的岔路到核桃坪，有8km的路程，过去是一条沿山沟开凿的土路，山高路陡，弯急弯多，晴天一路尘，下雨一路泥。功果桥水库建成之后，苗尾·功果桥建管局投资170.2万元协同地方政府对这8km路段进行复建，路面在原来基础上上升了5m，路基宽4.5m，路面宽3.5m，全部为水泥路面。当地的居民反映：路宽了、路平了，外面的车辆可以直接开到核桃坪收购农副产品。

（华能澜沧江水电有限公司苗尾·功果桥水电工程管理局　钟立义）

三峡工程效益超过预期目标

近年来，三峡工程发挥的巨大效益受到外界

关注。有外国友人把三峡工程称为“令人震撼的来自中国的第八大奇迹”，但中国实现“三峡梦”绝不是争什么“世界之最”。三峡工程建设初衷是造福百姓，而大规模的三峡库区移民和工程建设可能带来的影响曾引起诸多议论。如今，三峡库区的安居乐业已吸引美国国家地理频道等来取景拍摄。国务院三峡工程建设委员会办公室主任聂卫国在一次接受《环球时报》记者采访时表示：“中国工程院的报告表明，三峡工程发挥的作用超过预期，不仅全面发挥了当时论证设计的防洪、发电和通航的效益，还起到向下游供水和节能减排的作用。”不可否认，在全球出现新一轮“水电复兴潮”时，中国的三峡工程注定是世界各地同类大工程最好的参照对象。

（一）三峡工程完成“治水兴邦梦”

聂卫国在接受《环球时报》记者独家采访时指出，自2010年开始，三峡工程连续完成试验性蓄水达到175m水位的任务，确保了工程的防洪效益。三峡工程曾于2010年和2012年遭遇两次大洪水，洪峰流量分别达到7万m^3/s和7.12万m^3/s，两次都超过1998年洪水的最大洪峰流量。三峡工程成功发挥拦洪削峰作用，为下游拦洪削峰3万m^3/s，有效缓解了中下游地区的防洪压力。有武汉市民告诉《环球时报》记者，湖北很多地方往年汛期防洪压力很大，但随着大坝的建成，以往“全民上堤”防洪的现象没有了，节省了很多人力物力。

2010年7月，三峡工程迎战特大洪峰期间，有数十家境外媒体到现场报道。美国彭博社相关报道称，“世界上最大的大坝遏制了12年来中国最大洪水的水势，缓解了中国中部地区的洪水灾情”。《加拿大在线》称，“三峡工程驯服了长江最近十多年来罕见的洪峰，堪称现代发展的奇迹，还有效产出大量急需的电能，发展了航运，减少了水害”。新加坡《联合早报》当时的报道称，“三峡工程在今年防洪中的巨大作用，可能会减轻人们对它的指责”。专门研究能源与气候变化的美国哈佛大学教授詹姆斯·安德森参观完三峡工程后表示，“了不起，非常佩服中国有这样一个控制洪水、利用水能的工程”。

三峡工程作为中国有史以来建设的最大型的工程项目，经过科学、严密、慎重的论证过程。三峡工程从1919年提出设想、1988年完成可行性论证到1992年通过人大审议，又从1994年正式动工兴建、2003年开始蓄水发电再到2009年初步设计建设任务如期完成。对此，聂卫国感慨地说：“三峡梦是我们驾驭洪水、治水兴邦的梦想，从孙中山提出来至今，中国人有浓浓的三峡梦。如今看来，可以说实现了我们的三峡梦。”

（二）质量换来电能与航运效益

世界上任何一项大工程，遭遇质疑或引发各种议论都是正常的，中国的三峡工程也是如此。从论证阶段开始，就有人想知道三峡工程的防洪能力到底有多强，能经受“多少年一遇”的洪水，还有人担心工程是否会对环境和生态造成影响。国际河流组织政策主任白好德（Peter Bosshard）2011年曾在美国《赫芬顿邮报》撰文称，“都江堰体现出中国顺应自然的道家哲学，长江上的大坝则是毛主义征服大自然的象征，三峡大坝被视为全球大坝的建设范本，但即便拥有最伟大的技能，人类支配自然的能力依然有限”。

对社会上的各种议论，三峡工程的建设者和管理者都会积极回应。聂卫国主任介绍，从对三峡工程的论证阶段开始，国家就非常重视对环境和生态的影响。环境保护部每年都发布《三峡工程生态与环境监测公报》。从监测数据来看，“利大于弊”的论证结论没有变。据介绍，建库以后，库区干流的水质保持总体稳定，部分污染物指标还有所改善。三峡水库蓄水后，受水域扩大影响，库区近水地区出现冬季增温、夏季降温的效应。由于库区本身处于地质灾害多发区，自古以来地灾频发。国务院三峡工程建设委员会一直高度重视对库区地质灾害的整治工作。聂卫国告诉《环球时报》记者：“自2001年以来，近300个勘察、设计、施工队伍约3万多名工程技术人员参加了二、三期地质灾害防治工程。”中央财政拨款100多亿元，实施完成430个滑坡崩塌的治理项目，对13个县级以上城市和69座乡镇，302段库岸进行了保护。由于建立专业的监测体系和群防群治的监测体系，三峡库区地质安全得到有力保障，至今已连续10年实现库区地质灾害零伤亡。

聂卫国提到，三峡库区对环境的影响主要体现在鱼类资源，尤其是对中华鲟生存环境的影响。大坝建成后，阻碍了中华鲟回到上游产卵。目前，主要通过每年大量的人工放流中华鲟来解决这一问题。同时，试验性蓄水期将水位提高到175m以后，又需要在汛前腾出库容等待洪峰，把水位降到145m。这一涨一落之间，产生30m的落差，形成约302km^2的“消落带”。“消落带”带来的沉积物，也会对景观和周围群众的生活环境造成一定的影响。

针对类似“三峡库区触发汶川地震和都江堰地震”的传言，国务院三峡工程建设委员会枢纽工程质量检查专家组组长、中国工程院院士陈厚群在接受《环球时报》记者采访时进行了反驳。陈院士认为，汶川地震与三峡工程没有任何关系，三峡蓄水后，库区微地震频率有所增加，但三峡大坝总体安全，三峡工程总体安全。另外，三峡水库沿线设置有24个地震台网遥控监测站，监测结果显示三峡库区地震活动有所增加，但是地震级别并不高，并且地震的频次还呈下降趋势。

曾有人担忧三峡大坝的工程质量问题，说大坝二期工程存在“细微”裂缝。已故两院院士潘家铮曾解释，这些裂缝虽然存在，但极为细微，最宽不超过0.2mm，对大坝安全几乎没有影响，而且这些裂缝的产生均为技术问题，绝非质量问题，世界上其他一切水电站也都存在这种裂缝。

陈厚群院士指出：“实践证明，三峡枢纽工程的质量是好的，完全可以满足长期安全稳定运行的要求。由于三峡工程的重要性和重大性，参建人员都视工程的质量如生命。”2010年，中国工程院三峡工程阶段性评估报告认为，工程质量始终处于受控状态，施工过程中发生的质量问题都得到认真处理。二期工程中的小裂缝已通过技术手段处理，完全可控。为保证工程质量，国务院三峡工程建设委员会专门成立由中外专家担任专业质量总监的质量总监办公室，邀请国内外顶尖的水库专家，制定高于行业标准的三峡工程质量标准体系。曾应邀出任三峡工程混凝土专业质量总监的美国混凝土专家欧内斯特·米切尔在卸任前强调，“中华民族是审慎和务实的民族，中国人民建设三峡工程，融入世界上许多最先进的理念”。工程质量让三峡工程的发电效益日益显著，促成全国电网互联格局。据《环球时报》记者了解，2012年的发电量是981亿kW·h，占全国水电发电的11.4%。同时，三峡工程投入发电以后，相当于22座百万千瓦级的燃煤发电厂，每年可减少消耗约5000万t原煤，这对全球推行节能减排、发展低碳经济无疑发挥着积极作用，也因此曾被《科学美国人》杂志列入“十大可再生能源工程”。

三峡工程航运效益同样突出，它提高了长江干流、库区支流和库区港口通航能力。三峡水库蓄水运行，结束“自古川江不夜航”的历史，且平均货运量为蓄水前最大货运量的5倍，船舶运输成本降低约1/3。三峡工程使长江航道安全性提高，事故率降低。三峡工程建成后，重大水上交通事故锐减，仅为蓄水前的1/17。用聂卫国的说法：“长江已成为名副其实的黄金水道，为推动沿江区域和中西部地区经济协调发展发挥了重要作用。”此外，每年长江下游干旱极度缺水期间，三峡水库可向中下游补水200多亿立方米，增加中下游航道的深度是0.8m。

（三）工程：大，更大，最大

三峡工程作为举世瞩目的世界级工程，创造上百项“世界之最”：如建设规模、工程总量、装机容量、泄洪能力等均为“世界第一”；三峡双线五级船闸是世界级数最多、总水头最高的内河船闸，三峡升船机是世界上规模最大、难度最高的升船机等。2007年和2009年，美国国家地理频道、英国Windfall films制片公司先后到三峡大坝拍摄纪录片。英国公司拍摄的《大坝：大，更大，最大》一片是在7个国家的7座大水电站取景，最终以三峡工程为落脚点，由“小”到“大”反映世界水电工程技术的发展与演变，展现人类水电工程建筑方面的成就。

据中国长江三峡集团公司董事长曹广晶介绍，自三峡工程开工以来，来三峡工地和中国长江三峡集团公司参观考察、学习交流的国外人士每年达数百人次。在三峡工程建设期间和投入运行后，有欧、美、俄、日等数10个国家的政要、能源或水利部官员及专家来参观三峡工程。俄罗斯前第一副总理涅姆佐夫曾表示：“三峡工程是独一无二的，工程完全是按市场机制规律进行的，这非常重要。”

国际媒体对世界各地修水电大坝的消息十分关注。英国《卫报》刊文说，在全世界的可再生发电量中，水电占据78%。在全世界4.5万座大坝中，有25%是用于发电，其他大多用于水库、防洪和航运。国际水电协会执行理事理查德·泰勒认为，“面临气候变化带来的挑战，水电工程能成为治水、防止极端天气损害和治理灌溉系统的宝贵资源。”

加拿大《环球邮报》也提到，随着2011年日本福岛核电站灾难后核电发展趋缓，水电站已成为重中之重的项目，但人类曾为一些“豆腐渣工程”付出过代价，因此要特别考虑安全等问题。文章说，在能源需求日益增长的中国，水电项目多集中在地震活跃带的西南地区，更会尽可能地考虑到安全、环境影响和当地居民搬迁等问题。专门讨论严肃新闻话题及刊发观点文章的美国policymic网曾刊文称，“三峡水电站发电能力相当于15个核电站，是中国解决其能源危机的‘绿色’举措的关键部分”。美国“可持续发展商业”网站以“世界正进行大型水电站建设狂欢”为题报道说，“在核电危机后，如今我们好像正进入一场盛大的水电复兴”，中国三峡大坝是世界上规模最大的大坝，但规划中的刚果（金）英加大坝和巴西亚马孙水电项目将会更大。

（年鉴编辑部摘自《环球时报》）

我国2012年上半年批准的清洁发展机制水电项目为世界每年减排温室气体超过2444万t

清洁发展机制（Clean Development Mechanism，CDM），是2005年2月正式生效的《京都议定书》中建立起的国际合作机制。发达国家通过提供资金和技术的方式，与发展中国家开展项目合作，通过项目所实现的“经核证的减排量”，用于发达国家缔约方完成在议定书第三条下关于减少本国温室气体排放的承诺的规定。项目所产生的额外的、可核实的 CO_2 减排量称为“核证减排量”，由发展中国家的项目企业所拥有，并可出售。

2012 年上半年，国家发展改革委批准了我国企业所拥有的 184 个水电项目作为清洁发展机制项目。这些项目的预计总年减排量为 2444 万 t 二氧化碳当量。所核证减排量出售给国外合作方，为世界减少温室气体排放做出贡献。2012 年上半年国家发展改革委批准作为清洁发展机制的 184 个水电项目情况见表 1。

表 1　2012 年上半年国家发展改革委批准作为清洁发展机制的 184 个水电项目情况表

序号	水电项目名称	国外合作方	预计年减排 CO_2 量 (t)
1	广西鹿寨县洛清江西岸水电站	北欧环境金融公司	42 946
2	云南普洱市勐野江水电站	德意志银行伦敦分行	218 718
3	四川稻城县大瓦龙水电站	德意志银行伦敦分行	79 365
4	四川甘孜州定曲河正斗水电站	德意志银行伦敦分行	77 475
5	四川冕宁县罗尔沟一级和罗尔沟二级打捆水电项目	Climate Protection Invest AG	12 222
6	陕西城固双溪小水电项目	奥地利气候资本	15 364
7	甘肃卓尼县冶木河联柱桥、小河口捆绑小水电项目	European Climate Capital PCC	34 137
8	江西于都峡山 35.1MW 水电项目	俄罗斯天然气工业营销与贸易新加坡有限公司	75 282
9	福建南平峡阳水电站	维多石油集团和格瑞德营销和贸易有限公司	122 779
10	福建永安西门水电站	维多石油集团	80 522
11	福建永安丰海水电站	维多石油集团	76 106
12	新疆拜城县阿合布隆一级水电站	First Climate Markets AG	54 668
13	新疆尼勒克县农四师雪山沟水电站	Climate Change Investment I S. A. SICAR	32 095
14	新疆尼勒克县农四师夏塔河山口水电站	Climate Change Investment I S. A. SICAR	41 225
15	四川木里河立洲水电站	Arreon Carbon Trading Limited	1 110 980
16	四川木里河卡基娃水电站	Arreon Carbon Trading Limited	1 186 434
17	云南省普西桥水电项目	德意志银行伦敦分行	597 162
18	云南彝良县熊沟小水电项目	中国碳基金	14 776
19	四川木里河上通坝 240 MW 水电站	瑞碳交易有限公司	802 429
20	云南省万家口子水电站	瑞碳交易有限公司	504 761
21	湖南永州湘祁水电项目	环保桥有限公司	240 205
22	云南富川水电项目	Origin Carbon Management Limited	100 320
23	云南德钦县三岔河一级水电项目	Origin Carbon Management Limited	61 870
24	云南德钦县三岔河二级水电项目	Origin Carbon Management Limited	50 970
25	四川丹巴县燕窝沟一级水电站	Greenscot Limited	15 096

续表

序号	水电项目名称	国外合作方	预计年减排 CO_2 量（t）
26	四川丹巴县燕窝沟二级水电站	Greenscot Limited	36 532
27	四川茂县牟托水电站	Greenscot Limited	19 836
28	四川木里县撒多水电站	Greenscot Limited	620 604
29	四川九龙县色者水电站	Greenscot Limited	31 475
30	四川小金县汗牛河水电站	Greenscot Limited	185 327
31	四川甘孜州金汤河金元水电站	Greenscot Limited	401 893
32	四川甘孜州金汤河金平水电站	Greenscot Limited	318 697
33	四川甘孜州吉珠沟葛达水电	Greenscot Limited	188 256
34	新疆伊利库克苏河库什塔依水电站	俄罗斯天然气工业营销与贸易新加坡有限公司	276 855
35	四川理县芦杆桥水电站	意大利电力交易公司	84 624
36	四川凉山州越西县茶园一级水电站	环保桥有限公司	33 942
37	四川硕曲河去学水电站	维多石油集团	731 701
38	四川甘洛县龙杠子小水电项目	英国低碳资产管理公司	17 931
39	四川甘洛县腊莫岱二、三级小水电打捆项目	英国低碳资产管理公司	25 534
40	贵州普安县吟路一级水电站	瑞士阿卡迪亚能源有限公司和瑞士金质碳资产管理公司	40 838
41	湖南湘西高家坝水电项目	比利时联合王国（通过其联邦公共卫生、食品链安全与环保部实施）	35 286
42	云南元阳县芒铁河二级水电站	Climate Protection Invest 和瑞士金质碳资产管理公司	35 595
43	云南元阳逢春岭一级小水电项目	Climate Bridge Ltd.	35 592
44	云南元阳逢春岭二级小水电项目	Climate Bridge Ltd.	26 987
45	云南镇康县南捧河大丫口水电站	（单边项目）	254 185
46	湖北宣恩县双溪水电站	Electrade S. P. A.	45 434
47	四川美姑县斯利聘水电站	奥地利气候公司	24 321
48	湖南桑植县迷水河小水电项目	Climate Corporation Emissions Trading GmbH	20 588
49	四川宝兴县蚂蝗沟一级水电项目	瑞典碳资产管理有限公司	70 484
50	湖北宣恩县观音坪水电站	瑞典碳资产管理有限公司	40 509
51	陕西西乡县曲江洞水电项目	奥地利气候公司	21 894
52	四川丹巴县独狼沟一级、二级打捆小水电项目	碳资本管理株式会社	36 383
53	四川丹巴县奎拥沟一级水电项目	碳资本管理株式会社	66 417
54	湖南桂阳县大滩水电项目	碳资本管理株式会社	62 215
55	湖南新宁县大兴一级、二级打捆小水电项目	碳资本管理株式会社	16 057
56	湖南蓝山县钟野、永州市零陵打捆小水电项目	碳资本管理株式会社	33 540
57	云南德钦县春多乐水电站	Electrade S. P. A.	65 457
58	甘肃白水江横丹水电站	（单边项目）	98 877

续表

序号	水电项目名称	国外合作方	预计年减排 CO_2 量（t）
59	甘肃肃北县党河上游三级水电站	（单边项目）	65 463
60	四川丹巴县小金川关州水电站	Greenscot Limited	958 874
61	四川马尔康县龙头滩水电站	Greenscot Limited	166 777
62	四川丹巴县革什扎河吉牛水电站	Greenscot Limited	810 360
63	四川乐山青衣江毛滩水电站	Greenscot Limited	355 083
64	海南乐东县南中河四级小水电项目	环保桥有限公司	12 208
65	四川甘孜州硕曲河乡城水电站	Greenscot Limited	373 611
66	四川甘孜州硕曲河洞松水电站	Greenscot Limited	589 244
67	四川阿坝州沃日河春堂坝水电站	Greenscot Limited	171 437
68	四川甘孜州湾东河湾东水电站	Greenscot Limited	180 413
69	稻城县夹依龙巴和往子沟水电站打捆项目	Greenscot Limited	42 663
70	云南元阳县杨系河三级水电站	维多石油集团	32 531
71	贵州独山县黑神河梯级水电站	瑞士阿卡迪亚能源有限公司和瑞士金质碳资产管理公司	27 652
72	湖北省赤壁市陆水河节堤航电枢纽水电工程	比利时联合王国（通过其联邦健康、食品链安全和环境公共服务部来实施）	18 361
73	湖南省石门县澧水第三级水电项目	气候保护合作有限公司和瑞士金质碳资产管理公司	42 653
74	青海省民和县湟水河峡口水电站	Climate Protection Invest AG 和 Q. C. A. AG	31 414
75	四川甘洛县达子水电站	瑞士阿卡迪亚能源有限公司和瑞士金质碳资产管理公司	26 682
76	云南永德县忙令河二级、三级打捆小水电项目	Platinum Partners Value Arbitrage Fund, L. P.	35 130
77	云南永德县忙海河六级、七级打捆小水电项目	Platinum Partners Value Arbitrage Fund, L. P.	33 966
78	云南永德县德党河三级水电项目	Platinum Partners Value Arbitrage Fund, L. P.	48 463
79	云南盈江县勐乃河新二级水电站	Arcadia Energy (Suisse) S. A.	60 450
80	云南贡山县普拉水电站	Arcadia Energy (Suisse) S. A.	72 177
81	云南泸水县腊门嘎二级水电站	Arcadia Energy (Suisse) S. A.	44 451
82	湖北十堰龙背湾水电站	德意志银行伦敦分行	297 481
83	青海玛沁格曲二级水电站	Carbon & Energy Capital Co., Ltd.	155 366
84	新疆阿勒泰柯赛依水电项目	Carbon & Energy Capital Co., Ltd. 和 GFACC (IOM) Limited	257 532
85	四川省阿坝州松潘县白草河白羊水电站	瑞典碳资产管理有限公司	91 410
86	新疆开都河小山口二级水电站	壳牌国际贸易公司	170 345
87	新疆开都河小山口三级水电站	壳牌国际贸易公司	168 768
88	云南贡山县双拉河水电站	J-TEC 有限公司	79 034
89	甘肃夏河县安顺 15 MW 小水电项目	环保桥有限公司	53 046

续表

序号	水电项目名称	国外合作方	预计年减排 CO_2 量（t）
90	云南禄劝县白水河三级水电项目	环保桥有限公司	48 578
91	云南彝良县洛泽河格闹河水电站	瑞士道克森能源资产有限公司	152 345
92	福建寿宁县斜滩水电站	格瑞德营销和贸易有限公司和维多石油集团	35 268
93	国电陕西丹江干流月亮湾水电站	Zero Emissions Technologies，S. A.	24 550
94	国电陕西丹江干流金华湾水电站	Zero Emissions Technologies，S. A.	32 773
95	云南富宁县郎恒河一级水电站	意大利电力交易公司	32 689
96	陕西宋家堰西水街黑峡子打包小水电项目	环保桥有限公司	37 995
97	四川盐源县巴基河三级电站	壳牌国际贸易公司	71 791
98	云南新平县丫味河水电站	Vitol S. A.	19 057
99	甘肃张掖讨赖河三道湾水电站	（单边项目）	319 606
100	四川雅安市周公河梯级电站扩机工程项目	Nordic Carbon Fund Ky 和 Fine Carbon Fund Ky	109 591
101	云南盈江县洒水河二级电站和富宁县清华洞电站打捆项目	Electrade S. P. A.	22 763
102	新疆温宿县台兰河一级水电站	Vitol S. A.	118 875
103	江西省峡江水利枢纽工程	J-TEC有限公司	769 117
104	云南富宁县西洋江那柳水电站	瑞典碳资产管理公司	64 363
105	四川冕宁县沱洛河一、二级打捆水电项目	奥地利气候公司	16 109
106	云南盈江县芒缅河水电站	Climate Corporation Emissions Trading GmbH	12 000
107	云南永胜县新田水电站	瑞士阿卡迪亚能源有限公司	53 545
108	广西百色瓦村水电站	ACT Carbon Capital Ltd.	441 440
109	云南彝良县白水江上白水水电站	Carbon Trading Capital Limited	42 197
110	云南彝良县白水江文角水电站	Carbon Trading Capital Limited	21 787
111	云南彝良县白水江柳溪水电站	Carbon Trading Capital Limited	35 663
112	云南彝良县白水江牛路水电站	Carbon Trading Capital Limited	35 841
113	四川广元白龙江昭化水电站	EcoSecurities 碳资产有限公司	164 776
114	甘肃肃南县西营河一级与二级水电站打包项目	环保桥有限公司	40 313
115	甘肃党河上游五级水电站	环保桥有限公司	44 710
116	河南卢氏县鸦鸠河 4.8MW 水电项目	环保桥有限公司	17 081
117	云南丽江古城区黑白水河天生桥水电站	Climate Protection Invest AG	19 104
118	湖北神农架龙潭嘴水电项目	Arcadia Energy（Suisse）S. A.	75 659
119	四川省甘孜州九龙县麻窝沟二级水电站	壳牌国际贸易和船运有限公司	56 646
120	四川省甘孜州九龙县三四沟水电站	壳牌国际贸易和船运有限公司	83 957
121	广西干捞水电站	英国联合能源有限公司	63 299
122	黑龙江省海林市大杨木水电站	英国联合能源有限公司	25 338

续表

序号	水电项目名称	国外合作方	预计年减排 CO_2 量（t）
123	云南丽江市五郎河大坪水电站	中国碳基金	55 871
124	云南永胜县朝阳水电站	Carbon Trading Capital Limited	8538
125	云南丽江市五郎河水井水电站	中国碳基金	50 297
126	云南永胜县红星桥水电站	Carbon Trading Capital Limited	15 977
127	云南临沧市琅琊河水电站	Carbon Trading Capital Limited	18 421
128	四川康定县前溪水电站	Greenscot Limited	60 535
129	四川康定县楼上沟水电站	Greenscot Limited	55 130
130	四川阿坝州抚边河杨家湾水电站	Greenscot Limited	183 793
131	重庆酉阳县细沙口水电站	Climate Protection Invest AG	7713
132	重庆酉阳县龙家坝水电站	瑞士阿卡迪亚能源有限公司	30 428
133	重庆酉阳县小咸井水电站	Climate Protection Invest AG	5188
134	云南盈江县古里卡河水电站	Electrade S. P. A.	39 673
135	云南龙陵帕掌河一、二级水电打捆项目	瑞士阿卡迪亚能源有限公司	50 159
136	四川凉山州木里河俄公堡水电站	Arreon Carbon Trading Limited	453 159
137	新疆库玛拉克河小石峡水电站	Vitol S. A.	344 091
138	贵州铜仁市芦家洞水电站	瑞士阿卡迪亚能源有限公司和瑞士金质碳资产管理公司	50 684
139	四川巴塘县朗达河水电站	瑞典碳资产管理有限公司	56 997
140	四川泸定县飞水沟水电站	One Carbon International B. V.	25 770
141	四川潘松大姓水电项目	Rhodia Energy GHG	58 559
142	江西会昌禾坑口水电项目	碳资本管理株式会社	41 999
143	陕西丹凤县宝仓小水电项目	（单边项目）	11 413
144	陕西丹江干流魏家湾水电站	（单边项目）	19 623
145	广西融水县锦洞水电站	瑞士阿卡迪亚能源有限公司和瑞士金质碳资产管理公司	22 418
146	新疆叶尔羌河喀群三级水电站	Gazprom Marketing & Trading Singapore Pte. Ltd.	92 971
147	四川平武县泗耳河一级水电站	Greenscot Limited	51 396
148	四川木里县东义河益地水电站	Greenscot Limited	536 453
149	四川平武县泗耳河三级水电站	Greenscot Limited	75 594
150	云南绿春县勐曼河勐曼三级水电站	Platinum Partners Value Arbitrage Fund, L. P.	79 561
151	四川宝兴县巴斯沟一级水电站	蓝碳世界资本公司	38 949
152	四川马边县高卓营水电站	蓝碳世界资本公司	71 015
153	贵州蒙江上尖坡水电站	俄罗斯天然气工业营销与贸易新加坡有限公司	155 098
154	贵州蒙江冗各水电站	俄罗斯天然气工业营销与贸易新加坡有限公司	209 720
155	云南泸水县隔界河水电站	J-TEC 有限公司	45 659
156	贵州纳雍樱孜渡水电站	J-TEC 有限公司	36 818

续表

序号	水电项目名称	国外合作方	预计年减排 CO_2 量（t）
157	云南景洪市勐宋水电站	Electrade S. P. A.	25 656
158	四川马尔康县年克水电站	英国联合能源有限公司	54 641
159	四川冕宁县结尾水电站	Climate Protection Invest AG	9402
160	甘肃张掖市寺大隆二、三级打捆水电站项目	环保桥有限公司	60 292
161	四川普格县小兴场二级水电站	气候保护投资有限公司和瑞士金质碳资产管理公司	15 088
162	甘肃迭部县腊子口三级 5.7MW 水电项目	环保桥有限公司	20 275
163	陕西山阳县宽坪一、二级小水电打捆项目	Platinum Partners Value Arbitrage Fund, L. P.	30 334
164	新疆和田喀什河达克曲克水电站	（单边项目）	187 427
165	四川雅安葫芦坝水电站	维多石油集团	48 933
166	四川洪雅县瓦屋山水电站	维多石油集团	501 304
167	贵州芙蓉江沙阡水电站	丸红株式会社	98 401
168	重庆云阳县沙市水电站	UK DS Energy Limited	36 329
169	四川马尔康县沙尔水电站	Greenscot Limited	69 235
170	四川射洪县打鼓滩电航工程	Greenscot Limited	109 977
171	四川小沟河杉平、水塘沟和宏水沟打捆水电项目	Vitol S. A.	187 974
172	四川松潘县镇江关水电站	Origin Carbon Management Limited	76 249
173	四川松潘县红土水电站	Origin Carbon Management Limited	82 220
174	四川九龙县溪古水电站	瑞士康苏斯能源有限公司	702 662
175	云南贡山县丹珠河水电站	原碳公司	223 739
176	甘肃迭部县阿夏那盖水电站	环保桥有限公司	32 625
177	云南贡山县其琪水电站	Arcadia Energy (Suisse) S. A.	60 698
178	四川省盐源县甲米二级水电站	瑞士康苏斯能源有限公司	73 159
179	四川省阿坝州白水江多诺水电站	德意志银行伦敦分行	284 491
180	云南红河县南昏河羊街水电站	英国联合能源有限公司	52 413
181	四川攀枝花市塘坝河水电项目	Arcadia Energy (Suisse) S. A. 和 Q. C. A. AG	15 084
182	四川理县梭罗沟一级水电站	Greenscot Limited	33 544
183	广西大新县下雷水电站	环保桥有限公司	26 342
184	云南盈江县滚朋羊小一级水电站	环保桥有限公司	28 504
总　计			24 440 312

（本年鉴编辑部摘编）

15

农村水电及电气化

农村水电建设

总结经验 开拓创新 全力推进小水电代燃料工程建设

水利部副部长 胡四一

〔编者按：本文是水利部副部长胡四一在全国小水电代燃料工程建设现场会的讲话摘要〕

（一）完善制度，多措并举，小水电代燃料工程进展顺利

经过试点和扩大试点，从2009年开始，小水电代燃料生态保护工程进入全面实施阶段，建设范围扩大到全国22个省（自治区、直辖市）和新疆生产建设兵团，4年来累计安排了204个项目，全部建成后可新增代燃料装机容量51.5万kW，解决170万农村居民的生活燃料问题，保护森林面积630万亩。截至目前，已有52个项目建成发电，新增代燃料装机容量12.3万kW，解决了40多万农村居民的生活燃料问题，保护森林面积150多万亩。通过实施小水电代燃料，项目区老百姓用上了低价的代燃料电，生产生活条件不断改善，生活质量明显提高，森林植被得到有效保护，生态环境明显改善，农村面貌焕然一新。小水电代燃料建设取得的成绩是党中央、国务院的高度重视、各有关部门通力协作的结果，是地方各级党委政府直接领导、广大水利干部职工辛勤努力的结果。

在总结试点和扩大试点经验的基础上，根据新形势和新任务的要求，各地创造性地开展工作，积累了宝贵的经验。

一是加强制度建设，规范了代燃料项目建设和管理。2009年，国家发展改革委和水利部联合印发了《关于加强小水电代燃料和水电农村电气化建设与管理的通知》，明确了小水电代燃料项目前期工作、工程建设管理、体制机制、资金筹措、项目监督检查和验收等方面的要求。水利部出台了小水电代燃料项目技术进步和标准化管理指导意见。2012年，国家发展改革委和水利部又联合出台了《小水电代燃料项目管理办法》，进一步规范了小水电代燃料项目的建设管理。各地因地制宜，出台了相应的实施细则或管理办法，把中央的要求进一步落到了实处。

二是加强项目前期工作，提高了代燃料工程质量。各地根据水能资源条件和生态环境建设的总体要求，科学编制小水电代燃料工程建设规划。在规划范围县内严格筛选项目，制定分年度实施计划。各项目单位严格按照基本建设程序开展代燃料项目的可行性研究和初步设计等各项前期工作，严格环境影响评价、取水许可、土地预审等行政许可，还按照规定编制了小水电代燃料项目实施方案，明确代燃料体制机制、供电范围、供电人口、代燃料电价、电量、工期等具体要求。

三是出台扶持政策，确保了代燃料项目顺利实施。国家发展改革委和水利部明确了小水电代燃料建设的中央补助比例，对中西部地区给予重点支持。中国农业发展银行要求各地分支行对纳入国家投资计划的小水电代燃料项目给予信贷支持，并实行优惠政策。湖北、河南、云南等省出台代燃料电价政策，明确“以政府电价政策为依据、以物价主管部门核定电价为基础、以县级政府规定督办落实”的代燃料电价政策框架。重庆专门出台了土地、税收、过网等一系列优惠政策。一些省还把小水电代燃料作为全省水利建设目标考核的重要内容，建立激励补助政策。一些地县也积极出台文件积极支持小水电代燃料项目建设。

四是落实配套资金，加大了财政支持力度。各地按照国家发展改革委和水利部的要求，积极协调落实省级配套资金。在省级配套资金落实渠道方面，有的是省级水利基本建设投资，有的是省级财政专项资金或国债资金等。目前，全国绝大多数省都落实了配套资金，其中云南、贵州、江西、湖北、山西、内蒙古、青海等省（区）配套资金达到或超过了国家规定的比例。除省级配套资金外，一些地县还通过减免地方税收等办法筹措部分资金。配套资金的落实，缓解了代燃料项目建设资金筹措压力，加快了代燃料项目的建设进度。

五是健全监督体系，农民得到了实惠。在国家有关部门依法监督的基础上，建立以代燃料用户代表为主体、乡村和有关部门代表参加的小水电代燃料用户协会，对代燃料项目建设、运营和代燃料电量、电价以及森林植被保护等进行监督，维护代燃料户的正当权益。项目法人还向代燃料农户发放用户证书，在项目区定期张榜公布代燃料电价和代燃料户的用电量，接受群众监督。

虽然这几年小水电代燃料工作取得很大成绩，但在建设中也还存在一些问题，一是小水电代燃料项目

区比较分散，总体效果还不十分明显；二是部分省省级配套资金落实得不够好；三是一些地方代燃料供电体制机制问题还没有很好解决，一些代燃料电站建成后，项目区没有及时按照代燃料电价供电等。各地要增强紧迫感，努力解决存在的困难和问题。

（二）提高认识，理清思路，进一步明确小水电代燃料工作重点和要求

当前和今后一个时期，是我国全面建设小康社会、加快推进现代化建设的关键时期。中央要求深入贯彻落实科学发展观，加快转变经济发展方式。为积极应对国际金融危机，国家把稳增长调结构放在重要位置，进一步加大了节能环保、民生工程等的投资力度，加大了对贫困地区的扶持力度。小水电是国际公认的清洁可再生能源，国家鼓励支持小水电发展。国家能源局印发的全国《水电发展“十二五”规划》要求，继续支持资源丰富地区开发小水电，到2015年，建成一批小水电大省和小水电强省，同时也强调要解决生态环境特别脆弱、以烧柴为主的140多万户农民的生活燃料问题。小水电代燃料是山区百姓期盼的德政工程、民心工程，国家确定的14个集中连片特殊困难地区大部分都有较为丰富的农村水能资源，实施小水电代燃料工程对于促进这些地区农民生产生活条件改善，加快脱贫致富步伐具有十分重要的意义。我们要把握有利形势，抓住历史机遇，加快小水电代燃料工程建设。

今后一段时期小水电代燃料工程建设，要继续以保护和改善生态环境为目标，以改善民生为根本，以保障代燃料农户长期稳定用电为重点，进一步优化项目布局，继续加强项目前期工作，创新体制机制，严格建设管理，规范供用电管理，加快小水电代燃料工程建设步伐。

一要优化工程布局，集中连片推进项目建设。各地要根据区域发展战略、现有水能资源开发条件和规划实施进展情况，在不突破原规划目标的前提下，进一步优化布局，在生态特别脆弱的贫困地区适当集中安排代燃料项目，整村整乡连片推进，提高小水电代燃料规模效益，扩大社会影响。全国将优选一批条件好的县逐步组织开展全县实施小水电代燃料的试点。各省（区、市）要统筹考虑本地区农村水能资源开发程度和潜力、现有电站规模和体制、生态环境保护要求和组织实施能力，挑选可整体推进的县组织编制实施方案。各级水行政主管部门要将此项工作作为下一阶段小水电代燃料工作的重要内容，加强指导，明确责任，落实措施，出台政策。

二是严格审查审批，提高前期工作质量。小水电代燃料能否顺利实施，前期工作是关键。各地要继续严格执行国家基本建设程序，按照国家发改委和水利部联合发文和《小水电代燃料项目管理办法》的要求，高度重视实施方案的编制和审批工作。要选择有资质、技术强、信誉好的单位承担项目可行性研究报告和初步设计报告等技术文件的编制工作，水行政主管部门要把好技术审查关。要增强生态环境保护意识，制定保证河流生态基流的措施。

三是规范建设管理，创建农村水电优质工程。要严格执行项目法人负责制、招标投标制、建设监理制，严格落实环境保护设施、水土保持设施等的三同时制度。在设计施工、设备选型等各个环节，要按照水利部《小水电代燃料项目技术进步和标准化管理指导意见》的要求，积极采用先进适用的新技术、新材料、新工艺和新设备，大力推进技术进步和标准化。要优化设计、科学施工、保证质量、安全运行，统一标志标识，切实把小水电代燃料工程建设成为农村水电的示范和样板工程。

四是统筹各方资金，加强项目区建设。各地要在代燃料电站建设的同时，认真做好项目区改造和建设的有关工作，要统筹代燃料电站和项目区建设，电站投产要和项目区供电同步。要在当地政府的组织下，做好项目区的规划，调动农民群众改善家居环境的积极性和主动性，整合新农村建设各渠道资金，集中开展水、电、路和农村环境综合整治，进一步改善农民的生产生活条件，提高农民生活质量。关于供电方式，目前实施代燃料供电主要有过网供电、直供和电费补贴等三种方式。各地要因地制宜，积极探索实施有效的供电方式。

五是完善体制机制，确保代燃料效果。要按照“所有权、经营权、使用权”三权分设的要求，严格国家投资出资人制度，明确国家投资出资人代表，确保对国家投资及其收益监管到位，保证代燃料电站长期稳定运行。对因项目区农民用电水平低，暂时未使用的国家投资收益要实行专户储存、以丰补枯，也可部分用于项目区水利基础设施等民生事业建设。要发挥项目区代燃料户用电协会的作用，对代燃料电站的建设、运营、供电等进行全过程监督。

（三）精心组织，团结协作，圆满完成小水电代燃料建设各项任务

《2009～2015年全国小水电代燃料工程规划》实施时间过半，但全国已建、在建小水电代燃料项目装机容量仅占规划的36.8%，任务十分艰巨。我们要切实加强对小水电代燃料工作的领导，采取有效措施，保障规划任务的完成。

(1) 明确工作责任。各地要把小水电代燃料工作纳入当地政府的议事日程，作为水利工作年度考核内容的重要指标。水行政主管部门主要领导亲自过问，分管领导具体负责，及时解决建设中的困难和问题，

制定分年度实施计划，落实工作措施，加强督促检查。

（2）落实建设资金。各地要按照国家发展改革委和水利部的要求，足额落实省级配套资金。积极与中国农业发展银行等金融机构联系沟通，争取金融支持。有条件的地区可以利用政府融资平台，降低贷款成本、提高贷款效率。各地还可以通过其他途径多渠道筹集资金，保证项目建设的资金需求。

（3）搞好部门协调。要充分发挥代燃料领导小组的组织协调作用，主动加强与发改、物价、财政等有关部门的沟通协调，争取对代燃料工作的支持。要借鉴兄弟省的成功经验和做法，联合有关部门积极出台小水电代燃料供电、电价等政策。

（4）严格监督检查。各级水行政主管部门要加强对代燃料项目的监督检查，发现问题，及时整改。对存在较大难度的项目，要建立督办机制，确保安排投资的项目能开工，开工的项目能早日建成，建成的项目及时投入代燃料供电。要监督项目法人严格执行实施方案规定的供电范围、代燃料电价和电量，切实保护农民利益。

（5）加强舆论宣传。小水电代燃料工作涉及面广，做好宣传工作，动员全社会力量积极支持非常重要。各地要紧扣代燃料改善生态、服务民生的特点，利用电视、网络等新闻媒体，宣传鲜活的典型，扩大工程实施的社会影响，在全社会营造关心、重视的良好氛围。

2012年全国农村水电需要强调的几项工作

〔编者按：本文是水利部农村水电及电气化发展局局长田中兴在2012年全国农村水电工作会议总结讲话的摘要，标题为编者加〕

（一）关于增效扩容改造工作

历经3年多调研论证和前期准备，农村水电增效扩容改造已在重庆、浙江等六省（区、市）开始试点。在水利部、财政部的支持指导下，在地方党委政府的关心重视下，地方各级水行政主管部门积极协调，有效组织，取得了初步成效。前不久，部领导分别带队对农村水电增效扩容改造试点进行了督查，总体上进展良好。6个试点省份肩负着全行业的重托和希望，要勇于探索，创新做法，按照《责任书》的要求，进一步完善工作措施，加强工作指导，严格项目管理，强化监督检查，确保2012年底前733个试点项目114.6万kW装机容量全部投产发电。地方配套资金尚未落实的地区，要主动向政府领导汇报，加强与财政部门的沟通协调，尽快落实和下达省级配套资金。要按照水利部即将下发的《农村水电增效扩容改造验收和评价指导意见》，认真总结和培育增效扩容改造在节能减排、除险保安、保护生态、服务“三农”和建立良性运行长效机制等方面的经验和典型。

具备农村水电增效扩容改造潜力的省份要做好政策宣传，使电站业主充分了解国家增效扩容改造的相关政策和规定，组织符合条件、积极性高的电站，按照水利部《关于开展农村水电增效扩容改造前期工作的通知》要求，抓紧项目前期工作。各地要在完成项目初步设计批复基础上，编制省级实施方案。各级水利部门要积极借鉴试点经验，加强指导，确保项目选点、初步设计等符合提高能效、综合利用、保护生态、强农惠农的要求。要主动向党委、政府汇报，加强与有关部门的沟通协调，积极落实配套资金、上网电价、建设用地、定岗定员等保障措施，为全面实施做好准备。

近期，我们还将组织召开农村水电增效扩容改造座谈会，督促试点省份加快进度，了解其他省份前期准备情况，希望6个试点省份拿出良好的工作成绩，其他省拿出有效的前期工作。

（二）关于水电新农村电气化工作

水电农村电气化是农村水电的一面旗帜，也是中国特色农村电气化的重要组成部分。新时期我们仍然要高举这面旗帜，并根据时代发展要求赋予其新的内涵。水电新农村电气化建设体现了与全面建设小康社会和社会主义新农村建设相结合的新思路，提出了人均年用电量和户均年生活用电量比“十一五”末期增长25%以上的新指标，要求建立“政府组织、部门协作、社会参与”的新体制和“政策引导、市场运作、社会监督”的新机制。今年国家发展改革委和水利部印发的《水电新农村电气化建设项目管理办法》进一步提高了中央投资补助比例，明确了项目管理的各项要求，特别提出了应按照不低于中央投资规模的比例落实地方财政补助资金。希望各地高度重视，积极协调，争取足额落实。要按规定的时限抓紧2012年中央投资计划的分解下达，对尚未开工的项目，要抓紧完善手续，年内必须开工。

各有关省（区、市）要进一步摸清农村水电直供电片区电网管理体制、电网现状、存在问题等情况，加强资金筹措和组织实施等政策研究，学习借鉴安徽的成功经验，推动农村水电直供电片区电网改造工作。

（三）关于小水电代燃料工作

从2009年起，小水电代燃料工程建设进入全面实施阶段，中央投资大幅增加，建设规模和实施范围不断扩大。目前，全国小水电代燃料349个项目82.5万kW装机容量，总体进展良好，但也存在借网供电协调难度大、地方配套资金不落实、个别项目进展缓慢等问题。小水电代燃料工程的落脚点是降低代燃料电价，让农民用得起、用得好、长受益。各地在降低代燃料电价方面进行了积极的探索，目前主要有大网供电收取过网费、小水电网直供、电站电费补贴等3种电价方式。湖北、河南两省已出台了代燃料电价政策，效果很好，希望各省借鉴湖北、河南两省的经验，加大沟通协调力度，力争有所突破。部里将在总结各地经验基础上，加强与有关部委的协调，继续推动这项工作。此外，各省要按照2012年国家发展改革委、水利部印发的《小水电代燃料建设管理办法》的要求，足额落实配套资金，按照规定的时限，分解下达2012年中央投资计划，已下达投资计划的项目，2012年必须开工。加强小水电代燃料国有资产及其收益的监管，确保代燃料电站长期稳定运行。统筹电站和项目区建设，争取做到电站发电和代燃料供电同步。

（四）关于农村水电安全监管工作

农村水电安全事关人民生命财产安全和社会稳定。2012年是党的十八大召开之年，做好农村水电安全监管工作尤为重要。落实农村水电安全监管“双主体责任”，实现安全监管全覆盖是农村水电安全监管的重中之重。为实现2012年全国安全监管覆盖率达到95%的目标，工作基础较好的地区，要针对监管盲区专门制定措施，加大工作力度，力争在2012年实现100%全覆盖；管理职责不明确、协调难度较大的地区，省水行政主管部门要积极向政府领导汇报，加强与有关部门的协调，尽快明确职责分工，推动全覆盖工作。已经落实监管责任的地区，要将责任落实情况在当地报纸、网站等媒体上公示，并在厂房、大坝等明显位置设立公示牌进行公示，确保责任落实，监管到位。农村水电点多面广，一直是防汛安全的重点领域。当前各地已陆续进入主汛期，南方局部地区已出现集中降雨。各地要高度重视，全面监控，重点盯防，加强检查，及时整改，认真落实好度汛方案和应急预案，确保万无一失。

（五）关于中小河流水能资源规划工作

为贯彻落实2011年中央一号文件和中央水利工作会议精神，加强水能资源管理，按照国务院领导同志的批示和水利部的工作安排，我们研究提出了《关于开展中小河流水能资源开发规划的意见》，近期将正式下发。各级水行政主管部门要有相应的工作机构，全面负责本行政区域内中小河流水能资源开发规划的修编工作；流域管理机构要明确相关部门，加强指导和协调。各地要按照规划范围，明确具体开展中小河流水能资源开发规划的河流，明确本辖区内水能资源开发规划的目标任务，尽快启动规划工作。各省（区、市）的规划工作经费由地方负责，根据目前水利部明确的经费渠道，各地可从水利前期工作经费、水资源费等渠道中安排。希望各地按照文件要求，加强领导，落实经费，精心组织，认真开展规划修编工作。

（六）关于绿色水电评价工作

近年来，瑞士和美国开展了绿色水电认证和低影响水电认证，设立多个环境评价指标，考核水电站的环境保护情况；国际水电协会（IHA）等国际组织也建立指标体系，从环境、社会和经济等方面对水电站进行可持续性评估。通过认证、评估的水电站，享受优先上网、提高上网电价等政策。水能资源开发中的生态环境保护和移民安置问题，是水能资源开发的制约因素，备受社会关注。近年来，我们组织开展了绿色小水电评价研究，在广泛调研和论证的基础上，已初步形成了以环境、社会、经济与安全为框架的绿色小水电评价指标体系和标准。下一步我们将在一些省开展试点，完善评价指标和标准，探索建立绿色小水电评价机制，探索绿色小水电的激励与扶持政策，推动绿色小水电评价工作，保障生态环境和公共安全，建立与当地群众利益共享机制，引导小水电科学合理开发，重塑小水电清洁可再生能源的良好形象。

（七）关于农村水电立法工作

近年来，各地积极推动水能资源管理和农村水电立法，成效显著。2011年，水利部经商国家发展改革委，在报送国务院的《关于湖北省神农架林区水电开发情况的报告》中，建议“尽快出台《农村水电条例》，早日把小水电开发建设与管理纳入法制轨道”。国务院领导批示“赞同尽快明确相关法律法规，把小水电开发、建设、管理纳入法制轨道”，并明确“请国务院法制办予以支持、指导”。目前，水利部正在积极配合国务院法制办推动《农村水电条例》立法工作，《条例》的征求意见稿已在全国水利系统征求了意见，各地提出了一些很好的意见和建议，我们正在根据反馈意见进行修改。下一步，还将征求有关部委和部分省级人民政府的意见，请相关省（区、市）的同志主动做好与地方政府及相关部门的汇报和沟通，共同推进农村水电立法工作。同时，各地要继续推动本行政区域内水能资源管理和农村水电立法工作，加强配套措施的制定和出台，加大依法行政力度。

（八）关于小水电行业协会工作

随着市场经济的深入和政府职能的转变，行业协会的作用会越来越重要。目前，全国已有浙江、广东、陕西等15个省（区）成立了省级小水电行业协会，许多市（县）也成立了市（县）级行业协会。这些小水电行业协会在提供技术服务、促进信息交流、开展调查研究、反映企业诉求、维护合法权益等方面做了大量工作。各级水行政主管部门要主动关心小水电行业协会的建设，加强指导，充分发挥行业协会在提供政策咨询、加强行业自律、促进行业发展、维护企业合法权益等方面的作用。国际小水电联合会要根据行业需求，积极组织全国各小水电行业协会开展活动，为广大会员提供一个资源共享、共同发展的平台，为维护小水电企业合法权益，促进农村水电行业健康发展做出贡献。

2012 年全国农村水电总体情况

（一）农村水电电源建设

1. 装机容量　2012 年，农村水电全年新增电站 600 座，投产发电设备容量 340 万 kW。新增装机主要集中在我国西南和华中地区。其中，云南省新增装机容量全国排名第一，达到 55 万 kW，四川省、重庆市位列二、三位，分别为 52 万 kW 和 44 万 kW。

2012 年农村水电新增装机按规模划分 1 万（含）～5 万 kW 占新增装机总量的 53%；0.1 万（含）～1 万 kW 占总量的 34%；0.1 万 kW 以下占总量的 13%。

截至 2012 年年底，全国共有农村水电站45799座，农村水电装机容量达 6568 万 kW，占全口径水电总装机容量的 26.4%。农村水电广泛分布在 31 个省（自治区、直辖市）和新疆生产建设兵团，从各省年末发电设备拥有量看，云南省排名第一，达 964 万 kW，四川省、广东省、福建省均超过了 700 万 kW。

全口径水电装机容量在 2012 年末突破了 2.4 亿 kW，较 2001 年末增长了 200%，农村水电自 2001 年以来，从 2600 多万千瓦增加到 6500 多万千瓦，增长了 150%。2003 年以来，全口径水电装机容量增长率均保持在两位数规模，近两年有较大幅度下降；“十一五”期间，农村水电装机平均增长率保持在 9%左右，进入“十二五”增速放缓，平均增长率为 5%左右。

2. 发电量　2012 年，全国农村水电发电量达 2173 亿 kW·h，占全口径水电发电量的 25.1%。年平均利用小时数为 3308h，较 2011 年增加了 480h。

2012 年农村水电发电量较 2011 年增加近 416 亿 kW·h，同比增长 23.7%，占全国总发电量 4.37%，比 2011 年提高 0.65 个百分点。中国电力企业联合会 2012 年全国电力工业运行简况显示，全口径水电发电量为 8641 亿 kW·h，同比增长 29.3%，占全国发电量的 17.4%，比 2011 年提高 3.2 个百分点，水电设备平均利用小时数 3555h，比 2011 年增加 536h。

3. 开发率　截至 2012 年，全国农村水电已开发量占我国农村水能资源技术可开发量的 51.3%，较 2011 年增长了 2.8 个百分点。其中，山东、天津、江苏、广东、福建、浙江、广西、安徽等 8 个省（区）的已开发率突破了 70%。开发率高的省份主要集中在我国东部、东南沿海、中部地区；而我国东北、西北、西南地区开发程度相对较低、开发潜力较大，其中西藏、黑龙江、内蒙古、新疆、山西、吉林、河北、陕西、贵州、青海、四川等 12 个省（区）开发率尚不足 40%。

（二）农村水电配套电网建设

1. 设施建设　2012 年，全国农村水电配套电网新增 110kV 及以上变电站 41 座，变电容量 305 万 kVA；新增 35（63）kV 变电站 141 座，变电容量 98 万 kVA；新增配电变压器 15579 台，容量 257 万 kVA。新投产 10kV 及以上高压线路 1.6 万 km，低压线路 3.4 万 km。

截至 2012 年底，全国农村水电配套电网建成 110kV 及以上变电站 584 座，变电容量 3064 万 kVA；35（63）kV 变电站 2985 座，变电容量 1847 万 kVA；配电变压器 38.2 万台，容量 3616 万 kVA；10kV 及以上高压线路 51 万 km，低压线路 116 万 km。

2012 年，全国农村水电新增 110kV 及以上变电容量较 2011 年减少 50%，新增 35（63）kV 变电容量减少 43%，新增配电变压器容量减少 26%。

2. 供用电　2012 年，全国有农村水电的县共 1531 个，其中农村水电供电为主的县有 400 个。有农村水电的县主要集中在西部、西南、中部和南部地区，四川省最多，有 147 个，云南省 117 个，湖南省 94 个，广东省 91 个。有农村水电网的县 458 个，其中县城电网为农村水电网的县 169 个，农村水电网供电乡镇 5238 个。

2012 年，农村水电上国家电网电量 1424 亿kW·h，上农村水电网电量 226 亿 kW·h。全国农村水电上国家电网平均电价 0.314 元/（kW·h），较 2011 年上涨 0.017 元/（kW·h）。上网电价高于全国平均水平的地区有广东、浙江、天津、河北、吉林、江苏、山东、黑龙江、辽宁、安徽；上网电价低于 0.20 元/（kW·h）的地区有宁夏、云南、新疆兵团、西藏。农村水电上网平均电价为 0.306 元/（kW·h），较 2011 年上涨 0.021 元/（kW·h）。

2012 年，农村水电上国家电网平均电价较 2011 年涨幅最高的是四川省，每千瓦时上涨 4 分钱，涨幅达 18%。全国电价涨幅高于 5%的地区有四川、甘肃、贵州、重庆、湖南、山西、辽宁、广东、广西、安徽；与 2011 年持平的地区有北京、天津、黑龙江、江苏、云南、青海、宁夏、新疆。

2012 年，农村水电网全年网内发电量 618 亿 kW·h，输出网外电量 170.5 亿 kW·h。农村水电网全年购电量达 1188 亿 kW·h，其中购入网外电量 584 亿 kW·h。全年购电的平均电价 0.326 元/（kW·h），与2011年相比，上升了0.007元/（kW·h）。有农村水电的县，县城居民平均到户电价0.470元/（kW·h）；农村居民平均到户电价0.486元/（kW·h）。与2011年相比，县城居民到户电价提高了0.015元/（kW·h），农村居民到户电价提高了0.017元/（kW·h），分别提高了3.3%和3.62%。

（三）完成投资

2012年，全国农村水电建设共完成投资238亿元，较2011年增加了3亿元，增长1.3%。其中财政资金占12.6%，银行贷款占34.9%，自筹资金52.5%。完成投资按区域分布：东部20.8亿元，占8.7%；中部49.2亿元，占20.6%；西部168.5亿元，占70.7%。

从完成投资的农村水电建设财政资金构成看，中央资金最多，占65.6%，省级资金占25.5%，市县财政资金占8.9%。

2012年，农村水电建设中央资金完成投资30.2亿元，比2011年增加了12亿元，上涨66.9%。农村水电中央完成投资占总投资的8.2%，较2011年增长一倍，为近年来占比最高的一年。中央投资1元钱，带动其他投资11元。

与2011年相比，省级财政资金的占比下降，降低了1.5个百分点；市县财政资金占比增加，增长了6个百分点。从各省完成投资的财政资金情况看，西藏、山西等省区的财政资金占完成投资的一半以上；海南、新疆、贵州、广东、云南、福建、江西、四川、黑龙江等省的财政资金占比较小，不足5%。

（四）经营

2012年，全国农村水电全年发售电总收入1284亿元，上交税金110.4亿元。截至2012年底，农村水电固定资产达6412.3亿元，全国农村水电站4731亿元，农村水电配套电网资产达到492亿元。

截至2012年底，全国农村水电独立核算单位共27 734个，其中，有92%的企业为非国有企业。农村水电从业人数达70万人，其中，技术人员20万人。

与2011年相比，农村水电发售电收入增加了213亿元，增长19.9%。农村水电站固定资产增加了816亿元，增长了20.8%。从业人数减少了112人，技术人员增加了308人。

（水利部农村水电及电气化发展局　曲　鹏）

水电新农村电气化建设

（一）“十二五”水电新农村电气化建设进展情况

截至2012年，国家发展改革委、水利部共下达水电新农村电气化项目中央预算内投资9亿元，涉及26个省（区、市）和新疆生产建设兵团的546个建设项目，建设装机容量144.32万kW，变电容量5.19万kVA，电网线路1603km。地方财政实际落实配套资金15 146万元。

截至2012年底，全国共完成187个工程项目，新增装机容量25.89万kW，变电容量4.16万kVA，电网线路1320km。

（二）水电新农村电气化建设项目管理

2012年3月，国家发展改革委和水利部联合出台了《水电新农村电气化建设项目管理办法》，对项目的前期工作、投资计划申报及下达、建设管理、验收等方面明确了要求，并提高了电气化项目的中央投资补助比例。

（三）农村水电直供电片区电网改造规划编制

2012年10月，水利部印发了《关于编制农村水电直供电片区电网改造规划的通知》（水规计〔2012〕458号），以未纳入国家历次农网改造范围及需要实施省级改造的农村水电直供电片区电网为建设重点编制改造规划，按照《农村电网改造省级技术原则》的标准和要求，对未改造的农村水电直供电片区电网进行全面改造，力求彻底解决遗留的农村电网未改造问题。

（水利部农村水电及电气化发展局　程　骏）

小水电代燃料工程建设

2012年，小水电代燃料工作扎实推进，部分项目陆续建成投产，项目管理进一步规范。

（一）小水电代燃料工程建设进展情况

《2009～2012年全国小水电代燃料工程规划》实施以来，中央投资持续增加，地方配套资金落实力度加大，小水电代燃料工程建设规模不断扩大，山区百姓受益范围持续扩大。

2012年，国家下达小水电代燃料建设投资计划11.5亿元，其中，中央投资5亿元，新开工建设38个小水电代燃料项目，计划新增代燃料装机11万kW，解决9万户、34万农民的生活燃料问题，保护森林面积120多万亩。2009～2012年，小水电代燃料工程建设共涉及22个省（自治区、直辖市）和新疆生产建设兵团的215个县（市、区、旗），242个项目。截至2012年底，已下达投资计划39.1亿元，其中，中央投资15亿元。全部建成后可形成代燃料装机容量61.2万kW，解决53万户、200多万农村居民的生活燃料问题，保护森林面积640多万亩。

截至2012年底，有105个项目已建成发电，新增代燃料装机容量21.2万kW，解决了16.3万户、

62万农村居民的生活燃料问题，保护森林面积220多万亩。

（二）小水电代燃料项目管理

一是强化了项目管理。为加强小水电代燃料项目管理，水利部与国家发展改革委联合出台了《小水电代燃料项目管理办法》。为进一步严格新开工项目前期工作，水利部先后印发了规范项目实施方案批复和报送备案工作的通知。为及时掌握项目建设进展情况，水利部印发了《关于建立小水电代燃料项目建设进展情况报送制度的通知》，建立了信息定期报送制度。小水电代燃料工程建设进一步规范化、制度化。

二是加强了检查指导。为深入了解项目建设中存在的问题，强化政策推进的针对性，水利部先后组织工作组赴云南、贵州等9个省（区）开展工作调研，通过现场检查与交流，针对项目建设中存在的制约因素和关键性问题，明确了实现代燃料供电的3种方式，扭转了一些省因借网供电难协调影响项目区供电的局面。云南、广西两省（区）出台了省级小水电代燃料管理办法，明确了小水电代燃料电量、电价及项目区供电等相关政策，为该省（区）小水电代燃料建设创造了良好的政策环境。

三是突出了典型推动。2012年10月，水利部在安徽省休宁县召开了小水电代燃料工程建设现场会。水利部副部长胡四一对小水电代燃料工程建设与管理下一阶段的工作进行了全面部署，水利部规计司、国家发展改革委农经司、价格司、中国农业发展银行等部门有关领导出席了会议，与会代表参观考察了项目建设典型，交流了经验，为确保《2009～2015年全国小水电代燃料工程规划》目标的实现打下了坚实基础。

四是创新了工作思路。为进一步提高小水电代燃料规模效益，水利部提出了整村整乡集中连片推进小水电代燃料项目建设的新思路，着力打造一批小水电代燃料示范县。在大量调研论证基础上，水利部印发了小水电代燃料示范县建设实施方案编制大纲，部署各地开展示范县建设实施方案的编制工作。

五是完善了标准体系。为确保小水电代燃料工程实现预期的生态效益，水利部组织编制了《小水电代燃料生态效益计算导则》，并通过相关审查。根据小水电代燃料标准化、规范化建设与管理的要求，水利部邀请相关专家，对全国21个省（区、市）和新疆兵团从事小水电代燃料具体工作的162名学员进行了培训。小水电代燃料标准体系建设，为进一步规范小水电代燃料工程建设与管理，提高工程质量，确保工程实施效果发挥了重要作用。

（水利部农村水电及电气化发展局　赵　虹）

农村水电增效扩容改造

（1）积极推进试点。2012年3月8日，水利部在北京召开农村水电增效扩容改造试点工作座谈会，听取试点项目进展情况汇报，进一步交流经验，分析问题，研究措施，推进农村水电增效扩容改造试点工作。为确保增效扩容改造实施效果，2012年7月，水利部出台《农村水电增效扩容改造项目验收指导意见》，指导各地做好项目验收工作。

（2）加强监督检查。2012年4月，中纪委驻水利部纪检组组长董力、水利部副部长胡四一、总工汪洪分别带队，组成3个工作组，分赴重庆、浙江、湖北、湖南、广西和陕西6个省（区、市）进行督查和调研，全面了解增效扩容改造试点进展，督促各地落实配套资金、政策和保障措施，规范财政资金管理和使用，发现问题，总结经验，进一步推进工作。

（3）推进前期工作。2012年6月12日，水利部在北京召开农村水电增效扩容改造前期工作座谈会，对农村水电增效扩容改造前期工作进行再动员、再部署。2012年9月1～15日，水利部水电局召开农村水电增效扩容改造前期工作分片座谈会，按就近分片原则分为5个工作组开展座谈，了解各地前期工作进展，指导各地省级农村水电增效扩容改造实施方案编制工作，进一步推进增效扩容改造前期工作。

（4）试点全面完成。重庆、浙江、湖南、湖北、广西、陕西等6个试点省（区、市）的733座老旧电站增效扩容改造任务顺利完成，装机容量从改造前的86.8万kW增加到114.6万kW，增长32%；年发电量将从27.2亿kW·h增加到41.3亿kW·h，增长52%；消除了电站运行中的安全隐患，巩固和恢复水库库容14.7亿m^3，防洪、灌溉和供水等综合利用功能得到恢复和加强，电站所在的383条中小河流的生态得到明显改善。同时，带动了相关产业和电站周边地区经济发展。

（水利部农村水电及电气化发展局　金　鑫）

农村水电管理

水电新农村电气化建设项目管理办法

国家发展改革委、水利部2012年3月28日在发改投资〔2012〕799号《关于下达农村水电项目2012年中央预算内投资计划的通知》中，以附件4下发了《水电新农村电气化建设项目管理办法》。该办法全文如下。

水电新农村电气化建设项目管理办法

第一章　总　　则

第一条　为促进水电新农村电气化事业发展，规范水电新农村电气化县建设和项目（以下简称电气化县或电气化建设项目）管理，根据国家有关规定，制定本办法。

第二条　本办法适用于已纳入《“十二五”全国水电新农村电气化规划》（以下简称《电气化规划》）的电气化县和电气化建设项目的实施与管理。

第三条　纳入《电气化规划》的电源建设项目必须符合区域经济社会发展规划、流域综合规划、水能资源开发利用规划和生态建设与环境保护等的要求。

第四条　电气化建设项目资金实行以地方和社会投入为主、中央补助的政策，采取政府引导、市场化运作、社会参与的方式，多渠道、多层次、多形式筹集。

第二章　前期工作

第五条　电气化建设项目必须按国家有关规定严格履行前期工作程序后实施，要确保前期工作质量。

第六条　在项目前期工作和实施过程中，要努力提高科技含量，促进农村水电行业的现代化技术水平、装备水平和运行管理水平的不断提高。

第七条　在《电气化规划》基础上，要以县为单位编制五年规划整体实施方案。实施方案由县级水行政主管部门组织编制并会同发展改革部门上报，由省级水行政主管部门商发展改革部门审批，报水利部备案。实施方案作为电气化县验收的依据。

第八条　纳入实施方案的项目要开展项目可行性研究和初步设计。项目可行性研究和初步设计由具备相应资质的设计单位承担。项目可行性研究报告由地方水行政主管部门提出审查意见后，地方发展改革部门审批；初步设计报告由地方水行政主管部门审批。项目审批权限按照各地现行规定执行。

第三章　投资计划申报及下达

第九条　电气化建设项目年度投资建议计划由地方根据项目前期工作情况提出，按照管理权限逐级申报，由省级发展改革部门和水行政主管部门审查后，联合上报国家发展改革委和水利部。

第十条　申报项目年度投资建议计划应提交以下文件和材料：

1. 项目可行性研究或初步设计批复文件；

2. 年度预计投产农村水电装机容量；

3. 项目建设资金筹集方案（包括地方财政补助资金承诺文件）；

4. 项目年度投资建议计划。

第十一条　中央投资实行定额补助和分省切块下达。中央投资占项目总投资的比例，西部地区县（含参照西部地区政策县）、中部地区县（含参照中部地区政策县）、东部地区县新建项目分别按20%、15%、10%左右分年度安排，技改项目分别按25%、20%、15%左右分年度安排。地方应按照不低于中央投资规模的比例落实项目地方财政补助资金，并同步到位。同一个项目安排中央投资原则上不超过3年。

第十二条　国家发展改革委、水利部对各地上报的项目年度投资建议计划进行审核，根据国家财力和全国水利建设任务，综合平衡后，联合下达电气化建设项目年度投资计划。

第十三条　省级发展改革部门和水行政主管部门在国家发展改革委、水利部联合下达投资计划后的1个月内，负责将年度投资计划分解落实到具体项目，并报水利部和国家发展改革委备案。项目投资计划一经下达，必须严格执行，不得擅自调整。

第十四条　各地要严格资金使用管理，提高资金使用效益。任何单位和个人不得以任何理由、任何形式截留挪用项目建设资金。

第四章 建设管理

第十五条 电气化建设项目严格按国家规定的基本建设程序和建设管理制度要求进行，实行项目法人责任制、招标投标制、合同管理制和建设监理制等制度。

第十六条 除政府调控项目外，电气化建设项目应采取市场化运作模式，按照公开、公平、公正的原则，实行招标、拍卖、挂牌等方式选择确定项目法人。

第十七条 各电气化县应成立电气化建设领导小组，负责电气化县建设的领导和协调工作，处理建设过程中的重大问题。领导小组办公室设在县级水行政主管部门，负责电气化县及项目建设的组织和管理。

第十八条 项目建设过程中，各级地方政府和水行政主管部门要加强对项目的指导和检查监督，对项目前期工作、投资计划管理、资金使用、工程质量、安全生产和进度等情况进行检查，对违反规定和存在问题的，要责令限期整改。未整改或整改不到位的，要追究相关责任人和有关单位的责任。考核情况作为安排下年度投资计划的重要依据。

第十九条 各地要加强工程建设信息统计和报送工作。工程建设情况实行定期报送制度，省级水行政主管部门在每年1月31日前向水利部报送上一年度的工程建设形象进度、配套资金落实和项目投资完成情况。

第二十条 中央补助投资和地方财政补助资金所形成的资产属国有资产，要采取有效措施确保国有资产的保值增值。

第二十一条 各地要积极探索电气化建设国家投资形成的收益反哺“三农”、促进社会主义新农村建设的多种形式并开展试点，培育电气化建设在促进农民入股办电、农民增收等方面的典型，并对试点项目在资金和政策上予以重点倾斜。

第五章 验　　收

第二十二条 电气化县建设和项目验收工作要按照国家有关规程、规范和其他有关规定进行。电气化县和电气化建设项目由县级水行政主管部门和同级发展改革部门进行初步验收，并提出验收申请，由省级水行政主管部门和同级发展改革部门联合进行验收，验收报告报水利部备案。

第二十三条 电气化建设项目竣工验收后，要及时办理交接手续，完善各项管理措施，建立长效、良性运行机制。

第六章 附　　则

第二十四条 本办法自印发之日起实施，原出台的《水电农村电气化县建设管理办法》（水电〔2006〕97号）废止。

第二十五条 本办法由国家发展改革委、水利部负责解释。

第二十六条 各地可根据本办法，结合当地实际制定具体实施办法，并报水利部、国家发展改革委备案。

小水电代燃料项目管理办法

国家发展改革委、水利部2012年3月28日在发改投资〔2012〕799号《关于下达农村水电项目2012年中央预算内投资计划的通知》中，以附件5下发了《小水电代燃料项目管理办法》。该办法全文如下。

小水电代燃料项目管理办法

第一章 总　　则

第一条 为解决我国山区农村居民生活燃料问题，巩固退耕还林和天然林保护成果，保护生态环境，改善农民生产生活条件，促进当地经济社会发展，国家决定安排中央预算内水利投资，专项用于补助小水电代燃料生态保护项目（以下简称“小水电代燃料项目”）建设。为规范项目管理，保证小水电代燃料项目建设任务的顺利完成，根据国家有关法律、法规、政策，制定本办法。

第二条 办法所称小水电代燃料项目，是指在退耕还林（还草）区、天然林保护区、自然保护区和水土流失重点治理区等，通过国家补助投资建设小水电站，为项目区农村居民提供廉价电能，替代薪柴、煤炭、秸秆等生活燃料，改善农村居民生产生活条件，保护森林植被，改善生态环境的非营利性公益项目。

第三条 各地应以小水电代燃料项目建设为切入点，积极协调，统筹规划，整合资金，带动农村基础设施建设，改善农民生产生活条件，提高农民生活质量，促进项目区社会主义新农村建设。

第四条 小水电代燃料项目建设应采取政府引导、市场运作、社会参与的方式，切实降低代燃料电站建设和运营成本，降低代燃料电价，确保项目区农民用得起、长期受益。

第二章 项目建设内容

第五条 小水电代燃料项目主要建设内容包括代

燃料电站建设和项目区建设。

第六条 代燃料电站建设应符合所在流域综合规划、区域经济社会发展规划、河流水能资源开发利用规划等和环境保护生态建设的要求，并与当地社会主义新农村建设规划相协调。

第七条 代燃料项目区范围包括小水电代燃料供电区和小水电代燃料保护区。项目区范围应以行政村为单元，按照就近供电、整村推进的原则合理确定。

代燃料项目区建设内容主要包括代燃料供电区供配电系统改造和农户用电系统改造等。

第三章 项目前期工作

第八条 小水电代燃料项目应符合以下基本条件：

1. 项目所在县已纳入同期国家编制下发的《小水电代燃料工程规划》范围；

2. 项目保护区有退耕还林、自然保护、天然林保护、水土流失重点治理等生态保护任务；

3. 代燃料电站开发条件较好，技术经济指标优良；

4. 项目区具有较完善的供电网络，基本满足代燃料供用电要求；

5. 群众迫切需要，当地政府具有组织实施小水电代燃料建设能力。

第九条 代燃料电站勘察设计工作应由具备相应资质的单位承担，严格执行有关技术标准、规程、规范，达到规定的前期工作深度。

第十条 小水电代燃料电站应编制可行性研究报告和初步设计报告。

代燃料电站可行性研究报告应由项目法人委托具备相应资质的设计单位编制，按照各地规定的基本建设程序审批权限，由地方水行政主管部门提出技术审查意见，报同级发展改革部门审批。

代燃料电站初步设计报告应由项目法人委托具备相应资质的设计单位编制，按照各地规定的基本建设程序审批权限，由地方水行政主管部门审批。

第十一条 小水电代燃料项目应以项目为单元由县级水行政主管部门组织编制项目实施方案。其中，项目区建设投资由省级发展改革部门商水行政主管部门核定，小水电代燃料项目实施方案由省级水行政主管部门会同省级发展改革部门组织审查和批复，报水利部备案。批复后的小水电代燃料项目实施方案作为小水电代燃料项目验收的依据。

项目实施方案内容主要包括：代燃料电站和项目区改造工程的建设规模、建设内容、建设工期、分年度投资计划和资金来源，代燃料电量、电价，项目区范围、代燃料户数和人口，森林植被保护区域和面积，管理体制和运行机制，签订的相关责任书及供用电协议等。

第四章 投资计划申报及下达

第十二条 小水电代燃料项目年度投资计划由地方根据项目前期工作情况提出，按照管理权限逐级申报，经省级发展改革部门和水行政主管部门共同审查后，联合上报国家发展改革委和水利部。

第十三条 申报项目和年度投资计划应提交以下文件和材料：

1. 项目实施方案批复文件；

2. 电站可行性研究或初步设计批复文件；

3. 地方配套资金承诺文件；

4. 项目年度投资计划建议；

5. 项目基本情况表。

续建项目提供上述“3”、“4”项文件和材料，还应上报上一年度项目建设情况总结，主要包括工程进度、各项投资到位情况和使用情况及工程效益等。

第十四条 国家发展改革委和水利部对各地上报的项目年度投资计划进行研究审核，根据国家财力和全国水利建设任务，综合平衡后，分省切块下达年度投资计划。

第十五条 省级发展改革部门和水行政主管部门在国家发展改革委、水利部联合下达投资计划后的2个月内，负责将年度投资计划分解落实到具体项目，并报水利部和国家发展改革委备案。项目投资计划一经下达，必须严格执行，不得擅自调整。

第五章 资金筹措与管理

第十六条 小水电代燃料项目是中央补助投资的地方项目，项目建设资金由地方负责落实，中央给予适当补助。

小水电代燃料中央补助资金占项目总投资比例，西部和享受西部政策地区按45%左右安排，中部和享受中部政策地区按38%左右安排，东部地区按15%左右安排。省级安排的地方建设资金，西部和享受西部政策地区不低于批复总投资的10%，中部和享受中部政策地区不低于15%，东部地区不低于25%。

第十七条 各级水行政主管部门和项目建设单位应积极与发展改革、财政等部门沟通协调，落实小水电代燃料项目建设资金，确保建设资金及时、足额到位。对因项目建设投资不到位而严重影响项目建设进度的，将调减或暂缓下达该地区下年度项目投资计划。

第十八条 各地要严格资金使用管理，提高资金使用效益。任何单位和个人不得以任何理由、任何形式截留挪用项目建设资金。

第十九条 各地要积极与金融机构联系沟通，争取银行贷款及时足额到位，确保工程建设顺利进行。

第二十条 中央补助资金建设的小水电代燃料项目如出现超概算等问题，不再增加新的中央补助投资。

第六章 建 设 管 理

第二十一条 小水电代燃料项目应按照国家规定的基本建设程序和建设管理制度要求进行。项目实施方案的执行实行分级管理负责制并层层签订责任书，将任务和责任分解落实到具体单位和个人。

第二十二条 各地要切实加强对小水电代燃料项目建设管理的领导和组织协调。项目建设要实行项目法人责任制、招标投标制、合同管理制和建设监理制等制度。

小水电代燃料项目的项目法人一般应为国有控股企业或集体企业，负责代燃料电站、项目区的建设和运行，保证代燃料电站按协议长期、安全、可靠供电。

项目建设单位要严把质量关，建立健全质量管理和监督机制，确保工程质量、进度和安全。

第二十三条 代燃料项目的施工和运行管理要严格按照国家有关技术标准、规程、规范执行，推进技术进步，因地制宜采用新技术、新材料、新设备、新工艺，实施标准化管理，努力建设成为农村水能资源开发利用的示范工程。

第二十四条 小水电代燃料项目要组建以代燃料用户代表为主体、有关部门代表参加的小水电代燃料用户协会，对代燃料项目建设、运营和代燃料电量、电价以及森林植被保护等进行监督，维护代燃料户的正当权益。项目法人要向代燃料户发放用户证书。

第二十五条 各地要建立健全国家投资出资人制度，明确小水电代燃料项目的所有权、经营权和使用权。中央投资和地方财政资金所形成的资产属国有资产，由省级水行政主管部门负责监管，并采取有效措施确保国有资产的保值增值。

第二十六条 各地要加强项目建设信息统计和报送工作。项目建设情况实行定期报送制度，省级水行政主管部门在每年1月31日前向水利部报送上一年度的工程建设整体情况。

第七章 项目检查与验收

第二十七条 省级水行政主管部门和省级发展改革部门全面负责本地区范围内小水电代燃料项目的监督和检查，及时发现问题并督促整改。水利部和国家发展改革委对全国小水电代燃料项目的实施进行督查。

第二十八条 项目竣工后，由项目所在地的县级水行政主管部门联合发展改革部门进行初步验收，并提出验收申请。省级水行政主管部门和发展改革部门联合进行项目验收。

第二十九条 验收工作要按照国家有关标准和规程、规范执行。项目验收后要及时办理交接手续，完善各项管理措施，建立长效、良性运行机制。

第八章 运 行 管 理

第三十条 小水电代燃料项目应严格按照批准后的实施方案进行运行管理。

第三十一条 各地要因地制宜选择合适的代燃料供电方式。地方政府和有关部门要支持代燃料就近供电。采取直供方式供电的项目，要合理确定代燃料电价；采取借网过路方式供电的项目，电网企业应优先提供过网服务，以成本价收取过网费。

第三十二条 项目法人应与供电部门签订并网协议，保证代燃料电站长期有效供电，保障项目区代燃料用电；与代燃料户签订长期有效的供用电协议，明确代燃料电量和电价以及保护退耕还林及其他森林植被的责任；科学测算，并积极沟通协调物价部门，核定批准代燃料电价。严格执行已批准的小水电代燃料到户电价，并保持相对稳定。在执行过程中，如确因实际情况变化需调整代燃料电价的，需重新测算电价并报物价部门批准。

各地要制定小水电代燃料发供用电管理办法，加强对小水电代燃料项目的发供用电管理。

第三十三条 项目法人应加强对代燃料电站和供电设施的安全管理，确保设备安全运行，实现发供用电科学调度，提高代燃料发供电保证能力。要向代燃料户宣传安全用电知识，确保安全用电。

第三十四条 代燃料项目的运行管理要实行公示制度，对代燃料有关各方的权利、义务、责任和代燃料电量、电价、电费等应通过公开栏等渠道进行公示，接受群众和社会监督。

第九章 附 则

第三十五条 本办法自发布之日起施行。

第三十六条 本办法由国家发展改革委、水利部负责解释。各地可根据本办法，结合当地实际，制定具体实施办法，并报水利部、国家发展改革委备案。

水能资源管理

1. 中小河流水能资源开发规划 2012年，该规划全面启动。2012年8月，水利部印发了《关于开展中小河流水能资源开发规划工作的意见》（水规计〔2012〕369号），要求各地按照流域和区域综合规划要求，统筹协调防洪、灌溉、供水和生态环境保护等关系，坚持以人为本、惠及民生，人水和谐、保护生态，统筹兼顾、突出重点，政府主导、社会参与的基本原则，力争用3年左右时间完成全国主要中小河流的水能资源开发规划工作。为确保规划质量和进度，水利部还颁布了规划工作大纲、相关技术要求和标准，成立了规划咨询专家组，加强了规划工作的技术培训和指导。根据初步统计，此次拟编制或修订水能资源开发规划的中小河流近2000条。

2. 绿色小水电评价体系　在借鉴瑞士绿色水电认证、美国低影响水电认证、国际水电协会水电可持续性评估和国内水利水电环境影响评价等经验基础上，水利部水电局会同中国水科院、国际小水电中心和水利部农电所等单位，深入座谈，广泛研讨，并在浙江、贵州、河北等地选择有代表性的15座水电站进行实地评价，提出了绿色小水电评价标准和管理办法。绿色小水电评价标准制订了最小流量满足度、水质变化度、替代效应、减排效率、公共服务、民生保障、盈利能力、偿债能力、标准化程度和规范化程度等20个指标，从环境、社会、经济和管理四个方面综合评价小水电的可持续发展能力。绿色小水电评价管理办法由水利部委托全国小水电行业协会组织实施，通过自评、评价、公示等程序的小水电站授予绿色小水电站称号。绿色小水电评价体系的完善，为开展绿色小水电建设打下了良好的基础。

（水利部农村水电及电气化发展局 张学进）

农村水电行业安全监管

2012年，水利部农村水电及电气化发展局认真贯彻落实水利部党组的决策部署，着力构筑“平安水电”长效机制，扎实做好农村水电安全生产工作，初步实现了从专项治理到全面监管的转变。

（1）组织开展农村水电安全生产大检查。为贯彻落实《国务院办公厅关于继续深入扎实开展“安全生产年”活动的通知》和水利部安全生产领导小组会议精神，2012年4月，水利部下发了《关于开展全国农村水电安全生产大检查的通知》，组织开展了全国农村水电安全生产大检查。通知下发后，各地水行政主管部门高度重视，精心组织，认真部署，积极开展自查自纠，对辖区内各类在建、已建农村水电站及其配套电网的安全隐患进行了重点排查、及时整改，确保了农村水电度汛安全和工程安全。结合水利部汛前水利安全生产重点检查工作，水利部农村水电及电气化发展局牵头组成检查组，对安徽、云南两省开展汛前水利安全生产检查进行了重点检查。检查组深入两省6个县（市、区）的8个水利水电工程现场，通过听取汇报、现场检查、查阅资料、座谈等方式，指出了存在的问题并要求立即整改。随着安全监管不断加强，农村水电领域安全生产形势进一步好转，2012年发生安全事故的起数和死亡人数比高峰年份分别下降了73%和85%。

（2）深入推进农村水电安全监管全覆盖工作。根据四部委通知精神，为加强农村水电安全监管，进一步落实安全监管主体责任和安全生产主体责任，做到安全监管“全覆盖、无死角、制度化”，从源头上防范重特大事故的发生，保障公共安全。水利部农村水电及电气化发展局通过全面布置、重点督查等措施，深入推进农村水电安全监管全覆盖工作。各地进一步核实电站数量，消除监管盲区，加大监管力度，确保监管到位。对未落实监管责任的地区，进一步整改落实；对已落实监管责任地区，重点抓履职监督。最大限度地消除开发建设、运行管理中的各类违规现象，保障公共安全。截至2012年底，全国农村水电站安全监管覆盖率已超过95%。

（3）积极推动农村水电安全生产标准化达标评级工作。根据国务院有关文件精神和水利部相关工作要求，为进一步落实农村水电生产经营单位主体责任，强化安全基础管理，规范安全生产行为，促进农村水电工程建设和运行安全生产工作的规范化、标准化，推动全员、全方位、全过程安全管理，水利部农村水电及电气化发展局组织专家编写《农村水电站安全生产标准化达标评级实施办法》（以下简称《实施办法》），并形成征求意见稿。2012年11月，水利部办公厅印发《关于征求对〈农村水电安全生产标准化达标评级实施办法（征求意见稿）〉的意见的函》，广泛征求意见，在此基础上形成报批稿。水利部农村水电及电气化发展局将在全国范围内选取典型电站开展试评审工作，检验《实施办法》的可操作性和实际效果，进一步修改完善后印发实施。

（水利部农村水电及电气化发展局　田海欧）

机构与学术团体

机　构

水电建设单位情况一览表

单位名称	地址	邮政编码
国家电网公司	北京市西城区西长安街 86 号	100031
国网新源控股有限公司	北京市西城区白广路二条 1 号	100761
中国南方电网有限责任公司	广东省广州市珠江新城华穗路 6 号	510623
南方电网调峰调频发电公司	广东省广州市龙口东路 32 号	510630
中国华能集团公司	北京市西城区复兴门内大街 6 号	100031
中国大唐集团公司	北京市西城区广宁伯街 1 号	100033
中国华电集团公司	北京市西城区宣武门内大街 2 号	100031
中国国电集团公司	北京市西城区阜成门北大街 6-8 号	100034
中国电力投资集团公司	北京市西城区金融大街 28 号院 3 号楼	100033
中国长江三峡集团公司	北京市海淀区玉渊潭南路 1 号	100038
中国长江电力股份有限公司	湖北省宜昌市西坝建设路 1 号	443002
国家开发投资公司	北京市西城区西直门南小街 147 号	100034
大唐国际发电股份有限公司	北京市西城区广宁伯街 9 号	100033
新华水利水电投资公司	北京市丰台区海鹰路 1 号院 7 号楼	100070
汉能控股集团有限公司	北京市朝阳区安立路 0-A 号	100107
雅砻江流域水电开发有限公司	四川省成都市双林路 288 号	610051
华能四川水电有限公司	四川省成都市人民南路四段 47 号华能大厦	610041
国电大渡河流域水电开发有限公司	四川省成都市高新区天韵路 7 号	610041
华电四川发电有限公司	四川省成都市高新区蜀绣西路 100 号	610041
四川华电杂谷脑水电开发有限公司	四川省成都青羊工业园区（东区）同城路 8 号 B16	610009
国电四川发电有限公司南桠河水电分公司	四川省成都市高新区天晖北街 9 号	610041
中国水电建设集团四川电力开发有限公司	四川省成都市高新区天府二街 139 号	610041
四川美姑河水电开发有限公司	四川省成都市清江东路 1 号温哥华广场 21 楼	610072
国投云南大朝山水电开发公司	云南省昆明市官渡区新昆洛路新亚洲城星都国际 63 栋	650231
华能澜沧江水电有限公司	云南省昆明市官渡区世纪城中路 1 号	650214
云南金沙江中游水电开发有限公司	云南省昆明市红塔东路 6 号	650228
云南华电怒江水电开发公司	云南省昆明市滇池路 1189 号 A 座	650228
中电投云南国际电力投资有限公司	云南省昆明市滇池路 1302 号	650228
贵州乌江水电开发有限责任公司	贵州省贵阳市新华路 9 号	550002
贵州黔源电力股份有限公司	贵州省贵阳市南明区都司高架路 46 号	550028

续表

单位名称	地址	邮政编码
龙滩水电开发有限公司	广西壮族自治区南宁市民族大道126号	530022
广西桂冠电力股份有限公司	广西壮族自治区南宁市民族大道126号	530022
五凌电力有限公司	湖南省长沙市天心区五凌路188号	410004
湖南澧水流域水利水电开发有限责任公司	湖南省长沙市香樟路393号	410014
湖北清江水电开发有限责任公司	湖北省宜昌市东山大道95号清江大厦	443000
汉江水利水电集团有限责任公司	湖北省丹江口市环形路3号	442700
陕西汉江投资开发有限公司	陕西省西安市高新区沣惠南路32号	710065
国投甘肃小三峡发电有限责任公司	甘肃省兰州市七里河区敦煌路353号	730050
黄河上游水电开发有限责任公司	青海省西宁市五四西路43号	810008
青海省水利水电集团有限责任公司	青海省西宁市昆仑路18号	810001
国电新疆吉林台梯级水电开发有限公司	新疆伊犁州尼勒克县	835716
国电新疆开都河流域水电开发有限公司	新疆库尔勒市人民东路华誉商务大厦14楼	841000
吉林松江河水力发电有限责任公司	吉林省抚松县抚松镇抚松大街	134500
福建省尤溪流域水电开发有限公司	福建省尤溪县城关镇解放路63号	365100
中国水电顾问集团投资有限公司	北京朝阳区慧忠里103号洛克时代中心A座9A层	100101
华能西藏发电有限公司	四川省成都市双流县西航港黄河中路二段388号A2栋	610200
广东省粤电集团有限公司	广东省广州市天河东路2号粤电广场	510630

（本年鉴编辑部）

水电设计单位情况一览表

序号	单位名称	主要领导及总工	在职职工人数	地址	邮编	电话	传真	网址
1	中国水电工程顾问集团公司	总经理：王斌 总工程师：周建平、卢红伟	197	北京市西城区六铺炕北小街2号	100011	010-51973300	010-82084665	http://www.checc.cn/
2	中国水利水电建设工程咨询公司	总经理：王斌 总工程师：钱钢粮、杨泽艳	197	北京市西城区六铺炕北小街2号	100011	010-51973300	010-82084665	http://www.checc.cn/ZX/
3	水电水利规划设计总院	院长：晏志勇(兼) 常务副院长：王民浩	97	北京市西城区六铺炕北小街2号	100120	010-51973283		http://www.creei.com/
4	中国水电顾问集团北京勘测设计研究院	院长：郝荣国 总工程师：吕明治	929	北京市定福庄	100024	010-51977001	010-65766934	http://www.bhidi.com/
5	中国水电顾问集团华东勘测设计研究院	院长：张春生 总工程师：吴关叶	1892	浙江省杭州市上塘路	310014	0571-88076606	0571-56738301	http://www.ecidi.com/

续表

序号	单位名称	主要领导及总工	在职职工人数	地　址	邮编	电　话	传　真	网　　址
6	中国水电顾问集团西北勘测设计研究院	院长：马海晨 总工程师：姚栓喜	2416	陕西省西安市丈八东路18号	710065	029-88290000	029-88290000	http：//www.chidi.com.cn/
7	中国水电顾问集团中南勘测设计研究院	院长：李玲龙/冯树荣 总工程师：冯树荣/罗俊军	2462	湖南省长沙市圭塘	410014	0731-5584080	0731-5075441	http：//www.msdi.cn/
8	中国水电顾问集团成都勘测设计研究院	院长：章建跃 总工程师：王仁坤、余挺	2147	四川省成都市浣花北路1号	610072	028-87329997	028-87399557	http：//www.chidi.com.cn/
9	中国水电顾问集团贵阳勘测设计研究院	院长：潘继录 总工程师：范福平	1186	贵州省贵阳市金阳新区兴黔路16号	550081	0851-5565974	0851-5560914	http：//www.ghidri.com.cn/
10	中国水电顾问集团昆明勘测设计研究院	院长：冯峻林 总工程师：张宗亮	1565	云南省昆明市人民东路115号	650051	0871-3138701	0871-3135723	http：//www.khidi.com/

（中国水电工程顾问集团公司　张　建
本年鉴编辑部）

水利设计单位情况一览表

序号	单位名称	主要领导及总工	在职职工人数	地　址	邮编	电　话	传　真	网　　址
1	水利部水利水电规划设计总院	院长：刘伟平 总工程师：朱党生	186	北京市西城区六铺炕北小街2-1号	100120	010-63206688	010-62070508	www.giwp.org.cn
2	水利部长江水利委员会长江勘测规划设计研究院	院长：钮新强 总工程师：杨启贵	3130	湖北省武汉市解放大道1863号	430010	027-82829200 027-82827793	027-82829202	www.cjwsjy.com.cn
3	黄河勘测规划设计有限公司(原黄委设计院)	董事长：李文学 总工程师：景来红	1853	河南省郑州市金水河路109号	450003	0371-66026449 0371-66023520	0371-66023384	www.yrec.cn
4	中水淮河规划设计研究院	董事长：万隆 总工程师：何华松	209	安徽省蚌埠市凤阳西路41号	233001	0552-3092542 0552-3092539	0552-3092421	www.cwhh.com.cn
5	中水珠江规划勘测设计有限公司（原珠委设计院）	总经理：游赞培 总工程师：林少明	550	广东省广州市天河区天寿路105号天寿大厦1102房	510610	020-87117779	020-87117050	www.prpsdc.com

续表

序号	单位名称	主要领导及总工	在职职工人数	地址	邮编	电话	传真	网址
6	中水东北勘测设计研究有限责任公司（原东北院）	总经理：金正浩 总工程师：苏加林	1600	吉林省长春市朝阳区工农大路888号	130021	0431-85092001 0431-85607262	0431-85092000	www. neidri. com
7	中水北方勘测设计研究有限责任公司（原天津院）	总经理：张和平 总工程师：杜雷功	1129	天津市河西区洞庭路60号	300222	022-28702818 022-28702222	022-28343991	www. tidi. ac. cn

（中国水利水电勘测设计协会）

水利水电施工单位情况一览表

序号	单位名称	主要领导及总工	地址	邮编	电话	传真	网址
一	中国水利水电建设股份有限公司	董事长：范集湘 总工程师：宗敦峰	北京市海淀区车公庄西路22号	100048	010-58382678	010-58382888	http：//www. sinohydro. com
1	中国水利水电第一工程局有限公司	执行董事、总经理：茹彩江	吉林省长春市绿园区锦西路933号	130062	0431-87987316	0431-87991536	http：//1j. sinohydro. com
2	中国水利水电第二工程局有限公司	执行董事、总经理：常满祥 总工程师：梁宏生	北京市西城区六铺炕南小街1号	100120	010-58689270	010-62018014	http：//2j. sinohydro. com
3	中国水利水电第三工程局有限公司	执行董事、总经理：张育林 总工程师：王鹏禹	陕西省西安市二环北路东段609号	710016	029-86178686	029-86178686-8511	http：//3j. sinohydro. com
4	中国水利水电第四工程局有限公司	执行董事、总经理：王维斌 总工程师：席浩	青海省西宁市互助西路7号	810006	0971-8140656	0971-8149160	http：//4j. sinohydro. com
5	中国水利水电第五工程局有限公司	执行董事、总经理：贺鹏程 总工程师：吴高见	四川省成都市一环路东四段8号	610066	028-84461307	028-84422633	http：//5j. sinohydro. com
6	中国水利水电第六工程局有限公司	执行董事、总经理：厉建平 总工程师：杨成文	辽宁省沈阳市浑南新区新隆街2号	110179	024-23786630	024-23786800	http：//6j. sinohydro. com

续表

序号	单位名称	主要领导及总工	地　址	邮编	电　话	传　真	网　址
7	中国水利水电第七工程局有限公司	执行董事、总经理：申茂夏 总工程师：向建	四川省成都市解放路二段329号	610081	028-87912035	028-87912515	http：//7j. sinohydro. com
8	中国水利水电第八工程局有限公司	执行董事、总经理：朱素华 总工程师：涂怀健	湖南省长沙市城南中路2号	410007	0731-82822169	0731-85563353	http：//8j. sinohydro. com
9	中国水利水电第九工程局有限公司	执行董事、总经理：陈学云 总工程师：王军	贵州省贵阳市金阳新区观山路3号	550081	0851-7980581	0851-7980582	http：//9j. sinohydro. com
10	中国水利水电第十工程局有限公司	执行董事、总经理：杜学泽 总工程师：陈茂	四川省成都市十二桥路七号	610072	028-87772278	028-87716129	http：//10j. sinohydro. com
11	中国水利水电第十一工程局有限公司	执行董事、总经理：孙玉民 总工程师：杨和明	河南省郑州市高新技术开发区莲花街9号	450001	0371-86019001	0371-86019003	http：//11j. sinohydro. com
12	中国水利水电第十二工程局有限公司	执行董事、总经理：孙阳 总工程师：沈益源	浙江省杭州市环城北路141号	310004	0571-28906018	0571-28906018	http：//12j. sinohydro. com
13	中国水利水电第十三工程局有限公司	执行董事、总经理：何占颂 总工程师：杨涛	天津市华苑产业区榕苑路2号	300384	022-58569000	022-58569002	http：//13j. sinohydro. com
14	中国水利水电第十四工程局有限公司	执行董事、总经理：洪坤 总工程师：和孙文	云南省昆明市环城东路395号	650041	0871-3335216	0871-3333460	http：//14j. sinohydro. com
15	中国水电建设集团十五工程局有限公司	董事长：王增发 总工程师：何小雄	陕西省西安市高新科技路16号	710065	029-88758206	029-88758100	http：//15j. sinohydro. com
16	中国水利水电第十六工程局有限公司	执行董事、总经理：林文进 总工程师：吴秀荣	福建省福州市湖东路82号	350003	0591-87821294	0591-87853663	http：//16j. sinohydro. com
17	中国水电基础局有限公司	执行董事、总经理：赵存厚 总工程师：肖恩尚	天津市武清区雍阳西道86号	301700	022-29341551	022-29345523	http：//jc. sinohydro. com
二	中国葛洲坝集团公司	总经理：丁焰章 总工程师：江小兵	湖北省宜昌市清波路1号	443002	0717-6713010	0717-6718330	http：//www. cggc. cn

续表

序号	单位名称	主要领导及总工	地址	邮编	电话	传真	网址
三	中国人民武装警察部队水电指挥部（中国安能建设总公司）	主任（总经理）：岳曦 政委（党委书记）：胡汉武	北京市丰台区莲花池南里13号	100055	010-83999999	010-83999951	
1	中国人民武装警察部队水电第一总队（江南水利水电工程公司）	总队长（总经理）：马青春 政委（党委书记）：刘跃龙	广西壮族自治区南宁市	530028	0771-5751000	0771-5751000	
2	中国人民武装警察部队水电第二总队（江夏水电工程公司）	总队长（总经理）：邹永明 政委（党委书记）：卢伟	江西省南昌市	330096	0791-7662000	0791-7662000	
3	中国人民武装警察部队水电第三总队（安蓉建设总公司）	总队长（总经理）：周庆丰 政委（党委书记）：翟从福	四川省成都市	610036	028-82863000	028-82863000	
4	中国人民武装警察部队水电三峡工程指挥部（湖北安联建设工程有限公司）	主任（总经理）：赵方兴 政委（党委书记）：剧军志	湖北省武汉市	430223	027-81995000	027-81995000	

（中国水利水电建设股份有限公司　中国葛洲坝集团公司　中国人民武装警察部队水电指挥部）

学　术　团　体

中国水力发电工程学会2012年工作情况

2012年，中国水力发电工程学会（以下简称学会）坚持以科学发展观为指导，深入学习、全面贯彻全国科技创新大会精神，认真领会落实中国科协的工作要求，努力“为经济社会发展服务，为提高全民科学素质服务，为科技工作者服务，加强自身建设”，务实高效开展各项工作，推动了学会的健康发展。

（一）能力建设有序推进，服务水平持续提升

（1）积极申报中国科协“全国优秀科技社团”奖，制订了“能力提升实施计划”。作为2012年重要工作，从提升学会服务创新能力、服务社会和政府的能力、服务水电科技工作者能力和自我发展能力四个方面采取措施，努力成为“社会信誉好、发展能力强、学术水平高、服务成效显著、内部管理规范”的示范性全国学会。

（2）组织编撰《中国水力发电科学技术发展报告》，编印了《中国水力发电信息（2012）年报》。《中国水力发电科学技术发展报告》由学会牵头，联合中国水电工程顾问集团公司和中国水利水电建设集团公司，共同组织行业有关单位和100多位专家，历时近8个月编撰完成并正式出版。《报告》在对我国水力发电科技事业的重要进展和重大成果进行全面、

系统回顾总结的基础上，结合我国经济社会和科技发展趋势，用未来工程、未来技术的视野，以国家水电发展规划和重大工程为依托，对我国水电的科技发展进行展望，分析研究未来的重点工程和重点技术的发展需求，提出了水电可持续发展需要解决的重点科技问题、关键技术和研究方向，谋划未来水电的科技发展蓝图。《报告》的编撰出版，充分发挥中国水力发电工程学会的战略决策咨询作用，在推动水电事业科技进步和创新、支撑我国水力发电事业发展、建立国家科技发展知识库等方面做出贡献。《年报》主要内容为2012年度水电行业重要文件和事件、重大成就和科技进步的汇编，它及时向水电界传递真实、准确的信息，是水电学会更好地为广大会员服务所做的新事之一。

(3) 合力成功举办水电新春联谊会，不断巩固行业重要联络交流平台。与国家开发银行联合隆重举办了2012年中国水电新春联谊会，国家有关部委、水电和电力行业的领导和专家以及来自全国各地的水电界新老同仁近400人出席了盛会。会上还进行了水力发电科学技术奖颁奖，进一步激励广大水电科技工作者科技创新和技术进步的积极性。

(4) 科技评审工作走向成熟，创新成果显著。“水力发电科学技术奖”是经国家科技奖励办公室批准设立、面向全国的水电行业科技奖项，实行一年一评。2012年已是第三次评奖，申报的成果达到了163个，涵盖了全国水电的设计、制造、施工、运行、管理和科研教育等各方面，比前两年有较大增加，成果的整体水平也有所提高。经过严格的专业组初评、专家组评审和奖励委员会终审，2012年评选出特等奖2项、一等奖4项、二等奖9项、三等奖38项。

(5)《大中型水电工程建设风险管理规范》编制工作顺利完成。该规范将对大中型水电工程规划设计、土建施工、金属结构及机电设备安装工程、投产试运行和商务风险等方面的风险分析及控制措施提供全面的技术指导，为水电工程安全质量控制和风险防范管理提供服务。

(6)《流域梯级水电站集中控制运行标准》编制工作进入最后阶段。该标准由水电学会牵头组织行业单位和专家进行编制，在总结各大中型流域水电站集控运行经验的基础上，参照国内的行业标准和导则，历时一年完成了征求意见稿。2012年，经函审，形成送审稿，10月送审稿通过审查，之后整理报批稿。

(7) 履行好建言献策职能，为有关部门提供决策支撑和智力支持。水电学会环境保护专委会积极参与了国家能源局《关于进一步做好中小河流水电规划与环境保护工作的指导意见》、《长江干流治理开发与保护规划》，环保部《国家环境保护“十二五”规划》、《全国环境功能区划纲要》等的编制修订工作，提出了大量建设性意见和建议。小水电专委会向水利部提交了《农村水电技术标准需求分析报告》等研究报告。机械疏浚专委会编制了《中国水利疏浚行业分析报告（2012)》。水电监理专委会主持修订了《水电水利工程施工监理规范》。工程造价专委会参与修订了《水电工程投资匡算编制规定》、《水电工程投资估算编制规定》。这些《规定》、《标准》为水电科学、可持续发展奠定了坚实的工作基础。

(8) 继续建设和维护好学会网站，加强水电宣传主阵地。根据行业发展和学会工作需要，进一步加大对学会网站“中国水电网”（www. hydropower. org. cn）的建设投入力度，增加和完善部分功能设置，努力打造行业门户网站。同时，重视抓好各专委会和省级学会自身网站建设，充分发挥水电宣传主阵地作用。

(9) 努力做好水电优秀科技人才评选推荐，加强技术人才培训。组织开展了第二届“潘家铮奖”的推荐评审工作，获得了中国科协的表扬。根据《全国优秀科技工作者评选表彰办法》和中国科协的安排部署，开展了第五届全国优秀科技工作者推荐评选工作，共评选出3名“优秀科技工作者”候选人和1名“十佳优秀科技工作者”候选人，报中国科协备选。受张光斗科教基金会委托，组织评审专家开展了“张光斗优秀青年科技奖”（水电行业）代评工作，共评出3名候选人和1名备选候选人，所推候选人全部当选。还开展了“严恺工程技术奖”的评审推荐工作。此外，控制设备专委会和信息化专委会联合举办了“水轮机调速器暨水电厂计算机监控系统培训班”。自动化专委会举办了“全国水电厂计算机监控系统技术培训班”，为培训人员提供了学习机会，搭建了交流沟通的平台，开阔了视野。

(二) 组织建设不断完善，可持续发展能力显著增强

经过多年的努力和发展，水电学会初步形成了以营造良好学术氛围推动水电科学技术不断融合提高、以科研课题服务助推会员企业产学研结合发展、以日臻成熟的科技奖励激励平台促进行业科技创新水平不断提升的良好局面，有力促进了我国水电事业的健康有序发展。水电学会服务能力不断提升，影响力逐年扩大，理事会员单位数量规模已发展到205家（包括下设的30个专委会和1个工作委员会)，联系指导22个省级学会。

健全并执行民主议事决策制度，提高决策科学化水平。认真组织、筹备和召开好一年一度的理事会议，向全体理事会员单位报告年度工作情况，共同研究来年工作目标和计划；遇重大事项需要常务理事会

决策时及时组织或以通信方式召开会议，确保学会健康发展。学会秘书处不定期召开秘书长办公会，研究决策学会重要工作；每月初召开秘书处全体人员会议，检查上个月工作完成落实情况，安排下一步工作计划。

加强对专委会的建设和管理，促进各学科平衡发展。学会于年初召开了各专委会和省级学会秘书长工作会议，强调各专委会要找准定位、展现特色、整合资源、突出优势、发挥作用；要求各级机构深化服务理念，端正服务态度，创新服务方式，增强服务能力，提升服务水平。2012年有8个专委会完成了换届工作，新的专委会委员更趋年轻化、更富代表性，有利于更好地推动所属学科发展。

省级学会是全国学会的重要部分，是学术活动多层次、多样化的有效体现。学会重视加强对省级学会的联系和指导，派员参加省级学会换届大会和北方、南方两大片区省级学会联络会议，指导省级学会完善工作机制和提高服务能力，共同提升学会整体服务水平。

不断加强和完善秘书处建设，努力提高服务水平。2012年学会搬迁了办公地点，提出了新地点要有新面貌、新气象，要求秘书处全体人员明确工作定位，增强服务意识，不断提高工作能力和服务水平。

（三）学术交流成效突出，科技平台作用显著提升

2012年7月全国科技创新大会，提出了《中共中央国务院关于深化科技体制改革，加快国家创新体系建设的意见》，对深化科技体制改革、建设国家创新体系作出重大部署，同时，把充分发挥科技社团在推动全社会创新活动中的作用，提到了前所未有的高度。水电学会努力贯彻落实中央的部署和要求，积极发挥行业学术交流主平台的服务职能，始终把活跃学术交流方式、提高学术交流水平、推动科技创新和行业科技发展作为主要工作来抓。通过搭建不同专业、不同形式、不同层次的学术交流平台，开展形式多样、充分互动的学术交流活动，学术交流的质量和影响力不断提高，学术交流的环境和风气不断改善。

水电学会与中国电力企业联合会联合主办了“2012全国大中型水电站风险管理标准化（规范）论坛”，专题研讨大中型水电项目建设和运营中的风险管控和防范。通过研讨，一致认为：当前水电建设面临的社会环境、工程环境、建设环境等都深刻发生变化，要高度重视大中型水电项目的风险管理问题，加强对水电项目各种风险因素的辨识、评估和控制，促进水电事业科学发展、规范发展、可持续发展。

2012年，学会各专委会积极发挥专业特色和本学科带头作用，围绕本专业学科技术发展的新问题和前沿技术，针对水电开发建设中的难点和热点问题，召开专委会年会或学术交流会，开展了形式多样、学术氛围浓厚的各种技术交流和研讨活动，为推动学科技术发展做出了积极贡献。如：地质与勘探专委会召开“第三次学术交流年会”，探讨从地质勘察上如何更好地为水电水利工程建设和安全把好关；电力系统自动化专委会的“水电站状态检修学术交流会”，探索高电压、大电网、大机组环境下水电机组设备的检修维护管理技术；抗震防灾专委会的“2012全国大坝抗震安全高级学术研讨会”，交流大坝抗震设计、科研最新成果和研讨相关关键技术；碾压混凝土筑坝专委会的“技术交流年会”，全面分析评估和探讨创新碾压混凝土筑坝关键施工技术；电气专委会召开换届暨2012年度电气学术交流会议，设置了提问和答疑环节，还邀请部分设备制造厂商介绍新设备、新产品和新技术；施工专委会的“第三届水电工程施工系统专题交流会”，研讨和交流现代大型施工设备的应用，推广保护环境和更加节能降耗的高效现代施工新技术；自动化专委会召开换届暨全国水电厂自动化技术学术交流研讨会，交流的成果总体上反映了我国水电厂自动化技术近年来在科学研究、新技术应用、新产品开发、工程设计、现场运行和管理等方面所取得的成果；金属结构专委会除召开换届暨学术交流外，还召开了金属结构抗震专题技术交流研讨会议。水力机械、继电保护、高坝通航、混凝土面板堆石坝、水文泥沙、梯级调度控制、信息化、电网调峰和抽水蓄能、水工建筑物、水工水力学、大坝安全监测等专委会也都通过“学术交流年会”、“学术研讨会”等技术活动，交流研讨本专业的技术发展和专业技术进步方向。各专委会的学术交流活动对本专业学科创新科技理念、交流经验和科研成果、推广使用新技术和新设备、攻克技术难关、促进本专业和行业技术进步，起到了积极的推动作用。

进一步加强与国际水电界的交流与合作，推动加快中国水电“走出去”步伐。2012年国际水电协会（IHA）三度到访中国水电学会，双方表示了共同努力促进世界水电可持续发展的美好愿望，就加强高层互访、配合开展世界水电统计工作（中国部分）、协办2013年世界水电大会、发展IHA中国会员单位、共同开展绿色水电评价标准中国区培训等方面达成了共识和合作意向，签署了会谈备忘录，进一步加深了了解与互信，巩固了双方的良好合作伙伴关系。学会申请中国科协经费支持，资助2名水电专家赴日本参加国际大坝委员会第80届年会和赴西班牙参加国际水利与环境工程学会执委会。小水电专委会组织专家出席“中印小水电合作国际研讨会”并作主题报告，

得到了大会的高度认可。国际河流水电开发生态环境研究工作委员会按照国家能源局、外交部的总体部署和要求，“十二五”期间重点做好澜沧江、怒江、雅鲁藏布江水电开发中业主委托有关工作，搭建起国际河流水电开发政府、企业、民众之间的联系桥梁。

继续推进海峡两岸的水电科技交流，加深两岸友好往来。近几年来学会每年组织专家团组赴台湾开展不同专业领域的水电科技交流和研讨，加深了两岸水电建设、水电技术和水电发展的相互了解，使两岸水电同仁间结下了深厚的友谊。2012 年组织了 8 人的水电抗震防灾高级专家团，赴台北市开展了“海峡两岸水利水电工程抗震防灾技术”方面的学术交流和现场考察活动，为促进两岸水电工程抗震防灾工作的发展开启了良好开端。

（四）强化水电宣传，水电开发舆论环境持续向好

全国科技创新大会强调“要切实把科学普及摆在与科技创新同等重要的位置，提高全民族科学素质”。水电学会始终以传播水电科普知识和营造良好舆论环境为己任，认真贯彻《全民科学素质行动计划纲要》，积极多渠道、多样式大力宣传传播水电科学思想、水电科学常识，弘扬水电科学精神，澄清水电不实报道，增进社会公众对水电的客观认知和科学判断，努力营造健康有序的行业发展舆论环境。

（1）继续推进实施《中国水电“十二五”宣传纲要》，努力为水电发展营造良好的社会舆论环境。

（2）开展“西南水电行”大型考察报道活动。在社会上引起了强烈的反响，起到了科普宣传为国家发展建设保驾护航的积极作用。2012 年 5 月，全国政协主席贾庆林在张基尧理事长和云南省委、政府主要负责人陪同下，考察金沙江中游阿海水电站并发表重要讲话，学会联系有关媒体适时进行了宣传报道，对营造我国水电健康发展的舆论环境起到了重要作用。

（3）与湖南水电学会联合成功举办了“水电人的梦想”演讲大赛。“中国水电网”对大赛进行了专题直播，收到了很好的宣传效果。

（4）加强与各大媒体的合作，扩大水电宣传影响。联系和依托能源网、人民网、新华网和《中国水利报》、《中国三峡工程报》、《中国三峡》杂志等主流媒体，加强水电科普、水电综合效益等正面舆论宣传，努力营造促进水电发展的有利舆论环境。

（5）与《中国能源报》社联合主办《中国水电手机报》。受到了广泛关注和好评。

（6）加强国际河流水电开发宣传工作。

（7）充分利用学会“中国水电网”的宣传平台，加大水电网络宣传力度。大量撰写有关水电科普宣传、舆论热点评论、澄清不实报道言论等方面的文章，努力为水电营造良好发展氛围。

（8）重视科技出版工作。努力抓好《中国水力发电年鉴》编纂工作，提高年鉴质量。大力支持办好会刊《水力发电学报》，不断提高学报影响力。各专委会结合本专业特点积极编撰专业书刊，各省级学会做好自有刊物出版和管理工作，努力做到全面覆盖行业各专业领域，共同推进水电学科建设。

（五）科研咨询有序开展，企业科技创新能力不断提高

水电学会紧紧抓住在水电行业学科齐全、影响广泛、智力密集、人才荟萃的突出优势，充分发挥在组织开展决策建言、科研咨询、反映水电科技工作者诉求等方面的重要作用，以搭建产学研用合作平台为依托，围绕水电开发中的技术难点和突出难题，继续加强与各大电力集团、流域公司、水电企业和科研院校的科研课题和技术咨询服务合作，为政府建言献策，为行业企业科技创新和健康发展服务。

学会承担的国家“十一五”科技支撑重点项目《特大型梯级水利水电工程安全及高效运行若干关键技术问题研究咨询》课题于 2012 年 9 月结题，历时三年圆满完成了技术咨询任务。

继在大渡河流域先后开展完成有关梯级调度研究、泥沙治理研究课题后，2012 年学会又组织开展了有关课题的技术研究工作，为政府提供了决策支持，为行业发展提供了科技支撑。

（六）潘家铮基金规模进一步壮大，影响力不断扩大

水电学会联合行业其他 41 家单位共同发起，于 2008 年 5 月正式成立了我国水电行业第一个科技基金——潘家铮水电科技基金。几年来基金首批捐款经过公开、公正、透明的理财运作，用于水电科技创新和水电科技人才培养并取得良好效果，基金的影响力不断增强。2012 年，新增了 9 家单位和 4 名个人首次参与捐资（其中潘总捐了 60 万元），实现了 4000 万元的预期扩资目标。

“潘家铮奖”（个人成就奖）每两年一评，每次奖励 3 人，2012 年是第二次评奖。其评审着重于长期工作在第一线并做出重大成就和贡献的科技专家，着重于在水电水利工程的科研、勘察、设计、施工、建设管理、生产运行等领域解决关键科学技术问题、有重要贡献、成绩杰出者。经过奖励委员会的严格评审、公正投票，最终评出“潘家铮奖”3 人。

“潘家铮水电奖学金”实行一年一届，2012 年已是第四届。根据基金二届一次理事会的提议，2012 年评奖范围新增青海大学和新疆农业大学，受奖单位已达到 16 家，最终评选出拟授奖学生 46 名。

（中国水力发电工程学会秘书处）

中国水力发电工程学会分支机构情况表

专委会名称	主任委员	秘书长	专业内容	挂靠单位
水能规划及动能经济专业委员会	王 斌	钱钢粮	水能规划及动能经济	水电水利规划设计总院
水库专业委员会	王 斌	李明传	水库移民安置、水电工程征地、区域经济发展规划等	水电水利规划设计总院
环境保护专业委员会	彭 程	顾洪宾	环境影响评价、咨询，环境保护设计，水土保持方案设计	水电水利规划设计总院
水文泥沙专业委员会	陈五一	谭 键	水文、泥沙专业的学术交流和技术总结	水电水利规划设计总院
地质及勘探专业委员会	彭土标	张东升	水电水利工程地质、测绘、物探、钻探、岩土试验专业的学术交流	水电水利规划设计总院
水工及水电站建筑物专业委员会	王柏乐	党林才	水工	水电水利规划设计总院
水工水力学专业委员会	刘之平	章晋雄	水工水力学	中国水利水电科学研究院
高坝通航工程专业委员会	李 云	李 云	通航技术交流、通航科技发展战略及政策咨询、委托项目论证	南京水利科学研究院
碾压混凝土筑坝专业委员会	梅锦煜	郑桂斌	碾压混凝土筑坝技术（坝工、材料、运行、建设管理等）	武警水电指挥部
混凝土面板堆石坝专业委员会	周建平	杨泽艳	混凝土面板堆石坝设计、施工、材料、变形观测、运行管理等技术交流、咨询	水电水利规划设计总院
水工金属结构专业委员会	龚建新	林朝晖	闸门及启闭设备、通航设备的设计、安装、调试	水电水利规划设计总院
水力机械专业委员会	赵 琨	戴康俊	水力机械设计、试验、安装、运行、改造	水电水利规划设计总院
电气专业委员会	李定中	于庆贵	电气一次专业	水电水利规划设计总院
自动化专业委员会	吴维宁	刘观标	水电电气二次技术及相关内容	国网电力科学研究院
继电保护专业委员会	许可达	文伯瑜	发电机、变压器和高压线路的继电保护	国务院三峡工程建设委员会办公室
施工专业委员会	郑 平	郑 平	大坝浇筑填筑、混凝土生产、砂石料开采加工三大系统及设备	中国水利水电建设集团公司
工程造价专业委员会	王民浩	郭建欣	工程造价、工程经济技术管理	水电水利规划设计总院
信息化专业委员会	汪小刚	钟 卫	计算机及自动化技术在水电工程规划、设计、施工及电站运行中的应用	中国水利水电科学研究院
水电站运行管理专业委员会	李向荣	裴哲义	水电站运行管理、水库经济运行	国家电力调度通信中心

续表

专委会名称	主任委员	秘书长	专业内容	挂靠单位
电网调峰与抽水蓄能专业委员会	林铭山	吕明治	开展抽水蓄能电站建设必要性、经济合理性及优化布局的研讨，介绍先进技术，组织学术交流，承接站点规划和技术咨询服务	中国水电顾问集团北京勘测设计研究院
大坝安全监测专业委员会	张秀丽	许传桂	水库、大坝的安全监测技术与安全管理	国家电力监管委员会大坝安全监察中心
水电控制设备专业委员会	王德宽	刘同安	水轮机调速、励磁装置，自动化元件，智能仪表	中国水利水电科学研究院
抗震防灾专业委员会	李同春	张燎军	大型水利水电工程、大电网的抗震、防灾技术、预案、对策研究	河海大学
电力系统自动化专业委员会	毕亚雄	李平诗	水电厂自动化系统，自动调压、调频装置，水电长距离输电稳定装置	中国长江电力股份有限公司
梯级调度控制专业委员会	袁　杰	侯保民	流域梯级调度控制、流域水资源运用	三峡水利枢纽梯级调度通信中心
机械疏浚专业委员会	王杨群	王　究	机械疏浚与吹填学术交流，推广先进经验，介绍新的技术、材料、设备、产品	水利部综合事业局
小水电专业委员会	李如芳	程夏蕾	小水电方面学术交流、技术咨询、继续教育	水利部农村电气化研究所
水电监理专业委员会	陈东平	王平稳	水电监理经验与技术交流，监理技术与理论研究	华北电力大学
水电建设管理专业委员会			水电建设管理经验与技术交流	中国水力发电工程学会
风险管理专业委员会	孙家康	时　斌	风险管理理论研究，水电施工单位实施风险管理规划，组织专业培训，开展行评行检	江泰保险经纪有限公司
国际河流水电开发生态环境研究工作委员会	王　斌	周世春	澜沧江开发的研究、监测、收集信息，建立监测站，对其水情进行分析评价	中国水电工程顾问集团公司

（中国水力发电工程学会秘书处　殷利利）

各省、市、自治区水力发电工程学会组织情况表

名称	会员总数	理事长	秘书长	办事机构地点	邮编	学术专业设置	会刊学报
北京市水力发电工程学会	1200	李志谦	徐力波	北京市定福庄中国水电顾问集团北京勘测设计研究院	100024		

续表

名称	会员总数	理事长	秘书长	办事机构地点	邮编	学术专业设置	会刊学报
天津市水力发电工程学会	1297	何志华	何琴雯	天津市河西区洞庭路60号 中水北方勘测设计研究有限责任公司	300222	施工及基础处理专委会 水电成套设备专委会 水工专委会 机电专委会 大坝安全监测与管理专委会 动能经济及抽水蓄能专委会 勘测专委会	《水利水电工程设计》
河北省水力发电工程学会	175	赵国防	回士光	河北省石家庄市富强大街3号	050011		
山西省水力发电工程学会	682	李　力	刘改元	山西省太原市新建北路45号	030002	水电电气自动化专委会 水工建筑及水力机械专委会 水电站运行管理专委会 农村水电电气化专委会 抽水蓄能电站专委会	《电力学报》（双月刊） 《山西省水力发电工程学会简报》
江苏省水力发电工程学会	782	吴中如	陈守伦	江苏省南京市西康路1号 河海大学水电馆306室	210098	水工结构专委会 水工水力学专委会 水电站电气及自动化专委会 仪器仪表专委会 小水电专委会 泵站及流体机械专委会 水资源及环境专委会	
上海市水力发电工程学会	244	陆忠民	毛影秋	上海市逸仙路388号 上海勘测设计研究院	200434		《上海水利水电技术》 《上海市水力发电工程学会会讯》
浙江省水力发电工程学会	1451	许文斌	卢可源	浙江省杭州市梅花碑7号	310009	水能规划及动能经济专委会 水工及水电站建筑专委会 水电站运行管理专委会 中小水电开发与管理专委会 施工专委会 机电设备专委会 地质勘测及技术处理专委会 计算机运行及信息专委会 大坝安全监测专委会	《浙江水利水电》（内刊、学会通讯）
安徽省水力发电工程学会	764	杜贵和	谢　辉	安徽省合肥市黄山路9号安徽省电力公司	230022	水工专委会 小水电专委会 水电站运行专委会	

续表

名称	会员总数	理事长	秘书长	办事机构地点	邮编	学术专业设置	会刊学报
福建省水力发电工程学会	1189	李立新	陈瑞兴	福建省福州市五四路111号宜发大厦25层	350003	水能规划及动能经济专委会 工程勘查专委会 水工及水电站建筑物专委会 水力机械及金属结构专委会 水电站电气及自动化专委会 施工机械及施工管理专委会 水电建设管理专委会 水电站运行管理专委会 农村电气化专委会 水库经济专委会 水电站经济及水库调度专委会	《福建水力发电》
河南省水力发电工程学会	733	张全良	景来红	河南省郑州市金水路109号	450003	水能规划及动能经济专委会 水工及水电站建筑物专委会 水电站电气及自动化专委会 施工机械及施工管理专委会 水电站运行管理专委会 水工金属结构专委会 中小型水电专委会 地质专委会	《河南省水力发电工程学会简报》
湖北省水力发电工程学会	5244	常晓林	赵英林	湖北省武汉市武昌 武汉大学工学部八教二楼209	430072	水能规划及动能经济专委会 水工及水电站建筑物专委会 水工水力学专委会 水利水电工程施工专委会 水电站运行管理专委会 水力机械专委会 中小水电专委会 电气与自动化专委会	《湖北水力发电》
湖南省水力发电工程学会	3010	苏祥林	方　芳	湖南省长沙市雨花区香樟东路16号 中国水电顾问集团中南勘测设计研究院	410014	勘测专委会 环境保护专委会 施工专委会 库区经济专委会 水电站设备专委会 水电站运行管理专委会 小水电与农村电气化专委会 计算机应用专委会 水工结构与水电站建筑物专委会 水能规划与动能经济专委会	《中南水力发电》
广东省水力发电工程学会	1566	洪荣坤	夏红梅	广东省广州市天河东路2号粤电广场 广东省电力公司	510630	水能利用专委会 水工及水电站建筑专委会 水电建设管理及施工专委会 水电站运行与自动化专委会 风电及新能源专委会	

续表

名称	会员总数	理事长	秘书长	办事机构地点	邮编	学术专业设置	会刊学报
广西水力发电工程学会	3428	李一平	崔露军	广西南宁市民主路6号 广西电网公司	530023	水能规划及动能经济专委会 地质勘测专委会 水工及水电站建筑物专委会 水力机械专委会 金属结构专委会 水电站电气及自动化专委会 施工机械及施工管理专委会 水电建设管理专委会 水电站运行管理专委会 小水电及农村电气化专委会 水库经济专委会 水电厂防汛及水库调度专委会 计算机应用专委会 工程造价专委会 电气及自动化专委会	《红水河》
四川省水力发电工程学会	3168	陈云华	吴世勇	四川省成都市双林路288号二滩大厦	610051	地质勘探专委会 运行专委会 工程造价专委会 施工专委会 水工专委会 规划专委会 水机专委会	《四川水力发电》
贵州省水力发电工程学会	2006	熊宇	陈贤明	贵州省贵阳市新华路9号 乌江水电开发有限责任公司	550002	水资源及水能规划专委会 地质与勘探专委会 水工及水电站建筑物专委会 水电站建设及工程经济专委会 金属结构及水力机械专委会 施工管理专委会 水库经济专委会 水电站运行管理专委会 小水电技术专委会 环境与资源专委会	《贵州水力发电》
云南省水力发电工程学会	2033	吴宝英	周建峰	云南省昆明市拓东路73号 云南电网公司3号楼203室	650011	水工及水电站建筑物专委会 水能规划及动能经济专委会 水电站电气及自动化专委会 水力机械及金属结构专委会 施工机械及施工管理专委会 水电站运行管理专委会 工程经济定额预算专委会 地质及勘测专委会	《云南水力发电》

续表

名称	会员总数	理事长	秘书长	办事机构地点	邮编	学术专业设置	会刊学报
陕西省水力发电工程学会	5100	马海晨	郭廷才	陕西省西安市丈八东路18号 中国水电顾问集团西北勘测设计研究院	710065	水工专委会 规划动能经济专委会 工程地质勘测专委会 小水电专委会 机电运行专委会 水电站施工专委会 工程造价专委会 通航专委会 水电站自动化专委会 水库及环保专委会 风电与新能源专委会	《西北水力发电》［西北五省（区）联合办刊］
甘肃省水力发电工程学会	1207	赵德武	胡金荣	甘肃省兰州市七里河区敦煌路353号 国投甘肃小三峡发电有限责任公司	730050	水能规划与动能经济专委会 地质与勘探专委会 水力机械专委会 水电站运行管理专委会 小水电专委会 水工与施工专委会	《甘肃电力技术》、《西北水力发电》
宁夏水力发电工程学会	474	田军仓	王红雨	宁夏银川市贺兰山西路539号 宁夏大学土木与水利工程学院	750021	水电站运行专委会 水力机械气蚀磨损专委会 电气自动化专委会 水工专委会 水电施工专委会	《西北水力发电》［西北五省（区）联合办刊］
青海省水力发电工程学会	1018	谢小平	曹光明	青海省西宁市五四西路43号-5 黄河上游水电开发公司	810008	水电工程经济定额预算专委会 小水电专委会 水工专委会 水能经济专委会	《青海水力发电》
新疆水力发电工程学会	217	张　剑	赵　华	新疆乌鲁木齐市黑龙江路19号 水利部新疆水利水电勘测设计研究院	830000	水利水电工程大坝专委会 水电站机电及自动化技术专委会 岩石力学与工程专委会 水利水电工程招标投标专委会 水能规划与动能经济专委会 水电工程经济专委会 水工与施工专委会 水库与环保专委会 金属结构水工机械专委会 水库经济专委会	《新疆水利水电》

（中国水力发电工程学会秘书处　殷利利）

中国大坝协会2012年工作情况

2012年，中国大坝协会以科学发展观为统领，努力增强主动服务、主动参与、主动承担的意识，进一步推动各项工作规范化、正规化和制度化，提高服务水平，会员单位发展达到155个；致力于宣传、推广中国大坝建设成就和打造国内外交流平台，协会中英文网站累积点击率分别达到28万多次和2.1万余次，接待来自美国、德国、日本、西班牙等30多个国家的专家达到130多人次，组织国内100多位专家出访了日本、西班牙、法国、希腊、土耳其等国家，扩大在国际大坝界的影响力。

（一）加大力度，拓展渠道，高效推进水库大坝科学知识的宣传

1. 倡导发布《储水设施与可持续发展》世界宣言　中国大坝协会以中国作为国际大坝委员会主席国为契机，倡导并提出了《储水设施与可持续发展》世界宣言。该宣言在汪恕诚理事长指导下完成，并得到了水利部部长陈雷等有关领导的帮助和支持，赢得了国际大坝委员会、国际灌排委员会、国际水资源协会、国际水电协会等国际组织的支持并联合签署。该宣言已形成中、英、法、西班牙语等多种版本，于2012年6月在日本京都举办的国际大坝委员会年会上发布，得到了世界水理事会、世界银行等组织的支持和各国的高度评价与赞扬。国内外众多网站对宣言进行了广泛宣传。宣言的发布提升了国际社会对水库大坝战略重要性的科学认识。

2. 积极响应社会热点问题

（1）主办“水库大坝与环境保护”论坛。在中国大坝协会2012学术年会期间，专题组织召开了“水库大坝与环境保护”论坛。来自中国长江三峡集团公司、二滩水电开发有限责任公司等单位，以及新华社四川分社、《四川日报》、《中国能源报》、《中国科学报》、《中国政协》杂志社等新闻媒体共计50余人参加了论坛。与会专家和媒体针对关注的水库大坝开发与运行中所涉及的生态环境保护、可持续发展等问题进行了讨论，特别围绕三峡、二滩、小浪底以及北盘江上的水库大坝等国内比较有代表性的工程进行了分析和探讨；同时，就我国当前的能源形势、未来的能源政策、水电开发的前景等热点问题进行了热烈的交流和讨论。会后相关媒体对会议情况进行了多方面的报道，认为论坛的召开对于正确认识水库大坝的建设有重要作用。

（2）组织编写《科学世界》南水北调专刊。中国大坝协会秘书处根据有关领导建议，2012年配合国务院南水北调办公室编写了《科学世界》南水北调专刊。专刊从科普角度，通过与国外调水工程进行比较，介绍了南水北调工程的重要性、构成、巨大效益及其建设进展，让公众对跨越大半个中国的南水北调工程有一个较完整的、较全面的理解。专刊主要在科技界发行，印刷发行近5万份，同时内容上网，预计读者40万人。

3. 着力拓展宣传渠道　通过网站建设、平面媒体宣传、多媒体材料制作，积极完善与新闻媒体的链接，着力拓展宣传渠道，以有效地促进水库大坝科学知识的宣传。针对水电开发和大坝建设的热点问题，积极应对舆论质疑，组织专家多次接受来自《中国水利报》、《南方周末》、《亮报》、人民网等媒体的采访，就如何科学看待水电开发中的生态环保问题、中国在面临巨大节能减排压力的现实下水电开发的前景、三峡工程修建与下游干旱是否有关等热点议题进行鲜明和科学地表述，较好地发挥了桥梁和纽带作用。

（二）搭建平台，促进创新，推动大坝建设的技术进步

1. 第二届汪闻韶院士青年优秀论文奖评选　2012年组织了第二届汪闻韶院士青年优秀论文奖评选，并在中国大坝协会学术年会开幕式上颁奖。获奖的第一作者分别是三峡大学的刘杰、水利部长江水利委员会张志林和长江勘测规划设计研究有限责任公司熊堃。

2. 组织学术会议

（1）主办中国大坝协会2012学术年会。中国大坝协会2012学术年会暨第一届理事会第六次会议于2012年10月11～12日在四川省成都市川投国际酒店顺利召开。来自水利部、国家能源局、四川省政府、四川省水利厅以及中国大坝协会各会员单位的领导、专家共530多人参加了会议，其中包括来自我国香港地区代表7名，来自美国、英国、澳大利亚及非洲的国外代表20余名。学术年会的主题是“水库大坝建设和管理中的技术进展”。针对“十二五”期间我国水库大坝建设和水利水电发展新形势，大会邀请了十多位国内外资深专家和学者作特邀报告，就重大水利水电工程的建设管理经验进行交流与总结，同时交流和探讨坝工界关注的大坝安全管理、环境友好新技术、数字化设计和现代化施工等话题。会议还特别邀请了美国大坝协会主席罗杰斯就当前普遍关注的气候变化条件下大坝的风险管理作了学术报告。报告得到与会代表的一致好评，取得了良好的效果。

为落实推广国际大坝委员会《储水设施与可持续发展》世界宣言，10月12日召开了“水库大坝与水

电可持续发展”圆桌会议。这是继2010年5月在越南河内、2010年10月在葡萄牙里斯本、2010年11月在北京、2011年9月在郑州召开四次圆桌会议之后，第五次召开旨在促进非洲水库大坝建设和水电可持续发展的圆桌会议。参加会议的非洲代表来自加纳、肯尼亚、利比亚、尼日利亚、南非、莫桑比克和埃塞俄比亚。会议就非洲水库大坝建设和水电开发现状及未来合作意向和前景进行了主题发言和讨论。通过研讨，增进了各方的了解、促进了交流和沟通，对未来与非洲国家共享水利水电开发的经验和成果，加强水利水电开发领域的交流与合作起到了积极作用。

（2）承办第六届世界水论坛“发展储水设施，促进可持续发展”特别分会。第6届世界水论坛于2012年3月12日在法国南部港口城市马赛隆重开幕，来自世界各国超过2万名代表参加了此次盛会。在第六届世界水论坛期间，作为国际大坝委员会主席国，中国大坝协会于2012年3月16日承办了“发展储水设施，促进可持续发展”特别分会。来自国际大坝委员会、世界水理事会、国际灌排委员会、国际水电协会、世界自然基金会、大自然保护协会等国际组织以及中国水利部、巴西能源部、法国电力公司等20多个国家的政府、企事业单位代表共计200余人参加了会议。会议由中国大坝协会副理事长、国际大坝委员会主席贾金生主持。水利部刘建明主任代表陈雷部长作主旨报告，巴西、日本、法国、印度、土耳其、尼日利亚等国代表也作了大会发言。与会代表就储水设施的设计、建设与运行维护以及可持续开发等关注的问题展开了热烈的讨论，气氛热烈。这次会议起到了良好地作用，提升了国际大坝委员会在世界水论坛上的影响力，直接面对个别反坝组织的质疑，起到了很好的作用，得到了世界水理事会等组织的赞扬。

（3）主办高坝工程前沿论坛。高坝工程前沿论坛于2012年4月20日至21日在四川省成都市隆重召开。会议由中国大坝协会主办，由四川大学、中国长江三峡集团公司和中国水电顾问集团成都勘测设计研究院联合承办。我国不少高坝工程位于高海拔、高寒、高地震裂度地区，地质地形条件非常复杂，技术难度非常突出，因此，提高高坝工程的技术水平，强化高坝工程安全具有非常重要的意义。如何从工程勘探、规划设计、工程施工以及运行管理各个阶段进行全过程的技术研究和创新是本次论坛的主题。中国大坝协会荣誉理事长陆佑楣院士、四川大学校长谢和平院士、马洪琪院士、张超然院士、钟登华院士、中国长江三峡集团公司副总经理樊启祥、中国水电顾问集团公司副总经理周建平、中国水电顾问集团成都勘测设计研究院副院长宋胜武等领导和专家参加了会议。与会代表150余人，来自坝工领域的业主、勘测设计、施工、科研院校等单位。论坛邀请了29个国内有影响的院士和专家、学者代表作大会报告，内容涉及高坝工程的各个方面。高坝数字化建设、云计算等是本次会议的一个亮点，为我国大坝建设走向新的阶段提供了重要的参考。

（4）协办中国水利学会第五届青年科技论坛。中国水利学会第五届青年科技论坛于2012年4月22～24日在成都顺利召开，会议由中国水利学会主办，中国水利学会青年科技工作委员会承办，由中国大坝协会、四川省水利厅等单位协办。参加会议的有中国水利学会、四川省水利厅等有关方面的领导，各专业委员会、省级水利学会和单位会员代表，中国水利学会青年科技工作委员会委员及活跃在我国水利事业各条战线的青年科技工作者代表和新闻记者，共120多人。本届论坛的主题是“水利改革发展与科技创新”，论坛围绕水利水电工程关键技术、水环境与水生态、城乡饮水安全等方面的科技进展和成果进行了深入交流和探讨。共有28名青年参会代表作了报告。

（三）加强交流，巩固机制，扩大国际影响力

1. 组织参加国际大坝委员会第80届年会和第24届大会　国际大坝委员会第80届年会暨第24届大会于2012年6月3日至6月8日在日本京都召开。来自世界69个国家、1350名代表参会，共有60多家公司和机构参加了大会的技术展览。中国大坝协会组织了64位专家组成的、以贾金生秘书长为团长的中国代表团参加了会议。本次会议发布了《储水设施与可持续发展》世界宣言，根据国际大坝委员会主席贾金生的建议，首次评选了国际大坝委员会青年优秀论文奖，法国、泰国和日本的青年代表获得了首届青年论文奖。年会选举产生了新一届国际大坝委员会主席和欧洲、非洲区副主席，确定了2014年年会在印尼举办，2015年大会在挪威举办。中国大坝协会还承办了此次会议的会前中国技术考察。来自俄罗斯、巴西等国家的46位代表在三峡、清江公司等单位领导和专家的带领下，参观了三峡、水布垭及隔河岩工程。

2. 组织参加第六届碾压混凝土坝国际研讨会　2012年10月23日，第六届碾压混凝土坝国际研讨会在西班牙萨拉戈萨召开，来自30多个国家的300多位代表出席了研讨会。应西班牙大坝委员会的邀请，中国大坝协会副理事长兼秘书长贾金生率领29名专家组成的代表团参加了研讨会。贾金生应邀在开幕式上致辞并作大会主旨报告，8位中国专家在研讨会上作了报告，获得了参会代表的广泛关注。会议评

选出美国的Taum Sauk、中国的光照和西班牙的La Breña Ⅱ碾压混凝土坝为国际碾压混凝土坝里程碑工程。中国大坝协会与西班牙大坝委员会于1991年首次就碾压混凝土筑坝技术签订了合作协议，到期后分别于2000年和2007年续签了协议，本次会议期间，两国再一次续签了合作协议。会议建议，第七届国际碾压混凝土坝学术研讨会2015年在中国举办。

（四）凝心聚力，建言献策，力争为政府、会员单位做好服务

中国大坝协会充分发挥社团组织的专家和资源优势，针对行业热点问题组织调查研究，并向政府有关部门提出建议。

（1）建设国内外大坝数据库，为有关单位提供服务。在各有关单位的大力支持下，中国大坝协会秘书处完善了国内已建、在建30m以上大坝数据库；建立了全国病险水库工程信息库（58662座）和国外溃坝信息库（1609座）。2012年在水利部建管司的领导下，在水利部大坝安全管理中心和国家电力监管委员会大坝中心的大力支持下，整理出了国内外按库容、坝高和装机前100位以及按坝型排前30位的大坝统计数据库。同时，积极为国内有关单位提供国际比较数据，并编写了国际水电发展状况及比较研究报告。

（2）发挥社团资源和专家优势，协助部委和有关单位开展针对性的调研与研究工作。秘书处组织专家先后承担或者参与了全国大型水库大坝安全调研、国内水资源开发比较研究、国际水电开发比较研究、马来西亚水电开发及政策调研、缅甸伊江上游水电开发咨询以及水库大坝安全标准比较研究等工作，完成的有关报告受到了委托单位的好评。

（3）完成了《中国大坝建设60年》的中文版出版。根据中国大坝协会工作会议精神，组织编写出版《中国大坝建设60年》。共征集来自水利部水利水电规划设计总院、中国水电工程顾问集团公司、水利部大坝安全管理中心、国家电力监管委员会大坝安全监察中心、中国长江三峡集团公司、二滩水电开发有限责任公司、小浪底水利枢纽建设管理局、中国水利水电科学研究院、中国水利水电建设集团公司、中国葛洲坝集团公司、河海大学等有关单位，以及朱伯芳、陈厚群等有关院士、专家的中英文稿件共55篇。中文版已于12月底正式出版。英文稿件的审校工作正在推进。

（4）积极参与推广新的坝型、新的技术。发挥中国坝工技术领域国际窗口的作用，积极引进吸收国际新的筑坝技术并在国内组织推广。2012年中国大坝协会秘书处编译了胶凝砂砾石筑坝技术的相关国际资料，前后组团前往日本、西班牙、土耳其、希腊等国进行针对性的技术交流，并考察相关胶凝砂砾石大坝工程，取得显著成效，为该筑坝新技术在国内的推广应用奠定了基础。目前，胶凝砂砾石筑坝技术已应用于四川港航电堤防、山西省守口堡水库大坝等工程。

（5）编印了《大坝新闻》和《水库大坝参阅资料》，并进行了广泛交流。

（五）加强能力建设，促进社团规范化、制度化

1. 制度建设　2012年，中国大坝协会秘书处制订了档案管理制度、印章管理制度、学术自律规定等，通过这些规章制度的制订，促进了中国大坝协会规范化、制度化运行。

2012年，中国大坝协会通过了民政部组织的评估。评估专家认为中国大坝协会虽然成立较晚，但成效突出，已发展成为我国水利水电行业很有影响的学术性社会团体，是很有特色的国际著名的协会机构，并期望中国大坝协会通过加强个人会员发展和学术期刊建设，完善有关工作，再上新的台阶。

2. 能力建设　一年来，通过举办国内、国际学术研讨会，组团参加与大坝相关的国内外学术活动以及相关单位举办的国际学术会议交流培训，并借鉴其他社团组织的先进经验，中国大坝协会秘书处全体工作人员逐步形成分工明确、精诚合作的团队，增强了责任心及工作能力，提高了办事效率；努力提高英语听说读写能力，为会员单位提供服务的力度和水平都得到了提高。2012年9月，组织团队参加了中国水利水电科学研究院"真我风采"英语技能大赛，获得团体二等奖以及个人"最佳潜力奖"的好成绩。

（中国大坝协会秘书处）

中国水利学会2012年工作情况

（一）组织建设

1. 荣获中国科协学会能力提升专项"优秀科技社团奖"　从2012年起，中国科协开始在所属全国学会中组织实施学会能力提升专项。根据中国水利学会九届五次常务理事会决议，秘书处积极参与该奖项的组织申报。经中国科协的评审和公示，中国水利学会获得优秀科技社团奖三等奖。

2. 召开九届五次常务理事会　2012年6月，学会以通讯会议方式召开九届五次常务理事会。会议内容：①对申报中国科协学会能力提升专项进行表决；②对6个单位申请加入学会单位会员提出意见。根据常务理事表决结果，会议同意学会申报中国科协学会

能力提升专项（优秀科技社团奖），同意北京工业大学等6个单位成为学会单位会员。

3. *召开2012省级学会秘书长工作座谈会*　2012年6月12日，学会在银川召开了省级水利学会秘书长工作座谈会。会议的主要任务是总结回顾去年以来的学会工作，共同研究探讨学会的改革与发展，进一步加强省级水利学会之间的相互交流，促进省级水利学会事业科学发展。

4. *指导专业委员会和省级水利学会换届改选*　按时换届改选是学会组织建设的重要任务，是学会正常开展活动的基础。一年来，岩土力学专业委员会、水利史专业委员会、青年科技工作委员会等完成了换届改选；黑龙江、山西、吉林等省级水利学会召开了会员代表大会，进行了换届工作。

5. *进行个人会员重新登记*　2012年6月，学会在全国范围内布置了个人会员重新登记工作：①根据中国科协和民政部的要求，实现全国性学会对会员直接管理，改变以往属地管理的方式，实现中国水利学会和省级水利学会对会员的双重管理；②在补充个人会员信息基础上，纳入中国科协会员管理系统，利用现代科技手段全方位服务会员。在各省级水利学会的配合下，会员重新登记工作进展顺利。

6. *秘书处自身建设得到进一步加强*

（1）根据水利部机关党委的统一部署，学会秘书处积极开展了创先争优活动，增强服务意识，提升服务水平，战斗力有了较大提高。

（2）为应对科普工作的新要求，将“学术交流部”更名为“学术交流与科学普及部”，并充实了工作人员。

（3）学会技术档案室项目进展顺利，项目总投资2320万元。

7. *单位会员发展与会费收缴*　为进一步壮大学会组织，2012年，秘书处印发了《关于发展单位会员的通知》。经九届五次常务理事会批准，有北京工业大学等6个单位加入中国水利学会，成为单位会员。根据《中国水利学会会费标准及管理办法》，2011年共收取单位会员会费130万元，会费收缴率较之前有所提高。

8. *举办2012新春联谊会*　2012年1月4日，中国水利学会2012年新春联谊会在北京举行。水利部副部长胡四一、刘宁，国务院南水北调办公室副主任蒋旭光，水利部总工程师汪洪，以及学会老领导，部分在京常务理事、理事，院士、专家，兄弟学会代表等130余人出席联谊会。

（二）*学术交流*

1. *成功召开2012学术年会*　2012年11月6～8日，中国水利学会2012学术年会在武汉隆重召开。水利部胡四一副部长作年会主旨报告。会议邀请王浩院士、张建云院士等11位院士、专家作特邀报告。来自全国各地的水利科技工作者以及加拿大、韩国等国外友好学会的代表500余人出席了会议。除主会场外，年会还设有5个专题分会场。

2. *成功举办中国水利学会第五届青年科技论坛*　2012年4月22～24日，中国水利学会第五届青年科技论坛于在成都召开，会议由青年科技工作委员会主办。论坛的主题是“水利改革发展与科技创新”，围绕水利水电工程关键技术、水环境与水生态等方面的科技进展和成果进行了深入交流和探讨。论坛得到了水利青年科技工作者的积极响应，收到论文150多篇，经专家评审，有95篇论文被收入《中国水利学会第五届青年科技论坛论文集》。经论坛优秀论文评选委员会评审，10篇论文被评为优秀论文。

3. *参与举办第二届中国湖泊论坛*　学会作为协办单位参与了由中国科协主办的第二届中国湖泊论坛。论坛于2012年12月4～5日在湖南举行。水利部副部长胡四一，湖南省委副书记梅克保等出席并讲话。曹文宣、姚守拙、张建云、黄伯云、官春云等院士，以及中外从事环境保护和湖泊研究的专家、学者约700人参加了开幕式和主论坛报告会。中国水利学会参与筹办了“水资源利用与灾害防治”分论坛。

4. *专委会学术交流活跃*　2012年，学会所属专委会开展了大量的学术交流活动。如遥感专委会主办的“中澳应对持续干旱高层论坛”，地下水专委会主办的“第九届全国工程地质大会”，减灾专委会主办的“第二届信息化论坛”，牧区水利专委会、河口专委会和水利统计专委会等主办的2012学术年会等活动，反映了各专业领域的学科发展方向和水平，体现了学会作为水利科技社团的学术引领作用。

5. *省级学会学术交流活动活跃*　各省级学会围绕国家水利中心工作并结合当地社会经济发展对水利的需求，开展了形式多样的学术活动。北京水利学会联合北京水战略研究中心举办了“中英首都圈水务技术学术交流会”，上海市水利学会主办了“加快上海国际航运中心建设推进现代综合运输体系”学术研讨会，广西水利学会主办“最严格水资源管理制度学术报告会”，江西省水利学会承办了“第四届全国河道治理与生态修复技术交流研讨会”，新疆水利学会举办了“第五届新疆水利青年科技论坛”。重庆、宁夏、江苏、湖南等省级水利学会都结合地方水利工作重点，举办了形式多样、内容丰富的学术交流活动。

中国水利学会2012年主要学术活动详见表1。

表 1 中国水利学会 2012 年主要学术活动一览表

序号	会议名称	时间	规模（人）	地点	主、承办单位
1	中国水利学会 2012 学术年会	11 月 6～8 日	500	武汉	中国水利学会主办
2	第七届中国（国际）水务高峰论坛	10 月 29～31 日	500	北京	中国水利学会主办
3	中国水利学会第五届青年科技论坛	4 月 22～24 日	120	成都	中国水利学会主办
4	2012 中国（国际）水利机械及施工装备展览会	3 月 22～24 日	100	长沙	中国水利学会、水利部综合事业局主办
5	第二届中国湖泊论坛	12 月 4～5 日	800	湖南	中国科学技术协会主办，中国水利学会等协办
6	中澳应对持续干旱高层论坛	1 月 6～8 日	30	北京	中国水利学会主办，遥感专委会承办
7	面向服务的区域河流遥感监测关键技术研究研讨会	7 月 5～7 日	30	北京	中国水利学会主办，遥感专委会承办
8	第二届信息化论坛	4 月 18～20 日	80	南昌	中国水利学会主办，减灾专委会承办
9	第九届全国工程地质大会	10 月 21～25 日	800	青岛	中国水利学会主办，地下水专委会承办
10	“跨流域调水与区域水资源配置”学术研讨会	9 月 13 日	80	北京	中国水利学会主办，调水专委会承办
11	河口专委会 2012 年会暨“河口与水资源”学术交流会	9 月 24～26 日	35	大连	中国水利学会主办，河口专委会承办
12	《“上善若水、宜居生活”——滨水生态景观是创建宜居城市空间的基石》专场学术报告	11 月 14 日	120	蚌埠	中国水利学会主办，淮河研究会、蚌埠市水利学会承办
13	推移质泥沙运动理论研讨会	9 月 15～16 日	50	成都	中国水利学会主办，泥沙专业委员会承办
14	2012 年碾压混凝土筑坝技术交流研讨会	5 月 22～23 日	168	阆中	中国水利学会主办，碾压混凝土筑坝专业委员会等承办
15	2012 年水利统计专业委员会年会	9 月 17 日	60	乌鲁木齐	中国水利学会主办，水利统计专委会承办
16	“水文化遗产调查与保护”专题研讨会	10 月 7 日	50	北京	中国水利学会主办，城市水利专委会承办
17	第十四次全国化学灌浆学术交流会	11 月 23～26 日	190	西安	中国水利学会主办，地基与基础工程专委会承办
18	2012 北京水战略学术交流会	4 月 7 日	90	北京	北京水利学会主办
19	中英首都圈水务技术学术交流会	4 月 17～18 日	90	北京	北京水利学会主办，北京水战略研究中心承办
20	2012 年永定河论坛——水文化遗产调查与保护研讨会	6 月 7～8 日	50	北京	北京水利学会、北京市第一次水务普查工作领导小组办公室主办

续表

序号	会议名称	时间	规模（人）	地点	主、承办单位
21	2012 北京水文科学技术研讨会	7 月 24 日	90	北京	北京水利学会与北京市水文总站联合举办
22	北京水系变迁与名城保护主题论坛	6 月 29 日	300	北京	北京市水务局主办，北京水利学会、北京市水普办承办
23	福建省科协年会水利分会场	9 月 26 日	100	福州	福建省水利学会主办
24	最严格水资源管理制度学术报告会	12 月	119	桂林	广西水利学会主办
25	王光谦院士《水利科技前沿问题》专题报告会	6 月 27 日	100	郑州	河南水利学会主办
26	东三省水利学会年会	10 月 8 日	60	长春	黑龙江水利学会
27	《农田水利前沿领域几个问题的思考》专题讲座	5 月 28 日	100	南京	江苏省水利学会主办
28	“城市水系及水环境综合规划构思”专题讲座	11 月 20 日	200	南昌	江西省水利学会主办
29	水利信息采集设备技术交流会	3 月 15 日	70	银川	宁夏水利学会主办
30	黄河大柳树水利工程战略研讨会	5 月 14 日	200	银川	宁夏水利学会主办
31	云南省水利学会学术交流会	12 月 3 日	120	昆明	云南省水利学会主办
32	“加快城乡防洪减灾体系建设”专题研讨会	8 月 29～31 日	175	重庆	重庆市水利学会主办
33	“加快上海国际航运中心建设推进现代综合运输体系”学术研讨会	3 月 7 日	100	上海	上海市水利学会主办
34	“促进上海港口、航道与水土资源的联动开发——横沙开发构想研究”研讨会	5 月 22 日	70	上海	上海市水利学会主办
35	“第五届新疆生态环境保护与建设学术研讨会”	11 月 22 日	170	乌鲁木齐	新疆科协主办、新疆水利学会承办
36	王浩院士“新疆水问题与最严格的水资源管理思考与建议”报告会	8 月 6 日	160	新疆	新疆水利学会

（三）科学普及

1. 水利科普制度建设

（1）学会申请了 2012 年国家财政项目“创新水利科普工作政策制度研究”，全面规划水利科普工作，制定促进水利科普发展的政策制度，推进水利科普工作发展。

（2）为建立水利科普教育基地，发挥其示范带头作用，起草了《水利科普教育基地管理办法（草案）》，待进一步修改、完善并实施。

2. 科普活动　学会及各分支机构结合世界水日、中国水周、全国科普日等主题活动开展形式多样的科普活动，如组织小学生到北京节水博物馆做节水讲解员，引领社会公众一起体会水的形态，了解生活用水状况，掌握节水办法。

北京市水利学会结合世界水日中国水周主题，在通州运河文化广场举行了系列宣传活动。活动分为启动仪式、有奖问答、现场咨询三部分。授予通州第六中学的学生代表爱水护水志愿者服务队旗帜，并给学生代表佩戴了爱水护水志愿者袖标。学生代表进行了表态发言。同时，还自编自导自演了舞台小品《生活水画面》。一首《饮水思源》公益歌曲把整个活动推向了高潮。

（四）国际民间科技交流及外事管理

学会将“对外友好学会”交流作为开展国际民间科技交流的一个重要抓手，已形成固定交流机制。在2012学术年会上，除来自加拿大土木工程学会和韩国水资源协会的老朋友外，还有来自美国、法国和新加坡相关学术组织的新朋友参加国际分会场的学术研讨。

2012年5月，学会派出3人代表团赴韩国参加韩国水资源协会2012年会，3位代表的2篇论文在会议上进行了交流并被大会论文集收录。

2012年9月，按照国家外国专家局和部国科司计划并受国科司委托，学会组织承办了水利标准化从业干部赴德国培训项目。来自水利部有关司局和直属单位的20位管理人员和技术人员参加了培训。团员认真学习与交流，培训取得圆满成功。

（五）学术期刊管理

学会一直高度重视科技期刊管理，多渠道支持期刊的编辑出版工作和编辑部的能力建设，充分发挥科技期刊在学术交流中的重要作用。目前，由学会主办的科技期刊共计6种，分别是《水利学报》、《水科学进展》、《岩土工程学报》、《泥沙研究》、《灌溉排水学报》以及《中国防汛抗旱》。其中，《水利学报》继续保持水利工程类期刊排名第一，《岩土工程学报》2012年获得国家自然科学基金重点学术期刊专项基金项目资助。

（六）《通讯》与网站

《中国水利学会通讯》是了解水利和科技重要信息的载体，是反映水利学会工作动态的窗口，是水利学会专业委员会和省级学会交流工作的平台，每月一期，2012年发行12期。学会网站运行良好，信息量大，能及时更新。

（七）科技奖励与人才褒奖

1. 大禹水利科学技术奖奖励工作　2012年，大禹水利科学技术奖奖励委员会按照程序进行了换届，并修订了《大禹水利科学技术奖奖励办法》。经评审，2012年度共有41项成果获奖，其中特等奖1项，一等奖7项，二等奖14项，三等奖19项。

2. 首届刘光文基金奖励项目的评选　刘光文水文科技教育基金是由中国水利学会、水利部水文局和河海大学为了纪念我国著名水文学家刘光文共同设立的，2012年首次评定颁发。奖项包括“刘光文科技成就奖”、“刘光文青年科技奖”和“刘光文奖学金”。中国工程院院士、南京水利科学研究院院长张建云获首届“刘光文科技成就奖”。4名青年水文科技工作者获“刘光文青年科技奖”，清华大学等11所高校的29名学生获“刘光文奖学金”。

3. 推荐第五届全国优秀科技工作者人选　根据中国科协《关于开展第五届全国优秀科技工作者推荐评选工作的通知》要求，2012年5月，中国水利学会开展了第五届全国优秀科技工作者评审推荐工作。经过评审，向中国科协推荐4位候选人。

4. 2012年度“张光斗优秀青年科技奖”的评选　受张光斗科技教育基金管理委员会委托，2012年5月，学会开展了2012年度张光斗优秀青年科技奖候选人推荐工作。

5. 推荐第九届中国青年女科学家奖候选人　根据中国科协《关于开展第九届中国青年女科学家奖候选人推荐工作的通知》要求，2012年6月，学会开展了第九届中国青年女科学家奖候选人推荐工作，经过评审，向中国科协推荐了3名专家为候选人。

（八）水利标准化工作

2012年，在水利标准化工作主管部门的指导和各单位的大力支持下，学会标准化工作取得了新的成效。

1. 《水利技术标准体系表》修订工作稳步推进　按照水利部《水利技术标准体系表》修订工作总体安排，完成了体系表修订方案的起草工作。确定了目标性、系统性、协调性、实用性、先进性、适用性、可操作性的修订原则；确定了满足水利改革与发展的新形势和新需求、解决现行体系存在的局部标准间重复交叉矛盾、调整优化标准体系结构和标准规模、充分体现水利科技新成果的工作目标；提出了领导小组、工作组的组织机构框架和工作分工。修订工作稳步推进。

2. 工作领域有了新的拓展　2012年，除水利部标准化专项“《体系表》修订”项目外，还承担了水利部政策研究项目“水利标准化管理体制和运行机制研究”，承担了水利部《喷灌工程项目建设标准》制定任务。学会标准化领域在体系建设、规划计划、项目管理、标准编制、宣贯培训、政策研究基础上，又向关键技术研究领域迈出了一步。

（九）技术职称考试及工程教育专业认证

1. 职称考试工作　学会配合部人事司、职改办进行了2012年度职称考试工作。2012年10月，组织完成了2012年度水利部专业技术人员晋升职称考试工作。考试设有计算机知识和专业理论两个科目，共计5164人次报考。我会负责考试报名受理、组织试卷命题、试卷印刷、考务组织、阅卷登分、成绩统计以及合格证制作与发放等考务工作。

2. 工程教育专业认证工作　在学会的积极努力下，全国工程教育专业认证专家委员会水利类专业认证分委员会于2011年底正式得到批复。这是继机械类、计算机类和安全类专业认证分委员会后正式得到批准成立的第四个专业认证分委员会。水利类专业认证分委员会秘书处挂靠在中国水利学会，工作职责是组织全国工程教育专业认证和水利类专业认证的宣传工作，建立文件和认证资料等工作档案。至 2012 年 10 月，分委员会共计认证了水利类本科高校的 15 个专业点（分布在 11 所高校的 3 个专业）；派遣专家进入两所高校进行延长认证期的审查和考核工作；推荐 10 位专家参加了全国工程教育认证秘书处安排的培训班，至此水利认证分委员会共计有认证专家 43 位；结合水利类专业的特点，完善修订水利类专业补充标准。

3. 技术培训工作　为贯彻落实水利部“水利专业技术人才知识更新工程”，学会积极开展专业技术培训活动。2011 年 10 月以来，学会共举办和承办了各类水利专业培训班 18 期，培训专业技术人员约 2000 人次，在水利专业技术人才知识更新工程中发挥了积极作用。

（十）举办大型展会

1. 2012 中国水博览会　10 月 29～31 日，2012 中国水博览会在北京国家会议中心举行。本次展会设四个展厅，面积 22 000m^2，共有来自美国、加拿大、法国、荷兰等 21 个国家和地区以及国内 400 余家企业参展。八大主题展区包括水务、水技术与设备、节水灌溉与防汛抗旱展区等，近 2 万名观众参观展会。展会的同期举办了第七届中国（国际）水务高峰论坛。

2. 2012 中国（国际）水利机械及施工装备展览会　3 月 22～24 日，由学会和水利部综合事业局、湖南省水利厅、长沙市人民政府等共同主办的 2012 中国（国际）水利机械及施工装备展览会在长沙国际会展中心举行。展会以促进水利产业发展、推动水利工程建设为目标，以水利机械和水利施工装备与技术展示为主要内容，展现水利机械行业最新的技术、材料和产品，全方位、多角度打造水利建设和水利机械行业信息、技术、成果、经验交流合作平台。

（中国水利学会秘书处）

17

统 计 资 料

2012年全国水电增长情况表

全国及各省、自治区、直辖市	装机容量（万kW）			发电量（亿kW·h）		
	总量	水电	水电比上年增长（%）	总量	水电	水电比上年增长（%）
全 国	114 676	24 947	7.08	49 865	8556	28.06
北 京	731	102	−2.75	293	7	59.00
天 津	1134	0.5		587	0.2	39.46
河 北	4868	179	0.06	2316	10	13.23
山 西	5455	243	−0.07	2535	44	26.35
内蒙古	7840	108	27.06	3344	29	58.52
辽 宁	3807	272	85.38	1488	64	54.53
吉 林	2399	442	2.00	714	79	7.38
黑龙江	2173	97	1.98	842	18	15.12
上 海	2146			973		
江 苏	7544	114	−0.01	4158	12	−4.80
浙 江	6164	984	1.35	2847	220	40.80
安 徽	3532	278	38.62	1808	36	27.49
福 建	3885	1140	1.29	1623	476	66.96
江 西	1947	420	2.37	760	146	94.38
山 东	7315	107.7	0.79	3306	1.2	8.26
河 南	5765	395	−0.05	2597	128	30.65
湖 北	5787	3595	6.18	2245	1380	18.25
湖 南	3297	1372	2.69	1214	446	46.67
广 东	7810	1306	0.33	3644	298	42.44
广 西	3037	1536	0.72	1172	524	26.34
海 南	502	81	0.79	211	24	−5.42
重 庆	1340	611	2.16	547	210	44.49
四 川	5459	3964	18.61	2129	1545	22.57
贵 州	4010	1728	−7.41	1610	560	42.45
云 南	4825	3306	16.35	1748	1240	22.86
西 藏	102	54		21	15	−11.03
陕 西	2494	250	7.91	1233	81	−14.05
甘 肃	2916	730	11.44	1107	344	22.27
青 海	1470	1101	0.45	592	458	24.79
宁 夏	1972	43		1013	19	14.35
新 疆	2952	385	17.68	1188	140	14.61

（中国电力企业联合会）

2012年农村水电装机容量及发电量基本情况表

行政区划	2012年年末农村水电装机容量(kW)	装机容量占全国比重(%)	2012年年末农村水电年发电量(万kW·h)	发电量占全国比重(%)
全国总计	65 686 071	100	21 729 246	100
北京	42 920	0.07	2418	0.01
天津	5800	0.01	1972	0.01
河北	381 693	0.58	50 475	0.23
山西	179 166	0.27	35 689	0.16
内蒙古	87 525	0.13	16 481	0.08
辽宁	387 573	0.59	112 062	0.52
吉林	498 565	0.76	163 304	0.75
黑龙江	294 425	0.45	60 376	0.28
江苏	61 090	0.09	7087	0.03
浙江	3 829 931	5.83	1 174 390	5.40
安徽	974 653	1.48	219 308	1.01
福建	7 261 407	11.05	2 824 686	13.00
江西	2 905 410	4.42	942 758	4.34
山东	83 790	0.13	14 653	0.07
河南	461 217	0.70	106 298	0.49
湖北	3 226 864	4.91	762 624	3.51
湖南	5 572 159	8.48	1 956 985	9.01
广东	7 157 124	10.90	2 174 508	10.01
广西	4 055 129	6.17	1 257 162	5.79
海南	367 795	0.56	126 683	0.58
重庆	2 007 619	3.06	541 896	2.49
四川	8 142 326	12.40	3 269 403	15.05
贵州	2 592 661	3.95	819 356	3.77
云南	9 637 151	14.67	3 065 809	14.11
西藏	163 601	0.25	37 023	0.17
陕西	1 086 697	1.65	373 664	1.72
甘肃	2 020 105	3.08	747 596	3.44
青海	865 535	1.32	380 411	1.75
宁夏	5440	0.01	1900	0.01
新疆	922 515	1.40	311 425	1.43
新疆生产建设兵团	295 285	0.45	114 826	0.53
水利部直属	112 900	0.17	56 018	0.26

(水利部农村水电及电气化发展局 曲 鹏)

2012年全国电源建设投资完成情况表

万元

地区	本年计划投资	本年完成投资	其中				
			水电	火电	核电	风电	太阳能发电
全 国	35 765 927	37 318 220	12 387 838	10 024 752	7 844 842	6 073 750	987 037
北 京	732 334	437 322		434 667			2655
天 津	88 985	163 614		132 589		31 025	
河 北	977 314	959 399		559 531		399 868	
山 西	921 234	1011 130		559 593		450 938	600
内蒙古	1 518 302	1 180 470	139 455	300 362		651 342	89 311
辽 宁	1 657 395	1 779 559	76 586	340 146	1 014 457	348 370	
吉 林	540 002	401 927	13 102	174 037		214 788	
黑龙江	703 149	583 756	22 826	255 510		305 420	
上 海	117 345	100 661		46 805		35 000	18 856
江 苏	1 424 357	1 483 784	105 615	1 037 002		311 167	30 000
浙 江	1 868 333	2 108 840	63 500	1 090 712	902 651	51 977	
安 徽	651 968	670 883	49 181	505 684		116 018	
福 建	2 078 032	2 139 729	117 909	181 309	1 728 996	111 515	
江 西	340 635	517 700	96 918	330 256		90 526	
山 东	1 773 597	1 846 187		569 610	649 082	602 099	25 396
河 南	282 162	370 105	10 006	325 497		34 602	
湖 北	547 355	545 105	155 534	321 803		67 768	
湖 南	352 816	464 504	242 371	164 102	57 470	561	
广 东	3 378 579	3 321 072	117 624	549 274	2 454 153	181 212	18 809
广 西	973 200	1 125 216	100 382	342 545	622 387	59 901	
海 南	550 463	573 762	51 324	104 257	415 646		2535
重 庆	112 485	125 877	99 877	26 000			
四 川	5 354 748	6 086 019	6 036 948	49 071			
贵 州	970 810	1 067 515	364 896	573 530		129 088	
云 南	4 141 732	4 496 918	3 837 927	19 730		609 161	30 100
西 藏	271 506	264 081	248 574			1279	14 228
陕 西	382 132	598 416	16 253	360 600		205 266	16 298
甘 肃	1 137 966	943 982	198 205	127 120		429 382	189 275
青 海	307 636	297 727	2209			16 204	279 314
宁 夏	387 523	426 107		113 354		259 487	53 266
新 疆	1 221 832	1 226 852	220 616	430 056		359 785	216 396

（中国电力企业联合会）

2012年水电施工企业完成产值及工程量表

单位名称	企业总产值（亿元）	企业建筑业总产值（亿元）	实物工程量					
			土方（万 m^3）	石方（万 m^3）	混凝土（万 m^3）	金属结构安装（t）	水电机组投产	
							数量（台）	装机容量（万 kW）
中国水利水电建设集团公司	1259.5	785.3	42 706.15	17 181.45	4671.49	598 937.79	105	1190.6
中国葛洲坝集团公司	545.18	446.29	10 584	7056	1655	170 400	12	525
中国人民武装警察部队水电指挥部（中国安能建设总公司）	83.93	83.93	3478	298	410	19 623	6	106.8

（中国水利水电建设集团公司
中国葛洲坝集团公司
中国人民武装警察部队水电指挥部）

2012年大中型水电厂生产运行情况表

一、抽水蓄能电厂

	电厂名称	总装机容量（万 kW）	机组台数（台）	年发电量（亿 kW·h）	年抽水电量（亿 kW·h）	等效可用系数（%）	各类工况运行总时间（h）	各工况启动次数（次）	启动成功率（%）
1	十三陵蓄能电厂	80.00	4	4.04	5.50	91.39	5642.49	1874	99.79
2	潘家口蓄能电厂	27.00	3	1.01	1.47	91.22	3394.18	1232	99.92
3	张河湾蓄能电厂	100.00	4	2.56	3.19	93.48	2442.44	1027	99.71
4	西龙池蓄能电厂	120.00	4	0.31	0.51	93.71	293.65	128	98.44
5	蒲石河抽水蓄能电厂	120.00	4	5.19	6.32	84.65	3774.76	1182	98.98
6	白山抽水蓄能电站	30.00	2	0.001	4.60	92.70	2812.94	646	100.00
7	宜兴抽水蓄能电厂	100.00	4	9.35	11.45	93.52	8913.33	2497	99.92
8	天荒坪抽水蓄能电厂	180.00	6	16.43	20.49	89.16	12 671.43	3136	99.94
9	桐柏抽水蓄能电厂	120.00	4	10.68	12.80	90.26	8073.09	2144	99.72
10	琅琊山抽水蓄能电厂	60.00	4	4.99	6.15	94.34	7199.52	2100	99.67
11	响水涧抽水蓄能电厂	100.00	4	3.24	4.10	88.80	2748.26	774	98.32
12	响洪甸蓄能电厂	8.00	2	1.33	1.84	93.63	6699.24	1733	99.88
13	泰山抽水蓄能电厂	100.00	4	1.19	1.51	92.25	1247.88	666	99.10
14	宝泉蓄能电厂	120.00	4	2.29	2.93	92.31	2407.76	979	99.69
15	回龙抽水蓄能电厂	12.00	2	1.39	1.93	88.89	5915.78	2401	99.63
16	白莲河蓄能电厂	120.00	4	0.61	0.81	92.15	564.67	328	100.00
17	黑麋峰抽水蓄能电厂	120.00	4	2.08	2.61	89.38	1759.07	547	100
18	广州蓄能水电厂	240.00	8	21.71	28.12	82.94	2368.62	6501	99.48
19	惠州蓄能水电厂	240.00	8	21.28	26.28	87.77	2146.81	5869	99.59

续表

二、常规水电厂

	水电厂名称	发电运行情况				水库运行情况			
		总装机容量（万 kW)	年发电量（亿 kW·h)	平均耗水率［m^3/(kW·h)］	等效可用系数（%）	年入库总水量（亿 m^3）	发电用水量（亿 m^3）	年末水位（m）	年末库容（亿 m^3）
20	北京华电	5.20	0.09	11.28	97	2.11	1.06	136.39	10.87
21	太平哨发电厂	16.10	4.54	12.18	97.07	60.87	55.27	191.46	1.64
22	桓仁水电厂	29.45	8.94	5.27	87.56	50.14	47.15	297.93	20.02
23	白山发电厂	170.00							
	白山站	150.0	20.68	3.68	92.78	71.80	76.10	415.09	53.55
	红石站	20.0	4.40	16.70		73.37	73.42	289.90	1.61
24	丰满发电厂	101.75	10.51	7.74	89.65	114.68	81.38	258.53	68.32
25	松江河水力发电公司	51.00			93.25				
	小山	16.00	3.42	4.11		13.12	14.07	682.50	0.96
	双沟	28.00	4.66	3.97		18.65	18.50	584.70	3.51
	石龙	7.00	1.48	12.77		18.77	18.85	478.72	0.30
26	新安江水力发电厂	85.00	20.84	5.29	91.15	131.60	110.20	102.40	145.96
27	富春江水力发电厂	36.00	11.63	29.22	88.41	391.86	339.89	22.38	4.08
28	乌溪江水力发电厂	37.2	8.59	3.39	95.00	38.02	29.14	224.77	13.76
29	石塘水电站	8.58	2.42	20.07	97.75	50.43	48.52	102.07	0.71
30	陈村水电厂	18.40	3.55	—	—	—	—	—	—
31	沙溪口水力发电厂	30.00	13.45	20.96	89.65	356.99	281.82	85.77	1.19
32	古田梯级电站	27.60	10.07	1.33	95.00	17.28	13.42	376.57	3.82
33	闽东水电厂	32.00	8.55	0.67	89.00	6.20	5.72	739.16	1.34
34	华安水力发电厂	6.00	4.35	9.08	93.00	73.92	39.49	93.82	0.05
35	安砂水力发电厂	11.50	7.32	6.45	99.00	84.01	47.28	264.87	6.38
36	池潭水力发电厂	10.00	6.70	7.15	94.00	72.57	47.90	273.06	6.32
37	棉花滩水电厂	60.00	17.90	4.65	91.00	88.43	83.30	161.84	11.02
38	白沙水电厂	7.00	2.01	7.10	91.00	14.38	14.25	259.69	1.37
39	高砂水电公司	5.00	2.37	41.43	92.00	144.66	98.22	102.89	0.24
40	照口水电厂	6.00	2.92	45.92	89.00	197.18	134.23	97.44	0.26
41	万安水力发电厂	53.30	19.53	18.59	90.56	400.95	363.10	95.51	10.66
42	上犹江水电厂	7.20	2.93	8.33	95.15	30.41	24.41	196.29	6.33
43	小浪底水力发电厂	194.00	98.12	3.65	95.06	344.23	322.69	263.75	71.94
44	三峡水力发电厂	2250.00	981.07	4.27	94.47	4480.77	4191.67	173.70	379.72
45	葛洲坝水力发电厂	277.00	166.42	22.10	94.38	4547.13	3671.06	64.55	6.68
46	隔河岩电厂	121.20	26.44	3.80	87.16	101.78	100.57	191.92	25.08
47	高坝洲电厂	27.00	9.30	11.31	93.92	108.02	105.18	78.99	3.76

续表

	水电厂名称	发电运行情况				水库运行情况			
		总装机容量（万 kW）	年发电量（亿 kW·h）	平均耗水率［m^3/(kW·h)］	等效可用系数（%）	年入库总水量（亿 m^3）	发电用水量（亿 m^3）	年末水位（m）	年末库容（亿 m^3）
48	水布垭电厂	184.00	33.93	2.30	92.44	72.82	77.92	370.85	27.40
49	老渡口水电站	9.00	2.26	5.12	98	10.57	11.57	450.16	0.66
50	堵河水电站	5.00	0.92	10.22	97.56	10.44	9.42	384.40	0.27
51	鄂坪水电站	11.40	2.19	4.29	96.68	8.65	9.41	534.16	1.82
52	陡岭子水电站	7.05	1.25	6.94	91.81	7.98	8.69	253.95	2.34
53	龙桥电站	6.00	2.22	3.76	94.81	8.81	8.35	584.70	0.23
54	五强溪水电厂	120.00	56.87	8.59	94.47	641.12	488.62	106.52	28.14
55	凌津滩水电厂	27.00	11.56	41.70	92.27	663.93	482.25	49.99	1.23
56	碗米坡水电厂	24.00	7.66	10.92	96.71	96.72	83.74	246.99	2.41
57	近尾洲水电站	6.318	3.68	56.26	94.31	267.89	206.96	66.00	1.54
58	洪江水力发电厂	27.00	10.04	17.10	94.05	193.91	171.67	189.24	1.82
59	三板溪水电厂	100.00	17.76	2.86	97.31	66.41	50.77	468.63	32.71
60	挂治水电厂	15.00	2.79	18.63	91.43	52.25	52.03	321.14	0.38
61	马迹塘水电厂	5.55	1.97	75.32	91.81	247.55	148.38	55.70	0.13
62	东坪水电站	7.20	2.63	58.23	95.49	168.22	153.27	96.24	0.14
63	株溪口水力发电厂	7.40	2.79	60.38	96.47	188.64	168.69	87.39	0.33
64	巫水白云水电站	5.4	0.71	5.57	100.00	4.24	3.98	492.38	0.44
65	江垭水电站	30.00	5.15	4.80	95.00	29.31	24.76	220.35	10.81
66	皂市水电站	12.00	2.91	7.86	92.00	28.59	22.88	123.57	5.60
67	湘祁水电站	8.00	1.85	56.45	95.97	259.16	103.16	74.98	1.48
68	新丰江电厂	35.50	7.25	6.15	—	58.3	44.60	109.08	84.20
69	枫树坝电厂	17.60	5.10	6.85	—	37.40	34.90	159.39	12.10
70	南水电厂	7.90	2.41	3.40	97.70	11.14	8.18	210.67	7.23
71	长湖电厂	7.60	2.72	13.10	—	52.50	35.60	56.34	0.91
72	长潭电厂	6.00	1.55	8.02	—	18.20	12.40	148.10	1.15
73	青溪电厂	14.40	4.50	20.40	—	92.20	91.80	71.00	0.51
74	东山水电厂	7.50	3.70	74.88	92.20	304.76	277.056	25.6	0.75
75	飞来峡水利枢纽	14.00	5.70	36.07	62.67	354.83	205.78	22.86	3.44
76	濛里水电厂	5.00	2.19	56.62		237.13	197.21	44.81	0.65
77	平班水电厂	40.50	11.16	—	—	—	—	—	—
78	龙滩水电厂	490.00	110.52	—	—	—	—	—	—
79	岩滩水电厂	121.00	58.28	—	—	—	—	—	—

续表

	水电厂名称	发电运行情况				水库运行情况			
		总装机容量（万 kW）	年发电量（亿 kW·h）	平均耗水率[m³/(kW·h)]	等效可用系数（%）	年入库总水量（亿 m³）	发电用水量（亿 m³）	年末水位（m）	年末库容（亿 m³）
80	大化水电厂	56.60	22.89	—	—	—	—	—	—
81	乐滩水电厂	60.00	25.41	—	—	—	—	—	—
82	百龙滩水力发电厂	19.20	7.61	—	—	—	—	—	—
83	广西长洲水电厂	63.00	28.02	35.76	93.36	1637.97	1002.03	20.44	18.34
84	广西右江水力发电厂	54.00	10.64	4.82	—	72.28	51.30	222.63	41.19
85	大广坝水电厂	24.00	5.61	6.34	96.75	30.48	35.58	132.51	8.89
86	华能戈枕水电厂	8.20	2.07	18.02	96.64	37.30	37.23	52.72	0.95
87	彭水水电公司	175.00	63.99	—	—	—	—	—	—
88	银盘水电站	60.00	26.62	—	—	—	—	—	—
89	江口水电厂	30.00	10.95	3.57	92.21	42.64	39.06	298.61	5.30
90	狮子滩电站	5.42	1.65	7.45	100	9.98	12.32	334.73	2.92
91	龟都府水电站	6.30	3.06	34.03	98.03	143.27	104.09	533.00	0.18
92	二滩水电厂	330.00	137.04	2.36	96.12	557.36	323.37	1198.41	56.31
93	向家坝水力发电厂	240.00	15.72	4.89	100	1508.15	73.26	353.71	28.27
94	瀑布沟发电总厂	426.00	171.44	2.06	93.47	460.17	353.04	845.68	46.56
95	龚嘴发电总厂	139.50	75.44	4.94	91.97	548.12	372.66	527.25	0.85
96	冶勒水电站	24.00	4.91	0.69	92.32	4.06	3.41	2642.02	2.22
97	姚河坝电站	13.20	5.13	1.50	92.55	9.37	7.69	1672.81	0.01
98	南桠河发电厂	12.00	4.80	1.60	90.98	10.23	7.69	1366.80	
99	栗子坪水电站	13.20	2.78	1.31	89.41	3.69	3.65	2000.00	0.001
100	太平驿电站	26.00	16.61	3.53	92.00	125.61	58.84	952.40	0.01
101	东西关电站	18.00	9.69	18.60	95.28	302.10	180.19	247.83	0.43
102	青居电站	13.60	5.18	35.10	95.51	283.96	181.80	261.26	0.04
103	雨城电站	6.00	2.70	27.00	92.54	100.92	55.79	597.50	0.08
104	铜头电站	8.00	4.55	5.40	94.21	35.64	24.61	758.00	0.11
105	小关子电站	16.00	8.33	2.70	96.33	31.10	24.18	988.00	
106	硗碛电站	24.00	9.28	0.86	97.43	7.88	7.60	2131.18	1.96
107	宝兴电站	19.50	8.33	1.3	97.97	12.61	11.67	1350.00	0.01
108	冷竹关电站	18.00	9.12	1.08	93.46	12.96	9.85	1758.31	
109	小天都电站	24.00	9.86	1.10	95.72	12.96	10.85	2146.65	
110	水牛家电站	7.00	2.71	2.00	97.19	5.26	4.22	2270.00	1.44
111	自一里电站	13.00	7.13	0.90	98.05	6.58	5.30	2033.00	

续表

	水电厂名称	发电运行情况				水库运行情况			
		总装机容量（万kW）	年发电量（亿kW·h）	平均耗水率[m³/(kW·h)]	等效可用系数（%）	年入库总水量（亿m³）	发电用水量（亿m³）	年末水位（m）	年末库容（亿m³）
112	木座电站	10.00	5.26	1.55	97.54	8.6	6.46	1545.00	
113	阴坪电站	10.00	5.02	1.9	97.55	10.44	7.85	1248.00	0.01
114	宝珠寺水力发电厂	70.00	22.98	4.42	93.00	99.14	101.66	577.62	15.26
115	紫兰坝水电开发公司	10.20	4.04	24.15	—	105.32	97.57	486.67	0.27
116	红叶二级水电站	9.00	3.88	2.76	90.00	16.29	10.72	—	—
117	薛城水电站	13.80	5.66	2.82	90.00	23.38	15.93	—	—
118	狮子坪水电站	19.50	8.33	1.08	90.00	11.08	8.98	2494.25	—
119	古城水电站	16.80	7.04	3.04	90.00	36.95	21.37	—	—
120	瓦屋山水电站	26.00	8.90	1.53	93.00	13.59	13.63	1063.22	3.52
121	水津关水电站	6.30	2.87	33.45	93.00	135.41	95.92	548.20	0.05
122	洛古水电站	11.00	4.53	1.16	93.00	12.19	5.27	2037.53	0.20
123	联补水电站	13.00	4.78	0.95	93.00	12.57	4.52	1673.13	0.02
124	地洛水电站	10.00	3.65	1.33	93.00	14.53	4.84	1215.21	0.02
125	泸定水电站	92.00	37.03	6.21	—	364.37	229.96	—	—
126	楼方水电站	5.60	1.90	8.08	93.00	16.31	15.34	701.00	0.08
127	毛尔盖水电站	42.60	19.75	1.83	94.23	44.03	35.06	2121.35	4.26
128	圣达(沙湾)水电站	48.00	20.73	17.56	92.08	516.98	363.94	431.94	0.45
129	大金坪水电站	12.90	5.55	2.21	100	16.47	12.28	1208.00	0.01
130	洪一水电站	8.00	3.12	1.31	100	6.15	4.10	1529.00	
131	五一桥水电站	13.70	4.97	2.03	91.70	12.69	10.25	2422.76	
132	柳坪水电站	12.00	5.5117	6.13	87.79	47.11	34.12	1778.97	
133	雅都水电站	15.00	6.54	5.11	90.72	40.08	32.01	1871.86	0.04
134	城东水电厂	8.40	4.29	—	—	—	—	—	—
135	金康水电站	15.00	6.39	—	—	—	—	—	—
136	大兴水电站	7.50	3.72	—	—	—	—	—	—
137	昭化水电站	6.00	1.59	—	—	—	—	—	—
138	仙女堡水电站	7.60	2.08	—	—	—	—	—	—
139	干溪坡水电站	7.50	0.87	—	—	—	—	—	—
140	天龙湖电厂	18.00	9.31	—	—	—	—	—	—
141	金龙潭电厂	18.00	8.92	—	—	—	—	—	—
142	乌江渡发电厂	128.00	38.01	3.35	94.00	137.15	127.49	747.66	16.21
143	东风发电厂	69.50	24.48	3.40	93.00	87.48	83.15	967.41	8.18

续表

	水电厂名称	发电运行情况				水库运行情况			
		总装机容量（万 kW）	年发电量（亿 kW·h）	平均耗水率［m³/（kW·h）］	等效可用系数（%）	年入库总水量（亿 m³）	发电用水量（亿 m³）	年末水位（m）	年末库容（亿 m³）
144	洪家渡电站	60.00	11.78	2.97	97.00	48.09	35.01	1107.28	23.81
145	索风营电站	60.00	18.77	5.49	95.00	104.65	103.09	834.45	1.54
146	构皮滩水电站	300.00	90.50	2.21	88.00	218.10	199.69	603.03	41.53
147	思林水电站	105.00	39.03	5.95	92.00	232.97	232.30	436.80	10.85
148	大花水水电站	20.00	7.34	3.16	96.00	26.06	23.22	858.53	1.86
149	格里桥水电站	15.00	5.69	4.53	96.00	28.60	25.80	716.39	0.64
150	光照发电厂	104.00	22.75	2.79	95.00	73.64	63.39	743.65	30.67
151	普定发电公司	8.40	2.97	8.50	95.00	35.93	25.24	1142.29	2.99
152	引子渡水电站	36.00	8.21	4.30	93.00	41.37	35.29	1073.15	3.01
153	贵州鱼塘电站	7.50	2.63	7.86	—	25.62	20.69	462.30	0.84
154	董箐发电厂	88.00	28.84	3.34	96	100.83	96.26	487.49	8.29
155	天生桥水力发电总厂（二级）	132.00	56.69	2.23	89.85	126.50	126.42	640.80	0.09
156	红枫水力发电总厂	30.00	8.90	0.78	97.99	6.57	6.98	1233.95	3.21
157	石垭子水电站	14.00	4.27	3.68	98.56	14.76	15.70	528.26	0.46
158	双河口水电站	12.00	4.16	5.58	96.22	31.31	23.22	573.22	1.49
159	团坡水电站	8.00	2.55	3.04	96.70	10.98	7.75	804.86	0.01
160	黄花寨水电站	6.00	2.00	—	—	—	—	—	—
161	金安桥水力发电厂	240.00	109.61	3.41	84.98	574.64	375.18	1416.59	8.18
162	漫湾水电厂	167.00	74.79	4.59	95.16	344.62	343.58	992.97	3.49
163	景洪水电厂	175.00	52.62	6.36	94.31	338.62	334.93	600.57	8.25
164	小湾水电厂	420.00	187.22	1.80	90.75	356.57	336.72	1224.78	118.87
165	糯扎渡水电厂	195.00	30.48	2.35	100	441.40	72.36	774.76	122.93
166	功果桥水电厂	90.00	37.32	6.89	95.13	326.22	260.00	1304.72	2.87
167	瑞丽江一级水电站	60.00	36.21	1.30	93.97	89.94	47.05	723.46	0.06
168	华能大理水电厂	8.58	2.33	8.00	95.15	19.17	19.15	1305.21	6699.23
169	大盈江水电站	11.60	5.10	7.70	94.85	102.07	39.30	787.84	0.01
170	三江口电站	9.90	2.60	7.88	96.71	22.16	20.52	609.64	0.63
171	吉沙水电站	12.00	3.80	0.88	94.87	5.03	3.34	3131.68	0.01
172	冲江河水电站	7.03	7.15	1.61	95.32	21.33	11.50	2463.16	
173	大寨水力发电厂	6.00	2.19	2.36	96.75	8.23	5.17	1481.46	
174	螺丝湾水电站	6.00	1.58	2.49	91.35	7.92	3.95	2253.84	0.002
175	鲁布革水力发电厂	60.00	21.8	1.30	91.71	41.02	28.34	1128.20	0.80

续表

水电厂名称		发电运行情况				水库运行情况			
		总装机容量（万 kW）	年发电量（亿 kW·h）	平均耗水率［m^3/（kW·h）］	等效可用系数（%）	年入库总水量（亿 m^3）	发电用水量（亿 m^3）	年末水位（m）	年末库容（亿 m^3）
176	以礼河发电厂	32.15	8.26	0.35	92.00	3.83	2.86	2214.46	2.40
177	绿水河发电厂	6.55	2.86	1.43	93.00	4.77	4.11	—	—
178	阿海水电站（首机）	40.00	1.00	—	—	—	—	1503.84	8.03
179	崖羊山水电厂	12.00	3.40	—	—	—	—	—	—
180	石门坎水电厂	13.00	4.03	—	—	—	—	—	—
181	龙马水电厂	28.50	9.49	—	—	—	—	—	—
182	居甫渡水电厂	28.50	10.11	—	—	—	—	—	—
183	戈兰滩水电厂	45.00	15.49	—	—	—	—	—	—
184	土卡河水电厂	16.50	5.65	—	—	—	—	—	—
185	那兰水电厂	15.00	5.26	—	—	—	—	—	—
186	马鹿塘水电厂	30.00	12.45	—	—	—	—	—	—
187	泗南江水电站	20.10	8.82	1.25	86.04	10.68	10.28	886.66	1.53
188	庙林水电站	6.50	2.87	4.3	49.56	19.16	12.33	814.03	
189	天花板水电站	18.00	7.04	4.5	98	38.53	31.7	1069.96	0.63
190	小岩头水电站	12.99	4.22	5.8	69.35	24.5	24.5	1279.89	0.02
191	柴石滩水电站	6.00	0.89	6.12	98.01	6.02	5.42	1636.96	3.06
192	赛珠水电站	10.20	2.92	0.63	93.14	2.53	1.82	1813.70	0.01
193	鲁基水电站	9.60	1.44	5.25	81.86	10.95	7.55	1086.60	0.07
194	铅厂水电站	11.40	1.81	3.66	87.03	7.91	6.62	1220.44	0.14
195	石泉水力发电厂	22.50	7.23	—	—	—	—	—	—
196	喜河水力发电厂	18.00	5.56	—	—	—	—	—	—
197	蜀河水力发电厂	27.00	7.87	—	—	—	—	—	—
198	碧口水力发电厂	30.00	15.01	—	—	—	—	—	—
199	麒麟寺水电站	11.10	4.38	—	—	—	—	—	—
200	青铜峡水电厂	30.90	13.55	22.52	96.19	339.98	309.51	1155.97	0.35
201	班多水电厂	36.00	16.56	10.46	89.52	256.05	173.18	2758.73	0.10
202	龙羊峡水电厂	128.00	72.82	3.07	90.58	270.51	223.54	2592.79	220.17
203	拉西瓦水电厂	350.00	124.45	1.94	91.67	244.95	241.79	2447.48	9.47

续表

	水电厂名称	发电运行情况				水库运行情况			
		总装机容量（万 kW）	年发电量（亿 kW·h）	平均耗水率［m^3/(kW·h)］	等效可用系数（%）	年入库总水量（亿 m^3）	发电用水量（亿 m^3）	年末水位（m）	年末库容（亿 m^3）
204	李家峡水电厂	160.00	70.06	3.23	94.37	240.03	226.61	2179.85	16.43
205	公伯峡水电厂	151.70	62.95	3.77	94.91	247.12	237.33	2004.60	5.42
206	苏只水电厂	22.50	10.84	21.82	94.42	244.94	237.47	1898.11	0.35
207	积石峡水电站	102.00	32.91	7.15	90.76	251.97	235.29	1846.80	1.52
208	直岗拉卡水电公司	15.20	7.58	—	—	—	—	—	—
209	盐锅峡水电厂	47.12	25.56	11.30	95.73	326.12	288.91	1619.20	0.28
210	八盘峡水电厂	22.00	10.53	28.48	92.25	354.88	308.14	1577.65	0.18
211	达拉河水电站	5.25	3.00	2.07	76.32	8.57	6.22	2262.76	0.13
212	吉林台一级水电站	50.00	10.29	3.61	97.00	34.80	37.08	1396.59	14.06
213	吉林台二级水电站	5.00	3.00	9.09	97.79	37.76	27.25	1278.70	0.06
214	察汗乌苏水电站	30.90	9.78	3.03	95.92	29.88	29.59	1639.36	0.85
215	温泉水电站	18.00	7.42	5.30	96.39	39.13	39.27	951.39	1.46
216	别迭里水电站	24.80	6.88	3.95	100	28.47	17.12	1933.50	0.01

（各发电公司、各水电厂提供资料）

2012年全国已建在建抽水蓄能电站装机情况表

截至2012年底，全国已建、在建抽水蓄能电站装机容量3580.75万kW，其中：投产容量2066.75万kW，在建容量1514万kW；属国家电网公司经营区域（含蒙西电网）的投产、在建容量分别为1586.75万、1266万kW，属南方电网公司经营区域的投产、在建容量分别为480万、248万kW，详见表1。

表1　全国已建、在建抽水蓄能电站装机情况表

地区	序号	电站名称	机组构成（台×万 kW）	装机容量（万 kW）	投产容量（万 kW）	在建容量（万 kW）
全国				3580.75	2066.75	1514
华北地区	1	北京十三陵抽水蓄能电站	4×20	80	80	
	2	河北潘家口抽水蓄能电站	3×9	27	27	
	3	山东泰山抽水蓄能电站	4×25	100	100	
	4	河北张河湾抽水蓄能电站	4×25	100	100	
	5	北京密云水电站		2.2	2.2	
	6	河北岗南水电站		1.1	1.1	
	7	山西西龙池抽水蓄能电站	4×30	120	120	
	8	呼和浩特抽水蓄能电站	4×30	120		120
	9	河北丰宁抽水蓄能电站	6×30	180		180
	华北地区合计			730.3	430.3	300

续表

地区	序号	电站名称	机组构成（台×万 kW）	装机容量（万 kW）	投产容量（万 kW）	在建容量（万 kW）
东北地区	1	吉林白山抽水蓄能电站	2×15	30	30	
	2	辽宁蒲石河抽水蓄能电站	4×30	120	120	
	3	吉林敦化抽水蓄能电站	4×35	140		140
	4	黑龙江荒沟抽水蓄能电站	4×30	120		120
		东北地区合计		410	150	260
华东地区	1	浙江天荒坪抽水蓄能电站	6×30	180	180	
	2	浙江桐柏抽水蓄能电站	4×30	120	120	
	3	浙江仙居抽水蓄能电站	4×37.5	150		150
	4	浙江溪口抽水蓄能电站	2×4	8	8	
	5	江苏宜兴抽水蓄能电站	4×25	100	100	
	6	江苏沙河抽水蓄能电站	2×5	10	10	
	7	江苏溧阳抽水蓄能电站	6×25	150		150
	8	安徽琅琊山抽水蓄能电站	4×15	60	60	
	9	安徽响水涧抽水蓄能电站	4×25	100	100	
	10	安徽响洪甸抽水蓄能电站	2×4	8	8	
	11	安徽佛子岭抽水蓄能电站		16		16
	12	安徽绩溪抽水蓄能电站	6×30	180		180
	13	福建仙游抽水蓄能电站	4×30	120	30	90
		华东地区合计		1202	616	586
华中地区	1	河南宝泉抽水蓄能电站	4×30	120	120	
	2	河南回龙抽水蓄能电站	2×6	12	12	
	3	湖北白莲河抽水蓄能电站	4×30	120	120	
	4	湖北天堂抽水蓄能电站		7	7	
	5	江西洪屏抽水蓄能电站	4×30	120		120
	6	湖南黑糜峰抽水蓄能电站	4×30	120	120	
	7	四川寸塘口抽水蓄能电站		0.2	0.2	
		华中地区合计		499.2	379.2	120
西藏	1	羊卓雍抽水蓄能电站		11.25	11.25	
南方电网	1	广州抽水蓄能电站	8×30	240	240	
	2	惠州抽水蓄能电站	8×30	240	240	
	3	清远抽水蓄能电站	4×32	128		128
	4	深圳抽水蓄能电站	4×30	120		120
		南方电网合计		728	480	248

（本年鉴编辑部）

2012 年全国电力统计基本数据一览表

项 目	单位	2012 年	2011 年	比上年增长（±、%）
一、发电量	亿 kW·h	49 865	47 306	5.41
水电	亿 kW·h	8556	6681	28.02
其中：抽水蓄能	亿 kW·h	93	109	−14.56
火电	亿 kW·h	39 255	39 003	0.65
核电	亿 kW·h	983	872	12.75

续表

项　　目	单位	2012年	2011年	比上年增长（±、%）
风电	亿kW·h	1030	741	39.15
太阳能发电	亿kW·h	36	6	494.22
其他	亿kW·h	5	2	117.20
6000kW及以上火电厂发电量	亿kW·h	39 160	38 893	0.69
燃煤	亿kW·h	37 104	36 961	0.38
其中：煤矸石发电	亿kW·h	746	672	11.02
燃油	亿kW·h	54	59	−9.01
燃气	亿kW·h	1092	1088	0.39
其中：煤层气发电	亿kW·h	15	18	−16.74
其他	亿kW·h	911	785	16.09
其中：余温、余压、余气发电	亿kW·h	594	552	7.70
垃圾焚烧发电	亿kW·h	120	97	23.78
秸秆、蔗渣、林木质发电	亿kW·h	196	135	44.78
二、全社会用电量	亿kW·h	49 657	47 022	5.60
A. 全行业用电合计	亿kW·h	43 429	41 401	4.90
第一产业	亿kW·h	1003	1014	−1.12
第二产业	亿kW·h	36 733	35 282	4.11
其中：工业	亿kW·h	36 122	34 710	4.70
1. 轻工业	亿kW·h	6114	5825	4.96
2. 重工业	亿kW·h	30 008	28 885	3.89
第三产业	亿kW·h	5693	5105	11.52
B. 城乡居民生活用电合计	亿kW·h	6228	5621	10.79
其中：城镇居民	亿kW·h	3562	3202	11.25
乡村居民	亿kW·h	2666	2419	10.18
三、发电装机容量	万kW	114 676	106 253	7.93
水电	万kW	24 947	23 298	7.08
其中：抽水蓄能	万kW	2033	1838	10.61
火电	万kW	81 968	76 834	6.68
核电	万kW	1257	1257	
风电	万kW	6142	4623	32.86
太阳能发电	万kW	341	212	60.63
其他	万kW	20.5	19.0	7.84
6000kW及以上火电厂装机容量	万kW	81 426	76 302	6.71
燃煤	万kW	75 382	70 929	6.28
其中：煤矸石发电	万kW	1574	1295	21.54
燃油	万kW	301	328	−8.23
燃气	万kW	3717	3415	8.84

续表

项 目	单位	2012年	2011年	比上年增长（±、%）
其中：煤层气发电	万 kW	29	38	−23.92
其他	万 kW	2025	1630	24.19
其中：余温、余压、余气发电	万 kW	1256	1072	17.23
垃圾焚烧发电	万 kW	251	210	19.91
秸秆、蔗渣、林木质发电	万 kW	518	349	48.12
四、35kV及以上输电线路长度	km	1 479 963	1 409 698	4.96
1000kV	km	639	639	
±800kV	km	5466	3334	63.96
750kV	km	10 088	10 005	0.83
±660kV	km	1400	1400	0
500kV	km	146 250	140 263	4.27
其中：±500kV	km	9145	8837	3.49
±400kV	km	1051	1051	0
330kV	km	22 701	22 267	1.96
220kV	km	318 217	295 978	7.51
110kV(含66 kV)	km	517 983	491 322	5.43
35kV	km	456 168	443 440	2.87
五、35kV及以上变电设备容量	万 kVA	445 899	408 398	9.18
1000kV	万 kVA	1800	1800	0
±800kV	万 kVA	4360	2669	63.34
750kV	万 kVA	5320	5320	0
±660kV	万 kVA	946	946	0
500kV	万 kVA	90 625	82 109	10.37
其中：±500kV	万 kVA	7320	6011	20.27
±400kV	万 kVA	141	71	98.86
330kV	万 kVA	7714	7424	3.91
220kV	万 kVA	144 228	131 060	10.05
110kV(含66 kV)	万 kVA	149 231	137 776	8.31
35kV	万 kVA	41 534	39 223	5.89
六、新增发电设备能力	万 kW	8315	9436	−11.88
水电	万 kW	1676	1283	30.63
其中：抽水蓄能	万 kW	165	175	−5.71
火电	万 kW	5236	6241	−16.10
其中：燃煤	万 kW	4788	5837	−17.97
其中：煤矸石发电	万 kW	156	183	−14.75
燃气	万 kW	247	237	4.38
其中：煤层气发电	万 kW	1		

续表

项　　目	单位	2012 年	2011 年	比上年增长（±、%）
其他	万 kW	201	168	19.57
其中：余温、余压、余气发电	万 kW	105	77	35.72
垃圾焚烧发电	万 kW	20	26	−22.04
秸秆、蔗渣、林木质发电	万 kW	75	65	14.98
核电	万 kW		175	
风电	万 kW	1296	1528	−15.18
太阳能发电	万 kW	107	196	−45.23
其他	万 kW		13.1	
七、火电机组退役和关停容量	万 kW	616	955	−35.52
八、年底主要发电企业电源在建规模	万 kW	16 235	17 084	−4.97
水电	万 kW	6648	7121	−6.64
火电	万 kW	5166	5558	−7.05
核电	万 kW	3383	3347	1.08
风电	万 kW	971	1047	−7.23
九、新增 110kV 及以上输电线路长度	km	66 269	66 903	−0.95
1000kV	km		1.4	
±800kV	km	2094		
750kV	km	741	2740	−72.96
±660kV	km			
500kV	km	4747	7331	−35.24
其中：±500kV	km			
±400kV	km		1038	
330kV	km	219	965	−77.32
220kV	km	26 431	24 129	9.54
110kV（含 66kV）	km	32 040	30 698	4.37
十、新增 110kV 及以上变电设备容量	万 kVA	28 835	31 713	−9.07
1000kV	万 kVA		1200	
±800kV	万 kVA	1400		
750kV	万 kVA		1660	
±660kV	万 kVA		400	
500kV	万 kVA	7650	6465	18.33
其中：±500kV	万 kVA	450	600	−25.00
±400kV	万 kVA		120	
330kV	万 kVA	372	614	−39.41
220kV	万 kVA	11 269	12 032	−6.34
110kV（含 66kV）	万 kVA	9994	9222	8.37

续表

项 目	单位	2012年	2011年	比上年增长（±、%）
十一、电力投资当年完成情况	亿元	7393	7614	−2.90
1. 电源投资	亿元	3732	3927	−4.98
其中：水电	亿元	1239	971	27.64
火电	亿元	1002	1133	−11.55
核电	亿元	784	764	2.69
风电	亿元	607	902	−32.70
太阳能发电	亿元	99	155	−36.18
其他	亿元		2.5	
2. 电网投资	亿元	3661	3687	−0.69
送变电	亿元	3458	3498	−1.13
其中：直流	亿元	278	222	25.19
交流	亿元	3180	3275	−2.90
其他	亿元	203	189	7.38
十二、单机6000kW及以上机组平均单机容量				
水电：单机容量	万kW/台	5.77	5.66	
机组台数	台	3530	3328	202台
机组容量	万kW	20 377	18 834	1543万kW
火电：单机容量	万kW/台	11.80	11.40	
机组台数	台	6805	6595	210台
机组容量	万kW	80 302	75 215	5087万kW
十三、6000kW及以上电厂供热量	万GJ	307 749	297 859	3.32
十四、6000kW及以上电厂发电标准煤耗	g/（kW·h）	305	308	−3g/（kW·h）
十五、6000kW及以上电厂供电标准煤耗	g/（kW·h）	329	333	−4g/（kW·h）
十六、6000kW及以上电厂厂用电率	%	5.10	5.39	−0.29
水电	%	0.33	0.36	−0.03
火电	%	6.08	6.23	−0.15
十七、6000kW及以上电厂利用小时	h	4579	4730	−151h
水电	h	3591	3019	572h
其中：抽水蓄能	h	592	619	−27h
火电	h	4982	5305	−323h
核电	h	7855	7759	96h
风电	h	1929	1875	54h
十八、6000kW及以上电厂燃料消耗				
发电消耗标煤量	万t	114 770	114 400	0.32
发电消耗原煤量	万t	178 968	182 382	−1.87
供热消耗标煤量	万t	12 247	11 854	3.32
供热消耗原煤量	万t	18 447	18 262	1.01

续表

项 目	单位	2012年	2011年	比上年增长（±、%）
十九、6000kW及以上电厂热效率				
电厂热效率	%	41.911	41.76	0.15
电厂供热效率	%	85.74	85.74	0.00
电厂能源转换总效率	%	45.03	44.37	0.66
二十、供、售电量及线损				
供电量	亿kW·h	44 798	42 768	4.75
售电量	亿kW·h	41 781	39 980	4.51
线损电量	亿kW·h	3018	2788	8.23
线路损失率	%	6.74	6.52	0.22
二十一、发用电设备比				
发电设备容量：用电设备容量		1∶3.47	1∶3.31	
二十二、电力弹性系数				
电力生产弹性系数		0.69	1.28	−0.58
电力消费弹性系数		0.72	1.29	−0.57

注 1. 2012年，全国基建新增6000kW及以上生物质发电装机容量99万kW，同比增长8.51%；年底生物质发电装机容量769万kW，同比增长37.57%；全年生物质发电量316亿kW·h，同比增长35.62%。

2. 本年35kV及以上变电设备容量包括换流站两端变压器容量，2011年同期数相应调整。

（中国电力企业联合会）

第一次全国水利普查公报

根据国务院决定，2010～2012年开展第一次全国水利普查，普查的标准时点为2011年12月31日，普查时期为2011年度。普查范围为中华人民共和国境内（未含香港特别行政区、澳门特别行政区和台湾地区）河流湖泊、水利工程、重点经济社会取用水户以及水利单位等。普查主要内容包括河流湖泊基本情况、水利工程基本情况、经济社会用水情况、河流湖泊治理保护情况、水土保护情况、水利行业能力建设情况。本次普查按照"在地原则"，以县级行政区划为基本工作单元，采取全面调查、抽样调查、典型调查和重点调查等多种调查形式进行。

国务院第一次全国水利普查领导小组办公室采用二阶段分层抽样法，在全国31个省级水利普查区内进行了事后质量抽查。抽查结果显示，水利普查对象综合漏报率为0.11‰，指标汇总数据的平均误差率为6.20‰，数据质量符合预期目标。

经国务院批准，现将水利普查主要成果公布如下。

一、河湖基本情况

1. 河流　共有流域面积50km^{2}及以上河流45 203条，总长度为150.85万km；流域面积100km^{2}及以上河流22 909条，总长度为111.46万km；流域面积1000km^{2}及以上河流2221条，总长度为38.65万km；流域面积10 000km^{2}及以上河流228条，总长度为13.25万km(详见表1)。

表1　河流分流域数量汇总表

流域(区域)	流域面积			
	50km^{2}及以上（条）	100km^{2}及以上（条）	1000km^{2}及以上（条）	10 000km^{2}及以上（条）
合计	45 203	22 909	2221	228
黑龙江	5110	2428	224	36
辽河	1457	791	87	13

续表

流域(区域)	流域面积			
	50km² 及以上（条）	100km² 及以上（条）	1000km² 及以上（条）	10 000km² 及以上（条）
海河	2214	892	59	8
黄河流域	4157	2061	199	17
淮河	2483	1266	86	7
长江流域	10 741	5276	464	45
浙闽诸河	1301	694	53	7
珠江	3345	1685	169	12
西南西北外流区诸河	5150	2467	267	30
内流区诸河	9245	5349	613	53

2. 湖泊 常年水面积 1km² 及以上湖泊 2865 个，水面总面积 7.80 万 km²（不含跨国界湖泊境外面积）（详见表 2）。其中：淡水湖 1594 个，咸水湖 945 个，盐湖 166 个，其他 160 个。

表 2 湖泊分流域数量汇总表

流域(区域)	湖泊面积			
	1km² 及以上（个）	10km² 及以上（个）	100km² 及以上（个）	1000km² 及以上（个）
合计	2865	696	129	10
黑龙江	496	68	7	2
辽河	58	1	0	0
海河	9	3	1	0
黄河流域	144	23	3	0
淮河	68	27	8	2
长江流域	805	142	21	3
浙闽诸河	9	0	0	0
珠江	18	7	1	0
西南西北外流区诸河	206	33	8	0
内流区诸河	1052	392	80	3

二、水利工程基本情况

1. 水库 共有水库 98 002 座，总库容 9323.12 亿 m³（详见表 3）。其中：已建水库 97 246 座，总库容 8104.10 亿 m³；在建水库 756 座，总库容 1219.02 亿 m³。

表 3 不同规模水库数量和总库容汇总表

水库规模	合计	大型			中型	小型		
		小计	大(1)	大(2)		小计	小(1)	小(2)
数量(座)	98 002	756	127	629	3938	93 308	17 949	75 359
总库容(亿 m³)	9323.12	7499.85	5665.07	1834.78	1119.76	703.51	496.38	207.13

2. 水电站 共有水电站 46 758 座，装机容量 3.33 亿 kW（详见表 4）。其中：在规模以上水电站中，已建水电站 20 866 座，装机容量 2.17 亿 kW；在建水电站 1324 座，装机容量 1.10 亿 kW。

表 4 不同规模水电站数量和装机容量汇总表

水电站规模		数量（座）	装机容量（万 kW）
合计		46 758	33 288.93
规模以上（装机容量≥500kW）	小计	22 190	32 729.79
	大(1)型	56	15 485.50
	大(2)型	86	5178.46
	中型	477	5242.00
	小(1)型	1684	3461.38
	小(2)型	19 887	3362.45
规模以下（装机容量＜500kW）		24 568	559.14

3. 水闸 过闸流量 1m³/s 及以上水闸268 476 座，橡胶坝2685 座（详见表5）。其中：在规模以上水闸中，已建水闸 96 226 座，在建水闸 793 座；分(泄)洪闸 7919 座，引(进)水闸 10 970 座，节制闸55 137 座，排(退)水闸17 198 座，挡潮闸 5795 座。

表 5 不同规模水闸数量汇总表

水闸规模		数量（座）	比例（%）
合计		268 476	
规模以上（过闸流量≥5m³/s）	小计	97 019	100
	大型	860	0.9
	中型	6332	6.5
	小型	89 827	92.6
规模以下（1m³/s≤过闸流量＜5 m³/s）		171 457	

4. 堤防 堤防总长度为 413 679km（详见表 6）。5 级及以上堤防长度为 275 495km，其中：已建堤防长度为 267 532km，在建堤防长度为 7963km。

表 6　　不同级别堤防长度汇总表

堤防级别	合计	1 级	2 级	3 级	4 级	5 级	5 级以下
长度(km)	413 679	10 739	27 286	32 669	95 523	109 278	138 184
比例(%)	100	2.6	6.6	7.9	23.1	26.4	33.4

5. 泵站　共有泵站 424 451 座(详见表 7)。其中：在规模以上泵站中，已建泵站 88 365 座，在建泵站 698 座。

表 7　　不同规模泵站数量汇总表

泵站规模		数量(座)
合计		424 451
规模以上(装机流量≥1m³/s 或装机功率≥50kW)	小计	89 063
	大型	299
	中型	3714
	小型	85 050
规模以下(装机流量<1m³/s 或装机功率<50kW)		335 388

6. 农村供水工程　共有农村供水工程5887.46 万处，其中：集中式供水工程 92.25 万处，分散式供水工程 5795.21 万处。农村供水工程总受益人口 8.12 亿人，其中：集中式供水工程受益人口 5.49 亿人，分散式供水工程受益人口 2.63 亿人。

7. 塘坝窖池　共有塘坝 456.51 万处，总容积 303.17 亿 m³；窖池 689.31 万处，总容积 2.52 亿 m³。

8. 灌溉面积　共有灌溉面积 10.02 亿亩，其中：耕地灌溉面积 9.22 亿亩，园林草地等非耕地灌溉面积 0.80 亿亩。

9. 灌区建设　共有设计灌溉面积 30 万亩及以上的灌区 456 处，灌溉面积 2.80 亿亩；设计灌溉面积 1 万(含)～30 万亩的灌区 7316 处，灌溉面积 2.23 亿亩；50(含)～1 万亩的灌区 205.82 万处，灌溉面积 3.42 亿亩。

10. 地下水取水井　共有地下水取水井 9749 万眼，地下水取水量共 1084 亿 m³(详见表 8)。

表 8　　不同规模地下水取水井数量和取水量汇总表

取水井类型			数量(万眼)	取水量(亿 m³)
合计			9749	1084
机电井	小计		5383	1040
	灌溉	小计	848	735
		井管内径≥200mm	407	613
		井管内径<200mm	441	140
	供水	小计	4535	287
		日取水量≥20m³	39	217
		日取水量<20m³	4496	70
人力井			4366	44

11. 地下水水源地　共有地下水水源地 1847 处(详见表 9)。

表 9　不同规模地下水水源地数量汇总表

地下水水源地规模	数量(个)	比例(%)
合计	1847	100
小型水源地(0.5 万 m³≤日取水量<1 万 m³)	824	44.6
中型水源地(1 万 m³≤日取水量<5 万 m³)	870	47.1
大型水源地(5 万 m³≤日取水量<15 万 m³)	137	7.4
特大型水源地(15 万 m³≤日取水量)	16	0.9

三、经济社会用水情况

经济社会年度用水量为 6213.2 亿 m³，其中：居民生活用水 473.6 亿 m³，农业用水 4168.2 亿 m³，工业用水 1203.0 亿 m³，建筑业用水 19.9 亿 m³，第三产业用水 242.1 亿 m³，生态环境用水 106.4 亿 m³。

四、河湖开发治理情况

1. 河湖取水口　共有河湖取水口 638 908 个(详见表 10)。

表 10　不同规模河湖取水口数量汇总表

河湖取水口规模	数量(个)	比例(%)
合计	638 908	100
规模以上(农业取水流量≥0.2m³/s，其他用途年取水量≥15 万 m³)	121 848	19.1
规模以下(农业取水流量<0.2m³/s，其他用途年取水量<15 万 m³)	517 060	80.9

2. 地表水水源地　共有地表水水源地11 662处(详见表11)。

表11　不同水源类型地表水水源地数量汇总表

地表水水源地类型	数量(处)	比例(%)
合计	11 662	100
河流型	7107	60.9
湖泊型	169	1.5
水库型	4386	37.6

3. 治理保护河流　全国有防洪任务的河段长度为373 910km。其中：已治理河段总长度为123 571km,占有防洪任务河段总长度的33.0%；在已治理河段中，治理达标河段长度为64 624km。

五、水土保持情况

1. 土壤侵蚀　土壤水力、风力侵蚀总面积294.91万km^2(详见表12)。

表12　土壤水力、风力侵蚀面积汇总表

土壤侵蚀类型	面积(万km^2)	比例(%)
合计	294.91	100
水力侵蚀	129.32	43.85
风力侵蚀	165.59	56.15

水力侵蚀面积129.32万km^2，按侵蚀强度分，轻度66.76万km^2，中度35.14万km^2，强烈16.87万km^2，极强烈7.63万km^2，剧烈2.92万km^2。风力侵蚀面积165.59万km^2，按侵蚀强度分，轻度71.60万km^2，中度21.74万km^2，强烈21.82万km^2，极强烈22.04万km^2，剧烈28.39万km^2。

2. 侵蚀沟道　西北黄土高原区侵蚀沟道666 719条，东北黑土区侵蚀沟道295 663条。

3. 水土保持措施面积　水土保持措施面积为99.16万km^2，其中：工程措施20.03万km^2，植物措施77.85万km^2，其他措施1.28万km^2。

4. 淤地坝　共有淤地坝58 446座，淤地面积927.57km^2，其中：库容在50万～500万m^3的骨干淤地坝5655座，总库容57.01亿m^3。

六、水利行业能力建设情况

水利行政机关及其管理的企(事)业单位43 632个，从业人员133.63万人，其中：大专及以上学历人员58.97万人，高中(中专)及以下学历人员74.66万人。

乡镇水利管理单位29 416个，从业人员20.55万人，其中：具有专业技术职称的人员为10.20万人。

注释

1. 本公报中数据均为初步汇总数。

2. 工程规模、等级的划分如下：

(1) 水库。

大(1)型水库：总库容≥10亿m^3；大(2)型水库：1亿m^3≤总库容<10亿m^3；中型水库：0.1亿m^3≤总库容<1亿m^3；小(1)型水库：0.01亿m^3≤总库容<0.1亿m^3；小(2)型水库：0.001亿m^3≤总库容<0.01亿m^3。

(2) 水电站。

大(1)型水电站：装机容量≥120万kW；大(2)型水电站：30万kW≤装机容量<120万kW；中型水电站：5万kW≤装机容量<30万kW；小(1)型水电站：1万kW≤装机容量<5万kW；小(2)型水电站：装机容量<1万kW。

(3) 水闸。

大型水闸：过闸流量≥1000m^3/s；中型水闸：100m^3/s≤过闸流量<1000m^3/s；小型水闸：过闸流量<100m^3/s。

(4) 堤防。

1级：防洪(潮)[重现期(年)]≥100；2级：50≤防洪(潮)[重现期(年)]<100；3级：30≤防洪(潮)[重现期(年)]<50；4级：20≤防洪(潮)[重现期(年)]<30；5级：10≤防洪(潮)[重现期(年)]<20；5级以下：防洪(潮)[重现期(年)]<10。

(5) 泵站。

大型泵站：装机流量≥50m^3/s或装机功率≥1万kW；中型泵站：10m^3/s≤装机流量<50m^3/s或0.1万kW≤装机功率<1万kW；小型泵站：装机流量<10m^3/s或装机功率<0.1万kW。

3. 1公顷=15亩。

18

大　事　记

2012 年大事记

一 月

1 月 3 日 一年一度的中国水电新春联谊会在北京隆重举行。水利部部长陈雷、全国人大财经委副主任汪恕诚、全国政协经济委员会副主任张国宝、全国政协人口资源环境委员会副主任张基尧等领导和专家出席会议并讲话。2012 年的联谊会由国家开发银行和中国水力发电工程学会联合举办，来自水电战线和开发银行系统近 400 名领导、专家和水电同仁齐聚北京饭店金色大厅，交流分享水电工作辉煌成就，畅想水电事业发展美好前景，共同欢度新春美好时光。联谊会还举行了 2011 年度水力发电科学技术奖颁奖典礼。水电新春联谊会是我国水电界一年一度的盛会，是全国水电行业有关单位和水电工作者的重要交流平台。

1 月 5 日 国家电网公司第二届职工代表大会第二次会议暨 2012 年工作会议在北京开幕。会议总结了 2011 年工作，部署了 2012 年任务。公司总经理、党组书记刘振亚作了题为《全面深化“两个转变”，加快创建世界一流电网、国际一流企业》的工作报告。2011 年，“一强三优”现代公司建设又取得新的成绩，国家电网在经济社会发展中的作用进一步发挥。

1 月 6 日 青海省发展改革委转发国家发展改革委文件，同意青海黄河茨哈峡水电站开展前期工作，标志着该水电站取得国家级“路条”。

1 月 9～10 日 中国华电集团公司 2012 年工作会议在北京召开。集团公司总经理、党组副书记云公民作了题为《加快战略转型，全力提升效益，为创建世界一流能源集团而努力奋斗》的工作报告。2011 年，公司完成发电量 4172 亿 kW·h，同比增长 15.8%；实现销售收入 1692 亿元；装机容量达到 9410 万 kW；生产原煤 2260 万 t，同比增长 142%；控股煤炭产能达 2560 万 t/a。供电煤耗 321.8g/（kW·h），同比下降 6.4g/（kW·h）；二氧化硫排放绩效 2.6g/（kW·h），同比下降 10 个百分点。

1 月 10 日 全国能源工作会议在北京召开。会议总结了一年来的能源工作，分析能源发展改革面临的形势，安排 2012 年的能源重点工作。

1 月 11～12 日 中国华能集团公司 2012 年工作会议在北京召开。公司总经理曹培玺作了题为《加快转型升级，推进做强做优，努力创建具有国际竞争力的世界一流企业》的工作报告。2011 年，完成发电量 6046 亿 kW·h，同比增长 12.5%；完成煤炭产量 6406 万 t，同比增长 38.5%；完成合并营业收入 2703 亿元，同比增长 18.5%；供电煤耗 318.68g/（kW·h），同比下降 4.04g/（kW·h）；厂用电率 5.08%，同比下降 0.14 个百分点。

1 月 15～16 日 中国大唐集团公司 2012 年工作会议在北京召开。集团公司董事长、党组书记刘顺达出席会议并作重要讲话。集团公司总经理陈进行出席会议并作工作报告。2011 年，集团公司经营形势实现重大转折，实现了“一保一降”年度目标，圆满完成了国资委下达的考核指标。会议确定 2012 年为集团公司“管理提升年”。

1 月 15～17 日 南方电网公司 2012 年工作会议暨一届五次职工代表大会在广州召开。南方电网公司董事长、党组书记赵建国作了题为《大力加强队伍建设，促进公司科学发展》的讲话。公司总经理钟俊在会上作了《坚持稳中求进，全面提升管理，为五省区经济平稳较快发展作出积极贡献》的工作报告。会议回顾了公司 2011 年工作，深刻分析了 2012 年公司面临的生产经营形势，提出了全年“三抓三保四加强”的工作思路和目标。

1 月 20 日 国家发展和改革委员会以发改办能源〔2012〕157 号文复函云南省发展改革委，同意云南红河新街水电站开展前期工作。新街水电站装机容量 9 万 kW，由红河广源水电开发有限公司负责建设和管理。

1 月 31 日 国家发展和改革委员会以发改办能源〔2012〕207 号文复函湖北省发展改革委和陕西省发展改革委，同意汉江孤山水电站开展前期工作。汉江孤山水电站装机容量初步定为 18 万 kW，由汉江水电开发有限责任公司负责建设和管理。

二 月

2 月 4 日 国家发展和改革委员会以发改办能源〔2012〕231 号文复函重庆市发展改革委、中国长江三峡集团公司，同意长江小南海水电站开展前期工作。小南海水电站装机容量 168 万 kW，由中国长江三峡集团公司负责建设和管理。

2 月 10 日 国家发展和改革委员会以发改能源〔2012〕384 号文对金沙江鲁地拉水电站项目核准进行了批复，同意建设鲁地拉水电站。鲁地拉水电站由云南华电鲁地拉水电有限公司负责开发建设。电站总装机容量 216 万 kW，总库容 17.18 亿 m^3，多年平均年发电量 99.57 亿 kW·h。

2 月 10 日 国家发展和改革委员会以发改能源〔2012〕386 号文对金沙江龙开口水电站项目核准进行了批复，同意建设龙开口水电站。龙开口水电站由华能龙开口水电有限公司建设和管理。电站安装 5 台

36 万 kW 混流式水轮机组，总装机容量 180 万 kW，年均发电量 73.96 亿 kW·h。上游龙盘水电站建成后，年均发电量 82.70 亿 kW·h。

2 月 10～12 日 中国长江三峡集团公司 2012 年工作会议暨一届二次职工代表大会在三峡坝区召开。会议全面总结 2011 年的主要工作，分析面临的形势，安排部署 2012 年重点工作。中国三峡集团董事长、党组书记曹广晶发表重要讲话。总经理陈飞向大会作了题为《弘扬三峡文化，提升管理水平，稳步推进集团公司“十二五”规划全面实施》的工作报告。

2 月 15～17 日 中国国电集团公司一届四次职工代表大会暨 2012 年工作会议在北京召开。朱永芃作了《坚持稳中求进 深化转型升级 开创一流综合性电力集团建设新局面》的工作报告。2011 年，国电集团在极其困难的情况下圆满完成了 2011 年各项任务，在世界企业 500 强排名大幅上升，保持了运行平稳、结构优化、质量提升、民生改善的可喜态势，实现了“十二五”良好开局。

2 月 16～17 日 中国电力建设集团有限公司 2012 年工作会议在北京隆重召开。会议总结回顾了集团公司 2011 年工作，深入分析了面临的形势任务，明确提出集团公司的发展战略，提出 2012 年工作思路和要求。集团公司董事长、党委副书记范集湘作了题为《突出发展质量，坚持做强做优，努力建设具有较强国际竞争力的世界一流企业》的重要讲话。集团公司董事、总经理马宗林作了题为《提升管理水平，推进转型升级，确保集团公司平稳较快发展》的总经理工作报告，对集团公司 2012 年工作进行安排。集团公司党委书记、副董事长晏志勇作会议总结讲话。

2 月 16～17 日 中国能源建设集团有限公司成立以来第一次年度工作会议在北京召开。会议总结了 2011 年工作，分析了面临的形势，确定了 2012 年工作思路和主要经营指标，部署了各项重点工作。集团公司董事长杨继学作题为《全面保增长 全力保稳定 冲刺五百强 为集团公司开好局起好步而努力奋斗》的工作报告，总经理丁焰章代表集团公司分别与葛洲坝集团、中电工程集团、电力规划总院、设计事业部、施工事业部、装备事业部等六家单位签订经营业绩、安全生产责任书。

2 月 16～17 日 水电水利规划设计总院会同四川省发改委、能源局在成都主持召开雅砻江孟底沟水电站预可行性研究报告审查会议。审查认为，报告满足本阶段勘测设计内容和深度的要求，基本同意该报告。孟底沟水电站位于四川省甘孜州九龙县与凉山州木里县交界处的雅砻江干流河段上，是雅砻江干流中游河段第五个梯级电站，正常蓄水位 2254m，相应库容 8.53 亿 m^3，初选装机容量 257.5 万 kW，混凝土双曲拱坝最大坝高 206m。

2 月 16 日 国家能源局以国能新能〔2012〕49 号复函新疆维吾尔自治区发展改革委和水电水利规划设计总院，同意新疆抽水蓄能电站选点规划成果及审查意见，确定阜康（拟装机 120 万 kW）、哈密天山（120 万 kW）站点为新疆电网 2020 年新建抽水蓄能电站推荐站点，阿克陶（60 万 kW）作为后备站点。

2 月 17 日 三峡地下电站 29 号机组结束 72h 试运行。29 号机组是三峡地下电站投产发电的第 5 台机组，自 2 月 5 日起，依次进行了充水试验、启动试验、转子配重、升流升压、调速器及励磁系统等多项试验。试验结果显示，29 号机组运行情况稳定，机组温度、振动、摆度等主要指标基本正常。

2 月 18 日 中国水利水电建设股份有限公司 2012 年工作会议暨一届三次职工代表大会在北京召开。这是中国电建集团成立、股份公司上市后召开的首次重要的工作会议。会议总结 2011 年工作，部署 2012 年主要工作。中国电建集团董事长、党委副书记，股份公司董事长、党委书记范集湘作重要讲话；中国电建集团党委常委、股份公司总经理孙洪水作了题为《奋力开拓市场，提升经营质量，确保股份公司 实现平稳较快发展》的工作报告。

2 月 20 日 《中国能源报》报道：隧道含水构造等不良地质超前预报定量识别及其灾害防治关键技术、重大水利水电工程施工实时控制关键技术及其工程应用、江湖冲积过程联动机理与关键调控技术、重大水工程服役风险评定与馈控的关键技术及其应用、水利与国民经济耦合系统的模拟调控技术及应用、三峡全空冷巨型水轮发电机组研制等 6 个水利水电项目获得国家科技进步二等奖。

2 月 23 日 国家可再生能源中心在北京成立。国家可再生能源中心由国家能源局依托国家发改委能源研究所设立，主要任务是研究制定国家可再生能源发展战略、规划和政策研究，组织实施国家示范项目，协调制定行业标准规划，开展行业数据统计检测评估，承担国际合作项目管理任务。

2 月 23 日 国家发展改革委以发改办能源〔2012〕413 号文，同意重庆蟠龙抽水蓄能电站开展前期工作。重庆蟠龙抽水蓄能电站初定建设 4 台 30 万 kW 立轴单级混流可逆式机组，总装机容量 120 万 kW，由国家电网公司全资建设。

2 月 24 日 国家发展改革委以发改能源〔2012〕388 号文核准四川大渡河安谷水电站工程。安谷水电站总装机容量 77.2 万 kW，年均发电量 31.44 亿 kW·h，由中国水电建设集团四川电力开发有限公司和四川圣达集团有限公司共同出资组建的中国水电建设集团圣达水电有限公司负责建设和运行管理。

2月24日　嘉陵江苍溪航电枢纽首台机组投产发电。苍溪航电枢纽是嘉陵江干流航运渠化开发规划中的第3个梯级电站，具有发电、航运、防洪、环保、灌溉和旅游开发等综合效益，安装3台2.2万kW灯泡贯流式机组，年发电量2.55亿kW·h。

2月29日　国家发展改革委以发改基础〔2012〕504号文正式批准四川岷江（乐山至龙溪口）航电枢纽工程项目立项。该项目拟建设老木孔、东风岩、犍为、龙溪口4个航电枢纽，主要建设内容包括：一线船闸、发电厂房、大坝、泄水闸等，通航标准为内河三级航道，并预留二线船闸位置，电站总装机容量约156万kW。

三　月

3月1日　国家发展改革委以发改能源〔2012〕525号文核准四川大渡河沙坪二级水电站。电站安装6台5.8万kW灯泡贯流式水轮发电机组，总装机容量34.8万kW，年均发电量16.1亿kW·h，由国电大渡河流域水电开发有限公司负责建设和管理。

3月1日　国家发展改革委印发“发改能源〔2012〕527号”文件，同意建设四川大渡河枕头坝一级水电站工程。该电站总装机容量72万kW，年均发电量32.9亿kW·h，由国电大渡河流域水电开发有限公司负责建设和管理。

3月5日　国家能源局印发了《国家能源局关于重庆市抽水蓄能电站选点规划有关事项的批复》（国能新能〔2012〕71号），原则同意重庆市抽水蓄能电站选点规划成果和审查意见。同意在初选丰都栗子湾、云阳建全、巴南石滩、涪陵太和、綦江镇紫作为比选站点的基础上，确定蟠龙（拟装机120万kW）、栗子湾（拟装机120万kW）作为重庆市2020年新建抽水蓄能电站推荐站点。

3月5日　中国水电工程顾问集团公司在北京召开“300m级高面板堆石坝安全性及关键技术研究”技术研讨会。会议围绕课题研究的必要性、依托工程的选择、主要研究内容及专题设置、组织模式及进度计划、资金筹措等进行了讨论。马洪琪院士对面板堆石坝面临的机遇和挑战进行了回顾，指出为推动300m级高面板堆石坝筑坝技术发展，开展相关研究是必要的。

3月12～17日　第六届世界水论坛在法国马赛举行，论坛主题“治水良策、时不我待”。173个国家的近2万名代表参加了会议，包括113位部长级以上领导、3500多名非政府组织与民间组织的代表、1200多名媒体记者。论坛举办了400多场会议和形式多样的活动，一致承认水电在节能减排、应对气候变化等方面具有巨大的优势；强调以可持续方式加速开发水电对于保障水安全和能源安全，促进经济社会的可持续发展具有重大的贡献。世界银行在对水电开发做过多年的全面评估分析后正式宣称重新投资水电。

3月15日　国家能源局以国能新能〔2012〕77号文印发了《国家能源局关于做好水电建设前期工作有关要求的通知》。通知要求严格河流规划管理，规范前期工作秩序，坚持流域统筹开发，加强行业监督管理；未经政府主管部门同意，任何单位和个人不得擅自开展河流水电规划、项目前期工作。

3月22日　国电大渡河龚嘴水电站3号机组完成增容改造，并入电网调试后顺利报系统备用，改造后的机组容量从原来的10万kW提高到了11万kW。至此，该电站7台机组增容改造全部完成，总装机容量从70万kW增至77万kW。新增容机组将充分利用上游瀑布沟水库建成后区域水库调度优势，少弃水、多发电，增创效益。

3月22日　国家发展改革委以发改能源〔2012〕665号文，同意四川省大渡河龚嘴水电站扩机工程开展前期工作。扩机工程新增装机容量初步定为22万kW,由国电大渡河流域水电开发有限公司投资建设，建成后纳入原龚嘴水电站统一管理。

3月25日　中共中央政治局委员、中央书记处书记、中央组织部部长李源潮在湖北调研期间，考察了三峡工程。李源潮说，三峡工程的建设，解除了中华民族千年长江水患，已显现出巨大的防洪效益、经济效益和社会效益，是中国特色社会主义制度集中力量办大事优越性的重要体现。

3月25日　水电水利规划设计总院在北京主持召开了“水电水利工程三维数字化设计平台”成果鉴定会议。由钟登华院士等10位专家组成的鉴定委员会对该项成果给予了充分肯定和高度评价，认为基于MicroStation构建的水电水利工程三维数字化设计平台整体达到国际领先水平，一致同意通过鉴定。该水电水利工程三维数字化平台由集团公司华东勘测设计研究院研制完成，已成功应用于白鹤滩、锦屏二级、龙开口、响水涧等20余个大型水电工程项目，具有行业技术进步的示范作用和推广前景。

3月26～27日　能源行业水电规划水库环保标准化技术委员会在北京市主持召开了《抽水蓄能电站选点规划编制规范》送审稿审查会。会议同意规范送审稿通过审查，要求编制单位按照审查意见对规范送审稿进行修改完善，尽快提出规范报批稿。

3月29日　长江小南海水电站奠基暨“三通一平”工程在重庆巴南区中坝岛开工。该电站装机168万kW，多年平均年发电量102亿kW·h，工程总投资约320亿元，总工期7年6个月，是重庆投资最大、装机规模最大、发电量最大的水电项目。

3月29日 安谷水电站正式开工。该电站位于四川省乐山市沙湾区大渡河干流上，是大渡河最末一级水电开发项目，安装4台单机容量19万kW和1台1.2万kW的轴流转桨式水轮发电机组，总装机容量77.2万kW，年均发电量31.44亿kW·h。工程静态总投资82.05亿元，动态总投资96.99亿元，由中国水利水电建设股份有限公司控股开发，设计总工期54个月。

3月31日 官地水电站首台机组（1号机）正式投产发电。官地水电站位于四川省凉山彝族自治州西昌市和盐源县交界处，是雅砻江规划五级开发的第三个梯级电站，安装4台单机容量为60万kW的混流式水轮发电机组，总装机容量240万kW，工程总投资约160亿元。工程于2004年10月筹建，2007年11月截流。

四 月

4月4日 中国长江三峡集团公司中标承建的非洲两大水电项目，分别在几内亚和毛里求斯开工建设，两国政府总理出席开工典礼。由三峡集团负责“设计、采购、施工”总承包的几内亚凯乐塔水利枢纽项目，位于非洲孔库雷河流域，总装机24万kW，是几内亚最大的水电工程，工期48个月。毛里求斯巴加泰勒大坝，坝长2550m，混凝土坝段高48m，有效库容1420万m^3，项目合同金额1.12亿美元，由中国进出口银行提供优惠贷款，三峡集团公司中标承建，施工期3年。

4月8日 国家发展改革委以发改办能源〔2012〕846号文复函安徽省发改委、国家电网公司，同意安徽金寨抽水蓄能电站开展前期工作。金寨抽水蓄能电站初定建设4台30万kW的立轴单级混流可逆式机组，总装机容量120万kW，由中国水电顾问集团华东勘测设计研究院承担勘测设计工作。

4月8日 长江珍稀鱼类放流点在宜昌市胭脂园正式设立。中国三峡集团董事长、党组书记曹广晶和湖北省副省长、宜昌市委书记郭有明为放流点揭牌，并同当地学生、环保志愿者和三峡游客一道，将1210尾中华鲟和1万尾胭脂鱼放归长江。长江珍稀鱼类放流点的设立，将开启放流活动常态化、法制化的新时代，并为广大社会公众提供参与生态保护的平台。

4月9日 青铜峡水电站8号机组改造完成了72h试运行，正式归调投产发电。该机组技术改造工程于2011年9月15日正式开工，历时207d。投产后的8号机组各项性能指标好于预期，高出设计出力0.04万kW；机组各部温度、振动和摆度值均在正常范围内。

4月10日 由东方电气集团制造、目前世界上单机容量最大的7.5万kW贯流式机组——巴西杰瑞电站首台机组（2号机）定子抵达上海港，将远赴巴西。就在首台机组定子启运前半个月，杰瑞电站业主法国燃气公司在原有18台机组订单上，追加了4台。作为杰瑞电站22台机组的供货商，东方电气一举创下中国水电设备出口金额之最。

4月12日 毛尔盖水电站3号机组顺利完成72h试运行，正式投产发电。至此，毛尔盖水电站3台机组全部投入运行。毛尔盖水电站位于四川省阿坝藏族羌族自治州黑水县境内，为中国水利水电建设股份有限公司目前在藏区投资的最大水电项目，总装机容量42万kW，年发电量17.17亿kW·h；首台机组于2011年10月26日投产发电，2号机组于2012年2月22日投产发电。

4月13日 国家水能风能研究中心、国家能源水电工程技术研发中心授牌仪式在北京举行。国家水能风能研究中心、国家能源水电工程技术研发中心依托中国水电工程顾问集团公司设立。国家水能风能研究中心主要任务是承担水能、风能等领域的发展战略、政策研究、科技研发、人才培养和国际交流等工作，为水能风能管理提供政策和技术支持服务；设北京分中心、西北分中心、中南分中心、华东分中心、成都分中心、贵阳分中心、昆明分中心。国家能源水电工程技术研发中心主要任务是，开展水电领域的重大工程技术研究，推动“产、学、研”结合和工程技术进步；设高土石坝分中心、高混凝土坝分中心、大型地下工程分中心。

4月19日 国家能源局以国能科技〔2012〕130号文发出《关于印发国家能源科技重大示范工程管理办法的通知》。为更好地实施《国家能源科技“十二五”规划》，完善“重大技术研究、重大技术装备、重大示范工程、技术创新平台”四位一体的能源科技创新体系，加强和规范重大示范工程管理，充分发挥重大示范工程在加快能源科技成果转化为现实生产力过程中的关键作用，国家能源局组织编制了《国家能源科技重大示范工程管理办法》。

4月28日 国电南瑞科技股份有限公司承担的“700MW巨型水电机组励磁系统研制及其应用”项目在北京通过中国水力发电工程学会组织的鉴定。项目填补了大型水轮发电机组励磁系统国产化的空白，开创了国内大型水轮发电机组励磁系统自主配套的先河，达到国际先进水平。目前，该系统已在三峡地下电站成功投运并稳定运行超过一年。

4月28日 由二滩水电开发有限公司、大连力软科技有限公司和大连理工大学共同完成的“锦屏二级水电站深埋隧洞群岩爆分析、监测与预警研究”成果在北京通过鉴定。鉴定会由中国岩石力学与工程学会主持，鉴定委员会由钱七虎院士、张楚汉院士、袁亮院士、赖远明院士等7名专家组成。鉴定委员会专家一致认为本研究成果为水电乃至其他岩土工程行业今后开展类似工程的岩爆监测、预报、预警提供了成功范例，该研究成果总体达到国际领先水平。

4月　国家发展改革委批复了赣江永泰航电枢纽工程项目建议书。该项目拟建两岸挡水土坝、船闸、电站、泄水闸、鱼道及相应配套设施，其中，船闸通航标准为内河三级航道，并预留二线船闸位置，电站总装机容量为11.2万kW。

五　月

5月7～8日　全国水资源工作会议在北京召开。中共中央政治局委员、国务院副总理、国家防汛抗旱总指挥部总指挥回良玉就水资源工作提出明确要求。水利部部长陈雷在会议上表示，要抓紧分解“三条红线”控制指标，确保年内建立起覆盖流域和省市县三级行政区域的红线控制指标体系。2012年1月，我国出台关于实行最严格水资源管理制度的意见，明确水资源开发利用控制、用水效率控制、水功能区限制纳污“三条红线”。

5月8日　大渡河枕头坝一级、沙坪二级水电站开工建设。枕头坝一级电站枢纽位于四川省乐山市金口河区和凉山州甘洛县、雅安市汉源县境内，设计装机容量72万kW，年发电量32.9亿kW·h，工程总投资85.74亿元，计划2014年首台机组发电。沙坪二级水电站设计装机容量34.8万kW，枢纽位于枕头坝水电站下游峨边县境内，装设6台单机5.8万kW的贯流式水电机组，为亚洲目前最大的贯流式水电机组。

5月9日　国家发展改革委核准金沙江观音岩水电站。该电站为金沙江中游河段规划的8个梯级电站的最末一个梯级，安装5台60万kW混流式水轮发电机组，总装机容量300万kW，年均发电量120.68亿kW·h,上游调节性水库建成后，年均发电量可提高至136.22亿kW·h。

5月9日　“2012中国能源年度人物”颁奖典礼暨中国电力与能源研讨会在北京举行。国家电网公司总经理刘振亚当选“2012中国能源年度人物”。“2012中国能源年度人物”研究评价项目是由中国能源报主办的一项一年一度的公益性活动。首届，也是上一届“中国能源年度人物”得主为国家发改委原副主任、国家能源局原局长张国宝。

5月14日　新疆开都河中游河段水电规划报告在塔里木河流域建设管理局组织召开的评审会议上顺利通过。本次开都河中游河段水电规划推荐最优方案为“一库四级”，以具有发电、防洪和灌溉作用的阿仁萨很托亥为龙头水库，向下依次规划为哈尔嘎廷郭勒水电站、霍尔古图水电站和滚哈布奇勒水电站。该水电规划范围为阿仁萨很托核水电站至察汗乌苏水电站大坝河段，河段长77.71km，河道平均坡降9.01‰，水能资源理论蕴藏量达87.726万kW。

5月15～16日　全国政协常委、经济委员会副主任、国家能源委专家委员会主任、国家发改委原副主任、国家能源局原局长张国宝考察了溪洛渡和向家坝水电站工程。他对电站建设的进展表示满意，对在电站建设过程中认真落实的环境保护措施给予了充分肯定。

5月16日　西南水电发展调研发布会在京召开。西南水电行是2012年“中国能源行”的第一站，为期15d。参访期间，20多家水电单位在四川成都召开了西南水电发展论坛，之后，参访人员对国电大渡河猴子岩水电建设有限公司、长江电力溪洛渡水力发电厂筹建处、中国水电顾问集团昆明勘测设计研究院、云南金沙江中游水电开发有限公司阿海水电站等单位进行了实地参访与考察。在此次新闻发布会上，中国水力发电工程学会副秘书长张博庭、国际大坝委员会主席贾金生、中国水利水电科学研究院地质专家徐泽平等多位水电方面的专家，以及多位发电公司的代表，对当下水电领域的热点问题进行答疑解惑，力求向社会公众呈现一个较为客观的中国西南水电发展局面，以促进西南水电的合理、有序开发。

5月17日　由中国水利水电第十工程局有限公司承建的哈萨克斯坦共和国玛依纳水电站2号机组顺利通过72h试运行并成功并网发电。至此，该电站单机容量15万kW的两台机组已全部并网发电。玛依纳水电站总装机容量为30万kW，为哈萨克斯坦单机容量最大的水电站，也是亚洲单机容量最大的冲击式水轮发电机组。

5月20日　原中共中央政治局委员、原国务院副总理吴仪考察三峡工程。吴仪对三峡工程发挥的巨大综合效益给予充分肯定。第十届全国政协副主席、中国工程院主席团名誉主席徐匡迪、公安部原常务副部长田期玉等随同考察。

5月21日　中共中央政治局常委、全国政协主席贾庆林视察了金沙江中游阿海水电站。贾庆林强调，扎实做好金沙江水电开发，意义重大。贾庆林指出，在水电开发建设中要辩证地看待环保问题。现在建设中的阿海水电站，不但没有破坏青山绿水，相反是治理了穷山恶水。只有在这个地方建起了水电站，穷山恶水才可能成为青山绿水。要积极做好绿化工作，使这些地方成为生态家园。

5月23日 三峡工程最后一台机组——地下电站27号机组顺利结束72h试运行。三峡地下电站27号机组由东方电机公司设计制造，与28号机组一样，采用了定子绕组常温自循环蒸发冷却技术，是目前世界上单机容量最大的蒸发冷却水轮发电机组，达到了国际先进水平，我国拥有完全自主知识产权。试运行期间和此前进行的各项试验监测结果显示，27号机组运行情况稳定，温度、振动、摆度等主要指标正常，最后期间带机组最大出力75.6万kW运行3h。

5月23日 新疆托什干河别迭里水电站举行投产发电庆典仪式。该电站是新疆阿克苏河流域托什干河河段水电规划“2库11级”中的第八级梯级，采用引水式开发，分两级电站发电，每级装机4台，总装机容量24.8万kW；为中国华能集团公司援疆扶贫惠民工程，于2009年5月2日正式开工建设，2012年5月17日实现8台机组全部投产发电。

5月24日 昭化水电站首台机组圆满结束72h试运行，正式投入商业运行。昭化水电站是白龙江梯级开发的最后一级电站，位于四川省广元市元坝区昭化镇境内，为河床式开发，总装机容量3×2万kW，年发电量约2.4亿kW·h。电站主要任务为发电，兼有灌溉、生态用水、航运等综合效益。

5月24日 新疆小山口三级水电站顺利开工。小山口三级电站位于新疆巴音郭楞蒙古自治州境内开都河下游和静县境内，为开都河梯级开发的第十二级电站，电站装机容量3×1.65万kW，工程总投资4.5亿元。

六 月

6月1日 青龙水电站3号机组完成72h试运行，实现无缝交接，成功投入商业运行。至此，该电站3台机组在一个月内全部实现投产发电目标。青龙水电站位于四川省九寨沟县白水江流域下游河段，是白水江干流水电规划“一库七级”开发方案的第7级，由中国水电工程顾问集团公司控股的九寨沟水电开发公司负责开发建设，共安装3台3.4万kW混流式水轮发电机组。

6月4日 国际大坝委员会（ICOLD）水电站与水库联合运行专委会成立后的首次会议在日本京都召开。该专委会于2011年经国际大坝委员会执委会批准成立，成员国包括巴西、加拿大、中国、哥伦比亚、法国、德国、伊朗、日本、韩国、尼日利亚、挪威、俄罗斯、瑞士、美国。经各成员国代表推荐，中国长江三峡集团公司董事长曹广晶当选为专委会主席。专委会首任主席由中国代表担任，充分说明中国正成为水电站与水库梯级运行的引领者。

6月13日 第九届光华工程科技奖在北京揭晓。中国科学院院士、中国工程院院士、国家电网公司高级顾问、我国电力专家潘家铮获得本届光华工程科技奖成就奖。光华工程科技奖被誉为中国工程科技界最高奖项，由中国工程院管理并承办。该奖面向全国工程科学技术界，奖励在工程科技及工程管理领域取得突出成绩和重要贡献的工程师和科学家。自1996年首届颁奖，至今已是第九届，共有174人获此殊荣。

6月18日 潘口水电站首台机组投产发电。潘口水电站是堵河流域梯级开发的龙头项目，以发电为主兼顾防洪，不仅能提高竹山县城及黄龙滩水电站防洪标准，还能增加南水北调中线工程可调水量，提高供水保证率。其水库正常蓄水位355.00m，总库容23.38亿m^3，为完全年调节水库；电站装机2台，总装机容量50万kW，属一等大（1）型工程。工程于2007年10月28日开工建设。

6月20日 中共中央政治局常委、全国人大常委会委员长吴邦国在全国人大副委员长、秘书长李建国、安徽省委书记张宝顺、省长李斌及国家有关部委领导的陪同下，专程视察金寨抽水蓄能电站项目。金寨抽水蓄能电站位于安徽省金寨县张冲乡境内，规划装机容量4×30万kW，2012年4月，国家发改委正式批准电站项目开展前期工作。

6月21日 功果桥水电站最后一台机组（1号机）顺利通过72h满负荷试运行，投产发电，提前9d完成投产计划目标。至此，该电站4台水轮发电机组全部投产发电，投产总容量达90万kW，全面达到设计发电能力。功果桥电站位于云南省云龙县澜沧江河段，是澜沧江中下游河段梯级开发“两库八级”方案中的最上一个梯级，装有4台单机容量为22.5万kW的水轮发电机组。

6月28日 国家能源水能高效利用与大坝安全技术研发中心在北京成立。中心依托中国水利水电科学研究院，联合华能澜沧江水电有限公司和中国华能清洁能源研究院共同组建；将面向能源安全和节能减排的国家战略需求，为实现水能资源高效利用和在做好生态保护的前提下积极发展水电提供技术支撑。

6月28日 由长江电力负责编写的电力行业标准《水电站设备状态检修管理导则》通过审查。与会专家组一致认为，该导则作为首次编写的水电站设备状态检修的行业标准，已达到国内外先进水平，对水力发电企业设备管理具有积极的指导意义。会后编写组将根据会议审查意见对导则进行修改完善，以促成标准早日发布实施。

6月29日 西电送广东电力最高达1904万kW，创历史新高，约占广东当天最高统调负荷的四分之一。当天，西电送广东电量也创新高，达3.96亿kW·h。

6月29日 国家发展改革委以发改能源〔2012〕

1936号文核准刘家峡水电站洮河口排沙洞及扩机工程。扩机工程安装2台15万kW混流式水轮发电机组，扩机后，刘家峡水电站总装机容量为170万kW，年均发电量58.86亿kW·h。

6月29～30日　水电水利规划设计总院会同四川省发改委、能源局在成都主持召开楞古水电站预可行性研究报告审查会议。审查认为，报告满足预可行性研究阶段勘测设计内容和深度的要求，基本同意该报告。

七　月

7月4日　随着三峡地下电站27号机组移交，投入商业运行。三峡工程32台单机额定出力70万kW的巨型机组以及2台单机额定出力5万kW的电源电站机组全部投产，三峡电站投产装机达到2250万kW设计水平。

7月12日　三峡电站实现满负荷运行，电站出力首次达到2250万kW。三峡电力生产部门采取了多项安全保障措施，加密监测，加大巡回检查强度。监测数据显示，三峡电站满负荷运行期间，机组设备运行稳定。

7月13日　中国共产党优秀党员，我国著名水工结构和水电建设专家，中国工程院原副院长，中国科学院、中国工程院资深院士，国家电网公司高级顾问潘家铮同志，因病于13日12时1分在北京与世长辞，享年85岁。

7月24日　峰值达71 200m^3/s的洪水抵达三峡大坝。按照国家防总和长江防总的调度指令，充分发挥三峡枢纽拦蓄削峰作用，将下泄流量严格控制在43 000m^3/s，近4成洪水被拦蓄在三峡水库内，有效减轻了洪水对长江中下游的威胁。本次洪峰是三峡水库建库9年来的最强洪峰，其流量超过了1998年洪水峰值和2010年7月20日出现的70 000m^3/s特大洪峰。本轮洪峰过坝期间，三峡水库拦蓄洪水50多亿立方米，相当于一个荆江分洪区的分洪量。监测数据显示，此次洪水过程中，三峡大坝位移、渗流、变形等主要参数均在正常范围内，大坝挡水建筑物各项安全指标稳定。

7月24日　中共中央政治局委员、国务院副总理、国家防汛抗旱总指挥部总指挥回良玉连夜视察了三峡工程防汛情况，现场指导防汛抗洪工作，对三峡防洪调度工作给予充分肯定，他说，如果没有三峡工程，此时此刻不会在这里，肯定在荆江大堤上指挥防汛抗洪。

7月25日　中国水利水电建设工程咨询公司在北京组织召开葛洲坝水利枢纽电站扩机工程技术讨论会。会议讨论认为，建设葛洲坝水利枢纽电站扩机工程是必要的，开展研究论证工作具有重要意义，同时提出下一步需要重点把握与着重研究的重大问题，对如何更好推动葛洲坝扩机前期工作也提出了具体建议。

7月28日　溪洛渡左岸—浙江金华±800kV特高压直流输电工程开工动员大会在浙江杭州和四川成都同时举行。工程起于四川宜宾双龙换流站，落于浙江金华换流站；新建±800kV直流输电线路约1680km，途经四川、贵州、江西、湖南和浙江五省。工程额定输送容量800万kW，动态投资238.55亿元，于2012年7月6日获得国家发改委核准。计划于2014年6月实现双极低端送电，2014年年底全部建成投运。

7月　国家发展改革委以发改能源〔2012〕2226号文核准贵州北盘江马马崖一级水电站工程。该电站位于北盘江干流中游河段，为茅口以下规划梯级的第二级，上游为已建成投产的光照水电站。电站安装3台18万kW和1台1.8万kW混流式水轮发电机组，总装机容量55.8万kW，年均发电量15.61亿kW·h。由贵州黔源电力股份有限公司控股子公司贵州北盘江电力股份有限公司负责建设和管理。

八　月

8月2日　中共中央政治局常委、国务院总理温家宝来到三峡工地，考察防汛工作和工程运行情况，并亲切慰问工程建设者和运行值班人员。温家宝对三峡工程综合效益和防洪调度工作给予充分肯定，要求中国长江三峡集团公司在国家防总的统一领导下，与长江防总协调配合，完成好今年的防汛任务，望中国三峡集团再接再厉，在实践中不断积累经验，提高科技和管理水平，不可有丝毫松懈麻痹情绪，为人民再立新功。

8月6日　国家能源局组织制定的《可再生能源发展“十二五”规划》和水电、风电、太阳能、生物质能四个专题规划正式发布。“十二五”时期，可再生能源新增发电装机1.6亿kW，其中常规水电6100万kW，风电7000万kW，太阳能发电2000万kW，生物质发电750万kW，到2015年可再生能源发电量争取达到总发电量的20%以上；全国开工建设水电1.6亿kW，其中抽水蓄能电站4000万kW；新增水电装机容量7400万kW，其中新增小水电1000万kW，抽水蓄能电站1300万kW。

8月9日　由哈尔滨电机厂有限责任公司牵头承担的国家科技支撑计划项目“1000MW水力发电机组研究”通过科技部验收。项目承担单位通过产学研合作，完成了各项研究任务，达到了预期的技术指标，在水轮机水力设计和稳定研究，发电机通风冷却、电磁设计、大负荷推力轴承、绝缘技术及制造工艺、机组参数选择及结构优化、新材料和新工艺等方面掌握了具有自主知识产权的关键技术，为1000MW机组设计制造奠定了坚实基础。

8月13日 中共中央政治局常委、国务院总理温家宝就我国并网风电装机总量跃居世界第一作出重要批示："国家电网公司认真贯彻中央决策部署，狠抓风电发展的基础性工作和关键环节，有效解决了风电发展中的各种困难和问题，在不太长的时间内使我国并网风电跃居世界第一，成绩来之不易。要再接再厉，完善制度和规范，加强统一调度和管理，积极推动技术进步和产业升级，加快构建风能、太阳能等新能源开发利用、高效配置、安全运营平台，为我国新能源长期、稳定、健康、可持续发展作出新的更大的贡献。"2012年6月，我国并网风电达到5258万kW，超过美国跃居世界第一。国家电网调度范围达到5026万kW，成为全球接入风电规模最大、发展最快的电网。

8月13日 国家发展改革委以发改办能源〔2012〕2252号文，复函四川省发展改革委、国家开发投资公司，同意四川雅砻江两河口和杨房沟水电站开展前期工作。两河口和杨房沟水电站装机容量初步定为270万kW和150万kW，由二滩水电开发有限责任公司负责建设和管理。

8月17～18日 水电水利规划设计总院会同四川省发改委、能源局在成都主持召开牙根一级水电站预可行性研究报告审查会。审查认为，报告满足预可行性研究阶段勘测设计内容和深度的要求，基本同意该报告。

8月19日 拉西瓦水电站5台机组发电出力达到350万kW，日发电量为8061万kW·h。这是我国最大的水轮发电机组在黄河流域首次实现满负荷发电。进入7月份以来，黄河上游来水量持续偏高，拉西瓦水库水位上升至2447m，具备了5台机组满负荷运行的条件。

8月21日 国务院办公厅发布《节能减排"十二五"规划》。《规划》首次对减排任务较重的重点工业行业、城镇居民生活污染、农业污染源等提出了具体目标要求。《规划》提出的减排总体目标是：到2015年，全国化学需氧量和二氧化硫排放总量分别控制在2347.6万t、2086.4万t，比2010年的2551.7、2267.8万t各减少8%，分别新增削减能力601、654万t；全国氨氮和氮氧化物排放总量分别控制在238、2046.2万t，比2010年的264.4、2273.6万t各减少10%，分别新增削减能力69、794万t。

8月21日 国家发展改革委以发改能源〔2012〕1996号文核准河北丰宁抽水蓄能电站工程。电站安装6台30万kW立轴单级混流可逆式水轮发电机组，总装机容量180万kW。

8月21日 国家发展改革委核准黑龙江荒沟抽水蓄能电站工程。电站安装4台30万kW立轴单级混流可逆式水轮发电机组，总装机容量120万kW。

8月24日 2012全国大中型水电站风险管理标准化（规范）论坛在宁夏银川召开，大会围绕中国水力发电工程学会组织行业企业和专家编制的《大中型水电工程建设风险管理规范》，研讨大中型水电项目建设和运营中的风险管理规范化机制。与会领导和专家一致认为，水电利国利民，风险不容忽视，新增诸多变数，管控刻不容缓，防范多措并举，规范亟待加强。会上还介绍讨论了《大中型水电工程建设风险管理规范》（审查稿）的编写、修订情况。

8月25日 水利部在北京召开国家水土保持生态文明工程专家评审会议。经会议专家组评审决定，三峡工程（坝区）被评为"国家水土保持生态文明工程"。评审意见一致认为，三峡工程（坝区）水土保持生态工程建设制度健全，水土保持设施质量优良，后续管护责任落实，档案资料完整，达到了国家水土保持文明工程的考评标准，在行业内具有良好的引领和示范作用，建议评为"国家水土保持生态文明工程"。

8月29日 三峡地下电站最后一台投产机组——27号机组顺利通过启动验收。至此，三峡地下电站发电设备全部通过考核运行。

8月30日 金安桥水电站1号机组完成72h试运行并顺利投产。至此，该电站4台机组全部投产发电。金安桥水电站设计总装机容量240万kW，是国家"西电东送"和"云电送粤"的骨干电源之一，也是目前我国由民营企业投资建设的规模最大的水电站。

8月31日 南方电网公司"无人飞艇输电线路巡线系统应用研究"科技项目通过验收。飞艇依靠艇上的GPS自动导航装置，按照预设路线自动导航飞行，也可人工遥控飞艇巡航；通过机载检测设备系统和无线视频、数据传输装置，回传的录像（照片）等数据，可替代传统人工巡检方法难以及时完成的局部输电线路缺陷状态评价工作。

九 月

9月6日 糯扎渡水电站首台机组正式投产发电。糯扎渡水电站安装9台65万kW机组，总投资611亿元，在我国已建和在建水电项目中继三峡、溪洛渡、向家坝之后，位列第四位。电站大坝充分利用当地材料建设黏土心墙堆石坝，坝高261.5m，为同类坝型中世界第三、亚洲之最。其作为澜沧江上库容最大的水电站，总库容237.03亿m^3，与三峡的防洪库容相当。

9月7日 代古寺水电站3号机组顺利通过72h满负荷试运行后投产发电。至此，该电站三台机组全部投产。代古寺水电站是甘肃甘南藏族自治州迭部县境内白龙江干流的龙头电站，总装机容量8.7万kW，年平均发电量3.752亿kW·h；由国电陕西水电开发公司投资建设，2007年12月开工，1、2号机组分别于2012年8月31日、9月3日并网发电。

9月12日 中国水力发电工程学会在北京组织召开了“十一五”国家科技支撑计划重点项目《特大型梯级水利水电枢纽工程建设及高效运行安全关键技术研究》咨询报告评审会，由12名院士和专家组成的评审小组认真听取了研究项目咨询合同执行情况和讨论了该研究项目的咨询报告，各位专家对咨询报告提出了修改意见，形成了评审意见，通过了咨询报告。

9月24日 国家发展改革委以发改基础〔2012〕3004号文批复了湖南湘江土谷塘航电枢纽工程可行性研究报告，同意建设湘江土谷塘航电枢纽工程。该项目是湘江干流航道发展规划的8个梯级中尚未开发的最后一级，拟按三级航道标准建设船闸，设计年通过能力1420万t，并预留二线船闸位置。电站总装机容量9万kW。

9月27日 第七届欧洽会举行“国际技术转移项目签约及信息发布会”，中国水电顾问集团成都勘测设计研究院与法国达索系统公司、成都希盟泰克科技发展有限公司三方签订协议，在成都院设立中国工程数字化创新中心。该中心将紧密依靠成都院在水电工程勘测设计的最佳实践和领先的工程数字化解决方案，借助达索系统先进的三维体验技术和行业化战略，为能源行业的技术进步做出贡献。

9月28日 糯扎渡电站8号机组投产发电，华能澜沧江水电有限公司总装机容量突破1000万kW大关，达1060.4万kW。

9月29日 广西日报报道：近日，右江鱼梁水电站3号机组顺利完成72h试运行，成功投入商业运行。至此，该电站三台机组全部投产发电。右江鱼梁水利枢纽工程位于右江田东县城下游的英和村河段上，是一座以航运为主，结合发电、水利等效益的水资源综合利用工程，主要建设1000t级船闸和总装机容量6万kW水电站一座，电站设计安装3台2万kW的发电机组，建成投产后每年可为社会输送2.31亿kW·h的电能。

9月29～30日 小石峡水电站1、2号机组先后完成72h试运行，正式投入商业运行。小石峡水电站位于新疆库玛拉克河中下游，水库总容量为0.69亿m^3，总装机容量13.75万kW，设计年发电量4.18亿kW·h，总投资约10.2亿元，是集灌溉、防洪、发电为一体的综合性水利工程。

十 月

10月10日 湘江长沙综合枢纽工程正式蓄水通航。枢纽工程蓄水通航后，2000t级的船舶可在湘江长株潭段自由航行，长株潭三市枯水期取水难的问题得以彻底解决。湘江长沙综合枢纽工程位于长沙市望城区蔡家洲，分三期建设，一期建东岸右汊20孔泄水闸，二期建西岸左汊船闸和11.5孔泄水闸，三期建14.5孔泄水闸和厂房。工程于2009年12月6日开工建设，中国水利水电第八工程局有限公司承担主要工程任务。

10月11日 国家发展改革委以发改能源〔2012〕3139号文核准吉林丰满水电站全面治理（重建）工程项目。工程新建6台20万kW混流式水轮发电机组，保留原三期2台14万kW瓦机组，总装机容量148万kW。该项目由国家电网公司负责建设和管理，由中水东北勘测设计研究有限责任公司负责勘测设计工作。

10月12日 哈峡加尔水电站奠基。该电站位于新疆伊犁哈萨克自治州昭苏县境内阿克牙孜河中游，是葛洲坝集团投资的阿克牙孜河流域水电梯级规划“一库四级”中的第三级。项目总投资6.54亿元，装机容量8万kW。工程总工期为24个月，预计2014年12月投产发电。

10月18日 溪洛渡水电站顺利通过阶段性蓄水安全鉴定。根据未完工程施工进度安排，2012年12月工程形象面貌可以满足枢纽工程1号、2号、5号、6号导流底孔下闸封堵的设计要求；2013年4月工程形象面貌可以满足3号、4号导流底孔下闸、水库开始蓄水和2013年防洪度汛的设计要求。

10月22日 组建金沙江下游水电开发公司第三次三方会议在昆明召开。来自中国三峡集团、四川省能源局、云南省能源局以及四川省能源投资集团股份有限公司、云南省能源投资集团有限公司的39名代表参加了会议。甲方（中国三峡集团）与乙方（四川省能源投资集团股份有限公司）、丙方（云南省能源投资集团有限公司）三方同意，在同一时间分别在成都和昆明设立三峡金沙江川云电力有限公司和三峡金沙江云川电力有限公司。金沙江下游梯级电站包括在建的溪洛渡、向家坝和筹建中的乌东德、白鹤滩等水电站，总装机约4640万kW。

10月24日 国务院新闻办公室发布《中国的能源政策（2012）》白皮书，全面介绍中国能源发展现状、面临的诸多挑战以及努力构建现代能源产业体系和加强能源国际合作的总体部署。白皮书全文约

1.4万字，分为前言、能源发展现状、能源发展政策和目标、全面推进能源节约、大力发展新能源和可再生能源、推动化石能源清洁发展、提高能源普遍服务水平、加快推进能源科技进步、深化能源体制改革、加强能源国际合作和结束语等部分。其中，特别强调实现2020年非化石能源消费比重达到15%的目标，一半以上需要依靠水电来完成。

10月24日 蒲石河电站1、2号机组通过启动验收委员会的验收，投入商业运行，至此，蒲石河电站4台机组全部投运。蒲石河电站安装4台单机容量为30万kW国产化主机设备的立轴可逆混流式抽水蓄能机组，4、3、2、1号机组分别于2012年1月、4月、8月、9月完成15d考核试运行。

10月24日 国家发展改革委以发改能源〔2012〕3384号文核准吉林敦化抽水蓄能电站项目。电站总装机容量140万kW，安装4台35万kW立轴单级混流可逆式机组。为支持抽水蓄能电站机组设备的国产化制造，机组设备在哈尔滨电机厂有限责任公司和东方电气集团东方电机有限公司之间进行采购。该项目由国家电网公司独资建设，由中国水电顾问集团北京勘测设计研究院负责勘测设计工作。

10月24日 国家发展改革委以发改能源〔2012〕3385号文核准安徽绩溪抽水蓄能电站项目。电站规划总装机容量180万kW，安装6台30万kW立轴单级混流可逆式机组。为支持抽水蓄能电站机组设备的国产化制造，机组设备采用招议标方式哈尔滨电机厂有限责任公司和东方电气集团东方电机有限公司之间进行采购。该项目由国家电网公司负责建设，由中国水电顾问集团华东勘测设计研究院负责勘测设计工作。

10月24日 国家发展改革委以发改办能源〔2012〕2972号文复函广东省发展改革委、中国南方电网有限责任公司，同意广东阳江抽水蓄能电站开展前期工作。阳江抽水蓄能电站装机容量初步定为120万kW,由中国南方电网有限责任公司全资建设。复函指出，本电站列为40万kW级抽水蓄能电站机组设备自主化的依托项目。

10月24日 湖南安江水电站首台机组并网发电。该电站项目为非公开发行股票募集资金投资项目，总投资为15.98亿元，安装4台3.5万kW水轮发电机组，预计2013年4月底全部机组并网发电。

10月25日 在西班牙召开的第六届国际RCC大坝会议上，光照水电站大坝被评为国际RCC里程碑工程。光照水电站位于贵州北盘江中游，其大坝坝高200.5m，是目前已建碾压混凝土（RCC）重力坝中的世界第一高坝。从开工到竣工不到三年时间就建成200m级世界高坝，不管在速度上、质量上都重新改写了RCC筑坝记录，创造了国内筑坝的最高水平

10月29日 丰满水电站全面治理（重建）工程开工仪式在吉林省吉林市丰满水电厂举行。丰满水电站始建于1937年，为东北地区经济社会发展做出了特殊贡献，但其存在诸多先天性缺陷，虽经多年补强加固和精心维护，仍然无法彻底根除。经深入论证、充分比选，最终确定全面治理采用重建方案。方案于今年10月获国家发改委核准。重建工程是在原大坝下游120m处新建一座大坝，不改变水库特征水位，枢纽由拦河坝、泄洪消能、引水发电、过鱼设施等建筑物和保留的三期电站组成。将新建6台单机20万kW混流式水轮发电机组，保留原三期工程2台14万kW机组，总装机容量达到148万kW，年均发电量17.09亿kW·h，以500kV电压接入吉林电网。新建大坝为碾压混凝土重力坝，坝长1068m，最大坝高94.5m。工程总工期78个月，63个月首台机组可发电。

10月30日 8时，三峡坝前水位达175m，三峡工程顺利实现2012年试验性蓄水目标。这也是继2010年和2011年后，三峡工程第三次成功蓄水至175m。今年是三峡工程175m试验性蓄水的第5年，2008年蓄至172.8m，2009年蓄至171.43m，2010年和2011年三峡水库均成功实现175m蓄水目标。

10月31日 小湾水电站成功蓄水至正常蓄水位1240m。小湾水电站拱坝是目前世界已建成的第一高拱坝，水库为不完全多年调节水库，正常蓄水位以下库容146亿m^3。自2008年12月16日导流洞下闸开始初期蓄水，历经四个阶段蓄水验收、9次专家组检查评价。2009年蓄水至1186m，2010年蓄水至1210m，2011年11月蓄水至1218m，2012年10月蓄水到达1240m。蓄水至正常蓄水位后监测成果表明，拱坝工作状态正常受控。

10月 国家发展改革委批复了西藏拉洛水利枢纽及配套灌区工程项目建议书。该工程主要任务为灌溉，兼顾发电和防洪，并促进改善区域生态环境。水库总库容3.55亿m^3，电站装机4.84万kW，配套灌区设计灌溉面积46.58万亩。

十一月

10月28日至11月1日 中国工程院组织部分院士调研三峡工程。院士们为三峡工程后续运行管理提出了许多宝贵意见和建议。周济指出，三峡工程是目前世界上最大的水利枢纽工程，也是代表当今世界最高技术水平的创新工程。希望中国工程院和中国三峡集团今后加强院企合作，中国工程院将充分发挥技术和人才优势，为中国三峡集团提供科技支撑，共同努力将三峡工程打造成“数字三峡”和生态文明建设

的典范工程。

11月5日 向家坝水电站首台机组（7号机）成功通过72h带负荷试运行，无缝交接投产发电。向家坝水电站位于四川省宜宾县与云南省水富县交界的金沙江下游河段，为金沙江流域水电梯级开发的最后一级，左、右岸厂房各安装4台当今世界最大单机容量的80万kW混流式水轮发电机组，总装机容量640万kW,设计多年平均发电量307.47亿kW·h。

11月6日 由国家电网公司投资建设的东北—华北（高岭）直流背靠背扩建工程正式投运。该扩建工程位于辽宁省绥中县，额定输送容量150万kW，与一期工程同址建设。随着扩建工程投运，东北—华北（高岭）直流背靠背工程整体输送能力达到300万kW,为世界之最，东北电网与华北电网的网架联系进一步加强。

11月7日 由国际大坝委员会（ICOLD）水电站与水库联合运行专业技术委员会组织的“变化气候条件下梯级水电开发与管理国际研讨会”在北京召开，来自美国、挪威、德国的大坝协会主席及伊朗、赞比亚、尼日利亚和中国的30多位代表出席了本次会议。

11月8日 根据国家能源局的要求，经国家工商行政管理总局核准，四川省工商行政管理局审核登记，“二滩水电开发有限责任公司”正式更名为“雅砻江流域水电开发有限公司”。公司的主要业务是水力发电，负责实施雅砻江水能资源开发，全面负责雅砻江梯级水电站的建设和管理。

11月10日 首个国产790MPa高压钢岔管水压试验在呼和浩特抽水蓄能电站工地取得成功。呼和浩特抽水蓄能电站工程采用的钢岔管为对称Y形内加强月牙肋结构，主管直径4.6m，支管直径3.2m，最大公切球直径5.2m。岔管最大外形尺寸约为6.07m×7.10m×5.51m，设计内水压力9.06MPa，采用国产790MPa级钢材制造。监测数据显示，该高压钢岔管的HD值超过4186m·m，是到目前为止国内同类工程采用此类设备取得的最高值。

11月8～12日 在广州召开的第六届中国工程爆破协会科学技术奖颁奖大会上，60项爆破科研成果获得各类奖项。中国水利水电建设集团共有5项技术成果获得中国工程爆破协会科学技术奖：清远抽水蓄能电站地下工程精细爆破关键技术研究及应用、复杂环境下大体积混凝土精细爆破拆除关键技术两项成果获得一等奖，贵州华电塘寨电厂取水口平行双岩塞爆破技术、水丰水电站溢流坝闸门启闭机工作桥控制爆破拆除技术两项成果获得二等奖，石门坎水电站坝后门机栈桥矩形截面重载桥墩定向爆破技术拆除技术获得三等奖。

11月12日 黄河小浪底水库水位首次蓄至270m，这标志着小浪底水利枢纽将迎来最后一个分级蓄水阶段的检验，向全面达到设计功能，并最大限度发挥好综合效益又迈出了重要一步。黄河小浪底工程位于河南省洛阳市北40km处的黄河干流上，水库最高运用水位275m，设计总库容126.5亿m^3，1999年10月下闸蓄水。小浪底水利枢纽投入运营以来，黄河连续13年不断流，先后完成7次引黄济津、12次引黄济青、5次引黄济淀等跨流域应急调水任务；还实现了黄河下游连续13年安全度汛，基本解除了黄河下游凌汛威胁；有效改善了小浪底库区和下游地区的生态环境。

11月17日 响水涧抽水蓄能水电站最后一台机组（4号机）圆满完成15d试运行，正式投产。该抽水蓄能电站位于安徽省芜湖市三山区峨桥镇境内，装机容量100万kW，是我国第一个机组设备国产化的抽水蓄能电站。该电站1号机组于2011年12月1日投产发电，2号机、3号组分别于2012年4月26日、8月10日投产发电。

11月19日 向家坝水电站8号机组顺利通过72h试运行并网发电。这是继首台机组发电仅10d后，又一台世界最大机组投产发电，提前实现向家坝首批机组发电目标。向家坝8号机组2011年3月开始安装，较发电计划工期提前11d完工。经过首台机组多日运行和8号机组72h试运行证明，首批发电的两台机组运行稳定，性能优良，机组摆度、振动、各部温度均优于机组安装国家标准优良等级与三峡精品机组标准。向家坝水电站8号机组72h试运行结束后，机组未停机检修，直接转入正式运行。

11月23日 龙源江苏如东150MW海上（潮间带）示范风电场全部投产发电。该项目位于如东县环港外滩，年上网电量约3.75亿kW·h，可利用小时数超过2500h，电价为0.778元/（kW·h），经济效益可观；与常规火电相比，每年可节约标煤约11万t,减少二氧化碳排放24.7万t，社会效益、环保效益显著。

11月26日 官地水电站3号机组经过72h试运行和消缺作业后，由安装单位正式移交官地水电厂投入商业运行。官地水电站是雅砻江流域在21世纪投产发电的首座电站，总装机240万kW，单机容量为60万kW。2012年的3月31日实现首台机组提前3个月投产发电目标后，5月31日第二台机组又提前5个月投产。11月26日，第3台机组正式移交投产，实现了在同一座电站一年内连续投产3台机组的奋斗目标。

11月28～30日 水电水利规划设计总院会同四川省发改委、能源局在成都主持召开雅砻江杨房沟水电站可行性研究报告审查会议。会前，部分专家和代表进行了现场查勘。会议分9个专业组进行了认真讨论和审议。审查认为，报告达到了可行性研究阶段勘测设计工作内容和深度的要求，基本同意该报告。

11月29日　电力标准化工作会议在北京召开。会议总结了2011～2012年来的电力标准化工作，讨论了“电力标准创新贡献奖”征求意见稿等管理办法，研究部署了明年的工作重点。两年来完成电力标准编制421项，截至目前，电力标准已经达到2025项。

11月30日　锦屏一级水电站正式开始蓄水，大坝开始挡水，为2013年首批机组发电奠定坚实基础。锦屏一级水电站采用混凝土双曲拱坝，坝高305m，为世界第一高拱坝；水库正常蓄水位1880m，总库容77.6亿m^3，调节库容49.1亿m^3，属年调节水库；电站总装机容量360万kW，多年平均年发电量166.2亿kW·h。

十二月

12月1日　中国援建的柬埔寨斯登沃代水电站一级电站冲沙底孔左侧边墙及部分顶板突然开裂。裂口长约23m，高约10m。高速水流淹没部分道路设施，有3位柬埔寨员工在这起事故中失踪。斯登沃代水电站大坝位于西北部菩萨省斯登沃代河上，距金边340km。这起事故并不影响大坝整体构造和日后的正常工作，但由于发生开裂需要修补，将延迟验收时间。

12月2日　糯扎渡电站7号机组提前29d完成调试及72h试运行，顺利并网发电，实现年内“三投”目标。糯扎渡电站位于云南省普洱市境内，是澜沧江中下游河段梯级规划“二库八级”中的第五级。电站以发电为主，兼有防洪、灌溉、养殖和旅游等综合利用效益，装机9台，总装机容量585万kW。8月23日，首台机组9号机比计划工期提前3年投产，9月28日第二台机组8号机也提前投产。第三台机组7号机并网发电后，12月3日顺利移交电厂。

12月2日　台兰河一级水电站2号机组结束72h试运行，正式并网发电。该电站位于新疆维吾尔自治区阿克苏地区温宿县境内，装机容量为2×1.92万kW+2×0.48万kW，多年平均年发电量为1.50亿kW·h。此前12天（11月20日）首台机组成功并网发电。

12月5日　中国网报道：目前，映秀湾水力发电总厂所辖映秀湾、渔子溪、耿达3个电站共计11台机组全部并网发电，年均发电量恢复到震前20亿kW·h。映秀湾水力发电总厂所辖映秀湾水电站是岷江上游的一座中型径流引水式电站，2008年和2010年分别遭受“5·12”特大地震和“8·13”特大泥石流灾害。

12月6日　电监会华中监管局西藏自治区业务办在拉萨揭牌成立。这标志着全国31个省（市、区）全部有了电力监管机构，电力监管业务在全国范围内实现了覆盖。目前，电监会在华北、东北、西北、华东、华中、南方等6大区域设立了6个监管局，在山西、山东、甘肃、浙江、江苏、福建、河南、湖南、四川、云南、贵州、新疆等12个省（自治区）设立了省（自治区）电监办。在其余13个未设派出机构的省（自治区）设立了电力监管业务办公室。

12月9日　中国水电在老挝投资建设的首个BOT项目——南俄5水电站投产发电庆典仪式在项目现场隆重举行。南俄5水电站总投资额约为2亿美元，总装机容量12万kW，年发电量约5亿kW·h。

12月12日　由我国自主研发、设计、建设的四川锦屏—江苏苏南±800kV特高压直流输电工程全面完成系统调试和试运行，正式投入商业运行。锦苏工程途经四川、云南、重庆、湖南、湖北、浙江、安徽、江苏8省（市），承担着雅砻江流域官地，锦屏一、二级水电站和四川丰水期富余水电的送出任务；线路全长2059km，总投资220亿元。锦苏工程是目前世界上输送容量最大、送电距离最远、电压等级最高的直流输电工程，将特高压直流输送容量从640万kW提升到720万kW，输电距离首次突破2000km，创造了特高压直流输电的新纪录。工程全面投运后，每年可向华东地区输送电量约360亿kW·h。

12月17日　由国际河流水电开发生态环境研究工作委员会主办，华能澜沧江水电有限公司、中国水电顾问集团昆明勘测设计研究院协办的“澜沧江—湄公河流域环境保护技术研讨会”在昆明隆重召开。国家能源局、云南省能源局、云南省外事办公室和湄公河委员会秘书处，以及湄公河委员会成员国（老挝、泰国、柬埔寨、越南）的官员和专家，同来自国内水电建设、管理、设计、科研等单位以及高等院校的中外专家学者70余人，出席了本次会议。与会代表就有关澜沧江—湄公河流域水电开发的环保政策和生态保护措施进行了广泛的交流，探讨了水电开发的生态环境保护方面所存在的一些具体问题和解决问题的技术措施。

12月21日　向家坝电站第三台机组（6号机）成功结束72h带负荷连续试运行，移交电厂投入商业运行，较合同工期提前97d。至此，向家坝右岸电站4台机组中已完成3台机组投产发电，实现了80万kW机组“一年三投”的目标。

12月21日　阿海水电站首台机组成功通过72h试运行，各项指标优良，机组运行稳定，并顺利移交电厂。阿海水电站是金沙江中游河段“一库八级”规划的第四个梯级，共安装 5 台单机 40 万 kW 机组，总装机容量 200 万 kW。

12 月 22 日　仙游抽水蓄能电站首台机组（1 号机）成功并网发电。该电站是福建省在建的第一个抽水蓄能电站，位于福建省莆田市仙游县西苑乡境内，全部采用国产化机组，安装 4 台 30 万 kW 的混流可逆式机组，总容量 120 万 kW。工程总投资 44.6 亿元人民币。主体工程于 2009 年 1 月 12 日开工。

12 月 27 日　创建国家优质工程总结表彰大会在北京隆重举行，全国政协副主席阿不来提·阿不都热西提出席了大会。大会表彰了 2011～2012 年度国家优质工程，全国共有 8 项工程获得国家优质工程金质奖，181 项工程获银质奖。其中水电方面，贵州北盘江光照水电站工程和云南—广东±800kV 直流输电示范工程获国家优质工程金质奖，安徽琅琊山抽水蓄能电站工程和境外工程缅甸瑞丽江一级水电站工程获国家优质工程银质奖。

12 月 28 日　国家能源局在四川成都召开金沙江上游水电开发协调机制启动暨协调领导小组第一次会议。会议讨论了《金沙江上游水电开发协调机制章程》，对相关问题提出意见和建议，并明确了下一步工作思路。

12 月 30 日　锦屏二级水电站首台机组（1 号机）投产发电。该电站位于四川省凉山彝族自治州冕宁、木里、盐源三县交界处的雅砻江锦屏大河湾上，开挖平均长 16.67km、直径 12.4～13m 的引水隧洞 4 条，拥有目前世界埋深最深和规模最大的引水隧洞群；电站装机 8 台，总装机容量 480 万 kW，多年平均发电量 242.3 亿 kW·h。10 月 18 日，1 号引水系统一次充水成功；12 月 21 日，锦屏二级倒送电成功，1 号机组开始带负荷试验；12 月 27 日，1 号机组顺利完成 72h 试运行。

12 月 30 日　西藏重要能源建设项目——果多水电站顺利截流，主体工程建设全面开展。该电站是目前西藏昌都地区建设的装机容量最大的水电站，总装机容量 16.5 万 kW，总投资约 30 亿元，由中国华能集团投资建设，预计 2014 年投产发电。